Kohlhammer

Studienreihe Rechtswissenschaften

herausgegeben von
Professor Dr. Winfried Boecken und Professor Dr. Heinrich Wilms (†)

fortgeführt von
Professor Dr. Winfried Boecken und Professor Dr. Stefan Korioth

Strafrecht – Besonderer Teil II

Eigentumsdelikte und Vermögensdelikte

von

Professor Dr. Jörg Eisele

6., überarbeitete Auflage

Verlag W. Kohlhammer

6. Auflage 2021

Alle Rechte vorbehalten
© W. Kohlhammer GmbH, Stuttgart
Gesamtherstellung: W. Kohlhammer GmbH, Stuttgart

Print:
ISBN 978-3-17-039716-3

E-Book-Formate:
pdf: ISBN 978-3-17-039717-0
epub: ISBN 978-3-17-039718-7
mobi: ISBN 978-3-17-039719-4

Dieses Werk einschließlich aller seiner Teile ist urheberrechtlich geschützt. Jede Verwendung außerhalb der engen Grenzen des Urheberrechts ist ohne Zustimmung des Verlags unzulässig und strafbar. Das gilt insbesondere für Vervielfältigungen, Übersetzungen, Mikroverfilmungen und für die Einspeicherung und Verarbeitung in elektronischen Systemen.
Für den Inhalt abgedruckter oder verlinkter Websites ist ausschließlich der jeweilige Betreiber verantwortlich. Die W. Kohlhammer GmbH hat keinen Einfluss auf die verknüpften Seiten und übernimmt hierfür keinerlei Haftung.

Vorwort zur 6. Auflage

Da sich die beiden Lehrbücher zum Besonderen Teil I und II ungebrochener Beliebtheit erfreuen, kann nun bereits die 6. Auflage vorgelegt werden. Für Studierende, die im 2. oder 3. Semester einen ersten Zugriff auf die wichtigsten Fragen des Besonderen Teils haben möchten, ist nunmehr parallel das noch stärker didaktisch ausgerichtete Buch Eisele/Heinrich, Strafrecht Besonderer Teil für Studienanfänger, das in einem Band die grundlegenden Fragestellungen behandelt, erschienen. Beide Reihen ergänzen sich in idealer Weise.

Das Lehrbuch behält auch weiterhin seine bewährte Grundkonzeption bei, übergeordnete Linien, Querbezüge innerhalb des Besonderen Teils und Verknüpfungen mit dem Allgemeinen Teil herauszuarbeiten, um so dem Nutzer eine bessere Orientierung innerhalb der nur schwer zu überschauenden Einzelheiten und Verästelungen des Besonderen Teils zu ermöglichen (ausführlich zur Konzeption vgl. das nachstehend abgedruckte Vorwort zur 1. Auflage). Inhaltlich war erneut eine große Anzahl neuer höchstrichterlicher Entscheidungen und wissenschaftlicher Publikationen einzuarbeiten.

Für ihre wertvolle Mithilfe bei den Recherche- und Korrekturarbeiten danke ich ganz herzlich meinen Mitarbeiter/Innen Hanna Becher, Dr. Alexander Bechtel, Eva Beier, Kristine Böhm, Michael Dinkel, Irmak Duman LL.M, Julia Felbinger, Sebastian Fetzer, Rasim Mustafi und Maren Straub sowie meiner Sekretärin, Frau Heidrun Leibfarth.

Für Anregungen, Hinweise, Kritik und Wünsche bin ich immer sehr dankbar (per E-Mail: eisele@jura.uni-tuebingen.de).

Tübingen, den 3. Oktober 2020   Jörg Eisele

Vorwort zur 1. Auflage

Dieser Band zu den Eigentumsdelikten, Vermögensdelikten und Urkundendelikten schließt an meinen Besonderen Teil 1 an. Hinsichtlich Konzeption und Struktur kann daher auf das Vorwort zu Band 1 verwiesen werden. Die vielen positiven Rückmeldungen aus dem Kreis der Studierenden und Kollegen haben mich sehr gefreut und bestätigen das gewählte Konzept.

Für vielfältige Mitwirkung und wertvolle Hinweise als Assistenten schulde ich Ann-Kathrin Sasse, Dr. Karol Thalheimer, Daniel Scholze und Lukas Lehmann besonderen Dank. Ebenso großer Dank gilt Meike Feiri, Franziska Kraus, Mara Linder, Swantje Retsch, Daniela Schulte, Anja Tschierschke und Daniel Fehrenbach für ihre hervorragende Mitarbeit. Herzlich zu danken habe ich auch diesmal meiner Sekretärin Frau Gabi Reichle für die gelungene Formatierung des Buches. Anregungen und Kritik sind jederzeit willkommen (per E-mail: joerg.eisele@uni-konstanz.de).

Konstanz, den 22. Juli 2008   Jörg Eisele

Inhaltsverzeichnis

Vorwort zur 6. Auflage. V
Vorwort zur 1. Auflage. VII
Literaturübersicht XXI
Abkürzungsverzeichnis XXIV

Teil I: Einführung 1

§ 1 Übersicht: Eigentums- und Vermögensdelikte 1
    1. Eigentumsdelikte 1
    2. Vermögensdelikte i. w. S. 2
    3. Vermögensdelikte i. e. S. 2
    4. Besondere subjektive Absichten. 2

Teil II: Straftaten gegen das Eigentum 4

1. Kapitel: Diebstahl und Unterschlagung 4

§ 2 Diebstahl, § 242 4
    I. Geschütztes Rechtsgut und Systematik 5
        1. Rechtsgut 5
        2. Systematik. 5
    II. Aufbauschema 6
    III. Tatbestand 7
        1. Objektiver Tatbestand. 7
        2. Subjektiver Tatbestand 26
    IV. Rechtswidrigkeit als allgemeines Verbrechensmerkmal. 39
    V. Versuch, Vollendung und Beendigung 40

§ 3 Diebstahl in einem besonders schweren Fall, § 243 40
    I. Systematik 41
        1. Mischform. 41
        2. Strafzumessungslösung 41
        3. Tatbestandslösung 42
    II. Regelbeispielsmethode. 42
        1. Indizwirkung. 42
        2. Analogiewirkung 43
        3. Gegenschlusswirkung 44

Inhaltsverzeichnis

	III.	Die einzelnen Regelbeispiele 45
		1. Einbruchs- und Nachschlüsseldiebstahl, Abs. 1 Satz 2 Nr. 1. 45
		2. Diebstahl von Sachen, die besonders gesichert sind, Abs. 1 Satz 2 Nr. 2 48
		3. Gewerbsmäßiger Diebstahl, Abs. 1 Satz 2 Nr. 3 51
		4. Kirchendiebstahl, Abs. 1 Satz 2 Nr. 4 51
		5. Diebstahl öffentlicher Sachen, Abs. 1 Satz 2 Nr. 5 51
		6. Diebstahl unter Ausnutzung von Hilflosigkeit, Unglücksfall oder gemeiner Gefahr, Abs. 1 Satz 2 Nr. 6 51
		7. Diebstahl von Waffen oder Sprengstoff, Abs. 1 Satz 2 Nr. 7. 52
	IV.	Anwendbarkeit der Vorschriften des Allgemeinen Teils 52
		1. Vorsatz 52
		2. Täterschaft und Teilnahme 53
		3. Versuch und Rücktritt 54
	V.	Die Geringwertigkeitsklausel des § 243 Abs. 2 57
		1. Anwendungsbereich 58
		2. Dogmatische Einordnung 58
		3. Beurteilung der Geringwertigkeit 58
		4. Fälle des Vorsatzwechsels 59
	VI.	Konkurrenzen 61

§ 4 Diebstahl mit Waffen, Bandendiebstahl, Wohnungseinbruchsdiebstahl, § 244 62
- I. Geschütztes Rechtsgut und Systematik 63
  - 1. Geschütztes Rechtsgut 63
  - 2. Systematik 63
- II. Aufbauschema 63
- III. Tatbestand 64
  - 1. § 244 Abs. 1 Nr. 1 lit. a 64
  - 2. § 244 Abs. 1 Nr. 1 lit. b 74
  - 3. § 244 Abs. 1 Nr. 2 77
  - 4. § 244 Abs. 1 Nr. 3 und Abs. 4 83
- IV. Konkurrenzen 85

§ 5 Schwerer Bandendiebstahl, § 244a 86
- I. Geschütztes Rechtsgut und Systematik 86
- II. Aufbauschema 86
- III. Tatbestand 87
  - 1. Folgen der Verweisung 87
  - 2. Auswirkung auf andere Bandenmitglieder 87
- IV. Konkurrenzen 87

§ 6 Unterschlagung, § 246 88
- I. Systematik und geschütztes Rechtsgut 88
- II. Aufbauschema 88
- III. Tatbestand 89
  - 1. Objektiver Tatbestand 89
  - 2. Subjektiver Tatbestand 96

	IV.	Qualifikation des § 246 Abs. 2	96
		1. Anvertrauen	96
		2. Rechts- und sittenwidriges Überlassen	97
	V.	Konkurrenzen	97
		1. Subsidiaritätsklausel des § 246 Abs. 1 a. E.	97
		2. Konkurrenzen außerhalb der Subsidiaritätsklausel	98
§ 7	Unbefugter Gebrauch eines Fahrzeugs, § 248b		98
	I.	Systematik und geschütztes Rechtsgut	99
	II.	Aufbauschema	99
	III.	Tatbestand	99
		1. Objektiver Tatbestand	99
		2. Subjektiver Tatbestand	100
	IV.	Konkurrenzen	100
§ 8	Entziehung elektrischer Energie, § 248c		101
	I.	Systematik und geschütztes Rechtsgut	101
	II.	Aufbauschema	101
	III.	Tatbestand	101
		1. Objektiver Tatbestand	101
		2. Subjektiver Tatbestand	102
§ 9	Strafantragserfordernisse		102
	I.	Strafantrag gemäß § 248a	102
	II.	Strafantrag gemäß § 247	103
2. Kapitel:	**Raub**		103
§ 10	Raub, § 249		103
	I.	Geschütztes Rechtsgut und Systematik	104
		1. Rechtsgut	104
		2. Systematik	104
	II.	Aufbauschema	105
	III.	Tatbestand	105
		1. Objektiver Tatbestand	105
		2. Subjektiver Tatbestand	115
	IV.	Versuch	117
	V.	Beteiligung	117
		1. Sukzessive Beteiligung nach Vollendung der Wegnahme	118
		2. Beteiligung zwischen Versuchsbeginn und Vollendung	119
	VI.	Konkurrenzen	119
§ 11	Schwerer Raub, § 250		120
	I.	Geschütztes Rechtsgut und Systematik	120
	II.	Aufbauschema	120
	III.	Tatbestand	121
		1. Qualifikationen des § 250 Abs. 1	121
		2. Qualifikationstatbestand des § 250 Abs. 2	127

Inhaltsverzeichnis

§ 12		**Raub mit Todesfolge, § 251**	130
	I.	Geschütztes Rechtsgut und Systematik	131
	II.	Aufbauschema	131
	III.	Tatbestand	132
		1. Verwirklichung des Grundtatbestands	132
		2. Schwere Folge i. S. d. § 18	132
	IV.	Versuch und Rücktritt	134
		1. Versuch	134
		2. Rücktritt	135
	V.	Beteiligung	136
	VI.	Konkurrenzen	138

3. Kapitel: Raubähnliche Delikte ... 138

§ 13		**Räuberischer Diebstahl, § 252**	138
	I.	Geschütztes Rechtsgut und Systematik	138
	II.	Aufbauschema	139
	III.	Tatbestand	139
		1. Objektiver Tatbestand	139
		2. Subjektiver Tatbestand	143
	IV.	Versuch	145
	V.	Täterschaft und Teilnahme	145
		1. Strafbarkeit des Diebstahltäters	145
		2. Strafbarkeit des Diebstahlsgehilfen	147
	VI.	Konkurrenzen	147
§ 14		**Räuberischer Angriff auf einen Kraftfahrer, § 316a**	148
	I.	Geschütztes Rechtsgut und Systematik	148
	II.	Aufbauschema	149
	III.	Tatbestand	149
		1. Objektiver Tatbestand	149
		2. Subjektiver Tatbestand	155
	IV.	Versuch und Vollendung	156
		1. Vollendung	156
		2. Versuch	156
	V.	Erfolgsqualifikation, § 316a Abs. 3	156
	VI.	Konkurrenzen	157

4. Kapitel: Sachbeschädigung ... 157

§ 15		**Sachbeschädigung, § 303**	157
	I.	Geschütztes Rechtsgut und Systematik	157
	II.	Aufbauschema	158
	III.	Tatbestand	158
		1. Objektiver Tatbestand	158
		2. Subjektiver Tatbestand	164
	IV.	Rechtswidrigkeit	164
		1. Unbestellt zugesandte Ware	164

		2. Graffiti und Kunst	164
§ 16		**Gemeinschädliche Sachbeschädigung, § 304**	165
	I.	Geschütztes Rechtsgut und Systematik	165
	II.	Aufbauschema	165
	III.	Tatbestand	165
		1. Objektiver Tatbestand	165
		2. Subjektiver Tatbestand	167
§ 17		**Zerstörung von Bauwerken, § 305**	167
	I.	Geschütztes Rechtsgut und Systematik	167
	II.	Aufbauschema	167
	III.	Tatbestand	168
		1. Objektiver Tatbestand	168
		2. Subjektiver Tatbestand	168
§ 18		**Zerstörung wichtiger Arbeitsmittel, § 305a**	169
	I.	Geschütztes Rechtsgut und Systematik	169
	II.	Aufbauschema	169
	III.	Tatbestand	169
§ 19		**Datenveränderung, § 303a**	170
	I.	Geschütztes Rechtsgut und Systematik	170
		1. Reform	170
		2. Rechtsgut	170
	II.	Aufbauschema	171
	III.	Tatbestand	171
		1. Objektiver Tatbestand	171
		2. Subjektiver Tatbestand	173
	IV.	Konkurrenzen	173
§ 20		**Computersabotage, § 303b**	173
	I.	Geschütztes Rechtsgut und Systematik	173
	II.	Aufbauschema	173
	III.	Tatbestand	174
		1. Objektiver Tatbestand	174
		2. Subjektiver Tatbestand	175
	IV.	Qualifikation	175

Teil III: Vermögensdelikte 177

1. Kapitel: Betrug und betrugsähnliche Delikte 177

§ 21		**Betrug, § 263**	177
	I.	Geschütztes Rechtsgut und Systematik	178
	II.	Aufbauschema	179
	III.	Tatbestand	180
		1. Objektiver Tatbestand	180
		2. Subjektiver Tatbestand	228

Inhaltsverzeichnis

		3. Objektive Rechtswidrigkeit der erstrebten Bereicherung und Vorsatz diesbezüglich.	232
	IV.	Versuch, Vollendung und Beendigung	234
	V.	Täterschaft und Teilnahme	235
	VI.	Strafzumessungsregel für besonders schwere Fälle, § 263 Abs. 3 Satz 2 Nrn. 1 bis 5	235
		1. Gewerbsmäßigkeit und Bandenmitgliedschaft (Nr. 1)	235
		2. Vermögensverlust (Nr. 2)	236
		3. Wirtschaftliche Not (Nr. 3)	237
		4. Amtsträger (Nr. 4)	237
		5. Versicherungsbetrug (Nr. 5)	237
	VII.	Qualifikation, § 263 Abs. 5	239
	VIII.	Konkurrenzen	240
	IX.	Strafantrag	241
§ 22	**Computerbetrug, § 263a**		241
	I.	Geschütztes Rechtsgut und Systematik	242
	II.	Aufbauschema zu § 263a Abs. 1	242
	III.	Tatbestand	243
		1. Objektiver Tatbestand	243
		2. Subjektiver Tatbestand und Rechtswidrigkeit der erstrebten Bereicherung	255
	IV.	Konkurrenzen	255
§ 23	**Versicherungsmissbrauch, § 265**		255
	I.	Geschütztes Rechtsgut und Systematik	255
	II.	Aufbauschema	256
	III.	Tatbestand	256
		1. Objektiver Tatbestand	256
		2. Subjektiver Tatbestand	258
		3. Tätige Reue	258
		4. Formelle Subsidiarität gegenüber § 263	259
§ 24	**Erschleichen von Leistungen, § 265a**		259
	I.	Geschütztes Rechtsgut und Systematik	260
	II.	Aufbauschema	260
	III.	Tatbestand	260
		1. Objektiver Tatbestand	260
		2. Subjektiver Tatbestand	264
	IV.	Versuch und Vollendung	264
	V.	Formelle Subsidiarität, § 265a Abs. 1 a. E.	265
	VI.	Strafantrag	265
§ 25	**Subventionsbetrug, § 264**		265
	I.	Geschütztes Rechtsgut und Systematik	265
	II.	Aufbauschema	266
	III.	Tatbestand	266
		1. Objektiver Tatbestand	266

		2. Subjektiver Tatbestand	269
	IV.	Strafzumessungsregel für besonders schwere Fälle mit Regelbeispielen, § 264 Abs. 2	269
		1. Subvention großen Ausmaßes (Nr. 1)	269
		2. Amtsträger (Nr. 2)	269
		3. Ausnutzung der Mithilfe eines Amtsträgers (Nr. 3)	269
	V.	Qualifikation	270
	VI.	Tätige Reue, § 264 Abs. 6	270
	VII.	Konkurrenzen	270
§ 26	Kapitalanlagebetrug, § 264a		270
	I.	Geschütztes Rechtsgut und Systematik	271
	II.	Aufbauschema	271
	III.	Grundzüge	271
§ 27	Kreditbetrug, § 265b		272
	I.	Geschütztes Rechtsgut und Systematik	272
	II.	Aufbauschema	273
	III.	Grundzüge	273
2. Kapitel:	Erpressung, erpresserischer Menschenraub und Geiselnahme		274
§ 28	Erpressung, § 253		274
	I.	Geschütztes Rechtsgut und Systematik	274
	II.	Aufbauschema	275
	III.	Tatbestand	275
		1. Objektiver Tatbestand	275
		2. Subjektiver Tatbestand	287
		3. Rechtswidrigkeit der erstrebten Bereicherung und Vorsatz diesbezüglich	288
	IV.	Rechtswidrigkeit	290
	V.	Versuch und Vollendung	290
	VI.	Konkurrenzen	290
§ 29	Räuberische Erpressung, § 255		291
	I.	Geschütztes Rechtsgut und Systematik	291
	II.	Aufbauschema	291
	III.	Tatbestand	292
		1. Objektiver Tatbestand	292
		2. Subjektiver Tatbestand	294
	IV.	Rechtswidrigkeit	294
	V.	Strafschärfungen	294
		1. Qualifikation des § 250	294
		2. Erfolgsqualifikation des § 251	295
	VI.	Konkurrenzen	296
		1. Innertatbestandliche Konkurrenz bei mehreren Nötigungshandlungen	296
		2. Außertatbestandliche Konkurrenz	296

Inhaltsverzeichnis

§ 30		Erpresserischer Menschenraub, § 239a	297
	I.	Geschütztes Rechtsgut und Systematik	297
	II.	Aufbauschema	298
	III.	Tatbestand	298
		1. Objektiver Tatbestand des Abs. 1 Var. 1	298
		2. Subjektiver Tatbestand des Abs. 1 Var. 1	300
		3. Objektiver Tatbestand des Abs. 1 Var. 2	303
		4. Subjektiver Tatbestand des Abs. 1 Var. 2	303
	IV.	Erfolgsqualifikation, § 239a Abs. 3	304
		1. Allgemeine Voraussetzungen	304
		2. Gefahrspezifischer Zusammenhang	304
	V.	Tätige Reue, § 239a Abs. 4	304
	VI.	Konkurrenzen	305
§ 31		Geiselnahme, § 239b	306
	I.	Geschütztes Rechtsgut und Systematik	306
	II.	Aufbauschema	306
	III.	Tatbestand	306
		1. Objektiver Tatbestand des Abs. 1 Var. 1	306
		2. Subjektiver Tatbestand des Abs. 1 Var. 1	307
		3. Objektiver Tatbestand des Abs. 1 Var. 2	308
		4. Subjektiver Tatbestand des Abs. 1 Var. 2	308
	IV.	Erfolgsqualifikation und tätige Reue, § 239b Abs. 2 i. V. m. § 239a Abs. 3 und Abs. 4	308

3. Kapitel: Untreue und untreueähnliche Delikte 308

§ 32		Untreue, § 266	308
	I.	Geschütztes Rechtsgut und Systematik	309
		1. Geschütztes Rechtsgut	309
		2. Systematik	309
	II.	Aufbauschema	310
	III.	Tatbestand	310
		1. Spezielle Voraussetzungen des Missbrauchstatbestands, Abs. 1 Var. 1	310
		2. Treubruchstatbestand, Abs. 1 Var. 2	317
		3. Subjektiver Tatbestand	328
	IV.	Rechtswidrigkeit	329
	V.	Täterschaft und Teilnahme	329
	VI.	Strafzumessungsregel für besonders schwere Fälle mit Regelbeispielen, § 266 Abs. 2 i. V. m. § 263 Abs. 3 Satz 2	330
	VII.	Konkurrenzen	330
	VIII.	Strafantrag	330
§ 33		Missbrauch von Scheck- und Kreditkarten, § 266b	331
	I.	Geschütztes Rechtsgut und Systematik	331
	II.	Aufbauschema	331
	III.	Tatbestand	332

		1. Objektiver Tatbestand	332
		2. Subjektiver Tatbestand	337
	IV.	Konkurrenzen	337

4. Kapitel: Insolvenz- und Vollstreckungsdelikte, Pfandkehr ... 337

§ 34 Bankrott, § 283 ... 337
- I. Geschütztes Rechtsgut und Systematik ... 338
  - 1. Geschütztes Rechtsgut ... 338
  - 2. Systematik ... 338
- II. Aufbauschema ... 339
- III. Tatbestand ... 340
  - 1. Objektiver Tatbestand ... 340
  - 2. Subjektiver Tatbestand ... 343
- IV. Objektive Bedingung der Strafbarkeit ... 344
  - 1. Voraussetzungen ... 344
  - 2. Kausalität und Zurechnung ... 344
- V. Täterschaft und Teilnahme ... 344
- VI. Strafzumessungsregel für besonders schwere Fälle, § 283a ... 345
- VII. Konkurrenzen ... 345

§ 35 Verletzung der Buchführungspflicht, § 283b ... 345
- I. Überblick ... 345
- II. Aufbauschema ... 345

§ 36 Gläubigerbegünstigung, § 283c ... 346
- I. Geschütztes Rechtsgut und Systematik ... 346
- II. Aufbauschema ... 346
- III. Tatbestand ... 347
  - 1. Objektiver Tatbestand ... 347
  - 2. Subjektiver Tatbestand ... 347
- IV. Objektive Bedingung der Strafbarkeit ... 348
- V. Täterschaft und Teilnahme ... 348

§ 37 Schuldnerbegünstigung, § 283d ... 348
- I. Geschütztes Rechtsgut und Systematik ... 348
- II. Aufbauschema ... 348
- III. Tatbestand ... 349
  - 1. Objektiver Tatbestand ... 349
  - 2. Subjektiver Tatbestand ... 350
- IV. Objektive Bedingung der Strafbarkeit ... 350
- V. Täterschaft und Teilnahme ... 350
- VI. Strafzumessungsregel für besonders schwere Fälle, § 283d Abs. 3 ... 350

§ 38 Vereitelung der Zwangsvollstreckung, § 288 ... 350
- I. Geschütztes Rechtsgut und Systematik ... 350
- II. Aufbauschema ... 351
- III. Tatbestand ... 351

Inhaltsverzeichnis

			1. Objektiver Tatbestand	351
			2. Subjektiver Tatbestand	355
		IV.	Konkurrenzen	355
§ 39	**Pfandkehr, § 289**			356
	I.	Geschütztes Rechtsgut und Systematik		356
	II.	Aufbauschema		356
	III.	Tatbestand		357
			1. Objektiver Tatbestand	357
			2. Subjektiver Tatbestand	360
5. Kapitel:	**Unerlaubtes Glücksspiel, Jagd- und Fischwilderei**			360
§ 40	**Unerlaubtes Veranstalten eines Glücksspiels, § 284**			360
	I.	Geschütztes Rechtsgut und Systematik		361
	II.	Aufbauschema		361
	III.	Tatbestand		361
			1. Objektiver Tatbestand	361
			2. Subjektiver Tatbestand	364
	IV.	Qualifikation, § 284 Abs. 3		364
§ 41	**Beteiligung am unerlaubten Glücksspiel, § 285**			364
	I.	Geschütztes Rechtsgut und Systematik		364
	II.	Aufbauschema		365
	III.	Tatbestand		365
§ 42	**Jagdwilderei, § 292**			365
	I.	Geschütztes Rechtsgut und Systematik		365
	II.	Aufbauschema		366
	III.	Tatbestand		366
			1. Objektiver Tatbestand	366
			2. Subjektiver Tatbestand	368
	IV.	Rechtswidrigkeit		369
			1. Analoge Anwendung von § 228 BGB	369
			2. Tötung eines kranken Tieres	370
	V.	Strafzumessungsregeln		370
			1. Abs. 2 Satz 2 Nr. 1	370
			2. Abs. 2 Satz 2 Nr. 2	370
			3. Abs. 2 Satz 2 Nr. 3	371
	VI.	Strafantrag, § 294		371
	VII.	Konkurrenzen		371
§ 43	**Fischwilderei, § 293**			371
	I.	Geschütztes Rechtsgut und Systematik		371
	II.	Aufbauschema		371
	III.	Tatbestand		372
			1. Objektiver Tatbestand	372
			2. Subjektiver Tatbestand	372

Teil IV: Anschlussdelikte ... 373

§ 44 Begünstigung, § 257 ... 373
- I. Geschütztes Rechtsgut und Systematik ... 373
- II. Aufbauschema ... 374
- III. Tatbestand ... 374
  - 1. Objektiver Tatbestand ... 374
  - 2. Subjektiver Tatbestand ... 379
- IV. Strafausschließungsgrund des § 257 Abs. 3 Satz 1 ... 380
  - 1. Strafausschließungsgrund ... 380
  - 2. Gegenausnahme des Satzes 2 ... 380
- V. Analoge Anwendung von Vorschriften über die tätige Reue ... 381
- VI. Verfahrensvoraussetzungen des § 257 Abs. 4 ... 381
- VII. Konkurrenzen ... 382

§ 45 Strafvereitelung und Strafvereitelung im Amt, §§ 258, 258a ... 382
- I. Geschützes Rechtsgut und Systematik ... 382
- II. Aufbauschema ... 383
- III. Tatbestand ... 383
  - 1. Objektiver Tatbestand des § 258 Abs. 1 ... 383
  - 2. Objektiver Tatbestand des § 258 Abs. 2 ... 388
  - 3. Subjektiver Tatbestand ... 389
- IV. Persönlicher Strafausschließungsgrund, § 258 Abs. 5 ... 389
- V. Angehörigenprivileg, § 258 Abs. 6 ... 390
- VI. Konkurrenz zu § 145d ... 391
- VII. Qualifikation: Strafvereitelung im Amt, § 258a ... 391
  - 1. Amtsträgereigenschaft ... 391
  - 2. Unterlassen ... 392

§ 46 Hehlerei, § 259 ... 393
- I. Geschütztes Rechtsgut und Systematik ... 394
- II. Aufbauschema ... 394
- III. Tatbestand ... 395
  - 1. Objektiver Tatbestand ... 395
  - 2. Subjektiver Tatbestand ... 404
- IV. Versuch ... 405
- V. Qualifikationen ... 406
- VI. Strafantrag ... 407
- VII. Wahlfeststellung und Postpendenz ... 407

§ 47 Geldwäsche, § 261 ... 408
- I. Geschütztes Rechtsgut und Systematik ... 409
- II. Aufbauschema ... 409
- III. Tatbestand ... 410
  - 1. Objektiver Tatbestand ... 410
  - 2. Subjektiver Tatbestand ... 418
- IV. Strafzumessungsregel für besonders schwere Fälle mit Regelbeispielen, § 261 Abs. 4 ... 419

	V.	Persönliche Strafausschließungs- und Strafaufhebungsgründe	419
		1. Tätige Reue und Vortatbeteiligung	419
		2. Aufklärungshilfe	420
	VI.	Konkurrenzen	420

Anhang: Definitionen 421

Stichwortverzeichnis 427

Literaturübersicht

A. (Zitierte) Lehrbücher Strafrecht Besonderer Teil

Arzt, Gunther/Weber, Ulrich/Heinrich, Bernd/Hilgendorf, Eric, Strafrecht Besonderer Teil, 3. Aufl. 2015 (zitiert: A/W/H/H-*Bearbeiter*)
Bock, Dennis, Strafrecht Besonderer Teil 2, Vermögensdelikte, 2018 (zitiert: *Bock*, BT 2)
Eisele, Jörg, Strafrecht Besonderer Teil 1, Straftaten gegen die Person und die Allgemeinheit, 6. Aufl. 2021 (zitiert: *Eisele*, BT 1)
Gössel, Karl Heinz/Dölling, Dieter, Strafrecht Besonderer Teil 1: Straftaten gegen Persönlichkeits- und Gemeinschaftswerte, 2. Aufl. 2004 (zitiert: *Gössel/Dölling*, BT 1)
Haft, Fritjof, Strafrecht Besonderer Teil II, Delikte gegen die Person und die Allgemeinheit, 8. Aufl. 2005 (zitiert: *Haft*, BT 2)
Heghmanns, Michael, Besonderer Teil, 2009 (zitiert: *Heghmanns*, BT)
Jäger, Christian, Examens-Repetitorium, Strafrecht Besonderer Teil, 8. Aufl. 2019 (zitiert: *Jäger*, BT)
Kindhäuser, Urs/Schramm, Edward, Strafrecht Besonderer Teil 1, Straftaten gegen Persönlichkeitsrechte, Staat und Gesellschaft, 9. Aufl. 2019 (zitiert: *Kindhäuser/Schramm*, BT 1)
Kindhäuser, Urs/Böse, Martin, Strafrecht Besonderer Teil 2, Straftaten gegen Vermögensrechte, 11. Aufl. 2021 (zitiert: *Kindhäuser/Böse*, BT 2)
Klesczewski, Diethelm, Strafrecht Besonderer Teil, Aufl. 2016 (zitiert: *Klesczewski*, BT)
Krey, Volker/Hellmann, Uwe/Heinrich, Manfred, Strafrecht Besonderer Teil, Band 1, Besonderer Teil ohne Vermögensdelikte, 16. Aufl. 2015 (zitiert: *Krey/Hellmann/Heinrich*, BT 1)
Krey, Volker/Hellmann, Uwe/Heinrich, Manfred, Strafrecht Besonderer Teil, Band 2, Vermögensdelikte, 17. Aufl. 2015 (zitiert: *Krey/Hellmann/Heinrich*, BT 2)
Küper, Wilfried/Zopfs, Jan, Strafrecht Besonderer Teil, Definitionen mit Erläuterungen, 10. Aufl. 2018 (zitiert: *Küper/Zopfs*, BT)
Küpper, Georg/Börner, René, Strafrecht Besonderer Teil 1: Delikte gegen Rechtsgüter der Person und Gemeinschaft, 4. Aufl. 2017 (zitiert: *Küpper/Börner*, BT 1)
Maurach, Reinhart/Schroeder, Friedrich-Christian/Maiwald, Manfred/Hoyer, Andreas/Momsen, Carsten, Strafrecht Besonderer Teil, Teilband 1, Straftaten gegen Persönlichkeits- und Vermögenswerte, 11. Aufl. 2019 (zitiert: *Maurach/Schroeder/Maiwald/Hoyer/Momsen*, BT 1)
Maurach, Reinhart/Schroeder, Friedrich-Christian/Maiwald, Manfred, Strafrecht Besonderer Teil, Teilband 2, Straftaten gegen Gemeinschaftswerte, 10. Aufl. 2013 (zitiert: *Maurach/Schroeder/Maiwald/Hoyer/Momsen*, BT 2)
Mitsch, Wolfgang, Strafrecht Besonderer Teil 2, Vermögensdelikte, 3. Aufl. 2015 (zitiert: *Mitsch*, BT 2)
Otto, Harro, Grundkurs Strafrecht, Die einzelnen Delikte, 7. Aufl. 2007 (zitiert: *Otto*, BT)
Rengier, Rudolf, Strafrecht Besonderer Teil I, Vermögensdelikte, 22. Aufl. 2020 (zitiert: *Rengier*, BT 1)
Rengier, Rudolf, Strafrecht Besonderer Teil II, Delikte gegen Personen und gegen die Allgemeinheit, 20. Aufl. 2019 (zitiert: *Rengier*, BT 2)
Schramm, Edward, Strafrecht Besonderer Teil I, Eigentums- und Vermögensdelikte, 2017 (zitiert: *Schramm*, BT 1)
Sonnen, Bernd-Rüdeger, Strafrecht Besonderer Teil, 2005 (zitiert: *Sonnen*, BT)

Literaturübersicht

Tiedemann, Klaus, Wirtschaftsstrafrecht Besonderer Teil, 5. Aufl. 2017 (zitiert: *Tiedemann,* Wirtschaftsstrafrecht BT)
Wessels, Johannes/Hettinger, Michael/Engländer, Armin, Strafrecht Besonderer Teil 1, Straftaten gegen Persönlichkeits- und Gemeinschaftswerte, 44. Aufl. 2020 (zitiert: *Wessels/Hettinger/Engländer,* BT 1)
Wessels, Johannes/Hillenkamp, Thomas/Schuhr, Jan, Strafrecht Besonderer Teil 2, Straftaten gegen Vermögenswerte, 43. Aufl. 2020 (zitiert: *Wessels/Hillenkamp/Schuhr,* BT 2)
Wittig, Petra, Wirtschaftsstrafrecht, 5. Aufl. 2020 (zitiert: *Wittig,* Wirtschaftsstrafrecht)

B. (Zitierte) Lehrbücher Strafrecht Allgemeiner Teil

Baumann, Jürgen/Weber, Ulrich/Mitsch, Wolfgang/Eisele, Jörg, Strafrecht Allgemeiner Teil, 12. Aufl. 2016 (zitiert: B/W/M/E-*Bearbeiter*)
Freund, Georg/Rostalski, Frauke, Strafrecht Allgemeiner Teil, 3. Aufl. 2019 (zitiert: *Freund/Rostalski,* AT)
Haft, Fritjof, Strafrecht Allgemeiner Teil, 9. Aufl. 2004 (zitiert: *Haft,* AT)
Heinrich, Bernd, Strafrecht Allgemeiner Teil, 6. Aufl. 2019 (zitiert: *Heinrich,* AT)
Jakobs, Günther, Strafrecht Allgemeiner Teil, 2. Aufl. 1991(zitiert: *Jakobs,* AT)
Jescheck, Hans-Heinrich/Weigend, Thomas, Lehrbuch des Strafrechts Allgemeiner Teil, 5. Aufl. 1996 (zitiert: *Jescheck/Weigend,* AT)
Krey, Volker/Esser, Robert, Deutsches Strafrecht, Allgemeiner Teil, 6. Aufl. 2016 (zitiert: *Krey/Esser,* AT)
Kühl, Kristian, Strafrecht Allgemeiner Teil, 8. Aufl. 2017 (zitiert: *Kühl,* AT)
Maurach, Reinhart/Gössel, Karl-Heinz/Zipf, Heinz, Strafrecht Allgemeiner Teil, Teilband 2, 8. Aufl. 2014 (zitiert: *Maurach/Gössel/Zipf,* AT 2)
Murmann, Uwe, Grundkurs Strafrecht, 5. Aufl. 2019 (zitiert: *Murmann,* Grundkurs)
Otto, Harro, Grundkurs Strafrecht, Allgemeine Strafrechtslehre, 7. Aufl. 2004 (zitiert: *Otto,* AT)
Rengier, Rudolf, Strafrecht Allgemeiner Teil, 11. Aufl. 2019 (zitiert: *Rengier,* AT)
Roxin, Claus/Greco, Luis, Strafrecht Allgemeiner Teil, Band 1, 5. Aufl. 2020 (zitiert: *Roxin/Greco,* AT 1)
Roxin, Claus, Strafrecht Allgemeiner Teil, Band 2, 2003 (zitiert: *Roxin,* AT 2)
Stratenwerth, Günter/Kuhlen, Lothar, Strafrecht Allgemeiner Teil, Die Straftat, 6. Aufl. 2011 (zitiert: *Stratenwerth/Kuhlen,* AT)
Wessels, Johannes/Beulke, Werner/Satzger, Helmut, Strafrecht Allgemeiner Teil, 50. Aufl. 2020 (zitiert: *Wessels/Beulke/Satzger,* AT)

C. (Bei den Übungsfällen zitierte) Fallsammlungen zum Besonderen Teil

Beck, Susanne/Valerius, Brian, Fälle zum Wirtschaftsstrafrecht, 2009 (zitiert: *Beck/Valerius*)
Beulke, Werner/Zimmermann, Frank, Klausurenkurs im Strafrecht II, ein Fall- und Repetitionsbuch für Fortgeschrittene, 4. Aufl. 2019 (zitiert: *Beulke/Zimmermann* II)
Beulke, Werner, Klausurenkurs im Strafrecht III, ein Fall- und Repetitionsbuch für Examenskandidaten, 5. Aufl. 2018 (zitiert: *Beulke* III)
Bock, Dennis, Wiederholungs- und Vertiefungskurs Strafrecht Besonderer Teil – Vermögensdelikte, 2. Aufl. 2016 (zitiert: *Bock,* BT)
Gössel, Karl-Heinz, Strafrecht. Mit Anleitungen zur Fallbearbeitung und zur Subsumtion, 8. Aufl. 2001 (zitiert: *Gössel*)
Gropp, Walter/Küpper, Georg/Mitsch, Wolfgang, Fallsammlung zum Strafrecht, 2. Aufl. 2012 (zitiert: *Gropp/Küpper/Mitsch*)
Haft, Fritjof, Fallrepetitorium zum Allgemeinen und Besonderen Teil, 5. Aufl. 2004 (zitiert: *Haft,* Fallrepetitorium)
Hellmann, Uwe, Fälle zum Wirtschaftsstrafrecht, 4. Aufl. 2018 (zitiert: *Hellmann*)

Hilgendorf, Eric, Fallsammlung zum Strafrecht, 5. Aufl. 2008 (zitiert: *Hilgendorf,* Fallsammlung)

Hilgendorf, Eric, Fälle zum Strafrecht für Fortgeschrittene, 3. Aufl. 2020 (zitiert: *Hilgendorf,* Fälle Fortgeschrittene)

Hilgendorf, Eric, Fälle zum Strafrecht für Examenskandidaten, 2. Aufl. 2016 (zitiert: *Hilgendorf,* Fälle Examen)

Hillenkamp, Thomas/Cornelius, Kai, 40 Probleme aus dem Strafrecht, Besonderer Teil, 13. Aufl. 2020 (zitiert: *Hillenkamp/Cornelius,* 40 Probleme BT)

Kudlich, Hans, Strafrecht Besonderer Teil 2 (Prüfe dein Wissen), 4. Aufl. 2016 (zitiert: *Kudlich,* Prüfe dein Wissen, BT 2)

Marxen, Klaus, Kompaktkurs Strafrecht Besonderer Teil, 2004 (zitiert: *Marxen*)

Otto, Harro/Bosch, Nikolaus, Übungen im Strafrecht, 7. Aufl. 2010 (zitiert: *Otto/Bosch*)

Sonnen, Bernd-Rüdeger/Mitto, Lutz/Nugel, Michael, Strafrecht Besonderer Teil, Fälle, 2006 (zitiert: *Sonnen/Mitto/Nugel*)

Strauß, Rainer, Strafrecht, Fälle und Lösungen, 3. Aufl. 1998 (zitiert: *Strauß*)

Wagner, Heinz, Fälle zum Strafrecht, Besonderer Teil, 4. Aufl. 1998 (zitiert: *Wagner*)

Wolters, Gereon, Fälle mit Lösungen für Fortgeschrittene im Strafrecht, 2. Aufl. 2006 (zitiert: *Wolters*)

D. (Zitierte) Kommentare zum Strafgesetzbuch

Anwaltkommentar, Strafgesetzbuch, hrsg. von *Leipold, Klaus/Tsambikakis, Michael/Zöller, Mark,* 3. Aufl. 2020 (zitiert: AnwK-*Bearbeiter*)

Beck'scher Online-Kommentar, Strafgesetzbuch, hrsg. von *v. Heintschel-Heinegg, Bernd,* Edition 47, Stand: 1.8.2020 (zitiert: Beck-OK-*Bearbeiter*)

Dölling, Dieter/Duttge, Gunnar/Rössner, Dieter (Hrsg.), Gesamtes Strafrecht, Handkommentar, 4. Aufl. 2017 (zitiert: HK-*Bearbeiter*)

Fischer, Thomas, Strafgesetzbuch und Nebengesetze, 68. Aufl. 2021 (zitiert: *Fischer*)

Joecks, Wolfgang/Jäger, Christian, Studienkommentar StGB, 13. Aufl. 2021 (zitiert: *Joecks/Jäger*)

Kindhäuser, Urs/Hilgendorf, Eric, Strafgesetzbuch, Lehr- und Praxiskommentar, 8. Aufl. 2019 (zitiert: LPK-*Kindhäuser/Hilgendorf*)

Lackner, Karl/Kühl, Kristian, Strafgesetzbuch mit Erläuterungen, 29. Aufl. 2018 (zitiert: L-Kühl/*Bearbeiter*)

Leipziger Kommentar, Strafgesetzbuch, 12., 13. Aufl. 2006 ff., hrsg. von *Laufhütte, Heinrich Wilhelm/Rissing-van Saan, Ruth/Tiedemann, Klaus* (zitiert: LK-*Bearbeiter*)

Matt, Holger/Renzikowski, Joachim, Strafgesetzbuch Kommentar, 2. Aufl. 2020 (zitiert: M/R-*Bearbeiter*)

Münchener Kommentar zum Strafgesetzbuch, hrsg. von *Joecks, Wolfgang/Miebach, Klaus,* 8 Bände, 3., 4. Aufl. 2016 ff. (zitiert: MünchKomm-*Bearbeiter*)

Nomos-Kommentar zum Strafgesetzbuch, hrsg. von *Kindhäuser, Urs/Neumann, Ulfried/Paeffgen, Hans-Ullrich,* 5. Aufl. 2017 (zitiert: NK-*Bearbeiter*)

Satzger, Helmut/Schluckebier, Wilhelm/Widmaier, Gunter, Strafgesetzbuch, 4. Aufl. 2019 (zitiert: SSW-*Bearbeiter*)

Schönke, Adolf/Schröder, Horst, Strafgesetzbuch, 30. Aufl. 2019 (zitiert: *Schönke/Schröder/Bearbeiter*)

Systematischer Kommentar zum Strafgesetzbuch, hrsg. von *Wolter, Jürgen,* 9. Aufl. 2015 ff. (zitiert: SK-*Bearbeiter*)

Abkürzungsverzeichnis

a. A.	andere Ansicht
abl.	ablehnend
ABl. EG	Amtsblatt der Europäischen Gemeinschaften
Abs.	Absatz
abw.	abweichend
AL	Ad Legendum (Zeitschrift, zitiert nach Jahrgang)
a. E.	am Ende
a. F.	alte Fassung
AG	Amtsgericht, Aktiengesellschaft
ähnl.	ähnlich
a. l. i. c.	actio libera in causa
and.	anders
Anm.	Anmerkung
AO	Abgabenordnung
Art.	Artikel
AT	Allgemeiner Teil
Aufl.	Auflage
BayObLG	Bayerisches Oberlandesgericht
BBG	Bundesbeamtengesetz
Bd.	Band
BeamtStG	Beamtenstatusgesetz
BGB	Bürgerliches Gesetzbuch
BGBl.	Bundesgesetzblatt (zitiert nach Band und Jahrgang)
BGH	Bundesgerichtshof
BGHSt	Entscheidungen des Bundesgerichtshofes in Strafsachen – Amtliche Sammlung, zitiert nach Band
BJagdG	Bundesjagdgesetz
Bsp.	Beispiel
BT	Besonderer Teil
BtMG	Betäubungsmittelgesetz
BVerfG	Bundesverfassungsgericht
BVerfGE	Entscheidungen des Bundesverfassungsgerichtes – Amtliche Sammlung, zitiert nach Band
BVerwG	Bundesverwaltungsgericht
BVerwGE	Entscheidungen des Bundesverwaltungsgerichtes – Amtliche Sammlung, zitiert nach Band
bzgl.	bezüglich
bzw.	beziehungsweise
ca.	circa
CR	Computer und Recht (Zeitschrift, zitiert nach Jahrgang)
DAR	Deutsches Autorecht (Zeitschrift, zitiert nach Jahrgang)
DDR	Deutsche Demokratische Republik
ders.	derselbe

Abkürzungsverzeichnis

d. h.	das heißt
dies.	dieselbe/dieselben
diff.	differenzierend
EG	Europäische Gemeinschaft(en)
EMRK	Europäische Menschenrechtskonvention
EU	Europäische Union
EuGH	Europäischer Gerichtshof
f.	folgende Seite, Randnummer, usw.
ff.	folgende Seiten, Randnummern, usw.
FG	Festgabe
Fn.	Fußnote
FS	Festschrift
GA	Goltdammer's Archiv für Strafrecht (Zeitschrift, zitiert nach Jahrgang)
GenStA	Generalstaatsanwalt
gem.	gemäß
GG	Grundgesetz
ggf.	gegebenenfalls
GmbH	Gesellschaft mit beschränkter Haftung
GS	Gedächtnisschrift
GVG	Gerichtsverfassungsgesetz
HGB	Handelsgesetzbuch
h. M.	herrschende Meinung
HRRS	Onlinezeitschrift für Höchstrichterliche Rechtsprechung zum Strafrecht (zitiert nach Jahrgang)
Hs.	Halbsatz
i. d. R.	in der Regel
i. e. S.	im engeren Sinne
InsO	Insolvenzordnung
i. S.	im Sinne
i. V. m.	in Verbindung mit
i. w. S.	im weiteren Sinne
JA	Juristische Arbeitsblätter (Zeitschrift, zitiert nach Jahrgang)
JGG	Jugendgerichtsgesetz
JR	Juristische Rundschau (Zeitschrift, zitiert nach Jahrgang)
JSE	Jura Studium & Examen (Zeitschrift, zitiert nach Jahrgang)
Jura	Juristische Ausbildung (Zeitschrift, zitiert nach Jahrgang)
JuS	Juristische Schulung (Zeitschrift, zitiert nach Jahrgang)
JW	Juristische Wochenschrift (Zeitschrift, zitiert nach Jahrgang)
JZ	Juristenzeitung (Zeitschrift, zitiert nach Jahrgang)
KG	Kammergericht
K & R	Kommunikation & Recht (Zeitschrift, zitiert nach Jahrgang)
LG	Landgericht
LK	Leipziger Kommentar (vgl. Literaturverzeichnis)
LPK	Lehr- und Praxiskommentar (vgl. Literaturverzeichnis)
m. Anm.	mit Anmerkung
MDR	Monatsschrift für Deutsches Recht (Zeitschrift, zitiert nach Jahrgang)
MünchKomm	Münchener Kommentar (vgl. Literaturverzeichnis)
m. w. N.	mit weiteren Nachweisen

Abkürzungsverzeichnis

n. F.	neue Fassung
NJW	Neue juristische Wochenschrift (Zeitschrift, zitiert nach Jahrgang)
NJW-RR	Neue juristische Wochenschrift, Rechtsprechungsreport (Zeitschrift, zitiert nach Jahrgang)
NK	Nomos Kommentar (vgl. Literaturverzeichnis)
Nr.	Nummer
NStZ	Neue Zeitschrift für Strafrecht (Zeitschrift, zitiert nach Jahrgang)
NStZ-RR	Neue Zeitschrift für Strafrecht, Rechtsprechungsreport (Zeitschrift, zitiert nach Jahrgang)
NZV	Neue Zeitschrift für Verkehrsrecht (Zeitschrift, zitiert nach Jahrgang)
NZWiSt	Neue Zeitschrift für Wirtschafts-, Steuer- und Unternehmensstrafrecht
OWiG	Gesetz über Ordnungswidrigkeiten
Rspr.	Rechtsprechung
RG	Reichsgericht
RGSt	Entscheidungen des Reichsgerichts in Strafsachen – Amtliche Sammlung, zitiert nach Band
Rn.	Randnummer
S.	Seite, siehe
SK	Systematischer Kommentar (vgl. Literaturverzeichnis)
sog.	sogenannte/r
StraFo	Strafverteidigerforum (Zeitschrift, zitiert nach Jahrgang)
StGB	Strafgesetzbuch
StPO	Strafprozessordnung
str.	strittig
StV	Strafverteidiger (Zeitschrift, zitiert nach Jahrgang)
u. a.	unter anderem
usw.	und so weiter
v.	von
Var.	Variante
vgl.	vergleiche
Vorbem.	Vorbemerkung
VRS	Verkehrsrechts-Sammlung, zitiert nach Band und Jahrgang
WHG	Wasserhaushaltsgesetz
wistra	Zeitschrift für Wirtschafts- und Steuerstrafrecht (Zeitschrift, zitiert nach Jahrgang)
z. B.	zum Beispiel
ZIS	Zeitschrift für Internationale Strafrechtsdogmatik (Onlinezeitschrift, zitiert nach Jahrgang)
ZJS	Zeitschrift für das Juristische Studium (Onlinezeitschrift, zitiert nach Jahrgang)
ZRP	Zeitschrift für Rechtspolitik (Zeitschrift, zitiert nach Jahrgang)
ZStW	Zeitschrift für die gesamte Strafrechtswissenschaft (Zeitschrift, zitiert nach Band und Jahrgang)
ZPO	Zivilprozessordnung
zust.	zustimmend

Vorschriften ohne nähere Gesetzesbezeichnung sind solche des Strafgesetzbuchs (StGB).

Teil I: Einführung

§ 1 Übersicht: Eigentums- und Vermögensdelikte

Die in diesem Band behandelten Eigentums- und Vermögensdelikte lassen sich grob nach dem unten dargestellten Schema einteilen. Dies schließt jedoch nicht aus, dass bei einzelnen Delikten – etwa §§ 257 (Begünstigung) oder § 261 (Geldwäsche) – die Schutzrichtung problematisch und streitig ist[1]. Auch können bei einzelnen Delikten weitere Rechtsgüter hinzutreten; zu nennen sind neben § 316a, der auch die Sicherheit des Straßenverkehrs schützt, vor allem die §§ 264, 264a und 265b, die nach h. M. neben dem Vermögen jeweils Rechtsgüter der Allgemeinheit schützen[2].

Eigentumsdelikte	Straftaten gegen das Vermögen als Ganzes	Straftaten gegen einzelne Vermögenswerte

1. Zueignungsdelikte
  a) Diebstahl, §§ 242 ff.
  b) Unterschlagung, § 246
  c) Raub, §§ 249 ff.
  d) Räuberischer Diebstahl, § 252
2. Sachbeschädigungsdelikte, §§ 303 ff.
	1. Erpressung, §§ 253, 255, und erpresserischer Menschenraub, § 239a[2]
	2. Betrugsdelikte, §§ 263, 263a, 264, 264a, 265b, 298
	3. Versicherungsmissbrauch, § 265 und Erschleichen von Leistungen, § 265a
	4. Untreuedelikte, §§ 266, 266a, 266b
	5. Anschlussdelikte, §§ 257, 259, 261
	6. Wucher, § 291
	7. Unerlaubtes Glückspiel, §§ 284 bis 287
		1. Gebrauchsanmaßung, §§ 248b, 290, und Entziehung elektrischer Energie, § 248c
		2. Delikte gegen Aneignungsrechte, §§ 292 ff.
		3. Insolvenzdelikte, §§ 283 ff., und Straftaten gegen Gläubiger, Nutzungsrechte usw., §§ 288, 289
		4. Unerlaubtes Entfernen vom Unfallort, § 142[3]

1. Eigentumsdelikte

Geschütztes Rechtsgut ist das Eigentum an einzelnen Sachen. Unter Eigentum versteht man dabei die rechtliche Zuordnung von Sachen zu einer Person[3]. Nicht erfasst werden Rechte, Forderungen, Anwartschaften usw. Das Eigentum bestimmt sich nach den Regelungen des Bürgerlichen Rechts, wobei Rückwirkungsvorschriften (§ 142 Abs. 1 BGB: ex tunc-Wirkung) keine Berücksichtigung finden[4]. Bei den Eigentumsdelikten sind immer ganz bestimmte Gegenstände in den Blick zu nehmen. Daher entfällt etwa die Rechtswidrigkeit der erstrebten Zueignung bei § 242 nur, wenn der Täter einen Anspruch auf die konkrete Sache besitzt[5].

---

1 S. auch *Wessels/Hillenkamp/Schuhr*, BT 2, Rn. 4.
2 Auch § 316a lässt sich den Eigentums- und Vermögensdelikten zuordnen, wenngleich hier die Sicherheit des Straßenverkehrs mit geschützt wird; s. u. Rn. 425.
3 *Mitsch*, BT 2, 1.2.1.3.2.1.
4 *Fischer*, § 242 Rn. 5, 5b; *Rengier*, BT 1, § 2 Rn. 16; *Wessels/Hillenkamp/Schuhr*, BT 2, Rn. 81.
5 S. u. Rn. 90.

Bsp. (1): O hat dem T seinen Wagen veräußert und einen Kaufvertrag gemäß § 433 BGB geschlossen. Weil O den Wagen später nicht übereignen möchte, holt T den Wagen einfach ab. – T verwirklicht zwar den objektiven Tatbestand des § 242, weil er eine fremde bewegliche Sache weggenommen hat, jedoch ist die erstrebte Zueignung nicht rechtswidrig, weil er einen Anspruch auf Übereignung der Sache besaß. Rechtswidrig wäre die erstrebte Zueignung hingegen, wenn T einen anderen Wagen mitnehmen würde, da insoweit kein Anspruch besteht.

Bsp. (2): Wie Bsp. 1, jedoch gibt O den Wagen dem T freiwillig mit, weil dieser ihn über eine Probefahrt täuscht. – Nunmehr kommt Betrug, § 263, in Betracht. Weil T jedoch einen Anspruch auf die Sache besitzt, kann man bereits den Vermögensschaden, jedenfalls aber die Rechtswidrigkeit der erstrebten Zueignung verneinen. Würde T einen anderen Wagen mit demselben Wert erhalten, bliebe er ebenfalls straffrei, da nur die Vermögenslage insgesamt, nicht aber die Beziehung zu einer bestimmten Sache entscheidend ist.

2. Vermögensdelikte i. w. S.

4 Die Eigentumsdelikte kann man den **Vermögensdelikten i. w. S.** zuordnen, weil hier zwar kein Vermögensschaden erforderlich ist, jedoch dem Eigentum zumeist ein bestimmter Sachwert zukommt und daher bei diesen Delikten in aller Regel ein Vermögensschaden bewirkt wird[6]. Zwingend ist dies freilich nicht, weil Eigentumsdelikte – wie etwa Diebstahl und Sachbeschädigung – auch bei Sachen ohne wirtschaftlichen Wert bzw. mit rein ideellem Wert (z. B. gepflückte Blumen, altes Foto) in Betracht kommen[7]. Wie § 903 BGB zum Ausdruck bringt, ist das Recht, mit der Sache als Eigentümer nach Belieben zu verfahren, unabhängig vom Wert geschützt.

3. Vermögensdelikte i. e. S.

5 Diese Delikte schützen das **Vermögen als Summe aller Vermögenswerte** umfassend[8]. Es sind demnach auch Forderungen usw. mit einbezogen. Der Schutz erstreckt sich freilich nur auf einzelne, gesetzlich bestimmte Angriffsrichtungen. Einen allgemeinen Vermögensschädigungstatbestand gibt es nicht. Bei **Delikten gegen einzelne Vermögensrechte** sind nur bestimmte Ausschnitte des Vermögens – bei den §§ 292 ff. etwa Aneignungsrechte – geschützt. Daneben gibt es Delikte, die neben dem Vermögen auch Interessen der Allgemeinheit schützen, wie dies etwa beim Subventions-, Kapitalanlage- und Kreditbetrug der Fall ist.

4. Besondere subjektive Absichten

6 Bei den Eigentums- und Vermögensdelikten ist nicht zwingend erforderlich, dass der Täter einen Vermögensvorteil i. w. S. tatsächlich erlangt. Eine Ausnahme stellt aber die Unterschlagung dar, weil dort bereits der objektive Tatbestand eine Zueignung der Sache voraussetzt. Im Übrigen genügt es, dass der **Täter in subjektiver Hinsicht einen Vorteil i. w. S. anstrebt.** Daher ist es beim Diebstahl notwendig – aber auch ausreichend –, dass der Täter die Sache in Zueignungsabsicht wegnimmt; entsprechend verlangt § 263 beim Betrug eine Bereicherungsabsicht. Abgesehen vom räuberischen Diebstahl des § 252 genügt es dabei auch, dass der Täter das Eigentum oder den Vermögensvorteil nicht für sich, sondern einen Dritten anstrebt.

---

6 *Rengier*, BT 1, § 1 Rn. 2.
7 *Maurach/Schroeder/Maiwald/Hoyer/Momsen*, BT 1, § 31 Rn. 8; *Wessels/Hillenkamp/Schuhr*, BT 2, Rn. 1.
8 Näher zum Vermögensbegriff s. u. Rn. 605 ff.

Einen Überblick über die **grobe Struktur der „Kerntatbestände"** gibt nachstehendes Schaubild:

Grobstruktur der „Kerntatbestände"	(Erstrebte) Verschiebung von Vermögenswerten i. w. S.	Vernichtung/ Beeinträchtigung von Vermögenswerten
Eigentumsdelikte: Bezug zu einer bestimmten Sache	**§§ 242 ff.**, Diebstahl: Wegnahme einer Sache (ohne Gewalt oder Drohung) in Zueignungsabsicht **§§ 249 ff.**, Raub: Wegnahme einer Sache mit Gewalt gegen eine Person oder qualifizierter Drohung in Zueignungsabsicht **§ 252**, Räuberischer Diebstahl: Wegnahme einer Sache und nachfolgende Gewaltausübung gegen eine Person oder qualifizierte Drohung nach Vollendung und vor Beendigung des Diebstahls (oder Raubs) in Besitzerhaltungsabsicht **§ 246**, Unterschlagung: Objektive Zueignung einer Sache, ohne dass eine Wegnahme erforderlich ist	**§ 303**, Sachbeschädigung: Beschädigen, Zerstören, Verunstalten einer Sache
Vermögensdelikte: Bezug zum Vermögen als Ganzes	**§ 263**, Betrug: Freiwillige Vermögensverschiebung des Opfers aufgrund einer Täuschung und mit Bereicherungsabsicht **§ 253**, Erpressung (§ 255, räuberische Erpressung): „Bedingt freiwillige" Vermögensverschiebung aufgrund von Gewalt oder Drohung und mit Bereicherungsabsicht	**§ 266**, Untreue: Vermögensschädigung durch Verletzung einer Vermögensbetreuungspflicht

Teil II: Straftaten gegen das Eigentum

1. Kapitel: Diebstahl und Unterschlagung
§ 2 Diebstahl, § 242

Einführende Aufsätze: *Börner*, Zum Stand der Zueignungsdogmatik in den §§ 242, 246 StGB, Jura 2005, 389; *Ceffinato*, Vollendung des Diebstahls in fremden Gewahrsamssphären, Jura 2019, 1234; *Ernst*, „Schwarztanken" an Selbstbedienungstankstellen – Plädoyer für eine Strafbarkeit wegen Unterschlagung, Jura 2013, 454; *Jüchser*, Gewahrsam – ein Begriff, der es nicht leicht macht, ZJS 2012, 195; *Kudlich/Noltensmeier*, Die Fremdheit der Sache als Tatbestandsmerkmal in strafrechtlichen Klausuren, JA 2007, 863; *Kretschmer*, Das Tatbestandsmerkmal „Sache" im Strafrecht, JA 2015, 105; *Kudlich*, Die Wegnahme in der Fallbearbeitung, JA 2017, 428; *Kudlich/Oğlakcıoğlu*, „Auf die inneren Werte kommt es an" – Die Zueignungsabsicht in der Fallbearbeitung, JA 2012, 321; *Kühl*, Vollendung und Beendigung bei den Eigentums- und Vermögensdelikten, JuS 2002, 729; *Lange/Trost*, Strafbarkeit des Schwarztankens an der SB-Tankstelle, JuS 2003, 961; *Oğlakcıoğlu*, Ein Tag im Supermarkt – Teil I, JA 2012, 902 und Teil II, JA 2013, 107; *ders.*, Die Karten in meiner Brieftasche, Teil I, JA 2018, 279; *Poisel/Ruppert*, Über Trick- und Täuschungsreichtum, Die Abgrenzung von Diebstahl und Betrug – Teil I, JA 2019, 353 und Teil II, JA 2019, 421; *Rönnau*, Grundwissen – Strafrecht, Die Zueignungsabsicht, JuS 2007, 806; *Schmitz/Goeckenjan/Ischebeck*, Das (zivilrechtliche) Mysterium des Flaschenpfandes – strafrechtlich betrachtet, Jura 2006, 821; *Schramm*, Grundfälle zum Diebstahl, JuS 2008, 678 und 773; *Zopfs*, Der Tatbestand des Diebstahls, ZIS 2009, 506 und 649.

Übungsfälle: *Ambos/Rackow*, Die (Dienst-) Feldflasche, JuS 2008, 810; *Beulke/Zimmermann* II, Fall 3: Frühstück bei Tiffany, S. 55, Fall 5: Teures Benzin (bringt Ärger), S. 103; *Beulke* III, Fall 4: Alter schützt vor Torheit nicht, S. 118; *Blaue*, Ein hundsgemeiner Coup, JA 2018, 113; *Bock*, BT, Fall 2: Gratis Tanken und Kiffen, S. 29, Fall 3: Beutezug im Warenhaus, S. 63; *Börner*, „Müllers Mühle", Jura 2003, 855; *Celik*, Für eine Handvoll Leergut, JA 2010, 855; *Dietrich/Bechtel*, Bowling und andere Sünden, JSE 2015, 250; *Ernst*, Schwarze Geschäfte, AL 2014, 131; *Esser/Herz*, Home, sweet home, 2017, 997; *Esser/Lutz*, One man's trash is another man's treasure, Jura 2016, 311; *Esser/Scharnberg*, Containern, JuS 2012, 809; *Fahl*, Variationen eines Diebstahls, JuS 2004, 885; *Gaede*, Täterschaft und Teilnahme beim Bandendiebstahl, JuS 2003, 774; *Gössel*, Fall 12: Selbstbedienung, S. 199, Fall 13: Spanner und Spannung, S. 213; *Gropp/Küpper/Mitsch*, Fall 13: Mobilitätsprobleme, S. 233, Fall 14: Essen auf Rädern, S. 251, Fall 17: Sauberes Geld, S. 305; *Heinrich*, Einkaufsfreuden, Jura 1997, 366; *Hilgendorf*, Fälle Examen, Fall 6: Gepflegtes Erbe, S. 73, Fall 7: Kaufhaustrubel, S. 89, Fall 12: Experte für EC-Karten, S. 165; *Hilgendorf*, Fälle Fortgeschrittene, Fall 4: Im Selbstbedienungsladen, S. 39; *Jänicke*, Keine Unschuldslämmer, Jura 2014, 446; *Koch/Exner*, Bücherklau – Die Jugendsünden des Professors, JuS 2007, 40; *Kromrey*, Schussfahrt auf der schiefen Bahn, Jura 2013, 533; *Mitsch*, Täterschaft und Teilnahme sowie Vermögensdelikte, JuS 2004, 323; *Neubacher/Bachmann*, Ein Jurastudent auf Verbrecherjagd, JA 2010, 711; *Otto/Bosch*, Fall 8: Tankstellenfall, S. 178; *Otto/Bosch*, Fall 15: Gams und Bart, S. 312; *Safferling*, Mittäterschaftlicher Diebstahl, JuS 2005, 135; *Schumann/Zivanic*, Breit gebaut, braun gebrannt, Schlüssel unter der Hantelbank, JA 2018, 504; *Thoss*, Ladendiebstahl und Folgen, Jura 2002, 351; *Walter*, Jupitersinfonie und Schlagerparade, Jura 2002, 415; *Weißer*, (Banden-)Diebstahl, JuS 2005, 620; *Wolters*, Fall 4: Zum Golde drängt doch alles, S. 85; *Zopfs*, Verrat unter Freunden, Jura 2013, 1072.

Rechtsprechung: BGHSt 16, 190 – Spritztour (Enteignungsvorsatz bei Rückführungswille); **BGHSt 16, 271** – Selbstbedienungsladen (Zeitpunkt des Gewahrsamsbruchs); **BGHSt 17, 87** – Moos-raus (Rechtswidrigkeit der erstrebten Zueignung); **BGHSt 19, 387** – Dienstmütze (Zueignungsabsicht); **BGHSt 22, 45** – Spritztour (Abgrenzung von § 242 und § 248b); **BGHSt 35, 152** – EC-Karte (Abheben von Geld mittels entwendeter EC-Karte); **BGHSt 41, 198** – Einkaufswagen (Gewahrsamsbruch in Selbstbedienungsläden); **BGH StraFo 2005, 433** – Selbsthilfe (Rechtswidrigkeit der erstrebten Zueignung); **BayObLG JR 1965, 26** – Pseudobote (Zueignung des Sachwerts); **OLG Celle NJW 1967, 1921** – Kriminalroman (Zueignung des Sachwerts); **OLG Düsseldorf NJW 1988, 922** – Selbstbedienungsladen (Verstecken von Zubehör); **BGH NStZ-RR 2013, 309** – Stofftasche (fehlende Aneignungsabsicht).

I. Geschütztes Rechtsgut und Systematik

1. Rechtsgut

§ 242 schützt richtigerweise **nur das Eigentum an der Sache**, nicht aber zusätzlich den Gewahrsam einer vom Eigentümer verschiedenen Person[9]. Einen bloßen Besitzschutz kennt das Strafgesetzbuch nicht. Folgerichtig ist auch nur der Eigentümer – also etwa der Vermieter, nicht aber der Mieter – als Verletzter i. S. d. § 77 zur Stellung des Strafantrags nach §§ 247, 248a befugt. Eine rechtfertigende Einwilligung kann ebenfalls nur vom Eigentümer erteilt werden[10]. Liegt allerdings ein Einverständnis des Gewahrsaminhabers vor, so ist das objektive Tatbestandsmerkmal der Wegnahme zu verneinen[11].

2. Systematik

§ 242 stellt den Grundtatbestand dar; § 243 enthält hierzu nach h. M. (nur) eine Strafzumessungsregel nach der Regelbeispielsmethode, die die Rechtsfolgenseite betrifft und erst nach der Prüfung der Schuld bzw. eines etwaigen Rücktritts (beim Versuch) zu prüfen ist. Qualifiziert wird § 242 durch die Vorschriften der §§ 244, 244a. Strafantragserfordernisse finden sich in §§ 247, 248a.

a) § **248b** (**Unbefugter Gebrauch eines Kraftfahrzeugs**) und § **248c** (**Entziehung elektrischer Energie**) sind eigenständige Delikte, die in der Fallbearbeitung regelmäßig erst im Anschluss an § 242 zu prüfen sind.

b) Auch § **246** (**Unterschlagung**) ist ein eigenständiges Delikt. Da es Auffangcharakter hat und § 246 Abs. 1 a. E. formelle Subsidiarität anordnet, ist es ebenfalls im Anschluss an § 242 und andere Eigentums- und Vermögensdelikte zu prüfen. Im Unterschied zu § 242 ist keine Wegnahme und damit kein Gewahrsam einer anderen Person erforderlich. Ferner ist die Zueignung hier objektives Tatbestandsmerkmal, wobei für den subjektiven Tatbestand dolus eventualis ausreicht.

c) Letztlich sind auch § **249** (**Raub**) und § **252** (**räuberischer Diebstahl**) eigenständige Delikte. Kommt ein Raub in Betracht, sollte dieser in der Klausur vorab geprüft werden und (im Falle der Verneinung) erst im Anschluss daran § 242. Hingegen kann § 252 nur geprüft werden, wenn zuvor überhaupt ein vollendeter Diebstahl bejaht wurde. Beide Delikte sind stets getrennt zu prüfen (keine Inzidentprüfung des Diebstahls).

---

9 *Kindhäuser/Böse*, BT 2, § 2 Rn. 4 f.; *Schönke/Schröder/Bosch*, § 242 Rn. 1/2; *Otto*, FS Beulke, 2015, S. 507 (510); *Wessels/Hillenkamp/Schuhr*, BT 2, Rn. 70; a. A. BGHSt 10, 400 (401); BGHSt 29, 319 (323); L-Kühl/*Kühl*, § 242 Rn. 1; *Rengier*, BT 1, § 2 Rn. 1.
10 Vgl. u. Rn. 91.
11 Näher u. Rn. 51.

II. Aufbauschema

13 1. Tatbestand
   a) Objektiver Tatbestand
      aa) Fremde bewegliche Sache
      bb) Wegnahme
   b) Subjektiver Tatbestand
      aa) Vorsatz (mind. dolus eventualis) bzgl. Wegnahme einer fremden beweglichen Sache
      bb) (Dritt-)Zueignungsabsicht
         (1) Zumindest dolus eventualis bzgl. einer dauerhaften Enteignung
         (2) Dolus directus 1. Grades bzgl. einer zumindest vorübergehenden Aneignung
   c) Objektive Rechtswidrigkeit der erstrebten Zueignung und Vorsatz (mind. dolus eventualis) diesbezüglich

2. Rechtswidrigkeit

3. Schuld

4. Strafzumessungsregel für besonders schwere Fälle mit Regelbeispielen, § 243
   a) Verwirklichung eines Regelbeispiels nach Abs. 1 Satz 2 Nrn. 1 bis 7
   b) Vorsatz bzgl. objektiver Regelbeispiele Nrn. 1, 2, 4 bis 7
   c) Keine Widerlegung der Indizwirkung
   d) Bei Regelbeispielen nach Abs. 1 Satz 2 Nrn. 1 bis 6: Keine Geringwertigkeit, § 243 Abs. 2

5. Strafantrag, §§ 247, 248a

14 Aufbauhinweis zum versuchten Diebstahl:

1. Tatbestand
   a) Tatentschluss
      aa) Tatentschluss (mind. dolus eventualis) bzgl. Wegnahme einer fremden beweglichen Sache
      bb) (Dritt-)Zueignungsabsicht
         (1) Zumindest dolus eventualis bzgl. einer dauerhaften Enteignung
         (2) Dolus directus 1. Grades bzgl. einer zumindest vorübergehenden Aneignung
      cc) Tatentschluss (mind. dolus eventualis) bzgl. objektiver Rechtswidrigkeit der erstrebten Zueignung
   b) Unmittelbares Ansetzen

2. Prüfungspunkte 2. bis 5. wie beim vollendeten Delikt; ggf. Rücktrittsprüfung

III. Tatbestand

1. Objektiver Tatbestand

Dieser setzt die Wegnahme einer fremden beweglichen Sache voraus. Anders als bei § 246 ist eine (objektive) Zueignung nicht erforderlich; vielmehr genügt es, dass der Täter in subjektiver Hinsicht die Zueignung der Sache erstrebt. **15**

a) Unter **Sachen** sind nur körperliche Gegenstände i. S. d. § 90 BGB unabhängig von ihrem Wert oder ihrem Aggregatszustand (fest, flüssig, gasförmig) zu verstehen[12]. Erforderlich ist für ihre Eigentumsfähigkeit lediglich, dass sie hinreichend abgrenzbar sind. **Tiere** werden vom Sachbegriff des StGB unmittelbar erfasst[13], wie die Gleichstellung in §§ 324a Abs. 1 Nr. 1, 325 Abs. 1, 6 Nr. 1 von Tieren mit „anderen Sachen" bestätigt[14]. Auf die Regelung des § 90a BGB, die zum gleichen Ergebnis führen würde, kommt es richtigerweise nicht an[15], da keine Akzessorietät zu den zivilrechtlichen Regelungen besteht. **16**

aa) Rechte – wie Forderungen oder Patente – sind von § 242 nicht geschützt. Diese werden nur partiell von §§ 288, 289, 292 ff. und den Strafvorschriften des Urheberrechts erfasst. Papiere, die ein Recht verbriefen, sind jedoch taugliches Tatobjekt. Strahlen und **elektrische Energie** sind ebenfalls keine Sachen; die Anwendung des § 242 wäre daher eine nach Art. 103 Abs. 2 GG verbotene Analogie zu Lasten des Täters[16]. Um die damit verbundene Strafbarkeitslücke zu schließen, hat der Gesetzgeber für elektrische Energie die Vorschrift des § 248c geschaffen[17]. Auch **Daten** sind keine Sachen; die Kopie eines Computerprogramms ist daher nicht tatbestandsmäßig[18]. Allerdings kommt ein Diebstahl am Datenträger in Betracht, wenn etwa eine CD weggenommen wird. **17**

bb) Dem **Körper** eines lebenden Menschen kommt keine Sachqualität zu. Dies gilt auch für damit fest verbundene künstliche Teile (z. B. Keramikkrone, künstliches Hüftgelenk, Herzschrittmacher), die Bestandteil des Menschen werden und damit mit Einfügung in den Körper ihre Sachqualität verlieren[19]. Werden Körperteile abgetrennt (z. B. Zähne oder Haare) oder entnommen (z. B. Organe oder Blut), so fallen diese als Sachen unmittelbar in das Eigentum der jeweiligen Person, ohne dass es eines weiteren Aneignungsakts bedarf[20]. Dies gilt richtigerweise auch dann, wenn der Körperbestandteil – wie bei einer Sperma- oder Organspende – einem fremden Körper wieder eingefügt werden soll[21]. **18**

---

12 S. L-Kühl/*Kühl*, § 242 Rn. 2; LK-*Vogel*, § 242 Rn. 6; *Schönke/Schröder/Bosch*, § 242 Rn. 9; SSW-*Kudlich*, § 242 Rn. 5.
13 So BayObLG NJW 1993, 2760 (2761); *Mitsch*, BT 2, 1.2.1.2; *Rengier*, BT 1, § 2 Rn. 7.
14 *Graul*, JuS 2000, 215 (218); *Küper*, JZ 1993, 435 (441); *Rengier*, BT 1, § 2 Rn. 7.
15 So aber *Maurach/Schroeder/Maiwald/Hoyer/Momsen*, BT 1, § 32 Rn. 17; *Schönke/Schröder/Bosch*, § 242 Rn. 9.
16 RGSt 29, 111 (116); RGSt 32, 165 (185 f.).
17 Näher *Eisele*, BT 1, Rn. 12.
18 Zu § 202a vgl. *Eisele*, BT 1, Rn. 731 ff.
19 L-Kühl/*Kühl*, § 242 Rn. 2; *Wessels/Hillenkamp/Schuhr*, BT 2, Rn. 76; *Kindhäuser/Böse*, BT 2, § 2 Rn. 26; *Schönke/Schröder/Bosch*, § 242 Rn. 10 und 20, wonach nur künstliche Teile, die einen Ersatz für Körperteile darstellen (Substitutiv-Implantat), nicht aber als Zusatz eingefügt werden (Supportiv-Implantat), die Sachqualität verlieren; a. A. *Sonnen*, JA 1984, 569 (571).
20 BGH NJW 1994, 127; *Fischer*, § 242 Rn. 8; *Schönke/Schröder/Bosch*, § 242 Rn. 20.
21 BGHZ 124, 52 (54 f.); *Kindhäuser/Böse*, BT 2, § 2 Rn. 24; LK-*Vogel*, § 242 Rn. 12; MünchKomm-*Stresemann*, BGB, 8. Aufl. 2018, § 90 Rn. 27; *Wessels/Hillenkamp/Schuhr*, BT 2, Rn. 76; anders BGHZ 124, 52 (54 f.), für den Fall, dass der abgetrennte Körperbestandteil der Person selbst wieder eingesetzt werden soll.

19 cc) **Leichen** sind nach h. M. zwar Sachen[22], es fehlt jedoch regelmäßig an der Eigentumsfähigkeit, wenn diese bestattet werden sollen[23]. Werden der Körper oder Körperteile eines verstorbenen Menschen unbefugt aus dem Gewahrsam des Berechtigten weggenommen, so kommt eine Störung der Totenruhe nach § 168 oder Verwahrungsbruch nach § 133 in Betracht[24]. Implantierte Hilfsmittel, die bei einem lebenden Menschen keine Sachqualität besitzen, können nach dem Tod wieder Sachqualität erlangen und damit eigentumsfähig sein[25].

> **Bsp.:** Arzt T entnimmt dem bei einer Operation verstorbenen O sogleich den Herzschrittmacher, um diesen später anderweitig zu verwenden. – T macht sich nach § 246 strafbar. Wird der Herzschrittmacher später einem anderen Patienten als neuwertig eingesetzt, so kommt ggf. tatmehrheitlich noch ein Betrug, § 263, zu Lasten des Patienten in Betracht.

20 Soweit der Körper oder Körperteile nach dem Tod – wie etwa plastinierte Leichen oder Mumien – nicht zur Bestattung bestimmt sind, handelt es sich um eigentumsfähige Sachen, so dass insoweit Eigentumsdelikte verwirklicht sein können[26].

21 b) **Beweglich** sind alle Sachen, die bewegt werden können. Es genügt, wenn sie erst durch die Wegnahme beweglich gemacht werden.

> **Bsp. (1):**[27] Schäfer T lässt eine fremde Weide durch seine Schafe „abmähen". – Das Gras wird durch das Abkauen der Tiere beim Gewahrsamwechsel beweglich, was für § 242 genügt. In Tateinheit hierzu kann § 303 stehen, wenn die Tiere die Weide abgrasen und zertreten; im Gegensatz zu § 242 werden von § 303 auch unbewegliche Sachen erfasst.
>
> **Bsp. (2):** T bricht nach bestandener Staatsprüfung zur Erinnerung einen Stein aus dem Universitätsgebäude und stellt diesen als Denkmal in seiner Wohnung auf. – § 242 ist (unproblematisch) verwirklicht.

22 c) Eine Sache ist **fremd**, wenn sie im Allein-, Mit- oder Gesamthandseigentum einer anderen natürlichen oder juristischen Person steht. Dabei kommt es nur darauf an, dass ein anderer als der Täter Eigentümer ist. Wer einem Dieb die Sache wegnimmt, begeht demnach selbst einen weiteren Diebstahl zu Lasten des Eigentümers. Für die Bestimmung des Eigentums gelten die Regelungen des BGB, wobei Rückwirkungsvorschriften – etwa die ex tunc-Wirkung bei der Anfechtung nach § 142 Abs. 1 BGB oder die Rückwirkung der Genehmigung nach § 184 Abs. 1 BGB – keine Berücksichtigung finden können, weil für die Beurteilung der Strafbarkeit der Zeitpunkt der Tathandlung entscheidend ist und andernfalls rückwirkend eine Strafbarkeit begründet würde[28]. Im Rahmen der strafrechtlichen Fallbearbeitung müssen bei diesem Merkmal also ggf. sorgfältig zivilrechtliche Vorschriften (insb. §§ 929 ff. BGB) geprüft werden.

> **Bsp.:** Erblasser E verstirbt in seinem Haus in Stuttgart, in dem auch seine Tochter T wohnt. T und O, der in Hamburg lebt und keinen Schlüssel zum Haus besitzt, sind

---

22 *Krey/Hellmann/Heinrich*, BT 2, Rn. 7; LK-*Vogel*, § 242 Rn. 14; *Mitsch*, BT 2, 1.2.1.2; a. A. *Maurach/Schroeder/Maiwald/Hoyer/Momsen*, BT 1, § 32 Rn. 19; *Sonnen*, BT, S. 100.
23 RGSt 64, 313 (314 ff.); *Kindhäuser/Böse*, BT 2, § 2 Rn. 25; *Mitsch*, BT 2, 1.2.1.2; *Schönke/Schröder/Bosch*, § 242 Rn. 21.
24 S. auch *Eisele*, BT 1, Rn. 1578.
25 OLG Nürnberg NJW 2010, 2071 – Zahngold von eingeäscherten Leichnamen; SK-*Hoyer*, § 242 Rn. 16; *Wessels/Hillenkamp/Schuhr*, BT 2, Rn. 77.
26 *Krey/Hellmann/Heinrich*, BT 2, Rn. 8; *Maurach/Schroeder/Maiwald/Hoyer/Momsen*, BT 1, § 32 Rn. 22; *Wessels/Hillenkamp/Schuhr*, BT 2, Rn. 77.
27 LG Karlsruhe NStZ 1993, 543.
28 *Fischer*, § 242 Rn. 5b; *Rengier*, BT 1, § 2 Rn. 16; SSW-*Kudlich*, § 242 Rn. 12; *Wessels/Hillenkamp/Schuhr*, BT 2, Rn. 81.

Miterben (§ 2032 BGB). T nimmt einige Gegenstände aus dem Haus und veräußert diese für sich. – Für T handelt es sich aufgrund des Miteigentums des O um fremde Sachen. Fraglich ist dann, ob T fremden Gewahrsam gebrochen hat und damit eine Wegnahme vorliegt. Dies ist aber zu verneinen, weil nach dem Tod des E die Gegenstände im Alleingewahrsam der T standen. O besaß keine Zugriffsmöglichkeit und der fiktive Erbenbesitz nach § 857 BGB vermag eine tatsächliche Sachherrschaft nicht zu begründen[29]. Es kommt damit lediglich eine Strafbarkeit nach § 246 in Betracht.

23 **aa) Herrenlose Sachen**, gleichgültig ob von Natur aus oder durch Eigentumsaufgabe nach §§ 958 ff. BGB (Dereliktion), sind nicht fremd; in Betracht kommt in solchen Fällen aber eine Wilderei nach §§ 292, 293. Davon sind verlorene Sachen zu unterscheiden, bei denen kein Eigentums-, sondern allenfalls einen Gewahrsamsverlust anzunehmen ist[30]. Werden Altkleider oder Sperrmüll zur Abholung an den Straßenrand gestellt, so ist darin keine Dereliktion, sondern – entsprechend dem Verwendungszweck des Eigentümers – ein Angebot zur Übereignung zu sehen[31]. Keine Dereliktion liegt auch vor, wenn eine Sache in Vernichtungsabsicht zum Abfall gegeben wird[32].

Bsp.:[33] O stellt einen Sack mit alten Kleidern zur Abholung durch das Rote Kreuz an den Gehweg vor seinem Haus. T öffnet den Sack und nimmt erfreut einige hübsche Stücke mit. – Da O das Eigentum nicht aufgegeben hat, handelte es sich für T um fremdes Eigentum. Da der verschlossene Sack vor seinem Haus stand, hatte er unter Berücksichtigung der Verkehrsanschauung auch noch Gewahrsam daran, so dass T § 242 verwirklicht.

23a Dies gilt richtigerweise auch für das sog. Containern von Lebensmitteln. Gemeint sind Fälle, in denen Supermärkte Lebensmittel in Abfallcontainern entsorgen, die jedoch genießbar sind und daher von den Containern entnommen werden[34]. Auch im Entsorgen in den Containern kann keine Dereliktion gesehen werden[35]. Auch wird man jedenfalls bei abgesperrtem Gelände oder abgesperrten Containern auch von keiner mutmaßlichen Einwilligung ausgehen können[36]. Dafür spricht schon das Interesse des Eigentümers, Risiken im Zusammenhang mit verdorbener Ware durch die Vernichtung auszuschließen[37]. Letztlich ist es Aufgabe des Gesetzgebers, eine nachhaltige Verwendung von Lebensmitteln zu regeln.

24 **bb)** Problematisch sind die **Eigentumsverhältnisse an Betäubungsmitteln**. Zu erkennen ist zunächst, dass (ausnahmsweise) nicht nur das zugrunde liegende Verpflichtungsgeschäft, sondern auch die rechtsgeschäftliche Übereignung der Betäubungsmittel[38] und des gezahlten Kaufpreises[39] nach § 134 BGB in Verbindung mit den Vorschriften des BtMG unwirksam sind. Daher wird teilweise bereits mangels

---

29 S. u. Rn. 28.
30 Sogleich u. Rn. 36 f.
31 Entsprechendes gilt, wenn ec-Karten in einen Abfallbehälter der Bank geworfen werden; s. OLG Hamm JuS 2011, 755 m. Anm. *Jahn*.
32 OLG Hamm JuS 2011, 755 m. Anm. *Jahn*.
33 BayObLG JZ 1986, 967.
34 BVerfG, Nichtannahmebeschluss vom 5. August 2020 – 2 BvR 1985/19; BayObLG NStZ-RR 2020, 104 f. Näher zur Problematik *Schiemann*, KriPoZ 2019, 231 ff.
35 BayObLG NStZ-RR 2020, 104 (105).
36 BayObLG NStZ-RR 2020, 104 (105).
37 BVerfG, Nichtannahmebeschluss vom 5. August 2020 – 2 BvR 1985/19, Rn. 42.
38 AnwK-*Kretschmer*, § 242 Rn. 10; *Engel*, NStZ 1991, 520 (521); *Kindhäuser/Böse*, BT 2, § 2 Rn. 22; MünchKomm-*Armbrüster*, BGB, 8. Aufl. 2018, § 134 Rn. 10.
39 BGHSt 31, 145 (147); BGH NJW 1983, 636; NStZ-RR 2000, 234; MünchKomm-*Armbrüster*, BGB, 8. Aufl. 2018, § 134 Rn. 10.

Verkehrsfähigkeit der Sache die Anwendbarkeit von Eigentumsdelikten verneint. Das Eigentum, das nur originär erworben werden kann (vgl. §§ 950, 953 BGB), sei zu einer leeren „Begriffshülse" reduziert[40]. Dabei muss man sehen, dass nicht nur Verfügungen ausgeschlossen sind, sondern auch bereits der Besitz als solcher mit Strafe bedroht ist[41]. Der 2. Strafsenat des BGH erwog ebenfalls – im Zusammenhang mit der Frage nach der Schutzwürdigkeit von Betäubungsmitteln im Rahmen der Vermögensdelikte (§§ 253; 263)[42] – eine „teleologische Reduktion" der Eigentumsdelikte[43]. Letztlich behielt er aber, nach durchweg ablehnenden Stellungnahmen der übrigen Senate, seine Rechtsprechung bei, wonach Betäubungsmittel aufgrund ihrer (originären) Eigentumsfähigkeit tauglicher Gegenstand der Eigentumsdelikte sind[44]. Dem ist beizupflichten, da der Schutz des Eigentums durch Eigentumsdelikte formaler Natur ist und daher der Wert der Sache sowie die tatsächlichen und rechtlichen Möglichkeiten, mit der Sache (nach Belieben) zu verfahren, unerheblich sind[45]. Auch würde bei Betäubungsmitteln ansonsten das von § 903 BGB gewährte Recht auf Eigentumsaufgabe und Vernichtung der Sache geleugnet.

> **Bsp. (1):**[46] O kauft Heroin bei Dealer D. T nimmt O dieses zum Eigenverbrauch weg. – O konnte an dem Heroin aufgrund § 134 BGB kein Eigentum erwerben, da das dingliche Rechtsgeschäft unwirksam war. Dennoch handelte es sich für T um eine fremde Sache, da jedenfalls der Betäubungsmittelproduzent Eigentümer blieb, wenn alle nachfolgenden Veräußerungsakte unwirksam waren. T macht sich daher nach § 242 strafbar.
>
> **Bsp. (2):**[47] T kauft bei O Heroin an. Gleich nach dem Konsum fasst er den Entschluss, das als Kaufpreis übergebene Geld wieder an sich zu nehmen. – Für die Lösung des Falles ist entscheidend, dass auch die Übereignung des Kaufpreises nach § 134 BGB unwirksam ist[48]. Da das Geld daher weiterhin im Eigentum des T stand, handelte es sich um keine fremde Sache. Ein Betrug nach § 263 scheidet schon deshalb aus, weil T den Entschluss erst nach Abwicklung des Rechtsgeschäfts fasste.

25 d) Unter **Wegnahme** ist der Bruch fremden und die Begründung neuen, nicht notwendigerweise tätereigenen Gewahrsams zu verstehen[49]. Dabei ist zu beachten, dass die „Wegnahme" in § 168 (Bruch eines tatsächlichen Obhutsverhältnisses[50]) und § 289 (jedes Entziehen aus dem Machtbereich) im Lichte des geschützten Rechtsguts abweichend ausgelegt wird (sog. Relativität der Rechtsbegriffe[51]). Für die Wegnahmeprüfung kann zur Orientierung folgendes Schema zugrunde gelegt

---

40 *Engel*, NStZ 1991, 520 (521); MünchKomm-*Schmitz*, § 242 Rn. 17; zweifelnd auch *Fischer*, § 242 Rn. 5a.
41 Zu den beschränkten tatsächlichen und rechtlichen Umgangsmöglichkeiten mit BtM etwa *Bechtel*, JR 2017, 197 (201); zum Besitzschutzdefizit vgl. ferner *Wessels/Hillenkamp/Schuhr*, BT 2, Rn. 73.
42 Dazu unten Rn. 609.
43 Vgl. den Anfragebeschluss BGH NStZ 2016, 596 (599); zur Diskussion *Bechtel*, JR 2017, 197; *Ladiges*, wistra 2016, 479 (482).
44 BGH wistra 2018, 41; ferner NStZ-RR 2018, 15; NStZ-RR 2018, 248 (249); kritisch zu den Antworten der (zuvor) angefragten Senate *Bechtel*, wistra 2018, 154.
45 *Marcelli*, NStZ 1992, 220 f.; *Mitsch*, BT 2, 1.2.1.3.3.2; Schönke/Schröder/*Eser/Bosch*, § 242 Rn. 19.
46 BGH NStZ 2006, 170.
47 BGH NStZ-RR 2000, 234.
48 BGHSt 31, 145 (147).
49 RGSt 48, 58 (59); BGH NStZ 1988, 270 (271); NStZ 2019, 726; *Heghmanns*, BT, Rn. 1007; S. 4; SSW-*Kudlich*, § 242 Rn. 17.
50 S. L-Kühl/*Heger*, § 168 Rn. 3.
51 Näher *Eisele*, BT 1, Rn. 11.

werden, ohne dass dies freilich in der Falllösung detailliert „abgearbeitet" werden sollte[52]:

1. Fremder Gewahrsam
   a) Gewahrsam
      aa) Sachherrschaftsverhältnis (objektive Komponente)
      bb) Natürlicher Sachherrschaftswille (subjektive Komponente)
   b) Fremder Gewahrsam: Alleingewahrsam, über- oder gleich geordneter Gewahrsam einer anderen Person
2. Bruch des fremden Gewahrsams
   a) Aufhebung des Gewahrsams, nicht bloße Gewahrsamslockerung
   b) Gegen bzw. ohne den Willen des Gewahrsamsinhabers → ansonsten tatbestandsausschließendes Einverständnis; dabei aufgrund des Exklusivitätsverhältnisses Abgrenzung zum Betrug nach § 263
3. Begründung neuen, nicht notwendigerweise tätereigenen Gewahrsams

aa) Bruch fremden Gewahrsams bedeutet die Aufhebung der Sachherrschaft gegen den Willen bzw. ohne das Einverständnis des bisherigen Gewahrsamsinhabers[53]. In einem ersten Schritt ist zu prüfen, welche Person vor der Tathandlung Gewahrsam an dem Gegenstand besaß. Unter **Gewahrsam** versteht man die Sachherrschaft (objektive Komponente), die von einem natürlichen Sachherrschaftswillen getragen wird (subjektive Komponente)[54]. Entfällt eine der beiden Komponenten, so endet der Gewahrsam.

(1) Ein **Sachherrschaftsverhältnis** liegt vor, wenn für den Berechtigten die Möglichkeit zur physisch-realen Einwirkung auf die Sache besteht und der Ausübung der Herrschaft keine wesentlichen Hindernisse entgegenstehen. Dabei sind die konkreten Umstände des Einzelfalls unter Berücksichtigung der Verkehrsanschauung entscheidend, wobei eine normative Betrachtung im Vordergrund steht[55]. Im Rahmen einer solchen normativen Betrachtung kann für einen Gewahrsam sprechen, dass sich der Gegenstand in der räumlichen Sphäre einer Person befindet (Einwurf in den Briefkasten, Verwahrung im Lager usw.). Umgekehrt ist der Gewahrsam nicht schon deshalb beendet oder ausgeschlossen, wenn aufgrund räumlicher Distanz die faktische Zugriffsmöglichkeit gelockert ist[56].

> Bsp. (1): O stellt seinen Wagen auf einem Parkplatz ab und fährt in den Urlaub; O lässt seinen Kater durch den ganzen Ort streunen; das Postpaket wird vor der Haustür des abwesenden O abgelegt; die Zeitungen werden am frühen Morgen auf der Straße vor dem Kiosk des O abgelegt. – Nimmt T die Sachen, so bricht er den gelockerten, aber dennoch fortbestehenden Gewahrsam und begeht einen Diebstahl.
>
> Bsp. (2): T nimmt das silberne Besteck im Restaurant des O mit. – Zwar hält T dieses während des Essens in seinen Händen. Jedoch hat O in seiner räumlichen Sphäre weiterhin jederzeit die Zugriffsmöglichkeit und auch einen entsprechenden Sachherr-

---

52 Vgl. auch *Zopfs*, ZJS 2009, 506 (507 ff.).
53 BayObLG NJW 1979, 729; *Otto*, BT, § 40 Rn. 28; *Wessels/Hillenkamp/Schuhr*, BT 2, Rn. 115.
54 BGHSt 40, 8 (23); BGH NStZ 2019, 726; *Schönke/Schröder/Bosch*, § 242 Rn. 23.
55 Für eine sozial-normative Zuordnung der Sache zur Herrschaftssphäre einer Person, ohne dass es auf die tatsächliche Zugriffsmöglichkeit ankommt, *Wessels/Hillenkamp/Schuhr*, BT 2, Rn. 82 ff. m.w.N.
56 L-Kühl/*Kühl*, § 242 Rn. 9; *Rengier*, BT 1, § 2 Rn. 27; *Schönke/Schröder/Bosch*, § 242 Rn. 25 f.

schaftswillen, so dass er mindestens Mitgewahrsam besaß. Diesen hat T spätestens gebrochen, als er das Restaurant verließ.

28 Der Gewahrsam ist im Übrigen **unabhängig von den zivilrechtlichen Eigentums- und Besitzregelungen** zu beurteilen. Zivilrechtlicher Besitz und strafrechtlicher Gewahrsam können zwar gleichlaufen, unterscheiden sich aber vor allem in folgenden Fällen: Der mittelbare Besitzer (§ 868 BGB) hat häufig keinen Gewahrsam; die tatsächliche Sachherrschaft wird zumeist beim unmittelbaren Besitzer liegen. Auch der (fiktive) Erbenbesitz (§ 857 BGB) begründet keine tatsächliche Sachherrschaft. Umgekehrt kann der Besitzdiener (§ 859 BGB), der selbst nicht Besitzer ist, die tatsächliche Sachherrschaft und daher Gewahrsam erlangen; je nach Sachverhaltsgestaltung kann dieser jedoch auch – ohne eigenen Gewahrsam – bloßer Gewahrsamsgehilfe bzw. Gewahrsamshüter des Geschäftsherrn sein.

29 (2) An den **natürlichen Sachherrschaftswillen** als subjektive Komponente werden recht geringe Anforderungen gestellt. Es genügt zunächst ein genereller Sachherrschaftswille, der nicht auf einen konkreten Gegenstand bezogen sein muss, sich vielmehr grundsätzlich auf alle Sachen erstreckt, die sich im Herrschaftsbereich bzw. in der räumlichen Sphäre des Betreffenden befinden[57]. Anderes kann freilich bei Gegenständen gelten, die dem Betroffenen aufgedrängt werden und seinen Interessen zuwiderlaufen.

> **Bsp. (1):** An einem verlorenen Geldschein in einem Ladengeschäft hat der Ladeninhaber Gewahrsam, selbst wenn er keine Kenntnis von dem Geldschein hat. Steckt die Putzfrau oder ein Kunde den Geldschein ein, so liegt daher Diebstahl (§ 242) und nicht lediglich Unterschlagung (§ 246) vor. Entsprechendes gilt für andere in Behördengebäuden, Stadthallen, Gaststätten, öffentlichen Verkehrsmitteln usw. liegen gebliebene Gegenstände.
>
> **Bsp. (2):** O vergisst nach dem Abheben am Bankautomaten das Geld aus dem Ausgabefach mitzunehmen. Bevor es wieder eingezogen wird, greift T erfreut zu. – Das Geld war für T eine fremde bewegliche Sache; es stand weiterhin im Eigentum der Bank (mangels Übergabe keine Übereignung an O). Auch der Gewahrsam stand der innerhalb der Bank zuständigen natürlichen Person zu, da das Ausgabefach des Bankautomaten deren Gewahrsamssphäre zuzuordnen ist[58]. Dieser Fall kann ersichtlich nicht anders behandelt werden, wie wenn der Kunde außerhalb eines Abhebungsvorgangs am Automaten Geld liegen lässt oder verliert[59].

30 Es wird ferner **kein ständig aktualisiertes Herrschaftsbewusstsein** gefordert, so dass auch ein Schlafender oder Bewusstloser – selbst wenn dieser vor seinem Tod nicht mehr aus der Bewusstlosigkeit erwacht – weiterhin Gewahrsam haben kann[60]. Auch Kinder können den natürlichen Herrschaftswillen haben. Der Sachherrschaftswille endet erst mit dessen Aufgabe oder durch Tod des Gewahrsamsinhabers.

31 Da nur natürliche Personen einen Herrschaftswillen bilden können, kommen **juristische Personen** nicht als Gewahrsamsinhaber in Betracht[61]. Wenn etwas un-

---

57 L-Kühl/*Kühl*, § 242 Rn. 11; *Schönke/Schröder/Bosch*, § 242 Rn. 30.
58 So auch BGH NStZ 2019, 726 m. Anm. *Krell* und *Brand*, ZWH 2020, 125; zur streitigen Frage des tatbestandsausschließenden Einverständnisses u. Rn. 53 ff.
59 S. Rn. 36 ff.
60 BGHSt 4, 210 (211); BGH NJW 1985, 1911; *Mitsch*, BT 2, 1.2.1.4.2.3; *Schönke/Schröder/Bosch*, § 242 Rn. 30.
61 RGSt 60, 271; LK-*Vogel*, § 242 Rn. 57; *Rengier*, BT 1, § 2 Rn. 43; *Schönke/Schröder/Bosch*, § 242 Rn. 29; a. A. SK-*Hoyer*, § 242 Rn. 39.

präzise vom Gewahrsam eines Unternehmens, eines Warenhauses, einer Behörde usw. gesprochen wird, ist damit der Gewahrsam (und damit auch der Gewahrsamswille) der jeweils zuständigen Person (z. B. Geschäftsinhaber, Behördenleiter, Organ oder sonst beauftragte Person) gemeint[62]. Nimmt eine solche Person einen Gegenstand mit, so scheidet – sofern nicht Mitgewahrsam eines Dritten besteht – § 242 aus. In Betracht kommt eine Strafbarkeit nach § 246 Abs. 1 und 2 sowie nach § 266.

(3) Die Beurteilung der Gewahrsamverhältnisse kann bei der **Beteiligung mehrerer Personen** kompliziert sein, weil hier neben dem Alleingewahrsam einer Person auch ein **gleichrangiger oder mehrstufiger Mitgewahrsam** anderer Personen in Betracht kommt, der mitunter von diffizilen Erwägungen abhängig gemacht wird.

> **Klausurhinweis:** Für Klausuren ist nicht entscheidend, dass die unzähligen Fallkonstellationen auswendig gelernt werden, sondern anhand der verschiedenen Kriterien argumentiert wird.

Bevor auf Einzelheiten dieser Gewahrsamsverhältnisse eingegangen wird, soll die Bedeutung dieser Einteilung verdeutlicht werden: Steht die Sache im **Alleingewahrsam** des Täters, so scheidet § 242 immer aus, da in diesem Fall kein fremder Gewahrsam gebrochen wird; in Betracht kommt nur eine Strafbarkeit nach § 246. Hat der Täter hingegen selbst keinen Gewahrsam an der Sache und wird fremder Gewahrsam – sei es Alleingewahrsam, sei es Mitgewahrsam – gebrochen, so ist § 242 verwirklicht, wenn die weiteren Voraussetzungen vorliegen. Steht die Sache im Gewahrsam von mehreren Personen, so spricht man von **Mitgewahrsam**. Nehmen alle Mitgewahrsamsinhaber einverständlich die Sache weg, so liegt kein Gewahrsamsbruch vor. **Gleichrangigen Mitgewahrsam** (z. B. unter Ehegatten) kann jeder Mitgewahrsamsinhaber brechen und damit § 242 verwirklichen[63]. **Mehrstufiger Mitgewahrsam** kann nur „von unten nach oben" und nicht „von oben nach unten" gebrochen werden. § 242 kann daher nur derjenige verwirklichen, der untergeordneten Mitgewahrsam, nicht aber derjenige, der übergeordneten Gewahrsam hat[64]. Mehrstufiger Mitgewahrsam kommt vor allem in Dienst-, Arbeits- und Auftragsverhältnissen in Betracht[65]. Bei genauer Betrachtung ist die Figur des untergeordneten Gewahrsams (und damit zugleich diejenige des übergeordneten Gewahrsams) jedoch entbehrlich. Man kann in diesen Fällen im Wege einer normativen Betrachtung ebenso gut davon ausgehen, dass der Geschäftsherr (Allein-)Gewahrsam besitzt, der von seinem Angestellten usw. oder einem Dritten gebrochen werden kann[66].

> **Bsp.:** Die Mitnahme eines Computers durch den Geschäftsinhaber ist – unabhängig davon, ob dieser Alleingewahrsam oder übergeordneten Mitgewahrsam hat – nicht tatbestandsmäßig; nimmt dagegen der Auszubildende (auch mit untergeordnetem Mitgewahrsam) das Gerät mit, kann § 242 verwirklicht sein.

---

62 RGSt 52, 144; RGSt 54, 232; *Mitsch*, BT 2, 1.2.1.4.2.2; NK-*Kindhäuser*, § 242 Rn. 34; *Schönke/Schröder/Bosch*, § 242 Rn. 29.
63 *Kindhäuser/Böse*, BT 2, § 2 Rn. 55; *Schönke/Schröder/Bosch*, § 242 Rn. 32.
64 LG Karlsruhe NJW 1977, 1302; OLG Celle NStZ 2012, 447 (448); *Fischer*, § 242 Rn. 14a; *Schönke/Schröder/Bosch*, § 242 Rn. 32; *Schramm*, JuS 2008, 678 (682).
65 OLG Celle NStZ 2012, 447 (448).
66 So auch L-Kühl/*Kühl*, § 242 Rn. 13; *Mitsch*, BT 2, 1.2.1.4.2.2; ferner *Wessels/Hillenkamp/Schuhr*, BT 2, Rn. 96, aufgrund sozial-normativer Zuordnung.

34 Diese abstrakten Grundsätze sollen anhand einiger **wichtiger Fallgruppen** exemplarisch verdeutlicht werden, wobei darauf hinzuweisen ist, dass bereits kleine Änderungen des Sachverhalts zu einer abweichenden rechtlichen Beurteilung des Gewahrsamsverhältnisses führen können.

35 Bei **verschlossenen, aber transportablen Behältnissen** (z. B. Geldkassette, Koffer) hat regelmäßig derjenige Alleingewahrsam am Inhalt, der auch die Sachherrschaft am Behältnis hat. Der Schlüsselinhaber oder Codeinhaber hat nach h. M. insoweit keinen Mitgewahrsam, da er keinen Einfluss auf das Schicksal der Sache hat. Eine Ausnahme wird man aber zulassen müssen, wenn dieser weiß, wo sich das Behältnis befindet und er ungehinderten Zugriff auf das Behältnis und damit den Inhalt hat[67]. Ist das Behältnis fest mit einem Gebäude verbunden bzw. kann es nur mit großen Anstrengungen fortgeschafft werden (z. B. Wand- oder Stahltresor, Automaten), wird man entgegen der h. M. nicht Alleingewahrsam des Schlüsselinhabers[68], sondern Mitgewahrsam desjenigen anzunehmen haben, der die räumliche Sphäre beherrscht. Dies wird vor allem in Fällen deutlich, in denen dem Schlüsselinhaber der Zugang zu den Räumlichkeiten nicht ohne weiteres möglich ist[69].

36 An **verlorenen Gegenständen**, bei denen der ursprüngliche Gewahrsamsinhaber nicht weiß, wo sie sich befinden, hat er keinen Gewahrsam mehr[70]. Denn in diesem Fall besteht mangels Kenntnis von der Belegenheit der Sache keine faktische Einwirkungsmöglichkeit. In fremder räumlicher Sphäre kann allerdings ein Dritter – geht man von dessen generellem Sachherrschaftswillen aus – aufgrund seiner Einwirkungsmöglichkeit nunmehr Alleingewahrsam erlangen.

> **Bsp.:** O weiß nicht, dass er seine Uhr in einem Park liegen gelassen hat. T findet diese und steckt sie ein. – Da O keinen Gewahrsam mehr besitzt, d. h. die Sache gewahrsamslos ist, begeht T „nur" eine Unterschlagung nach § 246 Abs. 1. Verliert O die Uhr hingegen in der Bäckerei des B, so erlangt B Alleingewahrsam an der Uhr; nimmt T diese mit, so bricht er den Gewahrsam des B und begeht einen Diebstahl zu Lasten des O (Eigentümer).

37 Hinsichtlich **vergessener** Gegenstände, bei denen der ursprüngliche Gewahrsamsinhaber weiß, wo sich die Sache befindet, ist zu differenzieren: Hier besteht der Gewahrsam solange fort, wie der Gegenstand ohne wesentliche Hindernisse zurückerlangt werden kann[71]. Denn dann ist noch eine hinreichende Einwirkungsmöglichkeit gegeben. Der BGH möchte dies jedoch für Fälle einschränken, in denen die Sache in „einem öffentlichen, mithin für jede Person zugänglichen Bereich liegt und der ortsabwesende Geschädigte nicht in der Lage ist, auf die Sache einzuwirken"[72]. Sofern sich die Sache in einer fremden Herrschaftssphäre befindet, besteht aufgrund des generellen Sachherrschaftswillens des Dritten Mit-

---

67 RGSt 45, 249 (252); RGSt 47, 210 (211); BGHSt 22, 180 (183); LK-*Vogel*, § 242 Rn. 81; *Schönke/Schröder/Eser/Bosch*, § 242 Rn. 34. Anders aber *Wessels/Hillenkamp/Schuhr*, BT 2, Rn. 108, der Alleingewahrsam des Schlüsselinhabers annimmt, wenn dieser jederzeit ungehinderten Zugang zum Inhalt hat; ansonsten soll Mitgewahrsam bestehen.
68 BGHSt 22, 180 (183); NK-*Kindhäuser*, § 242 Rn. 37; SK-*Hoyer*, § 242 Rn. 42.
69 *Wessels/Hillenkamp/Schuhr*, BT 2, Rn. 108; für Alleingewahrsam des Verwahrers LK-*Vogel*, § 242 Rn. 81.
70 *Kindhäuser/Böse*, BT 2, § 2 Rn. 40; *Schönke/Schröder/Bosch*, § 242 Rn. 28.
71 RGSt 38, 444 (445); *Maurach/Schroeder/Maiwald/Hoyer/Momsen*, BT 1, § 33 Rn. 21; *Schönke/Schröder/Bosch*, § 242 Rn. 28.
72 BGH NStZ 2020, 483.

gewahrsam am vergessenen Gegenstand[73]. Der (Mit-)Gewahrsam endet jedoch, wenn ein Zugriff auf die Sache nicht möglich ist.

> **Bsp.:** Student O vergisst seinen Füller im Hörsaal. Als er ihn am Abend abholen möchte, steht er vor verschlossener Tür. Putzfrau T nimmt den Füller später mit. – O hat trotz Kenntnis vom Standort keinen Gewahrsam mehr, da er keinen Zugriff auf den Füller hat. Da er diesen in fremder Sphäre vergessen hat, steht der Füller im Gewahrsam des zuständigen Personals der Universität (Hausmeister, Verwaltung). T hat diesen Gewahrsam mit der Mitnahme gebrochen und daher § 242 verwirklicht.

38 Nach h. M. haben **Angestellte in Ladengeschäften**, die unter Leitung bzw. Mitwirkung des Geschäftsherrn arbeiten, an den Waren, der Kasse und den Geldern, die sie von den Kunden in Empfang nehmen, keinen Mitgewahrsam. Sie sind lediglich Gewahrsamsgehilfen bzw. Gewahrsamshüter; der Geschäftsherr hat in diesem Fall Alleingewahrsam[74]. Entsprechendes gilt auch für kleinere Handwerksbetriebe, wenn der Arbeitnehmer Materialien oder Werkzeug mitnimmt. Selbst wenn man dies anders sieht und gleich- oder untergeordneten Mitgewahrsam annimmt, liegt immer noch ein Bruch fremden Gewahrsams vor.[75] Angestellte, die in **Kaufhäusern** mit einem gewissen Maß an Eigenverantwortlichkeit einen räumlich abgegrenzten Bereich betreuen, können ggf. Mitgewahrsam an den darin befindlichen Sachen haben, der freilich dem Mitgewahrsam des Abteilungsleiters, Filialleiters, Geschäftsführers, Geschäftsinhabers usw. untergeordnet ist. Mit guten Gründen kann man aber auch hier die Figur des untergeordneten Gewahrsams als überflüssig ansehen[76]. Wer selbstständig eine **Niederlassung oder Filiale** leitet[77] oder einen Sachbestand ganz selbstständig verwaltet[78] hat Alleingewahrsam.

> **Bsp.:** Der Angestellte T der Uhrenabteilung steckt nach Ladenschluss eine Uhr in seine Hosentasche, um diese anderweitig zu veräußern. – Da T nur untergeordneten Mitgewahrsam besitzt, bricht er bereits mit dem Einstecken der Uhr in seine Tasche (Gewahrsamsenklave)[79] den übergeordneten Mitgewahrsam und macht sich daher nach § 242 strafbar.

39 Ein **Kassierer**, der die Kasse eigenverantwortlich führt, soll nach h. M. regelmäßig Alleingewahrsam haben, wenn niemand bis zur Abrechnung das Geld gegen den Willen des Kassierers entnehmen darf[80]. Für einen Alleingewahrsam spricht auch die alleinige Zugriffsmöglichkeit, etwa durch den Besitz des einzigen Kassenschlüssels. Anders (Mitgewahrsam) kann aber zu entscheiden sein, wenn weitere Personen – etwa beim Zählen des Geldes – eingeschaltet sind[81].

> **Bsp.:** Studentin T jobbt als Bedienung in einer Cocktailbar. Hierzu rechnet sie mit einer eigenständig geführten Geldbörse an den Tischen ab, trennt das Trinkgeld von den Einnahmen und rechnet nach Schließung der Bar ab. Als sie in Zahlungsschwierigkeiten ist, nimmt sie das Geld einfach mit. – T hat, obwohl sie sich in der räumlichen

---

73 OLG Hamm NJW 1969, 620; *Wessels/Hillenkamp/Schuhr*, BT 2, Rn. 110; a. A. NK-*Kindhäuser*, § 242 Rn. 40.
74 S. RGSt 30, 88 (89 ff.); RGSt 77, 34 (38); BGHSt 8, 273 (275); *Krey/Hellmann/Heinrich*, BT 2, Rn. 30; *Wessels/Hillenkamp/Schuhr*, BT 2, Rn. 100.
75 Vgl. auch BGH wistra 2015, 272 (273).
76 Für einen Alleingewahrsam des Abteilungsleiters *Wessels/Hillenkamp/Schuhr*, BT 2, Rn. 101.
77 *Rengier*, BT 1, § 2 Rn. 36; *Wessels/Hillenkamp/Schuhr*, BT 2, Rn. 101; für zumindest übergeordneten Mitgewahrsam LK-*Vogel*, § 242 Rn. 79.
78 OLG Zweibrücken NStZ-RR 2018, 249 (250).
79 S. Rn. 42.
80 BGHSt 8, 273 (275); BGHSt 40, 8 (23); BGH NStZ-RR 2018, 108 (109); *Krey/Hellmann/Heinrich*, BT 2, Rn. 30; *Rengier*, BT 1, § 2 Rn. 37.
81 OLG Celle NStZ 2012, 447.

Sphäre des Lokals befindet, Alleingewahrsam am Geld, da nur sie Zugriff auf die Geldbörse hat. Es liegt daher keine Wegnahme vor; T macht sich aber nach § 246 Abs. 1 und Abs. 2 strafbar.

40 Beim **Warentransport** per LKW liegt zunächst ein Alleingewahrsam des Fahrers nahe, da dieser alleinigen Zugriff auf Wagen und Ladung hat. Allerdings bedarf es auch hier einer normativen Betrachtung unter Berücksichtigung der Verkehrsanschauung[82]. Alleingewahrsam des Fahrers ist dann anzunehmen, wenn nach Art der Fallgestaltung keine Einflussnahme oder Kontrolle durch den Geschäftsherrn mehr möglich ist. Indizien dafür sind eine lange Dauer der Fahrt, eine große Fahrtstrecke (Fernfahrten)[83], eine Vielzahl anzufahrender Kunden mit nur kurzem Aufenthalt bei diesen sowie eine freie Wahl der Fahrtroute. Übergeordneter Mitgewahrsam des Geschäftsherrn ist hingegen anzunehmen, wenn trotz der Lockerung der Herrschaftsbeziehung noch erhebliche Einflussmöglichkeiten bestehen. Dies ist dann der Fall, wenn nur kurze Strecken gefahren werden, der Fahrer in der Bestimmung der Fahrtroute praktisch keine Freiheiten hat und per Funk Weisungen erhält.[84]

> **Bsp. (1):** T fährt für die Firma Fri-Frost Tiefkühlkost zu einem festen Kundenstamm. Als er dabei an seiner Wohnung vorbeifährt, füllt er seine eigene Gefriertruhe auf. – T macht sich nach § 242 strafbar, da es sich um eine Fahrt im örtlichen Umkreis mit einer bestimmten Route (Kunden) handelt und er daher übergeordneten Mitgewahrsam gebrochen hat.
>
> **Bsp. (2):** A und B fahren mit ihrem LKW quer durch Europa, um für den O Computerzubehör auszuliefern. Sie sind in Planung und Fahrtroute frei. Unterwegs füllt A – von B unbemerkt – seinen Kleiderkoffer mit teurer Ware, um diese nach der Rückkehr zu veräußern. – Zwar besaß O mangels Einwirkungsmöglichkeit keinen Gewahrsam an der Ware; jedoch hat A gleichrangigen Mitgewahrsam des B gebrochen und daher § 242 verwirklicht.

41 (4) Unter **Bruch des Gewahrsams** ist die vollständige Aufhebung des Gewahrsams gegen oder zumindest ohne das Einverständnis des Gewahrsamsinhabers zu verstehen[85]. Erforderlich ist, dass der bisherige Gewahrsamsinhaber die Zugriffsmöglichkeit auf die Sache verliert[86]. Die **Begründung des neuen Gewahrsams** ist das Spiegelbild zum Gewahrsamsbruch und zugleich das Ergebnis des Gewahrsamswechsels. Die Kriterien des Gewahrsams müssen nun auf eine andere Person – nicht zwingend den Täter selbst – zutreffen[87].

> **Bsp.:**[88] LKW-Fahrer T soll mit einem Fahrzeug seines Arbeitgebers verschiedene Waren beim Unternehmen O abholen. Als er einige teure Fernsehgeräte in den Lagerhallen entdeckt, lädt er diese „zusätzlich" ein, um diese später für sich zu verkaufen. Für den vollendeten Gewahrsamsbruch mit Verladen der Fernsehgeräte kommt es nicht darauf

---

82 Vgl. BGH GA 1979, 390 f.; *Schönke/Schröder/Bosch*, § 242 Rn. 33; *Wessels/Hillenkamp/Schuhr*, BT 2, Rn. 103.
83 BGHSt 2, 317 (318); BGH GA 1979, 390 (391); OLG Düsseldorf wistra 1985, 110 f.; *Otto*, JZ 1985, 21 (23); *Rengier*, BT 1, § 2 Rn. 38.
84 BGHR StGB § 242 Abs. 1 Gewahrsam 8 (Gründe).
85 BGH NStZ 2019, 726; BayObLG NJW 1979, 729; *Küper/Zopfs*, BT, Rn. 769; *Wessels/Hillenkamp/Schuhr*, BT 2, Rn. 115; für ein Handeln *gegen* den Willen *Heghmanns*, BT, Rn. 1030; *Ludwig/Lange*, JuS 2000, 446 (449); für ein Handeln *ohne* den Willen *L-Kühl/Kühl*, § 242 Rn. 14; *Schönke/Schröder/Bosch*, § 242 Rn. 35.
86 BGH NStZ 2020, 483.
87 BGHSt 16, 271; BGH NJW 1981, 997; LG Zwickau NJW 2006, 166; *Fischer*, § 242 Rn. 17; *Otto*, BT, § 40 Rn. 29.
88 Vgl. auch OLG Hamm NStZ-RR 2014, 209.

an, ob T oder sein Arbeitgeber Gewahrsam an den Fernsehgeräten im LKW erlangt, da kein tätereigener Gewahrsam begründet werden muss.

Der Täter (bzw. ein Dritter) muss infolge des Gewahrsamswechsels die Sachherrschaft dergestalt erlangen, dass er sie ohne wesentliche Hindernisse ausüben kann und der bisherige Gewahrsamsinhaber nicht mehr über die Sache verfügen kann, ohne seinerseits die Verfügungsmacht des Täters zu brechen[89]. Eine bloße **Gewahrsamslockerung** genügt für einen Gewahrsamsbruch und damit einen Gewahrsamswechsel nicht. In solchen Fällen ist jedoch zu beachten, dass der endgültige Gewahrsamsbruch noch zu einem späteren Zeitpunkt erfolgen kann. Die zeitlich exakte Festlegung der Wegnahme und damit der Vollendung ist vor allem für das Verhältnis zu § 252, aber auch für die streitige Frage der sukzessiven Beteiligung und der Anwendbarkeit der Qualifikationen nach Vollendung von Bedeutung. Auch scheidet ab diesem Zeitpunkt ein Rücktritt nach § 24 aus.

> **Bsp.:** T steckt im Supermarkt heimlich eine Packung Zigaretten in die Einkaufstasche der Rentnerin R. – Hier ist der Gewahrsam des Marktleiters usw. mit dem Einstecken gebrochen. Zwar befand sich die Sache noch im Rahmen der räumlichen Sphäre des Ladens, jedoch kann auf Gegenstände, die in Kleidung und Taschen von Kunden verborgen werden, nicht einfach zugegriffen werden. Es liegt eine vollendete Wegnahme vor, weil T neuen Gewahrsam bei R begründet hat und der Gewahrsamswechsel ohne den Willen des Gewahrsamsinhabers erfolgte.

Bei den im Alltag (aber auch in Klausuren) häufig vorkommenden **Ladendiebstählen** ist der Gewahrsamswechsel, solange der Täter die Sachen noch in der Hand trägt, regelmäßig erst vollzogen, wenn er den räumlichen Herrschaftsbereich des Geschäftsinhabers verlässt[90]. Im Einzelfall kann Vollendung aber auch schon nach dem Passieren der Kasse anzunehmen sein; so beispielsweise, wenn in einem Einkaufszentrum unmittelbar nach der Kasse der Bereich des Ladengeschäfts endet und sich eine andere Fläche (Flur, weiteres Geschäft) anschließt. Andererseits kann der Herrschaftsbereich auch Flächen vor dem Gebäude erfassen, wenn dort ebenfalls Waren angeboten werden[91]. Das bloße Ergreifen kann den Gewahrsamswechsel allenfalls bei ganz kleinen Gegenständen – wie bei Geld – bewirken. Ansonsten genügt bei kleineren beweglichen Sachen für einen Gewahrsamsbruch auch in fremden räumlichen Sphären bereits das Verbergen am Körper, in der Kleidung oder in einer **mitgeführten Tasche** des Täters (**Gewahrsamsenklave**), weil der Zugriff hier wesentlich erschwert ist und eine Beeinträchtigung des höchstpersönlichen „Tabubereichs" erfordert[92]. Entsprechendes gilt auch, wenn der Täter in einem Warenhaus Kleidungsstücke wie eigene davon trägt[93]; daran ändert sich selbst dann nichts, wenn die Kleidungsstücke für das Ladenpersonal (teilweise) sichtbar sind. Keine Gewahrsamsenklave wird hingegen begründet, wenn die Gegenstände in Behältnisse des Ladens – z. B. Körbe oder Einkaufswagen – gelegt werden. Auch bei größeren Gegenständen, die sich nicht in einer

---

89 OLG Köln NJW 1986, 392; OLG Düsseldorf NJW 1988, 922 f.; BayObLG NJW 1995, 3000 (3001); L-Kühl/*Kühl*, § 242 Rn. 15; *Schönke/Schröder/Bosch*, § 242 Rn. 38.
90 BGH NStZ 2008, 624 (625); *Mitsch*, BT 2, 1.2.1.4.3.1; *Rengier*, BT 1, § 2 Rn. 51 ff.; a. A. *Fischer*, § 242 Rn. 18, der hier u. U. schon mit dem Ergreifen eine vollendete Wegnahme annimmt.
91 BayObLG NJW 1997, 3326; dazu *Martin*, JuS 1998, 890 (892 f.); s. auch L-Kühl/*Kühl*, § 242 Rn. 16; *Rengier*, BT 1, § 2 Rn. 51.
92 BGHSt 16, 271 (274); BGHSt 23, 254 f.; BGH NStZ 2011, 158 (159 f.); NStZ 2015, 276; NStZ 2019, 613 (614); *Mitsch*, BT 2, 1.2.1.4.3.1; *Schramm*, JuS 2008, 678 (681).
93 BGH NStZ 1988, 270; OLG Hamm MDR 1969, 862; *Fischer*, § 242 Rn. 18; A/W/H/*Heinrich*, § 13 Rn. 42.

Gewahrsamsenklave befinden, bedarf es regelmäßig des Passierens des Kassenbereichs oder des Verlassens des Ladens[94].

43 Der Gewahrsamsbruch wird nach h. M. nicht dadurch ausgeschlossen, dass dem Täter aufgrund einer **Beobachtung durch einen Kaufhausdetektiv** die spätere Flucht aufgrund von Sicherungsmaßnahmen möglicherweise erschwert wird. Die Beobachtung kann nämlich die Vollendung der Tat nicht hindern[95]. Nichts anderes ist mit dem häufig zitierten Satz „Diebstahl ist keine heimliche Tat" gemeint[96]. Freilich ist nicht zu verkennen, dass durch das Beobachten und eine mögliche Verfolgung auch die Zugriffsmöglichkeit auf die Sache im Laden deutlich erhöht wird, so dass man im Einzelfall unter Berücksichtigung der räumlichen Gestaltung, der Größe des fortzuschaffenden Gegenstandes und der Zugriffsmöglichkeiten auch zu einem anderen Ergebnis gelangen kann[97].

> **Bsp.:** Detektiv D beobachtet die T, wie sie einen Lippenstift in ihre Handtasche steckt. Als T ohne Bezahlung gerade den Laden verlässt, wird sie von D gestellt, der sie festhalten möchte. Um die Beute zu verteidigen, schlägt T dem D ihre Handtasche ins Gesicht und flieht. – Das Beobachten der T hindert nach h. M. die Vollendung der Wegnahme durch das Überführen des Lippenstifts in die Tasche als Gewahrsamsenklave nicht. Auch in dem bloßen Geschehenlassen des Gewahrsamsbruchs durch den Detektiv kein tatbestandsausschließendes Einverständnis gesehen werden[98]. T hat daher zunächst § 242 verwirklicht. Hinzu kommt durch die Gewaltausübung zur Besitzerhaltung nach Vollendung, aber noch vor Beendigung des Diebstahls eine Tat nach § 252, die § 242 im Wege der Spezialität verdrängt. Bei D kommt eine versuchte Freiheitsberaubung nach §§ 239 Abs. 1 und Abs. 2, 22, 23 in Betracht, die jedoch nach § 127 Abs. 1 StPO gerechtfertigt ist.

43a Entsprechendes gilt, wenn an dem Gegenstand ein **Sicherungsetikett** angebracht ist, da dieses nicht den Diebstahl hindert, sondern nur der Wiedererlangung der bereits gestohlenen Sache am Ausgang dienen soll[99]. Anders kann bei sog. Sicherungsspinnen gelten, die im Ladengeschäft entfernt werden müssen und die dann bereits einen Alarm auslösen und somit bereits die Wegnahme erschweren[100].

44 Eine **bloße Gewahrsamslockerung** liegt hingegen vor, wenn Gegenstände in Behältnissen verborgen werden, die – wie etwa Einkaufswagen oder Verpackungen – dem Bereich der Opfersphäre zuzuordnen sind[101]. Der Gewahrsamsbruch an der versteckten Ware wird hier regelmäßig erst mit Verlassen des Kassenbereichs vollzogen, wobei im Einzelfall die Abgrenzung von Diebstahl und Betrug von Bedeutung sein kann.

---

94 BGH NStZ-RR 2013, 276 f.
95 *Krey/Hellmann/Heinrich*, BT 2, Rn. 51 ff.; *Mitsch*, BT 2, 1.2.1.4.3.1; MünchKomm-*Schmitz*, § 242 Rn. 68; *Wessels/Hillenkamp/Schuhr*, BT 2, Rn. 126.
96 BGHSt 16, 271 (274); BGH NStZ 2008, 624 (625); LK-*Vogel*, § 242 Rn. 99; *Mitsch*, BT 2, 1.2.1.4.3.2; SSW-*Kudlich*, § 242 Rn. 28.
97 BGH NStZ 2008, 624; OLG Hamm NStZ-RR 2014, 209 (210); krit. *Bachmann*, NStZ 2009, 267.
98 *Fischer*, § 242 Rn. 21; NK-*Kindhäuser*, § 242 Rn. 60; *Rengier*, BT 1, § 2 Rn. 66.
99 BGH JuS 2018, 1013 ff. m. Anm. *Jahn*; BayObLG NJW 1995, 3000 (3001); *Mitsch*, BT 2, 1.2.1.4.3.1; *Wessels/Hillenkamp/Schuhr*, BT 2, Rn. 126; a. A. *Schönke/Schröder/Bosch*, § 242 Rn. 40.
100 BGH NStZ 2019, 212 m. Anm. *Jahn* JuS 2018, 1013.
101 OLG Düsseldorf NJW 1988, 922 (923); NJW 1993, 1407; *Maurach/Schroeder/Maiwald/Hoyer/Momsen*, BT 1, § 33 Rn. 22; *Rengier*, BT 1, § 2 Rn. 52.

Bsp.:[102] T „versteckt" im Einkaufswagen einige CDs unter Getränkekisten und ein Miniradio in einer Packung Windeln, damit diese bei der Abrechnung an der Kasse übersehen werden. Da bei Behältnissen des Warenhauses – anders als bei mitgebrachten Taschen – jederzeit eine Zugriffsmöglichkeit besteht, ist die Wegnahme mit dem Verbergen nicht vollendet. Beim Passieren der Kasse ist dann in Abgrenzung von Diebstahl und Betrug sorgfältig zu prüfen, ob eine Wegnahme i. S. d. § 242 oder eine täuschungsbedingte Vermögensverfügung i. S. d. § 263 vorliegt[103].

45 Nichts anderes gilt, wenn der Täter leere **Getränkeflaschen** aus einem abgestellten Kasten nimmt, um dann an der Kasse das Flaschenpfand zu kassieren. Das Hineinlegen der Flaschen in den Einkaufswagen begründet noch keinen Gewahrsamsbruch[104]. Auch an der Kasse scheidet eine Wegnahme aus, da die Flaschen dort übergeben werden. Vielmehr wird der Kassierer über den Anspruch auf das Flaschenpfand getäuscht, so dass hinsichtlich der Erlangung des Geldes ein Betrug gemäß § 263 vorliegt[105].

46 Auch bei der **Übergabe von Waren zur Ansicht** – der Verkäufer reicht dem Kunden z. B. ein Schmuckstück – liegt nach den bereits geschilderten Grundsätzen noch kein Gewahrsamswechsel vor. In diesen Fällen kann also der fortbestehende Gewahrsam durch eine weitere Handlung gebrochen werden.

Bspe.: O reicht dem T in seinem Ladengeschäft eine Tischdecke, damit T diese vor dem Geschäft bei Tageslicht betrachten kann; O übergibt dem T sein Mobiltelefon, damit dieser bei Dunkelheit mit der integrierten Taschenlampe einen Gegenstand suchen kann. – Nimmt T die Tischdecke bzw. das Mobiltelefon in Zueignungsabsicht mit, so bricht er fremden Gewahrsam und begeht einen Diebstahl; durch die Übergabe der Sache hat O den Gewahrsam noch nicht verloren[106].

47 Die eben geschilderten Grundsätze lassen sich auf **Diebstähle in Büroräumen und Privatwohnungen** übertragen. Wird die Beute in die Kleidung oder eine mitgebrachte Tasche gesteckt, ist der Diebstahl vollendet. Ansonsten wird man Vollendung mit Verlassen des Gebäudes oder des befriedeten Besitztums annehmen können[107]. Bei schwer zu transportierenden Gegenständen kann die Vollendung auch erst mit dem Verladen auf ein Fahrzeug vorliegen.

Bsp.:[108] A, B und C schleppen einen 300 kg schweren Tresor aus dem Haus des O. Auf der Straße werden sie von der Polizei gestellt. – Angesichts des Gewichts des Tresors kommt lediglich ein versuchter Diebstahl in Betracht.

Beachte: Im Falle des Einbruchs sind bei Geschäftsräumen § 243 Abs. 1 Satz 2 Nr. 1 und bei Wohnungen § 244 Abs. 1 Nr. 3, Abs. 4 zu prüfen.

48 Versteckt der Täter die Beute im **räumlichen Herrschaftsbereich des Opfers**, so wird man noch keinen Gewahrsambruch annehmen können. Der Fall liegt nicht anders, als wenn der Gewahrsamsinhaber vergisst, wo er den Gegenstand aufbewahrt. Auch erstreckt sich der generelle Gewahrsamswille immer noch auf diese Sache. Dies gilt selbst dann, wenn der Täter Zugriff auf die Sache hat und diese

---
102 Vgl. OLG Köln NJW 1984, 810; OLG Düsseldorf NJW 1993, 1407.
103 Dazu u. Rn. 54.
104 A. A. *Wessels/Hillenkamp/Schuhr*, BT 2, Rn. 129.
105 S. auch u. Rn. 75.
106 BGH NStZ 2016, 727; a. A. AG Tiergarten NStZ 2009, 270 f., das mit der Übergabe bereits einen vollendeten Gewahrsamswechsel annimmt, so dass § 242 ausscheidet und nur § 263 in Betracht kommt; näher zur Abgrenzung von § 242 und § 263 bei mehraktigem Geschehen u. Rn. 560 ff.
107 LK-*Vogel*, § 242 Rn. 89; *Rengier*, BT 1, § 2 Rn. 57.
108 BGH NStZ 1981, 435 f.

daher jederzeit abtransportieren kann. Es liegt jedenfalls keine mit einer Gewahrsamsenklave vergleichbare Situation vor[109].

49 bb) Die **Begründung des neuen Gewahrsams** wird sich häufig unmittelbar an den Gewahrsamsbruch anschließen, zwingend ist dies freilich nicht.

Bsp.:[110] T wirft im Außenbereich des Gartenbaumarkts O eine teure Pflanze sowie Gartenmöbel über den Zaun. Diese möchte er später mit seinem Wagen abholen. Er wird jedoch vom Detektiv, der das Geschehen beobachtet hatte, im Kassenbereich gestellt. – Endet das Gelände des Baumarkts am Zaun und ist der dahinter liegende Bereich nicht einsehbar, so kann – je nach räumlicher Lage im Übrigen – der Gewahrsam bereits gebrochen sein. Neuer Gewahrsam durch T wird hingegen erst mit dem Abholen der Gegenstände begründet. Für eine etwaige Versuchsstrafbarkeit kommt es darauf an, ob der Täter auch unmittelbar zum Abtransport und damit zum Gewahrsamswechsel ansetzt[111].

50 Für die Begründung des neuen Gewahrsams und damit die **Vollendung der Wegnahme** ist es nicht erforderlich, dass der Gewahrsam (endgültig) gesichert ist. Daher ist auch nicht notwendig, dass beim Überführen eines Gegenstandes in eine Gewahrsamsenklave die fremde Herrschaftssphäre verlassen wird[112]. Gelingen die Festigung und Sicherung des Gewahrsams, etwa durch den Abtransport der Beute nach Hause oder in ein Versteck, liegt bereits eine **Beendigung der Tat** vor[113]. Bei kleinen Gegenständen kann Beendigung auch schon mit dem Verlassen der räumlichen Herrschaftssphäre vorliegen.[114]

51 cc) **Kein Bruch des fremden Gewahrsams** liegt vor, wenn der Gewahrsamsinhaber mit dem Gewahrsamsverlust bzw. dem Gewahrsamswechsel einverstanden ist, weil dieser dann nicht gegen bzw. ohne dessen Willen erfolgt[115]. Bei diesem **tatbestandsausschließenden Einverständnis**[116] ist allein auf den Gewahrsamsinhaber und nicht einen etwa personenverschiedenen Eigentümer abzustellen. Der Inhaber von übergeordnetem Gewahrsam kann das Einverständnis auch für den Bruch von untergeordnetem Gewahrsam erteilen[117]; hingegen ist das bei gleichrangigem Mitgewahrsam nicht möglich. Das Einverständnis ist – anders als die rechtfertigende Einwilligung – rein tatsächlicher Natur. Es genügt hierfür die **natürliche Einsichtsfähigkeit**, die auch bei Minderjährigen gegeben ist. Auch eine rein innere Zustimmung ist ausreichend, so dass das Einverständnis nicht gegenüber dem neuen Gewahrsamsinhaber erklärt werden muss. Besitzt dieser jedoch keine Kenntnis von dem Einverständnis, so liegt ein versuchter Diebstahl vor, weil der Tatentschluss in diesem Fall auf eine Wegnahme gerichtet ist. Im Rahmen der

---

109 *Kindhäuser/Böse*, BT 2, § 2 Rn. 42; *Maurach/Schroeder/Maiwald/Hoyer/Momsen*, BT 1, § 33 Rn. 22; s. auch BGH NJW 1955, 71, für den Fall, dass der Täter noch Hindernisse der in § 243 Abs. 1 Satz 2 genannten Art überwinden muss; a. A. RGSt 53, 180 (181); *Rengier*, BT 1, § 2 Rn. 58 f.; *Schönke/Schröder/Bosch*, § 242 Rn. 39.
110 Vgl. auch LG Zwickau NJW 2006, 166, bei Beobachtung durch den Detektiv; ferner LG Potsdam NStZ 2007, 336 (337).
111 Zu weitgehend LG Potsdam NStZ 2007, 336 (337) m. krit. Anm. *Walter*, NStZ 2008, 157.
112 S. o. Rn. 42.
113 BGHSt 8, 390 (391); *Kindhäuser/Böse*, BT 2, § 2 Rn. 119; LK-*Vogel*, § 242 Rn. 197; *Rengier*, BT 1, § 2 Rn. 195.
114 BGH NJW 1981, 997; NJW 1987, 2687 f.; NK-*Kindhäuser*, § 242 Rn. 127; *Wessels/Hillenkamp/Schuhr*, BT 2, Rn. 132.
115 L-*Kühl/Kühl*, § 242 Rn. 14; *Rengier*, BT 1, § 2 Rn. 64.
116 Dazu näher *Heinrich*, AT, Rn. 440 ff.; *Rengier*, AT, § 23 Rn. 40 ff.; *Wessels/Beulke/Satzger*, AT, Rn. 556 ff.
117 OLG Celle, Beschluss v. 13.9.2011 – 1 Ws 355/11 m. Anm. *Jahn*, JuS 2011, 1131 und *Krell*, ZJS 2011, 572.

Prüfung des tatbestandsausschließenden Einverständnisses kann die Abgrenzung von Diebstahl und Betrug Bedeutung erlangen. Eine freiwillige Preisgabe mit dem Bewusstsein, dass der Gewahrsam vollständig aufgegeben wird (und nicht nur eine Gewahrsamslockerung vorliegt), schließt die Wegnahme und damit den Tatbestand des § 242 aus. Nach den Regeln des tatbestandsausschließenden Einverständnisses gilt dies auch dann, wenn das Einverständnis auf einer Täuschung beruht[118]. Insoweit ist an dieser Stelle der **Diebstahl vom Betrug abzugrenzen** (vertiefend u. Rn. 555 ff).

> Bsp.: T behauptet gegenüber O bewusst wahrheitswidrig, dass eine CD mit einem Computerspiel ihm gehöre und er diese dem O vor geraumer Zeit überlassen habe. O, der sich nicht mehr erinnert, schenkt dem T Glauben und gestattet die Mitnahme. Tatsächlich gehört aber das Spiel dem O. – Es handelt sich für T bei der CD zunächst um eine fremde bewegliche Sache; auch hat ein Gewahrsamswechsel stattgefunden. Jedoch war O damit – wenn auch täuschungsbedingt – einverstanden, so dass eine Wegnahme ausscheidet. Es liegt jedoch ein Betrug nach § 263 vor, weil O aufgrund der Täuschung des mit Bereicherungsabsicht handelnden T einem Irrtum unterlegen ist und deshalb eine vermögensmindernde Handlung vorgenommen hat, die einen Schadenseintritt bewirkte.

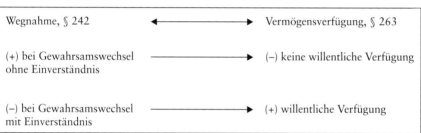

(1) Es gilt der Grundsatz, dass § 242 und § 263 in einem **Exklusivitätsverhältnis** stehen, so dass ein und dieselbe Handlung nur einen Diebstahl oder nur einen Betrug darstellen kann[119]. Entweder erfolgt die Wegnahme gegen bzw. ohne den Willen des Gewahrsamsinhabers, so dass ein Diebstahl vorliegt, oder es liegt ein tatbestandsausschließendes Einverständnis in die Wegnahme vor, das zu einer freiwilligen Vermögensverfügung führt und daher im Falle der Täuschung einen Betrug begründet.

> Bsp.: T nimmt dem O ein Buch weg. Als einige Wochen später O den T darauf anspricht, leugnet T die Tat. O schenkt ihm Glauben und verzichtet daher auf weitere Rückforderungen. – Zunächst liegt (unproblematisch) Diebstahl vor. Anschließend kann man noch einen Betrug annehmen, wenn man in dem Verzicht auf weitere Rückforderungen eine Vertiefung des bereits durch den Diebstahl entstandenen Vermögensschadens bejaht[120]. Da sich beide Taten gegen denselben Rechtsgutsträger richten, tritt § 263 als sog. Sicherungsbetrug auf Konkurrenzebene als mitbestrafte Nachtat zurück[121]. Dies widerspricht nicht dem eben aufgestellten Grundsatz, wonach Diebstahl und Betrug in einem Exklusivitätsverhältnis stehen, weil es hier um die strafrechtliche Beurteilung zweier verschiedener Handlungen geht.

---

118 Vgl. BGH VRS 48, 175 (176); *Heinrich*, AT, Rn. 447; *Rengier*, BT 1, § 2 Rn. 64; *Wessels/Beulke/Satzger*, AT, Rn. 560.
119 *Kindhäuser/Böse*, BT 2, § 27 Rn. 44; *Rengier*, BT 1, § 13 Rn. 75.
120 BGH GA 1957, 409 (410); L-Kühl/*Kühl*, § 263 Rn. 69; *Schönke/Schröder/Perron*, § 263 Rn. 184; a. A. *Otto*, BT, § 51 Rn. 152; *Wessels/Hillenkamp/Schuhr*, BT 2, Rn. 599; dazu näher Rn. 663 ff.
121 BGH GA 1958, 369 (370); BGH GA 1961, 83; L-Kühl/*Kühl*, § 263 Rn. 69.

53 (2) Die Frage, ob inhaltlich überhaupt ein tatbestandsausschließendes Einverständnis vorliegt, muss sorgfältig untersucht werden. Das bloße **Beobachten der Wegnahme** durch einen Ladendetektiv stellt kein tatbestandsausschließendes Einverständnis in die Gewahrsamsaufgabe dar[122], zumal der Detektiv regelmäßig auch nicht zur Verfügung über die Waren befugt ist. Soll der Täter zur Überführung einer Tat **in eine Falle gelockt** werden, kann jedoch ein tatbestandsausschließendes Einverständnis gegeben sein, wenn hierzu gerade ein vollendeter Gewahrsamswechsel für notwendig erachtet wird[123]. Da der Täter das Einverständnis jedoch regelmäßig nicht kennen wird, liegt dann immerhin noch ein strafbarer Versuch vor.

> **Bsp.:** Auszubildender T steht im Verdacht, mehrmals auf dem Schreibtisch des Sekretariats liegende Sachen gestohlen zu haben. Arbeitgeber O lässt daher einen USB-Stick sowie ein paar präparierte Geldscheine auf dem Tisch liegen und hofft, dass T diese mitnimmt. O gibt dazu vor, einen wichtigen auswärtigen Termin zu haben; tatsächlich versteckt er sich aber in einem Nebenraum. Nachdem T den Stick sowie das Geld eingesteckt hat und das Gebäude verlässt, stellt O den T. – Zwar ist hier mit dem Einstecken der Sachen, spätestens aber mit dem Verlassen des Gebäudes der Gewahrsamswechsel erfolgt; da T jedoch zum Zwecke der Überführung des T damit einverstanden war, scheidet eine vollendete Tat aus. Weil T, der das Einverständnis nicht kennt, aus seiner Sicht den Gewahrsam gegen den Willen des T bricht, liegt ein Versuch nach §§ 242 Abs. 1 und Abs. 2, 22, 23 vor. Hinzu kommt noch eine vollendete Unterschlagung gemäß § 246, weil sich T die Sachen mit dem Einstecken objektiv zugeeignet hat. Die Zueignung war auch objektiv rechtswidrig; es kann in solchen Fällen nämlich nur dann von einer rechtfertigenden Einwilligung ausgegangen werden, wenn das Opfer auch einen dauerhaften Verlust der Sache in Kauf nimmt[124]. Allerdings ist auch die vollendete Unterschlagung angesichts ihrer Funktion als Auffangtatbestand nach § 246 Abs. 1 a. E. formell subsidiär[125].

54 (3) Dem Einverständnis muss ferner eine **bewusste Entscheidung** über die Aufgabe des Gewahrsams an dem konkreten Gegenstand zugrunde liegen[126]. Dem entsprechend wird beim Sachbetrug korrespondierend eine bewusste Vermögensverfügung verlangt[127]. Daran fehlt es beim Verstecken von Sachen unter anderen Kaufobjekten oder Gegenständen im Einkaufswagen, weil der Kassierer bei der Abrechnung keine Kenntnis von den Gegenständen besitzt und daher darüber auch nicht bewusst verfügen kann[128]. Eine pauschale Verfügung über den Inhalt des gesamten Einkaufswagens scheidet jedenfalls aus.

> **Bsp.:** T legt im Supermarkt unter eine Kiste Mineralwasser ein paar Tafeln Schokolade. Kassiererin O sieht nur die Kiste und berechnet daher die Schokolade nicht. – Vor der Kasse liegt keine vollendete Wegnahme vor, weil T den Gewahrsam nicht gebrochen hat (bloße Gewahrsamslockerung); bei der Verwendung von Behältnissen des Ladens besteht noch eine hinreichende Zugriffsmöglichkeit[129]. Der Gewahrsamswechsel erfolgt erst nach Verlassen des Kassenbereichs bzw. des Ladens. Weil die Kassiererin den T passieren lässt, könnte jedoch ein tatbestandsausschließendes Einverständnis vorlie-

---

122 *Fischer*, § 242 Rn. 21; NK-*Kindhäuser*, § 242 Rn. 60.
123 BGHSt 4, 199 (200); BGHSt 16, 271 (278); *Rengier*, BT 1, § 2 Rn. 67.
124 OLG Köln NJW 1961, 2360 (2361); OLG Düsseldorf NStZ 1992, 237; *Rengier*, BT 1, § 2 Rn. 68; *Wessels/Hillenkamp/Schuhr*, BT 2, Rn. 118; a. A. *Krey/Hellmann/Heinrich*, BT 2, Rn. 41.
125 L-Kühl/*Kühl*, § 246 Rn. 14; a. A. *Rengier*, BT 1, § 2 Rn. 68.
126 *Schönke/Schröder/Eser/Bosch*, § 242 Rn. 36; *Wessels/Hillenkamp/Schuhr*, BT 2, Rn. 115.
127 Näher u. Rn. 563 ff.
128 BGHSt 41, 198 (202 f.); *Schönke/Schröder/Perron*, § 263 Rn. 63a; a. A. OLG Düsseldorf NJW 1993, 1407 f.
129 S. schon o. Rn. 44.

gen, das die Kassiererin als Angestellte grundsätzlich auch erteilen kann. Das Einverständnis bezog sich hier jedoch nicht auf die Schokolade, weil die O davon keine Kenntnis besaß. Daher liegt ein Gewahrsamsbruch ohne den Willen des Gewahrsamsinhabers, d. h. eine Wegnahme i. S. d. § 242 vor. Korrespondierend (Exklusivitätsverhältnis) scheidet eine Strafbarkeit nach § 263 aus; es fehlt hier an einer bewussten Vermögensverfügung hinsichtlich der Schokolade.

Entsprechendes gilt, wenn in die Verpackung der gekauften Ware **weitere Gegenstände hinzugepackt** werden. So etwa, wenn in die Verpackung eines CD-Players auch noch ein paar CDs gesteckt werden. Auch hier bezieht sich das Einverständnis nicht auf das Gesamtpaket mit „Zubehör"[130]. Dafür spricht auch, dass die rechtsgeschäftlichen Erklärungen des Kassierers hinsichtlich des Kaufvertrags und der Übereignung gar nicht auf diese Gegenstände gerichtet sind[131]. Letztlich ist nicht anders zu entscheiden, wenn der Inhalt vollständig ausgetauscht wird, z. B. aus einer Schachtel eine Plastikschüssel herausgenommen und dafür Elektrozubehör hineingepackt wird[132].

(4) Das Einverständnis muss ferner auf einer **freiwilligen Entscheidung** beruhen. Entscheidend ist demgemäß die innere Willensrichtung und nicht das äußere Erscheinungsbild (bei Nehmen § 242, bei Geben aber § 263[133]). Ein wirksames Einverständnis ist auch noch bei einer Täuschung zu bejahen, so dass in solchen Fällen nur Betrug in Betracht kommt[134]. Bei einem Einsatz von Gewalt oder Drohung mit einem empfindlichen Übel kommt auch eine Strafbarkeit wegen Raub gemäß § 249 oder (räuberischer) Erpressung gemäß § 253 (§ 255) in Betracht. Auf der Grenze zwischen Diebstahl und Betrug (Exklusivitätstheorie) liegt das **Vortäuschen einer behördlichen Beschlagnahme**[135]. Das Opfer beugt sich in diesen Fällen dem vermeintlichen Zwang in der Vorstellung, Widerstand sei nicht zulässig und daher zwecklos[136]. Ein Einverständnis zur Gewahrsamsübertragung kann man hierin kaum sehen. Zu Recht nimmt die h. M. daher einen Diebstahl und keinen Betrug an[137].

> **Bsp.:** T klingelt bei Rentnerin O und behauptet von der Kriminalpolizei zu sein. Er erklärt, er müsse einige Schmuckstücke beschlagnahmen, weil etliche Juweliere vor Jahren gestohlene Ware veräußert hätten. O beugt sich dem Druck und gestattet dem T, die Schmuckstücke durchzusehen und einige davon mitzunehmen. – Aufgrund des ausgeübten Drucks liegt nach h. M. kein tatbestandsausschließendes Einverständnis vor, so dass sich T nach § 242 strafbar macht.

(5) Das tatbestandsausschließende Einverständnis kann nach h. M. auch an **Bedingungen geknüpft** werden, was insbesondere für die **Wegnahme aus Automaten**

---

130 MünchKomm-*Hefendehl*, § 263 Rn. 317 f.; *Schönke/Schröder/Perron*, § 263 Rn. 63a; *Wessels/Hillenkamp/Schuhr*, BT 2, Rn. 639; a. A. *Rengier*, BT 1, § 13 Rn. 88. Vgl. auch u. Rn. 564.
131 *Schönke/Schröder/Perron*, § 263 Rn. 63a; SK-*Hoyer*, § 263 Rn. 169.
132 MünchKomm-*Hefendehl*, § 263 Rn. 322 f.; *Schönke/Schröder/Perron*, § 263 Rn. 63a; a. A. *Rengier*, BT 1, § 13 Rn. 91; für eine einverständliche Gewahrsamsübertragung *Wessels/Hillenkamp/Schuhr*, BT 2, Rn. 639.
133 Vgl. aber *Mitsch*, BT 2, 1.2.1.4.3.3. Zur ähnlich gelagerten Abgrenzungsfrage zwischen Raub und räuberischer Erpressung s. u. Rn. 762 ff.
134 S. schon o. Rn. 51.
135 Vgl. aber *Miehe*, Unbewusste Verfügungen, 1987, S. 101 ff., der in den Beschlagnahmefällen Tateinheit zwischen § 242 und § 263 für möglich hält.
136 *Wessels/Hillenkamp/Schuhr*, BT 2, Rn. 633.
137 BGHSt 7, 252 (254); BGHSt 56, 196 Rn. 7, zum Raub; *Fischer*, § 242 Rn. 27; *Wessels/Hillenkamp/Schuhr*, BT 2, Rn. 633.

Bedeutung erlangt[138]. So soll das mit dem Aufstellen eines Warenautomaten konkludent erteilte generelle Einverständnis in die Entnahme der Waren und damit den Gewahrsamswechsel unter der Bedingung der ordnungsgemäßen Betätigung des Automaten, insbesondere der Bezahlung der Ware, stehen[139].

> **Bsp. (1):** T bedient einen Warenautomaten mit Metallplättchen anstelle von Euro-Münzen und hilft auch noch mit einem Draht nach. Er erlangt so mehrere Schokoriegel. – Zunächst liegt keine wirksame Übereignung der Ware an T vor, weil das Übereignungsangebot unter der aufschiebenden Bedingung (§ 158 Abs. 1 BGB) der Bezahlung erfolgt. Es handelt sich demnach um eine fremde (bewegliche) Sache. Zwar ist der Aufsteller generell mit der Entnahme der Ware einverstanden, jedoch steht auch diese unter der Bedingung der ordnungsgemäßen Bezahlung. Da T diese Bedingung nicht erfüllt, liegt eine Wegnahme und damit ein Diebstahl vor. Hingegen ist § 265a nach durchaus bestreitbarer h. M. zu verneinen, weil der Tatbestand nicht bei Warenautomaten, sondern nur bei sog. Leistungsautomaten anwendbar sein soll[140]. Bei computergesteuerten Automaten kann zudem § 263a zu prüfen sein[141].
>
> **Bsp. (2):**[142] T präpariert einen Geldschein an der Kante mit einem Tesafilmstreifen so, dass er den Schein nach Einführen in einen Geldwechselautomaten wieder herausziehen kann. Auf diese Weise entnimmt T dem Automaten das Wechselgeld, ohne dass der Geldschein eingezogen wird. – Das Wechselgeld ist für T wie in Bsp. 1 mangels Übereignung eine fremde bewegliche Sache. Auch hat T dieses weggenommen, weil das generelle Einverständnis mit der Entnahme des Wechselgelds unter der Bedingung einer ordnungsgemäßen Betätigung des Automaten steht. Hinsichtlich des präparierten Geldscheins liegt hingegen kein Diebstahl vor, weil dieser mangels Übergabe i. S. d. § 929 Satz 1 BGB noch nicht übereignet war und T daran auch noch Gewahrsam besaß.

58 Zu fordern ist jedoch, dass die **Bedingung** – wie die ordnungsgemäße Betätigung des Automaten – **nach außen in Erscheinung** tritt[143]. Innere Bedingungen, die z. B. die Berechtigung, die Zahlungswilligkeit usw. betreffen, sind dagegen unbeachtlich. Dies erlangt vor allem für die Entnahme von Geld aus Geldautomaten Bedeutung.

> **Bsp.:**[144] T hebt mit der ec-Karte des O in Kenntnis der Geheimzahl, aber ohne dessen Erlaubnis am Geldautomaten der Bank B Geld ab, um dieses für sich zu verwenden.

Zunächst ist umstritten, ob das Geld für T überhaupt eine fremde Sache ist. Die h. M. geht davon aus, dass das Geld nicht an den unbefugten Automatenbenutzer übereignet wird und damit ein taugliches Tatobjekt darstellt[145]. Die Kreditinstitute wollen – wie die Zuteilung der PIN zeige – das Geld nur an berechtigte Karteninhaber, nicht aber an unbefugte Dritte übereignen. T hat aber den Gewahrsam der B nicht gebrochen, weil ein den Tatbestand ausschließendes Einver-

---

138 OLG Celle NJW 1997, 1518 f.; *Kindhäuser/Böse*, BT 2, § 2 Rn. 45; *Rengier*, BT 1, § 2 Rn. 70 f.; gegen ein bedingtes Einverständnis aber A/W/H/H-*Heinrich*, § 13 Rn. 55.
139 OLG Stuttgart JR 1982, 508 f.; *Kindhäuser/Böse*, BT 2, § 2 Rn. 45; *Mitsch*, BT 2, 1.2.1.4.3.2; *Rengier*, BT 1, § 2 Rn. 70 f.
140 S. u. Rn. 709.
141 Zu den klausurrelevanten Geldautomatenfällen näher u. Rn. 674 ff.
142 OLG Düsseldorf NJW 2000, 158 f.; *Rengier*, BT 1, § 2 Rn. 70 f.; *Schönke/Schröder/Bosch*, § 242 Rn. 36a; abl. *Otto*, JR 2000, 214 (215).
143 Vgl. *Schönke/Schröder/Bosch*, § 242 Rn. 36a, wonach es auf die äußerlich erkennbaren Voraussetzungen ankommt; ferner *Kindhäuser/Böse*, BT 2, § 2 Rn. 45; *Rengier*, BT 1, § 2 Rn. 70 f.
144 Vgl. die Falllösung bei *Eisele/Fad*, Jura 2002, 305 (306 f.).
145 BGHSt 35, 152 (161 ff.); OLG Stuttgart NJW 1987, 666; A/W/H/H-*Heinrich*, § 15 Rn. 16; L-Kühl/ *Kühl*, § 242 Rn. 23; a. A. OLG Hamburg NJW 1987, 336; *Otto*, JZ 1993, 559 (566 f.).

ständnis bzgl. des vom Automaten freigegebenen Geldes vorliegt[146]. Eine etwaige Bedingung der B, dass nur der berechtigte Karteninhaber Gewahrsam am Geld erlangen soll, ist entgegen einer Mindermeinung[147] unbeachtlich, da T sich bei der Bedienung des Automaten nach außen ordnungsgemäß verhält. Der Fall ist letztlich vergleichbar mit einem Bankangestellten, der weisungsgemäß Geld an jeden auszahlt, der sich durch die Codekarte und PIN legitimiert. Eine Strafbarkeit nach § 242 scheidet daher aus. Verneint man eine Übereignung des Geldes, so ist aber § 246 verwirklicht, der jedoch gegenüber dem Computerbetrug i. S. d. § 263a Abs. 1 Var. 3 gemäß § 246 Abs. 1 a. E. formell subsidiär ist[148]; in Klausuren sind ferner §§ 265a, 266, 269 zu prüfen[149]. Ein Diebstahl an der Karte kommt nur in Betracht, wenn diese nicht mehr zurückgegeben werden soll[150].

Schwieriger ist der Fall zu beurteilen, wenn das Geld von einem **Dritten aus dem Ausgabefach entnommen** wird, nachdem der Berechtigte den Auszahlungsvorgang in Gang gesetzt hat. **58a**

> **Bsp.:**[151] T lenkt Bankkunden beim Abheben von Geld am Geldautomaten ab und ergreift das im Ausgabefach liegende Geld.

Zunächst muss man sehen, dass der Gewahrsam der Bank an den Scheinen in ihrer räumlichen Sphäre noch fortbestand[152]. Je nach Konstellation kann auch bereits Mitgewahrsam des Kunden bestehen. Zu Recht geht der 3. Strafsenat des BGH in seinem Anfragebeschluss davon aus, dass kein tatbestandliches Einverständnis in die Wegnahme vorliegt[153]; dies hatte zuvor der 2. Strafsenat[154] im Rahmen der Prüfung des § 249 anderes gesehen[155]. Denn letztlich liegt mit der Ausgabe des Geldes allenfalls eine Gewahrsamslockerung, jedoch keine willentliche Übertragung an Dritte vor; das Einverständnis ist damit auf denjenigen beschränkt, der sich **nach außen** durch Einführung der Karte und Eingabe der PIN legitimiert[156]. Soweit der Täter etwa versucht, während des Ablenkungsvorgangs einen höheren Betrag einzugeben, ändert sich an der mangelnden Legitimation nichts. Die willentliche Preisgabe an Dritte wäre auch im Hinblick auf das Vertragsverhältnis des Kreditinstituts mit den Kunden kaum haltbar. Im Ergebnis ist daher § 242 und bei Einsatz von Nötigungsmitteln § 249 zu bejahen[157]. Zu einem entsprechenden Ergebnis gelangen erst recht diejenigen, die beim Abheben durch einen unberechtigten Kartenbesitzer bereits eine Wegnahme bejahen[158] oder dazu gelangen, dass der Kunde bereits Mitgewahrsam erlangt hat, der sodann vom Dritten gebrochen wird[159].

---

146 BGHSt 35, 152 (158 ff.); BGHSt 38, 120 (122); BGH NStZ 2019, 726; OLG Stuttgart NJW 1987, 666; A/W/H/H-*Heinrich*, § 13 Rn. 56; LK-*Vogel*, § 242 Rn. 117.
147 BayObLG NJW 1987, 663 f.; OLG Koblenz wistra 1987, 261 f.; *Mitsch*, BT 2, 1.2.1.4.3.2.
148 S. dazu u. Rn. 677.
149 Dazu *Eisele/Fad*, Jura 2002, 305 (306 f.).
150 Sogleich u. Rn. 66.
151 BGH NStZ 2019, 726.
152 Dazu schon Rn. 29.
153 BGH NStZ 2019, 726 (727 f.); *Jäger*, JA 2020, 66 (68); *Waßmer*, HRRS 2020, 25 (27); krit. *Krell*, NStZ 2019, 726 (728 f.); dagegen *Rengier*, BT 1, § 2 Rn. 73a.
154 BGH NStZ 2018, 604 m. Anm. *Eisele*, JuS 2018, 300.
155 Zu diesem Fall Rn. 766.
156 BGH NStZ 2019, 726 (727 f.); *Jäger*, JA 2020, 66 (68); *Waßmer*, HRRS 2020, 25 (27); a. A. *Rengier*, BT 1, § 2 Rn. 73a.
157 BGH NStZ 2019, 726 (728).
158 O. Rn. 58.
159 *Brand*, ZWH 2020, 138 ff.

2. Subjektiver Tatbestand

59 In subjektiver Hinsicht muss zwischen Vorsatz und der zusätzlich erforderlichen Zueignungsabsicht unterschieden werden. Dabei sind folgende Prüfungsschritte zu beachten:

1. Vorsatz hinsichtlich Wegnahme einer fremden beweglichen Sache
2. Zueignungsabsicht
   a) Enteignungsvorsatz: zumindest dolus eventualis bzgl. einer dauerhaften Enteignung
      aa) Substanzenteignung *oder*
      bb) Sachwertenteignung
   b) *und* Aneignungsabsicht: dolus directus 1. Grades bzgl. zumindest vorübergehender Aneignung
      aa) Selbstzueignung
         (1) Substanzaneignung *oder*
         (2) Sachwertaneignung
      bb) *oder* Drittzueignung
         (1) Substanzaneignung *oder*
         (2) Sachwertaneignung

> **Klausurhinweis:** Es empfiehlt sich, die Prüfung mit der (meist eindeutigeren) Substanzzueignung zu beginnen.

60 a) Zunächst einmal muss zumindest **Eventualvorsatz** hinsichtlich der Wegnahme einer fremden beweglichen Sache gegeben sein. Es genügt dabei das Bewusstsein, eine fremde Sache irgendeiner anderen Person durch Gewahrsamsbruch zu erlangen. Es besteht ein **einheitlicher Diebstahlsvorsatz**, für den es unerheblich ist, ob dieser von Anfang an auf bestimmte Gegenstände konkretisiert ist, sich auf alle „stehlenswerten" Sachen richtet oder sich während der Tat verengt, erweitert oder sonst ändert[160]. Daher liegt auch nur ein Diebstahl vor, wenn verschiedene Gegenstände eines oder mehrerer Eigentümer weggenommen werden[161].

> **Bsp.:** T möchte bei O während eines Besuchs Schmuck stehlen. Er sieht dann aber eine Vase und nimmt diese mit. – Es liegt ein vollendeter Diebstahl an der Vase vor. Der Vorsatzwechsel ist schon nach allgemeinen Grundsätzen unerheblich, da sich der Vorsatz zum Zeitpunkt der Wegnahme auf die Vase konkretisiert hat. Anders wäre nur zu entscheiden, wenn der Täter den ursprünglichen Diebstahlsvorsatz erst nach einem unmittelbaren Ansetzen zu einem Diebstahl am Schmuck aufgegeben und sich anschließend zu einer neuen Tat an der Vase entschlossen hätte. In diesem Fall käme ein vollendeter Diebstahl an der Vase in Tatmehrheit mit einem versuchten Diebstahl am Schmuck in Betracht, wobei hinsichtlich Letzterem jedoch – je nach Fallgestaltung – ein Rücktritt zu prüfen wäre.
>
> **Klausurhinweis:** Die Problematik des Vorsatzwechsels erlangt in Klausuren auch für die Frage der Anwendbarkeit des § 243 Abs. 2 Bedeutung[162].

61 Geht der Täter irrig davon aus, dass die Sache herrenlos ist oder in seinem eigenen Eigentum steht, liegt hinsichtlich des Merkmals „fremd" ein vorsatzausschließen-

---

[160] BGHSt 22, 350 (351); BGH NStZ 1982, 380; LK-*Vogel*, § 242 Rn. 129; *Rengier*, BT 1, § 2 Rn. 84; *Wessels/Hillenkamp/Schuhr*, BT 2, Rn. 137.
[161] BGHSt 22, 350 (351); BGH NStZ-RR 2009, 278 (279); StV 2020, 228.
[162] S. u. Rn. 162 ff.

der **Tatbestandsirrtum i. S. d. § 16 Abs. 1 Satz 1** vor. Ebenso entfällt der Vorsatz, wenn der Täter das Opfer irrig für tot hält, weil dann aus seiner Sicht kein fremder Gewahrsam mehr besteht[163]; dasselbe gilt bei irriger Annahme eines die Wegnahme ausschließenden Einverständnisses des Gewahrsamsinhabers.[164]

> Bspe.: T verwechselt nach einer Party seine Jacke mit derjenigen des O; T nimmt die häufig in seinem Garten streunende Katze des O zu sich auf, weil er davon ausgeht, dass diese niemandem „gehöre". – In beiden Fällen scheitert § 242 am Vorsatz hinsichtlich der Fremdheit der Sache.

b) (Mit-)Täter des Diebstahls kann nur derjenige sein, der **in seiner Person Selbst- oder Drittzueignungsabsicht** besitzt. § 242 ist damit ein Delikt mit „überschießender Innentendenz", weil die Zueignungsabsicht sich auf kein entsprechendes Merkmal im objektiven Tatbestand bezieht[165]. Die Zueignungsabsicht muss bei jedem (Mit-)Täter gesondert vorliegen. Eine Zurechnung des subjektiven Merkmals der Zueignungsabsicht über § 25 Abs. 1 Var. 2 oder § 25 Abs. 2 ist nicht möglich. Die Abgrenzung zwischen Täterschaft und Teilnahme richtet sich im Übrigen nach allgemeinen Kriterien.[166]

aa) Die Zueignungsabsicht muss zum **Zeitpunkt der Wegnahme** gegeben sein und sich auf den weggenommenen Gegenstand beziehen[167]. Kommt es im Tatverlauf zu Modifikationen, so ist für die Beurteilung der Kongruenz von Wegnahme und Zueignungsabsicht der Zeitpunkt der letzten Ausführungshandlung entscheidend.[168] Wird die Zueignungsabsicht zeitlich erst nach Wegnahme gefasst, kommt nur § 246 in Betracht[169].

> Bsp.: T nimmt bei O heimlich dessen Tennisschläger mit und möchte ihn nach einem Probespiel wieder zurückgegeben. Als das Spiel damit gut „läuft", verzichtet er auf eine Rückgabe und absolviert weitere Spiele. – T hat dem O vorsätzlich eine fremde bewegliche Sache weggenommen. Zum Zeitpunkt der Wegnahme hatte er jedoch keine Zueignungsabsicht; da er den Schläger wieder zurückgeben wollte, besaß er keinen Vorsatz hinsichtlich einer dauernden Enteignung des O. Es lag zu diesem Zeitpunkt nur eine straflose Gebrauchsanmaßung (furtum usus) vor. Als T jedoch den Schläger für weitere Spiele behält und ihn sich damit zueignet, verwirklicht er § 246 Abs. 1.

bb) Der Täter muss die Zueignungsabsicht endgültig gefasst haben. Macht er die Zueignungsabsicht von **Bedingungen** abhängig, so kommt es darauf an, ob er sich die endgültige Entscheidung über die Zueignungsabsicht noch vorbehält; in diesem Fall ist noch keine Zueignungsabsicht gegeben[170]. Zu bejahen ist diese hingegen, wenn der Täter sein Verhalten vom Eintritt einer Bedingung abhängig macht, auf deren Eintritt er keinen Einfluss hat.

> Bsp.: T nimmt den Tennisschläger des O mit nach Hause; dort möchte er sich überlegen, ob er diesen behält oder nicht. – Weil sich T die Entscheidung über die Zueignungsabsicht noch vorbehalten hat, liegt diese zum Zeitpunkt der Wegnahme nicht vor. Behält er den Schläger später tatsächlich, so macht er sich nur gemäß § 246 strafbar. Macht T hingegen die Zueignungsabsicht davon abhängig, ob er in Verdacht gerät, O

---

163 BGH StraFo 2010, 122 f.
164 MünchKomm-*Schmitz*, § 242 Rn. 120; SSW-*Kudlich*, § 242 Rn. 39.
165 *Rengier*, BT 1, § 2 Rn. 86; SK-*Hoyer*, § 242 Rn. 67.
166 BGH NStZ 2015, 276; näher zur Abgrenzung von Täterschaft und Teilnahme B/W/M/E-*Eisele*, § 25 Rn. 1 ff.
167 BGH NStZ 2011, 36; L-Kühl/*Kühl*, § 242 Rn. 20; *Wessels/Hillenkamp/Schuhr*, BT 2, Rn. 204.
168 BGH NStZ 2004, 386 (387); NStZ 2015, 516.
169 BGH NStZ-RR 2012, 207 (208).
170 *Graul*, JR 1999, 338 (340); *Rengier*, BT 1, § 2 Rn. 179 ff.; *Schönke/Schröder/Bosch*, § 242 Rn. 62.

den Schläger zurückfordert oder der Schläger beim Spiel nicht seinen Erwartungen entspricht, so wäre diese zu bejahen, da er auf diese Bedingungen keinen Einfluss hat.

64 cc) Die **Zueignungsabsicht** setzt voraus, dass der Täter den Eigentümer (faktisch) aus dessen Position dauerhaft verdrängen möchte (**Enteignungswille**) und sich in tatsächlicher Hinsicht eine eigentümerähnliche Stellung an der Sache anmaßt (se ut dominum gerere), um die Sache selbst oder ihren Sachwert zumindest vorübergehend dem eigenen Vermögen oder dem Vermögen eines Dritten einzuverleiben (**Aneignungsabsicht**)[171].

65 Die **Enteignungskomponente** erfordert wenigstens bedingten Vorsatz, der auf eine dauernde Enteignung gerichtet sein muss; ein Vermögensschaden muss damit nicht verbunden sein. Die **Aneignungskomponente** verlangt hingegen Absicht im Sinne von dolus directus 1. Grades; diese muss auf eine wenigstens vorübergehende Aneignung gerichtet sein. Entsprechend dem Charakter als Eigentumsdelikt kommt es – anders als bei §§ 253, 259, 263 – nicht auf das Erstreben einer Bereicherung an; die Zueignungsabsicht kann daher auch auf völlig wertlose Gegenstände gerichtet sein. Nach der von der h. M. vertretenen sog. Vereinigungstheorie kann die Zueignungsabsicht entweder auf die **Sachsubstanz** oder den in ihr verkörperten wirtschaftlichen **Sachwert** gerichtet sein[172]. Dabei kann die Frage nach der Zueignung der Sachsubstanz oder des Sachwertes sowohl beim Enteignungswillen als auch bei der Aneignungsabsicht Bedeutung erlangen.

> **Bsp.:** Die O besitzt ein schönes Schmuckstück, das sie von ihrer Großmutter geerbt hat. Die neidische T bietet ihr an, dieses für 5000 € abzukaufen, was dem Gegenwert entspricht. O lehnt dankend ab. T nimmt bei günstiger Gelegenheit das Erbstück weg und überweist 7000 € auf das Konto der O. – T begeht einen Diebstahl, da sie den Vorsatz besitzt, die O dauerhaft vom Eigentum auszuschließen, und zudem die Absicht hat, das Schmuckstück (Sachsubstanz) ihrem Vermögen einzuverleiben. Dass O keinen Vermögensschaden erleiden soll und T keine Bereicherung erstrebt, ist unerheblich, da § 242 wertunabhängig das Eigentum an einem konkreten Gegenstand schützt, mit dem der Eigentümer gemäß § 903 BGB nach Belieben verfahren darf.

66 (1) Der **Sachwert** erfasst richtigerweise nicht schon jeden wirtschaftlichen Vorteil durch den Gebrauch der Sache (lucrum ex negotio cum re). Andernfalls würde der Tatbestand seine Konturen verlieren und die Abgrenzung zur bloßen Bereicherungsabsicht verschwimmen. Vielmehr ist erforderlich, dass die Zueignungsabsicht auf einen nach Art und Funktion bestimmungsgemäß mit der Sache verknüpften Wert (lucrum ex re) gerichtet ist[173].

> **Bsp.:** T nimmt dem O ein Gemälde und ein Mobiltelefon weg, um diese zwei Wochen später zurückzugeben. Das Gemälde verwendet er für eine Ausstellung und von dem Mobiltelfon kopiert er Bilddateien[174]. – § 242 ist mangels Enteignungsvorsatz zu verneinen. Dieser liegt hinsichtlich der Sachsubstanz nicht vor, weil Gemälde und Mobiltelefon zurückgegeben werden sollen. Ein spezifischer Sachwert wird nicht entzogen, da der Gebrauch in keinen Verbrauch umgeschlagen ist; beide Gegenstände sind mit keinem Wertverlust behaftet.

Verdeutlicht werden kann dieser Unterschied bei der Wegnahme eines fremden Sparbuchs einerseits und einer fremden ec-Karte andererseits, wenn damit jeweils

---

171 BGHSt 16, 190 (192); *Schönke/Schröder/Bosch*, § 242 Rn. 47; *Wessels/Hillenkamp/Schuhr*, BT 2, Rn. 148.
172 BGHSt 24, 115 (119); BGH NJW 1985, 812; BGH 4 StR 591/17 Rn. 11; L-Kühl/*Kühl*, § 242 Rn. 21 f.; *Mitsch*, BT 2, 1.2.2.3.3.4; vertiefend *Ensenbach*, ZStW 124 (2012), 343 ff.
173 BGHSt 24, 115 (119); HK-*Duttge*, § 242 Rn. 41; *Schönke/Schröder/Bosch*, § 242 Rn. 49.
174 Hierzu BGH NStZ 2012, 627.

Geld abgehoben werden soll. Während das Sparbuch einen Sachwert – Guthaben als Forderung des Kunden gegen die Bank – verkörpert[175], ist dies bei der ec-Karte nicht der Fall; diese ermöglicht mit ihrer „Schlüsselfunktion" lediglich das Abheben am Geldautomaten, ohne das Guthaben zu verkörpern[176].

> **Bsp. (1):**[177] T nimmt dem O ein Sparbuch weg, um es nach dem Abheben eines Geldbetrags von 100 €, den er für sich verwenden möchte, zurückzulegen. – Hinsichtlich eines Diebstahls am Sparbuch ist zu beachten, dass T keine Zueignungsabsicht hat; es fehlt bezüglich der Sachsubstanz am Vorsatz hinsichtlich einer dauernden Enteignung. Der Enteignungswille ist aber auf den mit dem Sparbuch bestimmungsgemäß verknüpften Sachwert bezogen, weil das Geld als Forderung gegen die Bank vom Sparbuch, das ein qualifiziertes Legitimationspapier i. S. d. § 808 BGB darstellt, verkörpert wird; besonders deutlich wird dies, wenn im Sparbuch das Abheben des Betrags vermerkt wird. Hinsichtlich der Aneignungsabsicht kann man auch auf das Sparbuch (Sachsubstanz) abstellen, weil die zumindest vorübergehende Aneignung notwendiges Zwischenziel war, um an das Geld zu gelangen[178]. Einer Art „Stoffgleichheit" zwischen der vom Vorsatz umfassten Enteignung und der angestrebten Aneignung bedarf es nicht. Ein Diebstahl am Geld scheidet aus, weil dieses vom Bankangestellten gemäß § 929 Satz 1 BGB an T übereignet wurde und daher nicht fremd ist. Ein etwaiger Betrug gemäß § 263 durch Täuschung des Bankangestellten, der zu Lasten des O verfügt (§ 808 BGB), hängt davon ab, ob man einen Irrtum bejaht oder aufgrund § 808 BGB davon ausgeht, dass sich der Bankangestellte wegen der befreienden Leistung gar keine Gedanken zu machen braucht und daher auch nicht irrt[179]; jedenfalls wäre § 263 gegenüber dem Diebstahl am Sparbuch mitbestrafte Nachtat[180].
>
> **Bsp. (2):**[181] T entwendet bei O dessen ec-Karte für die Benutzung des Bankautomaten. O hat die PIN leichtsinnigerweise auf einem Zettel notiert, den er zusammen mit der Karte aufbewahrt. T hebt am Geldautomaten 100 € ab, die vom Girokonto des O abgebucht werden. Anschließend lässt er O die Karte – wie von Anfang an beabsichtigt – wieder zukommen. – Ein auf die Enteignung der Karte (Sachsubstanz) gerichteter Vorsatz scheidet aus, weil T die Karte – nicht anders als das Sparbuch in Bsp. 1 – an O zurückgeben wollte. Hinsichtlich des Sachwerts ist nun zu beachten, dass das Guthaben auf dem Konto nicht durch die Karte verkörpert wird; diese verschafft dem Täter lediglich bei Kenntnis der PIN die Möglichkeit, einen bestimmten Betrag vom Konto abzuheben („Schlüsselfunktion")[182]. Die Zueignungsabsicht ist daher zu verneinen[183].

(2) Entsprechend dem letztgenannten Beispiel fehlt es an der Zueignungsabsicht, wenn mittels eines weggenommenen **Ausweises**, der später zurückgegeben werden soll, Geld oder andere Sachen in Empfang genommen werden. In Betracht kommt in solchen Fällen aber ein Betrug, da über die Legitimation getäuscht wird[184]. Ähnlich gelagert sind auch Fälle des Falschparkens, bei denen der Täter einen **Verwarnungsbescheid** an einem anderen Wagen zeitweilig entfernt und an seinem, im Parkverbot abgestellten Wagen anbringt, damit er selbst keinen (weite-

---

175 *Mitsch*, BT 2, 1.2.2.3.3.4; *Rengier*, BT 1, § 2 Rn. 105 ff.; *Wessels/Hillenkamp/Schuhr*, BT 2, Rn. 174.
176 BGHSt 35, 152 (156 ff.); *Mitsch*, BT 2, 1.2.2.3.3.4; *Rengier*, BT 1, § 2 Rn. 113.
177 RGSt 61, 126; ausführlich dazu *Mitsch*, BT 2, 1.2.2.3.3.4.
178 Vgl. auch *Rengier*, BT 1, § 2 Rn. 103.
179 Vgl. *Schönke/Schröder/Perron*, § 263 Rn. 48; s. auch u. Rn. 544.
180 BGH NStZ 1993, 591; wistra NStZ 2008, 396.
181 *Eisele/Fad*, Jura 2002, 305 (306 f.).
182 BGHSt 35, 152 (157 f.); *Gropp*, JZ 1983, 487 (489); A/W/H/H-*Heinrich*, § 13 Rn. 102; *Rengier*, BT 1, § 2 Rn. 113; *Wessels/Hillenkamp/Schuhr*, BT 2, Rn. 180; a. A. *Schroth*, NJW 1981, 729 (732).
183 Zum Diebstahl am Geld und weiteren Delikten vgl. bereits o. Rn. 58.
184 Vgl. auch die sog. Finderlohnfälle, deren Lösung stark von den zivilrechtlichen Wertungen beeinflusst wird; dazu instruktiv *Wessels/Hillenkamp/Schuhr*, BT 2, Rn. 186 ff.

ren) Verwarnungszettel erhält. Auch hier wird dem Verwarnungsbescheid kein spezifischer Sachwert entzogen[185]. Letztlich gilt auch für den häufig diskutierten **Dienstmützenfall** nichts anderes[186], bei dem ein Soldat die Dienstmütze seines Kameraden wegnimmt, um diese später in der Kleiderkammer der Bundeswehr abzugeben und so den Verlust der eigenen Dienstmütze zu verschleiern. Teilweise wird hier von einer Zueignungsabsicht ausgegangen, weil eine eigene Rückgabeverbindlichkeit getilgt und Schadensersatzansprüche abgewehrt werden[187]; dem ist aber entgegenzuhalten, dass der Soldat nicht als Eigentümer auftritt, sondern mit der Rückgabe das Eigentum des Bundes respektiert. Der Dienstmütze wird im Übrigen auch kein spezifischer Sachwert entzogen. Auf eine etwaige Bereicherungsabsicht kommt es bei § 242 dagegen nicht an.

68 (3) Dass im Einzelfall freilich feinsinnige Unterscheidungen zu treffen sind, zeigt das Verwenden einer Zahlungskarte als elektronische **Geldbörse bzw. Geldkarte**. Dort wird auf dem Chip das „Guthaben" des Karteninhabers gespeichert, das dann beim Zahlungsvorgang abgebucht wird. Die elektronische Geldbörse verkörpert daher – nicht anders als das Sparbuch – einen Sachwert. Entsprechendes gilt auch für andere aufladbare Karten wie Mensakarten, Telefonkarten, Gutscheine mit einem Guthaben sowie Eintritts- und Fahrkarten, die durch den Gebrauch ganz oder teilweise entwertet werden.

69 dd) Die Zueignungsabsicht erfordert zumindest **bedingten Vorsatz hinsichtlich einer dauerhaften Enteignung** des Eigentümers. Einer Absicht im Sinne von dolus directus 1. Grades bedarf es diesbezüglich nicht. Ansonsten würde der Tatbestand in vielen Fällen leer laufen, weil es dem Täter regelmäßig um die Erlangung des Gegenstandes aus eigennützigen Motiven und nicht um die Schädigung des Opfers geht[188]. Die Enteignungskomponente ist deshalb verwirklicht, wenn der Täter es billigend in Kauf nimmt, dass die weggenommene Sache oder ein darin verkörperter Sachwert nicht mehr an den Berechtigten zurückgelangt und damit endgültig entzogen wird. Die zivilrechtlichen Eigentumsverhältnisse sind hierfür unerheblich; ein Eigentumsverlust ist aufgrund § 935 Abs. 1 BGB regelmäßig ausgeschlossen.

70 (1) An der Enteignungskomponente fehlt es hingegen in Fällen einer **bloßen Gebrauchsanmaßung** (furtum usus), bei der die Sache nach Gebrauch wieder zurückgegeben werden und daher der dinglichen Rechtslage entsprochen werden soll. Die Gebrauchsanmaßung ist nur strafbar, wenn hierfür ein spezieller Straftatbestand (vgl. §§ 248b, 290) besteht.

> **Bsp.:** T nimmt dem O seinen Wagen weg. Er möchte damit eine kurze Spritztour unternehmen und diesen dann zurückbringen. – Hier fehlt es am Vorsatz hinsichtlich einer dauernden Enteignung. T macht sich nur nach § 248b strafbar. Eine etwaige Strafbarkeit nach § 242 hinsichtlich des verbrauchten Benzins wird von § 248b als notwendige und typische Begleittat konsumiert, weil andernfalls die bloße Gebrauchsanmaßung über die mitverbrauchten Betriebsstoffe doch über § 242 bestraft werden könnte[189]. Anders wäre zu ent-

---

185 OLG Hamburg NJW 1964, 736; LK-*Vogel*, § 242 Rn. 154.
186 BGHSt 19, 387; dazu L-*Kühl*/*Kühl*, § 242 Rn. 23; *Rengier*, BT 1, § 2 Rn. 117; *Wessels/Hillenkamp/Schuhr*, BT 2, Rn. 189 ff.
187 OLG Frankfurt NJW 1962, 1879 f.; OLG Hamm NJW 1964, 1427 (1429).
188 LK-*Vogel*, § 242 Rn. 144; *Rengier*, BT 1, § 2 Rn. 89 ff.
189 BGHSt 14, 386 (388); BGH GA 1960, 182 f.; BayObLG NJW 1961, 280 (281); *Kindhäuser/Böse*, BT 2, § 9 Rn. 11; *Krey/Hellmann/Heinrich*, BT 2, Rn. 79; für Subsidiarität *Fischer*, § 248b Rn. 11; *Schönke/Schröder/Bosch*, § 248b Rn. 15.

scheiden, wenn T das Fahrzeug nach Ende der Spritztour an einem entlegenen Ort abstellt und es dem Zufall überlässt, ob O das Fahrzeug findet.[190] Im Rahmen der notwendigen Beweiswürdigung im Einzelfall kann auch zu berücksichtigen sein, ob das Fahrzeug verschlossen oder dem Zugriff Dritter preisgegeben war[191].

71 Da die Zueignungsabsicht bereits zum **Zeitpunkt der Wegnahme** vorliegen muss, ändert sich an der Straflosigkeit nach § 242 nichts, wenn sich der Täter erst während der Spritztour entschließt, das Fahrzeug doch zu behalten oder preiszugeben. Neben § 248b kommt dann jedoch eine Strafbarkeit wegen Unterschlagung nach § 246 in Betracht. Umgekehrt ändert ein später gefasster Rückführungswille nichts an einer bereits gefassten Zueignungsabsicht[192].

72 (2) Erfasst werden von § 242 hingegen Fälle, in denen der Berechtigte die Sache zurückerlangen soll, infolge des **Gebrauchs aber eine empfindliche bzw. wesentliche Minderung des Sachwerts** eintritt, d. h. der Gebrauch bereits in einen Verbrauch umschlägt[193]. Entsprechendes gilt, wenn der Entzug der Sache so lange währen soll, dass ein objektiver Dritter sich bereits vernünftigerweise Ersatz beschaffen wird[194].

Bsp. (1): T nimmt dem O seinen Wagen weg; möchte er den Wagen erst nach zwei Monaten und gefahrenen 5000 km zurückbringen, so wird dem Wagen ein spezifischer Sachwert entzogen.

Bsp. (2): T nimmt dem O, der leidenschaftlicher Wintersportler ist, seine Skier vor dem Ski-Opening im Dezember weg und kündigt an, diese erst im folgenden Frühjahr zurückzubringen. – Unabhängig davon, ob durch einen Gebrauch ein spezifischer Sachwert entzogen wird, ist die Enteignungskomponente durch Substanzentzug zu bejahen, weil O sich aufgrund der langen Zeitdauer vernünftigerweise Ersatz beschaffen wird.

Bsp. (3):[195] T nimmt ein neues Buch aus der Buchhandlung O mit, um dieses nach dem Lesen zurückzubringen. – Vorsatz hinsichtlich der Enteignung der Sachsubstanz ist zu verneinen, da T das Buch zurückbringen will. T könnte aber einen funktionstypischen Sachwert entzogen haben. Eine Minderung des Gebrauchswerts für einen späteren Leser liegt nicht vor. Anders kann man nur entscheiden, wenn das Buch deutliche Gebrauchsspuren aufweist. Man könnte jedoch mit der h. M. den wirtschaftlichen Neuwert als bestimmungsgemäßen Sachwert einstufen, weil diesem im Rechtsverkehr eine erhebliche Bedeutung zukommt[196]. So kann nicht geleugnet werden, dass der Wert von Vorführwagen oder von Ausstellungsstücken gemindert ist. Gegen die Annahme einer Zueignungsabsicht speziell bei Büchern kann man freilich einwenden, dass es in Buchhandlungen üblich ist, dass Bücher angelesen und durchgeblättert werden. Auch werden im Buchhandel Bücher z. T. zur Ansicht versandt, ohne dass sie deshalb später nicht anderweitig veräußert werden könnten.

73 (3) Umstritten sind Fälle, in denen der Täter bei Wegnahme den Vorsatz hat, die Sache **unter Leugnung des fremden Eigentums** an den Eigentümer zurückzuverkaufen oder mit weggenommenem Geld Verbindlichkeiten beim Eigentümer zu tilgen.

---

190 BGH NStZ 2015, 396 (397).
191 BGHSt 22, 45 (46).
192 Vgl. auch BGH NStZ 2015, 396 (397).
193 RGSt 44, 335 (336); BGHSt 34, 309 (312); LK-*Vogel*, § 242 Rn. 154; *Rengier*, BT 1, § 2 Rn. 109; *Schönke/Schröder/Bosch*, § 242 Rn. 53.
194 *Rengier*, BT 1, § 2 Rn. 136; *Wessels/Hillenkamp/Schuhr*, BT 2, Rn. 162.
195 OLG Celle NJW 1967, 1921; ausf. *Zopfs*, ZJS 2009, 649 (650 ff.).
196 So OLG Celle NJW 1967, 1921 (1922); a. A. *Maurach/Schroeder/Maiwald/Hoyer/Momsen*, BT 1, § 33 Rn. 40; *Schönke/Schröder/Bosch*, § 242 Rn. 53.

Bsp.: T nimmt dem O eine wertvolle Vase weg. Kurz darauf bietet er diese – wie von Anfang an geplant – dem O zum Kauf an. O erwirbt diese als „Ersatz", weil er davon ausgeht, dass T „zufällig" ein ähnlich aussehendes Exemplar für ihn gefunden hat.

74 Die Sache soll dem Eigentümer auch hier nicht dauerhaft entzogen werden. Daher nimmt eine Ansicht hinsichtlich der Sachsubstanz zunächst eine bloße Gebrauchsanmaßung an; auch eine Sachwertentziehung wird abgelehnt, weil der Kaufpreis nur einen mittelbaren Vorteil darstelle, der durch den Gebrauch der Sache erlangt werde[197]. Anders als in Fällen der bloßen Gebrauchsanmaßung soll die Sache hier jedoch vom Täter als angeblich eigene und nicht als dem Eigentümer gehörende Sache angeboten werden. Der Rückverkauf dient damit nicht der Wiederherstellung der Eigentümerposition[198]. Vielmehr maßt sich der Täter die Eigentümerposition selbst an, so dass richtigerweise der Enteignungswille bereits auf die Sachsubstanz bezogen ist[199]. Die Annahme eines Enteignungswillens hinsichtlich des Sachwertes vermag hingegen nicht zu überzeugen, weil der Kaufpreis keinen spezifisch in der Sache verkörperten Wert darstellt[200]. Die spätere Täuschung über die Eigentümerposition beim Rückkauf begründet – wenn man darin einen eigenständigen Schaden erblickt – § 263, der jedoch als mitbestrafte Nachtat im Wege der Gesetzeskonkurrenz zurücktritt[201].

75 (4) Vieldiskutiert (und in Prüfungsarbeiten beliebt) sind **„Pfandflaschenfälle"**, bei denen der Täter Leergut entwendet, um es später zurückzugeben und dafür das Flaschenpfand zu kassieren. Die Frage, ob die Mitnahme des Leerguts in dieser Absicht einen Diebstahl begründet, hängt sowohl hinsichtlich der Frage der Eigentumsverhältnisse als auch der Zueignungsabsicht von nicht ganz einfachen zivilrechtlichen Wertungen ab, wobei zu beachten ist, dass diese Fälle nichts mit dem zivilrechtlichen Pfandrecht zu tun haben. Handelt es sich um standardisiertes Einheitsleergut wie bei typischen Sprudel- oder Bierflaschen, die von vielen Herstellern genutzt werden, so soll das Eigentum stets vom Hersteller an den Verkäufer, von diesem an den Kunden, vom Kunden zurück an den Verkäufer usw. übertragen werden[202]. In diesem Fall entspricht die Lösung den Rückübereignungsfällen, wenn der Täter die Flaschen als eigene unter Leugnung des fremden Eigentums zurückgeben möchte, so dass Enteignungsvorsatz zu bejahen ist[203]. Bei speziellem Leergut wie Coca Cola-Flaschen[204] oder bestimmten Saftflaschen soll das Eigentum beim jeweiligen Hersteller verbleiben, da die Flaschen jeweils an ihn zurückgelangen sollen. Weil in diesem Fall das Leergut aus Sicht des Täters regelmäßig ohne Leugnung des fremden Eigentums zurückgegeben werden soll und dem Leergut auch kein Sachwert entzogen, sondern nur das Flaschenpfand kassiert wird, scheidet ein Diebstahl aus[205]. Maßgeblich für die Frage, ob fremdes Eigentum geleugnet werden soll, ist dabei stets die subjektive Tätersicht und nicht,

---

197 *Mitsch*, BT 2, 1.2.2.3.3.2.
198 *Rengier*, BT 1, § 2 Rn. 132; SK-*Hoyer*, § 242 Rn. 94; *Wessels/Hillenkamp/Schuhr*, BT 2, Rn. 173.
199 BGHSt 24, 115 (119 f.); *Krey/Hellmann/Heinrich*, BT 2, Rn. 89; *Rengier*, BT 1, § 2 Rn. 132.
200 So auch *Krey/Hellmann/Heinrich*, BT 2, Rn. 89; a. A. RGSt 57, 199; *Rudolphi*, JR 1985, 252 (253); *Schönke/Schröder/Bosch*, § 242 Rn. 50.
201 Dazu u. Rn. 663 ff.
202 BGHZ 173, 159 (162); BGHSt 63, 215 (216 f.); BGH NJW 2018, 3598 f.
203 BGHSt 63, 215 (218) u. dazu näher *Eisele*, JuS 2019, 178 (180).
204 BGHZ 173, 159 (163); BGHSt 63, 215 (216); OLG Hamm NStZ 2008, 154; AG Flensburg NStZ 2006, 101; L-Kühl/*Kühl*, § 242 Rn. 23; a. A. *Schmitz/Goeckenjan/Ischebeck*, Jura 2006, 821 (822).
205 BGHSt 63, 215 (217 f.); OLG Hamm NStZ 2008, 154; umfassend *Schmitz/Goeckenjan/Ischebeck*, Jura 2006, 821 ff.

ob der Eigentümer objektiv enteignet wird[206]. Freilich kann man die Differenzierung zwischen Standard- und Individualflaschen und die damit verbundenen Ergebnisse durchaus kritisch sehen[207]. Hinsichtlich der späteren Rückgabe der Flaschen kann im Übrigen noch (Sicherungs)Betrug nach § 263 StGB bzw. ein Computerbetrug nach § 263a StGB zu prüfen sein[208].

(5) Für § 242 – aber auch für die parallel gelagerte Problematik bei § 249[209] – sind weiter Fälle der sog. **Inpfandnahme** zu beachten. Es geht hier um Konstellationen, in denen der Täter eine Sache als „Pfand" wegnimmt, um so das Opfer zur Begleichung bestehender Schulden beim Täter zu veranlassen. Der Enteignungsvorsatz ist hier zu verneinen, wenn der Täter von baldiger Zahlung ausgeht und er deshalb die Sachsubstanz zurückgelangen lassen möchte[210]. Hat der Täter hingegen für den Fall der Nichtzahlung durch den Schuldner bereits den unbedingten Entschluss gefasst, die Sache durch Veräußerung zu verwerten, so liegt der notwendige Enteignungswille und damit Zueignungsabsicht vor.

(6) Die eben geschilderten Grundsätze gelten auch für Fälle der **Drittzueignung**. Geht der Täter davon aus, dass der Dritte die Sache nach Gebrauch dem Eigentümer zurückgeben wird, so ist der Enteignungswille zu verneinen. Eine abweichende Beurteilung ist wiederum beim übermäßigen Gebrauch – verbunden mit einer erheblichen Sachwertminderung – geboten. Im Übrigen ist auch hier nach Substanz- und Sachwertgesichtspunkten zu unterscheiden, so dass sich bei der Wegnahme von Sparbüchern, ec-Karten usw. dieselben Fragen stellen[211].

> **Bsp.:** T nimmt für D das Fahrrad des O weg, mit dem D einen Ausflug unternehmen möchte. Soll das Rad später durch T oder D zurückgegeben werden, so scheidet eine Strafbarkeit nach § 242 aus. D macht sich jedoch nach § 248b strafbar, T – je nach Sachverhalt – gemäß § 248b, § 25 Abs. 2 bzw. § 27.

ee) Die **Aneignungskomponente** erfordert Absicht im Sinne zielgerichteten Wollens (dolus directus 1. Grades) hinsichtlich einer wenigstens vorübergehenden Aneignung der Sache oder des Sachwertes. Dass der Täter dies als bloße Nebenfolge billigend in Kauf nimmt, genügt demnach nicht. Die Absicht kann dabei auf die Aneignung für den Täter oder einen Dritten (Drittzueignungsabsicht) gerichtet sein.

(1) Bei der **Selbstzueignung** handelt der Täter zu eigenen Zwecken. Eine solche kann auch bei einer Weitergabe an Dritte vorliegen, wenn der Täter als Verkäufer[212] oder Schenker bzw. Spender[213] auftritt. In diesem Fall bedarf es nämlich zunächst einer Selbstzueignung durch Anmaßung der dinglichen Verfügungsbefugnis, um anschließend wie ein Eigentümer mit der Sache zu verfahren. Ferner

---

206 BGHSt 63, 215 (220); *Eisele*, JuS 2019, 178 (180).
207 Hoven, NJW 2018, 3599 (3600).
208 *Hierzu* etwa *Hellmann*, JuS 2001, 353 (355 ff.); *Schmitz/Goeckenjan/Ischebeck*, Jura 2006, 821 (824 ff.); zu § 263a LG Saarbrücken NStZ-RR 2019, 45 (46).
209 Dort u. Rn. 334.
210 S. BGH NJW 1955, 1764; BGH NStZ-RR 1998, 235 (236); BGH NStZ-RR 2009, 51; BGH NStZ-RR 2012, 239 (241); *Maurach/Schroeder/Maiwald/Hoyer/Momsen*, BT 1, § 33 Rn. 40; *Mitsch*, BT 2, 1.2.2.3.3.2; *Rengier*, BT 1, § 2 Rn. 183 ff.
211 S. Rn. 65 ff.
212 A/W/H/H-*Heinrich*, § 13 Rn. 75; L-Kühl/*Kühl*, § 242 Rn. 26; NK-*Kindhäuser*, § 242 Rn. 105; *Rengier*, BT 1, § 2 Rn. 152.
213 A/W/H/H-*Heinrich*, § 13 Rn. 118; NK-*Kindhäuser*, § 242 Rn. 83; *Wessels/Hillenkamp/Schuhr*, BT 2, Rn. 168.

ist zu beachten, dass sich der Schenker eigene Aufwendungen erspart. Daneben wird in der Literatur teilweise auch noch eine **Drittzueignung der Sachsubstanz** für den Empfänger des Gegenstandes angenommen, weil die Aneignung gleichzeitig in mehrere Richtungen gehen und verschiedene Aspekte (Substanz- und Sachwertzueignung) betreffen kann[214]. Die Gegenauffassung bestreitet dies, da die Bejahung einer Selbstzueignung das gleichzeitige Vorliegen einer Drittzueignung ausschließe[215]. Selbst wenn man zugleich eine Drittzueignung bejahen möchte, so ist diese gegenüber der Selbstzueignung aber jedenfalls subsidiär[216].

80 (2) Die Absicht, irgendwelche „messbaren" Vorteile zu erlangen, begründet hingegen keine Selbstzueignungsabsicht[217], weil ansonsten die im Jahre 1998 mit dem 6. StrRG eingeführte Drittzueignungsabsicht weitgehend gegenstandslos bliebe. Wird eine Sache daher für einen Dritten weggenommen, ohne dass der Täter einen unmittelbaren eigenen wirtschaftlichen Vorteil i. S. e. Gebrauchs oder Verbrauchs anstrebt, so kommt nur eine **Drittaneignungsabsicht** in Betracht. Für die Drittzueignung sind die für die Selbstzueignung geltenden Grundsätze zu übertragen. Dabei kann der Täter die Sache dem Dritten unmittelbar verschaffen oder sonst für ihn ein **Sachherrschaftsverhältnis bzw. eine sachenrechtsähnliche Position** begründen, wodurch ihm die Aneignung ermöglicht wird[218]. Einer Übergabe der Sache oder eines Verbringens in den Herrschaftsbereich des Dritten bedarf es nicht[219]. Auch kommt es nicht darauf an, ob sich der Dritte dann die Sache tatsächlich zueignen möchte oder sich diese sogar zueignet[220].

> **Bsp. (1):** T nimmt vor dem Blumengeschäft des O auf Bitte seiner Freundin F einen Strauß aus einer Vase und gibt diesen sogleich F, die damit weiterläuft. – T bricht hier den Gewahrsam des O, der nach der Verkehrsanschauung auch vor dem Ladengeschäft fortbesteht, und begründet neuen Gewahrsam bei F. Neben Vorsatz muss auch Zueignungsabsicht vorliegen, wobei die Enteignungskomponente unproblematisch ist. Im Übrigen ist von Drittzueignungsabsicht auszugehen, weil sich T weder Sachsubstanz noch Sachwert vorübergehend aneignet. Bei F liegt Anstiftung zum Diebstahl gemäß §§ 242, 26 vor. Zudem verwirklicht sie durch Selbstzueignung täterschaftlich § 246, der jedoch formell subsidiär ist[221]. Hinzu tritt in Tateinheit eine Strafbarkeit wegen Hehlerei nach § 259[222].
>
> **Bsp. (2):** T nimmt das Fahrrad des O und stellt dieses in die Garage des bedürftigen D, damit dieser das Fahrrad dauerhaft nutzen kann; anschließend informiert er den D. – Es liegt Drittzueignungsabsicht vor, weil hierfür die Einräumung einer sachenrechtsähnlichen Position genügt, die dem D die Aneignung ermöglicht. Eine Selbstzueignung scheidet jedenfalls dann aus, wenn T nicht als Eigentümer oder Schenker auftritt.
>
> **Bsp. (3):** Stellt T in Bsp. 2 das Rad heimlich ab, so ist die Anmaßung einer Eigentümerposition und damit eine Selbstzueignung zu bejahen. Dagegen wird zwar angeführt, dass sich der Täter bei anonymen Schenkungen bzw. Spenden die Eigentümerstellung nicht nach außen oder jedenfalls nicht erkennbar anmaßt[223]. Da der Dritte allerdings

---

214 Vgl. *Krey/Hellmann/Heinrich*, BT 2, Rn. 101; *Rengier*, BT 1, § 2 Rn. 155; *Schönke/Schröder/Bosch*, § 242 Rn. 56 f.
215 *Kindhäuser/Böse*, BT 2, § 2 Rn. 111; NK-*Kindhäuser*, § 242 Rn. 105; *Wessels/Hillenkamp/Schuhr*, BT 2, Rn. 168.
216 A/W/H/H-*Heinrich*, § 13 Rn. 117; *Rengier*, BT 1, § 2 Rn. 156 f.
217 *Rengier*, BT 1, § 2 Rn. 158 ff.; *Schönke/Schröder/Bosch*, § 242 Rn. 57.
218 L-*Kühl/Kühl*, § 242 Rn. 26a; *Wessels/Hillenkamp/Schuhr*, BT 2, Rn. 166.
219 *Wessels/Hillenkamp/Schuhr*, BT 2, Rn. 166; a. A. *Schönke/Schröder/Bosch*, § 242 Rn. 58.
220 *Schönke/Schröder/Bosch*, § 242 Rn. 58.
221 Zu einem ähnl. Beispiel *Rengier*, BT 1, § 2 Rn. 164.
222 Näher u. Rn. 1140.
223 *Schönke/Schröder/Bosch*, § 242 Rn. 47; *Wessels/Hillenkamp/Schuhr*, BT 2, Rn. 155.

ohne weitere Anhaltspunkte regelmäßig von einem Akt des Eigentümers ausgehen wird und der Täter sich auch aus seiner Sicht die Eigentümerstellung anmaßt, ist dies jedoch auch nicht erforderlich[224].

Entsprechend bleibt es auch dann bei einer Drittzueignungsabsicht, wenn der Täter vom Dritten eine Belohnung oder einen Anteil erhält. Dies wäre etwa der Fall, wenn er im vorgenannten Bsp. (1) durch ein solches Versprechen zur Wegnahme angestiftet wird. Man könnte hier zwar an eine Selbstzueignung des Sachwertes (Belohnung/Anteil) denken[225], jedoch stellt diese keinen spezifischen von der Sache verkörperten Sachwert dar[226]. Auch muss man sehen, dass derjenige, der die Sache auf Veranlassung des Dritten wegnimmt, sich diesem gegenüber nicht eine Eigentümerposition anmaßt. **81**

(3) Zu beachten ist, dass bei der Abgrenzung von Selbst- und Drittzueignung die Grenzen von **Täterschaft und Teilnahme** nicht verschoben werden dürfen. Die Zueignungsabsicht ist zwar notwendiges, aber nicht hinreichendes Merkmal einer Täterschaft[227]. Trotz Selbst- oder Drittzueignungsabsicht kommt daher lediglich Anstiftung oder Beihilfe in Betracht, wenn nach allgemeinen Abgrenzungskriterien lediglich Teilnahme und nicht Täterschaft anzunehmen ist. Dies ist insbesondere nach der Tatherrschaftslehre der Fall, wenn die Wegnahme von einem anderen Beteiligten vollzogen wird. Dies lässt sich am Schulbeispiel des vor dem 6. StrRG 1998 vieldiskutierten Gänsebuchtfalls verdeutlichen. **82**

> **Bsp. (1):**[228] Auszubildender T treibt auf Geheiß des Landwirts D und in Kenntnis der Umstände die Gänse aus der Gänsebucht von Nachbarn O in den Stall des D, um dem finanziell angeschlagenen D zu helfen. – T handelt in Drittzueignungsabsicht[229] und macht sich daher gemäß § 242 strafbar. D ist Anstifter nach §§ 242, 26.
>
> **Bsp. (2):** Wie Bsp. 1, T handelt jedoch nur, weil er den verhassten Nachbarn O ärgern will. Ob die Gänse im Stall des D verbleiben oder von dort entfliehen, ist ihm egal. – Nunmehr entfällt bei T die Zueignungsabsicht. Es kommt ihm nicht im Sinne von dolus directus 1. Grades darauf an, dass sich D die Gänse aneignet. Mangels Haupttat scheidet auch eine Anstiftung des D aus. Die Annahme einer mittelbaren Täterschaft des D nach §§ 242, 25 Abs. 1 Var. 2 (T als absichtslos doloses Werkzeug aufgrund der fehlenden Zueignungsabsicht) und einer Beihilfe des T hierzu überzeugt nicht, weil D jedenfalls nach den Grundsätzen der Tatherrschaftslehre nicht die Stellung eines Täters hat; von einer Willens- bzw. Wissensherrschaft des D gegenüber dem den Plan durchschauenden T kann nicht ausgegangen werden. Ein solches Ergebnis lässt sich allenfalls auf Grundlage einer normativen Tatherrschaft begründen[230]. D begeht aber ggf. eine Unterschlagung gemäß § 246, wenn er die Gänse behält (Selbstzueignung); T leistet ggf. gemäß §§ 246, 27 Beihilfe, weil hierfür genügt, dass er die Zueignung des D billigend in Kauf nimmt[231].
>
> **Bsp. (3):** Wie Bsp. 1, D behauptet jedoch, dass Nachbar O im Krankenhaus sei und er daher die Gänse zeitweilig versorgen möchte. In Wahrheit möchte D die Gänse nicht zurückbringen. – T verwirklicht zwar den objektiven Tatbestand des § 242; da er von

---

224 A/W/H/H-*Heinrich*, § 13 Rn. 118; *Rengier*, BT 1, § 2 Rn. 153 f.
225 BGHSt 41, 187 (194).
226 *Krey/Hellmann/Heinrich*, BT 2, Rn. 102; *Rengier*, BT 1, § 2 Rn. 161.
227 *Rengier*, BT 1, § 2 Rn. 163 und 200 f.; *Schönke/Schröder/Bosch*, § 242 Rn. 72.
228 S. RGSt 48, 58. Vor Einfügung der Drittzueignungsabsicht wurde in diesem Fall überwiegend eine mittelbare Täterschaft (§ 25 Abs. 1 Var. 1) in der Fallgruppe des absichtslos dolosen Werkzeugs angenommen.
229 Vgl. *Rengier*, BT 1, § 2 Rn. 163.
230 Näher *Freund/Rostalski*, AT, § 10 Rn. 70 ff.; *Kühl*, AT, § 20 Rn. 54 ff., 56a.
231 Siehe auch *Rengier*, BT 1, § 2 Rn. 173 ff.

einer Rückgabe der Gänse ausgeht, hat er jedoch keinen Enteignungswillen, so dass die Zueignungsabsicht entfällt. D, der das Geschehen kraft überlegenen Wissens beherrscht, macht sich nach §§ 242, 25 Abs. 1 Var. 2 strafbar, da er mittelbarer Täter ist (T ist absichtslos doloses Werkzeug) und mit Selbstzueignungsabsicht handelt.

83 (4) An der Absicht einer zumindest vorübergehenden Aneignung der Sachsubstanz oder des Sachwertes fehlt es, wenn die Tat auf eine **bloße Sachbeschädigung oder Sachentziehung** gerichtet ist[232]. Ein nur kurzzeitiger Besitz ohne Gebrauch der Sache begründet dabei die Aneignungsabsicht noch nicht, weil diese ansonsten als Folge der Wegnahmehandlung praktisch immer zu bejahen wäre[233]. Nicht von § 242 – möglicherweise aber von §§ 133, 274 Abs. 1 Nr. 1 oder § 303 – erfasst werden damit Vorenthaltungen der Sache, um das Opfer zu ärgern oder zu schädigen. Das gilt auch für die Drittzueignungsabsicht, weil diese darauf gerichtet sein muss, einen Dritten in eine Lage zu bringen, die dem vorübergehenden Sich-Aneignen bei der Selbstzueignung entspricht.

Bsp. (1): T nimmt den Papagei des O auf Bitte des D für ihn aus dem Käfig, damit D ihn nach Übergabe fliegen lassen kann. – Würde T den Vogel selbst fliegen lassen, wäre zwar die Enteignungskomponente zu bejahen, jedoch würde es an der Absicht einer vorübergehenden Sich-Aneignung fehlen, weil ein bloßer Sachentzug erfolgen soll. In Fällen der Drittzueignung gilt nichts anderes, wenn der Dritte den Sachentzug bewirken soll.

Bsp. (2): Student T nimmt dem Mitglied einer rivalisierenden Motorradgang seine Kutte weg und steckt diese in eine Mülltonne.[234] Anschließend nimmt er auch Professor O vor Vorlesungsbeginn sein Manuskript weg, damit dieser endlich einmal „frei" spricht. – Die Aneignungsabsicht ist jeweils zu verneinen, weil der Besitz des T nur der Sachentziehung dient. Anders wäre zu entscheiden, wenn T das Manuskript oder die Kutte als „Trophäe" behalten möchte[235].

84 Entsprechendes gilt, wenn der Täter die Sache **für Zwecke des Opfers** verwendet[236], etwa mit der weggenommenen Farbe die Garage des Opfers neu streicht. Liegt die Sachvernichtung allerdings im **Verbrauch der Sache zu Zwecken des Täters oder eines Dritten**, so ist die Aneignungsabsicht zu bejahen. Typische Fälle sind der Konsum fremder Speisen, Getränke oder Betäubungsmittel sowie das Heizen mit fremden Brennmaterialien[237]. Die Aneignungsabsicht ist weiterhin zu bejahen, wenn die Sachvernichtung erst nach dem Gebrauch der Sache erfolgen soll[238].

Bsp.: T nimmt einen Schlüssel, eine ec-Karte usw., um an Geld zu gelangen. Anschließend soll der Gegenstand weggeworfen werden. – Neben dem unproblematischen Enteignungswillen ist hier auch die Absicht vorübergehender Aneignung zu bejahen.

---

232 RGSt 11, 239 (240); BGH NJW 1977, 1460; BGH NStZ 2011, 699 (701); BayObLG NJW 1992, 2040 (2041); LK-*Vogel*, § 242 Rn. 150; *Mitsch*, BT 2, 1.2.2.3.3.3; *Otto*, BT, § 40 Rn. 44; *Rengier*, BT 1, § 2 Rn. 138 f.
233 BayObLG NJW 1992, 2040 f.; OLG Köln NJW 1997, 2611; s. auch *Rengier*, BT 1, § 2 Rn. 138 f.; *Schönke/Schröder/Bosch*, § 242 Rn. 55.
234 Vgl. auch BGH NStZ 2011, 699.
235 So im Fall OLG Nürnberg NStZ-RR 2013, 78.
236 RGSt 52, 320 (321); LK-*Vogel*, § 242 Rn. 171; *Maurach/Schroeder/Maiwald/Hoyer/Momsen*, BT 1, § 33 Rn. 40.
237 RGSt 44, 335 (336 f.); BGH StraFo 2015, 216; OLG Köln NJW 1986, 392; OLG Köln NJW 1997, 2611; *Wessels/Hillenkamp/Schuhr*, BT 2, Rn. 153.
238 BGH MDR 1960, 689; OLG Hamburg MDR 1954, 697; *Kindhäuser/Böse*, BT 2, § 2 Rn. 100; *Maurach/Schroeder/Maiwald/Hoyer/Momsen*, BT 1, § 33 Rn. 41; *Rengier*, BT 1, § 2 Rn. 140 ff.

Bei den häufig diskutierten Fällen der **Wegnahme von Sachen in Behältnissen** 85 muss zwischen Behältnis und Inhalt differenziert werden. Geht es dem Täter allein um den Inhalt und möchte er das Behältnis sogleich loswerden, so bezieht sich die Aneignungsabsicht nur auf den Inhalt[239]. Hinsichtlich des weggeworfenen Behältnisses liegt dann ein bloßer Sachentzug vor. Stellt sich heraus, dass das Behältnis leer ist, so liegt letztlich nur ein versuchter Diebstahl am Inhalt vor[240]; Entsprechendes soll gelten, wenn sich in dem Behältnis eine andere als die erwartete Sache befindet[241].

> Bsp.:[242] T nimmt dem O eine Stofftasche in der Hoffnung weg, dass diese Gegenstände enthält, die T selbst verwenden oder mit Gewinn veräußern kann. Die Stofftasche selbst und den wertlosen Inhalt möchte er wegwerfen. In der Tasche befinden sich nur wertlose Prospekte, die T dann auch sogleich samt Stofftasche entsorgt. – T hat mit der Stofftasche samt Inhalt fremde bewegliche Sachen weggenommen. Enteignungsvorsatz liegt vor, da O die Stofftasche samt Inhalt nicht mehr zurückerhalten sollte. Die Aneignungsabsicht bezog sich von vornherein nicht auf die Stofftasche, so dass insoweit ein Diebstahl ausscheidet; sie war aber auch nicht auf die wertlosen Prospekte bezogen. Damit verbleibt ein nur versuchter Diebstahl an Wertgegenständen, hinsichtlich derer es objektiv an der Wegnahme fehlt.

Anders kann zu entscheiden sein, wenn der Täter das **Behältnis als Transportmittel** benutzen möchte bzw. notwendigerweise benutzen muss, weil dieses etwa verschlossen ist und erst später geöffnet werden kann[243]. Beim Diebstahl eines Autos wird sich die Zueignungsabsicht häufig nur auf den Wagen, nicht aber den Inhalt – wie etwa eine sich darin befindliche Sporttasche – beziehen[244].

ff) Zusammenfassend darstellen lassen sich die Probleme anhand der sog. **Pseudo-** 86 **botenfälle**[245].

> Bsp.: T nimmt bei Verkäufer O ein für die Auslieferung an den Käufer D bestimmtes Paket mit einer von O unterzeichneten Quittung weg. Wie von vornherein geplant, liefert er die Sache „als Fahrer des O" an D aus und kassiert dort das Geld, wofür er dem D die Quittung übergibt.

Hinsichtlich eines Diebstahls am Paket könnte man einwenden, dass dem O das 87 Eigentum nicht dauerhaft entzogen werden sollte, da er aufgrund des Übereignungsanspruchs des D ohnehin zur Lieferung verpflichtet war und das Verhalten des T daher der Eigentumsordnung nicht zuwiderläuft[246]. Dem steht aber entgegen, dass O nur Zug um Zug gegen Zahlung an D liefern musste[247]. Die Enteignungskomponente ist daher zu bejahen. Fraglich ist ferner, ob eine Selbstaneignungsabsicht vorliegt. Dagegen spricht, dass die Sachsubstanz sogleich an D übergeben wurde und T nicht als Veräußerer oder Schenker auf eigene Rechnung handelte, d.h. nicht wie ein Eigentümer auftrat, sondern die Ware als Bote des

---

239 BGH GA 1962, 144 (145); NStZ 2004, 333; StV 2010, 22; NStZ-RR 2010, 75; zum umgekehrten Fall – Aneignungsabsicht bezüglich des „Behältnisses" – BGHSt 16, 190 (192).
240 BGH NStZ 2018, 334; NJW 2019, 2868; *Schönke/Schröder/Bosch*, § 242 Rn. 63.
241 BGH NStZ 2006, 686 f.; krit. LG Düsseldorf NStZ 2008, 155 (156); für vollendeten Diebstahl *Böse*, GA 2010, 249 (250 ff.).
242 Vgl. auch BGH NStZ-RR 2013, 309.
243 LG Düsseldorf NStZ 2008, 155 (156); *Kindhäuser/Böse*, BT 2, § 2 Rn. 101.
244 BGHSt 16, 190; BGH JZ 1987, 52; *Schönke/Schröder/Bosch*, § 242 Rn. 63.
245 Vgl. BayObLG JR 1965, 26; s. auch *Krey/Hellmann/Heinrich*, BT 2, Rn. 92 ff.; *Rengier*, BT 1, § 2 Rn. 120.
246 *Schönke/Schröder/Bosch*, § 242 Rn. 50; *Schröder*, JR 1965, 27 f.
247 *Rengier*, BT 1, § 2 Rn. 120 f.

Eigentümers überbrachte[248]. Auch hinsichtlich des Sachwertes kann eine Selbstaneignungsabsicht nicht bejaht werden, weil der Kaufpreis kein spezifisch von der Sache verkörperter Wert ist, sondern erst durch Geschäfte mit der Sache erlangt wird. Es liegt allerdings eine Drittzueignung der Sachsubstanz an D vor; diesbezüglich besaß T auch Absicht, weil für die Erlangung des Kaufpreises die Übergabe der Ware an D notwendiges Zwischenziel war[249]. Für einen Diebstahl an der Quittung gelten hinsichtlich der Enteignungskomponente die für das Paket genannten Erwägungen. Die Selbstaneignungsabsicht wird hier aufgrund der legitimierenden Wirkung der Quittung gemäß § 370 BGB[250] z. T. mit Sachwertgesichtspunkten bejaht[251], da die Quittung anderen Legitimationspapieren (z. B. Sparbüchern) gleichzustellen sei. Nach der vorzugswürdigen Gegenauffassung[252] kommt auch hier nur eine Drittaneignungsabsicht in Betracht, weil T der Quittung nicht ihren Wert entziehen wollte, sondern diese – nicht anders als das Paket – lediglich dazu dienen sollte, den Kaufpreis zu erlangen.

88 c) Die **erstrebte Zueignung** muss ferner **rechtswidrig** sein, d. h. der Rechtsordnung widersprechen. Es handelt sich dabei um ein objektives Tatbestandsmerkmal, auf das subjektiv der Vorsatz gerichtet sein muss, wofür freilich dolus eventualis genügt[253].

89 aa) **Objektiv nicht rechtswidrig** ist die erstrebte Zueignung vor allem bei einem fälligen und einredefreien Anspruch auf die weggenommene Sache (Stückschuld). In diesem Fall führt der Täter eine Lage herbei, die im Ergebnis materiell der Rechtsordnung entspricht, wenngleich der Wegnahmevorgang formell eine Selbsthilfe darstellt (und daher die Wegnahme auch rechtswidrig ist). Die Rechtswidrigkeit der erstrebten Zueignung entfällt bei Drittzueignungsfällen auch dann, wenn nicht der Täter, dafür aber der Dritte einen Anspruch besitzt[254].

> **Bsp.:** Verkäufer O weigert sich, den gekauften Bauernschrank an T zu übereignen. T transportiert diesen heimlich ab. – T hat eine fremde bewegliche Sache weggenommen und in Zueignungsabsicht gehandelt. Diese ist jedoch nicht rechtswidrig, weil er gemäß § 433 Abs. 1 Satz 1 BGB einen Anspruch auf Übereignung besaß.

90 (1) Da § 242 das Eigentum an einem bestimmten Gegenstand und nicht schlechthin das Vermögen schützt, muss sich der Anspruch auf die **konkret weggenommene Sache** beziehen. Bei **Gattungsschulden** hat der Gläubiger nur das Recht auf Leistung von Sachen mittlerer Art und Güte (§ 243 Abs. 1 BGB), nicht aber auf einen konkreten Gegenstand. Die Wegnahme einer bestimmten Sache durch den Gläubiger widerspricht der Rechtsordnung, weil das Auswahl- und Konkretisierungsrecht des Schuldners (§ 243 Abs. 2 BGB) unterlaufen wird[255]. Umstritten ist die Lösung von Fällen, in denen sich der Täter zur Befriedigung einer **Geld-**

---

248 S. auch A/W/H/H-*Heinrich*, § 13 Rn. 96; *Rengier*, BT 1, § 2 Rn. 120 f.
249 *Rengier*, BT 1, § 2 Rn. 120 f.
250 § 370 BGB schützt das Vertrauen auf den durch die Ausstellung der Quittung geschaffenen Rechtsschein, vgl. BGHZ 40, 297 (304); MünchKomm-*Fetzer*, BGB, 8. Aufl. 2019, § 370 Rn. 2.
251 *Schröder*, JR 1965, 27 (28).
252 *Krey/Hellmann/Heinrich*, BT 2, Rn. 94.
253 RGSt 49, 140 (142 f.); OLG Köln NJW 1986, 392; *Kindhäuser/Böse*, BT 2, § 2 Rn. 75; *Schönke/Schröder/Bosch*, § 242 Rn. 65.
254 *Krey/Hellmann/Heinrich*, BT 2, Rn. 127; L-Kühl/*Kühl*, § 242 Rn. 27; *Rengier*, BT 1, § 2 Rn. 187; a. A. HK-*Duttge*, § 242 Rn. 49; MünchKomm-*Schmitz*, § 242 Rn. 171.
255 BGHSt 17, 87 (88 f.); *Maurach/Schroeder/Maiwald/Hoyer/Momsen*, BT 1, § 33 Rn. 54; *Wessels/Hillenkamp/Schuhr*, BT 2, Rn. 202; gegen eine Unterscheidung von Stück- und Gattungsschuld LK-*Vogel*, § 242 Rn. 42; NK-*Kindhäuser*, § 242 Rn. 117.

schuld die entsprechende Summe vom Schuldner nimmt. Auf Grundlage der h. M. ist die erstrebte Zueignung objektiv rechtswidrig, weil der Täter keinen Anspruch auf den konkret weggenommenen Geldschein bzw. die Münze besitzt[256]. Die Rechtsprechung nimmt allerdings einen Tatbestandsirrtum nach § 16 Abs. 1 Satz 1 an, weil in der Bevölkerung die Vorstellung bestehe, der Gläubiger könne sich aus beliebigen, ihm zugänglichen Zahlungsmitteln des Schuldners befriedigen[257]. Damit soll der Vorsatz des Täters hinsichtlich des normativen Merkmals der Rechtswidrigkeit der erstrebten Zueignung entfallen; damit wird freilich der Irrtum von einem Verbotsirrtum i. S. d. § 17 zu einem Tatbestandsirrtum verschoben[258]. Anders entscheidet die im Rahmen des § 242 vorzugswürdige **Wertsummentheorie**, wonach der Gläubiger bei fälligen Geldschulden einen Anspruch auf die jeweilige Summe hat, so dass die erstrebte Zueignung nicht rechtswidrig ist[259]. Dafür spricht vor allem, dass das Konkretisierungsrecht bei Geldschulden keinen rechten Sinn macht.

(2) Ferner ist die erstrebte Zueignung auch dann nicht rechtswidrig, wenn diese durch einen **Rechtfertigungsgrund**, vor allem eine rechtfertigende Einwilligung oder mutmaßliche Einwilligung des Eigentümers gedeckt ist[260]. In diesem Fall ist bereits der Tatbestand ausgeschlossen. Vertretbar ist es aber auch, eine solche Rechtfertigung auf der zweiten Stufe des Verbrechensaufbaus bei der allgemeinen Rechtswidrigkeitsprüfung anzusprechen. **91**

> **Bsp.:** Eigentümer E gestattet dem T den dauerhaften Gebrauch seines Snowboards, das von D verwahrt wird. Ist D mit der Mitnahme nicht einverstanden, so nimmt T eine fremde bewegliche Sache weg, weil für den Gewahrsamsbruch allein der Wille des Gewahrsamsinhabers D maßgeblich ist. Die erstrebte Zueignung ist aber nicht rechtswidrig, weil der von der Enteignungskomponente betroffene E eingewilligt hat. Zu demselben Ergebnis gelangt man, wenn man die allgemeine Rechtswidrigkeit aufgrund einer rechtfertigenden Einwilligung verneint. Ist hingegen der D mit der Mitnahme einverstanden, so liegt aufgrund eines tatbestandsausschließenden Einverständnisses bereits keine Wegnahme vor.

bb) Der **Vorsatz hinsichtlich der Rechtswidrigkeit** der erstrebten Zueignung entfällt gemäß § 16 Abs. 1 Satz 1, wenn der Täter irrig einen bestehenden Anspruch annimmt. Dies ist etwa der Fall, wenn der Täter davon ausgeht, bereits einen wirksamen Vertrag geschlossen und damit einen fälligen Anspruch zu haben, dies aber objektiv nicht der Fall ist[261]. **92**

IV. Rechtswidrigkeit als allgemeines Verbrechensmerkmal

Auf der zweiten Stufe des Straftataufbaus sind nur noch die seltenen Fälle des Vorliegens eines allgemeinen Rechtfertigungsgrundes im Hinblick auf die Wegnahme zu prüfen. Das Einverständnis in die Wegnahme und Rechtfertigungsgründe hinsichtlich der Rechtswidrigkeit der erstrebten Zueignung sind bereits im Tatbestand zu prüfen. **93**

---

256 *Joecks/Jäger*, § 242 Rn. 61 ff.; *Maurach/Schroeder/Maiwald/Hoyer/Momsen*, BT 1, § 33 Rn. 54.
257 BGHSt 17, 87 (90 f.); NJW 1990, 2832; StV 1994, 128; StV 2000, 78.
258 Vgl. auch MünchKomm-*Schmitz*, § 242 Rn. 182; *Wessels/Hillenkamp/Schuhr*, BT 2, Rn. 203.
259 L-Kühl/*Kühl*, § 242 Rn. 27; SK-*Hoyer*, § 242 Rn. 105; SSW-*Kudlich*, § 242 Rn. 51.
260 L-Kühl/*Kühl*, § 242 Rn. 27; *Schönke/Schröder/Bosch*, § 242 Rn. 59.
261 Zu weiteren Beispielen bei § 249, die auch bei § 242 Bedeutung erlangen können, s. u. Rn. 336.

Bsp.: Arzt T nimmt das Mountainbike des O gegen dessen Willen, um bei einem Unfall zu helfen. Dabei hat er schon zum Zeitpunkt der Wegnahme vor, das Rad zu behalten. – Ein tatbestandsausschließendes Einverständnis des O in die Wegnahme scheidet aufgrund des entgegenstehenden Willens aus. Die erstrebte Zueignung war rechtswidrig, da die Voraussetzungen des § 904 BGB insoweit nicht vorlagen; für die Hilfeleistung war eine dauerhafte Enteignung nicht mildestes Mittel und daher nicht erforderlich. Allerdings waren die Wegnahme und die damit verbundene kurzfristige Nutzung von diesem Rechtfertigungsgrund gedeckt, so dass die Tat nicht rechtswidrig war. Behält T das Rad später, liegt jedoch eine Unterschlagung gemäß § 246 Abs. 1 vor[262].

V. Versuch, Vollendung und Beendigung

94 Der nach § 242 Abs. 2 strafbare **Versuch** beginnt nach allgemeinen Grundsätzen, wenn der Täter zur Wegnahme unmittelbar ansetzt. Schwierigkeiten bei der Versuchsprüfung können vor allem im Zusammenhang mit § 243 auftreten[263]. **Vollendet** ist die Tat mit der Wegnahme, beendet dagegen, wenn der neue Gewahrsam gefestigt und gesichert ist[264]; Letzteres ist z. B. der Fall, wenn ein Geldautomat mit einem LKW in ein Waldstück abtransportiert, aufgebrochen und die Beute verteilt wird[265]. Die Phase zwischen **Vollendung und Beendigung** ist vor allem im Hinblick auf § 252 von Bedeutung, weil nur dann eine „frische Tat" vorliegt. Auch ist streitig, ob in diesem Stadium noch qualifizierende Merkmale verwirklicht werden können und eine sukzessive Beteiligung noch möglich ist[266]. Ab Beendigung der Tat ist beides nicht mehr möglich.[267]

§ 3 Diebstahl in einem besonders schweren Fall, § 243

Einführende Aufsätze: *Dölling*, Diebstahl in einem besonders schweren Fall bei Ausschaltung einer Alarmanlage in einem Kaufhaus? – OLG Stuttgart, NStZ 1985, 76 ff., JuS 1986, 688; *Eisele*, Tatbestands- oder Strafzumessungslösung?, JA 2006, 309; *Graul*, „Versuch eines Regelbeispiels", JuS 1999, 852; *Gropp*, Der Diebstahlstatbestand unter besonderer Berücksichtigung der Regelbeispiele, JuS 1999, 1041; *Huber*, Versuchter besonders schwerer Fall des Diebstahls?, JuS 2016, 597; *Jesse*, Geringwertigkeit des Erlangten und unbenannter besonders schwerer Fall von Diebstahl und Betrug, JuS 2011, 313; *Kudlich*, § 243 StGB – ein besonders schwerer Fall für die Klausur?, JuS 1999, L 89; *Rengier*, Neues zum Konkurrenzverhältnis zwischen schweren Diebstahlsfällen und §§ 123, 303 StGB – BGH NJW 2002, 150, JuS 2002, 850; *Sternberg-Lieben*, Versuch und § 243, Jura 1986, 183; *Zopfs*, Der besonders schwere Fall des Diebstahls (§ 243 StGB), Jura 2007, 421.

Übungsfälle: *Beulke* III, Fall 4: Alter schützt vor Torheit nicht, S. 118, Fall 9: Bewegte Knochen, S. 280; *Bock*, BT, Fall 3: Beutezug im Warenhaus, S. 63; *Celik*, Für eine Handvoll Leergut, JA 2010, 855; *Fahl*, Schlau hilft, JuS 2001, 47; *Gössel*, Fall 2: Rache und Enttäuschung, S. 48; *Hilgendorf*, Fälle Examen, Fall 7: Kaufhaustrubel, S. 89; *Poller/Härtl*, Klassische Probleme der §§ 242 ff. StGB, JuS 2004, 1075.

Rechtsprechung: BGHSt 21, 189 – Schlüssel (gestohlener Schlüssel als falscher Schlüssel); **BGHSt 26, 104** – Beschränkung auf geringwertige Sache (Anwendbarkeit des § 243 Abs. 2 bei Vorsatzwechsel); **BGHSt 29, 319** – Banknoten (sonstiger besonderer schwerer Fall des

---

262 Näher u. Rn. 245 ff.
263 S. u. Rn. 143 ff.
264 S. o. Rn. 50.
265 BGH NStZ 2008, 152; s. auch BGH StV 2011, 411.
266 S. u. Rn. 183 f.
267 Zur Beihilfe etwa BGH NStZ-RR 2017, 198; ferner B/W/M/E-*Eisele*, § 24 Rn. 7 u. § 26 Rn. 121.

§ 243 StGB); **BGHSt 33, 370** – Butzenscheiben (Versuch eines Regelbeispiels bei versuchtem Grunddelikt); **BGHSt 64, 318** – Zigarettenautomat (Versuchsbeginn beim Einbruchsdiebstahl); **BGH NStZ 2019, 212** – Sicherungsetikett (Schutzvorrichtung gegen Wegnahme); **BGH NStZ 2000, 143** – umzäunter Lagerplatz (Begriff des Einbrechens); **BGH NJW 2002, 150** – Tankautomat (Verhältnis von § 243 und § 303); **BayObLG NStZ 1997, 442** (Versuch eines Regelbeispiels bei vollendetem Grunddelikt); **OLG Düsseldorf NJW 2000, 158** – Geldwechselautomat (besondere Sicherung gegen Wegnahme).

I. Systematik

Die Einordnung der mit Regelbeispielen erläuterten besonders schweren Fälle in den Straftataufbau ist deshalb problematisch, weil überwiegend angenommen wird, dass Regelbeispiele – anders als die Merkmale der Qualifikationstatbestände der §§ 244, 244a – **nicht abschließend und nicht zwingend** sind. Die Verwirklichung eines Regelbeispiels „indiziert" nur das Vorliegen eines besonders schweren Falles und damit die Anwendbarkeit des § 243. Die Vorschrift des § 243 kann daher einerseits trotz Vorliegens eines Regelbeispiels verneint und andererseits trotz Nichtvorliegens eines Regelbeispiels bejaht werden. 95

> **Hinweis:** Wichtiger als ein Detailwissen zu den einzelnen Merkmalen ist das Verständnis der Regelbeispielsmethode sowie der Bezug zu Vorschriften des Allgemeinen Teils.

Die dogmatische Einordnung der Regelbeispiele als Tatbestände oder Strafzumessungsregelungen ist umstritten. 96

> **Hinweis zur Klausurbearbeitung:** In Prüfungsarbeiten kann i. d. R. ohne weitere Begründung der Strafzumessungslösung der h. M. gefolgt werden. Die Regelbeispiele sind dann im Anschluss an die Schuld bzw. beim versuchten Diebstahl im Anschluss an eine etwaige (negative) Rücktrittsprüfung anzusprechen.

1. Mischform

Teilweise werden die Regelbeispiele als Mischform angesehen, weil aufgrund ihrer „Zwitterstellung" zwischen den Qualifikationstatbeständen und den Strafzumessungsregeln der unbenannten besonders schweren Fälle (z. B. § 212 Abs. 2) eine eindeutige Zuordnung nicht möglich sein soll[268]. Dagegen spricht aber vor allem, dass unklar bleibt, welche Vorschriften aus dem Allgemeinen Teil dann anwendbar sind. 97

2. Strafzumessungslösung

Die h. M. stuft die Regelbeispiele als bloße **Strafzumessungsregeln** ein[269]. Demgemäß ist § 243 nach der Prüfung der Schuld, beim versuchten Delikt sogar erst nach der Rücktrittsprüfung anzusprechen. Für diese Ansicht wird überwiegend der nicht abschließende Charakter der Regelbeispiele angeführt[270] und argumentiert, dass sich der Gesetzgeber einer abschließenden Wertung enthalten und dem Richter die Prüfung im Einzelfall überlassen habe[271]. Die h. M. ist jedoch letztlich inkonsequent, weil sie dennoch die Vorschriften des Allgemeinen Teils über die 98

---

268 *Fassin*, Strafzumessung im Urteilstenor?, 1991, S. 76; dazu auch *Maurach/Schroeder/Maiwald/Hoyer/Momsen*, BT 1, § 33 Rn. 71.
269 Vgl. etwa BGHSt 23, 254 (257); BGHSt 33, 370 (373); A/W/H/*Heinrich*, § 14 Rn. 16, 42; *Schönke/Schröder/Kinzig*, Vorbem. §§ 38 ff. Rn. 47.
270 Vgl. BGHSt 23, 254 (257); *Graul*, JuS 1999, 852 (853); *Laubenthal*, JZ 1987, 1065 (1069).
271 *Wessels*, FS Maurach, 1972, S. 295 (298 f.).

Straftat anwendet und hierfür auf die „Tatbestandsähnlichkeit" der Regelbeispiele hinweist[272].

3. Tatbestandslösung

99 Modernere Lehren ordnen die Regelbeispiele dem **Tatbestand** zu[273]. Der Unterschied zu Qualifikationstatbeständen ist lediglich darin zu sehen, dass Regelbeispiele nicht zwingend, sondern nur ein Indiz für den schärferen Strafrahmen sind[274]. Auch verwendet der Gesetzgeber dieselben strafschärfenden Merkmale bei manchen Delikten als qualifizierende Merkmale, bei anderen als Regelbeispiele. So ist etwa die Gewerbsmäßigkeit in §§ 243 Abs. 1 Satz 2 Nr. 3, 253 Abs. 4 Satz 2 Var. 1, 263 Abs. 3 Satz 2 Nr. 1 als Regelbeispiel, in §§ 260 Abs. 1 Nr. 1, 275 Abs. 2 jedoch als Qualifikationstatbestand ausgestaltet. Auch die Regelbeispiele des § 243 Abs. 1 Satz 2, auf die in § 244a Abs. 1 verwiesen wird, stellen dort abschließende Qualifikationstatbestände dar[275]. Letztlich sind Regelbeispiele wie Tatbestandsmerkmale im Wege der Subsumtion festzustellen[276]. Ist das Regelbeispiel verwirklicht und liegen keine Umstände vor, die die Indizwirkung widerlegen, so beruht die Anwendung des § 243 allein auf dem Regelbeispiel. Aber auch die Generalklausel des besonders schweren Falles, auf die die Annahme des § 243 außerhalb der Regelbeispiele gestützt wird, ist dem Tatbestand zuzuordnen. Hierfür spricht, dass sie in engem Zusammenhang mit dem Grunddelikt des § 242 steht[277] und auch Voraussetzung für den schärferen Strafrahmen des § 243 als Rechtsfolge ist.

II. Regelbeispielsmethode

100 Kennzeichnend für die Regelbeispielsmethode sind die Indizwirkung, Analogiewirkung und Gegenschlusswirkung[278].

1. Indizwirkung

101 Darunter ist zu verstehen, dass bei Vorliegen eines Regelbeispiels und den hierfür notwendigen subjektiven Voraussetzungen eine widerlegbare Vermutung dafür besteht, dass die Tat insgesamt als besonders schwer einzustufen ist und damit der Strafrahmen des § 243 zur Anwendung gelangt[279]. Wird der höhere Unrechts- und Schuldgehalt der Tat ausnahmsweise durch Umstände kompensiert, die zugunsten des Täters sprechen, so ist die **Indizwirkung widerlegt** (vgl. auch § 267 Abs. 3 Satz 3 Halbsatz 1 StPO)[280]. Es gelangt dann nur § 242 zur Anwendung. Sind mehrere Regelbeispiele eines Deliktes verwirklicht, so bilden diese insgesamt nur ei-

---

272 Vgl. u. Rn. 135 ff.
273 *Calliess*, NJW 1998, 929 (933 ff.); *Eisele*, JA 2006, 309; *Jakobs*, AT, 6. Abschn. Rn. 99; *Kindhäuser/Böse*, BT 2, § 3 Rn. 4.
274 S. BGH NStZ-RR 1997, 121; A/W/H/H-*Heinrich*, § 14 Rn. 18; *Schönke/Schröder/Kinzig*, Vorbem. §§ 38 ff. Rn. 47.
275 A/W/H/H-*Heinrich*, § 14 Rn. 68; *Mitsch*, BT 2, 1.4.2.5.
276 *Eisele*, JA 2006, 309 (312). Vgl. auch *Schäfer/Sander/van Gemmeren*, Praxis der Strafzumessung, 6. Aufl. 2017, Rn. 1142.
277 *Kindhäuser*, FS Triffterer, 1996, S. 123 (127).
278 Näher *Eisele*, JA 2006, 309.
279 BGH NStZ-RR 1997, 121; *Eisele*, JA 2006, 309 (310); A/W/H/H-*Heinrich*, § 14 Rn. 18; L-Kühl/*Kühl*, § 46 Rn. 13.
280 Vgl. *Kindhäuser*, FS Triffterer, 1996, S. 123 (127 f.).

nen besonders schweren Fall[281], jedoch erfordert die Widerlegung der Indizwirkung in diesem Fall gewichtigere Gegengründe. Die Widerlegung soll dabei nach der Strafzumessungslösung der h. M. im Wege einer Gesamtwürdigung der Tatumstände und des Täters, d. h. aller strafzumessungsrelevanten Faktoren i. S. d. § 46 erfolgen[282]. Dies ist jedoch nicht ganz unproblematisch, weil dann unklar bleibt, welche Rolle die Regelbeispiele im Rahmen einer solchen Abwägung noch einnehmen sollen. Der BGH ist diesbezüglich der Auffassung, dass diejenigen Umstände, die ein Regelbeispiel begründen, „im Vordergrund" der Gesamtabwägung stehen sollen[283].

> **Bsp.:** T bricht in den Geschäftsraum des O ein und nimmt Bargeld mit. – § 243 Abs. 1 Satz 2 Nr. 1 ist verwirklicht, so dass „in der Regel" ein Fall des § 243 vorliegt. Ergibt jedoch eine Gesamtwürdigung – wofür u. a. das Vorleben des Täters, eine Notlage usw. zu berücksichtigen sein können –, dass der Fall nicht so schwer wiegt, so kann die Indizwirkung widerlegt werden. In der Klausurbearbeitung genügt es, wenn nach Subsumtion das Regelbeispiel und damit die Indizwirkung festgestellt werden. Wie auch ansonsten sind Ausführungen zur Strafzumessung nicht erforderlich.

2. Analogiewirkung

102 Aus der Analogiewirkung folgt, dass § 243 auch dann bejaht werden kann, wenn zwar kein Regelbeispiel vorliegt, der Fall im Unrechts- und Schuldgehalt aber ebenso schwer wiegt wie im Falle der Verwirklichung eines Regelbeispiels.

103 a) Bei der **engeren Analogiewirkung** soll der Gedanke eines bestimmten Regelbeispiels auf einen ähnlichen Fall übertragen werden[284]. Dabei ist zu beachten, dass allein die Ähnlichkeit mit einem Regelbeispiel noch keine Indizwirkung auslöst[285]. Vielmehr muss immer gesondert geprüft werden, ob die Tat dem Regelbeispiel in ihrem Schweregehalt entspricht (vgl. auch § 267 Abs. 3 Satz 3 Halbsatz 2 i. V. m. Abs. 3 Satz 2 StPO).

> **Bsp.:**[286] T steckt im Laden des O eine mit einem Sicherungsetikett versehene Jeans in seinen Rucksack. – Trotz der elektronischen Sicherung ist die Wegnahme der Sache mit dem Überführen in das Behältnis (Gewahrsamsenklave) vollendet, so dass § 242 zu bejahen ist[287]. Da das Sicherungsetikett die Wegnahme nicht hindert, ist es keine besondere Schutzvorrichtung gegen Wegnahme; § 243 Abs. 1 Satz 2 Nr. 2 ist demnach zu verneinen. Da das Sicherungsetikett jedoch eine ähnliche Schutzvorrichtung darstellt, die der Wiedererlangung der Sache dienen soll, liegt der Unrechts- und Schuldgehalt gleich. Es kann daher ein sonstiger besonders schwerer Fall angenommen werden[288].

104 Es handelt sich hierbei um eine **gesetzlich angeordnete bzw. zugelassene Analogie**, die nicht gegen Art. 103 Abs. 2 GG verstößt[289], weil die Regelbeispiele das

---

281 BGH NJW 1999, 1041 f., bei zweifacher Verwirklichung desselben Regelbeispiels; BGH NStZ-RR/P 2001, 365 Nr. 66, bei Verwirklichung unterschiedlicher Regelbeispiele; MünchKomm-*Schmitz*, § 243 Rn. 92; NK-*Kindhäuser*, § 243 Rn. 61; *Otto*, BT, § 41 Rn. 38.
282 BGHSt 23, 254 (257); BGHSt 33, 370 (375); *Fischer*, § 46 Rn. 91 f.; *Schönke/Schröder/Kinzig*, Vorbem. §§ 38 ff. Rn. 48.
283 BGH NStZ-RR 1997, 121.
284 OLG Stuttgart JR 1985, 385; *Dölling*, JuS 1986, 688 (693); *Eisele*, JA 2006, 309 (310); *Mitsch*, BT 2, 1.4.2.5.
285 *Arzt*, JuS 1972, 515 (516); A/W/H/H-*Heinrich*, § 14 Rn. 19.
286 Nach OLG Stuttgart NStZ 1985, 76; OLG Düsseldorf NJW 1998, 1002.
287 S. o. Rn. 42.
288 Vgl. BGH NStZ 2019, 212; OLG Stuttgart NStZ 1985, 76; OLG Düsseldorf NJW 1998, 1002; OLG Dresden NStZ-RR 2015, 211 (212); *Dölling*, JuS 1986, 688 (693).
289 *Schönke/Schröder/Hecker*, § 1 Rn. 29.

vom Gesetzgeber normierte Merkmal des besonders schweren Falles erläutern und sich der Richter noch innerhalb dieses Merkmals bewegt. Auch liegt richtigerweise kein Verstoß gegen den Bestimmtheitsgrundsatz vor, weil die Regelbeispiele die Generalklausel hinreichend präzisieren[290].

105 b) Von der **weiteren Analogiewirkung** wird gesprochen, wenn der Fall keine Ähnlichkeit mit einem Regelbeispiel aufweist, jedoch im Unrechts- und Schuldgehalt dem Schweregrad entspricht, den der Gesetzgeber bei den Regelbeispielen zur Anwendung des Sonderstrafrahmens voraussetzt[291]. Es ist nach h. M. auch hierfür eine Gesamtwürdigung aller strafzumessungsrelevanten Umstände erforderlich. Es ist demnach zu fragen, ob „das gesamte Tatbild nach einer Gesamtwertung aller objektiven, subjektiven und die Persönlichkeit des Täters betreffenden Umstände, die der Tat selbst innewohnen oder die sonst in Zusammenhang mit ihr stehen, vom Durchschnitt der erfahrungsgemäß vorkommenden Delikte in einem Maße abweicht, dass die Anwendung des Ausnahmestrafrahmens geboten erscheint"[292].

> **Bsp.:** Der mehrfach vorbestrafte T stiehlt eine besonders wertvolle Sache, auf die – wie er auch weiß – der O beruflich in besonderem Maße angewiesen ist. – T verwirklicht kein Regelbeispiel des § 243; auch liegt keine Ähnlichkeit mit einem Regelbeispiel vor. Es kann aber, wenn keine mildernden Umstände vorhanden sind, ein sonstiger besonders schwerer Fall angenommen werden, weil – wie § 243 Abs. 2 (und auch § 248a) zeigt – der Wert der gestohlenen Sache ein wichtiger Aspekt im Rahmen der Gesamtwürdigung ist und zudem für O mit der Tat vorsätzlich weitere Nachteile herbeigeführt werden.

106 Das **Erfordernis der Gesamtwürdigung** überzeugt freilich wenig, weil der Gesetzgeber die Wertung nur deshalb dem Richter überlassen hat, weil er sich nicht in der Lage sah, die strafschärfenden Umstände abschließend als Qualifikationstatbestände zu normieren[293]. Daher sollte auch der Richter nur einzelne Umstände heranziehen, die – wie Regelbeispiele oder Merkmale eines Qualifikationstatbestandes – einer abstrakten Regelung zugänglich wären[294]. Beispiele hierfür sind im Rahmen des § 243 der hohe Wert der Sache[295] oder die Amtsträgereigenschaft[296].

3. Gegenschlusswirkung

107 In Zusammenhang mit der engeren Analogiewirkung steht die sog. Gegenschlusswirkung der Regelbeispiele. Gemeint sind Sachverhalte, die dem Fall eines Regelbeispiels zwar ähnlich sind, bei denen der Unrechts- und Schuldgehalt aber gerade nicht erreicht wird[297]. Hier ist der besonders schwere Fall zu verneinen, es sei denn, dieser kann im Wege der weiteren Analogiewirkung auf andere erschwerende Umstände gestützt werden[298].

> **Bsp.:** T stiehlt aus einem offenen Behältnis eine Sache des O. § 243 Abs. 1 Satz 2 Nr. 2 ist zunächst nicht verwirklicht. Trotz einer gewissen Ähnlichkeit liegt auch kein sonsti-

---

290 Zu Bedenken im Hinblick auf das Bestimmtheitsgebot und das Analogieverbot des Art. 103 Abs. 2 GG näher *Eisele*, Die Regelbeispielsmethode im Strafrecht, 2004, S. 383 ff.
291 BGHSt 28, 318 (320); BGH NJW 1990, 1489; *Eisele*, JA 2006, 309 (310); L-*Kühl*/*Kühl*, § 46 Rn. 14.
292 Vgl. BGHSt 28, 318 (319); BGH NStZ 1992, 229 f.; LK-*Schneider*, Vorbem. §§ 46–50. Rn. 20; *Schönke/Schröder/Kinzig*, Vorbem. §§ 38 ff. Rn. 50.
293 Näher *Schröder*, FS Mezger, 1954, S. 415 (426 f.).
294 *Frisch/Bergmann*, JZ 1990, 944 (951); *Kindhäuser*, FS Trifterer, S. 123 (127 f.).
295 BGHSt 29, 319 (322 f.); *Mitsch*, BT 2, 1.4.2.5; *Schönke/Schröder/Bosch*, § 243 Rn. 42a.
296 BGHSt 29, 319 (322 f.); *Fischer*, § 243 Rn. 23.
297 BGHSt 28, 318 (322); *Graul*, JuS 1999, 852 (853) und (855); A/W/H/H-*Heinrich*, § 14 Rn. 19.
298 BGHSt 28, 318 (322); *Eisele*, JA 2006, 309 (310); *Fischer*, § 46 Rn. 94.

ger besonders schwerer Fall vor, weil die typische Unrechtserhöhung durch die Überwindung der Schutzvorrichtung gerade nicht gegeben ist.

Auf Grundlage der h. M. gilt folgendes Aufbauschema für die Klausurbearbeitung: **108**

1. Tatbestand des § 242
2. Rechtswidrigkeit
3. Schuld
4. Strafzumessungsregel für besonders schwere Fälle mit Regelbeispielen, § 243
   a) Regelbeispiele nach Absatz 1 Satz 2 Nrn. 1 bis 7
      aa) Verwirklichung eines Merkmals und Vorsatz (analog) § 15 diesbezüglich (bei Nr. 3 spezifische Voraussetzungen) → Indizwirkung
      bb) Ausschlussklausel nach Absatz 2 für Fälle des Abs. 1 Satz 2 Nrn. 1 bis 6: Objektive und subjektive Geringwertigkeit der Sache
      cc) Widerlegung der Indizwirkung
   b) Sonstiger besonders schwerer Fall außerhalb der Regelbeispiele → Analogiewirkung und Gegenschlusswirkung

Beachte: Weil die Widerlegung der Indizwirkung (Aufbauschema 4a cc) und die Annahme eines sonstigen besonders schweren Falles (Aufbauschema 4b) auf Grundlage der Strafzumessungslösung der h. M. eine Gesamtwürdigung aller strafzumessungsrelevanten Faktoren i. S. d. § 46 voraussetzen, wird eine entsprechende Prüfung in Klausuren und Hausarbeiten regelmäßig nicht erwartet. Bei Vorliegen des Regelbeispiels darf daher von einem besonders schweren Fall i. S. d. § 243 Abs. 1 und bei Nichtvorliegen eines Regelbeispiels vom (Grund-)Tatbestand des § 242 ausgegangen werden.

III. Die einzelnen Regelbeispiele

Hinsichtlich der in Nrn. 1 bis 7 genannten Regelbeispiele ist – nicht anders als bei Qualifikationen – eine genaue Subsumtion erforderlich, weil die Indizwirkung nur bei der Verwirklichung der vom Gesetzgeber genannten Merkmale eintritt. **109**

1. Einbruchs- und Nachschlüsseldiebstahl, Abs. 1 Satz 2 Nr. 1

Der Grund der Strafschärfung ist darin zu sehen, dass sich der Täter zur Ausführung des Diebstahls über die durch einen umschlossenen Raum geschaffene Schutzsphäre mit erhöhter krimineller Energie hinwegsetzt[299]. Der umschlossene Raum ist der Oberbegriff und wird durch die Beispiele Gebäude, Dienstraum oder Geschäftsraum erläutert. Das Eindringen in **Wohnungen** wird durch die Qualifikation des § 244 Abs. 1 Nr. 3, Abs. 4 erfasst. § 243 tritt im Wege der Gesetzeskonkurrenz (Spezialität) zurück. **110**

a) Ein **umschlossener Raum** ist ein Raumgebilde, das zum Betreten von Menschen bestimmt ist und Vorrichtungen aufweist, die das Eindringen nicht uner- **111**

---

[299] BGHSt 1, 158 (164); BGHSt 15, 134 (135); NK-*Kindhäuser*, § 243 Rn. 8.

heblich erschweren[300]. Der Raum muss dabei weder überdacht noch verschlossen sein. Bei öffentlich zugänglichen Räumen kommt das Regelbeispiel allerdings nicht in Betracht. Erfasst werden beispielsweise Lagerplätze, Gärten, Friedhöfe oder Kasernen, soweit nicht das Betreten aufgrund von Lücken in der Umfriedung oder durch leichtes Übersteigen ohne größere Schwierigkeiten möglich ist. Geschützt sind aber auch bewegliche Räume, wie Kfz, Lkw, Schiffe oder Eisenbahnwagen. Die Abgrenzung zu Nr. 2 folgt daraus, dass der Raum zum Betreten von Menschen bestimmt sein muss[301]. Erfasst wird etwa der Innenraum eines Kfz, so dass sowohl der Diebstahl einer Sache aus dem Fahrgastraum[302] als auch der Diebstahl des gesamten Wagens[303] das Regelbeispiel verwirklicht. Der Diebstahl einer Sache aus dem Kofferraum wird hingegen nur von Nr. 2 erfasst.

112 b) § 243 Abs. 1 Satz 2 Nr. 1 enthält **verschiedene Varianten des Eindringens**, die sorgfältig zu unterscheiden sind.

113 aa) **Einbrechen** bedeutet das gewaltsame Öffnen einer Umschließung, die als tatsächliches Hindernis das Betreten des umschlossenen Raumes verhindern soll. Erforderlich ist eine gewisse körperliche Anstrengung, d. h. eine nicht unerhebliche Kraftentfaltung beim Öffnen oder Erweitern des Zugangs[304]. Ist die Tür nur angelehnt oder steckt ein Schlüssel im Schloss, liegt kein Einbrechen vor.

> Bsp.: T hebt kurzerhand das lose eingehängte Fenster aus den Angeln. Die Nr. 1 ist hier zu verneinen, weil T ohne größere Anstrengung das Hindernis beseitigen kann.

114 Der Täter muss nicht zwingend den Raum betreten, wenn er den Gegenstand nach dem Einbrechen von außen – durch Tür oder Fenster – ergreifen kann[305].

115 bb) Ein **Einsteigen** liegt vor, wenn der Täter unter Überwindung der Umschließung auf einem nach der Eigenart des Raumes dafür **nicht bestimmten Weg** in diesen hinein gelangt[306]. Dies ist etwa beim Übersteigen eines höheren Zauns, beim Hineingelangen durch ein Fenster oder beim Hineinkriechen durch eine schmale Kelleröffnung zu bejahen. Der Täter muss dabei mit seinem Körper so weit in die Räumlichkeit gelangt sein, dass er sich dort einen Stützpunkt verschafft[307]. Kein Einsteigen liegt daher vor, wenn der Täter sich nur in den Raum beugt oder von Außen mit der Hand den Gegenstand ergreift[308]. Entsprechendes gilt auch, wenn der Täter nur in den Raum greift, um – wie bei einer Tür in Kippstellung – den Mechanismus zu öffnen, um so einen ordnungsgemäßen Weg

---

300 BGHSt 1, 158 (164); L-Kühl/*Kühl*, § 243 Rn. 9; *Schönke/Schröder/Bosch*, § 243 Rn. 8.
301 BGHSt 1, 158 (163); MünchKomm-*Schmitz*, § 243 Rn. 13; *Rengier*, BT 1, § 3 Rn. 10.
302 BGHSt 2, 214 (215); BGH NStZ 2001, 533; *Kudlich*, BT 1, S. 32; *Mitsch*, BT 2, 1.3.2.1.2; kritisch dazu *Bockelmann*, JZ 1951, 296.
303 L-Kühl/*Kühl*, § 243 Rn. 10; *Mitsch*, BT 2, 1.3.2.1.2; *Rengier*, BT 1, § 3 Rn. 14; *Wessels/Hillenkamp/Schuhr*, BT 2, Rn. 225.
304 BGH NStZ 2000, 143; OLG Karlsruhe NStZ-RR 2005, 140 (142); LK-*Vogel*, § 243 Rn. 20; *Wessels/Hillenkamp/Schuhr*, BT 2, Rn. 225; a. A. AnwK-*Kretschmer*, § 243 Rn. 8; *Maurach/Schroeder/Maiwald/Hoyer/Momsen*, BT 1, § 33 Rn. 83.
305 BGH NStZ 1985, 217 (218); A/W/H/H-*Heinrich*, § 14 Rn. 46; *Krey/Hellmann/Heinrich*, BT 2, Rn. 138; kritisch dazu *Arzt*, StV 1985, 104.
306 BGHSt 10, 132 (133); BGHSt 61, 166 (169); BGH NStZ-RR 2010, 374 (375); StraFo 2014, 215; *Fischer*, § 243 Rn. 6; *Schönke/Schröder/Bosch*, § 243 Rn. 12.
307 BGH NJW 1968, 1887; OLG Hamm NJW 1960, 1359; NK-*Kindhäuser*, § 243 Rn. 14.
308 BGHSt 10, 132; NJW 1968, 1887; NK-*Kindhäuser*, § 243 Rn. 14; *Wessels/Hillenkamp/Schuhr*, BT 2, Rn. 226.

zu benutzen[309]. Ebenfalls kein Einsteigen ist anzunehmen, wenn der Täter durch offene Eingänge hineingelangt, deren Benutzung nur verboten ist, weil er dann kein Hindernis überwindet[310].

cc) Ein **Eindringen** in den Raum mit einem **falschen Schlüssel** oder einem **anderen nicht zur ordnungsmäßigen Öffnung bestimmten Werkzeug** liegt vor, wenn der Gegenstand nicht für das Öffnen bestimmt ist. Von dem Begriff des Schlüssels werden nicht nur mechanische Schlüssel, sondern auch elektronische bzw. computergestützte Schlüssel wie Chipkarten erfasst[311]. Falsch ist ein Schlüssel, wenn dieser zur Tatzeit nicht (mehr) zur ordnungsgemäßen Öffnung bestimmt ist, wofür der Wille des Berechtigten maßgeblich ist. Dies trifft zunächst auf einen vom Täter nachgemachten Schlüssel zu. Falsch ist aber auch ein gestohlener, sonst abhanden gekommener oder nicht zurückgegebener Schlüssel, wenn der Berechtigte diesen entwidmet, d. h. die Bestimmung zur ordnungsgemäßen Öffnung entzieht. Dies ergibt sich freilich regelmäßig daraus, dass dem Berechtigten der Verlust bewusst wird[312]. **116**

> **Bsp.:** T bietet dem O an, dessen Schlüssel für seinen Geschäftsraum während des Urlaubs für Notfälle zu verwahren. Tatsächlich räumt T – wie geplant – den Laden des O aus. – Der Schlüssel wurde zwar durch Täuschung erlangt, jedoch war dieser weiterhin zur ordnungsgemäßen Öffnung bestimmt, so dass das Regelbeispiel zu verneinen ist und sich T nur nach § 242 strafbar macht.

Andere nicht zur ordnungsmäßigen Öffnung bestimmte Werkzeuge sind Gegenstände, mit denen auf den mechanischen oder elektronischen Verschluss so eingewirkt wird, dass dieser ordnungswidrig bewegt wird[313]. Typische Beispiele sind Dietriche, Drähte, Metallstreifen oder Zangen. Erfasst werden auch Geräte zur elektronischen Entriegelung, nicht aber solche zur Verhinderung des Abschließens mittels Störsendes, da diese nicht der Öffnung dienen[314]. Wird der Verschluss aufgebrochen, ist die Variante des Einbrechens verwirklicht[315]. **117**

dd) Der Täter **hält sich in dem Raum verborgen**, wenn er sich in dem Raum versteckt, damit er den Diebstahl zu einem späteren Zeitpunkt durchführen kann. Ob er ursprünglich zum Betreten berechtigt war, ist unerheblich[316]. **118**

> **Bsp.:** T lässt sich am Abend in der Universitätsbibliothek einschließen, um in der Nacht einige wertvolle Bücher zum Römischen Recht durch das Fenster abzutransportieren.

c) Aus dem Merkmal „**zur Ausführung der Tat**" folgt, dass der Diebstahlsvorsatz schon bei der Vornahme der Tathandlung, d. h. dem Einbrechen usw. vorliegen **119**

---

309 BGHSt 61, 166 (169, 171) m. Anm. *Heinrich* JR 2017, 170, entgegen OLG Oldenburg NStZ 2016, 98 f.
310 BGH NStZ-RR 2010, 374 (375) – Betreten, nachdem Balkontür durch Hineingreifen von Innen geöffnet wird; *Kindhäuser/Böse*, BT 2, § 3 Rn. 12; SSW-*Kudlich*, § 243 Rn. 12.
311 BayObLG NJW 1987, 665 (666); *Fischer*, § 243 Rn. 7; *Küper/Zopfs*, BT, Rn. 457; MünchKomm-*Schmitz*, § 243 Rn. 25 ff.
312 BGHSt 21, 189 (190); NK-*Kindhäuser*, § 243 Rn. 16; *Otto*, BT, § 41 Rn. 11; *Rengier*, BT 1, § 3 Rn. 16; Schönke/Schröder/*Bosch*, § 243 Rn. 14; *Wessels/Hillenkamp/Schuhr*, BT 2, Rn. 228; enger MünchKomm-*Schmitz*, § 243 Rn. 28.
313 BGH NStZ 2018, 212.
314 BGH NStZ 2018, 212.
315 BGH NJW 1956, 271; *Fischer*, § 243 Rn. 9; LK-*Vogel*, § 243 Rn. 26; Maurach/Schroeder/Maiwald/Hoyer/ *Momsen*, BT 1, § 33 Rn. 85.
316 Vgl. BGHSt 22, 127 (128); A/W/H/H-*Heinrich*, § 14 Rn. 46; NK-*Kindhäuser*, § 243 Rn. 18; *Wessels/ Hillenkamp/Schuhr*, BT 2, Rn. 231.

muss. Dies gilt auch für die Variante des Verborgenhaltens, so dass bereits mit Beginn des Sich-Verbergens der Diebstahlsvorsatz gefasst sein muss[317].

> **Bsp.:** T stemmt die Tür zu einem Geschäftsraum auf, um dort das Inventar umzuräumen und einen Zettel mit der Notiz „die fetten Jahre sind vorbei" zu hinterlegen. Als er ein Bündel mit Geldscheinen findet, erliegt er jedoch den Verlockungen des Geldes und verrät seine Ideale. – Durch die Mitnahme des Geldes verwirklicht T § 242. § 243 Abs. 1 Satz 2 Nr. 1 scheidet aus, weil T den Diebstahlsvorsatz erst nach dem Einbrechen gefasst hat. § 243 kann in solchen Fällen allenfalls noch zur Anwendung gelangen, wenn sich weitere erschwerende Umstände finden lassen, die einen sonstigen besonders schweren Fall begründen.

120 Mit Ausführung der Tat ist gemeint, dass der Täter die Handlung zur Vollendung des Diebstahls vornimmt. Das Eindringen zur bloßen Beutesicherung, d. h. **zur Beendigung des Diebstahls, genügt also nicht**[318]. In diesem Fall ist aber ein sonstiger besonders schwerer Fall diskutabel[319].

2. Diebstahl von Sachen, die besonders gesichert sind, Abs. 1 Satz 2 Nr. 2

121 Grund der Strafschärfung ist bei Nr. 2, dass sich der Täter mit erhöhter krimineller Energie über eine besondere Vorrichtung zum Schutz des Gewahrsams hinwegsetzt. Oberbegriff ist die Schutzvorrichtung, das verschlossene Behältnis ist das wichtigste Beispiel hierfür.

122 a) Im Gegensatz zum umschlossenen Raum in Abs. 1 Satz 2 Nr. 1 ist ein **Behältnis** nur zur Aufnahme von Sachen, nicht aber zum Betreten durch Menschen bestimmt[320] (z. B. Kassette, Kiste, Tresor, Kofferraum eines Kfz[321], Warenautomat[322]). Abgeschlossene Türen zu umschlossenen Räumen werden daher nicht erfasst. **Verschlossen** ist das Behältnis, wenn der Inhalt durch eine technische oder andere Vorrichtung gegen ordnungswidrigen Zugriff und Wegnahme gesichert ist. Lässt sich der Schutzmechanismus leicht öffnen, weil der Schlüssel steckt oder der Täter diesen befugtermaßen im Besitz hat, so ist der Grund der Strafschärfung – Überwindung des gesicherten Gewahrsams – nicht verwirklicht[323]. Hingegen soll das Regelbeispiel verwirklicht sein, wenn der Täter den Schlüssel unbefugt an sich nimmt und damit das Behältnis öffnet, weil über den Verschluss hinaus grundsätzlich keine weiteren Sicherungen erforderlich sind[324]. Entsprechendes soll gelten, wenn der Täter durch Täuschung der Rezeption in einem Hotel den Safe eines anderen Gastes öffnen lässt[325]. Anders als bei Nr. 1 muss ein Schlüssel nicht „falsch" sein[326].

---

317 *Rengier*, BT 1, § 3 Rn. 19; *Schönke/Schröder/Bosch*, § 243 Rn. 20; *Wessels/Hillenkamp/Schuhr*, BT 2, Rn. 232; a. A. *Maurach/Schroeder/Maiwald/Hoyer/Momsen*, BT 1, § 33 Rn. 87.
318 *Mitsch*, BT 2, 1.3.2.1.2; *Rengier*, BT 1, § 3 Rn. 20.
319 *Krey/Hellmann/Heinrich*, BT 2, Rn. 134.
320 Vgl. nur BGHSt 1, 158 (163); *Küper/Zopfs*, BT, Rn. 97; *Maurach/Schroeder/Maiwald/Hoyer/Momsen*, BT 1, § 33 Rn. 89.
321 BGHSt 13, 81; *Fischer*, § 243 Rn. 12; *Otto*, BT, § 41 Rn. 18; *Rengier*, BT 1, § 3 Rn. 23.
322 BGHSt 24, 248 (249); BayObLG NJW 1981, 2826; OLG Stuttgart NJW 1982, 1659; A/W/H/H-*Heinrich*, § 14 Rn. 48; *Rengier*, BT 1, § 3 Rn. 23.
323 OLG Hamm NJW 1982, 77; OLG Zweibrücken NStZ-RR 2018, 249 (250).
324 BGH NStZ 2011, 36; OLG Karlsruhe NStZ-RR 2010, 48; KG NJW 2012, 1093 (1094).
325 KG NJW 2012, 1093 (1094).
326 Vgl. o. Rn. 116.

Bsp.: Kassiererin T, die einen Schlüssel zum Tresor besitzt, räumt diesen nach Dienstschluss aus. – § 243 Abs. 1 Satz 2 Nr. 2 ist zu verneinen. Anders ist zu entscheiden, wenn T den Schlüssel ihres Kollegen an sich nimmt und damit den Tresor öffnet[327].

b) Eine andere Schutzvorrichtung ist jede Vorkehrung, die nach ihrer Art geeignet und dazu bestimmt ist, die Wegnahme einer Sache zu verhindern oder jedenfalls nicht unerheblich zu erschweren[328]. Beispiele sind Ketten, Fahrradschlösser, Lenkradschlösser oder Alarmanlagen[329]. **123**

c) Besonders gesichert gegen Wegnahme ist die Sache, wenn der spezifische Zweck der Vorrichtung gerade auch in der Sicherung liegt. So darf etwa ein Behältnis nicht allein dem Zweck des Transports, des Schutzes vor Beschädigung oder allgemeinem Verlust dienen. Das Merkmal ist daher bei gewöhnlichen Sporttaschen, verklebten Kartons oder verschlossenen Briefumschlägen zu verneinen. Dabei ist auf alle Umstände des Einzelfalles zu achten, so dass das Regelbeispiel bei Koffern, die zum Schutz des Inhalts abgeschlossen wurden, bejaht werden kann[330]. Bloße Befestigungen der Sache stellen ebenfalls nicht ohne weiteres eine Schutzvorrichtung gegen Wegnahme dar[331]. **124**

Bsp.: T drückt den Wagen des O auf und bricht zunächst das verschraubte Navigationsgerät aus der Halterung. Dann bricht er noch den Kofferraum auf und baut den CD-Wechsler aus. Anschließend entwendet er wie geplant das Fahrzeug. – T verwirklicht § 242 bezüglich des Fahrzeugs, des Navigationsgeräts und des CD-Wechslers. Mit dem Aufbrechen des Fahrzeugs zu Diebstahlszwecken ist das Regelbeispiel des § 243 Abs. 1 Satz 2 Nr. 1 erfüllt; dass T auch das ganze Fahrzeug (und damit den umschlossenen Raum selbst) stehlen will, ist unerheblich. Hinsichtlich des Navigationsgeräts ist § 243 Abs. 1 Satz 2 Nr. 2 nicht erfüllt, da die Halterung nur eine Befestigung, jedoch keine besondere Schutzvorrichtung gegen Wegnahme ist. Dies gilt auch hinsichtlich des CD-Wechslers; allerdings ist § 243 Abs. 1 Satz 2 Nr. 2 aufgrund des Aufbrechens des Kofferraums zu bejahen. Obwohl T mehrere Regelbeispiele verwirklicht, liegt insgesamt nur ein besonders schwerer Fall eines Diebstahls vor[332].

aa) Nicht erfasst werden – wie bereits dargestellt[333] – nach h. M. **elektronische Sicherungsetiketten und sog. Sicherungsspinnen**, da diese nicht die Wegnahme hindern, sondern erst bei Verlassen des Ladens Alarm auslösen und damit lediglich der Wiedererlangung der Sache dienen[334]. Dies gilt unabhängig davon, ob die Wegnahme im Einzelfall bereits vor Passieren der Alarmanlage oder erst danach vollendet wird, weil diese dann jedenfalls bei abstrakter Betrachtung der Wegnahme nicht zwingend entgegensteht[335]. In diesem Fall kommt jedoch ein unbenannter besonders schwerer Fall in Betracht[336]. Anders kann bei sog. Sicherungsspinnen zu entscheiden sein, die im Ladengeschäft entfernt werden müssen und **125**

---

327 BGH NStZ 2011, 36.
328 OLG Stuttgart NStZ 1985, 76; *Fischer*, § 243 Rn. 15; *Heghmanns*, BT, Rn. 1093; *Kindhäuser/Böse*, BT 2, § 3 Rn. 19; *Wessels/Hillenkamp/Schuhr*, BT 2, Rn. 235.
329 BGH NStZ 2019, 212.
330 *Maurach/Schroeder/Maiwald/Hoyer/Momsen*, BT 1, § 33 Rn. 90; *Wessels/Hillenkamp/Schuhr*, BT 2, Rn. 236.
331 OLG Schleswig NJW 1984, 67 (68), zur Befestigung eines Autoradios; *Rengier*, BT 1, § 3 Rn. 25a; *Schönke/Schröder/Bosch*, § 243 Rn. 24; *Wessels/Hillenkamp/Schuhr*, BT 2, Rn. 236.
332 S. o. Rn. 101.
333 S. bereits o. Rn. 103.
334 BGH NStZ 2019, 212 m. Anm. *Jahn*, JuS 2018, 1013 ff.; OLG Düsseldorf NJW 1998, 1002; OLG Dresden NStZ-RR 2015, 211 (212); *Dölling*, JuS 1986, 688 (693).
335 *Wessels/Hillenkamp/Schuhr*, BT 2, Rn. 237, 247; a. A. *Rengier*, BT 1, § 3 Rn. 31.
336 BGH JuS 2018, 1013 ff. m. Anm. *Jahn*.

die dann bereits einen Alarm auslösen und somit bereits die Wegnahme erschweren[337].

126 bb) **Waren-, Geld- und Geldspielautomaten** sind ebenfalls verschlossene Behältnisse. Ob hier das Regelbeispiel erfüllt ist, hängt davon ab, wie diese im Einzelfall gesichert sind und ob der Täter den Schutzmechanismus überwindet. § 243 Abs. 1 Satz 2 Nr. 2 ist daher verwirklicht, wenn der Automat aufgebrochen oder das Geld mithilfe von Drähten entnommen wird, weil dann der Ausgabeschutz überwunden wird. Wird dagegen der gewöhnliche Mechanismus ordnungsgemäß bewegt, indem der Täter den Automaten mit falschen oder ausländischen Münzen usw. bedient, so ist das Regelbeispiel zu verneinen[338]. In diesem Fall wird keine Schutzvorrichtung überwunden, so dass die notwendige erhöhte kriminelle Energie nicht vorliegt.

> **Bsp.:**[339] T verwendet einen mit einem Tesafilm präparierten 100 €-Schein an einem Geldautomaten derart, dass er diesen einführt und anschließend sofort wieder herauszieht, sobald der Umwechselmechanismus ausgelöst wird. T nimmt die Münzen an sich. – Nach h. M. liegt hier § 243 Abs. 1 Satz 2 Nr. 2 nicht vor, da der Mechanismus auf übliche Weise ausgelöst wird[340]; allerdings kommt ein sonstiger besonders schwerer Fall in Betracht, da T ein außerordentlich hohes Maß an List anwendet[341].

127 Anders ist der Fall allerdings gelagert, wenn **weitere Sicherheitsvorkehrungen** wie ein elektronischer Münzprüfer vorhanden sind und diese besondere Schutzvorrichtung durchbrochen wird, indem die Münzen auf bestimmte Art und Weise präpariert werden[342]. Aus diesem Grund und in Parallele zum Öffnen eines Behältnisses mit einem gestohlenen Schlüssel ist das Regelbeispiel auch zu bejahen, wenn Automaten, Tresore usw. mit Codekarten, Geheimnummern oder anderen Legitimationskennzeichen, die der Täter unbefugt erlangt hat, bedient werden. In diesem Fall wird ebenfalls eine besondere Sicherheitsvorkehrung gegen Wegnahme überwunden[343].

128 cc) Es ist im Übrigen nach h. M. unerheblich, ob der Täter **das gesamte Behältnis** stiehlt, um es erst später zu öffnen, oder ob er die Schutzvorrichtung noch am Tatort überwindet[344]. Zwar kann der Verschluss nicht die Wegnahme des gesamten Behältnisses verhindern, jedoch ändert dies nichts am Schutz des Inhalts. Auch kann der Abtransport des Behältnisses sogar noch auf eine gesteigerte kriminelle Energie hinweisen[345].

---

337 BGH JuS 2018, 1013 ff. m. Anm. *Jahn*.
338 OLG Stuttgart NJW 1982, 1659; OLG Düsseldorf NJW 1999, 3208 (3209); OLG Düsseldorf NJW 2000, 158 (159); MünchKomm-*Schmitz*, § 243 Rn. 38; *Wessels/Hillenkamp/Schuhr*, BT 2, Rn. 238.
339 S. bereits o. Rn. 57.
340 OLG Düsseldorf NJW 2000, 158 (159); *Kudlich*, JuS 2001, 20; *Otto*, JR 2000, 214; vgl. auch die Kurzlösung bei *Kudlich*, BT 1, S. 36, Fall Nr. 42.
341 OLG Düsseldorf NJW 2000, 158 (159); *Biletzki*, NStZ 2000, 424f; SSW-*Kudlich*, § 243 Rn. 21.
342 *Hilgendorf*, JR 1997, 348 f.; *Mitsch*, JuS 1998, 311 f.; *Rengier*, BT 1, § 3 Rn. 33; *Wessels/Hillenkamp/Schuhr*, BT 2, Rn. 238.
343 BayObLG NJW 1987, 665 (666); OLG Hamm JR 1982, 119; *Rengier*, BT 1, § 3 Rn. 27; krit. *Murmann*, NJW 1995, 935 f.; Schönke/Schröder/*Eser/Bosch*, § 243 Rn. 25.
344 BGHSt 24, 248 (249); L-Kühl/*Kühl*, § 243 Rn. 17; LK-*Vogel*, § 243 Rn. 33; *Rengier*, BT 1, § 3 Rn. 29; diff. Schönke/Schröder/*Bosch*, § 243 Rn. 25; a. A. *Schröder*, NJW 1972, 778; SK-*Hoyer*, § 243 Rn. 31.
345 *Rengier*, BT 1, § 3 Rn. 29.

3. Gewerbsmäßiger Diebstahl, Abs. 1 Satz 2 Nr. 3

129 Dieses Regelbeispiel ist verwirklicht, wenn der Täter sich aus der **fortlaufenden Begehung von Diebstahlstaten** eine **regelmäßige Einnahmequelle** von einigem Umfang und Dauer verschaffen will[346]; nicht ausreichend ist es, wenn der Täter nur für Dritte eine Einnahmequelle schaffen möchte, ohne dass er sich hierbei selbst geldwerte Vorteile verspricht[347]. Diese Voraussetzung ist bei entsprechender Absicht bereits beim ersten Diebstahl verwirklicht[348]. Ob der Täter die Sachen veräußern oder für sich behalten möchte, ist unerheblich. Allerdings ist zu beachten, dass die Verwertung der Beute aus einer Tat in Teilschritten die Gewerbsmäßigkeit nicht begründet, wenn der Täterwille nicht auf eine fortlaufende Begehung von Diebstahlstaten gerichtet ist[349]. Entsprechendes gilt, wenn der Täter ein Fahrzeug stiehlt, um damit andere Beute in mehreren Schritten verwerten zu können[350].

130 Die Gewerbsmäßigkeit ist nach h. M. ein **besonderes persönliches Merkmal i. S. d. § 28 Abs. 2**, so dass es nicht ausreichend ist, dass dieses nicht vom Täter, sondern nur von anderen Tatbeteiligten erfüllt ist[351].

4. Kirchendiebstahl, Abs. 1 Satz 2 Nr. 4

131 Die Sache muss **aus einer Kirche oder einem anderen der Religionsausübung dienenden Gebäude oder Raum** gestohlen werden. Gebäude für Feierlichkeiten einer Weltanschauungsvereinigung werden nicht erfasst, jedoch kommt im Wege der engeren Analogiewirkung ein sonstiger besonders schwerer Fall in Betracht, da § 167 Abs. 2 dem Gottesdienst entsprechende Feiern einer im Inland bestehenden Weltanschauungsvereinigung gleichstellt[352]. Die Sachen müssen zudem unmittelbar dem Gottesdienst (z. B. Altar, Kelche, Monstranzen) oder der religiösen Verehrung (z. B. Kreuze, Heiligenbilder) dienen. Bloßes Kircheninventar (z. B. Sitzbänke, Kunstwerke, Gesangsbücher, Opferstöcke) wird nicht erfasst.

5. Diebstahl öffentlicher Sachen, Abs. 1 Satz 2 Nr. 5

132 Das Regelbeispiel nennt für die Allgemeinheit besonders schutzwürdige Sachen. Diese müssen **von Bedeutung für Wissenschaft, Kunst oder Geschichte oder für die technische Entwicklung** sein, so dass der Verlust eine erhebliche Einbuße darstellen würde. Erforderlich ist, dass diese sich in einer allgemein zugänglichen Sammlung befinden oder öffentlich ausgestellt sind.

6. Diebstahl unter Ausnutzung von Hilflosigkeit, Unglücksfall oder gemeiner Gefahr, Abs. 1 Satz 2 Nr. 6

133 Die Hilflosigkeit setzt eine **Schwächesituation** voraus, so dass eine Person sich nicht aus eigener Kraft gegen eine drohende Gefahr für das Eigentum schützen kann. Dies kann z. B. bei Krankheit, Gebrechlichkeit oder Trunkenheit, nicht aber allein aufgrund des Alters[353] oder Schlaf[354] gegeben sein. Ein **Ausnutzen** liegt

---

346 BGH StV 1983, 281 (282); *Fischer*, § 243 Rn. 18.
347 BGH StraFo 2014, 215; OLG Bamberg StV 2016, 651.
348 BGH NStZ 2008, 282 (283).
349 BGH NStZ 2008, 282 (283) zu § 263 Abs. 3 S. 2 Nr. 1; NStZ 2010, 148 f. zu § 146 Abs. 2.
350 BGH NStZ 2015, 396 (397).
351 BGH StraFo 2014, 215; OLG Bamberg StV 2016, 651; näher u. Rn. 141.
352 Vgl. L-Kühl/*Kühl*, § 243 Rn. 19; *Schönke/Schröder/Bosch*, § 243 Rn. 34 und 42a.
353 BGH NStZ 2001, 532 (533); HK-*Duttge*, § 243 Rn. 48.
354 BGH NJW 1990, 2569; s. aber *Schönke/Schröder/Bosch*, § 243 Rn. 39.

vor, wenn der infolge der Hilflosigkeit usw. herabgesetzte Schutz des Eigentums als Gelegenheit zur leichten Tatdurchführung wahrgenommen wird. Der Täter muss stets Kenntnis von den verringerten Schutzmöglichkeiten haben. Die Merkmale Unglücksfall und gemeine Gefahr sind wie bei § 323c zu verstehen[355]. Dabei muss die Tat nicht gegenüber dem Opfer bzw. dem Gefährdeten begangen werden, so dass auch ein Diebstahl zu Lasten von zu Hilfe eilenden Dritten erfasst wird[356].

7. Diebstahl von Waffen oder Sprengstoff, Abs. 1 Satz 2 Nr. 7

134 Das Regelbeispiel soll typischen Erscheinungsformen terroristischer Kriminalität begegnen[357]. Häufig wird allerdings bereits Nr. 1 oder Nr. 2 verwirklicht sein. Ist die gestohlene **Waffe einsatzfähig**, so ist auch § 244 Abs. 1 Nr. 1 lit. a verwirklicht[358]; § 243 Abs. 1 Satz 2 Nr. 7 tritt dann im Wege der Konsumtion zurück. § 243 Abs. 2 ist in Fällen der Nr. 7 ausdrücklich ausgeschlossen.

IV. Anwendbarkeit der Vorschriften des Allgemeinen Teils

135 Stuft man § 243 mit der h. M. als Strafzumessungsregel ein, so müsste man für Fragen des Allgemeinen Teils konsequenterweise § 46 heranziehen. Folgt man hingegen der Tatbestandslösung, so liegt es nahe, die Vorschriften des Allgemeinen Teils über die Straftat anzuwenden[359].

1. Vorsatz

136 Stuft man die Regelbeispiele als Tatbestandsmerkmale ein, so finden §§ 15, 16 unmittelbare Anwendung. Die h. M. verlangt „Quasivorsatz" und wendet §§ 15, 16 aufgrund der „Tatbestandsähnlichkeit" der Regelbeispiele analog zugunsten des Täters an[360]. Dies ist freilich inkonsequent, weil die Strafzumessungsvorschrift des § 46 „verschuldete Auswirkungen" genügen lässt und der fehlende Vorsatz damit nur im Rahmen der Gesamtwürdigung zu berücksichtigen sein dürfte[361]. Die Indizwirkung tritt im Ergebnis nach beiden Ansichten nur ein, wenn der Täter mit Vorsatz handelt.

> **Bsp.:** T stiehlt aus einer Kirche, § 243 Abs. 1 Satz 2 Nr. 4. Er muss folglich Vorsatz dahingehend besitzen, dass die Sache auch dem Gottesdienst gewidmet ist.

137 a) Liegt kein Vorsatz vor, so darf nicht ohne weiteres ein sonstiger besonders schwerer Fall angenommen werden, da bei bloßer **Fahrlässigkeit** aufgrund des geringeren Schweregehalts der Tat kein vergleichbarer Fall gegeben ist[362]. Es müssen vielmehr weitere erschwerende Umstände hinzukommen, die den geringeren Schweregehalt kompensieren.

---

355 S. *Eisele*, BT 1, Rn. 1249 ff.
356 BGH NStZ 1985, 215 f.; OLG Hamm NStZ 2008, 218; LK-*Vogel*, § 243 Rn. 48; NK-*Kindhäuser*, § 243 Rn. 37.
357 AnwK-*Kretschmer*, § 243 Rn. 23; LK-*Vogel*, § 243 Rn. 50; krit. *Wessels/Hillenkamp/Schuhr*, BT 2, Rn. 243.
358 S. u. Rn. 182.
359 Vertiefend *Eisele*, JA 2006, 309 (312 ff.).
360 Vgl. BGH NStZ 1984, 165; OLG Hamm NStZ 2008, 218; *Graul*, JuS 1999, 852 (853); A/W/H-*Heinrich*, § 14 Rn. 32; Schönke/Schröder/Sternberg-Lieben, § 15 Rn. 27.
361 So *Gössel*, FS Tröndle, 1989, S. 357 (358 f.).
362 NK-*Puppe*, § 16 Rn. 17; a. A. *Jakobs*, AT, 8. Abschn. Rn. 43.

b) Vorsatz ist auch hinsichtlich unrechtssteigernder Tatmodalitäten erforderlich, auf die ein **sonstiger besonders schwerer Fall** gestützt wird[363]. Im oben genannten Sicherungsetikettenfall[364] muss der Täter daher Vorsatz dahingehend besitzen, dass die gestohlene Sache mit einem Sicherungsetikett versehen ist. Ist der erschwerende Umstand, auf den der besonders schwere Fall gestützt wird, eine schwere Folge der Tat, so wird teilweise vertreten, parallel zu den Erfolgsqualifikationen § 18 anzuwenden und damit Fahrlässigkeit genügen zu lassen[365]. Dem ist jedoch zu widersprechen, weil hinsichtlich erschwerender Umstände grundsätzlich Vorsatz erforderlich ist, soweit der Gesetzgeber nicht ausdrücklich – wie in § 218 Abs. 2 Satz 2 Nr. 2 – etwas anderes normiert.

> **Bsp.:** T nimmt dem O ein Medikament weg, das dieser dringend benötigt und daher schwere gesundheitliche Schäden erleidet; mit solchen Folgen hatte T nicht gerechnet. – Neben § 229 hat T auch § 242 verwirklicht. § 243 ist zu verneinen, weil T die schwere Folge als unbenannten erschwerenden Umstand nicht in seinen Vorsatz aufgenommen hat.

c) Hält man die Vorsatzregeln für anwendbar, dann sollte man auf Umstände, die den Täter privilegieren und die **Indizwirkung widerlegen**, § 16 Abs. 2 anwenden[366]. Nimmt der Täter irrig solche Umstände an, obwohl sie tatsächlich nicht vorliegen, so ist die Indizwirkung dennoch kompensiert.

2. Täterschaft und Teilnahme

Stuft man die Regelbeispiele als Tatbestandsmerkmale ein, so gelten §§ 25 ff. unmittelbar[367].

a) Die h. M. kommt über eine „quasiakzessorische" Haftung nach §§ 26, 27 für die **Teilnahme** überwiegend zu entsprechenden Ergebnissen[368]. Erforderlich ist für den Eintritt der Indizwirkung, dass sich nach allgemeinen Grundsätzen der Teilnehmervorsatz auf die Verwirklichung des Regelbeispiels durch den Haupttäter erstreckt. Auch § 28 Abs. 2 soll bei besonderen persönlichen Merkmalen entsprechende Anwendung finden. Die „quasiakzessorische Haftung" wird aber durch das Erfordernis einer Gesamtwürdigung aller Umstände gelockert, weil die „quasiakzessorische Haftung" hierbei nur einen Abwägungsposten darstellt[369]. Der BGH nimmt unter Verzicht auf die Akzessorietätsregeln sogar sogleich eine umfassende Abwägung aller wesentlichen tat- und täterbezogenen Gesichtspunkte vor, wobei der Beteiligtenbeitrag eine gewichtige Rolle einnimmt[370].

> **Bsp.:** Der gewerbsmäßig handelnde T bricht in einen Geschäftsraum ein und stiehlt dort Bargeld. G hat ihm im Vorfeld eine Skizze des Tatorts übergeben. – T macht sich nach §§ 242, 243 Abs. 1 Satz 2 Nr. 1 und Nr. 3 strafbar. Da G Kenntnis vom Tatort besaß, haftet er nach h. M. entsprechend den Grundsätzen des § 27 quasiakzessorisch für das tatbezogene Merkmal des § 243 Abs. 1 Satz 2 Nr. 1, so dass die Indizwirkung

---

363 A/W/H-*Heinrich*, § 14 Rn. 33; *Roxin/Greco*, AT 1, § 12 Rn. 133; vgl. aber *Jakobs*, AT, 8. Abschn. Rn. 43; *Maiwald*, NStZ 1984, 433 (437).
364 S. o. Rn. 103.
365 A/W/H-*Heinrich*, § 14 Rn. 33.
366 *Schönke/Schröder/Sternberg-Lieben/Schuster*, § 16 Rn. 27a.
367 *Eisele*, Die Regelbeispielsmethode im Strafrecht, 2004, S. 340 ff.; *Horn*, FS Armin Kaufmann, 1989, S. 573 (592 ff.); *Jakobs*, AT, 6. Abschn. Rn. 100.
368 MünchKomm-*Schmitz*, § 243 Rn. 82; *Schönke/Schröder/Bosch*, § 243 Rn. 47.
369 L-*Kühl/Kühl*, § 46 Rn. 16; MünchKomm-*Joecks*, § 27 Rn. 103; gegen eine Gesamtwürdigung Münch-Komm-*Schmitz*, § 243 Rn. 83.
370 BGHSt 29, 239 (244); BGH NStZ 1990, 595; *Fischer*, § 46 Rn. 105.

bereits deshalb eintritt. Hinsichtlich § 243 Abs. 1 Satz 2 Nr. 3 haftet er nicht, weil gemäß § 28 Abs. 2 (analog) das Merkmal der Gewerbsmäßigkeit bei ihm nicht vorliegt. Zu einem entsprechenden Ergebnis gelangt die Tatbestandslösung. Die h. M. „überprüft" das Ergebnis aber im Wege einer Gesamtwürdigung aller Umstände, die für § 46 von Bedeutung sind; der BGH vollzieht sogleich die Gesamtwürdigung.

142 b) Für **mittelbare Täter und Mittäter** gelten §§ 25 Abs. 1 Var. 2, 25 Abs. 2 (entsprechend)[371], so dass etwa bei einem Exzess eines Beteiligten das Regelbeispiel den anderen Beteiligten nicht zugerechnet werden kann. Die h. M. nimmt aber auch hier eine Gesamtwürdigung vor[372].

3. Versuch und Rücktritt

143 Bei Versuchskonstellationen kann zunächst die Frage Bedeutung erlangen, wie sich das (etwaige) Vorliegen eines Regelbeispiels auf den Versuchsbeginn auswirkt. Ferner kann zu erörtern sein, wie Konstellationen zu behandeln sind, in denen § 242 oder ein Regelbeispiel des § 243 nicht vollendet ist.

144 a) Liegt schon kein **unmittelbares Ansetzen zu § 242** vor, so kommt § 243 von vornherein nicht zur Anwendung. Der Beginn der Verwirklichung eines Regelbeispiels begründet dabei noch kein unmittelbares Ansetzen zu § 242[373], weil Grundtatbestand und Strafschärfung – nicht anders als bei Qualifikationstatbeständen – insoweit getrennt zu betrachten sind[374]. Auch können Merkmale wie die Gewerbsmäßigkeit i. S. d. § 243 Abs. 1 Satz 2 Nr. 3, die nicht die Tatausführung selbst betreffen, für das unmittelbare Ansetzen von vornherein keine Bedeutung erlangen[375]. Stuft man § 243 als Strafzumessungsregel ein, so wäre ein anderes Ergebnis auch im Hinblick auf das Analogieverbot bedenklich, da für das unmittelbare Ansetzen nach § 22 der gesetzliche Tatbestand maßgeblich ist[376].

> **Bsp. (1):**[377] T beginnt mit dem Aufbrechen des Seitenfensters einer Gaststätte, um dort einzudringen und mitnehmenswerte Gegenstände zu entwenden; der Einbruch misslingt jedoch.
>
> **Bsp. (2):**[378] T hebelt die Terrassentür eines Einfamilienhauses auf, um stehlenswerte Gegenstände zu entwenden. Nach dem erfolgreichen Aufhebeln wird er entdeckt und flieht.
>
> **Bsp. (3):**[379] T möchte einen Zigarettenautomaten aufbrechen, um Zigaretten und Bargeld zu entnehmen. Er verhüllt ihn mit einer Plane, um Geräusche beim Aufbrechen zu dämpfen. Jedoch findet er keine Steckdose, um den bereits gelegten Trennschleifer in Betrieb zu nehmen.

In allen drei Fällen kommt mangels Wegnahme einer Sache nur ein versuchter Diebstahl in Betracht, wobei sich die Frage stellt, ob überhaupt ein unmittelbares Ansetzen zu § 242 vorliegt. Dies ist dann der Fall, wenn der Angriff auf den

---

371 Vgl. MünchKomm-*Schmitz*, § 243 Rn. 5, 84; *Schönke/Schröder/Bosch*, § 243 Rn. 47. Nach BGHSt 43, 237 (240) soll für Mittäter jedenfalls ein sonstiger besonders schwerer Fall vorliegen.
372 Vgl. aber BGH StV 1994, 240 f. Zu weiteren problematischen Konstellationen *Eisele*, Die Regelbeispielsmethode im Strafrecht, 2004, S. 347 ff.
373 BGH NJW 2017, 1189 m. Anm. *Eisele*, JuS 2017, 175; B/W/M/E-*Mitsch*, § 22 Rn. 66; zu weit BGHSt 33, 370 – Aufbrechen eines Seitenfensters einer Gaststätte als unmittelbares Ansetzen zum Diebstahl.
374 B/W/M/E-*Mitsch*, § 22 Rn. 66; *Graul*, JuS 1999, 852 (853 Fn. 10); *Kühl*, AT, § 15 Rn. 53; zwischen Grundtatbestand und Qualifikation differenzierend auch BGH NZM 2016, 907 f.
375 S. LK-*Hillenkamp*, Vorbem. § 22 Rn. 142 und § 22 Rn. 127.
376 *Kudlich*, JuS 1999, L 89 (L 91); *Kühl*, AT, § 15 Rn. 53; LK-*Hillenkamp*, § 22 Rn. 128.
377 Nach BGHSt 33, 370.
378 Nach BGH NStZ 2020, 353 m. Anm. *Eisele*, JuS 2020, 796, zur Qualifikation des § 244 I Nr. 3.
379 Nach BGH NJW 2020, 2570 m. Anm. *Eisele*, JuS 2020, 798.

Schutzmechanismus bereits begonnen hat (und nicht lediglich vorbereitet wurde) und anschließend aus Sicht des Täters der ungehinderte Zugriff auf die in Aussicht genommenen Gegenstände erfolgen kann; nicht erforderlich für das unmittelbare Ansetzen zur Wegnahme ist, dass der angegriffene Schutzmechanismus auch tatsächlich erfolgreich überwunden wird. In Bsp. 1 liegt entgegen der dort vertretenen Ansicht des BGH[380] damit noch kein unmittelbares Ansetzen zur Wegnahme vor, weil nicht ersichtlich ist, dass nach Aufhebeln des Fensters ohne weitere Zwischenakte die Wegnahme von Stehlenswertem erfolgen konnte. Entsprechendes gilt auch in Bsp. 2, wobei der BGH hier zutreffend darauf verweist, dass das Aufbrechen dann der Wegnahmehandlung zeitlich und räumlich unmittelbar vorgelagert sein und aus Sicht des Täters ohne weitere Zwischenschritte in die Diebstahlshandlung münden muss, was letztlich eine Frage des Einzelfalles ist[381]. Daher hat der BGH in einem anderen Fall zu Recht ein unmittelbares Ansetzen zur Tat verneint, in dem der Täter mit dem Aufbohren der Terrassentür gescheitert ist[382]. In Bsp. 3 wird man dem ein unmittelbares Ansetzen bejahenden BGH hingegen folgen können, da mit der Abdeckung des Automaten bereits der Aufbruch begonnen hatte, so dass der Zugriff auf konkretisierte Gegenstände unmittelbar anschließend erfolgen konnte und weitere Zwischenschritte – wie die Suche nach Diebesbeute – nicht erforderlich waren[383]. Soweit der Täter sein Einbruchswerkzeug jedoch lediglich ausgepackt hätte, wäre hierin nur eine straflose Vorbereitungshandlung zu sehen gewesen.

145 Liegt zwar ein unmittelbares Ansetzen zum Grundtatbestand vor, so folgt daraus umgekehrt ebenfalls nicht zwingend der **Versuchsbeginn hinsichtlich eines Regelbeispiels**. Vielmehr ist das unmittelbare Ansetzen auch insoweit gesondert zu beurteilen[384].

146 b) Die Problematik von **Versuch und Regelbeispiel** lässt sich am besten anhand eines Vergleichs zwischen dem Einbruchsdiebstahl gemäß § 243 Abs. 1 Satz 2 Nr. 1 und dem Wohnungseinbruchsdiebstahl nach § 244 Abs. 1 Nr. 3 (Abs. 4), der bis zum 6. StrRG 1998 noch von § 243 erfasst wurde, darstellen. Dabei sind drei Konstellationen zu unterscheiden:

147 aa) Recht unproblematisch ist die Konstellation des versuchten **Grunddelikts und des vollendetes Regelbeispiels**.

> Bsp.: T bricht in einen Geschäftsraum i. S. d. § 243 Abs. 1 Satz 2 Nr. 1 ein; bevor er die Beute an sich nehmen kann, wird er gestellt, so dass es nicht mehr zur Wegnahme und damit zur Vollendung kommt.

148 Wird die Indizwirkung nicht widerlegt, so liegt ein versuchter Diebstahl in einem besonders schweren Fall gemäß §§ 242, 243 Abs. 1 Satz 2 Nr. 1, 22, 23 vor[385]. Dabei ist die Strafe richtigerweise gemäß §§ 23 Abs. 2, 49 Abs. 1 zu mildern[386]. Hierfür spricht, dass sich § 243 auf den § 242 insgesamt, mithin auch auf die in Ab-

---

380 BGHSt 33, 370 (374).
381 *Eisele*, JuS 2020, 796 (797); *Kudlich*, NStZ 2020, 353 (355).
382 BGH NStZ 2019, 716; BGH StV 2020, 234, jew. zur Qualifikation des § 244 I Nr. 3.
383 BGH NJW 2020, 2570 (2571); *Eisele*, JuS 2020, 798 (799).
384 Dazu LK-*Hillenkamp*, § 22 Rn. 124.
385 Vgl. BGH NStZ 1984, 262; BGH StV 1985, 103 f.; A/W/H/H-*Heinrich*, § 14 Rn. 36; *Schönke/Schröder/Eser/Bosch*, § 243 Rn. 44; vgl. aber *Arzt*, JuS 1972, 515 (517); *Mitsch*, BT 2, 1.3.1.5.1.
386 Näher *Eisele*, Die Regelbeispielsmethode im Strafecht, 2004, S. 303 ff.; SK-*Horn/Wolters*, § 46 Rn. 81 ff.

satz 2 geregelte Versuchsstrafbarkeit bezieht[387]. Wäre der Täter statt in einen Geschäftsraum in eine Wohnung eingebrochen, so läge entsprechend ein versuchter Wohnungseinbruchsdiebstahl nach §§ 242, 244 Abs. 1 Nr. 3 (Abs. 4), 22, 23 vor.

149 **bb)** Im Unterschied zur ersten Konstellation ist bei der zweiten Konstellation neben dem **Grundtatbestand auch das Regelbeispiel nur in das Versuchsstadium** gelangt. Dabei ist zu beachten, dass es nach h. M. auch hier um die Frage nach einem versuchten Diebstahl in einem besonders schweren Fall geht; den „Versuch eines besonders schweren Falles" soll es nicht geben[388].

> **Bsp.:** T war gerade dabei, in den Geschäftsraum einzubrechen, als er bemerkt, dass die Tür offen teht. Er wird von der Polizei überrascht, bevor er etwas mitnehmen kann.

150 **(1)** Die h. M. lehnt es ab, die Indizwirkung bereits an die versuchte Verwirklichung des Regelbeispiels zu knüpfen. Dies wird überwiegend damit begründet, dass ein **Versuch eines Regelbeispiels nicht existiere**, weil gemäß § 22 nur das unmittelbare Ansetzen zur Verwirklichung eines Straftatbestandes einen Versuch begründen könne[389]. Es stelle eine von Art. 103 Abs. 2 GG verbotene Analogie dar, § 22 auf Strafzumessungsregeln anzuwenden[390]. Aus der Gegenschlusswirkung der Regelbeispiele folge zudem, dass der Unrechtsgehalt eines vollendeten Regelbeispiels nicht erreicht sei[391].

151 **(2)** Die Gegenansicht **bejaht hingegen die Indizwirkung**[392], da aus § 23 Abs. 2 folge, dass für eine versuchte Tat grundsätzlich dieselbe Strafdrohung gelte wie für eine vollendete Tat[393]. Die Regelbeispiele seien zudem tatbestandsähnlich und unterschieden sich nicht tiefgreifend von selbstständigen Qualifikationstatbeständen[394]. Besitzt der Täter bei § 244 Abs. 1 Nr. 3 (Abs. 4) Tatentschluss hinsichtlich der Verwirklichung des qualifizierenden Merkmals, dann macht er sich wegen eines versuchten Wohnungseinbruchdiebstahls strafbar, wenn er unmittelbar hierzu ansetzt. Vom Standpunkt der Tatbestandslösung ist die Annahme der §§ 242, 243 Abs. 1 Satz 2 Nr. 1, 22 sogar zwingend. Der Einwand, dass damit der bloße Tatentschluss, der im Schweregehalt hinter einem vollendeten Regelbeispiel zurückbleibt[395], sanktioniert wird, überzeugt nicht, weil der Strafrahmen des § 243 nach §§ 23 Abs. 2, 49 Abs. 1 gemildert werden kann[396]. Mit § 243 wird dem gegenüber § 242 erhöhten Handlungsunrecht hinsichtlich des versuchten Regelbeispiels Rechnung getragen[397], mit der hierauf bezogenen Strafmilderungsmöglichkeit dagegen dem gegenüber der Vollendung verringerten Erfolgsunrecht. Die neuere Rechtsprechung des BGH, wonach der Versuch des Regelbeispiels des § 263 Abs. 3 Satz 2 Nr. 2 Var. 1 die Indizwirkung nicht herbeiführt, kann nicht

---

387 *Maurach/Gössel/Zipf*, AT 2, § 40 Rn. 175; *Mitsch*, BT 2, 1.3.1.5.1.
388 Vgl. etwa BGH NStZ-RR 1997, 293; *Graul*, JuS 1999, 852; *Otto*, JZ 1985, 21 (24).
389 BayObLG NJW 1980, 2207; OLG Stuttgart NStZ 1981, 222; *Krey/Hellmann/Heinrich*, BT 2, Rn. 145; *Rengier*, BT 1, § 3 Rn. 52.
390 *Graul*, JuS 1999, 852 (855); *Küper*, JZ 1986, 518 (523 f.).
391 *Graul*, JuS 1999, 852 (855); *Lieben*, NStZ 1984, 538 (541); *Zieschang*, Jura 1999, 561 (566).
392 Vgl. BGHSt 33, 370 ff.; BayObLG NStZ 1997, 442 f.; *Fischer*, § 46 Rn. 101.
393 BGHSt 33, 370 (374); BayObLG NStZ 1997, 442 f.; *Fabry*, NJW 1986, 15 (19).
394 BGHSt 33, 370 (374); BayObLG NStZ 1997, 442 f.
395 *Rengier*, BT 1, § 3 Rn. 52; *Wessels/Hillenkamp/Schuhr*, BT 2, Rn. 216.
396 BayObLG NStZ 1997, 442 f.; NK-*Kindhäuser*, § 243 Rn. 48.
397 Vgl. auch *Kindhäuser*, FS Trifftterer, 1996, S. 123 (133).

verallgemeinert werden, da dort das Regelbeispiel ausnahmsweise selbst den Eintritt des Erfolges verlangt[398].

cc) Die dritte Konstellation unterscheidet sich von den beiden ersten Fallgruppen **152** dadurch, dass das **Grunddelikt vollendet** ist. Umstritten ist wiederum, ob ein versuchtes Regelbeispiel Indizwirkung entfalten kann, so dass ein besonders schwerer Fall anzunehmen ist.

> **Bsp.:** T ist dabei, in den Geschäftsraum einzubrechen, als er bemerkt, dass die Tür offensteht. Es gelingt ihm, eine beträchtliche Menge Bargeld zu erbeuten.

Die h. M. verneint hier § 243 ebenfalls[399], da es bei einem versuchten Regelbeispiel **153** gleichgültig sei, in welchem Stadium sich das Grunddelikt befinde[400]. Anders als in der zweiten Konstellation lässt jedoch auch der BGH den Versuch des Regelbeispiels nicht ohne weiteres ausreichen[401]. Nach der vorzugswürdigen Gegenansicht tritt die Indizwirkung dagegen ein, so dass §§ 242, 243, 22, 23 mit der Milderungsmöglichkeit nach §§ 23 Abs. 2, 49 Abs. 1 zur Anwendung gelangen[402]. Wenn der Versuch des Regelbeispiels schon beim versuchten Grunddelikt die Indizwirkung auslöst, so kann sich daran nichts mehr ändern, wenn das Grunddelikt später sogar vollendet und größeres Unrecht verwirklicht wird[403].

> **Beachte:** Bei § 244 Abs. 1 Nr. 3 (Abs. 4) wird in solchen Fällen eine Strafbarkeit wegen versuchten Wohnungseinbruchdiebstahls in Tateinheit mit einem Diebstahl gemäß § 242 befürwortet, um die Vollendung des Grunddelikts zum Ausdruck zu bringen[404]. Folgt man konsequent der Tatbestandslösung, muss man für § 243 zu einem entsprechenden Ergebnis gelangen[405].

c) Was einen **etwaigen Rücktritt vom Versuch** anbelangt, kann der Täter vom **154** versuchten Diebstahl i. S. d. § 242 auch dann zurücktreten, wenn er in dieser Phase bereits ein Regelbeispiel verwirklicht hat[406]. In diesem Fall ist er straffrei, so dass es auf § 243 nicht mehr ankommt. Gibt der Täter nur den Versuch eines Regelbeispiels auf, so ist auch ein Teilrücktritt nach § 24 (analog) zuzulassen[407]; er kann dann nur aus dem Grundtatbestand bestraft werden.

V. Die Geringwertigkeitsklausel des § 243 Abs. 2

Bezieht sich der Diebstahl auf eine geringwertige Sache, so ist die Annahme eines **155** besonders schweren Falles ausgeschlossen, es sei denn, es liegt ein Fall des § 243 Abs. 1 Satz 2 Nr. 7 vor.

> **Beachte**: Auf die Geringwertigkeitsklausel wird beim Betrug in § 263 Abs. 4, beim Computerbetrug in § 263a Abs. 2 i. V. m. § 263 Abs. 4 und bei der Untreue in § 266 Abs. 2 verwiesen.

---

[398] BGH wistra 2007, 111; s. dazu auch u. Rn. 652.
[399] A/W/H/H-*Heinrich*, § 14 Rn. 38 f.; *Rath*, JuS 1999, 140 (141); *Zieschang*, Jura 1999, 561 (566).
[400] BayObLG NJW 1980, 2207; *Graul*, JuS 1999, 852 (856).
[401] BGH NStZ-RR 1997, 292, wobei im Wege der Gesamtwürdigung ein besonders schwerer Fall in Betracht kommen soll. Dazu, dass dies inkonsequent ist, vgl. *Graul*, JuS 1999, 852 (856 f.); A/W/H/ H-*Heinrich*, § 14 Rn. 39.
[402] *Fabry*, NJW 1986, 15 (20); *Jakobs*, AT, 6. Abschn. Rn. 100.
[403] *Küper*, JZ 1986, 518 (525); vgl. auch *Fabry*, NJW 1986, 15 (19 f.); *Zipf*, JR 1981, 119 (121).
[404] *Eisele*, JA 2006, 309 (315); *Schönke/Schröder/Bosch*, § 244 Rn. 36.
[405] Dazu auch *Graul*, JuS 1999, 852 (856); *Rengier*, BT 1, § 3 Rn. 55.
[406] *Eisele*, JA 2006, 309 (315); *Rengier*, JuS 2002, 850 (851).
[407] Vgl. BGH StV 2000, 554 f.; *Kühl*, AT, § 16 Rn. 48.

1. Anwendungsbereich

156 Umstritten ist, ob § 243 Abs. 2 – wie es der Wortlaut nahelegt – nur bei Verwirklichung eines Regelbeispiels nach Nrn. 1 bis 6 gilt[408] oder ob auch ein sonstiger besonders schwerer Fall ausgeschlossen ist. Vor allem die Entstehungsgeschichte der Vorschrift spricht dafür, dass die Bezugnahme auf die Regelbeispiele auf einem Redaktionsversehen beruht[409], während der Gesetzgeber von einem umfassenden Ausschluss ausging. Auch wäre es wenig überzeugend, wenn die gesetzlich benannten Regelbeispiele leichter ausgeschlossen werden könnten als ein sonstiger besonders schwerer Fall[410].

2. Dogmatische Einordnung

157 Bei § 243 Abs. 2 soll es sich um einen selbstständigen Ausschluss erhöhter Strafbarkeit bzw. um eine unwiderlegliche Gegenindikation gegen die Schwere eines Falles handeln[411]. Vom Standpunkt der Tatbestandslösung liegt hingegen die Annahme einer Privilegierung näher[412].

> **Hinweis:** In der Fallbearbeitung empfiehlt es sich, zunächst die Regelbeispiele zu prüfen, bevor dann auf § 243 Abs. 2 eingegangen wird[413].

3. Beurteilung der Geringwertigkeit

158 Für die Geringwertigkeit ist der **Verkehrswert** entscheidend[414]. Die Grenze liegt wie bei § 248a mindestens bei 25 €[415], dürfte sich aber angesichts der Preis- und Lohnentwicklungen im Laufe der Zeit zu 50 € verschoben haben[416]. Geringwertig ist etwa ein Firmenbriefbogen mit Stempel, weil diese käuflich erworben werden können[417]. Hat die Sache – wie ec-Karten, Ausweise, Strafakten[418] – keinen objektiv messbaren Verkehrswert, so ist § 243 Abs. 2 nicht anwendbar. Ob für die Geringwertigkeit eine objektive oder subjektive Betrachtung maßgeblich ist, ist umstritten:

159 a) Selten wird in der Literatur vertreten, dass es – wie bei § 248a – nur auf den **objektiven Wert der Sache** ankommt[419]. Irrtümer über den Wert wären damit irrelevant. Dagegen spricht jedoch bereits, dass es in Fällen des versuchten Diebstahls mangels Wegnahme einer Sache nicht ohne weiteres auf den objektiven Wert ankommen kann[420].

---

408 *Mitsch*, BT 2, 1.3.3.1.3; MünchKomm-*Schmitz*, § 243 Rn. 63; *Schönke/Schröder/Bosch*, § 243 Rn. 48; dagegen A/W/H/H-*Heinrich*, § 14 Rn. 28; *Jesse*, JuS 2011, 313 (316); *Küper*, NJW 1994, 349 (350).
409 S. auch *Mitsch*, BT 2, 1.3.3.1.3.
410 A. A. aber z. B. *Jesse*, JuS 2011, 313 (316).
411 *Jesse*, JuS 2011, 313 (316 f.); *Rengier*, BT 1, § 3 Rn. 39; *Schönke/Schröder/Bosch*, § 243 Rn. 49. Für einen Schuldminderungsgrund OLG Karlsruhe MDR 1976, 335; *Gribbohm*, NJW 1975, 1153.
412 Vgl. auch *Kindhäuser/Böse*, BT 2, § 3 Rn. 43; dazu ferner MünchKomm-*Schmitz*, § 243 Rn. 63.
413 *Rengier*, BT 1, § 3 Rn. 39; a. A. *Wessels/Hillenkamp/Schuhr*, BT 2, Rn. 254 (Fn. 178).
414 Für die Berücksichtigung von persönlichen und wirtschaftlichen Verhältnissen aber *Wessels/Hillenkamp/Schuhr*, BT 2, Rn. 252.
415 LG Kempten NJW 1981, 933 (934), ehemals 50 DM; *Fischer*, § 243 Rn. 25.
416 OLG Hamm NJW 2003, 3145; OLG Frankfurt NStZ-RR 2017, 12; *Rengier*, BT 1, § 3 Rn. 40; Beispiele bei L-Kühl/*Kühl*, § 248a Rn. 3; *Schönke/Schröder/Bosch*, § 248a Rn. 10; s. auch KG StraFo 2011, 65: 30 € geringwertig.
417 BGH NStZ 1981, 62.
418 BGH NJW 1977, 1460 (1461); *Wessels/Hillenkamp/Schuhr*, BT 2, Rn. 253; a. A. OLG Düsseldorf NJW 1989, 115.
419 *Blei*, BT, S. 88 f.; *Braunsteffer*, NJW 1975, 1570 (1571); für eine rein subjektive Betrachtung hingegen *Gribbohm*, NJW 1975, 1153 f.
420 *Otto*, BT, § 41 Rn. 44.

b) Die wohl h. M. macht die Anwendung der Geringwertigkeitsklausel davon abhängig, dass es sich bei dem Diebstahlsobjekt **kumulativ um eine objektiv und subjektiv geringwertige Sache** handelt[421]. Ist die Sache objektiv oder subjektiv nicht geringwertig, so ist der Erfolgs- bzw. Handlungsunwert erhöht und damit eine Privilegierung nach § 243 Abs. 2 nicht geboten. **160**

c) Nach der Gegenansicht soll die Ausschlussklausel bereits eingreifen, wenn die Sache **alternativ objektiv oder subjektiv geringwertig ist**, weil es dann am erforderlichen Erfolgs- bzw. Handlungsunwert des besonders schweren Falles fehlt[422]. Dafür, dass auch allein die irrige Annahme der Geringwertigkeit genügt, lässt sich vom Standpunkt der Tatbestandslösung eine unmittelbare Anwendung des § 16 Abs. 2, ansonsten zumindest dessen Wertung anführen[423]. Auch muss man sehen, dass jedenfalls beim versuchten Diebstahl allein der Tatentschluss des Täters maßgeblich ist[424]. **161**

> **Bsp. (1):** T bricht ein Behältnis der O auf und nimmt ein Schmuckstück mit, dessen Wert er auf ca. 500 € schätzt. Tatsächlich ist es billiger Modeschmuck mit einem Wert von unter 10 €. – T verwirklicht zunächst §§ 242, 243 Abs. 1 Satz 2 Nr. 2. Der Anwendung des § 243 könnte allerdings Absatz 2 entgegenstehen. Bei rein objektiver Betrachtung greift die Ausschlussklausel ein, da die subjektive Einschätzung des T unerheblich ist; dies gilt auch mit der letztgenannten Ansicht, wenn man alternativ objektive oder subjektive Geringwertigkeit genügen lässt. Nach h. M. wäre Absatz 2 hingegen zu verneinen, weil die Sache für T subjektiv nicht geringwertig war; demnach ist § 243 Abs. 1 anwendbar.
>
> **Bsp. (2):** Wie Bsp. (1), doch nunmehr glaubt T Modeschmuck zu stehlen, während es sich tatsächlich um wertvollen Schmuck handelt. – Bei objektiver Betrachtung greift nun die Ausschlussklausel nicht ein; zu diesem Ergebnis gelangt (wiederum) auch die h. M., weil die Sache zwar subjektiv, nicht aber objektiv geringwertig ist. Die Gegenansicht lässt bereits die irrtümliche Annahme von Geringwertigkeit genügen und gelangt daher auch in diesem Fall zur Anwendung des Absatz 2, so dass T nur nach § 242 zu bestrafen ist.

4. Fälle des Vorsatzwechsels

Soweit man sich bei der Beurteilung der Geringwertigkeit nicht auf eine rein objektive Betrachtung beschränkt, ist die Anwendbarkeit des § 243 Abs. 2 in Fällen heftig umstritten, in denen sich der Vorsatz des Täters hinsichtlich der Geringwertigkeit der Sache während der Tat, d. h. zwischen versuchtem und vollendetem Diebstahl, ändert. **162**

a) Dabei muss es sich nach **h. M.** zunächst überhaupt noch um dieselbe Diebstahlstat handeln. Für den **einheitlichen Diebstahlsvorsatz** ist die Beschränkung der Vorstellung des Täters auf bestimmte Gegenstände demnach grundsätzlich unwesentlich[425]. Handelt es sich um einen einheitlichen Diebstahl, so kann die Tat nur insgesamt als besonders schwerer Fall des Diebstahls oder einfacher Diebstahl bewertet werden[426]. Ist der Täter dagegen vom ursprünglichen Diebstahl, **163**

---

421 BGHSt 16, 104; BGH JuS 2016, 564 m. Anm. *Eisele*; L-Kühl/*Kühl*, § 243 Rn. 4; LK-*Vogel*, § 243 Rn. 62; *Rengier*, BT 1, § 3 Rn. 42; *Schönke/Schröder/Bosch*, 243 Rn. 52.
422 A/W/H/H-*Heinrich*, § 14 Rn. 31.
423 Auch von Befürwortern einer Strafzumessungslösung wird § 16 Abs. 2 entsprechend angewendet; vgl. A/W/H/H-*Heinrich*, § 14 Rn. 31; *Roxin/Greco*, AT 1, § 12 Rn. 144.
424 OLG Karlsruhe MDR 1976, 335; A/W/H/H-*Heinrich*, § 14 Rn. 29; L-Kühl/*Kühl*, § 243 Rn. 5; *Mitsch*, BT 2, 1.3.3.3.2.
425 Vgl. etwa BGHSt 9, 253 (254); BGHSt 22, 350 (351); *Rengier*, BT 1, § 3 Rn. 43.
426 BGHSt 26, 104 (105); A/W/H/H-*Heinrich*, § 14 Rn. 40; *Wessels/Hillenkamp/Schuhr*, BT 2, Rn. 259.

der auf eine (nicht) geringwertige Sache gerichtet war, strafbefreiend zurückgetreten und fasst er erst anschließend den Entschluss, nun eine andere Sache wegzunehmen, so ist hinsichtlich § 243 Abs. 2 nur die neue Diebstahlstat maßgeblich, wenn diese ebenfalls einen besonders schweren Fall begründet[427].

> **Bsp. (1):** T möchte aus einem Geschäftsraum, in den er eingebrochen ist, eine wertvolle Vase stehlen. Kurz vor dem Ausgang reut es ihn und er stellt die Vase zurück. Als er das Gebäude verlassen will, sieht er in einem verschlossenen Nebenraum einen Kasten Bier. Er öffnet das gekippte Fenster, steigt in den Raum und trinkt noch ein paar Flaschen Bier. – T ist zunächst von §§ 242, 243 Abs. 1 Satz 2 Nr. 1, 22, 23 hinsichtlich der Vase gemäß § 24 Abs. 1 Satz 1 Var. 1 (unbeendeter Versuch) zurückgetreten. Erst anschließend hat er einen neuen Entschluss gefasst und dabei §§ 242, 243 Abs. 1 Satz 2 Nr. 1 verwirklicht; auf diese Tat findet § 243 Abs. 2 Anwendung, so dass er nur nach § 242 bestraft wird.
>
> **Bsp. (2):** Wie Bsp. 1, doch T findet keine Vase, so dass er zu einer Kiste Bier greift, die mitten im Raum steht. – Hier handelt es sich um eine einheitliche Tat, so dass sich die streitige Frage stellt, welche Auswirkung der Vorsatzwechsel hat. Entsprechendes gilt, wenn T vom ursprünglichen Vorsatz hinsichtlich des Getränks zur Mitnahme der Vase wechselt.

164 Die h. M. verlangt für die Anwendbarkeit des § 243 Abs. 2, dass der Tätervorsatz vom Versuchsbeginn bis zur Vollendung **ausschließlich auf eine geringwertige Sache gerichtet** ist und verneint § 243 Abs. 2 daher in Bsp. 2[428]. Dafür spricht, dass die Vorschrift auf die Diebstahlstat und damit auf die Phase zwischen Versuch und Vollendung des § 242 verweist. In Fällen, in denen der Täter entgegen seinem ursprünglichen Tatentschluss eine nicht geringwertige Sache wegnimmt, liegt der vorausgesetzte „bagatellarische Erfolgsunwert"[429] nicht vor und auch das Handlungsunrecht ist nur bis zu dem Zeitpunkt des Vorsatzwechsels verringert[430]. Beschränkt sich der Täter dagegen erst im Verlauf der Tat auf ein geringwertiges Tatobjekt, so darf er grundsätzlich nicht günstiger gestellt werden, als wenn die auf eine nicht geringwertige Sache gerichtete Tat im Versuchsstadium ganz stecken bleibt und nichts gestohlen wird; in letztgenanntem Fall ist aber § 243 anwendbar[431]. Ein „Teilrücktritt" von § 243 ist in solchen Fällen aber nach § 24 (analog) zuzulassen, wenn der Täter sich freiwillig auf ein geringwertiges Objekt beschränkt; dann ist allein § 242 anwendbar[432].

> **Bsp.:** T möchte die Vase stehlen, verzichtet aber freiwillig darauf, als er das Bier sieht. – Hier wird § 243 Abs. 2 bejaht, weil T entsprechend den Rücktrittsgedanken auf Mitnahme der nicht geringwertigen Sache verzichtet hat.

165 b) Teilweise wird aber auch eine **differenziertere Betrachtungsweise** vertreten. Soweit nach allgemeinen Kriterien eine unwesentliche Abweichung vom ursprünglichen Diebstahlsvorsatz – maßgeblich hierfür ist der Zeitpunkt der Verwirklichung des Regelbeispiels – gegeben ist, soll die nach der Vorsatzänderung weggenommene Sache noch vom ursprünglichen Diebstahlsvorsatz erfasst wer-

---

[427] BGHSt 9, 253 (254); L-Kühl/*Kühl*, § 243 Rn. 6; LK-*Vogel*, § 243 Rn. 62.
[428] Vgl. BGH NStZ-RR 2014, 214; *Fischer*, § 243 Rn. 26; *Mitsch*, BT 2, 1.3.3.3.3; *Schönke/Schröder/Bosch*, § 243 Rn. 55.
[429] *Wessels/Hillenkamp/Schuhr*, BT 2, Rn. 259.
[430] Näher *Wessels/Hillenkamp/Schuhr*, BT 2, Rn. 259.
[431] *Seelmann*, JuS 1985, 454 (457).
[432] BGHSt 26, 104 (105 f.); *Krey/Hellmann/Heinrich*, BT 2, Rn. 153; *Schönke/Schröder/Bosch*, § 243 Rn. 55; ähnl. SK-*Hoyer*, § 243 Rn. 53.

den[433]. In diesem Fall muss es sich entsprechend dem Kriterium der h. M. durchgehend um eine objektiv und subjektiv geringwertige Sache handeln. Um zwei selbstständige Taten handle es sich dagegen, wenn der ursprüngliche Diebstahlsvorsatz und der geänderte Diebstahlsvorsatz nicht mehr „aufeinander bezogen" seien. Dies sei auch der Fall, wenn die ursprünglich geplante Tat scheitere und ein anderes Objekt weggenommen werde. In diesem Fall sei der Täter gemäß §§ 242, 243, 22, 23 hinsichtlich der ursprünglich anvisierten Sache in Tateinheit mit § 242 hinsichtlich der weggenommenen Sache zu bestrafen. Richtig hieran ist, dass nach allgemeinen Grundsätzen ein Fehlschlag eine geeignete Zäsur bilden kann. Jedoch muss man sehen, dass der Diebstahlsvorsatz weit gefasst ist und auch noch während der Tat verändert werden kann[434]. Daher sollte man der h. M. folgen und nur dann eine neue Tat annehmen, wenn der Täter den ursprünglich gefassten Entschluss endgültig aufgibt.

VI. Konkurrenzen

Nach bislang h. M. sollten §§ 123, 303 beim Einbruchsdiebstahl grundsätzlich im Wege der Gesetzeskonkurrenz (Konsumtion) von §§ 242, 243 Abs. 1 Satz 2 Nr. 1 verdrängt werden, da das Regelbeispiel das Betreten der Räumlichkeit bzw. die Sachbeschädigung im Unrechtsgehalt bereits erfasst[435]. Entsprechendes sollte für das Verhältnis von § 303 zu §§ 242, 243 Abs. 1 Satz 2 Nr. 2 gelten[436]. Tateinheit (mit § 242) sollte nur in Betracht kommen, wenn die Indizwirkung widerlegt ist und daher § 243 nicht zur Anwendung gelangt[437].

Bsp.:[438] T bricht einen Tankautomaten auf und erbeutet 4000 €; der Sachschaden am Tankautomaten beläuft sich auf etwa 10000 €.

Der BGH hat sich im vorgenannten Beispiel gegen die Annahme einer Konsumtion und für die Annahme von Tateinheit ausgesprochen[439]. Auf den wirtschaftlichen Wert der beschädigten Sache soll es für die Annahme von Tateinheit nicht mehr ankommen, da sowohl Diebstahl als auch Sachbeschädigung einen rein wirtschaftlichen Vermögensverlust nicht voraussetzen. Die Berücksichtigung dieses außertatbestandlichen Umstandes würde zur (nicht sachgerechten) Folge haben, dass derjenige, der eine Sache von hohem wirtschaftlichen Wert stiehlt und zugleich eine solche Sache beschädigt, nur wegen Diebstahls verurteilt wird, während derjenige, der eine wirtschaftlich geringwertige Sache stiehlt und eine Sache von hohem wirtschaftlichem Wert beschädigt, wegen Diebstahls und Sachbeschädigung verurteilt wird[440]. Auch muss man sehen, dass hinsichtlich § 242 und § 303 im Einzelfall unterschiedliche Rechtsgutsträger betroffen sein können; so etwa, wenn die Tür des Vermieters

---

433 *Rengier*, BT 1, § 3 Rn. 45 ff.; ferner SK-*Hoyer*, § 243 Rn. 52, der in solchen Fällen stets eine wesentliche Abweichung annimmt. *Kindhäuser/Böse*, BT 2, § 3 Rn. 50 f., stellen darauf ab, ob der Vorsatzwechsel vor oder nach der Verwirklichung des Regelbeispiels erfolgt; § 243 Abs. 2 soll anwendbar sein, wenn der Täter ursprünglich eine geringwertige Sache wegnehmen wollte und sich erst nach Verwirklichung des Regelbeispiels zur Wegnahme eines nicht geringwertigen Gegenstandes entschließt.
434 S. o. Rn. 60.
435 BayObLG NJW 1991, 3292 (3293); A/W/H/H-*Heinrich*, § 14 Rn. 52; nach wie vor dieser Auffassung *Schönke/Schröder/Bosch*, § 243 Rn. 59.
436 Vgl. KG JR 1979, 249; L-*Kühl/Kühl*, § 243 Rn. 24; weiterhin vertreten von *Schönke/Schröder/Bosch*, § 243 Rn. 59.
437 Vgl. KG JR 1979, 249 f.; *Dölling*, JuS 1986, 688 (693).
438 Nach BGH NJW 2002, 150.
439 BGH NJW 2002, 150 ff.; ferner BGH NStZ-RR 2017, 340 (341).
440 BGHSt 63, 253 (266 f.).

aufgebrochen und eine Sache des Mieters gestohlen wird. Darüber hinaus weist der BGH aber zu Recht ganz allgemein auf den Charakter als Strafzumessungsregel hin. Es ist in der Tat wenig überzeugend, dass eine Strafzumessungsregel einen selbstständigen Straftatbestand verdrängen soll[441]. Nach der Tatbestandslösung können hingegen Regelbeispiele andere Tatbestände im Wege der Gesetzeskonkurrenz verdrängen, so dass weiterhin Konsumtion anzunehmen ist, solange nicht eine Betrachtung des konkreten Einzelfalles Tateinheit gebietet[442]. Für § 243 Abs. 1 Satz 2 Nr. 1 gilt damit nichts anderes als für § 244 Abs. 1 Nr. 3 (Abs. 4).

§ 4 Diebstahl mit Waffen, Bandendiebstahl, Wohnungseinbruchsdiebstahl, § 244

Einführende Aufsätze: *Altenhain*, Der Beschluss des Großen Senats für Strafsachen zum Bandendiebstahl, Jura 2001, 836; *Bosch*, Die Strafbarkeit des Wohnungseinbruchdiebstahls, Jura 2018, 50; *Erb*, Schwerer Raub nach § 250 Abs. 2 Nr. 1 StGB durch Drohen mit einer geladenen Schreckschusspistole, JuS 2004, 653; *Fischer*, Waffen, gefährliche und sonstige Werkzeuge nach dem Beschluss des Großen Senats, NStZ 2003, 569; *Geppert*, Zum „Waffen"-Begriff, zum Begriff des „gefährlichen Werkzeugs", zur „Scheinwaffe" und zu anderen Problemen im Rahmen der neuen §§ 250 und 244 StGB, Jura 1999, 599; *Hellmich*, Zum „neuen" Wohnungsbegriff des § 244 Abs. 1 Nr. 3 StGB, NStZ 2001, 511; *Jesse*, Das Pfefferspray als alltägliches gefährliches Werkzeug, NStZ 2009, 364; *Kudlich*, Zum Stand der Scheinwaffenproblematik nach dem 6. StrRG, JR 1998, 357; *Lanzrath/Fieberg*, Waffen und (gefährliche) Werkzeuge im Strafrecht, Jura 2009, 348; *Oğlakcıoğlu*, Die Bandenmäßige Deliktsbegehung in der Klausurbearbeitung, Jura 2012, 770; *Ransiek*, Waffen und Werkzeuge bei Diebstahl und Raub, JA 2018, 666; *Rönnau*, Grundwissen – Strafrecht: Bandendelikte, JuS 2013, 594; *ders.*, Grundwissen – Strafrecht: Das „mitgeführte" gefährliche Werkzeug, JuS 2012, 117; *Zopfs*, Examinatorium zu den Qualifikationstatbeständen des Diebstahls (§§ 244, 244a StGB), Jura 2007, 510.

Übungsfälle: *Beulke* III, Fall 3: Der Fluch der Toten Rosen, S. 77, Fall 9: Bewegte Knochen, S. 280; *Bock*, BT, Fall 4: Die rumänische Bande, S. 91; *Gössel*, Fall 2: Rache und Enttäuschung, S. 48; *Graul*, Überfall in der Tiefgarage, Jura 2000, 204; *Kudlich*, Der Täter ist immer der Hobby-Gärtner, JuS 2001, L 53; *Kudlich/Roy*, Ein findiger Erbe, JA 2003, 771; *Morgenstern*, Die Zürcher Verfolgungsjagd, Jura 2011, 146; *Mundt*, Wehrhafte Laubenpieper, ZJS 2010, 646; *Otto/Bosch*, Fall 5: Kofferfreuden, S. 122; *Rudolph*, Der Nürnberger Zahngold-Fall, JA 2011, 346; *Theile/Gatter*, Der skrupellose Heimwerker: Eine Bohrmaschine zum Nulltarif, Jura 2014, 104; *Steinberg/Müller*, Der mutige Mitarbeiter, ZJS 2012, 807; *Weißer*, (Banden-) Diebstahl, JuS 2005, 620; *Werkmeister*, „Vom Wutbürger W", JA 2013, 902.

Rechtsprechung: **BVerfG NStZ 1995, 76** – Berufsmäßige Waffenträger (Keine Einschränkung bei § 244 Abs. 1 Nr. 1a); **BGHSt 30, 44** – Dienstwaffe (Keine Einschränkung bei § 244 Abs. 1 Nr. 1a); **BGHSt 31, 105** – Waffe (Begriff des Beisichführens bei § 244 Abs. 1 Nr. 1a); **BGHSt 45, 92** – Gaspistole (Notwendigkeit einer objektiven Gefährlichkeit bei § 244 Abs. 1 Nr. 1a); **BGHSt 46, 120** – Bandendiebstahl (Täterschaftlicher Tatbeitrag eines Bandenmitglieds bei § 244 Abs. 1 Nr. 2); **BGHSt 46, 321** – Autodiebe (Begriff der Bande bei § 244 Abs. 1 Nr. 2); **BGHSt 47, 214** – Bandendiebstahl (Bandenmitgliedschaft und Gehilfentätigkeit bei § 244 Abs. 1 Nr. 2); **BGHSt 48, 197** – Waffe (Schreckschusspistole als Waffe bei § 244 Abs. 1 Nr. 1a); **BGHSt 52, 257** – Taschenmesser (Begriff des gefährlichen Werkzeuges bei § 244 Abs. 1 Nr. 1a); **BGHSt 61, 285** – Wohnmobil (Wohnungseigenschaft nach § 244 Abs. 1 Nr. 3); **BGH NStZ-RR 2003, 12** – Taschenmesser II (Erfordernis des bewusst gebrauchsbereiten Beisichführens bei § 244 Abs. 1 Nr. 1a); **BGH NStZ 2005, 631** – Seniorenheim (Begriff der Wohnung

---

441 BGH NJW 2002, 150 (151), vgl. auch *Rengier*, BT 1, § 3 Rn. 61; *Zieschang*, Jura 1999, 561 (566 f.).
442 Vom Standpunkt der Strafzumessungslösung auch *Wessels/Hillenkamp/Schuhr*, BT 2, Rn. 245.

i. S. d. § 244 Abs. 1 Nr. 3); **OLG Hamm NStZ 2007, 473** – Dienstwaffe (Erfordernis des bewusst gebrauchsbereiten Beisichführens bei § 244 Abs. 1 Nr. 1a).

I. Geschütztes Rechtsgut und Systematik

1. Geschütztes Rechtsgut

Die §§ 244 und 244a stellen echte **Qualifikationstatbestände** mit abschließenden Merkmalen dar. Die Versuchsstrafbarkeit für das Vergehen des § 244 Abs. 1 ist in Absatz 2 angeordnet. § 244 Abs. 1 Nr. 1 lit. a und lit. b möchte der abstrakten Gefahr für Leib und Leben begegnen, die mit dem Beisichführen einer Waffe oder eines Werkzeugs verbunden ist[443]. Beim Bandendiebstahl nach Nr. 2 liegt der Strafgrund in der durch den Zusammenschluss mehrerer Personen begründeten erhöhten Organisations- und Ausführungsgefahr[444]. Der Wohnungseinbruchsdiebstahl nach Nr. 3 beruht darauf, dass durch das Eindringen in die Privatsphäre das Schutz- und Sicherheitsbedürfnis der Bevölkerung beeinträchtigt und dadurch der Unwertgehalt der Tat gesteigert ist[445]. Abs. 4 sieht nunmehr eine Qualifikation mit Verbrechenscharakter vor, wenn die Tat eine dauerhaft genutzte Privatwohnung betrifft.

2. Systematik

In systematischer Hinsicht ist zu beachten, dass § 244 Abs. 1 Nr. 1 mit § 250 Abs. 1 Nr. 1 sowie § 244 Abs. 1 Nr. 2 mit § 250 Abs. 1 Nr. 2 übereinstimmt, so dass die Probleme weitgehend übertragen werden können. Anders als beim Raub sanktioniert § 244 nicht die *Verwendung* einer Waffe bzw. eines gefährlichen Werkzeugs beim Diebstahl, weil im Falle des Einsatzes eines solchen Gegenstandes die Tat ohnehin zum Raub würde. Das Strafantragserfordernis des § 247 (Haus- und Familiendiebstahl) gilt auch für § 244 und § 244a, nicht hingegen die Geringwertigkeitsklausel des § 248a.

> **Hinweis zur Fallbearbeitung:** Es empfiehlt sich, vorab den Grundtatbestand des § 242 und in diesem Zusammenhang – sofern naheliegend – die dazugehörige Strafzumessungsregel des § 243 zu prüfen. Erst in einem nächsten Schritt sollte in einer gesonderten Prüfung auf § 244 eingegangen werden.

II. Aufbauschema

1. Tatbestand
   a) Grundtatbestand des § 242
   b) Qualifikation
      aa) Objektiver Tatbestand des § 244 Abs. 1
         (1) Nr. 1: lit. a/b: Diebstahl mit Waffen/Werkzeugen
         (2) Nr. 2: Bandendiebstahl
         (3) Nr. 3: Wohnungseinbruchsdiebstahl Qualifikation des § 244 Abs. 1
      bb) Objektiver Tatbestand
         (1) Nr. 1: lit. a/b: Diebstahl mit Waffen/Werkzeugen
         (2) Nr. 2: Bandendiebstahl

---

443 BGHSt 24, 339 (341); *Kindhäuser/Böse*, BT 2, § 4 Rn. 2; *Rengier*, BT 1, § 4 Rn. 4.
444 BGHSt 23, 239 (240); *Heghmanns*, BT, Rn. 1115; NK-*Kindhäuser*, § 244 Rn. 34.
445 BT-Drs. 13/8587, S. 43; *Fischer*, § 244 Rn. 45.

(3) Nr. 3: Wohnungseinbruchsdiebstahl; qualifiziert nach Abs. 4 bei dauerhaft genutzter Privatwohnung
cc) Subjektiver Tatbestand

2. Rechtswidrigkeit

3. Schuld

4. Strafantrag, § 247

171 **Systematik § 244 Abs. 1 Nr. 1 lit. a und Nr. 1 lit. b**

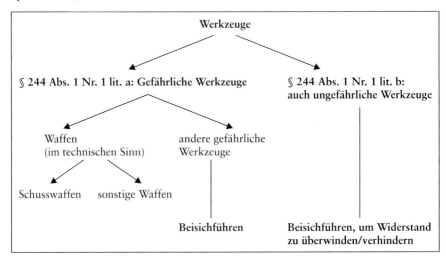

III. Tatbestand

1. § 244 Abs. 1 Nr. 1 lit. a

172 Die Qualifikation sanktioniert das **Beisichführen einer Waffe oder eines anderen gefährlichen Werkzeugs**.

173 a) Die **Waffe** ist nur ein gesetzlich genanntes Beispiel für den Oberbegriff des gefährlichen Werkzeugs. Dabei kann auf die Wertungen des WaffG zurückgegriffen werden, auch wenn dieses nicht unmittelbar maßgebend ist[446]. Als Waffen können nur solche „im technischen Sinne" verstanden werden, wobei hierfür objektive Kriterien gelten[447]. Waffen sind demnach bewegliche Sachen, die zur Verursachung erheblicher Verletzungen von Personen generell geeignet sind und die nach ihrer Art dazu bestimmt sind, „die Angriffs- oder Abwehrfähigkeit von Menschen zu beseitigen oder herabzusetzen" (§ 1 Abs. 2 Nr. 2 lit. a WaffG)[448]. Auf die Absicht, die Waffe zu verwenden oder einzusetzen, kommt es nicht an.

---

446 L-Kühl/*Kühl*, § 244 Rn. 3a; LK-*Vogel*, § 244 Rn. 20; SSW-*Kudlich*, § 244 Rn. 6; ausführlich dazu Wessels/Hillenkamp/Schuhr, BT 2, Rn. 266.
447 A/W/H/H-*Heinrich*, § 14 Rn. 55; NK-*Kindhäuser*, § 244 Rn. 5.
448 BGHSt 44, 103 (105); SK-*Hoyer*, § 244 Rn. 10; BGHSt 4, 125 (127) für Gaswaffen.

aa) Erfasst werden zunächst **Schusswaffen**, bei denen Geschosse durch einen Lauf getrieben werden. Dabei kommen als Geschosse sowohl feste Körper als auch gasförmige, flüssige oder feste Stoffe in Umhüllungen in Betracht[449]. Bei der Beurteilung der Frage, welche Gegenstände als Schusswaffen begriffen werden können, kann auf § 1 Abs. 2 WaffG und insbesondere auf dessen Anlage 1, Abschnitt 1, Unterabschnitt 1, Ziffer 1.1 verwiesen werden. 174

    Bspe.: Pistolen, Gewehre, Luftdruckpistolen.

(1) Richtigerweise sind auch **Gaspistolen**, bei denen nur Gas aus dem Lauf tritt, Schusswaffen, da für das potentielle Opfer durch den Gasdruck eine entsprechende Gefährdungssituation entsteht[450]. Anderes gilt nur für Gaspistolen, bei denen das Gas nicht nach vorne austreten kann[451]. Letztlich kommt es auf die genaue Einordnung jedoch nicht an, da es sich in jedem Falle um Waffen im technischen Sinn handelt[452]. 175

(2) Da Strafgrund die erhöhte Gefährlichkeit ist, muss die **Schusswaffe nach h. M. bei § 244 Nr. 1 lit. a Var. 1 einsatzfähig** sein, d. h. jederzeit schussbereit gemacht werden können[453]. Dies ist der Fall, wenn die Waffe sofort durch verfügbare Munition geladen werden kann, nicht aber, wenn sie defekt oder keine Munition vorhanden ist. Daher werden auch sog. Schein- bzw. Anscheinswaffen – wie Spielzeugpistolen – nicht erfasst, auch wenn diese nunmehr in § 42a WaffG aufgeführt sind[454]. Freilich ist die Anwendung einer der anderen Alternativen des § 244 Abs. 1 Nr. 1 lit. a und b nicht ausgeschlossen. 176

bb) Sonstige Waffen im technischen Sinne sind mechanische und chemische Waffen. Zu den mechanischen Waffen gehören alle Hieb-, Stoß-, und Stichwaffen, wie z. B. Butterfly-Messer, Dolche, Springmesser, Stahlruten, Schlagringe, Gummiknüppel, Handgranaten, Molotow-Cocktails. Chemische Waffen sind Kampfstoffe sowie Gaspistolen, soweit diese nicht als Schusswaffe einzustufen sind. 177

(1) Maßgeblich ist, dass die Gegenstände objektiv zur Verursachung erheblicher Verletzungen bestimmt sind[455]. Auszuscheiden sind daher **Alltagsgegenstände**, welche zwar aufgrund ihrer objektiven Beschaffenheit, nicht jedoch auf Grundlage ihrer Zweckbestimmung als Angriffs- oder Verteidigungsmittel einzustufen sind. 178

    Bspe.: Übliches Taschenmesser, Axt, Fleischermesser, Baseballschläger, Schraubenzieher. Im Einzelfall ist jedoch zu prüfen, ob diese von § 244 Abs. 1 Nr. 1 lit. a Var. 2 oder Nr. 1 lit. b erfasst werden.

(2) Streitig ist, ob **Schreckschusswaffen technische Waffen sind**. Vor allem die Rechtsprechung bejaht dies aufgrund der mit Schusswaffen vergleichbaren Gefährlichkeit und dem Umstand, dass diese in großem Umfang auch tatsächlich für 179

---

449 L-Kühl/*Kühl*, § 244 Rn. 3a; *Rengier*, BT 1, § 4 Rn. 8.
450 BGHSt 45, 92 (93); BGH NStZ 2001, 532 (533); *Geppert*, Jura 1999, 599 (600); a. A. aber noch BayObLG NJW 1971, 392 (393).
451 BGH NStZ 1999, 135 f.
452 A/W/H/H-*Heinrich*, § 14 Rn. 55; *Rengier*, BT 1, § 4 Rn. 9.
453 BGHSt 45, 249 (252); BGH NJW 1998, 3131; BGH NStZ 2001, 88 (89); NK-*Kindhäuser*, § 244 Rn. 5; *Rengier*, BT 1, § 4 Rn. 10. Dazu, dass es nach BGH beim Verwenden der Waffe i. S. d. § 250 Abs. 2 nicht ausreicht, wenn die Waffe erst einsatzfähig gemacht werden muss, s. u. Rn. 365.
454 Zur Definition der Anscheinswaffe vgl. Anlage 1 zum WaffG, Abschnitt 1, Unterabschnitt 1, Ziffer 1.6.
455 *Fischer*, § 244 Rn. 8; LK-*Vogel*, § 244 Rn. 22; *Zopfs*, Jura 2007, 510 (517).

Angriffs- oder Verteidigungszwecke verwendet werden[456]. Dabei soll es weder auf die Entfernung zum Opfer ankommen[457] noch soll es eine Rolle spielen, ob die Waffe am Kopf oder Körper des Opfers angesetzt werden kann[458]. Entscheidend ist vielmehr, ob der Explosionsdruck nach vorne durch den Lauf austritt[459]. Dagegen wird eingewandt, dass allein die Ähnlichkeit mit einer Schusswaffe die Einstufung nicht rechtfertige und ansonsten auch viele andere Gegenstände als Waffen im technischen Sinne eingestuft werden müssten[460]. Auch sei zu beachten, dass es nicht auf die tatsächliche Verwendung als Waffenersatz, sondern die Zweckbestimmung ankomme. Für die Rechtsprechung spricht aber, dass Schreckschusspistolen auch vom Waffengesetz als technische Waffen angesehen werden (§ 1 Abs. 2 Nr. 1, Abs. 4 i. V. m. Anlage 1 WaffG) und ihre Wirkung durchaus mit Gaspistolen vergleichbar ist[461].

180 cc) § 244 Abs. 1 Nr. 1 lit. a lässt das **Beisichführen einer Waffe** genügen. Die spezifische Gefährlichkeit kommt freilich nur zum Tragen, wenn der Täter oder ein Beteiligter sie in enger Beziehung zur Diebstahlstat mitführt. Dabei ist ein Beisichführen nur bei beweglichen Gegenständen, nicht aber etwa bei einer fest installierten Selbstschussanlage möglich[462]. Zu unterscheiden sind im Übrigen eine räumliche, eine zeitliche und eine personelle Komponente.

181 (1) **Die räumliche Komponente** verlangt, dass die Waffe jederzeit griffbereit sein muss, damit der Täter sich ihrer bei der Tatausführung zeitnah bedienen kann[463]. Nicht erforderlich ist jedoch, dass sich die Waffe unmittelbar am Körper befindet oder der Täter sie gar in seinen Händen hält[464]. Daher genügt es, wenn der Täter die Waffe samt Munition in einem Rucksack bei sich führt, da hier ein Einsatz ohne größere zeitliche Zäsur möglich ist[465]. Ausreichend ist es auch, wenn der Täter die Waffe oder das Werkzeug im Vorfeld der Tat am Tatort deponiert hat[466].

> **Bsp. (1):**[467] T parkt seinen Wagen mit einer Waffe im Kofferraum 200 m entfernt von dem Supermarkt, in dem er einen Diebstahl begeht. – Da T hier nicht ohne weiteres in der Lage ist, die Waffe zum Einsatz zu bringen und damit das von der Vorschrift vorausgesetzte Gefährdungspotential nicht vorliegt, ist § 244 Abs. 1 Nr. 1 lit. a zu verneinen.
>
> **Bsp. (2):**[468] T nimmt in der Küche des O Geld weg, wobei auf der Spüle ein Küchenmesser liegt. – Hier führt T das Messer ungeachtet seiner Eigenschaft als gefährliches Werkzeug nicht mit sich; ansonsten wäre bei jedem Diebstahl in Wohnungen § 244 verwirklicht. Entsprechendes ergibt sich auch, wenn man auf ein „bewusst gebrauchsbe-

---

456 BGHSt 48, 197 (204); BGH NStZ 2010, 390; BGH NStZ 2012, 445; zweifelnd *Rengier*, BT 1, § 4 Rn. 18; a. A. *Fischer*, § 244 Rn. 8; LK-*Vogel*, § 244 Rn. 23; NK-*Kindhäuser*, § 244 Rn. 7; *Wessels/Hillenkamp/Schuhr*, BT 2, Rn. 266.
457 BGH NStZ-RR 2002, 265 (266).
458 *Schönke/Schröder/Bosch*, § 244 Rn. 3a.
459 BGHSt 48, 197 (201); BGH NStZ 2010, 390; NStZ 2012, 445.
460 *Fischer*, § 244 Rn. 9; NK-*Kindhäuser*, § 244 Rn. 7; *Wessels/Hillenkamp/Schuhr*, BT 2, Rn. 266.
461 BGHSt 48, 197 (203).
462 BGHSt 52, 89 ff.; ferner BGH StraFo 2009, 80 – Oberteil einer Sonnenbank; MünchKomm-*Schmitz*, § 244 Rn. 26.
463 *Mitsch*, BT 2, 1.4.2.1.4; *Otto*, BT, § 41 Rn. 53; SSW-*Kudlich*, § 244 Rn. 19.
464 BGHSt 3, 230 (232); *Mitsch*, BT 2, 1.4.2.1.4; *Otto*, BT, § 41 Rn. 54.
465 S. *Wessels/Hillenkamp/Schuhr*, BT 2, Rn. 267; a. A. BayObLG NJW 1999, 2535 (2536).
466 BGH, Beschl. v. 5.10.2016 – 3 StR 328/16, teilweise abgedruckt in StV 2019, 105 f.
467 Nach BGHSt 31, 105 (108).
468 Vgl. auch BGH NStZ-RR 2014, 110 f. zu § 250 Abs. 1 Nr. 1a.

reites" Beisichführen abstellt[469] oder den Werkzeugcharakter aufgrund der konkreten Tatsituation[470] oder einer subjektiven Verwendungsabsicht verneint[471].

(2) Die **zeitliche Komponente** verlangt, dass dem Täter die Waffe zu irgendeinem Zeitpunkt während der Tat zur Verfügung gestanden haben muss. Nicht erforderlich ist dagegen, dass diese während der gesamten Tatausführung griffbereit ist[472]. Ausreichend ist nach h. M. ferner, dass die funktionsfähige Waffe – und entsprechend das gefährliche Werkzeug i. S. d. Var. 2 – selbst Gegenstand der Wegnahme und damit Diebstahlsobjekt ist, weil mit Begründung der Verfügungsmacht über die Waffe die erhöhte Gefährlichkeit einhergeht[473]. Zu beachten ist, dass das bloße Mitführen einer Waffe noch keinen Versuch des Diebstahls begründet, da der Versuchsbeginn des Grunddelikts unabhängig von der Qualifikation zu beurteilen ist und das Beisichführen noch kein unmittelbares Ansetzen zur Wegnahme darstellt[474]. **182**

Umstritten ist, in welcher Phase der Deliktsverwirklichung der Täter die Waffe bei sich führen muss. In Bezug auf den Tatbeginn muss zumindest die Schwelle zum Versuch überschritten sein, so dass die Mitführung im Vorbereitungsstadium nicht genügt[475]. Fraglich ist dagegen, ob es auch noch ausreicht, dass der Täter die Waffe nur im **Beendigungsstadium** bei sich führt. **183**

> **Bsp.:** T steigt zu einem Diebstahl in den Geschäftsraum des O ein. Die Schusswaffe versteckt er 200 m entfernt im Wagen. Als T unerwartet von O überrascht wird, gelingt es ihm noch, mit der Beute in einer Sporttasche zu fliehen und vor dem B mit dem Wagen davonzufahren. – Mit dem Einstecken der Beute in die mitgebrachte Tasche (Gewahrsamsenklave) liegt ein vollendeter Diebstahl vor. § 244 Abs. 1 Nr. 1 lit. a ist zu diesem Zeitpunkt nicht verwirklicht, da mangels räumlicher Nähe keine Zugriffsmöglichkeit auf die Waffe bestand. Die Waffe stand T daher erst zwischen Vollendung und Beendigung der Tat zur Verfügung.

Die h. M. bejaht die **Qualifikation auch in der Beendigungsphase**, da die Vollendung mitunter schwer zu bestimmen und das Mitführen der Waffe in diesem Deliktsstadium – vor allem während der Flucht – oftmals genauso gefährlich sei[476]. Dagegen spricht aber, dass die Strafschärfung des § 244 an den Grundtatbestand des § 242 anknüpft, dieser aber nur die Vollendung tatbestandlich fixiert. Das Heranziehen der tatsächlichen Beendigung der Tat lässt sich daher nicht in Einklang mit Art. 103 Abs. 2 GG bringen[477]. Zudem wird die Phase der Beutesicherung von § 252 (ggf. i. V. m. § 250) erfasst, dessen Voraussetzungen ansonsten unterlaufen würden[478]. **184**

Fraglich ist, ob ein **Teilrücktritt** von § 244 Abs. 1 Nr. 1 lit. a (Nr. 1 lit. b) möglich ist, wenn der Täter die bei sich geführte Waffe während der Tatausführung wieder **185**

---

469 Vgl. BGH NStZ-RR 2014, 111 und u. Rn. 194.
470 S. u. Rn. 199.
471 S. u. Rn. 201.
472 BGH NJW 1994, 1166 (1167); L-Kühl/*Kühl*, § 244 Rn. 2; *Rengier*, BT 1, § 4 Rn. 46.
473 BGH StV 1988, 429; NStZ-RR 2014, 277; *Rengier*, BT 1, § 4 Rn. 51; *Wessels/Hillenkamp/Schuhr*, BT 2, Rn. 267. A. A. aber NK-*Kindhäuser*, § 244 Rn. 18, mit dem Hinweis, dass ansonsten § 243 Abs. 1 S. 2 Nr. 7 überflüssig wäre.
474 *Kühl*, AT, § 15 Rn. 50 f.; LK-*Hillenkamp*, § 22 Rn. 123; *Mitsch*, BT 2, 1.4.2.1.5; *Schönke/Schröder/Bosch*, § 22 Rn. 58.
475 *Kindhäuser/Böse*, BT 2, § 4 Rn. 20; L-Kühl/*Kühl*, § 244 Rn. 2.
476 BGHSt 20, 194 (196); BGHSt 28, 224 (226); *Haft*, JuS 1988, 364 (368).
477 *Rengier*, BT 1, § 4 Rn. 48 f.
478 *Küper*, JuS 1986, 868 ff.

wegwirft. Dann bliebe nur eine Strafbarkeit nach § 242. Zwar ist die Figur des Teilrücktritts von der Qualifikation grundsätzlich anzuerkennen[479], jedoch muss man sehen, dass mit dem Beisichführen die Qualifikation bereits vollendet ist, so dass ein Rücktritt nach § 24 gar nicht in Betracht kommt[480]. Möchte man darauf abstellen, dass in diesen Fällen kein erhöhtes Strafbedürfnis besteht, da die abstrakte Gefahr beseitigt wird und noch keine konkrete Gefahr eingetreten ist, so kann man allenfalls die Grundsätze über die tätige Reue heranziehen[481]. Im Übrigen müsste man schon mit einer restriktiven Auslegung des Merkmals „Beisichführen" ansetzen und für dessen Vollendung verlangen, dass die in dem Beisichführen der Waffe liegende Gefahr „real werden könnte", indem sie mit der Sphäre des Opfers in Verbindung kommt[482].

186 (3) Letztlich ist die **personelle Komponente** zu beachten. Sowohl der Täter als auch ein anderer Beteiligter i. S. v. § 28 Abs. 2 (Mittäter, Anstifter oder Gehilfe) kann die Waffe bei sich führen.

> Bsp.: A stiftet den T zu einem Diebstahl an und übergibt ihm eine Waffe, die T jedoch zu Hause lässt. A, der nicht am Tatort anwesend ist, trägt hingegen während der Tatzeit eine Waffe. – Da keiner der Beteiligten die Waffe während der Tat am Tatort griffbereit bei sich führt, ist § 244 Abs. 1 Nr. 1 lit. a nicht verwirklicht.

187 Führt der Täter eine Waffe bei sich, so haftet der Teilnehmer gemäß §§ 242, 244 Abs. 1 Nr. 1 lit. a, § 26 bzw. § 27 akzessorisch, soweit er den erforderlichen Teilnehmervorsatz hinsichtlich des Beisichführens durch den Haupttäter besitzt. Führt lediglich der Gehilfe während der Tat eine Waffe mit sich, so verwirklicht der Täter § 244 Abs. 1 Nr. 1 lit. a, wenn er diesbezüglich Vorsatz hat; der Gehilfe haftet dann wiederum akzessorisch.

188 Nicht erforderlich ist, dass der die Waffe mitführende Beteiligte schuldfähig und damit strafbar ist[483]. Denkbar ist auch, dass der Täter sich zur Mitführung der Waffe eines gutgläubigen Werkzeugs bedient, so dass diese dem Täter während der Tatausführung zur Verfügung steht und daher ein eigenes Beisichführen vorliegt[484].

> Bsp.: Mittäter A versteckt vor dem Diebstahl unbemerkt von Mittäter B in dessen Manteltasche eine Pistole. – A macht sich nach §§ 242, 244 Abs. 1 Nr. 1 lit. a strafbar.

189 Diskutiert wird ferner eine **teleologische Reduktion für sog. Berufswaffenträger** (z. B. Polizisten, Soldaten, private Wachleute), die regelmäßig Waffen bei sich tragen. Ausgangspunkt der Überlegungen ist der hohe Strafrahmen und der Umstand, dass sich bei § 244 keine dem § 243 Abs. 2 entsprechende Geringwertigkeitsklausel findet.

> Bsp.: Die Polizisten T und O, die vorschriftsgemäß ihre Dienstwaffen tragen, verbringen die Mittagspause an einer Imbissbude. – T trinkt die Cola des O leer, obwohl dieser das ausdrücklich verbietet. Fraglich ist, ob T sich nicht nur nach § 242, sondern auch § 244 Abs. 1 Nr. 1 lit. a Var. 1 strafbar gemacht hat.

---

479 S. *Fischer*, § 24 Rn. 27; *Freund/Rostalski*, AT, § 9 Rn. 56; *Heinrich*, AT, Rn. 794; *Wessels/Beulke/Satzger*, AT, Rn. 1052; vgl. auch BGHSt 51, 276 (279), zu § 177 Abs. 4 Nr. 1.
480 BGH NStZ 1984, 216 f. mit abl. Anm. *Streng*, JZ 1984, 652; s. ferner BGHSt 51, 276 (279); BGHSt 64, 80 (89).
481 *Rengier*, BT 1, § 4 Rn. 79; für die Bejahung eines Teilrücktritts aber *Mitsch*, BT 2, 1.4.2.1.5.
482 So *Zaczyk*, NStZ 1984, 217; im Anschluss daran *Küper*, JZ 1997, 229 (233 f.).
483 *Mitsch*, BT 2, 1.4.2.1.6.
484 *Schönke/Schröder/Bosch*, § 244 Rn. 8.

190 Gegen eine Anwendung des § 244 wird angeführt, dass bei einem Berufswaffenträger die erhöhte Gefährlichkeit nicht ohne weiteres gegeben sei und diesem zur Tatzeit häufig das Bewusstsein fehlen werde, eine Waffe bei sich zu führen[485]. Auch ergebe sich eine Pflichtenkollision, wenn einerseits das Gesetz von ihm verlange, eine Dienstwaffe zu tragen und er diese auf der anderen Seite wegen § 244 Abs. 1 Nr. 1 lit. a ablegen müsse[486]. Hiergegen spricht jedoch, dass es der Täter durch Unterlassen des Diebstahls in der Hand hat, der Pflichtenkollision zu entgehen[487]. Zudem ist nicht ausgeschlossen, dass ein Polizeibeamter in einer kritischen Situation – wenn er z. B. vom Opfer überrascht wird – ebenso zur Waffe greift wie jeder andere Täter, zumal er aufgrund seiner dienstlichen Stellung auch mit disziplinarrechtlichen Konsequenzen zu rechnen hat[488]. Im Übrigen ist es für § 244 Abs. 1 Nr. 1 lit. a unerheblich, ob der Täter die Waffe zur Verwendung bei sich führt[489]. Es genügt vielmehr das sachgedankliche Mitbewusstsein, dass er eine Waffe mit sich führt[490]. Dem widersprechen freilich – im Folgenden noch darzustellende[491] – Tendenzen in der neueren Rechtsprechung, die ein bewusstes Beisichführen verlangen[492].

191 b) Für die Definition des (sonstigen) **gefährlichen Werkzeugs i. S. v. § 244 Abs. 1 Nr. 1 lit. a Var. 2** verwies der Gesetzgeber in seiner Begründung fehlerhaft auf die Grundsätze des § 224 Abs. 1 Nr. 2[493] und hat damit einen unnötigen Streit hervorgerufen. Bei § 224 Abs. 1 Nr. 2 lässt sich die Gefährlichkeit des Werkzeugs relativ einfach bestimmen, weil dieses dort eingesetzt werden und auch zu einer Körperverletzung geführt haben muss. Dementsprechend ist für die Einstufung eines Werkzeugs als gefährlich die konkrete Art und Weise des Einsatzes entscheidend. Hingegen kann es bei § 244 von vornherein nicht auf einen Einsatz des Werkzeugs ankommen, da die Pönalisierung an das bloße Beisichführen anknüpft und die konkrete Verwendung daher ungewiss bleibt.

> **Bspe.:** T führt beim Ladendiebstahl von drei Whiskyflaschen an seinem Gürtel ein übliches Taschenmesser mit sich, um damit Sicherungsetiketten zu entfernen[494]; Rentnerin R stiehlt eine Schachtel Zigaretten, wobei sich in ihrer Handtasche eine Nagelfeile befindet. – Da die Gegenstände nicht eingesetzt werden, bleibt mangels konkreter Verwendung unklar, ob diese überhaupt erhebliche Verletzungen hervorgerufen hätten.

192 Nach welchen Kriterien die **Gefährlichkeit des Werkzeugs** zu bestimmen ist, ist im Einzelnen sehr streitig. Trotz des kaum noch zu überschauenden Streitstandes[495] lassen sich zwei grobe Linien skizzieren: Nach der abstrakt-objektiven Betrachtungsweise kommt es darauf an, ob der Gegenstand objektiv gefährlich ist[496]; nach der konkret-subjektiven Betrachtungsweise ist das Werkzeug nur dann ge-

---

485 AnwK-*Kretschmer*, § 244 Rn. 21; *Haft*, JuS 1988, 364 (368 f.), *Schönke/Schröder/Bosch*, § 244 Rn. 6.
486 *Hruschka*, NJW 1978, 1338; *Schünemann*, JA 1980, 349 (355).
487 BGHSt 30, 44 (46); *Mitsch*, BT 2, 1.4.2.1.6.
488 BVerfG NStZ 1995, 76; BGHSt 30, 44 (45); OLG Köln NJW 1978, 652 (653); *Fischer*, § 244 Rn. 12; HK-*Duttge*, § 244 Rn. 19; *Rengier*, BT 1, § 4 Rn. 57.
489 L-Kühl/*Kühl*, § 244 Rn. 3; MünchKomm-*Schmitz*, § 244 Rn. 29; *Wessels/Hillenkamp/Schuhr*, BT 2, Rn. 267.
490 *Schönke/Schröder/Bosch*, § 244 Rn. 6.
491 S. u. Rn. 194.
492 OLG Hamm NStZ 2007, 473 (474).
493 BT-Drs. 13/9064, S. 18.
494 BGHSt 52, 257 ff.
495 Dazu näher BGHSt 52, 257 (263 ff.); *Hillenkamp/Cornelius*, 40 Probleme BT, S. 135; L-Kühl/*Kühl*, § 244 Rn. 3; LK-*Vogel*, § 244 Rn. 12 ff.; *Sickor*, ZStW 125 (2013), 788 ff.
496 Näher u. Rn. 193 ff.

fährlich, wenn es seitens des Täters eine entsprechende Widmung erfährt[497]. Die Rechtsprechung wies insoweit zunächst kaum Konturen auf. So tendierten einige OLG[498] aufgrund eines Hinweises des BGH[499] zunächst in Richtung einer subjektiven Betrachtungsweise; sie verlangten bei Werkzeugen, die als Gebrauchsgegenstände nicht allgemein zur Verletzung von Personen bestimmt sind, sondern jederzeit sozialadäquat bei sich geführt werden können, dass neben der objektiven Beschaffenheit eine generelle, vom konkreten Lebenssachverhalt losgelöste Bestimmung des Werkzeuges zur Verwendung gegen Menschen seitens des Täters hinzutreten muss. Inzwischen hat sich der BGH jedoch gegen die konkret-subjektive Betrachtungsweise ausgesprochen und möchte eine Abgrenzung allein anhand objektiver Kriterien vornehmen[500].

193 aa) **Abstrakt-objektive Betrachtungsweise:** Der BGH bestimmt das gefährliche Werkzeug nunmehr allein nach objektiven Kriterien und fragt daher, ob der Gegenstand aufgrund seiner Beschaffenheit geeignet und bestimmt ist, erhebliche Verletzungen herbeizuführen. Auf dieser Grundlage bezieht er ein Taschenmesser mit einer längeren Klinge ein, weil dieses zum Schneiden und Stechen bestimmt sei und jederzeit gegenüber Personen gebraucht werden könne, so dass von diesem eine latente Gefahr ausgehe[501]. Auf ein sozial übliches Mitführen, die besondere Tatsituation oder gar eine subjektive Widmung zum gefährlichen Werkzeug kommt es demnach nicht an.

194 Einschränkungen verfolgt die Rechtsprechung lediglich auf subjektiver Ebene, wenn sie neben einer objektiven Betrachtungsweise für den Vorsatz ein **bewusst gebrauchsbereites Beisichführen** des Gegenstandes verlangt[502]. Demnach ist das allgemeine, noch auf keinen bestimmten Zweck gerichtete aktuelle Bewusstsein erforderlich, ein funktionsbereites Werkzeug zur Verfügung zu haben, das geeignet ist, erhebliche Verletzungen zu verursachen. Ein solches Bewusstsein soll vor allem beim Mitsichführen von Alltagsgegenständen wie einem Messer oder einer Nagelfeile sowie bei Arbeitsgegenständen[503] nicht auf der Hand liegen[504]. Hat der Täter den Gegenstand kurz vor der Tat – etwa das Taschenmesser zum Schneiden von Obst – benutzt, mag der Tatnachweis eher gelingen[505]. Freilich ist nicht zu verkennen, dass hierdurch ein gewisser Widerspruch zu den Berufswaffenträgern hervorgerufen wird, bei denen bislang ein sachgedankliches Mitbewusstsein genügen soll[506]. Dennoch gibt es erste Stimmen, die dieses für gefährliche Werkzeuge entwickelte Erfordernis auch auf Waffen übertragen[507].

---

497 Näher u. Rn. 201.
498 OLG Braunschweig NJW 2002, 1735; OLG Frankfurt StV 2002, 145 und StraFo 2006, 467.
499 BGH NStZ 1999, 301 (302).
500 BGHSt 52, 257 (267 ff.); ferner BGH NStZ 2002, 594 (595 f.); BGH NStZ 2012, 571 f.; BGH StRR 2014, 314 f.
501 BGHSt 52, 257 (270); zust. *Mitsch*, NJW 2008, 2865; ferner z. B. OLG Köln NStZ 2012, 327.
502 BGH StV 2002, 191, zu § 177 Abs. 3 Nr. 1; BGH NStZ-RR 2003, 12 (13); NStZ-RR 2005, 340; OLG Schleswig NStZ 2004, 212 (214).
503 Vgl. z. B. OLG Frankfurt StV 2011, 624 (Teppichmesser).
504 BGH NStZ-RR 2014, 110 f.; unklar insoweit jedoch BGHSt 52, 257 (269).
505 KG Berlin StV 2008, 473 (474), gebilligt von BVerfG BeckRS 2009, 32484; *Schönke/Schröder/Bosch*, § 244 Rn. 9; krit. jedoch *Rengier*, BT 1, § 4 Rn. 42. Enger ist der Ansatz von *Jesse*, NStZ 2009, 364 (369), wonach sich das Bewusstsein der Verfügbarkeit des Gegenstandes auf die konkrete Tatsituation beziehen muss.
506 S. o. Rn. 189 f.
507 OLG Hamm NStZ 2007, 473 (474), für einen die Dienstwaffe tragenden Polizisten.

Kritik: Eine rein objektive Betrachtungsweise, die eine nur latente „Gefahr" genügen lässt, trägt dem für die Strafhöhung erforderlichen Unrechtsgehalt nicht hinreichend Rechnung[508]. Dies gilt umso mehr, als auch das sozial übliche Mitführen von Alltagsgegenständen in weitem Umfang erfasst wird. Im Übrigen muss der BGH selbst einräumen, dass seine Lösung „zu einer schwer kalkulierbaren Einzelfallkasuistik" führen könne[509], zumal er auf nähere Präzisierungen verzichtet. Einschränkungen lassen sich auf dieser Grundlage nur noch im Vorsatzbereich über das – ebenfalls wenig scharfe – Erfordernis des gebrauchsbereiten Beisichführens des Gegenstandes herbeiführen[510]. **195**

bb) Modifikationen der objektiven Betrachtungsweise: In der Literatur werden verschiedene Modifikationen der objektiven Betrachtungsweise, deren Übergänge zu einer subjektiven Bestimmung fließend sind, vertreten. **196**

(1) Teilweise wird – recht restriktiv – ein gefährliches Werkzeug nur bejaht, wenn der Gegenstand einem **gesetzlichen Verbot** (mit Erlaubnisvorbehalt) unterliegt und daher nicht frei verfügbar ist[511]. Neben dem Umstand, dass das Gesetz für eine solche Differenzierung keinen Anhaltspunkt bietet, wäre es auch wenig einleuchtend, wenn ein nicht zugelassenes Betäubungsmittel den Tatbestand eröffnen würde, ein mitgeführter Baseballschläger hingegen nicht[512]. **197**

(2) Überzeugender ist es demgegenüber, den Begriff des gefährlichen Werkzeugs in Anlehnung an § 244 Abs. 1 Nr. 1 lit. a Var. 1 restriktiv zu bestimmen[513]. Zu fragen ist demnach, ob das Werkzeug **in der konkreten Situation** an die Gefährlichkeit von Waffen heranreicht und damit **Waffenersatzfunktion** hat[514]. Ausscheiden müssen hier – anders als bei einer konkret-subjektiven Betrachtungsweise – zunächst Gegenstände, von denen grundsätzlich keine gesteigerten Verletzungsgefahren ausgehen und die nur aufgrund der besonderen Einsatzweise des Täters im Einzelfall zu erheblichen Verletzungen führen können[515]. **198**

> **Bsp.:** Schuhe können zwar im Einzelfall ein gefährliches Werkzeug i. S. v. § 224 Abs. 1 Nr. 2 darstellen; dies aber nur dann, wenn sie in vom typischen Gebrauch abweichender Art und Weise eingesetzt werden. Das Gefährdungspotential ist im Übrigen mit einer Waffe nicht vergleichbar. Entsprechendes gilt für die oben genannte Nagelfeile in der Handtasche oder den Hosengürtel. Plant der Täter im Einzelfall mit dem Schuh auf den Kopf zu treten, mit der Nagelfeile zuzustechen oder mit dem Gürtel zu würgen, greift § 244 Abs. 1 Nr. 1 lit. b ein.

Dagegen sind einsatzbereite Gegenstände, bei denen in der konkreten Situation von vornherein praktisch nur eine Verwendung als Angriffs- oder Verteidigungsmittel in Betracht kommt und denen typischerweise das Potential zur Zufügung von erheblichen Verletzungen innewohnt, stets einbezogen[516].

---

508 Näher LK-*Vogel*, § 244 Rn. 16.
509 BGHSt 52, 257 (269); ferner BGH NStZ 2002, 594 (595 f.); NStZ-RR 2006, 12 (13).
510 Dazu Rn. 194.
511 *Lesch*, JA 1999, 30 (34).
512 MünchKomm-*Schmitz*, § 244 Rn. 14; NK-*Kindhäuser*, § 244 Rn. 12.
513 Vgl. den Überblick bei LK-*Vogel*, § 244 Rn. 16.
514 *Mitsch*, BT 2, 1.4.2.1.3; *Streng*, GA 2001, 359 (365 ff.).
515 *Fischer*, § 244 Rn. 23.
516 Ungeachtet feinerer Differenzierungen in diese Richtung auch LK-*Vogel*, § 244 Rn. 17; MünchKomm-*Schmitz*, § 244 Rn. 11 ff.; NK-*Kindhäuser*, § 244 Rn. 14; SK-*Sinn*, § 250 Rn. 11; *Schothauer/Sättele*, StV 1998, 505 (508); Schönke/Schröder/*Bosch*, 244 Rn. 5.

Bspe.: Ein vergleichbares Gefährdungspotential wie eine Waffe besitzen etwa ein mitgeführter Knüppel, abgebrochene Flaschen oder Salzsäure; diese können ersichtlich nur als Angriffs- oder Verteidigungsmittel dienen.

199 Besonders problematisch bleibt das **sozial übliche Mitführen von Alltagsgegenständen** wie z. B. von Taschenmessern. Dabei muss man freilich sehen, dass richtigerweise auch die **konkrete Tatsituation** zu berücksichtigen ist[517]. Weist demnach das Mitsichführen des Gegenstandes vom Standpunkt eines objektiven Beobachters nicht auf den Einsatz als Angriffs- oder Verteidigungsmittel hin, so liegt auch kein gefährliches Werkzeug vor. Dies dürfte vor allem bei zusammengeklappten und in Taschen verstauten Taschenmessern häufig der Fall sein[518].

Bsp.:[519] Wanderer T, der allein auf weiter Flur ist, pflückt einen Apfel vom Baum des O und schneidet diesen mit seinem Taschenmesser auseinander. – Das Taschenmesser ist nicht als gefährliches Werkzeug einzustufen. Schon mangels Anwesenheit anderer Personen deutet nichts auf einen Einsatz als Angriffs- und Verteidigungsmittel hin. Die bloße latente Gefährlichkeit eines solchen Messers genügt nicht.

Gegenbsp.: T führt bei der Tat einen Baseballschläger mit sich, obgleich er diese Sportart gar nicht betreibt. – Der Baseballschläger ist hier als Angriffs- und Verteidigungsmittel einzustufen, so dass § 244 Abs. 1 Nr. 1a Var. 2 zu bejahen ist. Anders wäre zu entscheiden, wenn T den Schläger nach einem Training in der Tasche mitführt und im Supermarkt ein Erfrischungsgetränk einsteckt.

200 Entsprechendes gilt auch für das **berufsbedingte Mitführen** von Werkzeug, wie Schraubenzieher, Bolzenschneider usw.; sowie für **Einbruchswerkzeug**, das – wie ein Stemmeisen – in erster Linie dem Gewahrsamsbruch und damit gerade nicht als Angriffs- und Verteidigungsmittel dient[520]. Entsprechendes gilt für das Taschenmesser, mit dem Sicherungsetiketten durchtrennt werden sollen[521]. Freilich sind auch solche Werkzeuge nicht generell auszuklammern, wenn die konkrete Tatsituation für eine Einstufung als Angriffs- und Verteidigungsmittel spricht[522]. Letztlich lassen sich diese Grundsätze auch auf Fälle der Wegnahme gerade solcher Werkzeuge übertragen. So begründet der Diebstahl eines Taschenmessers, eines Schraubenziehers, einer Säge usw. nicht per se den höheren Unrechtsgehalt des Qualifikationstatbestandes, obgleich man begrifflich von einem Beisichführen ausgehen könnte[523].

201 cc) **Konkret subjektive Betrachtungsweise.** Diese wird mitunter in der Literatur bevorzugt und daher ein sog. Verwendungsvorbehalt verlangt[524]. Demnach ist ein Werkzeug für sich genommen nie gefährlich, sondern nur dann, wenn der Täter es zum gefährlichen Werkzeug **widmet**. Ein gefährliches Werkzeug liegt demnach vor, wenn der mitgeführte Gegenstand bei der Tat – im „Bedarfsfall" – nach Vorstellung des Täters so verwendet werden soll, dass im Falle des Einsatzes § 224 Abs. 1 Nr. 2 erfüllt wäre. Manche wollen diese Lehre dahingehend erweitern, dass

---
517 Vgl. nur MünchKomm-*Schmitz*, § 244 Rn. 16; *Schönke/Schröder/Bosch*, 244 Rn. 5.
518 Vgl. etwa LK-*Vogel*, § 244 Rn. 17; MünchKomm-*Schmitz*, § 244 Rn. 18; näher zum Taschenmesser als gefährliches Werkzeug *Rengier*, FS Schöch, 2010, S. 549 ff.
519 Zu diesem Beispiel *Foth*, NStZ 2009, 93.
520 LK-*Vogel*, § 244 Rn. 17, *Kindhäuser/Böse*, BT 2, § 4 Rn. 10. Vgl. auch OLG Stuttgart NJW 2009, 2756 (2758) – 20 cm langer Schraubendreher zum Aushebeln der Eingangstüre, das jedoch maßgeblich auf die „innere Haltung" des Täters abstellt.
521 Vgl. aber BGHSt 52, 257 ff.
522 MünchKomm-*Schmitz*, § 244 Rn. 29.
523 S. o. Rn. 182.
524 *Rengier*, BT 1, § 4 Rn. 38 ff.; *Schramm*, JuS 2008, 773 (778); *Zopfs*, Jura 2007, 510 (519).

der innere Vorbehalt genügt, die Verwendung des Gegenstandes nur anzudrohen, wenn die Realisierung der Drohung zu einer erheblichen Verletzungsgefahr führen würde[525]. In eine ähnliche Richtung geht auch eine jüngere Entscheidung des OLG Stuttgart[526], die zwar mit der Waffenersatzfunktion einen objektiven Ausgangspunkt wählt, dann jedoch verlangt, dass der Einsatz des Werkzeugs gegen das Opfer drohen muss, wofür die innere Haltung des Täters maßgeblich sei. Der Vorzug dieser Ansichten liegt darin, dass zumindest teilweise auf die zu § 224 entwickelte Dogmatik zurückgegriffen werden kann. Auch wird geltend gemacht, dass damit eine hinreichend klare Abgrenzung gewährleistet werden kann[527]. In den genannten Beispielen hängt die Einstufung des Gegenstandes als gefährliches Werkzeug daher davon ab, ob der – nach dem Verwendungsvorbehalt zu bestimmende – Einsatz zu erheblichen Verletzungen i. S. d. § 224 Abs. 1 Nr. 2 geführt hätte. Dies wäre beim Taschenmesser oder der Nagelfeile etwa der Fall, wenn diese „im Bedarfsfall" eingesetzt werden sollen.

Kritik: Gegen eine solch subjektive Betrachtungsweise sind aber **grundlegende Einwände** zu erheben. Zunächst wird die gesetzgeberische Intention unterlaufen, wonach bei Nr. 1 lit. a allein das Beisichführen strafschärfend wirken soll[528]. Damit wird aber deutlich, dass es auf einen vor der Tat liegenden Verwendungsvorbehalt überhaupt nicht ankommen kann. Ferner muss man sehen, dass in systematischer Hinsicht auch die Grenzen zur Nr. 1 lit. b verschwimmen, die an die Verwendung ungefährlicher Werkzeuge im subjektiven Bereich erhöhte Anforderungen stellt, um einen der Nr. 1 lit. a entsprechenden Unrechtsgehalt zu normieren[529]. Dabei soll nicht verkannt werden, dass Nr. 1 lit. b zusätzlich an die Absicht, Widerstand zu verhindern oder zu überwinden, anknüpft[530]; freilich liegt dem Verwendungsvorbehalt ebenfalls diese Zielrichtung zugrunde, andernfalls würde dieser von vornherein keinen rechten Sinn ergeben. Und letztlich muss – wenn sich der Täter keine weiteren Gedanken macht oder dies nicht zu widerlegen ist – der Tatbestand entweder (in dubio pro reo) verneint oder dessen Anwendung doch auf objektive Indizien (wie Größe, Beschaffenheit des Gegenstandes oder Art der Mitführung) gestützt werden. Dass der Gesetzgeber auch beim subjektiv gefassten § 244 Abs. 1 Nr. 1 lit. b die prozessuale Nachweisbarkeit voraussetzt[531], ändert nichts daran, dass letztlich doch auf objektive Kriterien zurückzugreifen ist[532].

Stellungnahme: Wortlaut, Systematik sowie Sinn und Zweck der Regelungen streiten folglich vielmehr für eine **objektive Betrachtungsweise**, die auf eine Waf-

---

525 *Küper/Zopfs*, BT, Rn. 793, die eine latente Gefährlichkeit der Drohung verlangen; *Wessels/Hillenkamp/Schuhr*, BT 2, Rn. 275, wonach zudem die allgemeine Eignung, erhebliche Körperverletzungen zu bewirken, erforderlich ist.
526 OLG Stuttgart NJW 2009, 2756 (2758) m. Kritik an BGHSt 52, 257 ff.; dazu *Kraatz*, JR 2010, 142 ff.
527 *Wessels/Hillenkamp/Schuhr*, BT 2, Rn. 275; ebenso mit Hinweis auf das Bestimmtheitsgebot *Rengier*, BT 1, § 4 Rn. 41.
528 BGHSt 45, 92 (93 f.); BGHSt 52, 257 (267 f.); *Maurach/Schroeder/Maiwald/Hoyer/Momsen*, BT 1, § 33 Rn. 114; NK-*Kindhäuser*, § 244 Rn. 5.
529 S. BGH NJW 2008, 512 f.; *Krey/Hellmann/Heinrich*, BT 2, Rn. 183; SK-*Hoyer*, § 244 Rn. 5.
530 Vgl. den Hinweis bei *Wessels/Hillenkamp/Schuhr*, BT 2, Rn. 273.
531 So *Wessels/Hillenkamp/Schuhr*, BT 2, Rn. 275.
532 Deutlich OLG Schleswig NStZ 2004, 212 (214), wonach die prozessualen Anforderungen an die Feststellung zum Vorstellungsbild des Täters umso höher sein sollen, je weniger offensichtlich der bestimmungswidrige Gebrauch als zweckentfremdetes (potentielles) Nötigungsmittel auf der Hand liegt.

fenersatzfunktion abstellt⁵³³. Das gefährliche Werkzeug ist der Oberbegriff für das gesetzlich genannte Beispiel der Waffe, die objektiv zu bestimmen ist und insoweit eine gewisse Orientierung bieten kann. Hingegen gewinnt die Verwendungsabsicht nach der Gesetzessystematik (argumentum e contrario) erst bei Nr. 1 lit. b an Bedeutung. Zugegebenermaßen mag die Grenzziehung nicht immer ganz eindeutig sein⁵³⁴. Andererseits ist es durchaus sachgerecht, dass für den Unrechtsgehalt der Tat die **konkrete Situation mit einbezogen wird**. Letztlich vermag auch die subjektive Betrachtungsweise Abgrenzungsschwierigkeiten nicht zu beseitigen, weil der Verwendungsvorbehalt häufig entweder auf eine Fiktion hinausläuft oder doch objektive Kriterien zur Ermittlung des subjektiven Willens erfordert. Letztlich ist diese Lösung auch gegenüber der rein objektiven Bestimmung durch den BGH, die den Werkzeugbegriff zu sehr ausdehnt, überlegen⁵³⁵. Strafbarkeitslücken sind demgegenüber nicht zu befürchten, da bei Alltagsgegenständen und Einbruchswerkzeug immer noch §§ 242, 243 Abs. 1 Satz 2 Nr. 1, 244 Abs. 1 Nr. 1 lit. b oder Nr. 3 in Betracht kommen können. Da sich gegen alle vorgeschlagenen Lösungen jedoch Einwände vorbringen lassen und eine gewisse Unbestimmtheit nicht zu vermeiden ist, bedarf es letztlich einer **gesetzgeberischen Korrektur**⁵³⁶. Soweit nunmehr in § 244 Abs. 3 ein minder schwerer Fall zur Vermeidung unangemessener Strafen aufgenommen wurde⁵³⁷, überzeugt dies nicht, da eine Präzisierung der gesetzlichen Voraussetzungen und damit eine Sicherung der tatbestandlichen Bestimmtheit so nicht erreicht wird.

2. § 244 Abs. 1 Nr. 1 lit. b

204 Nach dem Willen des Gesetzgebers stellt das **Beisichführen eines sonstigen Werkzeugs oder Mittels in Verwendungsabsicht** einen **Auffangtatbestand** dar⁵³⁸. Aus einem Umkehrschluss zu Nr. 1 lit. a folgt, dass das Werkzeug bei Nr. 1 lit. b nicht objektiv gefährlich sein muss. Das gegenüber Nr. 1 lit. a verringerte objektive Unrecht beim Mitführen ungefährlicher Werkzeuge wird durch die Absicht, den Widerstand einer anderen Person durch Gewalt oder Drohung mit Gewalt zu verhindern oder überwinden, kompensiert⁵³⁹.

> **Beachte:** Wird der Gegenstand zur Vollendung der Wegnahme tatsächlich eingesetzt, so liegt Raub gemäß § 249 vor; wird er zwischen Vollendung des Diebstahls und Beendigung eingesetzt, so liegt räuberischer Diebstahl nach § 252 vor.

205 Beim Mitführen von Schusswaffen und gefährlichen Werkzeugen in Verwendungsabsicht ist Nr. 1 lit. b zwar tatbestandlich verwirklicht, tritt jedoch grundsätzlich im Wege der Gesetzeskonkurrenz hinter Nr. 1 lit. a zurück. Eigenständige Bedeutung kann Nr. 1 lit. b in solchen Fällen aber bei Irrtümern sowie bei fehlender prozessualer Nachweisbarkeit erlangen.

> **Bsp. (1):** A stiftet den T an, einen Diebstahl unter Mitführung einer Schusswaffe zu begehen und diese notfalls auch zum Einsatz zu bringen. T hingegen ist das Beisichführen einer Schusswaffe zu gefährlich. Stattdessen nimmt er nur Handschellen mit, um den Widerstand etwaiger Widersacher zu überwinden. – T macht sich (nur) nach § 244 Abs. 1 Nr. 1 lit. b strafbar. A kann mangels Haupttat nicht nach §§ 244 Abs. 1 Nr. 1

---

533 S. o. Rn. 198.
534 So etwa der Einwand von *Rengier*, BT 1, § 4 Rn. 27.
535 S. o. Rn. 193.
536 BGHSt 52, 257 (269); *Mitsch*, BT 2, 1.4.2.1.3.
537 BT-Drs. 17/4143, S. 7 f.; vgl. auch o. Rn. 168.
538 BT-Drs. 13/8587, S. 44 f.; BT-Drs. 13/9064, S. 18.
539 A/W/H/H-*Heinrich*, § 14 Rn. 58; *Fischer*, § 244 Rn. 25; *Schönke/Schröder/Bosch*, § 244 Rn. 12.

lit. a Var. 1, 26 bestraft werden. Da sich jedoch der Vorsatz des A auch auf den Einsatz erstreckt und in jedem gefährlichen Werkzeug auch ein „sonstiger (ungefährlicher) Gegenstand" nach Nr. 1 lit. b zu sehen ist, hat er sich nach §§ 244 Abs. 1 Nr. 1 lit. b, 26 strafbar gemacht. Dass A anstelle der Pistole Handschellen mitführte, stellt eine unbeachtliche Abweichung des tatsächlichen vom vorgestellten Kausalverlauf dar.

Bsp. (2): T wird eines Diebstahls überführt. Dabei kann jedoch nicht nachgewiesen werden, dass es sich bei dem mitgeführten Gegenstand um ein gefährliches Werkzeug nach § 244 Abs. 1 Nr. 1 lit. a Var. 2 handelt. Bewiesen ist aber, dass T den Gegenstand mitführte, um ggf. den Widerstand einer anderen Person zu überwinden. – In dubio pro reo muss zwar davon ausgegangen werden, dass der mitgeführte Gegenstand kein gefährliches Werkzeug darstellt. Da jedoch ein Verwendungsvorbehalt nachgewiesen werden kann, ist – unabhängig von der Gefährlichkeit des Werkzeugs – § 244 Abs. 1 Nr. 1 lit. b verwirklicht.

a) Erfasst werden sollen von Nr. 1 lit. b alle Gegenstände, die keine Waffen oder gefährlichen Werkzeuge i. S. d. Nr. 1 lit. a sind, aber Widerstand durch Gewalt oder Drohung mit Gewalt verhindern oder überwinden sollen. Ob diese bei ihrem Einsatz **erhebliche Verletzungen i. S. v. § 224 Abs. 1 Nr. 2** herbeiführen können oder nicht, ist unerheblich[540]. Unter Nr. 1 lit. b fallen insbesondere die bei Nr. 1 lit. a ausgeschiedenen ungefährlichen Werkzeuge wie kleine Messer, Scheren oder Feilen. Erfasst werden aber auch Gegenstände, die sich – wie Handschellen, Klebebänder, Schnüre, Krawatten und Gürtel – zum Fesseln und Knebeln eignen.

aa) Richtigerweise fallen auch sog. **Scheinwaffen** (Spielzeugpistolen, Bombenattrappen, ungeladene echte Schusswaffen usw.), die nicht zur Herbeiführung von schweren Verletzungen i. S. v. § 224 Abs. 1 Nr. 2 geeignet sind, jedoch den äußeren Anschein hierzu erwecken, unter Nr. 1 lit. b[541]. Die historische Auslegung zeigt, dass nach dem Willen des Gesetzgebers Scheinwaffen von der gleichlautenden Vorschrift des § 250 Abs. 1 Nr. 1 lit. b weiterhin erfasst werden sollten[542], zumal dort die Mindeststrafe mit dem 6. StrRG abgesenkt und damit ein Haupteinwand gegen die Einbeziehung beseitigt wurde. Auch zeigt die Gleichstellung der Gewalt- mit der Drohungsalternative in systematischer Hinsicht, dass die Drohung mit einer objektiv ungefährlichen Scheinwaffe dem Gefährlichkeitspotential der Gewaltanwendung entspricht[543]. Auch Sinn und Zweck der Strafschärfung sind verwirklicht, weil der Täter in intensiverer Art und Weise in die Opfersphäre eingreift[544]. Sieht man dies anders und verlangt aufgrund der vom Täter vorgesehenen Verwendung eine abstrakte Eignung der mitgeführten Gegenstände zur Gefährdung von Leib und Leben des Opfers[545], so schränkt man den Anwendungsbereich der Vorschrift contra legem zu sehr ein.

Bsp.: Nr. 1 lit. b ist verwirklicht, wenn T eine täuschend echt aussehende Wasserpistole mit sich führt, mit der er im Falle von Schwierigkeiten beim Diebstahl das Opfer bedrohen möchte.

---

540 BGHSt 48, 365 (371); BGH NStZ-RR 2005, 373.
541 Vor dem 6. StrRG 1998 war die Einbeziehung von Scheinwaffen vor dem Hintergrund der hohen Mindeststrafe des gleichlautenden § 250 Abs. 1 Nr. 1 a. F. umstritten; vgl. hierzu BT-Drs. 13/9064, S. 18; die Rechtsprechung hat eine Einbeziehung freilich bejaht; s. nur BGHSt 24, 339 ff.
542 BT-Drs. 13/9064, S. 18.
543 *Rengier*, BT 1, § 4 Rn. 65; SK-*Hoyer*, § 244 Rn. 3; *Wessels/Hillenkamp/Schuhr*, Rn. 286 f.
544 BGH NJW 1976, 248; s. auch *Rengier*, BT 1, § 4 Rn. 65; zweifelnd *Schönke/Schröder/Bosch*, § 244 Rn. 15.
545 NK-*Kindhäuser*, § 244 Rn. 30; *Hillenkamp*, JuS 1990, 454 (457 f.).

208 bb) Bereits vor dem 6. StRG von der Rechtsprechung befürwortete Einschränkungen[546] sind nach dem Willen des Gesetzgebers weiterhin zu beachten[547]. Demnach muss die durch die Drohung bewirkte Einschüchterung des Opfers von der Beschaffenheit des verwendeten Gegenstandes und nicht allein von der Täuschungskraft des Täters ausgehen. Der Gegenstand muss daher **nach seinem äußeren Erscheinungsbild täuschend echt wirken**, so dass er aus Opfersicht dazu geeignet ist, bei seiner Verwendung erhebliche Verletzungen hervorzurufen; offensichtlich ungefährliche Gegenstände werden nicht erfasst[548].

> **Bspe.**: Erfasst werden sollen täuschend echt aussehende Spielzeugpistolen, Bombenattrappen, Injektionsspritzen[549] oder ein metallischer Gegenstand, der dem Opfer in den Nackenbereich gedrückt wird[550].
>
> **Gegenbspe.**: Nicht ausreichend soll sein ein in den Rücken gedrückter Labello-Stift[551], eine in der Hand schmelzende Lakritzpistole[552], ein in der Hand gehaltenes Holzstück mit der Ankündigung, bewaffnet zu sein[553] oder der unter der Jacke ausgestreckte Zeigefinger mit der Behauptung, eine Waffe zu tragen.

209 Teilweise wird diese Einschränkung aus Opferschutzgesichtspunkten abgelehnt, weil es nicht entscheidend sein könne, ob die Nötigungswirkung durch die Betrachtung des Tatmittels oder erst durch eine (täuschende) Erklärung des Täters ausgelöst wird[554]. Zudem könne die Einschüchterung des Opfers, dem mit einer angeblich mit Salzsäure befüllten Flasche gedroht wird, ebenso groß sein wie bei einer echt aussehenden Waffe[555]. Nr. 1 lit. b soll nur dann ausscheiden, wenn es an einer relevanten Drohung fehlt, z. B. wenn der Täter mit einer pinkfarbenen Wasserpistole auftaucht oder die Lakritzpistole in der Hand schmilzt. Gegen diese durchaus plausiblen Argumente lässt sich jedoch anführen, dass § 244 Abs. 1 Nr. 1 in allen Varianten nur an die Gegenständlichkeit des mitgeführten Werkzeuges anknüpft, während das weitere Täterverhalten – wie eine Täuschung – unerheblich ist[556].

210 b) Bezüglich der räumlichen, zeitlichen und personellen Komponente des **Beisichführens** kann auf die Ausführungen zu § 244 Abs. 1 Nr. 1 lit. a verwiesen werden[557]. Für eine Strafbarkeit nach Nr. 1 lit. b ist es dementsprechend ebenfalls ausreichend, wenn der Täter einen erst am Tatort vorgefundenen Gegenstand an sich nimmt, um diesen im Bedarfsfall einzusetzen[558].

211 c) **Subjektiv** verlangt § 244 Abs. 1 Nr. 1 lit. b, dass der Täter das Mittel mitführt, um den Widerstand einer anderen Person durch Gewalt oder Drohung mit Gewalt zu verhindern oder zu überwinden[559]. Die **Gebrauchsabsicht** setzt dolus directus

---

546 BGHSt 38, 116 (118); BGH NJW 1996, 2663; BGH NStZ 1998, 38.
547 BT-Drs. 13/9064, S. 18.
548 BGH NStZ 2007, 332 (333); NStZ 2009, 95.
549 BGH NStZ-RR/P 2001, 359 Nr. 36.
550 BGHSt 38, 116 (118).
551 BGH NJW 1996, 2663.
552 *Hillenkamp*, JuS 1990, 454 (457).
553 BGH NStZ-RR 1996, 356 (357).
554 NK-*Kindhäuser*, § 244 Rn. 29.
555 *Mitsch*, BT 2, 1.4.2.2.3.
556 *Rengier*, BT 1, § 4 Rn. 69 ff.; *Schönke/Schröder/Bosch*, § 244 Rn. 15.
557 S. o. Rn. 180 ff.
558 Vgl. etwa BGH NStZ-RR 2012, 244.
559 Zu den Merkmalen von Gewalt und Drohung s. *Eisele*, BT 1, Rn. 451 ff.

Diebstahl mit Waffen, § 244

1. Grades voraus[560], wobei es genügt, dass der Täter das Werkzeug nur im „Bedarfsfall" oder im „Notfall" einsetzen will[561]. Ein nur geplanter Einsatz des Mittels gegen Sachen ist dabei nicht ausreichend[562]. Entscheidend ist, dass die Verhinderung oder Überwindung des Widerstandes des Opfers dazu dienen soll, den Diebstahl zu vollenden[563]. Hingegen genügt es nicht, wenn das Werkzeug nur dazu verwendet werden soll, eine etwaige Flucht zu sichern oder den Abtransport der Beute nach vollzogener Wegnahme zu ermöglichen[564].

3. § 244 Abs. 1 Nr. 2

Die Strafschärfung des **Bandendiebstahls** ist verwirklicht, wenn ein Mitglied einer Bande, die sich zur fortgesetzten Begehung von Raub oder Diebstahl verbunden hat, unter Mitwirkung eines anderen Bandenmitglieds stiehlt. Die abstrakte Gefährlichkeit der Bandenabrede liegt in der engen Bindung, die die Mitglieder für die Zukunft und eine gewisse Dauer eingehen und die einen ständigen Anreiz zur Fortsetzung bildet (**Organisationsgefahr**)[565]. Durch das Erfordernis der Mitwirkung eines anderen Bandenmitglieds im Rahmen des § 244 Abs. 1 Nr. 2 kommt hinzu, dass die Tatbeiträge der einzelnen Bandenmitglieder in die Tatausführung einfließen und sich in ihrer Wirkung gegenseitig verstärken, so dass eine effizienzsteigernde bandenmäßige Ausführungsgefahr besteht[566]. Erschwerend soll weiter hinzukommen, dass sich ein potentielles Opfer im Einzelfall zweier Widersacher gegenübersieht und dadurch in verstärktem Maße einer Bedrohung ausgesetzt ist[567]. Einschlägig ist dieser Gesichtspunkt jedoch nur, wenn man entgegen der h. M. ein räumlich-zeitliches Zusammenwirken von mindestens zwei Bandenmitgliedern verlangt[568].

212

a) Unter einer **Bande** ist der auf einen längeren Zeitraum angelegte Zusammenschluss von mindestens drei Personen zu verstehen, die sich mit dem Willen verbunden haben, künftig für eine gewisse Dauer mehrere selbstständige, im Einzelnen noch ungewisse Taten – hier des Diebstahls oder Raubes – zu begehen[569].

213

aa) Abweichend von dieser Definition und im Einklang mit der früheren Rechtsprechung[570] wird z. T. vertreten, dass bereits zwei Personen für eine Bande ausreichend seien[571]. Für eine **Mindestzahl von drei Beteiligten**[572] spricht aber zunächst schon der allgemeine Sprachgebrauch[573]. Ferner ist die Bindung zwischen den Bandenmitgliedern erhöht, weil ein ausscheidungswilliges Mitglied sich mindestens zwei anderen Mitgliedern gegenübersieht und damit die Bandenabrede

214

---

560 L-Kühl/*Kühl*, § 244 Rn. 5; LK-*Vogel*, § 244 Rn. 47; SK-*Hoyer*, § 244 Rn. 28.
561 BGHSt 22, 230 (231); BGHSt 24, 339 (341); BGH NStZ-RR 2006, 3.
562 *Fischer*, § 244 Rn. 32; *Mitsch*, BT 2, 1.4.2.2.4.
563 *Fischer*, § 244 Rn. 32; *Schönke/Schröder/Bosch*, § 244 Rn. 19.
564 *Mitsch*, BT 2, 1.4.2.2.4; NK-*Kindhäuser*, § 244 Rn. 31.
565 BGHSt 46, 321 (336); BGHSt 47, 214 (216 f.); BGHSt 50, 160 (167); Beck-OK-*Wittig*, § 244 Rn. 17.3; *Fischer*, § 244 Rn. 33; NK-*Kindhäuser*, § 244 Rn. 34; *Rengier*, BT 1, § 4 Rn. 90.
566 BGHSt 46, 321 (336); BGHSt 47, 214 (216 f.); BGHSt 50, 160 (167 f.); *Kindhäuser/Böse*, BT 2, § 4 Rn. 29; dazu näher *Küper/Zopfs*, BT, Rn. 83.
567 BGHSt 47, 214 (216 f.); BGHSt 50, 160 (167).
568 S. u. Rn. 228.
569 BGHSt 46, 321 (329 f.); BGHSt 47, 214 (215 f.); BGH NStZ 2002, 375; NStZ 2006, 574; *Mitsch*, BT 2, 1.4.2.3.1; *Rengier*, BT 1, § 4 Rn. 89.
570 BGHSt 23, 239; BGHSt 42, 255; BGH NJW 2000, 2907 ff.
571 *Schönke/Schröder/Bosch*, § 244 Rn. 24; *Wessels/Hillenkamp/Schuhr*, BT 2, Rn. 298.
572 Grundlegend BGHSt 46, 325 ff.; BGH NStZ-RR 2017, 340 (341).
573 L-Kühl/*Kühl*, § 244 Rn. 6; *Rengier*, BT 1, § 4 Rn. 91.

nur unter größerer Anstrengung aufkündigen kann[574]. Zudem vermeidet das Erfordernis von mindestens drei Personen die mitunter schwierige Abgrenzung zu Fällen bloßer Mittäterschaft beim Zweierkomplott[575]. Letztlich könnte ansonsten selbst ein stehlendes Ehepaar als Bande bezeichnet werden, was dem Sinn der Strafschärfung nicht gerecht würde[576].

> **Klausurhinweis:** Aus dem Umstand der Bandenmitgliedschaft darf nicht einfach auf Mittäterschaft geschlossen werden; vielmehr ist nach allgemeinen Kriterien zu prüfen, ob das Bandenmitglied an der jeweiligen Tat als Täter oder Teilnehmer beteiligt ist[577]. Zudem sind folgende Problemkreise auseinander zu halten, die in Klausuren häufig vermengt werden: Vorliegen einer Bande; Mitgliedschaft in dieser Bande; Begehung unter Mitwirkung eines anderen Bandenmitglieds an der Tat; Beteiligung an der konkreten Tat als Täter oder Teilnehmer.

215 (1) Keine Bande liegt vor, wenn eines von drei Bandenmitgliedern sich nur **zum Schein anschließt**, in Wirklichkeit jedoch nur die Absicht verfolgt, die Taten der anderen Mitglieder zur Anzeige bei der Polizei zu bringen.

> **Bsp.:** V-Mann A verabredet mit B und C die fortgesetzte Begehung von Diebstählen in Juweliergeschäften. Beim ersten Einbruch nimmt die Polizei – von A verständigt – B und C nach vollendeter Wegnahme fest. – B und C machen sich zunächst nach § 242 (ggf. § 243 Abs. 1 Satz 2 Nr. 2) strafbar. § 244 Abs. 1 Nr. 2 ist hingegen zu verneinen, wenn man für das Vorliegen einer Bande mindestens drei Beteiligte verlangt. Ein Scheinbeteiligter trägt nichts zu Aufbau und Bestand einer Bande bei und möchte auch nicht ihren kriminellen Zweck fördern. Da B und C subjektiv von den Voraussetzungen einer Bandeneigenschaft ausgingen, kommt jedoch eine Versuchsstrafbarkeit nach §§ 244 Abs. 1 Nr. 2, Abs. 2, 22, 23 in Betracht, die in Tateinheit zu § 242 steht[578].

216 (2) Ein irgendwie gefestigter **Bandenwille** oder ein Tätigwerden im übergeordneten Bandeninteresse ist hingegen **nicht erforderlich**[579]. Es bedarf lediglich einer zweckhaften Verbindung zwischen den Bandenmitgliedern, ohne dass ein Organisationsgrad i. S. v. § 129 etwa in der Form einer „mafiaähnlichen" Struktur erforderlich wäre[580]. Daher werden auch Jugendbanden sowie Banden, die lediglich in einem örtlich begrenzten Gebiet tätig sind, erfasst[581]. Nicht erforderlich ist, dass sich alle Mitglieder persönlich verabredet haben oder sich gegenseitig kennen, solange nur jeder den Willen hat, sich zur künftigen Begehung von Straftaten mit mindestens zwei anderen zu verbinden[582]. Andererseits steht eine familiäre oder sonstige persönlich Verbindung der Annahme einer Bande nicht entgegen[583].

217 bb) Der Zusammenschluss muss zu dem **Zweck** erfolgen, fortgesetzt Raub- oder Diebstahlstaten zu begehen.

218 (1) Die **Bandenabrede** kann ausdrücklich oder konkludent zustande kommen und setzt nicht voraus, dass sich alle Beteiligten gleichzeitig absprechen. Eine kon-

---

574 *Mitsch*, BT 2, 1.4.2.3.1; *Rengier*, BT 1, § 4 Rn. 91.
575 BGHSt 46, 321 (329).
576 *Wessels/Hillenkamp/Schuhr*, BT 2, Rn. 298.
577 BGH StV 2008, 575; StV 2011, 411.
578 NK-*Kindhäuser*, § 244 Rn. 57; *Schönke/Schröder/Bosch*, § 244 Rn. 39.
579 BGHSt 46, 321 (325); BGH NStZ 2006, 574; *Fischer*, § 244 Rn. 35; LK-*Vogel*, § 244 Rn. 60; NK-*Kindhäuser*, § 244 Rn. 37.
580 BGH StV 1998, 599; NStZ 2006, 574; NStZ 2008, 625 f.; *Fischer*, § 244 Rn. 36b; L-*Kühl/Kühl*, § 244 Rn. 6.
581 BGH NStZ 2008, 625 f.; dagegen *Möller*, StraFo 2009, 92 (95 f.).
582 BGHSt 50, 160 (164 f.); BGHSt 46, 321 (329); *Fischer*, § 244 Rn. 36; *Rengier*, BT 1, § 4 Rn. 93.
583 BGH NStZ 2007, 339 (340).

kludente Verabredung kann im Einzelfall aus dem wiederholten Zusammenwirken mehrerer Personen abgeleitet werden[584]. Nicht hinreichend ist es hingegen, wenn die Taten jeweils neu verabredet werden[585]. Es genügt, dass zwei Täter vereinbaren, künftig Straftaten mit zumindest einem weiteren Beteiligten zu begehen, und sich ein Dritter dann anschließt[586]. Es kann sich also um den Anschluss an eine bestehende Bande handeln; es ist aber auch ausreichend, wenn durch den Beitritt erst die erforderliche Mindestzahl von Mitgliedern erreicht wird[587].

(2) Erforderlich ist, dass die Mitglieder übereingekommen sind, mehrere selbstständige, im Einzelnen noch **unbestimmte Taten** zu begehen[588]. Nicht ausreichend ist, wenn die **Anzahl der Taten** bereits zum Zeitpunkt der Bandenabrede abschließend von den Mitgliedern **festgelegt wurde**, da es hier an der spezifischen Gefährlichkeit der Bande fehlt, immer wieder mit neuen Taten fortzufahren[589]. Ebenso genügt es nicht, wenn nur eine Tat verabredet wird, später aber spontan weitere Taten folgen[590]. **219**

> Bsp.: A, B und C kommen darüber überein, jeweils an den vier Montagen im Juni Diebstähle in einem bestimmten Wohngebiet auszuführen und danach wieder getrennte Wege zu gehen. – Eine Strafbarkeit nach § 244 Abs. 1 Nr. 2 scheidet aus, weil die abschließende Verständigung auf eine konkrete Anzahl von Diebstählen einer Bande in diesem Sinne entgegensteht.

Die künftigen Taten müssen nach Anzahl, Zeit und Ort noch **relativ unbestimmt** sein, wobei es unschädlich ist, dass die Bandenabrede gewisse Beschränkungen nach Art, Zeit und Gattung der Diebessache vorsieht[591]. **220**

> Bsp.: A, B, C treffen die Übereinkunft, künftig nur Fahrzeuge der Marke Audi der Klasse A 8 in den Nachtstunden zwischen 22 und 6 Uhr in der Innenstadt von Konstanz zu stehlen. – Hier sind zwar die Diebstahlsmodalitäten von den Bandenmitgliedern exakt umrissen worden. § 244 Abs. 1 Nr. 2 ist aber verwirklicht, solange nur eine unbestimmte Anzahl von Diebstahlstaten von den Mitgliedern geplant ist.

Wenn die genannten Voraussetzungen erfüllt sind, ist bereits mit der **Begehung der ersten Tat** für die daran Beteiligten das Merkmal der bandenmäßigen Begehung erfüllt[592]. **221**

> Bsp.: Im vorstehenden Bsp. haben sich die Bandenmitglieder bereits mit dem Diebstahl des ersten A 8 nach § 244 Abs. 1 Nr. 2 strafbar gemacht.

(3) Maßgeblich ist, dass sich die Bandenmitglieder zur **fortgesetzten Begehung von Raub oder Diebstahl** verbunden haben. Ein Zusammenschluss zur fortgesetzten Begehung von anderen Straftaten – wie Betrug oder (räuberische) Erpressung – genügt demnach nicht[593]. Auch eine gemischte Bande aus Dieben und **222**

---

584 BGH NStZ 2009, 35 (36); NStZ-RR 2013, 208 (209); NStZ-RR 2016, 11. Zusf. zu den Indizien, die für und gegen eine Bandenabrede sprechen, vgl. BGH StV 2013, 508 (509).
585 BGH NStZ-RR 2016, 11.
586 BGHSt 50, 160 (164); BGH NStZ-RR 2013, 208 (209).
587 Näher BGHSt 50, 160 (164).
588 BGHSt 46, 321 (329); BGHSt 47, 214 (216); *Fischer*, § 244 Rn. 36; *Kindhäuser/Böse*, BT 2, § 4 Rn. 33; *Schönke/Schröder/Bosch*, § 244 Rn. 25.
589 BGH NStZ 1996, 442; NStZ-RR 2019, 310 (311); *Fischer*, § 244 Rn. 36 f.
590 BGH NStZ 2009, 35 (36); StV 2014, 508 (509).
591 BGH MDR 1978, 624; *Fischer*, § 244 Rn. 40; *Schönke/Schröder/Bosch*, § 244 Rn. 25.
592 LK-*Vogel*, § 244 Rn. 64; *Schönke/Schröder/Bosch*, § 244 Rn. 25.
593 *Mitsch*, BT 2, 1.4.2.3.1; a. A. für die räuberische Erpressung *Fischer*, § 244 Rn. 38; nach Auffassung der Rechtsprechung ist der Raub nur ein Spezialfall der räuberischen Erpressung, vgl. u. Rn. 761.

Hehlern genügt anders als bei § 260 Abs. 1 Nr. 2 nicht. Denkbar ist jedoch, dass ein Täter Mitglied einer Diebes- und Hehlerbande ist und daher als Gehilfe nach §§ 242, 244 Abs. 1 Nr. 2, 27 und Täter einer Hehlerei nach §§ 259, 260 Abs. 1 Nr. 2 bestraft werden kann[594]. Ausreichend ist auch ein Zusammenschluss für einen überschaubaren Zeitraum von nur wenigen Tagen, so dass es einer Regelmäßigkeit oder längeren Zeitdauer nicht bedarf[595].

223 cc) Fraglich ist, ob die in Aussicht genommenen Beiträge **mittäterschaftlicher Natur** sein müssen oder ob auch **bloße Gehilfenbeiträge** genügen.

Bsp.: A, B und C vereinbaren, zukünftig in verschiedene Objekte einzudringen und Diebstähle zu begehen. C soll ausschließlich die Gehilfenrolle zufallen, die für die entsprechenden Einbrüche benötigten Einbruchswerkzeuge zu beschaffen.

224 Mit Recht lässt die h. M. bloße Gehilfenbeiträge genügen, da die Bindung und damit die Organisationsgefahr genauso intensiv sein kann wie bei einer Bande, bei der allen Mitgliedern eine Täterrolle zukommt[596]. Auch ist es aufgrund der Spezialisierung einzelner Personen gerade typisch für die Bande, dass die einzelnen Personen in unterschiedlicher Weise und unterschiedlichem Umfang beteiligt sind[597]. Daher ist auch keine Ausnahme für den Fall anzuerkennen, dass – wie im Bsp. – ein Beteiligter regelmäßig nur als Gehilfe auftreten soll[598].

225 dd) Nicht ausreichend für die Begründung einer Bandeneigenschaft ist hingegen, wenn ein Mitglied nur einen **Tatbeitrag im Beendigungsstadium** oder bei Verwertung der Beute erbringen soll. Hier kommt nur eine Strafbarkeit wegen Anschlussstraftaten nach §§ 257 ff. in Betracht[599].

Bsp.:[600] Bandenmitglied G verpackt die von anderen Bandenmitgliedern gestohlene und in einer Wohnung eingelagerte Ware, damit diese weiterveräußert wird. Dies hatte er bereits vor der Tat zugesagt. – Eine Strafbarkeit nach §§ 242, 244 Abs. 1 Nr. 2, 27 scheidet hinsichtlich des Verpackens aus, da aufgrund der Beendigung keine beihilfefähige Haupttat vorliegt. Auch die Bandenmitgliedschaft vermag ohne Beteiligung an der konkreten Tat keine Strafbarkeit zu begründen. Es kommt jedoch aufgrund der vorangegangenen Zusage eine Strafbarkeit wegen psychischer Beihilfe in Betracht.

226 b) Weitere Voraussetzung ist, dass die Tat **unter Mitwirkung eines anderen Bandenmitglieds** begangen wird (Ausführungsgefahr). Nach Ansicht des BGH ist hierfür nur erforderlich, dass wenigstens zwei Bandenmitglieder beim Diebstahl in irgendeiner Weise zusammenwirken[601]. Es müssen folglich nicht alle Bandenmitglieder am Tatort anwesend sein. Zunächst genügt es in jedem Fall, wenn zwei Bandenmitglieder als Täter oder auch Teilnehmer[602] örtlich und zeitlich zusammenwirken. Dass ein drittes Bandenmitglied konkret in die Tatbegehung eingebunden wird oder zumindest von der Tat Kenntnis besitzt, ist nicht erforder-

---

594 BGH NStZ 2007, 33 (34).
595 BGH NStZ 1997, 90, 91; NStZ 2015, 647 (648).
596 BGHSt 46, 321 (322); BGHSt 47, 214 (217); BGH wistra 2012, 433 (435); *Fischer*, § 244 Rn. 39; *Rengier*, BT 1, § 4 Rn. 92; a. A. L-*Kühl/Kühl*, § 244 Rn. 6.
597 BGHSt 47, 214 (215 f.).
598 So aber MünchKomm-*Schmitz*, § 244 Rn. 44.
599 S. auch *Wessels/Hillenkamp/Schuhr*, BT 2, Rn. 302.
600 Vgl. auch BGH NJW 2013, 2211.
601 BGHSt 46, 321 (332 ff.); so auch *Fischer*, § 244 Rn. 42; *Kindhäuser/Böse*, BT 2, § 4 Rn. 35.
602 BGHSt 47, 214 (217); *Kindhäuser/Böse*, BT 2, § 4 Rn. 35; L-*Kühl/Kühl*, § 244 Rn. 8; *Maurach/Schroeder/Maiwald/Hoyer/Momsen*, BT 1, § 33 Rn. 135.

lich[603]. Inwieweit das jeweilige Mitglied dann als Täter oder Teilnehmer eines Bandendiebstahls einzustufen ist, muss nach allgemeinen Abgrenzungskriterien für Täterschaft und Teilnahme entschieden werden[604].

Bsp.: A und B stehlen aus einer Bank; Bandenchef C, der den Plan allein entworfen hat, befindet sich zum Zeitpunkt der Tat im Ausland. – Es liegt ein Bandendiebstahl gemäß § 244 Abs. 1 Nr. 2 vor, obwohl C selbst nicht an dem Diebstahl zwischen Versuch und Vollendung mitgewirkt hat. Auch C macht sich wegen mittäterschaftlichen Bandendiebstahls und nicht nur wegen Anstiftung strafbar, da sein Mitwirkungsplus im Vorbereitungsstadium seine mangelnde Tatherrschaft im Ausführungsstadium kompensiert[605].

Nicht erforderlich ist dabei, dass das jeweils mitwirkende Bandenmitglied strafbar ist. Die Qualifikation ist folglich auch dann verwirklicht, wenn das mitwirkende Bandenmitglied zur Tatzeit **schuldunfähig** ist[606].

aa) Problematisch ist, ob darüber hinaus auch auf ein **räumlich-zeitliches Zusammenwirken** ganz verzichtet werden kann. Teilweise wird für die Mitwirkung gefordert, dass mindestens zwei Mitglieder der Bande am Tatort anwesend sein müssen, weil nur dann die Effizienz der Tatausführung gesteigert und die Abwehrmöglichkeiten des Opfers eingeschränkt seien (Aktionsgefahr)[607]. Andere verlangen zumindest eine kommunikative Verbindung (etwa per Mobiltelefon) zwischen dem vor Ort agierenden und dem tatortfernen Mitglied, so dass das tatortferne Mitglied auf das Tatgeschehen Einfluss nehmen kann[608]. Für derartige Lösungen kann immerhin angeführt werden, dass andere Vorschriften, die – wie § 260 Abs. 1 Nr. 2 – die bandenmäßige Begehung als Strafschärfungsgrund normieren, ein Mitwirkungserfordernis gerade nicht vorsehen. Nach wohl h.M. bedarf es bei der eigentlichen Ausführungshandlung hingegen keines solchen Mitwirkungserfordernisses und damit keiner Aktionsgefahr[609]. Es genügt demnach die Ausführungsgefahr, wenn ein Bandenmitglied die Tat als Täter begeht und ein anderes Bandenmitglied einen (**Gehilfen-)Beitrag leistet und so mitwirkt**. Dafür spricht, dass aus dem Wortlaut des Mitwirkens ein örtlich-zeitliches Zusammenwirken der Bandenmitglieder nicht gefolgert werden kann[610]. Entscheidend ist aber vor allem, dass die Arbeitsweise und Arbeitsteilung innerhalb organisierter und spezialisierter Diebesbanden häufig gerade so gestaltet ist, dass aufgrund eingehender Vorbereitung nur ein Bandenmitglied am Tatort anwesend sein muss. Damit wäre aber der Anwendungsbereich der Vorschrift in typischen Fällen organisierter Kriminalität empfindlich eingeschränkt[611]. Letztlich bleiben Unterschiede zu Fällen des § 260 Abs. 1 Nr. 2 bestehen, weil dort auch das Handeln eines Bandenmitglieds als Alleintäter ohne Mitwirkungsakt eines anderen Bandenmitglieds genügt[612].

---

603 BGH NStZ 2006, 342 f.
604 BGHSt 46, 321 (338); BGH NStZ 2003, 32 (33); *Fischer*, § 244 Rn. 43.
605 S. *Haft*, AT, S. 207; *Heinrich*, AT, Rn. 1226 ff.; *Rengier*, AT, § 41 Rn. 19.
606 *Mitsch*, BT 2, 1.4.2.3.2.
607 *Erb*, NStZ 2001, 561 (564 f.); *Wessels/Hillenkamp/Schuhr*, BT 2, Rn. 301; s. auch BGHSt 8, 205 (209).
608 BGHSt 46, 120 (127); *Mitsch*, BT 2, 1.4.2.3.2.
609 BGHSt 46, 321 (332 ff.); *Joerden*, JuS 2002, 331 f.; *Kindhäuser/Böse*, BT 2, § 4 Rn. 35 f.; *Maurach/Schroeder/Maiwald/Hoyer/Momsen*, BT 1, § 33 Rn. 131.
610 BGHSt 46, 321 (333); A/W/H/*Heinrich*, § 14 Rn. 62; NK-*Kindhäuser*, § 244 Rn. 45.
611 *Joecks/Jäger*, § 244 Rn. 36; dazu auch *Rengier*, BT 1, § 4 Rn. 99; zweifelnd L-Kühl/*Kühl*, § 244 Rn. 8.
612 S. auch u. Rn. 1168.

Bsp.: Bandenmitglied A stiehlt aus einem Banktresor, wobei ihm Mitglied B „zur Sicherheit" eine Schusswaffe mitgegeben hat. Bandenmitglied C wirkt nicht mit. – A macht sich zunächst nach § 244 Abs. 1 Nr. 1 lit. a Var. 1 strafbar; § 244 Abs. 1 Nr. 2 liegt ebenfalls vor, da die Gehilfenhandlung des B für das Merkmal „unter Mitwirkung eines anderen Bandenmitgliedes" genügt. B macht sich wegen Beihilfe zu §§ 244 Abs. 1 Nr. 1 lit. a Var. 1, Nr. 2 strafbar.

229 bb) Unschädlich ist auch, wenn die Wegnahmehandlung durch ein **bandenfremdes Mitglied** vollzogen wird, sofern diese Handlung einem der Bandenmitglieder täterschaftlich zugerechnet werden kann und ein weiteres Bandenmitglied sich an der Tat beteiligt[613].

Bsp.: In der Bande A, B, C gibt Bandenmitglied C dem für die Planung von Kunstdiebstählen zuständigen A einen heißen Tipp, dass bei O ein wertvolles Gemälde hängt. A bittet daraufhin den B die Tat auszuführen, der jedoch keine Zeit hat. A beauftragt daher den bandenfremden D, „sein" Bild, das er von O erworben und schon bezahlt habe, aus dessen Villa zu holen, weil O trotz Mahnung nicht liefere. Der gutgläubige D nimmt das Bild und übergibt es dem A. – D macht sich nicht nach § 242 strafbar, da er keinen Vorsatz bezüglich der Rechtswidrigkeit der (Dritt-)Zueignung besitzt, weil er von einem durchsetzbaren Anspruch auf Übereignung des Bildes des A gegenüber O ausgeht. Da A diesen Umstand bewusst ausgenutzt hat, besitzt er überlegene Wissens- bzw. Willensherrschaft, so dass ihm die Tat nach § 25 Abs. 1 Var. 2 zugerechnet werden kann[614]. Da C durch den Hinweis auf die Tatmöglichkeit mitgewirkt (und sich als Gehilfe beteiligt) hat, sind alle Voraussetzungen des Bandendiebstahls gegeben.

230 cc) Kein Bandendiebstahl ist allerdings gegeben, wenn **ein Bandenmitglied als Alleintäter** tätig wird, ohne dass ein anderes Bandenmitglied einen Beitrag leistet.

Bsp.: A entwendet als Mitglied einer „Autoschieberbande" ein Kfz, ohne dass ein anderes Bandenmitglied irgendwie beteiligt ist. – § 244 Abs. 1 Nr. 2 ist in diesem Fall zu verneinen.

Beachte: Bei §§ 260 Abs. 1 Nr. 2, 260a Abs. 1, die ein derartiges Mitwirkungserfordernis nicht vorsehen, genügt bereits die Tat eines Einzeltäters im Rahmen der Bandenabrede.

231 Entsprechendes gilt, wenn die Beteiligten im Wege eines Exzesses ausschließlich **bandenfremde, d. h. von der Bandenabrede nicht gedeckte** Zwecke oder eigene Interessen verfolgen, weil hier kein Handeln „als" Mitglied einer Bande vorliegt[615].

Bsp.: A und B sind Mitglieder einer Wohnungseinbruchsbande, die sich auf den Diebstahl von wertvollen Gemälden spezialisiert hat. Zu diesem Zweck dringen A und B in eine Villa ein, in der sie kostbare Werke vermuten. Enttäuscht stellen sie jedoch fest, dass der Wohnungsinhaber Liebhaber einer Modelleisenbahn ist und nur ein paar wertlose Poster besitzt. Erst beim Verlassen der Villa sehen sie auf einer Kommode 200 € liegen und stecken diese ein. – A und B haben sich bezüglich der Gemälde eines versuchten Bandendiebstahls und eines versuchten Wohnungseinbruchsdiebstahls nach §§ 244 Abs. 1 Nr. 2 und 3, 22, 23, 25 Abs. 2 strafbar gemacht; ein Rücktritt scheidet aus, weil die Tat fehlgeschlagen ist. Aus der Kombination von Nr. 2 und Nr. 3 folgt zugleich eine Strafbarkeit nach §§ 244a, 22, 23, 25 Abs. 2, die die Taten nach § 244 verdrängt. Hinsichtlich des gestohlenen Geldes hat eine Strafbarkeit nach §§ 244 Abs. 1 Nr. 2 außer Betracht zu bleiben, weil der Diebstahl nicht von der Bandenabrede erfasst wird, sondern nur als Exzess bei Gelegenheit begangen wurde. § 244 Abs. 1 Nr. 3, Abs. 4 scheidet insoweit ebenfalls aus, da A und B nicht zur Ausführung des Diebstahls am

---

613 BGHSt 46, 312 (338); *Fischer*, § 244 Rn. 43; HK-*Duttge*, § 244 Rn. 25; *Maurach/Schroeder/Maiwald/Hoyer/Momsen*, BT 1, § 33 Rn. 135; NK-*Kindhäuser*, § 244 Rn. 46.
614 S. zu diesem Problembereich *Heinrich*, AT, Rn. 1249.
615 BGH NStZ 2006, 342 (343); StV 2011, 411; NStZ-RR 2013, 208 (209); HK-*Duttge*, § 244 Rn. 26; *Rengier*, BT 1, § 4 Rn. 103.

Geld in die Villa eingedrungen sind und auch kein einheitlicher Diebstahlsvorsatz mit bloßem Objektswechsel vorlag, da die ursprünglich geplante Tat fehlgeschlagen war und der Diebstahl des Geldes auf einem neuen Tatentschluss beruhte[616].

c) Täter eines Bandendiebstahls kann nur ein Bandenmitglied sein. Bandenmitglied ist, wer in die Organisation der Bande eingebunden ist, die für die Bande geltenden Regeln akzeptiert, zum Fortbestand der Bande beiträgt und sich an den Straftaten als Täter oder Teilnehmer beteiligt[617]. Die bloße Beteiligung an einer Tat, die von einer Bande begangen wird, begründet noch nicht die Bandenmitgliedschaft[618]. Die Bandenmitgliedschaft ist ein strafschärfendes **besonderes (täterbezogenes) persönliches Merkmal i. S. v. § 28 Abs. 2**, da nach h. M. die persönliche Stellung in der Bande kennzeichnend ist[619]. Dies hat zur Folge, dass Nichtmitglieder sich nur wegen Beteiligung am Grundtatbestand strafbar machen[620]. **232**

Bsp.: Gehilfe G, der nicht Mitglied der Bande ist, steht für A, B und C bei einem Diebstahl Schmiere. – A, B und C sind nach §§ 244 Abs. 1 Nr. 2, 25 Abs. 2 strafbar, während sich G aufgrund § 28 Abs. 2 nur nach §§ 242 (ggf. § 243), 27 strafbar macht. Nach der Gegenansicht haftet G akzessorisch nach §§ 244 Abs. 1 Nr. 2, 25 Abs. 2, 27.

Eine Strafbarkeit als **Täter oder Teilnehmer** einer Bandentat ist aber von vornherein nur möglich, wenn überhaupt eine Beteiligung an der konkreten Tat, die von der Bande begangen wird, gegeben ist. Allein die Bandenmitgliedschaft oder ein Handeln im Interesse der Bande ohne konkreten Bezug zu einer von anderen Bandenmitgliedern begangenen Straftat ist nicht ausreichend[621]. Insoweit sind Bandenmitgliedschaft und Beteiligung an der konkreten Tat sorgfältig zu trennen[622]. **233**

4. § 244 Abs. 1 Nr. 3 und Abs. 4

Rechtsgut des Wohnungseinbruchsdiebstahls ist neben dem Eigentum die häusliche Privatsphäre sowie die körperliche und seelische Unversehrtheit[623]. Der Gesetzgeber hat mit dem 6. StrRG den Wohnungseinbruchsdiebstahl aus § 243 in § 244 mit erhöhtem Strafrahmen verlagert, da dieser tief in die Intimsphäre des Opfers eindringe und daher zu ernsten psychischen Störungen sowie langwierigen Angstzuständen führen könne. Außerdem sei dieser nicht selten mit Gewalttätigkeiten gegen Menschen und Verwüstungen der Einrichtungsgegenstände verbunden[624]. Im Jahre 2017 wurde in Abs. 4 eine Qualifikation (der Qualifikation) mit Verbrechenscharakter und ohne Möglichkeit der Strafmilderung für Fälle eingeführt, in denen die Tat eine dauerhaft genutzte Privatwohnung betrifft. **234**

Klausurhinweis: Soweit in eine Wohnung eingebrochen wird, sind sogleich §§ 242, 244 Abs. 1 Nr. 3, Abs. 4 zu prüfen; auf den subsidiären § 242 mit der Strafzumessungsregel des § 243 Abs. 1 Satz 2 Nr. 1 (Einbruch in ein Gebäude) muss nicht weiter eingegangen werden.

---

616 Vgl. schon o. Rn. 163.
617 BGH wistra 2010, 347.
618 BGH StV 2012, 669.
619 BGHSt 46, 120 (128); BGH NStZ-RR 2007, 279 (280); *Fischer*, § 244 Rn. 44; L-Kühl/*Kühl*, § 244 Rn. 7; a. A. aber NK-*Kindhäuser*, § 244 Rn. 48; *Schönke/Schröder/Bosch*, § 244 Rn. 28/29.
620 BGHSt 47, 214 (216); BGH NStZ 2013, 102 (103); NStZ 2014, 635.
621 BGHSt 47, 214 (216); BGH NStZ-RR 2007, 307 (308); StV 2012, 669; *Heghmanns*, BT, Rn. 1118.
622 BGH StV 2012, 669.
623 BGHSt 61, 285 (288); BGH StV 2001, 624; *Wessels/Hillenkamp/Schuhr*, BT 2, Rn. 289; *Zopfs*, Jura 2007, 510 (520).
624 BT-Drs. 13/8587, S. 43.

235 a) Unter Berücksichtigung dieses Schutzzweckes und der hohen Strafandrohung kann für den **Wohnungsbegriff** nicht ohne weiteres auf die Grundsätze des § 123 zurückgegriffen werden[625]. Erfasst werden daher nur Räume, die dem eigentlichen Wohnbereich zuzuordnen sind, d. h. in dem von Haus- und Wohnungstür durch eine **unmittelbare Verbindung** zugänglichen Bereich liegen[626]. Dies ist etwa bei Wohn- und Schlafzimmer, Küche, Räumen im Keller[627] oder Dachgeschoß, aber auch bei Arbeitszimmern und Büros, wenn diese in den Wohnbereich integriert sind[628], zu bejahen. Auch Zimmer in einem Studentenwohnheim, einer Seniorenresidenz oder in einem Pflegeheim werden erfasst, nicht aber allen Besuchern offenstehende Räumlichkeiten und Flure. Ebenso sind Zweitwohnungen, eigene Wochenend- und Ferienhäuser[629], Wohnmobile, Wohnwagen als Wohnung einzustufen, jedenfalls solange sie dem Wohnzweck gewidmet sind, was etwa beim Unterstellen eines Wohnmobils im Winter nicht der Fall ist[630]. Einer **dauerhaften Nutzung** als Wohnung **bedarf es** – im Umkehrschluss zu Abs. 4 – **nicht**[631]. Auch unbewohnte Immobilien werden erfasst[632]. Daher geht die Wohnungseigenschaft durch den Tod der Bewohner nicht verloren[633]. Bei nur zeitlich begrenztem Aufenthalt stellt ein Hotelzimmer keine Wohnung dar, da dieses für den Gast nicht den Charakter einer höchstpersönlichen Sphäre hat, weil dieses auch vom Hotelpersonal betreten werden kann[634]. Nicht erfasst werden zudem von der Wohnung räumlich getrennte Geräteschuppen, Gartenhäuschen[635], Terrassen, Gärten, Keller- und Speicherräume[636] sowie nur getrennt zugängliche Arbeits-, Geschäfts- und Ladenräume, die sich etwa im Erdgeschoss befinden[637].

236 b) Wird die Wohnungseigenschaft bejaht, so wird die Tat **als „schwerer Wohnungseinbruchsdiebstahl"**[638] **nach Abs. 4 qualifiziert**, wenn es sich um eine dauerhaft genutzte Privatwohnung handelt[639]. Erforderlich ist anders als bei Abs. 1 Nr. 3, dass die Wohnung tatsächlich bewohnt ist[640]. Einbezogen sind Häuser und Wohnungen samt Nebenräumen und unabhängig davon, ob diese vom Eigentümer oder Mieter bewohnt werden. Ferner sind auch Zimmer in Wohnheimen aller Art, Zweitwohnungen usw. erfasst. Entscheidendes Kriterium ist die dauerhafte Nutzung zu Wohnzwecken. Die Nutzung muss dabei noch nicht eine

---

625 BGH NStZ 2008, 514 (515). S. hierzu *Eisele*, BT 1, Rn. 659.
626 BGH NStZ 2013, 120 f.; StV 2016, 639; NStZ-RR 2018, 14 (15); *Rengier*, BT 1, § 4 Rn. 83 f.; vgl. aber L-Kühl/*Kühl*, § 244 Rn. 11; *Wessels/Hillenkamp/Schuhr*, BT 2, Rn. 290, wonach nur Räumlichkeiten erfasst werden, die den Mittelpunkt des privaten Lebens darstellen.
627 BGH StV 2016, 639; NStZ-RR 2018, 14.
628 BGH NStZ 2013, 120 f.
629 BGH NStZ-RR 2018, 14 (15).
630 Für eine Beschränkung während der Nutzungsdauer *Rengier*, BT 1, § 4 Rn. 84.
631 BGHSt 61, 285 (288 f.), wonach die Nutzung eines Wohnmobils während einer Ferienreise genügt, dazu auch *Hecker*, JuS 2017, 470 ff.; a. A. etwa *Mitsch*, NJW 2017, 1188; MünchKomm-*Schmitz*, § 244 Rn. 60.
632 BGH NJW 2020, 2816 (2817).
633 BGH NStZ 2020, 484 f.
634 So NK-*Kindhäuser*, § 244 Rn. 53; SSW-*Kudlich*, § 244 Rn. 41; *Zopfs*, Jura 2007, 510 (521); a. A. aber BGH NStZ 2001, 533.
635 AG Saalfeld NStZ 2004, 141.
636 BGH StV 2016, 639; OLG Schleswig NStZ 2000, 479; diff. NK-*Kindhäuser*, § 244 Rn. 52; a. A. *Schönke/Schröder/Bosch*, § 244 Rn. 30.
637 BGH NStZ 2005, 631 – offener Empfangsbereich des Foyers eines Senioren- und Pflegeheims.
638 BGH NStZ 2019, 674; NStZ-RR 2020, 116.
639 Dazu BT-Drs. 12/18359, S. 7 f.
640 BGH NJW 2020, 2816 (2817).

gewisse Dauer erreicht haben, vielmehr genügt es, dass die Nutzung auf Dauer angelegt ist, so dass der Schutz mit dem Einzug beginnt. Für die dauerhafte Nutzung genügt etwa eine Zwischenmiete für zwei oder drei Monate, nicht aber die Nutzung eines Wohnmobils über das Wochenende. Unterbrechungen schaden nicht, so dass Abs. 4 auch dann verwirklicht ist, wenn der Nutzer für geraume Zeit im Ausland weilt.

c) Bei **gemischt genutzten Räumlichkeiten** kommt es auf die bauliche Aufteilung an. Sind Geschäftsräume von den Wohnräumen abgetrennt (z. B. Bäckerei im Erdgeschoss, Familienwohnung im Dachgeschoss) und erfolgt der **Einbruch nur in die Geschäftsräume**, so sind nur §§ 242, 243 Abs. 1 Satz 2 Nr. 1 verwirklicht, da der Einbruch in den Wohnraum selbst stattfinden muss[641]. Dies gilt selbst dann, wenn der Täter anschließend von dort aus in die Wohnräume gelangen möchte, um zu stehlen[642]; erfasst wird nämlich nur der Einbruch und nicht jedes Hineingelangen in die Wohnung. Anders ist hingegen zu entscheiden, wenn sich ein Geschäfts- oder Büroraum innerhalb der Wohnung befindet und in diese eingebrochen wird[643]. Die Qualifikation ist nach ihrem Schutzzweck auch verwirklicht, wenn der Täter in die **Wohnräume einbricht**, um anschließend Sachen aus Geschäftsräumen stehlen zu können[644]. **237**

> **Bsp.:** T gelangt mittels Einbruch durch die im Erdgeschoss gelegene Wohnung in das im Dachgeschoss befindliche Atelier, das baulich abgetrennt ist. Dort stiehlt er – wie geplant – einige Bilder. – T macht sich nach § 244 Abs. 1 Nr. 3, Abs. 4 strafbar, auch wenn das Betreten der Wohnung nicht zum Zwecke des Diebstahls dort erfolgt.

d) Hinsichtlich der **Tathandlungen** kann auf die Ausführungen zu § 243 Abs. 1 Satz 2 Nr. 1 verwiesen werden. Auch hier ist erforderlich, dass der Täter zur Ausführung der Tat in die Wohnung einbricht usw.[645]. Für die Frage des **unmittelbaren Ansetzens beim versuchten Wohnungseinbruchsdiebstahl** gelten ebenfalls die bei § 243 Abs. 1 Satz 2 geschilderten Grundsätze[646]. Soweit es am unmittelbaren Ansetzen fehlt, ist in **Fällen des § 244 Abs. 4** zu beachten, dass bei mehreren Beteiligten eine Verbrechensverabredung nach **§ 30 Abs. 2** in Betracht kommt[647]. **238**

IV. Konkurrenzen

Hinter § 244 Abs. 1 Nr. 3, Abs. 4 treten §§ 242, 243 Abs. 1 Satz 2 Nr. 1 im Wege der Spezialität[648] und § 123 im Wege der **Konsumtion** zurück[649]. Hinsichtlich § 303 nimmt der BGH nach Aufgabe seiner früheren Rechtsprechung nun zu Recht an, dass § 244 und § 303 stets in Tateinheit zueinander stehen. Maßgeblich ist für den BGH dabei, dass auch bei einem Wohnungseinbruchsdiebstahl nach § 244 Abs. 1 Nr. 3 eine Sachbeschädigung nicht immer mit einhergeht. Die Sach- **239**

---

641 BGH NStZ 2013, 120; BGH BeckRS 2018, 14109 Rn. 5; NK-*Kindhäuser*, § 244 Rn. 52.
642 BGH NStZ 2008, 514 f.; StraFo 2014, 339; *Krack*, FS Rengier, 2018, 249 (252); a. A. *Ladiges*, JR 2008, 493 (494 f.).
643 Offen gelassen von BGH NStZ 2008, 514 (515).
644 BGH NStZ 2001, 533; NStZ 2013, 120 f.; a. A. *Krack*, FS Rengier, 2018, 249 (253 ff.); *Maurach/Schroeder/Maiwald/Hoyer/Momsen*, BT 1, § 33 Rn. 127.
645 S. hierzu o. Rn. 110 ff.
646 Näher o. Rn. 144.
647 BGH NStZ 2019, 716.
648 BGH NJW 1970, 1279 (1280); BGH NStZ-RR 2017, 340 (341); *Kindhäuser/Böse*, BT 2, § 4 Rn. 47; *Maurach/Schroeder/Maiwald/Hoyer/Momsen*, BT 1, § 33 Rn. 129; SSW-*Kudlich*, § 244 Rn. 52.
649 *Rengier*, BT 1, § 4 Rn. 87.

beschädigung sei keine typische Begleittat des § 244. Dies sei vor allem bei den Begehungsvarianten des „Einstiegsdiebstahls", des „Nachschlüsseldiebstahls" und des „Verwendungsdiebstahls" der Fall. Da diese Begehungsvarianten dem Einbruchsdiebstahl gleichgestellt sind, würde die Annahme einer Konsumtion des § 303 durch § 244 einen Systembruch herbeiführen. Es würden innerhalb eines Tatbestandes verschiedene Begehungsweisen konkurrenzrechtlich unterschiedlich beurteilt, obwohl eine Gleichstellung der Begehungsweisen vom Gesetzgeber ersichtlich gewollt sei[650]. Eine versuchte Tat nach § 244 kann in Tateinheit zum vollendeten Grunddelikt des § 242 stehen[651]. Wenn der zum Wohnungseinbruchsdiebstahl entschlossene Täter nach dem Eindringen überraschend feststellt, dass die Bewohner anwesend sind und daraufhin die Sachen unter Anwendung von Gewalt mitnimmt, steht nur § 123 in Tateinheit zu § 249, während §§ 242, 244 Abs. 1 Nrn. 3, 22, 23 im Wege der Gesetzeskonkurrenz verdrängt werden[652]. Tateinheit kommt aber in jedem Falle bei vollendetem Diebstahl und versuchtem Raub in Betracht[653]. Werden im Falle des § 244 Abs. 1 Nr. 2 gleichzeitig § 243 Abs. 1 Satz 2 Nrn. 1 oder 2 im Wege einer Sachbeschädigung verwirklicht, so steht § 244 Abs. 1 Nr. 2 zu § 303 in Tateinheit, da ansonsten der Unrechtsgehalt nicht hinreichend zum Ausdruck gebracht würde, weil § 243 Abs. 1 Satz 2 Nrn. 1 oder 2 hinter § 244 zurücktreten[654].

§ 5 Schwerer Bandendiebstahl, § 244a

I. Geschütztes Rechtsgut und Systematik

240 Die Qualifikation des § 244a enthält gegenüber §§ 242, 243 und § 244 Abs. 1 Nr. 2 eine weitere Strafschärfung mit Verbrechenscharakter. Die Strafbarkeit des Versuchs folgt daher aus § 23 Abs. 1 i. V. m. § 12 Abs. 1. § 244a kombiniert das strafschärfende Merkmal des § 244 Abs. 1 Nr. 2 mit § 244 Abs. 1 Nr. 1 und Nr. 3 einerseits und § 243 Abs. 1 Satz 2 Nrn. 1 bis 7 andererseits.

II. Aufbauschema

241 1. Tatbestand
 a) Grundtatbestand des § 242
 b) Qualifikation
  aa) Objektiver Tatbestand
   (1) Bandenmäßige Begehung nach § 244 Abs. 1 Nr. 2 *und*
   (2) Vorliegen eines Regelbeispiels i. S. d. § 243 Abs. 1 Satz 2 Nrn. 1 bis 7 *oder* eines Falles des § 244 Abs. 1 Nr. 1 oder Nr. 3
  bb) Subjektiver Tatbestand

---

650 BGHSt 63, 253 ff.; ferner BGH NStZ 2018, 708 ff.; BGH StV 2019, 449.
651 *Krey/Hellmann/Heinrich*, BT 2, Rn. 198; NK-*Kindhäuser*, § 244 Rn. 57.
652 S. u. Rn. 343.
653 BGHSt 21, 78 (80); *Schönke/Schröder/Bosch*, § 244 Rn. 39; SK-*Hoyer*, § 244 Rn. 51.
654 BGH NStZ 2014, 40 zu § 244a.

2. Rechtswidrigkeit

3. Schuld

4. Strafantrag, § 247 (nicht aber § 248a)

III. Tatbestand

1. Folgen der Verweisung

§ 244a enthält Qualifikationstatbestände mit Vorsatzerfordernis. Durch den Verweis in § 244a auf die Regelbeispiele des § 243 werden diese zu **echten Tatbestandsmerkmalen**. Daher finden im Rahmen des § 244a §§ 16, 22 ff. und 25 ff. unmittelbare Anwendung. Die strafschärfenden Merkmale des § 243 sind im Rahmen des § 244a abschließend, so dass weder ein unbenannter besonders schwerer Fall noch eine Widerlegung der Indizwirkung in Betracht kommt[655]. Auch die Geringwertigkeitsklausel des § 243 Abs. 2 spielt keine Rolle[656].

242

2. Auswirkung auf andere Bandenmitglieder

Für die Strafschärfung nach § 244a kommt es nicht darauf an, dass auch die anderen Bandenmitglieder eine der Tatmodalitäten der §§ 243 Abs. 1 Satz 2, 244 Abs. 1 Nr. 1, 3 verwirklichen[657]. Die Zurechnung der strafschärfenden Merkmale richtet sich für andere Beteiligte nach den Grundsätzen der §§ 25 ff.

243

> **Bsp.:** Die Bande A, B und C stiehlt Kraftfahrzeuge. A verabredet mit B, dass er bei einer Tat eine Waffe mitnimmt. Der Gehilfe C weiß davon nichts. – A und B haben §§ 242, 244a verwirklicht, weil sowohl die Voraussetzungen des § 244 Abs. 1 Nr. 2 als auch des § 244 Abs. 1 Nr. 1 lit. a Var. 1 verwirklicht sind. C macht sich nur nach §§ 242, 244 Abs. 1 Nr. 2, 27 strafbar, da sich der Gehilfenvorsatz nicht auf das Beisichführen einer Waffe erstreckt.

IV. Konkurrenzen

§ 244a verdrängt im Wege der Spezialität die §§ 242, 243. Dasselbe gilt grundsätzlich auch für § 244[658]; zwischen versuchtem schweren Bandendiebstahl und vollendetem § 244 Abs. 1 Nr. 3 kann angesichts der unterschiedlichen Rechtsgüter Tateinheit bestehen[659]. Hingegen verdrängt § 244 Abs. 1 Nr. 3, Abs. 4 die Vorschrift des § 244a, weil bei gleichem Strafrahmen für Fälle des § 244 Abs. 4 kein minder schwerer Fall vorgesehen ist[660]. Zwischen § 244a Abs. 1 i. V. m. § 243 Abs. 1 Satz 2 Nr. 3 und der gewerbsmäßigen Hehlerei nach § 260a Abs. 1 ist Wahlfeststellung möglich[661].

244

---

655 A/W/H/H-*Heinrich*, § 14 Rn. 68; L-Kühl/*Kühl*, § 244a Rn. 2/3; *Schönke/Schröder/Bosch*, § 244a Rn. 4; *Zopfs*, GA 1995, 320 (325).
656 *Mitsch*, BT 2, 1.4.1; *Schönke/Schröder/Bosch*, § 244a Rn. 5/6.
657 *Fischer*, § 244a Rn. 3; SK-*Hoyer*, § 244a Rn. 6.
658 L-Kühl/*Kühl*, § 244a Rn. 5; NK-*Kindhäuser*, § 244a Rn. 7.
659 BGHSt 10, 230 ff.; BGH NStZ-RR 2010, 170.
660 MünchKomm-*Schmitz*, § 244a Rn. 14.
661 BGH NStZ 2000, 473 f. Zur Diskussion um die Verfassungsmäßigkeit der Wahlfeststellung vgl. u. Rn. 1170.

§ 6 Unterschlagung, § 246

Einführende Aufsätze: *Ambos*, Gewahrsamslose „Zueignung" als Unterschlagung?, GA 2007, 127; *Börner*, Zum Stand der Zueignungsdogmatik in den §§ 242, 246 StGB, Jura 2005, 389; *Cantzler/Zauner*, Die Subsidiaritätsklausel in § 246 StGB, Jura, 2003, 483; *Duttge/Sotelsek*, Die vier Probleme bei der Auslegung des § 246 StGB, Jura 2002, 526; *Fahl*, „Drittzueignung", Unterschlagung und Irrtum über die eigene Täterschaft, JuS 1998, 24; *ders.*, Das schwierige Verhältnis von § 246 StGB zu § 242 StGB, Jura 2014, 382; *Kudlich*, Zueignungsbegriff und Restriktion des Unterschlagungstatbestandes, JuS 2001, 767; *Kudlich/Koch*, Die Unterschlagung (§ 246 StGB) in der Fallbearbeitung, JA 2017, 184; *Lange/Trost*, Strafbarkeit des „Schwarztankens" an der SB-Tankstelle, JuS 2003, 961; *Murmann*, Ungelöste Probleme des § 246 StGB nach dem 6. Gesetz zur Reform des Strafrechts (6. StrRG), NStZ 1999, 14; *Otto*, Zueignung und derivativer Erwerb, Jura 2005, 100.

Übungsfälle: *Beulke/Zimmermann II*, Fall 4: Das Kaufhaus der unbegrenzten Möglichkeiten, S. 73; *Beulke III*, Fall 4, Alter schützt vor Torheit nicht, S. 118; *Bock*, BT, Fall 4: Die rumänische Bande, S. 91; *Gössel*, Fall 3: Blenden und Wenden, S. 63; *Gropp/Küpper/Mitsch*, Fall 17: Sauberes Geld, S. 305; *Heuchemer*, Der unterschlagene BMW, JA 2000, 946; *Mitsch*, Die wertvolle Uhr, JuS 1999, 372; *Morgenstern*, Immer auf die Kleinen, Jura 2002, 568; *dies.*, Unterschlagung und Notwehr, Jura 2006, 251; *Noak/Sengbusch*, Probleme mit den Pferdestärken, Jura 2005, 494; *Otto/Bosch*, Fall 8: Tankstellenfall, S. 178; *Wagner*, Fall 3, S. 21; *ders.*, Fall 5, S. 41.

Rechtsprechung: BGHSt 1, 262 – Sicherungsübereignung (Unterschlagung bei mehrfacher Sicherungsübereignung); **BGHSt 4, 236** – Benzinmarken (Begriff des „Sich-Zueignens"); **BGHSt 9, 90** – Mietwagen (Zum Begriff des „Anvertrauens"); **BGHSt 9, 348** – Kassenfehlbetrag (Ausgleich von Fehlbeständen mit eigenen Mitteln); **BGHSt 13, 43** – Kfz (Aneignung einer von einem anderen gestohlenen Sache); **BGHSt 14, 38** – Inkasso (Wiederholbarkeit der Zueignung); **BGHSt 16, 280** – Möbel (Veruntreuende Unterschlagung nach Betrug); **BGHSt 24, 115** – Kassenfehlbetrag (Zueignungswille, wenn Kassenfehlbestände erst nach einiger Zeit ausgeglichen werden sollen); **BGHSt 34, 309** – Bagger (Weiterbenutzung von Sicherungsgut); **BGHSt 47, 243** – Totschlag (Anwendungsbereich der Subsidiaritätsklausel).

I. Systematik und geschütztes Rechtsgut

245 Geschütztes Rechtsgut des § 246 ist das **Eigentum**[662]. Anders als beim Diebstahl ist kein Gewahrsamsbruch erforderlich. Als Täter kommt daher auch der Inhaber des Alleingewahrsams in Betracht. § 246 kommt eine Auffangfunktion zu, da er alle Formen rechtswidriger Zueignung fremder Sachen erfassen soll[663]. § 246 Abs. 1 a. E. ordnet dementsprechend formelle Subsidiarität für Fälle an, in denen die Tat in anderen Vorschriften mit schwererer Strafe bedroht ist. In der Fallprüfung sollten daher andere Eigentums- und Vermögensdelikte vorab geprüft werden.

II. Aufbauschema

246 1. Tatbestand
  a) Objektiver Tatbestand
    aa) Fremde bewegliche Sache
    bb) Selbst- oder Drittzueignung
    cc) Objektive Rechtswidrigkeit der Zueignung

---

662 RGSt 49, 194 (198); NK-*Kindhäuser*, § 246 Rn. 2; LK-*Vogel*, § 246 Rn. 1.
663 BT-Drs. 13/8587, S. 43; SK-*Hoyer*, § 246 Rn. 5; näher *Schönke/Schröder/Bosch*, § 246 Rn. 1.

b) Subjektiver Tatbestand

2. Rechtswidrigkeit

3. Schuld

4. Qualifikation, § 246 Abs. 2: Anvertraute Sache

5. Keine formelle Subsidiarität, § 246 Abs. 1 a. E.

6. Strafantrag, §§ 247, 248a

III. Tatbestand

1. Objektiver Tatbestand

247 Erforderlich ist, dass der Täter sich oder einem Dritten eine fremde bewegliche Sache rechtswidrig zueignet. Das Merkmal der Zueignung ist – anders als bei § 242 – bereits Merkmal des objektiven Tatbestandes, so dass die bloße auf Zueignung gerichtete Absicht nicht genügt, sondern die Zueignung vollendet sein muss. In subjektiver Hinsicht genügt insoweit Eventualvorsatz.

248 a) Hinsichtlich der **fremden beweglichen Sache** gelten die Ausführungen zu § 242 entsprechend[664].

249 aa) Da § 246 keine Wegnahme einer bestimmten Sache voraussetzt, ist das Tatobjekt nicht ohne weiteres hinreichend konkretisiert. Erforderlich ist dennoch stets, dass sich die Zueignung auf eine **bestimmte Sache** bezieht[665].

> Bsp.: Der Arbeitnehmer T veräußert per Telefon an D 100 von 1000 Kartons Terracotta-Fliesen, die im Warenlager seines Arbeitgebers O liegen. – T macht sich nicht nach § 246 strafbar, solange die Kartons nicht ausgesondert sind, weil sich die Zueignung (noch) nicht auf ein bestimmtes Tatobjekt bezieht.

250 bb) Hinsichtlich des Merkmals „fremd" sind Fälle des **Selbsttankens ohne Bezahlung** besonders klausurrelevant.

> Bsp.: T betankt seinen Wagen mit Benzin. Als er sich zum Bezahlen in den Verkaufsraum begibt, sieht er, dass sich dort niemand aufhält. Er entschließt sich spontan, wegzufahren und auf das Bezahlen zu verzichten.

251 Zu beachten ist zunächst, dass ein Diebstahl mit dem Einfüllen des Benzins in den Tank regelmäßig schon deshalb ausscheidet, weil der Tankstelleninhaber mit dem Befüllen durch den Kunden und damit mit dem Gewahrsamswechsel grundsätzlich einverstanden ist, so dass keine Wegnahme vorliegt[666]. Ein Betrug gemäß § 263 durch das Betanken, der § 246 aufgrund der Subsidiaritätsklausel verdrängen würde, kommt nur in Betracht, wenn der Täter **vom Personal wahrgenommen** wird (Erfordernis von Täuschung und Irrtum) bzw. zumindest damit rechnet (ver-

---

[664] S. o. Rn. 16 ff.
[665] Vgl. RGSt 54, 32 (34); BGH NJW 1959, 1377; LK-*Vogel*, § 246 Rn. 31; *Schönke/Schröder/Bosch*, § 246 Rn. 4.
[666] BGH NJW 1983, 2827; A/W/H/H-*Heinrich*, § 13 Rn. 54; *Schönke/Schröder/Bosch*, § 242 Rn. 36a; a. A. *Mitsch*, BT 2, 2.2.1.2.3, für Fälle fehlender Zahlungsbereitschaft schon beim Befüllen.

suchter Betrug) und er schon zu diesem Zeitpunkt nicht bezahlen wollte[667]. Ob eine Unterschlagung gemäß § 246 vorliegt, hängt vornehmlich von den zivilrechtlichen Eigentumsverhältnissen beim Betanken ab. Zunächst könnte man daran denken, dass der Kunde Eigentum durch Vermischung mit dem sich im Tank befindenden Restbenzin gemäß §§ 947, 948 BGB erwirbt. Allerdings wird der Tankstelleninhaber Miteigentümer, was für das Merkmal der Fremdheit ausreichend ist[668]. Möglicherweise erwirbt der Kunde jedoch schon zum Zeitpunkt des Befüllens das Alleineigentum durch Übereignung nach § 929 Satz 1 BGB. Dies wird in der Literatur bisweilen bejaht[669], weil in der Betätigung des Zapfhahns durch den Kunden das Angebot zum Abschluss des Kaufvertrages und der dinglichen Einigung zu sehen sei, das der Tankstelleninhaber annehme, indem er das Selbstbedienungstanken erlaube. Die h. M. lehnt dies jedoch mit Recht ab. Teilweise wird zwar angenommen, dass Kaufvertrag und dingliche Einigung schon beim Tanken zustande kommen. Die dingliche Einigungserklärung des Tankstelleninhabers stelle die Übereignung jedoch unter Eigentumsvorbehalt (§§ 929 Satz 1, 158 Abs. 1 BGB), so dass das Eigentum erst bei vollständiger Kaufpreiszahlung übergehe[670]. Andere gehen davon aus, dass – soweit nicht ausdrücklich auf einen Eigentumsvorbehalt hingewiesen wird – der Kaufvertrag und die dingliche Einigung erst an der Kasse zustande kommen. Dafür spricht, dass erst nach dem Tanken die Art und Menge des zu übereignenden Kraftstoffes feststehen und damit hinreichend bestimmt sind[671]. Die h. M. wahrt so das Sicherungsinteresse des Tankstelleninhabers, der das Wegfahren des Kunden faktisch kaum verhindern kann[672]. Im Beispiel ist das Benzin an der Kasse nicht übereignet worden, so dass T sich gemäß § 246 Abs. 1 strafbar gemacht hat.

252 b) Die Auslegung der **Selbst- bzw. Drittzueignung** erfolgt in Anlehnung an die für § 242 entwickelten Grundsätze. Die dort diskutierten Probleme im Bereich Enteignung und Aneignung (z. B. Substanzzueignung oder Sachwertzueignung) können daher auch im Rahmen des § 246 zu erörtern sein. Die Preisgabe, Beschädigung oder Zerstörung einer Sache wird daher nicht erfasst[673].

> **Bsp.:** T findet auf der Straße eine Puppe des Nachbarkindes O. Weil T dieses nicht leiden kann, zerstört er die Puppe bzw. ermöglicht dem D die Zerstörung. – Eine Selbst- bzw. Drittzueignung scheidet aus, weil es an einer Aneignung fehlt. Die Tat bewirkt lediglich eine Sachzerstörung, die von § 303 erfasst wird.

253 Dabei ist die **Zueignung objektives Tatbestandsmerkmal**, das freilich eine gewisse subjektive Komponente aufweist, weil nach h. M. die Manifestation des Zueignungswillens entscheidend ist.

> **Beachte:** Dass sich auch bei objektiven Merkmalen subjektive Elemente finden, ist – wie die Mordmerkmale des § 211 Abs. 2 Gruppe 2 zeigen[674] – nicht außergewöhnlich.

---

667 BGH NStZ 2009, 694; StV 2013, 511; NStZ 2016, 216 (217); *Rebler*, JA 2013, 179 (180 f.) mit weiteren Fallkonstellationen; *Sinn*, ZJS 2012, 831 (833); § 263 verneint aufgrund fehlender täuschungsbedingter Vermögensverfügung *Ernst*, JR 2012, 472 (473).
668 So OLG Koblenz NStZ-RR 1998, 364; OLG Düsseldorf NJW 1992, 60 (61).
669 OLG Düsseldorf NStZ 1982, 249; NStZ 1985, 270; *Herzberg*, NStZ 1983, 251 (252).
670 Vgl. OLG Hamm NStZ 1983, 266 (267).
671 So *Borchert/Hellmann*, NJW 1983, 2799 (2802); *Otto*, JZ 1985, 21 f.; *Schönke/Schröder/Bosch*, § 246 Rn. 7.
672 Vgl. auch OLG Koblenz NStZ-RR 1998, 364, das die genaue zivilrechtliche Konstruktion letztlich dahinstehen lässt.
673 OLG Zweibrücken NStZ-RR 2018, 249 (250).
674 Vgl. *Eisele*, BT 1, Rn. 75.

aa) Zueignung ist eine aus dem Blickwinkel eines neutralen Beobachters äußerlich **254** erkennbare Handlung, die auf den tatsächlich vorliegenden Willen des Täters schließen lässt, dass er den Eigentümer dauerhaft aus seiner Position verdrängen und die Sachsubstanz oder den Sachwert wenigstens vorübergehend dem eigenen Vermögen oder dem Vermögen eines Dritten einverleiben möchte. Aufgrund dieser Betrachtung ist es nicht notwendig, eine – bei der Tat noch gar nicht abgeschlossene – dauerhafte Enteignung tatsächlich festzustellen[675]. Erforderlich ist vielmehr eine **nach außen erkennbare Manifestation des Zueignungswillens**, durch die auf eine dauerhafte Enteignung und vorübergehende Aneignung der Sachsubstanz oder eines in der Sache spezifisch verkörperten Sachwerts geschlossen werden kann[676]. Der bloße Zueignungswille oder die bloße Willenskundgabe sind nicht ausreichend[677].

> **Bsp. (1):** T steckt eine gefundene Geldbörse in seine Jackentasche, um diese zu behalten. – Das Einstecken stellt noch keine Manifestation des Zueignungswillens dar, weil ebenso der Schluss gezogen werden könnte, dass die Geldbörse zurückgegeben werden soll. Eine Manifestation wäre aber zu bejahen, wenn T vom Eigentümer oder einem Passanten auf den Fund angesprochen wird und dabei das fremde Eigentum leugnet; dasselbe gilt, wenn er das Geld ausgibt.
>
> **Bsp. (2):**[678] Kassierer T bemerkt in der von ihm eigenverantwortlich geführten Kasse ein Defizit von 1000 €. Aus Angst vor einer Kündigung verschleiert er den Fehlbestand wie folgt: Neu eingehende Zahlungen gibt er zwar in die Kasse, diese werden aber entgegen den arbeitsrechtlichen Weisungen nicht als eingegangen verbucht. Später möchte T das Defizit mit eigenen Mitteln ausgleichen. – Fraglich ist, ob das Verhalten in Bezug auf das nicht verbuchte Geld den Schluss auf eine dauernde Enteignung zulässt. Teilweise wird auf die Parallele zum Dienstmützenfall verwiesen[679], weil das Geld in die Kasse gegeben und der Arbeitgeber nur über das Bestehen einer Ersatzpflicht getäuscht wurde; folglich sei § 246 zu verneinen, so dass aufgrund der unzutreffenden Verbuchung nur § 263, ggf. auch § 266 in Betracht kommt. Dagegen wird vor allem angeführt, dass T das Geld aufgrund der mangelnden Verbuchung zunächst dem Eigentümer entzieht[680], um es dann sogleich als eigenes Geld zur Kompensation des Defizits in die Kasse zu geben. Der Fall ist vergleichbar mit den Rückverkaufsfällen[681], weil mit der Einzahlung des Geldes in die Kasse ohne Verbuchung das fremde Eigentum gerade geleugnet wird. Mit der mangelnden Verbuchung manifestiert sich der Zueignungswille erkennbar nach außen. Da das Geld auch anvertraut ist, macht sich T zudem nach § 246 Abs. 2 strafbar. Für diese Sichtweise spricht letztlich, dass es bei § 246 hinsichtlich der Zueignung auf den konkreten Geldschein ankommt, so dass die geplante Kompensation mit eigenem Geld unerheblich ist. Gedanken der Wertsummentheorie können allenfalls bei der (hier allerdings zu bejahenden) Rechtswidrigkeit der Zueignung zum Tragen kommen.

Eine **Manifestation der Zueignung** ist typischerweise im Veräußern[682], Verschen- **255** ken, Verbrauchen, Verzehren und Verarbeiten der Sache zu sehen. Ferner kann dies anzunehmen sein, wenn der Täter den Gewahrsam an der Sache gegenüber

---

675 Vgl. BGHSt 34, 309 (312); BayObLG NJW 1992, 1777 (1778).
676 BGHSt 1, 262 (264); BGHSt 14, 38 (41); *Rengier*, BT 1, § 5 Rn. 23 f.; *Wessels/Hillenkamp/Schuhr*, BT 2, Rn. 311; s. aber auch LK-*Vogel*, § 246 Rn. 28.
677 *Krey/Hellmann/Heinrich*, BT 2, Rn. 226; *Mitsch*, BT 2, 2.2.1.4.1; *Tenckhoff*, JuS 1980, 723 (726).
678 Nach BGHSt 24, 115 (119 ff.).
679 S. o. Rn. 67.
680 Zivilrechtlich erlangt der Arbeitgeber das Eigentum, weil T bei der dinglichen Übereignung des Geldes nach § 929 Satz 1 BGB als Vertreter mitwirkt.
681 S. zu § 242 o. Rn. 73.
682 Zur Veräußerung von Sicherungseigentum LG Lübeck wistra 2013, 207 f.

dem Eigentümer leugnet[683] oder die Sache so gebraucht, dass sie erheblich an Wert verliert[684]. Hingegen kann bei mehrdeutigen Verhaltensweisen – wie in der **unterlassenen Rückgabe einer Sache** trotz entsprechender Pflicht (z. B. nach Ablauf des Mietvertrages) – nicht ohne weiteres eine Zueignung gesehen werden[685]. Denn diese kann auf bloßer Nachlässigkeit, Säumnis oder anderen Gründen (etwa Zeitmangel) beruhen.

> **Bsp. (1):** T findet den Ehering der O; er nimmt diesen mit nach Hause und legt ihn dort in eine Schachtel. – Die Nichtanzeige des Fundes, die Nichtrückgabe und Verwahrung der Sache begründen keine Manifestation des Zueignungswillens, weil das Verhalten auch den Schluss zulässt, dass die Sache erst etwas später zurückgegeben werden soll oder der Täter den Verlierer selbst suchen möchte.
>
> **Bsp. (2):**[686] T gibt das von O geliehene Auto nicht rechtzeitig zurück und fährt noch ein paar Tage mehr damit herum. Mit der Weiternutzung liegt noch keine Manifestation des Zueignungswillens vor, weil diese zunächst nur den Schluss auf eine Gebrauchsanmaßung, nicht aber auf eine dauerhafte Enteignung zulässt; zu einem anderen Ergebnis kann man aber gelangen, wenn der Wagen nach außen erkennbar noch über einen langen Zeitraum genutzt werden soll, so dass der Schluss auf eine (dauerhafte) Sachwertenteignung möglich ist.

256 (1) Nach der hier vertretenen Konzeption liegt damit der **Schwerpunkt im objektiven Tatbestand auf der Manifestation der Zueignung**, die vom Blickwinkel eines neutralen Beobachters zu beurteilen ist[687]. Ob der Täter tatsächlich einen Enteignungs- und Aneignungswillen hat, ist allein eine Frage des Vorsatzes[688]. Dagegen mag man einwenden, dass dadurch die objektive und subjektive Komponente der Zueignung in der Prüfung auseinander gerissen werden. Jedoch ist dies auch ansonsten der Fall, weil der subjektive Tatbestand eben erst der Prüfung der Merkmale des objektiven Tatbestandes nachfolgt. Zudem kann so Irrtumsfällen sachgerecht über die Irrtumsregelung des § 16 Abs. 1 Satz 1 Rechnung getragen werden. Im Übrigen bleibt auch unklar, inwieweit sich der Zueignungswille von anderen subjektiven Merkmalen so maßgeblich unterscheidet, dass eine abweichende Prüfung geboten ist. Für die Falllösung selbst darf freilich die Frage der Prüfungsreihenfolge nicht überbewertet werden.

257 (2) Bisweilen wird der Charakter als Erfolgsdelikt stärker betont und daher eine bloße Manifestation des Zueignungswillens nicht für ausreichend erachtet. So wird teilweise als Voraussetzung der Zueignung die tatsächliche **Aneignung der Sache** verlangt[689]. Andere wiederum verlangen die **dauerhafte Enteignung des Eigentümers**[690] bzw. zumindest eine diesbezügliche **Gefahr**[691], so dass die bloße Leugnung des Besitzes oder ein Verkaufsangebot gegenüber Dritten nicht genügen würde. Gegen solche Ansichten spricht jedoch, dass auf Aneignungs- und Enteignungskomponente unterschiedliches Gewicht gelegt wird. Zudem wird der

---

683 RGSt 72, 380 (382); BGH wistra 2006, 227 (228); *Schönke/Schröder/Bosch*, § 246 Rn. 20.
684 BGHSt 34, 309 (312); OLG Zweibrücken StraFo 2009, 423 (424).
685 BGH wistra 2010, 483; OLG Koblenz StV 1984, 287 (288); OLG Brandenburg NStZ 2010, 220 (221); LK-*Vogel*, § 246 Rn. 43.
686 Vgl. auch OLG Zweibrücken StraFo 2009, 423 (424).
687 S. auch *Ambos*, GA 2007, 127 (134).
688 So auch *Kindhäuser/Böse*, BT 2, § 6 Rn. 16; *Mitsch*, BT 2, 2.2.1.4.1; anders aber *Rengier*, BT 1, § 5 Rn. 5 ff.; *Wessels/Hillenkamp/Schuhr*, BT 2, Rn. 312.
689 LK-*Vogel*, § 246 Rn. 28; *Krey/Hellmann/Heinrich*, BT 2, Rn. 226; *Samson*, JA 1990, 5 (9).
690 SK-*Hoyer*, § 246 Rn. 20.
691 *Degener*, JZ 2001, 388 (398 f.); *Duttge/Fahnenschmidt*, ZStW 110 (1998), 884 (909 f.).

Anwendungsbereich der Vorschrift erheblich eingeschränkt, weil eine dauerhafte Enteignung nur schwer festgestellt werden kann und bei der Drittzueignung ggf. eine tatsächliche Aneignung des Dritten festgestellt werden müsste, was jedoch gar nicht erforderlich ist[692].

bb) Im Gegensatz zur Rechtslage vor dem 6. StrRG 1998 ist im Übrigen nicht erforderlich, dass der Täter die Sache „in Besitz oder Gewahrsam" hat. Daher kann § 246 unproblematisch auch bei gefundenen Sachen, bei der Plünderung eines Toten oder nur mittelbarem Besitz im Sinne des Zivilrechts Anwendung finden. Zur Begrenzung des ansonsten zu weiten Tatbestandes ist allerdings als ungeschriebene, den Tatbestand begrenzende Voraussetzung der Aneignungskomponente eine **sachenrechtsähnliche Herrschaftsbeziehung** zu verlangen, die spätestens zum Zeitpunkt der Manifestation der Zueignung begründet werden muss, aber auch schon zuvor bestehen kann[693]. Als hinreichend wird man Gewahrsam, unmittelbaren, aber auch mittelbaren Besitz im zivilrechtlichen Sinne ansehen müssen[694]. Hat der Täter bereits Fremdbesitz an der Sache, so muss sich durch die weitere Verwendung der Sache manifestieren, dass dieser in Eigenbesitz umgewandelt wird[695]. Der bloße Verkauf oder das Verschenken der Sache, zu der keine Herrschaftsbeziehung besteht, d. h. die rein schuldrechtliche Einwirkung ist hingegen nicht ausreichend.

258

> **Bsp.:** O hat seinen schicken Sportwagen in der gut gesicherten Garage an der Hamburger Elbchaussee stehen. Sein Neffe T schenkt den Wagen in Konstanz einem Verein zur Unterstützung brasilianischer Straßenkinder. – Der Wagen war für T eine fremde bewegliche Sache, die er sich im Wege der Schenkung grundsätzlich selbst zueignen kann[696]. Weil T jedoch keinen Zugriff auf die Sache hat und das Eigentum des O daher nicht gefährdet ist, muss mangels eines sachenrechtsähnlichen Herrschaftsverhältnisses § 246 verneint werden.

Entsprechendes gilt auch in Fällen der **Drittzueignung**, in denen der Dritte sich in einer sachenrechtsähnlichen Herrschaftsbeziehung zur Sache befinden oder diese jedenfalls mit der Drittzueignung erlangen muss. Die Handlung muss daher zu einer Stellung des Dritten in Bezug auf die Sache führen, wie sie auch bei der Selbstzueignung für die Tatbestandsverwirklichung erforderlich ist[697].

259

> **Bsp.:** T sagt der D am Telefon, dass sie das unverschlossene Fahrrad des O an der Flussbrücke im Nachbarort abholen könne. – Eine Drittzueignung scheidet mangels Herrschaftsbeziehung aus. Nimmt D das Fahrrad in Kenntnis der Umstände, so verwirklicht sie § 242; T ist hierzu Anstifter.

cc) Eine Drittzueignung ist durch bloßes **Verschaffen der Herrschaftsbeziehung** möglich. Der Täter braucht entsprechend den bei § 242 dargestellten Grundsätzen[698] keinen eigenen Vorteil erlangen. Es genügt demnach, dass die Sache unter dauerndem Ausschluss des Eigentümers in das Vermögen des Dritten eingeordnet werden soll[699]. Eine **Billigung, Mitwirkung oder Aneignung des Dritten** ist

260

---

692 Zur Kritik auch *Wessels/Hillenkamp/Schuhr*, BT 2, Rn. 310.
693 *Rengier*, BT 1, § 5 Rn. 30; *Schönke/Schröder/Bosch*, § 246 Rn. 10.
694 *Kudlich*, JuS 2001, 767 (772); *Mitsch*, ZStW 111 (1999), 65 (89); *Schönke/Schröder/Bosch*, § 246 Rn. 10.
695 Im Falle eines sicherungsübereigneten Gegenstandes BGHSt 34, 309 (313); BGH StV 2007, 30; vgl. auch LK-*Vogel*, § 246 Rn. 27; NK-*Kindhäuser*, § 246 Rn. 19.
696 S. o. Rn. 79.
697 BGH StV 2007, 30 (31); *Rengier*, BT 1, § 5 Rn. 41; *Schönke/Schröder/Bosch*, § 246 Rn. 10.
698 S. o. Rn. 79 f.
699 Vgl. etwa LG Lübeck wistra 2013, 207 f. zur Veräußerung von Sicherungseigentum.

nicht notwendig, so dass auch die aufgedrängte Sachherrschaft die Drittzueignung begründet[700].

> **Bsp.:** T stellt dem D einige von O geliehene Bücher in das Regal, die D jedoch gar nicht haben möchte. – Man kann hier bereits eine Selbstzueignung durch Schenkung annehmen[701]; ansonsten liegt jedenfalls eine Drittzueignung vor, bei der allein der Wille des Täters maßgeblich ist.

261 dd) Wirkt der Dritte an der Tat mit, so ist eine täterschaftliche Drittzueignung von einer **Teilnahme an der Selbstzueignung des Dritten** abzugrenzen. Es gelten hierfür die allgemeinen Grundsätze zur Abgrenzung von Täterschaft und Teilnahme. Aufgrund der Einbeziehung der Drittzueignung ist Täterschaft freilich in einem recht breiten Bereich möglich. Bei Mittäterschaft genügt es, wenn einer der Beteiligten in einem sachenrechtsähnlichen Herrschaftsverhältnis zum Zueignungsobjekt steht. Bloße Beihilfe kommt in Betracht, wenn der Täter für den Dritten nur die Gelegenheit für die von diesem zu vollziehende Unterschlagung schafft[702].

> **Bsp.:** T, der eine Autowerkstatt betreibt, hat den teuren Geländewagen des O zur Reparatur. T weiß, dass D seit langem ein solches Modell sucht. Er informiert daher den D. Mit vereinten Kräften wird das Fahrzeug auf einen Transporter verladen und zu D gebracht. – Eine Selbstzueignung des T liegt nicht vor, da er nicht als Veräußerer oder Schenker, d. h. wie ein Eigentümer auftritt. T und D sind aber angesichts der jeweils erheblichen Tatbeiträge Mittäter einer Unterschlagung, wobei bei T Drittzueignung und bei D Selbstzueignung vorliegt. Dem T war der Wagen zudem anvertraut, so dass er sich gemäß §§ 246 Abs. 1 und 2, 25 Abs. 2, 28 Abs. 2 strafbar macht[703]; D macht sich nach §§ 246 Abs. 1, 25 Abs. 2 strafbar.

262 ee) Umstritten ist der Tatbestand in Fällen der **wiederholten Zueignung der Sache**, d. h. in Konstellationen, in denen der Täter die Sache schon zuvor durch eine Eigentums- oder Vermögensstraftat (z. B. §§ 242, 246, 249, 253, 255, 263) erlangt hat.

> **Bsp.:** T hat den Besitz an einer wertvollen Bibel aus dem 17. Jahrhundert durch Betrug nach § 263 gegenüber O erlangt. Nunmehr veräußert er diese an den gutgläubigen D, wobei ihn der Gehilfe G unterstützt. – Der Verkauf an D begründet zunächst keinen weiteren Betrug, wenngleich T über die Eigentümerposition täuscht; aufgrund des gutgläubigen Erwerbs nach §§ 929 Satz 1, 932 BGB erleidet D aber richtigerweise keinen Schaden[704]. Im Weiterverkauf an D ist die Zueignung der fremden Sache des O zu sehen. Allerdings hat sich T die Sache schon im Wege des Betruges zugeeignet. Für die Strafbarkeit des G ist entscheidend, ob überhaupt eine Haupttat des T vorliegt.

263 Zu beachten ist zunächst, dass in solchen Fällen die **Subsidiaritätsklausel** nicht einschlägig ist, weil diese – wie der Wortlaut „die Tat" zeigt – nur Fälle zeitgleicher Zueignung regelt[705].

264 (1) Nach Rechtsprechung und Teilen der Literatur soll eine erneute Zueignung der Sache schon **nicht tatbestandsmäßig** sein, wenn der Täter sich bereits strafba-

---

700 *Jäger*, JuS 2000, 1167 (1168); *Schönke/Schröder/Bosch*, § 246 Rn. 26; *Wessels/Hillenkamp/Schuhr*, BT 2, Rn. 313; a. A. *Mitsch*, ZStW 111 (1999), 65 (86).
701 S. o. Rn. 80.
702 BGH StV 2007, 30 (31).
703 S. u. Rn. 272.
704 S. u. Rn. 612.
705 S. näher u. Rn. 275.

ren Eigenbesitz an der Sache verschafft hat[706]. Dafür wird der Wortsinn der Zueignung angeführt, der von einer Herstellung der Herrschaftsmacht über die Sache ausgeht, nicht dagegen von einer bloßen Ausnutzung einer einmal begründeten Herrschaftsposition. Auch würden ansonsten die Verjährungsregelungen ausgehebelt, da jede erneute Betätigung des Zueignungswillens zu einem neuen Delikt nach § 246 und daher zum Lauf einer neuen Frist führen würde. Die h. L. bejaht den Tatbestand, nimmt aber hinsichtlich der erneuten Zueignung auf **Konkurrenzebene eine mitbestrafte Nachtat** an[707]. Sie möchte vor allem Strafbarkeitslücken bei Teilnehmern, die – wie im vorgenannten Beispiel – an der Zweitzueignung beteiligt sind, verhindern. Allerdings muss man sehen, dass diese Lücken durch §§ 257, 259 in weiten Teilen geschlossen werden können. Daneben wird als Begründung angeführt, dass auch eine bereits entzogene Sache gegen weitere Verletzungshandlungen geschützt werden müsse. Dafür spricht, dass es im Beispielsfall keinen Unterschied macht, ob der Täter sich die Sache erneut durch Verkauf an den Dritten selbst zueignet oder ein Dritter die Sache nunmehr unterschlägt. Auch ist zu beachten, dass § 246 als weiter Auffangtatbestand konstruiert ist und selbst dann einschlägig ist, wenn die andere Straftat mit der Zueignung zeitlich zusammenfällt; in diesem Fall tritt § 246 „nur" im Wege der Subsidiaritätsklausel zurück[708]. Im vorgenannten Beispiel ist nach der Gegenposition schon der Tatbestand des § 246 Abs. 1 zu verneinen; eine Beihilfe des G scheidet demnach aus; allerdings kommt eine Strafbarkeit nach § 257 wegen Begünstigung in Betracht. Nach der vorzugswürdigen Lösung ist der Tatbestand des § 246 Abs. 1 verwirklicht, tritt allerdings hinter § 263 zurück; G macht sich nach §§ 246 Abs. 1, 27 strafbar[709].

(2) Bestätigt wird diese Lösung, wenn man auf Fälle blickt, in denen sich der Täter die Sache zunächst zueignet, ohne sich dabei strafbar zu machen. Denn hier ist die Gegenansicht zu Ausnahmen gezwungen, um **Strafbarkeitslücken** zu vermeiden. **265**

> **Bsp.:** T findet in seiner Hecke ein altes Fahrrad. Er geht davon aus, dass das Eigentum daran im Wege der Dereliktion aufgegeben wurde (§ 959 BGB) und stellt es in seinen Schuppen. Am nächsten Tag sieht er, dass O verzweifelt sein Fahrrad sucht. Anstatt es zurückzugeben, veräußert er dieses an D. – T erfüllt bei der erstmaligen Zueignung zwar den objektiven Tatbestand, hat aber keinen Vorsatz hinsichtlich der Fremdheit der Sache, so dass § 246 ausscheidet. Erst durch die Veräußerung verwirklicht er § 246; zu diesem Ergebnis gelangt auch ausnahmsweise die Gegenansicht, da die Erstzueignung nicht strafbar war.

Entsprechendes gilt (erst recht) für Fälle, in denen der Täter bei der Erstzueignung im Rausch eine Straftat nach § 323a i. V. m. § 242 begeht, wegen des Zueignungsdelikts aufgrund von Schuldunfähigkeit nach § 20 aber nicht bestraft werden kann. Er kann dann richtigerweise nach § 246 bestraft werden, wenn er sich die Sache im nüchternen Zustand nochmals zueignet[710]. **266**

(3) Die Konkurrenzlösung ist auch überzeugender, wenn zunächst eine straflose Selbstzueignung vorliegt, der eine **Drittzueignung nachfolgt**, da insoweit eine **267**

---

706 BGHSt 14, 38 (43); L-Kühl/*Kühl*, § 246 Rn. 7; *Rengier*, BT 1, § 5 Rn. 51.
707 *Duttge/Sotelsek*, Jura 2002, 526 (532 f.); *Mitsch*, BT 2, 2.2.1.4.5; *Schönke/Schröder/Bosch*, § 246 Rn. 19.
708 A/W/H/H-*Heinrich*, § 15 Rn. 43; *Fischer*, § 246 Rn. 23a; NK-*Kindhäuser*, § 246 Rn. 39.
709 Zur Abgrenzung von § 257 in diesem Fall s. u. Rn. 1081 ff.
710 Zu diesem Einwand vom Standpunkt der Tatbestandslösung z. B. *Rengier*, BT 1, § 5 Rn. 53 f.

abweichende Beurteilung der Aneignungskomponente geboten ist[711]. Dies ist etwa der Fall, wenn T im oben (2) genannten Beispiel dem D auf dessen Bitte den Zugriff auf das Fahrrad ermöglicht.

268 c) Die Zueignung muss ferner **objektiv rechtswidrig** sein, andernfalls liegt bereits der Tatbestand nicht vor. Dies ist vor allem dann nicht der Fall, wenn der Täter einen einredefreien und fälligen Anspruch auf die Sache besitzt oder der Eigentümer in die Zueignung einwilligt. Letzteres ist beispielsweise der Fall, wenn eine zur Sicherheit übereignete Sache im eigenen Namen veräußert wird, der Sicherungsnehmer jedoch in die Verfügung eingewilligt hat[712]. Behält der Verbraucher von einem Unternehmer unaufgefordert zugesandte Ware, so ist die Zueignung – um Wertungswidersprüche mit der zivilrechtlichen Rechtslage zu vermeiden – wegen § 241a BGB nicht rechtswidrig[713].

2. Subjektiver Tatbestand

269 Der Vorsatz muss auf eine Selbst- oder Drittzueignung der Sache sowie darauf gerichtet sein, dass die Zueignung rechtswidrig ist.

270 a) Hinsichtlich der **Enteignungskomponente** genügt es wie bei § 242, dass der Täter Eventualvorsatz hinsichtlich einer dauernden Enteignung des Eigentümers besitzt. Die bloße Gebrauchsanmaßung ist daher nicht strafbar. Abweichend von § 242 bedarf es hinsichtlich der vorübergehenden **Aneignung** keiner Absicht; vielmehr genügt es, dass der Täter diese billigend in Kauf nimmt[714].

> Bsp.:[715] T wird von D gebeten, ihr seinen Regenschirm zu überlassen. T ist nicht ganz sicher, ob der Schirm ihm oder seinem Mitbewohner O gehört. Obwohl er auch letzteres für möglich hält und sich damit abfindet, schenkt er ihn der D. Tatsächlich ist es der Schirm des O. – Im objektiven Tatbestand manifestiert sich die Selbstzueignung einer fremden beweglichen Sache, indem T als Schenker auftritt. Eine dauernde Enteignung des O nahm T billigend in Kauf; hinsichtlich einer vorübergehenden Aneignung besaß er ebenfalls keine Absicht, jedoch genügt auch hier Eventualvorsatz.

271 b) Zumindest **Eventualvorsatz** ist auch hinsichtlich der Rechtswidrigkeit der Zueignung erforderlich. Geht der Täter irrig von einem fälligen und einredefreien Anspruch auf die Sache aus, entfällt gemäß § 16 Abs. 1 Satz 1 der Vorsatz[716].

IV. Qualifikation des § 246 Abs. 2

1. Anvertrauen

272 Eine Sache ist anvertraut, wenn **die Hingabe oder das Belassen** der Sache mit der Maßgabe erfolgt, dass der Täter die Gewalt über die Sache nur im Interesse oder nach Weisung des Eigentümers ausüben oder sie dem Eigentümer zurückge-

---

[711] Vom Standpunkt der Konkurrenzlösung *Duttge/Sotelsk*, Jura 2002, 526 (531); *Wessels/Hillenkamp/Schuhr*, BT 2, Rn. 331; auch auf Grundlage der Tatbestandslösung gegen eine wiederholte Zueignung *Krey/Hellmann/Heinrich*, BT 2, Rn. 246; *Rengier*, BT 1, § 5 Rn. 56.
[712] BGH NStZ 2005, 566 (567).
[713] *Haft/Eisele*, Meurer-GS, 2002, S. 245 (257 ff.); wohl auch *Wessels/Hillenkamp/Schuhr*, BT 2, Rn. 320; für einen Rechtfertigungsgrund, der erst auf Stufe der Rechtswidrigkeit zu prüfen ist, *Matzky*, NStZ 2002, 458 (463).
[714] *Fischer*, § 246 Rn. 20; L-Kühl/*Kühl*, § 246 Rn. 9; MünchKomm-*Hohmann*, § 246 Rn. 48; a. A. *Degener*, JZ 2001, 388 (398); NK-*Kindhäuser*, § 246 Rn. 28.
[715] Vgl. auch *Rengier*, BT 1, § 5 Rn. 18.
[716] Vgl. näher o. Rn. 92.

ben soll[717]. Erforderlich ist folglich ein unmittelbares oder mittelbares Besitzverhältnis, das bereits zum Tatzeitpunkt besteht[718]. Beispiele sind vermietete, geliehene, unter Eigentumsvorbehalt verkaufte, zur Sicherung übereignete[719], zur Verwahrung oder zum Transport übergebene Gegenstände. Das Anvertrauen ist ein besonderes persönliches Merkmal i. S. d. § 28 Abs. 2, das nur für denjenigen Beteiligten strafschärfend wirkt, dem die Sache anvertraut wurde[720].

2. Rechts- und sittenwidriges Überlassen

Auch eine rechts- oder sittenwidrig erlangte Sache ist grundsätzlich anvertraut, weil es auch in solchen Verhältnissen keinen Grund gibt, auf strafrechtlichen Schutz zu verzichten[721]. Daher verwirklicht auch derjenige Absatz 2, der Geld unterschlägt, mit dem er Betäubungsmittel für einen Dritten erwerben soll, sofern das Geld dem Dritten gehört, der es ihm anvertraut hat. Zu verneinen ist ein Anvertrauen i. S. d. Absatzes 2 hingegen, wenn das Überlassen der Sache an den Täter den Interessen des wahren Berechtigten zuwiderläuft[722]. In diesem Fall ist der Eigentümer durch die Verletzung des Anvertrauensverhältnisses, an dem er nicht beteiligt ist, nicht berührt[723].

273

> **Bsp.:** T soll eine Sache für den Dieb D verwahren, die dieser bei O gestohlen hat. Er veräußert diese aber. – Es liegt nur ein Fall des § 246 Abs. 1 vor; die Sache ist nicht anvertraut, da das Überlassen von D an T den Eigentümerinteressen des O widerspricht.

Hingegen liegt ein Anvertrauen vor, wenn eine gestohlene Sache dem Täter mit der Maßgabe überlassen wird, dass sie dem Eigentümer zurückgegeben wird[724].

274

V. Konkurrenzen

1. Subsidiaritätsklausel des § 246 Abs. 1 a. E.

Formelle Subsidiarität liegt nur vor, wenn die Unterschlagung und die andere Straftat durch eine Handlung i. S. d. § 52 Abs. 1 begangen wurden[725]. Entscheidend ist demnach der materiell-rechtliche und nicht der prozessuale Tatbegriff[726]. Der typische Fall ist, dass neben § 242 auch § 246 verwirklicht ist. Daher löst die Subsidiaritätsklausel nicht die Fälle der wiederholten Zueignung[727].

275

> **Klausurhinweis:** Bei anderen Subsidiaritätsklauseln – wie etwa § 265 – kann eine abweichende Beurteilung geboten und daher der prozessuale Tatbegriff maßgebend sein.

a) Voraussetzung ist stets, dass das verdrängende Delikt mit schwererer Strafe bedroht sein muss. Der BGH wendet die Subsidiaritätsklausel auf alle Delikte an, so dass selbst ein Totschlag die Unterschlagung verdrängen soll[728]. Dem ist jedoch

276

---

717 *Fischer*, § 246 Rn. 16; *Krey/Hellmann/Heinrich*, BT 2, Rn. 237.
718 A/W/H/H-*Heinrich*, § 15 Rn. 35; *Küper/Zopfs*, BT, Rn. 43 ff.; *Wessels/Hillenkamp/Schuhr*, BT 2, Rn. 321.
719 BGHSt 16, 280 (282); BGH StV 2007, 30 f.
720 NK-*Kindhäuser*, § 246 Rn. 42; *Schönke/Schröder/Bosch*, § 246 Rn. 29.
721 BGH NJW 1954, 889; OLG Braunschweig NJW 1950, 656; LK-*Vogel*, § 246 Rn. 64; *Maurach/Schroeder/Maiwald/Hoyer/Momsen*, BT 1, § 34 Rn. 46; a. A. *Schönke/Schröder/Bosch*, § 246 Rn. 30 m. w. N.
722 RGSt 40, 222 (223); *Küper/Zopfs*, BT, Rn. 45 ff.; LK-*Vogel*, § 246 Rn. 64; a. A. *Otto*, BT, § 42 Rn. 29.
723 *Mitsch*, BT 2, 2.3.2.2; *Wessels/Hillenkamp/Schuhr*, BT 2, Rn. 322.
724 *Mitsch*, BT 2, 2.3.2.2; *Wessels/Hillenkamp/Schuhr*, BT 2, Rn. 322.
725 *Murmann*, NStZ 1999, 14 (16); NK-*Kindhäuser*, § 246 Rn. 45.
726 Anders aber BGHSt 47, 243 f.
727 S. o. Rn. 262 ff.
728 BGHSt 47, 243 (244 f.); BGH NStZ-RR 2018, 118 (119); *Heghmanns*, JuS 2003, 954 (958); *Otto*, NStZ 2003, 87 (88).

zu widersprechen, weil § 246 lediglich ein **subsidiärer Auffangtatbestand im Bereich der Eigentums- und Vermögensdelikte** ist[729]. Auch muss man sehen, dass die Figur der Subsidiarität im Bereich der Gesetzeskonkurrenz darauf beruht, dass der verdrängende Tatbestand den Unrechtsgehalt des subsidiären Tatbestandes miterfasst[730]. Davon kann aber im Verhältnis von Tötungs- und Körperverletzungsdelikten und Unterschlagung nicht gesprochen werden, so dass richtigerweise Tateinheit anzunehmen ist. Die Subsidiaritätsklausel ist daher nur bei Delikten mit gleicher oder ähnlicher Angriffsrichtung anzuwenden.

277 b) Die Subsidiaritätsklausel gilt auch für die **Qualifikation des Absatzes 2**, da dieser auf Absatz 1 Bezug nimmt[731]. Aufgrund des erhöhten Strafrahmens, der denjenigen der § 242 und § 263 entspricht, ist ihr Anwendungsbereich hier aber stark eingeschränkt. Soweit die Subsidiaritätsklausel nicht greift, sind die Konkurrenzen nach allgemeinen Regeln zu lösen.

2. Konkurrenzen außerhalb der Subsidiaritätsklausel

278 Zwischen den häufiger zusammentreffenden § 246 Abs. 2 und § 266 Abs. 1 besteht keine formelle Subsidiarität, da beide Delikte denselben Strafrahmen haben. Strittig ist jedoch, ob § 246 aufgrund der allgemeinen Konkurrenzregeln hinter § 266 zurücktritt. Dagegen – und für Annahme von Tateinheit – wird angeführt, dass § 266 ein reines Schädigungsdelikt ist, während bei § 246 die Zueignung im Vordergrund steht. Für ein Zurücktreten spricht jedoch nicht nur die Konzeption des § 246 als Auffangtatbestand, sondern auch, dass die Untreue wie die Unterschlagung zumeist eigennützig begangen wird und der weite Strafrahmen des § 266 ausreichend Raum für die Bewertung der Zueignung bietet[732]. Ein Zurücktreten der veruntreuenden Unterschlagung nach der Subsidiaritätsklausel ist freilich wiederum anzunehmen, wenn ein besonders schwerer Fall der Untreue gemäß § 266 Abs. 1 und Abs. 2 i. V. m. § 263 Abs. 3 Satz 2 vorliegt, weil dieser mit einem höheren Strafrahmen verbunden ist[733].

§ 7 Unbefugter Gebrauch eines Fahrzeugs, § 248b

Einführende Aufsätze: *Bock*, Unbefugter Gebrauch eines Fahrzeugs, § 248b StGB, JA 2016, 342; *Schmidhäuser*, Mietvertraglich nicht gestatteter Weitergebrauch eines Kraftfahrzeuges nach StGB § 248b strafbar?, NStZ 1990, 341.

Übungsfälle: *Samson*, Der entführte Jaguar, JuS 2003, 263.

Rechtsprechung: BGHSt 11, 44 – Leerlauf (im Leerlauf benutztes Motorrad); **BGHSt 11, 47** – Paul (unbefugte Weiterbenutzung); **BGHSt 14, 386** – Taxi (Verbrauch von Benzin); **BGHSt 59, 260** – Mietwagen (Ingebrauchnahme zur Rückgabe des Fahrzeugs); **BGH GA 1963, 344** – Mietwagen (unbefugte Weiterbenutzung); **OLG Schleswig NStZ 1990, 340** – Mietwagen (unbefugte Weiterbenutzung).

---

[729] A/W/H-*Heinrich*, § 15 Rn. 42; *Cantzler/Zauner*, Jura 2003, 484 f.
[730] Vgl. B/W/M/E-*Mitsch*, § 27 Rn. 15 ff.; *Rengier*, AT, § 56 Rn. 36 ff.
[731] BGH NStZ 2012, 628; *Fischer*, § 246 Rn. 23; L-*Kühl/Kühl*, § 246 Rn. 14.
[732] Vgl. A/W/H-*Heinrich*, § 22 Rn. 88.
[733] BGH NStZ 2012, 628 zur gewerbsmäßig begangenen Untreue nach § 266 Abs. 1 und Abs. 2 i. V. m. § 263 Abs. 3 Satz 2 Nr. 1.

I. Systematik und geschütztes Rechtsgut

§ 248b ist ein delictum sui generis. Es bestraft die nach § 242 straflose Gebrauchs- **279** anmaßung (furtum usus) und schließt so Strafbarkeitslücken. Geschütztes Rechtsgut ist nicht das Eigentum, sondern das **Gebrauchsrecht**[734]. Daher ist z. B. auch derjenige geschützt, der ein Kfz nur unter Eigentumsvorbehalt erworben hat, wenn ein Dritter dieses in Gebrauch nimmt. Selbst der Eigentümer kann sich strafbar machen, wenn das Fahrzeug entgegen dem Willen des Berechtigten in Gebrauch genommen wird[735]. Es handelt sich im Übrigen um kein eigenhändiges Delikt, so dass auch Mittäterschaft eines Beteiligten möglich ist, der nicht selbst das Fahrzeug steuert. Der Versuch ist nach Absatz 2 strafbar.

II. Aufbauschema

1. Tatbestand **280**
   a) Objektiver Tatbestand
      aa) Kraftfahrzeug (Legaldefinition in Absatz 4) oder Fahrrad
      bb) Ingebrauchnahme
      cc) Gegen den Willen des Berechtigten
   b) Subjektiver Tatbestand

2. Rechtswidrigkeit

3. Schuld

4. Strafantrag, § 248b Abs. 3

III. Tatbestand

1. Objektiver Tatbestand

Das Tatobjekt **Kraftfahrzeug** ist in § 248b Abs. 4 legaldefiniert. Erfasst werden **281** vor allem Autos, Lkw, Motorräder, Motorflugzeuge und Motorboote. Ein Fahrrad ist grundsätzlich das Zweirad, es werden aber auch andere Varianten, wie ein Dreirad erfasst. Schienenfahrzeuge (wie Straßenbahn, Bahn) sind ausgenommen.

a) Die **Ingebrauchnahme** erfordert, dass das Fahrzeug bestimmungsgemäß zum **282** Zweck der Fortbewegung genutzt wird, wobei dies auch ohne Motorkraft geschehen kann (z. B. Bergabrollen im Leerlauf)[736]. Das bloße Anlassen des Motors ohne Bewegung genügt nicht, ebenso wenig die Nutzung als Schlafstätte[737]. Auch das Wegtragen eines Fahrrades erfüllt die Anforderungen nicht[738].

b) **Gegen den Willen des Berechtigten** handelt der Täter, wenn ein erkennbar **283** oder mutmaßlich entgegengesetzter Wille vorliegt[739].

---

[734] BGHSt 11, 44 (45 f.); LK-*Vogel*, § 248b Rn. 2; NK-*Kindhäuser*, § 248b Rn. 1; a. A. *Schönke/Schröder/Bosch*, § 248b Rn. 1; SK-*Hoyer*, § 248b Rn. 1 f.
[735] A/W/H/H-*Heinrich*, § 13 Rn. 141; LK-*Vogel*, § 248b Rn. 2.
[736] BGHSt 11, 44 (45 f.); L-Kühl/*Kühl*, § 248b Rn. 3.
[737] BGHSt 59, 260 m. krit. Anm. *Mitsch*, NZV 2015, 423.
[738] BayObLG JR 1992, 346 f.; *Mitsch*, BT 2, 4.1.2.1.3.
[739] *Ludwig/Lange*, JuS 2000, 446 (449); *Rengier*, BT 1, § 6 Rn. 4.

284 aa) **Berechtigter** ist, wem das Recht zur Verfügung über den Gebrauch des Fahrzeugs als Fortbewegungsmittel zusteht; auf die Eigentumsverhältnisse kommt es nicht an[740].

285 bb) Ein **Einverständnis** des Berechtigten schließt bereits den Tatbestand aus[741]. Eine mutmaßliche Einwilligung lässt hingegen nur die Rechtswidrigkeit entfallen[742]. Unter den Voraussetzungen der mutmaßlichen Einwilligung kann daher die Fahrt zum Berechtigten zur Rückgabe des Fahrzeugs gerechtfertigt sein[743]. Bei Nutzung eines fremden Fahrzeugs in Notfällen ist an eine Rechtfertigung nach § 904 BGB zu denken.

286 Der Tatbestand ist richtigerweise auch verwirklicht, wenn ein bestehendes Gebrauchsrecht erlischt und die Sache dennoch weitergenutzt wird[744].

Bsp.: T leiht sich für zwei Stunden einen Wagen; er gibt diesen jedoch nicht zurück, sondern nutzt diesen noch einen ganzen Monat.

287 Der Einwand, dass die bloße Weiterbenutzung keine „In-Gebrauchnahme" ist und ansonsten eine bloße Vertragsverletzung mit Bagatellcharakter strafrechtlich sanktioniert würde[745], überzeugt nicht, weil § 248b gerade das Gebrauchsrecht schützt. Auch sind Fälle denkbar, in denen sich wie im Bsp. nach nur kurzem berechtigtem Gebrauch eine langfristige Gebrauchsanmaßung anschließt. Weitere Beispiele sind die Nutzung nach Ablauf des Mietverhältnisses[746], die Nutzung zu privaten Zwecken nach Ende einer Dienst- oder Probefahrt sowie das Erkennen der fehlenden Berechtigung nach Fahrtbeginn[747].

2. Subjektiver Tatbestand

288 Ausreichend ist Eventualvorsatz. Geht der Täter irrig von einem Einverständnis des Berechtigten aus, so entfällt der Vorsatz aufgrund eines Tatbestandsirrtums gemäß § 16 Abs. 1 Satz 1.

IV. Konkurrenzen

289 § 248b ist gegenüber anderen Delikten mit gleicher oder ähnlicher Schutzrichtung, vor allem §§ 242, 246 **formell subsidiär**. Dies gilt allerdings nicht hinsichtlich des verbrauchten Benzins; insoweit tritt § 242 im Wege der Konsumtion hinter § 248b nach allgemeinen Konkurrenzregeln zurück, weil ansonsten § 248b weitgehend seine Bedeutung verlieren würde[748]. Tatbestände, die ganz andere Rechtsgüter schützen und während des **Dauerdelikts**, das mit der unbefugten Ingebrauchnahme beginnt und erst mit Abschluss der Fahrt vollendet ist, begangen werden, können in Tateinheit stehen. Das ist beispielsweise der Fall, wenn

---

740 S. schon o. Rn. 279.
741 *Fischer*, § 248b Rn. 6; *Schramm*, BT 1, § 13 Rn. 16.
742 *Mitsch*, BT 2, 4.1.2.1.5; *Wessels/Hillenkamp/Schuhr*, BT 2, Rn. 437; bereits für tatbestandsausschließende Wirkung L-Kühl/*Kühl*, § 248b Rn. 3; SSW-*Kudlich*, § 248b Rn. 5.
743 Vgl. OLG Düsseldorf NStZ 1985, 413; BGHSt 59, 260 (262) und dazu krit. *Mitsch*, NZV 2015, 423 (425).
744 BGHSt 11, 47 (50); BGHSt 59, 260; OLG Schleswig NStZ 1990, 340 (340 f.); LK-*Vogel*, § 248b Rn. 5; a. A. AG München NStZ 1986, 458; A/W/H/H-*Heinrich*, § 13 Rn. 142; *Otto*, BT, § 48 Rn. 6.
745 *Krey/Hellmann/Heinrich*, BT 2, Rn. 212; *Schmidhäuser*, NStZ 1990, 340 (341).
746 BGH GA 1963, 344; OLG Schleswig NStZ 1990, 340; *Wessels/Hillenkamp/Schuhr*, BT 2, Rn. 435.
747 BGHSt 11, 47 (50); *Mitsch*, BT 2, 4.1.2.1.3; *Schönke/Schröder/Bosch*, § 248b Rn. 4a.
748 BGHSt 14, 386 (388); BGH GA 1960, 182 f.; s. schon o. Rn. 70.

der Täter bei der unbefugten Ingebrauchnahme eine Trunkenheitsfahrt nach § 316 oder eine fahrlässige Tötung nach § 222 begeht.

§ 8 Entziehung elektrischer Energie, § 248c

Einführende Aufsätze: *Bock*, Entziehung elektrischer Energie, § 248c StGB, JA 2016, 502.
Rechtsprechung: OLG Celle MDR 1969, 597 – gesperrter Anschluss (fremde Energie).

I. Systematik und geschütztes Rechtsgut

§ 248c ist ein delictum sui generis. Der Tatbestand schließt Lücken bei §§ 242, 246, da elektrische Energie keine Sache ist[749]. Der Versuch ist nach Absatz 2 strafbar. Die Antragserfordernisse der §§ 247 und 248a gelten nach Absatz 3 entsprechend.

II. Aufbauschema

1. Tatbestand
    a) Objektiver Tatbestand
        aa) Elektrische Anlage oder Einrichtung
        bb) Entziehung fremder elektrischer Energie
        cc) Mittels eines Leiters, der zur ordnungsmäßigen Entnahme nicht bestimmt ist
    b) Subjektiver Tatbestand
        aa) Vorsatz
        bb) Absicht, die elektrische Energie sich oder einem Dritten rechtswidrig zuzueignen *oder*
        cc) Absicht, einem anderen rechtswidrig Schaden zuzufügen, § 248c Abs. 4 (geringerer Strafrahmen)
2. Rechtswidrigkeit
3. Schuld
4. Strafantrag, § 248c Abs. 3 i. V. m. §§ 247, 248a

III. Tatbestand

1. Objektiver Tatbestand

Erforderlich ist, dass einer elektrischen Anlage oder Einrichtung mittels eines Leiters, der zur ordnungsmäßigen Entnahme nicht bestimmt ist, fremde elektrische Energie entzogen wird.

---

749 S. o. Rn. 17.

293 a) Unter **Anlage oder Einrichtung** ist ein technisches Gerät zur Erzeugung, Speicherung oder Verbreitung von elektrischer Energie zu verstehen[750]. **Fremd** ist die Energie, wenn der Täter keine Befugnis zur Entziehung besitzt[751].

294 b) **Entziehen** ist die Entnahme von Energie verbunden mit einer Minderung des Energievorrates[752]. Die Entziehung muss mittels eines Leiters erfolgen, der **nicht zur ordnungsmäßigen Entnahme von Energie bestimmt ist**. Andernfalls liegt ein tatbestandsausschließendes Einverständnis vor[753].

> **Bsp.:** Der Angestellte T schließt im Büro eigenmächtig eine Kaffeemaschine an, obwohl dies nicht erlaubt ist. – § 248c ist verwirklicht.

295 Die unbefugte Benutzung eines **ordnungsgemäßen Leiters** wird hingegen nicht erfasst.

> **Bsp.:** Der Angestellte T benutzt eine eingesteckte Kaffeemaschine im Büro, obwohl diese nur für den Gebrauch des Chefs bestimmt ist.

2. Subjektiver Tatbestand

296 Erforderlich ist zumindest dolus eventualis sowie die Absicht, die elektrische Energie sich oder einem Dritten rechtswidrig zuzueignen. Die Zueignungsabsicht ist zu bejahen, wenn der Täter den Strom für sich verbrauchen oder einem Dritten den Verbrauch des Stroms ermöglichen möchte. § 248c Abs. 4 enthält einen geringeren Strafrahmen für den Fall, dass der Täter nur die Absicht hat, einem anderen rechtswidrig Schaden zuzufügen.

§ 9 Strafantragserfordernisse

I. Strafantrag gemäß § 248a

297 Hält die Strafverfolgungsbehörde nicht wegen des besonderen öffentlichen Interesses ein Einschreiten von Amts wegen für geboten, so ist ein Strafantrag gemäß § 248a erforderlich, wenn die Tat eine **geringwertige Sache** zum Gegenstand gehabt hat. Entscheidend ist diesbezüglich der objektive Verkehrswert zur Zeit der Tat[754], wobei die Grenze häufig bei ca. 25 bis 30 € gezogen wird[755]; angesichts der Preissteigerungen spricht jedoch mehr für eine Grenze von 50 €[756]. Etwaige Irrtümer des Täters sind irrelevant, da das Antragserfordernis die strafprozessuale Verfolgbarkeit betrifft. Bei Gegenständen die – wie Quittungen, Rechnungen, Strafverfolgungsakten und Zahlungskarten[757] – keinen messbaren Verkehrswert haben,

---

750 Vgl. BGHSt 31, 1 f.; NK-*Kindhäuser*, § 248c Rn. 3; SK-*Hoyer*, § 248c Rn. 4.
751 OLG Celle MDR 1969, 597; *Fischer*, § 248c Rn. 2.
752 AnwK-*Kretschmer*, § 248c Rn. 5; *Schönke/Schröder/Bosch*, § 248c Rn. 6 ff.
753 *Mitsch*, BT 2, 4.2.2.1.5; *Wessels/Hillenkamp/Schuhr*, BT 2, Rn. 445.
754 MünchKomm-*Hohmann*, § 248a Rn. 4; *Wessels/Hillenkamp/Schuhr*, BT 2, Rn. 339.
755 OLG Oldenburg NStZ-RR 2005, 111; *Fischer*, § 248a Rn. 3a.
756 OLG Zweibrücken NStZ 2000, 536; OLG Hamm NJW 2003, 3145; wistra 2004, 34; *Kindhäuser/Böse*, BT 2, § 7 Rn. 11; L-Kühl/*Kühl*, § 248a Rn. 3; *Rengier*, BT 1, § 6 Rn. 3 i. V. m. § 3 Rn. 40; *Schönke/Schröder/Bosch*, § 248a Rn. 10; *Wessels/Hillenkamp/Schuhr*, BT 2, Rn. 339.
757 BayObLG NJW 1979, 2218 f.; OLG Hamm Jus 2011, 755 m. Anm. *Jahn*, wo freilich wenig überzeugend auf den funktionellen Wert der EC-Karte abgestellt wird.

ist nach h. M. ein Strafantrag nicht erforderlich[758]. Das Strafantragserfordernis gilt nur für § 242 (nicht aber §§ 243, 244, 244a) sowie für § 246 Abs. 1 und 2[759].

Beachte: §§ 248c Abs. 3, 259 Abs. 2, 263 Abs. 4, 263a Abs. 2, 265a Abs. 3, 266 Abs. 2 und 266b Abs. 2 verweisen auf diese Vorschrift.

II. Strafantrag gemäß § 247

Ein Strafantrag ist ferner beim **Haus- und Familiendiebstahl** erforderlich, wenn der Verletzte ein Angehöriger (§ 11 Abs. 1 Nr. 1), Vormund (§§ 1773 ff. BGB) oder Betreuer (§§ 1896 ff. BGB) des Täters ist oder der Verletzte mit dem Täter zum Zeitpunkt der Tat in häuslicher Gemeinschaft lebt; das letztgenannte Merkmal liegt bei einem **freiwilligen Zusammenwohnen** für eine gewisse Dauer vor. Beispiele sind das Wohnen in einer Lebensgemeinschaft, in einem Pflegeheim oder einem Internat, mangels Freiwilligkeit nicht aber in einer Justizvollzugsanstalt oder einer Kaserne[760].

298

2. Kapitel: Raub
§ 10 Raub, § 249

Einführende Aufsätze: *Kudlich/Aksoy*, Eins, zwei oder drei? – Zum Verhältnis von Raub, räuberischem Diebstahl und räuberischer Erpressung in der Fallbearbeitung, JA 2014, 81; *Schünemann*, Raub und Erpressung, JA 1980, 349; *Streng*, Die Katze im Sack – Überlegungen zur subjektiven Konkretisierung des Zueignungsobjekts, JuS 2007, 422; *Swoboda*, Das »Unrechtsskelett« des Raubdelikts, Jura 2019, 28; *Walter*, Raubgewalt durch Unterlassen?, NStZ 2005, 240.

Übungsfälle: *Beulke/Zimmermann* II, Fall 2: Regentropfen, die ans Fenster klopfen, S. 33; *Beulke* III, Fall 9: Bewegte Knochen, S. 316; *Bock*, BT, Fall 6: Misserfolg in der Grillstube, S. 165; *Böse/Keiser*, Ein Handtaschenraub und seine Folgen, JuS 2005, 440; *Bott/Pfister*, Der Bankräuber und sein Umfeld, Jura 2010, 22; *Dittrich/Pintaske*, Übungsfall: Ein Student auf Abwegen, ZJS 2011, 157; *Geisler/Meyer*, Goldkette und Amulett, Jura 2010, 388; *Gössel*, Fall 16: Wer anderen eine Grube gräbt, S. 260; *Graul*, Die kriminelle Auswertung eines wertvollen Gemäldes, JuS 1999, 562; *dies.*, Überfall in der Tiefgarage, Jura 2000, 204; *Helmrich*, Der Zweck heiligt nicht die Mittel, JA 2006, 351; *Kinzig/Linke*, Raubdelikte – Schlafende Hunde weckt man nicht, JuS 2012, 229; *Kühl/Schramm*, Raubüberfall auf einen Tübinger Juwelier, JuS 2003, 681; *Mitsch*, Eigentums- und Vermögensdelikte, JuS 2007, 555; *ders.*, Examensfall: Rangeleien auf Bahnsteigen, ZJS 2014, 192; *Renzikowski*, „Auf dem Schulhof ist der Teufel los", JSE 2012, 37; *Schwaab*, Fortgeschrittenenklausur Strafrecht: Raub und (Räuberischer) Diebstahl, JuS 2015, 621.

Rechtsprechung: BGHSt 4, 210 – Bewusstlosigkeit (Begriff der Gewalt); **BGHSt 16, 341** – Beilhieb (Gewalt bei Überwindung unbewusster Abwehrhandlungen); **BGHSt 18, 329** – Handtasche (Entreißen einer Handtasche als Gewalt); **BGHSt 20, 32** – Kuss (Ausnutzung anderweitig motivierter Gewaltanwendung); **BGHSt 22, 350** – Mehr-Geld (Erweiterung des Wegnahmevorsatzes nach Gewaltanwendung); **BGHSt 48, 365** – Landrover (Gewaltanwen-

---

758 BayObLG JR 1980, 299; *Wessels/Hillenkamp/Schuhr*, BT 2, Rn. 339; a. A. *Schönke/Schröder/Eser/Bosch*, § 248a Rn. 7; SK-*Hoyer*, § 248a Rn. 7.
759 Näher zum Anwendungsbereich *Kudlich/Noltensmeier/Schur*, JA 2010, 341 (344 f.).
760 BT-Drs. 7/550, S. 247; BGHSt 29, 54 (56 f.); OLG Hamm NStZ-RR 2004, 111 (112); *Wessels/Hillenkamp/Schuhr*, BT 2, Rn. 337; a. A. *Seelmann*, JuS 1985, 699 (703).

dung durch Unterlassen); **BGHSt 61, 141** – Nächtlicher Überfall (räumlich-zeitlicher Finalzusammenhang); **BGH NStZ 1982, 380** – Taxifahrer (Rechtswidrigkeit der erstrebten Zueignung).

I. Geschütztes Rechtsgut und Systematik

1. Rechtsgut

299 Der Raub ist ein aus Diebstahl und qualifizierter Nötigung zusammengesetztes Eigentumsdelikt[761], bei dem der Täter das Opfer nötigt, die Wegnahme zu dulden. Geschütztes Rechtsgut des § 249 ist daher zum einen das **Eigentum**, zum anderen aber auch die **freie Willensbildung und Willensbetätigung**[762]. Ebenso wenig geschützt wie bei § 242 ist hingegen der Gewahrsam[763]. Der Tatbestand erschöpft sich jedoch nicht in einer bloßen „Addition" von Diebstahl (§ 242) und Nötigung (§ 240). Der Grund des erhöhten Strafmaßes des Verbrechenstatbestandes (§ 12 Abs. 1) liegt darin, dass die Anforderungen an das Nötigungsmittel im Vergleich zur Nötigung gesteigert sind (qualifizierte Nötigung) und der Einsatz des Nötigungsmittels im Wege eines Finalzusammenhangs gerade die Wegnahme ermöglichen muss[764].

2. Systematik

300 § 249 stellt ein delictum sui generis dar und ist daher keine Qualifikation zu § 242 und § 240[765]. Daher ist in der Fallbearbeitung die Prüfung sogleich mit § 249 zu beginnen, wenn ein Raub in Betracht kommt[766]. Bei Bejahung einer Strafbarkeit wegen vollendeten Raubes müssen §§ 242 ff. und § 240 regelmäßig nicht mehr angesprochen werden. Eine Ausnahme gilt für die Qualifikation des § 244 Abs. 1 Nr. 3, Abs. 4, weil diese in § 250 beim Raub keine Entsprechung findet und daher teilweise Tateinheit angenommen wird[767]. § 250 enthält Qualifikationen zu § 249, die Ähnlichkeiten mit den §§ 244, 244a aufweisen. Für Fälle, in denen der Täter zumindest leichtfertig den Tod des Opfers herbeiführt, normiert § 251 eine Erfolgsqualifikation i. S. d. § 18. Streitig diskutiert wird das Verhältnis des § 249 zur räuberischen Erpressung nach §§ 253, 255[768]. Zudem ist der Raub vom räuberischen Diebstahl abzugrenzen. Während beim Raub das Nötigungsmittel zur Vollendung der Wegnahme eingesetzt werden muss, setzt der räuberische Diebstahl den Einsatz des Nötigungsmittels in der Phase zwischen Vollendung und Beendigung des Diebstahls mit Besitzerhaltungsabsicht voraus[769]. Im Zusammenhang mit § 249 sind in Prüfungsarbeiten auch § 239a (Erpresserischer Menschenraub), § 239b (Geiselnahme) und § 316a (Räuberischer Angriff auf Kraftfahrer) zu beachten.

---

761 *Schönke/Schröder/Bosch*, § 249 Rn. 1; *Wessels/Hillenkamp/Schuhr*, BT 2, Rn. 344 f.
762 *Jäger*, BT, Rn. 281; *Rengier*, BT 1, § 7 Rn. 1; *Schönke/Schröder/Bosch*, § 249 Rn. 1.
763 S. o. Rn. 8.
764 AnwK-*Habetha*, § 249 Rn. 1; MünchKomm-*Sander*, § 249 Rn. 1; *Rengier*, BT 1, § 7 Rn. 3.
765 BGH NJW 1968, 1292; *Schönke/Schröder/Bosch*, § 249 Rn. 1.
766 *Rengier*, BT 1, § 7 Rn. 4, *Bock*, BT 2, S. 574.
767 S. u. Rn. 343.
768 S. näher u. Rn. 759 ff.
769 Dazu u. Rn. 403.

II. Aufbauschema

1. Tatbestand **301**
   a) Objektiver Tatbestand
      aa) Fremde bewegliche Sache
      bb) Wegnahme: Abgrenzung zu §§ 253, 255
      cc) Gewalt gegen eine Person oder Drohung mit gegenwärtiger Gefahr für Leib oder Leben (qualifizierte Nötigung als Raubmittel)
      dd) Räumlich-zeitlicher Zusammenhang zwischen Wegnahme und Raubmittel
      ee) Finalzusammenhang zwischen Wegnahme und Raubmittel
   b) Subjektiver Tatbestand
      aa) Vorsatz
      bb) (Dritt-)Zueignungsabsicht
         (1) Zumindest dolus eventualis bzgl. einer dauerhaften Enteignung
         (2) Dolus directus 1. Grades bzgl. einer zumindest vorübergehenden Aneignung
   c) Objektive Rechtswidrigkeit der erstrebten Zueignung und Vorsatz (zumindest dolus eventualis) diesbezüglich

2. Rechtswidrigkeit

3. Schuld

III. Tatbestand

1. Objektiver Tatbestand

Erforderlich ist zunächst – nicht anders als bei § 242 – die Wegnahme einer fremden beweglichen Sache, wobei diese hier durch ein qualifiziertes Nötigungsmittel bewirkt werden muss. **302**

a) Bei der Prüfung der **Wegnahme einer fremden beweglichen Sache** kann sich die im Einzelfall sehr streitige Frage der Abgrenzung zur räuberischen Erpressung stellen. Diese Problematik wird ausführlich im Zusammenhang mit den §§ 253, 255 behandelt[770]. Im Übrigen lassen sich die bei § 242 dargestellten Grundsätze übertragen[771]. Da auch § 249 eine **fremde Sache** als Tatobjekt voraussetzt, scheidet § 249 bei der Wegnahme einer eigenen Sache aus. Ggf. kommen aber Vermögensdelikte in Betracht. **303**

> **Bsp.:** T hat seinem Gläubiger O zur Sicherung einer Darlehensforderung einen wertvollen Ring nach §§ 1204, 1205 BGB verpfändet. Da er den Ring zurückhaben will, schlägt er auf O ein, bis dieser den Ring herausgibt. – § 249 ist zu verneinen, da T keine fremde Sache weggenommen hat. Jedoch liegen ggf. §§ 253, 255 und § 289 vor.

Gelingt die Wegnahme trotz vollendetem Nötigungsmittel nicht, so kommt lediglich eine **Versuchsstrafbarkeit** in Betracht. **304**

---

770 Dazu u. Rn. 759.
771 S. o. Rn. 25 ff.

305 b) Die Wegnahme muss unter Einsatz eines **qualifizierten Nötigungsmittels**, d. h. mit Gewalt gegen eine Person oder unter Anwendung von Drohungen mit gegenwärtiger Gefahr für Leib und Leben erfolgen. Daraus folgt, dass das Nötigungsmittel zwischen Versuch und Vollendung der Wegnahme eingesetzt werden muss. Bei einer Ausübung nach vollendeter Wegnahme kommt § 252 in Betracht, sofern der Täter mit Besitzerhaltungsabsicht handelt; ansonsten verbleiben § 223 und § 240. Im Übrigen lassen sich im Hinblick auf die Nötigungsmittel die von § 240 bekannten Grundsätze weitgehend übertragen[772]. Allerdings stellt § 249 insoweit höhere Anforderungen, als hier nur **Gewalt gegen eine Person** und **Drohung mit gegenwärtiger Gefahr für Leib oder Leben** ausreichen.

306 aa) **Gewalt** ist der durch Anwendung von (auch nur geringer) körperlicher Kraft verursachte körperlich wirkende Zwang gegen eine Person, der dazu bestimmt ist, geleisteten oder erwarteten Widerstand zu verhindern oder zu überwinden[773]. Erfasst werden – ebenso wie im Rahmen des § 240 – vis absoluta und vis compulsiva. Typische Fälle sind neben unmittelbarer körperlicher Gewalt etwa das Fesseln oder Festhalten des Opfers[774], das Verwenden eines Sprays[775] oder das Einflößen von Betäubungsmitteln[776], um das Opfer auszuschalten.

307 (1) Nicht ausreichend ist – im Gegensatz zu § 240 – die Ausübung von **Gewalt gegen Sachen**[777], da es hier an der vom Tatbestand vorausgesetzten Personenbezogenheit fehlt. Gleiches gilt für rein psychische Einwirkungen, die lediglich Furcht, Erregung usw. hervorrufen[778].

> **Bsp.:** T wirft das Fahrrad des sich auf dem Volksfest befindlichen O in einen nahe liegenden Tümpel, damit dieser erst später nach Hause kommt und er in Ruhe aus dessen Wohnung Wertgegenstände entwenden kann. – T verwirklicht §§ 242, 244 Abs. 1 Nr. 3, mangels Gewalt gegen eine Person aber nicht § 249; daneben kommt § 303 in Betracht. Ebenso würde das bloße Aufbrechen der Wohnungstür zu Diebstahlszwecken nicht genügen.

308 **Gewalt gegen eine Person** ist aber zu bejahen, wenn der Täter das Opfer durch Abschließen der Tür einsperrt[779], weil die Sachgewalt körperlichen Zwang auf die Person entfaltet und der Überwindung von Widerstand bei der Wegnahme dient. Anders ist dagegen zu entscheiden, wenn sich der Täter selbst in einen Raum einsperrt, damit eingriffsbereite Personen lediglich die Vollendung der Wegnahme nicht verhindern können[780].

> **Bsp.:**[781] T blockiert mit seinem Fahrzeug den Wagen des O an einer Straßenkreuzung, um anschließend einen Koffer mit Geld aus dem Kofferraum zu entwenden. – Der BGH verneint § 249, da es an einer körperlichen Auswirkung und damit an einer Gewalt gegen eine Person fehlt. Freilich muss man sehen, dass infolge körperlicher Zwangswirkung eine „einfache" Gewalt i. S. d. § 240 in solchen Blockadefällen bejaht

---

772 *Eisele*, BT 1, Rn. 451 ff.
773 BGH NStZ 2020, 219 (220); *Rengier*, BT 1, § 7 Rn. 8; *Wessels/Hillenkamp/Schuhr*, BT 2, Rn. 347.
774 MünchKomm-*Sander*, § 249 Rn. 12; *Rengier*, BT 1, § 7 Rn. 9.
775 BGH NStZ 2003, 89.
776 BGHSt 1, 145 (147 f.); LK-*Vogel*, § 249 Rn. 5; *Maurach/Schroeder/Maiwald/Hoyer/Momsen*, BT 1, § 35 Rn. 17.
777 A/W/H/H-*Heinrich*, § 17 Rn. 6; *Schönke/Schröder/Bosch*, § 249 Rn. 4a; *Wessels/Hillenkamp/Schuhr*, BT 2, Rn. 349.
778 *Geilen*, Jura 1979, 109; *Krey/Hellmann/Heinrich*, BT 2, Rn. 263.
779 BGHSt 20, 194 (195); *Rengier*, BT 1, § 7 Rn. 9; SSW-*Kudlich*, § 249 Rn. 6.
780 *Rengier*, BT 1, § 7 Rn. 10.
781 Nach BGH NStZ 2020, 219 m. krit. Anm. *El-Ghazi*.

wird, da insoweit auch eine mittelbare körperliche Zwangswirkung genügt[782]. Angesichts des Erfordernisses von Gewalt gegen eine Person und des Verbrechenscharakters überzeugt jedoch letztlich die restriktive Auslegung des Tatbestandes durch den BGH. Denn während beim Einsperren das Opfer tatsächlich am Widerstand gehindert wird, kommt dem Ausbremsen hier nur vorbereitender Charakter für die später gewaltlose Wegnahme zu[783].

309 (2) Im Übrigen ist nach h. M. **kein allzu großer Kraftaufwand** notwendig, wenn eine nicht nur unerhebliche Zwangswirkung beim Opfer gegeben ist[784]. Es soll daher bereits das einfache Wegschieben der die Gesäßtasche schützenden Hand eines Sterbenden genügen[785]. Dem wird man allerdings nur zustimmen können, wenn damit nennenswerter geleisteter oder erwarteter Widerstand überwunden werden soll[786]. Unter dieser Voraussetzung kann auch das kurzfristige Besprühen des Gesichtes mit einem Deo-Spray genügen, um die dadurch beim Opfer bewirkte Reizung der Augen mit der einhergehenden Unaufmerksamkeit zur Wegnahme auszunutzen[787].

310 (3) Die entfaltete Kraft muss den Wegnahmeakt als **widerstandsbrechendes Mittel** prägen, da für den Begriff der Gewalt ein Handeln zur Überwindung eines geleisteten oder erwarteten Widerstandes erforderlich ist. Nutzt der Täter lediglich das Überraschungsmoment durch List, Geschicklichkeit oder Schnelligkeit aus, so kommt nur ein Diebstahl in Betracht[788].

> **Bsp.:** T entreißt der O ihre fest umklammerte Handtasche, so dass O stürzt. – Hier liegt Gewalt und damit ein Raub vor[789]. Anders wäre dagegen zu entscheiden, wenn der Täter die lose umhängende Handtasche blitzschnell beim Vorbeifahren auf dem Motorrad von der Schulter der O streift. Dann sind Schnelligkeit und Geschicklichkeit tatprägend, so dass T erst gar nicht mit Widerstand zu rechnen braucht. In diesem Fall kommt nur § 242 in Betracht. Entsprechend differenziert sind auch die Fälle des Abreißens einer Halskette oder Uhr zu betrachten[790].

311 Gewalt ist (nur) unter dieser Voraussetzung auch gegenüber **Bewusstlosen, Schlafenden oder Betrunkenen** ausreichend[791]. Auch das räumliche Verbringen an einen anderen Ort ist als Gewalt anzusehen, wenn der Täter dadurch vermeiden will, dass dem Opfer Hilfe geleistet wird; in diesem Fall soll nämlich Widerstand gerade verhindert werden[792]. Anders wäre aber zu entscheiden, wenn der Täter das betrunkene Opfer nur deshalb in einen Hauseingang trägt, um es dort – vor dem Platzregen geschützt – durchsuchen zu können[793].

---

782 Näher BT 1 Rn. 458 ff.
783 In diese Richtung auch *Kudlich*, JA 2020, 150 (152).
784 BGHSt 4, 210; BGHSt 23, 126 (127); NK-*Kindhäuser*, Vorbem. § 249 Rn. 11.
785 BGHSt 16, 341 (342).
786 Vgl. LK-*Vogel*, § 249 Rn. 7; *Rengier*, BT 1, § 7 Rn. 15; *Schönke/Schröder/Bosch*, § 249 Rn. 4.
787 BGH NStZ 2003, 89; L-Kühl/*Kühl*, § 249 Rn. 2; *Schönke/Schröder/Bosch*, § 249 Rn. 4; a. A. *Wessels/ Hillenkamp/Schuhr*, BT 2, Rn. 348. Zu § 250 in diesem Fall s. u. Rn. 352.
788 BGH StV 1990, 205 (206) und (262); *Fischer*, § 249 Rn. 4c; *Otto*, JZ 1993, 568.
789 Vgl. auch BGH NJW 1955, 1238; *Schönke/Schröder/Bosch*, § 249 Rn. 4a.
790 Für Gewalt in diesen Fällen OLG Hamm MDR 1975, 772; dagegen *Maurach/Schroeder/Maiwald/ Hoyer/Momsen*, BT 1, § 35 Rn. 16; *Rengier*, BT 1, § 7 Rn. 12.
791 Vgl. BGHSt 4, 210; BGHSt 20, 32; BGHSt 25, 237; *Krey/Hellmann/Heinrich*, BT 2, Rn. 277; *Schönke/ Schröder/Bosch*, § 249 Rn. 4.
792 BGHSt 4, 210 (212); LK-*Vogel*, § 249 Rn. 10; *Rengier*, BT 1, § 7 Rn. 11; krit. *Wessels/Hillenkamp/Schuhr*, BT 2, Rn. 348.
793 S. auch LK-*Vogel*, § 249 Rn. 10; SK-*Sinn*, § 249 Rn. 14.

312 (4) **Gewalt kann auch gegen einen Dritten** ausgeübt werden, wenn der Täter damit erwarteten oder geleisteten Widerstand überwinden möchte. Dies setzt voraus, dass der Täter davon ausgeht, dass der Dritte den Gewahrsam schützen wird und zur Verteidigung bereit ist[794]. Im Übrigen ist in solchen Fällen aber sorgfältig zu prüfen, ob die Drohungsvariante einschlägig ist[795].

> **Bsp.:** T möchte dem O dessen neuen Sportwagen wegnehmen. Da er sich jedoch bewusst ist, dass dieser sich sein „Schmuckstück" nicht widerstandslos abnehmen lassen wird, schlägt er vor den Augen des O auf dessen im Rollstuhl sitzende Schwiegermutter S solange ein, bis O die Wegnahme des Wagens widerstandslos hinnimmt. – Hier wendet T zwar Gewalt gegen S an. Die Gewalt richtet sich jedoch nicht gegen diejenige Person, von der Widerstand gegen den Gewahrsamsbruch zu erwarten ist. Vielmehr soll auf O psychischer Druck ausgeübt werden. Daher liegt eine Drohung gegenüber O mit gegenwärtiger Gefahr für den Leib der S vor; auf ein Näheverhältnis zwischen O und S kommt es dabei nicht an[796].

313 (5) Letztlich kommt auch **Gewalt durch Unterlassen** in Betracht, wenn den Täter eine Garantenpflicht trifft. Dabei ist vor allem an Fälle zu denken, in denen ein Überwachungsgarant die Gewaltausübung durch einen Dritten nicht verhindert und dann selbst die Situation zur Wegnahme ausnutzt.

> **Bsp.:** Vater T verhindert nicht, dass sein dreizehnjähriger Sohn S auf Rentnerin R einschlägt. Vielmehr nutzt er die Gunst der Stunde und nimmt der R die Handtasche weg. – T macht sich nach §§ 249, 13 strafbar.

314 Im Übrigen können Unterlassungsfälle auch im Rahmen des noch darzustellenden Finalzusammenhangs Bedeutung erlangen[797].

315 bb) Eine **Drohung mit gegenwärtiger Gefahr für Leib oder Leben** liegt vor, wenn der Täter eine nicht unerhebliche Beeinträchtigung der körperlichen Integrität in Aussicht stellt, auf die er Einfluss hat oder dies zumindest vorgibt. Die Drohung bezieht sich damit auf ein künftiges Übel, während die gegenwärtige Übelszufügung über das Merkmal Gewalt erfasst wird. Das Vorhalten einer Waffe ist daher richtigerweise eine Drohung und keine Gewalt[798]. Wird kein Übel angedroht, sondern nutzt der Täter nur die Angst des Opfers um sein Leben aus, so fehlt es an einer Drohung[799]. Im Übrigen lassen sich auch hier die für § 240 entwickelten Grundsätze übertragen: Die Drohung ist von der straflosen Warnung abzugrenzen, bei der lediglich auf eine Folge hingewiesen wird, deren Eintreten nicht von dem Einfluss des Handelnden abhängig gemacht wird[800]. Auf die **Ernstlichkeit der Drohung** und darauf, ob der Täter überhaupt in der Lage ist, das Übel herbeizuführen, kommt es nicht an. Der Drohung kann daher auch ein Element der Täuschung innewohnen. Daher ist auch die Drohung mit einer Scheinwaffe – etwa einer Spielzeugpistole – tatbestandsmäßig[801] und gewinnt vor allem bei § 250 erhebliche Bedeutung. Entscheidend ist nach h. M., ob das Opfer

---

[794] RGSt 67, 183 (186); BGHSt 3, 297 (299); *Krey/Hellmann/Heinrich*, BT 2, Rn. 262; L-Kühl/*Kühl*, § 249 Rn. 2.
[795] *Rengier*, BT 1, § 7 Rn. 17; SK-*Sinn*, § 249 Rn. 15 f.
[796] Dazu auch u. Rn. 318.
[797] S. u. Rn. 326.
[798] S. *Eisele*, BT 1, Rn. 470.
[799] Vgl. BGH StV 2014, 287 (288).
[800] S. *Eisele*, BT 1, Rn. 473.
[801] BGHSt 15, 322 (325).

die Drohung tatsächlich ernst nimmt[802]; durchschaut es den Täter, soll trotz vollzogener Wegnahme nur ein Versuch in Betracht kommen[803]. Hiergegen wird nicht ganz unberechtigt eingewendet, dass es bei § 249 nicht auf die objektive Kausalität zwischen Nötigungsmittel und Wegnahme ankommt, sondern lediglich aus Täterperspektive ein Finalzusammenhang gegeben sein muss, d. h. das eingesetzte Nötigungsmittel der Wegnahme dienen soll[804].

316 (1) Die Drohung muss im Gegensatz zu § 240 qualifiziert sein und eine **gegenwärtige Gefahr für Leib und Leben** beinhalten. Eine Drohung mit Sachgefahren selbst für große Vermögenswerte genügt damit von vornherein nicht[805]. Aus der Gleichstellung von Leib und Leben kann zudem gefolgert werden, dass die Drohung mit einer nur leichten Leibesverletzung – etwa einer Ohrfeige – nicht ausreicht, sondern diese erheblich sein muss[806]. Die **Gegenwärtigkeit** der Gefahr ist ebenso wie bei § 34 zu bestimmen. Der Eintritt eines Schadens für Leib oder Leben muss daher sicher oder höchstwahrscheinlich sein, falls nicht alsbald Abwehrmaßnahmen ergriffen werden[807]. Erfasst werden daher auch Dauergefahren sowie Fälle, in denen die Verwirklichung der Gefahr erst nach Fristablauf droht[808].

317 (2) Die Drohung mit einer Gefahr für Leib oder Leben kann sich auch auf **Dritte** beziehen[809]. Damit werden nicht nur der Eigentümer und der Gewahrsamsinhaber, sondern auch andere schutzbereite Personen einbezogen.

> **Bsp.:** T nimmt unter Drohungen gegenüber der Haushälterin des O, die keinen Gewahrsam besitzt, dessen Wagen in Zueignungsabsicht weg. – § 249 ist (unproblematisch) verwirklicht.

318 Nicht einmal erforderlich ist, dass sich das angedrohte Übel (gegenwärtige Gefahr) überhaupt gegen den Nötigungsadressaten richtet. Es muss sich bei dem Dritten nach h. M. auch **nicht um eine nahestehende** Person handeln[810]. Erforderlich ist vielmehr nur, dass die Drohung für den Nötigungsadressaten selbst ein empfindliches Übel darstellt. Hierfür spricht vor allem, dass § 249 im Gegensatz zu § 241 (argumentum e contrario) nicht von einer nahestehenden Person spricht.

> **Bsp.:** T droht gegenüber dem hinter einer dicken Panzerglasscheibe sitzenden Bankangestellten O (Nötigungsadressat), die Kundin K (Dritte) zu erschießen, wenn er sich gegen die Wegnahme des Geldes wehrt. – Obgleich sich die Gefahr nicht gegen den Nötigungsadressaten richtet, liegt ein Raub vor.

319 c) Zwischen Wegnahme und Raubmittel muss ein **räumlich-zeitlicher Finalzusammenhang** bestehen[811]. Dabei ist zwischen der objektiven räumlich-zeitlichen Komponente und dem subjektiven Finalzusammenhang zu unterscheiden[812].

---

802 *Krey/Hellmann/Heinrich*, BT 2, Rn. 277; *Rengier*, BT 1, § 7 Rn. 18; a. A. *Wessels/Hillenkamp/Schuhr*, BT 2, Rn. 353.
803 BGHSt 23, 294 (295); LK-*Vogel*, § 249 Rn. 19; NK-*Kindhäuser*, Vorbem. § 249 Rn. 24.
804 *Wessels/Hillenkamp/Schuhr*, BT 2, Rn. 353; ausf. *Küper/Zopfs*, BT, Rn. 301.
805 BGH StV 2014, 287 (288) zur Drohung, einen Hund zu töten; NK-*Kindhäuser*, § 249 Rn. 6.
806 RGSt 72, 229 (231); BGHSt 7, 252 (254); *Wessels/Hillenkamp/Schuhr*, BT 2, Rn. 353.
807 BGH NStZ 1996, 494; *Krey/Hellmann/Heinrich*, BT 2, Rn. 267.
808 NK-*Kindhäuser*, § 249 Rn. 7. Näher dazu Rn. u. 798.
809 *Krey/Hellmann/Heinrich*, BT 2, Rn. 267; L-*Kühl/Kühl*, § 249 Rn. 3.
810 NK-*Kindhäuser*, Vorbem. § 249 Rn. 30; *Rengier*, BT 1, § 7 Rn. 20; a. A. *Mitsch*, BT 2, 8.2.1.5.3.
811 Vgl. nur BGHSt 41, 123 (124); BGH NStZ 2006, 38; L-*Kühl/Kühl*, § 249 Rn. 4; *Wessels/Hillenkamp/Schuhr*, BT 2, Rn. 350 f.
812 Grundlegend BGHSt 61, 141 ff.; ferner BGHSt 61, 197 ff.; BGH NStZ 2020, 355 (356).

320 aa) Die Wegnahme muss zunächst in **räumlich-zeitlichem Zusammenhang** mit der Gewalt oder Drohung stehen[813]. Nur dieser Zusammenhang mit dem Nötigungsmittel bildet eine **raubspezifische Einheit**, die den gegenüber dem bloßen Diebstahl erhöhten Unrechtsgehalt und den damit verbundenen höheren Strafrahmen rechtfertigt[814].

321 (1) In zeitlicher Hinsicht wird teilweise verlangt, dass bei einer **vorgelagerten Nötigungshandlung** die Versuchsschwelle zur Wegnahme bereits überschritten sein muss, weil nur dann das Nötigungsmittel unmittelbar in die Wegnahme mündet und damit verknüpft ist[815]. Dem wird man jedenfalls insoweit zustimmen können, als in diesen Fällen regelmäßig der zeitliche Zusammenhang zu bejahen ist.

> **Bsp.:**[816] T dringt in das Haus des O ein und erschießt diesen, um sogleich wertvolle Gemälde zu entwenden. – Neben §§ 212, 211 (Habgier) ist auch § 249 aufgrund des räumlich-zeitlichen Zusammenhangs verwirklicht, obgleich das Nötigungsmittel (wie zumeist) der Wegnahme vorausgeht. Aufgrund des Todes ist ferner die Erfolgsqualifikation des § 251 zu bejahen, die wenigstens leichtfertiges Verhalten voraussetzt und daher auch die vorsätzliche Tötung umfasst; § 251 steht in Tateinheit zu § 211[817]. § 250 Abs. 1 Nr. 1 lit. a, Abs. 2 Nr. 1 Var. 1 treten nach h. M. hinter § 251 zurück[818]. Ob § 244 Abs. 1 Nr. 3, Abs. 4 hierzu in Tateinheit tritt, ist streitig[819]. Da das Unrecht der Wegnahme jedoch bereits von § 249 abgegolten ist, spricht hinsichtlich der Pönalisierung des Eindringens vieles dafür, lediglich § 123 in Tateinheit treten zu lassen, obwohl diese Vorschrift ansonsten von § 244 Abs. 1 Nr. 3, Abs. 4 verdrängt wird. Raub wäre allerdings mangels einer finalen Beziehung dann zu verneinen, wenn T den Wegnahmeentschluss erst nach der aus einem anderen Grund ausgeführten Tötung gefasst hätte[820].

322 Der **räumlich-zeitliche Zusammenhang ist** hingegen zu verneinen, wenn die **Nötigung deutlich im Vorbereitungsstadium** der Wegnahme liegt oder ein größerer räumlicher Wechsel erfolgt.

> **Bsp.:** T lernt während einer Kur im Schwarzwald die vermögende Rentnerin O aus München kennen. Um ihren Schmuck zu erlangen, stößt T diese bei einer Wanderung über einen Felsvorsprung (Gewalt), wodurch O zu Tode kommt. Am nächsten Tag reist er nach München und entwendet aus ihrer Wohnung den Schmuck. – Mit dem Tod endet der Gewahrsam der O an den in ihrer Wohnung befindlichen Gegenständen. Sofern die Erben nicht bereits die tatsächliche Sachherrschaft ergriffen haben, erlangen sie noch keinen Gewahrsam; auch der fingierte Erbenbesitz gemäß § 857 BGB begründet keinen Gewahrsam. § 249 scheidet mangels Gewahrsamsbruchs aus. Auch würde es aufgrund Zeitablauf und Ortswechsel am erforderlichen räumlich-zeitlichen Finalzusammenhang zwischen Wegnahme und Nötigung fehlen. Neben §§ 212, 211 (Habgier) macht sich T nach § 246 zu Lasten der Erben strafbar, weil diese mit dem Tod das Eigentum erlangt haben und § 246 keinen Gewahrsamsbruch verlangt.

---

813 BGH MDR/H 1984, 276; NStZ 2006, 38; NStZ 2019, 411; NStZ 2020, 355 (356); *Rengier*, BT 1, § 7 Rn. 29.
814 BGH NStZ 2006, 38; BGHSt 61, 141 (147 ff.) m. Anm. *Eisele*, JuS 2016, 754; BGHSt 61, 197 (201 ff.).
815 L-*Kühl/Kühl*, § 249 Rn. 4; *Rengier*, BT 1, § 7 Rn. 41; SK-*Sinn*, § 249 Rn. 32; dagegen LK-*Vogel*, § 249 Rn. 35 mit ausführlicher Diskussion.
816 S. auch *Schönke/Schröder/Bosch*, § 249 Rn. 4.
817 S. u. Rn. 396.
818 S. u. Rn. 396.
819 Dafür *Schönke/Schröder/Bosch*, § 249 Rn. 13; *Wessels/Hillenkamp/Schuhr*, BT 2, Rn. 392; dagegen BGHSt 20, 235 (237 f.); BGH NStZ-RR 2005, 202 (203).
820 BGH NStZ-RR 2003, 44 (45); *Maurach/Schroeder/Maiwald/Hoyer/Momsen*, BT 1, § 35 Rn. 38; NK-*Kindhäuser*, § 249 Rn. 23.

Dazwischen liegen Fälle, in denen ein **gewisser Zeitablauf ohne größeren räumlichen Wechsel** gegeben ist. Der räumlich-zeitliche Zusammenhang erfordert insoweit nach Ansicht des BGH jedenfalls keine räumliche oder zeitliche Identität; auch bestehen keine bestimmten Grenzen[821]. 322a

> **Bsp. (1):**[822] T, der bei O übernachtete, fasste den Entschluss, O durch Schläge auf den Kopf kampfunfähig zu machen, um nach Wertgegenständen suchen zu können. Dazu schlug er dem schlafenden O einen Fleischhammer und eine Sektflasche gegen den Kopf, wobei Letztere zersprang. O erwachte und lief in den Flur, wo nunmehr T mit einem Blumentopfgestell aus Acryl und einem Barhocker auf ihn einschlug, bevor der schwer verletzte und stark blutende O den T wegdrücken konnte. Anschließend säuberte sich O im Bad und zog sich im Schlafzimmer an. T, der anschließend im Badezimmer duschte, steckte dort eine Goldkette und das in der Küche liegende Smartphone des O ein.
>
> **Bsp. (2):**[823] T schlägt seine Mutter nieder, um sie auszurauben. Wider Erwarten ist diese nur benommen, durchschaut den Plan des T aber nicht. Nachdem M stationär in ein Krankenhaus aufgenommen wurde, kehrt T in deren Wohnung zurück und entwendet in Vollzug des ursprünglichen Plans Bargeld.

In Beispiel 1 wäre bei Einsatz des Nötigungsmittels Gewalt ein Versuchsbeginn hinsichtlich der Wegnahme zu verneinen, weil T erst noch nach Wertgegenständen suchen wollte. Nach Ansicht des BGH kann der räumliche und zeitliche Zusammenhang freilich auch ohne erneute Gewaltanwendung oder konkludente Drohung und trotz der verstrichenen Zeit und der wiederholten Ortsveränderung vorliegen, wenn der schwer verletzte O die Wertgegenstände dem ungehinderten Zugriff deshalb preisgab, weil er als Gewahrsamsinhaber infolge der Nötigungshandlung in seiner Verteidigungsfähigkeit und Verteidigungsbereitschaft geschwächt war[824]. Nichts anderes gilt in Beispiel 2, wonach ein hinreichender räumlich-zeitlicher Zusammenhang anzunehmen ist.

(2) Eine **nach Vollendung der Wegnahme** vorgenommene Nötigungshandlung 323 erfüllt nicht den Tatbestand. In Betracht kommt jedoch eine Strafbarkeit nach § 252[825].

> **Bsp.:** T bricht in die Wohnung der O ein und steckt dort einige wertvolle Schmuckstücke in seine Manteltasche. Als er die Wohnung verlassen möchte, kommt O nach Hause. Um sich den Besitz an der Beute zu erhalten, schlägt er diese nieder und flieht. – § 249 scheidet aus, da die Wegnahme mit Überführung der Schmuckstücke in eine Gewahrsamsklave vollendet ist. Es liegt jedoch ein räuberischer Diebstahl vor, weil die Gewalt zwischen Vollendung und Beendigung des Diebstahls verübt wurde.

bb) Neben dem objektiven räumlich-zeitlichen Zusammenhang muss eine **finale** 324 **Beziehung** zwischen Wegnahme und Raubmittel bestehen[826]. Aus subjektiver Sicht des Täters muss das Nötigungsmittel der Wegnahme dienen und dazu geeignet sein. Eine objektive Kausalität zwischen Gewalt bzw. Drohung und der Wegnahme ist allerdings nicht erforderlich[827]. Deshalb ist der Finalzusammenhang

---

821 BGH NStZ 2020, 355 (356); ferner *Berster*, JZ 2016, 1017 (1019); *Maier*, NStZ 2016, 474 (475); *Rengier*, BT 1, § 7 Rn. 29; enger *Mitsch*, BT 2, 8.2.1.6.3 (S. 512); SK-*Sinn*, § 249 Rn. 30.
822 BGHSt 61, 141; ferner BGH NStZ 2019, 411.
823 BGHSt 61, 197.
824 BGHSt 61, 141 (149); BGHSt 61, 197 (201). Zum Finalzusammenhang sogleich u. Rn. 330a.
825 Vgl. BGH NStZ 2020, 417. S. hierzu u. Rn. 397.
826 BGHSt 41, 123 (124); BGH NStZ 2015, 699; BGHSt 61, 141 (144 ff.); BGHSt 61, 197 (199 f.).
827 BGHSt 18, 329 (331); BGHSt 61, 141 (145) m. Anm. *Eisele*, JuS 2016, 754; L-Kühl/*Kühl*, § 249 Rn. 4; *Mitsch*, BT 2, 8.2.1.6.1; a. A. A/W/H/H-*Heinrich*, § 17 Rn. 11; *Seelmann*, JuS 1986, 201 (204); SK-*Sinn*, § 249 Rn. 28 f.

jedenfalls nicht deshalb zu verneinen, weil das zur ungestörten Ausführung der Tat in der Nacht eingesperrte Opfer geschlafen hat und der Täter die Tat auch ohne das Einschließen hätte ausführen können.

> **Hinweis zum Prüfungsaufbau:** Aufgrund dieser subjektiven Perspektive könnte der Finalzusammenhang auch in den subjektiven Tatbestand verlagert werden. Für eine Prüfung im objektiven Tatbestand spricht jedoch, dass ein enger Zusammenhang mit der Wegnahme, den Nötigungsmitteln und dem räumlich-zeitlichen Zusammenhang besteht[828].

325 (1) Der Finalzusammenhang fehlt, wenn die Wegnahme einer zu einem ganz anderen Zweck vorgenommenen Nötigungshandlung ohne innere Verknüpfung (nur) zeitlich nachfolgt[829]. Erforderlich ist daher, dass die **Nötigungshandlung bis zur Wegnahme andauert** und nicht nur deren Folgen fortwirken[830].

> **Bsp. (1):** T schlägt die O, um sich an ihr zu vergehen und nimmt bereits währenddessen das Geld weg. – § 249 ist hier zu bejahen, da die Nötigungshandlung bei der Wegnahme noch andauert[831].

> **Bsp. (2):**[832] T verprügelt O, wobei das Mobiltelefon des O auf den Boden fällt. Als T nach Beendigung der Schläge erkennt, dass O durch sein vorangegangenes Verhalten eingeschüchtert ist, beschließt er, das Telefon mitzunehmen. – Da nur die Folgen der Nötigung (Einschüchterung) fortwirken, nicht aber die Nötigungshandlungen (Schläge) selbst bis zur Wegnahme andauern, scheidet § 249 aus. Es liegt im Übrigen auch kein Fall des § 249 i. V. m. § 13 – Garantenstellung aus Ingerenz – vor. Die bloßen Auswirkungen einer vorangegangenen Gewalt genügen nicht den Anforderungen der Entsprechensklausel, § 13 Abs. 1 Halbsatz 2[833]; der Fall ist auch nicht vergleichbar mit Situationen, in denen ein Garant die Gewaltausübung durch einen Dritten nicht hindert und dabei die Sache selbst wegnimmt[834]. T macht sich hinsichtlich der Wegnahme des Telefons jedoch nach §§ 242, 243 Abs. 1 Satz 2 Nr. 6 strafbar.

326 Streitig sind Fälle, in denen das Nötigungsmittel – wie beim Fesseln, Einsperren usw. – eine andauernde Wirkung entfaltet. Hier stellt sich zugleich die Frage nach einer **Gewaltanwendung durch Tun oder Unterlassen**.

> **Bsp.:** T sperrt den O in seinem Zimmer im 10. Stock ein, um sich ungestört mit dessen Freundin F vergnügen zu können. Anschließend nutzt er die Gelegenheit und steckt die Geldbörse des O ein. O hat von diesen Vorgängen nichts mitbekommen, weil er auf seinem Bett laut Musik gehört hat.

327 Zunächst ist zu bemerken, dass der Finalzusammenhang nicht deshalb zu verneinen ist, weil das Einsperren objektiv nicht kausal für die Wegnahme war[835]. Legt man die oben dargestellten Kriterien zugrunde, so dauert die Gewaltausübung (Akt des Einsperrens durch Umdrehen des Schlüssels) nicht mehr an. Vielmehr nutzt der Täter nur noch die Folgen seines vorherigen Handelns (abgeschlossene Tür) aus. Man könnte allenfalls argumentieren, dass es keinen Unterschied macht,

---

828 Wie hier *Streng*, GA 2010, 671 (676); *Wessels/Hillenkamp/Schuhr*, BT 2, Rn. 355. Zu Aufbaufragen auch *Eisele*, JuS 2016, 754 (756).
829 BGH MDR/H 1984, 276; NStZ 2003, 431; NStZ-RR 2017, 143 (144); *Wessels/Hillenkamp/Schuhr*, BT 2, Rn. 361.
830 BGHSt 20, 32 (33); BGHSt 32, 88 (92); BGH NStZ 2009, 325; StV 2020, 234 (235); NK-*Kindhäuser*, § 249 Rn. 22 f.
831 *Krey/Hellmann/Heinrich*, BT 2, Rn. 272; L-*Kühl/Kühl*, § 249 Rn. 4.
832 BGH NStZ 2006, 508; vgl. ferner BGH NStZ-RR 2014, 110; NStZ 2015, 585.
833 *Rengier*, BT 1, § 7 Rn. 32; SK-*Sinn*, § 249 Rn. 32; a. A. L-*Kühl/Kühl*, § 249 Rn. 4; LK-*Vogel*, § 249 Rn. 25.
834 Dazu o. Rn. 313.
835 S. o. Rn. 324.

ob fortwährend auf das Opfer eingeschlagen wird oder aber die Gewalteinwirkung durch andauerndes Einsperren erfolgt[836]. Soweit ein enger räumlich-zeitlicher Zusammenhang besteht, bejaht der BGH den Finalzusammenhang mit ähnlichen Erwägungen[837]. Zwar lässt er offen, ob eine Strafbarkeit durch aktives Tun oder Unterlassen mit einer Garantenstellung aus Ingerenz anzunehmen ist, verweist jedoch auf den Dauerdeliktscharakter der Freiheitsberaubung. Der Täter sei aufgrund des von ihm geschaffenen rechtswidrigen Zustandes gehalten, diesen – solange er noch andauert – wieder zu beenden. Das Unterlassen der Aufhebung der Gewaltanwendung stehe einer aktiven Gewaltanwendung gleich[838]; einem geringeren Unrechtsgehalt trage die Strafmilderungsmöglichkeit des § 13 Abs. 2 Rechnung[839]. Dagegen kann man jedoch einwenden, dass das bloße Ausnutzen einer zuvor zu anderen Zwecken ausgeübten Gewalt einer aktiven Gewaltanwendung zur Wegnahme nicht gleichgesetzt werden kann (vgl. auch § 13 Abs. 1 a. E.)[840]. Hierfür spricht auch, dass ansonsten der skrupellose Täter, der sein Opfer bis zur Bewusstlosigkeit misshandelt und erst dann den Entschluss fasst, eine Sache wegzunehmen, besser gestellt würde als derjenige, der das Opfer lediglich einsperrt und diesen Zustand ohne weiteres wieder aufheben kann[841]. Im vorliegenden Fall verbleiben dann §§ 242, 243 Abs. 1 Satz 2 Nr. 6, die in Tatmehrheit zu §§ 239, 22, 23 stehen[842]; wenn man eine vollendete Freiheitsberaubung annimmt, muss man sehen, dass es sich bei § 239 zwar um ein Dauerdelikt handelt, das zum Zeitpunkt der Wegnahme noch andauert, der Diebstahl jedoch nur „bei Gelegenheit" dieser Tat begangen wird[843].

(2) Im Einzelfall kann jedoch zu prüfen sein, ob trotz nicht mehr andauernder Gewaltanwendung im weiteren Verhalten des Täters eine (**konkludente**) **Drohung** mit gegenwärtiger Gefahr für Leib oder Leben zu sehen ist, so dass aus diesem Grund der Finalzusammenhang zu bejahen ist[844]. Zu beachten ist freilich, dass der Täter auch in diesem Fall das Übel in Aussicht stellen muss, so dass die bloße (irrtümliche) Erwartung des Opfers, dass eine Schädigung von Leib oder Leben eintreten könne, nicht genügt[845].

> **Bsp.:** T verprügelt den O aus Langeweile. Als T erkennt, dass O dadurch eingeschüchtert ist, beschließt er, ihm Geld wegzunehmen. Er baut sich vor diesem erneut mit geballter Faust auf und greift ihm in die Tasche. – Zwar dauert die ursprünglich zu einem anderen Zweck verübte Gewalt nicht mehr an, jedoch ist § 249 verwirklicht, weil nunmehr eine konkludente Drohung vorliegt; anders wäre zu entscheiden, wenn sich T nicht mehr vor O aufbaut, dieser aber die Wegnahme duldet, weil er von einem erneuten Angriff ausgeht.

---

836 Vgl. *Mitsch*, BT 2, 8.2.1.4.3.
837 BGHSt 48, 365 (370 f.); zust. *Gössel*, JR 2004, 254; krit. *Otto*, JZ 2004, 364; *Walter*, NStZ 2005, 240 (243). Vgl. auch *Eser*, NJW 1965, 377 (379 f.).
838 BGHSt 48, 365 (370); LK-*Vogel*, § 249 Rn. 24 f. u. 49; *Mitsch*, BT 2, 8.2.1.4.3; *Streng*, GA 2010, 671 (680 ff.).
839 *Streng*, GA 2010, 671 (680).
840 HK-*Duttge*, § 249 Rn. 14; *Otto*, BT, § 46 Rn. 20; *Wessels/Hillenkamp/Schuhr*, BT 2, Rn. 364.
841 *Fischer*, § 249 Rn. 12c; *Küper*, JZ 1981, 568 (571 f.); *Otto*, JZ 2004, 364 (365).
842 Dazu, dass in Fällen, in denen das Einsperren vom Opfer nicht bemerkt wird, nur ein Versuch des § 239 vorliegt, *Eisele*, BT 1, Rn. 427.
843 *Haft*, AT, S. 281; *Rengier*, BT 1, § 7 Rn. 33.
844 BGHSt 41, 123 (124); BGH NStZ 1982, 380 (381); StV 2015, 765 (768); L-Kühl/*Kühl*, § 249 Rn. 4; LK-*Vogel*, § 249 Rn. 48.
845 BGH NStZ 2013, 648.

329 (3) Problematisch sind Fälle, in denen der Täter das Nötigungsmittel final zur Wegnahme eines bestimmten Gegenstandes einsetzt, dann jedoch einen **anderen Gegenstand entwendet**.

> Bsp.: T möchte bei O eine Vase entwenden und bedroht ihn daher mit einem Messer. Als T diese nicht sogleich findet, nimmt er unter dem Eindruck der Drohung stattdessen Geld weg.

Man könnte den Finalzusammenhang zwischen der Wegnahme des Geldes und der Drohung deshalb verneinen, weil T die Drohung in Bezug auf einen bestimmten Gegenstand und damit eine bestimmte Tat (hinsichtlich der Vase) ausübte. Das Geld hätte er dann nur anlässlich der Fortwirkung der Drohung weggenommen[846]. Es läge dann nur ein versuchter Raub nach §§ 249, 22, 23 (hinsichtlich der Vase) in Tateinheit mit einem besonders schweren Fall des Diebstahls nach §§ 242, 243 Abs. 1 Satz 2 Nr. 6 (am Geld) vor. Überzeugender ist jedoch die Annahme eines vollendeten Raubs nach §§ 249, 250 Abs. 2 Nr. 1 hinsichtlich des Geldes. Wie beim Diebstahl ist auch hier von einem einheitlichen Vorsatz auszugehen, der durch eine Verengung, Erweiterung oder Modifikation hinsichtlich des Wegnahmegegenstandes jedenfalls so lange nicht entfällt[847], wie eine nur unerhebliche Abweichung vom ursprünglichen Tatplan vorliegt[848]. Die Drohung ist daher auch final mit der Wegnahme des Geldes verknüpft.

330 Nur wenn der Täter den **ursprünglichen Vorsatz ganz aufgibt** und erst später den Entschluss zur Wegnahme einer neuen Sache fasst, liegt eine relevante Zäsur vor, die den Finalzusammenhang entfallen lässt[849].

> Bsp.: T möchte bei O ein wertvolles Gemälde im Wohnzimmer entwenden. Dazu schließt er O in dessen Schlafzimmer ein, um nicht gestört zu werden. Als er das Wohnzimmer betritt, muss er feststellen, dass sich das Bild dort nicht befindet. Als er ohne Beute enttäuscht die Wohnung verlassen möchte, sieht er im Flur das Mobiltelefon des O liegen und nimmt dieses kurz entschlossen an sich. – Da T den Tatentschluss bezüglich des Gemäldes aufgegeben hat und erst später den erneuten Wegnahmevorsatz gefasst hat, ist eine einheitliche Raubtat zu verneinen. Bezüglich des Gemäldes liegt daher ein versuchter Raub nach §§ 249, 22, 23 vor (kein Rücktritt nach § 24, da die Tat fehlgeschlagen war). § 249 hinsichtlich des Telefons scheidet aus, weil die Gewaltausübung (Handlung des Einsperrens) zum Zeitpunkt der Wegnahme nicht mehr andauerte und das bloße Ausnutzen der Auswirkungen für den Finalzusammenhang nicht ausreichend ist. Es verbleibt dann eine Strafbarkeit nach §§ 242, 243 Abs. 1 Satz 2 Nr. 6; § 244 Abs. 1 Nr. 3, Abs. 4 und § 243 Abs. 1 Satz 2 Nr. 1 scheiden aus, da T nicht zur Ausführung dieser Tat in die Wohnung eingestiegen ist[850].

330a Problematisch sind letztlich auch Fälle, in denen der Täter zum Zeitpunkt des Einsatzes des Nötigungsmittels eine **abweichende Vorstellung vom Tatverlauf** hat. So stellt er sich im Beispiel Rn. 322a vor, dass mit dem Gewalteinsatz der Widerstand gebrochen und daher sogleich die Wegnahme erfolgen wird, während er die Gegenstände tatsächlich später nur deshalb wegnehmen konnte, weil das Opfer sich in Folge der zugefügten Verletzungen reinigte. Da der Finalzusammenhang nicht rein subjektiv zu interpretieren ist, sondern auf die objektiven Tatbe-

---

846 Vgl. BGH StV 1990, 408; NStZ-RR 1997, 298.
847 Vgl. auch BGHSt 22, 350 (351) – Wegnahme eines höheren Geldbetrages; BGH NStZ-RR 2019, 311 (312); a. A. *Rengier*, BT 1, § 7 Rn. 36 ff.; wohl auch LK-*Vogel*, § 249 Rn. 45; s. näher o. Rn. 60.
848 BGH NStZ-RR 2019, 311 (312).
849 Zu ähnl. Konstellationen bei § 243 s. o. Rn. 163.
850 S. o. Rn. 119.

standsmerkmale des Nötigungsmittels sowie der Wegnahme bezogen ist[851], wendet der BGH konsequenterweise die Irrtumsregel des § 16 Abs. 1 Satz 1 an[852]. Nach den Grundsätzen der unerheblichen Abweichung des tatsächlichen vom vorgestellten Kausalverlauf[853] steht demnach die abweichende Vorstellung dem Finalzusammenhang nicht entgegen. Aus Sicht des Opfers spielt es insoweit keine entscheidende Rolle, ob das Dulden der Wegnahme unmittelbar auf den Schlägen oder auf verletzungsbedingter Wehrlosigkeit beruht.

331 Entsprechendes gilt, wenn das zunächst zur Wegnahme eingesetzte Nötigungsmittel von vornherein nicht zur Verwirklichung des Raubtatbestandes führen kann, weil der Täter einen Anspruch auf die Sache hat und daher keine Rechtswidrigkeit der erstrebten Bereicherung gegeben ist[854]. Nimmt der Täter dann eine andere Sache weg und dauert die Gewalt nicht mehr an, so kommen nur §§ 242 ff. in Betracht.

2. Subjektiver Tatbestand

332 Der Täter muss mit Vorsatz und in Zueignungsabsicht handeln.

333 a) Der Vorsatz muss sich auch auf die Verknüpfung von Nötigungsmittel und Wegnahme beziehen. Im Übrigen ist von einem einheitlichen **Raubvorsatz** auszugehen. Nimmt der Täter nach Anwendung der Gewalt gegenüber dem ursprünglichen Tatplan weitere Gegenstände mit, dann liegt nur eine Raubtat und nicht etwa Raub in Tateinheit mit Diebstahl vor[855].

334 Macht der Täter die Gewaltanwendung bei der Tat von **Bedingungen** abhängig, so ist der Tatentschluss nach allgemeinen Grundsätzen zu bejahen, wenn er auf den Eintritt der Bedingung keinen Einfluss mehr hat. Dies ist etwa der Fall, wenn er nur im Falle der Gegenwehr des Opfers Gewalt üben möchte. Vergleichbare Überlegungen können auch im Rahmen der Zueignungsabsicht zum Tragen kommen. Von Bedeutung ist dies insbesondere bei der **eigenmächtigen Inpfandnahme** einer Sache.

> Bsp.: T hat gegen O eine fällige, einredefreie Kaufpreisforderung in Höhe von 1000 €, die dieser jedoch nicht begleichen will. Um seiner Forderung Nachdruck zu verleihen, sucht T den O auf und nimmt dessen Mountainbike an sich, indem er den O mit einem Faustschlag niederstreckt. O soll das Rad erst wieder erhalten, wenn er die Kaufpreisforderung beglichen hat. – Ob hier die Zueignungsabsicht hinsichtlich des Rades gegeben ist, hängt davon ab, ob T zum Zeitpunkt der Wegnahme zumindest billigend in Kauf nimmt, dass O das Rad nicht mehr erlangt (dauernde Enteignung des Eigentümers). Dafür wiederum ist entscheidend, ob er für den Fall der weiteren Zahlungsunwilligkeit – eine Bedingung, auf die er keinen Einfluss hat – das Rad verwerten oder behalten möchte[856]. Hingegen wird man entgegen dem BGH die Aneignungsabsicht

---

851 Zu diesem Aspekt *Eisele*, JuS 2016, 754 (755).
852 BGHSt 61, 141 (145 ff.); BGHSt 61, 197 (200); krit. aber *Berster*, JZ 2016, 1017 (1020).
853 Zu dieser Rechtsfigur vgl. etwa BGHSt 7, 325 (329); B/W/M/E-*Eisele*, § 11 Rn. 68 ff.; *Rengier*, AT, § 15 Rn. 11.
854 BGHSt 17, 88 (89); *Schönke/Schröder/Bosch*, § 242 Rn. 59; *Wessels/Hillenkamp/Schuhr*, BT 2, Rn. 355.
855 BGHSt 22, 350 (351); BGH NStZ 1982, 380; LK-*Vogel*, § 249 Rn. 53.
856 BGH StV 1983, 329 (330); StV 1984, 422 f.; NStZ-RR 2007, 15; *Bernsmann*, NJW 1982, 2214 (2218); *Schönke/Schröder/Bosch*, § 242 Rn. 55.

bejahen können, weil T sich insoweit die Sachsubstanz zumindest kurzfristig einverleiben möchte[857].

335 b) Für die **Zueignungsabsicht** gelten im Übrigen die beim Diebstahl dargestellten Grundsätze der Enteignungs- und Aneignungskomponente[858]. Die **Enteignungskomponente** erfordert daher wenigstens bedingten Vorsatz, der auf eine dauernde Enteignung gerichtet sein muss; die **Aneignungskomponente** verlangt Absicht im Sinne von dolus directus 1. Grades; diese muss auf eine wenigstens vorübergehende Aneignung gerichtet sein[859]. Erfasst wird sowohl die Eigen- als auch die Drittzueignungsabsicht. Fälle der bloßen Gebrauchsanmaßung fallen nicht unter § 249, weil der Vorsatz hinsichtlich einer dauernden Enteignung des Eigentümers fehlt[860]. So ist die Zueignungsabsicht etwa zu verneinen, wenn ein Mobiltelefon nur kurzfristig zum Zwecke des Löschens von gespeicherten Fotos oder zur Verhinderung eines Telefonats weggenommen wird, weil hierin auch kein Sachwertentzug hinsichtlich des Telefons liegt[861]. Wenn der Inhalt eines mit Gewalt weggenommenen Behältnisses entgegen der Vorstellung des Täters unbrauchbar ist, so liegt nur ein versuchter Raub am Inhalt vor, wenn der Täter auch am Behältnis selbst kein Interesse besitzt und deshalb Inhalt und Behältnis wegwirft (bloßer Sachentzug ohne Aneignungsabsicht)[862].

Bsp.:[863] T nimmt einen Karton des O weg und findet darin statt der erwarteten 160 000 € nur einige Flaschen Wein. Er wirft beides weg.

336 c) Die beabsichtigte Zueignung muss ferner **objektiv rechtswidrig** sein, d. h. der Täter darf keinen einredefreien und fälligen Anspruch auf den Gegenstand haben; Probleme entstehen vor allem bei Gattungs- und Geldschulden[864]. Hinsichtlich des normativen Merkmals der Rechtswidrigkeit muss in subjektiver Hinsicht zumindest **Eventualvorsatz** gegeben sein[865]. Bedeutung kann die Frage insbesondere dann erlangen, wenn der Gläubiger eigenmächtig Forderungen eintreibt[866].

Bsp. (1): T hat gegen O einen Anspruch auf Übereignung eines gebrauchten Mountainbikes, den O jedoch nicht erfüllt. Daraufhin begibt sich T zu O, streckt diesen mit einem Faustschlag nieder und nimmt das Rad an sich. – Zwar verwirklicht T den objektiven Tatbestand des § 249, jedoch fehlt es an der objektiven Rechtswidrigkeit der erstrebten Zueignung, da er einen fälligen und durchsetzbaren Anspruch auf Übereignung hatte. Es verbleibt aber eine Strafbarkeit nach §§ 240, 223.

Bsp. (2):[867] T irrt sich in Bsp. 1 darüber, dass er den Kaufpreis bereits an O entrichtet hat – Wegen der Einrede des O nach § 320 BGB liegt nun kein einredefreier Anspruch des T vor. Da T sich jedoch hierüber irrt, hat er keinen Vorsatz bezüglich der Rechtswidrigkeit der Zueignung, so dass § 249 zu verneinen ist.

---

857 BGH NStZ 2012, 627 verneint die Aneignungskomponente, was wenig überzeugt, weil hierfür gerade keine dauerhafte Einverleibung in das Vermögen erforderlich ist; zutr. die Kritik von *Jäger*, JA 2012, 709 f.; *Putzke*, ZJS 2013, 311 ff.
858 S. o. Rn. 62 ff.
859 BGH NStZ 2018, 712 (713).
860 Dazu o. Rn. 69 ff.
861 BGH NStZ-RR 2015, 371; NStZ-RR 2018, 282 f.; NStZ 2019, 344 (345).
862 Zur fehlenden Aneignungskomponente bei Sachentzug auch BGH NStZ-RR 2018, 282.
863 BGH NStZ 2006, 686 (687); dazu näher *Streng*, JuS 2007, 422; s. o. Rn. 80.
864 Näher o. Rn. 90.
865 BGH NJW 1990 2832; NStZ 2015, 699 (700).
866 S. auch BGH NStZ 1982, 380.
867 Vgl. auch BGH StraFo 2011, 408.

IV. Versuch

337 Der **Versuch** des Raubes ist aufgrund des Verbrechenscharakters nach § 23 Abs. 1 strafbar. Das unmittelbare Ansetzen liegt bei den sog. „Türklingelfällen" dann vor, wenn der Täter davon ausgeht, dass er sofort nach dem Öffnen der Wohnungstüre mit der Gewalt bzw. der Drohung gegen die Person beginnen muss[868]. **Vollendet** ist der Raub nicht bereits mit Abschluss der Gewaltanwendung oder Drohung, sondern erst mit Vollendung der Wegnahme[869]. Für den **Tatentschluss** gelten die für den subjektiven Tatbestand dargestellten Grundsätze. Wegen der Zweiaktigkeit des Tatbestandes – bestehend aus qualifizierter Nötigung und Diebstahl – stellt sich die Frage, ob bereits allein mit dem unmittelbaren Ansetzen zur Nötigung oder der Wegnahme ein versuchter Raub angenommen werden kann. Da jedoch die Nötigung die Wegnahme ermöglichen soll, ist stets erforderlich, dass der Täter zur Wegnahme mittels qualifizierter Nötigung unmittelbar ansetzt[870].

> **Bsp.:** T steigt in die Wohnung des O ein, um Geld mitzunehmen. Dabei möchte er den O mit der Faust niederschlagen, um die Wegnahme zu ermöglichen. In der Wohnung stellt er jedoch fest, dass O schläft, so dass er ungestört das Geld mitnehmen kann. – Hier hat T zwar die Wegnahme vollendet, jedoch noch nicht unmittelbar zur qualifizierten Nötigung angesetzt. Er hat damit nur §§ 242, 244 Abs. 1 Nr. 3, Abs. 4, nicht aber § 249 verwirklicht. Die bloße Absicht der Gewaltanwendung kann im Rahmen des Diebstahls im Übrigen nur dann erfasst werden, wenn der Widerstand nach § 244 Abs. 1 Nr. 1 lit. b mit einem sonstigen Werkzeug oder Mittel gebrochen werden soll.

V. Beteiligung

338 Nicht anders als beim Diebstahl kann nur derjenige Täter des Raubes sein, der die **(Dritt-) Zueignungsabsicht in seiner Person** aufweist. Ein Exzess eines Mittäters führt daher zum Wegfall des Vorsatzes und der Zueignungsabsicht[871]. Die (Dritt-)Zueignungsabsicht muss (nur) zum Zeitpunkt der Wegnahme gegeben sein. Eine Zurechnung der Zueignungsabsicht über § 25 Abs. 1 Var. 2 oder § 25 Abs. 2 ist nicht möglich.

> **Bsp.:**[872] T hält O mit einer Waffe in Schach; gemäß der gemeinsamen Verabredung soll A in dieser Zeit Wertsachen suchen und damit verschwinden; die Beute soll zwischen A und T geteilt werden. Später behauptet A gegenüber T wahrheitswidrig keine Beute gefunden zu haben. T findet sich damit ab. – A und T haben auf Grundlage eines gemeinsamen Tatentschlusses gehandelt. Aufgrund seiner Tatbeiträge (Bedrohen des O) und dem Interesse an der Tat (Beuteteilung) hatte T die Stellung eines Mittäters, so dass ihm die Wegnahme der Beute nach § 25 Abs. 2 zuzurechnen ist. Subjektiv handelte er vorsätzlich und besaß auch zum Zeitpunkt der Wegnahme die Zueignungsabsicht; der spätere Irrtum über die Wegnahme und damit die Vollendung der Tat ist unerheblich.

Umgekehrt ist selbst bei Vorliegen der (Dritt-) Zueignungsabsicht jedoch nicht zwingend Täterschaft anzunehmen. Die Abgrenzung erfolgt auf Grundlage der Tatherrschaftslehre vor allem nach dem Umfang der Beteiligung an der Nöti-

---

[868] BGH NStZ 1984, 506; StV 2017, 441 (442).
[869] S. nur LK-*Vogel*, § 249 Rn. 59.
[870] *Mitsch*, BT 2, 8.2.3.1.1; MünchKomm-*Sander*, § 249 Rn. 41.
[871] BGH NStZ-RR 2019, 249.
[872] Vgl. auch BGH NStZ 2012, 508.

gungs- und Wegnahmehandlung[873]. Von Bedeutung sind dabei Fälle der **sukzessiven Mittäterschaft und Beihilfe**[874]. Eine solche ist grundsätzlich vor Vollendung der Tat möglich[875].

> **Bsp.:** T schlägt auf O ein, um dessen Geld wegzunehmen. Der vorbeikommende S hält O fest und soll dafür die Hälfte des anschließend von T weggenommenen Geldes erhalten. – S und T machen sich hier gemäß §§ 249, 25 Abs. 2 strafbar[876].

1. Sukzessive Beteiligung nach Vollendung der Wegnahme

339 Umstritten ist, ob nach Vollendung, aber vor Beendigung[877] der Tat eine Beteiligung möglich ist.

> **Bspe.:** Haupttäter T flieht mit der Beute, nachdem er die Wegnahme mit Gewalt vollzogen hat; da er von O verfolgt wird, bittet er den zufällig vorbeikommenden S um Hilfe; S hindert den O daraufhin für den hälftigen Beuteanteil mit einer Waffe an der Verfolgung[878].

340 Nach h. M. sollen auch sukzessive Beiträge eines Mittäters oder Gehilfen nach Vollendung erfasst werden[879]. Die Beteiligung in Kenntnis der bisherigen Geschehnisse rechtfertige es, dem Täter die Tatbeiträge des anderen zuzurechnen, wenn er sein Einverständnis diesbezüglich bekundet habe[880]. Die mittäterschaftliche Zurechnung eines Deliktes, bei dem sich der Täter erst nach Vollendung des Delikts beteiligt, läuft aber letztlich auf die Bestrafung eines nachträglich (nach der Tat) gebildeten Vorsatzes (dolus subsequens) hinaus und ist auch mit dem Erfordernis einer gemeinsamen Tatbeherrschung nur schwer in Einklang zu bringen[881]. Die Ausdehnung einer Beteiligungsmöglichkeit in das vom Tatbestand nicht umschriebene und daher in seiner Reichweite unscharfe Beendigungsstadium widerstreitet zudem dem verfassungsrechtlich garantierten Bestimmtheitsgrundsatz des Art. 103 Abs. 2 GG[882]. Ferner trägt eine sukzessive Mittäterschaft der für den Raub erforderlichen Finalität zwischen Nötigung und Wegnahme nicht hinreichend Rechnung[883]. Für die sukzessive Beihilfe ist zu beachten, dass § 27 die Beteiligung an einer vorsätzlichen rechtswidrigen Haupttat erfordert und daher nach deren Vollendung keine Hilfe mehr zu einer solchen Tat geleistet werden kann[884]. Zudem wird bei einer Einbeziehung von Beteiligungshandlungen in die Beendigungsphase die Abgrenzung zu den Anschlussdelikten (§§ 257 ff.) bei der Beihilfe erheblich erschwert[885].

> **Beachte:** Ähnlich gelagert ist die Frage, ob zwischen Vollendung und Beendigung der Tat auch Qualifikationen verwirklicht werden können[886].

---

873 OLG Koblenz, Beschluss v. 13.6.2007 – 1 Ss 385/06; LPK-*Kindhäuser/Hilgendorf*, § 249 Rn. 29.
874 Ausführlich hierzu *Roxin*, AT 2, § 25 Rn. 219 ff. und 257 ff.
875 Vgl. nur *Heinrich*, AT, Rn. 1236 ff.
876 BGH MDR/D 1969, 533; *Roxin*, AT 2, § 25 Rn. 219.
877 Nach Beendigung scheidet eine sukzessive Mittäterschaft wie beim Diebstahl aus; vgl. BGH NStZ-RR 2011, 111 (112); NStZ 2013, 463; hierzu o. Rn. 94.
878 Vgl. auch BGH NJW 1992, 2103 (2104).
879 BGH JZ 1981, 596; NStZ 1997, 272; NStZ 2008, 280 – zu § 251; NStZ 2013, 463.
880 RGSt 52, 202; BGHSt 2, 344 (346); BGH NJW 1992, 2103 (2104); NStZ-RR 2006, 12 (13), zur Qualifikation des § 250 Abs. 2 Nr. 1.
881 L-*Kühl/Kühl*, § 249 Rn. 6; *Roxin*, AT 2, § 25 Rn. 227.
882 *Kühl*, FS-Roxin, S. 665 (675); *ders.*, JuS 2002, 729 (731); *Rengier*, BT 1, § 7 Rn. 48; *Roxin*, AT 2, § 25 Rn. 221.
883 *Küper*, JuS 1986, 862 (867); LK-*Vogel*, § 249 Rn. 55; SK-*Sinn*, § 249 Rn. 38; a. A. BGH JZ 1981, 596.
884 *Kindhäuser/Böse*, BT 2, § 13 Rn. 32; näher *Roxin*, AT 2, § 26 Rn. 259 ff.
885 S. auch u. Rn. 1081 ff.
886 Dazu schon o. Rn. 183 ff.

2. Beteiligung zwischen Versuchsbeginn und Vollendung

Aus einem etwas anderen Blickwinkel sind Fälle zu betrachten, in denen sich ein Dritter nach Versuchsbeginn, aber noch vor Vollendung (sukzessive) beteiligt. **341**

> **Bsp.:** Nach Ausübung von Gewalt durch T kommt S hinzu und vollzieht die Wegnahme gegen einen Beuteanteil (§ 25 Abs. 2) bzw. unterstützt den T bei der Wegnahme (§ 27).

Eine sukzessive Beihilfe wird man hier anerkennen müssen, da der Gehilfe typischerweise die Haupttat nur „punktuell" fördert und er für die fremde Haupttat im Übrigen akzessorisch haftet[887]. Aber auch eine sukzessive Mittäterschaft wird man entgegen anders lautender Stimmen in diesem Deliktsstadium nicht grundsätzlich verwerfen können, da nicht jeder Mittäter an allen Beiträgen im Ausführungsstadium beteiligt sein muss[888]. Die Grenzen folgen hier aus der Abgrenzung von Täterschaft und Teilnahme. Auf Grundlage der h. M. liegt daher Beihilfe und keine Täterschaft vor, wenn bei einer späten Beteiligung nur noch geringe Tatbeiträge erbracht werden. **342**

VI. Konkurrenzen

Die §§ 242, 240 werden von § 249 im Wege der Spezialität verdrängt[889]; bei einem nur versuchten Raub kommt jedoch Tateinheit mit einem vollendeten § 242 oder § 240 in Betracht[890]. Fraglich ist, ob § 244 Abs. 1 Nr. 3, Abs. 4 zu § 249 in Idealkonkurrenz tritt, da § 250 keine entsprechende Qualifikation enthält[891]. Dagegen spricht, dass das mit der Wegnahme verbundene Unrecht bereits von § 249 erfasst wird[892]. Um klarzustellen, dass der Hausfrieden verletzt ist, sollte man stattdessen § 123 – der ansonsten von § 244 Abs. 1 Nr. 3, Abs. 4 konsumiert wird[893] – zu § 249 in Tateinheit treten lassen. Mit § 239 steht § 249 in Tateinheit, da nicht jede Gewalt zugleich zu einer Freiheitsberaubung führt[894], es sei denn die Freiheitsberaubung ist nur das Mittel zur Begehung des Raubes[895]. Entsprechendes gilt auch für die §§ 223 ff., wenn die Körperverletzung über das Mindestmaß an Gewalt hinausgeht, das bereits den Tatbestand des Raubes begründet[896]. **343**

---

887 *Rengier*, BT 1, § 7 Rn. 49; *Schönke/Schröder/Heine/Weißer*, § 25 Rn. 96; dagegen *Rudolphi*, Jescheck-FS, 1985, S. 573 (576).
888 BGHSt 2, 344 (346); BGH NStZ 1997, 336; OLG Koblenz, Beschluss v. 13.6.2007 – 1 Ss 385/06; vgl. aber *Freund/Rostalski*, AT, § 10 Rn. 160; *Roxin*, AT 2, § 25 Rn. 227; *Schönke/Schröder/Heine/Weißer*, § 25 Rn. 96.
889 BGHSt 20, 235 (237 f.); BGH NStZ-RR 2005, 202 (203); L-Kühl/*Kühl*, § 249 Rn. 10.
890 BGHSt 21, 78 (80); BGH NStZ-RR 2005, 202 (203); *Fischer*, § 249 Rn. 24.
891 Dafür *Rengier*, BT 1, § 7 Rn. 5; *Wessels/Hillenkamp/Schuhr*, BT 2, Rn. 392.
892 So auch BGH NStZ-RR 2005, 202 (203), wonach nur bei vollendetem Diebstahl und versuchtem Raub Tateinheit in Betracht kommen soll.
893 S. o. Rn. 239.
894 BGHSt 32, 88 (93); *Fischer*, § 249 Rn. 24; NK-*Kindhäuser*, § 249 Rn. 34.
895 BGH StV 2015, 113.
896 BGH NStZ-RR 1999, 173 f.; *Rengier*, BT 1, § 7 Rn. 52; *Schönke/Schröder/Bosch*, § 249 Rn. 13.

§ 11 Schwerer Raub, § 250

Einführende Aufsätze: *Erb*, Schwerer Raub nach § 250 Abs. 2 Nr. 1 StGB durch Drohen mit einer geladenen Schreckschusspistole, JuS 2004, 653; *Fischer*, Waffen, gefährliche und sonstige Werkzeuge nach dem Beschluss des Großen Senats, NStZ 2003, 569; *Hellmann*, Schwerer Raub wegen der Gefahr einer schweren Gesundheitsschädigung und Verhältnis von Raub und räuberischem Diebstahl – BGH NJW 2002, 2043, JuS 2003, 17; *Kiworr*, Die Verwirklichung von Qualifikationen in der Beendigungsphase von Raub und räuberischer Erpressung, JuS 2018, 424.

Übungsfälle: *Bock*, BT, Fall 6: Misserfolg in der Grillstube, S. 165; *Gössel*, Fall 14: Freund und Feind, S. 229; *Gropp/Küpper/Mitsch*, Fall 1: Die gefährdete Kunstsammlung, S. 1; *Hilgendorf*, Fälle für Fortgeschrittene, Fall 7: Wahrsagerin, S. 91; *Hörnle*, Die verflixten Rubine: Raubüberfall mit tödlichem Ausgang, Jura 2001, 44; *Käßner/Seibert*, Stoff und Zoff, JuS 2006, 810; *Kühl/Schramm*, Raubüberfall auf einen Tübinger Juwelier, JuS 2003, 681; *Otto/Bosch*, Fall 10: Das Jagdschloss, S. 210.

Rechtsprechung: **BGHSt 20, 194** – Bauernkeller (Einsatz einer Waffe zwischen Vollendung und Beendigung); **BGHSt 31, 105** – Gasrevolver (Begriff des Beisichführens); **BGHSt 38, 115** – Plastikrohr (Grenzen bei Scheinwaffen); **BGHSt 45, 92** – Gaspistole (Verwenden i. S. d. § 250 Abs. 1 Nr. 1); **BGHSt 45, 249** – Agentur (Ungeladene Schusswaffe); **BGHSt 48, 197** – Waffe (Schreckschusspistole); **BGH NStZ 1997, 184** – Labello (Grenzen bei Scheinwaffen); **BGH NStZ 2007, 332** – Metallrohr (Grenzen bei Scheinwaffen); **BGH NStZ-RR 2007, 175** – Prügel (schwere körperliche Misshandlung).

I. Geschütztes Rechtsgut und Systematik

344 § 250 normiert in Abs. 1 und Abs. 2 **Qualifikationstatbestände**, bei denen sich nach allgemeinen Grundsätzen der Vorsatz (dolus eventualis genügt) auf alle objektiven Tatbestandsmerkmale erstrecken muss. § 250 Abs. 1 Nr. 1 lit. b enthält darüber hinaus eine zusätzliche subjektive Komponente (sog. Verwendungsvorbehalt). Verwirklicht der Täter mehrere Qualifikationen, so liegt auf **Konkurrenzebene** insgesamt nur ein schwerer Raub nach §§ 249, 250 vor[897]. Gelangt § 250 Abs. 2 mit seinen schwereren Strafschärfungen zur Anwendung, wird Abs. 1 im Wege der Gesetzeskonkurrenz verdrängt[898]. § 250 erlangt über die Verweisungen „ist gleich einem Räuber zu bestrafen" auch für § 252 und § 255 Bedeutung.

> **Hinweis zum Prüfungsaufbau:** Angesichts der Komplexität des § 249 und § 250 wird es sich im Regelfall empfehlen, die Vorschriften getrennt zu prüfen, um die Übersichtlichkeit zu wahren. Nach dem Grundtatbestand des § 249 ist dann § 250, ggf. im Anschluss daran § 251 zu prüfen.

II. Aufbauschema

345 1. Tatbestand
   a) Grundtatbestand des § 249 (auch § 252 und § 255)
   b) Qualifikation des § 250 Abs. 1
      aa) Abs. 1 Nr. 1: Täter oder anderer Beteiligter
         (1) Nr. 1 lit. a: Beisichführen einer Waffe oder eines anderen gefährlichen Werkzeugs

---

[897] Näher *Schönke/Schröder/Bosch*, § 250 Rn. 35.
[898] *Fischer*, § 250 Rn. 30; *Rengier*, BT 1, § 8 Rn. 37; für Tateinheit zwischen Abs. 2 Nr. 1 und Abs. 1 Nr. 1 lit. c NK-*Kindhäuser*, § 250 Rn. 27.

(2) Nr. 1 lit. b: Beisichführen sonst eines Werkzeugs oder Mittels, um den Widerstand einer anderen Person durch Gewalt oder Drohung mit Gewalt zu verhindern oder zu überwinden
(3) Nr. 1 lit. c: durch die Tat wird eine andere Person in die Gefahr einer schweren Gesundheitsschädigung gebracht
bb) Abs. 1 Nr. 2: Täter begeht den Raub als Mitglied einer Bande, die sich zur fortgesetzten Begehung von Raub oder Diebstahl verbunden hat, unter Mitwirkung eines anderen Bandenmitglieds
c) Qualifikation des § 250 Abs. 2: Täter oder anderer Beteiligter
aa) Abs. 2 Nr. 1: Verwenden einer Waffe oder eines anderen gefährlichen Werkzeugs bei der Tat
bb) Abs. 2 Nr. 2: Beisichführen einer Waffe in den Fällen des Absatzes 1 Nr. 2
cc) Abs. 2 Nr. 3: andere Person wird
(1) Nr. 3 lit. a: bei der Tat körperlich schwer misshandelt
(2) Nr. 3 lit. b: durch die Tat in die Gefahr des Todes gebracht
d) Subjektiver Tatbestand

2. Rechtswidrigkeit

3. Schuld

III. Tatbestand

1. Qualifikationen des § 250 Abs. 1

§ 250 Abs. 1 Nr. 1 lit. a, b und Nr. 2 entsprechen den Qualifikationen des § 244. **346** Die dort behandelten Fragen sind auch hier von Bedeutung[899].

a) Für die Verwirklichung des **§ 250 Abs. 1 Nr. 1 lit. a** ist erforderlich, dass der **347** Täter oder ein anderer Beteiligter am Raub eine **Waffe oder ein anderes gefährliches Werkzeug bei sich führt**. Für die Auslegung kann zunächst auf die Ausführungen zu § 244 Abs. 1 Nr. 1 lit. a verwiesen werden[900]. Richtigerweise genügt auch hier ein **Beisichführen** nach Vollendung nicht[901]. Zwar bedarf es bei § 250, der auf § 249 aufbaut, anders als bei § 242 immer einer Gewaltanwendung oder einer Drohung mit einer gegenwärtigen Gefahr für Leib und Leben. Es ist jedoch – im Umkehrschluss zu § 250 Abs. 2 Nr. 1 – nicht erforderlich, dass hierzu die Waffe oder das gefährliche Werkzeug eingesetzt wird oder das Opfer das Beisichführen wahrnimmt[902]. Daher kann auch hier zu diskutieren sein, ob beim sonstigen gefährlichen Werkzeug eine (modifiziert) abstrakt-objektive Betrachtungsweise oder eine konkret-subjektive Betrachtungsweise den Vorzug verdient[903]. Nach Ansicht der Rechtsprechung muss der Täter auch im Rahmen dieser Vor-

---

899 S. o. Rn. 172 ff.
900 S. o Rn. 172 ff. Zum Beisichführen auch BGHSt 31, 105.
901 Dazu o. Rn. 183 ff.
902 BGH NStZ-RR 2015, 13; vgl. aber zu Abs. 2 Nr. 1 Rn. 363.
903 Ausf. o. Rn. 191 ff.

schrift einen Alltagsgegenstand – wie etwa ein Taschenmesser – „**bewusst gebrauchsbereit**" mit sich führen[904].

> **Bsp.:** T bricht in die Wohnung des O ein, um Wertgegenstände zu entwenden. Dabei führt er einen massiven Vorschlaghammer mit sich. Als er von O beim Durchsuchen der Wohnung gestellt wird, streckt er diesen mit einem kräftigen Faustschlag nieder und flieht dann mit reichlich Schmuck. – T verwirklicht zunächst § 249. Ob auch § 250 Abs. 1 Nr. 1 lit. a erfüllt ist, hängt davon ab, welche Anforderungen man an das gefährliche Werkzeug stellt. Nach der hier vertretenen modifizierten objektiven Betrachtungsweise kommt dem Vorschlaghammer Waffenersatzfunktion zu, weil dieser mangels anderer Einsatzmöglichkeiten nur als Angriffs- oder Verteidigungsmittel dienen kann, so dass der Raub qualifiziert ist[905].

348 Grundsätzlich genügt es für das Beisichführen, dass der Täter die Waffe oder das gefährliche Werkzeug am Tatort ergreift oder sogar gerade dieses als Tatobjekt wegnimmt[906]. Problematisch sind jedoch Fälle, in denen der Täter einen solchen Gegenstand **am Tatort vorfindet**, über deren Geeignetheit zum Einsatz er sich auch im Klaren ist. Fehlt es insoweit am Ergreifen, so könnte letztlich jeder gefährliche Gegenstand, der sich zufällig in räumlicher Nähe befindet, die Qualifikation begründen. Ein Diebstahl oder Raub in der Küche oder im Werkzeugkeller wäre dann – soweit man nicht der konkret-subjektiven Theorie bei der Bestimmung des gefährlichen Werkzeugs folgt – stets qualifiziert. Der BGH verlangt daher neben dem Bewusstsein, das Werkzeug funktionsbereit zur Verfügung zu haben, zu Recht, dass der Täter dieses zum Tatort mitgebracht hat oder es zu irgendeinem Zeitpunkt bis zur Tatbeendigung ergreift.

> **Bsp.:**[907] T möchte einen Raub begehen. Dazu deponiert er im Eingangsbereich einer Kelleretage einen schweren eisernen Kuhfuß (Nageleisen). Nachdem er diesen Raum zunächst verlassen hatte, kehrte er später dorthin zurück und führt den Raub durch. Der in der Nähe befindliche Kuhfuß wurde allerdings nicht eingesetzt. – Da das Werkzeug zum Tatort mitgebracht wurde, kann § 250 Abs. 1 Nr. 1 lit. a bejaht werden.

349 b) Hinsichtlich **§ 250 Abs. 1 Nr. 1 lit. b** ist zu beachten, dass das (ungefährliche) Werkzeug oder Mittel zwar zur Verhinderung oder Überwindung von Widerstand mitgeführt werden (Verwendungsvorbehalt), dieses allerdings nicht als Nötigungsmittel i. S. d. § 249 eingesetzt werden muss.

> **Bsp.:**[908] T führt ein Seil mit sich, um O zu fesseln, falls er von diesem bei der Wegnahme überrascht wird. Da O jedoch nach einem Faustschlag des T sogleich das Bewusstsein verliert, bedarf es eines Einsatzes des Seils nicht mehr. – T macht sich nach §§ 249, 250 Abs. 1 Nr. 1 lit. b strafbar; Nr. 1 lit. a scheidet aus, da das Seil kein gefährliches Werkzeug ist.

350 aa) Problematisch ist, ob **Scheinwaffen und andere objektiv ersichtlich ungefährliche Gegenstände** – wie bei § 244 Abs. 1 Nr. 1 lit. b – erfasst werden. Dies wird teilweise als systemwidrig abgelehnt, weil § 250 Abs. 1 Nr. 1 lit. b die einzige Variante ist, die keine objektive Gefährlichkeit voraussetze[909] und der Unrechtsgehalt des bloßen Mitführens von harmlosen Gegenständen zu Nötigungszwecken

---

[904] BGH NStZ-RR 2005, 340 zu § 252 i. V. m. § 250 Abs. 1 Nr. 1 lit. a; NStZ-RR 2014, 110 f. Dazu o. Rn. 194.
[905] S. o. Rn. 198.
[906] BGH StV 1988, 429; NStZ-RR 2014, 277.
[907] BGH JuS 2017, 369 m. Anm. *Eisele*.
[908] Vgl. auch BGH NStZ-RR 2016, 339.
[909] Kritisch *Wessels/Hillenkamp/Schuhr*, BT 2, Rn. 373.

vom Grundtatbestand des § 249 hinreichend sanktioniert werde[910]. Dagegen spricht aber schon der ausdrückliche gesetzgeberische Wille beim 6. StrRG[911], nach welchem der bisherigen Rechtsprechung gefolgt[912] und Scheinwaffen von § 250 erfasst werden sollten[913]. Mit dem Mitführen einer echt aussehenden Scheinwaffe ist ferner eine gesteigerte kriminelle Energie verbunden, weil das über die Echtheit getäuschte Opfer aus seiner Sicht verstärkt bedroht wird[914]. Ungefährliche Gegenstände, die schon nach ihrem objektiven Erscheinungsbild nicht geeignet sind, die Drohung zu realisieren, werden hingegen nicht erfasst; die bloße verbale Täuschung durch den Täter genügt nicht[915]. Dabei wird das **äußere Erscheinungsbild** aus Sicht eines objektiven Betrachters und nicht aus subjektiver Perspektive des Tatopfers beurteilt[916]. Der in den Rücken gehaltene Labello-Stift[917], das unter der Jacke verborgene Plastikrohr[918] oder die „grellbunte" Spielzeugpistole[919] können aufgrund ihrer offensichtlichen Ungefährlichkeit und des Überwiegens eines bloßen Täuschungselements nicht den Qualifikationstatbestand des § 250 Abs. 1 Nr. 1 lit. b verwirklichen, obgleich nicht zu verkennen ist, dass auch in diesen Fällen die nach der Tätervorstellung beim Opfer herbeizuführende gesteigerte Zwangswirkung eintreten kann[920]. Mit dem Abstellen auf das äußere Erscheinungsbild können mehr oder weniger plausible Grenzen jedoch vornehmlich nur im Bereich der Nachahmung „klassischer" Schusswaffen gezogen werden. Für andere Waffen – wie etwa einen Sprengsatz – gibt es kein äußeres Erscheinungsbild, das als Leitbild dienen könnte[921].

> **Bsp.:**[922] T stellt eine Sporttasche auf die Theke einer Tankstelle, hebt sein Mobiltelefon und droht gegenüber O, damit eine in der Tasche befindliche Bombe zu zünden, wenn er nicht das Geld in der Kasse erhalte. In Wahrheit ist die Sporttasche leer. – Der BGH bejaht hier den Scheinwaffencharakter, weil der Gegenstand von O überhaupt nicht eingeschätzt werden konnte und das äußere Erscheinungsbild keinen Anhaltspunkt über die Gefährlichkeit gab. Dies überzeugt freilich wenig, weil damit zum Ausdruck gebracht wird, dass der Gegenstand nach seinem äußeren Erscheinungsbild gerade nicht einer echten Waffe entspricht. Das Mobiltelefon und die Sporttasche sahen nicht wie eine echte Bombe aus und der (mögliche) Inhalt der Tasche war nicht einmal erkennbar. Damit beruhte die Zwangswirkung aber vornehmlich auf der verbalen Täuschung[923].

---

910 NK-*Kindhäuser*, § 250 Rn. 5.
911 BT-Drs. 13/9064, S. 17 f.
912 Vgl. BGHSt 38, 116 (117); BGH NJW 1976, 248; NStZ 1981, 436.
913 Dazu ausf. *Küper/Zopfs*, BT, Rn. 809; *Wessels/Hillenkamp/Schuhr*, BT 2, Rn. 373.
914 BGH NJW 1976, 248; *Rengier*, BT 1, § 8 Rn. 6.
915 BGHSt 38, 116 (117 f.); BGH NStZ 2007, 332 (333); NStZ 2017, 581 f.
916 BGH NStZ 2007, 332 (333); NStZ 2009, 95; MünchKomm-*Sander*, § 250 Rn. 44.
917 BGH NStZ 1997, 184 (185).
918 BGHSt 38, 116 (117); s. ferner BGH NStZ 2007, 332 – Metallrohr; BGH NStZ-RR 2008, 311; OLG Köln StV 2010, 636 – dicker Ast.
919 BGH NStZ 2011, 703.
920 S. auch BGH NStZ 2007, 332 (333).
921 Zu Recht *Fischer*, § 250 Rn. 11d.
922 BGH NStZ 2011, 278.
923 *Hecker*, JuS 2011, 757 (759); *Pfuhl*, ZJS 2011, 415 (417 f.).

351 Nicht verwirklicht ist die Qualifikation mangels objektiver Zwangswirkung jedenfalls dann, wenn das Opfer die Scheinwaffe entlarvt[924]; es kommt dann nur ein Versuch in Betracht[925].

352 bb) Angesichts der hohen Mindeststrafe sind im Wege einer **teleologischen Reduktion** ungefährliche Gegenstände, deren Anwendung nur zu einer kurzfristigen und unerheblichen körperlichen Einwirkung führen, auszuklammern.

> **Bsp. (1):** T sprüht dem O mit einem Deo in das Gesicht, um die Unaufmerksamkeit zur Wegnahme zu nutzen. – § 250 Abs. 1 Nr. 1 lit. a, Abs. 2 Nr. 1 scheiden aus, weil das Deo kein gefährliches Werkzeug ist; angesichts des Bagatellcharakters ist richtigerweise auch Abs. 1 Nr. 1 lit. b zu verneinen, so dass es bei § 249 bleibt[926].
>
> **Bsp. (2):**[927] T fesselt O mit einem Klebeband, um ungestört eine Sache wegzunehmen. – § 250 Abs. 1 Nr. 1 lit. b ist zu bejahen, da das Fesseln nicht nur eine unerhebliche Einwirkung ist.

353 c) Bei **§ 250 Abs. 1 Nr. 1 lit. c** handelt es sich um ein konkretes Gefährdungsdelikt und nicht um eine Erfolgsqualifikation[928]. Daher muss der Täter hinsichtlich des Eintritts der konkreten Gefahr mit Vorsatz handeln.

354 aa) Eine **konkrete Gefahr** ist gegeben, wenn es nur noch vom Zufall abhängt, ob eine Gesundheitsschädigung eintritt oder nicht[929]. Die **schwere Gesundheitsschädigung** ist wie bei § 221 auszulegen[930]. Diese erfasst nicht nur schwere Folgen i. S. d. § 226, sondern auch das Verfallen in eine ernste und langwierige Krankheit oder eine erhebliche Verminderung der Arbeitsfähigkeit für längere Zeit. Dass diese auf einer besonders schwachen Konstitution des Opfers (z. B. Gebrechlichkeit, Alter usw.) beruht, steht dem nicht entgegen, sofern sie vom Vorsatz des Täters umfasst ist[931].

355 bb) Die gefährdete **andere Person** kann neben dem Gewahrsamsinhaber oder einer schutzbereiten Person auch ein an der Tat unbeteiligter Dritter sein[932], wobei dann geprüft werden muss, ob sich hierauf der Vorsatz erstreckt. Lediglich Tatbeteiligte i. S. d. § 28 Abs. 2 sind in den Schutzbereich des § 250 nicht einbezogen[933].

> **Bsp.:** T möchte an einer stark befahrenen Straße der Rentnerin R ihre Handtasche entreißen. Da diese sich jedoch zur Wehr setzt, muss T ihr einen kräftigen Stoß verpassen. Dadurch wird R gegen den O geschleudert, der auf die Fahrbahn stürzt. Der Fahrer eines PKW kann ein Überfahren der Beine des O nur durch eine Vollbremsung verhindern. – Hier liegt zwar objektiv ein Fall des § 250 Abs. 1 Nr. 1 lit. c vor. Die Verwirklichung der Qualifikation hängt aber davon ab, ob T hinsichtlich der konkreten Gefahr zumindest Eventualvorsatz besaß.

---

924 *Rengier*, BT 1, § 8 Rn. 9; SK-*Sinn*, § 250 Rn. 30; *Wessels/Hillenkamp/Schuhr*, BT 2, Rn. 374; a. A. BGH NJW 1990, 2570 m. abl. Anm. *Herzog*, StV 1990, 547.
925 *Rengier*, BT 1, § 8 Rn. 9, der einen versuchten schweren Raub annimmt. Zur Frage, ob der Grundtatbestand in solchen Fällen vollendet ist, s. o. Rn. 315.
926 Anders aber BGH NStZ 2003, 89. Zur Begründung des § 249 s. o. Rn. 309.
927 BGH NStZ 2007, 332 (334).
928 SK-*Sinn*, § 250 Rn. 34; *Wessels/Hillenkamp/Schuhr*, BT 2, Rn. 376.
929 NK-*Kindhäuser*, § 250 Rn. 9; SSW-*Kudlich*, § 250 Rn. 14; allg. dazu *Eisele*, BT 1, Rn. 250.
930 *Eisele*, BT 1, Rn. 251.
931 Vgl. BGH NStZ 2002, 542 (543); *Schroth*, NJW 1998, 2861 (2865).
932 *Fischer*, § 250 Rn. 13; *Schönke/Schröder/Bosch*, § 250 Rn. 22.
933 LK-*Vogel*, § 250 Rn. 22; *Schönke/Schröder/Bosch*, § 250 Rn. 22.

cc) Die Gefahr muss **durch die Tat** entstehen, d. h. es muss sich gerade das mit **356**
dem Raub verbundene spezifische Risiko im Gefahreintritt niederschlagen (spezifischer Gefahrzusammenhang).

(1) Dies wird – in Abweichung zu den bei § 251 entwickelten Grundsätzen – **357**
bisweilen nicht nur bejaht, wenn die Gefahr auf der Nötigungshandlung, sondern
auch auf der **Wegnahme der Sache** beruht[934].

> **Bsp.:** T nimmt dem O mit Hilfe eines Faustschlages ein wichtiges Medikament weg;
> O erleidet daher langandauernde gesundheitliche Schäden, weil die Beschaffung eines
> Ersatzmedikaments geraume Zeit in Anspruch nimmt.

Beruht der Gefahreintritt wie hier allein auf der Wegnahme, so realisiert sich **358**
jedoch lediglich das spezifische Risiko eines Diebstahls, nicht aber eines Raubs[935].
Bestätigt wird dieses Ergebnis durch § 244, der für die Wegnahme i. S. d. § 242
gerade auf diesen Erschwerungsgrund verzichtet, im Übrigen aber dem § 250 entsprechende Qualifikationen normiert[936]. Daher ist im vorgenannten Beispiel die
Qualifikation richtigerweise zu verneinen.

> **Beachte:** Entsprechendes gilt dann für § 250 Abs. 2 Nr. 3 lit. b, bei dem die Gefahr
> einer schweren Gesundheitsschädigung nur durch die Todesgefahr ersetzt wird.

(2) Die Handlung, die zur konkreten Gefahr führt, muss zwischen **Versuchsbe-** **359**
ginn und Vollendung vorgenommen werden[937]. Nicht ausreichend ist es, wenn
die konkrete Gefahr schon vor Versuchsbeginn eintritt. Dies ist etwa der Fall,
wenn der Täter das Opfer misshandelt, bevor er überhaupt den Wegnahmevorsatz
fasst[938].

> **Bsp.:** T möchte eine Bank überfallen. Weil ihm auf dem Weg dorthin Rentner R auf
> einer Treppe im Weg steht, stößt er diesen hinab; R erleidet einige Knochenbrüche.
> Erst anschließend betritt T die Bank und bedient sich am Geld. – § 250 Abs. 1 Nr. 1
> lit. c ist zu verneinen, da T zum Zeitpunkt des Stoßes noch nicht zur Verwirklichung
> des § 249 unmittelbar angesetzt hat.

(3) Umstritten ist, ob das Herbeiführen der Gefahr in der **Phase zwischen Vollen-** **360**
dung und Beendigung qualifizierend wirkt. Entsprechend den Ausführungen zu
§ 244 Abs. 1 Nr. 1 lit. a und Nr. 1 lit. b sowie zur Mittäterschaft und Beihilfe bei
§ 249 ist dies im Hinblick auf Art. 103 Abs. 2 GG abzulehnen[939]. Die Qualifikation
„durch die Tat" knüpft an den Grundtatbestand an, der jedoch nur die Vollendung
der Tat beschreibt und auch nur insoweit sanktioniert. Auch könnten ansonsten
die gesteigerten Anforderungen des § 252, der ebenfalls auf § 250 verweist und
gerade die Beendigungsphase des Diebstahls erfasst, unterlaufen werden[940]. Die
Rechtsprechung versucht in jüngeren Entscheidungen diesen Bedenken Rechnung
zu tragen; sie verlangt daher zur Wahrung des Finalzusammenhangs, dass diejenige Handlung, die den erschwerenden Umstand verwirklicht, zur weiteren Verwirklichung der Zueignungsabsicht vorgenommen wird („**verlängerte Zueig-**

---

934 *Krey/Hellmann/Heinrich*, BT 2, Rn. 288.
935 *Fischer*, § 250 Rn. 14a; *Wessels/Hillenkamp/Schuhr*, BT 2, Rn. 377.
936 *Mitsch*, BT 2, 8.3.1.3.2.2.
937 *Fischer*, § 250 Rn. 14; *Schönke/Schröder/Bosch*, § 250 Rn. 23 [bis Beendigung).
938 BGH StV 2006, 418.
939 S. o. Rn. 183 f. und o. Rn. 339 f.
940 *Küpper/Grabow*, FS Achenbach, 2011, S. 265 (275 f.); LK-*Vogel*, § 250 Rn. 23; NK-*Kindhäuser*, § 250 Rn. 11.

nungsabsicht")[941]. Das Mittel muss also zur Sicherung des Besitzes an dem gestohlenen Gut eingesetzt werden. Das soll nach Ansicht des BGH auch für § 250 Abs. 2 Nr. 1, Nr. 3 lit. a, b gelten; konsequenterweise müssten diese Grundsätze auch auf § 250 Abs. 1 Nr. 1 lit. a und § 251 übertragen werden[942]. Bei Anwendung der Qualifikationen über §§ 253, 255 soll es auf eine **verlängerte Bereicherungsabsicht** ankommen, obgleich § 252 auf solche Konstellationen gar keine Anwendung findet und daher die Übertragung der subjektiven Voraussetzungen zweifelhaft ist[943]. Insgesamt überzeugt die Position des BGH trotz der jüngeren Modifikationen nicht[944]; es verbleiben systematische Brüche im Hinblick auf § 252, der gerade auf die Phase zwischen Vollendung und Beendigung zugeschnitten ist und neben der Besitzerhaltungsabsicht auch den objektiven Tatbestand mit dem Erfordernis der „frischen Tat" begrenzt[945].

> **Bsp. (1):** T flieht nach Vollendung des Raubes mit seinem Kfz; er fährt bei der Flucht auf den Polizisten O zu, der sich ihm in den Weg stellt, um mit der Beute zu entkommen. O kann in letzter Sekunde zur Seite springen. – § 250 Abs. 1 Nr. 1 lit. c und auch § 250 Abs. 2 Nr. 3 lit. b sind zu verneinen, da sich nur die Gefahr einer riskanten Flucht bzw. einer gefährlichen Fahrweise, die nach der Verwirklichung einer jeden Straftat vorliegen kann, realisiert. Die Rechtsprechung würde hingegen die Qualifikationstatbestände bejahen, weil T zur Beutesicherung handelt und damit die Zueignungsabsicht weiter verwirklicht. In Klausuren ist in solchen Fällen vor allem auch § 315b zu beachten[946].
>
> **Bsp. (2):**[947] T nimmt dem O mit Gewalt dessen Geldbörse weg, entnimmt einen 5 €-Schein und steckt diesen ein. Dann geht er wieder auf den sich abwendenden O zu, wirft diesen zu Boden und tritt in dessen Gesicht, bis O bewusstlos wird. – § 250 Abs. 1 Nr. 1 lit. c, § 250 Abs. 2 Nr. 3 lit. a sind nun auch nach der Rechtsprechung zu verneinen, weil nicht ersichtlich ist, dass die erneute Gewaltausübung der weiteren Verwirklichung der Zueignungsabsicht dient; ein Entzug der Beute seitens des O drohte nicht. Entsprechendes gilt in Fällen, in denen der Täter zur Zeit der Tathandlung nicht mehr im Besitz der Beute ist.
>
> **Bsp. (3):**[948] T bedroht O mit einer täuschend echt aussehenden Spielzeugpistole und entnimmt der Kasse einen geringen Geldbetrag. Weil ihm dies nicht genügt, fordert er O auf, den Tresor zu öffnen. Als dieser sagt, dass er den Tresor nicht allein öffnen könne, bedroht T ihn mit einem langen Schinkenmesser. Als sich der Tresor tatsächlich nicht öffnen lässt und T auch keine weitere Beute findet, flüchtet er. – T verwirklicht zunächst bezüglich der Erlangung des Geldes §§ 249, 250 Abs. 1 Nr. 1 lit. a (hinsichtlich des Messers) und Nr. 1 lit. b (hinsichtlich der Scheinwaffe); nach Ansicht des BGH wird diese Tat nach ihrer Vollendung durch § 250 Abs. 2 Nr. 1 qualifiziert, weil T innerhalb eines einheitlichen Tatgeschehens zur weiteren Verwirklichung der Zueignungsabsicht das Messer als Drohmittel verwendet[949]. Das überzeugt freilich wenig, weil T das Messer nicht zur Sicherung des Besitzes am Geld einsetzt, sondern dadurch weitere Gegen-

---

941 BGHSt 52, 377 f. – zu § 250 Abs. 2 Nr. 1; ferner BGHSt 53, 234 (236 f.); BGH NStZ 2010, 327; – zu § 250 Abs. 2 Nr. 3a.; BGHSt 55, 79 (81) – § 250 Abs. 2 Nr. 3b m. Anm. *Kühl*, JZ 2010, 1130; näher zur Rspr. *Küpper/Grabow*, FS Achenbach, 2011, S. 265 ff.
942 Für § 251 offen gelassen BGHSt 55, 79 (81); BGHSt 38, 295 (299), ließ für § 251 noch das Handeln zur bloßen Fluchtsicherung genügen. Dazu *Waszczynski*, HRRS 2010, 350 (355).
943 BGHSt 53, 234; BGH StV 2012, 282 (283); mit Recht krit. *Nestler*, JR 2010, 100 (104 ff.); *Waszczynski*, HRRS 2010, 111 (112 f.); s. auch *Lehmann*, JR 2011, 131 f.
944 Krit. auch *Nestler*, JR 2010, 100 (103); *Waszczynski*, HRRS 2010, 111 (112 f.).
945 *Habetha*, NJW 2010, 3133 (3135). Zum Erfordernis der „frischen Tat" s. u. Rn. 402 ff.
946 *Eisele*, BT 1, Rn. 1146 ff.
947 Vgl. auch BGHSt 53, 234; BGH StV 2014, 282.
948 Nach BGH NStZ 2010, 327.
949 S. u. Rn. 363.

stände erlangen möchte; es fehlt daher schon am Finalzusammenhang mit der vollendeten Tat[950]. Richtigerweise liegt insoweit ein tateinheitlicher Versuch der §§ 249, 250 Abs. 2 Nr. 1 vor[951].

d) § 250 Abs. 1 Nr. 2 setzt voraus, dass der Täter den Raub **als Mitglied einer Bande, die sich zur fortgesetzten Begehung von Raub oder Diebstahl verbunden hat, unter Mitwirkung eines anderen Bandenmitglieds** begeht. Hierzu kann grundsätzlich auf die Ausführungen zu § 244 Abs. 1 Nr. 2 verwiesen werden[952]. Erfasst werden auch Fälle, in denen Mitglieder einer Diebesbande einen Raub begehen; nicht erforderlich ist, dass diese auch künftig Raubtaten begehen wollen[953]. Trotz des missverständlichen Wortlautes („der Täter…") findet die Strafschärfung auch auf Teilnehmer Anwendung[954]. **361**

2. Qualifikationstatbestand des § 250 Abs. 2

Die Vorschrift enthält Qualifikationen mit einem gegenüber Absatz 1 erhöhten Strafrahmen, der auf eine größere Gefährlichkeit der Tat zurückzuführen ist[955]. **362**

a) § 250 Abs. 2 Nr. 1 setzt voraus, dass der Täter oder ein anderer Beteiligter am Raub **bei der Tat eine Waffe oder ein anderes gefährliches Werkzeug verwendet**. Das Merkmal „bei der Tat" umfasst richtigerweise auch hier nur den Zeitraum vom Versuchsbeginn bis zur Vollendung der Tat[956]. Das Vorbereitungsstadium wird nicht erfasst[957]; die Rechtsprechung, die die Beendigungsphase mit einbezieht, verlangt insoweit eine verlängerte Zueignungsabsicht[958]. Unter **Verwenden** ist jeder zweckgerichtete Gebrauch als Gewalt- oder Drohungsmittel zu verstehen[959]. Das Verwenden bezieht sich auf den Einsatz des Nötigungsmittels im Grundtatbestand, so dass es dann anzunehmen ist, wenn der Täter zur Wegnahme eine Waffe oder ein gefährliches Werkzeug gerade als Mittel entweder der Gewalt gegen eine Person oder der Drohung mit gegenwärtiger Gefahr für Leib oder Leben gebraucht[960]. Wird der Gegenstand nur vor der Wegnahme aus anderen Gründen eingesetzt, so genügt dies nicht[961]. Ein (vollendetes) Verwenden zur Drohung setzt voraus, dass das Opfer das Nötigungsmittel als solches erkennt und die Androhung seines Einsatzes wahrnimmt[962]. Dabei ist es ausreichend, dass das Opfer das Werkzeug nur taktil, nicht aber visuell wahrnimmt; es muss nicht erkennen, um welchen konkreten Gegenstand es sich handelt[963]. **363**

---

950 Zutr. *Lehmann*, JR 2011, 131 (133 f.); ferner *Habetha*, NJW 2010, 3133 (3136); *Kraatz*, StV 2010, 629 (631 f.); *Waszczynski*, HRRS 2010, 350 (351 f.).
951 *Lehmann*, JR 2011, 131 (133 f.); vgl. aber *Küpper/Grabow*, FS Achenbach, 2011, S. 265 (277), die tatbestandliche Handlungseinheit annehmen.
952 S. o. Rn. 212 ff.
953 BGH NStZ-RR 2015, 213.
954 *Fischer*, § 250 Rn. 16; NK-*Kindhäuser*, § 250 Rn. 16.
955 SK-*Sinn*, § 250 Rn. 51; *Wessels/Hillenkamp/Schuhr*, BT 2, Rn. 379.
956 S. oben Rn. 360, vgl. aber etwa BGH StV 2014, 282 (283).
957 BGH NStZ 2018, 148; *Fischer*, § 250 Rn. 18.
958 Zu Einzelheiten vgl. o. Rn. 360.
959 BT-Drs. 13/8587, S. 45; BGHSt 45, 92 (94 f.); BGH NStZ 2018, 278 (279); SSW-*Kudlich*, § 250 Rn. 23; *Wessels/Hillenkamp/Schuhr*, BT 2, Rn. 380.
960 BGHSt 45, 92 (94 f.); BGH NStZ 2008, 687; NStZ 2011, 158 (159).
961 BGH NStZ 2017, 26 f.
962 BGH NJW 2004, 3437; StV 2015, 765 (768); NStZ 2018, 278 (279); *Fischer*, § 250 Rn. 18b; *Wessels/Hillenkamp/Schuhr*, BT 2, Rn. 383; a. A. NK-*Kindhäuser*, § 250 Rn. 19.
963 BGH NStZ 2018, 278 (279).

Bsp.:⁹⁶⁴ T hält dem O ein Brecheisen in den Rücken, um an Geld zu gelangen. – § 250 Abs. 2 Nr. 1 ist auch dann verwirklicht, wenn O das Brecheisen nicht sieht, da T (konkludent) mit Schlagverletzungen drohte, falls O sich nicht fügt.

364 **Kein Verwenden** ist das bloße (auch offene) **Beisichführen**, das von dem milderen Strafrahmen des Abs. 1 Nr. 1 lit. a erfasst wird. Abs. 2 Nr. 1 ist daher in Fällen zu verneinen, in denen das Werkzeug zwar sichtbar – etwa am Hosengürtel – mitgeführt und das Opfer dadurch eingeschüchtert wird, der Täter dieses jedoch nicht als Drohmittel einsetzt⁹⁶⁵.

365 aa) Der typische Fall des **Verwendens einer Waffe** stellt die Abgabe eines Schusses auf das Opfer zur Durchführung der Tat dar; erforderlich ist das jedoch nicht, weil auch das bloße Drohen mit der Waffe erfasst wird⁹⁶⁶. Beim **Verwenden einer Waffe** genügt bereits deren abstrakte Gefährlichkeit⁹⁶⁷. Die Qualifikation ist selbst dann verwirklicht, wenn der Kassierer einer Bank, der bedroht wird, hinter einer kugelsicheren Verglasung sitzt. Nicht erfasst werden jedoch Fälle, in denen der Täter mit einer ungeladenen Schusswaffe droht, auch wenn er die Munition griffbereit bei sich führt⁹⁶⁸; es ist hier lediglich § 250 Abs. 1 Nr. 1 lit. a gegeben⁹⁶⁹.

366 bb) Bei den **anderen gefährlichen Werkzeugen** stellt sich erneut die Frage, nach welchen Kriterien die Gefährlichkeit zu bestimmen ist. Auch hier ist der Streitstand kaum noch überschaubar⁹⁷⁰. Teilweise wird auch hier auf eine rein abstrakt-objektive⁹⁷¹ oder konkret-subjektive Betrachtungsweise⁹⁷² abgestellt. Überzeugender ist es freilich, in Anlehnung an § 224 Abs. 1 Nr. 2 auf die **tatsächliche bzw. angedrohte Verwendung** abzustellen; es kommt daher auf die Art und Weise des (angedrohten) Einsatzes an, wobei dieser im konkreten Fall geeignet sein muss, erhebliche Verletzungen herbeizuführen⁹⁷³. Dies entspricht auch der Position der Rechtsprechung, die ihre abstrakt-objektive Betrachtungsweise bei § 244 Abs. 1 Nr. 1 lit. a und § 250 Abs. 1 Nr. 1 lit. a auf § 250 Abs. 2 Nr. 1 nicht überträgt⁹⁷⁴.

Bsp.:⁹⁷⁵ T bedroht O mit einem Fleischermesser, um die Wegnahme zu erreichen. – Nicht anders als beim Einsatz einer Waffe, genügt für Abs. 2 Nr. 1 Var. 2 das Verwenden als Drohmittel; T droht dem O damit, mit dem Messer zuzustechen, was zu erheblichen Verletzungen führen kann. Aus Sicht des Bedrohten ist es für die Zwangslage unerheblich, ob der Täter einen weitergehenden, für O nicht erkennbaren Verwendungsvorbehalt besitzt.

367 Soweit im Rahmen der hier vertretenen Position im Einzelnen Unterschiede zur Bestimmung des gefährlichen Werkzeugs bei § 244 Abs. 1 Nr. 1 lit. a und § 250

---

964 Nach BGH NStZ 2018, 278.
965 BGH NStZ-RR 2004, 169; NStZ 2011, 158 (159); NStZ 2013, 37.
966 S. u. Rn. 366.
967 BGHSt 45, 92 (93); L-Kühl/*Kühl*, § 250 Rn. 4; ähnl. *Mitsch*, NStZ 1999, 617 (618).
968 BGHSt 45, 249 (251 f.); BGH NStZ-RR 2008, 342 ff.; ferner LK-*Vogel*, § 250 Rn. 32; *Wessels/Hillenkamp/Schuhr*, BT 2, Rn. 381; krit. *Hannich/Kudlich*, NJW 2000, 3475 f.; nach BGH NStZ 2010, 390 ist ein „Durchladen" der Waffe jedoch nicht erforderlich.
969 Dazu schon o. Rn. 176; vgl. aber auch 1. Aufl. Rn. 344.
970 Vgl. nur *Fischer*, § 250 Rn. 22.
971 *Fischer*, § 250 Rn. 23.
972 *Rengier*, BT 1, § 8 Rn. 17 i. V. m. Rn. 3; *Wessels/Hillenkamp/Schuhr*, BT 2, Rn. 382.
973 LK-*Vogel*, § 250 Rn. 32; MünchKomm-*Sander*, § 250 Rn. 60 f.; vgl. aber auch 1. Aufl. Rn. 345.
974 LK-*Vogel*, § 250 Rn. 32; dagegen *Schönke/Schröder/Bosch*, § 250 Rn. 28.
975 BGH NStZ-RR 2001, 41; NStZ 2011, 211; NStZ 2009, 505 verneint die Gefährlichkeit für „K.O.-Tropfen", selbst wenn dies zu einer dreistündigen Bewusstlosigkeit führt; dagegen mit Recht *Bosch*, JA 2009, 737 ff.

Abs. 1 Nr. 1 lit. a auftreten, lassen sich diese mit dem Übergang vom Beisichführen zum Verwenden erklären; im Übrigen knüpft diese Lösung aber an die für § 244 Abs. 1 Nr. 1 lit. a und § 250 Abs. 1 Nr. 1 lit. a vertretene modifizierte objektive Theorie an, weil auch dort bereits die konkrete Situation einzubeziehen ist. Wie gezeigt, können dort Alltagsgegenstände, Berufswerkzeuge oder Einbruchswerkzeuge vom Tatbestand erfasst werden, wenn diese aufgrund der konkreten Situation als Angriffs- oder Verteidigungsmittel einzustufen sind[976]. Insofern kann gerade die von Abs. 2 Nr. 1 vorausgesetzte Verwendung die Eigenschaft als gefährliches Angriffs- oder Verteidigungsmittel in der konkreten Situation belegen. Daher ist auch ein mitgeführtes Taschenmesser im Rahmen des Abs. 1 Nr. 1 lit. a ein gefährliches Werkzeug, wenn der Täter dieses dem Opfer an den Hals hält; gerade durch den konkreten Einsatz rechtfertigt sich der Sanktionensprung. Bei (an sich ungefährlichen) Alltagsgegenständen kann sich die Gefährlichkeit daher aus dem bestimmungswidrigen Gebrauch ergeben[977].

> **Bsp. (1):**[978] T führt zur Ausführung des Raubes Seile mit; damit fesselt er den O brutal an einen Tisch, so dass dieser erhebliche Wunden erleidet. – Die Qualifikation ist zu bejahen, weil das Seil nach Art und Weise des Einsatzes geeignet ist, erhebliche Verletzungen herbeizuführen. Das bloße Beisichführen im Rahmen von § 244 Abs. 1 Nr. 1 lit. a und § 250 Abs. 1 Nr. 1 lit. a würde ohne weitere Anhaltspunkte hingegen nicht genügen.
>
> **Bsp. (2):**[979] Zur Ausführung der Tat verabreicht T ein K.-O.-Mittel, wobei K bewusstlos wird. – Die Tat wird nur dann von Abs. 2 Nr. 1 erfasst, wenn damit erhebliche Gesundheitsrisiken für das Opfer verbunden sind.

Nicht erfasst wird dagegen der **Einsatz von objektiv ungefährlichen Gegenständen und Scheinwaffen**, auch wenn der Täter deren Gefährlichkeit vortäuscht, da diese anders als bei § 244 Abs. 1 Nr. 1 lit. a und § 250 Abs. 1 Nr. 1 lit. a ausdrücklich nicht einbezogen sind[980].

cc) Nach dem Schutzzweck muss der Einsatz zudem gerade der **raubspezifischen Nötigung** und nicht nur der Wegnahme dienen, da sich die Legitimation der Strafschärfung auf die Gefährdung von Leib und Leben des Opfers durch den Waffen- und Werkzeugeinsatz zurückführen lässt.

> **Bsp.:** T dringt in das Haus des O ein, schließt diesen im Schlafzimmer ein und ist gerade dabei, sich nach Wertgegenständen umzusehen. Als er in einer Vitrine auf das verschlossene Schmuckkästchen des O stößt, will T es aufbrechen, was jedoch misslingt. Um keine Zeit zu verlieren, ergreift er kurzerhand seine Schusswaffe und schießt den Verschluss auf. – Da vorliegend der Waffeneinsatz ausschließlich der Wegnahme und nicht der Nötigung dient, scheidet § 250 Abs. 2 Nr. 1 aus. Es liegt jedoch Abs. 1 Nr. 1 lit. a vor[981].

Mit Blick auf den Strafgrund der Norm ist es ebenfalls nicht ausreichend, wenn der Täter die Waffe nur bei Gelegenheit und nicht zum Zwecke der raubspezifischen Nötigung einsetzt[982].

---

[976] Siehe o. Rn. 198.
[977] BGH NStZ 2011, 211; MünchKomm-*Sander*, § 250 Rn. 61.
[978] BGH NStZ-RR 2004, 169.
[979] BGH NStZ 2009, 505 f.; NStZ-RR 2018, 141.
[980] BGHZ NStZ-RR 2000, 43; NStZ-RR 2004, 169; StraFo 2007, 167 (168 f.); LK-*Vogel*, § 250 Rn. 31; Schönke/Schröder/Bosch, § 250 Rn. 28.
[981] *Mitsch*, BT 2, 8.3.1.5.2.
[982] *Mitsch*, BT 2, 8.3.1.5.2.

Bsp.: T will den O ausrauben. Zu diesem Zweck streckt er diesen mit einem kräftigen Faustschlag zu Boden, so dass dieser das Bewusstsein verliert. Als T gerade im Begriff ist, die Wertsachen einzustecken, sieht er seinen verhassten Nachbarn. Kurz entschlossen nutzt er die Gunst der Stunde und erschießt den N. – T hat zwar in räumlich-zeitlichem Zusammenhang mit der Raubhandlung die Waffe verwendet. Der Waffeneinsatz stand jedoch in keinem inneren Bezug zum Raub, so dass die Qualifikation des § 250 Abs. 2 Nr. 1 ausscheiden muss. Es verbleibt nur § 250 Abs. 1 Nr. 1 lit. a.

371 b) **§ 250 Abs. 2 Nr. 2** kombiniert den **Bandenraub**, § 250 Abs. 1 Nr. 2, und den **bewaffneten Raub**, § 250 Abs. 1 Nr. 1 lit. a Var. 1. Zu beachten ist, dass der Täter nur dann von Abs. 1 Nr. 2 in die schärfere Qualifikation des Absatzes 2 „aufsteigt", wenn er eine **Waffe** bei sich führt[983]. Andere gefährliche Werkzeuge werden nicht erfasst, so dass im Rahmen dieser Vorschrift die Abgrenzung von Waffen und gefährlichen Werkzeugen erhebliche Bedeutung gewinnen kann.

372 c) Eine **schwere körperliche Misshandlung** bei der Tat[984] i. S. d. **§ 250 Abs. 2 Nr. 3 lit. a** liegt – wie die Gleichstellung mit der Gefahr des Todes nach Nr. 3 lit. b zeigt – nur bei einer gravierenden Beeinträchtigung der körperlichen Unversehrtheit vor[985]. Erforderlich ist, dass erhebliche Folgen, nicht aber notwendig solche des § 226[986], eintreten oder die Misshandlung mit erheblichen Schmerzen verbunden ist[987]. Erfasst wird auch hier und bei Nr. 3 lit. b nur die **Phase zwischen Versuch und Vollendung**, so dass die Qualifikation in der Beendigungsphase nicht verwirklicht werden kann[988].

373 d) Bei **§ 250 Abs. 2 Nr. 3 lit. b** handelt sich um ein **konkretes Gefährdungsdelikt**, das die Gefahr einer schweren Gesundheitsgefahr i. S. d. Abs. 1 Nr. 1 lit. c steigert. Da die konkrete Gefahr **durch die Tat** verursacht werden muss, ist auch hier ein spezifischer Gefahrzusammenhang erforderlich[989]. § 224 Abs. 1 Nr. 5 soll dahinter im Wege der Gesetzeskonkurrenz verdrängt werden[990]; dagegen spricht jedoch, dass § 250 Abs. 2 Nr. 3 lit. b gar nicht den Eintritt einer Körperverletzung voraussetzt. In Tateinheit (auch mit Nr. 3 lit. a) steht § 224 Abs. 1 Nr. 2[991].

§ 12 Raub mit Todesfolge, § 251

Einführende Aufsätze: *Herzberg*, Zum Merkmal durch den Raub in § 251 StGB und zum Rücktritt vom tödlichen Raubversuch, JZ 2007, 615; *Hinderer/Kneba*, Der tatbestandstypische Zurechnungszusammenhang beim Raub mit Todesfolge, JuS 2010, 590; *Kudlich*, Die Teilnahme am erfolgsqualifizierten Delikt, JA 2000, 511; *Küper*, Der Rücktritt vom „erfolgsqualifizierten Versuch", JZ 1997, 22; *Rengier*, Tödliche Gewalt im Beendigungsstadium des Raubes – BGHSt 38, 295, JuS 1993, 460; *Sowada*, Die erfolgsqualifizierten Delikte im Spannungsfeld zwischen Allgemeinem und Besonderem Teil des Strafrechts, Jura 1995, 644.

---

983 Kritisch auch *Mitsch*, BT 2, 8.3.1.6; *Wessels/Hillenkamp/Schuhr*, BT 2, Rn. 384.
984 Zum Merkmal „bei der Tat" o. Rn. 359 f.
985 NK-*Kindhäuser*, § 250 Rn. 23; SSW-*Kudlich*, § 250 Rn. 27.
986 BGH NStZ-RR 2007, 175; *Krey/Hellmann/Heinrich*, BT 2, Rn. 294; NK-*Kindhäuser*, § 250 Rn. 23.
987 BGH NStZ 1998, 461; L-Kühl/*Kühl*, § 250 Rn. 4; *Schönke/Schröder/Bosch*, § 250 Rn. 33.
988 S. o. Rn. 360.
989 S. o. Rn. 356 ff.
990 BGH NStZ 2006, 449; a. A. SK-*Sinn*, § 250 Rn. 69, der im Verhältnis zu § 224 immer Tateinheit annimmt.
991 BGH NStZ-RR 2011, 87 (88).

Übungsfälle: *Beulke* III, Fall 9: Bewegte Knochen, S. 316; *Bock*, BT, Fall 6: Misserfolg in der Grillstube, S. 165; *Gössel*, Fall 7: Verbrechenslohn und Liebeslohn, S. 124; *Otto/Bosch*, Fall: 10, Das Jagdschloss, S. 210; *Radtke*, Der skrupulöse Räuber, JuS 1995, 427; *Radtke/Matula*, „Verspätete Rache", JA 2012, 265.

Rechtsprechung: BGHSt 38, 295 – RAF-Einkaufspassage (Gewalt zwischen Vollendung und Beendigung); **BGHSt 42, 158** – Versehentlicher Schuss (Rücktritt nach Eintritt der schweren Folge); **BGHSt 46, 24** – Trinkgelage (Konkurrenz zwischen § 227 und §§ 251, 22, 23); **BGHSt 64, 80** – Babynahrung (Rücktritt von der versuchten Erfolgsqualifikation); **OLG Nürnberg NStZ 1986, 556** – Juweliergeschäft (Leichtfertigkeit bei Herzinfarkt); **BGH NJW 1998, 3361** – Döner-Imbiss (spezifischer Gefahrzusammenhang); **BGH NStZ 2002, 542** – Handtasche (Verhältnis von § 249 und § 252 bei Verwirklichung von Strafschärfungen); **BGH NJW 2020, 3669** – Patientenverfügung (Gefahrzusammenhang bei Behandlungsabbruch).

I. Geschütztes Rechtsgut und Systematik

§ 251 stellt eine **Erfolgsqualifikation** i. S. d. § 18 zu § 249 dar. Es handelt sich gemäß § 11 Abs. 2 um ein Vorsatzdelikt. Über Verweise gilt die Vorschrift auch für § 252 und § 255[992]. Entscheidend ist, dass der Raub und der Tod eines anderen Menschen wie bei anderen Erfolgsqualifikationen (z. B. §§ 227, 306c) über den gefahrspezifischen Zusammenhang miteinander verknüpft sind[993], weil sich nur so der erhöhte Strafrahmen rechtfertigt[994]. Gegenüber anderen Erfolgsqualifikationen sind die Anforderungen erhöht, da statt einfacher Fahrlässigkeit ein leichtfertiges Verhalten Voraussetzung ist.

II. Aufbauschema

1. Tatbestand
   a) Verwirklichung des Grundtatbestands des § 249
   b) Schwere Folge i. S. d. § 18
      aa) Eintritt der schweren Folge: Tod
      bb) Kausalität zwischen Handlung und schwerer Folge
      cc) Wenigstens Leichtfertigkeit hinsichtlich der schweren Folge
      dd) Objektive Zurechenbarkeit
      ee) Gefahrspezifischer Zusammenhang zwischen Grundtatbestand und schwerer Folge

2. Rechtswidrigkeit

3. Schuld

> **Hinweis zum Prüfungsaufbau:** Es empfiehlt sich, vorab § 249, ggf. auch § 250 zu prüfen. Die Erfolgsqualifikation des § 251 sollte aus Gründen der Übersichtlichkeit und des abweichenden Aufbaus nicht mit der Qualifikation des § 250 gemeinsam geprüft werden. Wenn § 251 verneint wird, ist im Anschluss daran noch § 222 zu erörtern. Hat der Täter Vorsatz hinsichtlich des Todes, sind neben § 251 immer auch die §§ 212, 211 zu prüfen, die hierzu in Tateinheit treten können.

---

[992] SSW-*Kudlich*, § 251 Rn. 2.
[993] S. hierzu eingehend *Eisele*, BT 1, Rn. 371.
[994] *Mitsch*, BT 2, 8.3.2.1.

III. Tatbestand

1. Verwirklichung des Grundtatbestands

376 Unproblematisch ist zunächst die Anknüpfung der Erfolgsqualifikation bei vollendetem Grundtatbestand des § 249. Liegt der Grundtatbestand nur im Versuch vor, so stellt sich wie bei anderen Erfolgsqualifikationen die Frage nach der Strafbarkeit eines erfolgsqualifizierten Versuchs bzw. einer versuchten Erfolgsqualifikation[995].

2. Schwere Folge i. S. d. § 18

377 Durch die Tat muss der Tod eines anderen Menschen – nicht notwendig des Beraubten – verursacht worden sein. Auch unbeteiligte Dritte sind in den Schutzbereich einbezogen. Lediglich Tatbeteiligte sollen nach h. M. keine anderen Menschen i. S. d. § 251 sein[996].

> **Bsp.:** T plant, den O mit Hilfe des G auszurauben. Als T dem O mit vorgehaltener Waffe droht, löst sich durch eine grobe Unachtsamkeit des T ein Schuss, der als Querschläger den G tötet. T vollendet die Tat nun allein. – Hier scheidet nach h. M. eine Strafbarkeit des T nach § 251 aus, weil G auf Seiten des T steht und daher nicht in den Schutzbereich einbezogen ist.

378 Eine dem Einzelfall – etwa bei einem Exzess – besser Rechnung tragende Lösung lässt sich freilich über die objektive Zurechung oder den gefahrspezifischen Zusammenhang sowie die rechtfertigende Einwilligung finden, wenn man dort die Grundsätze der eigenverantwortlichen Selbstgefährdung bzw. einverständlichen Fremdgefährdung berücksichtigt[997].

379 a) Die schwere Folge muss nach allgemeinen Grundsätzen **kausal und objektiv zurechenbar** mit der Nötigungshandlung verbunden sein. Schädigt sich das Opfer selbst, so bleibt der Erfolg auch dann objektiv zurechenbar, wenn das Opfer aufgrund einer adäquaten Reaktion auf die Nötigung des Täters zu Tode kommt[998].

> **Bsp.:** T schlägt auf Rentnerin O ein, um ihre Handtasche zu entwenden. Um sich der heftigen Schläge des T zu entziehen, tritt O unachtsam auf die Fahrbahn und wird dort von einem LKW erfasst und getötet. – Da das Ausweichen der O unmittelbar auf die Schläge des O zurückzuführen ist und auch keine inadäquate Reaktion darstellt, ist der Tod dem T objektiv zurechenbar.

380 b) Darüber hinaus muss der **spezifische Gefahrzusammenhang** gegeben sein. Bei § 251 ist es – ebenso wie bei § 250 Abs. 1 Nr. 1 lit. c bzw. Abs. 2 Nr. 3 lit. b – erforderlich, dass die schwere Folge unmittelbar auf der Raubhandlung (Gewalt oder Drohung) und nicht nur auf der Wegnahme beruht[999]. Das ist etwa der Fall, wenn der Tod durch Schläge oder Schüsse eintritt[1000].

> **Bsp.:** T nimmt dem O auf einer Bergwanderung unter Drohungen i. S. d. § 249 den wärmenden Schlafsack weg. O erfriert. – T macht sich nach § 249 in Tateinheit mit § 222 strafbar; § 251 scheidet aus, weil der Tod nicht durch die Drohung, sondern die Wegnahme verursacht wurde.

---

995 S. sogleich u. Rn. 384 ff.
996 AnwK-*Habetha*, § 251 Rn. 2; LK-*Vogel*, § 251 Rn. 4; *Wessels/Hillenkamp/Schuhr*, BT 2, Rn. 387.
997 Näher *Eisele*, BT 1, Rn. 1078, für die vergleichbar gelagerte Problematik bei § 306c.
998 NK-*Kindhäuser*, § 251 Rn. 6; SK-*Sinn*, § 251 Rn. 14.
999 *Fischer*, § 251 Rn. 3a; *Schönke/Schröder/Bosch*, § 251 Rn. 4.
1000 Nach OLG Nürnberg NStZ 1986, 556 auch bei Herzinfarkt infolge der Tat.

Der gefahrspezifische Zusammenhang kann im Übrigen vor allem in „**Verfolger-** **381** **fällen**" zu verneinen sein[1001].

> **Bsp.:** T hat O deren Halskette mit Gewalt entrissen. Um diese wieder zu erlangen, nimmt O die Verfolgung auf. Dabei übersieht sie eine Straßenbahn und wird getötet. – Der gefahrspezifische Zusammenhang ist unabhängig von der Frage, ob die schwere Folge überhaupt noch in der Beendigungsphase eintreten kann, zu verneinen, da der Tod nicht unmittelbar auf der Gewaltanwendung beruht. Auch bei einem vorausgegangenen Diebstahl i. S. d. § 242 wäre der Tod in gleicher Weise eingetreten.

c) Die h. M. erfasst auch hier alle Handlungen vom **Versuchsbeginn**[1002] bis zur **382** **Beendigung der Tat**[1003], da die Phase der Beutesicherung und Flucht noch von der typischen Gefährlichkeit des Raubes geprägt sei. Dem Raub sei durchaus eigentümlich, dass sich das Opfer auch noch nach der Tat, d. h. der Wegnahme wehre und der Täter daher zu lebensgefährlichen Maßnahmen greife. Unter dieser Voraussetzung soll der gefahrspezifische Zusammenhang auch dann gegeben sein, wenn zwischen Wegnahme und der den Tod verursachenden Handlung keine finale Verknüpfung mehr besteht[1004]. Für die Gegenposition spricht jedoch, dass die Strafschärfung an den Grundtatbestand anknüpfen muss, der die Fluchtphase jedoch nicht erfasst[1005]. Zudem würde der mit dem Erfordernis der Besitzerhaltungsabsicht eng gefasste § 252 in weiten Teilen unterlaufen, womit zugleich schwierige Abgrenzungsprobleme hervorgerufen würden[1006]. Die Rechtsprechung hat es bislang offen gelassen, ob auch für § 251 eine verlängerte Zueignungsabsicht zu fordern ist, so dass der Täter in dieser Phase zur Sicherung des Besitzes an dem gestohlenen Gut handeln muss[1007].

> **Bsp.:**[1008] T nimmt dem O unter Drohung mit Waffengewalt Geld weg; der Dritte D verfolgt den T, worauf dieser in Tötungsabsicht einen tödlichen Schuss abgibt. – T macht sich zunächst gemäß §§ 249, 250 Abs. 2 Nr. 1 (Drohung mit Waffe) strafbar; § 251 scheidet nach der hier vertretenen Ansicht aus, weil der tödliche Schuss erst nach Vollendung abgegeben wurde; dasselbe gilt für § 250 Abs. 2 Nr. 1 und Nr. 3 lit. b (Schuss). Es sind jedoch §§ 252, 251 zu bejahen, wenn T mit Besitzerhaltungsabsicht handelte; §§ 252, 250 Abs. 2 Nr. 1 und 3 lit. b treten dahinter im Wege der Gesetzeskonkurrenz zurück[1009]. Entsprechendes gilt für §§ 249, 250 Abs. 2 Nr. 1 hinsichtlich der Begehung des Raubes gegenüber O; jedoch tritt insoweit tateinheitlich § 240 hinzu, um zum Ausdruck zu bringen, dass gegenüber O eine weitere Nötigung erfolgt ist[1010]. Die Rechtsprechung würde hingegen über § 249 und § 252 zur Anwendung des § 251 gelangen, wobei § 252 i. V. m. § 251 hier im Wege der Gesetzeskonkurrenz vorgehen, weil die zur schweren Folge führende Nötigungshandlung erst nach Vollendung der Wegnahme vorgenommen wurde[1011].

1001 Vgl. BGHSt 22, 362 (263 f.); *Hinderer/Kneba*, JuS 2010, 590 (593); L-Kühl/*Kühl*, § 251 Rn. 1; *Wessels/Hillenkamp/Schuhr*, BT 2, Rn. 388.
1002 Der Eintritt des Todes vor Versuchsbeginn genügt hier ebenfalls nicht; vgl. BGH StV 2006, 418.
1003 Vgl. BGHSt 38, 295; BGH NJW 1999, 1040; *Schönke/Schröder/Bosch*, § 251 Rn. 4.
1004 BGH NStZ 2016, 211 (214); NStZ 2017, 638 f.; krit. BGH NStZ 2019, 730 (731).
1005 Vgl. *Fischer*, § 251 Rn. 5; L-Kühl/*Kühl*, § 251 Rn. 1.
1006 LK-*Vogel*, § 251 Rn. 6; *Rengier*, JuS 1993, 460 (462); SK-*Sinn*, § 251 Rn. 8; *Wessels/Hillenkamp/Schuhr*, BT 2, Rn. 386.
1007 BGHSt 55, 79 (81); vgl. auch o. Rn. 360.
1008 S. auch BGHSt 38, 295.
1009 BGHSt 21, 183 (185); L-Kühl/*Kühl*, § 251 Rn. 4; MünchKomm-*Sander*, § 251 Rn. 16; SK-*Sinn*, § 251 Rn. 23; a. A. *Schönke/Schröder/Bosch*, § 251 Rn. 10, um den tödlichen Einsatz von strafschärfenden Raubmodalitäten (Waffe) klarzustellen.
1010 S. auch BGH NStZ 2002, 542 (544); *Schönke/Schröder/Bosch*, § 250 Rn. 36.
1011 BGH GA 1969, 347 (348); NStZ 2002, 542 (544). Dazu auch u. Rn. 423.

382a Der gefahrspezifische Zusammenhang ist hingegen zu verneinen, wenn der **Raub bereits beendet** war[1012]. Dem gleichgestellt sind Fälle beim erfolgsqualifizierten Versuch, in denen die Tat weder vollendet noch beendet war, sondern aus Sicht des Täters endgültig gescheitert war.

> **Bsp.:**[1013] T schlägt mehrfach auf O in dessen Wohnung ein, um Geld zu entwenden. Als er erkennt, dass sein Vorhaben gescheitert ist, schlägt er mit bedingtem Tötungsvorsatz massiv mit einer Zange auf O ein, so dass dieser verstirbt. – Zu Recht geht der BGH davon aus, dass der Tod des O, der allein auf den nachfolgenden Gewalthandlungen beruht, keine spezifische Gefahr des versuchten Raubes mehr darstellt. Vielmehr beruht dieser nach dem Scheitern der Tat auf einem raubunabhängigen eigenständigen Tatentschluss. Daher scheidet eine Strafbarkeit wegen erfolgsqualifizierten Versuchs nach §§ 249, 251, 22, 23 aus.

383 d) Der Täter muss **wenigstens leichtfertig** hinsichtlich der schweren Folge handeln, so dass einfache Fahrlässigkeit nicht genügt[1014]. Die Leichtfertigkeit entspricht in etwa der groben Fahrlässigkeit im Zivilrecht, so dass der Täter die sich ihm aufdrängende Möglichkeit bzw. hochgradige Wahrscheinlichkeit eines tödlichen Verlaufs aus besonderem Leichtsinn oder aus besonderer Gleichgültigkeit außer Acht lassen muss[1015]. Anders als bei § 227, bei dem die vorsätzliche Körperverletzungshandlung regelmäßig bereits die Fahrlässigkeit hinsichtlich des Todes als schwere Folge begründet[1016], kann nicht schon in jeder qualifizierten Nötigungshandlung eine leichtfertige Tötung gesehen werden. Andernfalls würde die bewusst enge Fassung des Gesetzes umgangen[1017]. Aus dem Wort „wenigstens" folgt, dass auch Fälle erfasst werden, in denen der Täter vorsätzlich hinsichtlich des Todes handelt[1018].

IV. Versuch und Rücktritt

1. Versuch

384 Zu unterscheiden sind der **erfolgsqualifizierte Versuch** und die **versuchte Erfolgsqualifikation**[1019].

385 a) Charakteristisch für den **erfolgsqualifizierten Versuch** ist, dass die Wegnahme nicht vollendet ist und sich daher das Grunddelikt des Raubes noch im Versuchsstadium befindet, während durch die Nötigungshandlung bereits der Tod eintritt[1020]. Bedenken im Hinblick auf die dogmatische Konstruktion wie bei § 227[1021] bestehen nicht, da die schwere Folge des § 251 an die gefährliche Tathandlung geknüpft ist. Dabei ist es unerheblich, ob der Tod leichtfertig oder vorsätzlich verursacht wird.

> **Bsp.:** T stürmt in das Juweliergeschäft des O und bedroht diesen mit einer Schusswaffe. Weil O nicht gleich zurückweicht, gestikuliert T wild mit seiner Pistole, wodurch sich ein für O tödlicher Schuss löst. T flieht daraufhin ohne Beute, weil bereits Alarm

---

1012 BGH NStZ 2016, 2011 (2014); NStZ 2019, 730 (731).
1013 BGH NStZ 2019, 730 m. Anm. *Eisele*, JuS 2019, 1219.
1014 *Fischer*, § 251 Rn. 7; *Schönke/Schröder/Bosch*, § 251 Rn. 6.
1015 BGHSt 33, 66 (67); BGH NStZ 2015, 696 (697); OLG Nürnberg NStZ 1986, 556.
1016 *Eisele*, BT 1, Rn. 369.
1017 *Wessels/Hillenkamp/Schuhr*, BT 2, Rn. 389.
1018 BGH NStZ 2019, 730 (731).
1019 *Eisele*, BT 1, Rn. 383 ff.; umfassend *Heinrich*, AT, Rn. 686 ff.
1020 Vgl. etwa BGH NStZ 2019, 730 f.
1021 *Eisele*, BT 1, Rn. 371 ff.

ausgelöst ist. – Der Raub ist mangels Wegnahme nur versucht; durch die raubspezifische Nötigungshandlung (Drohung) hat T leichtfertig den Tod des O verursacht. T ist damit nach §§ 251, 22, 23 zu bestrafen. Ein Rücktritt scheitert an der fehlenden Freiwilligkeit.

b) Die Konstellation der **versuchten Erfolgsqualifikation** ist konstruktiv deshalb denkbar, weil die schwere Folge auch vorsätzlich herbeigeführt werden kann. Diese Fallgruppe liegt bei einem versuchten oder vollendeten Raub vor, wenn der Täter hinsichtlich des Todes vorsätzlich handelt, die schwere Folge jedoch ausbleibt[1022]. **386**

> Bsp.: T schlägt O mit einem Baseballschläger nieder, um Schmuck wegzunehmen, wobei er den Tod des O billigend in Kauf nimmt. T flieht mit der Beute, O kann jedoch gerettet werden. – T macht sich zunächst nach §§ 212, 211 (Habgier), 22, 23; §§ 223, 224 Abs. 1 Nr. 2, 5; §§ 249, 250 Abs. 2 Nr. 1 (Nr. 1 lit. a ist subsidiär), Nr. 3 lit. a, b (Nr. 1 lit. c ist subsidiär) strafbar. Zudem liegen §§ 251, 22, 23 vor, da Tatentschluss hinsichtlich der schweren Folge zu bejahen ist. Die Vorschriften stehen in Tateinheit zueinander[1023]. Wäre die Wegnahme ebenfalls nicht vollendet, träten §§ 249, 250 Abs. 2 Nr. 1, Nr. 3 lit. a, b, 22, 23 hinter § 251, 22, 23 zurück[1024].

c) Nach Ansicht des BGH, der auch hier nicht zuzustimmen ist, soll in beiden Konstellationen die **Phase zwischen Vollendung und Beendigung** einbezogen sein[1025]. **387**

> Bsp.: T steckt die mit Gewalt erlangte Beute ein und gibt auf der Flucht in Tötungsabsicht Schüsse auf O ab, der jedoch nicht getroffen wird. – Nach BGH liegt eine versuchte Erfolgsqualifikation nach §§ 251, 22, 23 vor.

2. Rücktritt

Auch beim Rücktritt muss zwischen den einzelnen Konstellationen differenziert werden. **388**

a) Von der **versuchten Erfolgsqualifikation** mit **versuchtem Grunddelikt** kann durch Rücktritt vom versuchten Raub, d. h. durch Verzicht auf die Wegnahme, vollständige Strafbefreiung erlangt werden. Ebenso kann derjenige zurücktreten, der das Eintreten der schweren Folge verhindert[1026]. **389**

b) Streitig wird die Frage diskutiert, ob bei einem **erfolgsqualifizierten Versuch** eine Strafaufhebung durch Rücktritt vom **versuchten Grundtatbestand** möglich ist[1027]. Dies wird teilweise verneint, weil mit dem Eintritt der schweren Folge das Delikt „materiell vollendet" sei. Außerdem habe sich damit die tatbestandsspezifische Gefahr bereits in der Erfolgsqualifikation niedergeschlagen, weshalb der erhöhte Unrechts- und Schuldgehalt gegeben sei[1028]. Dem ist jedoch mit der h. M. zu widersprechen, weil mit dem Rücktritt vom Grunddelikt der Erfolgsqualifikation der Anknüpfungspunkt bzw. der Boden entzogen wird[1029]. Dies belegt auch ein Vergleich mit den Erfolgsdelikten der §§ 249, 250 Abs. 1 Nr. 1 lit. c und Abs. 2 **390**

1022 BGHSt 64, 80 (85).
1023 Vgl. *Fischer*, § 251 Rn. 12.
1024 S. o. Rn. 382.
1025 BGH NJW 1998, 3361 (3362); dagegen o. Rn. 382.
1026 BGHSt 64, 80 (88); *Eisele*, JuS 2020, 275 (276); LK-*Vogel/Bülte*, § 18 Rn. 85.
1027 Ausf. *Heinrich*, AT, Rn. 845 ff.
1028 *Wolters*, GA 2007, 65 (72).
1029 BGHSt 42, 158 (160); *Herzberg*, JZ 2007, 615 (622); NK-*Kindhäuser*, § 251 Rn. 10; *Rengier*, BT 1, § 9 Rn. 19; *Roxin*, AT 2, § 30 Rn. 287.

Nr. 3 lit. a, 22, 23, deren Strafbarkeit ebenfalls zu verneinen ist, wenn der Täter vom Grunddelikt zurücktritt[1030].

> **Bsp.:** T bedroht Kassierer O in einer Bank mit einer Waffe, wobei sich durch grobe Nachlässigkeit ein tödlicher Schuss löst. T lässt nunmehr die Beute, die er gerade in eine Sporttasche packen möchte, liegen. – T ist von §§ 249, 250 Abs. 2 Nr. 1 gemäß § 24 Abs. 1 Satz 1 Var. 1 zurückgetreten, da er trotz der veränderten Sachlage freiwillig von der weiteren Ausführung des Raubes Abstand genommen hat; dies gilt auch im Hinblick auf § 251, weil der Eintritt der schweren Folge dem Rücktritt nicht entgegensteht. Es verbleibt jedoch eine Strafbarkeit nach § 222.

391 c) Ein Teilrücktritt von der **versuchten Erfolgsqualifikation** ist nach allgemeinen Grundsätzen möglich, wenn der Täter von der Verwirklichung der schweren Folge Abstand nimmt[1031]. Dies gilt auch bei Vollendung des Grunddelikts[1032]. Es verbleibt dann eine Strafbarkeit wegen versuchten oder vollendeten Raubes – ggf. qualifiziert nach § 250.

> **Bsp.:** T nimmt dem Geldboten O die Kassette weg, nachdem er ihn mit Tötungsvorsatz niedergestreckt hat. Anschließend packt ihn die Reue, so dass er einen Rettungswagen verständigt und O gerettet wird. Die Beute nimmt er dennoch mit. – Von der versuchten schweren Folge und damit §§ 251, 22, 23 ist T gemäß § 24 Abs. 1 Satz 1 Var. 2 (beendeter Versuch) strafbefreiend zurückgetreten; entsprechendes gilt für §§ 212, 211, 22, 23. Es verbleibt aber eine Strafbarkeit nach §§ 249, 250 Abs. 2 Nr. 1 und Nr. 3 lit. b in Tateinheit mit §§ 223, 224 Abs. 1 Nr. 2 und 5.

V. Beteiligung

392 Eine Beteiligung an § 251 ist sowohl als Täter als auch als Teilnehmer möglich, da es sich gemäß § 11 Abs. 2 um ein Vorsatzdelikt handelt. Für die Bestimmung der Beteiligungsform ist allein das **Grunddelikt** ausschlaggebend. Insoweit muss sich der Vorsatz auf die Gewaltanwendung oder die Drohung erstrecken, durch welche der qualifizierende Erfolg herbeigeführt worden ist.

392a Liegt hinsichtlich der Nötigungshandlung, die zum Tod führt, ein **Exzess eines anderen Beteiligten** vor, so ist diese grundsätzlich nicht zurechenbar[1033]. Anderes kann nur gelten, wenn bereits durch den gemeinsamen Tatplan die Gefahr einer Exzesshandlung angelegt ist und sich hieraus die Vorhersehbarkeit des Erfolges ergibt[1034].

> **Bsp. (1):**[1035] A und T überfallen O, um Schmuck zu erlangen. A soll O nach der gemeinsamen Absprache Schnittwunden beibringen, damit dieser das Versteck preisgibt. Als sie dort weniger Schmuck finden als erwartet, ersticht A den O aus Frust. – A macht sich nach § 251 strafbar; T haftet als Mittäter nur nach §§ 249, 250 Abs. 2 Nr. 1 (ggf. § 250 Abs. 3 lit. a); da der Stich nicht zur Erlangung des Geldes eingesetzt wurde und von der Verabredung nicht erfasst war, ist dieser dem T auch nicht zurechenbar.
>
> **Bsp. (2):**[1036] A und B beschließen, Juwelier O auszurauben. A weiß, dass O bei früheren Überfällen die Täter erfolgreich in die Flucht geschlagen hat. Daher besorgt er sich in

---

1030 *Küper*, JZ 1997, 232 f.
1031 *Küper*, JZ 1997, 229 (233 ff.); SK-*Sinn*, § 251 Rn. 20.
1032 B/W/M/E-*Mitsch*, § 23 Rn. 43; *Kühl*, AT, § 17a Rn. 54 f.; *Schönke/Schröder/Eser/Bosch*, § 24 Rn. 113. Zum Teilrücktritt bei der Qualifikation des § 244 Abs. 1 Nr. 1 o. Rn. 185.
1033 BGH NStZ-RR 2000, 366 f.; NStZ 2008, 280, NStZ 2010, 33.
1034 BGH NStZ 2013, 280 (281); NStZ-RR 2016, 136 (137).
1035 Vgl. auch BGH NStZ 2010, 33.
1036 BGH NStZ-RR 2020, 143 m. Anm. *Eisele*, JuS 2020, 570.

Absprache mit B eine geladene Schusswaffe, die aber nur als Drohmittel eingesetzt werden soll. A bedroht sodann den O zunächst wie geplant, erschießt ihn aber im weiteren Verlauf des Geschehens[1037]. A macht sich nach §§ 211, 212 und § 251 strafbar. Für B war die Abgabe des Schusses ein Mittäterexzess. **Anderes würde nur gelten, wenn** A eine Neigung zu Gewaltexzessen **erkennen ließ oder sich der Tatplan auf eine Gegenwehr des O gegen die Drohung mit der Waffe** bezog, **da dann der Exzess im Tatplan angelegt gewesen wäre.** Entgegen der Ansicht des BGH **ist auch § 222 zu verneinen, da** A mit dem Mittäterexzess **eine** eigenverantwortliche Entscheidung getroffen **hat**, die den Zurechnungszusammenhang beseitigt[1038].

Allerdings möchte der BGH – nicht anderes als bei § 249 – sukzessive Beiträge von Mittätern oder Gehilfen nach Vollendung erfassen, wenn diese – auch in Exzessfällen – **in Kenntnis und mit Billigung des bislang Geschehenen in die Tat eintreten**[1039]. Würde T im vorgenannten Beispiel etwa das Handeln des T billigen und anschließend gemeinsam mit A die Beute abtransportieren, würde er sich nach dieser Ansicht gemäß § 251 strafbar machen. Dies überzeugt jedoch schon im Hinblick auf den Bestimmtheitsgrundsatz nicht[1040].

Darüber hinaus muss hinsichtlich der schweren Folge gemäß § 18 jedem Beteiligten selbst **wenigstens Leichtfertigkeit** zur Last fallen[1041]. Bei einer Teilnahme ist demnach die Akzessorietät selbst dann gelockert, wenn der Haupttäter vorsätzlich hinsichtlich des Todes handelt[1042]. Fällt einem Teilnehmer nicht wenigstens Leichtfertigkeit zur Last, kommt für ihn nur eine Strafbarkeit nach §§ 249, 250, 26 (27) in Betracht, zu der ggf. in Tateinheit § 222 oder § 227 tritt, sofern er durch seine Teilnahme den Tod des Opfers fahrlässig verursacht hat.

> **Aufbauhinweis:** Es ist zunächst zu prüfen, ob sich der Teilnehmer wegen Anstiftung bzw. Beihilfe zu §§ 249, 250 strafbar gemacht hat, wobei nach allgemeinen Grundsätzen Vorsatz hinsichtlich der Haupttat und seiner Teilnahmehandlung erforderlich ist. Anschließend ist zu prüfen, ob ihm hinsichtlich der schweren Folge Leichtfertigkeit vorgeworfen werden kann[1043].

Umgekehrt ist es auch denkbar, dass lediglich der Teilnehmer nach §§ 251, 26 (27) bestraft wird, während dem **Haupttäter keine Leichtfertigkeit** zur Last fällt. Auch bei Mittätern ist die Leichtfertigkeit für jeden Beteiligten gesondert zu untersuchen.

> **Bsp.:** T bedroht Kassierer O mit einer Pistole, um die Kasse zu leeren. Obwohl T die Pistole gesichert hat, löst sich plötzlich ein Schuss und tötet den O; T flieht mit der Beute. Die Pistole hatte T von G erhalten, der in den Tatplan eingeweiht war und wusste, dass die Sicherung der Waffe defekt war; dennoch hatte G die Waffe als „zuverlässig" beschrieben. – T macht sich nach §§ 249, 250 Abs. 2 Nr. 1 strafbar (hinsichtlich Nr. 3 lit. b fehlt der Vorsatz). Eine Strafbarkeit nach § 251 scheitert daran, dass T nicht leichtfertig handelte, da er die Waffe sicherte; hingegen kann § 222 bejaht werden, da er immerhin auf O zielte. Bei G liegt eine Beihilfe zu §§ 249, 250 Abs. 2 Nr. 1 vor, die aber hinter §§ 251, 27 zurücktritt, da G hinsichtlich des Todes aufgrund der Kenntnis vom Defekt leichtfertig handelte.

1037 Vgl. auch BGH NStZ 2010, 33.
1038 *Eisele*, JuS 2020, 570 (571).
1039 BGH JZ 1981, 596; NStZ 1997, 272; NStZ 1999, 510 f.
1040 Vgl. im Einzelnen o. Rn. 339 f.; abl. auch *Murmann*, ZJS 2008, 456 ff.; *Walter*, NStZ 2008, 548 ff.
1041 Vgl. nur BGH NStZ 2010, 33.
1042 *Mitsch*, BT 2, 8.3.2.5.3; SSW-*Kudlich*, § 251 Rn. 9.
1043 Zu dem entsprechenden Aufbau im Rahmen des § 227 s. *Eisele*, BT 1, Rn. 385.

VI. Konkurrenzen

396 Zu den §§ 212, 211 besteht Tateinheit, wenn der Täter den Tod vorsätzlich herbeiführt; denn nur so kommt im Urteil zum Ausdruck, dass der Tod auch eine tatbestandsspezifische Folge des Raubes ist[1044]. § 227 tritt nach h. M. hinter dem vollendeten § 251 zurück, damit die schwere Folge nicht doppelt in Ansatz gebracht wird[1045]; zu einem versuchten Raub mit Todesfolge besteht jedoch Tateinheit[1046]. Entsprechendes gilt (erst recht) für § 222. Die Modalitäten des § 250 treten nach h. M. ebenfalls hinter § 251 zurück[1047].

3. Kapitel: Raubähnliche Delikte
§ 13 Räuberischer Diebstahl, § 252

Einführende Aufsätze: *Bosch*, Räuberischer Diebstahl (§ 252) als »zweite Hälfte« des Raubtatbestandes, Jura 2018, 354; *Küper*, Vollendung und Versuch beim räuberischen Diebstahl (§ 252 StGB), Jura 2001, 21; *Natus*, Probleme der Deliktsstruktur und der Anstiftung beim räuberischen Diebstahl (§ 252 StGB), Jura 2014, 772; *Perron*, Schutzgut und Reichweite des räuberischen Diebstahls, GA 1989, 145; *Weigend*, Der altruistische räuberische Dieb, GA 2007, 274; *Zöller*, Der räuberische Diebstahl (§ 252 StGB) beim Raub als Vortat, JuS 1997, 89.

Übungsfälle: *Bock*, BT, Fall 7: Im Schwesternwohnheim, S. 195; *Dehne-Niemann/Weber*, Der Gang nach dem Eisenhammer, JA 2009, 868; *Geisler/Meyer*, Goldkette und Amulett, Jura 2010, 388; *Gössel*, Fall 5: Schlecht gelaufen, S. 92; *Gropp/Küpper/Mitsch*, Fall 14: Essen auf Rädern, S. 251; *Hillenkamp*, Tricksereien und zarte Bande, JuS 2003, 157; *Hohn*, Vermögensdelikte, JuS, 2004, 982; *Morgenstern*, Die Züricher Verfolgungsjagd, Jura 2011, 146.

Rechtsprechung: **BGHSt 9, 162** – Bohlen (Gewalt zur Verhinderung der Identitätsfeststellung); **BGHSt 13, 64** – Kaffeestube (mehrere Beweggründe für Gewaltanwendung); **BGHSt 21, 377** – Schwiegermutter (Raub als taugliche Vortat); **BGHSt 26, 95** – Knüppel (Gewaltanwendung zur Vermeidung der Entdeckung); **BGHSt 28, 224** – Taxifahrer (Abgrenzung von Raub und räuberischem Diebstahl); **BGH StV 1991, 349** – Restaurantbedienung (Zurechnung von Nötigungsmitteln); **OLG Köln NStZ 2005, 448** – Flucht (Besitzerhaltungsabsicht).

I. Geschütztes Rechtsgut und Systematik

397 § 252 stellt keinen Qualifikationstatbestand zu § 242, sondern ein **eigenständiges raubähnliches Delikt** dar[1048]. § 252 schützt wie § 249 das Eigentum und die freie Willensbestimmung[1049]. Da der Täter „gleich einem Räuber" zu bestrafen ist, finden § 250 und § 251 Anwendung, sofern die Erschwerungsgründe zwischen Vollendung und Beendigung des Diebstahls verwirklicht werden. Die Vorschrift trägt dem Umstand Rechnung, dass sich derjenige, der sich mit raubspezifischen Nötigungsmitteln im Besitz der Diebesbeute halten will, als ebenso gefährlich wie ein

---

1044 BGHSt 39, 100 (108 f.); BGH NStZ-RR 2003, 44; *Schönke/Schröder/Bosch*, § 251 Rn. 9.
1045 BGHSt 46, 24 (26); NJW 1965, 2116; L-Kühl/*Kühl*, § 251 Rn. 4; MünchKomm-*Sander*, § 251 Rn. 16; *Schönke/Schröder/Bosch*, § 251 Rn. 9; a. A. NK-*Kindhäuser*, § 251 Rn. 12.
1046 BGHSt 46, 24 (28 f.).
1047 S. schon o. Rn. 321.
1048 BGHSt 3, 76 (77); *Fischer*, § 252 Rn. 1; *Jäger*, BT, Rn. 304; L-Kühl/*Kühl*, § 252 Rn. 1.
1049 BGH NStZ 2002, 542 (544); *Rengier*, BT 1, § 10 Rn. 1; *Schönke/Schröder/Bosch*, § 252 Rn. 1.

Räuber erweist[1050]. Zudem kann es von Zufälligkeiten und Abgrenzungsfragen abhängen, ob der Gewahrsamsbruch zum Zeitpunkt der Anwendung der Raubmittel bereits vollendet ist oder nicht[1051]. Während das Nötigungsmittel bei § 249 der Erlangung der Beute dient, dient es bei § 252 der Erhaltung der Beute zwischen Vollendung und Beendigung.

Abgrenzung Diebstahl/Raub/Räuberischer Diebstahl

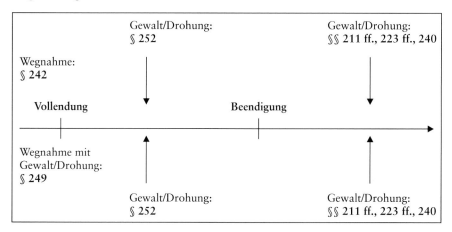

II. Aufbauschema

1. Tatbestand
   a) Objektiver Tatbestand
      aa) Vollendeter Diebstahl oder Raub
      bb) Auf frischer Tat betroffen
      cc) Gewalt gegen eine Person oder Drohungen mit gegenwärtiger Gefahr für Leib oder Leben
   b) Subjektiver Tatbestand
      aa) Vorsatz
      bb) Besitzerhaltungsabsicht

2. Rechtswidrigkeit

3. Schuld

III. Tatbestand

1. Objektiver Tatbestand

Dieser setzt voraus, dass der auf frischer Tat betroffene Täter qualifizierte Nötigungsmittel gegen eine Person anwendet.

1050 *Rengier*, BT 1, § 10 Rn. 1; vgl. aber auch *Schönke/Schröder/Bosch*, § 252 Rn. 1; *Weigend*, GA 2007, 274 (275 f.).
1051 *Wessels/Hillenkamp/Schuhr*, BT 2, Rn. 395.

401 a) **Geeignete Vortat** für § 252 ist nach h. M. nicht nur der Diebstahl, sondern auch der Raub, der den Diebstahlstatbestand mitenthält[1052]; §§ 253, 255 sind hingegen nicht einbezogen. Die Strafantragserfordernisse nach § 248a und § 247 gelten für § 252 jedoch nicht[1053].

> **Aufbauhinweis:** § 242 bzw. § 249 sind stets vorab zu prüfen. Kombinierte Prüfungen schlagen erfahrungsgemäß regelmäßig fehl, weil bei § 252 die besondere Absicht im subjektiven Tatbestand anders ausgestaltet ist und zwischen der Beteiligung an der Vortat und § 252 differenziert werden muss.

402 b) Der Täter muss ferner **auf frischer Tat betroffen sein**. Die Tat ist frisch, wenn mit der Wegnahmehandlung noch ein enger zeitlicher und räumlicher Zusammenhang besteht.

403 aa) Wie sich schon aus dem subjektiven Erfordernis der Besitzerhaltungsabsicht schließen lässt, muss die Vortat in **zeitlicher Hinsicht** vollendet, d. h. der Gewahrsamswechsel vollzogen sein. Die h. M. verlangt ferner, dass diese noch nicht beendet ist[1054]. Eine Beendigung der Wegnahme ist spätestens dann anzunehmen, wenn der Täter die gesicherte Sachherrschaft erlangt hat. Hilfreich ist die (Test-)Frage, ob dem Opfer bzw. einem hilfsbereiten Dritten gegen den Diebstahl noch das Notwehr- bzw. Nothilferecht i. S. v. § 32 Abs. 2 zustehen würde, was im Rahmen der Notwehrlage eine Gegenwärtigkeit des Angriffs erfordert[1055].

> **Bsp. (1):**[1056] T übernachtet bei O und steckt in der Nacht Wertgegenstände in seinen Rucksack. Als O den T nach Entdeckung des Verlustes am nächsten Tag im Garten stellt, wird er von T niedergeschlagen. – Fraglich ist der zeitliche Zusammenhang, da die Tat erst am anderen Morgen entdeckt wird. Da sich der Täter jedoch noch im räumlichen Herrschaftsbereich des Opfers befand, soll die Tat mangels gesicherten Gewahrsams zwar vollendet, jedoch noch nicht beendet sein[1057]. Dennoch kann man mit der Rechtsprechung in Bsp. 2 bezweifeln, ob angesichts des zeitlichen Abstands noch eine frische Tat vorliegt[1058].
>
> **Bsp. (2):**[1059] T fährt ohne Fahrkarte mit dem Zug. Unbemerkt hat er O dessen Geldbörse und Handy weggenommen. Das Diebesgut versteckt er im Gepäckabteil. Bei einer Fahrkartenkontrolle begibt er sich in das Gepäckabteil und holt das Diebesgut. Als der Kontrolleur F ihn auf die Fahrkarte anspricht, zieht T die Notbremse, um mit der Beute zu flüchten. Als T abspringen möchte, liegt die Beute auf dem Boden des Zuges. F versucht nach dieser zu greifen. Daraufhin zieht T ein Messer und hält es drohend gegen F, um seine Flucht mit der Beute fortzusetzen. – Zunächst macht sich T nach § 242 sowie § 265a strafbar. § 252 scheidet nach BGH mangels engem zeitlichem Zusammenhang aus, da der Besitz an der Diebesbeute nicht unmittelbares Ergebnis der Wegnahme beim Diebstahl war, sondern T die Beute erst wieder aus dem Abteil holen musste. Es liegen auch nicht §§ 253, 255 deshalb vor, weil T den F zur Duldung der Mitnahme der Beute genötigt hat; insoweit entfaltet § 252 Sperrwirkung, weil ansonsten dessen Voraussetzungen umgangen werden könnten[1060]. Hingegen sollen

---

1052 BGHSt 21, 377 (379 f.); BGH NStZ 2002, 542 (544); L-Kühl/*Kühl*, § 252 Rn. 2; *Schönke/Schröder/Bosch*, § 252 Rn. 3.
1053 *Rengier*, BT 1, § 10 Rn. 4; *Schönke/Schröder/Bosch*, § 252 Rn. 3.
1054 BGHSt 28, 224 (229); BGH NJW 1987, 2687; *Schönke/Schröder/Bosch*, § 252 Rn. 3; a. A. L-Kühl/*Kühl*, § 252 Rn. 4, wonach dies nur in der Regel gilt.
1055 NK-*Kindhäuser*, § 252 Rn. 14; ferner *Rengier*, BT 1, § 10 Rn. 7.
1056 Vgl. auch BGH NJW 1987, 2678.
1057 BGH NJW 1987, 2687; *Wessels/Hillenkamp/Schuhr*, BT 2, Rn. 132.
1058 Dazu, dass die Tat auch vor Beendigung nicht mehr frisch sein kann, vgl. *Schönke/Schröder/Bosch*, § 252 Rn. 4.
1059 BGH StV 2013, 445.
1060 S. auch u. Rn. 421 sowie *Kudlich*, JA 2013, 310 (311).

§§ 253, 255, 250 Abs. 1 Nr. 1a, Abs. 2 Nr. 1 vorliegen, „wenn ein dem Transportunternehmer unbekannter Fahrgast gewaltsam seine Flucht erzwingt und so verhindert, dass der gegen ihn bestehende Fahrpreisanspruch durchgesetzt werden kann (…)".

Bsp. (3):[1061] T betritt einen Supermarkt, geht zum Getränkeregal und leert einen Flachmann. Als er sich zur Kasse begibt und den Supermarkt verlassen will, wird er von Ladendetektiv O gestellt. Um den Kaufpreis nicht entrichten zu müssen, versetzt er ihm einen Faustschlag. – Der Diebstahl an dem Schnaps war mit dem Konsum bereits beendet, so dass § 252 ausscheidet; aus diesem Grund erscheint auch die Besitzerhaltungsabsicht fraglich[1062].

bb) Was den **räumlichen Zusammenhang** anbelangt, muss der Täter am Tatort oder jedenfalls in dessen unmittelbarer Nähe betroffen worden sein[1063]. Es ist dabei ausreichend, wenn das Nötigungsmittel bei sofort am Tatort aufgenommener Verfolgung erst im Laufe der Fluchtphase, d.h. in räumlicher Distanz zum Tatort eingesetzt wird[1064]. Dies gilt jedoch nur, wenn der Täter nicht bereits zuvor eine solche Distanz zum Verfolger geschaffen hat, dass dieser gesicherten Gewahrsam erlangt hat und die Tat damit beendet ist[1065]. Wird nur der Diebstahl sogleich bemerkt, der Täter aber erst während der Nacheile an anderer Stelle betroffen, so scheidet § 252 aus[1066]. In diesem Fall kann sich eine Strafbarkeit des Nötigenden nur noch nach §§ 240, 212 ff., 223 ff. ergeben.

Bsp. (1):[1067] Taxifahrer T entwendet dem Fahrgast O während einer Autobahnfahrt unbemerkt dessen Brieftasche. Nach einer Fahrstrecke von ca. 50 km und dem Verlassen der Autobahn wird O argwöhnisch. Um im Besitz des Geldes zu bleiben, stößt T den O aus dem Wagen. – Der BGH verneint § 252 mit dem Argument, dass zwischen Vollendung des Diebstahls und Gewaltanwendung 50 km lagen und T die Autobahn verlassen hatte. Dagegen spricht jedoch, dass zwar das Fahrzeug entsprechend fortbewegt, zwischen Täter und Opfer jedoch keine räumliche Distanz geschaffen wurde[1068].

Bsp. (2): O verfolgt Dieb T gleich am Tatort; 15 Minuten später stellt er den T nach einer Verfolgung über zwei Kilometer. T streckt den O nach einem Handgemenge nieder, um die Beute nicht zu verlieren. – Weil T noch am Tatort betroffen wird, ist § 252 zu bejahen[1069].

Bsp. (3):[1070] A, B, C und D dringen in eine Bank ein, brechen einen Geldautomaten auf und fliehen sodann mit zwei Fahrzeugen. A ist Beifahrer desjenigen Fahrzeugs, in dessen Kofferraum sich die Beute befindet. Die Tat wurde von Beamten des LKA observiert, so dass weitere Beamte die Verfolgung aufnehmen können. Nach etwa 30-minütiger Fahrt und ca. 35 km vom Tatort entfernt, stoppen Beamte, die an der Observation nicht beteiligt waren, die Fluchtwagen. A und B beschließen nun, auf einen der Beamten zuzufahren, um zu fliehen und sich im Besitz der Beute zu erhalten. Der Beamte erleidet bei dem Zusammenstoß mit dem von B geführten Wagen eine schmerzhafte Knieprellung. – Wie in Bsp. 2 war die Tat noch frisch, da bereits zum Zeitpunkt des Aufbruchs des Geldautomaten die Täter betroffen wurden und das Nötigungsmittel

---

[1061] Nach LG Freiburg ZIS 2006, 40.
[1062] So auch *Marlie*, ZIS 2006, 42 ff.; *Rengier*, BT 1, § 10 Rn. 15; vgl. aber LG Freiburg ZIS 2006, 40.
[1063] BGHSt 28, 224 (229 f.); BGH NJW 1987, 2687 (2688); *Jäger*, BT, Rn. 307; *Krey/Hellmann/Heinrich*, BT 2, Rn. 310.
[1064] BGHSt 3, 76 (78); BGHSt 9, 255 (256 f.); BGH NStZ 2015, 219 (220); LK-*Vogel*, § 252 Rn. 21; *Schönke/Schröder/Bosch*, § 252 Rn. 4.
[1065] A/W/H/H-*Heinrich*, § 17 Rn. 20; *Fischer*, § 252 Rn. 7.
[1066] *Krey/Hellmann/Heinrich*, BT 2, Rn. 310; *Wessels/Hillenkamp/Schuhr*, BT 2, Rn. 400.
[1067] BGHSt 28, 224.
[1068] *Dreher*, MDR 1979, 529 (532); LK-*Vogel*, § 252 Rn. 21; *Rengier*, BT 1, § 10 Rn. 7b; a. A. NK-*Kindhäuser*, § 252 Rn. 16; *Schönke/Schröder/Bosch*, § 252 Rn. 4.
[1069] Vgl. auch *Mitsch*, BT 2, 9.2.1.3.2.
[1070] BGH NStZ 2015, 700; dazu *Bechtel*, JSE 2016, 41; *Eisele*, JuS 2015, 1053.

bei der Nacheile eingesetzt wurde; dass diese von Anfang an observiert wurden, steht dem nicht entgegen. Dass sich das (über § 25 Abs. 2 zuzurechnende) Nötigungsmittel nicht gegen denjenigen richtet, der den Täter auf frischer Tat betroffen hat, ist unschädlich[1071].

405 cc) Der Täter muss auf frischer Tat **betroffen** sein. Von wem der Täter betroffen wird, ist unerheblich. Es kann sich hierbei um den Eigentümer der Sache, den Gewahrsamsinhaber oder auch einen beliebigen Dritten handeln. Betroffen ist er zunächst, wenn sowohl die konkrete Tat als auch der Täter entdeckt ist. Es genügt aber auch, wenn der Täter lediglich wahrgenommen wird[1072], ohne dass überhaupt ein Verdacht geschöpft wird[1073].

> **Bsp.:** T dringt in das Haus des O ein und packt Wertsachen in seine Tasche. Als O den T beim Verlassen des Hauses sieht, kommt ihm der Verdacht eines Diebstahls. Als er T zur Rede stellt, wird er niedergeschlagen. – § 252 ist verwirklicht, da O den T auf frischer Diebstahlstat betroffen hat.

406 (1) Streitiger ist der Fall, dass der Täter **nur subjektiv glaubt, betroffen zu sein**, er aber tatsächlich noch gar nicht wahrgenommen wurde.

> **Bsp.:** T schlägt nach einem Diebstahl den O nieder, weil er irrig annimmt, von O bei der Tat beobachtet worden zu sein. Tatsächlich hat O den T gar nicht gesehen.

407 Teilweise wird nur ein versuchter räuberischer Diebstahl angenommen, da der Täter sich über das Betreffen geirrt habe und insoweit ein untauglicher Versuch vorliege[1074]. Nach zutreffender h. M. reicht aber das bloße räumlich-zeitliche Zusammentreffen aus. Ein Entdecken des Täters ist demnach nicht notwendig. Aus dem Erfordernis der Besitzerhaltungsabsicht kann gefolgert werden, dass der Täter nur glauben muss, er sei entdeckt und ihm könne die Beute wieder entzogen werden[1075].

408 (2) Noch problematischer ist die Beurteilung, wenn der Dieb eine hinzukommende Person mit Gewalt ausschaltet, um **dem Entdecken zuvorzukommen**. In diesem Fall ist die Tat weder objektiv noch subjektiv aus Tätersicht entdeckt.

> **Bsp.:** T hat den Schmuck des O eingepackt. Als er gerade das Haus verlassen möchte, hört er plötzlich, dass O nach Hause kommt. T versteckt sich hinter einem Vorhang und schlägt O nieder, bevor dieser überhaupt nur einen Verdacht schöpfen kann.

409 In der Literatur wird ein Betreffen vielfach abgelehnt, weil ohne sinnliche Wahrnehmung des Täters durch das Opfer die Wortlautgrenze überschritten sei[1076]. Der Täter mache überhaupt erst durch die Nötigungshandlung auf sich aufmerksam. Außerdem müsse man sehen, dass der Einsatz des Nötigungsmittels der Vermeidung der Entdeckung diene und die Selbstbegünstigung auch ansonsten privilegierend wirken könne[1077]. Dagegen spricht aber, dass der Wortlaut „Betreffen" im Sinne eines räumlich-zeitlichen Zusammentreffens zu verstehen ist[1078]. Auch ist

---

1071 Siehe auch Rn. 410.
1072 *Rengier*, BT 1, § 10 Rn. 10; *Schönke/Schröder/Bosch*, § 252 Rn. 4; a. A. *Haas*, Maiwald-FS, 2007, S. 145 (167 ff.).
1073 *Mitsch*, BT 2, 9.2.1.4.2.
1074 *Küper*, Jura 2001, 21 (25); *Mitsch*, BT 2, 9.2.1.4.2.
1075 *Dreher*, MDR 1979, 529 (532); *Geilen*, Jura 1980, 43; *Schünemann*, JA 1980, 393 (398).
1076 *Geppert*, Jura 1990, 554 (556 f.); LK-*Vogel*, § 252 Rn. 21 ff.; *Mitsch*, BT 2, 9.2.1.4.2; MünchKomm-*Sander*, § 252 Rn. 9 ff.; *Wessels/Hillenkamp/Schuhr*, BT 2, Rn. 401.
1077 *Geppert*, Jura 1990, 556 f.; *Mitsch*, JA 1997, 659 f.; *Wessels/Hillenkamp/Schuhr*, BT 2, Rn. 401.
1078 BGHSt 26, 95 (96 f.); OLG Köln NStZ 2005, 448 (449); *Krey/Hellmann/Heinrich*, BT 2, Rn. 311; *Rengier*, BT 1, § 10 Rn. 9; *Schünemann*, JA 1980, 398.

das Opfer, das den Täter nicht wahrgenommen hat, nicht weniger schutzwürdig als jemand, der den Täter bemerkt und sich entsprechend vorbereiten kann[1079]. Vielmehr kann man im bewussten vorsorglichen Ausschalten eines Dritten sogar eine erhöhte kriminelle Energie erblicken. Letztlich kommt es auch bei § 249, dessen Grenzen zu § 252 fließend sind, nicht auf ein Entdecken an[1080].

c) Die **Nötigungsmittel Gewalt gegen eine Person** oder **Drohungen mit gegenwärtiger Gefahr für Leib oder Leben** entsprechen denjenigen des § 249. Das bloße Losreißen, bei dem Schnelligkeit und Überraschungseffekt dominieren, soll als Gewalt nicht genügen[1081]. Die qualifizierte Nötigung kann sich nach dem Wortlaut gegen jeden Dritten richten, von dem der Täter zumindest glaubt, dass er ihm den Besitz an dem Diebesgut wieder entziehen könnte. Es ist daher ebenso wenig wie bei § 249 erforderlich, dass sich die Gewalt gegen den ursprünglichen Gewahrsamsinhaber[1082] oder denjenigen richtet, der den Täter auf frischer Tat betroffen hat[1083].

2. Subjektiver Tatbestand

a) Erforderlich ist zunächst zumindest **Eventualvorsatz** hinsichtlich der objektiven Tatbestandsmerkmale. Dieser muss sich nicht nur allgemein auf das Betroffensein erstrecken, sondern auch auf die **Entdeckung im räumlich-zeitlichen Zusammenhang** (frische Tat). Da dieser Vorsatz gemäß § 16 Abs. 1 Satz 1 i. V. m. § 8 Satz 1 StGB jedoch zum Zeitpunkt der Tathandlung vorliegen muss, genügt es, wenn der Täter die Entdeckung seiner Tat durch Dritte (erst) zum Zeitpunkt der Nötigungshandlung bemerkt. Bedeutung hat dies für Fälle (Bsp. 3, Rn. 404), in denen der Täter zunächst nicht erkennt, dass er auf frischer Tat betroffen wurde, diese Kenntnis vielmehr erst durch die Verfolgung erlangt und dann das Nötigungsmittel einsetzt[1084].

b) Ferner bedarf es der Absicht i. S. v. dolus directus 1. Grades, **sich im Besitz des gestohlenen Gutes zu erhalten**. Demnach muss das Nötigungsmittel (final) eingesetzt werden, um den an der Beute begründeten Besitz zu erhalten. Die Besitzerhaltungsabsicht für einen Dritten genügt – abweichend von den §§ 242 ff., 249 ff. mit Drittzueignungsabsicht – angesichts des eindeutigen Wortlauts nicht[1085]. Bedeutung erlangt dies, wenn die Vortat in Drittzueignungsabsicht begangen und der Gewahrsam vor Einsatz des Nötigungsmittels vom Täter auf den Dritten übertragen wird.

> **Bsp.:** T lässt in der Spirituosenhandlung des O für seinen Studienkollegen S eine Flasche Whiskey in der Jackentasche verschwinden. Nach Verlassen des Ladens übergibt er die Flasche in der Fußgängerzone dem S, der sich sogleich einen Schluck genehmigen will. O, der die Übergabe wahrgenommen hat und zur Verfolgung ansetzt, wird von T niedergeschlagen, damit dem S der Trinkgenuss erhalten bleibt. – Zunächst liegt ein vollendeter Diebstahl mit Drittzueignungsabsicht vor. § 252 ist nicht verwirklicht, weil T lediglich Gewalt ausübt, um dem S den Besitz zu erhalten; es verbleiben jedoch

---

1079 BGHSt 26, 95 (97); *Mitsch*, BT 2, 9.2.1.4.2.
1080 *Blei*, JA 1975, 520 (522).
1081 OLG Koblenz StV 2008, 474 (475); s. auch o. Rn. 310.
1082 *Mitsch*, BT 2, 9.2.1.5.1; *Otto*, BT, § 46 Rn. 58.
1083 BGH NStZ 2015, 700 (701).
1084 BGH NStZ 2015, 700 m. Anm. *Bechtel*, JSE 2016, 41 und *Eisele*, JuS 2015, 1053.
1085 *Jäger*, BT, Rn. 309; *Fischer*, § 252 Rn. 9a; L-Kühl/*Kühl*, § 252 Rn. 5; *Schönke/Schröder/Bosch*, § 252 Rn. 7; weiter im Hinblick auf die Ratio und Systematik der Norm, vgl. *Weigend*, GA 2007, 274 (284 f.).

§ 223 und § 240. Wäre T noch selbst im Besitz der Beute, dann käme § 252 in Betracht[1086].

412a aa) Unter **Besitz** ist – aufgrund des Bezugs der Vorschrift zum Diebstahl – Gewahrsam als tatsächliche Sachherrschaft zu verstehen[1087]. Für den notwendigen Besitz ist es ausreichend, dass dem Täter nach der Verkehrsanschauung Mitgewahrsam an der Sache zukommt[1088]. Bei mehreren Beteiligten können sich nicht ganz einfache Zurechnungsfragen stellen[1089].

413 bb) Die Besitzerhaltungsabsicht muss nicht einziges Motiv sein. Jedoch muss es dem Täter zumindest auch darauf ankommen, durch die Nötigungshandlung die Entziehung der Beute zu verhindern. Kommt es dem Täter allein auf die **Flucht oder Verhinderung der Festnahme** an, so scheidet § 252 aus[1090]. Aus der Mitnahme der Beute bei der Flucht kann daher nicht ohne weiteres auf die Besitzerhaltungsabsicht geschlossen werden. Dies gilt vor allem, wenn der Täter nicht die Möglichkeit besitzt, sich ohne Gefährdung seiner Fluchtchancen der Beute zu entledigen[1091]. Die Rechtsprechung verlangt zudem einschränkend, dass es dem Täter darauf ankommt, eine Gewahrsamsentziehung zugunsten des Bestohlenen sofort zu verhindern[1092]. Eine solche Restriktion ist jedoch weder im Wortlaut der Vorschrift angelegt noch aus teleologischen Gründen geboten. Für den Unrechtsgehalt der Tat macht es keinen Unterschied, ob der Täter durch die Anwendung von qualifizierten Nötigungsmitteln die gegenwärtige Entziehung der Beute verhindern oder er den Gewahrsam nur präventiv gegen eine spätere Entziehung schützen möchte[1093].

> Bsp.: T bricht in das entlegene Anwesen der bettlägerigen O ein und entwendet wertvolle Briefmarkenalben, die er sofort in seinem Rucksack verstaut. Als O die Tat bemerkt und über das Telefon die Polizei in der 20 km entfernten Stadt anrufen möchte, schlägt T diese nieder und flieht. – § 252 liegt richtigerweise vor; nach der Rechtsprechung wäre die Vorschrift jedoch zu verneinen, weil T von der bettlägerigen O kein Beuteentzug drohte. Da auch die Polizei einen längeren Anfahrtsweg zum Tatort zurücklegen musste, wäre eine Gewahrsamsentziehung zeitnah nicht zu erwarten gewesen.

414 cc) Da die Besitzerhaltungsabsicht ein subjektives Tatbestandsmerkmal darstellt, genügt es, wenn nach der Vorstellung des Täters zum **Zeitpunkt der Anwendung der qualifizierten Nötigungsmittel** sein Gewahrsam am Diebesgut besteht; ob tatsächlich Gewahrsam besteht, ist demnach unerheblich[1094].

> Bsp.: T nimmt dem O in der S-Bahn dessen Geldbörse weg und steckt sie in seine Manteltasche. Da diese jedoch ein Loch hat, fällt die Geldbörse unbemerkt auf den Boden und wird von einem anderen Fahrgast eingesteckt. O, der den Verlust bemerkt, verlangt nun von T den Geldbeutel zurück. Um den (vermeintlichen) Gewahrsam nicht zu verlieren, versetzt T dem O einen Faustschlag. – T macht sich wegen vollendeten

---

1086 S. auch *Wessels/Hillenkamp/Schuhr*, BT 2, Rn. 403.
1087 LK-*Vogel*, § 252 Rn. 64; NK-*Kindhäuser*, § 252 Rn. 20.
1088 *Mitsch*, BT 2, 9.2.1.5.4.2; *Rengier*, BT 1, § 10 Rn. 21.
1089 Sogleich u. Rn. 417 ff.
1090 BGHSt 13, 64 f.; BGH NStZ 2000, 530 (531); NStZ 2015, 157; *Krey/Hellmann/Heinrich*, BT 2, Rn. 312; SSW-*Kudlich*, § 252 Rn. 15.
1091 OLG Köln NStZ 2005, 448 (449); vgl. auch BGH NStZ-RR 2004, 299.
1092 BGHSt 9, 162; BGHSt 28, 224 (230 f.); BGH StV 1987, 196; *Wessels/Hillenkamp/Schuhr*, BT 2, Rn. 404; abl. *Küper/Zopfs*, BT, Rn. 145; L-*Kühl*/*Kühl*, § 252 Rn. 5; SK-*Sinn*, § 252 Rn. 20 f.
1093 So *Geilen*, Jura 1980, 43 (44).
1094 *Mitsch*, BT 2, 9.2.1.5.4.2.

räuberischen Diebstahls und nicht nur eines Versuchs strafbar, weil er sich den Besitz an der entwendeten Sache erhalten wollte.

IV. Versuch

Versuchskonstellationen sind bei § 252 denkbar, wenn der Einsatz des Nötigungsmittels nicht gelingt oder der Täter irrig von der Wegnahme einer fremden beweglichen Sache ausgeht und zur Besitzerhaltung Gewalt ausübt. **415**

> Bsp.: T nimmt eine dem O geliehene Sache weg; dabei geht er irrig davon aus, dass diese ihm gar nicht gehört. Als O ihm die Sache wieder entziehen möchte, übt er Gewalt. – § 252 scheidet aus, da T mangels Wegnahme einer fremden Sache keinen vollendeten Diebstahl begangen hat; weil er jedoch dahingehenden Tatentschluss sowie die Besitzerhaltungsabsicht besaß, liegen §§ 252, 22, 23 vor.

V. Täterschaft und Teilnahme

Schwierige Fragen können sich im Bereich von Täterschaft und Teilnahme stellen, da nicht jeder Beteiligte Gewahrsam an der gestohlenen Sache haben muss und die Beteiligungsform hinsichtlich § 242 einerseits und § 252 andererseits unterschiedlich zu beurteilen sein kann. **416**

1. Strafbarkeit des Diebstahltäters

Problematisch können zunächst Fragen der Besitzzurechnung werden. Für § 252 genügt es dabei, dass der Täter davon ausgeht, dass er Gewahrsam kraft Zurechnung besitzt; es geht also nicht um eine Zurechnung des subjektiven Merkmals der Beuteerhaltungsabsicht selbst[1095]. **417**

a) Für **Mittäter des § 242** ist anerkannt, dass der Gewahrsam über § 25 Abs. 2 zugerechnet werden kann[1096]. Auch derjenige Mittäter, der demnach nicht selbst im Besitz der Beute ist, kann nach § 252 bestraft werden, wenn er seinerseits Gewalt übt, um sich die in den Händen des Mittäters befindliche Beute zu verteidigen. Die Besitzerhaltungsabsicht muss allerdings bei jedem Mittäter gesondert vorliegen und kann nicht über § 25 Abs. 2 zugerechnet werden. **418**

> Bsp.: A und B fliehen nach einem gemeinschaftlichen Diebstahl, wobei A die Tasche mit der Beute trägt; als O zur Verfolgung ansetzt, übt B Gewalt, um die Beute zu verteidigen. – B als Mittäter des Diebstahls macht sich nach § 252 strafbar, da er nach Vollendung der Tat Gewalt übt und in Besitzerhaltungsabsicht handelt; dem steht nicht entgegen, dass A die Sachherrschaft an der Beute hat, da der Gewahrsam dem B über § 25 Abs. 2 zugerechnet wird. A wiederum macht sich nur dann nach §§ 252, 25 Abs. 2 strafbar, wenn die Gewaltausübung des B vom gemeinschaftlichen Tatplan gedeckt war und er selbst Besitzerhaltungsabsicht besitzt.

Entsprechende Fälle lassen sich auch im Bereich der mittelbaren Täterschaft denken. Für den notwendigen Besitz ist es im Übrigen ausreichend, dass dem Täter nach der Verkehrsanschauung (Mit-)Gewahrsam an der Sache zukommt[1097]. Daher steht der Anwendung des § 252 auch die Sachherrschaft eines Dritten oder Tatteilnehmers nicht zwingend entgegen. **419**

1095 So aber der Einwand bei *Dehne-Niemann*, NStZ 2015, 251 (252).
1096 *Rengier*, BT 1, § 10 Rn. 19 f.; *Weigend*, GA 2007, 274 (281); *Wessels/Hillenkamp/Schuhr*, BT 2, Rn. 407.
1097 S. o. Rn. 412a.

Bsp.: Dieb T bittet auf der Flucht einen Gehilfen oder Dritten, die Beute kurz zu halten, um den Verfolger O ausschalten zu können. – § 252 ist zu bejahen, weil T nach der Verkehrsanschauung weiterhin Gewahrsam zukommt und er in Besitzerhaltungsabsicht das Nötigungsmittel anwendet.

420 b) Schwieriger sind Fälle zu beurteilen, in denen ein **Gehilfe oder ein hinzukommender Dritter Gewalt** übt.

Bsp.:[1098] T nimmt aus dem Einkaufskorb der O die Geldbörse. Die O bemerkt dies jedoch und nimmt sofort die Verfolgung auf. Als der Bekannte B des T diesen fliehen sieht, hält er auf Zeichen des T die O auf, um dem T den Besitz am Diebesgut zu erhalten.

421 Hinsichtlich der Strafbarkeit des T gemäß § 252 ist problematisch, dass er selbst keine Nötigungsmittel eingesetzt hat. Eine Zurechnung der Handlungen des B über § 25 Abs. 2 scheidet aus, da B aufgrund fehlender Diebstahlsbeteiligung und (Selbst-)Besitzerhaltungsabsicht kein Mittäter des § 252 sein kann. Da nach allgemeinen Regeln, die **Täterschaft tatbestandsbezogen zu beurteilen** ist und sich auch auf den gesamten Tatbestand beziehen muss, würde selbst die Annahme einer Mittäterschaft bzgl. § 223 oder § 240 daran nichts ändern[1099]. Zudem muss man sehen, dass eine solche Zurechnung auch zu weit wäre, da über die Mittäterschaft bei § 223 und § 240 hinaus auch ein funktionaler Zusammenhang mit der Tat nach § 252 zu fordern wäre. Ein gangbarer Weg besteht in vielen Fällen darin, die Handlung des B als absichtslos doloses Werkzeug dem T als mittelbaren Täter über § 25 Abs. 1 Var. 2 zuzurechnen[1100]. Darüber hinaus sollen Beiträge anderer Beteiligter – insb. von Gehilfen – dem Haupttäter jedenfalls dann zuzurechnen sein, wenn diese von ihm in die Tatausführung integriert werden[1101]. Bejaht man eine Zurechnung, dann macht sich B seinerseits nach §§ 252, 27 strafbar, da beim Teilnehmer weder Besitz noch Besitzerhaltungsabsicht in seiner Person gegeben sein müssen[1102]. Eine Strafbarkeit des B nach §§ 253, 255 wegen Vereitelung des Herausgabeanspruchs der O kommt nur in Betracht, wenn man dort auf eine Vermögensverfügung verzichtet[1103]. Zudem kann man den Vermögensschaden verneinen, weil dieser bereits mit dem Diebstahl eingetreten ist (keine Vertiefung des Schadens)[1104]. Ansonsten müsste man jedenfalls von einer Sperrwirkung des § 252 ausgehen, weil ansonsten dessen Voraussetzungen umgangen werden könnten[1105]. Die Annahme einer gegenüber § 252 auf Konkurrenzebene zurücktretenden Sicherungserpressung als mitbestrafte Nachtat[1106] überzeugt hingegen nicht, weil §§ 253, 255 dann in Fällen zur Anwendung gelangen würden, in denen – wie hier bei Verneinung der Zurechnung – eine Strafbarkeit nach § 252 ausscheidet[1107].

1098 BGH StV 1991, 349.
1099 Zutr. *Dehne-Niemann*, JuS 2008, 591 (592); LK-*Vogel*, § 252 Rn. 71; *Wessels/Hillenkamp/Schuhr*, BT 2, Rn. 407 f.; a. A. etwa NK-*Kindhäuser*, § 252 Rn. 25; *Rengier*, BT 1, § 10 Rn. 20; *ders.*, FS Puppe, 2011, S. 849 ff.
1100 BGH StV 1991, 349; *Wessels/Hillenkamp/Schuhr*, BT 2, Rn. 408.
1101 Zur Zurechnung von Gehilfenhandlungen an den Täter *U.Weber*, FS Lenckner 1998, S. 435 (453); a. A. *Weigend*, GA 2007, 274 (283).
1102 *Geppert*, Jura 1990, 554 (558).
1103 S. u. Rn. 772.
1104 *Seier*, NJW 1981, 2152 (2155); *Wessels/Hillenkamp/Schuhr*, BT 2, Rn. 412.
1105 BGH StV 1991, 349 (350).
1106 BGH MDR/H 1987, 94; *Schröder*, MDR 1950, 398 (400 f.); SK-*Sinn*, § 252 Rn. 23; krit. zur Sichtweise der Rechtsprechung *Grabow*, NStZ 2014, 121.
1107 BGH StV 1991, 349 (250); *Seier*, NJW 1981, 2152 (2155); *Wessels/Hillenkamp/Schuhr*, BT 2, Rn. 412.

2. Strafbarkeit des Diebstahlsgehilfen

Zu beachten ist, dass ein Teilnehmer am Diebstahl nicht zwingend auch Teilnehmer am nachfolgenden räuberischen Diebstahl sein muss. Vielmehr ist Teilnahme nur zu bejahen, wenn die Tatbeiträge auch für den räuberischen Diebstahl fortwirken und sich der Vorsatz auf die Tat nach § 252 erstreckt[1108]. Umstritten ist, ob auch derjenige Täter des § 252 sein kann, der sich am Diebstahl bzw. Raub nur als Gehilfe beteiligt, jedoch (Mit-)Besitz an der Beute erlangt und diese mit qualifizierten Nötigungsmitteln verteidigt. Vor allem die Rechtsprechung bejaht die Möglichkeit einer Täterschaft im Rahmen des § 252[1109], was zumindest dem Wortlaut nicht widerstreitet[1110]. Allerdings gilt es zu bedenken, dass § 252 – nicht anders als § 249 – aus Diebstahl und Nötigung zusammengesetzt ist und dort beide Teile täterschaftlich verwirklicht sein müssen. Angesichts des Strafrahmenverweises „gleich einem Räuber" wird man denselben Unrechtsgehalt verlangen müssen[1111]. Kein tauglicher Täter ist aber auch nach Rechtsprechung derjenige, der weder selbst im Besitz der gestohlenen Sache noch Mittäter des Diebstahls ist, so dass ihm der Besitz auch nicht zurechenbar ist[1112].

422

> **Bsp.:** T begeht einen Gemäldediebstahl in der Villa des O. Gehilfe G soll den Abtransport mit seinem Transporter übernehmen. Als G gerade wegfahren möchte, reißt O die Fahrertür auf. G verpasst ihm einen kräftigen Tritt und fährt davon, um sich den Besitz der Gemälde zu erhalten und so von T eine Provision zu kassieren. – § 252 scheidet nach der hier vertretenen Auffassung aus; G macht sich nur nach §§ 242, 244 Abs. 1 Nr. 3, 27 strafbar; in Tateinheit hierzu stehen §§ 223, 240 hinsichtlich der Gewaltanwendung.

VI. Konkurrenzen

Da der Täter wie ein Räuber zu bestrafen ist, finden auch § 250 und § 251 Anwendung, wenn die strafschärfenden Umstände zwischen Vollendung und Beendigung der Vortat verwirklicht werden. Da nach h. M. beim Raub – der ebenfalls Vortat des § 252 sein kann – Qualifikationen noch bis zur Beendigung verwirklicht werden können, kann es zu Überschneidungen kommen. Dabei soll nach der Rechtsprechung das Delikt mit den weitergehenden Strafschärfungen vorgehen; sind keine Strafschärfungen verwirklicht, so tritt § 252 als mitbestrafte Nachtat zurück[1113]. Zusätzlich kann eine tateinheitlich verwirklichte Nötigung gemäß § 240 oder eine Bedrohung nach § 241 anzunehmen sein, um klarzustellen, dass der Täter nicht nur beim Raub, sondern auch in der Beendigungsphase ein qualifiziertes Nötigungsmittel eingesetzt hat. Dies gilt vor allem in Fällen, in denen sich das in der Beendigungsphase eingesetzte Nötigungsmittel gegen einen vom Raub nicht betroffenen Dritten richtet[1114]. Nach der hier vertretenen Konzeption sind Strafschärfungen beim Raub dagegen nur bis zur Vollendung des Grundtatbestan-

423

[1108] *Mitsch*, BT 2, 9.2.4.
[1109] BGHSt 6, 248 (250); *Maurach/Schroeder/Maiwald/Hoyer/Momsen*, BT 1, § 35 Rn. 40; SK-*Sinn*, § 252 Rn. 22; a. A. L-Kühl/*Kühl*, § 252 Rn. 6; *Mitsch*, BT 2, 9.2.1.2.5; *Wessels/Hillenkamp/Schuhr*, BT 2, Rn. 407.
[1110] *Rengier*, BT 1, § 10 Rn. 24.
[1111] LK-*Vogel*, § 252 Rn. 72; *Schönke/Schröder/Bosch*, § 252 Rn. 10.
[1112] BGH NStZ 2015, 276.
[1113] BGHSt 21, 377 (380); BGH NStZ 2002, 542 (544); BGH NStZ 2008, 103; *Krey/Hellmann/Heinrich*, BT 2, Rn. 321.
[1114] BGH NStZ 2002, 542 (544); *Schönke/Schröder/Bosch*, § 252 Rn. 13; *Wessels/Hillenkamp/Schuhr*, BT 2, Rn. 411; s. aber BGH GA 1969, 347 (348).

des möglich, so dass sich die Strafbarkeit in der Beendigungsphase allein nach § 252 (i. V. m. §§ 250, 251) richtet[1115]; damit wird eine klare Grenzziehung gewährleistet.

424 Ausnahmsweise soll nach h. M. Tateinheit zwischen § 249 und § 252 bestehen, wenn die Anwendung des qualifizierten Nötigungsmittels nicht nur der Sicherung der Beute, sondern zugleich der Erlangung weiterer Sachen dient[1116]. Vertretbar ist es jedoch auch, nur § 242 tateinheitlich hinzutreten zu lassen, da die qualifizierte Nötigung bereits in § 249 enthalten ist.

> **Bsp.:** T hat bei O Schmuck gestohlen. Als er das Haus verlässt, wird er von O gestellt; T schlägt ihn nieder, um die Beute zu behalten und ihm zusätzlich noch die Aktentasche abzunehmen. – Zunächst ist § 252 verwirklicht, da T handelt, um die Beute zu erhalten; daneben ist hinsichtlich der Aktentasche auch § 249 verwirklicht. Möchte man die qualifizierte Nötigung nur einmal in Ansatz bringen, ist es vertretbar, neben § 249 nur § 242 hinsichtlich der Aktentasche anzunehmen.

§ 14 Räuberischer Angriff auf einen Kraftfahrer, § 316a

Einführende Aufsätze: *Bosch*, Der räuberische Angriff auf Kraftfahrer (§ 316a StGB) – Anmerkungen zu einer ungeeigneten Norm, Jura 2013, 1234; *Dehne-Niemann*, Zur Neustrukturierung des § 316a StGB: Der räuberische Angriff auf Noch-nicht-Kraftfahrer, NStZ 2008, 319; *Duttge/Nolden*, Die rechtsgutsorientierte Interpretation des § 316a StGB, JuS 2005, 193; *Fischer*, Der räuberische Angriff auf Kraftfahrer nach dem 6. StrRG, Jura 2000, 433; *Geppert*, Räuberischer Angriff auf Kraftfahrer, Jura 1995, 310; *Jesse*, Der räuberische Angriff auf Kraftfahrer (§ 316a StGB): Ein bestimmt unbestimmter Tatbestand?, JR 2008, 448; *Kraemer*, Räuberischer Angriff auf Kraftfahrer – Ein Dauerbrenner im Examen, JA 2011, 193; *Krüger*, Zum „Ausnutzen der besonderen Verhältnisse des Straßenverkehrs" im Sinne von § 316a StGB, NZV 2008, 234; *Ingelfinger*, Zur tatbestandlichen Reichweite der Neuregelung des räuberischen Angriffs auf Kraftfahrer und zur Möglichkeit strafbefreienden Rücktritts vom Versuch, JR 2000, 225; *Mitsch*, Der neue § 316a StGB, JA 1999, 662; *Sowada*, Der räuberische Angriff auf einen Noch-nicht-Kraftfahrer, HRRS 2008, 136.

Übungsfälle: *Bock*, BT, Fall 7: Im Schwesternwohnheim, S. 195; *Gössel*, Fall 14: Freund und Feind, S. 229; *Hanft*, Die vorgetäuschte Autopanne, JuS 2005, 1010; *Lang/Sieber*, „Die geplatzte Hochzeit", JA 2014, 913.

Rechtsprechung: BGHSt 5, 280 – Bauerngehöft (Angriff außerhalb des KfZ); **BGHSt 33, 378** – Schrebergarten (Angriff außerhalb des KfZ); **BGHSt 37, 256** – Verfolgungsfahrt (Entschluss zum Raub nach Beendigung der Fahrt); **BGHSt 38, 196** – Kurzhalt (kurzfristiges verkehrsbedingtes Anhalten); **BGHSt 39, 249** – Mofafahrer (Mofa als Kraftfahrzeug); **BGHSt 49, 8** – Taxi (taugliches Tatopfer); **BGHSt 50, 169** – laufender Motor (Ausnutzung der besonderen Verhältnisse des Straßenverkehrs); **BGHSt 52, 44** – „Noch-nicht-Kraftfahrer" (Angriff vor Fahrbeginn); **BGH NStZ-RR 2004, 171** – Beifahrer (Verüben des Angriffs).

I. Geschütztes Rechtsgut und Systematik

425 § 316a schützt neben dem **Vermögen auch die Sicherheit und Funktionsfähigkeit des Straßenverkehrs**[1117]. Führer und Mitfahrer von Kfz sollen demnach davor bewahrt werden, dass sie aufgrund der mit der Teilnahme am Straßenverkehr

---
1115 S. o. Rn. 360 und o. Rn. 382.
1116 MünchKomm-*Sander*, § 252 Rn. 20; *Schönke/Schröder/Bosch*, § 252 Rn. 13.
1117 BGHSt 49, 8 (11); *Rengier*, BT 1, § 12 Rn. 1; SSW-*Ernemann*, § 316a Rn. 2.

verbundenen Schutzlosigkeit Opfer von räuberischen Angriffen werden[1118]. Hinsichtlich der Begehung eines Raubs, räuberischen Diebstahls oder einer räuberischen Erpressung genügt die bloße Absicht, so dass diese Delikte nicht einmal in das Versuchsstadium gelangt sein müssen. In Anbetracht des gegenüber diesen Delikten erheblich gesteigerten Strafrahmens (nach Absatz 1 Mindestfreiheitsstrafe von fünf Jahren) bei gleichzeitiger Vorverlagerung der Strafbarkeit ist daher im Hinblick auf das Schuldprinzip eine restriktive, rechtsfolgenorientierte Auslegung[1119] im Auge zu behalten.

Hinweis zum Klausuraufbau: Um unübersichtliche Inzidentprüfungen zu vermeiden, sollten §§ 249 ff., 252, 255 stets vorab geprüft werden.

II. Aufbauschema

1. Tatbestand
   a) Objektiver Tatbestand
      aa) Verüben eines Angriffs auf Leib, Leben oder Entschlussfreiheit
      bb) des Führers eines Kraftfahrzeugs oder eines Mitfahrers
      cc) unter Ausnutzung der besonderen Verhältnisse des Straßenverkehrs
   b. Subjektiver Tatbestand
      aa) Vorsatz
      bb) Absicht (dolus directus 1. Grades) zur Begehung eines Raubes (§§ 249 oder 250), eines räuberischen Diebstahls (§ 252) oder einer räuberischen Erpressung (§ 255)

2. Rechtswidrigkeit

3. Schuld

4. Strafschärfung: Erfolgsqualifikation nach § 316a Abs. 2 bei wenigstens leichtfertiger Verursachung des Todes

III. Tatbestand

1. Objektiver Tatbestand

Der objektive Tatbestand verlangt zunächst die Verübung eines Angriffs auf den Leib, das Leben oder die Entschlussfreiheit eines Kraftfahrzeugführers oder eines Mitfahrers.

a) Unter **Angriff auf Leib oder Leben** ist eine feindselige, auf den Körper zielende Einwirkung zu verstehen, die eine nicht ganz unerhebliche Verletzungsgefahr zur Folge hat[1120]. Erfasst wird jede Körperverletzungs- oder Tötungshandlung, der die Gefahr einer Verletzung oder Tötung innewohnt. Zu beachten ist, dass der Angriff auf Leib und Leben mit dem intendierten Angriff auf die Vermögenswerte zwar räumlich und zeitlich zusammenfallen kann, dies jedoch nicht zwin-

---
1118 BGHSt 49, 8 (14); BGH NStZ 2001, 197; *Schönke/Schröder/Hecker*, § 316a Rn. 21.
1119 Dazu *Eisele*, BT 1, Rn. 25.
1120 *Fischer*, § 316a Rn. 6; *Schönke/Schröder/Hecker*, § 316a Rn. 3.

gend ist. Nicht erforderlich ist daher, dass der Täter mit der Verübung des Angriffs auch unmittelbar zur Verwirklichung des Vermögensdelikts ansetzt. Vielmehr genügt bereits die Absicht, die in § 316a genannten Straftaten zu begehen.

> **Bsp.:** T reißt die Tür des an einer Ampel in seinem Auto wartenden O auf und verbringt ihn unter Einsatz von Gewalt in ein 20 km entfernt gelegenes Ferienhaus. Dort nimmt er – wie von Anfang an geplant – unter Anwendung weiterer Gewalt die Wertsachen des O weg. – Zwischen dem Angriff und dem Raub liegt zwar eine größere räumlich-zeitliche Zäsur. Dennoch ist § 316a bereits mit dem Überfall an der Ampel zu bejahen, da der Raub zum Zeitpunkt des Angriffs lediglich beabsichtigt sein muss.

429 aa) Als **Angreifer** kommt neben beliebigen Außenstehenden auch der Fahrer oder Beifahrer in Betracht[1121].

430 bb) Der **Angriff auf die Entschlussfreiheit** umschließt **alle Formen des Einsatzes von Nötigungsmitteln**, wobei weder ein Nötigungserfolg eintreten geschweige denn eine strafbare Nötigung nach § 240 gegeben sein muss[1122]. Auch mittelbare Einwirkungen durch Gewalt gegen Sachen – wie etwa das Errichten von Straßensperren – werden erfasst[1123]. Angesichts des hohen Strafrahmens werden jedoch bloße **Täuschungen und List**, die die Freiheit zum Entschluss als solche nicht beeinträchtigen, grundsätzlich nicht erfasst[1124].

> **Bsp.:** Anhalter T täuscht über seine Absichten und möchte Autofahrer O ausrauben. – Die Entschlussfreiheit ist hier nicht beeinträchtigt. Entsprechendes gilt, wenn ein Fahrgast den Taxifahrer über das Fahrziel täuscht, um ihn ausrauben zu können[1125].

430a Anderes gilt nur, wenn der Adressat sich aufgrund der List oder Täuschung zugleich in seiner Entscheidung eingeschränkt sieht und sich damit in einer **nötigungsähnlichen Lage** befindet[1126].

> **Bsp.:**[1127] T gibt kurz vor einer Raststätte dem LKW-Fahrer O durch Hupe und Handzeichen zu verstehen, dass er auf den Parkplatz fahren solle. F geht dementsprechend von einer Polizeistreife in Zivil aus. Auf dem Parkplatz wird O nach Abstellen des Motors mit einer ungeladenen Waffe bedroht und gefesselt. Die wertvolle Ladung wird in einen anderen Wagen umgeladen. – Zum Zeitpunkt des Bedrohens mit der Waffe war O nicht mehr Fahrer des Fahrzeugs, da der Motor abgestellt war[1128]. Jedoch könnte der Angriff bereits mit dem Hupen und den Handzeichen auf der Autobahn verübt worden sein. Richtigerweise ist hier bereits ein Angriff auf die Entschlussfreiheit gegeben, da aufgrund der vorgetäuschten Pflicht zusätzlich faktischer Zwang zum Anhalten erzeugt wird (Nichtanhalten als Ordnungswidrigkeit nach § 36 i. V. m. § 49 Abs. 3 Nr. 1 StVO). Entsprechendes gilt auch bei einem vorgetäuschten Unfall, wenn hier aus Sicht des Opfers eine Hilfspflicht aus § 323c und damit eine nötigungsähnliche Drucksituation erzeugt wird. Fehlt es an der Vorspiegelung einer solchen Hilfspflicht, liegt hingegen nur das Hervorrufen eines unbeachtlichen Motivirrtums vor[1129].

1121 Vgl. BGHSt 13, 27 (31); BGHSt 25, 315; NK-*Zieschang*, § 316a Rn. 12; *Wessels/Hillenkamp/Schuhr*, BT 2, Rn. 417.
1122 Anders aber *Duttge/Nolden*, JuS 2005, 193 (197).
1123 *Schönke/Schröder/Hecker*, § 316a Rn. 3.
1124 BGHSt 49, 8 (12 f.); *Rengier*, BT 1, § 12 Rn. 8; a. A. *Geppert*, Jura 1995, 310 (312); *Wolters*, GA 2002, 303 (315).
1125 BGH NStZ-RR 2014, 342.
1126 *Fischer*, § 316a Rn. 7; *Sander*, NStZ 2004, 501 (502); *Schönke/Schröder/Hecker*, § 316a Rn. 5.
1127 BGH NStZ 2015, 653; *Jäger*, JA 2015, 235 (236); *Krüger*, NZV 2015, 454; *Theile*, ZJS 2016, 109 (112); *Wolters*, GA 2002, 303 (316); krit aber *Schiemann*, JR 2015, 595 ff. und *Zopfs*, NJW 2015, 2133, da sich die Täter nicht als Hoheitsträger zu erkennen gegeben hätten.
1128 Siehe näher unten Rn. 434.
1129 BGH NStZ 2015, 653 (654).

cc) Unter dem **Verüben** des Angriffs ist zu verstehen, dass der Angriff tatsächlich **431** ausgeführt wird[1130]. Dies setzt voraus, dass der Täter auf Leib, Leben oder die Entschlussfreiheit des Opfers einwirkt[1131]. Der Angriff muss demnach die Opfersphäre erreicht haben[1132]; ansonsten kommt allenfalls eine Versuchsstrafbarkeit in Betracht. Insoweit bedarf es einer gegen die Entschlussfreiheit gerichteten Handlung, wobei das Opfer jedenfalls deren objektiven Nötigungscharakter wahrnehmen muss; die feindliche Willensrichtung des Täters muss das Opfer hingegen nicht erkannt haben[1133].

> **Bsp.:**[1134] T verriegelt während der Fahrt die Kindersicherung, damit O nicht aussteigen kann und er ihn überfallen kann. – Es liegt (noch) kein Verüben eines Angriffs vor, wenn O das Verriegeln nicht bemerkt.

b) Das Opfer muss bei Verüben des Angriffs entweder **Führer oder Mitfahrer** **432** **eines Kraftfahrzeugs** sein. Führer eines Kraftfahrzeugs kann auch ein Mofafahrer sein[1135]. Diese Merkmale legt der BGH nunmehr eng aus[1136].

aa) Führer eines Kraftfahrzeugs ist demnach, wer es in Bewegung zu setzen **433** beginnt, es in Bewegung hält oder allgemein mit dem Betrieb des Fahrzeugs und/oder mit der Bewältigung von Verkehrsvorgängen beschäftigt ist[1137]. Solange das **Fahrzeug bewegt wird**, kann dieses Merkmal ohne weiteres bejaht werden[1138]. Ist das Fahrzeug nicht (mehr) in Bewegung, kann aufgrund des Schutzzwecks der Tatbestand dennoch zu bejahen sein, wenn das Opfer (noch) mit der Bewältigung von Betriebs- oder Verkehrsvorgängen befasst ist[1139]. Bei einem **verkehrsbedingten Halt** – etwa an einer Ampel, an einer geschlossenen Bahnschranke oder in einem Stau – wird dies in der Regel zu bejahen sein. Der Kraftfahrzeugführer muss in einer solchen Situation, unabhängig davon, ob der Motor läuft, seine Aufmerksamkeit auch auf das Verkehrsgeschehen richten[1140].

> **Bsp.:** O hält vor einer Eisenbahnschranke und stellt zu diesem Zweck den Motor ab. Der bewaffnete T reißt die Türe auf, um ihm sein Geld abzunehmen. – Da O immer noch seine Aufmerksamkeit auf den Verkehr zu richten hat, insbesondere jederzeit damit zu rechnen hat, dass der Zug den Bahnübergang passiert und er dann die Fahrt fortzusetzen hat, ist O Kraftfahrzeugführer.

Auch bei einem **nicht verkehrsbedingten Halt** bleibt der Fahrer, solange er sich **434** in dem Fahrzeug aufhält und mit dessen Betrieb und/oder mit der Bewältigung von Verkehrsvorgängen beschäftigt ist, weiterhin Führer des Kraftfahrzeugs; dies ist allerdings regelmäßig dann nicht der Fall, wenn das Tatopfer sein Fahrzeug bereits zum Halten gebracht und den Motor ausgestellt hat[1141]. Läuft der Motor zu nicht betriebsbezogenen Zwecken – etwa zum Heizen oder Kühlen mithilfe

---

1130 L-Kühl/*Heger*, § 316a Rn. 4; *Schönke/Schröder/Hecker*, § 316a Rn. 3.
1131 *Schönke/Schröder/Hecker*, § 316a Rn. 3; *Wessels/Hillenkamp/Schuhr*, BT 2, Rn. 417 f.
1132 *Fischer*, § 316a Rn. 8; NK-*Zieschang*, § 316a Rn. 22.
1133 BGHSt 49, 8 (13); BGH NStZ 2015, 653; *Rengier*, BT 1, § 12 Rn. 8; *Schönke/Schröder/Hecker*, § 316a Rn. 4; s. aber MünchKomm-*Sander*, § 316a Rn. 26.
1134 BGH NStZ-RR 2004, 171.
1135 BGHSt 39, 249.
1136 BGHSt 49, 8 (14); BGHSt 50, 169 (171); BGH NStZ-RR 2004, 171 (172).
1137 BGHSt 49, 8 (14); BGHSt 50, 169 (170); *Rengier*, BT 1, § 12 Rn. 17.
1138 Für eine Beschränkung hierauf *Jesse*, JR 2008, 448 (450).
1139 Vgl. BGHSt 49, 8 (14); *Fischer*, § 316a Rn. 4; *Rengier*, BT 1, § 12 Rn. 17; vgl. aber *Duttge/Nolden*, JuS 2005, 193 (195 f.), wonach nur der Bewegungsvorgang erfasst sein soll.
1140 BGHSt 50, 169 (171); *Rengier*, BT 1, § 12 Rn. 18 ff.; *Wessels/Hillenkamp/Schuhr*, BT 2, Rn. 419.
1141 BGHSt 49, 8 (14); BGHSt 50, 169 (171 f.); BGH NStZ 2018, 469 (470); *Eisele*, JuS 2017, 793 (794).

der Klimaanlage – scheidet § 316a ebenfalls aus. Von einem Fahrzeugführer kann erst recht nicht mehr gesprochen werden, wenn der Fahrer bereits sein **Fahrzeug verlassen** hat und erst nach dem Aussteigen angegriffen wird[1142].

435 Nicht erforderlich ist aber, dass die Eigenschaft als Fahrzeugführer bereits bei Beginn des Angriffs vorliegt. Einbezogen ist vielmehr der **gesamte Zeitraum bis zur Vollendung**, nach Rechtsprechung sogar bis zur Beendigung des Angriffs[1143]. Erfasst werden demnach auch Fälle, in denen das Opfer durch einen vor Fahrtantritt begonnenen Angriff zur (Mit-)Fahrt gezwungen wird, falls der Angriff dann während der Fahrt fortgesetzt wird[1144].

> **Bsp.:** O sitzt in seinem Fahrzeug, als T einfach einsteigt und ihn mit einer Waffe zum Losfahren zwingt, um ihn später auszurauben. Während der Fahrt wird O von T weiter bedroht. – Zwar war O bei Beginn des Angriffs noch nicht Fahrzeugführer, jedoch erlangte er diese Eigenschaft zu einem Zeitpunkt, zu dem der Angriff noch verübt wurde[1145].

436 bb) **Mitfahrer** ist folglich auch nur derjenige, der sich als Insasse in einem Kraftfahrzeug befindet, während eine andere Person dieses führt[1146]. Der Begriff des Mitfahrers ist damit konsequenterweise in Anlehnung an den Fahrzeugführer zu bestimmen, so dass die Rechtsprechung zum verkehrsbedingten Halt usw. auch hier Bedeutung erlangt[1147]. Nicht ausreichend ist daher, dass der Beifahrer alleine im Fahrzeug wartet[1148].

437 cc) **Gegen diese Rechtsprechung** wird angeführt, dass die Formulierung des § 316a im Gegensatz zu §§ 315c, 316 mit der Wendung „im Straßenverkehr ein Fahrzeug führt" weiter gefasst ist. Personen, die kurzzeitig anhalten, um zu telefonieren, in der Straßenkarte nach der Route zu suchen oder den Wagen zur Reifenkontrolle verlassen, seien genau so schutzwürdig wie ein mit den Betriebsvorgängen befasstes Opfer[1149]. Angesichts des hohen Strafrahmens verdienen restriktive Tendenzen zwar Zustimmung. Allerdings wäre es überzeugender, **sämtliche Einschränkungen** erst über das den Unrechtsgehalt beschreibende Merkmal „unter Ausnutzung der besonderen Verhältnisse des Straßenverkehrs" vorzunehmen[1150]. Die Auffassung der Rechtsprechung führt zudem dazu, dass diese Fragen doppelt aufgegriffen werden müssen[1151]. Nach der hier vertretenen Auffassung ist damit die Eigenschaft als Fahrzeugführer auch zu bejahen, wenn der Motor nicht mehr läuft oder der Angriff außerhalb des Fahrzeugs stattfindet.

438 c) Der Angriff muss **unter Ausnutzung der besonderen Verhältnisse des Straßenverkehrs** erfolgen. Die Tat muss daher in engem Zusammenhang zur Nutzung des Fahrzeugs als Verkehrsmittel stehen[1152]. Damit wird der spezifische Unrechtsgehalt der Tat zum Ausdruck gebracht, weil der Straßenverkehr typischerweise eine erhöhte Konzentration der Insassen auf die Fahrzeugbedienung und

---

1142 BGHSt 49, 8 (14); BGHSt 50, 169 (171); *Günther*, JZ 1987, 369 (379 f.).
1143 BGHSt 52, 44 (46).
1144 BGHSt 52, 44 (46).
1145 Zum Ausnutzen der besonderen Verhältnisse des Straßenverkehrs in solchen Fällen s. u. Rn. 440.
1146 *Fischer*, § 316a Rn. 5.
1147 BGH NStZ 2013, 43; *Rengier*, BT 1, § 12 Rn. 23.
1148 BGH NStZ-RR 2004, 171 (172).
1149 *Wessels/Hillenkamp/Schuhr*, BT 2, Rn. 419.
1150 S. auch *Wessels/Hillenkamp/Schuhr*, BT 2, Rn. 419.
1151 *Schönke/Schröder/Hecker*, § 316a Rn. 12; *Wessels/Hillenkamp/Schuhr*, BT 2, Rn. 419.
1152 *Wessels/Hillenkamp/Schuhr*, BT 2, Rn. 421.

Verkehrslage erfordert und damit für diese die Gegenwehr und Flucht erschwert ist[1153]. Auch können mit dem Ausnutzen der besonderen Verhältnisse für das Opfer und die Allgemeinheit Unfallgefahren verbunden sein[1154].

aa) Von einer Ausnutzung der besonderen Verhältnisse des Straßenverkehrs ist grundsätzlich dann auszugehen, wenn der Kraftfahrzeugführer im Zeitpunkt des Angriffs mit der Beherrschung seines Kraftfahrzeugs oder mit der Bewältigung von Verkehrsvorgängen befasst ist[1155], d. h. der Angriff in einem **fahrenden Fahrzeug** verübt wird[1156]. Entsprechendes gilt auch für einen **verkehrsbedingten Halt**, solange das Opfer noch mit der Bewältigung von Verkehrsvorgängen beschäftigt ist[1157]. **439**

Wird das Opfer allerdings bereits **vor Fahrtbeginn angegriffen und zur Fahrt gezwungen** (**sog. Noch-nicht-Kraftfahrer**), so muss die Eigenschaft als Kraftfahrzeugführer, die regelmäßig mit Starten des Motors beginnt, für die Aufrechterhaltung bzw. Fortdauer des Angriffs mindestens kausal sein. Das soll zu verneinen sein, wenn der Täter das Opfer vor der Fahrt unter seine uneingeschränkte Kontrolle gebracht hat und die so geschaffene Nötigungslage nur während der nachfolgenden Fahrt unverändert aufrechterhält[1158]. Freilich ist diese Differenzierung hinsichtlich der Ausnutzung der besonderen Verhältnisse des Straßenverkehrs zweifelhaft; dies vor allem auch, wenn man die Sicherheit des Straßenverkehrs und etwaige Unfallgefahren mit in den Blick nimmt[1159]. **440**

> **Bsp.:**[1160] T überfällt den O in seiner Wohnung und zwingt ihn dann, mit ihm zum Bankautomaten zu fahren, um dort Geld abzuheben. – Der fortdauernde Angriff des T im Wagen soll sich hier nicht auf die Abwehrmöglichkeiten als Fahrzeugführer auswirken, da sich O bereits vor dem Fahrbeginn in dieser Nötigungslage befunden hat, so dass nicht die besonderen Verhältnisse des Straßenverkehrs von T ausgenutzt werden. Das Fahrzeug dient dann lediglich zur Beförderung während einer Straftat. Anders soll der Fall liegen, wenn O im Fahrzeug sitzt, dann angegriffen und zum Losfahren gezwungen wird, weil hier erst durch den Fahrtbeginn die Abwehrmöglichkeiten endgültig eingeschränkt werden[1161]. Wie bereits dargelegt, vermag diese Unterscheidung jedoch nicht zu überzeugen.

bb) Bei einem **nicht verkehrsbedingten Halt** kann die Ausnutzung der besonderen Verhältnisse hingegen zu verneinen sein, wenn sich die Aufmerksamkeit nicht in erster Linie auf das Führen des Fahrzeugs richtet. Der BGH verneint das Ausnutzen etwa, wenn sich bei einer Automatikschaltung der Hebel auf der Parkstellung befindet[1162]. Für die Frage des Ausnutzens kann es nicht allein entscheidend sein, ob der Motor noch läuft[1163]. Zu beachten ist freilich, dass nach Ansicht des **441**

1153 BGHSt 49, 8 (15); BGHSt 50, 169 (172 f.); *Schönke/Schröder/Hecker*, § 316a Rn. 12.
1154 Näher *Wessels/Hillenkamp/Schuhr*, BT 2, Rn. 422; diesen Gesichtspunkt betont auch *Sowada*, HRRS 2008, 136 (142).
1155 Vgl. auch BGHSt 50, 169 (171).
1156 BGHSt 49, 8 (14); so auch *Rengier*, BT 1, § 12 Rn. 26.
1157 BGHSt 49, 8 (15); BGH NStZ 2018, 469 (470); *Rengier*, BT 1, § 12 Rn. 27 u. 32; L-Kühl/*Heger*, § 316a Rn. 3.
1158 BGHSt 52, 44 (47); AnwK-*Esser*, § 316a Rn. 21.
1159 *Sowada*, HRRS 2008, 136 (140 ff.); krit. auch *Dehne-Niemann*, NStZ 2008, 319 ff.; *Jesse*, JR 2008, 448 (452).
1160 BGHSt 52, 44.
1161 S. auch o. Rn. 435.
1162 BGH NStZ-RR 2006, 185 (186).
1163 SSW-*Ernemann*, § 316a Rn. 14; *Wessels/Hillenkamp/Schuhr*, BT 2, Rn. 422 f.

BGH – anders als hier vertreten – bei abgestelltem Motor regelmäßig schon keine Fahrzeugführereigenschaft anzunehmen ist.

> **Bsp.:**[1164] Taxifahrer O hält am Straßenrand an und zieht die Handbremse, um von Fahrgast T den Fahrpreis zu kassieren, als er von diesem plötzlich überfallen wird. – Da der Motor noch läuft und O damit noch im weitesten Sinne mit der Bewältigung von verkehrsspezifischen Verkehrsvorgängen befasst war, kann die Fahrzeugführereigenschaft auch nach der Rspr. bejaht werden; § 316a ist jedoch zu verneinen, da T nicht die besonderen Verhältnisse des Straßenverkehrs ausgenutzt hat; seine Aufmerksamkeit war nicht auf das Führen des Fahrzeugs, sondern auf das Kassieren gerichtet. Anders – dann Ausnutzen – wäre aber zu entscheiden, wenn O nur die Kupplung gedrückt halten und die Bremse treten würde, da er dann noch mit dem Betrieb beschäftigt wäre; ein Ausnutzen läge ferner vor, wenn O bei laufendem Motor den Fahrgast aussteigen lässt und den Verkehr im Rückspiegel beobachtet[1165].

442 cc) Nicht ausreichend ist es richtigerweise, wenn der Täter nur die mit dem Fahrzeug herbeigeführte **Abgelegenheit des Ortes oder im ruhenden Verkehr die räumliche Enge** des Fahrzeugs für die Tatbegehung ausnutzt. Nach anderer Ansicht kann der Überfall dagegen nicht nur während der Fahrt, sondern auch sofort nach dem Anhalten und Aussteigen erfolgen, solange nur ein räumlicher und zeitlicher Zusammenhang mit der Fahrt besteht[1166]. Die Befürworter berufen sich vor allem auf den Wortlaut der Vorschrift und darauf, dass die Opfersituation in diesen Fällen nicht besser sei[1167]. Dagegen spricht jedoch, dass der Tatbestand ansonsten seine Konturen verlieren würde und aufgrund des hohen Strafrahmens strenge Anforderungen zu stellen sind. Im Übrigen muss man sehen, dass allein die enge räumliche Situation auch bei Überfällen außerhalb des Kfz – etwa im Fahrstuhl – ausgenutzt werden kann, ohne dass der Gesetzgeber dies zum Anlass nimmt, daran schärfere Strafen zu knüpfen.

> **Bsp.:** T fährt mit Anhalterin O in einen Waldweg, um sie auszurauben; O kann nach 300 m Fahrt noch aussteigen, bevor T sie bedroht. – Allein mit der Änderung der Fahrtroute (Abbiegen), liegt noch kein Verüben eines Angriffs vor (auch noch kein Versuch). Zum Zeitpunkt der Drohung macht sich T nur die Abgeschiedenheit für die Tatbegehung, nicht aber besondere verkehrsspezifische Umstände zu Nutze, so dass § 316a zu verneinen ist. Man kann hier aber auch mit der Rspr. bereits die Eigenschaft als Mitfahrer verneinen, weil T zum Zeitpunkt der Tat das Fahrzeug gar nicht mehr im Straßenverkehr führte. Nicht anders wäre zu entscheiden, wenn sich T und O im stehenden Fahrzeug unterhalten und T dann zum Angriff übergeht und die eingeschränkte Bewegungsfreiheit der O im Wagen ausnutzt; es liegt kein vom Straßenverkehr geprägtes Unrecht vor, weil sich O in einem anderen engen Raum in derselben Situation befunden hätte.

443 dd) Bei **Mitfahrern** ist die Bestimmung des Ausnutzungsmerkmals schwieriger, da diese regelmäßig nicht mit der Bewältigung von verkehrsspezifischen Vorgängen befasst sind. Maßgeblich ist daher, ob der Mitfahrer aufgrund einer verkehrsbedingten Situation in seinen Verteidigungs- oder Fluchtmöglichkeiten eingeschränkt ist[1168]. Dies wird man jedenfalls bei einem fahrenden Fahrzeug regelmäßig bejahen müssen[1169].

[1164] S. auch BGHSt 50, 169.
[1165] Dazu BGHSt 50, 169 (171).
[1166] *Schönke/Schröder/Hecker*, § 316a Rn. 8; *Wessels/Hillenkamp/Schuhr*, BT 2, Rn. 421; zur früheren Rechtsprechung BGHSt 5, 280; BGHSt 33, 378; BGHSt 38, 196.
[1167] *Otto*, BT, § 46 Rn. 71; *Wessels/Hillenkamp/Schuhr*, BT 2, Rn. 419.
[1168] *Rengier*, BT 1, § 12 Rn. 35; *Schönke/Schröder/Hecker*, § 316a Rn. 10 i. V. m. Rn. 12.
[1169] BGH NStZ-RR 2004, 171 (172).

> **Bsp.:** Der Fahrzeugführer F hält das Fahrzeug an einer Bushaltestelle an, ohne den Motor abzustellen; T bedroht den neben ihm links hinten sitzenden O, um ihn auszurauben. O hat keine Möglichkeit zu entkommen, da der Verkehr dicht an seiner Tür vorbei fließt. – Nach der Rechtsprechung ist O Mitfahrer, da das Fahrzeug von F noch geführt wird; nach der hier vertretenen Ansicht ist die Eigenschaft als Mitfahrer unproblematisch zu bejahen, weil alle Einschränkungen erst im Rahmen des Ausnutzens zu erörtern sind. T nutzt die besonderen Verhältnisse des Straßenverkehrs auch aus, weil O aufgrund der Verkehrssituation nicht fliehen kann; das entsprechende Ausnutzungsbewusstsein im Rahmen des Vorsatzes wird man in der vorliegenden Situation zu bejahen haben; auch war die Absicht auf einen Raub gerichtet. Anders wäre aber wiederum zu entscheiden, wenn T nur aufgrund der räumlichen Enge des Fahrzeugs in seiner Verteidigung bzw. Flucht eingeschränkt wäre.

2. Subjektiver Tatbestand

Erforderlich ist in subjektiver Hinsicht Vorsatz und die Absicht (dolus directus 1. Grades) zur Begehung eines Raubes, eines räuberischen Diebstahls oder einer räuberischen Erpressung. **444**

a) Der **Vorsatz,** für den dolus eventualis genügt, muss sich auch auf die Ausnutzung der besonderen Verhältnisse des Straßenverkehrs erstrecken. Für dieses Ausnutzungsbewusstsein genügt es entsprechend der für das Ausnutzungsbewustsein im Rahmen der Heimtücke bei § 211 entwickelten Grundsätze, dass sich der Täter derjenigen besonderen Verhältnisse des Straßenverkehrs bewusst ist, die die Abwehrmöglichkeiten einschränken; er muss die diesbezügliche Erleichterung des Angriffs aber nicht zur ursächlichen Bedingung seines Handelns machen[1170]. Dass daneben andere Umstände die Tat begünstigen sollen – etwa eine große Zahl von Angreifern – ist unerheblich[1171]. Im Übrigen bedarf es aber keiner besonderen Ausnutzungsabsicht im Sinne von dolus directus 1. Grades[1172]. **445**

b) Ferner muss der Täter dolus directus 1. Grades hinsichtlich der Begehung der §§ 249, 250, 252 oder 255 besitzen, wobei die **Absicht** bereits bei Verübung des Angriffs vorliegen muss[1173]. Dabei muss die Verwirklichung der in Aussicht genommenen Tat nicht in unmittelbarem Zusammenhang mit dem Straßenverkehr stehen[1174] und kann daher auch außerhalb des Fahrzeugs erfolgen[1175]. **446**

> **Bsp.:** T wirft von Autobahnbrücken Steine auf Transportfahrzeuge des O, um unter Hinweis auf diese Taten und deren Wiederholung den O später i. S. d. §§ 253, 255 zu erpressen. – § 316a ist zu bejahen, weil der Angriff unter Ausnutzung der besonderen Verhältnisse des Straßenverkehrs begangen wurde; dass die Erpressung erst später erfolgen soll, ist unerheblich.
>
> **Hinweis zur Fallbearbeitung:** Werden diese Delikte – wie empfohlen – vor § 316a geprüft, so kann auf diese Prüfungen verwiesen werden.

Wegen der engen Verwandtschaft der genannten Delikte ist es möglich, dass der Täter auf **wahldeutiger Grundlage** verurteilt wird, wenn feststeht, dass er eines der Delikte angestrebt hat, aber sich nicht erweisen lässt, welches[1176]. **447**

1170 BGHSt 52, 44 (46); BGH NStZ 2016, 607 (608); NStZ 2018, 103; zur Heimtücke vgl. *Eisele*, BT 1, Rn. 105; zur restriktiven Auslegung *Baur*, NZV 2018, 103 ff.
1171 *Wessels/Hillenkamp/Schuhr*, BT 2, Rn. 424; s. aber BGHSt 49, 8 (16).
1172 BGHSt 49, 8 (16); *Fischer*, § 316a Rn. 12; *Schönke/Schröder/Hecker*, § 316a Rn. 16.
1173 *Fischer*, § 316a Rn. 12; *Wessels/Hillenkamp/Schuhr*, BT 2, Rn. 424.
1174 NK-*Zieschang*, § 316a Rn. 47; *Schönke/Schröder/Hecker*, § 316a Rn. 16; *Wessels/Hillenkamp/Schuhr*, BT 2, Rn. 424.
1175 BGH NStZ 2004, 626.
1176 BGHSt 1, 127; BGHSt 5, 280 (281); s. aber auch BGHSt 1, 275 (276 ff.).

IV. Versuch und Vollendung

1. Vollendung

448 § 316a ist bereits mit dem Verüben des Angriffs auf Leib, Leben oder Entschlussfreiheit vollendet[1177]. Es kommt dann bereits im Vorbereitungsstadium der §§ 249, 252, 255 ein stark erhöhter Strafrahmen zur Anwendung. Dies ist nicht ganz unproblematisch, weil dann bei diesen Delikten kaum noch ein Anreiz für einen Verzicht auf die weitere Tatausführung oder einen Rücktritt besteht. Teilweise wird die Anwendung der Grundsätze über die tätige Reue im Wege einer Gesamtanalogie zu entsprechenden Vorschriften erwogen[1178]. Dagegen spricht aber, dass mit dem 6. StrRG 1998 die in § 316a Abs. 2 a. F. enthaltene tätige Reue gestrichen wurde. Zudem kann in solchen Fällen nunmehr ein minder schwerer Fall angenommen werden[1179].

> **Bsp.:** T besteigt ein Taxi, bedroht den Fahrer nach Fahrtbeginn und zwingt ihn, an einen einsamen Ort zu fahren. Dort will er den Taxifahrer niederschlagen und ihm dann die Wertgegenstände abnehmen. Nach einer Fahrstrecke von 5 km gibt T das Vorhaben auf, bezahlt den Fahrtpreis und steigt aus. – Die Voraussetzungen des § 316a sind in objektiver und subjektiver Hinsicht verwirklicht. Obwohl T noch nicht einmal zum Raub unmittelbar angesetzt hat, hat er trotz Aufgabe seines Vorhabens (wegen Vollendung scheidet ein Rücktritt aus) eine Mindestfreiheitsstrafe von fünf Jahren verwirkt, was einem vollendeten schweren Raub gemäß § 250 Abs. 2 entspricht. Unbillige Härten können freilich durch die Annahme eines minder schweren Falles nach Absatz 2 vermieden werden.

2. Versuch

449 Für eine Versuchsstrafbarkeit verbleibt im Rahmen des § 316a wegen dessen früher Vollendung ein nur vergleichsweise enger Anwendungsbereich. Ein Versuch kommt nur in Betracht, wenn der Angriff das Opfer noch nicht erreicht hat.

> **Bsp.:** T täuscht einen Unfall vor, um den O in seinem Wagen zu überfallen. Kurz bevor O die Stelle erreicht, stellt er die Warnblinkanlage aus. – T hat hier einerseits bereits unmittelbar zur Tat angesetzt, andererseits war diese mangels Einwirkung noch nicht vollendet, so dass ein Rücktritt nach § 24 Abs. 1 Satz 1 Var. 2 anzunehmen ist.

450 Eine Strafbarkeit gemäß §§ 316a, 22, 23 scheidet aus, wenn der Täter erst außerhalb des Fahrzeugs angreifen will, da dann der Tatentschluss nicht auf ein taugliches Opfer (Kraftfahrzeugführer oder Mitfahrer) oder ein Ausnutzen der besonderen Verhältnisse des Straßenverkehrs gerichtet ist[1180]. Der Versuchsbeginn liegt richtigerweise noch nicht mit dem Besteigen des Fahrzeugs vor, wenn der Angriff erst später während der Fahrt erfolgen soll[1181]. Erforderlich ist vielmehr ein unmittelbares Ansetzen zum Verüben des Angriffs, d. h. zum Einwirken auf das Opfer.

V. Erfolgsqualifikation, § 316a Abs. 3

451 § 316a Abs. 3 enthält eine **Erfolgsqualifikation**, die eine wenigstens leichtfertige Verursachung des Todes voraussetzt[1182]. Der Tod muss durch die Tat, d. h. in ei-

---

[1177] *Rengier*, BT 1, § 12 Rn. 42; *Wessels/Hillenkamp/Schuhr*, BT 2, Rn. 425.
[1178] *Wessels/Hillenkamp/Schuhr*, BT 2, Rn. 426.
[1179] Dazu *Schönke/Schröder/Hecker*, § 316a Rn. 18.
[1180] *Schönke/Schröder/Hecker*, § 316a Rn. 17.
[1181] *Rengier*, BT 1, § 12 Rn. 45; *Schönke/Schröder/Hecker*, § 316a Rn. 17.
[1182] Zur Leichtfertigkeit o. Rn. 383.

nem **gefahrspezifischen Zusammenhang** mit dem unter Ausnutzung der besonderen Verhältnisse des Straßenverkehrs erfolgten Angriff verursacht worden sein[1183]. Tritt der Tod erst durch eine zusätzliche nachfolgende Raubhandlung ein, so ist der Tatbestand zu verneinen und dann § 251 zu prüfen.

VI. Konkurrenzen

Sind Raub, räuberischer Diebstahl und räuberische Erpressung vollendet, so besteht Tateinheit[1184], da § 316a mit der Sicherheit des Straßenverkehrs ein weiteres Rechtsgut schützt. Liegt nur ein Versuch vor, so treten diese Taten nach h. M. hinter § 316a im Wege der Konsumtion zurück[1185], sofern sie nicht nach §§ 250, 251 qualifiziert sind[1186]. Die in solchen Konstellationen ebenfalls häufig verwirklichten §§ 239a, 239b stehen angesichts der unterschiedlichen Rechtsgüter in Tateinheit.

4. Kapitel: Sachbeschädigung
§ 15 Sachbeschädigung, § 303

Einführende Aufsätze: *Ladiges*, Grundfälle zu den Sachbeschädigungsdelikten, §§ 303–305a StGB, JuS 2018, 657, 754; *Satzger*, Der Tatbestand der Sachbeschädigung (§ 303 StGB) nach der Reform durch das Graffiti Bekämpfungsgesetz, Jura 2006, 428; *Schuhr*, Verändern des Erscheinungsbildes einer Sache als Straftat, JA 2009, 169; *Waszczynski*, Prüfungsrelevante Problemkreise der Sachbeschädigungsdogmatik, JA 2015, 259.

Übungsfälle: *Beulke/Zimmermann* II, Fall 4: Das Kaufhaus der unbegrenzten Möglichkeiten, S. 73; *Beulke* III, Fall 3: Der Fluch der Toten Rosen, S. 77; *Bock*, BT, Fall 1: Rache an der Ex, S. 1; *Dürre/Wegerich*, Aberratio ictus und error in persona, JuS 2006, 712; *Engelhart*, Der missglückte (?) Anschlag im Museum, Jura 2016, 934; *Eidam*, Sprühaktion mit Folgen, JA 2010, 601; *Gössel*, Fall 1: Ländliches Fest, S. 33; *Gropp/Küpper/Mitsch*, Fall 13: Mobilitätsprobleme, S. 233; *Otto*, Anfängerklausur 1: Tierfreunde in Not, S. 43.

Rechtsprechung: BGHSt 13, 207 – Autoreifen (vorsätzliches Ablassen von Luft); **BGHSt 29, 129** – Plakatkleber (Plakate auf Verteilerkästen); **BGHSt 31, 185** – Streifenwagen (öffentlicher Nutzen i. S. d. § 304 StGB); **BGHSt 44, 34** – Castor (Funktionsbeeinträchtigung als Beschädigung); **BayObLG JR 1980, 429** – Langlaufloipe (Sachbegriff); **BGH NStZ 2006, 345** – Fenstergitter (öffentlicher Nutzen i. S. d. § 304); **BayObLG NJW 1987, 3271** – Fahrradreifen (Ablassen von Luft); **BayObLG StV 1999, 543** – Graffiti I (Beschädigung); **HansOLG Hamburg StV 1999, 544** – Graffiti II (Beschädigung); **OLG München NJW 2006, 2132** – Blitzgerät (unmittelbare Einwirkung auf die Sache).

I. Geschütztes Rechtsgut und Systematik

Geschütztes Rechtsgut des § 303 ist das **Eigentum**[1187]. Die Versuchsstrafbarkeit wird in Absatz 3 angeordnet. Qualifikationen zu § 303 sind in § 305 (Zerstörung

---

1183 *Fischer*, § 316a Rn. 19; *Schönke/Schröder/Hecker*, § 316a Rn. 20.
1184 BGHSt 25, 229; *Jäger*, BT, Rn. 467.
1185 BGHSt 25, 373; *Rengier*, BT 1, § 12 Rn. 46; *Schönke/Schröder/Hecker*, § 316a Rn. 21; zweifelnd *Fischer*, § 316a Rn. 20, weil § 316a auch keinen Versuch dieser Delikte voraussetzt.
1186 BGH MDR/H 1977, 808.
1187 *Satzger*, Jura 2006, 428 (429); *Schönke/Schröder/Hecker*, § 303 Rn. 1; SSW-*Saliger*, § 303 Rn. 1; *Wessels/Hillenkamp/Schuhr*, BT 2, Rn. 16.

von Bauwerken) und § 305a (Zerstörung wichtiger Arbeitsmittel) normiert. Eigenständige Delikte enthalten die §§ 303a, 303b und auch § 304[1188]. Weitere Sachbeschädigungen sind in § 133 (Verwahrungsbruch), § 274 Abs. 1 Nr. 1 (Urkundenunterdrückung) und §§ 306 ff. (Brandstiftung) unter Strafe gestellt. Fahrlässiges Verhalten wird nur im Falle der Brandstiftung nach § 306d pönalisiert. § 303c enthält ein Strafantragserfordernis für §§ 303 bis 303b.

II. Aufbauschema

454 1. Tatbestand
    a) Objektiver Tatbestand
        aa) Fremde Sache
        bb) Tathandlung
            (1) Abs. 1: Beschädigen, Zerstören
            (2) Abs. 2: Unbefugte, nicht nur unerhebliche und nicht nur vorübergehende Veränderung des Erscheinungsbildes
    b) Subjektiver Tatbestand

2. Rechtswidrigkeit

3. Schuld

4. Strafantrag, § 303c

III. Tatbestand

1. Objektiver Tatbestand

455 Der objektive Tatbestand setzt eine fremde Sache als Tatobjekt voraus. Beweglich muss die Sache nicht sein, so dass das Zertreten einer Wiese[1189], Zerstören eines Blumenbeets, Einschlagen einer Scheibe oder Einreißen einer Mauer tatbestandsmäßig ist.

456 a) **Sache** ist entsprechend den Ausführungen zu § 242 ein körperlicher Gegenstand[1190].

> **Bsp.:**[1191] Wanderer T ist wütend, weil er ständig Langlauffahrern auf der Loipe ausweichen muss. Er beschließt, die von der Gemeinde O gespurte Loipe in einen Wanderweg umzufunktionieren. Dazu dreht er mit einem Kettenfahrzeug eine Runde auf der Langlaufspur. – Die Loipe ist anders als nur herumliegender Schnee eine Sache, weil sie – wie eine Eisbahn oder ein Radweg – körperlich abgrenzbar ist. Eine entsprechende Auslegung überschreitet die Wortlautgrenze nicht[1192]. T macht sich nach § 303 strafbar.

457 **Tiere** werden vom Sachbegriff unmittelbar erfasst, so dass die Vorschrift des § 90a Satz 1 BGB nicht herangezogen werden muss[1193]. Auf einen Vermögenswert

---

1188 Zum Rechtsgut des § 304 u. Rn. 481.
1189 LG Karlsruhe NStZ 1993, 543.
1190 S. o. Rn. 16 ff.
1191 Nach BayObLG JR 1980, 429.
1192 So auch *Maurach/Schroeder/Maiwald/Hoyer/Momsen*, BT 1, § 36 Rn. 6; *Mitsch*, BT 2, 3.2.1.2; a. A. BayObLG JR 1980, 429; zur verbotenen Analogie *Eisele*, BT 1, Rn. 12.
1193 MünchKomm-*Wieck-Noodt*, § 303 Rn. 8; vgl. schon Rn. 16.

kommt es nicht an; auch Gegenstände mit rein immateriellem Wert werden geschützt. Das **Merkmal fremd** ist nach den zivilrechtlichen Regelungen über das Eigentum zu bestimmen; herrenlose Sachen werden daher nicht erfasst[1194]. Fremd ist die Sache auch, wenn Mit- oder Gesamthandseigentum einer anderen Person besteht. Der Alleineigentümer kann sich hingegen nicht strafbar machen.

458 b) **Tathandlungen des Absatzes 1** sind das Beschädigen und Zerstören, die sowohl durch aktives Tun als auch durch Unterlassen (z. B. Nichtverhindern von Wasserschäden durch einen Garanten) verwirklicht werden können.

459 aa) **Beschädigung** ist jede unmittelbare körperliche Einwirkung auf eine Sache, die entweder die Substanz der Sache nicht unerheblich verletzt (**Substanzverletzung**) oder durch die die bestimmungsgemäße Brauchbarkeit nicht nur unerheblich beeinträchtigt wird (**Funktionsbeeinträchtigung**)[1195]. Streitig ist, ob die Einwirkung stets eine **nachteilige Veränderung der Beschaffenheit** mit sich bringen muss. Da der Eigentümer auch über eine beschädigte Sache disponieren kann, ist richtigerweise eine „Verschlechterung" nicht erforderlich. Daher können auch eigenmächtige Reparaturen, die den Zustand der Sache aus der Sicht eines objektiven Beobachters verbessern, eine Sachbeschädigung darstellen[1196]. So kann etwa der Träger von Schuhen „zur Wahrung seiner Individualität" ein Interesse daran haben, dass die schräg abgelaufene Sohle nicht erneuert wird. Im Übrigen kann in solchen Fällen nunmehr auch Absatz 2 einschlägig sein.

> **Bsp.:** T hat dem O einen Wagen mit leichten Rostflecken veräußert. Um die Geltendmachung von Gewährleistungsrechten zu verhindern, bessert er den Wagen eines Nachts heimlich aus und lackiert ihn neu. O ist enttäuscht, weil er befürchtet, dass ihn seine Freunde nunmehr für „spießig" halten. – Richtigerweise ist schon § 303 Abs. 1 verwirklicht, weil es nicht auf eine objektiv nachteilige Veränderung ankommt. Der ebenfalls verwirklichte Abs. 2 ist subsidiär[1197].

460 Erforderlich ist stets eine **unmittelbare Einwirkung** auf die Sache. Das bloße Anleuchten eines Gebäudes wird daher nicht erfasst. Ebenso stellt das bloße Blenden einer Radarblitzanlage durch am Fahrzeug angebrachte Reflektoren keine Sachbeschädigung in Form einer Brauchbarkeitsbeeinträchtigung dar, selbst wenn das Bild infolge Überbelichtung misslingt[1198].

461 (1) Typische Fälle einer **Substanzverletzung** sind Beulen und Kratzer an einem Gegenstand, Absplitterungen an Gläsern oder Geschirr, herausgerissene oder beschriebene Buchseiten, Löcher in der Kleidung sowie Gesundheitsschäden bei Tieren.

462 (2) Eine **Beeinträchtigung der bestimmungsgemäßen Brauchbarkeit** liegt nur dann vor, wenn die Sache nicht mehr für den vorgesehenen Zweck verwendet werden kann. Ob die Funktion wieder hergestellt werden kann, ist dabei grundsätzlich unerheblich[1199]. Beispiele sind das Zerlegen einer Maschine oder einer Uhr, Verkleben eines technischen Geräts, Herausnehmen einiger Seiten aus dem

---

[1194] *Fischer*, § 303 Rn. 4; *Rengier*, BT 1, § 2 Rn. 9; *Wessels/Hillenkamp/Schuhr*, BT 2, Rn. 20.
[1195] *Krey/Hellmann/Heinrich*, BT 2, Rn. 348; *Schönke/Schröder/Hecker*, § 303 Rn. 8 ff.
[1196] *Fischer*, § 303 Rn. 12a; *Rengier*, BT 1, § 24 Rn. 14; a. A. MünchKomm-*Wieck-Noodt*, § 303 Rn. 36 f.; *Wessels/Hillenkamp/Schuhr*, BT 2, Rn. 34.
[1197] Dazu u. Rn. 469 ff.
[1198] *Fischer*, § 303 Rn. 7a; *Gaede*, JR 2008, 97 ff.; *Mann*, NStZ 2007, 271 f.; vgl. aber OLG München NJW 2006, 2132 (2132); zu § 268 in diesen Fällen vgl. *Eisele*, BT 1, Rn. 873.
[1199] L-Kühl/*Heger*, § 303 Rn. 4; *Satzger*, Jura 2006, 428 (431).

Schönfelder, Abreißen eines Plakates, Befestigen eines Hindernisses auf Eisenbahnschienen[1200]. Anderes gilt allerdings dann, wenn sich die Sache ohne großen Aufwand an Mühe, Zeit oder Kosten wieder funktionstauglich machen lässt[1201]. Hier ergibt sich die Straflosigkeit unter dem Gesichtspunkt des **Bagatellprinzips**[1202], das sich in dem Erfordernis einer nicht nur unerheblichen Verletzung bzw. Beeinträchtigung niederschlägt. Im Einzelfall bedarf es einer genauen Prüfung. So kann das Ablassen von Luft aus einem Fahrradreifen als Gebrauchsbeeinträchtigung dann noch eine Bagatelle sein, wenn am Rad eine Pumpe angebracht ist und das Aufpumpen vor Ort ohne große Mühe möglich ist[1203]. Hingegen liegt eine Funktionsbeeinträchtigung vor, wenn an einem am Straßenrand geparkten Lkw die Luft abgelassen wird, ohne dass eine Tankstelle oder Werkstatt in der Nähe ist. Die Möglichkeit das Rad zu wechseln, lässt den Tatbestand nicht entfallen, da dies heutzutage bei Kfz häufig mit nicht unerheblichen Schwierigkeiten verbunden ist[1204]. Wird auf das Ventil oder den Schlauch eingewirkt, so kann auch eine (nicht zu beseitigende) Substanzverletzung vorliegen.

> **Bspe.:** T schüttet dem O Bier über sein Hemd; wenn durch einfaches Waschen eine Reinigung möglich ist, verwirklicht T nicht § 303 Abs. 1; anders kann aber schon bei Rotwein zu entscheiden sein. T klappt am Strand den Liegestuhl des O zusammen; hier handelt es sich um eine leicht zu beseitigende Gebrauchsbeeinträchtigung.

463 (3) Problematisch ist, ob in Fällen des **Veränderns des Erscheinungsbildes auch Absatz 1** verwirklicht sein kann und wann ein solches Verhalten allein über den im Jahre 2005 mit dem 39. StRÄndG eingefügten Absatz 2 zu erfassen ist. Dabei dürften im Ausgangspunkt kaum Zweifel bestehen, dass eine mit einer unmittelbaren Substanzverletzung einhergehende Veränderung des Erscheinungsbildes weiterhin von Absatz 1 erfasst wird und Absatz 2 demgegenüber subsidiär ist[1205].

> **Bsp.:** T ist durch die Zwischenprüfung an der Musikhochschule gefallen. Er bearbeitet daher die mit Holz verkleidete Außenfassade des Gebäudes mit einer Axt. – Aufgrund der damit verbundenen Substanzverletzung ist § 303 Abs. 1 verwirklicht.

464 Schwieriger sind Fälle des Verunreinigens, Besprühens oder Überklebens zu beurteilen, in denen die Substanz erst durch die Reinigung beeinträchtigt wird oder sich die Sache ohne Substanzverletzung, aber nur mit großem Aufwand säubern lässt.

> **Bsp.:**[1206] T betätigt sich als „illegaler Sprayer". Er besprüht dabei eine Brücke, einen Zug sowie eine in einem Park aufgestellte historische Marmorstatue. Die Farbe auf der Brücke lässt sich nur mit Hilfe von Sandstrahlern entfernen, wobei der Putz beschädigt wird. Dagegen kann die Farbe vom Lack des Zugs mit großem Aufwand und hohen Kosten ohne Beschädigung entfernt werden. Von der Marmorstatue hingegen kann die Farbe mit einfachen Lösungsmitteln ohne Beschädigung der Substanz entfernt werden.

465 Ein Beschädigen im Sinne einer Substanzverletzung wurde von der h. M. bislang zu Recht auch angenommen, wenn erst durch die aufgrund der Einwirkung erforderlich gewordenen **Beseitigungsmaßnahmen** die Substanz der Sache (hier Brü-

---

1200 BGHSt 44, 34 (38).
1201 BGHSt 13, 207 (208 f.); BayObLG NJW 1987, 3271 (3272).
1202 *Fischer*, § 303 Rn. 13; *Schönke/Schröder/Hecker*, § 303 Rn. 8 f.
1203 BGHSt 13, 207 (209); a. A. BayObLG NJW 1987, 3271 (3272).
1204 Zutreffend *Rengier*, BT 1, § 24 Rn. 12; vgl. aber BGHSt 13, 207 (209).
1205 *Rengier*, BT 1, § 24 Rn. 20 f.; *Satzger*, Jura 2006, 428 (429); *Wessels/Hillenkamp/Schuhr*, BT 2, Rn. 37.
1206 Vgl. BayObLG StV 1999, 543; HansOLG Hamburg StV 1999, 544; *Eisele*, JA 2000, 101.

cke) zwangsläufig verletzt wird[1207]. Dem ist jedenfalls dann weiterhin zuzustimmen, wenn andere Reinigungsmöglichkeiten nicht bestehen, so dass die Substanzverletzung dem Täter mangels eigenverantwortlicher Selbstschädigung des Opfers objektiv zurechenbar ist[1208]. Absatz 2 tritt in diesem Fall hinter Absatz 1 zurück.

466 Umstritten war die Strafbarkeit vor Einfügung des Absatzes 2 in Fällen, in denen Farbaufsprühungen ohne Verletzung der Sachsubstanz rückstandsfrei beseitigt werden konnten (hier Zug). Vertreter der **Zustandsveränderungstheorie** waren der Ansicht, dass eine dem Eigentümerinteresse zuwiderlaufende Zustandsveränderung auch ohne Substanzverletzung oder Brauchbarkeitsbeeinträchtigung den Tatbestand erfüllen kann[1209]. Wer dieser Ansicht bislang folgte, muss in Absatz 2 nur eine Klarstellung einer schon bisher bestehenden Strafbarkeit sehen. Die h. M. plädierte hingegen mit Recht für Straffreiheit[1210], so dass Absatz 2 nun eine Erweiterung der Strafbarkeit für diese Fälle begründet. Hingegen wird in diesen Fällen eine Strafbarkeit nach § 304 Abs. 1 oder Abs. 2 wegen gemeinschädlicher Sachbeschädigung nur in Betracht kommen können, wenn die Zugwagen aufgrund der Besprühungen für erhebliche Zeit gereinigt werden und so die öffentliche Funktion beeinträchtigt wird[1211]. Allerdings ließ die h. M. eine Sachbeschädigung unter dem Aspekt der Brauchbarkeitsminderung zu, wenn die Gebrauchsbestimmung der Sache gerade durch die Verunreinigung beeinträchtigt wurde oder der Gegenstand mit seinem äußeren Erscheinungsbild ästhetischen Zwecken diente (hier Marmorstatue)[1212]. Diese – freilich bislang nicht ganz unbestreitbare Ausnahme – kann ebenfalls weiterhin unter Absatz 1 subsumiert werden[1213], während die übrigen Fälle allein von Absatz 2 erfasst werden.

> Bspe. (**Beeinträchtigung des Gebrauchs**): Überstreichen einer Werbetafel, Überkleben eines Parkverbotsschildes, Beschmieren des Objektivs einer Verkehrsüberwachungskamera[1214].

> Bspe. (**Beeinträchtigung der ästhetischen Erscheinung**): Beschmieren eines Gemäldes oder Baudenkmals, „Verkleiden" einer Statue.

467 bb) **Zerstören** ist nur eine graduelle Steigerung des Beschädigens. Es liegt vor, wenn die Sache infolge der Einwirkung vernichtet wird oder ihre bestimmungsgemäße Brauchbarkeit völlig verliert[1215]. Beispiele sind das vollständige Niederreißen eines Bauwerks, Zertrümmern von Möbeln, Töten eines Tieres oder das zweckwidrige Verbrauchen einer Sache.

1207 BayObLG StV 1997, 80; BayObLG StV 1999, 543; krit. hierzu *Schittenhelm*, NStZ 1995, 343.
1208 *Rengier*, BT 1, § 24 Rn. 20; *Schroeder*, JR 1987, 359 (360); *Wessels/Hillenkamp/Schuhr*, BT 2, Rn. 28; diff. NK-*Zaczyk*, § 303 Rn. 12; a. A. dagegen *Maurach/Schroeder/Maiwald/Hoyer/Momsen*, BT 1, § 36 Rn. 15.
1209 *Schönke/Schröder/Hecker*, § 303 Rn. 10. Zur Sachbeschädigung als unmittelbare Nutzungsbeeinträchtigung *Heinrich*, FS Otto, 2007, S. 577 (590).
1210 BGHSt 29, 129 (133); HansOLG Hamburg StV 1999, 544 (545); *Schönke/Schröder/Hecker*, § 303 Rn. 10; näher *Satzger*, Jura 2006, 428 (432 f.).
1211 Zutr. *Jäger*, JA 2014, 549 (551); zu weitgehend OLG Hamburg NStZ 2014, 81, wo u. a. auf die Beeinträchtigung des „Sicherheitsgefühls" der Fahrgäste abgestellt wird.
1212 BGHSt 29, 129 (134); HansOLG Hamburg StV 1999, 544 (545); krit. *Scheffler*, NStZ 2001, 290 (291).
1213 Vgl. auch BT-Drs. 15/5313, S. 3; ferner BGHSt 29, 129 (134); *Kindhäuser/Böse*, BT 2, § 20 Rn. 10; *Rengier*, BT 1, § 24 Rn. 23 f.; dagegen SK-*Hoyer*, § 303 Rn. 15 f.; zu damit verbundenen Schwierigkeiten bei § 304 Abs. 2 s. u. Rn. 487.
1214 OLG Stuttgart NStZ 1997, 342 (342).
1215 L-Kühl/*Heger*, § 303 Rn. 7; *Wessels/Hillenkamp/Schuhr*, BT 2, Rn. 36.

468 cc) Der Begriff **rechtswidrig in Absatz 1** ist kein Tatbestandsmerkmal, sondern nur ein deklaratorischer Hinweis auf mögliche Rechtfertigungsgründe, die auf Rechtswidrigkeitsebene zu prüfen sind[1216]. Demnach stellt eine Einwilligung durch den Eigentümer einen Rechtfertigungsgrund und kein tatbestandsausschließendes Einverständnis dar[1217]. Anderes ergibt sich auch nicht aus dem Blickwinkel des Absatzes 2, wo der Gesetzgeber das Merkmal „unbefugt" verwendet[1218].

469 c) **Absatz 2** erfasst als Auffangtatbestand Fälle der **Veränderung des äußeren Erscheinungsbildes**. Damit sollen vor allem (aber nicht nur) bislang straflose Graffiti-Besprühungen erfasst werden, bei denen sich die Veränderung mittels Kreide- oder Wasserfarben, bloßen Umhüllungen oder leicht abziehbaren Plakaten rückstandsfrei beseitigen lässt. Ist bei der Veränderung des Erscheinungsbildes auch Absatz 1 verwirklicht, so tritt Absatz 2 im Wege der Gesetzeskonkurrenz zurück[1219]. Zur Eingrenzung des Tatbestandes auf strafwürdige Fälle muss dabei die Veränderung nicht unerheblich, nicht nur vorübergehend und unbefugt sein.

> **Klausurhinweis:** In Graffiti-Fällen sollte zunächst immer sorgfältig Absatz 1 geprüft werden; ist dieser verwirklicht, ist Absatz 2 kurz anzusprechen und auf dessen Subsidiarität hinzuweisen.

470 aa) Es ist der **status quo** des äußeren Erscheinungsbildes geschützt. Es kommt nicht darauf an, ob die Veränderung vom Eigentümer oder einem neutralen Dritten als ästhetischer bzw. „optisch besser" beurteilt wird. Erforderlich ist aber auch hier, dass der Täter unmittelbar auf die Sache einwirkt[1220].

> **Bspe.:** T stellt an der Grundstücksgrenze eine moderne Skulptur auf. Nachbar O ist der Auffassung, dass diese sein im Landhausstil geprägtes Anwesen verschandle und nicht einmal farblich passe. – Selbst wenn die Skulptur „prägend" wirkt, ist der Tatbestand zu verneinen, weil auf die Sache des O nicht unmittelbar eingewirkt wird. Entsprechendes gilt, wenn T die weiße Hauswand des O als „Großleinwand" nutzt, um dort mit einem Beamer ein Fußballspiel anzusehen.

471 bb) Die Veränderung darf **nicht nur unerheblich** sein. Damit hat der Gesetzgeber lediglich das ohnehin allgemein geltende und für Absatz 1 anerkannte Bagatellprinzip niedergelegt. Unerheblich ist etwa ein kleiner Pinselstrich oder ein kleiner Aufkleber auf einer bereits vollständig besprühten bzw. überklebten Wand[1221]. Dasselbe gilt, wenn die Veränderung mit nur geringem Arbeits- und Kostenaufwand in kurzer Zeit beseitigt werden kann[1222].

> **Bsp.:**[1223] T hängt entgegen dem Mietvertrag Wäsche auf dem Balkon auf. Sofern bei dem Aufhängen überhaupt unmittelbar auf die Mietsache eingewirkt wird[1224], ist dies jedenfalls unerheblich.

1216 L-Kühl/*Heger*, § 303 Rn. 9; SK-*Hoyer*, § 303 Rn. 18.
1217 L-Kühl/*Heger*, § 303 Rn. 9; *Mitsch*, BT 2, 3.2.2.2; *Schönke/Schröder/Hecker*, § 303 Rn. 22; a. A. NK-*Zaczyk*, § 303 Rn. 21.
1218 Dazu u. Rn. 473.
1219 KG Berlin NStZ 2007, 223 (223); *Satzger*, Jura 2006, 435; *Schuhr*, JA 2009, 169 (172).
1220 BT-Drs. 15/5313, S. 3; L-Kühl/*Heger*, § 303 Rn. 7b; *Schönke/Schröder/Hecker*, § 303 Rn. 16; *Wessels/Hillenkamp/Schuhr*, BT 2, Rn. 37 f.
1221 OLG Hamm StV 2014, 693; KG StRR 2013, 271; *Thoss*, StV 2006, 160 (161); *Wessels/Hillenkamp/Schuhr*, BT 2, Rn. 39.
1222 L-Kühl/*Heger*, § 303 Rn. 7c; *Rengier*, BT 1, § 24 Rn. 28; SK-*Hoyer*, § 303 Rn. 21; für eine nur vorübergehende Beeinträchtigung: *Fischer*, § 303 Rn. 19; *Wessels/Hillenkamp/Schuhr*, BT 2, Rn. 39a.
1223 Vgl. auch BT-Drs. 15/5313, S. 3.
1224 Verneinend *Wessels/Hillenkamp/Schuhr*, BT 2, Rn. 39.

cc) Ferner darf die Veränderung **nicht nur vorübergehend** sein. Vorübergehend ist sie, wenn sie innerhalb von kurzer Zeit wieder selbst vergeht[1225], etwa durch den nächsten Regen abgewaschen wird. Ob der Eigentümer den ursprünglichen Zustand wiederherstellen kann oder diesen tatsächlich herstellt, ist für dieses Merkmal ohne Bedeutung; ggf. kann die Veränderung dann aber unerheblich sein[1226].

472

dd) Das Merkmal **unbefugt** betrifft schon den Tatbestand[1227]. Es liegt vor, wenn die Sache ohne Einverständnis des Eigentümers verändert wird. Der Eigentümer kann das Gestaltungsrecht auch ganz oder teilweise auf einen Dritten – etwa den Mieter – übertragen, so dass dieser in dem ihm zur Verfügung stehenden Rahmen einwilligen kann[1228]. Andere Erlaubnistatbestände – wie etwa §§ 228, 904 BGB oder ein Handeln aufgrund von Amtsbefugnissen – sind hingegen erst auf Ebene der Rechtswidrigkeit zu prüfen[1229].

473

d) Nicht erfasst wird von § 303 der bloße Sach- bzw. Nutzungsentzug, weil § 303 nicht den Besitz bzw. den Gewahrsam schützt. Der **Sachentzug** ist grundsätzlich straflos, soweit dieser nicht (mittelbar) zu einem zurechenbaren Taterfolg i. S. d. § 303 führt, der zudem vom Vorsatz umfasst sein muss[1230].

474

> **Bspe.:** T versteckt den Ehering des O in dessen Haus oder wirft ihn in einen See. T lässt den Vogel des O aus dem Käfig fliegen. § 303 kann nur dann verwirklicht sein, wenn zum Sachentzug eine Beschädigung usw. hinzukommt. Dies wäre etwa der Fall, wenn der Ring rosten würde oder der freigelassene südamerikanische Papagei im Winter zugrunde geht.

aa) Wird aus einer **zusammengesetzten Sache** – wie einer Maschine – ein Einzelteil entnommen, so liegt im Falle einer Brauchbarkeitsminderung allerdings eine Beschädigung der Gesamtsache vor[1231]. Ein **strafloser Nutzungsentzug** liegt vor, wenn zwar der Gebrauch der Sache beeinträchtigt wird, dazu jedoch nicht auf die Sache selbst eingewirkt wird[1232].

475

> **Bspe.:** T schließt die Garage ab, so dass O den Wagen nicht mehr nutzen kann; T stellt den Strom ab, damit O mit seiner neuen Anlage nicht mehr so laut Musik hören kann.

bb) Hinsichtlich des **Verbrauchs** einer Sache wird differenziert, ob dieser **bestimmungsgemäß** ist oder nicht. Wird daher die Limonade bestimmungswidrig nicht getrunken, sondern zum Bewässern des Blumenbeets verwendet, so soll der Tatbestand zu bejahen sein[1233]. Dagegen soll der bestimmungsgemäße Verbrauch von Telefaxpapier beim Adressaten durch unerwünschte Werbung nicht den Tatbestand verwirklichen[1234]. Dies überzeugt jedoch nicht, da hier ebenfalls in die Subs-

476

1225 BT-Drs. 15/5313, S. 3; *Schönke/Schröder/Hecker*, § 303 Rn. 19; SK-*Hoyer*, § 303 Rn. 21.
1226 S. o. Rn. 471.
1227 BT-Drs. 15/5313, S. 3; L-Kühl/*Heger*, § 303 Rn. 9a; *Schönke/Schröder/Hecker*, § 303 Rn. 17; krit. dazu *Wessels/Hillenkamp/Schuhr*, BT 2, Rn. 40.
1228 SK-*Hoyer*, § 303 Rn. 25.
1229 Vgl. SK-*Hoyer*, § 303 Rn. 25; *Wessels/Hillenkamp/Schuhr*, BT 2, Rn. 40; für einen umfassenden Tatbestandsausschluss BT-Drs. 15/5313, S. 3.
1230 RG GA 1951, 182 (182); BGHSt 44, 34 (38); NK-*Zaczyk*, § 303 Rn. 17; krit. A/W/H/H-*Heinrich*, § 12 Rn. 27 f.; gegen eine Einbeziehung von Folgeschäden *Wessels/Hillenkamp/Schuhr*, BT 2, Rn. 41.
1231 RGSt 65, 354 (356); A/W/H/H-*Heinrich*, § 12 Rn. 23; *Mitsch*, BT 2, 3.2.1.4; SK-*Hoyer*, § 303 Rn. 7 f.
1232 *Rengier*, BT 1, § 24 Rn. 17; SK-*Hoyer*, § 303 Rn. 8.
1233 MünchKomm-*Wieck-Noodt*, § 303 Rn. 33; *Satzger*, Jura 2006, 428 (431); *Schönke/Schröder/Hecker*, § 303 Rn. 13.
1234 OLG Frankfurt CR 2004, 434.

tanz der Sache eingegriffen wird[1235]. Ob der Verbrauch zur Straflosigkeit führt, ist richtigerweise allein eine Frage der (mutmaßlichen) Einwilligung. Liegt daneben ein Zueignungsdelikt, insb. § 242 vor, so tritt § 303 als mitbestrafte Begleittat oder Nachtat zurück[1236].

Bspe.: T verzehrt einfach das Vesper des O; T zündet das von O vorbereitete Feuerwerk am 31.12. schon um 10 Uhr. – Richtigerweise ist in beiden Fällen § 303 Abs. 1 verwirklicht.

2. Subjektiver Tatbestand

477 Ausreichend ist **Eventualvorsatz**. Bei irriger Annahme einer Einwilligung des Eigentümers gelangt § 16 Abs. 1 Satz 1 unmittelbar nur zur Anwendung, wenn man darin ein tatbestandsausschließendes Einverständnis sieht[1237]. Misst man der Einwilligung hingegen wie hier rechtfertigende Wirkung zu, so liegt nur ein Erlaubnistatbestandsirrtum vor, der nach h. M. die Schuld entfallen lässt.

IV. Rechtswidrigkeit

478 Das Merkmal rechtswidrig in Absatz 1 verweist nur auf die allgemeinen Rechtfertigungsgründe, insb. eine Einwilligung des Eigentümers[1238].

1. Unbestellt zugesandte Ware

479 Werden durch einen Unternehmer unbestellte Sachen an einen Verbraucher geliefert, so ist eine Beschädigung oder Zerstörung der Sache nach § 241a BGB gerechtfertigt[1239]. Das Eigentum des Unternehmers muss nach dem Gedanken dieser Vorschrift hinter den Interessen des Verbrauchers zurücktreten, der vor einer wettbewerbswidrigen Belästigung geschützt werden soll. Wenn aber eine Handlung bereits zivilrechtlich gebilligt wird, muss sie erst recht die Rechtswidrigkeit im Bereich des Strafrechts beseitigen[1240].

2. Graffiti und Kunst

480 Auf Rechtswidrigkeitsebene kann bei Graffiti-Besprühungen eine Rechtfertigung durch Grundrechte zu diskutieren sein. Selbst wenn aber Farbbesprühungen im Einzelfall als Kunst zu werten sind, können diese nicht über Art. 5 Abs. 3 Satz 1 GG rechtfertigend wirken[1241]. Zwar hat das Grundgesetz die Kunstfreiheit mit keiner Schranke versehen, jedoch erstreckt sich ihre Reichweite nicht auf die eigenmächtige Inanspruchnahme oder Beeinträchtigung fremden Eigentums (Art. 14 GG) zum Zwecke der künstlerischen Entfaltung[1242].

1235 *Kindhäuser/Böse*, BT 2, § 20 Rn. 28 f.; ebenso *Stöber*, NStZ 2003, 515 (517), hinsichtlich des Zusendens unerwünschter Telefaxe; a. A. NK-*Zaczyk*, § 303 Rn. 16.
1236 Dazu auch *Rengier*, BT 1, § 24 Rn. 18; *Schönke/Schröder/Hecker*, § 303 Rn. 25.
1237 Näher o. Rn. 468.
1238 S. schon o. Rn. 468.
1239 Vgl. *Haft/Eisele*, GS Meurer, 2002, 245 (254 ff.); SK-*Hoyer*, § 303 Rn. 19; a. A. *Lamberz*, JA 2008, 425 (427 f.). Ausf. dazu *Satzger*, Jura 2006, 428 (433).
1240 *Roxin/Greco*, AT 1, § 14 Rn. 31.
1241 Zur Kunstfreiheit als Rechtfertigungsgrund *Roxin/Greco*, AT 1, § 18 Rn. 49 ff.
1242 S. BVerfG NJW 1984, 1293 (1294) – Sprayer von Zürich; *Fischer*, § 303 Rn. 20; MünchKomm-*Wieck-Noodt*, § 303 Rn. 47 f.

§ 16 Gemeinschädliche Sachbeschädigung, § 304

I. Geschütztes Rechtsgut und Systematik

§ 304 ist richtigerweise keine Qualifikation zu § 303, sondern ein delictum sui generis[1243]. **Rechtsgut** ist nicht das Eigentum, sondern **das öffentliche Interesse an der Erhaltung bestimmter Gegenstände**[1244]. Infolgedessen ist mangels Disponibilität des Rechtsguts eine rechtfertigende Einwilligung durch den Eigentümer nicht möglich[1245]. Ferner kann § 304 zu § 303 in Tateinheit stehen[1246]. Auch ein Strafantrag ist nicht erforderlich (vgl. § 303c).

481

II. Aufbauschema

1. Tatbestand
   a) Objektiver Tatbestand
      aa) Gegenstand des öffentlichen Interesses i. S. d. § 304
      bb) Tathandlung
         (1) Absatz 1: Beschädigen oder Zerstören
         (2) Absatz 2: Unbefugte, nicht nur unerhebliche und nicht nur vorübergehende Veränderung des Erscheinungsbildes
      cc) Beeinträchtigung gerade der besonderen Zweckbestimmung des Gegenstandes
   b) Subjektiver Tatbestand

2. Rechtswidrigkeit

3. Schuld

482

III. Tatbestand

1. Objektiver Tatbestand

§ 304 nennt enumerativ bestimmte Gegenstände des öffentlichen Interesses.

483

a) **Tatobjekte** sind Gegenstände der Verehrung einer im Staat bestehenden Religionsgesellschaft sowie Sachen, die dem Gottesdienst gewidmet sind, ferner Grabmäler, öffentliche Denkmäler und Naturdenkmäler. Gegenstände der Kunst, der Wissenschaft oder des Gewerbes werden erfasst, wenn sie in einer **öffentlichen Sammlung aufbewahrt oder öffentlich aufgestellt** sind. Eine **öffentliche Sammlung** setzt voraus, dass diese für jedermann, der allgemeingültige Benutzungsbedingungen erfüllt, zugänglich ist (z. B. Universitätsbibliothek, Museum)[1247]. Das ist nicht der Fall, wenn der Benutzerkreis von vornherein nur be-

484

[1243] *Satzger*, Jura 2006, 428 (436).
[1244] A/W/H/H-*Heinrich*, § 12 Rn. 34; *Kindhäuser/Böse*, BT 2, § 21 Rn. 1; *Krey/Hellmann/Heinrich*, BT 2, Rn. 375; *Schönke/Schröder/Hecker*, § 304 Rn. 1.
[1245] L-*Kühl/Heger*, § 304 Rn. 6; *Schönke/Schröder/Hecker*, § 304 Rn. 15; SK-*Hoyer*, § 304 Rn. 16.
[1246] *Rengier*, BT 1, § 25 Rn. 1; *Schönke/Schröder/Hecker*, § 304 Rn. 17; a. A. L-*Kühl/Heger*, § 304 Rn. 7, wonach § 304 im Wege der Spezialität vorgeht.
[1247] BGHSt 10, 285 (286); *Fischer*, § 243 Rn. 20; NK-*Kindhäuser*, § 243 Rn. 33; *Wessels/Hillenkamp/Schuhr*, BT 2, Rn. 51.

grenzt ist (z. B. Gerichtsbibliothek). Erfasst werden weiterhin Gegenstände, die zum **öffentlichen Nutzen oder zur Verschönerung** öffentlicher Wege, Plätze oder Anlagen dienen. Erforderlich ist, dass die Sache der Allgemeinheit unmittelbar zugute kommt (z. B. Verkehrszeichen[1248], Wegweiser, Gebäudeteile einer Justizvollzugsanstalt zur sicheren Verwahrung der Gefangenen[1249], Feuermelder und Feuerlöscher[1250], Parkbank)[1251]. Der **öffentliche Nutzen** ist dagegen zu verneinen, wenn nicht jedermann den Gegenstand nutzen kann. Das ist vor allem bei Einrichtungs- und Gebrauchsgegenständen von Behörden (Büromöbel, Dienstuniform, Hütte einer Straßenmeisterei mit Geräten zur Straßenpflege[1252], Radaranlage[1253]) der Fall[1254].

> **Bsp.:** T schlägt an einem Polizeiwagen die Scheibe ein. Das Polizeifahrzeug ist nicht erfasst, weil dieses nur mittelbar – etwa bei Prävention und Kriminalitätsbekämpfung – der Allgemeinheit zugute kommt. Neben § 303 kann ferner § 305a Abs. 1 Nr. 3 einschlägig sein.

485 b) Die Gegenstände können sogar im Eigentum des Täters stehen, weil die Vorschrift das Interesse der Allgemeinheit schützt. Im Gegensatz zu § 303 müssen diese **nicht fremd** sein[1255]. Anders kann dies allenfalls zu beurteilen sein, wenn der Eigentümer zugleich befugt ist, die Widmung zu öffentlichen Zwecken aufzuheben[1256].

> **Bsp.:** Künstler T stellt der Stadt die Skulptur „Die geronnene Hinterachse" zur Verfügung, die im Stadtpark solange aufgestellt werden soll, wie es der Künstler wünscht. Nach zwei Monaten kann T sein Kunstwerk selbst nicht mehr sehen und zertrümmert es mit einem Hammer, um den Bauschutt leichter abtransportieren zu können. – Es handelt sich um einen Gegenstand der Kunst, der öffentlich aufgestellt ist. Grundsätzlich kann auch der Eigentümer Täter sein, da er mit seiner Handlung Interessen der Allgemeinheit beeinträchtigt. Allerdings kann T das Kunstwerk nach der mit der Stadt getroffenen Vereinbarung jederzeit der Öffentlichkeit entziehen und damit entwidmen. Eine solche Entwidmung ist (konkludent) in der Zerstörung zu sehen. § 304 ist daher nicht verwirklicht.
>
> **Klausurhinweis:** Eine parallele Problematik findet sich bei der Entwidmung der Wohnung bei § 306a Abs. 1[1257].

486 c) Die Tathandlungen entsprechen denjenigen des § 303[1258]. Neben dem **Beschädigen und Zerstören** i. S. d. Absatzes 1 sanktioniert Absatz 2 auch hier die unbefugte, nicht nur unerhebliche und nicht nur vorübergehende **Veränderung des Erscheinungsbildes**.

487 d) Die Vorschrift verlangt in beiden Absätzen unter Berücksichtigung seines Schutzgutes ferner, dass durch die Beschädigung gerade die **besondere Zweckbestimmung** der Sache, weswegen sie geschützt ist, beeinträchtigt wird[1259]. An einer

---

1248 OLG Köln NJW 1999, 1042 (1044).
1249 BGH NStZ 2006, 345.
1250 BayObLG NJW 1988, 837.
1251 BGHSt 31, 185 (186); L-Kühl/*Heger*, § 304 Rn. 3; *Schönke/Schröder/Hecker*, § 304 Rn. 8 f.
1252 BGH NStZ 1990, 540.
1253 OLG Braunschweig OLGSt StGB § 306 Nr. 1.
1254 BGHSt 31, 185 (186); *Rengier*, BT 1, § 25 Rn. 3 f.; ausführlich dazu NK-*Zaczyk*, § 304 Rn. 10 ff.
1255 *Fischer*, § 304 Rn. 3; MünchKomm-*Wieck-Noodt*, § 304 Rn. 8.
1256 Vgl. *Fischer*, § 304 Rn. 15.
1257 Vgl. *Eisele*, BT 1, Rn. 1039.
1258 SSW-*Saliger*, § 304 Rn. 11.
1259 OLG Köln StraFo 2018, 83 zu Abs. 2; *Jahn*, JuS 2018, 395 (396); MünchKomm-*Wieck-Noodt*, § 304 Rn. 23.

solchen über die bloße Sachbeschädigung hinausgehenden Zweckbeeinträchtigung fehlt es aber, wenn der Gegenstand weiter in seiner Eigenschaft gebraucht werden kann. Demgemäß verwirklicht z. B. das Besprühen eines Eisenbahnwagens mit abwaschbarer Farbe nur § 303 Abs. 2, da dieser weiterhin in seiner Funktion genutzt werden kann[1260].

Bsp.: T ritzt ein Herz in eine öffentlich aufgestellte Parkbank. – T verwirklicht nur § 303, nicht aber § 304, da die Parkbank weiterhin entsprechend ihrem Zweck als solche genutzt werden kann.

Schwierigkeiten bereitet dieses Erfordernis in **Fällen des Absatzes 2**. Auch hier kann schon angesichts des geschützten Rechtsguts nicht auf die **Beeinträchtigung der besonderen Zweckbestimmung** verzichtet werden. Zudem würden ansonsten an die Erweiterung der Strafbarkeit nach Absatz 2 geringere Anforderungen als an diejenige nach Absatz 1 geknüpft[1261]. Ist freilich Voraussetzung des Absatzes 2, dass die Zweckbestimmung der Sache für die Allgemeinheit beeinträchtigt wird, so wird häufig bereits eine Beschädigung i. S. d. Absatzes 1 in Form einer Funktionsbeeinträchtigung vorliegen[1262].

2. Subjektiver Tatbestand

In subjektiver Sicht genügt dolus eventualis.

§ 17 Zerstörung von Bauwerken, § 305

I. Geschütztes Rechtsgut und Systematik

§ 305 ist eine Qualifikation zu § 303[1263], bei der ein Strafantrag jedoch nicht erforderlich ist. Geschütztes Rechtsgut ist das Eigentum[1264].

II. Aufbauschema

1. Tatbestand
   a) Objektiver Tatbestand
      aa) Gebäude, Schiff, Brücke, Damm, gebaute Straße, Eisenbahn oder ein anderes Bauwerk
      bb) Fremdes Eigentum
      cc) Ganz oder teilweise zerstören
   b) Subjektiver Tatbestand

2. Rechtswidrigkeit

3. Schuld

1260 BayObLG StV 1999, 543 (544); KG Berlin NStZ 2007, 223 (223); *Eisele*, JA 2000, 101 (103).
1261 Thüringer OLG NJW 2008, 776; KG NStZ-RR 2009, 310 (311).
1262 Thüringer OLG NJW 2008, 776; *Kudlich*, GA 2006, 38 (41); *Rengier*, BT 1, § 25 Rn. 6 f.; *Satzger*, Jura 2006, 428 (436); vgl. aber auch *Schuhr*, JA 2009, 169 (174).
1263 *Klesczewski*, BT, § 8 Rn. 24; L-Kühl/*Heger*, § 305 Rn. 1.
1264 *Schönke/Schröder/Hecker*, § 305 Rn. 1; *Sonnen*, BT, S. 95.

III. Tatbestand

1. Objektiver Tatbestand

491 Die genannten Tatobjekte müssen wie bei § 303 in **fremdem Eigentum** stehen. Das Merkmal rechtswidrig ist lediglich ein deklaratorischer Verweis auf die Rechtswidrigkeitsebene[1265].

492 a) Das **Bauwerk** bildet den Oberbegriff zu den zuvor genannten Merkmalen (Gebäude, Schiff, Brücke, Damm, gebaute Straße, Eisenbahn). Unter Bauwerk ist jede bauliche Anlage zu verstehen, die auf Grund und Boden ruht (z. B. Rohbau, Hütten, Mauer, großer ummantelter Tankbehälter[1266]). Die Anlage muss auf gewisse Dauer errichtet und von gewisser Größe und Bedeutung sein[1267]. So fallen etwa ein kleiner Steinsandkasten oder ein Paddelboot nicht unter den Begriff des Bauwerks bzw. des Schiffs.

493 b) Erfasst wird nur das **ganz oder teilweise Zerstören**. Die bloße Beschädigung wird damit – anders als bei § 303 – nicht erfasst[1268]. **Ein teilweises Zerstören** ist gegeben, wenn ein selbstständiger Teil des Bauwerks so unbrauchbar gemacht wird, dass er nicht mehr entsprechend seiner Funktion genutzt werden kann[1269]. Das ist zum einen der Fall, wenn einzelne Teile, die der Erfüllung der Sache dienen, unbrauchbar gemacht werden.

> **Bsp.:** T zerstört die Steintreppe zum Obergeschoss, so dass dieses nicht mehr betreten werden kann.

494 Zum anderen werden Fälle erfasst, in denen die gesamte Sache zur Erfüllung von einzelnen Aufgaben unbrauchbar gemacht wird.

> **Bsp.:** T wirkt auf eine Brücke ein, so dass diese nur noch von Fußgängern, nicht aber von Kfz genutzt werden kann.

495 Das teilweise Zerstören darf nicht mit dem Beschädigen gleichgesetzt werden; es ist mehr als nur ein Beschädigen[1270]. Das bloße Einschlagen einer Tür oder eines Fensters ist daher kein teilweises Zerstören.

> **Beachte:** Der Begriff des „ganz oder teilweise Zerstörens" wird auch bei § 305a und bei der Brandstiftung nach §§ 306 ff. verwendet.

2. Subjektiver Tatbestand

496 In subjektiver Hinsicht ist Eventualvorsatz ausreichend.

[1265] NK-*Zaczyk*, § 305 Rn. 11; SK-*Hoyer*, § 305 Rn. 6.
[1266] BGHSt 41, 219 (221).
[1267] *Joecks/Jäger*, § 305 Rn. 2; *Wessels/Hillenkamp/Schuhr*, BT 2, Rn. 45.
[1268] *Schönke/Schröder/Hecker*, § 305 Rn. 5; SK-*Hoyer*, § 305 Rn. 4.
[1269] L-Kühl/*Heger*, § 305 Rn. 3.
[1270] A/W/H/H-*Heinrich*, § 12 Rn. 31; *Schönke/Schröder/Hecker*, § 305 Rn. 10.

§ 18 Zerstörung wichtiger Arbeitsmittel, § 305a

I. Geschütztes Rechtsgut und Systematik

§ 305a ist eine Qualifikation zu § 303, die mit dem 44. StrÄG erweitert wurde[1271]. **Geschütztes Rechtsgut ist das Eigentum**[1272]. Der Versuch ist nach Absatz 2 strafbar. Ein Strafantrag ist nicht erforderlich.

II. Aufbauschema

1. Tatbestand
   a) Objektiver Tatbestand
      aa) Ganz oder teilweise Zerstören
      bb) Tatobjekt
         (1) Abs. 1 Nr. 1: Fremdes technisches Arbeitsmittel von bedeutendem Wert, das für die Errichtung einer Anlage usw. von wesentlicher Bedeutung ist
         (2) Abs. 1 Nr. 2: Für den Einsatz wesentliches technisches Arbeitsmittel der Polizei, der Bundeswehr, der Feuerwehr, des Katastrophenschutzes oder eines Rettungsdienstes, das von bedeutendem Wert ist
         (3) Abs. 1 Nr. 3: Kraftfahrzeug der Polizei, der Bundeswehr, der Feuerwehr, des Katastrophenschutzes oder eines Rettungsdienstes
   b) Subjektiver Tatbestand
2. Rechtswidrigkeit
3. Schuld

III. Tatbestand

Technische Arbeitsmittel i. S. d. Abs. 1 Nr. 1 sind Arbeitseinrichtungen, die dazu bestimmt sind, Arbeit im weitesten Sinne zu verrichten[1273]. Die Auslegung orientiert sich an § 2 Abs. 1 Gerätesicherheitsgesetz[1274]. Diese müssen **fremd** sein. Erfasst werden nur Arbeitsmittel, die von bedeutendem Wert sind. Dabei dürfte die Grenze inzwischen bei 1000 bis 1500 € sein[1275]. Die Arbeitsmittel müssen zudem für die Errichtung einer Anlage oder eines Unternehmens i. S. d. § 316b Abs. 1 Nr. 1 oder 2 oder einer Anlage, die dem Betrieb oder der Entsorgung einer solchen Anlage oder eines solchen Unternehmens dient, von wesentlicher Bedeutung sein. Seit dem 44. StrÄG erfasst Nr. 2 ein für den Einsatz wesentliches technisches Arbeitsmittel der Polizei, der Bundeswehr, der Feuerwehr, des Katastrophenschutzes oder eines Rettungsdienstes, das von bedeutendem Wert ist und Nr. 3 ein Kraft-

---

1271 *Fischer*, § 305a Rn. 1; L-Kühl/*Heger*, § 305a Rn. 1.
1272 A. A. L-Kühl/*Heger*, § 305a Rn. 1; MünchKomm-*Wieck-Noodt*, § 305a Rn. 1.
1273 *Bock*, BT 2, S. 234; SK-*Hoyer*, § 305a Rn. 6.
1274 BT-Drs. 17/4143, S. 8.
1275 *Fischer*, § 305a Rn. 6 f. (1300 €); MünchKomm-*Wieck-Noodt*, § 305a Rn. 12 (1500 €); *Schönke/Schröder/Hecker*, § 305a Rn. 6 (1300 €).

fahrzeug (auch Luft- oder Wasserfahrzeug) der Polizei, der Bundeswehr, der Feuerwehr, des Katastrophenschutzes oder eines Rettungsdienstes. Bei Nr. 2 und Nr. 3 müssen die Tatobjekte für den Täter nicht fremd sein (obgleich sie dies aber in der Regel sind)[1276]. Erforderlich ist – wie bei § 305 – ein **ganz oder teilweise Zerstören**, so dass ein bloßes Beschädigen – wie etwa das Heraustreten einer Scheibe eines Polizeiwagens – nicht ausreicht[1277].

Klausurhinweis: Der Begriff „bedeutender Wert" wird auch von § 315b und § 315c verwendet.

§ 19 Datenveränderung, § 303a

Einführende Aufsätze: *Eisele*, Der Kernbereich des Computerstrafrechts, Jura 2012, 922; *Ernst*, Das neue Computerstrafrecht, NJW 2007, 2661; *Hecker*, Herstellung, Verkauf, Erwerb und Verwendung manipulierter Telefonkarten, JA 2004, 762; *Popp*, Informationstechnologie und Strafrecht, JuS 2011, 385; *Schumann*, Das 41. StrÄndG zur Bekämpfung der Computerkriminalität, NStZ 2007, 675.

Übungsfall: *Beck/Valerius*, Fall 7: Sicherheit im Internet, S. 89; *Bock*, BT, Fall 1: Rache an der Ex, S. 1; *Hilgendorf*, Fälle Fortgeschrittene, Fall 3: Der gekündigte Programmierer, S. 25.

Rechtsprechung: BayObLG JR 1994, 476 – ec-Karte (Verfügungsberechtigung hinsichtlich gespeicherter Kontonummer).

I. Geschütztes Rechtsgut und Systematik

1. Reform

500 §§ 303a, 303b wurden mit dem 41. StrÄndG v. 7.8.2007 europäischen Vorgaben angepasst[1278]. Bei § 303a wurde lediglich in Absatz 3 die Vorbereitung einer Tat nach Absatz 1 unter Strafe gestellt, für die § 202c entsprechend gilt (mit Weiterverweisung in § 202 Abs. 2 auf die Regelungen über tätige Reue in § 149 Abs. 2 und 3).

2. Rechtsgut

501 Geschützt ist **das Interesse des Verfügungsberechtigten an der unversehrten Verwendbarkeit der Daten**[1279]. § 303a ist ein delictum sui generis[1280], das die Einwirkung auf elektronisch gespeicherte Daten, die selbst keine Sachen sind, erfassen soll. Zwar wird in den Fällen des Löschens usw. von Daten regelmäßig auch § 303 verwirklicht sein, weil der Datenträger in seiner Brauchbarkeit beeinträchtigt ist (z. B. Löschen des Betriebssystems auf dem Rechner, Formatieren eines Datenträgers, Brennen einer CD, Installieren einer Zugangssperre)[1281], jedoch

---

1276 BT-Drs. 17/4143, S. 8.
1277 OLG Oldenburg NStZ-RR 2011, 338; s. bereits Rn. 495.
1278 Rahmenbeschluss über Angriffe auf Informationssysteme 2005/222/JI v. 24. Februar 2005, ABl. Nr. L 69, S. 67, ersetzt durch Richtlinie 2013/40/EU v. 12. August 2013 über Angriffe auf Informationssysteme, ABl. Nr. L 218, S. 8; Übereinkommen des Europarates über Computerkriminalität, ETS-Nr. 185 (Cyber-crime-Konvention). Vertiefend *Eisele*, Computer- und Medienstrafrecht, 2013, § 9 Rn. 62 ff.
1279 *Fischer*, § 303a Rn. 2; *Joecks/Jäger*, § 303a Rn. 1; *L-Kühl/Heger*, § 303a Rn. 1; vgl. aber *Haft*, NStZ 1987, 6 (10).
1280 MünchKomm-*Wieck-Noodt*, § 303a Rn. 1; *Wessels/Hillenkamp/Schuhr*, BT 2, Rn. 58.
1281 *Haft*, NStZ 1987, 6 (10); *Krey/Hellmann/Heinrich*, BT 2, Rn. 368; *Schönke/Schröder/Hecker*, § 303 Rn. 11.

muss man sehen, dass der Eigentümer des Datenträgers und der über die Daten Verfügungsberechtigte durchaus unterschiedliche Personen sein können. Absatz 2 normiert die Versuchsstrafbarkeit, Absatz 3 eine Vorfeldstrafbarkeit. § 303c enthält ein Strafantragserfordernis.

II. Aufbauschema

1. Tatbestand
   a) Objektiver Tatbestand
      aa) Daten i. S. d. § 202a Abs. 2
      bb) Rechtswidriges Löschen, Unterdrücken, Unbrauchbarmachen oder Verändern
   b) Subjektiver Tatbestand

2. Rechtswidrigkeit

3. Schuld

4. Strafantrag, § 303c

III. Tatbestand

1. Objektiver Tatbestand

Der Tatbestand erfasst nur **Daten im Sinne der Legaldefinition des § 202a Abs. 2**. Unmittelbar wahrnehmbare Daten, wie Computerausdrucke auf Papier, werden nicht erfasst; diese werden vielmehr durch § 303 geschützt[1282]. Bei beweiserheblichen Daten kann § 274 Abs. 1 Nr. 2 einschlägig sein[1283].

a) Die Daten müssen nach dem Wortlaut **nicht fremd** sein[1284]. Da aber nicht jedes Löschen usw. eigener Daten durch den Verfügungsberechtigten erfasst werden soll, stellt das Merkmal **rechtswidrig** bereits eine Einschränkung auf Tatbestandsebene dar[1285]. Die Handlung ist nur dann rechtswidrig, wenn das Verfügungsrecht eines anderen, der ein unmittelbares Interesse an dem Bestand bzw. der Unversehrtheit der Daten hat, verletzt wird. So sollen etwa beim Kauf einer aufladbaren Telefonkarte die Verfügungsrechte auf den Käufer übergehen, so dass Manipulationen beim Aufladen nicht von § 303a erfasst werden[1286]. Es ist daher zunächst jeweils festzustellen, wem die **Verfügungsbefugnis über die Daten** zukommt, bevor dann geprüft wird, ob dessen Bestandsinteresse verletzt wird[1287]. Maßgeblich ist demnach, ob das (eigentümerähnliche) Verfügungsrecht eines anderen[1288], der ein unmittelbares Interesse an dem Bestand bzw. der Unversehrtheit der Daten hat, verletzt wird. Nach einer Ansicht ist hierfür auf die sachenrechtli-

---

[1282] MünchKomm-*Wieck/Noodt*, § 303a, Rn. 8; L-Kühl/*Heger*, § 303a Rn. 2.
[1283] S. *Eisele*, BT 1, Rn. 905 ff.
[1284] A. A. MünchKomm-*Wieck-Noodt*, § 303a Rn. 9.
[1285] L-Kühl/*Heger*, § 303a Rn. 4; *Wessels/Hillenkamp/Schuhr*, BT 2, Rn. 61; für einen Verweis auf die Rechtswidrigkeitsebene hingegen *Fischer*, § 303a Rn. 13; Schönke/Schröder/*Hecker*, § 303a Rn. 3.
[1286] Näher *Hecker*, JA 2004, 764 f.; zur Anwendbarkeit von § 269 in diesen Fällen s. *Eisele*, BT 1, Rn. 893.
[1287] Zu Einzelheiten *Eisele*, Computer- und Medienstrafrecht, 2013, § 9 Rn. 62 ff.
[1288] MünchKomm-*Wieck-Noodt*, § 303a Rn. 9; Schönke/Schröder/*Hecker*, § 303a Rn. 3.

che Zuordnung des Datenträgers abzustellen[1289], wobei die Befugnis zur Datennutzung auf schuldrechtlicher Grundlage auch einem Dritten eingeräumt werden kann[1290]. Andere stellen hingegen für die Verfügungsbefugnis (ergänzend) auf den Skripturakt, d. h. die erstmalige Datenspeicherung ab[1291]. Soweit die Datenspeicherung betrieblich veranlasst ist, wird diese dann dem Arbeitgeber zugerechnet (vgl. auch § 69a ff. UrhG), während ansonsten der Arbeitnehmer verfügungsberechtigt bleibt[1292].

> **Bsp. (1):** T löscht eine Passage aus seiner Hausarbeit oder bittet den D, die Löschung vorzunehmen. – Das Löschen durch den Verfügungsberechtigten verwirklicht ebenso wenig den Tatbestand wie das Handeln aufgrund einer Einwilligung.
>
> **Bsp. (2):**[1293] T ändert auf seiner ec-Karte die Kontonummer und verwendet dabei die Nummer des O, damit das Geld nach dem Abheben am Bankautomaten von dessen Konto abgebucht wird. – Die Veränderung der Daten durch T ist rechtswidrig; zwar ist er Karteninhaber, jedoch verletzt er die Interessen der darüber zur Verfügung berechtigten Bank, die die Daten gespeichert hat[1294]. O als Betroffener der verwendeten Kontodaten ist dagegen nicht zur Verfügung der Daten auf der Karte befugt[1295]. Neben § 303a verwirklicht T auch § 269 Abs. 1 Var. 2 i. V. m. § 270, weil er den Anschein erweckt, als habe die Bank als Aussteller die Karte mit der Kontonummer des O (Daten, die zum Beweis geeignet und bestimmt sind) von vornherein so ausgegeben. Das Löschen der eigenen Kontonummer als Bestandteil des gesamten Fälschungsvorgangs verwirklicht zwar § 274 Abs. 1 Nr. 2. Jedoch tritt die Vorschrift als mitbestrafte Begleittat hinter § 269 zurück[1296]; entsprechendes gilt für § 303a. Sieht man in der Handlung zugleich eine Sachbeschädigung am Datenträger, so tritt auch § 303 zurück[1297]. Letztlich gilt hier nichts anderes als für das Verhältnis von § 267 Abs. 1 Var. 2 zu § 274 Abs. 1 Nr. 1 und § 303[1298]. In Tateinheit tritt jedoch eine Strafbarkeit nach § 263a[1299].

505 Das **Bestandsinteresse an den Daten** ist neben den Fällen der Einwilligung durch den Verfügungsberechtigten auch dann nicht verletzt, wenn der Täter die Daten lediglich ausspäht oder kopiert[1300]. Dann ist freilich eine Strafbarkeit gemäß § 202a zu beachten.

506 b) **Tathandlungen** sind das Löschen, Unterdrücken, Unbrauchbarmachen und Verändern der Daten. Beim **Löschen** als Parallele zum Zerstören bei § 303 wird die konkrete Speicherung der Daten endgültig unkenntlich gemacht[1301]. Beispiele sind das Löschen eines Tonbandes, einer Audiodatei, eines Programms, einer Text- oder Bilddatei. **Unterdrücken** ist das dauernde oder vorübergehende Entziehen der Daten, so dass der Berechtigte auf diese nicht zugreifen kann[1302]. Dies kann durch die Installation einer Zugangssicherung (Passwort, PIN) sowie Mitnahme

---

1289 *Schönke/Schröder/Hecker*, § 303a Rn. 3; SK-*Hoyer*, § 303a Rn. 5 f. Zum Ganzen LK-*Wolff*, § 303a Rn. 9 ff.
1290 *Schönke/Schröder/Hecker*, § 303a Rn. 3; SK-*Hoyer*, § 303a Rn. 6.
1291 *Jüngel/Schwan/Neumann*, MMR 2005, 820 (821); SSW-*Hilgendorf*, § 303a Rn. 6.
1292 Z. T. abweichend OLG Nürnberg ZD 2013, 282 (283 f.) m. krit. Anm. *Schröder* und *Seidl*, jurisPR-ITR 7/2013 Anm. 3.
1293 Nach BayObLG JR 1994, 476; dazu *Hilgendorf*, JuS 1996, 890 (893 f.).
1294 BayObLG JR 1994, 476.
1295 BayObLG JR 1994, 476; ausf. dazu SK-*Hoyer*, § 303a Rn. 2.
1296 NK-*Puppe*, § 269 Rn. 38; SK-*Hoyer*, § 269 Rn. 30; für Tateinheit dagegen L-Kühl/*Heger*, § 269 Rn. 13.
1297 S. o. Rn. 501.
1298 *Eisele*, BT 1, Rn. 914.
1299 Näher zu den Bankautomatenfällen u. Rn. 674 ff.
1300 Vgl. auch A/W/H/*Heinrich*, § 12 Rn. 48; *Kindhäuser/Böse*, BT 2, § 24 Rn. 8.
1301 L-Kühl/*Heger*, § 303a Rn. 3; MünchKomm-*Wieck-Noodt*, § 303a Rn. 12.
1302 SK-*Hoyer*, § 303a Rn. 9; *Wessels/Hillenkamp/Schuhr*, BT 2, Rn. 60.

oder Verstecken des Datenträgers geschehen. Unter **Unbrauchbarmachen** ist eine Manipulation der Daten zu verstehen, mit der Folge, dass diese nicht mehr ordnungsgemäß verwendet werden können[1303]. **Verändern** meint jede sonstige Funktionsbeeinträchtigung, wie etwa das inhaltliche Umgestalten der Daten, so dass sich der Informationsgehalt ändert[1304]. Dies kann etwa beim Einsatz einer ec-Karte zur kontaktlosen Bezahlung sein, wenn die Daten zum Verfügungsrahmen und zu den Umständen der bisherigen Kartennutzung seit der letzten PIN-Abfrage verändert werden[1305].

2. Subjektiver Tatbestand
Für den Vorsatz ist dolus eventualis ausreichend.

IV. Konkurrenzen

§ 303a verdrängt den nach der hier vertretenen Ansicht mitverwirklichten § 303 im Wege der Subsidiarität[1306]. Hingegen ist Tateinheit mit § 303 anzunehmen, wenn zugleich auf den Datenträger eingewirkt wird.

§ 20 Computersabotage, § 303b

I. Geschütztes Rechtsgut und Systematik

Der ebenfalls mit dem 41. StrÄndG reformierte § 303b ist gegenüber § 303 ein delictum sui generis[1307]. Geschütztes Rechtsgut ist nach Auffassung des Gesetzgebers nun allgemein **das Interesse der Betreiber und Nutzer von Datenverarbeitungen an deren ordnungsgemäßer Funktionsweise**[1308]. § 303b Abs. 1 Nr. 1 stellt dabei eine Qualifikation zu § 303a dar[1309]. § 303b Abs. 2 enthält eine Qualifikation zu § 303b Abs. 1. Für diese Qualifikation ist wiederum eine Strafschärfung nach der Regelbeispielsmethode vorgesehen, was ein Novum darstellt, da die besonders schweren Fälle bislang nur an den Grundtatbestand geknüpft waren. § 303c enthält ein Strafantragserfordernis.

II. Aufbauschema

1. Tatbestand
   a) Objektiver Tatbestand
      aa) Datenverarbeitung, die für einen anderen von wesentlicher Bedeutung ist
      bb) Erhebliche Störung der Datenverarbeitung

1303 *Fischer*, § 303a Rn. 11; MünchKomm-*Wieck-Noodt*, § 303a Rn. 14.
1304 L-Kühl/*Heger*, § 303a Rn. 3; *Schönke/Schröder/Hecker*, § 303a Rn. 8.
1305 OLG Hamm BeckRS 2020, 9059 Rn. 16 ff.
1306 Für Subsidiarität L-Kühl/*Heger*, § 303a Rn. 7; für Tateinheit *Schönke/Schröder/Hecker*, § 303a Rn. 14.
1307 MünchKomm-*Wieck-Noodt*, § 303b Rn. 1.
1308 BT-Drs. 16/3656, S. 13; *Schumann*, NStZ 2007, 675 (679).
1309 *Fischer*, § 303b Rn. 11; *Joecks/Jäger*, § 303b Rn. 1; *Schönke/Schröder/Hecker*, § 303b Rn. 6.

cc) durch
   (1) Nr. 1: Begehung einer Datenveränderung nach § 303a Abs. 1
   (2) Nr. 2: Eingabe oder Übermittlung von Daten (§ 202a Abs. 2)
   (3) Nr. 3: Zerstören, Beschädigen, Unbrauchbarmachen, Beseitigen oder Verändern einer Datenverarbeitungsanlage oder eines Datenträgers

b) Subjektiver Tatbestand
   aa) Vorsatz
   bb) Nur bei Nr. 2: Nachteilszufügungsabsicht

2. Rechtswidrigkeit

3. Schuld

4. Qualifikation, Abs. 2
   a) Voraussetzung: Datenverarbeitung ist für einen fremden Betrieb, ein fremdes Unternehmen oder eine Behörde von wesentlicher Bedeutung
   b) Strafschärfung: Besonders schwerer Fall mit Regelbeispielen, Absatz 4
      aa) Abs. 4 Satz 2 Nr. 1: Herbeiführung eines Vermögensverlustes großen Ausmaßes
      bb) Abs. 4 Satz 2 Nr. 2: Gewerbsmäßiges Handeln oder Handeln als Mitglied einer Bande, die sich zur fortgesetzten Begehung von Computersabotage verbunden hat
      cc) Abs. 4 Satz 2 Nr. 3: Beeinträchtigung der Versorgung der Bevölkerung mit lebenswichtigen Gütern oder Dienstleistungen oder Beeinträchtigung der Sicherheit der Bundesrepublik Deutschland durch die Tat

5. Strafantrag in den Fällen des Abs. 1 bis 3, § 303c

III. Tatbestand

1. Objektiver Tatbestand

511 Zu unterscheiden sind drei Tathandlungen, die jeweils zu einer erheblichen Störung einer Datenverarbeitung, die für einen anderen von wesentlicher Bedeutung ist, führen müssen.

512 a) In den Begriff der Datenverarbeitung wird der **Gesamtbereich eines datenverarbeitenden Systems**, d. h. auch der Umgang und die Verwertung der Daten einbezogen[1310]. Es ist insoweit unerheblich, ob der Datenverarbeitungsvorgang rechtmäßigen oder rechtswidrigen Zwecken dient.[1311] Die Datenverarbeitung muss für einen anderen von **wesentlicher Bedeutung** sein („Filter für Bagatellfälle"[1312]),

---
1310 MünchKomm-*Wieck-Noodt*, § 303b Rn. 8; SSW-*Hilgendorf*, § 303b Rn. 4.
1311 BGH NStZ 2017, 470 f.; *Kudlich*, JA 2017, 310 (311).
1312 BT-Drs. 16/3656, S. 13.

was angesichts der Unbestimmtheit freilich zu erheblichen Schwierigkeiten führt[1313]. Nach Auffassung des Gesetzgebers soll bei Privatpersonen als Geschädigte darauf abzustellen sein, ob die Datenverarbeitungsanlage für die Lebensgestaltung der Privatperson eine zentrale Funktion einnimmt. So soll eine Datenverarbeitung im Rahmen einer Erwerbstätigkeit, einer schriftstellerischen, wissenschaftlichen oder künstlerischen Tätigkeit regelmäßig als wesentlich einzustufen sein, nicht aber jeglicher Kommunikationsvorgang im privaten Bereich oder Computerspiele[1314].

b) Ein **erhebliches Stören** liegt vor, wenn der reibungslose Ablauf der Datenverarbeitung nicht unerheblich beeinträchtigt wird[1315]. **513**

c) **Tathandlung** des **Abs. 1 Nr. 1** (Softwareeingriff) ist die Begehung einer Tat nach § 303a Abs. 1, weshalb die Daten „fremd" sein müssen[1316]. **Abs. 1 Nr. 2** erfasst mit der Eingabe oder Übermittlung von Daten (§ 202a Abs. 2) an sich neutrale Handlungen; die Strafwürdigkeit folgt erst aus der Nachteilszufügungsabsicht. Erfasst werden sollen vor allem Angriffe auf Rechner oder Systeme durch Überlastung, die automatisiert herbeigeführt werden sowie sog. Online-Demonstrationen[1317]. **Nach Nr. 3** werden mit dem Zerstören, Beschädigen usw. einer Datenverarbeitungsanlage oder eines Datenträgers Einwirkungen auf die Hardware erfasst. Zur Datenverarbeitungsanlage gehören etwa Server, Bildschirm und Drucker, zu den Datenträgern Festplatte, Diskette und USB-Stick. Ob der Täter über die Daten verfügungsbefugt oder Eigentümer der Hardware ist, ist unerheblich[1318]. **514**

2. Subjektiver Tatbestand

Ausreichend ist Eventualvorsatz, der insbesondere auch die wesentliche Bedeutung erfassen muss. Nr. 2 setzt zusätzlich eine Nachteilszufügungsabsicht voraus, die an § 274 Abs. 1 Nr. 1 angelehnt ist[1319]. Neben dolus directus 1. Grades wird auch sicheres Wissen im Sinne von dolus directus 2. Grades erfasst[1320]. Es genügt jede Beeinträchtigung, so dass ein Vermögensschaden nicht erforderlich ist[1321]. **515**

IV. Qualifikation

Die Qualifikation des Absatzes 2, die dem früheren Absatz 1 (vor dem 41. StrÄndG) entspricht, ist verwirklicht, wenn die Datenverarbeitung für einen fremden Betrieb, ein fremdes Unternehmen oder eine Behörde von wesentlicher Bedeutung ist. **Fremd** ist ein Betrieb bzw. ein Unternehmen, wenn eine Zuordnung nicht ausschließlich zum Vermögen des Täters erfolgen kann[1322]. Für die Herbeiführung eines Vermögensverlustes großen Ausmaßes (Abs. 4 Satz 2 Nr. 1) kann auf § 263 Abs. 3 Satz 2 Nr. 2 verwiesen werden[1323]. Die Strafschärfung des gewerbsmä- **516**

1313 *Fischer*, § 303b Rn. 6 ff.
1314 BT-Drs. 16/3656, S. 13; mit Recht krit. *Fischer*, § 303b Rn. 7.
1315 BT-Drs. 16/3656, S. 13; *Fischer*, § 303b Rn. 9; SK-*Hoyer*, § 303b Rn. 6 f.
1316 S. o. Rn. 504.
1317 OLG Frankfurt MMR 2006, 547; LG Düsseldorf MMR 2011, 624 (625) m. Anm. *Bär*; dazu *Eisele*, BT 1, Rn. 467; s. auch *Ernst*, NJW 2007, 2661 (2665).
1318 BT-Drs. 10/5058, S. 36.
1319 BT-Drs. 16/3656, S. 13.
1320 BT-Drs. 16/3656, S. 13.
1321 BT-Drs. 16/3656, S. 13.
1322 *Fischer*, § 303b Rn. 15.
1323 S. u. Rn. 652.

ßigen Handelns oder Handelns als Mitglied einer Bande, die sich zur fortgesetzten Begehung von Computersabotage verbunden hat, ist § 263 Abs. 3 Satz 2 Nr. 1 nachgebildet[1324]. Abs. 4 Satz 2 Nr. 3 ist an § 316b Abs. 3 Satz 2 angelehnt[1325] und setzt eine Beeinträchtigung der Versorgung der Bevölkerung mit lebenswichtigen Gütern oder Dienstleistungen oder eine Beeinträchtigung der Sicherheit der Bundesrepublik Deutschland durch die Tat voraus[1326].

1324 S. u. Rn. 651.
1325 BT-Drs. 16/3656, S. 14.
1326 Näher *Fischer*, § 303b Rn. 25a.

Teil III: Vermögensdelikte

1. Kapitel: Betrug und betrugsähnliche Delikte
§ 21 Betrug, § 263

Einführende Aufsätze: *Becker*, Konkludente Täuschung beim Betrug, JuS 2014, 307; *Ebel*, Das Näheverhältnis beim Dreiecksbetrug und bei der Dreieckserpressung, Jura 2008, 256; *Eisele/Bechtel*, Der Schadensbegriff bei den Vermögensdelikten, JuS 2018, 97; *Fahl*, Prozeßbetrug und „Lagertheorie", Jura 1996, 74; *Fock/Gerhold*, Zum Dreiecksbetrug um Forderungen, JA 2010, 511; *Idler*, Zweckverfehlung und Vermögensschaden bei Subventionsvergabe, JuS 2007, 904; *Kindhäuser/Nikolaus*, Sonderfragen des Betrugs (§ 263 StGB), JuS 2006, 193, 293, 590; *Kraatz*, Versuchter Prozessbetrug in mittelbarer Täterschaft, Jura 2007, 531; *Kulhanek*, Kein Irrtum in der Examensklausur – aktuelle Probleme des § 263 StGB in der Fallbearbeitung, JA 2015, 828; *Nestler*, Aufklärungs- und Informationspflichten im Strafrecht, Jura 2018, 897; *Norouzi*, Betrugsschaden des Verkäufers trotz Lieferung unter Eigentumsvorbehalt, JuS 2005, 786; *Poisel/Ruppert*, Über Trick- und Täuschungsreichtum, Die Abgrenzung von Diebstahl und Betrug – Teil I, JA 2019, 353 und Teil II, JA 2019, 421; *Radtke*, Sportwettenbetrug und Quotenschaden, Jura 2007, 445; *Rönnau*, Grundwissen Strafrecht: Der Verfügungsbegriff beim Betrug, JuS 2011, 982; *Rönnau/Becker*, Grundwissen – Strafrecht: Der Irrtum beim Betrug (§ 263 StGB), JuS 2014, 504; *dies.*, Grundwissen – Strafrecht: Der Gefährdungsschaden bei Betrug (§ 263 StGB) und Untreue (§ 266 StGB), JuS 2017, 499; *dies.*, Grundwissen – Strafrecht: Der objektiv-individuelle Schadensbegriff beim Betrug (§ 263 StGB), JuS 2017, 975; *Sickor*, Die sog. „schadensgleiche Vermögensgefährdung" bei Betrug und Untreue, JA 2011, 109; *Valerius*, Täuschungen im modernen Zahlungsverkehr, JA 2007, 514, 778; *Waszycynski*, Klausurrelevante Problemfelder des Vermögensschadens bei § 263 StGB, JA 2010, 251 ff.; *Wittig*, Die Absicht der rechtswidrigen Bereicherung, JA 2013, 401.

Übungsfälle: *Bergmann*, Herbe Täuschung, JA 2008, 504; *Beulke/Zimmermann* II, Fall 3: Frühstück bei Tiffany, S. 55, Fall 4: Das Kaufhaus der unbegrenzten Möglichkeiten, S. 73, Fall 6: Trau Schau Wem, S. 122; *Beulke* III, Fall 5: Ostfriesland in Not, S. 149, Fall 6: Du sollst nicht begehren des Kommilitonen..., S. 174; *Bock*, BT, Fall 8: Die baskischen Terroristen, S. 237, Fall 9: An- und Verkauf von Betäubungsmitteln, S. 259; *Braum*, Betrug, Untreue, Bestechlichkeit und Bestechung im geschäftlichen Verkehr, JuS 2004, 225; *Eisele/Freudenberg*, Vetternwirtschaft in Münchhausen, Jura 2005, 204; *Ernst*, Schwarze Geschäfte, AL 2014, 131; *Fahl*, Autos für Afrika, JA 2011, 836; *ders.*, (Original-)Referendarexamensklausur – Strafrecht: Der Lastschriftreiter, JuS 2012, 1104; *Füllkrug*, Marx am Ende, Jura 1992, 154; *Gleß*, Geschäfte unter Gaunern, Jura 2003, 496; *Gössel*, Fall 3: Blenden und Wenden, S. 63, Fall 11: Feuer und Wasser, S. 183; *Gropp/Küpper/Mitsch*, Fall 16: Makler mit Makeln, S. 285; *Heinrich*, Der neue Radiowecker, Jura 1999, 585; *Hellmann*, Fall 10: Die englischen Uhrmacher, S. 115; *dies.*, Zahlung mit dem guten Namen, JA 2004, 891; *Hilgendorf*, Fallsammlung, Fall 15: Im Selbstbedienungsladen, S. 118, Fall 16: Die Münzsammlung, S. 129; *Hillenkamp*, Trickseiren und zarte Bande, JuS 2003, 157; *Hölck/Hohn*, Untreue und Betrug, JuS 2005, 245; *Kerner/Trüg*, Betrugsstrafrechtliche Relevanz des Dopings, JuS 2004, 140; *Koch/Exner*, Bücherklau – Die Jugendsünden des Professors, JuS 2007, 40; *Konhäuser/Lindemann*, Eingehungs- und Erfüllungsbetrug – schlichter Wein in teuren Flaschen, JuS 2011, 804; *Kühl/Brutscher*, Die reparierte Stereoanlage, JuS 2011, 335; *Kühl/Lange*, Bankgeschäfte, JuS 2010, 42; *Lück*, Dieselgate, JuS 2018, 1148; *Mitsch*, Fortgeschrittenenklausur – Strafrecht: Vermögensdelikte – Brötchenkauf, JuS 2012, 911; *Otto/Bosch*, Fall 8: Tankstellenfall, S. 178; *Petermann/Savanovic*, Fortgeschrittenenklausur – Strafrecht: Vermögens- und Urkundsdelikte – Gewinnmaximierung mittels Internetplattform, JuS 2011, 1003; *Popp/Schnabl*, Die erschwindelten Opernkarten, JuS 2006, 326; *Puschke*, „Die Geschäftsmodelle eines krisengeplagten Managers", JA 2014, 32; *Raschke/Zirzlaff*, Übungsfall: Drei Freunde in der Mensa, ZJS 2012, 219; *Rönnau/Hohn*, Forscherdrang, JuS 2003, 998; *Rotsch*, Student auf Abwegen, JA 2004, 532; *ders.*, Durchsichtige Dinge, Jura 2004, 777; *Schulz/Slowinski*, Die manipulierte Sportwette – Der Fall Hoyzer, Jura 2010, 706; *Seier/Justenhoven*, Der windige Automobilverkäufer, JuS 2010, 795; *Steffan*, Betrug und Straßenverkehrsdelikte, JuS 2006, 723; *Steinberg/Jannusch*, Immobilien zu verschenken!, Jura 2012, 330; *Tiedemann/Walter*, Der reuige Provisionsvertreter, Jura 2002, 708; *Tiedemann/Waßmer*, Streifzug durch das Betrugsstrafrecht, Jura 2000, 533; *Vogt/Brand*, Der unkorrekte Korrektor, Jura 2008, 305; *Vormbaum*, Berliner Straßenreinigung, Jura 2010, 861; *Wolters*, Fall 5: Adel verpflichtet, S. 121.

Rechtsprechung: BVerfGE 130, 1 ff. – Al Qaida (Gefährdungsschaden bei Abschluss einer Lebensversicherung); **BGHSt 6, 115** – Gutschrift (Stoffgleichheit bei Provisionen); **BGHSt 15, 83** – Moped (Makeltheorie bei gutgläubigem Erwerb); **BGHSt 16, 1** – Bahnsteigkarte (Bereicherungsabsicht bei anderweitig verfolgtem Zweck); **BGHSt 16, 120** – Spätwetten (Betrug in Kenntnis des Wettausgangs); **BGHSt 16, 220** – Zellwollhose (Betrug bei wirtschaftlich gleichwertiger Leistung); **BGHSt 16, 321** – Melkmaschine (Lehre vom individuellen Schadenseinschlag); **BGHSt 17, 254** – Anstellung (Täuschung über Vorstrafen als Schaden); **BGHSt 18, 221** – Sammelgarage (Abgrenzung von Dreiecksbetrug und Diebstahl); **BGHSt 21, 384** – Provisionsvertreter (Stoffgleichheit bei Provisionen); **BGHSt 23, 300** – Abonnement (Vermögensschaden bei individuell unbrauchbarer Zeitschrift); **BGHSt 34, 199** – Schlankheitspillen (Schaden trotz Rücktrittsrecht); **BGHSt 39, 392** – Fehlbuchung (Betrug durch Unterlassen); **BGHSt 41, 198**, Einkaufswagen (Abgrenzung von Betrug und Diebstahl); **BGHSt 45, 1** – Stasi-Tätigkeit (Anstellungsbetrug); **BGHSt 46, 196** – Fehlbuchung (Abhebung fehlgebuchter Gutschriften); **BGHSt 47, 1** – Inserate (Täuschung durch Verwendung typischer Rechnungsmerkmale); **BGHSt 47, 83** – Preisabsprache (Vermögensschaden bei Absprachen); **BGHSt 48, 354** – Grundstücksverkauf (Regelbeispiel „großer Vermögensverlust" bei Austauschverträgen); **BGHSt 49, 177** – Bandenbetrug (Gewerbsmäßigkeit beim Bandenbetrug); **BGHSt 51, 165** – Fußballwette (konkludente Täuschung); **BGHSt 53, 199** – Schneeballsystem (Gefährdungsschaden bei Risikogeschäft); **BGHSt 58, 102** – Fußballwette (Schadensberechnung); **BGHSt 58, 205** – Grundstückskauf (Schaden beim Eingehungsbetrug); **BGHSt 62, 72** – Kapitalentzug (Garantenstellung bei Täuschung durch Unterlassen).

I. Geschütztes Rechtsgut und Systematik

517 **Geschütztes Rechtsgut** des § 263 ist das **Vermögen**[1327] und nicht die Dispositionsfreiheit oder der Wahrheitsanspruch des Opfers[1328]. Anders als bei den Eigentumsdelikten werden nicht einzelne wirtschaftliche Positionen einer Person, sondern das Vermögen als Ganzes in seinem wirtschaftlichen Wert geschützt[1329]. Es handelt sich um ein Selbstschädigungs- bzw. um ein Vermögensverschiebungsdelikt, bei dem das Opfer aufgrund irrtumsbedingter Verfügung sein Vermögen mindert[1330]. Die erstrebte Bereicherung muss nicht eingetreten sein, vielmehr genügt es, dass diese beabsichtigt ist (kupiertes Erfolgsdelikt). Der Versuch ist nach Ab-

---

[1327] BGHSt 7, 197 (198); BGHSt 16, 220 (221); BGHSt 34, 199 (203); L-Kühl/*Kühl*, § 263 Rn. 2; *Sonnen*, BT, S. 155; *Wittig*, Wirtschaftsstrafrecht, § 14 Rn. 4.
[1328] So aber *Bergmann/Freund*, JR 1988, 189 (192); *Kindhäuser*, ZStW 103 (1991), 398 f.; näher zu abweichenden Konzeptionen die Darstellung bei A/W/H-*Heinrich*, § 20 Rn. 26 f.; MünchKomm-*Hefendehl*, § 263 Rn. 2 ff.
[1329] BGHSt 3, 99 (102); BGHSt 16, 220 (221); BGHSt 34, 199 (203); *Kindhäuser/Böse*, BT 2, § 26 Rn. 1; *Schönke/Schröder/Perron*, § 263 Rn. 3.
[1330] Näher A/W/H-*Heinrich*, § 20 Rn. 28; SSW-*Satzger*, § 263 Rn. 11 f.

satz 2 strafbar. Absatz 3 enthält auch für die Klausur bedeutsame Strafschärfungen nach der Regelbeispielsmethode, Absatz 5 eine Qualifikation. In §§ 263a bis 265b sind betrugsähnliche Tatbestände normiert.

II. Aufbauschema

1. Tatbestand
   a) Objektiver Tatbestand
      aa) Täuschung
      bb) Irrtum des Getäuschten
         jeweils kausaler Zusammenhang erforderlich, auch objektive Zurechnung zwischen Täuschung und Schaden
      cc) Vermögensverfügung
      dd) Vermögensschaden
   b) Subjektiver Tatbestand
      aa) Vorsatz bzgl. objektiver Tatbestandsmerkmale
      bb) Bereicherungsabsicht
         (1) Eigen- oder Drittbereicherungsabsicht
         (2) Stoffgleichheit der erstrebten Bereicherung
   c) Rechtswidrigkeit der erstrebten Bereicherung
      aa) Objektive Rechtswidrigkeit der Bereicherung
      bb) Vorsatz bzgl. Rechtswidrigkeit der Bereicherung

2. Rechtswidrigkeit

3. Schuld

4. Strafschärfungen
   a) Strafzumessungsregel für besonders schwere Fälle mit Regelbeispielen, § 263 Abs. 3 Satz 2 Nr. 1 bis 5
      aa) Nr. 1: Gewerbsmäßige oder bandenmäßige Begehung
      bb) Nr. 2: Herbeiführen eines Vermögensverlustes großen Ausmaßes oder Handeln in der Absicht, durch die fortgesetzte Begehung von Betrug eine große Zahl von Menschen in die Gefahr des Verlustes von Vermögenswerten zu bringen
      cc) Nr. 3: Eine andere Person in wirtschaftliche Not bringen
      dd) Nr. 4: Missbrauch der Befugnisse oder Stellung als Amtsträger
      ee) Nr. 5: Vortäuschen eines Versicherungsfalles
   b) Qualifikation, § 263 Abs. 5: Gewerbsmäßige Begehung als Mitglied einer Bande

5. Strafantrag nach §§ 247, 248a in Fällen der Absätze 1 bis 3

Aufbauhinweis zum versuchten Betrug

1. Tatbestand
   a) Tatentschluss
      aa) Tatentschluss hinsichtlich objektiver Tatbestandmerkmale
         (1) Täuschung

(2) Irrtum des Getäuschten
(3) Vermögensverfügung
(4) Vermögensschaden
bb) Bereicherungsabsicht
  (1) Eigen- oder Drittbereicherungsabsicht
  (2) Stoffgleichheit der erstrebten Bereicherung
  cc) Vorsatz bzgl. Rechtswidrigkeit der Bereicherung
b) Unmittelbares Ansetzen

2. Prüfungspunkte 2. bis 5. wie beim vollendeten Delikt; ggf. Rücktrittsprüfung.

Beachte: Bei der Fallprüfung müssen – auch im Hinblick auf eine etwaige Abgrenzung zum Diebstahl – die einzelnen Täuschungshandlungen genau benannt werden. Ferner ist sorgfältig zu trennen zwischen verschiedenen Geschädigten („Betrug zum Nachteil des X", „Betrug zum Nachteil des Y"), beim Dreiecksbetrug zwischen Verfügendem (z. B. Geschäftsführer) und Geschädigtem (z. B. GmbH) sowie zwischen einem eigennützigen Betrug (Eigenbereicherungsabsicht) und einem fremdnützigen Betrug (Drittbereicherungsabsicht).

III. Tatbestand

1. Objektiver Tatbestand

520 Erforderlich ist, dass der Täter durch eine **Täuschung** einen **Irrtum** auf Opferseite erregt, der zu einer **Vermögensverfügung** und einem **Vermögensschaden** führt. Das ungeschriebene Tatbestandsmerkmal der Vermögensverfügung bildet dabei das notwendige Bindeglied zwischen dem täuschungsbedingten Irrtum und dem Vermögensschaden. Zwischen den einzelnen Merkmalen ist nicht nur (Mit-)Kausalität im Sinne der Äquivalenztheorie erforderlich, sondern es können auch die Grundsätze der objektiven Zurechnung Anwendung finden[1331].

521 a) Der Tatbestand beschreibt die **Täuschung als Vorspiegelung falscher, Entstellung oder Unterdrückung wahrer Tatsachen**. Vorgespiegelt werden Tatsachen, wenn diese in Wahrheit nicht vorhanden sind. Beim Entstellen werden zwar wahre Tatsachen genannt, das Gesamtbild wird jedoch durch Verzerrungen, Hinzufügen unzutreffender Zusätze oder Weglassen von Einzelheiten verfälscht[1332]. Ein Unterdrücken ist gegeben, wenn eine Tatsache der Kenntnis anderer Personen ganz vorenthalten wird. Die einzelnen Begehungsformen gehen dabei häufig ineinander über. Da es sich aber nur um einzelne Aspekte der Täuschung handelt, ist eine trennscharfe Abschichtung auch nicht notwendig. Nach gängiger Definition ist unter Täuschung jede intellektuelle Einwirkung auf das Vorstellungsbild eines anderen mit dem Ziel der Irreführung über Tatsachen zu verstehen[1333]. Die Täuschung weist demnach auch eine subjektive Komponente auf[1334]. Die Täuschung kann auch **mittels eines Computers** begangen werden, muss jedoch gegenüber

---

[1331] S. u. Rn. 552; gegen die Anwendung der Figur der objektiven Zurechnung und eine restriktive Auslegung ohne nähere Begründung jedoch BGH wistra 2018, 477 (478).
[1332] *Fischer*, § 263 Rn. 19; NK-*Kindhäuser*, § 263 Rn. 57; *Schönke/Schröder/Perron*, § 263 Rn. 6.
[1333] BGHSt 47, 1 (3, 5); *Wessels/Hillenkamp/Schuhr*, BT 2, Rn. 490.
[1334] BGHSt 18, 235 (237); *Wessels/Hillenkamp/Schuhr*, BT 2, Rn. 492; für eine rein objektive Interpretation *Fischer*, § 263 Rn. 14; *Mitsch*, BT 2, 5.2.1.2.3; NK-*Kindhäuser*, § 263 Rn. 58.

einem Menschen vorgenommen werden; bei der Einwirkung auf einen Computer kann eine Strafbarkeit nach § 263a gegeben sein.

> **Bsp.:**[1335] T veranstaltet über das Internet ein Quiz, bei dem eine Doppelhaushälfte verlost werden soll. T versichert den Teilnehmern, dass diese Veranstaltung zulässig ist, obwohl er weiß, dass die Rechtslage „unklar" und daher mit einer aufsichtsbehördlichen Untersagung des Gewinnspiels zu rechnen ist. Nachdem die Teilnehmer ihren Spieleinsatz leisten, verbraucht T diesen für sich. Das Gewinnspiel wird später von den Behörden untersagt. – Es liegt hier eine Täuschungshandlung über die Zulässigkeit des Gewinnspiels gegenüber anderen Personen vor, so dass § 263 zu bejahen ist.

aa) Tatsachen sind alle Geschehnisse und Zustände der Vergangenheit oder Gegenwart, die entweder die Außenwelt (äußere Tatsache) oder psychische Vorgänge (innere Tatsache) betreffen und dem Beweis zugänglich sind[1336]. Künftige Geschehnisse werden nicht erfasst. Allerdings ist die vorhandene Absicht, in der Zukunft etwas zu tun, bereits eine dem Beweis zugängliche gegenwärtige Tatsache[1337]. Zu den **äußeren** Tatsachen gehören bei Rechtsgeschäften etwa die Zahlungsfähigkeit, die Beschaffenheit der Sache oder die Kreditwürdigkeit[1338], während die Zahlungswilligkeit[1339], bestimmte Kenntnisse oder Pläne als **innere** Tatsache erfasst werden. Abzugrenzen hiervon sind reine **Meinungsäußerungen, Werturteile** und **Rechtsansichten**, die § 263 nicht begründen können[1340]. Daher macht sich nicht nach § 263 strafbar, wer übertreibende Anpreisungen oder marktschreierische Reklame („das beste Rad auf dem Markt", „die beliebtesten und meistgekauften Chips") macht[1341]. Anders kann der Fall liegen, wenn hinter der Meinungsäußerung oder dem Werturteil ein im Wege des Beweises überprüfbarer Tatsachenkern steckt[1342].

> **Bsp. (1):** T preist seinen neuen Fleckenentferner auf dem Weihnachtsmarkt mit dem Spruch „jeder Fleck gleich weg" an. O, der gleich drei Packungen kauft, ist enttäuscht, dass sich der Rotwein nicht vollständig aus dem weißen Teppich lösen lässt. – § 263 ist hier nicht verwirklicht, da es sich lediglich um eine übertriebene Anpreisung handelt. Anders läge der Fall, wenn T behaupten würde, dass der Reiniger aufgrund des hohen Salzgehalts besonders effektiv ist, dieser in Wahrheit aber kein Salz enthält und auch keine Flecken beseitigt.

> **Bsp. (2):** Rechtsanwalt T behauptet vor Gericht, dass der (unstreitige) Sachverhalt die Voraussetzungen einer bestimmten Anspruchsgrundlage erfüllt. – § 263 scheidet aus, weil (und solange) T keine Tatsachen, sondern nur eine Rechtsansicht äußert; es geht allein um die rechtliche Bewertung eines bestimmten Sachverhalts, der eine Subsumtion von Tatsachen unter eine Rechtsnorm erfordert[1343]. Anders wäre aber zu entschei-

---

[1335] BGH NStZ 2011, 401.
[1336] RGSt 55, 129 (131); BGHSt 47, 1 (3); vgl. auch *Kindhäuser/Böse*, BT 2, § 27 Rn. 4; LK-*Tiedemann*, § 263 Rn. 9.
[1337] Vgl. *Fischer*, § 263 Rn. 7 f.
[1338] RGSt 2, 5 (6); BGHSt 6, 198 (199); vgl. auch LK-*Tiedemann*, § 263 Rn. 11.
[1339] BGHSt 6, 198 (199); BGHSt 15, 24 (26); OLG Köln NJW 2002, 1059; vgl. auch LK-*Tiedemann*, § 263 Rn. 20.
[1340] BGHSt 48, 331 (344); *Heghmanns*, BT, Rn. 1193; HK-*Duttge*, § 263 Rn. 7; *Krey/Hellmann/Heinrich*, BT 2, Rn. 500; LK-*Tiedemann*, § 263 Rn. 13.
[1341] BGHSt 48, 331 (344); BGH wistra 1992, 255 (256); BGH NJW 2004, 375 (379); *Kindhäuser/Böse*, BT 2, § 27 Rn. 22; LK-*Tiedemann*, § 263 Rn. 14.
[1342] BGHSt 34, 199 (201); BGHSt 48, 331 (344); BGH NStZ 2008, 96 (98); LK-*Tiedemann*, § 263 Rn. 14; *Rengier*, BT 1, § 13 Rn. 4; *Schönke/Schröder/Perron*, § 263 Rn. 9.
[1343] OLG Frankfurt NStZ 1996, 545; OLG Karlsruhe JZ 2004, 101 (102); zu sog. Abofallen auch *Bosch*, FS Samson, 2010, S. 241 (248 ff.). Wenig überzeugend zur missbräuchlichen Abmahntätigkeit eines Rechtsanwalts OLG Köln NStZ 2014, 327 m. krit. Anm. *Bittmann*, NJW 2013, 2774.

den, wenn sich T auf nicht bestehende Normen[1344] oder Entscheidungen[1345] berufen würde; freilich wäre dann wiederum zweifelhaft, ob darauf ein etwaiger Irrtum kausal beruhen würde, weil das Gericht dieser Behauptung nicht ohne eine Überprüfung folgen würde (iura novit curia)[1346]; in Betracht käme allenfalls – je nach Konstellation – ein Versuch. Eine Täuschung über Tatsachen liegt auch vor, wenn unzutreffend die Überprüfung der Rechtslage gegenüber Kunden behauptet wird[1347].

523 Auch bei der Behauptung von **übernatürlichen Geschehnissen** oder Okkulthandlungen kann der Tatbestand einschlägig sein.

> **Bsp.:** T spiegelt der O vor, dass ihr verstorbener Mann im Himmel Spielschulden habe und sich ein teures Grundstück gekauft habe. Er sei beauftragt, die Verbindlichkeiten bei ihr zu kassieren und weiterzuleiten. Tatsächlich möchte T das Geld aber für sich verwenden. Die leichtgläubige O zahlt 100 000 € an T. – Selbst wenn man die Frage des Bestehens der Schulden als nicht dem Beweis zugänglich ansieht, so täuscht T doch über die innere Tatsache, das Geld zur Tilgung der Schuld weiterleiten zu wollen und damit über die Verwendung[1348]. Trotz der Leichtgläubigkeit ist auch ein Irrtum zu bejahen, der zu einer Vermögensverfügung und einem Vermögensschaden führt[1349].

524 bb) Eine Täuschung setzt grundsätzlich voraus, dass der Täter **unwahre Tatsachen** behauptet. Problematisch sind daher Fälle, in denen sich der Wahrheitsgehalt nur bei einer aufmerksamen Betrachtung ergibt, weil inhaltlich richtige Erklärungen vom Täter missverständlich dargestellt oder in AGB „versteckt" sind. § 263 ist hier nicht von vornherein ausgeschlossen, da solche Sachverhalte als Entstellung wahrer Tatsachen, die im Wege einer Verzerrung erfolgt, erfasst werden können[1350].

525 (1) Hier sind zunächst **rechnungsähnliche Angebotsschreiben** von Bedeutung[1351]. Dabei verwendet der Täter bei der Versendung von Formularschreiben typische Merkmale einer Rechnung – z. B. das Fehlen von Anrede und Grußformel, Hervorhebung einer Zahlungsfrist, Beifügung eines ausgefüllten Überweisungsträgers – die den Gesamteindruck so sehr prägen, dass demgegenüber die kleingedruckten Hinweise auf den bloßen Angebotscharakter völlig in den Hintergrund treten.

> **Bsp.:** T gestaltet ein Schreiben an Handwerker O in der äußeren Form einer Rechnung über einen Eintrag in ein Branchenverzeichnis. Im beigefügten Überweisungsträger ist ein Betrag von 300 € eingesetzt. Im kleingedruckten Text auf der Rückseite wird versteckt darauf hingewiesen, dass es sich um ein Angebot handele, das mit Zahlung angenommen werde. Wie von T beansichtigt, glaubt O irrig, dass der Eintrag und die damit verbundene Rechnung auf einer seiner zahlreichen Mitgliedschaften in Verbänden beruhen.

526 Nach **h. M.**, die maßgeblich auf **subjektive Kriterien** abstellt, liegt eine Täuschung vor, wenn der Täter die Eignung der – inhaltlich richtigen – Erklärung, einen Irrtum hervorzurufen, planmäßig einsetzt und damit unter dem Anschein „äußerlich verkehrsgerechten Verhaltens" gezielt die Schädigung des Adressaten verfolgt. Mit anderen Worten: Die Irrtumserregung darf nicht bloße Folge, son-

---

1344 Offen gelassen von OLG Karlsruhe JZ 2004, 101 (102); s. auch *Fischer*, § 263 Rn. 11.
1345 OLG Koblenz NJW 2001, 1364; *Fischer*, § 263 Rn. 11.
1346 OLG Koblenz NJW 2001, 1364; s. auch MünchKomm-*Hefendehl*, § 263 Rn. 80.
1347 BGH NStZ 2011, 401 (402).
1348 S. auch MünchKomm-*Hefendehl*, § 263 Rn. 86.
1349 Näher u. Rn. 549.
1350 *Eisele*, NStZ 2010, 193 (194); *Hofmann*, GA 2003, 610 (622); vgl. aber *Schumann*, JZ 1979, 488 (489).
1351 Vgl. BGHSt 47, 1; M/R-*Saliger*, § 263 Rn. 54.

dern muss primärer Zweck der Handlung sein, was bei Eventualvorsatz zu verneinen ist[1352]. Im vorgenannten Beispiel liegt demnach eine Täuschung vor. Allerdings muss man sehen, dass die geforderte Absicht kaum zu Einschränkungen führt, weil diese aufgrund der vom Tatbestand vorausgesetzten Bereicherungsabsicht häufig – zumindest als Zwischenziel – verwirklicht sein wird[1353]. Überzeugender ist es daher nach (normativen) **Risikosphären** abzugrenzen und dabei zu fragen, wer das Risiko zutreffender Information zu tragen hat; Anhaltspunkte für die Konkretisierung von Gestaltungs- und Informationspflichten können gesetzliche Regelungen liefern[1354]. Auch nach diesem Ansatz gelangt man zu einer Täuschung seitens des T; hierfür spricht die Regelung des § 305c BGB, wonach überraschende oder mehrdeutige Klauseln zu Lasten des Verwenders gehen und diesen daher die Informationspflicht trifft[1355]. Dies gilt richtigerweise auch bei Angeboten an im geschäftlichen Verkehr erfahrene Adressaten, weil solche Schreiben häufig von Angestellten ohne besondere Kenntnisse bearbeitet werden[1356]. Auch hier fallen also die Risiken eines missverständlich formulierten Schreibens nicht grundsätzlich in den Verantwortungsbereich des Adressaten[1357]. Anders kann jedoch zu entscheiden sein, wenn aus dem Text der Angebotscharakter eindeutig hervorgeht[1358]; freilich liegt dann schon kein missverständliches Schreiben mehr vor.

(2) Parallel gelagert ist die Problematik der **sog. Abofallen im Internet**[1359]. Hier wird dem Nutzer durch die Gestaltung der Webseite die Unentgeltlichkeit des Angebots suggeriert, während es in Wahrheit kostenpflichtig ist[1360].

> **Bsp.:**[1361] T betreibt eine Internetseite, auf der er Kochrezepte „gratis" anbietet. Zudem kann man unter Eingabe der persönlichen Daten an einem Gewinnspiel teilnehmen. O füllt die entsprechenden Felder aus, setzt das Akzeptanzhäkchen dafür, dass er die AGB gelesen hat, und drückt den Button „Absenden". Zu seiner Überraschung erhält er kurz darauf eine Rechnung, nach der er für 99 € monatlich ein Abonnement für Kochrezepte geschlossen hat; im Rahmen dieses Abonnements erhält er lediglich eine Linksammlung, die auf ansonsten unentgeltlich zugängliche Rezepte im Netz verweist. In den zehnseitigen AGB wird die Kostenpflichtigkeit des Angebots ohne besondere Hervorhebung kurz erwähnt. – Auch hier liegt eine Täuschungshandlung vor, obgleich die Kostenpflichtigkeit Erwähnung gefunden hat. Nach h. M. folgt dies daraus, dass T die gezielte Schädigung der Nutzer verfolgt hat; schichtet man die Risikobereiche ab, so kann man sich auch auf § 1 VI PreisangabenVO (Grundsatz von Preisklarheit und Preiswahrheit) sowie auf §§ 3, 4 Nr. 11 UWG stützen (vgl. auch Nr. 21 des Anhangs zu

---

1352 BGHSt 47, 1 (5); BGH NStZ-RR 2004, 110 (111); OLG Oldenburg wistra 2010, 453 (454); OLG Frankfurt NJW 2011, 398 (401); *Otto*, Jura 2002, 606 (607); *Schönke/Schröder/Perron*, § 263 Rn. 16c; krit. *Maurach/Schroeder/Maiwald/Hoyer/Momsen*, BT 1, § 41 Rn. 41; NK-*Kindhäuser*, § 263 Rn. 105; *Wessels/Hillenkamp/Schuhr*, BT 2, Rn. 511.
1353 *Krack*, JZ 2002, 613; *Scheinfeld*, wistra 2008, 167 (169).
1354 *Eisele*, NStZ 2010, 193 (194); ferner *Erb*, ZIS 2011, 368 (377).
1355 *Brox/Walker*, Allgemeines Schuldrecht, 44. Aufl. 2020, § 4 Rn. 43; MünchKomm-*Basedow*, BGB, 8. Aufl. 2019, § 305c Rn. 1.
1356 Vgl. auch BGH NStZ-RR 2004, 110 (111); OLG Frankfurt NJW 2003, 3215 (3216); *Rengier*, BT 1, § 13 Rn. 14.
1357 So aber L-Kühl/*Kühl*, § 263 Rn. 9; *Schönke/Schröder/Perron*, § 263 Rn. 16c; *Wessels/Hillenkamp/Schuhr*, BT 2, Rn. 499.
1358 So *Schönke/Schröder/Perron*, § 263 Rn. 16c.
1359 Dazu *Eisele*, NStZ 2010, 193; zu ähnlich gelagerten Fragen im Zusammenhang mit Gewinnspielen in Fernsehsendungen *Becker/Ulbrich/Voß*, MMR 2007, 149; *Eiden*, ZIS 2009, 59; *Noltenius*, wistra 2008, 285; *Schröder/Thiele*, Jura 2007, 814.
1360 Zur Verwendung von AGB auch BGH NStZ-RR 2016, 341 (344).
1361 OLG Frankfurt NJW 2011, 398 ff. m. Anm. *Eisele*, MMR 2011, 273 ff. Vgl. zu dieser Problematik unter Berücksichtigung zivilrechtlicher Fragen *Buchmann* u. a., NJW 2009, 3189 ff.

§ 3 Abs. 3 UWG – sog. Schwarze Liste)[1362]; ferner ist nunmehr § 312j Abs. 3 BGB zu beachten, wonach die Schaltfläche als sog. Warn-Button mit der Schrift „zahlungspflichtig bestellen" oder einer entsprechend eindeutigen Formulierung ausgestaltet sein muss. Es ist dann auch ein Irrtum anzunehmen, da nach h. M. selbst Leichtfertigkeit des Opfers diesen nicht ausschließt[1363]. Probleme bereitet dann der Schaden, da nach § 312j Abs. 4 BGB kein Vertrag zustande kommt, wenn die Schaltfläche unzutreffend gestaltet ist, sodass ein Eingehungsbetrug mangels Gefährdungsschaden verneint werden kann[1364]. Kommt es nach Aufforderung des Seitenbetreibers zur Zahlung, so kann freilich hierin der Schaden liegen[1365].

528 cc) Die Täuschung ist durch eine ausdrückliche Erklärung (explizite Täuschung), durch schlüssiges Verhalten (konkludente Täuschung) und durch pflichtwidriges Unterlassen möglich. Probleme bereitet vor allem die Einordnung eines Verhaltens als (noch) **konkludente Täuschung in Abgrenzung zur Täuschung durch Unterlassen.** Diese Frage kann deshalb erhebliche Bedeutung erlangen, weil eine Täuschung durch Unterlassen nur bei Vorliegen einer Garantenstellung tatbestandsmäßig ist.

529 (1) Eine **explizite Täuschung** lässt sich meist recht einfach feststellen, weil der Täter ausdrücklich die Unwahrheit sagt.

Bsp.: Gebrauchtwagenhändler T behauptet gegenüber O, dass der Wagen nur 50000 Kilometer gelaufen sei. Tatsächlich waren es aber 100 000 Kilometer, jedoch hat T den Kilometerzähler manipuliert.

530 (2) Eine **konkludente Täuschung** ist ein Verhalten, das nach Auslegung unter Berücksichtigung der Besonderheiten des Einzelfalls, des Empfängerhorizonts und der Erwartungen der Beteiligten als **stillschweigende bzw. schlüssige Erklärung** über eine Tatsache zu verstehen ist[1366]. Die Berücksichtigung von konkludenten Täuschungen ist auch mit dem Bestimmtheitsgrundsatz des Art. 103 Abs. 2 GG vereinbar[1367]. Sie ist – wenngleich die Grenzen schwer zu bestimmen sind – vor einer Täuschung durch Unterlassen zu prüfen, weil sie keine Garantenstellung erfordert[1368]. In solchen Fällen muss der Erklärungsgehalt sorgfältig ermittelt und in Prüfungsarbeiten näher dargelegt werden[1369]. Dabei kann unter Berücksichtigung der jeweiligen Risikobereiche mit folgenden **Leitlinien** gearbeitet werden:

531 (a) Mit dem Abschluss eines Rechtsgeschäfts wird das Vorliegen derjenigen Umstände, die den jeweiligen Geschäftstyp kennzeichnen bzw. die Geschäftsgrundlage bilden, konkludent miterklärt[1370]. Das Eingehen einer vertraglichen Ver-

---

1362 Vgl. auch LG Hamburg CR 2012, 544 (545 f.); BGH NJW 2014, 2595 (2596); *Eisele*, NStZ 2010, 193 (196).
1363 Dazu u. Rn. 549.
1364 Ausführlich *Eisele*, Computer- und Medienstrafrecht, § 39 Rn. 18; *Eisele*, MMR 2011, 273 (274 f.); krit. zum Schaden ferner *Ellbogen/Saerbeck*, CR 2009, 131 (133); unscharf LG Hamburg CR 2012, 544.
1365 Siehe auch BGH NJW 2014, 2595 (2598).
1366 BGHSt 47, 1 (3); BGHSt 48, 331 (344); BGHSt 51, 165 (170); BGH NStZ 2009, 506 (507 f.); BGH wistra 2010, 37 (38); *Krey/Hellmann/Heinrich*, BT 2, Rn. 501; *Schönke/Schröder/Perron*, § 263 Rn. 14/15; *Wittig*, Wirtschaftsstrafrecht, § 14 Rn. 30 f. Zur Kritik an der Ausdehnung konkludenter Erklärungen *Trüg/Habetha*, JZ 2007, 878 (879).
1367 BVerfGE 130, 1 (44 f.).
1368 *Fischer*, § 263 Rn. 21; *Rengier*, BT 1, § 13 Rn. 27; *Wessels/Hillenkamp/Schuhr*, BT 2, Rn. 504; zur Möglichkeit der konkludenten Täuschung auch BVerfGE 130, 1 (44 f.).
1369 BGHSt 51, 165 (169 ff.); näher MünchKomm-*Hefendehl*, § 263 Rn. 107.
1370 *Kindhäuser/Böse*, BT 2, § 27 Rn. 19; LK-*Tiedemann*, § 263 Rn. 31; *Schönke/Schröder/Perron*, § 263 Rn. 16e.

pflichtung enthält daher konkludent die Erklärung der **Erfüllungsfähigkeit und des Erfüllungswillens**[1371]. Der Veräußerer einer Sache erklärt, dass er (als Eigentümer) zur Übereignung in der Lage und auch willens ist, der Erwerber, dass er zahlungsfähig und zahlungswillig ist. Auch die Wirksamkeitsvoraussetzungen, die von der eigenen Person abhängen, etwa die Geschäftsfähigkeit oder eine Verfügungsbefugnis, werden schlüssig erklärt[1372]. Auch wird man einer rechtsgeschäftlichen Erklärung entnehmen können, dass an der Leistung, auf die sich der Vertrag bezieht, **keine Manipulation** vorgenommen worden ist[1373]. Für öffentliche Ausschreibungen bedeutet dies, dass der Bieter konkludent erklärt, dass das Angebot ohne Absprache mit anderen Bietern zustande gekommen ist[1374].

> **Bsp. (1):** T bestellt im Gourmetrestaurant des O ein Sieben-Gänge-Menü, obwohl er kein Geld hat. Nach dem Dessert teilt er mit, dass er kein Geld habe. – Mit der Bestellung hat T konkludent erklärt, die Rechnung später auch bezahlen zu können; da O genau davon ausging, unterlag er einem Irrtum, aufgrund dessen er mit dem Servieren des Menüs eine Vermögensverfügung vornahm, die letztlich in einen Vermögensschaden mündete. Da T vorsätzlich und mit (Eigen-) Bereicherungsabsicht handelte, ist er nach § 263 strafbar.
>
> **Bsp. (2):**[1375] T tankt an der Zapfsäule, wobei er ohne Bezahlen wegfahren möchte. Er geht dabei davon aus, vom Personal beobachtet zu werden. Tatsächlich bleibt der Vorgang aber unbeobachtet. – Die Zahlungswilligkeit als innere Tatsache wird bei Rechtsgeschäften grundsätzlich konkludent erklärt; hier fehlt es aber an einer Täuschung gegenüber einer Person und an einem entsprechenden Irrtum. Da T jedoch subjektiv von einem solchen Sachverhalt ausging, macht er sich wegen versuchten Betrugs nach §§ 263 Abs. 1 und 2, 22, 23 strafbar.
>
> **Bsp. (3):**[1376] T besticht den Schiedsrichter eines Fußballspiels, damit der Außenseiter gewinnt. Im Wettbüro des O setzt T dann entsprechend und gewinnt eine erhebliche Summe. – T macht sich nach § 263 zum Nachteil des O strafbar, da er jedenfalls konkludent miterklärt, dass er nicht auf das Ergebnis im Wege rechtswidriger Manipulation eingewirkt hat[1377]; man kann der Erklärung beim Spielabschluss aber auch die Erklärung entnehmen, dass T nur das (übliche) Wettrisiko eingeht und keine Kenntnis vom Spielausgang besitzt[1378]. Anders ist jedoch zu entscheiden, wenn lediglich ein Informationsvorsprung – z. B. Hinweis auf verletzte Spieler oder Manipulationen Dritter ausgenutzt wird, da dies noch zum allgemeinen Geschäftsrisiko des Wettanbieters gehört[1379].
>
> **Bsp. (4):**[1380] T legt eine Kundenkarte gegenüber dem ausstellenden Unternehmen zur Zahlung von Waren vor, obwohl sein Konto bereits überzogen ist. – In der Vorlage der Karte ist nicht die konkludente Erklärung enthalten, dass das Girokonto des Vorlegenden zum Zeitpunkt des späteren Lastschrifteinzugs über eine ausreichende Deckung

---

1371 BGHSt 15, 24 (26); BGHSt 27, 293 (294); BGH NJW 1990, 2476; *Kindhäuser/Böse*, BT 2, § 27 Rn. 18; *Schönke/Schröder/Perron*, § 263 Rn. 16a; *Wessels/Hillenkamp/Schuhr*, BT 2, Rn. 498.
1372 RGSt 39, 80 (82); BGHSt 18, 221 (224); L-*Kühl/Kühl*, § 263 Rn. 9.
1373 RGSt 29, 369 (370); RGSt 59, 311 (312); BGHSt 54, 69 (121); LK-*Tiedemann*, § 263 Rn. 37; *Schönke/Schröder/Perron*, § 263 Rn. 16d.
1374 Näher zum sog. Submissionsbetrug u. Rn. 598 f.
1375 Vgl. auch BGH NJW 1983, 2827; NStZ 2009, 694; OLG Köln NJW 2002, 1059.
1376 BGHSt 51, 165; BGHSt 58, 102; gegen die Annahme einer konkludenten Täuschung *Trüg/Habetha*, JZ 2007, 878 (881 ff.).
1377 BGHSt 29, 165 (167 f.); BGHSt 51, 165 (169 ff.); BGHSt 58, 102 (106); *Engländer*, JR 2007, 477 (478); *Fischer*, § 263 Rn. 32; *Radtke*, Jura 2007, 445 (448); a. A. *Jahn/Maier*, JuS 2007, 215 (217); *Schlösser*, NStZ 2005, 423 (426).
1378 Zur sog. Spätwette RGSt 62, 415 (416); L-*Kühl/Kühl*, § 263 Rn. 9; NK-*Kindhäuser*, § 263 Rn. 133; *Rengier*, BT 1, § 13 Rn. 12; a. A. – keine Täuschung – BGHSt 16, 120 (121 f.).
1379 BGH NStZ 2014, 317 (318); *Radtke*, Jura 2007, 2007, 445 (450); *Saliger/Rönnau/Kirch-Heim*, NStZ 2007, 361 (364).
1380 BGH wistra 2005, 222.

verfügen wird. Denn die Karte räumt dem Kunden einen Kredit ein, so dass dessen Bonität beim Einzelnen Geschäft nicht mehr geprüft wird[1381]. Eine Strafbarkeit nach § 266b scheidet bei Kundenkarten im Zwei-Partner-System ebenfalls aus[1382].

Bsp. (5):[1383] T ruft mittels eines Computerprogramms automatisch auf Mobiltelefonen an, wobei es jeweils nur einmal klingelt. – O ruft daraufhin – wie von T geplant – die Nummer zurück, die bei dem entgangenen Anruf angezeigt wird. Dabei handelt es sich jedoch um einen teuren Mehrwertdienst (sog. Ping-Anrufe). T täuscht hier konkludent über die Tatsache, dass er eine Kommunikation mit O wünscht; zudem kann bei Verschleierung der teuren Mehrwertnummer auch über die Kostenpflichtigkeit getäuscht und so ein Irrtum hervorgerufen werden[1384]; Vermögensverfügung (Rückruf) und Vermögensschaden (Verbindungsentgelt) liegen ebenfalls vor[1385]. Die Stoffgleichheit zwischen erstrebter Bereicherung und Schaden ist zu verneinen, wenn sich die Abrechnungskonstellation zwischen den Beteiligten so darstellt, dass das Entgelt nicht von O, sondern vom Teilnehmernetzbetreiber stammt[1386].

532 Allein in dem **Anbieten einer Ware oder Leistung zu einem bestimmten Preis** liegt dagegen grundsätzlich nicht die schlüssige Aussage, der Preis sei angemessen oder marktüblich[1387]. Denn dem Verkäufer ist es grundsätzlich unbenommen, auch einen höheren Preis zu fordern, solange er Käufer findet und keine festgesetzten Preise bzw. (öffentlich-rechtliche) Tarife bestehen oder die Grenze des Wuchers bzw. der Sittenwidrigkeit überschritten wird[1388]. Im Regelfall muss der Verkäufer den Käufer nicht auf ein für diesen ungünstiges Geschäft hinweisen, sondern darf darauf vertrauen, dass dieser sich über Art und Umfang seiner Vertragspflichten Klarheit verschafft[1389].

Bsp.:[1390] T veräußert Heilpflanzen-Atlanten an Schulleiter für 49 €, was dem üblichen Preis der gebundenen Originalausgabe entspricht. Allerdings handelt es sich dabei um eine gleichwertige Sonderausgabe eines anderen Verlags, die normalerweise nur 29 € kostet. T geht zutreffend davon aus, dass die Schulleiter auch für diese Sonderausgabe, die ihnen vor dem Kauf zur Ansicht vorgelegt wird, von einem gebundenen Preis von 49 € ausgehen. – Es liegt schon keine Täuschung vor, da die Preisforderung nicht die Erklärung beinhaltet, dass die Ware überall zum selben Preis zu erhalten ist[1391]. Auch wird nicht über Qualität, Eigenschaft oder Herkunft der Ware getäuscht. T nutzt vielmehr lediglich den bereits bestehenden Irrtum aus, dass die Bücher anderswo nicht günstiger zu beziehen sind. Der Vergleich der Preise ist aber ein Umstand, der in die Risikosphäre des Käufers fällt.

532a Anderes gilt jedoch dann, wenn über die Grundlagen der Preisgestaltung wahrheitswidrige Angaben gemacht werden[1392], oder wie beim Dienstvertrag nach § 612 Abs. 2 BGB bzw. wie beim Werkvertrag nach § 632 Abs. 2 BGB eine taxmä-

---

1381 Zu solchen Fällen auf Ebene des § 263a s.u. Rn. 682 ff.
1382 Dazu u. Rn. 933 f.
1383 BGHSt 59, 195.
1384 BGHSt 59, 195 (201 f.); *Jäger*, JA 2014, 630 (631); *Kölbel*, JuS 2013, 193 (196); *Seidl*, jurisPR-ITR 20/2010 Anm. 3; i. E. auch *Cornelius*, NJW 2014, 2056 f.; anders aber *Jahn*, JuS 2010, 1119 (1120); MünchKomm-*Hefendehl*, § 263 Rn. 134.
1385 Dazu näher *Kölbel*, JuS 2013, 193 (197).
1386 BGHSt 59, 195 (203 f.). Zu Einzelheiten dieser Frage *Brand/Reschke*, NStZ 2011, 379 ff.
1387 BGH NJW 1990, 2005 (2006); wistra 2010, 37 (38); OLG Stuttgart NStZ 1985, 503; BayObLG NJW 1994, 1078 (1079); L-Kühl/*Kühl*, § 263 Rn. 10; *Rengier*, BT 1, § 13 Rn. 16; *Schönke/Schröder/Perron*, § 263 Rn. 17c.
1388 BGH NJW 2003, 1811 (1812); NStZ 2015, 461 (463); NStZ-RR 2020, 213 (214).
1389 BGH NStZ-RR 2020, 213 (214).
1390 Nach BGH NJW 1990, 2005; ferner OLG Stuttgart NStZ 2003, 554.
1391 BGH NJW 1990, 2005 (2006).
1392 BGH NStZ 2010, 88 (89), unwahre Angabe über den Importpreis eines Medikaments.

ßige oder übliche Vergütung als vereinbart gilt. Rechnet demnach etwa der Werkunternehmer nach Erbringung seiner Werkleistung ab, erklärt er konkludent, dass das von ihm geforderte Entgelt dem Üblichen entspreche[1393].

> **Bsp.:**[1394] T arbeitet für einen Schlüsseldienst, gibt dabei bei Kunde O vor, für ein ortsansässiges Unternehmen tätig zu sein und nur ein ortsübliches Entgelt zu verlangen. Ein konkreter Zahlungsbetrag wird nicht vereinbart. Nach Öffnen der Türen verlangt er von O einen deutlich überhöhten Betrag, den O auch bezahlt. – Vertraglich war nur der übliche Preis geschuldet. Da O täuschungsbedingt mehr zahlte, erlitt er in Höhe der Zuvielzahlung einen Vermögensschaden i. S. e. Erfüllungsbetruges.

(b) Beim **Einfordern einer Leistung** kann schlüssig erklärt werden, dass ein entsprechender Anspruch besteht[1395]. Ferner kann auch miterklärt sein, dass die Bemessungsgrundlage, auf der der Anspruch beruht, zutreffend ist, sofern diese für die Beurteilung des Anspruchs wesentlich ist und vom Schuldner nicht ohne weiteres überprüft werden kann[1396]. Zu beachten ist dabei allerdings, dass die bloße Behauptung von Ansprüchen bzw. Rechten nicht ausreichend ist[1397], soweit diese nicht auf unzutreffende (anspruchsbegründende) Tatsachen bzw. einen entsprechenden Tatsachenkern, der dem Beweis zugänglich ist, bezogen ist[1398].

533

> **Bsp.:** T verlangt im Trödelladen von Verkäufer O eine Vase heraus, die ihm angeblich kurz zuvor gestohlen worden sei, was jedoch nicht stimmt. Da O nicht mehr weiß, woher die Vase stammt, gibt er sie heraus. – T macht sich nach § 263 strafbar, da er konkludent erklärt, dass er als Eigentümer, dem die Sache gestohlen worden sei (anspruchsbegründende Tatsache), einen Herausgabeanspruch habe.

Davon abzugrenzen ist die **bloße Entgegennahme einer Leistung**, der nicht die Aussage entnommen werden kann, dass diese Leistung auch geschuldet ist[1399]. Dafür spricht, dass der Leistende die Höhe seiner Verpflichtung auf eigenes Risiko zu prüfen hat[1400] und eine entsprechende Erklärung des Empfängers auch nicht erwarten darf. In solchen Fällen wird lediglich eine vorhandene Fehlvorstellung ausgenutzt, nicht aber ein Irrtum unterhalten, d. h. die Fehlvorstellung des Irrenden verstärkt oder gar die Aufklärung des Irrtums verhindert oder erschwert.

534

> **Bsp.:**[1401] T zahlt eine Tafel Schokolade mit einem 10 €-Schein. Die Kassiererin ist unaufmerksam und gibt Wechselgeld auf 100 € heraus. T freut sich und steckt so über 99 € ein. – Ohne dass weitere Umstände hinzukommen, fehlt es an einer konkludenten Täuschung.

Nicht ganz so eindeutig sind Fälle der **Fehlüberweisung** und **Fehlbuchung** auf ein Konto des Bankkunden, der den Betrag dann abhebt und für sich verwendet. Bei der Fehlüberweisung überweist ein Dritter irrtümlich den Betrag auf das Konto des Kunden, dem der Betrag von seiner Bank dort gutgeschrieben wird (§ 676a Abs. 1 Satz 1 BGB). Aufgrund der wirksamen Gutschrift steht dem Kun-

535

[1393] NStZ-RR 2020, 213 (214).
[1394] NStZ-RR 2020, 213.
[1395] *Kindhäuser/Böse*, BT 2, § 27 Rn. 23; *Rengier*, BT 1, § 13 Rn. 11; *Schönke/Schröder/Perron*, § 263 Rn. 16c.
[1396] BGH NStZ 2009, 506 (507) – öffentlich-rechtliche Festsetzung von Tarifen unter Beachtung der einschlägigen Rechtsvorschriften.
[1397] Dazu o. Rn. 522.
[1398] Vgl. auch BGHSt 46, 196 (198); BGH NStZ 2018, 215 (216); OLG Frankfurt NJW 1996, 2172 f.; *Schönke/Schröder/Perron*, § 263 Rn. 16c.
[1399] OLG Köln NJW 1961, 1735 (1736); OLG Düsseldorf NJW 1969, 623 (624); *Maurach/Schroeder/Maiwald/Hoyer/Momsen*, BT 1, § 41 Rn. 43; *Schönke/Schröder/Perron*, § 263 Rn. 17a.
[1400] S. BGH NJW 1994, 950 (951).
[1401] Vgl. auch BGH JZ 1989, 550; OLG Köln NJW 1987, 2527.

den – unabhängig von späteren Ausgleichsforderungen des Dritten – zunächst ein Auszahlungsanspruch gegen seine Bank zu. Damit fordert er aber bei der Abhebung lediglich eine Leistung, auf die er auch einen Anspruch hat, so dass keine Täuschung vorliegt[1402]. Bei der Fehlbuchung liegt keine Überweisung eines Dritten vor, vielmehr wird dem Kunden aufgrund eines bankinternen Fehlers der Betrag versehentlich auf dem Konto gutgeschrieben. Die neuere Rechtsprechung stellt Fälle der Fehlbuchung nunmehr zu Recht der Fehlüberweisung gleich, weil durch das abstrakte Schuldversprechen gemäß § 780 BGB auch hier bis zur Ausübung des Stornierungsrechts ein Auszahlungsanspruch besteht[1403]. Mit der Abhebung erklärt der Kunde auch hier nur, dass mit dem vorhandenen Guthaben ein entsprechender Auszahlungsanspruch besteht, nicht aber, dass die Gutschrift materiell richtig ist, keiner Rückabwicklung unterliegt oder eine ausreichende Kontodeckung vorhanden ist. Letztlich wäre eine entsprechende Täuschung auch nicht kausal für einen Irrtum des Bankangestellten, weil dieser nur die Kontodeckung prüft, sich aber keine Gedanken über die Richtigkeit der Buchung macht[1404].

536 (3) Eine **Täuschung durch Unterlassen** i. S. d. § 13 kommt nur in Betracht, wenn dem Täter die Aufklärung möglich ist, er zu dieser rechtlich auch verpflichtet ist und ihm – als Merkmal der Schuld – diese auch zumutbar ist[1405]. Ferner ist die Entsprechungsklausel des § 13 Abs. 1 Halbsatz 2 zu beachten[1406]. Die tatbestandlichen Merkmale des unechten Unterlassungsdelikts sind dabei im Rahmen der Täuschungshandlung zu prüfen, da die weiteren Voraussetzungen des Betrugs allein die Opferseite betreffen. Erforderlich ist eine Garantenstellung des Täters, wobei die aus dem Allgemeinen Teil bekannten Grundsätze eine Erweiterung erfahren[1407].

537 (a) Von Bedeutung sind dabei zunächst auf **Gesetz beruhende Aufklärungs- bzw. Auskunftspflichten**, wie etwa aus § 666 BGB beim Auftrag oder § 138 ZPO für die Wahrheitspflicht der Partei im Zivilprozess[1408]. Zu denken ist auch an die öffentlich-rechtliche Pflicht zur Meldung von Einkommensveränderungen, wenn der Täter Sozialhilfe, Kindergeld usw. bezieht[1409]. Bedeutsam sind zudem Anzeigepflichten versicherungsrechtlicher Art (§ 19 VVG). Ferner ist an eine **Garantenstellung aus Ingerenz** zu denken, wenn das Vorverhalten – wenn auch unvorsätzlich – eine Fehlinformation enthalten und durch dieses täuschungsäquivalente Verhalten den späteren Irrtum bewirkt hat[1410]. Ebenso kann man zu einer Garantenstellung aus Ingerenz gelangen, wenn der Täter Manipulationen an der veräu-

---

1402 BGHSt 39, 392 (396); *Rengier*, BT 1, § 13 Rn. 23 ff.; *Sonnen*, BT, S. 159 f.
1403 BGHSt 46, 196 (199); L-Kühl/*Kühl*, § 263 Rn. 9; MünchKomm-*Hefendehl*, § 263 Rn. 119; *Schönke/Schröder/Perron*, § 263 Rn. 16c; a. A. noch OLG Köln NJW 1961, 1735; OLG Stuttgart NJW 1979, 2321; LK-*Tiedemann*, § 263 Rn. 41.
1404 OLG Düsseldorf wistra 2008, 34; *Krack*, JR 2002, 25 f.; *Rengier*, BT 1, § 13 Rn. 24.
1405 Zur Zumutbarkeit bei § 263 vgl. BGHSt 62, 72 (84 f.).
1406 BGHSt 62, 72 (83 f.); dazu umfassend *Kargl*, ZStW 119 (2007), 250.
1407 Zur Garantenstellung *Heinrich*, AT, Rn. 918 ff.; *Kühl*, AT, § 18 Rn. 41 ff.; *Rengier*, AT, § 49 Rn. 26 ff.
1408 *Rengier*, BT. 1, § 13 Rn. 28; *Schönke/Schröder/Perron*, § 263 Rn. 21.
1409 Nach § 60 Abs. 1 Nr. 2 SGB I sind Änderungen in den Verhältnissen, die für die Leistung erheblich sind oder über die im Zusammenhang mit der Leistung Erklärungen abgegeben worden sind, unverzüglich mitzuteilen.
1410 OLG Stuttgart NJW 1969, 1975; NK-*Kindhäuser*, § 263 Rn. 155; *Schönke/Schröder/Perron*, § 263 Rn. 20.

ßerten Ware vorgenommen hat oder nachträgliche Veränderungen am Vertragsgegenstand vorgenommen hat[1411].

> **Bsp.:** T veräußert an O ein gebrauchtes Sofa für 400 €. In seinem Angebot hatte T das Alter versehentlich mit einem Jahr statt mit zehn Jahren angegeben. Vor Übereignung bemerkt T das Versehen. Als O sagt, dass der Preis für ein „recht neues Sofa" angemessen sei, schweigt T. Das Sofa ist aufgrund des Alters tatsächlich noch 100 € wert. – Zum Zeitpunkt der Angebotsabgabe lag zunächst keine vorsätzliche Täuschung vor; jedoch ist bei der Übereignung eine Täuschung durch Unterlassen anzunehmen, weil T durch das sorgfaltswidrige Angebot aufgrund einer Garantenstellung aus Ingerenz zur Aufklärung verpflichtet war.

(**b**) Beim Betrug können Aufklärungspflichten auch aufgrund eines **besonderen vertraglichen oder außervertraglichen Vertrauensverhältnisses** (Beschützergarantenstellung) folgen[1412]. Dabei kann die Aufklärungspflicht ausdrücklich vertraglich vereinbart worden sein[1413], sich aber auch aus der Natur des Vertrags ergeben (z. B. bei Beratungsverträgen mit Rechtsanwälten, Steuer- oder Anlageberatern)[1414]. Auch bei auf Dauer angelegten Geschäftsbeziehungen – insb. Dauer- oder Wiederkehrschuldverhältnissen sowie gesellschaftsrechtlichen Bindungen – kann im Einzelfall eine Aufklärungspflicht über die Verschlechterung der Vermögensverhältnisse bestehen[1415]. Ansonsten kann aber bei bloßen Austauschverträgen keine Offenbarungspflicht über Umstände – wie etwa die Preisgestaltung – angenommen werden, die in die Risikosphäre des Vertragspartners fallen[1416]. In den oben genannten Fällen der Fehlbuchung und Fehlüberweisung[1417] ist eine Aufklärungspflicht ebenfalls zu verneinen, weil ein besonderes Vertrauensverhältnis zwischen Bank und Kunden nicht konkret vereinbart wurde und die Gefahr des Eintritts eines Schadens für sich genommen nicht ausreicht[1418]. Letztlich begründet auch ein langjähriges Arbeitsverhältnis nicht ohne weiteres für den Arbeitnehmer die Pflicht, den Arbeitgeber über ungerechtfertigte Lohnzahlungen aufzuklären[1419].

> **Bsp.:** T mietet bei O ein Hotelzimmer für eine Woche. Nach drei Tagen muss er anderweitig Schulden begleichen und erkennt, dass er deshalb die Rechnung bei O nicht bezahlen kann. Dennoch verbleibt er die restliche Zeit im Hotel. – Mangels Zahlungsunfähigkeit liegt zum Zeitpunkt des Abschlusses des Vertrages keine Täuschungshandlung vor; sofern T keine zusätzlichen Leistungen in Anspruch nimmt, kann auch im weiteren Nutzen des Zimmers keine konkludente Vorspiegelung fortbestehender Liquidität gesehen werden[1420]. Eine entsprechende Aufklärungspflicht aus Vertrag ist ebenfalls zu verneinen, da insoweit kein besonderes Vertrauensverhältnis begründet wurde.

In diesen Zusammenhang gehören auch **Aufklärungspflichten aus Treu und Glauben** (§ 242 BGB), wobei im Hinblick auf den Bestimmtheitsgrundsatz strenge Anforderungen zu stellen sind, so dass nicht jede vertragliche Pflicht und

---

1411 BGHSt 62, 72 (82 f.), zum Kapitalentzug durch Untreuehandlungen; krit. *Becker*, NStZ 2017, 535 f.
1412 BGHSt 39, 392 (399); BGHSt 46, 196 (203); *Schönke/Schröder/Perron*, § 263 Rn. 22; *Wessels/Hillenkamp/Schuhr*, BT 2, Rn. 505.
1413 *Fischer*, § 263 Rn. 45; *Krey/Hellmann/Heinrich*, BT 2, Rn. 515; LK-*Tiedemann*, § 263 Rn. 61.
1414 MünchKomm-*Hefendehl*, § 263 Rn. 175.
1415 BGHSt 62, 72 (77 f.); BGH wistra 1988, 162; OLG Bamberg NStZ-RR 2012, 248 (250).
1416 BGH NStZ 2010, 502.
1417 S. o. Rn. 535.
1418 S. BGHSt 39, 392 (397 ff.); BGHSt 46, 196 (202 f.).
1419 OLG Celle NStZ-RR 2010, 207.
1420 BGH MDR/D 1973, 729; *Rengier*, BT 1, § 13 Rn. 26.

jede Gefahr einer Schädigung genügt[1421]. Eine Aufklärungspflicht im Hinblick auf den Schutz fremden Vermögens besteht demgemäß nur für Umstände, die erkennbar von wesentlicher Bedeutung sind und wegen der Gefahr eines außerordentlich hohen Schadens oder wegen besonderer Schutzbedürftigkeit des Geschäftspartners (z. B. bei geschäftlicher Unerfahrenheit) offenbart werden müssen[1422].

> **Bsp.:**[1423] Der Gebrauchtwagenhändler T veräußert an O einen Wagen für 30000 € und verschweigt dabei, dass der Wagen einen schweren Unfall mit Karosserieschaden hatte. – Die Eigenschaft als Unfallwagen ist beim Kfz-Kauf von entscheidender Bedeutung; als Privatkunde, der sich bei Kfz nicht in besonderem Maße auskennt, ist O auch besonders schutzbedürftig. Daher ist eine Aufklärungspflicht zu bejahen.

540 dd) Zusammenfassend lässt sich Folgendes festhalten: In normalen Geschäftsbeziehungen ohne besondere Schutzbedürftigkeit einer Partei hat jeder Beteiligte für sich selbst zu sorgen und sich vor Benachteiligungen zu schützen. Das bloße **Ausnutzen eines schon vorhandenen Irrtums** ist grundsätzlich straflos[1424]; grundsätzlich darf jeder Vertragspartner seine überlegene Sachkenntnis ausnutzen[1425]. Durch eine vorschnelle Annahme einer konkludenten Täuschung dürfen nicht die strengen Voraussetzungen des § 13, die bei einer Täuschung durch Unterlassen zu prüfen sind, umgangen werden. Abzugrenzen von den eben besprochenen Konstellationen sind Fälle, in denen ein Garant Betrugsstraftaten Dritter nicht hindert. In Unternehmen kann dies insbesondere ein sog. „Compliance Officer" sein[1426].

541 b) Durch die Täuschung muss (mit-)kausal ein **Irrtum erregt oder zumindest unterhalten** werden. Ein Irrtum ist eine Fehlvorstellung eines Menschen über Tatsachen, die Gegenstand der Täuschung sind[1427]. Das Unterhalten eines Irrtums kann durch Bestärken einer Fehlvorstellung, aber auch durch Verhinderung oder Erschwerung der Aufklärung – auch im Wege des Unterlassens – erfolgen. Nur ein Mensch, nicht aber eine Maschine kann einem Irrtum unterliegen; dadurch entstehende Strafbarkeitslücken werden vor allem durch § 263a und § 265a geschlossen. Zudem ist zu beachten, dass Personenmehrheiten selbst nicht Subjekt eines Irrtums sein können; vielmehr muss bei einem Unternehmen oder einer Organisation als Täuschungsgegner (im Urteil) dargelegt werden, welche natürliche Person eine entsprechende Fehlvorstellung hatte und aufgrund derer eine Vermögensverfügung traf[1428].

542 aa) Erforderlich ist stets eine **kommunikative Verbindung zwischen Täter und Getäuschtem.** Reines Nichtwissen (sog. ignorantia facti) begründet keinen Irrtum[1429]. Daher liegt kein vollendeter Betrug vor, wenn der Täter tankt, ohne an-

---

1421 BGHSt 39, 392 (400 f.); OLG Stuttgart NStZ 2003, 554 (554); OLG Bamberg NStZ-RR 2012, 248 (250); SSW-*Satzger*, § 263 Rn. 111.
1422 S. BGHSt 6, 198 (199); OLG Bamberg NStZ-RR 2012, 248 (250); *Krey/Hellmann/Heinrich*, BT 2, Rn. 516; *Wessels/Hillenkamp/Schuhr*, BT 2, Rn. 505 f.
1423 BayObLG NJW 1994, 1078.
1424 BGH NJW 1994, 950 (951); *Kindhäuser/Böse*, BT 2, § 27 Rn. 39.
1425 BGH NJW 1990, 2005; wistra 2011, 335 (337).
1426 Vgl. BGHSt 54, 44 ff.
1427 LK-*Tiedemann*, § 263 Rn. 77 u. 93 ff.; M/R-*Saliger*, § 263 Rn. 88 ff.; *Schönke/Schröder/Perron*, § 263 Rn. 33 ff.
1428 BGH NStZ 2003, 313 (315); NStZ-RR 2010, 146; wistra 2019, 420 (421).
1429 S. nur A/W/H/H-*Heinrich*, § 20 Rn. 53.

schließend den Kaufpreis entrichten zu möchten, falls er bei dem Tankvorgang nicht beobachtet wird[1430].

> **Bspe.:** T reist als „blinder Passagier" auf einem Schiff, ohne dass er von jemandem gesehen wird; T betankt seinen Wagen unbemerkt vom Tankstellenpersonal, ohne zahlen zu wollen[1431]. – § 263 scheidet in beiden Fällen aus, da das Opfer keiner Fehlvorstellung unterliegt. Rechnet der Täter aber damit, beobachtet zu werden, so liegt immerhin ein versuchter Betrug vor.

Für eine betrugsrelevante Fehlvorstellung ist jedoch nicht erforderlich, dass der Getäuschte alle Einzelheiten bewusst reflektiert. Ausreichend ist ein intuitives **sachgedankliches Mitbewusstsein oder ständiges Begleitwissen**, sofern es sich aus bestimmten Tatsachen ableitet[1432]. Spiegelt der Täter im Restaurant konkludent durch Bestellung seine Zahlungsfähigkeit oder Zahlungswilligkeit vor, so muss sich der Kellner über die Umstände keine gezielten Gedanken machen. Vielmehr genügt es, dass er unreflektiert davon ausgeht, dass „alles in Ordnung ist" und der Gast willens und in der Lage sein wird, seine Rechnung zu begleichen[1433]. Ebenso genügt es bei Schwarzfahrern, wenn der Schaffner oder Kontrolleur allgemein fragt „Jemand neu zugestiegen?" und der Täter daraufhin schweigt. In diesem Fall unterliegt die Kontrollperson einer Fehlvorstellung dahingehend, dass alle Insassen einen gültigen Fahrschein besitzen[1434]. Kein Irrtum liegt im Fall des Schwarzfahrens dagegen vor, wenn der Schaffner lediglich an den Passagieren vorbeigeht und glaubt, dass jeder Insasse einen Fahrschein gelöst hat.

bb) Im Einzelfall kann aber zu diskutieren sein, ob sich der Betroffene überhaupt **Gedanken über bestimmte Tatsachen zu machen braucht** und ob eine entsprechende **Prüfungspflicht besteht**[1435]. Zahlt ein Angestellter einer Kasse Beträge aus, nachdem er von der für die Prüfung der Ansprüche zuständigen Stelle eine Zahlungsanweisung erhalten hat, so muss er sich grundsätzlich keine Gedanken mehr über die materielle Berechtigung der Zahlung machen und unterliegt insoweit auch keinem Irrtum[1436]. Bei Barabhebungen von einem Girokonto prüft der Angestellte des Kreditinstituts nur die Identität des Kunden sowie die Deckung durch Guthaben bzw. Kreditlimit, da der Kontoinhaber mit der Gutschrift einen unmittelbaren Anspruch auf Auszahlung erlangt; er macht sich daher keine Gedanken, ob dem Kunden das Guthaben auf dem Konto tatsächlich zusteht[1437]. Auch scheidet ein Irrtum aus, wenn ein Nichtberechtigter eine gestohlene ec-Karte im electronic-cash-Verfahren zur Zahlung vorlegt und der Händler über Waren verfügt. Zwar kann hier von einer konkludenten Täuschung über die Berechtigung zur Zahlung ausgegangen werden, jedoch macht sich der Händler darüber regelmäßig keine Gedanken, weil das kartenausgebende Institut ihm die Zahlung

---

1430 Zu Einzelheiten des Falles o. Rn. 250.
1431 Dazu bereits o. Rn. 250 f.
1432 BGHSt 24, 386 (389); BGHSt 51, 165 (174); MünchKomm-*Hefendehl*, § 263 Rn. 252; *Schönke/Schröder/Perron*, § 263 Rn. 39.
1433 BGH NStZ 2015, 341 f.; *Schönke/Schröder/Perron*, § 263 Rn. 39; *Wessels/Hillenkamp/Schuhr*, BT 2, Rn. 511.
1434 *Krey/Hellmann/Heinrich*, BT 2, Rn. 549; *Rengier*, BT 1, § 13 Rn. 49; *Wessels/Hillenkamp/Schuhr*, BT 2, Rn. 511.
1435 BGHSt 2, 325; *Krey/Hellmann/Heinrich*, BT 2, Rn. 548 f. Speziell zu leistungsbefreienden Normen des Zivilrechts *M. Brand*, JR 2011, 96.
1436 BGH NStZ 2005, 157 (158); NStZ 2006, 687; NStZ 2008, 340.
1437 OLG Düsseldorf wistra 2008, 34 (35); dazu schon o. Rn. 535.

auch für diesen Fall garantiert[1438]. Entsprechendes gilt für die Verwendung von Kreditkarten[1439].

> **Bsp.:** T legt bei der Bank B das Sparbuch des O vor, das er diesem gestohlen hat. Er hebt so 500 € ab. – T täuscht durch Vorlage des Sparbuchs konkludent darüber, Berechtigter zu sein. Aufgrund der Legitimationswirkung des § 808 BGB kann der Angestellte für B grundsätzlich an den Inhaber befreiend leisten. Die Legitimationswirkung ist jedoch dahingehend eingeschränkt, dass B das Haftungsrisiko bei Vorsatz und grober Fahrlässigkeit trägt. Aus diesem Grund wird man nicht annehmen können, dass sich die Mitarbeiter gar keine Gedanken machen[1440].

545 Entsprechende Fragen stellen sich auch beim **Versäumnisurteil im Zivilprozess**, weil hier das tatsächliche mündliche Vorbringen des Klägers als zugestanden anzunehmen ist (§ 331 Abs. 1 Satz 1 ZPO). Aufgrund § 138 ZPO wird aber überwiegend eine Einschränkung des Prinzips der formellen Wahrheit in dem Sinne angenommen, dass der Richter dem Antrag auf Erlass eines Versäumnisurteils dann nicht stattgeben darf, wenn er dessen Begründung für bewusst oder offensichtlich wahrheitswidrig hält[1441]. Daraus folgt, dass der Richter, der die bewusst vorgetragene Unrichtigkeit des Klagevortrags nicht erkennt, sich in einem Irrtum befindet[1442]. Aufgrund der vom Richter vorzunehmenden Schlüssigkeitsprüfung wird man im Übrigen auch nicht sagen können, dass das Versäumnisurteil allein auf das Parteiverhalten der Säumnis oder des Nichtverhandelns zurückzuführen oder die Kausalität zwischen Irrtum und Vermögensverfügung zu verneinen ist[1443]. Ähnlich entscheidet die Rechtsprechung auch hinsichtlich einer Täuschung des Rechtspflegers im Mahnverfahren, weil dieser den Erlass eines Mahnbescheids bei offensichtlich unbegründeten Forderungen abzulehnen hat[1444]. Anders wird man aber für das automatisierte Mahnverfahren nach §§ 688 ff. ZPO zu entscheiden haben, das eine solche Prüfung durch den Rechtspfleger gerade nicht vorsieht[1445]; aufgrund des täuschungsadäquaten Verhaltens kommt hier jedoch eine Strafbarkeit wegen Computerbetrugs aufgrund der Verwendung unrichtiger Daten nach § 263a Abs. 1 Var. 2 in Betracht[1446].

546 cc) Durchschaut das Opfer die Täuschung, so scheidet ein vollendeter Betrug aus, weil es an einem **täuschungsbedingten Irrtum** fehlt[1447].

> **Bsp.:** T behauptet wahrheitswidrig gegenüber O, dass ihr keine Forderung zustehe. O durchschaut jedoch T. Sie verzichtet dennoch auf die Forderung, weil sie eine Durchset-

---

1438 Zu diesem Fall näher u. Rn. 681; vgl. auch OLG Koblenz StV 2016, 371 zum Nutzen einer betrieblichen Tankkarte nach Beendigung des Arbeitsverhältnisses.
1439 BGHSt 33, 244 (249 f.); *Eisele/Fad*, Jura 2002, 305 (308); *Rengier*, BT 1, § 13 Rn. 46; *Schönke/Schröder/Perron*, § 263 Rn. 49/50. Zum Inhaberscheck vgl. BGH wistra 2009, 151.
1440 *Maurach/Schroeder/Maiwald/Hoyer/Momsen*, BT 1, § 41 Rn. 64; *Otto*, BT, § 51 Rn. 27; *Schönke/Schröder/Perron*, § 263 Rn. 48; a. A. RGSt 26, 151 (154); OLG Düsseldorf NJW 1989, 2003 (2004); *Fischer*, § 263 Rn. 58; *LK-Tiedemann*, § 263 Rn. 88; diff. *Brand*, JR 2011, 96 (97 ff.).
1441 MünchKomm-*Prütting*, ZPO, 6. Aufl. 2020, § 331 Rn. 20.
1442 *Eisenberg*, FS Salger, 1995, S. 15 (22 f.); *Fahl*, Jura 1996, 74 (75); *Krey/Hellmann/Heinrich*, BT 2, Rn. 597.
1443 So aber A/W/H/H-*Heinrich*, § 20 Rn. 63; *Giehring*, GA 1973, 1 (24); *Schönke/Schröder/Perron*, § 263 Rn. 73.
1444 BGH NStZ 2012, 322 (323); OLG Celle NStZ-RR 2012, 111 (112 f.); krit. *Kudlich*, JA 2012, 152 (154 f.).
1445 BGH NStZ 2012, 322 (323); *Krey/Hellmann/Heinrich*, BT 2, Rn. 599; *Schönke/Schröder/Perron*, § 263 Rn. 73; SSW-*Satzger*, § 263 Rn. 123; vgl. aber OLG Düsseldorf NStZ 1991, 586. Zum Ganzen auch *Ceffinato*, ZWH 2014, 89 (90 ff.).
1446 BGHSt 59, 68 (73 f.); a. A. *Trüg*, NStZ 2014, 157 (158).
1447 S. BGH wistra 2007, 183.

zung für aussichtslos hält. – Vollendeter Betrug ist mangels Irrtums zu verneinen. Die dennoch vorgenommene Vermögensverfügung in Form des Verzichts auf die Forderung erfolgte nicht irrtumsbedingt. Es liegt jedoch ein versuchter Betrug nach §§ 263, 22, 23 vor.

dd) Entgegen neuerer Strömungen in der Literatur sollte man den Irrtum als **psychologisches Tatbestandsmerkmal** verstehen, das normativen Erwägungen nicht zugänglich ist[1448]. Für notwendige Abschichtungen der Risikobereiche lässt sich besser die Rechtsfigur der objektiven Zurechnung fruchtbar machen[1449].

(1) Bedeutung erlangt dies zunächst für die Frage, ob **Zweifel des Getäuschten** an der Richtigkeit der Tatsachenangaben im Einzelfall den Irrtum ausschließen. Dies wird teilweise unter Zugrundelegung des sog. viktimodogmatischen Konzepts unter bestimmten Bedingungen bejaht. Wer zweifle, sehe die Möglichkeit, Schaden zu erleiden und könne sich selbst schützen[1450]. Bisweilen wird diese Position dahingehend modifiziert, dass ein Irrtum nur dann anzunehmen ist, wenn das Opfer die Wahrheit der Tatsache für wahrscheinlicher hält als ihre Unrichtigkeit[1451]. Nach h. M. schließen Zweifel die Möglichkeit eines Irrtums nicht aus, sofern der Getäuschte die Wahrheit der fraglichen Tatsache nur für möglich hält und durch die Möglichkeitsvorstellung zur Vermögensverfügung motiviert wird[1452]. Dem ist zuzustimmen, da der Überlistung auch derjenige zum Opfer fällt, der trotz seiner Zweifel verfügt. Auch in diesen Fällen ist eine Selbstschädigung möglich, zumal der Täuschende gerade bezwecken kann, etwaige Zweifel zu überwinden. Auch muss man sehen, dass § 263 vom Getäuschten kein Fürwahrhalten oder Überzeugtsein verlangt. Letztlich führen die Gegenpositionen zu nicht unerheblichen Lücken im strafrechtlichen Schutz[1453].

(2) Entsprechend diesen Grundsätzen sind Einschränkungen beim Irrtum auch dann nicht vorzunehmen, wenn ein **leichtfertiges Verhalten** des Opfers dazu führt, dass dieses den Irrtum nicht erkennt[1454]. Denn gerade unerfahrene, unvernünftige, naive, leichtgläubige oder abergläubische Personen bedürfen eines besonderen Schutzes, wenn der Täter deren Schwächesituation – häufig mittels Überrumpelung – ausnutzt.

> **Bsp.:**[1455] T lässt O mehrere Knoten in einen Faden knüpfen, die jeweils geheime Wünsche symbolisieren sollen. Danach beseitigt er unter rituellen Beschwörungen mit einem Taschenspielertrick die Knoten. Gegenüber dem überraschten und abergläubigen O behauptet er, die Wünsche gingen in Erfüllung, wenn O ihm 1000 € gebe, die er für O an einem heiligen Ort (Lourdes oder Kevelaer) opfere. O zahlt und T verbraucht das Geld wie geplant für sich. – T täuscht über eine innere Tatsache, nämlich die beabsich-

---

[1448] Vgl. LK-*Tiedemann*, § 263 Rn. 80; MünchKomm-*Hefendehl*, § 263 Rn. 279 ff.; *Schönke/Schröder/Perron*, § 263 Rn. 36; a. A. *Pawlik*, Das unerlaubte Verhalten beim Betrug, 1999, S. 227 ff.
[1449] So auch *Rengier*, FS Roxin, 2001, S. 811 (824).
[1450] *Amelung*, GA 1977, 1 (4 ff.); *Schünemann*, NStZ 1986, 439 (440).
[1451] *Giehring*, GA 1973, 1 (22); *Rengier*, BT I, § 13 Rn. 50; die Rechtsprechung hatte lediglich Fälle zu entscheiden, in denen das Opfer die Richtigkeit der Tatsache für wahrscheinlicher hielt als ihre Unrichtigkeit; s. BGHSt 47, 83 (88); BGH NStZ 2003, 313 (314), lässt daher die Entscheidung offen.
[1452] BGH NStZ 2003, 313 (314); M/R-*Saliger*, § 263 Rn. 95; *Schönke/Schröder/Perron*, § 263 Rn. 40; *Wessels/Hillenkamp/Schuhr*, BT 2, Rn. 512.
[1453] *Maurach/Schroeder/Maiwald/Hoyer/Momsen*, BT 1, § 41 Rn. 62; *Wessels/Hillenkamp/Schuhr*, BT 2, Rn. 512.
[1454] BGHSt 34, 199 (201); BGH NStZ 2003, 313 (314); wistra 2014, 439 (441); NStZ-RR 2016, 341 (344); *Otto*, BT, § 51 Rn. 23.
[1455] Nach BGH wistra 1987, 255.

tigte Verwendung des Geldes. Dass O leichtfertig handelte und ein „vernünftiger" Mensch die Falle des T durchschaut hätte, ist für § 263 unerheblich.

550 Umstritten ist in diesem Zusammenhang zunehmend, ob **europäische Regelungen** der Anwendung des § 263 in diesen Fällen entgegenstehen. Eine erhöhte Sorgfaltspflicht des Verbrauchers wird mitunter im Hinblick auf das europarechtliche Verbraucherleitbild eines „durchschnittlich informierten, aufmerksamen und verständigen Durchschnittsverbrauchers"[1456], das für das UWG maßgeblich ist, gefordert[1457]. Insoweit muss man allerdings sehen, dass § 263 allein Individualschutz gewährt, während das UWG nach dessen § 1 dem Schutz der Mitbewerber, der Verbraucherinnen und Verbraucher sowie der sonstigen Marktteilnehmer vor unlauteren geschäftlichen Handlungen dient und als Kollektivrechtsgut das Interesse der Allgemeinheit an einem unverfälschten Wettbewerb schützt. Ferner kommen bei § 263 mit dem Vermögensschaden und der Bereicherungsabsicht zusätzliche Erfordernisse hinzu[1458]. Auch bei der Täuschung eines Unternehmers sind insoweit keine Korrekturen geboten[1459].

551 (3) Letztlich werden zunehmend Korrekturen auch für Fälle der sog. **Wissenszurechnung** diskutiert, die vor allem bei arbeitsteiligen Organisationen Bedeutung erlangen kann. Dabei können die für § 166 BGB entwickelten Grundsätze der zivilrechtlichen Wissenszurechnung nicht ohne weiteres übertragen werden[1460]. Trotz gewisser Übergänge sind zunächst zwei Konstellationen zu unterscheiden[1461]. Einmal wird die Vermögensverfügung irrtumsbedingt von einer Hilfsperson getroffen, während der Geschädigte (bei juristischen Personen: sein Vertreter) die wahren Tatsachen kennt. Das andere Mal verfügt der Geschädigte irrtumsbedingt selbst, jedoch besitzt eine von ihm in das Geschäft eingeschaltete Hilfsperson Kenntnis vom wahren Sachverhalt.

> **Bsp. 1 (Kenntnis des Geschädigten):**[1462] T betreibt als Arzt eine Privatpraxis. Um Leistungen an Kassenpatienten abrechnen zu können, stellt er einen als Kassenarzt zugelassenen „Strohmann" S ein. T behandelt anschließend jedoch 90 % aller Kassenpatienten selbst. S rechnet gegenüber der kassenärztlichen Vereinigung die von T durchgeführten Behandlungen als eigene ab und leitet die so vereinnahmten Beträge an T weiter. Die kassenärztliche Vereinigung wird in der Folgezeit von der Staatsanwaltschaft über eine anonyme Anzeige in dieser Sache unterrichtet. Dennoch fasst der Vorstand den Beschluss, die Gelder weiter an S auszubezahlen. Mitentscheidend war, dass sie in der Vergangenheit mehrfach in Gerichtsverfahren unterlegen war, weil sie Zahlungen aufgrund aufgetretener Zweifel an der Ordnungsmäßigkeit der Abrechnungen zurückgehalten hatte. Die Zahlungen werden schließlich von Mitarbeitern vorgenommen, die

---

1456 Richtlinie 2005/29/EG des Europäischen Parlaments und des Rates vom 11. Mai 2005 über unlautere Geschäftspraktiken, ABl. EU 2005 Nr. L 149, S. 22.
1457 Zunächst *Hecker*, Strafbare Produktwerbung, 2001, S. 214 ff., 320 ff.; ferner *Gaede*, FS Roxin II, 2011, S. 967 (979); *Scheinfeld*, wistra 2008, 167 (171); *Soyka*, wistra 2007, 127 (129 ff.), die aus der Richtlinie Einschränkungen auch für den Tatbestand des § 263 folgern, wenn ein Verhalten unter Zugrundelegung des Irreführungsmaßstabs nicht als unlauter im Sinne der Richtlinie zu qualifizieren ist. Zum Ganzen auch SSW-*Satzger*, § 263 Rn. 118 ff.
1458 Vgl. nunmehr auch BGH NJW 2014, 2595 (2596 f.); *Cornelius*, NStZ 2015, 310 ff.; *Eisele*, Computer- und Medienstrafrecht, § 39 Rn. 14; *Erb*, ZIS 2011, 368 (375 f.), *Pawlik*, StV 2003, 297 (300, Fn. 33); *Rengier*, FS Fezer, 2016, S. 365 ff.; *Rönnau/Wegner*, GA 2013, 561 (566).
1459 Zutreffend BGH NStZ-RR 2016, 341 (344).
1460 Ausf. *Eisele*, ZStW 116 (2004), 15 (28 f.).
1461 *Eisele*, ZStW 116 (2004), 15 (17 ff.); *Rengier*, BT 1, § 13 Rn. 53 ff.
1462 Nach BGH NJW 2003, 1198; s. auch BGH NStZ 2006, 623 (624), zur Zustimmung eines Beigeordneten einer Gemeinde; BGH StV 2014, 684 (685).

keine Kenntnis von den Vorgängen haben und daher von der Berechtigung der geltend gemachten Forderungen ausgehen.

Zunächst zeigt der Sachverhalt, dass Zweifel an der Wahrheit der vom Täter behaupteten Tatsachen einem Irrtum richtigerweise nicht entgegenstehen. Die Verweigerung der Auszahlung der Beträge trotz vorhandener Zweifel führte mehrmals zu gerichtlichen Verurteilungen. Fraglich bleibt aber, wie eine positive Kenntnis von den Vorgängen nach Information durch die Staatsanwaltschaft zu bewerten ist. Dabei muss man zunächst erkennen, dass sich die verfügenden Sachbearbeiter in einem Irrtum befanden. Da es sich bei dem Irrenden und dem Verfügenden beim Betrug um ein- und dieselbe Person handeln muss, wäre es wenig überzeugend, im Wege einer Wissenszurechnung die Kenntnis des Vorstands – als Vertreter der geschädigten juristischen Person des Dreiecksbetrugs[1463] – an die Stelle der getäuschten Hilfsperson zu setzen. Jedoch muss auch beim Betrug der tatbestandsmäßige Erfolg, d. h. der Vermögensschaden, dem Täter objektiv zuzurechnen sein. Mit Hilfe der objektiven Zurechnung und dem dort zu verortenden **Prinzip der eigenverantwortlichen Selbstschädigung** können die verschiedenen Verantwortungsbereiche voneinander abgegrenzt werden. Trifft der Geschädigte eine eigenverantwortliche Disposition über das Rechtsgut Vermögen, so liegt eine **täuschungsunabhängige bewusste Selbstschädigung** vor, die zu einer Unterbrechung des Zurechnungszusammenhangs führt[1464]. Es handelt sich dabei nicht um eine bloße „Wissenszurechnung", für die Kenntnis des Geschädigten bzw. seines Organs genügt, sondern um eine eigenverantwortliche Willensentscheidung[1465]. Eine solche ist anzunehmen, wenn der Vorstand den Beschluss in Kenntnis der wahren Umstände gefasst und untergeordnete Personen zur Auszahlung angewiesen oder deren Verfügungen geduldet bzw. trotz Möglichkeit und Zumutbarkeit nicht verhindert hat. Die Grenzen einer eigenverantwortlichen Selbstschädigung in Organisationen werden freilich – nicht anders als bei der Einwilligung[1466] – durch die eingeräumten Zuständigkeiten und Dispositionsbefugnisse gezogen[1467]. Hierzu bedarf es im Einzelfall einer genauen Analyse der jeweilgen Gesellschaftsform[1468]. Bei einer Überschreitung dieser Grenzen bleibt der strafrechtliche Schutz des § 263 erhalten[1469]. Entsprechendes gilt, wenn das Einverständnis mit rechtsgutsbezogenen Willensmängeln behaftet ist[1470]. Soweit im Einzelfall der Geschädigte selbst bzw. sein Organ – etwa durch eine unmittelbar vermögensmindernde Weisung – die Vermögensverfügung vornimmt, scheidet ein Betrug bereits mangels irrtumsbedingter Verfügung aus[1471].

552

1463 Näher zum Dreiecksbetrug u. Rn. 567.
1464 *Eisele*, ZStW 116 (2004), 15 (22 ff.); *Rengier*, BT 1, § 13 Rn. 54; *Schönke/Schröder/Perron*, § 263 Rn. 41; *Weißer*, GA 2011, 333 (345); *Wessels/Hillenkamp/Schuhr*, BT 2, Rn. 528; vertiefend *Schuhr*, ZStW 123 (2011), 517 (539 ff.).
1465 *Eisele*, ZStW 116 (2004), 15 (23 f.); *ders.*, JZ 2008, 524 f.; s. nunmehr auch BGH JZ 2008, 522 (523); L-*Kühl/Kühl*, § 263 Rn. 54a; *Schönke/Schröder/Perron*, § 263 Rn. 41a; *Wittmann*, Wissenszurechnung im Strafrecht, 2006, S. 53 ff.
1466 *Eisele*, ZStW 116 (2004), 15 (26 f.); *Fischer*, § 263 Rn. 69; *Wittmann*, Wissenszurechnung im Strafrecht, 2006, S. 102 ff.; vgl. aber *Brand/Vogt*, wistra 2007, 408 (414 f.). Zur Übertragung der Einwilligungskriterien auf das hier erörterte Einverständnis näher *Eisele*, JZ 2008, 524 (525 f.).
1467 Näher *Eisele*, ZStW 116 (2004), 15 (26 f.); *ders.*, JZ 2008, 524 (525); dem folgend *Fischer*, § 263 Rn. 69. Siehe auch OLG München NStZ 2009, 156 f.
1468 Umfassend hierzu *Brand/Vogt*, wistra 2007, 408 ff.
1469 Zutreffend *Fischer*, § 263 Rn. 69.
1470 BGH JZ 2008, 522 (523); *Eisele*, JZ 2008, 524 (526 f.); *Krack*, ZIS 2008, 518 (520 f.).
1471 *Eisele*, ZStW 116 (2004), 15 (20 f.); vgl. auch BGH NStZ 2012, 699 f. Zur Vermögensverfügung in Weisungsfällen s. Rn. 559.

Bsp. 2 (Kenntnis der Hilfsperson):[1472] T gibt gegenüber dem Versicherungsagenten V seiner Versicherung eine Schadensanzeige ab, in der er wahrheitswidrig Angaben über einen Verkehrsunfall macht. V besitzt Kenntnis von den wahren Umständen des Unfalls, gibt diese Informationen jedoch nicht weiter. Der zuständige Sachbearbeiter der Versicherung leistet daraufhin irrtumsbedingt.

553 Aus der zweiten Fallgruppe ist vorab die Konstellation auszuscheiden, dass die Hilfsperson das Geschäft selbst abwickelt. Selbst wenn der Geschädigte einem Irrtum unterliegt, scheidet ein Betrug dann aus, weil die durch die Hilfsperson getroffene Vermögensverfügung nicht irrtumsbedingt erfolgt[1473]. Nimmt hingegen der Geschädigte selbst oder eine andere für ihn handelnde Person die Vermögensverfügung vor, so stellt sich die Frage, ob das Wissen der Hilfsperson zuzurechnen und daher ein vollendeter Betrug zu verneinen ist. Allerdings wäre dann immerhin noch ein versuchter Betrug anzunehmen, wenn der Täter nicht erkennt, dass eine Hilfsperson des Geschädigten seine Täuschung durchschaut[1474]. Auch hier weisen aber die Grundsätze der objektiven Zurechnung den richtigen Weg. Würde man die Strafbarkeit verneinen, so würde es letztlich dem Täuschenden zugute kommen, dass Hilfspersonen des Geschädigten versagt haben, weil diese die notwendigen Informationen nicht weitergegeben haben[1475]. Das Versagen von Schutzmaßnahmen bei der Schadensentstehung vermag aber auch ansonsten die objektive Zurechnung grundsätzlich nicht zu unterbrechen, solange sich nur die vom Täter geschaffene Gefahr im Erfolg realisiert. Für eine Bejahung der objektiven Zurechnung spricht ferner, dass der Täuschende ansonsten die Wissensaufspaltung auf Opferseite bewusst ausnutzen und zur Grundlage seiner Tat machen könnte, indem er das Geschäft mit der gutgläubigen Person abwickelt. Die Ablehnung einer Wissenszurechnung ist ferner konsequent, wenn man das Opfer auch bei leichtfertigem Verhalten für schutzwürdig erachtet. Denn wenn eine Hilfsperson es vergisst, den Geschädigten über die tatsächlichen Umstände aufzuklären, ist dieser Fall nicht anders zu beurteilen, als wenn sich der Geschädigte selbst aufgrund eines leichtfertigen Verhaltens im Irrtum befindet. Noch eindeutiger liegt der Fall, wenn die Hilfsperson kollusiv oder gar als Tatbeteiligter mit dem Täuschenden zusammenwirkt, da das Handeln dann eindeutig nicht mehr dem Verantwortungsbereich des Geschädigten zuzuordnen ist[1476].

554 c) Das ungeschriebene Merkmal der **Vermögensverfügung** als Charakteristikum des Selbstschädigungsdelikts stellt das Bindeglied zwischen Irrtum und Vermögensschaden dar. Unter Vermögensverfügung ist dabei jedes Handeln, Dulden oder Unterlassen, das eine Vermögensminderung unmittelbar herbeiführt, zu verstehen[1477]. Die Vermögensverfügung kann dabei in rechtsgeschäftlichem **Handeln** (z. B. Vertragsschluss, Übereignung, Erlass einer Forderung, Kündigung), tatsächlichem Handeln (z. B. Übergabe von Gegenständen, Erbringen von Leistungen)

1472 BayObLG NStZ 2002, 91 f.
1473 *Rengier*, BT 1, § 13 Rn. 58 f.; *ders.*, FS Roxin, 2001, S. 811 (823).
1474 LK-*Tiedemann*, § 263 Rn. 82.
1475 *Eisele*, ZStW 116 (2004), 15 (27 ff.); *Fischer*, § 263 Rn. 68; L-Kühl/*Kühl*, § 263 Rn. 20, 54a; *Rengier*, BT 1, § 13 Rn. 59; *Schönke/Schröder/Perron*, § 263 Rn. 41a; *Weißer*, GA 2011, 333 (339); für eine Wissenszurechnung LK-*Tiedemann*, § 263 Rn. 82; *Otto*, Jura 2002, 606 (611); *Wessels/Hillenkamp/Schuhr*, BT 2, Rn. 528.
1476 Für diesen Fall auch BayObLG NStZ 2002, 91 f.; LK-*Tiedemann*, § 263 Rn. 82; *Otto*, Jura 2002, 606 (611).
1477 BGHSt 14, 170 (171); L-Kühl/*Kühl*, § 263 Rn. 22; *Schönke/Schröder/Perron*, § 263 Rn. 55; *Sonnen*, BT, S. 161; SSW-*Satzger*, § 263 Rn. 136.

oder staatlichen Hoheitsakten (z. B. Verurteilung oder Klageabweisung im Zivilprozess) bestehen. Ein **Dulden** liegt beispielsweise vor, wenn das Opfer irrtumsbedingt die Mitnahme einer Sache geschehen lässt. Fälle des **Unterlassens** liegen etwa bei der Nichtgeltendmachung von Forderungen (z. B. auf Zahlung oder Herausgabe) oder beim Verzicht auf Zwangsvollstreckungsmaßnahmen vor. Die mit der Vermögensverfügung eintretende Vermögensminderung unterscheidet sich von dem anschließend zu prüfenden Vermögensschaden dadurch, dass ein Vermögensschaden nur dann vorliegt, wenn die Minderung des Vermögens nicht durch mit der Verfügung verbundene Vermögenszuflüsse kompensiert wird.

Das Merkmal der Vermögensverfügung und die nachfolgend behandelten Kriterien dienen dabei auch der **Abgrenzung des Sachbetrugs zum (Trick-)Diebstahl** und sichern so die Eigenart des Betrugs als Selbstschädigungsdelikt[1478]. Wie bereits dargestellt, kann nach der Exklusivitätsthese ein und dieselbe Handlung entweder nur eine Wegnahme i. S. d. § 242 (Fremdschädigung) oder nur eine Vermögensverfügung i. S. d. § 263 (Selbstschädigung) begründen[1479]. Eine Vermögensverfügung ist dann anzunehmen, wenn nach der inneren Willensrichtung des Opfers eine willentliche Überlassung des Gewahrsams gegeben ist[1480]. Damit liegt zugleich bei § 242 ein tatbestandsausschließendes Einverständnis in die Wegnahme vor. Dies soll zunächst anhand eines Grundfalls verdeutlicht werden.

> **Bsp.:** T behauptet wahrheitswidrig gegenüber O, dass die CD im CD-Player des O ihm gehöre und er diese vor Jahren dem O geliehen habe. Da O sich an die Herkunft nicht mehr erinnern kann, schenkt er dem T Glauben und gestattet ihm, die CD aus dem Gerät zu nehmen und in seine Tasche zu stecken. – Beginnt man mit der Prüfung des § 242, so stellt sich die Frage, ob T die CD als fremde bewegliche Sache weggenommen hat. Mit Einstecken der CD hat T den Gewahrsamswechsel vollzogen. Eine Wegnahme liegt jedoch nur bei einem Handeln ohne bzw. gegen den Willen des O vor. Hier liegt jedoch ein tatbestandsausschließendes Einverständnis bezüglich des Gewahrsamswechsels vor, das trotz Täuschung wirksam ist[1481]. Bei § 263 kann man eine Täuschung und einen Irrtum bejahen; eine Vermögensverfügung liegt in Form einer Handlung (Gestatten des Einsteckens der CD), jedenfalls aber in Form einer Duldung vor. Dass T die CD nach dem äußerem Erscheinungsbild genommen hat und diese nicht von O übergeben wurde, ist unerheblich, weil für die Vermögensverfügung die innere Willensrichtung maßgeblich ist. T macht sich daher nach § 263 strafbar.

Die genaue **Abgrenzung zwischen Diebstahl und Betrug** kann für einige Folgefragen entscheidende Bedeutung erlangen. So ist etwa der Anwendungsbereich des räuberischen Diebstahls (§ 252) mit den Qualifikationen der §§ 250, 251 nur im Falle eines Diebstahls eröffnet. Auch sind die Strafschärfungen der §§ 243, 244, 244a und des § 263 Abs. 3 und Abs. 5 ganz unterschiedlich ausgestaltet. Letztlich ist die bloße Gebrauchsanmaßung bei § 242 mangels Zueignungsabsicht straflos, während von § 263 solche Fälle erfasst werden können.

> **Bsp.:** T nimmt heimlich Bilder aus einer Ausstellung des O, die er an einem anderen Ort selbst gegen Entgelt ausstellt und dann zwei Wochen später zurückbringt. Die Ausstellung des O besucht daraufhin niemand mehr. Ferner erhält er von O eine wert-

---

[1478] BGHSt 17, 205 (209); *Fischer*, § 263 Rn. 70; *Rengier*, BT 1, § 13 Rn. 61; SSW-*Satzger*, § 263 Rn. 138; *Wessels/Hillenkamp/Schuhr*, BT 2, Rn. 515.
[1479] S. o. Rn. 52.
[1480] BGHSt 7, 252 (255); BGHSt 18, 221 (223); BGH NJW 1952, 796; *Krey/Hellmann/Heinrich*, BT 2, Rn. 558; L-Kühl/*Kühl*, § 263 Rn. 26.
[1481] Näher o. Rn. 51.

volle Skulptur mit der Behauptung, dass er diese wissenschaftlich untersuchen möchte und sie ein paar Stunden später zurückbringe. Tatsächlich stellt er auch diese gegen Entgelt aus, während eine von O geplante Ausstellung platzt. – § 242 scheidet hinsichtlich der Bilder mangels Zueignungsabsicht aus, weil der Vorsatz nicht auf eine dauernde Enteignung gerichtet war. Dies gilt auch unter Sachwertgesichtspunkten, weil den Bildern kein bestimmungsgemäßer Wert entzogen werden soll, sondern nur Geschäfte mit der Sache gemacht werden[1482]. Hinsichtlich der Skulptur liegt eine Täuschung über eine innere Tatsache, den Zeitpunkt der beabsichtigten Rückgabe, vor, weshalb O irrtumsbedingt verfügte. Durch den zeitweiligen Besitzverlust erleidet O auch einen Vermögensschaden. T handelte vorsätzlich und mit Bereicherungsabsicht; da der erstrebte Gewinn die Kehrseite des Schadens bei O darstellt, liegt auch Stoffgleichheit vor.

557 aa) Zunächst ist zu beachten, dass die Vermögensverfügung zumindest (mit-)kausal auf dem Irrtum beruhen muss. Dabei spielen nach allgemeinen **Kriterien der Kausalitätslehre** hypothetische Erwägungen keine Rolle[1483].

Bsp. (1): Die T erhält von O deshalb einen Kredit, weil er über seine Vermögensverhältnisse und Rückzahlungsmöglichkeiten täuscht. Als T den Kredit nicht zurückzahlen kann, erklärt O, dass er diesen auch bei Offenbarung der Vermögensverhältnisse auf seine Bitte hin gewährt hätte. – O hat zunächst aufgrund der Täuschung irrtumsbedingt verfügt, wodurch auch ein Schaden entstanden ist. Das Hinzudenken von Ersatzbedingungen auf Opferseite, die anstelle der wirksam gewordenen Bedingung denselben Erfolg herbeigeführt hätten, ist jedoch nicht statthaft[1484].

Bsp. (2):[1485] Wie Bsp. 1, jedoch zahlt O den Kredit trotz erheblicher Zweifel hinsichtlich einer Rückzahlung allein deshalb an die T aus, weil er sie „fesch" und „sympathisch" findet und er sich „ein bisschen in sie verschaut" hat. – Nunmehr entfällt eine irrtumsbedingte Verfügung, weil diese allein auf anderen Motiven beruht.

558 bb) Eine tatbestandsmäßige Vermögensverfügung setzt voraus, dass sie unmittelbar mindernd in das Vermögen des Geschädigten eingreift[1486]; andernfalls liegt nicht einmal ein Gefährdungsschaden[1487] vor. An dem **Unmittelbarkeitserfordernis** fehlt es vor allem, wenn ein mehraktiges Geschehen vorliegt, bei dem noch wesentliche Zwischenschritte erforderlich sind[1488] oder der Getäuschte dem Täter lediglich die tatsächliche Möglichkeit gibt, den Vermögensschaden durch weitere selbstständige deliktische Schritte herbeizuführen[1489].

559 (1) Das **Ablisten einer Unterschrift**, die erst später zu weiteren Täuschungshandlungen oder anderen deliktischen Schritten – etwa Abheben von Geld – genutzt werden soll, begründet daher noch keine Vermögensverfügung[1490]; entsprechendes gilt, wenn der Täter den Schlüssel zu einem Schließfach oder eine Geheimzahl einer ec- oder Kreditkarte erschleicht[1491]. Anders ist jedoch zu entscheiden, wenn

---

1482 S. o. Rn. 66.
1483 S. BGHSt 49, 1 (4); *Heinrich*, AT, Rn. 233; *Wessels/Beulke/Satzger*, AT, Rn. 237.
1484 S. BGHSt 13, 13 (14); BGH MDR/D 1958, 139 f.; StV 2002, 132 f., LK-*Tiedemann*, § 263 Rn. 123; *Schönke/Schröder/Perron*, § 263 Rn. 77. Krit. aber *Walter*, Betrugsstrafrecht in Frankreich und Deutschland, 1999, S. 235 ff.
1485 BGH StV 2002, 132 f.; OLG Bamberg wistra 2014, 69.
1486 BGHSt 14, 170 (171); *Kindhäuser/Böse*, BT 2, § 27 Rn. 44; L-Kühl/*Kühl*, § 263 Rn. 22; *Rengier*, BT 1, § 13 Rn. 67. Zur Kritik MünchKomm-*Hefendehl*, § 263 Rn. 301 ff.
1487 Dazu ausf. u. Rn. 577 ff.
1488 BGH NStZ 2011, 400.
1489 Zusf. BGHSt 50, 174; s. auch *Rengier*, BT 1, § 13 Rn. 67; *Schönke/Schröder/Perron*, § 263 Rn. 61.
1490 OLG Düsseldorf NJW 1974, 1833 (1834); *Rengier*, BT 1, § 13 Rn. 68; a. A. *Fischer*, § 263 Rn. 77; LK-*Tiedemann*, § 263 Rn. 101; *Schönke/Schröder/Perron*, § 263 Rn. 61.
1491 Näher zu parallelen Fällen bei § 253 u. Rn. 780 f.

bereits mit der Unterschrift eine Vermögensminderung eintritt, weil – wie z. B. beim sog. Eingehungsbetrug[1492] – vertragliche Pflichten entstehen. Auf der Grenze liegt der Fall, dass bei einem **arbeitsteiligen Verhältnis** einer Person zur Vornahme einer Zahlung oder eines Rechtsgeschäfts eine **Anweisung erteilt** wird. Eine Vermögensverfügung und entsprechend ein Gefährdungsschaden bereits durch die Anweisung wird man richtigerweise nur annehmen können, wenn der Geschädigte bzw. eine Hilfsperson die Ausführung des Geschäfts nicht mehr hindern kann und damit bereits durch die Weisung ein Gefährdungsschaden eintritt[1493]. Soweit der Getäuschte hingegen die Ausführung der Anweisung in seiner Herrschaftssphäre noch beeinflussen kann, ist die Vermögensverfügung noch nicht abgeschlossen.

> **Bsp. (1):**[1494] T veranstaltet Kaffeefahrten und veräußert dort „Magnetfeldmatratzenauflagen" zum Preis von 899 €. Von Kunde O verlangt er „aus Gründen der Abrechnung" eine Einzugsermächtigung sowie einen ausgefüllten Überweisungsträger. Tatsächlich möchte er die Summe doppelt einziehen. Die Abbuchung aufgrund der Einzugsermächtigung erfolgt sofort, während der Überweisungsträger erst über ein Jahr später beim Kreditinstitut des O eingereicht wird. – Ein Betrug zum Zeitpunkt der Abbuchung liegt zunächst nicht vor, weil mit der Abbuchung nur der Kaufpreis realisiert wird. In der Übergabe des Überweisungsträger von O an T sieht der BGH noch keinen Gefährdungsschaden, da es sich bei der Weisung um eine empfangsbedürftige Willenserklärung des Kontoinhabers an das Kreditinstitut handelt und diese gemäß § 130 Abs. 1 Satz 1 und Satz 2 BGB erst mit dem Zugang bei diesem wirksam wird und im Übrigen vorher jederzeit widerruflich ist. Der Schaden soll daher erst mit der doppelten Auszahlung des Betrages eintreten. Bei solchen mehraktigen Verfügungen kann man freilich aber darauf abstellen, dass O mit der Übergabe des Überweisungsträgers das Geschehen aus der Hand gegeben hat und daher bereits dieser Teilakt zu einer Vermögensminderung führt[1495]; der BGH lehnt dies zwar nicht grundsätzlich ab, verweist jedoch darauf, dass nach dem Tatplan die Einreichung des Überweisungsträgers nur mit erheblichem zeitlichem Abstand erfolgen sollte, in dem der Widerruf realisiert werden konnte[1496].
>
> **Bsp. (2):** T reicht bei seiner privaten Krankenkasse fingierte Rechnungen ein. Sachbearbeiter S prüft diese und bewilligt die Auszahlung durch seine Unterschrift. Der Vorgang wird dann an D weitergegeben, der ohne weitere Prüfung die Überweisung vornimmt. – Die Vermögensverfügung ist hier erst mit der Auszahlung durch D abgeschlossen, wenn S zuvor noch Einfluss auf die Vornahme der Auszahlung nehmen kann[1497].

(2) Das Kriterium der Unmittelbarkeit dient auch der **Abgrenzung eines Sachbetrugs vom (Trick-)Diebstahl.** Beim Sachbetrug genügt nicht schon jeder Mitwirkungsakt, der lediglich eine Gewahrsamslockerung herbeiführt. Erforderlich ist vielmehr ein Verhalten, das unmittelbar den Gewahrsamsverlust auslöst. Liegt zu-

---

1492 S. u. Rn. 583.
1493 *Schönke/Schröder/Perron*, § 263 Rn. 62. Zur Frage der Vermögensverfügung durch Festsetzung von Tarifen einer Anstalt des öffentlichen Rechts vgl. BGH NStZ 2009, 506 (508) m. Anm. *Gössel*, JR 2010, 175; *Heghmanns*, ZJS 2009, 706.
1494 Nach BGH NStZ 2014, 578.
1495 OLG Stuttgart NStZ-RR 2013, 174 (175) für das Ausstellen eines Kassenrezepts, das der Patient nur noch einlösen muss; *Bittmann*, ZHR 2014, 186 (187 f.); LK-*Tiedemann*, § 263 Rn. 111; M/R-*Saliger*, § 263 Rn. 123; *Schönke/Schröder/Perron*, § 263 Rn. 62.
1496 BGH NStZ 2014, 578 (579).
1497 Vgl. LK-*Tiedemann*, § 263 Rn. 111, wonach eine Vermögensverfügung dann vorliegt, wenn die weiteren Verfügungen eine zwingende Folge der Weisung sind, z. B. keine weiteren Prüfungen und Entscheidungen getroffen werden; vgl. auch OLG Köln JMBl NRW 1962, 176 f., wonach eine Verfügung bereits mit Anweisung der Auszahlung vorliegt, auch wenn der Sachbearbeiter die Auszahlung noch durch Rücknahme der Genehmigung verhindern könnte.

nächst nur eine täuschungsbedingte Gewahrsamslockerung vor und wird der Gewahrsamswechsel erst durch weitere deliktische Handlungen des Täters vollzogen, so wird durch diese weiteren Handlungen der Diebstahlstatbestand verwirklicht[1498].

Bsp.:[1499] T gibt sich am Flughafen als Gepäckträger aus und erhält so von dem Reisenden O den Koffer, um diesen in einem Schließfach unterzubringen. Er händigt dem ahnungslosen O jedoch den Schlüssel zu einem anderen (leeren) Schließfach aus. T entnimmt dann den Koffer wieder aus dem Fach und verschwindet. – T macht sich nicht nach § 263, sondern § 242 strafbar. Die mit der Täuschung über seine Eigenschaft als Gepäckträger erreichte Übergabe des Koffers stellt keine das Vermögen unmittelbar mindernde Verfügung (und damit auch keinen Gewahrsamswechsel i. S. d. § 242) dar, sondern nur eine Gewahrsamslockerung. Damit lag zu diesem Zeitpunkt aber noch keine vollendete Selbstschädigung vor. Die Täuschung diente nur der Vorbereitung der späteren Wegnahme aus dem Schließfach durch weitere eigenmächtige Handlungen des Täters, die dann eine Strafbarkeit nach § 242 begründet.

561 Entsprechend sind die aus der Rechtsprechung bekannten Schulfälle zu lösen, in denen der Täter die Übergabe einer Brieftasche, eines Mobiltelefons usw. erschleicht und dann in einem zweiten Schritt unter einem Vorwand damit verschwindet[1500] oder sich der Täter in einem Parkhaus eines Kaufhauses als Angestellter ausgibt, der den Wagen kostenlos wäscht, dann aber diesen entwendet[1501]. Abweichungen können sich hingegen bei der sog. **Wechselgeldfalle** ergeben.

Bsp.: T legt einen 100 €-Schein dem O zum Wechseln auf den Ladentisch. Dabei gelingt es dem T, den O so geschickt abzulenken, dass T sowohl das Wechselgeld als auch den 100 €-Schein wieder einstecken kann.

562 In der Fallbearbeitung muss die Strafbarkeitsprüfung bzgl. 100 €-Schein und Wechselgeld getrennt werden. Mangels Übergabe und damit mangels Übereignung ist der 100 €-Schein für T im vorliegenden Fall keine fremde Sache, so dass § 242 und § 246 ausscheiden. Auch hinsichtlich des Wechselgelds kommen § 242 und § 246 nicht in Betracht, weil dieses an T übereignet wurde und O auch mit dem Gewahrsamswechsel einverstanden war. Jedoch liegt ein Betrug vor, weil T den O über den ordnungsgemäßen Wechselvorgang täuschte und dieser es daher unterließ, seinen Anspruch auf die 100 € geltend zu machen[1502].

563 cc) Ferner ist beim Sachbetrug ein **Verfügungsbewusstsein** erforderlich. Auch dieses Kriterium, das deckungsgleich mit dem Einverständnis in den Gewahrsamswechsel bei § 242 ist[1503], dient der Abgrenzung vom Diebstahl. Das Opfer muss sich demnach in dem Zeitpunkt, in dem es den Gewahrsam vollständig verliert, dessen auch bewusst sein[1504].

1498 BGH GA 1966, 212 f.; BGH JZ 1968, 637; BGH NStZ 2017, 351; L-Kühl/*Kühl*, § 263 Rn. 26; *Schönke/Schröder/Perron*, § 263 Rn. 64.
1499 BGH GA 1966, 212; BGH JZ 1968, 637; s. auch LK-*Tiedemann*, § 263 Rn. 106; *Wessels/Hillenkamp/Schuhr*, BT 2, Rn. 626a, 629.
1500 OLG Köln MDR 1973, 866 f.; BGH NStZ 2016, 727; BGH NStZ-RR 2018, 248 (249); vgl. ferner *Eisele*, JuS 2017, 698 ff.
1501 BGH JZ 1975, 99.
1502 *Schönke/Schröder/Perron*, § 263 Rn. 64. Vgl. aber auch BayObLG NJW 1992, 2041, wo bei abweichendem Sachverhalt Diebstahl in beiden Fällen bejaht wird.
1503 BGHSt 41, 198 (203); *Rengier*, BT 1, § 13 Rn. 64, 75; *Wessels/Hillenkamp/Schuhr*, BT 2, Rn. 116 f.
1504 BGHSt 41, 198 (202 f.); *Krey/Hellmann/Heinrich*, BT 2, Rn. 558; *Rengier*, BT 1, § 13 Rn. 64; *Wessels/Hillenkamp/Schuhr*, BT 2, Rn. 639; a. A. *Kindhäuser/Böse*, BT 2, § 27 Rn. 57; L-Kühl/*Kühl*, § 263 Rn. 24.

(1) Dieser Aspekt erlangt vor allem bei den schon bei § 242 behandelten Fällen **564** Bedeutung, in denen **Waren beim Bezahlen an der Kasse** versteckt werden. Wer daher in seinem Einkaufswagen Waren unter Werbeprospekten verbirgt und die Kasse nach Bezahlung nur der auf dem Förderband vorgelegten Waren passiert, macht sich wegen Diebstahls strafbar. Zwar ist das Einverständnis im Rahmen des § 242 auch dann wirksam, wenn es erschlichen ist. Wer aber nichts von der fraglichen Sache weiß, verfügt nach zutreffender Ansicht auch nicht irrtumsbedingt darüber. Dies gilt richtigerweise auch dann, wenn andere Gegenstände zusätzlich in die Verpackung gesteckt werden oder die Ware vollständig ausgetauscht wird[1505]; das Verfügungsbewusstsein bezieht sich hier ebenfalls nicht auf den konkreten Gegenstand. Aus Sicht des § 242 ist vielmehr eine Wegnahme gegeben, da kein tatbestandsausschließendes Einverständnis hinsichtlich des Gewahrsamswechsels vorliegt. Zu beachten ist, dass der Diebstahl nicht bereits mit dem Einstecken in die Verpackung, (keine Gewahrsamsenklave, da das Behältnis nicht der Sphäre des Kunden zuzuordnen ist), sondern erst mit dem Verlassen des Kassenbereichs vollendet ist.

(2) Bei Fällen außerhalb des Sachbetrugs ist ein Verfügungsbewusstsein richtiger- **565** weise nicht erforderlich[1506]. Da hier bei mangelndem Verfügungsbewusstsein § 242 nicht eingreifen kann, entstünden ansonsten erhebliche Strafbarkeitslücken. Eine Vermögensverfügung kann daher auch in der unterlassenen Geltendmachung einer Forderung liegen, auch wenn das Opfer von deren Existenz keine Kenntnis und der Täter diese möglicherweise verschleiert hat[1507]. Ebenso kann das Erschleichen einer Unterschrift eine Vermögensverfügung darstellen, auch wenn sich das Opfer der Tragweite nicht bewusst ist[1508].

> **Bsp.:** T fährt leicht auf den Wagen des O auf. Obwohl T einen Kratzer am Wagen des O sieht, sagt er zu ihm, dass offensichtlich alles in Ordnung sei. O, der den Kratzer, dessen Reparatur 300 € kostet, übersieht, lässt daher den T weiterfahren. – Neben § 142 Abs. 1 Nr. 1[1509] liegt auch § 263 vor, da T den O über eine Beschädigung des Fahrzeugs täuschte und O es irrtumsbedingt unterließ, seinen Schadensersatzanspruch geltend zu machen. Dass er von dem Anspruch keine Kenntnis besaß und daher nicht bewusst über diesen verfügte, ist unerheblich.
>
> **Beachte:** Von der Frage des Verfügungsbewusstsein ist die Problematik der bewussten Selbstschädigung und deren Zusammenhang mit der Zweckverfehlungslehre zu unterscheiden[1510].

dd) Als weiteres Kriterium wird die **Freiwilligkeit der Vermögensverfügung** ge- **566** nannt[1511]. Nicht mehr freiwillig handelt das Opfer, wenn es infolge einer Täuschung in eine Drucksituation gebracht wird, in der es die Vorstellung hat, den Gewahrsam ohnehin zu verlieren, weil jeglicher Widerstand zwecklos sei. So wird

---

[1505] S. o. Rn. 54 f.
[1506] BGHSt 14, 170 (172); *Kindhäuser/Böse*, BT 2, § 27 Rn. 57; *Rengier*, BT 1, § 13 Rn. 65; *Schönke/Schröder/Perron*, § 263 Rn. 60.
[1507] RGSt 52, 163 (164); RGSt 70, 225 (227 f.); OLG Düsseldorf JZ 1985, 251; *Schönke/Schröder/Perron*, § 263 Rn. 60; *Wessels/Hillenkamp/Schuhr*, BT 2, Rn. 518.
[1508] BGHSt 22, 88 f.; OLG Hamm NJW 1965, 702; *Kindhäuser/Böse*, BT 2, § 27 Rn. 43; L-Kühl/*Kühl*, § 263 Rn. 24; *Schönke/Schröder/Perron*, § 263 Rn. 60.
[1509] Zum Erschleichen eines Feststellungsverzichts s. *Eisele*, BT 1, Rn. 1200.
[1510] S. dazu u. Rn. 624 ff.
[1511] BGHSt 7, 252 (255); BGHSt 18, 221 (223); AnwK-*Gaede*, § 263 Rn. 87; LK-*Tiedemann*, § 263 Rn. 102, 120; *Wessels/Hillenkamp/Schuhr*, BT 2, Rn. 631 ff.; krit. hingegen A/W/H/H-*Heinrich*, § 20 Rn. 75; *Rengier*, BT 1, § 13 Rn. 76 ff.

vor allem bei den bereits behandelten Fällen einer **vorgetäuschten Beschlagnahme** durch angebliche Kriminal- oder Vollstreckungsbeamte zu Recht eine Vermögensverfügung verneint und stattdessen eine Strafbarkeit wegen Diebstahls angenommen[1512]. Aus Sicht des § 242 steht einem tatbestandsausschließenden Einverständnis der ausgeübte Zwang entgegen. Entscheidend hierfür ist, dass in solchen Fällen aufgrund der angedeuteten Beschlagnahmemöglichkeit aus Sicht des Opfers kein Entscheidungsspielraum mehr verbleibt. Ob das Opfer in solchen Fällen die Sache übergibt, am Gewahrsamswechsel mitwirkt oder diesen nur duldet, ist unerheblich. Anders kann aber zu entscheiden sein, wenn neben die Täuschung eine Drohung tritt, dem Opfer dabei aber noch ein Entscheidungsspielraum bleibt[1513], innerhalb dessen Grenzen eine freiwillige Verfügung noch möglich ist.

> **Bsp.:** T behauptet gegenüber O wahrheitswidrig, dass ihm ein Computerspiel gehört, das er bei O sieht. Wenn O dieses nicht herausgebe, „könne er was erleben" und außerdem stehe dann die Polizei im Haus. Da sich O nicht mehr genau an die Herkunft erinnert, er sich daher über die Eigentumsverhältnisse nicht sicher ist und er keinen Ärger haben möchte, gibt er das Spiel heraus. – T täuscht den O über das Eigentum am Spiel; der darauf beruhende Irrtum ist durch Zweifel nicht ausgeschlossen. Der Irrtum war zumindest (neben der Drohung) mitkausal für die Vermögensverfügung; die Vermögensverfügung war richtigerweise auch freiwillig, weil T noch einen Entscheidungsspielraum besaß.

567 ee) Beim Betrug müssen nur der Getäuschte, der sich irrt, und der Verfügende identisch sein, nicht hingegen Verfügender und Geschädigter[1514]. Daraus ergibt sich die Möglichkeit eines **Dreiecksbetrugs**, an dem mit dem Täter, dem Verfügenden und dem Geschädigten drei Personen beteiligt sind. Unproblematische Fälle eines Dreiecksbetrugs sind etwa Verfügungen des angestellten Kassierers oder Verkäufers zu Lasten des Geschäftsinhabers. Ist der Geschädigte eine juristische Person, so liegt regelmäßig ein Dreiecksbetrug vor, weil die Vermögensverfügung nur von einer natürlichen Person vorgenommen werden kann. Dabei kann sich auch hier die Frage nach der Abgrenzung von § 242 und § 263 stellen, wobei aufgrund des Handelns des Dritten allerdings ein Diebstahl in mittelbarer Täterschaft in Betracht kommt.

Objektiver Tatbestand:

- Täuschung eines *Dritten*
- Irrtum des Getäuschten des *Dritten*
- Vermögensverfügung des *Dritten*   } Näheverhältnis

- Vermögensschaden beim **Inhaber des Vermögens**

1512 S. schon o. Rn. 56.
1513 S. auch BGHSt 7, 197 f.; MünchKomm-*Hefendehl*, § 263 Rn. 303; *Wessels/Hillenkamp/Schuhr*, BT 2, Rn. 633 f. Zur Abgrenzung Betrug und Erpressung s. auch u. Rn. 791 f.
1514 RGSt 73, 382 (384); BGHSt 18, 221 (223); BGH NJW 2002, 2117; *Kindhäuser/Böse*, BT 2, § 27 Rn. 44; *Rengier*, BT 1, § 13 Rn. 93; *Schönke/Schröder/Perron*, § 263 Rn. 65.

568 (1) Ein Dreiecksbetrug kommt nur in Betracht, wenn die Handlungen des Verfügenden dem Geschädigten zugerechnet werden können, d. h. beide aufgrund eines **Näheverhältnisses** eine Zurechnungseinheit bilden[1515]. Greift hingegen der Dritte für den Täter auf den Gegenstand als Außenstehender zu, ist ein Diebstahl in mittelbarer Täterschaft anzunehmen. Nach der **Ermächtigungs- bzw. Befugnistheorie** ist eine Nähebeziehung (nur) dann anzunehmen, wenn der Verfügende aufgrund Gesetzes, behördlichen Auftrags oder Rechtsgeschäfts zu der von ihm vorgenommenen Vermögensdisposition im Verhältnis zum Geschädigten rechtlich befugt war und subjektiv auch davon ausging, hierzu berechtigt zu sein[1516]. Erfasst werden etwa gesetzliche Vertreter, Bevollmächtigte oder Insolvenzverwalter.

> **Bspe.:** Der vertretungsberechtigte Geschäftsführer verfügt zu Lasten der GmbH; der bevollmächtigte Verkäufer veräußert Waren für den Ladeninhaber.

569 Umstritten ist aber, ob und inwieweit auch ohne eine solche Befugnis ein Dreiecksbetrug in Betracht kommt. Die Beschränkung im Sinne der Ermächtigungs- bzw. Befugnistheorie ist letztlich zu eng, da ansonsten ein Diebstahl in mittelbarer Täterschaft auch dort anzunehmen wäre, wo der Dritte in der Sphäre des Geschädigten tätig wird und sich sein Verhalten aus Sicht des Geschädigten als Selbstschädigung darstellt. Auch überzeugt es nicht, bei dem wirtschaftlich geprägten Vermögensbegriff des § 263 vorwiegend auf zivilrechtliche Kriterien abzustellen[1517]. Nach der Theorie vom **faktischen Näheverhältnis** ist es ausreichend, dass der Getäuschte rein tatsächlich in der Lage ist, über das Vermögen des Geschädigten zu verfügen, weil ihm Allein- oder Mitgewahrsam zukommt[1518]. Diese Theorie dehnt jedoch wiederum den Betrug zu weit aus und verwischt so die Grenzen zum Diebstahl, bei dem eine solche Einwirkung ebenfalls Voraussetzung ist. Auch ist nicht einsichtig, warum sich der Geschädigte jeden beliebigen Zugriff eines Dritten zurechnen lassen soll. Die von der h. M. vertretene **Lagertheorie** nimmt deshalb zu Recht nur dann eine Zurechnungseinheit an, wenn der Verfügende schon vor der Tat in einem besonderen **normativen Näheverhältnis** zum Vermögenskreis des Geschädigten, d. h. in dessen Lager steht. Erforderlich ist dabei eine Obhutsbeziehung bzw. Hüterstellung zum Gegenstand der Verfügung, so dass etwa die bloße Familienangehörigkeit nicht genügt[1519]. Wenn der Verfügende die ihm vom Vermögensinhaber gesetzten Grenzen allerdings bewusst überschreitet und weiß, dass er zur Verfügung nicht legitimiert ist, wird die Zurechnungseinheit unterbrochen[1520]. Für die Berücksichtigung dieser subjektiven Komponente spricht auch, dass aus Sicht des § 242 in diesem Fall nicht mehr von einem tatbestandlichen Einverständnis ausgegangen werden kann, so dass dann ein Diebstahl in mittelbarer Täterschaft vorliegen kann[1521].

1515 Dagegen aber *Ebel*, Jura 2008, 256.
1516 Zur rechtlichen Befugnis BGH wistra 2017, 484 (485); *Mitsch*, BT 2, 5.2.1.4.4; MünchKomm-*Hefendehl*, § 263 Rn. 328 ff.
1517 *Wessels/Hillenkamp/Schuhr*, BT 2, Rn. 643 f.
1518 BGHSt 18, 221 (223 f.); BGH wistra 2017, 484 (485); OLG Hamm NJW 1969, 620; ähnl. *Kindhäuser/Böse*, BT 2, § 27 Rn. 47.
1519 In diese Richtung nun auch BGH wistra 2017, 484 (485): „Schutzfunktion für die Vermögensgegenstände"; OLG Düsseldorf NJW 1994, 3366 (3367); *Rengier*, BT 1, § 13 Rn. 100; *Schönke/Schröder/Perron*, § 263 Rn. 66.
1520 NK-*Kindhäuser*, § 263 Rn. 213; LK-*Tiedemann*, § 263 Rn. 115 f.; *Wessels/Hillenkamp/Schuhr*, BT 2, Rn. 647; a. A. *Fischer*, § 263 Rn. 83.
1521 BGH wistra 2017, 484 (485).

Bsp. (1): T täuscht Gärtner G des O darüber, dass er den Wagen für O abholen soll. G sucht daher den Wagenschlüssel im Haus, schließt die Garage auf und überlasst ihn dem T. T behält den Wagen – wie geplant – für sich. – Da G nicht rechtlich zur Verfügung über den Wagen befugt war, kommt ein Dreiecksbetrug zu Lasten des O nur in Betracht, wenn man zwischen G und O ein Näheverhältnis annimmt. G war zwar für O tätig, jedoch lässt der Sachverhalt nicht erkennen, dass er als Gärtner in irgendeiner Weise für den Wagen zuständig war und in einer Obhutsbeziehung stand. Nur wenn man eine rein tatsächliche Zugriffsmöglichkeit oder irgendein Tätigwerden für O genügen lässt, kann man ein Näheverhältnis und damit einen Betrug bejahen. Nach h. M. scheidet hingegen § 263 aus. Jedoch macht sich T nach §§ 242, 25 Abs. 1 Var. 2 strafbar, weil er den gutgläubigen G als Werkzeug der Wegnahme einsetzte. Während G irrig von einem tatbestandsausschließenden Einverständnis des O hinsichtlich der Wegnahme ausging und zudem keine (Dritt-)Zueignungsabsicht besaß, lag die Wissens- und Willensherrschaft beim Täuschenden T.

Bsp. (2): Wie Bsp. 1, jedoch wird Chauffeur C des O zur Herausgabe des Wagens veranlasst. – Da nunmehr eine Obhutsbeziehung besteht, ist Betrug zum Nachteil des O zu bejahen. Zwar ließe sich nunmehr sagen, dass der aufgrund der Verwahrung in der Garage fortbestehende Gewahrsam des O ohne dessen Einverständnis (und nur mit Einverständnis des C) gebrochen wurde. Jedoch wirkt aufgrund der Zurechnung das Einverständnis des C auch für O, so dass ein Diebstahl in mittelbarer Täterschaft zu verneinen ist. Die Annahme von § 242 und § 263 in Tateinheit überzeugt aber auch deshalb nicht, weil letztlich eine Selbstschädigung vorliegt und sich beide Delikte gegenseitig ausschließen[1522].

Bsp. (3): Wie Bsp. 2, jedoch hat O es dem C ausdrücklich untersagt, den Wagen einem Dritten zu überlassen. C übergibt jedoch den Wagen an T, um den O nicht selbst abholen zu müssen. – C überschreitet nunmehr die Grenzen seiner Zuständigkeit und „verlässt" damit das Lager des O. Wie in Bsp. 1 liegen bei T §§ 242, 25 Abs. 1 Var. 2 vor; nur wenn man ein faktisches Näheverhältnis genügen lässt, gelangt man zu § 263.

Klausurhinweis: Da das Näheverhältnis und der damit verbundene Meinungsstreit den Tatbestand des § 263 betrifft, empfiehlt es sich – in Abweichung von der ansonsten gängigen Aufbauweise – zunächst § 263 zu prüfen und dort die Abgrenzung zu §§ 242, 25 Abs. 1 Var. 2 vorzunehmen[1523]. Anschließend kann – soweit keine Besonderheiten auftreten – der Diebstahl zügig geprüft werden; dabei ist zu beachten, dass die Zurechnungseinheit auch für das tatbestandsausschließende Einverständnis Bedeutung erlangt und daher nach h. M. auch insoweit zwischen beiden Tatbeständen ein Exklusivitätsverhältnis besteht (s. Bsp. 2).

570 (2) Beim **gesetzlichen Rechtsscheinserwerb** nach § 932 BGB soll nach h. M. ein solches Näheverhältnis jedoch fehlen, weil die gesetzliche Regelung des § 932 BGB nicht die gleiche Wirkung erzeugen könne, wie wenn jemand vom Vermögensträger selbst zu Vermögensdispositionen eingesetzt werde[1524]. Entscheidend ist hier, dass vor der Vermögensverfügung der Verfügende und der Geschädigte in keiner Beziehung stehen und daher auch keine Zurechnungseinheit bilden.

Bsp.: T veräußert das Rad des O, das dieser ihm geliehen hat, an D, der sogleich zahlt. – Zunächst ist an einen Betrug zu Lasten des D zu denken, da T konkludent über die Eigentümerposition getäuscht hat und daher irrtumsbedingt mit der Kaufpreiszahlung verfügt. Da D jedoch im Gegenzug nach §§ 929, 932 BGB das Eigentum erwirbt (kein Abhandenkommen i. S. d. § 935 BGB), liegt richtigerweise kein Vermögensschaden vor,

---

1522 BGHSt 18, 221 (223 f.); LK-*Tiedemann*, § 263 Rn. 116; *Rengier*, BT 1, § 13 Rn. 96; *Wessels/Hillenkamp/Schuhr*, BT 2, Rn. 652; a. A. in diesen Fällen aber *Schönke/Schröder/Perron*, § 263 Rn. 67.
1523 So auch *Rengier*, BT 1, § 13 Rn. 110.
1524 *Rengier*, BT 1, § 13 Rn. 115; *Schönke/Schröder/Perron*, § 263 Rn. 67; a. A. *Fischer*, § 263 Rn. 84; LK-*Tiedemann*, § 263 Rn. 117.

wenngleich dies mitunter bestritten wird[1525]. Was einen Betrug zu Lasten des O anbelangt, so kommt ein Dreiecksbetrug in Betracht: Getäuscht wird auch hier D, der irrtumsbedingt eine Vermögensverfügung zu Lasten des O trifft, indem er durch seine rechtsgeschäftlichen Erklärungen den Eigentumsverlust des O nach §§ 929, 932 BGB begründet. Jedoch fehlt es an einem Näheverhältnis, da D nicht von O selbst zur Disposition über sein Vermögen eingesetzt wurde.

Hingegen soll bei einem über seine Leistungspflicht getäuschten Schuldner ein Näheverhältnis bestehen, wenn dessen Schuld durch die irrtumsbedingte Leistung an den Nichtberechtigten erlischt (z. B. nach §§ 407 f. BGB, § 56 HGB)[1526]. Die vom Gesetz verliehene Befugnis, die fremde Forderung zum Erlöschen zu bringen, begründet damit das notwendige Näheverhältnis. Der Unterschied zu den Fällen des § 932 BGB liegt darin, dass zwischen dem verfügenden Schuldner und dem geschädigten Forderungsinhaber im Zeitpunkt der Abtretung bereits ein Schuldverhältnis bestand, auf das die Nähebeziehung zum Zeitpunkt der Tilgung gestützt werden kann[1527].

Bsp.: T tritt eine Forderung über 1000 € gegenüber D an O ab. D erfährt von der Abtretung nichts. Kurz darauf macht T die 1000 € gegenüber D geltend, der sogleich an T zahlt. – T täuscht den D darüber, dass er noch Inhaber der Forderung ist; mit der irrtumsbedingten Verfügung über die 1000 € erleidet D jedoch keinen Schaden, da er gemäß § 407 BGB befreiend an den alten Gläubiger leisten kann. Zugleich bringt D damit die Forderung des O zum Erlöschen (Vermögensverfügung zu Lasten von O), bei dem somit der Schaden eintritt; Bereicherungsansprüche gegen T stehen dem Schaden nicht entgegen[1528].

(3) Vieldiskutiert sind auch Fälle des **Prozessbetrugs**[1529]. Dieser wird bisweilen als Fall der mittelbaren Täterschaft (Richter als gutgläubiges Werkzeug) aufgefasst. Zumeist wird beim Prozessbetrug aber von einem Dreiecksbetrug ausgegangen[1530], bei dem der Verfügende (Richter) und der Geschädigte personenverschieden sind. Die erforderliche rechtliche Befugnis bzw. das erforderliche Näheverhältnis folgt bereits aus der hoheitlichen Stellung des Richters und seiner gesetzlichen Entscheidungsbefugnis[1531]. Zu beachten ist, dass beim Prozessbetrug eine Täuschung nicht vorschnell angenommen werden darf. Im Zivilprozess dürfen nämlich von der Partei auch nur vermutete Tatsachen ohne Verstoß gegen § 138 ZPO vorgetragen werden; die Grenze zum unzulässigen Sachvortrag ist erst dann erreicht, wenn willkürlich Behauptungen „aufs Geratewohl" oder „ins Blaue hinein" aufgestellt werden[1532].

Bsp. (1): T fälscht Beweismittel, um einen nicht bestehenden Zahlungsanspruch gegen O gerichtlich durchzusetzen. Daraufhin gibt der Richter der Klage statt. – T begeht einen Betrug zu Lasten des O, indem er den Richter täuscht und dieser irrtumsbedingt zu Lasten des O entscheidet (vermögensmindernde Verfügung).

1525 Dazu ausf. u. Rn. 612.
1526 BGH wistra 1992, 299; BGH StV 1993, 307; OLG Celle NJW 1994, 142; *Fischer*, § 263 Rn. 84; L-Kühl/*Kühl*, § 263 Rn. 30; *Rengier*, BT 1, § 13 Rn. 116.
1527 BGH wistra 1992, 299; BGH StV 1993, 307; OLG Celle NJW 1994, 142 (143); LK-*Tiedemann*, § 263 Rn. 117; *Rengier*, BT 1, § 13 Rn. 116; a. A. *Krack/Radtke*, JuS 1995, 17 (19).
1528 S. u. Rn. 574.
1529 Instruktiv *Krell*, JR 2012, 102 ff.
1530 *Fischer*, § 263 Rn. 43; *Schönke/Schröder/Perron*, § 263 Rn. 69. Kritisch zur mittelbaren Täterschaft in diesen Fällen *Fahl*, Jura 1996, 74 (77).
1531 *Krell*, JR 2012, 102 (106); *Schönke/Schröder/Perron*, § 263 Rn. 70.
1532 Näher BGH wistra 2020, 379 (381) m. Anm. *Krell*, JR 2020, 355 ff.

Bsp. (2):[1533] T macht gegen O im Klageweg eine Minderung in Höhe von 1000 € wegen eines Mangels beim Autokauf geltend. Das Gericht erlässt daraufhin einen Beweisbeschluss auf Einholung eines Sachverständigengutachtens. Bevor der Sachverständige S den Wagen begutachtet, manipuliert T an der Bremsleitung, weil er nunmehr nur noch von einem Minderwert von 500 € hinsichtlich des ursprünglichen Mangels ausgeht. Das Gericht gibt nach Erstattung des Gutachtens des S in der mündlichen Verhandlung, der auch den Mangel an der Bremsleitung aufführt, der Klage in voller Höhe statt. – T macht sich wie in Bsp. 1 wegen Betrugs strafbar, jedoch liegt nunmehr ein Fall der Täuschung des Richters in mittelbarer Täterschaft vor. Indem T den angeblichen Mangel bewirkte, hat er sich nämlich des gutgläubigen S als vorsatzlos handelnden Werkzeugs (Wissensherrschaft) bedient.

573 d) Der **tatbestandliche Erfolg** des Betrugs liegt im **Eintritt eines Vermögensschadens**.

Beachte: Die nachfolgend dargestellten Grundsätze werden weitgehend auch auf das Merkmal des (Vermögens-)Nachteils bei § 253 und § 266 übertragen.

574 aa) Die Schadensberechnung erfolgt anhand eines objektiv individualisierenden Beurteilungsmaßstabs nach dem **Prinzip der Gesamtsaldierung**[1534]. Durch einen Vergleich der Vermögenslage vor und nach der Verfügung ist zu ermitteln, ob eine nachteilige Vermögensdifferenz eingetreten ist, ohne dass diese durch einen **unmittelbar mit der Verfügung zusammenhängenden Vermögenszufluss** wirtschaftlich voll ausgeglichen wird[1535]. Nachträgliche Kompensationen oder Ausgleichsmöglichkeiten, wie gesetzliche Anfechtungsrechte, Schadensersatz- oder Bereicherungsansprüche, die erst durch die Täuschung entstehen, bleiben im Rahmen der Gesamtsaldierung allerdings außer Betracht[1536]. Es ist damit stets erforderlich, dass eine Minderung des Vermögens zu verzeichnen ist, die im Urteil regelmäßig – ausgenommen einfach gelagerte und eindeutige Fälle – konkret zu beziffern ist[1537]. Bei Unsicherheiten kann ein Mindestschaden unter Beachtung des Grundsatzes in dubio pro reo durch Schätzung ermittelt werden[1538]. In diesem Zusammenhang dürfen normative Gesichtspunkte Berücksichtigung finden, ohne jedoch die wirtschaftliche Betrachtung zu überlagern oder zu verdrängen[1539]. Weil § 263 ausschließlich das Vermögen, nicht aber die Dispositionsfreiheit oder die Redlichkeit des Geschäftsverkehrs schützt, soll (nur) der wertmäßige Bestand des Vermögens erhalten werden.

Schadensberechnung:
Ausgangswert des Vermögens vor Vermögensverfügung
  – Vermögensmindernde Leistungen im Rahmen der Vermögensverfügung
  + Vermögenszuflüsse durch Gegenleistungen des Täuschenden
Endwert des Vermögens nach Vermögensverfügung < Ausgangswert = Schaden

---

1533 Vgl. auch OLG München NJW 2006, 3364; dazu *Bosch*, JA 2007, 151; *Kraatz*, Jura 2007, 531.
1534 BGHSt 16, 221 f.; BGHSt 16, 321 (325 f.); BGHSt 53, 199 (201); BGHSt 54, 69 (122); L-Kühl/*Kühl*, § 263 Rn. 36; MünchKomm-*Hefendehl*, § 263 Rn. 532.
1535 BGHSt 16, 221; BGHSt 34, 199 (203); BGHSt 58, 102 (111); BGHSt 58, 205 (208); BGH NStZ 2020, 157; LK-*Tiedemann*, § 263 Rn. 161; *Wittig*, Wirtschaftsstrafrecht, § 14 Rn. 100.
1536 MünchKomm-*Hefendehl*, § 263 Rn. 611 ff.; *Wessels/Hillenkamp/Schuhr*, BT 2, Rn. 548.
1537 Vgl. näher u. Rn. 578.
1538 BVerfGE 126, 170 (211, 228 ff.); BVerfGE 130, 1 (47 f.); BVerfG NJW 2013, 365 (366); BGHSt 54, 69 (125).
1539 BVerfGE 130, 1 (48); BVerfG NJW 2013, 365 (366); BGHSt 58, 205 (209).

(1) Das bloße Ausbleiben einer **Vermögensmehrung** und eine durch Täuschung hervorgerufene **verminderte Gewinnerwartung** sind regelmäßig nicht tatbestandsmäßig[1540], sofern nicht bereits dem Vermögen zugehörige Expektanzen beeinträchtigt werden[1541]. Auch die täuschungsbedingte Befriedigung einer bestehenden Zahlungspflicht ist nicht tatbestandsmäßig, da der Getäuschte zugleich von seiner Zahlungspflicht in derselben Höhe gemäß § 362 Abs. 1 BGB befriedigt wird[1542]. Bei Austauschverträgen ist ein Schaden regelmäßig zu verneinen, wenn sich Leistung und Gegenleistung im Wert entsprechen. Dabei ist auf preisbildende Faktoren wie Herkunft, Beschaffenheit oder Marke zu achten und der Marktpreis[1543] sorgfältig zu ermitteln.

> Bsp. (1): T täuscht dem O vor, dass die von ihm vertriebenen Küchengeräte aufgrund einer Rabattaktion als „Sonderangebot" besonders preiswert seien und er sich diese günstige Gelegenheit auf keinen Fall entgehen lassen dürfe. In Wirklichkeit entspricht der Verkaufspreis dem üblichen Marktpreis. – In der Enttäuschung der Erwartung des O auf ein günstiges Geschäft liegt kein Vermögensschaden, da sein Vermögen wertmäßig nicht gemindert wurde. Die bloße Dispositionsbefugnis wird von § 263 nicht geschützt. Im Einzelfall kann eine Strafbarkeit nach § 16 UWG in Betracht kommen.
>
> Bsp. (2):[1544] T veräußert an O ein „Markenprodukt" für 100 €; tatsächlich handelt es sich jedoch um ein Produkt eines Billiganbieters, das jedoch qualitativ völlig gleichwertig ist. – O erleidet (aber auch nur dann) einen Schaden, wenn der Markt nur das Markenprodukt mit einem Verkaufswert von 100 €, das Produkt des Billiganbieters jedoch geringer bewertet.

Hinsichtlich des **Erschleichens entgeltlicher Leistungen** – namentlich des Besuchs von Sport- oder Theaterveranstaltungen, von Schwimmbädern, Museen oder ähnlichen Angeboten mit Dienstleistungscharakter (etwa Bus- oder Bahnfahrten) – kann die Begründung eines Vermögensschadens mitunter Schwierigkeiten bereiten, da auch hier primär nur eine Vermögensmehrung ausbleibt.

> Bsp.: T verschafft sich Zutritt zu einem Fussballspiel „seines" VfB Stuttgart, indem er eine Eintrittskarte fälscht und diese der Kontrollperson vorzeigt. – Die Begründung des Schadens ist problematisch, da dem Verein die mit der Austragung des Spiels verbundenen Aufwendungen unabhängig von dem (erschlichenen) Besuch des T entstehen und nur der mit dem Verkauf des Tickets verbundene Gewinn ausbleibt. Man kann jedoch dahingehend argumentieren, dass in der Leistung des Vereins (Überlassen des jeweiligen Platzes) ein Teil der vorausgegangenen Investition steckt und dieser kein Gegenwert gegenübersteht[1545]. Einfacher lässt sich der Schaden begründen, wenn bei Kapazitätsausschöpfung ein anderer Besucher, der den Eintritt gezahlt hätte, abgewiesen werden muss.

(2) Zu beachten ist, dass nach traditioneller Ansicht der Tatbestand bereits bei einer **(schadensgleichen) konkreten Vermögensgefährdung** verwirklicht sein konnte[1546]. Diese war anzunehmen, wenn bei wirtschaftlicher Betrachtung der

---

1540 BGHSt 16, 220 (223); BGH NJW 1985, 2428; NJW 1991, 2573; NJW 2004, 2603 (2604); *Fischer*, § 263 Rn. 93; L-Kühl/*Kühl*, § 263 Rn. 36; *Rengier*, BT 1, § 13 Rn. 158.
1541 Dazu u. Rn. 595.
1542 BGH wistra 2014, 176 (178); NStZ-RR 2016, 12 (13).
1543 Sind die Vertragsparteien Marktteilnehmer, so kommt es maßgeblich auf deren Vereinbarungen an; BGH NStZ 2010, 700.
1544 Vgl. auch BGHSt 8, 46 (48 f.) – Lieferung von Hopfen aus unbekanntem Anbaugebiet; BGHSt 12, 347 (352 f.) – Lieferung ausländischer statt deutscher Markenbutter; L-Kühl/*Kühl*, § 263 Rn. 39; *Rengier*, BT 1, § 13 Rn. 167 f.; *Schönke/Schröder/Perron*, § 263 Rn. 110.
1545 Treffend *Rengier*, BT 1, § 13 Rn. 211.
1546 BGHSt 21, 112 (113); BGHSt 34, 394 (395); *Krey/Hellmann/Heinrich*, BT 2, Rn. 629; L-Kühl/*Kühl*, § 263 Rn. 40; *Rengier*, BT 1, § 13 Rn. 183 f.

Getäuschte ernstlich mit wirtschaftlichen Nachteilen zu rechnen hat und daher bereits eine Entwertung der gegenwärtigen Vermögenslage vorliegt[1547]. Die Vermögensgefährdung war so verstanden ein „Durchgangsschaden", der endgültige Schaden vertiefte diesen[1548]. Insbesondere vor dem Hintergrund verschiedener Entscheidungen zur konkreten Vermögensgefährdung zunächst bei der Untreue[1549], nunmehr aber auch zum Betrug wurde deren Einbeziehung im Hinblick auf **Art. 103 Abs. 2 GG** in den letzten Jahren verstärkt diskutiert, da der Tatbestand einen Vermögensschaden und nicht nur eine schadensgleiche vorgelagerte Gefährung verlangt[1550]. Um deutlich zu machen, dass bei wirtschaftlicher Betrachtung auch in diesen Fällen bereits eine Entwertung der gegenwärtigen Vermögenslage vorliegen muss, empfiehlt es sich daher auf den Begriff der *„schadensgleichen"* Vermögensgefährdung zu verzichten. Stattdessen kann mit der Rechtsprechung der Begriff des Gefährdungsschadens[1551] verwendet werden. Der Begriff der „Gefährdung"[1552] macht dabei die Besonderheiten dieser Konstellation deutlich[1553]. Würde man demgegenüber auch in dieser Konstellation den Begriff des Vermögensschadens ohne diesen Zusatz verwenden, bestünde die Gefahr, dass gerade diese Besonderheiten verschleiert und deshalb zu weit vorgelagerte Gefährdungen einbezogen würden[1554].

578 Dabei ist zu beachten, dass auch das BVerfG im Ausgangspunkt den Gefährdungsschaden gebilligt hat, da dadurch eine bereits eingetretene Vermögensminderung bezeichnet wird. Aufgrund der eingrenzenden Anforderungen des BVerfG ist jedoch inhaltlich zu verlangen, dass der Schaden im Urteil **der Höhe nach konkret beziffert** und ggf. – unter Hinzuziehung eines Sachverständigen – in wirtschaftlich nachvollziehbarer Weise dargelegt wird; darauf kann nur in einfach gelagerten und eindeutigen Fällen verzichtet werden[1555]. Demnach genügen also nur diffuse Verlustwahrscheinlichkeiten nicht. Im Übrigen können zwar normative Gesichtspunkte Berücksichtigung finden, jedoch dürfen diese die wirtschaftliche Betrachtung nicht überlagern oder verdrängen[1556].

> **Bsp. (1):** T täuscht im Rahmen einer Zahlungsklage über 5000 € den Richter durch Fälschung von Beweismitteln und erlangt so ein vorläufig vollstreckbares Urteil gegen O. – Es liegt ein vollendeter Prozessbetrug vor, weil aufgrund der Möglichkeit der Vollstreckung ein sog. Gefährdungsschaden in Höhe von 5000 € gegeben ist; dies gilt nach h.M. auch, wenn das Urteil noch nicht rechtskräftig ist[1557].
>
> **Bsp. (2):**[1558] T vertreibt mit erheblichem Gewinn äußerst riskante und dubiose Geldanlagen in der Ukraine. Um O für eine Anlage zu gewinnen, spiegelt er vor, dass die

---

1547 BGHSt 51, 165 (177); BGH NStZ-RR 2010, 109 (110).
1548 *Fischer*, § 263 Rn. 159; *ders.*, StV 2010, 95 (99 f.).
1549 Dazu u. Rn. 903 ff.
1550 BVerfGE 130, 1 (45 ff.) und zuvor BVerfGE 126, 170 (221 ff.).
1551 Vgl. nur LK-*Tiedemann*, § 263 Rn. 168.
1552 BVerfGE 126, 170 (221) billigt dies im Rahmen des § 266.
1553 S. auch *Satzger*, Jura 2009, 518 (524 f.); *Wessels/Hillenkamp/Schuhr*, BT 2, Rn. 572. BGH NStZ 2011, 160 spricht weiterhin von einer „schadensgleichen Vermögensgefährdung"; s. auch BGHSt 52, 323 (336 u. 338).
1554 BGHSt 53, 199 (203 f.), meint hingegen, dass der Begriff der Vermögensgefährdung verschleiernd sei; ferner *Ransiek/Reichling*, ZIS 2009, 315 (316); krit. hierzu etwa *Küper*, JZ 2009, 800 (802 f.).
1555 BVerfGE 126, 170 (211, 228 ff.); BVerfGE 130, 1 (47 f.); BGH wistra 2011, 347; BGH NStZ 2014, 318 (320).
1556 BVerfGE 130, 1 (48); BGHSt 58, 205 (209).
1557 BGH NStZ 1992, 233 (234); L-Kühl/*Kühl*, § 263 Rn. 42; *Schönke/Schröder/Perron*, § 263 Rn. 144; krit. *Krell*, JR 2012, 102 (107 f.).
1558 Zu Risikogeschäften bei einem Schneeballsystem s. auch BGHSt 53, 199.

Anlage sicherer sei als jeder Sparbrief. Tatsächlich liegt die Chance eines Verlustes bei über 99 %. – O erleidet unter dem Gesichtspunkt einer konkreten Vermögensgefährdung bereits mit der Anlage des Geldes einen Gefährdungsschaden, der nach Bilanzgesichtspunkten zu bewerten ist und in diesem Fall einem Totalausfall gleichzusetzen ist.

579 Die Probleme lassen sich zusammenfassend nochmals an folgendem Beispiel illustrieren:

Bsp.:[1559] T schließt eine Lebensversicherung bei dem Unternehmen O ab und verschweigt hierbei Vorerkrankungen sowie den bereits gefassten Entschluss, den Versicherungsfall später zu fingieren, um so die Versicherungssumme geltend zu machen.

580 Soweit der T über Vorerkrankungen und die damit verbundenen Risiken täuschte, kann man bereits mit Vertragsschluss im Wege eines Eingehungsbetruges zu einem Vermögensschaden gelangen, wenn O aus diesem Grund eine zu geringe Prämie festsetzte, die nicht dem versicherten Risiko entsprach; insoweit liegt der Fall ähnlich wie in den Fällen manipulierter Wetten[1560]. Der BGH hat einen Vermögensschaden aber auch deshalb angenommen, weil der Vertrag durch die Manipulationsabsicht bereits mit der Verpflichtung zur Zahlung der Versicherungssumme im Todesfall belastet und daher die Prämie zu gering gewesen sei. Darin ist freilich eine bedenkliche Vorverlagerung des Strafrechtsschutzes zu sehen, da der Vermögensschaden weitgehend an eine innere Tatsache geknüpft wird und nach Vollendung selbst die Aufgabe der Manipulationsabsicht nicht mehr zum Rücktritt führt[1561]. Zudem muss man sehen, dass es in diesen Fällen selbst bei später vorgenommener Manipulation vor der Auszahlung der Versicherungssumme noch einer Schadensmeldung (Versuchsbeginn beim Erfüllungsbetrug) und einer Prüfung durch die Versicherung bedarf[1562]. Letztlich verlangt sogar der bei Sachversicherungen seinerseits weit vorverlagerte Versicherungsmissbrauch des § 265 zumindest eine Einwirkung auf das versicherte Objekt, so dass das versicherte Risiko eintreten muss. Inzwischen hält auch das BVerfG die vom BGH vertretene Sichtweise nicht mit Art. 103 Abs. 2 GG für vereinbar[1563].

581 Beim **Erschleichen der Geheimzahl** zu einer fremden ec- oder Kreditkarte liegt richtigerweise noch kein Gefährdungsschaden vor, weil es noch weiterer deliktischer Schritte des Täters bedarf, um das Vermögen zu schädigen[1564]. Anders kann man jedoch entscheiden, wenn ein **Vermögensloser eine ec-Karte mit Kontoeröffnung oder eine Kreditkarte** – unter Hinweis auf nicht vorhandenes Vermögen – erschleicht, mit der ein bestimmter Kreditrahmen oder eine Garantiefunktion verbunden ist[1565]. In diesem Fall tritt der Gefährdungsschaden bereits mit der Bereitstellung des Kredits ein,[1566] da nach § 249 Abs. 1 Satz 1 HGB bilanzrechtlich Rückstellungen aufgrund des drohenden Verlustes aus schwebenden Geschäften zu bilden sind[1567].

1559 BGHSt 54, 69 (120 ff.) und hierzu BVerfGE 130, 1 (44 ff.).
1560 S. u. Rn. 595; insoweit schon krit. *Joecks*, wistra 2010, 179 (180).
1561 So auch *Fischer*, § 263 Rn. 176a ff.; *Joecks*, wistra 2010, 179 (180).
1562 *Fischer*, § 263 Rn. 176b.
1563 BVerfGE 130, 1 (45 ff.).
1564 S. schon zur Vermögensverfügung o. Rn. 559.
1565 BGHSt 33, 244 (246); BGHSt 47, 160 (167); NStZ 2011, 160; StraFo 2020, 85; LK-*Tiedemann*, § 263 Rn. 110; *Zöller*, Jura 2003, 637 (638 f.).
1566 BGHSt 33, 244 (246); BGHSt 47, 160 (167); a. A. *Mühlbauer*, NStZ 2003, 650 (653 f.); *Schönke/Schröder/Perron*, § 263 Rn. 145.
1567 BGHSt 33, 244 (246); BGHSt 47, 160 (167); MünchKomm-*Hefendehl*, § 263 Rn. 771; *Rengier*, BT 1, § 13 Rn. 197.

582 **bb) Bei gegenseitigen Verträgen** ist eine sorgfältige Saldierung von Leistung und Gegenleistung erforderlich. Ein Schaden liegt grundsätzlich nur vor, wenn der Wert der Leistung den Wert der Gegenleistung nicht erreicht; Ausnahmen können sich nur nach dem noch darzustellenden Prinzip des persönlichen Schadenseinschlags ergeben[1568]. Die eigentlichen praktischen Schwierigkeiten liegen bei der **Wertberechnung.** Im Grundsatz ist hierbei im Hinblick auf die Bestimmtheitsanforderungen des Art. 103 Abs. 2 GG die Bewertung nach objektiven wirtschaftlichen Gesichtspunkten, d. h. dem Verkehrs- bzw. Marktwert vorzunehmen, so dass es auf subjektive Werteinschätzungen des Verfügenden nicht ankommt[1569]. Dabei kann sich dieser Wert auch nach Wertbestimmung der Parteien aufgrund des vereinbarten Preises messen lassen[1570], sofern sich nicht ein auffälliges Missverhältnis von Leistung und Gegenleistung ergibt, das einer wirtschaftlichen Betrachtung widerspricht[1571].

583 Dabei ist der sog. Eingehungsbetrug vom Erfüllungsbetrug zu unterscheiden[1572]. Ausgangspunkt für den dem **Erfüllungsbetrug vorgelagerten Eingehungsbetrug** ist, dass nach h. M. ein Gefährdungsschaden einer eingetretenen Vermögensminderung gleichsteht[1573]. Von einem Eingehungsbetrug spricht man, wenn bereits in der rechtsgeschäftlichen Verpflichtung eine Belastung des Vermögens liegt[1574]. Gegenüber dem Erfüllungsbetrug erlangt der Eingehungsbetrug Bedeutung, wenn der Getäuschte noch nicht geleistet hat oder das Erfüllungsgeschäft den Betrugstatbestand nicht begründet. Entscheidend ist demnach ein Vergleich der Vermögenslage vor und nach Abschluss des Vertrags. Ein **Gefährdungsschaden** liegt vor, wenn der Wert des Anspruchs des Getäuschten objektiv hinter dem Wert seiner Verpflichtung aus dem zwischen den Parteien vorausgesetzten Synallagma zur Gegenleistung zurückbleibt[1575]. Auf eine konkrete Bezifferung des Schadens kann verzichtet werden, wenn dieser eindeutig ist, was etwa der Fall ist, wenn der Täter die versprochene Leistung von vornherein nicht erbringen möchte[1576]. Die Täuschung über die Erfüllungswilligkeit erfolgt in diesen Fällen bereits beim Abschluss des Verpflichtungsgeschäfts.

584 (1) Wird der Getäuschte durch den Kaufvertrag nur zur **Zug-um-Zug-Leistung** verpflichtet, erfüllt allein der Vertragsabschluss noch nicht die Voraussetzungen eines vollendeten (Eingehungs-) Betrugs. Es liegt noch kein Gefährdungsschaden vor, weil der Getäuschte seine Leistung von der Gegenleistung abhängig machen und sich damit vor dem Schaden bewahren kann[1577]. Entsprechend ist ein Gefährdungsschaden bei einem notariellen Kaufvertragsschluss über ein Grundstück zu

---

1568 Dazu u. Rn. 619 ff.
1569 BGHSt 57, 95 (113 f.); BGHSt 60, 1 (10); BGH NStZ 2016, 283 (285).
1570 BGHSt 61, 149 (156 f.); BGH NStZ 2010, 700.
1571 BGHSt 16, 220 (224 f.); BGH NStZ 2016, 283 (285).
1572 Zum Erfüllungsbetrug näher u. Rn. 588 ff.
1573 S. o. Rn. 577; zur Verfassungsmäßigkeit der Einbeziehung des Eingehungsbetrugs BVerfGE 130, 1 (44).
1574 BGHSt 45, 1 (4 f.); BGH NJW 1994, 1745 (1746); *Kindhäuser/Böse,* BT 2, § 27 Rn. 98; *Wessels/Hillenkamp/Schuhr,* BT 2, Rn. 539.
1575 BGHSt 16, 220 (221); BGHSt 45, 1 (4); BGHSt 51, 165 (174); BGH NStZ 2008, 96 (98); BGHSt 58, 205 (208); *Kindhäuser/Böse,* BT 2, § 27 Rn. 96; *Rengier,* BT 1, § 13 Rn. 183; *Wessels/Hillenkamp/Schuhr,* BT 2, Rn. 539.
1576 BGHSt 58, 205 (209) m. krit. Anm. *Kubiciel,* JZ 2014, 99 ff.; näher *Krell,* NZWiSt 2013, 370 ff.
1577 BGH StV 1992, 117; NStZ 1998, 85; wistra 2001, 423 (424); NStZ-RR 2005, 180 f.; *Kindhäuser/Böse,* BT 2, § 27 Rn. 98; *Schönke/Schröder/Perron,* § 263 Rn. 132.

verneinen, wenn – wie im Regelfall – die Eintragung im Grundbuch von der vorherigen Kaufpreiszahlung abhängig ist[1578]. Soweit dem Getäuschten vertragliche oder gesetzliche Widerrufs- oder Rücktrittsrechte (vor allem nach §§ 351, 355 BGB) zustehen, hängt die Lösung u. a. davon ab, ob dieser vorleistungspflichtig ist. Kann er die Ware vor Erbringung seiner Leistung zunächst prüfen und ohne größere Hindernisse – etwa durch einfache Erklärung – das Rücktrittsrecht, von dem er Kenntnis besitzt, ausüben, so ist ein Gefährdungsschaden abzulehnen[1579]. Entsprechendes gilt auch für Weisungen gegenüber dem Kreditinstitut zur Zahlung[1580]. Nicht ausreichend ist dagegen eine bloße **Stornierungsbereitschaft** des Täters, weil das Opfer in aller Regel davon keine Kenntnis besitzt, ggf. das Beweisrisiko der Vertragsaufhebung trägt und die Konfrontation mit dem Vertragspartner aufgrund rechtlicher Unerfahrenheit oder Angst vor einer gerichtlichen Auseinandersetzung scheuen kann[1581]. Auch das Bestehen zivilrechtlicher Anfechtungsrechte – etwa nach § 123 BGB – steht der Annahme eines Gefährdungsschadens nicht entgegen, da die Aufhebung der vertraglichen Verpflichtung angesichts der Beweislast ungewiss bleibt[1582], das Anfechtungsrecht erst aufgrund der Täuschung entsteht und damit keine hinreichende Kompensation begründet[1583]. **Nachträgliche Schadenswiedergutmachungen** – wie z. B. Zahlung eines Geldbetrags oder Widerruf einer Aussage beim Prozessbetrug nach Erlass eines vorläufig vollstreckbaren Urteils[1584] – sind nach allgemeinen Grundsätzen schon keine zu berücksichtigende Kompensationsleistungen, da sie nicht unmittelbar auf der Vermögensverfügung beruhen[1585]; solche Umstände können lediglich im Rahmen der Strafzumessung zugunsten des Täters Berücksichtigung finden.

(2) Im Einzelfall können vom Täuschenden gewährte **Sicherheiten** einen Vermögensschaden kompensieren, was vor allem beim **Kreditbetrug** von Bedeutung ist. Entscheidend ist in solchen Fällen, ob die gestellte Sicherheit vollwertig ist und das Opfer diese ohne weiteres, insb. ohne Mitwirkung des Schuldners realisieren kann[1586].

> **Bsp.:** T täuscht den O über seine Vermögensverhältnisse und erhält daher ein Darlehen. Zur Absicherung bestellt er eine Grundschuld an seinem werthaltigen Grundstück und unterwirft sich hinsichtlich des Duldungsanspruchs in die Zwangsvollstreckung gemäß § 1147 BGB noch der sofortigen Zwangsvollstreckung i. S. d. § 794 Abs. 1 Nr. 5 ZPO. – Ein Gefährdungsschaden i. S. e. Eingehungsbetruges ist zu verneinen, da dem O eine ausreichende Ausgleichsmasse zur Verfügung steht, auf die er ohne Mitwirkung des Täters zugreifen kann.

1578 BGH NStZ 2018, 713 (714); *Eisele*, JuS 2018, 917 (920).
1579 Für gesetzliche Rücktrittsrechte BayObLGE 1986, 62 f.; *Schönke/Schröder/Perron*, § 263 Rn. 131; *Wessels/Hillenkamp/Schuhr*, BT 2, Rn. 539; für vertragliche Rückgaberechte BGH MDR/D 1971, 546; OLG Köln MDR 1975, 244; *Fischer*, § 263 Rn. 176 f.; *Rengier*, BT 1, § 13 Rn. 191 f.; für eine schädigende konkrete Vermögensgefährdung BGHSt 34, 199 (202 ff.), wenn die Ausübung des Rücktrittsrechts wegen Unerfahrenheit des Betrogenen faktisch erheblich erschwert ist.
1580 Vgl. das Beispiel Rn. 581 und BGH NStZ 2014, 578.
1581 BGHSt 23, 300 (303 f.); *Fischer*, § 263 Rn. 176a; *Rengier*, BT 1, § 13 Rn. 189.
1582 BGHSt 21, 384 (386); BGHSt 22, 88 (89); BGHSt 23, 300 (302 f.); A/W/H/H-*Heinrich*, § 20 Rn. 100; *Krey/Hellmann/Heinrich*, BT 2, Rn. 631; einschränkend *Schönke/Schröder/Perron*, § 263 Rn. 131 f., wenn die Anfechtung tatsächlich ohne Schwierigkeiten möglich ist.
1583 S. schon o. Rn. 574.
1584 BGH NStZ 1992, 233 (234).
1585 S. o. Rn. 574.
1586 BGH NStZ 1999, 353 (354); wistra 2009, 236; NStZ 2013, 711 (712); *Rengier*, BT 1, § 13 Rn. 209; *Wessels/Hillenkamp/Schuhr*, BT 2, Rn. 573.

586 Umgekehrt kann die **Täuschung über die Werthaltigkeit einer Sicherheit** zum Vermögensschaden führen, wenn der Rückzahlungsanspruch nicht aufgrund der Vermögenslage des Schuldners oder anderer Umstände sicher ist, wobei der Schaden wertmäßig zu beziffern ist[1587]. Dabei bedarf es zur Feststellung, ob bereits ein Eingehungsschaden vorliegt, der Berechnung des Ausfallrisikos der Forderung. Entscheidend ist hierbei, ob sich das Ausfallrisiko der Bank täuschungsbedingt erhöht hat; denn dann hätte sie den Zins für das Darlehen risikospezifisch angepasst oder zusätzliche Sicherheiten verlangt[1588].

587 Bei einem Warenkauf stellt ein **vereinbarter Eigentumsvorbehalt** regelmäßig keine ausreichende Sicherheit des Verkäufers dar[1589]. Im Falle einer erschlichenen Stundung liegt ein Gefährdungsschaden nur vor, wenn die Befriedigungsaussichten des Gläubigers dadurch konkret verschlechtert werden.

588 cc) Ist es nach Vertragsschluss auch zum Leistungsaustausch gekommen, so spricht man von einem **Erfüllungsbetrug**[1590]. Betrifft die Täuschung – wie häufig – Verpflichtungs- und Erfüllungsgeschäft, so muss auf den vorgelagerten Eingehungsbetrug in aller Regel nicht zurückgegriffen werden, da sich die näher zu begründende schädigende konkrete Vermögensgefährdung dann zu einem endgültigen Vermögensschaden verdichtet.

> **Bsp.:** T veräußert ein Kfz an O, wobei er einen Unfall verschweigt; daher liegt der vereinbarte Kaufpreis über dem Marktwert. O ist zur Vorleistung verpflichtet. Nach Zahlung übereignet T den Wagen an O. – Da die Täuschung das schuldrechtliche und das dingliche Geschäft betrifft und O gegenüber dem gezahlten Kaufpreis eine minderwertige Leistung erhält, liegt ein Erfüllungsbetrug vor. Der Eingehungsbetrug – der vereinbarte Kaufpreis entspricht nicht dem Marktwert – (Vollendung der Tat) und der Erfüllungsbetrug (Beendigung der Tat) bilden eine Betrugsstraftat[1591].

589 (1) Beim sog. **echten Erfüllungsbetrug** täuscht der Täter erst nach Vertragsabschluss. Da der Getäuschte zu diesem Zeitpunkt bereits mit dem Verpflichtungsgeschäft einen Anspruch auf die vertraglich vereinbarte Leistung erlangt hat, liegt der Schaden in der Differenz zwischen vereinbarter und tatsächlich erbrachter Leistung[1592]. Zudem entspricht in dieser Konstellation häufig die vom Täter erbrachte Gegenleistung nicht der Leistung des Getäuschten.

> **Bsp.:** T veräußert O einen handgeknüpften Orientteppich für 10000 €, was dem Marktpreis entspricht. Einen Monat später liefert T jedoch lediglich eine täuschend echt aussehende Kopie aus minderwertigem Material, für die O die vereinbarte Summe bezahlt. – Hinsichtlich des Abschlusses des Kaufvertrags liegt kein Eingehungsbetrug vor, da T bereits nicht täuscht, wenn er zunächst das Original liefern möchte und sich erst später anders entscheidet; aber selbst wenn T eine nicht vorhandene Erfüllungsbereitschaft (als innere Tatsache) konkludent vorspiegeln würde, läge zunächst kein Gefährdungsschaden vor, da sich vereinbarte Leistung und Gegenleistung entsprechen und O nur zur Erfüllung Zug um Zug verpflichtet ist. Es liegt jedoch ein Erfüllungsbetrug vor, da T bei der Leistungsabwicklung (zumindest konkludent) darüber täuscht, die

---

1587 BGH NStZ 2013, 711 (712); BGH NStZ-RR 2018, 78 (79).
1588 Näher BGH NStZ 2012, 698 (699).
1589 Ebenso *Rengier*, BT 1, § 13 Rn. 210; hierzu eingehend *Norouzi*, JuS 2005, 786 ff.
1590 BVerfGE 130, 1 (46); A/W/H/H-*Heinrich*, § 20 Rn. 94; *Fischer*, § 263 Rn. 177; *Schönke/Schröder/Perron*, § 263 Rn. 135 f.
1591 BGHSt 47, 160 (168); BGHSt 58, 102 (109); *Kindhäuser/Böse*, BT 2, § 27 Rn. 101 ff.; LK-*Tiedemann*, § 263 Rn. 274; *Rengier*, BT 1, § 13 Rn. 171.
1592 *Rengier*, BT 1, § 13 Rn. 175; *Schönke/Schröder/Perron*, § 263 Rn. 136; SSW-*Satzger*, § 263 Rn. 254; *Wessels/Hillenkamp/Schuhr*, BT 2, Rn. 542.

vereinbarte Leistung – Lieferung des Originals – zu erbringen. O erleidet einen Schaden, da der Anspruch auf einen echten Teppich bereits mit Vertragsschluss Vermögensbestandteil wurde und auch der Wert der Kopie nicht dem erhaltenen Kaufpreis entspricht.

(2) Der sog. **unechte Erfüllungsbetrug** ist dadurch gekennzeichnet, dass der Täter bereits beim Verpflichtungsgeschäft täuscht, die Täuschung aber beim Erfüllungsgeschäft fortwirkt. Dabei entsprechen sich zwar die ausgetauschten Leistungen im Wert (ansonsten liegt unproblematisch ein Erfüllungsbetrug vor), die Leistung des Täters bleibt jedoch hinter seiner vertraglichen Verpflichtung zurück[1593]. **590**

Bsp. (1):[1594] T veräußert ein Kfz mit einer Laufleistung von 50000 km für 10000 € an O. In Wahrheit lief der Wagen bereits 100 000 km, ist aber immer noch den Preis von 10000 € wert. Das Geschäft wird anschließend abgewickelt. – Ein Eingehungsbetrug scheidet aus, da sich vereinbarte Leistung und Gegenleistung mit je 10000 € entsprechen. O erleidet jedoch richtigerweise bei Übereignung einen Vermögensschaden, da er mit Vertragsschluss einen Anspruch auf einen Wagen mit 50000 km und daher einem Wert über 10000 € erhält, die Erfüllung aber dahinter zurückbleibt (für den Eingehungsbetrug kann auf den Anspruch auf einen Wagen mit 50000 km Laufleistung nicht abgestellt werden, da dieser erst mit Vertragsschluss erworben wird).

Bsp. (2):[1595] Verkäufer T spiegelt dem O vor, dass eine Hose für 100 € zu 100 % aus echter Lambswool sei. Tatsächlich ist diese überwiegend aus Polyester, jedoch den Preis wert. Eine Hose aus Lambswool kostet regelmäßig den doppelten Preis. – Auch hier liegt richtigerweise ein unechter Erfüllungsbetrug vor.

Teilweise wird in diesen Fällen eine Betrugsstrafbarkeit verneint. Es soll lediglich eine erhoffte Vermögensmehrung ausbleiben, jedoch nach Gesamtsaldierung kein Vermögensschaden vorliegen[1596]. Richtigerweise wird man den unechten Erfüllungsbetrug jedoch anzuerkennen haben, soweit der Täter auch bei der Erfüllung (konkludent) täuscht. Dafür spricht, dass der Anspruch auf eine höherwertige Sache bereits mit Vertragsschluss zum Vermögen gehört[1597], was vor allem durch das Minderungsrecht (§§ 434, 437 BGB) belegt wird. Dabei muss man sehen, dass der Täter, der im Rahmen der Erfüllung vorgibt, eine höherwertige Sache zu liefern, zugleich die Gewährleistungsrechte des Opfers verschleiert. Letztlich rechtfertigt der Umstand, dass der Täter schon beim Vertragsschluss täuscht, nicht eine Privilegierung gegenüber dem echten Erfüllungsbetrug[1598]. **591**

dd) Ferner stellt sich die Frage, was überhaupt zu dem vom Betrugstatbestand **geschützten Vermögen** gehört. **592**

Hinweis zum Prüfungsaufbau: Die im Folgenden dargestellten Punkte lassen sich auch bei der Vermögensverfügung erörtern. Denn insoweit kann man sich gut auf den Standpunkt stellen, dass überhaupt nur dann eine Vermögensverfügung vorliegt, wenn das Vermögen um einen geschützten Bestandteil vermindert wird. Damit jedoch zusammenhängende Fragen nicht unnötig auseinander gerissen werden, empfiehlt es sich, diese einheitlich unter dem Gesichtspunkt des Vermögensschadens zu diskutieren. Dafür spricht auch, dass dieselben Probleme bei § 266 und bei §§ 253, 255 (jedenfalls

---

1593 *Schönke/Schröder/Perron*, § 263 Rn. 137. Ausf. hierzu *Küper/Zopfs*, BT, Rn. 661 ff.
1594 Vgl. OLG Düsseldorf NJW 1971, 158; vgl. auch BayObLG NJW 1999, 663.
1595 Nach BGHSt 16, 220.
1596 BGHSt 16, 220 (223 f.); BGH NStZ 2012, 629; A/W/H/H-*Heinrich*, § 20 Rn. 95; MünchKomm-*Hefendehl*, § 263 Rn. 653 ff.; *Rengier*, BT 1, § 13 Rn. 171 f.; *Wessels/Hillenkamp/Schuhr*, BT 2, Rn. 542.
1597 BGH JZ 1984, 530 f.; *Schneider*, JZ 1996, 914 (919); *Schönke/Schröder/Perron*, § 263 Rn. 138.
1598 *Cramer*, NStZ 1993, 42; *Lenckner*, NJW 1962, 59; NK-*Kindhäuser*, § 263 Rn. 334; *Schneider*, JZ 1996, 914 (918).

auf Grundlage der Rechtsprechung, die hier auf eine Vermögensverfügung verzichtet) ebenfalls beim Vermögensschaden verortet sind[1599].

593 (1) Zum geschützten Vermögen gehören grundsätzlich **alle wirtschaftlichen Werte** wie Eigentum, Geld, Rechte (z. B. Grundpfandrechte, Vermieterpfandrechte) und Forderungen. Neben dem endgültigen kann auch der zeitweilige Verlust des Besitzes erfasst sein. Letzteres setzt freilich voraus, dass die betroffene Sache tatsächlich einen wirtschaftlichen Wert hat und entweder (teilweise) abgenutzt oder verbraucht werden soll oder, dass die konkrete Besitzübertragung im Geschäftsverkehr gewöhnlich an ein Entgelt geknüpft ist und ein solches nicht erbracht wird[1600]. Werden bestimmte **Arbeits- oder Dienstleistungen** üblicherweise nur gegen Entgelt erbracht, kann auch die Möglichkeit des Einsatzes der Arbeitskraft Bestandteil des Vermögens sein[1601].

Bsp.:[1602] T stellt den O als Reinigungskraft ein und verspricht ihm wahrheitswidrig ein bestimmtes Mindestgehalt. Dabei weiß er bereits bei Vertragsschluss, dass er das Gehalt angesichts der schlechten Auftragslage nicht zahlen kann. – Der Vermögensschaden des O liegt darin, dass er nunmehr nicht mehr frei über seine Arbeitskraft, etwa durch Abschluss eines anderen Arbeitsvertrags, verfügen kann.

594 Nicht erfasst wird dagegen das täuschungsbedingte Ablisten von wirtschaftlich **wertlosen Gegenständen** wie Liebesbriefen oder Erinnerungsfotos. Hierin besteht ein wesentlicher Unterschied zum Eigentumsdelikt des Diebstahls, das auch wirtschaftlich wertlose Sachen schützt.

595 (2) Erfasst werden ferner **Erwerbs- und Gewinnaussichten**, wenn diese so konkretisiert sind, dass ihnen der Geschäftsverkehr bereits wirtschaftlichen Wert beimisst, weil sie mit Wahrscheinlichkeit einen Vermögenszuwachs erwarten lassen[1603]. Neben Anwartschaftsrechten werden auch tatsächliche Expektanzen wie Gewinnchancen aus Lotterien, Sportwetten und Losen unabhängig von der statistischen Gewinnaussicht erfasst[1604]. Wer einem anderen daher ein Los mit entsprechender Gewinnchance durch Täuschung ablistet, verursacht einen Vermögensschaden.

596 Entsprechendes gilt, wenn der Veranstalter einer Tombola bewusst Gewinnlose zurückhält oder bei **Spielen und Wetten** den Ausgang – anders als behauptet – durch Manipulation beeinflusst[1605]. Hier entspricht die tatsächliche Gewinnchance nämlich nicht der geschuldeten Leistung. Ein eingängiges Beispiel hierfür bietet das sog. Hütchenspiel, bei dem eine Kugel unter drei Hütchen verschoben wird und der Spieler schließlich das Hütchen, unter dem sich die Kugel befindet, benennen muss. Dem Spieler wird für seinen Einsatz eine Gewinnchance von 1:2 versprochen, während er aufgrund der Manipulation – z. B. durch weiteres

---

1599 Vgl. auch *Rengier*, BT 1, § 13 Rn. 117 ff.
1600 BGHSt 14, 386 (388 f.); BGHSt 38, 83 (87); BGH NStZ 2018, 713 (714); *Eisele*, Jus 2018, 917 (918); LK-*Tiedemann*, § 263 Rn. 191.
1601 RGSt 68, 379 (380); BGH NJW 2001, 981; *Maurach/Schroeder/Maiwald/Hoyer/Momsen*, BT 1, § 41 Rn. 107; *Schönke/Schröder/Perron*, § 263 Rn. 96; *Wessels/Hillenkamp/Schuhr*, BT 2, Rn. 535.
1602 Nach BGH NJW 2001, 981.
1603 BverfGE 126, 170 (215) zu § 266; BGHSt 17, 147 (148); BGHSt 34, 379 (390 f.); BGH NStZ 2018, 213; L-Kühl/*Kühl*, § 263 Rn. 34; LK-*Tiedemann*, § 263 Rn. 135.
1604 BGHSt 8, 289 (291); BGHSt 29, 165 (168); LK-*Tiedemann*, § 263 Rn. 135; *Schönke/Schröder/Perron*, § 90.
1605 BGHSt 8, 289 (291); OLG Hamm NJW 1957, 1162; BayObLG NJW 1993, 2820 f.; LK-*Tiedemann*, § 263 Rn. 135; *Rengier*, BT 1, § 13 Rn. 125; *Schönke/Schröder/Perron*, § 263 Rn. 90.

Verschieben der Kugel nach Spielende – tatsächlich keine Möglichkeit zum Gewinn hat. Bedeutung haben solche Manipulationen in den letzten Jahren bei Sportwetten gewonnen.

> **Bsp.:**[1606] Schiedsrichter T manipuliert zwei Fußballspiele, indem er unberechtigte Strafstöße für die Außenseiter pfeift. Im Wettbüro des O setzte er zuvor auf die Außenseiter. In einem Fall siegt der Außenseiter und T gewinnt mit einer von vornherein festgelegten Quote (Oddset) von 1:10; das andere Spiel gewinnt trotz der Manipulation der Favorit.

T täuscht bei Wettabschluss zunächst konkludent darüber, dass er keine Manipulationen vornimmt[1607]. Im Falle des Sieges des Außenseiters liegt der Schaden des O in der Auszahlung des Gewinns abzüglich des Wetteinsatzes; insoweit liegt ein Erfüllungsbetrug vor[1608]. Dabei kommt es nach der Rechtsprechung nicht darauf an, ob der Sieg des Außenseiters auch auf der Manipulation beruht, weil O bei Kenntnis der Manipulation die Wette nicht angenommen hätte und daher auch nicht der täuschungs- und irrtumsbedingte Schaden eingetreten wäre[1609]. Trotz der verlorenen Wette im anderen Spiel liegt auch hier ein vollendeter Betrug mit Abschluss des Wettvertrags vor (Eingehungsbetrug). Dabei ist die Begründung im Fluss. Zunächst hat die Rechtsprechung angenommen, dass O einen sog. **Quotenschaden** erleidet, weil er dem T eine Gewinnchance (1:10) einräumt, die gemessen am Wetteinsatz zu hoch ist. Hätte der Wettanbieter Kenntnis von der bevorstehenden Manipulation besessen, wäre die Quote aufgrund treffender Risikoeinschätzung für den Außenseiter geringer gewesen[1610]. Um dem Erfordernis einer konkreten Bezifferung des Gefährdungsschadens nachzukommen, soll nach neuester Rechtsprechung dann ein Schaden vorliegen, wenn der Wettanbieter bei objektiver Betrachtung die infolge der Manipulation mit einem erhöhten Realisierungsrisiko behaftete Verpflichtung zur Auszahlung des vereinbarten Wettgewinns nicht mehr durch den Anspruch auf den Wetteinsatz aufgewogen wird[1611], was freilich nicht immer einfach festzustellen sein wird[1612]. Der Schaden entfällt nach BGH auch dann nicht, wenn der Wettanbieter aufgrund der verlorenen Wetten anderer Kunden insgesamt kein negatives Ergebnis erleidet, weil die Wetten anderer Kunden nicht zur Kompensation führen[1613]. Kein Schaden tritt beim Wettanbieter jedoch richtigerweise ein, wenn dieser immer denselben Prozentsatz des Einsatzes mit flexiblen Quoten als Gewinn an alle Wetter ausschüttet, so dass für ihn unabhängig von den Gewinnen der Spieler immer derselbe Prozentsatz verbleibt. In diesem Fall kommt freilich ein Dreiecksbetrug zu Lasten der anderen Wetter in Betracht, deren Quoten durch die Gewinne des T geschmälert werden[1614]. Zu beachten ist, dass einzelne Konstellationen nun auch durch die neuen Regelungen über Sportwettenbetrug nach §§ 265c ff. erfasst werden.

1606 Nach BGHSt 51, 165.
1607 Dazu o. Rn. 531.
1608 BGHSt 51, 165 (176); BGHSt 58, 102 (108); zur Kritik *Schösser*, NStZ 2013, 629 ff.
1609 BGHSt 51, 165 (176 f.); BGHSt 58, 102 (108 f.); a. A. aber *Saliger/Rönnau/Kirch-Heim*, NStZ 2007, 361 (368).
1610 BGHSt 51, 165 (177); *Engländer*, JR, 2007, 477 (479); *Radtke*, Jura 2007, 445 (451). Krit. im Hinblick auf eine Erfassung bloßer Vermögensgefährdungen *Fischer*, § 263 Rn. 167; *Rönnau/Soyka*, NStZ 2009, 12.
1611 BGHSt 58, 102 (113).
1612 *Jäger*, JA 2013, 868 (870).
1613 BGHSt 58, 102 (113 f.); *Saliger/Rönnau/Kirch-Heim*, NStZ 2007, 361 (368).
1614 BGHSt 29, 165 (168); *Rengier*, BT 1, § 13 Rn. 219.

598 (3) Beim sog. **Submissionsbetrug** im Vergabeverfahren stellt der erschlichene Zuschlag einen Betrug zu Lasten desjenigen Bewerbers dar, der ansonsten den Zuschlag erhalten hätte, weil eine konkrete Erwerbsaussicht zerstört wird[1615]. Der Vermögensschaden liegt im entgangenen Gewinn des unterlegenen Bieters.

> **Bsp.:**[1616] T manipuliert sein Angebot, um so den Zuschlag für den Bau der Sporthalle in S-Stadt zu bekommen. Ohne die Manipulation, durch die erst das Angebot das scheinbar Günstigste ist, hätte der einzige Mitbewerber O den Zuschlag erhalten. – Die irrtumsbedingte Erteilung des Zuschlags für T stellt zugleich eine vermögensmindernde Verfügung gegenüber O dar, da dessen Gewinnaussicht vernichtet wird. Das beim Dreiecksbetrug notwendige Näheverhältnis ergibt sich aus der Möglichkeit der Vergabestelle nach den Regeln des Vergabeverfahrens über die Chance der Bewerber und damit über das Vermögen zu entscheiden[1617].

599 Bei einem Submissionsbetrug zu Lasten der ausschreibenden Behörde (aber auch privaten Auftraggebern) aufgrund von Preisabsprachen zwischen den Bietern ist der Schaden mitunter schwer zu berechnen, weil kein Marktpreis für die zu erbringenden Leistungen besteht bzw. sich ein solcher nicht feststellen lässt[1618].

> **Bsp.:** Alle Bieter A, B und C sprechen sich ab und vereinbaren überhöhte Angebote im Vergabeverfahren der Stadt S. A erhält auf sein überteuertes, aber günstigstes Angebot den Zuschlag. B und C erhalten von A Ausgleichszahlungen aus dem Gewinn. – Die Täuschung des A liegt in der konkludenten Erklärung, dass das Gebot ohne Preisabsprache zustande kam (vgl. auch § 1 GWB). Fraglich ist jedoch der Schaden, weil S den Zuschlag auf das günstigste Angebot erteilt hat.

600 Nach Ansicht des BGH liegt in solchen Fällen ein Schaden vor, wenn der mit einem Anbieter vereinbarte Preis (Eingehungsbetrug) höher ist als derjenige Preis, der in einem ordnungsgemäßen Verfahren hätte erzielt werden können (Wettbewerbspreis)[1619]. Der erzielbare Preis wird – vereinfacht ausgedrückt – dadurch berechnet, dass von dem tatsächlich erzielten Preis die durch die Absprache bedingten Preisaufschläge (auch etwaige einkalkulierte Ausgleichs- oder gar Schmiergeldzahlungen) abgezogen werden[1620]. Zu § 298, der primär den Wettbewerb schützt, tritt § 263 in solchen Fällen in Tateinheit[1621].

601 (4) Erschleicht sich der Täter durch Täuschung über bestimmte Umstände beim Kauf einen **Rabatt**, so erleidet der Verkäufer nur dann einen Schaden, wenn eine konkrete Erwerbsaussicht auf einen höheren Gewinn vereitelt wird. Dazu muss festgestellt werden, dass die Ware anderweitig zu einem höheren Preis ohne einen gleichzeitig höheren Kostenaufwand hätte verkauft werden können[1622]. Dies liegt nahe, wenn es sich um ein gut verkäufliches Produkt handelt und der Täter hiervon lediglich noch ein Stück vorrätig hält; irrelevant ist es dann auch, ob das

---

1615 BGHSt 17, 147 (148), zum Vereiteln einer sicheren Anwartschaft des Mitbewerbers; *Beulke*, JuS 1977, 37.
1616 Vgl. auch *Eisele/Freudenberg*, Jura 2005, 204.
1617 *Beulke*, JuS 1977, 35 (36); *Eisele/Freudenberg*, Jura 2005, 204 (207).
1618 Dazu *Krey/Hellmann/Heinrich*, BT 2, Rn. 681; *Rengier*, BT 1, § 13 Rn. 230 ff.; *Tiedemann*, Wirtschaftsstrafrecht, Rn. 747.
1619 BGHSt 38, 186 (192); BGHSt 47, 83 (88); s. auch *Fischer*, § 263 Rn. 169 f.; HK-*Duttge*, § 263 Rn. 63; *Rengier*, BT 1, § 13 Rn. 233; a. A. *Schönke/Schröder/Perron*, § 263 Rn. 137a.
1620 BGHSt 47, 83 (88); ferner BGH NJW 1995, 737 (738); wistra 2001, 295 (296); s. auch *Rengier*, BT 1, § 13 Rn. 233.
1621 *Rengier*, BT 1, § 13 Rn. 234; *Schönke/Schröder/Heine/Eisele*, § 298 Rn. 29; *Tiedemann*, Wirtschaftsstrafrecht, Rn. 747; a. A. *Maurach/Schroeder/Maiwald*, BT 2, § 68 Rn. 9.
1622 BGH NStZ 2004, 557 (558); OLG Stuttgart NStZ-RR 2007, 347 f.

Produkt anderweitig günstiger angeboten wird. Erlangt der Täuschende im Wege der **Erbschleicherei** eine erbrechtliche Position, so scheidet ein Betrug zu Lasten des Erblassers, aber auch zu Lasten gesetzlicher oder testamentarisch bedachter Erben aus[1623]. Da der Erblasser zu Lebzeiten weiter frei über sein Vermögen verfügen kann, erleidet er schon keinen Vermögensschaden[1624]. Die (potentiellen) Erben besitzen hingegen vor dem Eintritt des Erbfalls keine hinreichend konkretisierte Erwerbsaussicht, da der Erblasser jederzeit zu ihren Ungunsten testamentarisch verfügen kann und auch keineswegs sicher ist, dass der potentielle Erbe den Erblasser tatsächlich überlebt.

(5) Nicht erfasst werden Ansprüche auf **Verhängung oder Vollstreckung von Geldstrafen, Geldbußen und Verwarnungsgeldern.** Entscheidend ist, dass solchen Ansprüchen (primär) keine wirtschaftliche Funktion zukommt, sondern diese präventiven bzw. repressiven Charakter haben. Schließlich normiert § 258 die Vereitelung des Straf- und Ahndungsanspruchs abschließend, wobei zu beachten ist, dass die Selbstbegünstigung – nach Absatz 1 („anderer") und Absatz 5 – straflos bleibt[1625].

> **Bsp.:** T tauscht das Nummernschild seines Wagens aus, damit er bei Geschwindigkeitsüberschreitungen an Radaranlagen nicht zur Kasse gebeten werden kann. – § 263 scheidet aus den genannten Gründen aus; hinsichtlich des Austausches des Nummernschildes liegt jedoch § 267 Abs. 1 Var. 2 vor[1626].

(6) Beruht der Verlust einer Sache bereits auf einer anderen Straftat, so stellt sich die Frage, ob durch eine **nachfolgende Täuschung** überhaupt noch ein Schaden eintritt.

> **Bsp.:** T nimmt dem O ein Buch weg. Als O Herausgabe verlangt, behauptet T wahrheitswidrig, dass das Buch ihm gehöre und er dieses dem O vor ein paar Jahren geliehen habe. O, der sich nicht mehr erinnert, schenkt dem T Glauben. – Zunächst macht sich T nach § 242 strafbar. Zu beachten ist weiterhin, dass Wegnahme und Vermögensverfügung auf unterschiedlichen Handlungen beruhen, so dass § 263 nicht allein aufgrund des Exklusivitätsverhältnisses zwischen Diebstahl und Betrug ausgeschlossen ist.

Teilweise wird in solchen Fällen ein Vermögensschaden und damit ein Betrug abgelehnt, da der Verlust bereits mit dem Diebstahl eingetreten sei[1627]. Richtigerweise liegt jedoch im Leugnen des Eigentums, das letztlich zur Nichtgeltendmachung des Anspruchs führt, eine darüber hinausgehende Schadensvertiefung. Dieser Sicherungsbetrug tritt dann aber als mitbestrafte Nachtat im Wege der Gesetzeskonkurrenz zurück[1628].

ee) Seit langem umstritten ist, ob der Vermögensbegriff rein wirtschaftlich zu verstehen ist (**wirtschaftlicher Vermögensbegriff**) oder gewissen rechtlichen Ein-

---

[1623] Ausf. *Eisele*, FS Weber, 2004, S. 271 (277 ff.); BGH NStZ-RR 2018, 347; zu Rechtsgeschäften unter Lebenden auf den Todesfall OLG Stuttgart NJW 1999, 1564; vgl. aber auch OLG Celle NStZ-RR 2013, 176.
[1624] BGH NStZ-RR 2018, 347 (348).
[1625] BGHSt 38, 345 (351 f.); BGHSt 43, 381 (405 f.); BGH wistra 2007, 258; *Rengier*, BT 1, § 13 Rn. 127; *Schönke/Schröder/Perron*, § 263 Rn. 78a; *Wessels/Hillenkamp/Schuhr*, BT 2, Rn. 537.
[1626] S. *Eisele*, BT 1, Rn. 832.
[1627] BGH GA 1958, 369 (370); BGH GA 1961, 83; *Otto*, BT, § 51 Rn. 152; *Wessels/Hillenkamp/Schuhr*, BT 2, Rn. 599.
[1628] *Fischer*, § 263 Rn. 233; L-Kühl/*Kühl*, § 263 Rn. 69; *Maurach/Schroeder/Maiwald/Hoyer/Momsen*, BT 1, § 41 Rn. 78. Vgl. näher u. Rn. 664 f.

schränkungen unterliegt (**juristisch-ökonomischer Vermögensbegriff**). Die Position der Rechtsprechung ist dabei nicht immer ganz eindeutig[1629].

> **Vertiefungshinweis:** Der rein **juristische Vermögensbegriff**[1630] ist überholt, verfassungswidrig[1631] und daher bei der Fallbearbeitung nicht weiter zu erörtern. Die Vertreter des **personalen Vermögensbegriffs** verstehen unter „Vermögen" die wirtschaftliche Potenz des Rechtssubjekts, die auf der Herrschaftsgewalt über Objekte des Wirtschaftsverkehrs beruht[1632]; die Ergebnisse dieser Ansicht entsprechen häufig der juristisch-ökonomischer Vermögenslehre, wobei allerdings klare Grenzen mitunter schwer zu ziehen sind. Der personale Vermögensbegriff bewegt sich im Übrigen durch Einbeziehung persönlicher Bedürfnisse und Verhältnisse des Getäuschten weg vom Vermögen als geschütztes Rechtsgut hin zum Schutz der Dispositionsfreiheit[1633].

606 Der **wirtschaftliche Vermögensbegriff** versteht unter Vermögen die Gesamtheit der wirtschaftlichen Güter einer Person und zwar unabhängig davon, ob sie dieser auch rechtlich zustehen[1634]. Für diesen Vermögensbegriff spricht, dass es kein strafrechtlich ungeschütztes Vermögen gibt und damit auch zwischen „Rechtsbrechern" kein straffreier Raum existiert[1635]. Nach dem **juristisch-ökonomischen Vermögensbegriff** gehören zum Vermögen zwar ebenfalls alle Positionen, die einen wirtschaftlichen Wert haben, jedoch nur, soweit sie unter dem Schutz der Rechtsordnung stehen[1636]. Hierfür lässt sich zunächst der Gedanke der Einheit der Rechtsordnung fruchtbar machen, wonach es widersprüchlich wäre, wenn das Strafrecht Vermögen schützt, das ansonsten keinem rechtlichen Schutz unterliegt. Ferner weist diese Auffassung zu Recht darauf hin, dass ein Vermögensbegriff nicht unabhängig von rechtlichen Normen gebildet werden kann[1637]. Schließlich muss man sehen, dass sich rechtlich nicht geschützte Positionen häufig auch gar nicht realisieren lassen.

607 (1) Unterschiede ergeben sich zunächst dort, wo Arbeitsleistungen erschlichen werden, die gegen §§ **134, 138 BGB** verstoßen. Solche verbotenen oder sittenwidrigen Leistungen sind nur auf Grundlage einer rein wirtschaftlichen Betrachtungsweise geschützt[1638]. Dies gilt auch, wenn ein Beteiligter einer Vermögensstraftat andere Beteiligte bei der Teilung der Beute täuscht[1639]. Der wirtschaftliche Vermögensbegriff kommt in solchen Fällen zu einem Schaden, wenn die nichtige Forderung nach den konkreten Umständen realisierbar erscheint und daher als Exspektanz einen wirtschaftlichen Wert aufweist[1640].

> **Bsp. (1):** T verspricht dem O 100 €, wenn er den D „vermöbelt", was O sogleich tut; T zahlt nicht. – Die Forderung des O ist nur nach dem wirtschaftlichen Vermögensbegriff

---

1629 Ausf. *Küper/Zopfs*, BT, Rn. 628; MünchKomm-*Hefendehl*, § 263 Rn. 372 ff.
1630 So noch RGSt 3, 332 (333); *Binding*, Lehrbuch des Gemeinen Deutschen Strafrechts, Besonderer Teil, Bd. 1, 2. Aufl. 1902, S. 237 ff., 341 ff.
1631 *Saliger*, HRRS 2012, 363 (364 ff.), mit Hinweisen, dass sich die Rechtsprechung in Einzelfällen (zu sehr) einem juristischen Schadensbegriff annähert.
1632 *Geerds*, Jura 1994, 309 (311); *Otto*, BT, § 51 Rn. 54, 59 ff.
1633 S. auch u. Rn. 619 ff. zu Fällen des persönlichen Schadenseinschlags.
1634 *Krey/Hellmann/Heinrich*, BT 2, Rn. 607 ff.; in diese Richtung auch BGHSt 2, 364 (365).
1635 *Wessels/Hillenkamp/Schuhr*, BT 2, Rn. 531.
1636 LK-*Tiedemann*, § 263 Rn. 132; *Rengier*, BT 1, § 13 Rn. 129; *Schönke/Schröder/Perron*, § 263 Rn. 82.
1637 *Kindhäuser/Böse*, BT 2, § 26 Rn. 17; *Maurach/Schroeder/Maiwald/Hoyer/Momsen*, BT 1, § 41 Rn. 100; *Schönke/Schröder/Perron*, § 263 Rn. 80.
1638 S. LK-*Tiedemann*, § 263 Rn. 138; *Rengier*, BT 1, § 13 Rn. 133; *Schönke/Schröder/Perron*, § 263 Rn. 93 u. 97.
1639 BGH NStZ 2001, 534; dazu *Rengier*, BT 1, § 13 Rn. 135 ff.
1640 BGHSt 2, 364 (366 f.); vgl. auch *Krey/Hellmann/Heinrich*, BT 2, Rn. 609 u. 615 ff.

geschützt; nach der juristisch-ökonomischen Vermögenslehre scheidet § 263 aus, weil die Leistung des O nach § 223 verboten ist[1641]. Sein Vermögen wird daher nicht um eine geschützte Position vermindert.

Bsp. (2): T nimmt bei der Prostituierten O sexuelle Dienste in Anspruch, obwohl er von Anfang an nicht bereit ist, das vereinbarte Entgelt zu zahlen. – Da nach § 1 ProstG bei sexuellen Handlungen, die gegen ein vorher vereinbartes Entgelt vorgenommen worden sind, eine rechtswirksame Forderung begründet wird, kommt auch nach der juristisch-ökonomischen Vermögenslehre § 263 in Betracht[1642]. Entsprechendes gilt auch für sexuelle Dienstleistungen via Telefon oder Internet[1643].

608 (2) Ferner wird kontrovers diskutiert, ob der **deliktisch erlangte Besitz** geschützt ist[1644].

Bsp.:[1645] O veräußert ein von ihm gestohlenes Kfz an T; T zahlt mit Falschgeld.

Nach dem **wirtschaftlichen Vermögensbegriff** ist ein Vermögensschaden zu bejahen, weil der Besitz ohne Gegenleistung übertragen wird. Innerhalb des **juristisch-ökonomischen Vermögensbegriffs** ist dies umstritten. Eine Strafbarkeit wird z. T. mit Hinweis auf den Schutz des Besitzes durch §§ 858, 859 BGB sowie vor dem Hintergrund bejaht, dass auch die Wegnahme einer solchen Sache gemäß § 242 strafbar ist[1646]. Dem ist allerdings zu widersprechen, da die possessorischen Bestimmungen der §§ 858, 859 BGB lediglich dem Schutz des Rechtsfriedens dienen und nur vorläufiger Natur sind, jedoch kein petitorisches Recht (zum Besitz) gewähren. Sie begründen daher lediglich eine faktische Position, die nicht Vermögensbestandteil wird[1647]. Auch muss man sehen, dass im Falle eines weiteren Diebstahls der Sache der Schutz des § 242 lediglich dem Eigentümer, nicht aber dem Gewahrsamsinhaber dient[1648].

609 (3) Ähnlich gelagert ist die Frage, ob der Besitz von Betäubungsmitteln **zum strafrechtlich geschützten Vermögen gehört**. Obgleich der unerlaubte Besitz von Betäubungsmitteln nach § 29 BtMG strafbar ist, ist dies nach dem wirtschaftlichen Vermögensbegriff zu bejahen. Die Rspr. ließ es bislang an einer eindeutigen Linie vermissen. Während Betäubungsmittel vereinzelt dem strafrechtlich geschützten Vermögen zugeschlagen wurden[1649], ließ dies eine weitere Entscheidung – unter Verweis auf die mangelnde Entscheidungserheblichkeit – offen[1650]. Vor diesem Hintergrund verfolgte der 2. Strafsenat zeitweise das Ansinnen, Betäubungsmittel aus dem strafrechtlichen Vermögensschutz auszuklammern[1651]. Maßgeblich war insoweit die Erwägung, dass die Strafbarkeit des Abnötigens oder Erschleichens von BtM-Besitz bei gleichzeitiger Pönalisierung dieses Besitzes einen nicht hin-

---

1641 BGH NStZ 2001, 534; NStZ-RR 2009, 106 (107); NStZ 2020, 286 jew. zu § 253.
1642 BGHSt 61, 149 (153); BGH NStZ 2011, 278 f.; NStZ 2016, 283 (284); NK-*Kindhäuser*, § 263 Rn. 237; *Schönke/Schröder/Perron*, § 263 Rn. 93a.
1643 Zum sog. „Telefonsex" BGH[Z] NJW 2008, 140.
1644 Näher *Küper/Zopfs*, BT, Rn. 629; SSW-*Satzger*, § 263 Rn. 161.
1645 Vgl. auch BGH NStZ 2008, 627.
1646 BGHSt 2, 364 (365); BGH NStZ 2008, 627 f.; LK-*Tiedemann*, § 263 Rn. 140; *Wessels/Hillenkamp/Schuhr*, BT 2, Rn. 536.
1647 *Maurach/Schroeder/Maiwald/Hoyer/Momsen*, BT 1, § 41 Rn. 99; NK-*Kindhäuser*, § 263 Rn. 239; *Schönke/Schröder/Perron*, § 263 Rn. 94 f.
1648 S. o. Rn. 8; *Kindhäuser* StV 2009, 355 (356); vgl. aber *Rengier*, BT 1, § 13 Rn. 141.
1649 BGH BeckRS 1995, 05097 (Erpressung von Haschisch). Zur Erpressung von Betäubungsmitteln vgl. auch den Fall u. Rn. 788.
1650 BGHSt 48, 322 (326 f.).
1651 Vgl. den Anfragebeschluss BGH NStZ 2016, 596 m. Anm. *Jahn*, JuS 2016, 848; vgl. dazu auch – mit Blick auf die Eigentumsdelikte – o. Rn. 24.

nehmbaren Wertungswiderspruch darstelle. Dabei war der Vorstoß bei konsequenter Befolgung des juristisch-ökonomischen Vermögensbegriffs folgerichtig: Was vom Recht bereits im Ausgangspunkt missbilligt wird, kann keinen strafrechtlichen Schutz genießen[1652]. In diesem Zusammenhang muss man sehen, dass es nicht (nur) um den Schutz rechtswidrig erlangten Besitzes geht, sondern um schlechterdings verbotenen Besitz. Mit Blick auf die §§ 858, 859 BGB, die (auch) zur Begründung des vermögensstrafrechtlichen Schutzes von BtM-Besitz immer wieder herangezogen werden[1653], hat der 4. Strafsenat auch die Auffassung vertreten, dass für deren Anwendung bei verbotsbehaftetem Besitz kein Raum sei[1654]. Ungeachtet des Umstandes, dass die Besitzschutzrechte nur faktischen Besitzschutz ermöglichen, nicht aber eine materielle Vermögensposition begründen[1655], erscheint die Ablehnung einer Ausklammerung also auch unter Beachtung anderweitiger Rechtsprechung des BGH wenig folgerichtig[1656].

610 (4) Streitig ist ferner, ob Geld und andere Gegenstände strafrechtlich geschützt sind, wenn sie zu **verbotenen oder sittenwidrigen Zwecken eingesetzt werden**. Hier ist anders als in den bisher behandelten Konstellationen der jeweilige Gegenstand selbst zunächst einmal grundsätzlich von der Rechtsordnung geschützt.

Bsp. (1):[1657] O zahlt an T Geld, um dafür Drogen zu erhalten; T liefert wie geplant nicht.

Bsp. (2):[1658] T nimmt über eine Online-Chatplattform Kontakt mit dem vermeintlichen Kontaktmann einer Terrororganisation auf und gibt vor, terroristische Anschläge an verschiedenen Orten in Europa zu planen, zu deren Durchführung er 180 000 € benötige. Tatsächlich möchte er das Geld für sich selbst verwenden. Zu einem Geldtransfer kommt es schon deshalb nicht, weil sich hinter dem Online-Chatprofil des mutmaßlichen Kontaktmannes in Wahrheit ein Gegner der Terrororganisation verbirgt, der sich Zugang zu dem Profil verschafft hat, Unterstützer der Organisation enttarnen und an die zuständigen Behörden melden möchte. Jedoch stellt sich auch beim versuchten Betrug die Frage nach dem Vermögensbegriff.

611 Auf Grundlage des wirtschaftlichen Vermögensbegriffs liegt auch hier – in beiden Fällen – ein Schaden vor, weil der Getäuschte seine Leistung verliert bzw. verlieren soll. Nach dem juristisch-ökonomischen Vermögensbegriff könnte man einen Schaden mit Blick auf §§ 134, 138 BGB und § 817 Satz 2 BGB verneinen. Richtigerweise ist der strafrechtliche Schutz in Bsp. (1) jedoch auch auf Grundlage dieses Vermögensbegriffs zu bejahen, da O rechtmäßig erworbenes („gutes") Geld weggegeben hat, dessen Eigentum und Besitz von der Rechtsordnung auch nicht beim Einsatz zu verbotenen oder sittenwidrigen Zwecken missbilligt wird[1659]. Auf das Ausbleiben der sittenwidrigen Gegenleistung, auf die kein Anspruch besteht, kann es hierbei nicht ankommen[1660]. Die Vorschrift des § 817 Satz 2 BGB steht dieser

---

1652 Vgl. o. Rn. 606.
1653 BGH NStZ-RR 2017, 112 (113) (1. Strafsenat); BGH NStZ-RR 2017, 244 (245) (3. Strafsenat); vgl. ferner BGHSt 61, 263 (264); BGH NStZ 2018, 104; NStZ-RR 2018, 15 f.
1654 BGH NJW 2015, 2898 (2900).
1655 S. schon o. Rn. 608.
1656 *Bechtel*, wistra 2018, 154 (157 f.).
1657 S. auch BGH NStZ 2002, 33; NStZ 2003, 151 (152); KG NJW 2001, 86, zur Zahlung an einen Killer, der die Durchführung der Tat nur vorgibt; abl. hierzu *Hecker*, JuS 2001, 228 ff.
1658 Nach BGH NStZ-RR 2018, 221 m. Anm. *Jahn*, JuS 2018, 719; ferner *Bechtel*, JSE 2018, 164.
1659 BGHSt 48, 322 (329 f.); BGH NStZ 2002, 33; BGH NStZ 2003, 151 (152); L-Kühl/*Kühl*, § 263 Rn. 35; LK-*Tiedemann*, § 263 Rn. 138.
1660 *Wessels/Hillenkamp/Schuhr*, BT 2, Rn. 565.

Lösung nicht entgegen, weil diese lediglich die Rückforderung einer bereits erfolgten Leistung ausschließt und auf das Bereicherungsrecht beschränkt ist[1661]. Die Vorschriften über die Einziehung können aufgrund ihrer anderen Zielrichtung ein abweichendes Ergebnis ebenfalls nicht begründen[1662]. Auch liegt kein Fall einer bewussten Selbstschädigung vor, da es hier um den Einsatz des Geldes zu verbotenen Zwecken geht und nicht um eine Verwendung von Geldern, die von vornherein nicht auf eine Gegenleistung zielt[1663]. Letztlich bestünde ansonsten ein nicht unerheblicher straffreier Raum, um sich an rechtmäßig erworbenem Eigentum durch Täuschung zu bereichern[1664]. Entsprechendes gilt auch für die in Rn. 610 genannten Fälle, wenn der Täter seine Gegenleistung trotz Zahlung – wie von Anfang an geplant – nicht erbringt. Mit Blick auf Bsp. (2) kann man sich freilich fragen, ob das Bild des „guten" Geldes auch diesbezüglich eingreift. Immerhin stellt die Terrorismusfinanzierung nach § 89c StGB grundsätzliches strafbares Unrecht dar, sodass man die entsprechend aufgewendeten bzw. vom Täter erstrebten Vermögenswerte durchaus als bemakelt begreifen könnte[1665]. Letztlich dürfte aber mehr dafür sprechen, auch insoweit auf die zu Bsp. (2) angestellten Erwägungen zurückzugreifen: Sofern Geld aufgewendet wird bzw. aufgewendet werden soll, dessen Besitz und Eigentum für sich genommen keine Missbilligung erfährt, muss der vermögensstrafrechtliche Schutz nicht versagt werden.

ff) Zu den „Klassikern" gehört die Frage, ob derjenige, der **gutgläubig das Eigentum an einer Sache gemäß § 932 BGB erwirbt**, einen Vermögensschaden erleidet. Dabei muss man im Ausgangspunkt erkennen, dass der Erwerber auch mit dem (gutgläubigen) Eigentum kein minderes Recht erhält. Die (überholte) Rechtsprechung des Reichsgerichts nahm freilich einen Schaden an, weil eine gutgläubig erworbene Sache mit einem sittlichen Makel behaftet und daher minderwertig sei (sog. Makeltheorie)[1666]. Der BGH hat dem zwar grundsätzlich eine Absage erteilt, nimmt aber dennoch im Einzelfall ausnahmsweise einen Gefährdungsschaden an, wenn dieser auf besondere Umstände gestützt werden kann[1667]. Dabei kann freilich nicht die bloße Gefahr genügen, dass der Eigentumserwerb bestritten und im Wirtschaftsleben geringer bewertet wird[1668]. Denn durch die Beweislastverteilung (§ 932 Abs. 1 Satz 1 BGB) ist die Position des gutgläubigen Erwerbers im Prozess gestärkt. Auch besteht letztlich bei jedem rechtsgeschäftlichen Erwerb die Gefahr, dass die Eigentumserlangung durch Dritte bestritten wird[1669]. Man wird daher zumindest verlangen müssen, dass im Einzelfall tatsächlich ein nicht aussichtsloser Angriff auf die erworbene Rechtsposition vorliegt und der

612

1661 Aus dem Zivilrecht BGHZ 41, 341 (349 f.); BGH NJW 1992, 310 (311); MünchKomm-*Schwab*, BGB, 8. Aufl. 2020, § 817 Rn. 10; aus dem Strafrecht BGH NStZ 2003, 151 (152); wistra 2019, 190 (193); *Krey/Hellmann/Heinrich*, BT 2, Rn. 623; *Wessels/Hillenkamp/Schuhr*, BT 2, Rn. 565; a. A. *Hecker*, JuS 2001, 228 (231); *Mitsch*, BT 2, 5.2.1.2.5.3.
1662 BGHSt 48, 322 (330); *Wessels/Hillenkamp/Schuhr*, BT 2, Rn. 565; a. A. *Fischer*, § 263 Rn. 108; *Mitsch*, BT 2, 5.2.1.2.5.3.
1663 *Gröseling*, NStZ 2001, 515 (518 f.); ähnl. *Wessels/Hillenkamp/Schuhr*, BT 2, Rn. 565; a. A. NK-*Kindhäuser*, § 263 Rn. 346; *Schönke/Schröder/Perron*, § 263 Rn. 150. S. auch u. Rn. 625.
1664 *Gröseling*, NStZ 2001, 515 (519); *Rengier*, BT 1, § 13 Rn. 145; a. A. *Kindhäuser/Böse*, BT 2, § 27 Rn. 114.
1665 Vgl. auch *Jahn*, JuS 2018, 719 (721); ferner *Bechtel*, Jura 2019, 63 (69 f.).
1666 Vgl. nur RGSt 73, 61 (62 f.). Zum Ganzen *Küper/Zopfs*, BT, Rn. 704.
1667 BGHSt 15, 83 (85 ff.); BGH JR 1990, 517 (518); BGH wistra 2003, 230; ähnl. *Mitsch*, BT 2, 5.2.1.5.3.1; *Rengier*, BT 1, § 13 Rn. 205; *Wessels/Hillenkamp/Schuhr*, BT 2, Rn. 577.
1668 Vgl. BGH wistra 2011, 387.
1669 Kritisch zu diesem Argument *Trück*, ZWH 2012, 59 (60 f.).

Schaden im Hinblick auf die Anforderungen des Art. 103 Abs. 2 GG durch Bewertung des Prozessrisikos konkret beziffert wird[1670]. Allerdings werden solche Fälle nur selten denkbar sein; jedenfalls kann nicht mehr auf das allgemeine Prozessrisiko abgestellt werden, so dass sich die Makeltheorie weitgehend erledigt hat[1671].

Bsp.:[1672] T veräußert das Rad des O, das dieser ihm geliehen hat (kein Abhandenkommen i. S. d. § 935 BGB), an D, der sogleich zahlt. – T täuscht konkludent über die Eigentümerposition und D verfügt irrtumsbedingt mit der Kaufpreiszahlung. Da D nach §§ 929, 932 BGB das Eigentum erwirbt ist ein Vermögensschaden zu verneinen. Einer Entscheidung zwischen den beiden Auffassungen bedarf es nicht, wenn keine Anhaltspunkte für ein konkretes Prozessrisiko bzw. einen Gefährdungsschaden bestehen. Ein Dreiecksbetrug zum Nachteil des O, der sein Eigentum durch das Rechtsgeschäft verliert, scheidet ebenfalls aus, da zwischen dem verfügenden D (Mitwirkung an der dinglichen Übereignung) und O kein Näheverhältnis besteht[1673]; es verbleibt jedoch eine Strafbarkeit nach § 246 Abs. 2.

613 Ein Vermögensschaden liegt unabhängig von der Höhe des Kaufpreises jedoch vor, wenn der Eigentumserwerb scheitert, weil die Sache gemäß § 935 BGB – z. B. durch Diebstahl – abhanden gekommen ist. Die bloße Besitzverschaffung ohne Eigentum stellt kein hinreichendes Äquivalent zum gezahlten Kaufpreis dar.

Beachte: An Geld kann nach § 935 Abs. 2 BGB auch bei Abhandenkommen gutgläubig Eigentum erworben werden.

614 gg) Besondere Gesichtspunkte sind beim **Anstellungsbetrug** zu beachten. Es handelt sich hierbei um Fälle, in denen der Täter den Arbeitgeber bei Abschluss eines Anstellungsvertrags über seine fachliche Qualifikation täuscht. Da die vermögensmindernde Verfügung bereits im Vertragsschluss und der Übernahme der Gehaltszahlungsverpflichtung liegt, handelt es sich um einen Eingehungsbetrug[1674]. Zu vergleichen sind demnach die gegenseitigen vertraglichen Verpflichtungen.

615 (1) Bei **privatrechtlichen Arbeits- und Dienstverhältnissen** ist maßgeblich, ob die zu erbringende Leistung den gezahlten Lohn wert ist[1675]. Im Einzelfall ist dabei zu prüfen, ob der Lohn auch Anteile für besondere Qualifikationen (z. B. Ausbildungsabschlüsse oder Titel) sowie die Zuverlässigkeit des Bewerbers enthält[1676]. Problematisch ist, ob ein Gefährdungsschaden auch darin gesehen werden kann, dass der Arbeitnehmer gegenüber dem Arbeitgeber **Vorstrafen** verschweigt. Unerheblich sind dabei per se solche Vorstrafen, die dem Arbeitgeber aus arbeitsrechtlichen Gründen nicht zu offenbaren sind, da sie mit der angestrebten Tätigkeit in keiner Beziehung stehen oder keinen Bezug zu Vermögensstraftaten aufweisen[1677].

Bsp. (1): Der wegen Trunkenheit im Verkehr (§ 316) vorbestrafte T bewirbt sich bei O als Kellner und leugnet dabei die Vorstrafe. – Da die Vorstrafe nicht in Bezug zur

---

1670 BGH wistra 2011, 387; näher zu Schadensbezifferung *Trück*, ZWH 2012, 59 (61); *Wessels/Hillenkamp/Schuhr*, BT 2, Rn. 577.
1671 BGH StraFo 2013, 480; NStZ 2015, 514 (515); NStZ-RR 2016, 340 (341); *Begemeier/Wölfel*, JuS 2015, 307 (309 f.); allgemein zum Prozessrisiko BGH NStZ 2017, 30 (31).
1672 Dazu schon o. Rn. 570.
1673 S. o. Rn. 570.
1674 BGHSt 45, 1 (4); *Heghmanns*, BT, Rn. 1255; L-Kühl/*Kühl*, § 263 Rn. 52; *Wessels/Hillenkamp/Schuhr*, BT 2, Rn. 540, 580.
1675 BGHSt 17, 254 (256); BGHSt 45, 1 (4); *Eisele/Freudenberg*, Jura 2005, 204 (211); L-Kühl/*Kühl*, § 263 Rn. 52; *Rengier*, BT 1, § 13 Rn. 224.
1676 BGHSt 17, 254 (256 f., 259); BGH NJW 1978, 2042 (2043); A/W/H-*Heinrich*, § 20 Rn. 109.
1677 *Schaub*, Arbeitsrechts-Handbuch, 18. Aufl. 2018, § 26 Rn. 45; ferner *Rengier*, BT 1, § 13 Rn. 228.

Tätigkeit steht und keinen Anhaltspunkt für die Gefahr einer Begehung einer Vermögensstraftat bietet, kann darauf ein Gefährdungsschaden von vornherein nicht gestützt werden.

> **Bsp. (2):**[1678] Gegen T ist ein Berufsverbot als Rechtsanwalt verhängt worden, worüber er O bei Übernahme des Mandats täuscht. – Er reicht eine inhaltlich sachgerechte von seinem Vertreter unterzeichneten Klage vor dem VG ein. – Der BGH verneint zu Recht einen Vermögensschaden, da T Maßnahmen ergriff, die in wirtschaftlicher Hinsicht einer sachgerechten Wahrnehmung des Mandats entsprachen.

616 Bestehen Berührungspunkte einer Vorstrafe mit dem Tätigkeitsfeld des Arbeitnehmers, so bejaht die Rechtsprechung – unabhängig von etwaigen deliktischen Absichten – einen Gefährdungsschaden[1679]. Dem ist jedoch zu widersprechen, weil die mit der Tätigkeit verbundene Möglichkeit, einen Vermögensschaden herbeizuführen, erst noch weiterer deliktischer Handlungen bedarf und daher noch keinen Gefährdungsschaden darstellt[1680].

> **Bsp.:** T wird als Kassierer eingestellt; er verneint jedoch, dass er mehrfach wegen Untreue vorbestraft ist; den Anforderungen der Tätigkeit wird er später voll gerecht. – Richtigerweise wird man trotz der in der Vergangenheit fehlenden Zuverlässigkeit noch keinen Gefährdungsschaden annehmen können, da sich diese nicht in der neuen Tätigkeit niedergeschlagen hat. Anders wird man nur dann entscheiden können, wenn das Einkommen des T ausdrücklich Bestandteile für eine besondere Zuverlässigkeit enthält, was sich jedoch im Arbeitsvertrag niederschlagen muss[1681]. Soweit Vorstrafen (nur) verschwiegen werden, bedarf es im Rahmen der Täuschung durch Unterlassen einer (arbeitsrechtlichen) Pflicht zur Offenbarung (Garantenstellung).

617 (2) Bei **Beamten** ist hingegen unabhängig von der Qualität der erbrachten Leistung ein Betrug anzunehmen, wenn die Ernennungsvoraussetzungen fehlen[1682]. Dies lässt sich damit begründen, dass das Laufbahnrecht strenge Vorgaben an die Qualifikationen der Bewerber stellt und bei Täuschung eine etwaige Ernennung zwingend zurückzunehmen ist (§ 12 Abs. 1 Nr. 1 BeamtStG, § 14 Abs. 1 Nr. 1 BBG).

618 hh) Ein Vermögensschaden ist nach den bisher dargestellten Grundsätzen nur anzunehmen, wenn sich **Leistung und Gegenleistung nicht entsprechen**.

> **Bsp.:**[1683] T liefert O eine Probezeitung und verlangt, dass O den Empfang quittiert. Tatsächlich setzt O die Unterschrift aber unter die Bestellung eines Abonnements der Tageszeitung zum Marktpreis. – Ein Schaden ist grundsätzlich zu verneinen, weil Leistung und Gegenleistung äquivalent sind.

619 Von dieser an wirtschaftlichen Kriterien ausgerichteten Betrachtungsweise hat die Rechtsprechung[1684] bei an sich äquivalenten Leistungen **Durchbrechungen** zugelassen, die unter dem Begriff des **persönlichen bzw. individuellen Schadenseinschlags** erörtert werden. Angesichts dessen, dass § 263 das Vermögen und nicht die bloße Dispositionsfreiheit schützt, sind diese Fallgruppen restriktiv auszule-

---

1678 Nach BGH wistra 2020, 66.
1679 BGHSt 17, 254 (258 f.); BGH NJW 1978, 2042 (2043).
1680 *Schönke/Schröder/Perron*, § 263 Rn. 154; SK-*Hoyer*, § 263 Rn. 258.
1681 BGHSt 17, 254 (256 f.); BGH NJW 1961, 2027 (2028); NJW 1978, 2042 (2043); NK-*Kindhäuser*, § 263 Rn. 325; *Mitsch*, BT 2, 5.2.1.5.2.3.
1682 BGHSt 5, 358 (362); BGHSt 45, 1 (5); LK-*Tiedemann*, § 263 Rn. 224; *Rengier*, BT 1, § 13 Rn. 225; *Wessels/Hillenkamp/Schuhr*, BT 2, Rn. 580.
1683 Vgl. auch BGHSt 22, 88.
1684 BGHSt 16, 321 (325 ff.).

gen[1685]. Auf Grundlage des personalen Vermögensbegriffs[1686] kann man freilich zu einem deutlich weiteren Anwendungsbereich gelangen, weil hier die persönlichen Verhältnisse und Bedürfnisse von vornherein eine zentrale Rolle spielen.

Wert der Leistung = Wert der Gegenleistung	Wert der Leistung ≠ Wert der Gegenleistung
Folge: Kein Schaden	**Folge:** Schaden liegt vor
Ausnahme: Persönlicher Schadenseinschlag: 1. Der Erwerber kann die angebotene Leistung nicht in zumutbarer Weise verwenden 2. Der Erwerber wird durch die eingegangene Verpflichtung zu schädigenden Folgemaßnahmen gezwungen 3. Der Erwerber verfügt infolge der Verpflichtung nicht mehr über die Mittel zur angemessenen Lebensführung	**Ausnahme:** Bewusste Selbstschädigung **Gegenausnahme:** Auch bei bewusster Selbstschädigung ist aber ein Schaden anzunehmen, wenn eine soziale Zweckverfehlung vorliegt
Die bloße Dispositionsbefugnis bei Motivirrtümern ist nicht geschützt	Die bloße Dispositionsbefugnis bei Motivirrtümern ist nicht geschützt

620 (1) Zunächst soll ein Schaden auch dann anzunehmen sein, wenn die angebotene Leistung zwar wirtschaftlich äquivalent, vom Opfer hingegen **nicht oder nicht in vollem Umfang zu dem vertraglich vorausgesetzten Zweck oder in anderer zumutbarer Weise verwendet werden kann**[1687]. Entscheidend ist, ob der Getäuschte die Gegenleistung noch sinnvoll nutzen kann oder seine Aufwendungen vollständig unnütz sind[1688]. Letzteres ist insbesondere anzunehmen, wenn der Getäuschte einen entsprechenden Gegenstand bereits besitzt[1689]. Andererseits ist ein persönlicher Schadenseinschlag zu verneinen, wenn die täuschungsbedingt erworbene Sache ohne erheblichen Aufwand wieder veräußert werden kann[1690]. Für die Frage der Verwendungsmöglichkeit ist nicht die subjektive Einschätzung des Getäuschten, sondern die Auffassung eines neutralen Dritten unter Berücksichtigung der persönlichen Verhältnisse, Bedürfnisse und Zwecke des Getäusch-

---

1685 *Wessels/Hillenkamp/Schuhr*, BT 2, Rn. 544.
1686 S. o. Rn. 605.
1687 BGHSt 16, 321; BGHSt 51, 10 (15); BGH NStZ-RR 2001, 41 f.; L-*Kühl*/*Kühl*, § 263 Rn. 48a; *Rengier*, BT 1, § 13 Rn. 177.
1688 BGHSt 23, 300 (301); BGH NJW 2014, 2595 (2599); BGH NStZ-RR 2018, 283 m. Anm. *Eisele*, JuS 2018, 1109 f.; *Krey/Hellmann/Heinrich*, BT 2, Rn. 645; *Wessels/Hillenkamp/Schuhr*, BT 2, Rn. 550; diff. LK-*Tiedemann*, § 263 Rn. 178. Vgl. auch BGH NStZ 2014, 318 (320) und BGH NStZ 2014, 517 (519), wo noch offen gelassen wird, ob die Rechtsprechung aufgrund der verfassungsrechtlichen Vorgaben von BVerfGE 126, 170 ff. und BVerfGE 130, 1 ff. einer Korrektur bedarf; BVerfG NJW 2013, 365 (367) billigt die Lehre vom persönlichen Schadenseinschlag bei § 266.
1689 *Rengier*, BT 1, § 13 Rn. 179.
1690 BGH NStZ-RR 2001, 41 f.; BGH NStZ 2014, 318 (320).

ten maßgeblich[1691]. Im oben genannten Bsp. könnte man etwa zu einem Schaden gelangen, wenn der Getäuschte bereits ein Abonnement derselben Zeitung besitzt.

> **Bsp.:**[1692] T sucht in einem Altenheim die 80-jährige O auf und überredet diese durch Täuschungen zum Abschluss eines Abonnements über den Bezug einer Fachzeitschrift zum Arzthaftungsrecht zum regulären Preis, da diese auch für juristische Laien gut verständlich sei und zugleich helfe, die juristischen Probleme des Alltags zu meistern. – Hier liegt zunächst nach Gesamtsaldierung kein Vermögensschaden vor, da sich Leistung und Gegenleistung (regulärer Preis) entsprechen. Nach den – auch dem T bekannten – individuellen Lebensverhältnissen der O kann diese die Zeitschrift jedoch in keiner Weise sinnvoll nutzen. Anders wäre der Fall zu entscheiden, wenn es sich bei O um eine pensionierte Anwältin handelt, die weiterhin die juristische Diskussion verfolgt und eine „NJW" erwirbt.

Beim **Kapitalanlagebetrug** kann ein Schaden zu bejahen sein, wenn ein Anleger nicht die gewünschte wertbeständige Kapitalanlage erhält, sondern zu einer langfristigen Investition in eine höchst risikoreiche Beteiligung gebracht wird und daher etwas völlig anderes erwirbt, als er erwerben wollte[1693]. Ähnliche Erwägungen werden auch in Fällen angestellt, in denen beim Kfz-Verkauf ein Mangel verschwiegen wird, der Wagen den gezahlten Preis jedoch dennoch wert ist[1694]. **621**

> **Bsp.:**[1695] T veräußert O seinen Wagen für 5000 €. Dabei verschweigt er, dass der Wagen bereits 50000 km mehr gelaufen ist, als der Tachometer anzeigt, obwohl O deutlich gemacht hat, dass ihm wegen der geringeren Reparaturbedürftigkeit und der Verkehrssicherheit eine geringe Fahrleistung wichtig ist. Der Wagen ist aber die von O gezahlten 5000 € wert. – Hier liegt richtigerweise ein unechter Erfüllungsbetrug vor, weil O einen Anspruch auf ein Fahrzeug mit geringerer Laufleistung und damit höherem Wert erworben hat, er jedoch ein minderwertiges Fahrzeug erhält[1696]. Wer dies ablehnt, könnte noch argumentieren, dass für das Opfer aufgrund der höheren Reparaturanfälligkeit oder geringeren Verkehrssicherheit ein individueller Schadenseinschlag vorliegt[1697]. Dagegen spricht jedoch, dass O das Fahrzeug weiterhin zu dem vertraglich vorausgesetzten Zweck verwenden kann und eine höhere Reparaturanfälligkeit bzw. mangelnde Nutzungsmöglichkeit für bestimmte Zwecke zumindest festgestellt werden müsste[1698].

(2) Ein Vermögensschaden ist darüber hinaus zu bejahen, wenn das Opfer durch die täuschungsbedingt eingegangene Verpflichtung zu **vermögensschädigenden Folgemaßnahmen** veranlasst wird. Genannt werden Fälle, in denen das Opfer zur Finanzierung des wirtschaftlich adäquaten Geschäfts auf hochverzinsliche Darlehen zurückgreifen muss oder aber anderweitige Objekte hierfür zu einem unwirtschaftlichen Preis veräußern muss[1699]. **622**

1691 BGHSt 16, 321 (325); BGHSt 23, 300 (301); BGH NStZ 2008, 96 (98); *Krey/Hellmann/Heinrich*, BT 2, Rn. 645.
1692 Vgl. auch OLG Köln NJW 1976, 1222, zur Veräußerung eines Lexikons an völlig ungebildete Personen.
1693 BGHSt 51, 10 (15 f.); BGH NStZ-RR 2006, 206 (207); BGH wistra 2011, 335 (338). Zu aus Sicht eines objektiven Beurteilers unbrauchbaren Finanzdienstleistungen s. BGH NStZ 2008, 96 (98).
1694 Dazu *Rengier*, BT 1, § 13 Rn. 180; *Schönke/Schröder/Perron*, § 263 Rn. 123; *Wessels/Hillenkamp/Schuhr*, BT 2, Rn. 551.
1695 S. auch OLG Hamm NStZ 1992, 593; OLG Düsseldorf JZ 1996, 913 f.
1696 Näher o. Rn. 590 f.
1697 So aus der älteren Rechtsprechung BGH MDR/D 1972, 571; OLG Hamm NJW 1968, 903; OLG Düsseldorf NJW 1971, 158 f.
1698 Vgl. aber die jüngere Rechtsprechung BGH wistra 1988, 348 (349); OLG Hamm NStZ 1992, 593 f.; dazu auch *Schönke/Schröder/Perron*, § 263 Rn. 123.
1699 BGHSt 16, 321 (328); LK-*Tiedemann*, § 263 Rn. 179; *Rengier*, BT 1, § 13 Rn. 181.

623 (3) Erfasst werden letztlich Konstellationen, in denen das Opfer durch die (täuschungsbedingt) eingegangene Verpflichtung derart in einen **finanziellen Engpass** gerät, dass ihm die Mittel zur Befriedigung der Minimalbedürfnisse fehlen[1700].

624 ii) Umgekehrt soll nach der vielfach vertretenen **Lehre von der unbewussten Selbstschädigung** trotz Vorliegens eines wirtschaftlichen Vermögensschadens eine Betrugsstrafbarkeit ausscheiden, wenn das Opfer den vermögensschädigenden Charakter seiner Handlung wahrnimmt[1701]. Der Tatbestand soll in diesen Fällen zu verneinen sein, weil es für die Betrugsstrafbarkeit als Selbstschädigungsdelikt charakteristisch sei, dass sich das Opfer der Schädigung seines Vermögens nicht bewusst ist[1702].

625 (1) Nach dieser Betrachtungsweise kann man einen Betrug auch in den bereits diskutierten Konstellationen verneinen, in denen der Getäuschte Leistungen zu **sittenwidrigen oder verbotenen Zwecken** erbringt, weil er sich dann der Rechtswidrigkeit der Gegenleistung bewusst ist[1703]. Jedoch spricht gegen die Anwendung der Lehre von der unbewussten Selbstschädigung in diesen Fällen, dass der Getäuschte einen rechtmäßig erworbenen Vermögenswert im Hinblick auf eine (wenn auch rechtswidrige) Gegenleistung hingibt[1704]; damit ist richtigerweise § 263 zu bejahen[1705].

> **Bsp.:**[1706] Beamter T verlangt von Bauherr O eine „Unkostenpauschale" in Höhe von 500 € dafür, dass er entgegen baurechtlicher Vorschriften eine Baugenehmigung erteilt. Da O keine andere Möglichkeit sieht, kommt er dem Wunsch nach. – Da O nach seiner Vorstellung bewusst ist, dass er selbst bei Hingabe des Geldes nur eine rechtswidrige (ggf. sogar nichtige) Baugenehmigung erhält, erkennt er den Selbstschädigungscharakter der Vermögensverfügung. Aus den genannten Gründen ist § 263 aber dennoch zu bejahen.

626 (2) Die Lehre von der **unbewussten Selbstschädigung** erlangt vornehmlich bei sog. **Spenden- oder Schenkungsfällen** Bedeutung. Da bei der einseitigen Weggabe von Vermögensbestandteilen grundsätzlich eine bewusste Vermögensminderung gegeben ist, wäre nach der Lehre von der unbewussten Selbstschädigung stets ein Schaden zu verneinen. Um unbillige Ergebnisse bei der Erschleichung einseitiger Leistungen zu vermeiden, ist diese Ansicht jedoch gezwungen, eine **Korrektur über die Lehre von der Zweckverfehlung** vorzunehmen[1707].

627 (a) Zunächst sind Fälle von Bedeutung, in denen das Opfer dem Täter Vermögenswerte (unentgeltlich) zukommen lässt, dieser jedoch diese Werte **abredewidrig anderweitig einsetzt**.

1700 BGHSt 16, 321 (328 f.); BayObLG NJW 1973, 633; *Fischer*, § 263 Rn. 147a; *Wessels/Hillenkamp/Schuhr*, BT 2, Rn. 550.
1701 BGHSt 60, 1 (13 f.); BGH NJW 2016, 3543 (3544); *Mitsch*, BT 2, 5.2.1.2.5.2; *Schönke/Schröder/Perron*, § 263 Rn. 41; dagegen *Dölling*, JuS 1981, 570 (571); *Rengier*, BT 1, § 13 Rn. 146 ff.
1702 *Rudolphi*, NStZ 1995, 289 (290); *Maurach/Schroeder/Maiwald/Hoyer/Momsen*, BT 1, § 41 Rn. 121.
1703 NK-*Kindhäuser*, § 263 Rn. 346; *Schönke/Schröder/Perron*, § 263 Rn. 150.
1704 S. schon o. Rn. 609.
1705 BGHSt 29, 300 (301 f.); s. auch L-Kühl/*Kühl*, § 263 Rn. 35; LK-*Tiedemann*, § 263 Rn. 138; *Wessels/Hillenkamp/Schuhr*, BT 2, Rn. 565.
1706 Vgl. auch BGHSt 29, 300.
1707 BGH NJW 1992, 2167; *Maurach/Schroeder/Maiwald/Hoyer/Momsen*, BT 1, § 41 Rn. 121; *Schönke/Schröder/Perron*, § 263 Rn. 101 ff.

Bsp. (1):[1708] Student T spiegelt vor, dass er an einer Hochschule eingeschrieben sei und erhält so einen „Studienkredit" zur Finanzierung des Studiums. T verwendet das Geld für seinen gehobenen Lebensstil.

Bsp. (2):[1709] T hat in seinem Bekleidungsgeschäft im Kassenbereich ein Sparschwein mit der Aufschrift „für Kinder in Afrika" aufgestellt. Kunden werfen bisweilen erhaltenes Rückgeld beim Einkauf hinein. In Wirklichkeit verwendet T das Geld für die Finanzierung seines Eigenheims.

628 Der Verfügende begibt sich in beiden Beispielen bewusst seines Vermögens, ohne hierdurch unmittelbar eine adäquate (geldwerte) Gegenleistung zu erhalten. Zu einem Schaden kann man nach der Lehre von der unbewussten Selbstschädigung nur dann gelangen, wenn man den mit der Geldhingabe verfolgten **sozialen Zweck** als Gegenleistung begreift und in der unbewussten **Zweckverfehlung**, die von wirtschaftlicher Bedeutung ist, den Schaden sieht[1710]. Die Schwierigkeit besteht dabei zum einen in der Beurteilung, welche Zwecke überhaupt schützenswert sind, zum anderen darin, dass sich die verfolgten Zwecke nicht einfach in einen Geldwert umrechnen lassen[1711]. Um die grundsätzlich für den Betrug unbeachtliche Beeinträchtigung der Dispositionsbefugnis bzw. einen bloßen unbeachtlichen Motivirrtum auszuscheiden, muss man jedenfalls verlangen, dass der verfolgte Zweck – wie in den beiden Beispielen – objektivierbar und wirtschaftlich relevant ist; ein bloßes Affektionsinteresse des Getäuschten ist nicht schützenswert[1712]. Begrenzt man die Fälle der Zweckverfehlung derart, so lassen sich hiergegen keine verfassungsrechtlichen Bedenken erheben[1713], da die normativen Kriterien die wirtschaftliche Betrachtung nicht überlagern[1714].

Gegenbsp.:[1715] Pfarrer T, der die Kirchengemeinden A und B betreut und dort nacheinander Gottesdienst hält, sammelt an einem Sonntag Spenden für „Misereor". Nachdem die Spendenbereitschaft in A eher gering ausgefallen ist, kommt er auf den Gedanken, eigene Geldscheine zusätzlich in den Sammelkorb zu legen, um so den Kirchgängern in B zu suggerieren, dass in A ein größerer Geldbetrag zustande gekommen ist. T erhofft sich davon, die Spendenmotivation in B zu erhöhen. Das Geld will er tatsächlich „Misereor" zugute kommen lassen. Kirchgänger O aus B sieht den gut gefüllten Spendenkorb und legt deshalb auch einen Schein hinein, um nicht gegenüber der Nachbargemeinde A einen „Gesichtsverlust" zu erleiden. – Ein Schaden des O ist zu verneinen, weil der mit der Spende objektiv verfolgte Zweck („Gegenleistung") erreicht wird und daher die Geldleistung ihren (auch wirtschaftlichen) Zweck erfüllt; dass O subjektiv aus anderen Motiven handelte und er insoweit einem Irrtum unterlag, ist unerheblich[1716]. Gut vertretbar wäre es auch, im Wege einer normativen Betrachtung eine betrugsrelevante Täuschung zu verneinen, weil diese nicht hinreichend vermögensbezogen ist[1717].

1708 Vgl. auch OLG Hamburg NStZ-RR 2018, 284.
1709 Vgl. auch OLG München wistra 2014, 33.
1710 BGH NJW 1992, 2167; BGH NJW 1995, 539; *Krey/Hellmann/Heinrich*, BT 2, Rn. 656; *Schönke/Schröder/Perron*, § 263 Rn. 102; dagegen A/W/H/*H-Heinrich*, § 20 Rn. 111.
1711 *Herzberg*, MDR 1972, 93 f.; *Hilgendorf*, JuS 1994, 466 (468); NK-*Kindhäuser*, § 263 Rn. 292.
1712 BGH NJW 1992, 2167; BGH NJW 1995, 539; BGH wistra 2003, 457 (459); *Krey/Hellmann/Heinrich*, BT 2, Rn. 657; *Otto*, BT, § 38 Rn. 9.
1713 Zutr. OLG München wistra 2014, 33 (34); *Hecker*, JuS 2014, 561 (563).
1714 Zu diesem Erfordernis BVerfGE 130, 1 (48); BGHSt 58, 205 (209) und o. Rn. 574.
1715 Fall nach BayObLG NJW 1952, 798; vgl. auch *Wessels/Hillenkamp/Schuhr*, BT 2, Rn. 556, 558.
1716 BGH NJW 1995, 539; *Schönke/Schröder/Perron*, § 263 Rn. 102; *Wessels/Hillenkamp/Schuhr*, BT 2, Rn. 555 ff.; a. A. noch BayObLG NJW 1952, 798.
1717 Näher *Graul*, FS Brandner, 1996, S. 801 (818 f.); dazu auch *Mitsch*, BT 2, 5.2.1.5.2.1.

629 Lässt man für den Betrug auch eine **bewusste Selbstschädigung** genügen, so liegt bei täuschungsbedingten einseitigen Verfügungen grundsätzlich ein Schaden vor. Auf den verfolgten Zweck als Gegenleistung muss man demnach für die Schadensbegründung nicht zurückgreifen. Jedoch greift diese Ansicht ihrerseits zu weit, da dann jede täuschungsbedingte einseitige Verfügung eine Betrugsstrafbarkeit begründen würde. Die Zweckverfehlungslehre muss deshalb auch hier insoweit Bedeutung erlangen, als durch Täuschung veranlasste bloße Motivirrtümer unbeachtlich bleiben[1718]. Im Ergebnis wird damit der Unterschied zwischen den Lehren von der bewussten und unbewussten Selbstschädigung über die Zweckverfehlungslehre eingeebnet.

630 (b) Die **Zweckverfehlungslehre** kann auch bei Austauschgeschäften Bedeutung erlangen, wenn neben der Erlangung der Gegenleistung andere Zwecke verfolgt werden[1719].

> **Bsp. (1):** T verkauft in seinem „Dritte-Welt-Laden" Naturprodukte, deren höheren Preis er allein damit rechtfertigt, dass ein gewisser Teil des Erlöses dem Schutz der Urwälder in Südamerika zugute kommt. O kauft bei T ein Pfund Kaffee, um damit ein Zeichen gegen die Naturzerstörung zu setzen. – T verwendet den Mehrerlös jedoch für die Einrichtung seiner Wohnung.
>
> **Bsp. (2):** Anders als in Bsp. 1 sind die Produkte angesichts ihrer Qualität den höheren Preis wert.

631 In Bsp. (1) ist das Produkt seinen Preis nicht vollständig wert. Hinsichtlich des Aufschlags für den Naturschutz stellt sich daher wiederum die Frage, ob der mit der zusätzlichen Zahlung verfolgte Zweck erreicht wurde. Da dies zu verneinen ist, liegt ein Vermögensschaden und damit ein Betrug vor. In Bsp. (2) muss ein Vermögensschaden schon deshalb abgelehnt werden, weil sich bei einer wirtschaftlichen Betrachtungsweise Leistung und Gegenleistung decken. Enttäuscht wird damit lediglich das zusätzliche Motiv, dass bestimmte Projekte unterstützt werden[1720]. Auch liegt kein Ausnahmefall des persönlichen Schadenseinschlags vor.

632 (3) In diesem Zusammenhang von Bedeutung sind ferner Fälle, in denen der **Zweck einer öffentlichen Subvention verfehlt** wird. Ungeachtet des § 264 kommt bei Täuschung eine Strafbarkeit nach § 263 in Betracht, wenn entweder die Voraussetzungen für die Gewährung der staatlichen Subvention nicht vorliegen, d. h. der Antragsteller keinen Anspruch auf Auszahlung der Leistung hat, oder der Betrag zweckwidrig verwendet wird[1721].

2. Subjektiver Tatbestand

633 Erforderlich ist neben dem Vorsatz die Absicht, sich oder einem Dritten einen rechtswidrigen Vermögensvorteil zu verschaffen.

634 a) Der **Vorsatz** muss sich auf alle Merkmale des objektiven Tatbestands, einschließlich der Kausalbeziehung zwischen den einzelnen Tatbestandsmerkmalen bezie-

---

1718 *Rengier*, BT 1, § 13 Rn. 153; *Wessels/Hillenkamp/Schuhr*, BT 2, Rn. 554.
1719 BGH wistra 2003, 457 (459); OLG Köln NJW 1979, 1419 (1420); *Schönke/Schröder/Perron*, § 263 Rn. 105; *Wessels/Hillenkamp/Schuhr*, BT 2, Rn. 559.
1720 BGH wistra 2003, 457 (459); OLG Köln NJW 1979, 1419 (1420); *Küper/Bode*, JuS 1992, 642 (644 f.); *Schönke/Schröder/Perron*, § 263 Rn. 105; *Wessels/Hillenkamp/Schuhr*, BT 2, Rn. 562; vgl. aber OLG Düsseldorf NJW 1990, 2397; ferner *Maurach/Schroeder/Maiwald/Hoyer/Momsen*, BT 1, § 41 Rn. 120.
1721 BGHSt 19, 37 (42 ff.); BGH NStZ 2006, 624 f.; *Rengier*, BT 1, § 13 Rn. 213; *Wessels/Hillenkamp/Schuhr*, BT 2, Rn. 553.

hen. Dabei genügt Eventualvorsatz[1722]. Bei einem **Gefährdungsschaden** muss der Täter korrespondierend in subjektiver Hinsicht ernstlich mit wirtschaftlichen Nachteilen rechnen; die Kenntnis einer nur potenziellen Gefährdungslage genügt nicht[1723]. Umgekehrt kommt es auf eine Billigung eines möglichen (vertiefenden) Endschadens nicht an[1724]. Bei der Annahme eines Vermögensschadens nach den Grundsätzen des individuellen Schadenseinschlags bedarf es stets einer genauen Prüfung, ob der Täter auch die persönlichen Umstände, auf die der Schaden gestützt wird, in seinen Vorsatz aufgenommen hat[1725].

> **Bsp.:** „Drücker" T schwatzt der ihm unbekannten O mithilfe von Täuschungen den Erwerb eines mehrteiligen Bandes über Quantenphysik auf. – Hier ist für die Bejahung des Tatbestandsvorsatzes (hinsichtlich des Schadens) erforderlich, dass T es zumindest für möglich hält und billigend in Kauf nimmt bzw. sich damit abfindet, dass O für das Werk keine sinnvolle Verwendung haben wird[1726].

635 Umgekehrt ist der Vorsatz hinsichtlich des Vermögensschadens beim **Erschleichen von Darlehen** nicht schon deshalb zu verneinen, weil der Täter beabsichtigt oder glaubt, die Summe zurückzahlen zu können[1727]. Dies folgt bereits daraus, dass für den Vermögensschaden eine spätere Rückzahlung unerheblich ist und es allein darauf ankommt, ob zum Zeitpunkt der Darlehensgewährung der Rückzahlungsanspruch gefährdet und daher in seinem Wert gemindert ist[1728].

636 b) Der Täter muss ferner den zielgerichteten Willen (**dolus directus 1. Grades**) haben, **sich oder einen Dritten rechtswidrig zu bereichern**[1729]. Für die Vollendung des Betrugs genügt also der Eintritt des Vermögensschadens, während die Bereicherungsabsicht ein **subjektives Tatbestandsmerkmal mit überschießender Innentendenz ist**, das ausschließlich in der Vorstellung des Täters vorhanden sein muss[1730]. Maßgeblich ist, dass der Täter danach strebt, den wirtschaftlichen Wert seines Vermögens zu verbessern[1731]. Dabei ist es unerheblich, ob er dies durch Mehrung der Aktiva oder eine Verminderung der Passiva, indem er durch Täuschung einen Anspruch abwendet (Forderungsbetrug), erreichen möchte[1732]. Sofern der Täter den Besitz einer Sache anstrebt, genügt dies nur, wenn dem Besitz ein eigenständiger wirtschaftlicher Wert anhaftet. Dies ist etwa der Fall, wenn der Täter die Sache nutzen möchte, nicht aber, wenn diese lediglich vernichtet werden soll[1733].

1722 RGSt 49, 21 (29); *Kindhäuser/Böse*, BT 2, § 27 Rn. 77; L-Kühl/*Kühl*, § 263 Rn. 57.
1723 BGH NStZ-RR 2008, 239 (240).
1724 BGHSt 53, 199 (204).
1725 *Mitsch*, BT 2, 5.2.2.1.
1726 Dazu o. Rn. 620.
1727 BGHSt 50, 147 (158 f.); BGH NStZ-RR 2001, 328 (330); LK-*Tiedemann*, § 263 Rn. 243; Maurach/Schroeder/Maiwald/Hoyer/Momsen, BT 1, § 41 Rn. 135.
1728 BGH NStZ-RR 2001, 328 (330); BGH NStZ 2003, 264; *Schönke/Schröder/Perron*, § 263 Rn. 165; Wessels/Hillenkamp/*Schuhr*, BT 2, Rn. 581.
1729 *Heghmanns*, BT, Rn. 1271; HK-*Duttge*, § 263 Rn. 77; *Mitsch*, BT 2, 5.2.2.2.1; *Schönke/Schröder/Perron*, § 263 Rn. 176; SSW-*Satzger*, § 263 Rn. 299.
1730 *Mitsch*, BT 2, 5.2.2.2.1; NK-*Kindhäuser*, § 263 Rn. 352.
1731 RGSt 50, 277 (279); BGH NJW 1988, 2623; BGH NStZ 1989, 22; *Schönke/Schröder/Perron*, § 263 Rn. 167.
1732 BGHSt 42, 268 (271); *Kindhäuser/Böse*, BT 2, § 27 Rn. 80; *Mitsch*, BT 2, 5.2.2.2.2; Wessels/Hillenkamp/*Schuhr*, BT 2, Rn. 584.
1733 BGH NStZ 2011, 699 (701); BGH NStZ-RR 2015, 371 (372).

636a Dabei steht es der Bereicherungsabsicht nicht entgegen, dass der Täter zugleich andere Ziele verfolgt. Vor allem genügt es, wenn er den Vermögensvorteil als Mittel zu einem anderweitigen Zweck, d. h. als bloßes **Zwischenziel** anstrebt[1734].

> **Bsp.:**[1735] Der weitgehend vermögenslose T erschwindelt von Nachbarn O ein Darlehen, um seiner schwer kranken Mutter eine Operation zu ermöglichen. – Bereicherungsabsicht und damit § 263 ist zu bejahen; zwar möchte T als Endziel die Operation ermöglichen, jedoch erstrebt er hierzu als notwendiges Zwischenziel, um diese zu finanzieren, das Darlehen.

637 Anders als bei notwendigen, mit dolus directus 1. Grades angestrebten Zwischenzielen, ist die Bereicherungsabsicht bei unvermeidlichen Nebenfolgen, um deren Eintritt der Täter weiß (dolus directus 2. Grades) oder die er billigend in Kauf nimmt (dolus eventualis), zu verneinen[1736]. Die Rechtsprechung differenziert bisweilen danach, ob dem Täter die Bereicherung erwünscht ist oder nicht[1737]. Dagegen sprechen jedoch schon praktische Erwägungen, da sich zwischen erwünschter und unerwünschter Nebenfolge kaum sachgerecht differenzieren lässt[1738].

> **Bsp. (1):**[1739] Um Nachbarn N zu ärgern, gibt T unter dessen Namen beim Erotikversand O eine größere Bestellung auf. Als O dem N die „Bestellung" überbringen will, schickt dieser ihn weg. – Manche bejahen hier eine Strafbarkeit des T unter dem Gesichtspunkt einer eigennützigen Bereicherungsabsicht, in dem sie darauf abstellen, dass T als notwendiges Zwischenziel für seine immateriellen Endzwecke (Verärgerung des N) zwingend die wirtschaftliche Dienstleistung des getäuschten O (Transport) – zugleich dessen irrtumsbedingte Vermögensverfügung und Schaden[1740] – in Anspruch nehmen muss. Dies überzeugt jedoch wenig, da es dem O auf die Dienstleistung nicht i. S. v. dolus directus 1. Grades ankommt; vielmehr nimmt er diese lediglich wissentlich in Anspruch[1741].

> **Bsp. (2):** Richter R unterlässt – weil ihm der Aufwand zu groß ist – notwendige Anhörungen in Betreuungssachen. Dennoch verzeichnet er bei seinen Entscheidungen die Anhörungen als „durchgeführt" und rechnet – damit die Manipulation nicht auffällt – die Fahrtkosten „notgedrungen" ab. – Auch hier sind die Fahrtkosten kein notwendiges Zwischenziel, sondern lediglich unvermeidbare, wissentlich in Kauf genommene Nebenfolge.

638 aa) Ferner muss **Stoffgleichheit** zwischen dem Vermögensschaden und der erstrebten Bereicherung[1742], nicht aber zwischen Vermögensschaden und Gegenstand der Täuschung bestehen[1743]. Die Stoffgleichheit liegt vor, wenn Vermögensschaden und erstrebte Bereicherung im Sinne einer Unmittelbarkeitsbeziehung auf derselben Verfügung beruhen und der Vorteil gerade die Kehrseite des Schadens darstellt[1744]. Eine vollständige (Sach-)Identität braucht jedoch nicht zu beste-

---

1734 BGHSt 16, 1; L-Kühl/*Kühl*, § 263 Rn. 58; *Wessels/Hillenkamp/Schuhr*, BT 2, Rn. 583.
1735 Vgl. auch *Rengier*, BT 1, § 13 Rn. 238.
1736 BGH NStZ 1989, 22; *Krey/Hellmann/Heinrich*, BT 2, Rn. 688; NK-*Kindhäuser*, § 263 Rn. 355; *Schönke/Schröder/Perron*, § 263 Rn. 176; a. A. noch *Rengier*, JZ 1990, 321 (325 f.), wonach auch dolus directus 2. Grades erfasst sein soll.
1737 BGHSt 16, 1 ff.; OLG Köln NJW 1987, 2095; *Fischer*, § 263 Rn. 190.
1738 *Oehler*, NJW 1966, 1633 (1635 f.); NK-*Kindhäuser*, § 263 Rn. 355; *Rengier*, JZ 1990, 321 (325 f.).
1739 Nach BayObLG JZ 1972, 25.
1740 BayObLG JZ 1972, 25 (26); *Herzberg*, JuS 1972, 185 (188 f.); *Seelmann*, JuS 1982, 748 f.
1741 *Jahn*, JuS 2007, 384 (385); *Wessels/Hillenkamp/Schuhr*, BT 2, Rn. 583.
1742 AnwK-*Gaede*, § 263 Rn. 173; *Fischer*, § 263 Rn. 187; *Schönke/Schröder/Perron*, § 263 Rn. 168.
1743 BGHSt 60, 1 (13); BGH NJW 2016, 3543 (3544).
1744 BGHSt 6, 115 (116); BGHSt 34, 379 (391); BGHSt 49, 17 (23); *Rengier*, BT 1, § 13 Rn. 246; *Schönke/Schröder/Perron*, § 263 Rn. 168.

hen¹⁷⁴⁵. Mit dem Erfordernis der Stoffgleichheit soll eine Bereicherung in Form von Belohnungen oder sonstigen Zuwendungen von Dritten, die einen Schaden beim Opfer nicht begründen, aus dem Tatbestand ausgeklammert werden, um den Charakter des Betrugs als Vermögens- und Selbstschädigungsdelikt zu wahren¹⁷⁴⁶.

> **Bsp. (1):** D bringt Rechtsanwalt T durch Zahlung von 500 € dazu, den Nachbarn N falsch zu beraten, damit dieser nicht gegen die überhängenden Bäume des D vorgeht. Damit die Falschberatung nicht auffällt, rechnet T ein Honorar von 100 € ab. – Geht man davon aus, dass die bewusst fehlerhafte Beratung nicht die Honorarforderung in Höhe von 100 € begründet, so ist in der Geltendmachung der Forderung durch Abrechnung gegenüber O eine konkludente Täuschung zu sehen, in der Überweisung des Geldes die Vermögensverfügung, die zu einem Schaden führt. Hinsichtlich der erstrebten Bereicherung muss zwischen der Zuwendung des D und dem Honorar unterschieden werden. Die Zuwendung von 500 € durch D stellt nicht das Spiegelbild des Vermögensschadens bei O dar und beruht auch nicht auf der Vermögensverfügung. Hinsichtlich der Honorarzahlung des O ist hingegen dolus directus 1. Grades zu verneinen, da diese nur zwingende Nebenfolge ist.
>
> **Bsp. (2):** T hat gegen D einen fälligen Darlehensrückzahlungsanspruch in Höhe von 1000 €. Diesen Anspruch veräußert er an O (§§ 433, 453 BGB). Als er selbst wieder „knapp bei Kasse" ist, fordert er D auf, seine Schulden bei ihm zu begleichen. D übergibt ihm in Unkenntnis der Abtretung die 1000 € in bar. –T täuscht den D darüber, dass er noch Inhaber der Forderung ist, worüber sich D irrt. Da O wegen § 407 Abs. 1 BGB die Zahlung des D an T gegen sich gelten lassen muss, begründet diese Vorschrift nach h. M. das erforderliche Näheverhältnis zwischen dem mit der Zahlung Verfügenden D und dem Geschädigten O¹⁷⁴⁷. Der Bereicherungsanspruch des O gegen T nach § 816 Abs. 2 BGB stellt nur einen auf der Täuschung beruhenden Ersatzanspruch dar, der den Vermögensschaden nicht kompensiert¹⁷⁴⁸. Ob zwischen der erstrebten Bereicherung und dem Vermögensschaden bei O Stoffgleichheit gegeben ist, ist fraglich, da bei O der Schaden im Verlust der Forderung liegt, die Bereicherung des T jedoch mit der Barzahlung der 1000 € durch D eintritt und daher nicht unmittelbar aus dem Vermögen des O stammt. Die Stoffgleichheit ist jedoch wegen § 407 BGB zu bejahen, weil mit der Zahlung des D unmittelbar die Forderung des O gegen D erlischt, so dass die erstrebte Bereicherung und der Vermögensschaden durch dieselbe Vermögensverfügung vermittelt werden.

bb) Besondere Bedeutung gewinnt dieses Merkmal vor allem bei **Provisionsforderungen** (**Provisionsvertreterbetrug**)¹⁷⁴⁹. In diesen Fällen erleidet der Geschäftspartner des täuschenden Veräußerers einer Sache durch Zahlung des Kaufpreises einen Schaden, während der Veräußerer von seinem Auftrag- oder Arbeitgeber eine Provision erhält. Bei der Lösung ist vor allem zwischen Eigen- und Drittbereicherungsabsicht zu differenzieren.

> **Bsp.:** Handelsvertreter T vertreibt für seinen Auftraggeber A Gesundheitsprodukte. Das Vertragsverhältnis ist so ausgestaltet, dass er für jeden verkauften Gegenstand eine bestimmte Provision von A erhält. Als T feststellt, dass das Haltbarkeitsdatum von einigen Produkten abgelaufen ist, weil er diese entgegen den vertraglichen Regelungen mit A

1745 BGH NStZ 2003, 264 (265); *Fischer*, § 263 Rn. 187; *Rengier*, BT 1, § 13 Rn. 246.
1746 *Maurach/Schroeder/Maiwald/Hoyer/Momsen*, BT 1, § 41 Rn. 139; *Mitsch*, BT 2, 5.2.2.2.3; *Rengier*, BT 1, § 13 Rn. 246.
1747 S. o. Rn. 571.
1748 S. o. Rn. 574.
1749 Dazu OLG Düsseldorf NJW 1974, 1833 (1834); *Achenbach*, Jura 1984, 605 f.; *Kindhäuser/Böse*, BT 2, § 27 Rn. 83; *Schönke/Schröder/Perron*, § 263 Rn. 169; speziell zu betrügerischen Telefonanrufen *Brand/Reschke*, NStZ 2011, 379.

zu lange gelagert hat, fürchtet er, für die Einnahmenausfälle selbst aufkommen zu müssen und keine Provision zu erhalten. Daher veräußert er die Produkte weiterhin zum Marktpreis, obwohl diese nun unbrauchbar sind; O erwirbt solche Produkte und zahlt direkt an A; T rechnet den Verkauf gegenüber A regulär ab und erhält so die vereinbarte Provision.

640 § 263 kommt unter drei verschiedenen Gesichtspunkten in Betracht. Zunächst ist an einen **eigennützigen Betrug** des T zu Lasten des O zu denken. Bei O entsteht aufgrund der Täuschung über die Haltbarkeit der Produkte ein Vermögensschaden, da diese ihr Geld nicht wert sind. Die von T angestrebte Vermögensmehrung in Form des Provisionsanspruchs stammt freilich nicht aus dem Vermögen des O, sondern des A und wird auch nicht durch dieselbe Vermögensverfügung begründet. Zwar könnte man darauf abstellen, dass der Provisionsanspruch unmittelbar mit dem Vertragsabschluss (Eingehungsbetrug) entsteht und damit insoweit doch auf derselben Vermögensverfügung beruht. Bei dieser Betrachtungsweise wird jedoch nicht berücksichtigt, dass sich T im Innenverhältnis zu A pflichtwidrig verhält und richtigerweise ein Provisionsanspruch überhaupt nicht entsteht. Daher kann insoweit nur auf die tatsächliche Auszahlung der Provision abgestellt werden, so dass die Stoffgleichheit zu verneinen ist. Demgegenüber kann ein **fremdnütziger Betrug** zugunsten des A angenommen werden, da es dem T auf eine Drittbereicherung des A in Form der Erlangung des Kaufpreises als Zwischenziel ankommt, weil er nur so die Provision erlangen kann[1750]. Zudem macht sich T gegenüber A wegen eines eigennützigen Betrugs strafbar, weil er den Verkauf des minderwertigen Präparats abrechnet und den angeblichen Provisionsanspruch einfordert, obwohl dieser aufgrund der Vertragspflichtverletzung im Verhältnis von T zu A nicht besteht[1751]. Da die Täuschung gegenüber O und gegenüber A auf unterschiedlichen Handlungen beruhen, ist zwischen beiden Betrugstaten Tatmehrheit anzunehmen.

641 cc) Schwieriger ist die Stoffgleichheit in Fällen des **individuellen Schadenseinschlags** zu begründen, weil hier wegen der Gleichwertigkeit von Leistung und Gegenleistung erst subjektive Umstände zum Vermögensschaden führen. Jedoch lässt sich dahingehend argumentieren, dass sich der Täter mit einem Gewinn bereichern möchte, der auf der subjektiven Minderwertigkeit des Vermögensgegenstands für das Opfer gründet[1752].

> **Bsp.:** T veräußert dem O durch Täuschung Fachbücher zum Marktpreis, die dieser überhaupt nicht sinnvoll verwenden kann[1753]. – O erleidet einen täuschungsbedingten Vermögensschaden, weil er aufgrund subjektiver Umstände, nämlich mangelnder Verwendungsmöglichkeit, kein vollständiges Äquivalent erhält; die erstrebte Bereicherung in Form des vollen Kaufpreisanspruchs ist stoffgleich.

3. Objektive Rechtswidrigkeit der erstrebten Bereicherung und Vorsatz diesbezüglich

642 Das Merkmal der Rechtswidrigkeit ist Bestandteil des Tatbestandes und betrifft nicht erst die Rechtswidrigkeitsebene.

1750 BGHSt 21, 384 (386); BGH NJW 1961, 684 f.; OLG Celle NJW 1959, 399 (400); *Kindhäuser/Böse*, BT 2, § 27 Rn. 83; *Schönke/Schröder/Perron*, § 263 Rn. 169; *Wessels/Hillenkamp/Schuhr*, BT 2, Rn. 589.
1751 S. auch BGHSt 21, 384; OLG Celle NJW 1959, 399; *Maurach/Schroeder/Maiwald/Hoyer/Momsen*, BT 1, § 41 Rn. 141; *Schönke/Schröder/Perron*, § 263 Rn. 169.
1752 A/W/H/H-*Heinrich*, § 20 Rn. 123; MünchKomm-*Hefendehl*, § 263 Rn. 906 ff.; *Rengier*, BT 1, § 13 Rn. 253; krit. *Eser*, GA 1962, 289 (292).
1753 Dazu o. Rn. 620.

643 a) An der **objektiven Rechtswidrigkeit** fehlt es, wenn ein rechtlich begründeter, d. h. ein einredefreier und fälliger Anspruch auf den Vermögensvorteil besteht[1754]. Anders als bei § 242 gerät nicht ein konkreter Gegenstand, sondern das Vermögen allgemein in den Blick. Daher ist etwa das Erschleichen einer Aufrechnungslage nicht tatbestandsmäßig[1755]. Auch kommt es nicht darauf an, ob sich der Anspruch auf eine Stück- oder Gattungsschuld bezieht[1756].

> **Bsp.:** T hat O eine CD im Wert von 20 € geliehen, die dieser nicht mehr zurückgibt. Bei einem gemeinsamen Discobesuch bittet T den O, den Eintritt in Höhe von 15 € für ihn zu zahlen, da er sein Geld vergessen habe. Tatsächlich möchte er das Geld später nicht an O zahlen, sondern als Ersatz für die CD behalten. – T verwirklicht durch Täuschung den objektiven Tatbestand des § 263. Am Vorsatz bestehen keine Zweifel; jedoch ist die erstrebte Bereicherung in Höhe von 15 € objektiv nicht rechtswidrig, da er hinsichtlich der CD einen Rückgabeanspruch im Wert von 20 € besaß.

644 Erschleicht der Täter die Erfüllung eines ihm zustehenden **fälligen und einredefreien Anspruchs** und wird daher der Getäuschte mit der Vermögensverfügung im Gegenzug von seiner Leistungspflicht frei, so kann bereits auf Ebene des objektiven Tatbestands ein Vermögensschaden verneint werden[1757]. Dies ist insbesondere bei der erschlichenen Aufrechnung von Geldforderungen der Fall (§§ 387 ff. BGB). Entsprechendes gilt nach der juristisch-ökonomischen Vermögenslehre aber auch, wenn der Täter durch Fälschung von Urkunden oder sonstige Beweismanipulation einen bestehenden Anspruch im Wege des Prozessbetrugs durchsetzt bzw. einen nicht bestehenden Anspruch abwendet.

> **Bsp.:** T hat gegenüber O eine Forderung in Höhe von 1000 €, die O jedoch leugnet. Als Klagabweisung droht, fälscht T eine Quittung. Daraufhin wird O zur Zahlung verurteilt.

645 Die bloße Verschlechterung der Beweisposition des Opfers mindert keinen Vermögenswert, wenn das Opfer tatsächlich einem einredefreien und fälligen Anspruch ausgesetzt ist oder einen nicht bestehenden bzw. durchsetzbaren Anspruch geltend macht[1758]. Das Opfer verliert hier nichts, worauf es rechtlich einen Anspruch hat. Stellt man allein auf den wirtschaftlichen Vermögensbegriff ab, so kann man in der Beweisposition des Opfers ungeachtet der materiellen Rechtslage zwar einen Vermögenswert, der gemindert wird, erblicken. Demnach stellt etwa eine unbegründete, aufgrund der Beweislage aber aussichtsreiche bzw. realisierbare Forderung einen Vermögenswert in Form einer prozessualen Erfolgschance dar[1759]. Man muss dann aber sehen, dass die erstrebte Bereicherung nicht rechtswidrig ist, solange das Ergebnis des Prozesses der materiellen Rechtslage entspricht. Allein auf den Einsatz rechtswidriger Mittel – hier die Beweismittelmanipulation – kann die Rechtswidrigkeit nicht gestützt werden[1760].

1754 BGHSt 3, 160 (162); *Kindhäuser/Böse*, BT 2, § 27 Rn. 85; *Krey/Hellmann/Heinrich*, BT 2, Rn. 692 f.; *Wittig*, Wirtschaftsstrafrecht, § 14 Rn. 145.
1755 BGH NJW 1953, 1479; *Krey/Hellmann/Heinrich*, BT 2, Rn. 679; L-Kühl/*Kühl*, § 263 Rn. 61.
1756 LK-*Tiedemann*, § 263 Rn. 265; *Otto*, BT, § 51 Rn. 96; *Rengier*, BT 1, § 13 Rn. 265.
1757 BGHSt 20, 136 (137 f.); BGH NStZ-RR 2011, 312 (313); L-Kühl/*Kühl*, § 263 Rn. 47; *Rengier*, BT 1, § 13 Rn. 267.
1758 L-Kühl/*Kühl*, § 263 Rn. 47; *Maurach/Schroeder/Maiwald/Hoyer/Momsen*, BT 1, § 41 Rn. 144; *Schönke/Schröder/Perron*, § 263 Rn. 147.
1759 S. *Wessels/Hillenkamp/Schuhr*, BT 2, Rn. 586; ferner MünchKomm-*Hefendehl*, § 263 Rn. 925.
1760 BGHSt 3, 160 (162); BGHSt 20, 136 (137); BGHSt 42, 268 (271); NK-*Kindhäuser*, § 263 Rn. 373; *Schönke/Schröder/Perron*, § 263 Rn. 173.

646 b) Nach allgemeinen Grundsätzen muss sich auch der **Vorsatz** des Täters auf diejenigen Umstände erstrecken, die die objektive Rechtswidrigkeit begründen. Stellt sich der Täter irrig Umstände vor, die einen fälligen und einredefreien Anspruch, der mit Mitteln der Rechtsordnung durchsetzbar ist, begründen würden, so liegt ein vorsatzausschließender Tatbestandsirrtum nach § 16 Abs. 1 Satz 1 vor[1761]. Entscheidend ist hierfür allein die materielle Rechtslage und nicht etwa die Einschätzung der Beweislage[1762].

> **Bsp.:** Im genannten Bsp. (o. Rn. 643) hat T vergessen, dass O die CD zurückgegeben hat. – Die erstrebte Bereicherung ist nun objektiv rechtswidrig, jedoch entfällt gemäß § 16 Abs. 1 Satz 1 der Vorsatz.

647 Hat der Täter objektiv einen fälligen und einredefreien Anspruch auf den Vermögensvorteil, weiß dies aber aufgrund eines **Irrtums über die Tatumstände** nicht, so liegt ein untauglicher Versuch vor[1763]. Entsprechendes gilt, wenn der Täter nur einen in seiner Vorstellung bestehenden Anspruch abwehrt. Im Einzelfall ist der untaugliche Versuch vom (straflosen) Wahndelikt abzugrenzen[1764].

IV. Versuch, Vollendung und Beendigung

648 Beim **Versuch** muss der Tatentschluss auf alle objektiven Merkmale, d. h. Täuschung, Irrtum, Vermögensverfügung und Vermögensschaden gerichtet sein. Ferner sind die Bereicherungsabsicht und der Vorsatz hinsichtlich der Rechtswidrigkeit der erstrebten Bereicherung zu prüfen. Die einzelnen Streitpunkte des Betruges – wie z. B. der Vermögensbegriff und das Näheverhältnis beim Dreiecksbetrug – sind dann an der entsprechenden Stelle – etwa beim Tatentschluss hinsichtlich der Vermögensverfügung bzw. des Vermögensschadens – anzusprechen[1765]. Dabei ist zu beachten, dass allein die subjektive Sicht des Täters maßgeblich ist. Der Versuch beginnt mit der Vornahme derjenigen Täuschungshandlung, die den Getäuschten zur Vermögensverfügung bestimmen und unmittelbar den Schaden herbeiführen soll[1766]. Beim Versicherungsbetrug ist dies etwa regelmäßig mit der Einreichung der Schadensmeldung der Fall. Der Betrug ist mit Eintritt des Schadens **vollendet**. Dies ist beim Eingehungsbetrug bereits mit Vertragsschluss der Fall, wenn ein Gefährdungsschaden eingetreten ist; auf die Abwicklung des Rechtsgeschäfts und einen endgültigen Schaden kommt es daher nicht an[1767]. Es genügt also, wenn beim Betrug an der Kasse in einem Ladengeschäft die Ware an den Kunden übereignet wird, ohne dass hierfür der vollständige Kaufpreis gezahlt wird; ob der Kunde den Ladenbereich verlassen hat, ist – anders als bei § 242 – unerheblich[1768]. **Beendet** ist der Betrug mit der Erlangung des erstrebten Vorteils, etwa durch Zahlungseingang[1769].

1761 BGHSt 42, 268 (272); BGHSt 48, 322 (328); BGH NStZ 2003, 663 (664); OLG Stuttgart NZWiSt 2020, 83 (86); *Fischer*, § 263 Rn. 194; *Rengier*, BT 1, § 13 Rn. 268. Zu entsprechenden Fragen bei § 253 s. u. Rn. 785 ff.
1762 BGH NStZ-RR 2020, 175 zu § 253.
1763 BGHSt 42, 268 (272 f.); *Schönke/Schröder/Perron*, § 263 Rn. 175.
1764 S. zu diesem Problemkreis allgemein *Heinrich*, AT, Rn. 668 ff., 681 ff.; *Kühl*, AT, § 15 Rn. 96 ff.
1765 Zum Aufbauschema des Versuchs s. o. Rn. 519.
1766 Vgl. etwa BGHSt 37, 294 ff.; BGH NStZ 2011, 400, zu mehraktigen Geschehen; OLG Hamm StV 2012, 155.
1767 S. o. Rn. 582 f.; ferner BGH wistra 2019, 116.
1768 OLG Karlsruhe JuS 2019, 819 m. Anm. *Hecker*.
1769 BGH NStZ-RR 2009, 279 (280); NStZ 2014, 516 (517); *Schönke/Schröder/Perron*, § 263 Rn. 178.

V. Täterschaft und Teilnahme

Die Abgrenzung von Täterschaft und Teilnahme richtet sich nach allgemeinen Kriterien, so dass auch hier im Rahmen der Feststellung der Täterschaft ein „Minus" bei der Deliktsausführung durch ein „Plus" bei der Deliktsplanung kompensiert werden kann. Da der Betrug von vornherein ein Selbstschädigungsdelikt ist, liegt mittelbare Täterschaft in der Form eines sich selbst schädigenden Werkzeugs nicht schon allein deshalb vor, weil das Opfer getäuscht wird[1770]. Dabei setzen mittelbare Täterschaft und Mittäterschaft voraus, dass der Beteiligte selbst mit Eigen- oder Drittbereicherungsabsicht (ggf. auch hinsichtlich eines Mittäters) handelt[1771]. Eine Zurechnung der Bereicherungsabsicht ist nicht möglich. **649**

VI. Strafzumessungsregel für besonders schwere Fälle, § 263 Abs. 3 Satz 2 Nrn. 1 bis 5

Wie bei § 243 handelt es sich bei Absatz 3 um eine **Strafzumessungsregel** nach der Regelbeispielsmethode. Die genannten Strafschärfungen führen damit weder zwingend zur Anwendung des schärferen Strafrahmens, noch sind diese abschließend, so dass ein besonders schwerer Fall auch ohne Verwirklichung des Regelbeispiels angenommen werden kann. Dabei ist zu beachten, dass Abs. 4 auch auf die Geringfügigkeitsklausel des § 243 Abs. 2 verweist, für die die Höhe des Vermögensschadens und der erstrebte Vermögensvorteil entscheidend sind[1772]. **650**

1. Gewerbsmäßigkeit und Bandenmitgliedschaft (Nr. 1)

Erfasst wird von Nr. 1 gewerbsmäßiges Handeln (Var. 1) sowie ein Handeln als Mitglied einer Bande, die sich zur fortgesetzten Begehung von Urkundenfälschung oder Betrug verbunden hat (Var. 2). Für die Auslegung der Gewerbsmäßigkeit kann auf die Ausführungen zu § 243 Abs. 1 Nr. 3 verwiesen werden; § 28 Abs. 2 gilt entsprechend[1773]. Wenig überzeugend ist, dass aufgrund des Wortlauts „Täter", der Teilnehmer das Regelbeispiel nicht verwirklichen können soll[1774]. Für die Bandenmitgliedschaft gelten die für § 244 Abs. 1 Nr. 2 geschilderten Grundsätze[1775], wobei zu beachten ist, dass die Tat nicht „unter Mitwirkung eines anderen Bandenmitglieds" begangen werden muss und auch Taten der Urkundenfälschung einbezogen sind[1776]. Die Regelbeispiele sind bereits bei der ersten Tat verwirklicht, sofern bei der Ausführung der Tat die für die gewerbs- bzw. bandenmäßige Begehung jeweils erforderliche Intention gegeben ist[1777]. Die Annahme einer Bande ist nicht ausgeschlossen, wenn sich die Beteiligten, die Betrugstaten zu Lasten Dritter begehen, als Vertragsparteien einer Lieferbeziehung gegenüberstehen[1778]. **651**

1770 Zum Versuchsbeginn bei mittelbarer Täterschaft beim Betrug BGH NJW 2020, 559.
1771 NK-*Kindhäuser*, § 263 Rn. 385; *Rengier*, BT 1, § 13 Rn. 274.
1772 *Schönke/Schröder/Perron*, § 263 Rn. 188j; a. A. L-Kühl/*Kühl*, § 263 Rn. 66, wonach nur der Vermögensschaden gering sein muss.
1773 BGH wistra 2007, 183; S. o. Rn. 129.
1774 BGH NStZ-RR 2018, 211.
1775 S. o. Rn. 212 ff.
1776 S. näher BGH NStZ 2007, 269; BGH NStZ 2008, 54; *Fischer*, § 263 Rn. 211; *Wessels/Hillenkamp/Schuhr*, BT 2, Rn. 593.
1777 BGHSt 49, 177 (186 ff.); LK-*Tiedemann*, § 263 Rn. 297; *Wessels/Hillenkamp/Schuhr*, BT 2, Rn. 593.
1778 BGH StV 2007, 241 m. krit. Anm. *Kudlich*.

2. Vermögensverlust (Nr. 2)

652 Strafschärfend wirkt nach Nr. 2 die Herbeiführung eines Vermögensverlustes großen Ausmaßes (Var. 1) und die Absicht, durch die fortgesetzte Begehung von Betrug eine große Zahl von Menschen in die Gefahr des Verlustes von Vermögenswerten zu bringen (Var. 2). Nach Ansicht des Gesetzgebers soll die Untergrenze des **Vermögensverlustes großen Ausmaßes i. S. d. Var. 1**, der eine aus dem Rahmen durchschnittlicher Betrugsschäden erheblich herausfallende Schädigung erfordert, bei ca. 50000 € liegen[1779]. Dabei muss ein **tatsächlicher Verlust** eintreten, so dass eine konkrete Vermögensgefährdung auch dann nicht genügt[1780], wenn man die Terminologie des Gefährdungsschadens verwendet. Dieses Ergebnis kann systematisch auch auf einen Umkehrschluss zur Var. 2 gestützt werden, die von einer Gefahr des Verlustes von Vermögenswerten spricht. Bei Betrugsserien soll eine Addition von Einzelschäden nur in Betracht kommen, wenn durch tateinheitliche Betrugstaten dasselbe Opfer betroffen ist[1781]. Die (quasiakzessorische) Begründung der Strafschärfung für einen **Gehilfen** setzt demnach ebenfalls voraus, dass sich sein Gehilfenvorsatz nicht nur auf eine Vermögensgefährdung bezieht[1782]. Weil die konkrete Vermögensgefährdung nicht für die Verwirklichung des Regelbeispiels ausreicht, soll erst Recht nicht der vorgelagerte Versuch der Herbeiführung eines Vermögensverlustes großen Ausmaßes genügen[1783]. Damit soll – abweichend von anderen Vorschriften[1784] – der Versuch des Regelbeispiels die Strafschärfung auch nach Ansicht des BGH nicht begründen können.

653 Var. 2 ist verwirklicht, wenn **der Täter in der Absicht handelt**, durch die fortgesetzte Begehung von Betrug eine große Zahl von Menschen in die Gefahr des Verlustes von Vermögenswerten zu bringen. Für den unscharfen Begriff der „großen Zahl" werden zehn bis fünfzig Personen genannt[1785]. Zur Anwendung gelangen kann diese Variante jedenfalls, wenn der Täter – wie etwa bei einer breiten Tatbegehung über das Internet – eine unbestimmte Anzahl von Personen schädigen will[1786]. Das Merkmal „Absicht" erfasst nach h. M. dolus directus 1. und 2. Grades[1787], wobei die Absicht auch auf den Eintritt eines Gefährdungsschadens gerichtet sein kann. Da das Gesetz von „Menschen" und nicht von „Personen" spricht, werden juristische Personen von diesem Regelbeispiel nicht erfasst[1788]; jedoch kann hier im Einzelfall ein unbenannter besonders schwerer Fall außerhalb der Regelbeispiele angenommen werden.

1779 BT-Drs. 13/8587, S. 43; BGHSt 48, 360 (361); BGH wistra 2004, 262 (263); BGH StV 2007, 132; *Schönke/Schröder/Perron*, § 263 Rn. 188c; a. A. (10000 €) *Maurach/Schroeder/Maiwald/Hoyer/Momsen*, BT 1, § 41 Rn. 158.
1780 BGHSt 48, 354 (356 ff.); NJW 2005, 3650 (3653); BGH StV 2007, 132; *Fischer*, § 263 Rn. 216; *Rengier*, BT 1, § 13 Rn. 278; a. A. *Peglau*, wistra 2004, 7 (8); *Gallandi*, NStZ 2004, 268. Vgl. aber BGHSt 53, 71 (85) zu § 370 Abs. 3 S. 2 Nr. 1 AO, wonach bei einer Gefährdung ein Betrag von 100 000 € maßgeblich sein soll; krit. *Fischer*, § 263 Rn. 217.
1781 BGH NStZ 2011, 401 (402); NStZ-RR 2012, 114; ohne expliziten Opferbezug LK-*Tiedemann*, § 263 Rn. 298a.
1782 BGH wistra 2007, 306 (307).
1783 BGH StV 2007, 111; BGH NStZ 2019, 277.
1784 S. näher dazu o. Rn. 149 ff.
1785 *Rengier*, BT 1, § 13 Rn. 280, jew. zehn Personen; *Maurach/Schroeder/Maiwald/Hoyer/Momsen*, BT 1, § 41 Rn. 158; *Schönke/Schröder/Perron*, § 263 Rn. 188d, jew. zwanzig Personen; *Joecks/Jäger*, § 263 Rn. 186, fünfzig Personen.
1786 OLG Jena NJW 2002, 2404 (2405).
1787 LK-*Tiedemann*, § 263 Rn. 299; *Schönke/Schröder/Perron*, § 263 Rn. 188d.
1788 *Wessels/Hillenkamp/Schuhr*, BT 2, Rn. 594.

3. Wirtschaftliche Not (Nr. 3)

Erforderlich ist nach Nr. 3, dass der Täter eine andere Person in wirtschaftliche Not bringt. Wirtschaftliche Not ist eine Mangellage für das Opfer mit der Folge, dass ihm die Mittel für lebenswichtige Aufwendungen für sich oder unterhaltspflichtige Personen fehlen[1789]. Die Not kann auch bei Dritten – z. B. dem Gläubiger des zahlungsunfähigen Opfers – eintreten, was jedoch vom Vorsatz umfasst sein muss[1790]. Argumentum e contrario zu Nr. 2 sowie nach Sinn und Zweck dieser Strafschärfung werden auch juristische Personen erfasst[1791]. Unberücksichtigt bleiben ausgleichende Leistungen der Sozialhilfe, die die Not mildern sollen[1792]. **654**

4. Amtsträger (Nr. 4)

Erfasst wird von Nr. 4 der Missbrauch der Befugnis oder Stellung als (Europäischer) Amtsträger. Für den Begriff des Amtsträgers gilt § 11 Abs. 1 Nr. 2, 2a[1793]. Der Missbrauch der Befugnisse setzt ein täuschendes Handeln innerhalb an sich gegebener Zuständigkeit, der Missbrauch der Stellung die Ausnutzung durch das Amt sonst gegebener Möglichkeiten voraus[1794]. Nach § 28 Abs. 2, der auch auf Regelbeispiele anwendbar ist[1795], gilt die Strafschärfung nicht für einen Dritten, der nur mit einem Amtsträger zusammenwirkt. Dafür spricht im Umkehrschluss ein Blick auf die Regelbeispiele des § 264 Abs. 2 Satz 2, wo das Ausnutzen der Mithilfe eines Amtsträgers ausdrücklich als Nr. 3 aufgeführt ist[1796]. **655**

5. Versicherungsbetrug (Nr. 5)

Das Regelbeispiel der Nr. 5 setzt die Vortäuschung eines Versicherungsfalls voraus, nachdem der Täter oder ein anderer zu diesem Zweck eine Sache von bedeutendem Wert in Brand gesetzt oder durch eine Brandlegung ganz oder teilweise zerstört oder ein Schiff zum Sinken oder Stranden gebracht hat. Die Strafschärfung knüpft an die mit dem 6. StrRG 1998 geänderte Vorschrift des § 265 StGB a. F. an und überzeugt schon deshalb wenig, weil ein Großteil der Versicherungen – vor allem die praktisch wichtige Kfz-Versicherung – nicht einbezogen ist[1797]. **656**

> **Klausurhinweis:** Neben Abs. 3 Satz 2 Nr. 5 sind in Klausuren häufig Brandstiftungsdelikte zu prüfen. Dabei spielt hinsichtlich der Ermöglichungsabsicht bei § 306b Abs. 2 Nr. 2 auch der Betrug eine zentrale Rolle[1798]. Ferner ist der Versicherungsmissbrauch nach § 265 zu beachten.

Es handelt es sich um ein zweiaktiges Regelbeispiel, das die Einwirkung auf die Sache mit betrügerischer Intention und anschließende Schadensmeldung voraussetzt[1799]. Erforderlich ist, dass die in dem Regelbeispiel umschriebenen Tathandlungen bereits in der Absicht begangen werden, später als Grundlage eines Versicherungsbetrugs eingesetzt zu werden. **657**

1789 *Kindhäuser/Böse*, BT 2, § 27 Rn. 90; LK-*Tiedemann*, § 263 Rn. 300.
1790 *Schönke/Schröder/Perron*, § 263 Rn. 188e. Zum Vorsatzerfordernis bei Regelbeispielen s. o. Rn. 136 ff.
1791 *Schönke/Schröder/Perron*, § 263 Rn. 188e; a. A. *Mitsch*, BT 2, 5.4.2.3.
1792 M/R-*Saliger*, § 263 Rn. 324; NK-*Kindhäuser*, § 263 Rn. 397; SSW-*Satzger*, § 263 Rn. 394.
1793 S. *Eisele*, BT 1, Rn. 1605 ff.
1794 *Fischer*, § 263 Rn. 221; *Kindhäuser/Böse*, BT 2, § 27 Rn. 91; LK-*Tiedemann*, § 263 Rn. 301.
1795 S. o. Rn. 141.
1796 *Schönke/Schröder/Perron*, § 264 Rn. 76.
1797 A/W/H/H-*Heinrich*, § 21 Rn. 139; zur Kritik auch *Mitsch*, ZStW 111 (1999), 65 (115).
1798 S. *Eisele*, BT 1, Rn. 1068 ff.
1799 *Rengier*, BT 1, § 15 Rn. 11.

> **Bsp.:** T hat sein Gartenhaus niedergebrannt, um die Spuren einer Vergewaltigung zu verwischen. Anschließend kommt er auf den Gedanken, den Schaden als Fremdbrandstiftung zu melden, um die Versicherungssumme zu kassieren. Die Versicherung zahlt jedoch nicht. – §§ 263, 22, 23 liegen vor; hingegen ist das Regelbeispiel nach Abs. 3 Satz 2 Nr. 5 zu verneinen, da T zum Zeitpunkt der Tathandlung (Inbrandsetzung) noch keine Absicht hatte, einen Versicherungsfall vorzutäuschen.

658 a) Bei den **Tathandlungen** haben das „Inbrandsetzen" oder das „durch eine Brandlegung ganz oder teilweise Zerstören einer Sache von bedeutendem Wert" gegenüber dem Merkmal „ein Schiff zum Sinken oder Stranden gebracht haben" ungleich größere Bedeutung. Für die Tathandlungen kann auf die Grundsätze des § 306 zurückgegriffen werden. Die Wertgrenze für eine Sache von bedeutendem Wert dürfte wie bei § 315c bei ca. 750 € bis 1000 € liegen[1800]. Der betroffene Gegenstand muss grundsätzlich von einer Sachversicherungsleistung aus der Brand- oder Schiffsunfallversicherung erfasst sein, ohne jedoch – in Abweichung zu § 265 – tatsächlich versichert zu sein[1801]. Insoweit genügt die Vorstellung des Täters, dass der Gegenstand einer derartigen Sachversicherung unterfällt. Daher kann das Regelbeispiel auch bei einem bloßen Betrugsversuch verwirklicht sein[1802].

> **Bsp.:** T setzt ein kleines Ferienhaus in Brand, das im Gegensatz zu anderen Häusern des T nicht versichert ist. Dennoch meldet er den Schaden; die Versicherung zahlt jedoch nicht. – Zunächst sind §§ 263, 22, 23 verwirklicht, da T Tatentschluss hinsichtlich einer Täuschung über die Versicherung des Hauses und damit den Zahlungsanspruch besitzt; die Voraussetzungen des Abs. 3 Satz 2 Nr. 5 liegen ebenfalls vor, weil das Haus grundsätzlich einer Brandversicherung unterfallen kann und T dieses zum Zwecke der Vortäuschung des Versicherungsfalls in Brand gesetzt hat. Es liegt damit ein versuchter Betrug in einem besonders schweren Fall vor (versuchtes Grunddelikt und vollendetes Regelbeispiel[1803]). § 306 Abs. 1 Nr. 1 scheidet aus, da T kein fremdes Haus in Brand gesetzt hat.

659 b) Das **Vortäuschen eines Versicherungsfalls** setzt eine betrügerische Absicht voraus. Diese liegt vor, wenn auf die beabsichtigte Leistung nach versicherungsrechtlichen Grundsätzen kein Anspruch besteht[1804]. Dies ist vor allem der Fall, wenn der Versicherungsnehmer den Versicherungsfall vorsätzlich oder grob fahrlässig herbeigeführt hat (§ 81 VVG)[1805] oder er mit einem Dritten als Täter kollusiv zusammenwirkt, diesen etwa mit der Brandstiftung beauftragt[1806].

> **Klausurhinweis:** Ob der Täter einen Anspruch auf die Leistung hat, ist regelmäßig bereits im Rahmen der Täuschung und des Schadens im objektiven Tatbestand des § 263 Abs. 1 zu prüfen. Besteht kein Anspruch auf die Versicherungsleistung, ist auch bei der Bereicherungsabsicht davon auszugehen, dass diese objektiv rechtswidrig ist.

660 aa) Kein Anspruch auf die Leistung besteht ferner, wenn dem Versicherungsnehmer das **Verhalten eines Repräsentanten zuzurechnen ist**. Repräsentant ist, wer aufgrund eines tatsächlichen Vertretungsverhältnisses die Befugnis besitzt, selbstständig und in nicht ganz unbedeutendem Umfang für den Versicherten in dem

---

1800 S. *Eisele*, BT 1, Rn. 1134.
1801 *Mitsch*, BT 2, 5.4.2.5; *Wessels/Hillenkamp/Schuhr*, BT 2, Rn. 663.
1802 *Wessels/Hillenkamp/Schuhr*, BT 2, Rn. 666.
1803 Dazu o. Rn. 147.
1804 BGH MDR/H 1988, 1002 f.; *Fischer*, § 263 Rn. 223; *Rengier*, BT 1, § 15 Rn. 13; *Schönke/Schröder/Perron*, § 263 Rn. 188h.
1805 *Klesczewski*, BT, § 9 Rn. 208; *Mitsch*, BT 2, 5.4.2.5.
1806 *Mitsch*, BT 2, 5.4.2.5; *Wessels/Hillenkamp/Schuhr*, BT 2, Rn. 664 f.

Geschäftskreis zu handeln, dem das versicherte Risiko angehört[1807]. Zudem wird überwiegend gefordert, dass der Repräsentant gerade auch die Rechte des Versicherten als Versicherungsnehmer wahrnehmen muss[1808]. Repräsentant ist etwa der faktische Geschäftsführer, der für den Versicherungsnehmer – zumindest in bedeutendem Umfang oder neben diesem – die Geschäftsleitung übernimmt. Ebenfalls erfasst werden im Übrigen Personen mit wesentlichen Leitungsaufgaben wie Prokuristen oder Verwalter[1809]. Die bloße familiäre Verbundenheit, die Angehörigeneigenschaft sowie die reine Überlassung der Obhut über die versicherte Sache (z. B. Überlassen des versicherten Kfz; Vermietung des versicherten Hauses) reicht für sich nicht aus, um diesen Status zu begründen[1810].

> **Bsp.:** Die Geschäfte des Gebrauchtwagenhändlers T laufen schlecht. Da dessen Ehefrau E, die gelegentlich für T die Buchführung erledigt, das Familieneinkommen sichern will, zündet sie die Lagerhalle des T an, in der sich versicherte Kfz befinden. T durchschaut das Geschehen, meldet jedoch den Schaden gleichwohl seiner Versicherung O, die die Versicherungssumme auszahlt. – Bei T muss § 263 verneint werden, da es bereits an einer Täuschung über das Bestehen des Anspruchs fehlt. Da T weder vorsätzlich noch grob fahrlässig den Versicherungsfall herbeigeführt hat, entfällt der Anspruch nicht nach § 81 VVG. Eine Zurechnung des Verhaltens der E als Repräsentantin scheidet aus, da sie gegenüber O nicht die Rechte und Pflichten des T als Versicherungsnehmer selbstständig wahrnimmt. Die bloße gelegentliche Mithilfe im Betrieb und die Stellung als Ehefrau des Versicherungsnehmers sind unerheblich. Da T einen Auszahlungsanspruch gegen O hat, erleidet O zudem keinen Schaden. E macht sich hingegen nach § 265 wegen Versicherungsmissbrauchs strafbar, weil sie durch Beschädigung bzw. Zerstörung einer versicherten Sache dem T (als Dritten) Leistungen aus der Versicherung verschaffen möchte. Mangels Haupttat scheidet eine Beihilfe zu § 263 aus.

bb) Weiterhin wird eine Zurechnung über die Figur des „**wahren wirtschaftlich Versicherten**" diskutiert. Bedeutung erlangt diese Konstruktion für Fälle, in denen das wirtschaftliche Interesse am Versicherungsgegenstand nicht beim Versicherten, sondern bei einem Dritten liegt. Dabei geht es vor allem um den Alleingesellschafter einer GmbH, die (formal) Versicherungsnehmerin ist[1811]. Dogmatisch unterscheidet sich der wahre wirtschaftlich Versicherte vom Repräsentanten dadurch, dass der wahre wirtschaftlich Versicherte die Obhut über das versicherte Risiko in eigenem Interesse ausübt, während der Repräsentant für den Eigentümer der versicherten Sache handelt.

661

VII. Qualifikation, § 263 Abs. 5

Die tatbestandliche Qualifikation des § 263 Abs. 5 begründet den **Verbrechenscharakter** der Tat, so dass hier vor allem § 30 zur Anwendung gelangen kann. Anders als beim Regelbeispiel des § 263 Abs. 3 Satz 2 Nr. 1 müssen gewerbs- und bandenmäßiges Handeln kumulativ verwirklicht sein. Die Bandenabrede kann dabei auf Straftaten nach §§ 263, 263a, 264 und §§ 267 bis 269 gerichtet sein. Abweichend zu § 244a muss die Tatbegehung nicht unter Mitwirkung eines anderen

662

[1807] BGH NJW 1976, 2271; BGH NJW 1989, 1861; BGH StV 1989, 299; *Krey/Hellmann/Heinrich*, BT 2, Rn. 704; *Rengier*, BT 1, § 15 Rn. 15.
[1808] BGH NJW 1976, 2271; NStZ 1987, 505 (506); NJW 1989, 1861; StV 1989, 299; *Wessels/Hillenkamp/Schuhr*, BT 2, Rn. 665.
[1809] *Rengier*, BT 1, § 15 Rn. 15.
[1810] BGH NJW 1976, 2271 f.; BGH NJW 1989, 1861; BGH StV 1989, 299; *Wessels/Hillenkamp/Schuhr*, BT 2, Rn. 664 f.
[1811] *Rengier*, BT 1, § 15 Rn. 16; *Wessels/Hillenkamp/Schuhr*, BT 2, Rn. 665.

Bandenmitglieds erfolgen, sofern der Betrug nur funktional mit der Bandenmitgliedschaft verknüpft ist[1812].

VIII. Konkurrenzen

663 Führen – wie häufig beim Prozessbetrug – mehrere Täuschungshandlungen zu nur einer Vermögensverfügung, dann liegt tatbestandlich nur ein Betrug vor[1813]. Wird hingegen ein gestohlener oder aus Hehlerei erlangter Gegenstand an einen Dritten veräußert, so steht der durch den Verkauf begangene Betrug in Tatmehrheit zu den Vortaten, weil jeweils ein anderer Rechtsgutsträger verletzt ist.

> **Bsp.:**[1814] T erwirbt in Kenntnis der Vorgeschichte eine gestohlene Uhr und veräußert diese über das Internet gewinnbringend an O. – T täuscht konkludent über seine Eigentümerposition, worauf O irrtumsbedingt über den Kaufpreis verfügt und einen Schaden erleidet, weil er nach § 935 Abs. 1 S. 1 BGB kein Eigentum erwerben kann[1815]. § 263 steht in Tatmehrheit zu § 259, weil mit O ein anderer Rechtsgutsträger als der Bestohlene betroffen ist.

664 Weitere Konkurrenzfragen stellen sich vor allem in den Fällen des sog. **Sicherungsbetrugs**, bei dem nur die Vorteile aus einer vorausgegangenen Tat im Wege der Täuschung erhalten, ausgenutzt oder verwertet werden sollen, so dass kein eigenständiger Unrechtsgehalt gegeben ist. Hebt der Täter nach dem Diebstahl eines Sparbuchs unter Täuschung des Bankangestellten tatsächlich Geld ab, so tritt § 263 hinter § 242 zurück, weil kein qualitativ anderer Schaden verursacht wird[1816]. Ein Sicherungsbetrug liegt ferner vor, wenn das Opfer einer Tat durch Täuschung gehindert werden soll, Rückgewähr- oder Schadensersatzansprüche geltend zu machen[1817].

> **Bsp.:** T hat im Kaufhaus des O eine Flasche Whisky eingesteckt. Kassiererin K schöpft aufgrund der ausgebeulten Manteltasche Verdacht und spricht den T darauf an; T antwortet, dass es sich um einen Regenschirm handle. K schenkt dem Glauben. – T hat mit dem Einstecken eine Wegnahme (Gewahrsamsenklave) und damit einen vollendeten Diebstahl nach § 242 begangen[1818]. Die Täuschung an der Kasse könnte zudem § 263 begründen, wenn dadurch ein eigenständiger Vermögensschaden entstanden wäre.

665 Teilweise wird der Tatbestand aufgrund des **Exklusivitätsverhältnisses von Diebstahl und Betrug** verneint, da das Geschehen bis zur Beendigung des Diebstahls einheitlich als „Nehmakt" zu qualifizieren sei[1819]. Dagegen spricht aber, dass sich das Exklusivitätsverhältnis nur auf ein und dieselbe Handlung – entweder Wegnahme oder Vermögensverfügung – bezieht, es hier jedoch um verschiedene Handlungen (Einstecken als Wegnahme und späterer Verzicht auf Geltendmachung der Forderung als Vermögensverfügung) geht. Andere verneinen den Vermögensschaden, weil keine Vertiefung des bereits durch den Diebstahl entstande-

---

1812 *Mitsch*, BT 2, 5.3.2.
1813 NK-*Kindhäuser*, § 263 Rn. 407; SSW-*Satzger*, § 263 Rn. 354.
1814 S. auch BGH NStZ 2009, 38.
1815 Zu Fällen des gutgläubigen Erwerbs s. o. Rn. 612 ff.
1816 BGH NStZ 1993, 591 (591); BGH NStZ 2008, 396; *Heghmanns*, BT, Rn. 1290 f.; L-*Kühl/Kühl*, § 263 Rn. 69.
1817 LK-*Tiedemann*, § 263 Rn. 325 ff.
1818 S. hierzu o. Rn. 42.
1819 BGHSt 17, 205 (208 f.); *Rengier*, BT 1, § 13 Rn. 270.

nen Vermögensschadens eintritt[1820]. Richtigerweise ist jedoch Betrug zu bejahen, der dann aber als mitbestrafte Nachtat auf Konkurrenzebene zurücktritt[1821]. Hierfür spricht zunächst, dass durch die zusätzliche Täuschung die Wiedererlangung der Sache erschwert wird. Zudem können so am Sicherungsbetrug Beteiligte bestraft werden und der Sicherungsbetrug kann zudem als Vortat auch Anknüpfungspunkt für nachfolgende Anschlussdelikte sein[1822].

IX. Strafantrag

Nach § 263 Abs. 4 gelten § 247 und § 248a entsprechend für Taten nach Absatz 1 und Absatz 3, nicht jedoch im Falle des Vorliegens einer Qualifikation des Absatzes 5[1823]. Bei § 248a kommt es für den Bagatellcharakter auf die Höhe des Vermögensschadens und der erstrebten Bereicherung – Grenze bei ca. 25 bis 30 € – an[1824].

666

§ 22 Computerbetrug, § 263a

Einführende Aufsätze: *Eisele/Fad*, Strafrechtliche Verantwortlichkeit beim Missbrauch kartengestützter Zahlungssysteme, Jura 2002, 305; *Hecker*, Herstellung, Verkauf, Erwerb und Verwendung manipulierter Telefonkarten, JA 2004, 762; *Hilgendorf*, Grundfälle zum Computerstrafrecht, JuS 1997, 130; *ders.*, Scheckkartenmissbrauch und Computerbetrug, JuS 1999, 542; *Husemann*, Die Verbesserung des strafrechtlichen Schutzes des bargeldlosen Zahlungsverkehrs durch das 35. Strafrechtsänderungsgesetz, NJW 2004, 104; *Kudlich*, Computerbetrug und Scheckkartenmissbrauch durch berechtigten Karteninhaber, JuS 2003, 537; *Lenk*, Girocard, Sparbuch, Bankautomat – Fallkonstellationen in der strafrechtlichen Klausur, JuS 2020, 407; *Meier*, Strafbarkeit des Bankautomatenmissbrauchs, JuS 1992, 1017; *Neumann*, Unfaires Spielen an Geldspielautomaten, JuS 1990, 535; *Otto*, Probleme des Computerbetruges, Jura 1983, 612; *Ranft*, „Leerspielen" von Glücksspielautomaten, JuS 1997, 19; *Schnabel*, Telefon-, Geld-, Prepaid-Karte und Sparcard, NStZ 2005, 18; *Wachter*, Grundfälle zum Computerbetrug, JuS 2017, 723.

Übungsfälle: *Beck/Valerius*, Fall 7: Sicherheit im Internet, S. 89; *Beulke* III, Fall 8: Leichen pflastern seinen Weg, S. 263; *Bock*, BT, Fall 10: Skimmer und Schwarzfahrer, S. 309; *Fahl*, Der Lastschriftreiter, JuS 2012, 1104; *Frister/Krebs/Theis*, Die verliehene Girocard, AL 2013, 200; *Hellmann*, Die ungetreue Finderin, JuS 2001, 1095; *Hilgendorf*, Fallsammlung, Fall 13: Der Geldspielautomat, S. 104; *Jerouschek/Kölbel*, Widerspenstige Automaten, JuS 2001, 780; *Kraatz*, Aktuelle examensrelevante Fälle des Computerbetrugs (§ 263 a StGB), Jura 2016, 875; *Kretschmer*, Der erfolglose Literat, Jura 2006, 219; *Ladiges*, „Surfen und Strafrecht", Jura 2013, 844; *Petermann/Savanovic*, Gewinnmaximierung mittels Internetplattform, JuS 2011, 1003; *Raschke/Zirzlaff*, Drei Freunde in der Mensa, ZJS 2012, 219; *Theile*, Kriminogener Hedonismus, JA 2011, 32; *Tiedemann/Waßmer*, Streifzug durch das Betrugsstrafrecht, Jura 2000, 533; *Zöller*, Die Segnungen des bargeldlosen Zahlungsverkehrs, Jura 2003, 637.

Rechtsprechung: BGHSt 35, 152 – Bankautomat (Bankautomatenmissbrauch durch nichtberechtigten Kontoinhaber); **BGHSt 38, 120** – Bankautomat (Abheben mit gefälschter Code-

---

[1820] BGH GA 1958, 369 (370); BGH GA 1961, 83; *Otto*, BT, § 51 Rn. 152; *Wessels/Hillenkamp/Schuhr*, BT 2, Rn. 599.
[1821] BGH NStZ 2004, 568; L-Kühl/*Kühl*, § 263 Rn. 69; *Maurach/Schroeder/Maiwald/Hoyer/Momsen*, BT 1, § 41 Rn. 78; für Tatmehrheit hingegen *Sickor*, GA 2007, 590 (594 ff.).
[1822] LK-*Tiedemann*, § 263 Rn. 325.
[1823] *Krey/Hellmann/Heinrich*, BT 2, Rn. 709; M/R-*Saliger*, § 263 Rn. 347; NK-*Kindhäuser*, § 263 Rn. 402.
[1824] *Fischer*, § 263 Rn. 228; LK-*Tiedemann*, § 263 Rn. 305 f.; a. A. A/W/H/H-*Heinrich*, § 20 Rn. 140; *Krey/Hellmann/Heinrich*, BT 2, Rn. 708, wonach nur der Vermögensschaden gering sein muss.

karte); **BGHSt 40, 331** – Geldspielautomat (Leerspielen von Geldspielautomaten); **BGHSt 47, 160** – Bankautomat (Abheben durch berechtigten Inhaber unter Kontoüberziehung); **BGHSt 58, 119** – Abbuchungsauftragslastschrift (Tatbestandsmerkmale des § 263a); **BGH wistra 2017, 101** – Glücksspielautomat (Programmanipulation und Vermögensschaden); **BGH NStZ-RR 2017, 79** – Bankkarte (Unbefugtheit bei überlassener Karte).

I. Geschütztes Rechtsgut und Systematik

667 Geschütztes Rechtsgut des § 263a ist das **Vermögen**[1825]. Die Vorschrift stellt einen „Paralleltatbestand" zu § 263 dar[1826]. Der Tatbestand soll Strafbarkeitslücken schließen, da in diesen Fällen kein Mensch getäuscht wird und eine Maschine nicht irren kann[1827]. § 263a Abs. 2 verweist für die Strafantragserfordernisse, besonders schwere Fälle und Qualifikationen auf den Betrugstatbestand. § 263a Abs. 3 normiert eine auf europäischen Vorgaben beruhende Vorfeldstrafbarkeit mit der Möglichkeit tätiger Reue nach Absatz 4 i. V. m. § 149 Abs. 2, Abs. 3[1828]. Hinsichtlich der Fälschung von Zahlungskarten sind §§ 152a und § 152b im Blick zu behalten[1829].

II. Aufbauschema zu § 263a Abs. 1

668 1. Tatbestand
    a) Objektiver Tatbestand
        aa) Tathandlungen
            (1) Var. 1: Unrichtige Gestaltung des Programms (Programmmanipulation)
            (2) Var. 2: Verwendung unrichtiger oder unvollständiger Daten (Inputmanipulation)
            (3) Var. 3: Unbefugte Verwendung von Daten
            (4) Var. 4: Sonst unbefugte Einwirkung auf den Ablauf (Ablaufmanipulation)
        bb) dadurch Beeinflussung eines Datenverarbeitungsvorgangs
        cc) Vermögensschaden
    b) Subjektiver Tatbestand
        aa) Vorsatz bzgl. der objektiven Tatbestandsmerkmale
        bb) Bereicherungsabsicht
            (1) Eigen- oder Drittbereicherungsabsicht (dolus directus 1. Grades)
            (2) Stoffgleichheit
    c) Rechtswidrigkeit der erstrebten Bereicherung
        aa) Objektive Rechtswidrigkeit der Bereicherung
        bb) Vorsatz (zumindest dolus eventualis) bzgl. der Rechtswidrigkeit der Bereicherung

---

1825 BGHSt 40, 331 (334); *Mitsch*, BT 2, 7.2.1; *Schönke/Schröder/Perron*, § 263a Rn. 1.
1826 OLG Düsseldorf NStZ-RR 1998, 137; NK-*Kindhäuser*, § 263a Rn. 3; *Rengier*, BT 1, § 14 Rn. 1.
1827 HK-*Duttge*, § 263a Rn. 2; LK-*Tiedemann/Valerius*, § 263a Rn. 2; SSW-*Hilgendorf*, § 263a Rn. 2; *Wessels/Hillenkamp/Schuhr*, BT 2, Rn. 601.
1828 S. zu Absatz 3 auch LG Karlsruhe NStZ-RR 2007, 19.
1829 S. *Eisele*, BT 1, Rn. 996.

2. Rechtswidrigkeit

3. Schuld

4. Strafschärfungen
   a) Besonders schwerer Fall mit Regelbeispielen, § 263a Abs. 2 i. V. m. § 263 Abs. 3
   b) Qualifikationen, § 263a Abs. 2 i. V. m. § 263 Abs. 5

5. Strafantrag, § 263a Abs. 2 i. V. m. § 263 Abs. 4 i. V. m. §§ 247, 248a (nicht aber bei Vorliegen einer Qualifikation nach § 263 Abs. 5)

III. Tatbestand

1. Objektiver Tatbestand

Bei allen Tatbestandsvarianten ist erforderlich, dass durch eine Beeinflussung eines Datenverarbeitungsvorgangs ein Vermögensschaden hervorgerufen wird. Für den Vermögensschaden gelten die für § 263 entwickelten Grundsätze. Beim „**Dreieckscomputerbetrug**", bei dem EDV-Betreiber und Geschädigter nicht identisch sind, bedarf es ebenfalls eines Näheverhältnisses[1830]. **669**

a) Der Begriff **Daten** ist weit zu fassen. Er erfasst alle codierten und codierbaren Informationen[1831]. Die engere Definition – nicht unmittelbar wahrnehmbare Daten – des § 202a Abs. 2 gilt nicht[1832]. Erfasst werden auch Programme, die aus Daten zusammengefügt sind[1833]. **Datenverarbeitung** ist der elektronisch technische Vorgang, bei dem durch Erfassung von Daten und ihre Verknüpfung durch Programme Arbeitsergebnisse erzielt werden[1834]. Das Merkmal der **Beeinflussung des Ergebnisses eines Datenverarbeitungsvorgangs** ersetzt die Merkmale Irrtum und Vermögensverfügung beim Betrug[1835]. Die Beeinflussung verlangt keinen bereits in Gang gesetzten Datenverarbeitungsvorgang; richtigerweise wird erst recht das Ingangsetzen der Datenverarbeitung – etwa durch Starten eines Programms – erfasst[1836]. Eine Beeinflussung des Ergebnisses liegt vor, wenn dieses von demjenigen Ergebnis abweicht, das ohne die Tathandlung erzielt worden wäre[1837]. Das Verarbeitungsergebnis muss dabei – parallel zur Vermögensverfügung bei § 263 – **unmittelbar zu einer Vermögensminderung** und damit zu einem Vermögensschaden führen[1838]. Wie bei § 263 genügt der Eintritt eines Gefährdungsschadens[1839]. **670**

1830 BGHSt 58, 119 (127 f.); BGH wistra 2017, 101 (102); *Fischer*, § 263a Rn. 21; L-Kühl/*Heger*, § 263a Rn. 21.
1831 *Fischer*, § 263a Rn. 3; *Otto*, BT, § 52 Rn. 31; *Rengier*, BT 1, § 14 Rn. 4; a. A. NK-*Kindhäuser*, § 263a Rn. 11.
1832 *Maurach/Schroeder/Maiwald/Hoyer/Momsen*, BT 1, § 41 Rn. 236; *Rengier*, BT 1, § 14 Rn. 4.
1833 BT-Drs. 10/5058, S. 30; *Kindhäuser/Böse*, BT 2, § 28 Rn. 8; *Otto*, BT, § 52 Rn. 31.
1834 LK-*Tiedemann/Valerius*, § 263a Rn. 22; *Rengier*, BT 1, § 14 Rn. 4.
1835 *Kindhäuser/Böse*, BT 2, § 28 Rn. 30; *Schönke/Schröder/Perron*, § 263a Rn. 18.
1836 BGHSt 38, 120 (121); *Mitsch*, BT 2, 7.2.2.1.1.4; *Rengier*, BT 1, § 14 Rn. 26; *Schönke/Schröder/Perron*, § 263a Rn. 18; a. A. LG Wiesbaden NJW 1989, 2552; *Kleb-Braun*, JA 1986, 249 (259).
1837 BGH NStZ 2016 338 (339); wistra 2017, 101; *Popp*, JuS 2011, 385 (391).
1838 BGH NStZ 2016, 338 (339); NStZ-RR 2018, 214 (215); *Rengier*, BT 1, § 14 Rn. 5.
1839 BGH wistra 2017, 101 (102), zur automatischen Erstellung einer Gutschrift.

Bsp. (1): T verwendet eine fremde ec-Karte und gibt die ihm bekannte Geheimzahl am Geldautomaten ein, um 200 € abzuheben. – T beeinflusst durch das Ingangsetzen das Ergebnis eines Datenverarbeitungsvorgangs, wodurch es unmittelbar zu einer Vermögensminderung kommt. Er macht sich daher nach § 263a Abs. 1 Var. 3 strafbar[1840].

Bsp. (2):[1841] T wird die Mitgliedschaft von der Krankenversicherung K wirksam gekündigt, weil er keine Beiträge mehr entrichtet. Dennoch legt er bei Arzt A seine Versicherungskarte vor, die dort in den Computer eingelesen wird. K zahlt daraufhin – entsprechend der rechtlichen Verpflichtung – die Behandlungskosten. – § 263a scheidet aus, weil der Datenverarbeitungsvorgang nicht unmittelbar zu einer Vermögensminderung führt. Vielmehr war hierzu noch eine Vermögensverfügung durch den Arzt durch Behandlung und Verordnung von Heilmitteln erforderlich. Verwirklicht ist aber durch Täuschung des Arztes ein Dreiecksbetrug nach § 263 zu Lasten der Krankenkasse, da zwischen Arzt und Kasse aufgrund der rechtlichen Ausgestaltung ein Näheverhältnis besteht und der Arzt mit Erbringung seiner Leistung (Vermögensverfügung) die Krankenkasse zur Vergütung (Schaden) verpflichtet[1842].

670a Im Einzelfall kann – parallel zu § 263 (dort o. Rn. 555) – ein **Computerbetrug vom Diebstahl abzugrenzen** sein. Soweit mit der Eingabe in den Computer keine unmittelbare Vermögensminderung verbunden ist und der Gewahrsam erst durch eine nachfolgende Handlung gebrochen wird, kommt nur § 242 in Betracht. Entsprechendes gilt auch im Verhältnis zu § 263, wenn der Eintritt des Schadens erst noch die Täuschung eines Menschen erfordert.

Bsp.: T nimmt in einem Supermarkt einen „Playboy" und geht damit zu einer Selbstbedienungskasse. Anstatt den Playboy mit einem Kaufpreis von 5 € zu scannen, verwendet er einen Strichcode, den er zuvor aus einer Tageszeitung zu einem Preis von 1,20 € entfernt hat. Er bezahlt einen Betrag von 1,20 € durch Einwurf in die Selbstbedienungskasse (wahlweise auch durch elektronische Kartenzahlung). Nach der Selbstbedienungskasse erfolgt keine weitere Kontrolle mehr durch das Personal.

Nach Ansicht des OLG Hamm soll § 263a Abs. 1 Var. 3 ausscheiden und ein Fall des § 242 vorliegen, weil es an einer unmittelbaren Vermögensminderung fehle; die Selbstbedienungskasse zeige nur den Kaufpreis an, ohne dass darin ein verfügungsähnlicher Vorgang liege, der die Mitnahme der Zeitschrift ermögliche[1843]. Es sei daher noch ein eigenständiger Schritt – Gewahrsamsbruch durch Passieren des Kassenbereichs – erforderlich; dies führt dann konsequenterweise zu einer Strafbarkeit nach § 242, da eine Übereignung und ein tatbestandsausschließendes Einverständnis seitens des Gewahrsamsinhabers an die Bedingung geknüpft ist, dass eine ordnungsgemäße Bezahlung erfolgt[1844]. Im Übrigen lehnt das OLG Hamm aber auch die Tathandlung der unbefugten Verwendung von Daten (Var. 3) ab, da bei betrugsspezifischer Betrachtung ein gedachter Kassierer nichts anderes prüfe als die computergesteuerte Selbstbedienungskasse, so dass die Übereinstimmung von Strichcode und Ware außerhalb des Prüfungsbereichs liege[1845]. Beides kann man freilich auch anders sehen, wenn man davon ausgeht, dass ein Kassierer bei einem entsprechenden Verhalten – Austausch des Codes – getäuscht worden wäre und dann an der Kasse über die Ware verfügt hätte; insoweit ist es bei einer

---

[1840] S. näher u. Rn. 676 f.
[1841] Nach OLG Hamm NStZ 2006, 574.
[1842] Näher OLG Hamm NStZ 2006, 574 (575).
[1843] OLG Hamm NStZ 2014, 275 f.; *Fahl*, NStZ 2014, 244 (246); *Jäger*, JA 2014, 155 (156); *Jahn*, JuS 2014, 179 (180).
[1844] OLG Hamm NStZ 2014, 275 (276); *Jäger*, JA 2014, 155 (156); *Jahn*, JuS 2014, 179 (180).
[1845] OLG Hamm NStZ 2014, 275 (276); mit Recht krit. *Heinrich*, FS Beulke, 2015, S. 395 (402 ff.); für Bejahung von Var. 2 *Fahl*, NStZ 2014, 244 (245). Zu Var. 3 näher Rn. 674 ff.

Parallelbetrachtung durchaus naheliegend, dass man aufgrund der äußerlich ordnungsgemäßen Zahlung an der Selbstbedienungskasse die Befugnis folgert, die Ware mitzunehmen[1846]. Anders – dann allerdings bereits Betrug nach § 263 – könnte man entscheiden, wenn der Kassenbereich noch durch Personal kontrolliert wird, so dass man hierin erst die relevante Vermögensverfügung erblicken könnte[1847]. Soweit in solchen Fällen auch nicht eingescannte Gegenstände mitgenommen[1848] oder weitere Gegenstände in den Karton hinzugepackt werden[1849], liegt insoweit jeweils ein Diebstahl vor, da – anders als bei den typischen Kassenfällen[1850] – von vornherein kein Einverständnis in den Gewahrsamswechsel dieser Gegenstände in Betracht kommt. § 263a ist dann aufgrund des Exklusivitätsverhältnisses ausgeschlossen[1851].

b) Im objektiven Tatbestand sind im Übrigen **vier verschiedene Tatvarianten** zu unterscheiden, die sich auf den Datenverarbeitungsvorgang auswirken müssen[1852]. Rein mechanische Manipulationen an Automaten werden daher nicht erfasst[1853]. **671**

aa) Var. 1 erfasst die **unrichtige Gestaltung eines Programms** mit der Folge, dass Daten unrichtig verarbeitet werden. Erfasst wird sowohl das Neuschreiben eines Programms als auch das Umprogrammieren bestehender Programme[1854]. Die Unrichtigkeit der Gestaltung ist bei der **Programmmanipulation** objektiv zu bestimmen und nicht etwa subjektiv nach dem Willen des Verfügungsberechtigten[1855]. Maßgeblich ist daher, ob das Programm die aus dem Verhältnis der Beteiligten zu ermittelnde Aufgabenstellung zutreffend bewältigt[1856]. Der Wille des Verfügungsberechtigten, etwa des Betreibers einer EDV-Anlage, kann dabei freilich Eingang in die Aufgabenstellung gefunden haben. **672**

> Bsp.: T ist Programmierer bei der Krankenkasse K. Er gestaltet abweichend von den Vorgaben ein Programm derart, dass Restbeträge aufgerundet werden und die Differenz zu seinen Gunsten auf ein Konto verbucht wird. – Hier ist § 263a Abs. 1 Var. 1 verwirklicht, da nach der Aufgabenstellung von einer Verbuchung für T nicht ausgegangen werden kann.

bb) Var. 2 normiert die **Verwendung unrichtiger oder unvollständiger Daten.** Bei der **Input- bzw. Eingabemanipulation** werden unrichtige oder unvollständige Daten in den Verarbeitungsvorgang eingegeben[1857]. In diesem Fall ist das Programm richtig gestaltet, es werden jedoch unzutreffende Ausgangsdaten verwendet. Zu denken ist an für eine Berechnung von Vermögensleistungen maßgebende Daten, z. B. Lebens- oder Dienstalter, bestimmte Zeiträume (wie Studiendauer) oder das Einkommen. **673**

1846 Überzeugend *Heinrich*, FS Beulke, 2015, S. 395 (405).
1847 *Heinrich*, FS Beulke, 2015, S. 395 (405); *Jäger*, JA 2014, 155 (156).
1848 *Fahl*, NStZ 2014, 244 (245) bejaht hier die Verwendung unvollständiger Daten i. S. d. Var. 2.
1849 *Rengier*, BT 1, § 14 Rn. 52.
1850 Dazu, dass auch dort kein Einverständnis vorliegt vgl. Rn. 54 f. und Rn. 564.
1851 *Rengier*, BT 1, § 14 Rn. 52.
1852 Vgl. BGHSt 58, 119 (123).
1853 KG StRR 2014, 83.
1854 BGH wistra 2017, 101 (102).
1855 *Otto*, BT, § 52 Rn. 34; *Rengier*, BT 1, § 14 Rn. 9; *Wessels/Hillenkamp/Schuhr*, BT 2, Rn. 609; a. A. *Kindhäuser/Böse*, BT 2, § 28 Rn. 12; *Schönke/Schröder/Perron*, § 263a Rn. 5; offen gelassen von BGH wistra 2017, 101 (102).
1856 L-Kühl/*Heger*, § 263a Rn. 7; LK-*Tiedemann/Valerius*, § 263a Rn. 30; *Rengier*, BT 1, § 14 Rn. 9.
1857 *Mitsch*, BT 2, 7.2.2.1.1.2; *Wittig*, Wirtschaftsstrafrecht, § 15 Rn. 12.

Bsp. (1): T gibt ein geringeres Alter eines Kunden in das Programm einer Krankenversicherung ein, um so einen günstigeren Beitrag für diesen errechnen zu lassen.

Bsp. (2): T reicht per Internet fingierte Forderungen als Lastschriften ein, obgleich Abbuchungsaufträge von O nicht erteilt wurden. O bemerkt die Abbuchung nicht. – T verwendet nach Auffassung des BGH unrichtige Daten, da er einen nicht bestehenden Abbuchungsauftrag behauptet, wodurch auch das Ergebnis eines Datenverarbeitungsvorgangs beeinflusst wird[1858]; letztlich entsteht bei O – ungeachtet der Unwirksamkeit der Abbuchung – auch ein Gefährdungsschaden, weil O das Risiko einer Rückbuchung (vgl. § 675u Satz 2 BGB) trägt, wozu er zunächst einmal die unzutreffende Abbuchung bemerken muss[1859]. Anders ist hingegen zu entscheiden, wenn eine Abbuchungsermächtigung aufgrund einer Täuschung tatsächlich erteilt wurde, da dann die Daten richtig sind[1860].

674 cc) Hauptanwendungsfall des § 263a ist die **unbefugte Verwendung von Daten i. S. d. Var. 3.** Die größte Bedeutung erlangen dabei Fälle im Zusammenhang mit dem Zahlungskartenmissbrauch.

675 (1) Nach h. M. setzt das Verwenden voraus, dass die Daten **unmittelbar in einen Datenverarbeitungsvorgang eingegeben werden**, so dass nicht jede Verwendung von Daten ausreicht[1861]. So kann die unlauter erlangte Kenntnis von Daten über den Spielablauf bei Glücksspielautomaten nicht Var. 3 begründen, wenn mit Hilfe dieses Wissens nur die Tasten des Spielautomaten gedrückt werden, die Daten aber nicht in den Rechenprozess eingegeben werden. In diesem Fall kann aber die Var. 4 einschlägig sein[1862]. Hingegen ist etwa Var. 3 verwirklicht, wenn der Täter Pfandflaschen in einem Rückgabeautomat eingibt und hierbei der Strichcode der Flasche ausgelesen wird[1863].

676 (2) Das **Merkmal „unbefugt"** schränkt bereits den Tatbestand ein[1864]. Es ist angesichts seiner Unbestimmtheit im Hinblick auf Art. 103 Abs. 2 GG restriktiv auszulegen, wobei sich verschiedene Ansichten gegenüberstehen. Der Streitstand soll zunächst anhand des Grundfalls des Kartenmissbrauchs – Abheben am Geldautomaten mit gestohlener Karte – aufgezeigt werden. Entsprechendes gilt aber auch für entwendete Tankkarten usw[1865].

Bsp.: T entwendet O die ec-Karte („maestro-Karte") für die Benutzung des Bankautomaten. O hat die Geheimzahl (PIN) leichtsinnigerweise auf einem Zettel notiert, den er zusammen mit der Karte aufbewahrt. T hebt am Geldautomaten der Bank B 500 € ab. Anschließend lässt er O die Karte – wie von Anfang an beabsichtigt – wieder zukommen[1866]. – Ein Diebstahl gemäß § 242 an der Karte scheidet mangels Zueignungsabsicht aus. Hinsichtlich der Sachsubstanz folgt dies bereits daraus, dass T diese zurückgeben will, er also keinen Vorsatz bezüglich einer dauerhaften Enteignung besitzt. Unter Sachwertgesichtspunkten scheidet § 242 ebenfalls aus, da die Karte lediglich als Automatenschlüssel dient, nicht aber eine Forderung gegen die Bank verkörpert[1867]. Auch ein

---

1858 BGHSt 58, 119 (126 f.); *Heghmanns*, ZJS 2013, 423 (425); insoweit abl. *Schuhr*, JR 2013, 579 (580 f.).
1859 BGHSt 58, 119 (126 f. und 128 f.); *Schuhr*, JR 2013, 579.
1860 BGH NStZ 2016, 154 (155).
1861 *Kindhäuser/Böse*, BT 2, § 28 Rn. 20; *Schönke/Schröder/Perron*, § 263a Rn. 8; a. A. BayObLG NJW 1991, 438 (440); BayObLG JR 1994, 289 (291); *Hilgendorf*, JuS 1997, 130 (131).
1862 Näher u. Rn. 689.
1863 LG Saarbrücken NStZ-RR 2019, 45 (46).
1864 *Rengier*, BT 1, § 14 Rn. 15; *Schönke/Schröder/Perron*, § 263a Rn. 9.
1865 OLG Celle NStZ-RR 2017, 80 (81).
1866 Nach BGHSt 35, 152.
1867 Näher o. Rn. 66.

Diebstahl am Geld kommt nicht in Betracht[1868]; die h. M. geht zwar davon aus, dass das Geld nicht an den unberechtigten Benutzer übereignet wird und damit fremd ist[1869], jedoch hat T den Gewahrsam nicht gebrochen, weil ein den Tatbestand ausschließendes Einverständnis in die Wegnahme des vom Automaten freigegebenen Geldes vorliegt[1870]. Eine Strafbarkeit nach § 265a Abs. 1 Var. 1 scheitert daran, dass der Mechanismus nicht ordnungswidrig betätigt wurde; nach zweifelhafter h. M. erfasst die Vorschrift ferner keine Warenautomaten, sondern nur Leistungsautomaten[1871]. § 266b ist zu verneinen, weil Täter des untreueähnlichen Sonderdelikts nur der berechtigte Karteninhaber sein kann[1872]. Was § 263a anbelangt, so handelt es sich bei den auf der Karte gespeicherten Daten und der Geheimzahl zunächst um Daten i. S. v. § 263a[1873], durch deren Verwendung eine Datenverarbeitung in Gang gesetzt wird.

677 Nach der **subjektivierenden Auslegung** handelt unbefugt, wer Daten entgegen dem ausdrücklichen oder mutmaßlichen Willen des Verfügungsberechtigten verwendet[1874]. Freilich ist diese Auffassung recht weitgehend, weil praktisch jede Vertragswidrigkeit, d. h. jeder zivilrechtliche Verstoß pönalisiert wird. Auch kann im Einzelfall schwer zu bestimmen sein, wer Berechtigter ist (Karteninhaber, Kartenaussteller oder Betreiber des Bankautomaten). Im Beispielsfall wäre T jedenfalls strafbar, weil er entgegen dem Willen des Karten- und Kontoinhabers O handelte. Umgekehrt wird man freilich dann den Tatbestand zu verneinen haben, wenn der Vermögensinhaber mit der Schädigung einverstanden ist[1875].

677a Die **computerspezifische Auslegung** stellt teilweise darauf ab, ob sich der der Datenverwendung entgegenstehende und die Verwendung unbefugt machende Wille im Computerprogramm niedergeschlagen hat[1876]. Andere Vertreter dieser Lehre fragen danach, ob die Eingabe computerspezifischer Daten (wie PIN oder Passwort) einen dem Täter nicht zustehenden Zugang zu der Datenverarbeitung ermöglicht[1877]. Manchmal wird auch darauf abgestellt, ob durch eine Datenmanipulation das System nicht ordnungsgemäß bedient wird[1878]. Insgesamt bleiben die Kriterien jedoch unscharf und machen die Strafbarkeit zu sehr von der technischen Ausgestaltung abhängig. Angesichts des Erfordernisses der Legitimation durch die Geheimzahl würde diese Auslegung in ihren ersten beiden Ausprägungen zu einem unbefugten Handeln gelangen.

677b Nach der von der h. M. vertretenen **betrugsspezifischen Auslegung** muss dagegen eine täuschungsgleiche Handlung vorliegen[1879]. Unter Zugrundelegung dieser

---

1868 S. o. Rn. 58.
1869 BGHSt 35, 152 (161 ff.); A/W/H/H-*Heinrich*, § 15 Rn. 16; L-Kühl/*Kühl*, § 242 Rn. 23; a. A. OLG Hamburg NJW 1987, 336; *Otto*, JZ 1993, 559 (566 f.).
1870 BGHSt 35, 152 (158 ff.); BGHSt 38, 120 (122 f.); OLG Stuttgart NJW 1987, 666; A/W/H/H-*Heinrich*, § 13 Rn. 56; L-Kühl/*Kühl*, § 242 Rn. 14; *Rengier*, BT 1, § 2 Rn. 70 f.; a. A. BayObLG NJW 1987, 663 f.; *Mitsch*, BT 2, 7.2.2.1.1.3.
1871 Näher u. Rn. 709.
1872 BGH NStZ 1992, 278 (279); A/W/H/H-*Heinrich*, § 23 Rn. 51; *Fischer*, § 266b Rn. 3; L-Kühl/*Heger*, § 266b Rn. 2; weiter *Schönke/Schröder/Perron*, § 266b Rn. 7, wonach auch der vom Inhaber zur Verwendung der Karte – soweit zulässig – ermächtigte Dritte einbezogen sein soll.
1873 *Eisele/Fad*, Jura 2002, 305 (306); *Kindhäuser/Böse*, BT 2, § 28 Rn. 20.
1874 BGHSt 40, 331 (334 f.); *Mitsch*, BT 2, 7.2.2.1.1.3; *Popp*, JuS 2011, 385 (392). *Hilgendorf*, JuS 1999, 542 (543 f.), stellt darauf ab, ob die Datenverarbeitung eine „intellektsetzende Funktion" hat.
1875 BGH NStZ-RR 2018, 214 (215); vgl. auch zu § 263 Rn. 552.
1876 OLG Celle NStZ 1989, 367; *Lenckner/Winkelbauer*, CR 1986, 654 (657).
1877 *Achenbach*, JR 1994, 293 (295); *ders.*, FS Gössel, 2002, S. 481 (494 f.).
1878 *Arloth*, Jura 1996, 354 (357); *Neumann*, StV 1996, 375.
1879 BGHSt 47, 160 (163); BGHSt 58, 119 (123); BGH StV 2014, 684 (685); BGH NStZ 2016, 149 (150); L-Kühl/*Heger*, § 263a Rn. 13; *Wessels/Hillenkamp/Schuhr*, BT 2, Rn. 613.

Auffassung würde T unbefugt handeln, denn er müsste im (parallelen) Fall einer Auszahlung des Geldes am Schalter den Mitarbeiter der Bank über seine Berechtigung – d. h. beim Abheben in eigenem Namen über die Identität, bei Abheben in fremdem Namen über das Vorliegen einer Vollmacht – täuschen. Für diese Auslegung spricht die systematische Stellung des § 263a als „Paralleltatbestand" zu § 263. Außerdem sollten durch Einführung des Computerbetrugs Strafbarkeitslücken geschlossen werden, die dadurch entstanden sind, dass in diesen Fällen kein Mensch getäuscht wird und eine Maschine nicht irren kann. Durch das unbefugte Abheben des Geldes ist ein unmittelbarer Vermögensverlust bei der Bank eingetreten. Im Fall eines nicht autorisierten Zahlungsvorgangs hat nämlich nach § 675u BGB der Zahlungsdienstleister keinen Anspruch auf Erstattung seiner Aufwendungen. Er ist zudem verpflichtet, dem Kunden den Zahlungsbetrag unverzüglich zu erstatten und ggf. das Konto wieder auf den Stand zu bringen, auf dem es sich ohne die Belastung durch den nicht autorisierten Zahlungsvorgang befunden hätte. Die Bank hat zwar möglicherweise einen (teilweisen) Ersatzanspruch gegen O nach § 675v BGB; ein solcher Anspruch kann jedoch den bei der Bank eingetretenen Vermögensverlust nicht kompensieren[1880]. Ebenso tritt beim Verwenden einer gestohlenen Tankkarte der Vermögensschaden beim Tankstellenbetreiber ein, da dieser dem Kunden den Betrag erst noch in Rechnung stellen muss und dieser daher ebenfalls nicht unmittelbar geschädigt ist[1881]. Da T auch vorsätzlich und mit Bereicherungsabsicht handelt, macht er sich nach § 263a Abs. 1 Var. 3 strafbar. Eine etwaige Strafbarkeit wegen Unterschlagung am Geld[1882] tritt im Wege der formellen Subsidiarität (§ 246 Abs. 1 a. E.) dahinter zurück. In Tateinheit tritt noch eine Strafbarkeit nach § 269[1883].

678 (a) Entsprechend sind Fälle zu beurteilen, in denen der Täter eine **ec-Karte fälscht**[1884], wobei hier zusätzlich §§ 152a, 152, 267, 269 in das Blickfeld geraten.

679 (b) Problematischer im Hinblick auf das Merkmal der Unbefugtheit sind Fälle, in denen der Nichtberechtigte auftragswidrig Geld abhebt oder die Karte durch Täuschung **vom Inhaber erlangt**.

> Bspe.: Der im Krankenhaus liegende O nimmt ein Hilfsangebot des T an und übergibt ihm seine maestro-Karte samt Geheimzahl, damit dieser für ihn 100 € am Bankautomaten abhebt. T hebt jedoch 500 € ab und verwendet 400 € für sich.

Auf Grundlage der betrugsspezifischen Auslegung wird häufig angenommen, dass kein unbefugtes Handeln vorliege. Da der Täter durch Überlassung von Karte und PIN zur Benutzung der Daten beauftragt und dies mit der Erteilung einer Vollmacht vergleichbar sei, komme seinem Handeln kein Täuschungswert zu[1885]. Dagegen spricht jedoch, dass in der Überlassung der Karte noch nicht die Befugnis zur Abhebung von Geld in beliebiger Höhe gesehen werden kann. Der Kartenin-

---

1880 BGH NJW 2001, 1508 (1509); BGH NStZ 2008, 396 (397); L-Kühl/*Heger*, § 263a Rn. 23 i. V. m. § 263 Rn. 36a.
1881 OLG Celle NStZ-RR 2017, 80 (81).
1882 S. o. Rn. 58.
1883 S. *Eisele*, BT 1, Rn. 887 f.
1884 BGHSt 38, 120 f.; *Eisele/Fad*, Jura 2002, 305 (309); NK-*Kindhäuser*, § 263a Rn. 46; *Schönke/Schröder/Perron*, § 263a Rn. 10.
1885 BGH NStZ 2016, 149 (150 f.); BGH NStZ 2016, 154 (155) auch für § 263a Abs. 1 Var. 4; OLG Köln NJW 1992, 125; OLG Dresden wistra 2007, 236; OLG Koblenz, StV 2016, 371 (372) für das Weiternutzen einer Tankkarte nach Beendigung des Arbeitsverhältnisses; LK-*Tiedemann/Valerius*, § 263a Rn. 50; *Schönke/Schröder/Perron*, § 263a Rn. 12.

haber hätte nämlich für den Fall des Abhebens des Geldes am Bankschalter dem Dritten eine auf einen bestimmten Geldbetrag beschränkte Vollmacht erteilen können. Dieser würde dann den Bankangestellten über das Bestehen einer (unbeschränkten) Vollmacht täuschen[1886]. Dem hat sich jetzt auch der BGH für den Fall angeschlossen, dass nach dem Vertrag zwischen dem Kunden und der Bank eine Bevollmächtigung Dritter ausnahmslos ausgeschlossen ist, weil dann die Verwendung von Karte und Geheimzahl den Zahlungsauftrag nicht zu autorisieren und i. S. v. § 675j Abs. 1 Satz 1 BGB wirksam zu machen vermag[1887]. Hinzu kommt wiederum eine Strafbarkeit nach § 269[1888]. Angesichts des begrenzten Auftrags scheidet hingegen eine Strafbarkeit nach § 266 mangels Vermögensbetreuungspflicht aus[1889].

Erschleicht ein Vermögensloser durch Täuschung über seine Vermögensverhältnisse die **Ausstellung einer Zahlungskarte** von einem Kreditinstitut, mit der ein Kreditrahmen oder eine Garantie verbunden ist, so kann bereits durch die Aushändigung der Karte – unabhängig von einer späteren Verwendung – ein Gefährdungsschaden beim kartenausgebenden Institut eintreten und somit ein Betrug nach § 263 vorliegen[1890]. **680**

(c) Abweichungen und komplizierte Einzelfragen können sich ergeben, wenn der Täter mit einer fremden Karte Waren bezahlt. Dabei sind Zahlungen im point-of-sale-Verfahren (POS) und dem elektronischen Lastschriftverfahren zu unterscheiden. Nur beim **point-of-sale-Verfahren (POS)**, welches die Eingabe der PIN erfordert, erhält der Händler durch die Garantiefunktion der Karte einen direkten Anspruch gegen das kartenausgebende Kreditinstitut. Ein Irrtum und ein Vermögensschaden des Händlers scheiden in dieser Konstellation regelmäßig aus, weil sich der Händler aufgrund der garantierten Zahlung keine Gedanken über die Berechtigung zur Zahlung mit der Karte machen muss und er damit einen Ausgleichsanspruch erhält. Entsprechendes gilt, wenn beim kontaktlosen Bezahlen (near field communication-Technologie, NFC) im POS, wenn der Kunde die Karte nur an das Lesegerät hält und beim Autorisierungsvorgang auf das Abfragen der PIN verzichtet wird, so dass der Vorgang autorisiert und dem Händler die Zahlung garantiert wird[1891]. Beim elektronischen Lastschriftverfahren, das für den Händler günstiger ist, unterschreibt der Kunde hingegen nur eine Ermächtigung zum Lastschrifteinzug, für dessen Realisierung der Händler dann aber auch das Risiko trägt. Eine Legitimation mit der PIN und eine Autorisierung durch das kartenausgebende Institut erfolgen hier nicht. **681**

> **Bsp. 1 (point-of-sale-Verfahren, POS):** T entwendet dem O dessen ec-Karte der Bank B, um damit Waren zu bezahlen. Nach Gebrauch will er die Karte dem O wieder zurückbringen. T bezahlt im Geschäft des G, indem er die Karte nach Aufforderung des Kassierers in das Kartenlesegerät hineinsteckt und die PIN des O, deren Kenntnis er sich verschafft hat, eingibt. – Aus der Garantiefunktion der ec-Karte folgt zunächst, dass eine Strafbarkeit nach § 263 – Täuschung durch Vorspiegeln einer Zahlungsbefugnis – ausscheidet, da im Regelfall kein Irrtum des Kassierers vorliegt, weil sich dieser aufgrund der garantierten Zahlung keine Gedanken über die Berechtigung des Karten-

---

1886 L-Kühl/*Heger*, § 263a Rn. 14; *Rengier*, BT 1, § 14 Rn. 34.
1887 BGH NStZ-RR 2017, 79 (80).
1888 Hierzu näher *Eisele/Fad*, Jura 2002, 305 (310).
1889 S. zu dieser Problematik u. Rn. 892 f.
1890 S. schon. Rn. 581.
1891 OLG Hamm BeckRS 2020, 9059 Rn. 11.

inhabers machen muss und daher diese Frage nicht prüft[1892]. Hinsichtlich § 263a scheidet deshalb auch ein Dreieckscomputerbetrug zu Lasten der Bank aus (G selbst erleidet aufgrund der garantierten Zahlung keinen Schaden), weil dem Verhalten gegenüber dem Kassierer kein Täuschungswert entnommen werden kann[1893]. Soweit kontaktlos im POS gezahlt wird, folgt dies auch daraus, dass schon die PIN und damit die Berechtigung zur Kartennutzung nicht geprüft, so dass ein fiktiver Bankmitarbeiter insoweit auch keinem Irrtum unterliegen würde[1894].

Bsp. 2 (elektronisches Lastschriftverfahren): Wie Bsp. 1, jedoch zahlt T im Wege des elektronischen Lastschriftverfahrens und unterschreibt den Abrechnungsbeleg mit dem Namen des O. – T macht sich nun wegen Betrugs zum Nachteil des V gemäß § 263 strafbar[1895]. T täuscht V über das wirksame Zustandekommen einer Abbuchungsermächtigung zu Lasten des O. Dadurch erregt er bei V, der sich mangels garantierter Zahlung durch die Bank Gedanken macht, einen entsprechenden Irrtum. Die Vermögensverfügung des V liegt in der Übereignung der Ware. Letztlich erleidet V auch einen Vermögensschaden, da er im elektronischen Lastschriftverfahren mangels Garantievertrags keinen Anspruch gegenüber der Bank besitzt[1896]. § 263a Abs. 1 Var. 3 scheidet hingegen aus, weil es an einer computerbedingten Vermögensminderung fehlt[1897]. Automatisiert sind nur die Kartenprüfung und der Ausdruck des Lastschriftbelegs. Der vermögensmindernde Akt liegt hingegen in der Erbringung der geschuldeten Leistung. Durch das Unterschreiben des Abrechnungsbelegs mit dem Namen des O macht sich T ferner wegen Urkundenfälschung (§ 267 Abs. 1 Var. 1 und Var. 3) strafbar.

682 (d) Gegenstand vielfältiger Diskussionen sind **Fälle der Kontoüberziehung** durch den Inhaber am Bankautomaten.

Bsp.:[1898] Karteninhaber T hat bei der kartenausgebenden Sparkasse ein Konto mit einem Guthaben von 300 €; der persönliche Dispositionskredit beträgt 2000 €. An den Geldautomaten der Sparkassen ist nach dem Verfügungsrahmen wöchentlich eine Abbuchung von 3000 € möglich; T hebt mit der ec-Karte zunächst 1000 € ab und dann später nochmals 1500 €, so dass das Konto ein Minus von 2200 € aufweist. – §§ 242, 246 hinsichtlich der Erlangung des Geldes scheiden aus, weil dieses an den berechtigten Karteninhaber übereignet wird und daher nicht fremd ist[1899]. Vor allem innerhalb der **betrugsspezifischen Auslegung** ist eine Streitbarkeit nach § 263a streitig.

683 Zunächst muss man zwischen der Überziehung des Kontos, des Kreditrahmens und des Verfügungsrahmens unterscheiden. Zunächst wird man eine Strafbarkeit ablehnen müssen, soweit der Täter – im Ausgangsfall 1. Abhebungsvorgang – nur sein **Konto im Rahmen eines Dispositionskredits überzieht**, d. h. dieses im Soll ist[1900]. Der Bankangestellte am Schalter würde nämlich lediglich prüfen, ob der Kunde das Kreditlimit überschreitet. Dagegen würde er – weil dies nicht erheblich ist – nicht prüfen, ob auch das Konto im „Minus" ist und der Kunde dieses wieder auszugleichen vermag. Im Rahmen des Kreditlimits kann daher grundsätzlich auch am Geldautomaten abgehoben werden; die Inanspruchnahme liegt im Übrigen auch im Interesse der Bank, die hierfür entsprechende Zinsen erheben kann.

[1892] LK-*Tiedemann/Valerius*, § 263a Rn. 52; *Schönke/Schröder/Perron*, § 263 Rn. 49/50.
[1893] *Rengier*, BT 1, § 14 Rn. 45; a. A. *Krey/Hellmann/Heinrich*, BT 2, Rn. 751; LK-*Tiedemann/Valerius*, § 263a Rn. 52. Zu § 266b s. u. Rn. 935.
[1894] OLG Hamm BeckRS 2020, 9059 Rn. 22.
[1895] Vgl. auch BGH MMR 2012, 127.
[1896] S. o. Rn. 681 vor Bsp. 1.
[1897] BGH NJW 2003, 1404; BGH MMR 2012, 127.
[1898] Nach BGHSt 47, 160 ff.
[1899] BGHSt 35, 152 (162 f.); BGHSt 47, 160 (166).
[1900] *Rengier*, BT 1, § 14 Rn. 38; unklar BGHSt 47, 160 (162 f.).

Vom Kreditrahmen ist der sog. **Verfügungsrahmen** zu unterscheiden. Dieser setzt **684** fest, wieviel Geld der Kunde an einem Tag oder in der Woche abheben darf. Der Verfügungsrahmen ist grundsätzlich unabhängig vom persönlichen Kreditlimit und dient dem Schutz bei missbräuchlicher Kartennutzung durch eine begrenzte Auszahlung[1901]. Er kann variieren, je nachdem, ob die Abhebung beim eigenen oder fremden Kreditinstitut oder im Ausland erfolgt. Für die weitere Betrachtung muss man zunächst einen Blick auf die **AGB der Banken bzw. Sparkassen** werfen; entscheidend ist – etwa bei den Bedingungen über die SparkassenCard/Girocard – folgende Regelung (A. III. 1.1.)[1902]: „(…) Bei jeder Nutzung der Karte an Geldautomaten und automatisierten Kassen wird geprüft, ob der Verfügungsrahmen der Karte durch vorangegangene Verfügungen bereits ausgeschöpft ist. Verfügungen, mit denen der Verfügungsrahmen der Karte überschritten würde, werden unabhängig vom aktuellen Kontostand und einem etwa vorher zum Konto eingeräumten Kredit abgewiesen. (…)." Daraus folgt, dass die Abhebung faktisch durch den Verfügungsrahmen begrenzt wird. Der Karteninhaber darf nach den Bedingungen (A. II. 2) Verfügungen jedoch nur im Rahmen des Kontoguthabens oder des Kreditrahmens vornehmen, selbst wenn wie im Ausgangsfall der Verfügungsrahmen größer ist[1903]; die Buchung solcher Verfügungen auf dem Konto führt nach den AGB zu einer geduldeten Kontoüberziehung i. S. d. § 505 BGB. Es ist müßig, darüber zu spekulieren, ob der Automat neben dem Verfügungsrahmen generell auch die Einhaltung des Kreditrahmens prüft[1904]. Letztlich muss dies – soweit für die jeweilige Ansicht von Bedeutung – für jeden Einzelfall festgestellt werden[1905]. Nach den AGB (A. II. 8.) ist die Bank jedenfalls berechtigt, die Kartenzahlung u. a. dann abzulehnen, wenn der für die Kartenzahlung geltende Verfügungsrahmen *oder* die finanzielle Nutzungsgrenze nicht eingehalten sind.

Häufig wird in den Fällen der Überschreitung des Kreditrahmens am **institutsei- 685 genen Bankautomaten** – im Ausgangsfall 2. Abhebungsvorgang – ein unbefugtes Handeln angenommen, weil der Täter einen Mitarbeiter der Bank beim Abheben am Schalter über den Kontostand täuschen müsse, damit dieser den über das Kreditlimit hinausgehenden Betrag auszahle[1906]; hierfür lässt sich immerhin anführen, dass in der Praxis der Kreditrahmen im Einzelfall erhöht werden kann, dies aber gerade eine Prüfung der finanziellen Situation voraussetzt. Andererseits könnte man die Prüfung des fiktiven Angestellten am Schalter auch auf solche Fragen beschränken, die nur vom Computer geprüft werden[1907]. Für Letzteres spricht, dass beim Abheben von institutsfremden Automaten ansonsten die Prüfung versagt; denn eine Abhebung am Schalter ist dort grundsätzlich nicht möglich. Gegen eine Strafbarkeit spricht ferner, dass bei der Überziehung im Innenverhältnis allenfalls untreueähnliches Unrecht – Ausnutzen der mit der Karte

---

[1901] *Brand*, JR 2008, 496 (502); *Gössmann*, WM 1998, 1264 (1272).
[1902] AGB der Stadtsparkasse München über die Bedingungen der SparkassenCard vom September 2019: https://www.sskm.de/content/dam/myif/ssk-muenchen/work/dokumente/pdf/vertragsbedingungen/bedingungen-fuer-die-verwendung-von-sparkassencards.pdf (letzter Abruf: Februar 2021).
[1903] *Brand*, JR 2008, 496 (502).
[1904] Vgl. etwa BGHSt 47, 160 (163) – nur Verfügungsrahmen; ebenso *Wessels/Hillenkamp/Schuhr*, BT 2, Rn. 615 – auch Kontostand. Zur uneinheitlichen Praxis der Banken *Maihold*, in: Schimansky/Bunte/Lwowski, Bankrechts-Handbuch, 5. Aufl. 2017, § 54 Rn. 16 ff.
[1905] Vgl. auch MünchKomm-*Radtke*, § 266b Rn. 18.
[1906] L-Kühl/*Heger*, § 263a Rn. 14; LK-*Tiedemann/Valerius*, § 263a Rn. 51; *Wessels/Hillenkamp/Schuhr*, BT 2, Rn. 615.
[1907] BGHSt 47, 160 (163); OLG Karlsruhe NJW 2009, 1287 (1288); *Altenhain*, JZ 1997, 752 (758).

verbundenen Befugnis – vorliegt[1908]. Dieses kann aber nur über den milderen § 266b erfasst werden, dessen Voraussetzungen hier nicht verwirklicht sind, weil Konstellationen im sog. Zwei-Partner-System nicht erfasst werden[1909]. Zudem liegt es in der Hand der Bank, einen Missbrauch zu verhindern, indem sie – wie in den AGB (A. II. 8.) vorgesehen – eine Zahlung bei Überschreitung der Nutzungsgrenze unterbindet. Letztlich führt die Buchung solcher Verfügungen auf dem Konto nach den AGB (A. II. 2) zu einer geduldeten Kontoüberziehung i. S. d. § 505 BGB, was sich schwerlich mit einer strafrechtlichen Pönalisierung vereinbaren lässt. Prüft das Kreditinstitut im Einzelfall tatsächlich das Kreditlimit, so kann es – abgesehen von technischen Fehlern – nicht zu einer Überschreitung des Kreditlimits kommen; die Gegenansicht müsste hier zu einem versuchten Computerbetrug gelangen, wenn der Abbuchungsvorgang misslingt. Auch die subjektivierende Auslegung müsste zur Straffreiheit kommen, weil letztlich die Überziehung seitens der Bank geduldet wird[1910]; unter Zugrundelegung der computerspezifischen Auffassung gilt im Ergebnis nichts anderes. Unberührt von diesen Ergebnissen bleibt freilich eine etwaige Betrugsstrafbarkeit wegen Erschleichens der Karte durch eine vermögenslose Person[1911].

686   Diese Grundsätze gelten im Prinzip auch beim **Abheben am institutsfremden Geldautomaten**; die AGB der Banken und Sparkassen unterscheiden insoweit nicht und beziehen sogar die Bezahlung an automatisierten Kassen mit ein. Dabei wird am institutsfremden Automaten regelmäßig auch im Online-Betrieb nur der Verfügungsrahmen geprüft[1912], was für die schon oben vertretene Lösung spricht. Auf all diese Fragen kommt es jedoch nicht entscheidend an, da man sehen muss, dass das fremde Institut aufgrund der Vereinbarungen zwischen den Kreditinstituten aufgrund eines abstrakten Zahlungsversprechens einen garantieähnlichen Zahlungsanspruch gegen die kartenausgebende Bank erhält[1913]. Eine Strafbarkeit nach § 263a zu Lasten der fremden Bank und der eigenen Bank (Dreieckscomputerbetrug) scheidet unter Zugrundelegung der betrugsspezifischen Betrachtung daher jedenfalls deshalb aus, weil sich das fremde Institut über die Voraussetzungen der Auszahlung keine Gedanken machen müsste und daher kein Irrtum vorliegen würde[1914]; hinsichtlich der fremden Bank fehlt es aufgrund der garantierten Zahlung zudem noch an einem Schaden.

687   (e) Nach entsprechenden Grundsätzen zu lösen sind ferner Fälle des Fälschens von Überweisungsträgern, die elektronisch geprüft werden[1915], des Missbrauchs fremder Telefonkarten[1916] bzw. fremder Mobiltelefone[1917], oder der Inanspruchnahme von Online-Dienstleistungen[1918]. Wiederholen lässt sich dies auch anhand des sog. **Phishings** und **Wettmanipulationen**.

1908 BGHSt 47, 160 (163 f.); OLG Stuttgart NJW 1988, 981 (982); A/W/H/H-*Heinrich*, § 21 Rn. 43; *Fischer*, § 263a Rn. 14a; *Maurach/Schroeder/Maiwald/Hoyer/Momsen*, BT 1, § 45 Rn. 82.
1909 S. u. Rn. 926.
1910 Für § 263a aber SSW-*Hilgendorf*, § 263a Rn. 17; *Mitsch*, BT 2, 7.2.2.1.1.3.
1911 Dazu o. Rn. 581.
1912 Näher *Brand*, JR 2008, 496 (501).
1913 Dazu *Maihold*, in: Schimansky/Bunte/Lwowski, Bankrechts-Handbuch, 5. Aufl. 2017, § 54 Rn. 35.
1914 Im Ergebnis auch *Fischer*, § 263a Rn. 14a; MünchKomm-*Mühlbauer*, § 263a Rn. 61 ff.; *Zielinski*, JR 2002, 343; a. A. *Wessels/Hillenkamp/Schuhr*, BT 2, Rn. 616.
1915 BGH NStZ 2008, 281.
1916 Vgl. BGH NStZ 2005, 213; vgl. auch *Hecker*, JA 2004, 762 ff.
1917 Vgl. *Kretschmer*, Jura 2006, 219 (227).
1918 Vgl. im Übrigen auch *Eisele*, Computer- und Medienstrafrecht, 2013, § 40 Rn. 31 ff.

Bsp. (1):[1919] O erhält eine E-mail, die den Eindruck erweckt, als komme sie von seiner Bank B, obwohl sie tatsächlich von T stammt. O wird dort unter dem Vorwand der Einführung eines neuen Sicherheitssystems gebeten, die für Online-Transaktionen notwendigen Informationen (Passwort, PIN und TAN) mitzuteilen. Mit den so erhaltenen Daten überweist T mit Hilfe des Internetbankings Geld auf ein eigenes Konto. – Eine Strafbarkeit nach § 263a Abs. 1 Var. 3 bereits durch Versenden der E-mail scheidet aus, weil dadurch nicht unmittelbar ein Vermögensschaden infolge der Beeinflussung eines Datenverarbeitungsvorgangs eintritt; vielmehr bedarf es zunächst weiterer Handlungen auf Opferseite; daher ist insoweit mangels unmittelbaren Ansetzens auch eine Versuchsstrafbarkeit zu verneinen[1920]. Unter Zugrundelegung der betrugsspezifischen Auslegung handelt T jedoch beim Internetbanking unbefugt[1921], da er im (parallelen) Fall einer Auszahlung des Geldes am Schalter den Mitarbeiter der Bank über seine Berechtigung täuschen müsste. Aufgrund der unbefugten Verwendung der Daten wird das Ergebnis eines Datenverarbeitungsvorgangs beeinflusst und durch das Abbuchen des Geldes ein Vermögensschaden herbeigeführt, so dass der in Bereicherungsabsicht handelnde T sich nach § 263a Abs. 1 Var. 3 strafbar macht. Nicht erfasst werden dagegen Fälle, in denen der Täter mittels ihm zustehender PIN und TAN fingierte Forderungen als Lastschriften einreicht, weil insoweit auch ein Bankangestellter nur die Berechtigung mittels PIN und TAN, nicht aber das Bestehen des Abbuchungsauftrags prüfen würde. In Betracht kommt insoweit jedoch die Verwendung unrichtiger Daten i. S. d. Var. 2[1922].

Bsp. (2):[1923] T manipuliert Fußballspiele und wettet entsprechend über elektronische Wettautomaten auf Siege der „Außenseiter". – T verwendet unbefugt Daten i. S. d. § 263a Abs. 1 Var. 3. Da solche Wetten gegenüber natürlichen Personen konkludente Täuschungen darstellen, gilt im Rahmen der betrugsspezifischen Auslegung nichts anderes[1924].

c) Die **sonst unbefugte Einwirkung auf den Ablauf i. S. d. Var. 4** stellt einen Auffangtatbestand dar[1925], der jede Nutzung der Daten erfasst und keine Eingabe in den Datenverarbeitungsvorgang verlangt[1926].

aa) Bedeutung erlangt der Tatbestand vor allem beim sog. **Leerspielen von Glücksspielautomaten**[1927].

Bsp.:[1928] T beschafft sich illegal über einen Mitarbeiter des Herstellers Programme von Glücksspielautomaten. Durch Eingabe des Spielstands und Analyse des Spielablaufs auf seinem Laptop erfährt T, wann er „gewinnbringend" die Risikotaste des Spielautomaten drücken muss. Auf diese Weise gewinnt er am Automaten des O einen erheblichen Betrag. – § 263a Abs. 1 Var. 3 ist richtigerweise nicht einschlägig, weil der Täter die Risikotaste zwar in Kenntnis der illegal verschafften Daten über das Programm drückt, er diese aber nicht in den Datenverarbeitungsvorgang eingibt[1929]. Auf Grundlage der

---

1919 S. auch *Eisele*, BT 1, Rn. 889 f.
1920 KG MMR 2012, 845.
1921 AG Hamm CR 2006, 70 f.; L-Kühl/*Heger*, § 263a Rn. 14b; *Popp*, MMR 2006, 84 f.; *Schönke/Schröder/Perron*, § 263a Rn. 14.
1922 BGHSt 58, 119 (126).
1923 Vgl. BGH NStZ 2013, 281; NJW 2016, 1336 (1337).
1924 Siehe o. Rn. 531 und zum Schaden o. Rn. 597.
1925 BGHSt 40, 331 (334); LK-*Tiedemann/Valerius*, § 263a Rn. 24; *Rengier*, BT 1, § 14 Rn. 59; a. A. Kindhäuser/*Böse*, BT 2, § 28 Rn. 28.
1926 OLG München NJW 2007, 3734, zum frühzeitigen Abbruch von Telefonverbindungen, so dass das Entgelt nicht von der Telefonkarte abgebucht werden kann, aber bereits eine vereinbarte Gutschrift erlangt wird.
1927 Zur Ingangsetzung eines Spielautomaten mit erschlichener PIN BGH wistra 2020, 28.
1928 Nach BGHSt 40, 331.
1929 BGHSt 40, 331 (334); *Mitsch*, BT 2, 7.2.2.1.1.4; *Rengier*, BT 1, § 14 Rn. 60; vgl. aber BayObLG JR 1994, 289 (290); A/W/H/H-*Heinrich*, § 21 Rn. 47; LK-*Tiedemann/Valerius*, § 263a Rn. 61.

betrugsspezifischen Auslegung ist jedoch Var. 4 zu bejahen, weil dem Verhalten ein Täuschungswert zukommt. Würde T vom Betreiber O ausdrücklich zum Spiel zugelassen, würde er – ähnlich wie in den Wettfällen[1930] – konkludent erklären, den Spielablauf nicht zu kennen[1931]; jedenfalls liegt aufgrund der rechtswidrigen Erlangung des Sonderwissens eine Aufklärungspflicht aus Ingerenz vor[1932]. Die subjektivierende Auslegung würde ebenfalls zu diesem Ergebnis gelangen[1933]; die computerspezifischen Auslegungen müssen hingegen den Tatbestand verneinen, weil der Spielautomat eine Befugnis des Spielers nicht prüft[1934].

690 bb) Zweifelhaft ist die Annahme von Var. 4 aber, wenn der Täter nur den **Defekt eines Tankautomaten** ausnutzt, der bei Tankbeträgen über 70 € überhaupt nicht mehr abrechnet[1935]. Soweit das OLG Braunschweig auf den entgegenstehenden Willen des Automatenbetreibers verweist, stützt es sich allein auf eine subjektivierende Auslegung. Anders als beim eben dargestellten Glücksspielautomatenfall fehlt es hier aber an einem Täuschungswert. Der Kunde, der einen Automatendefekt ohne Manipulation nur ausnutzt, würde auch in Anwesenheit des Personals nicht täuschen[1936]. Vielmehr nimmt er lediglich – nicht anderes als bei Annahme eines zu hohen Wechselgeldes – eine Leistung entgegen, die in der Risikosphäre des Tankstellenbetreibers liegt; da anders als in Manipulationsfällen keine Garantenpflicht zur Aufklärung besteht, läge im Übrigen auch keine Täuschung durch Unterlassen vor. Es verbleibt daher allenfalls eine Strafbarkeit gemäß § 246, wenn man annimmt, dass die Übereignung unter Eigentumsvorbehalt (§§ 929 Satz 1, 158 Abs. 1 BGB) steht und das Eigentum erst bei vollständiger Kaufpreiszahlung übergeht[1937].

691 cc) Var. 4 kann ferner bei der **Überlistung elektronischer Münzprüfer** in Automaten mit Falschgeld einschlägig sein.

Bsp.: T wirft ein von ihm bearbeitetes Metallplättchen in einen Getränkeautomaten. Anschließend zieht er das Ausgabefach auf und entnimmt die Flasche.

692 In solchen Fällen stellt sich vor allem die Frage nach der Abgrenzung zu § 242. Hält man § 263a für einen Paralleltatbestand zu § 263, so spricht viel dafür, auch insoweit von einem Exklusivitätsverhältnis auszugehen[1938]. Erfolgt demnach der Gewahrsamswechsel nicht bereits durch die computerbedingte Verfügung, sondern wird der (lediglich gelockerte) Gewahrsam erst durch eine nachfolgende Handlung des Täters – hier Öffnen des Ausgabefachs – gebrochen, so scheidet § 263a mangels einer unmittelbaren Vermögensminderung aus[1939] und es ist § 242 verwirklicht. Ein tatbestandsausschließendes Einverständnis liegt insoweit nicht vor, da dieses unter der Bedingung der ordnungsgemäßen Bedienung des Automaten steht[1940].

1930 Dazu o. Rn. 531.
1931 BayObLG NStZ 1994, 287 (289); HK-*Duttge*, § 263a Rn. 24; LK-*Tiedemann/Valerius*, § 263a Rn. 61.
1932 *Wessels/Hillenkamp/Schuhr*, BT 2, Rn. 617.
1933 *Mitsch*, BT 2, 7.2.2.1.1.4.
1934 *Arloth*, Jura 1996, 354 (357); dazu näher LK-*Tiedemann/Valerius*, § 263a Rn. 61.
1935 OLG Braunschweig NJW 2008, 1464; mit Anm. *Niehaus/Augustin*, JR 2008, 436.
1936 Vgl. auch KG NStZ-RR 2015, 111 (112); AG Karlsruhe CR 2013, 642; *Klas/Blatt*, CR 2012, 136 (139).
1937 Näher o. Rn. 250 f.
1938 LK-*Tiedemann/Valerius*, § 263a Rn. 65; *Schönke/Schröder/Perron*, § 263a Rn. 23.
1939 OLG Celle JR 1997, 345; OLG Düsseldorf NJW 1999, 3208 (3209); *Wessels/Hillenkamp/Schuhr*, BT 2, Rn. 621.
1940 S. o. Rn. 57 f.

2. Subjektiver Tatbestand und Rechtswidrigkeit der erstrebten Bereicherung

Insoweit gelten die Ausführungen zu § 263 entsprechend[1941]. Im Einzelfall kann ein alternativer Vorsatz hinsichtlich der Täuschung eines Menschen i. S. d. § 263 und der Einwirkung auf einen Datenverarbeitungsvorgang i. S. d. § 263a vorliegen[1942].

IV. Konkurrenzen

Soweit neben § 263a auch § 263 verwirklicht ist, weil nicht nur ein Computer, sondern zugleich eine Person getäuscht wird, so ist § 263a subsidiär[1943]. Ist § 263 durch das Erschleichen einer Zahlungskarte (gegenüber dem kartenausstellenden Kreditinstitut) vollendet[1944], so ist mit § 263a Tatmehrheit anzunehmen, wenn durch den Einsatz der Karte ein Dritter geschädigt wird. Tatmehrheit ist auch zwischen dem Diebstahl an einer Karte und einem nachfolgenden Computerbetrug anzunehmen, soweit sich der Diebstahl gegen den Karteninhaber, der Computerbetrug aber gegen die Bank richtet[1945]. Bleibt unklar, ob eine Täuschung und Irrtumserregung bei einem Menschen oder eine automatisierte Prüfung vorliegt, kommt zwischen § 263 und § 263a Wahlfeststellung in Betracht[1946].

§ 23 Versicherungsmissbrauch, § 265

Einführende Aufsätze: *Geppert*, Versicherungsmissbrauch (§ 265 StGB neue Fassung), Jura 1998, 382; *Rönnau*, Der neue Straftatbestand des Versicherungsmissbrauchs – eine wenig geglückte Gesetzesregelung, JR 1998, 441.

Übungsfälle: *Beulke/Zimmermann* II, Fall 8: Der „Blaue Schwan", S. 172; *Gössel*, Fall 11: Feuer und Wasser, S. 183; *Gropp/Küpper/Mitsch*, Fall 11: Die feurige Galeristin, S. 203; *Hilgendorf* Fallsammlung, Fall 20: Der Drogeriebrand, S. 171; *Mitsch*, Eigentums- und Vermögensdelikte, JuS 2007, 555; *Radtke/Meyer*, Geldsorgen, JA 2009, 702.

Rechtsprechung: BGHSt 45, 211 – Autohandel (zum Begriff der „Tat" im Rahmen der formellen Subsidiarität).

I. Geschütztes Rechtsgut und Systematik

Geschützte Rechtsgüter des § 265 sind das **Vermögen der Versicherung und die soziale Leistungsfähigkeit der Versicherer** als Allgemeinrechtsgut[1947]. Letzteres wird z. T. mit der Begründung bestritten, dass der im Vergleich zum Betrug geringere Strafrahmen und die gegenüber § 263 angeordnete Subsidiarität einer derarti-

---

[1941] S. o. Rn. 633 ff.
[1942] BGH MMR 2017, 693.
[1943] *Rengier*, BT 1, § 14 Rn. 70; *Schönke/Schröder/Perron*, § 263a Rn. 41 f.
[1944] Dazu o. Rn. 581.
[1945] BGH NJW 2001, 1508 f.; L-*Kühl/Heger*, § 263a Rn. 28; *Rengier*, BT 1, § 14 Rn. 70; a. A. LK-*Tiedemann/Valerius*, § 263a Rn. 98; SK-*Hoyer*, § 263a Rn. 64.
[1946] BGH NStZ 2008, 281; BGH NStZ 2014, 42; *Fischer*, § 263a Rn. 23. Zur Diskussion um die Verfassungsmäßigkeit der Wahlfeststellung vgl. u. Rn. 1170.
[1947] L-*Kühl/Heger*, § 265 Rn. 1; *Schönke/Schröder/Perron*, § 265 Rn. 2; für einen Schutz nur der sozialen Leistungsfähigkeit BGHSt 25, 261 (262); BGH wistra 1993, 224 (225), jew. zu § 265 a. F.; *Otto*, BT, § 61 Rn. 1.

gen Rechtsgutserweiterung widersprechen[1948]. Zwingend ist dies freilich nicht, da sich der geringere Strafrahmen und die formelle Subsidiarität vor allem mit dem Vorfeldcharakter des Delikts begründen lassen[1949]. § 265 soll Vorbereitungshandlungen zum Versicherungsbetrug nach § 263 Abs. 1, Abs. 3 Satz 2 Nr. 5 unter Strafe stellen[1950]. Zu beachten ist, dass in den Schutz des § 265 ausschließlich die Sachversicherer, nicht aber die Haftpflicht-, Lebens- und Unfallversicherer einbezogen sind[1951].

II. Aufbauschema

696 1. Tatbestand
   a) Objektiver Tatbestand
      aa) Tatobjekt
         (1) Sache
         (2) Förmlich bestehender Versicherungsvertrag gegen Untergang, Beschädigung, Beeinträchtigung der Brauchbarkeit, Verlust oder Diebstahl
      bb) Beschädigen, Zerstören, in der Brauchbarkeit Beeinträchtigen, Beiseiteschaffen, einem anderen Überlassen
   b) Subjektiver Tatbestand
      aa) Vorsatz
      bb) Absicht (dolus directus 1. Grades), sich oder einem Dritten Leistungen aus der Versicherung zu verschaffen, die das durch die Tathandlung betroffene Risiko abdeckt

2. Rechtswidrigkeit

3. Schuld

4. Konkurrenzen: formelle Subsidiarität gegenüber § 263

III. Tatbestand

1. Objektiver Tatbestand

697 Dieser setzt voraus, dass eine Sache, die aufgrund eines förmlich bestehenden Versicherungsvertrags gegen Untergang, Beschädigung, Beeinträchtigung der Brauchbarkeit, Verlust oder Diebstahl versichert ist, beschädigt, zerstört, in der Brauchbarkeit beeinträchtigt, beiseitegeschafft oder einem anderen überlassen wird.

698 a) Tatobjekt muss eine **versicherte Sache** sein. Versichert ist eine Sache, wenn ein Versicherungsvertrag formell rechtsgültig zustande gekommen ist[1952]. Da es allein auf die förmliche Wirksamkeit ankommt, sind Anfechtbarkeit oder Nichtigkeit

---

1948 Daher lediglich für einen Schutz des Vermögens *Kindhäuser/Böse*, BT 2, § 32 Rn. 1; NK-*Hellmann*, § 265 Rn. 15; *Rengier*, BT 1, § 15 Rn. 2.
1949 BT-Drs. 13/9064, S. 20; L-Kühl/*Heger*, § 265 Rn. 1; *Schönke/Schröder/Perron*, § 265 Rn. 17.
1950 L-Kühl/*Heger*, § 265 Rn. 1; *Wessels/Hillenkamp/Schuhr*, BT 2, Rn. 656.
1951 Zur Kritik *Wessels/Hillenkamp/Schuhr*, BT 2, Rn. 654.
1952 *Schönke/Schröder/Perron*, § 265 Rn. 6; SSW-*Saliger*, § 265 Rn. 4.

(z. B. wegen Überversicherung nach § 74 Abs. 2 VVG) unbeachtlich[1953]. Die in § 265 Abs. 1 aufgezählten Versicherungsrisiken betreffen Schadensversicherungen, wobei nur Sachversicherungen (§§ 88 ff. VVG) erfasst sind[1954]. Die Eigentumsverhältnisse an der versicherten Sache sind unerheblich, so dass sowohl eigene als auch fremde Sachen erfasst werden[1955]. Damit kommt eine Strafbarkeit nach § 265 auch beim „altruistisch" handelnden Täter in Betracht, der dem Versicherungsnehmer die Versicherungsleistung zukommen lassen will und nicht Repräsentant ist[1956].

> **Bsp.:** T will seinem hoffnungslos verschuldeten Freund F dadurch helfen, dass er ihm die Versicherungssumme für eine wertvolle Münzsammlung, von der sich F jedoch nicht trennen möchte, zukommen lässt. Dazu stiehlt T die Sammlung. F meldet den Schaden seiner Versicherung O, die daraufhin die Versicherungssumme auszahlt. Anschließend gibt T dem F – wie von Anfang an geplant – unter Offenbarung des Sachverhalts die Münzsammlung zurück. – T macht sich nach § 265 strafbar, weil er eine gegen Verlust versicherte Sache beiseiteschafft und dabei beabsichtigt, einem Dritten eine Leistung aus der Versicherung zu verschaffen. F macht sich nicht nach § 263 strafbar, weil er keinen Anspruch gegenüber der Versicherung hat (§ 81 VVG liegt nicht vor). Das Verhalten des T kann dem F nicht zugerechnet werden, da dieser nicht Repräsentant des X ist[1957]. Unter Berücksichtigung des Inhalts des Versicherungsvertrags kommt jedoch eine Strafbarkeit des F wegen Betrugs durch Unterlassen (vertragliche Garantenpflicht) nach §§ 263, 13 in Betracht, wenn er die Wiedererlangung der Münzen gegenüber der Versicherung nicht anzeigt.

b) Die Merkmale **Beschädigen** und **Zerstören** sind ebenso wie bei § 303 auszulegen[1958]. Der jeweilige Erfolg muss aber vom versicherten Risiko erfasst werden[1959]. In der **Brauchbarkeit** wird eine Sache **beeinträchtigt**, wenn ihre Funktionsfähigkeit nicht unwesentlich gemindert ist[1960]. Eine Substanzeinwirkung ist für die Verwirklichung dieser Variante zwar nicht zwingend erforderlich, wird jedoch regelmäßig gegeben sein, da der Versicherungsschutz damit verknüpft ist[1961]. Unter **Beiseiteschaffen** sind Handlungen zu verstehen, durch die die versicherte Sache derart räumlich entzogen oder verborgen wird, dass der Anschein eines Abhandenkommens erzeugt und der Zugriff auf die Sache wesentlich erschwert wird. Eine Ortsveränderung ist wie beim Verstecken nicht zwingend erforderlich, das bloße Abstreiten des Besitzes oder die Behauptung eines Diebstahls soll jedoch nicht genügen[1962].

> **Bsp.:** T schafft sein gegen Diebstahl versichertes Gemälde in den Kellerraum seines weitläufigen Anwesens, um dieses als gestohlen zu melden und die Versicherungssumme zu kassieren. – Es liegt ein Beiseiteschaffen und damit § 265 vor.

699

1953 BGHSt 8, 343; BGHSt 35, 261 f.; *Kindhäuser/Böse*, BT 2, § 32 Rn. 3; *Schönke/Schröder/Perron*, § 265 Rn. 6; *Wessels/Hillenkamp/Schuhr*, BT 2, Rn. 657.
1954 *Fischer*, § 265 Rn. 2; A/W/H/H-*Heinrich*, § 21 Rn. 123; *Wessels/Hillenkamp/Schuhr*, BT 2, Rn. 656.
1955 NK-*Hellmann*, § 265 Rn. 18; *Rönnau*, JR 1998, 441 (442 f.).
1956 *Wessels/Hillenkamp/Schuhr*, BT 2, Rn. 667.
1957 S. zu diesem Problemkreis o. Rn. 660.
1958 S. o. Rn. 457 ff.
1959 *Kindhäuser/Böse*, BT 2, § 32 Rn. 4; *Mitsch*, BT 2, 7.5.2.1.3; *Sonnen*, BT, S. 176a.
1960 NK-*Hellmann*, § 265 Rn. 25; *Wessels/Hillenkamp/Schuhr*, BT 2, Rn. 658.
1961 NK-*Hellmann*, § 265 Rn. 25.
1962 *Fischer*, § 265 Rn. 6; LPK-*Kindhäuser/Hilgendorf*, § 265 Rn. 5; *Wittig*, Wirtschaftsstrafrecht, § 16 Rn. 23.

700 Die Sache wird **einem anderen überlassen**, wenn diesem der Besitz zur eigenen Verfügung oder zum eigenen Gebrauch verschafft wird[1963]. Es muss folglich eine Übertragung der Sachherrschaft oder zumindest eine Zustimmung zur Herrschaftsbegründung vorliegen[1964]. Derjenige, dem die Sache überlassen wird, kann dabei das Merkmal des Beiseiteschaffens verwirklichen[1965].

> **Bsp.:** T bittet „Autoschieber" A darum, sein vor dem Haus geparktes Fahrzeug gegen Entgelt abzuholen, zu lackieren und nach Afrika zu verbringen, damit er dieses bei seiner Versicherung als gestohlen melden kann. A holt das Fahrzeug daraufhin ab. – A verwirklicht zwar den objektiven Tatbestand des § 265 durch Beiseiteschaffen; richtigerweise kommt es ihm jedoch nicht (als notwendiges Zwischenziel) darauf an, dass T Leistungen aus der Versicherung erhält, da dies für seine Geschäfte – auch im Verhältnis zu T – unerheblich ist[1966]. T seinerseits verwirklicht § 265 durch Überlassen; eine Beihilfe des A hierzu scheidet nach h. M. als notwendige Beteiligung aus, da die Übernahme der Sachherrschaft durch A gerade das Überlassen begründet und jedenfalls hier eine weitergehende Beteiligung des T – etwa in Form des Hervorrufens des Tatentschlusses – nicht gegeben ist[1967].

2. Subjektiver Tatbestand

701 Ausreichend ist dolus eventualis hinsichtlich des Umstands, dass die Sache versichert ist und die Tathandlung zum Versicherungsfall führt[1968]. Hinzutreten muss die **Absicht im Sinne von dolus directus 1. Grades**[1969], sich oder einem Dritten Leistungen aus der Inanspruchnahme der Versicherung zu verschaffen, die das durch die Tathandlung betroffene Risiko abdeckt. Im Gegensatz zu § 265 a. F. vor dem 6. StrRG 1998 muss die Absicht nicht mehr „betrügerisch" sein, so dass es unerheblich ist, ob ein Anspruch auf die Versicherungsleistung besteht oder (aufgrund § 81 VVG) nicht[1970].

> **Bsp.:** T schlägt bei seinem Freund D die alten Fenster ein, damit dieser die Versicherung in Anspruch nehmen kann. D meldet den Schaden in Unkenntnis des Sachverhalts. – T macht sich nach § 265 strafbar, weil er dem D als Versicherungsnehmer eine Leistung aus der Glasversicherung verschaffen möchte; unerheblich ist, dass D tatsächlich einen Anspruch auf die Versicherungsleistung hat, weil er sich das Verhalten des T nicht zurechnen lassen muss (kein Fall der Repräsentantenhaftung[1971]).

3. Tätige Reue

702 Der Tatbestand ist bereits mit Vornahme der Tathandlung in der oben genannten Absicht vollendet. Weil es auf das tatsächliche Verschaffen der Versicherungsleistung nicht ankommt, liegt der Vollendungszeitpunkt im Vorfeld des (auch versuchten) Betrugs.

> **Bsp.:** T wirft Dachziegel auf seinen Wintergarten, um die Versicherung in Anspruch zu nehmen. Bevor er die Schadensmeldung einreicht, bekommt er aber Gewissensbisse

---

1963 NK-*Hellmann*, § 265 Rn. 29; *Schönke/Schröder/Perron*, § 265 Rn. 10.
1964 *Wessels/Hillenkamp/Schuhr*, BT 2, Rn. 658.
1965 *Kindhäuser/Böse*, BT 2, § 32 Rn. 8; *Wessels/Hillenkamp/Schuhr*, BT 2, Rn. 658.
1966 MünchKomm-*Kasiske*, § 265 Rn. 23; *Rönnau*, JR 1998, 441 (445); *Schönke/Schröder/Perron*, § 265 Rn. 13; vgl. aber *Maurach/Schroeder/Maiwald/Hoyer/Momsen*, BT 1, § 41 Rn. 209.
1967 MünchKomm-*Kasiske*, § 265 Rn. 27; *Schönke/Schröder/Perron*, § 265 Rn. 10; a. A. NK-*Hellmann*, § 265 Rn. 31.
1968 L-Kühl/*Heger*, § 265 Rn. 4.
1969 *Rengier*, BT 1, § 15 Rn. 5; *Schönke/Schröder/Perron*, § 265 Rn. 13; a. A. *Maurach/Schroeder/Maiwald/Hoyer/Momsen*, BT 1, § 41 Rn. 208, wonach dolus directus 2. Grades genügt.
1970 *Maurach/Schroeder/Maiwald/Hoyer/Momsen*, BT 1, § 41 Rn. 208; *Rengier*, BT 1, § 15 Rn. 5; *Sonnen*, BT, S. 176.
1971 S.o. Rn. 660.

und repariert auf eigene Kosten. – § 265 ist mit der Beschädigung in der Absicht, die Versicherung in Anspruch zu nehmen, bereits vollendet, so dass ein Rücktritt nach § 24 Abs. 1 ausscheidet. Ein versuchter Betrug liegt noch nicht vor, da T noch nicht unmittelbar zur Täuschung im Wege der Schadensmeldung angesetzt hat.

Angesichts dieser weiten Vorfeldstrafbarkeit wird eine Gesamtanalogie zu den Vorschriften über die tätige Reue bei den betrugsähnlichen Vorfeldtatbeständen (§§ 264 Abs. 5, 264a Abs. 3, 265b Abs. 2; ferner § 306e) gefordert[1972]. Jedoch dürfte es an der für eine Analogie erforderlichen Gesetzeslücke fehlen[1973], weil der Gesetzgeber mit dem 6. StrRG 1998 keine Regelung aufgenommen hat, obgleich die Problematik bereits zuvor kontrovers diskutiert wurde[1974]. Zudem hat er in Abs. 2 eine Versuchsstrafbarkeit angeordnet, was zu einer weiteren bewussten Vorverlagerung führt[1975].

Bsp.: T möchte die Versicherungssumme für seinen Jaguar kassieren, indem er diesen gestohlen meldet; sein Bekannter D, der ihm helfen möchte, soll den Wagen abholen und nach Osteuropa bringen. Als T und D gerade den Wagen verladen wollen, greift die Polizei zu. – T und D machen sich nach §§ 265, 22, 23, 25 Abs. 2 strafbar, weil sie unmittelbar zum Beiseiteschaffen angesetzt haben, um T die Leistungen aus der Versicherung zu verschaffen.

4. Formelle Subsidiarität gegenüber § 263

Liegt ein Fall des (auch versuchten[1976]) Betrugs vor, so bestimmt § 265 Abs. 1 a. E., dass § 265 auf Konkurrenzebene zurücktritt (sog. formelle Subsidiarität). Der Begriff der „Tat" meint **die Tat im prozessualen Sinne**, weil nach Sinn und Zweck der Vorschrift auch der (später) tatmehrheitlich begangene Betrug erfasst werden soll[1977]. Tritt der Täter später vom versuchten Betrug zurück, bleibt davon nach allgemeinen Grundsätzen die vollendete Strafbarkeit aus § 265 bestehen[1978].

§ 24 Erschleichen von Leistungen, § 265a

Einführende Aufsätze: *Bock*, Erschleichen von Leistungen, § 265a StGB, JA 2017, 357; *Ellbogen*, Strafbarkeit des einfachen „Schwarzfahrens", JuS 2005, 20; *Exner*, Strafbares „Schwarzfahren" als ein Lehrstück juristischer Methodik, JuS 2009, 990; *Mitsch*, Strafrechtsbezüge von Fahrkartenkontrollen in öffentlichen Verkehrsmitteln, NZV 2014, 545; *Preuß*, Praxis- und klausurrelevante Fragen des „Schwarzfahrens" – Teil 1, ZJS 2013, 257; *Putzke/Putzke*, Schwarzfahren als Beförderungserschleichung – Zur methodengerechten Auslegung des § 265a StGB, JuS 2012, 500.

Übungsfälle: *Ambos*, „Schwarzfahrer", Jura 1997, 602; *Beulke* III, Fall 8: Leichen pflastern seinen Weg, S. 263; *Gropp/Küpper/Mitsch*, Fall 13: Mobilitätsprobleme, S. 233; *Hilgendorf* Fallsammlung, Fall 13: Der Geldspielautomat, S. 104; *Krell*, Beförderungserschleichung und Nötigung – Schwarzer Tag einer Schwarzfahrerin, JuS 2012, 537; *Laue*, Kreditkarte und Internet, JuS 2002, 359; *Martin*, Die „Mehrweg"-Fahrkarte, JuS 2001, 364; *Mitsch*, Schummeleien in

---

1972 So A/W/H-*Heinrich*, § 21 Rn. 137; *Kindhäuser/Böse*, BT 2, § 32 Rn. 10; *Schönke/Schröder/Perron*, § 265 Rn. 15.
1973 Dazu *Eisele*, BT 1, Rn. 21.
1974 So auch NK-*Hellmann*, § 265 Rn. 41 f.; *Wessels/Hillenkamp/Schuhr*, BT 2, Rn. 660.
1975 Krit. hierzu A/W/H-*Heinrich*, § 21 Rn. 135; *Wessels/Hillenkamp/Schuhr*, BT 2, Rn. 661.
1976 *Maurach/Schroeder/Maiwald/Hoyer/Momsen*, BT 1, § 41 Rn. 213; NK-*Hellmann*, § 265 Rn. 44; *Schönke/Schröder/Perron*, § 265 Rn. 16.
1977 BGHSt 45, 211 (214 f.); NK-*Hellmann*, § 265 Rn. 43; *Rengier*, BT 1, § 15 Rn. 10.
1978 L-Kühl/*Heger*, § 265 Rn. 6; *Rengier*, BT 1, § 15 Rn. 10; *Wessels/Hillenkamp/Schuhr*, BT 2, Rn. 667; a. A. A/W/H-*Heinrich*, § 21 Rn. 137; *Kindhäuser/Böse*, BT 2, § 32 Rn. 11.

der S-Bahn, AL 2014, 212; *Tiedemann/Waßmer*, Streifzug durch das Betrugsstrafrecht, JuS 2000, 533.

Rechtsprechung: BGHSt 53, 123 – Straßenbahn (Strafbarkeit des Schwarzfahrens); **BayObLG JR 1991, 433** – Parkuhr (Benutzung eines öffentlichen Parkplatzes); **BayObLG NJW 1986, 1504** – Tageskarte (Beförderung ohne Mitsichführen der Fahrkarte).

I. Geschütztes Rechtsgut und Systematik

705 § 265a schützt das **Vermögen**[1979] und ist ein dem Betrug verwandtes Vermögensdelikt[1980]. Es soll – wie die Subsidiaritätsklausel zeigt – vor allem Strafbarkeitslücken im Bereich des Betrugs schließen.

II. Aufbauschema

706
1. Tatbestand
   a) Objektiver Tatbestand
      aa) Entgeltlichkeit der in Anspruch genommenen Leistungen
      bb) Erschleichen
         (1) Var. 1: einer (unkörperlichen, str.) Leistung eines Automaten
         (2) Var. 2: einer Leistung eines öffentlichen Zwecken dienenden Telekommunikationsnetzes
         (3) Var. 3: einer Beförderung durch ein Verkehrsmittel
         (4) Var. 4: eines Zutritts zu einer Veranstaltung oder Einrichtung
   b) Subjektiver Tatbestand
      aa) Vorsatz
      bb) Absicht (dolus directus 1. Grades), das Entgelt nicht zu entrichten

2. Rechtswidrigkeit

3. Schuld

4. Formelle Subsidiarität gegenüber Vorschriften mit schwererer Strafe

5. Strafantrag, § 265a Abs. 3 i. V. m. §§ 247, 248a

III. Tatbestand

1. Objektiver Tatbestand

707 Dieser ist in allen Varianten von vornherein nur verwirklicht, soweit **entgeltliche Leistungen** erschlichen werden[1981]. Dies lässt sich mittelbar aus der subjektiven

---

[1979] BayObLG NJW 1986, 1504; *Kindhäuser/Böse*, BT 2, § 33 Rn. 1; L-Kühl/*Heger*, § 265a Rn. 1; *Schönke/Schröder/Perron*, § 265a Rn. 1; *Sonnen*, BT, S. 173.
[1980] *Mitsch*, BT 2, 7.6.1.1; NK-*Hellmann*, § 265a Rn. 7; *Rengier*, BT 1, § 16 Rn. 1.
[1981] OLG Karlsruhe NJW 2009, 1287 (1288); *Kindhäuser/Böse*, BT 2, § 33 Rn. 2; *Maurach/Schroeder/Maiwald/Hoyer/Momsen*, BT 1, § 41 Rn. 214.

„Absicht, das Entgelt nicht zu entrichten", schließen. Wer das Entgelt entrichtet, handelt nicht tatbestandsmäßig.

> **Bspe.:**[1982] Wer öffentliche Verkehrsmittel nutzt oder eine Veranstaltung besucht und seine gültige Karte nur zu Hause vergessen hat, macht sich nicht nach § 265a Abs. 1 Var. 3 strafbar[1983]; entsprechendes gilt, wenn Einrichtungen (z. B. Schwimmbad, Eislaufhalle) zu einer Zeit genutzt werden, in der sie geschlossen sind, mithin ein Entgelt nicht erhoben wird[1984]. Je nach den weiteren Umständen kommt aber ein Hausfriedensbruch nach § 123 in Betracht.

a) § **265a Abs. 1 Var. 1** erfasst den **Automatenmissbrauch**. Streitig ist, ob nur Leistungsautomaten, d. h. technische Geräte, durch die nach Entrichtung des vorgesehenen Entgelts eine unkörperliche Leistung erbracht wird, oder auch Warenautomaten erfasst werden[1985].

> **Bspe.** (**Leistungsautomaten**): Musikboxen, Spielautomaten ohne Gewinnmöglichkeit, Waagen, Schuhputzautomaten, stationäre Ferngläser.
>
> **Bspe.** (**Warenautomaten**): Getränkeautomaten, Spielautomaten mit Gewinnmöglichkeit und Bankautomaten aufgrund der Freigabe von Geld.

aa) Der Tatbestand soll nach Ansicht der h. M. nur bei **Leistungsautomaten**, nicht aber **Warenautomaten** anwendbar sein[1986]. Begründet wird dies damit, dass für Waren als körperliche Gegenstände die Grenzen der Strafbarkeit von § 242 gezogen werden[1987]. Die überzeugendere Gegenauffassung möchte durch die Einbeziehung von Warenautomaten Abgrenzungsschwierigkeiten vermeiden[1988]. Begrifflich kann man unter „Leistung" jedenfalls auch die Überlassung von körperlichen Gegenständen fassen. Soweit dann zusätzlich § 242 verwirklicht ist, tritt § 265a aufgrund der Subsidiaritätsklausel auf Konkurrenzebene zurück. Eigenständige Bedeutung erlangt § 265a bei Warenautomaten nur, soweit § 242 wegen fehlender Zueignungsabsicht zu verneinen ist.

bb) Das **Erschleichen** besteht in der ordnungswidrigen oder missbräuchlichen Betätigung des Automatenmechanismus, d. h. einer täuschungsähnlichen Manipulation[1989].

> **Bspe.:**[1990] T bedient einen entgeltlichen Haartrockner dadurch, dass er mit einem Draht den Mechanismus überwindet; T wirft afrikanische Münzen in eine Musikbox.
>
> **Gegenbsp.:** Mangels ordnungswidriger Betätigung wird die missbräuchliche Nutzung einer Codekarte am Bankautomaten auch dann nicht erfasst, wenn man Warenautomaten mit einbezieht.

Nicht erfasst wird daher auch die bloße **Ausnutzung eines technischen Defekts** eines Automaten[1991]. Ebenso wenig handelt tatbestandsmäßig, wer in unlauterer Kenntnis der Programmabläufe einen Geldspielautomaten durch ordnungsge-

---

1982 BayObLG NJW 1986, 1504; OLG Koblenz NJW 2000, 86; s. auch *Wessels/Hillenkamp/Schuhr*, BT 2, Rn. 669.
1983 KG StRR 2013, 43.
1984 *Wessels/Hillenkamp/Schuhr*, BT 2, Rn. 672.
1985 *Mitsch*, BT 2, 7.6.2.1.1.2.1.
1986 L-*Kühl/Heger*, § 265a Rn. 2; *Schönke/Schröder/Perron*, § 265a Rn. 4.
1987 *Rengier*, BT 1, § 16 Rn. 3; *Schönke/Schröder/Perron*, § 265a Rn. 4.
1988 *Kindhäuser/Böse*, BT 2, § 33 Rn. 3 ff.; MünchKomm-*Hefendehl*, § 265a Rn. 29 ff.; *Otto*, BT, § 52 Rn. 15.
1989 *Rengier*, BT 1, § 16 Rn. 3; *Schönke/Schröder/Perron*, § 265a Rn. 9.
1990 *Bock*, BT 2, S. 499; *Schönke/Schröder/Perron*, § 265a Rn. 9.
1991 OLG Karlsruhe wistra 2003, 116 (117); NK-*Hellmann*, § 265a Rn. 24; SSW-*Saliger*, § 265a Rn. 11.

mäße Betätigung der Tasten leerspielt; freilich bleibt hier § 263a Abs. 1 Var. 4 zu beachten[1992].

712 cc) Letztlich ist zu beachten, dass die Leistung **unmittelbar vom Automaten** erbracht werden muss.

> **Bsp.:** T parkt seinen Wagen, ohne einen Parkschein zu lösen. – § 265a ist nicht verwirklicht, weil der Parkscheinautomat nicht selbst die tatsächliche Parkmöglichkeit schafft, sondern nur das Recht dazu einräumt[1993].

713 b) § 265a Abs. 1 Var. 2 sanktioniert das **Erschleichen der Leistung eines Telekommunikationsnetzes**. Erfasst werden alle Telefon- und auch Datenübertragungsnetze wie das Internet[1994]. Da § 265a nur die Fernmeldedienste vor Gebührenverkürzungen schützen möchte („öffentlichen Zwecken dienend"), ist die Schädigung von Privatpersonen durch Missbrauch ihrer Kommunikationseinrichtungen nicht strafbar[1995]. Mangels Entgeltlichkeit wird auch das „Schwarzsurfen" mittels fremder WLAN-Netze nicht erfasst[1996].

> **Bspe.:**[1997] Um ihren Chef O zu ärgern, wählt Sekretärin T nach Feierabend eine teure Nummer und beendet die Verbindung erst am nächsten Tag; T nutzt das ungesicherte Wireless LAN seines Nachbarn; T führt Privatgespräche auf einem Dienstapparat ohne die für Privatgespräche erforderliche Nummer vorzuwählen. – § 265a Abs. 1 Var. 2 scheidet aus, weil die Telekommunikationseinrichtungen nicht öffentlichen Zwecken dienen.

714 Das **Erschleichen** setzt hier ebenfalls voraus, dass der Täter in ordnungswidriger Weise die technischen Schutzvorkehrungen umgeht[1998]. Nicht erfasst wird daher das nicht bei der GEZ angemeldete „Schwarzhören" bzw. „Schwarzfernsehen", das zudem lediglich als Ordnungswidrigkeit gemäß § 9 Abs. 1 des Rundfunkgebührenstaatsvertrags ausgestaltet ist[1999]. Bedeutung erlangt Var. 2 insbesondere in Fällen, in denen der Täter Abrechnungseinrichtungen umgeht oder sich einen unbefugten Netzzugang verschafft.

> **Bspe.:** Nutzung von Kabelfernsehen durch Ausschaltung von Sicherungseinrichtungen an den Verteilerpunkten; Überlistung der Codierungen beim sog. Pay-TV.

715 c) Die **Beförderungserschleichung** nach § 265a Abs. 1 Var. 3 bezieht jede öffentliche oder private entgeltliche Transportleistung ein[2000]. Wer einen Fahrausweis gelöst, d. h. das Entgelt entrichtet hat, macht sich auch dann nicht strafbar, wenn er den Fahrausweis nicht bei sich führt[2001]. Streitig ist, ob das **Schwarzfahren** ein tatbestandliches Erschleichen darstellt[2002].

> **Bsp.:** T steigt ohne Fahrausweis in eine S-Bahn. Kontrolliert wird er nicht.

1992 S. o. Rn. 689.
1993 BayObLG JR 1991, 433 (434); *Kindhäuser/Böse*, BT 2, § 33 Rn. 3; NK-*Hellmann*, § 265a Rn. 18.
1994 *Laue*, JuS 2002, 359 (361); *Maurach/Schroeder/Maiwald/Hoyer/Momsen*, BT 1, § 41 Rn. 225; Schönke/Schröder/Perron, § 265a Rn. 5.
1995 BGH NStZ 2005, 213; OLG Karlsruhe NStZ 2004, 333 (334); *Rengier*, BT 1, § 16 Rn. 5; *Wessels/Hillenkamp/Schuhr*, BT 2, Rn. 679.
1996 LG Wuppertal K&R 2010, 838 (840).
1997 Vgl. auch BGH NStZ 2005, 213.
1998 *Rengier*, BT 1, § 16 Rn. 5; *Schönke/Schröder/Perron*, § 265a Rn. 10.
1999 Dazu LK-*Tiedemann*, § 265a Rn. 44.
2000 *Schramm*, BT 1, § 8 Rn. 103; *Schönke/Schröder/Perron*, § 265a Rn. 6.
2001 BayObLG NJW 1986, 1504; NJW-Spezial 2020, 538; OLG Koblenz NJW 2000, 86; AG Nördlingen NStZ-RR 2011, 43.
2002 Näher *Ellbogen*, JuS 2005, 20.

Die Rechtsprechung bejaht § 265 in solchen Fällen mit der Begründung, dass für **716** das Erschleichen bereits ein Verhalten genügt, bei dem sich der Täter mit dem Anschein der Ordnungsmäßigkeit umgibt[2003]. Eine solche Auslegung verstoße nicht gegen Art. 103 Abs. 2 GG und entspreche auch der Intention des Gesetzgebers, da verschiedene Reformvorhaben nicht zur Änderung der Vorschrift geführt hätten[2004]. Die Gegenansicht verlangt unter Hinweis auf die für Var. 4 geltenden Grundsätze und den Wortlaut („erschleicht") ein Umgehen oder Ausschalten von tatsächlich vorgenommenen Kontrollmaßnahmen[2005], was durch den Abbau von Kontrollen in der Praxis freilich immer seltener vorliegt. Demnach muss eine über das bloße Vortäuschen eines ordnungsgemäßen Verhaltens hinausgehende kriminelle Energie des Täters gegeben sein, die etwa in der Entwertung eines ungültigen Fahrausweises oder dem gezielten Ausweichen gegenüber Kontrollpersonen liegen kann[2006]. Auch wird auf das vergleichbare straflose Schwarzfernsehen hingewiesen[2007]. Für eine Sanktionierung sprechen letztlich allein kriminalpolitische Bedürfnisse, denen jedoch angesichts des geringen Schweregehalts der Tat durch die Schaffung eines Ordnungswidrigkeitentatbestands – wie beim Schwarzfernsehen – besser Rechnung getragen werden könnte. Ob die mit dem Abbau von Kontrollmaßnahmen in öffentlichen Verkehrsmitteln verbundene Kostenreduzierung vornehmlich im Interesse der Allgemeinheit (und nicht im Interesse der Unternehmen) liegt und der Strafrechtsschutz daher nicht vermindert werden sollte, erscheint zweifelhaft[2008]. Ein Erschleichen ist jedenfalls abzulehnen, wenn die Beförderung offen ohne Bezahlung oder gar durch den Einsatz von Drohung oder Gewalt gegen eine Kontrollperson in Anspruch genommen wird[2009]. Bei einem kollusiven Zusammenwirken von Kontrollperson und Leistungsempfänger liegt ebenfalls kein Erschleichen vor[2010].

Bsp.:[2011] T nimmt die Beförderung im Bus demonstrativ unentgeltlich in Anspruch, indem er sich eine Protesttafel mit der Aufschrift „Fahrpreiserhöhung, nein danke!" umhängt. – Es liegt kein Erschleichen i. S. d. § 265 vor, jedoch ist § 123 zu beachten.

d) Unter die **§ 265a Abs. 1 Var. 4** fällt die **Zutrittserschleichung zu Veranstaltun- 717 gen und Einrichtungen**. **Veranstaltungen** sind von Menschen erbrachte oder organisierte einmalige oder zeitlich begrenzte Aufführungen[2012].

Bspe.: Zirkusvorstellung, Konzert, Sportveranstaltung, Messe.

2003 BGHSt 53, 122 ff. m. krit. Anm. *Alwart*, JZ 2009, 478; *Otto*, BT, § 52 Rn. 19; *Rengier*, BT 1, § 16 Rn. 6. Zu den (strengen) Anforderungen an die Feststellung OLG Frankfurt NJW 2010, 3107 (3108); OLG Koblenz NStZ-RR 2011, 246; krit. hierzu OLG Hamm NStZ-RR 2011, 206 f.
2004 BGHSt 53, 122 (125 ff.).
2005 *Kindhäuser/Böse*, BT 2, § 33 Rn. 17; *Schönke/Schröder/Perron*, § 265a Rn. 11.
2006 *Krey/Hellmann/Heinrich*, BT 2, Rn. 721; *Schönke/Schröder/Perron*, § 265a Rn. 11.
2007 *Fischer*, § 265a Rn. 5; SK-*Hoyer*, § 265a Rn. 19; *Wessels/Hillenkamp/Schuhr*, BT 2, Rn. 676.
2008 *Wessels/Hillenkamp/Schuhr*, BT 2, Rn. 676; a. A. *Rengier*, BT 1, § 16 Rn. 6.
2009 OLG Frankfurt NJW 2010, 3107 (3108); *Kindhäuser/Böse*, BT 2, § 33 Rn. 18; L-Kühl/*Heger*, § 265a Rn. 6a; *Rengier*, BT 1, § 16 Rn. 8.
2010 *Rengier*, BT 1, § 16 Rn. 8; *Schönke/Schröder/Perron*, § 265a Rn. 11; a. A. *Kindhäuser/Böse*, BT 2, § 33 Rn. 18; L-Kühl/*Heger*, § 265a Rn. 6a; *Wessels/Hillenkamp/Schuhr*, BT 2, Rn. 676.
2011 BayObLG NJW 1969, 1042 (1043); OLG Köln NStZ-RR 2016, 92; dazu auch *Rengier*, BT 1, § 16 Rn. 7.
2012 BGHSt 37, 330 (331 f.) – zu Veranstaltungen i. S. v. § 39 Abs. 1 WaffG; *Fischer*, § 265a Rn. 22; *Kindhäuser/Böse*, BT 2, § 33 Rn. 9; NK-*Hellmann*, § 265a Rn. 40.

718 **Einrichtungen** sind demgegenüber auf Dauer und zu einem bestimmten Zweck angelegte Personen- oder Sachgesamtheiten[2013].
> Bspe.: Parkhaus, Schwimmbad, Bibliothek, Museum, Zoo.

719 aa) Erforderlich ist stets, dass der Zutritt durch eine **gewisse Abgegrenztheit** erschwert ist. Deshalb fallen öffentliche Parkflächen oder Parkplätze mit Parkscheinautomaten nicht in den Schutzbereich[2014]. Auch ist für die Auslegung zu beachten, dass bei Veranstaltungen und Einrichtungen Kontrollen sozialüblich sind. Daher entfällt der Tatbestand, wenn der Zutritt ohne **Umgehung von Kontrollmaßnahmen** möglich ist[2015]. Erfasst wird dagegen das Vorzeigen einer gefälschten Eintrittskarte gegenüber einer Kontrollperson. Weil in solchen Fällen zugleich § 263 und § 267 erfüllt sind, tritt § 265a jedoch dahinter im Wege der formellen Subsidiarität zurück[2016].
> Bspe.: Überklettern eines Zauns, um unentgeltlich in ein Freibad zu kommen; Benutzung eines Lieferanteneingangs, um in ein Fußballstadion zu gelangen; gezieltes Weglocken einer Kontrollperson, um Einlass bei einem Konzert zu erhalten.

720 bb) Auch in Fällen, in denen der Täter **mehr oder bessere Leistungen in Anspruch nimmt**, als er bezahlt hat, hängt die Lösung davon ab, ob Kontrollmaßnahmen umgangen wurden. Setzt sich der Täter, der eine Karte erworben hat, in der Oper auf einen besseren Rang oder im Fußballstadion auf einen teureren Platz, so erschleicht er den Zutritt nicht, wenn insoweit keine Kontrollen stattfinden. Wird die jeweilige Platzkategorie (Loge) oder eine Zusatzveranstaltung (z. B. temporäre entgeltliche Sonderausstellung in einem Museum) jedoch gesondert kontrolliert, so kann Var. 4 verwirklicht sein[2017].

2. Subjektiver Tatbestand

721 Erforderlich ist sowohl Vorsatz, der sich auch auf die Entgeltlichkeit der in Anspruch genommenen Leistung erstrecken muss, als auch Absicht (dolus directus 1. Grades[2018]), das Entgelt nicht zu entrichten.

IV. Versuch und Vollendung

722 Der Versuch ist nach Absatz 2 strafbar. Aufgrund der frühen Vollendung – Beginn der Inanspruchnahme der Leistung – kommt ihm jedoch nur eine eingeschränkte Bedeutung zu. Eine Entrichtung des Entgelts nach Vollendung kann nur auf Strafzumessungsebene Berücksichtigung finden.

2013 LPK-*Kindhäuser/Hilgendorf*, § 265a Rn. 23.
2014 BayObLG JR 1991, 433 (434); *Rengier*, BT 1, § 16 Rn. 10; *Schönke/Schröder/Perron*, § 265a Rn. 7.
2015 SSW-*Saliger*, § 265a Rn. 19; *Rengier*, BT 1, § 16 Rn. 10.
2016 NK-*Hellmann*, § 265a Rn. 42.
2017 Vgl. auch *Fischer*, § 265a Rn. 25; *Wessels/Hillenkamp/Schuhr*, BT 2, Rn. 679; grundsätzlich für eine Strafbarkeit NK-*Hellmann*, § 265a Rn. 43; *Schönke/Schröder/Perron*, § 265a Rn. 11; dagegen *Otto*, BT, § 52 Rn. 25.
2018 *Kindhäuser/Böse*, BT 2, § 33 Rn. 20; L-Kühl/*Heger*, § 265a Rn. 7; *Schönke/Schröder/Perron*, § 265a Rn. 12.

V. Formelle Subsidiarität, § 265a Abs. 1 a. E.

Die Subsidiaritätsklausel greift grundsätzlich bei allen Delikten mit schwererer Strafdrohung, aber gleicher Schutzrichtung (vor allem §§ 242, 263, 263a) ein[2019]. Dies gilt auch dann, wenn diese Delikte nur versucht sind. Es empfiehlt sich daher, § 265a in der Fallbearbeitung erst nach der Prüfung anderer Vorschriften anzusprechen. Mit Delikten, die eine andere Schutzrichtung aufweisen (z. B. §§ 267 oder 123), besteht demgegenüber Idealkonkurrenz[2020].

VI. Strafantrag

Unter den Voraussetzungen der §§ 247, 248a ist die Tat antragsbedürftig, § 265a Abs. 3.

§ 25 Subventionsbetrug, § 264

Einführende Aufsätze: *Idler*, Zweckverfehlung und Vermögensschaden bei Subventionsvergabe, JuS 2007, 904; *Kindhäuser*, Zur Auslegung des Merkmals „vorteilhaft" in § 264 Abs. 1 Nr. 1, JZ 1991, 492; *Otto*, Die Tatbestände gegen Wirtschaftskriminalität im Strafgesetzbuch, Jura 1989, 24; *Tiedemann*, Wirtschaftsstrafrecht – Einführung und Übersicht, JuS 1989, 689.
Übungsfälle: *Beck/Valerius*, Fall 2: Haste mal… ein paar tausend Euro?, S. 15; *Eisele/Vogt*, Schwerpunktbereichsklausur – Wirtschaftsstrafrecht: Suspekte Subventionen, JuS 2011, 437; *Hellmann*, Fall 4: Der erfundene Biorieselbettreaktor, S. 47.
Rechtsprechung: **BGHSt 32, 203** – Tiefbauamt (Amtsträger als Täter des § 264 Abs. 1 Nr. 1); **BGHSt 36, 373** – Milchpulver („Vorteilhaft" i. S. d. § 264); **BGHSt 44, 233** – Wohnungsbauförderung (Merkmal der subventionserheblichen Tatsache); **BGH NStZ 2003, 541** – Holzbackstube (eingetragener Verein als Betrieb oder Unternehmen); **BGHSt 59, 244** – Wohnungsbau (Subventionsbegriff).

I. Geschütztes Rechtsgut und Systematik

§ 264 schützt außer dem Vermögen der öffentlichen Hand auch das Allgemeininteresse an der **Wirksamkeit der staatlichen Wirtschaftsförderung**[2021]. Es handelt sich um einen Vorfeldtatbestand zum Betrug, der den Eintritt eines Vermögensschadens nicht verlangt und mit der letzten (Teil-)Auszahlung der Subvention vollendet ist[2022]. Abs. 1 Nrn. 1, 3 und 4 sind abstrakte Gefährdungsdelikte, während Abs. 1 Nr. 2 ein Erfolgsdelikt enthält[2023]. Für die Auslegung und Konkretisierung sind die Vorschriften des Subventionsgesetzes zu berücksichtigen.

2019 L-Kühl/*Heger*, § 265a Rn. 8; a. A. A/W/H/*H-Heinrich*, § 21 Rn. 25; *Mitsch*, BT 2, 7.6.3; *Schönke/Schröder/Perron*, § 265a Rn. 14.
2020 A/W/H/*H-Heinrich*, § 21 Rn. 25; NK-*Hellmann*, § 265a Rn. 51; *Schönke/Schröder/Perron*, § 265a Rn. 14.
2021 OLG Hamburg NStZ 1984, 218; L-Kühl/*Heger*, § 264 Rn. 1; *Rengier*, BT 1, § 17 Rn. 3; *Wessels/Hillenkamp/Schuhr*, BT 2, Rn. 684. Für bloßen Vermögensschutz *Krey/Hellmann/Heinrich*, BT 2, Rn. 757; *Maurach/Schroeder/Maiwald/Hoyer/Momsen*, BT 1, § 41 Rn. 172. Nur für Schutz der Funktionsfähigkeit des Subventionswesens MünchKomm-*Ceffinato*, § 264 Rn. 1 ff.
2022 BGH wistra 2008, 348 f.; wistra 2018, 302 (309).
2023 *Fischer*, § 264 Rn. 4; M/R-*Gaede*, § 264 Rn. 5.

II. Aufbauschema

726 1. Tatbestand
   a) Objektiver Tatbestand
      aa) Abs. 1 Nr. 1
         (1) Unrichtige oder unvollständige Angaben über subventionserhebliche Tatsachen i. S. v. Absatz 8, die für den Täter oder einen Dritten vorteilhaft sind
         (2) gegenüber Subventionsgeber
      bb) Abs. 1 Nr. 2
         (1) Verwendung eines Gegenstands oder einer Geldleistung
         (2) unter Verstoß gegen eine Verwendungsbeschränkung
      cc) Abs. 1 Nr. 3
         (1) Subventionsgeber wird über subventionserhebliche Tatsachen i. S. v. Absatz 8 in Unkenntnis gelassen
         (2) entgegen Rechtsvorschriften über Subventionsvergabe
      dd) Abs. 1 Nr. 4
         (1) Gebrauchen in einem Subventionsverfahren
         (2) einer durch unrichtige oder unvollständige Angaben erlangten Bescheinigung über die Subventionsberechtigung oder über subventionserhebliche Tatsachen
   b) Subjektiver Tatbestand: Vorsatz (Abs. 5: bei Absatz 1 Nrn. 1 bis 3 Leichtfertigkeit)

2. Rechtswidrigkeit

3. Schuld

4. Strafschärfungen
   a) Strafzumessungsregel für besonders schwere Fälle mit Regelbeispielen, § 264 Abs. 2 Satz 2
      aa) Nr. 1: Erlangung einer nicht gerechtfertigten Subvention großen Ausmaßes für den Täter oder einen Dritten aus grobem Eigennutz oder unter Verwendung nachgemachter oder verfälschter Belege
      bb) Nr. 2: Missbrauch der Befugnisse oder Stellung als Amtsträger
      cc) Nr. 3: Ausnutzen der Mithilfe eines Amtsträgers, der seine Befugnisse oder Stellung als Amtsträger missbraucht
   b) Qualifikation, § 264 Abs. 3 i. V. m. § 263 Abs. 5: Gewerbsmäßige Begehung als Mitglied einer Bande

5. Tätige Reue, § 264 Abs. 6 (für Fälle des Absatzes 1 – auch i. V. m. Absatz 2, Absatz 4)

III. Tatbestand

1. Objektiver Tatbestand

727 Allen Tathandlungen ist gemeinsam, dass sie sich auf Subventionen beziehen müssen.

a) Die Legaldefinition der Subvention in § 264 Abs. 8 enthält einen **selbstständigen strafrechtlichen Subventionsbegriff**[2024], der sich nur auf direkte Subventionen bezieht[2025]. Nicht erfasst werden steuerliche Vergünstigungen wirtschaftlicher Art (indirekte Subventionen), da diese unter spezielle Tatbestände fallen (§§ 370, 378 AO)[2026]. **728**

> Bsp.: T gibt auf seiner Steuererklärung gegenüber dem Finanzamt einkommensteuermindernde Werbungskosten an, obwohl diese nicht angefallen sind. – § 264 scheidet aus, da T keine direkte Subvention gewährt wurde.

aa) Zu beachten ist, dass nach dem Subventionsbegriff des Abs. 8 Satz 1 Nr. 1 diese aus **öffentlichen Mitteln** ohne marktmäßige Gegenleistung zu gewähren sind, wobei die Gegenleistungsfreiheit ganz oder auch nur teilweise bestehen kann[2027]. **729**

> Bspe.: Staatliche Darlehen zu verbilligten Zinsen; Leistungen über dem Marktwert der Gegenleistung; kostenfreie Garantien oder Bürgschaften.

Die Leistung muss bei Nr. 1 der **Förderung der Wirtschaft** dienen und einem **Betrieb oder Unternehmen** zu Gute kommen. Einbezogen sind auch Subventionen, die nicht nur speziell an Betriebe und Unternehmen, sondern auch an Privatpersonen vergeben werden können[2028]. Der Betrieb oder das Unternehmen muss nicht tatsächlich bestehen und kann auch nur vorgetäuscht sein[2029]. Auf die Absicht der Gewinnerzielung kommt es dabei nicht an, so dass auch ein eingetragener Verein erfasst sein kann[2030]. Zuwendungen, die nur **sozialen oder kulturellen Zwecken** dienen, können den Tatbestand hingegen nicht begründen. **730**

> Bsp.: T erschleicht durch unrichtige Angaben über sein Vermögen Arbeitslosengeld II. – § 264 scheidet aus, da die Zuwendung nicht an einen Betrieb oder ein Unternehmen gewährt wird. Es kommt jedoch § 263 in Betracht.

Nach Abs. 8 Satz 2 werden auch **öffentliche Unternehmen** erfasst, d. h. juristische Personen des Privatrechts (AG, GmbH) in alleiniger oder mehrheitlicher Trägerschaft der öffentlichen Hand sowie nicht rechtlich verselbstständigte Eigenbetriebe (z. B. Verkehrsbetriebe usw.)[2031]. Ausgeklammert sind hingegen Zuwendungen an öffentlich-rechtliche Gebietskörperschaften[2032]. **731**

bb) Bei **Subventionen der Europäischen Union** nach Abs. 8 Satz 1 Nr. 2 ist hingegen nicht erforderlich, dass diese der Wirtschaft dienen, so dass auch Subventionen zu kulturellen Zwecken erfasst werden[2033]. Dabei ist es unerheblich, ob die Leistungen unmittelbar von Stellen der EU oder über nationale Stellen vergeben werden[2034]. **732**

2024 L-Kühl/*Heger*, § 264 Rn. 3; NK-*Hellmann*, § 264 Rn. 12.
2025 *Krey/Hellmann/Heinrich*, BT 2, Rn. 761; M/R-*Gaede*, § 264 Rn. 11; *Wittig*, Wirtschaftsstrafrecht, § 17 Rn. 12.
2026 L-Kühl/*Heger*, § 264 Rn. 5; *Rengier*, BT 1, § 17 Rn. 4; *Schönke/Schröder/Perron*, § 264 Rn. 10.
2027 *Fischer*, § 264 Rn. 9; *Schönke/Schröder/Perron*, § 264 Rn. 11.
2028 BGHSt 59, 244 (248 f.); SK-*Hoyer*, § 264 Rn. 32; a. A. LK-*Tiedemann*, § 264 Rn. 54; *Schönke/Schröder/Perron*, § 264 Rn. 21.
2029 BGH NStZ 2003, 541 (542); NK-*Hellmann*, § 264 Rn. 46; *Schönke/Schröder/Perron*, § 264 Rn. 21.
2030 BGH NStZ 2003, 541 (542); *Fischer*, § 264 Rn. 11; LK-*Tiedemann*, § 264 Rn. 55.
2031 L-Kühl/*Heger*, § 264 Rn. 8; NK-*Hellmann*, § 264 Rn. 45; *Schönke/Schröder/Perron*, § 264 Rn. 23/24.
2032 Vgl. LG Mühlhausen NJW 1998, 2069; *Kindhäuser/Böse*, BT 2, § 29 Rn. 7; L-Kühl/*Heger*, § 264 Rn. 8; LK-*Tiedemann*, § 264 Rn. 56.
2033 *Rengier*, BT 1, § 17 Rn. 4; *Schönke/Schröder/Perron*, § 264 Rn. 26.
2034 BT-Drs. 13/10425, S. 11; *Fischer*, § 264 Rn. 12; *Schönke/Schröder/Perron*, § 264 Rn. 26.

733 b) Die Tathandlungen nach Nrn. 1, 3 und 4 müssen sich jeweils auf **subventionserhebliche Tatsachen (Legaldefinition in Abs. 9 Nrn. 1 und 2)** beziehen[2035]. Unter einem Gesetz i. S. v. Abs. 9 Nr. 1 sind neben formellen Gesetzen auch Gesetze im materiellen Sinne, d. h. Rechtsverordnungen und Satzungen, zu verstehen[2036]. Die Subventionserheblichkeit muss für den konkreten Fall klar und unmissverständlich zum Ausdruck kommen[2037].

734 aa) **Nr. 1** erfasst unrichtige oder unvollständige Angaben gegenüber dem Subventionsgeber über subventionserhebliche Tatsachen, die für den Täter oder einen Dritten vorteilhaft sind. Die Täuschung muss nicht erfolgreich sein, so dass die Kenntnis des Subventionsgebers den Tatbestand nicht ausschließt[2038]. **Vorteilhaft** sind Angaben, wenn sie die Aussichten des Subventionsempfängers für die Gewährung oder Belassung einer Subvention objektiv verbessern[2039]. Falsche Angaben, die zu keiner Besserstellung führen, sind nicht tatbestandsmäßig. Mit Blick auf die geschützten Rechtsgüter werden entgegen der Auffassung des BGH[2040] auch falsche Angaben nicht erfasst, die die Lage des Subventionsempfängers im Ergebnis deshalb nicht verbessern, weil diesem die Subvention aus anderen Gründen materiell-rechtlich zusteht[2041]; auf die bloße Eignung das Subventionsverfahren günstig zu beeinflussen, kann es daher nicht ankommen. Täter kann – wie das Regelbeispiel des § 264 Abs. 1 Satz 2 Nr. 2 belegt – auch ein mit dem Subventionsverfahren befasster, vorbereitend tätiger **Amtsträger** sein, sofern er nicht abschließend über die Erteilung des Bewilligungsbescheids zu befinden hat, sondern selbst **Angaben „für einen anderen"** macht[2042]. Es handelt sich um kein Sonderdelikt[2043]. Wer als Subventionsgeber über die Gewährung der Subvention entscheidet, kommt hingegen nicht als Täter in Betracht, da er Adressat der Angaben ist[2044].

735 bb) **Nr. 2** stellt die Verwendung eines Gegenstands oder einer Geldleistung unter Verstoß **gegen eine Verwendungsbeschränkung** – festgelegt durch Rechtsvorschrift oder Subventionsgeber – unter Strafe. Die Strafbarkeit gründet auf einer untreueähnlichen Verwendung der erhaltenen Subvention[2045].

736 cc) Bei **Nr. 3** handelt es sich um ein **echtes Unterlassensdelikt** und **Sonderdelikt**, das nur ein Subventionsnehmer i. S. d. § 2 Abs. 1 SubventionsG verwirklichen kann. Dieses knüpft die Strafbarkeit an ein Unterlassen der Aufklärung seitens des Subventionsempfängers gegenüber der subventionsgewährenden Stelle über Umstände, zu deren Mitteilung er nach Rechtsvorschriften verpflichtet ist.

2035 Vgl. auch BGHSt 44, 233 (236 f.); BGH NStZ-RR 2011, 81; L-Kühl/*Heger*, § 264 Rn. 10.
2036 *Fischer*, § 264 Rn. 13; NK-*Hellmann*, § 264 Rn. 54; vgl. aber BT-Drs. 7/5291, S. 13, wo nur formelle Gesetze und Verordnungen genannt sind.
2037 BGH NStZ-RR 2019, 147 (148).
2038 BGH wistra 2018, 302 (309).
2039 L-Kühl/*Heger*, § 264 Rn. 18; *Rengier*, BT 1, § 17 Rn. 5.
2040 BGHSt 34, 265 (267); BGHSt 36, 373 (374 ff.); so auch *Otto*, BT, § 61 Rn. 19.
2041 OLG Karlsruhe NJW 1981, 1383; L-Kühl/*Heger*, § 264 Rn. 18; *Mitsch*, BT 2, 7.3.2.2.1.2; Schönke/Schröder/*Perron*, § 264 Rn. 47.
2042 BGHSt 32, 203 (205 f.); BGHSt 34, 265 (267); *Fischer*, § 264 Rn. 22; Krey/Hellmann/Heinrich, BT 2, Rn. 763; *Rengier*, BT 1, § 17 Rn. 6; a. A. *Otto*, BT, § 61 Rn. 20.
2043 BGHSt 59, 244 (250 f.).
2044 *Kindhäuser/Böse*, BT 2, § 29 Rn. 13; NK-*Hellmann*, § 264 Rn. 89; *Rengier*, BT 1, § 17 Rn. 6.
2045 A/W/H/H-*Heinrich*, § 21 Rn. 70; *Fischer*, § 264 Rn. 25a.

dd) Nach **Nr. 4** macht sich strafbar, wer in einem Subventionsverfahren eine durch unrichtige oder unvollständige Angaben erlangte Bescheinigung über die Subventionsberechtigung oder über subventionserhebliche Tatsachen gebraucht. **737**

2. Subjektiver Tatbestand

Nach Absatz 1 ist zumindest bedingter Vorsatz erforderlich[2046]; Absatz 4 normiert aus Gründen der Beweiserleichterung eine Strafbarkeit für leichtfertiges Handeln in Fällen des Absatzes 1 Nr. 1 bis Nr. 3, wobei bei Nr. 3 erforderlich ist, dass der Täter nach seinen individuellen Fähigkeiten die an sich gebotene Handlung ohne Weiteres hätte erkennen können[2047]. **738**

IV. Strafzumessungsregel für besonders schwere Fälle mit Regelbeispielen, § 264 Abs. 2

§ 264 Abs. 2 normiert Strafschärfungen nach der Regelbeispielsmethode[2048]. **739**

1. Subvention großen Ausmaßes (Nr. 1)

Der Täter muss unter grobem Eigennutz oder unter Verwendung nachgemachter oder verfälschter Belege für sich oder einen anderen eine nicht gerechtfertigte Subvention großen Ausmaßes erlangt haben, was ab einer Höhe von ca. 50000 € angenommen werden kann[2049]. Unter grobem Eigennutz ist ein Streben nach einem eigenen Vorteil in einem besonders anstößigen Maß zu verstehen[2050]. Für die Auslegung des Merkmals „unter Verwendung nachgemachter oder verfälschter Belege" kann zunächst auf die Auslegung der Merkmale des „Herstellens" bzw. „Verfälschens" im Rahmen von § 267 abgestellt werden[2051]. Unter Berücksichtigung des geschützten Rechtsguts ist jedoch einschränkend zu verlangen, dass die Belege für die Subventionsvergabe relevant und zudem inhaltlich unrichtig sind[2052]. **740**

2. Amtsträger (Nr. 2)

Sanktioniert wird wie bei § 263 Abs. 3 Satz 2 Nr. 4 der Missbrauch der Befugnisse oder Stellung als (Europäischer) Amtsträger[2053]. Zu beachten ist, dass schon unter den Grundtatbestand nur solche Amtsträger fallen, die zwar in das Bewilligungsverfahren hinsichtlich der Subventionsgewährung eingeschaltet sind, jedoch nicht über die Gewährung abschließend befinden[2054]. **741**

3. Ausnutzung der Mithilfe eines Amtsträgers (Nr. 3)

Erfasst wird nicht der (Europäische) Amtsträger, sondern der Dritte, der die Mithilfe eines Amtsträgers, der seine Befugnisse oder Stellung als Amtsträger miss- **742**

2046 NK-*Hellmann*, § 264 Rn. 121; *Schönke/Schröder/Perron*, § 264 Rn. 62a.
2047 BGH NStZ 2013, 406; zum Begriff der Leichtfertigkeit s. auch o. Rn. 383.
2048 Dazu o. Rn. 96 ff.
2049 BGHSt 48, 360 (363); BGH wistra 1991, 106; *Fischer*, § 264 Rn. 46; *Kindhäuser/Böse*, BT 2, § 29 Rn. 20; *Schönke/Schröder/Perron*, § 264 Rn. 74.
2050 BGH wistra 1991, 106; *Schönke/Schröder/Perron*, § 264 Rn. 75.
2051 S. *Eisele*, BT 1, Rn. 827 ff.
2052 M/R-*Gaede*, § 264 Rn. 54; NK-*Hellmann*, § 264 Rn. 141.
2053 S. o. Rn. 655.
2054 S. o. Rn. 734.

braucht, ausnutzt. Es bedarf daher eines kollusiven Zusammenwirkens zwischen Amtsträger und Täter[2055].

V. Qualifikation

743 § 264 Abs. 3 enthält mit seinem Verweis auf § 263 Abs. 5 einen Qualifikationstatbestand, der als Verbrechen ausgestaltet ist[2056].

VI. Tätige Reue, § 264 Abs. 6

744 Aufgrund der frühen Vollendung des § 264 hat der Gesetzgeber eine Straflosigkeit nach den Grundsätzen der tätigen Reue vorgesehen. Voraussetzung hierfür ist, dass der Täter freiwillig die Subventionsgewährung verhindert (Absatz 6 Satz 1) oder – wenn diese ohne Zutun des Täters nicht gewährt wird – sich ernsthaft und freiwillig bemüht, das Gewähren der Subvention zu verhindern (Absatz 6 Satz 2)[2057]. Da es sich bei den Regelbeispielen i. S. d. Absatzes 2 nach h. M. um eine Strafzumessungsvorschrift zu Absatz 1 handelt, kann die tätige Reue zugunsten des Täters auch in diesem Fall zur Anwendung gelangen, obwohl Absatz 6 nur von Absatz 1 und Absatz 5 spricht[2058]. Hingegen soll beim Qualifikationstatbestand des Absatzes 3 eine tätige Reue ausscheiden[2059].

VII. Konkurrenzen

745 § 263 tritt nach h. M. gegenüber der Sonderregelung des § 264 im Wege der Gesetzeskonkurrenz als subsidiär zurück, da sich die Strafandrohungen entsprechen[2060].

§ 26 Kapitalanlagebetrug, § 264a

Einführende Aufsätze: *Martin*, Aktuelle Probleme bei der Bekämpfung des Kapitalanlageschwindels, wistra 1994, 127; *Mutter*, § 264a StGB: ausgewählte Probleme rund um ein verkanntes Delikt, NStZ 1991, 421; *Otto*, Die Tatbestände gegen Wirtschaftskriminalität im Strafgesetzbuch, Jura 1989, 24; *Park*, Schwerpunktbereich – Einführung in das Kapitalmarktstrafrecht, JuS 2007, 621; *Tiedemann*, Wirtschaftsstrafrecht – Einführung und Übersicht, JuS 1989, 689; *Ziemann*, Tatbestandsmerkmale des Kapitalanlagebetrugs, JR 2006, 251.

Rechtsprechung: BGH NStZ 2005, 568 – geschlossener Immobilienfonds (zum Begriff der Erheblichkeit); **BGH VersR 2014, 1095** – Werbemittel (Anforderungen an § 264a Abs. 1 Nr. 1).

2055 LK-*Tiedemann*, § 264 Rn. 152; NK-*Hellmann*, § 264 Rn. 147; *Schönke/Schröder/Perron*, § 264 Rn. 78.
2056 S. o. Rn. 662.
2057 Zu den Anforderungen BGH NStZ 2010, 327 m. Anm. *Bittmann*, wistra 2010, 102 f.
2058 LK-*Tiedemann*, § 264 Rn. 151.
2059 *Mitsch*, BT 2, 7.3.5.2; a. A. NK-*Hellmann*, § 264 Rn. 160.
2060 BGHSt 32, 203 (206 f.); LK-*Tiedemann*, § 264 Rn. 177; *Rengier*, BT 1, § 17 Rn. 8; für Tateinheit *Maurach/Schroeder/Maiwald/Hoyer/Momsen*, BT 1, § 41 Rn. 183; für ein Zurücktreten des § 264 bei vollendetem Betrug NK-*Hellmann*, § 264 Rn. 172 f.

I. Geschütztes Rechtsgut und Systematik

§ 264a schützt nach h. M. sowohl das **Vermögen des Anlegers als auch das Allgemeininteresse an der Funktionsfähigkeit des Kapitalmarkts**[2061]. § 264a ist ein abstraktes Gefährdungsdelikt im Vorfeld des Betrugs[2062]. Da die Vorschrift einen geringeren Strafrahmen als § 263 aufweist, kann sie – anders als § 264 – den Betrug nicht verdrängen. Weil aber mit dem Schutz des Allgemeininteresses an der Funktionsfähigkeit des Kapitalmarkts ein zusätzliches Rechtsgut einbezogen ist, ist Tateinheit zu § 263 anzunehmen[2063].

746

II. Aufbauschema

1. Tatbestand
   a) Objektiver Tatbestand
      aa) Unrichtige vorteilhafte Angaben oder Verschweigen nachteiliger Tatsachen hinsichtlich der für die Entscheidung über den Erwerb oder die Erhöhung erheblichen Umstände
         (1) Abs. 1 Nr. 1: im Zusammenhang mit dem Vertrieb von Wertpapieren, Bezugsrechten oder Anteilen (vgl. auch Absatz 2), die eine Beteiligung an dem Ergebnis eines Unternehmens gewähren sollen
         (2) Abs. 1 Nr. 2: im Zusammenhang mit dem Angebot, die Einlage auf Anteile (vgl. auch Absatz 2) zu erhöhen
      bb) in Prospekten, Darstellungen, Übersichten über den Vermögensgegenstand
      cc) gegenüber einem größeren Kreis von Personen
   b) Subjektiver Tatbestand

2. Rechtswidrigkeit

3. Schuld

4. Tätige Reue, § 264a Abs. 3

747

III. Grundzüge

Der Vorfeldtatbestand setzt den Eintritt eines Vermögensschadens nicht voraus. Der Begriff der **Angaben** erfasst nicht nur Tatsachen, sondern auch Bewertungen und Prognosen[2064]. **Erheblich sind Umstände** dann, wenn sie nach dem Maßstab

748

[2061] OLG Köln NJW 2000, 598 (600); *Mitsch*, BT 2, 7.4.1.2; *Otto*, BT, § 61 Rn. 38 f. Für Schutz nur des Vermögens *Krey/Hellmann/Heinrich*, BT 2, Rn. 774; *Maurach/Schroeder/Maiwald/Hoyer/Momsen*, BT 1, § 41 Rn. 173; NK-*Hellmann*, § 264a Rn. 9. Für bloßen Schutz der Funktionsfähigkeit des Kapitalmarkts *Bottke*, wistra 1991, 1 (8); MünchKomm-*Ceffinato*, § 264a Rn. 1 ff.
[2062] *Kindhäuser/Böse*, BT 2, § 30 Rn. 1; *Maurach/Schroeder/Maiwald/Hoyer/Momsen*, BT 1, § 41 Rn. 187; *Schönke/Schröder/Perron*, § 264a Rn. 1.
[2063] *Otto*, BT, § 61 Rn. 67; *Rengier*, BT 1, § 17 Rn. 11; *Schönke/Schröder/Perron*, § 264a Rn. 41; für Subsidiarität des § 264 hingegen BGH wistra 2001, 57 (58); *Kindhäuser/Böse*, BT 2, § 30 Rn. 13; L-Kühl/*Heger*, § 264a Rn. 17.
[2064] *Kindhäuser/Böse*, BT 2, § 30 Rn. 3; *Rengier*, BT 1, § 17 Rn. 10; a. A. *Mitsch*, BT 2, 7.4.2.1.4.3.

eines verständigen und durchschnittlich vorsichtigen Anlegers für die Beurteilung der Kapitalanlage wesentlich sind. Entscheidend sind dabei die Erwartungen des Kapitalmarkts[2065]. Als Tatmittel kommen die „Werbeträger" Prospekte, Darstellungen und Übersichten über den Vermögensgegenstand in Betracht. Wie bereits aus der Verbreitungswirkung dieser Tatmittel entnommen werden kann, muss Täuschungsadressat ein **größerer Kreis von Personen** sein, hinter dem der Einzelne zurücktritt[2066]. Die Regelung der tätigen Reue ist entsprechend der Regelung des § 264 Abs. 5 ausgestaltet.

§ 27 Kreditbetrug, § 265b

Einführende Aufsätze: *Otto*, Probleme des Kreditbetrugs, des Scheck- und Wechselmißbrauchs, Jura 1983, 16; *Otto*, Die Tatbestände gegen Wirtschaftskriminalität im Strafgesetzbuch, Jura 1989, 24; *Tiedemann*, Wirtschaftsstrafrecht – Einführung und Übersicht, JuS 1989, 689.

Übungsfälle: *Hellmann*, Fall 7: Das unschöne Squeeze-Out, S. 83; *Tiemann*, Eine missglückte Existenzgründung, JuS 1994, 138.

Rechtsprechung: BGHSt 30, 285 – Handelsbilanzen (Verfassungsmäßigkeit des § 265b Abs. 1 Nr. 1a); **BGHSt 36, 130** – Jahresabschluss (Konkurrenz zwischen § 265b und § 263); **BGHSt 60, 15** – Genussrechte (Einbeziehung ausländischer Kreditgeber); **BayObLG NJW 1990, 1677** – Autovermietungsfirma (erst zu gründender Betrieb).

I. Geschütztes Rechtsgut und Systematik

749 Rechtsgüter des abstrakten Gefährdungsdelikts im Vorfeld des Betrugs[2067] sind neben dem Vermögen des Kreditgebers nach h. M. auch das Allgemeininteresse am Funktionieren der Kreditwirtschaft[2068]. Richtigerweise ist auch das ausländische Kreditwesen erfasst[2069]. Aufgrund des zusätzlich geschützten Rechtsguts kann auch hier § 265b in Tateinheit zu § 263 treten[2070].

2065 BGH NStZ 2005, 568; zust. *Ziemann*, JR 2006, 251 f.; ferner *Kindhäuser/Böse*, BT 2, § 30 Rn. 3; L-*Kühl/Heger*, § 264a Rn. 13; *Rengier*, BT 1, § 17 Rn. 10.
2066 BT-Drs. 10/318, S. 23; näher BGH VersR 2014, 1095 ff.; *Schönke/Schröder/Perron*, § 265b Rn. 33.
2067 BGHSt 60, 15 (25); BayObLG NJW 1990, 1677 (1678); *Kindhäuser/Böse*, BT 2, § 31 Rn. 1; *Wessels/Hillenkamp/Schuhr*, BT 2, Rn. 698.
2068 BGHSt 60, 15 (25 f.); *Rengier*, BT 1, § 17 Rn. 13; *Schönke/Schröder/Perron*, § 265b Rn. 3; *Wessels/Hillenkamp/Schuhr*, BT 2, Rn. 699. Für bloßen Vermögensschutz *Fischer*, § 265b Rn. 3; *Kindhäuser/Böse*, BT 2, § 31 Rn. 1; *Krey/Hellmann/Heinrich*, BT 2, Rn. 768. Nur für Schutz der Funktionsfähigkeit der Kreditwirtschaft OLG Stuttgart NStZ 1993, 545; offen gelassen von BGHSt 36, 130 (131).
2069 So nunmehr auch BGHSt 60, 15 (25 ff.); a. A. OLG Stuttgart NStZ 1993, 545: Schutzbereich auf inländisches Kreditwesen beschränkt; ebenso LK-*Tiedemann*, § 265b Rn. 115 ff.
2070 *Otto*, BT, § 61 Rn. 37; *Rengier*, BT 1, § 17 Rn. 13; *Wessels/Hillenkamp/Schuhr*, BT 2, Rn. 699; für Subsidiarität des § 265b BGHSt 36, 130 (131 f.); *Kindhäuser/Böse*, BT 2, § 31 Rn. 16; NK-*Hellmann*, § 265b Rn. 69.

II. Aufbauschema

1. Tatbestand **750**
   a) Objektiver Tatbestand
      aa) Kreditgeber: Betrieb oder Unternehmen (Legaldefinition in § 265b Abs. 3 Nr. 1)
      bb) Begünstigte Kreditnehmer: Betrieb oder Unternehmen (Legaldefinition in § 265b Abs. 3 Nr. 1)
      cc) Zusammenhang mit einem Kreditantrag (Legaldefinition des Kredits in § 265b Abs. 3 Nr. 2)
      dd) Tathandlungen
         (1) Abs. 1 Nr. 1: Vorlage unrichtiger oder unvollständiger Unterlagen über wirtschaftliche Verhältnisse (Nr. 1 lit. a) oder schriftliche unrichtige oder unvollständige Angaben (Nr. 1 lit. b), die für den Kreditnehmer vorteilhaft und für die Entscheidung über den Kreditantrag erheblich sind
         (2) Abs. 1 Nr. 2: Unterlassen der Mitteilung von Verschlechterungen der in den Unterlagen bzw. Angaben dargestellten wirtschaftlichen Verhältnisse bei Vorlage, wenn diese für den Kreditantrag entscheidungserheblich sind
   b) Subjektiver Tatbestand

2. Rechtswidrigkeit

3. Schuld

4. Tätige Reue, § 265b Abs. 2

III. Grundzüge

Zu beachten ist, dass auf Kreditgeber- und Kreditnehmerseite jeweils ein Betrieb **751** oder Unternehmen (Legaldefinition in § 265b Abs. 3 Nr. 1) stehen muss. Für die Kreditnehmerseite genügt es jedoch, wenn das Bestehen eines Betriebs oder Unternehmens nur vorgetäuscht wird. Nicht erfasst werden Kredite an Privatpersonen oder an erst noch zu gründende Betriebe[2071]. Ebenso wie § 264a setzt § 265b nicht voraus, dass ein Vermögensschaden eingetreten ist[2072]. § 265b Abs. 1 Nr. 1 lit. a ist mit dem Bestimmtheitsgebot des Art. 103 Abs. 2 GG vereinbar[2073].

[2071] BGH NStZ 2011, 279; BayObLG NJW 1990, 1677 (1678); *Kindhäuser/Böse*, BT 2, § 31 Rn. 4; *Schönke/Schröder/Perron*, § 265b Rn. 5.
[2072] S. nur *Wessels/Hillenkamp/Schuhr*, BT 2, Rn. 700.
[2073] BGHSt 30, 285 (286 f.).

2. Kapitel: Erpressung, erpresserischer Menschenraub und Geiselnahme

§ 28 Erpressung, § 253

Einführende Aufsätze: *Biletzki*, Die Abgrenzung von Raub und Erpressung, Jura 1995, 635; *Ebel*, Der Verzicht auf das Exklusivitätsdogma bei der Dreieckserpressung und beim Dreiecksbetrug, Jura 2007, 897; *Hecker*, Die Strafbarkeit des Ablistens oder Abnötigens der persönlichen Geheimnummer, JA 1998, 300; *Joerden*, „Mieterrücken" im Hotel – BGHSt 32, 88, JuS 1985, 20; *Knauer*, Versuchsprobleme bei der Dreieckserpressung, JuS 2014, 690; *Krack*, Die Voraussetzungen der Dreieckserpressung, JuS 1996, 493; *Mitsch*, Erpresser versus Betrüger, JuS 2003, 122; *Rengier*, Die „harmonische" Abgrenzung des Raubes von der räuberischen Erpressung entsprechend dem Verhältnis von Diebstahl und Betrug, JuS 1981, 654; *Rönnau*, Grundwissen – Strafrecht: Abgrenzung von Raub und räuberischer (Sach-)Erpressung, JuS 2012, 888; *Schünemann*, Raub und Erpressung, JA 1980, 486; *Trunk*, Der Vermögensschaden nach § 253 StGB beim Rückverkauf des gestohlenen Gutes an den Eigentümer – BGHSt 26, 346, JuS 1985, 944.

Übungsfälle: *Beulke/Zimmermann* II, Fall 2: Regentropfen, die ans Fenster klopfen, S. 33; *Beulke* III, Fall 9: Bewegte Knochen, S. 316; *Bock*, BT, Fall 11: Geschäfte in der Kfz-Branche, S. 341; *Borsci*, „Lukrative Nebenbeschäftigung", JA 2013, 187; *Böhm/Hautkappe*, Fortgeschrittenenklausur: Ein Einhorn auf Abwegen, ZJS 2019, 509; *Bott/Pfister*, Der Bankräuber und sein Umfeld, Jura 2010, 226; *Duttge/Burghardt*, Was ist Einbruch in eine Bank gegen die Gründung einer Bank?, Jura 2017, 727; *Esser*, Der Trittbrettfahrer, Jura 2004, 273; *Gierhake*, Urlaubsvorbereitung, JA 2008, 429; *Graul*, Überfall in der Tiefgarage, Jura 2000, 204; *Helmrich*, Der Zweck heiligt nicht die Mittel, JA 2006, 351; *Hilgendorf* Fallsammlung, Fall 20: Der Drogeriebrand, S. 171; *Hoffmann-Holland*, Lebensmittelerpressung, JuS 2008, 430; *Kretschmer*, Der erfolglose Literat, Jura 2006, 219; *Kühl/Schramm*, Raubüberfall auf einen Tübinger Juwelier, JuS 2003, 681; *Ladiges/Kneba*, Vermögensdelikte – Der vermeintliche Banküberfall, JuS 2013, 622; *Lang/Sieber*, „Die geplatzte Hochzeit", JA 2014, 913; *Maier/Ebner*, Schweigegelderpressung, JuS 2007, 651; *Otto/Bosch*, Gams und Bart, S. 312; *Radtke/Matula*, „Verspätete Rache", JA 2012, 265; *Samson*, Der entführte Jaguar, JuS 2003, 263; *Schramm/Schubert*, Gefahr für Juri und Justi, JuS 2015, 263; *Zieschang*, Der rachsüchtige Hundeliebhaber, JuS 1999, 49; *Wolters*, Zum Golde drängt doch alles, S. 85.

Rechtsprechung: **BGHSt 7, 252** – Geldbörse (Abgrenzung von Raub und Erpressung); **BGHSt 14, 386** – Taxi (Gewaltsame Entwendung eines PKW zum vorübergehenden Gebrauch); **BGHSt 16, 316** – Kindesmord (Drohung mit dem Tod eines Dritten); **BGHSt 19, 342** – Sträucher (Bereicherungsabsicht); **BGHSt 20, 136** – Unterhaltsquittung (Vermögensschaden und Rechtswidrigkeit der angestrebten Bereicherung); **BGHSt 25, 224** – Taxi (Gewaltsame Vereitelung der Durchsetzung einer Forderung); **BGHSt 26, 346** – Kunstgegenstände (Rückgabe der Beute gegen Lösegeld); **BGHSt 32, 88** – Hotelgast (Ermöglichung des Verlassens des Hotels ohne Bezahlung durch Einsperren des Portiers); **BGHSt 34, 394** – Schuldschein (Erzwungene Hingabe eines Schuldscheins); **BGHSt 41, 123** – Sylvia (Dreieckserpressung); **BGHSt 41, 368** – Dagobert (Konkurrenzen bei mehreren Erpressungshandlungen); **BGHSt 44, 251** – Schmiergeld (Drohung mit Abbruch von Geschäftsbeziehungen); **BGHSt 48, 362** – Drogenkauf (kein Kaufpreisanspruch beim Drogenkauf); **BGH NStZ 2014, 269** – Exfrau (Finalzusammenhang auch bei §§ 253, 255).

I. Geschütztes Rechtsgut und Systematik

752 Geschützte Rechtsgüter sind die **persönliche Freiheit der Willensentschließung und Willensbetätigung sowie das Vermögen**[2074]. Die Erpressung weist Paralle-

---

[2074] *Jäger*, BT, Rn. 374; *Rengier*, BT 1, § 11 Rn. 1; *Schönke/Schröder/Eser/Bosch*, § 253 Rn. 1.

len sowohl zur Nötigung als auch zum Betrug auf[2075], wobei die genauere Zuordnung davon abhängt, ob man eine Vermögensverfügung verlangt[2076]. Im Unterschied zum Betrug wird das Vermögen nicht durch Täuschung, sondern durch Nötigung gemindert. § 253 stellt das Grunddelikt dar, das durch § 255 qualifiziert wird[2077]. Da der Täter in Fällen der §§ 253, 255 gleich einem Räuber zu bestrafen ist, finden § 250 und § 251 Anwendung.

II. Aufbauschema

1. Tatbestand
   a) Objektiver Tatbestand
      aa) Einsatz eines Nötigungsmittels
         (1) Gewalt
         (2) Drohung mit einem empfindlichen Übel
      bb) Nötigungserfolg: Tun, Dulden, Unterlassen
      cc) Streitig: Vermögensverfügung
      dd) Vermögensschaden
   b) Subjektiver Tatbestand
      aa) Vorsatz bzgl. objektiver Tatbestandsmerkmale
      bb) Bereicherungsabsicht
         (1) Eigen- oder Drittbereicherungsabsicht
         (2) Stoffgleichheit der erstrebten Bereicherung
   c) Rechtswidrigkeit der erstrebten Bereicherung
      aa) Objektive Rechtswidrigkeit der Bereicherung
      bb) Vorsatz bzgl. Rechtswidrigkeit der Bereicherung

2. Rechtswidrigkeit
   a) Allgemeine Rechtfertigungsgründe
   b) Verwerflichkeitsklausel, Absatz 2

3. Schuld

4. Strafzumessungsregel für besonders schwere Fälle mit Regelbeispielen, § 253 Abs. 4 bei gewerbsmäßigem Handeln oder Handeln als Mitglied einer Bande, die sich zur fortgesetzten Begehung einer Erpressung verbunden hat.

5. Qualifikation, § 255: Gewalt gegen eine Person oder Drohung mit gegenwärtiger Gefahr für Leib oder Leben

III. Tatbestand

1. Objektiver Tatbestand

Erforderlich ist zunächst eine Nötigung mit Gewalt oder Drohung mit einem empfindlichen Übel zu einer Handlung, Duldung oder Unterlassung. Im Unter-

---

2075 M/R-*Maier*, § 253 Rn. 1; NK-*Kindhäuser*, § 253 Rn. 2.
2076 S. u. Rn. 760 ff.
2077 M/R-*Maier*, § 253 Rn. 2; L-Kühl/*Kühl*, § 255 Rn. 1.

schied zu § 240 muss dadurch dem Vermögen des Genötigten oder eines Dritten ein Nachteil zugefügt werden. Erforderlich ist dabei ein objektiver Kausalzusammenhang zwischen den Merkmalen[2078].

755 a) Hinsichtlich der **Nötigungshandlungen** Gewalt oder Drohung mit einem empfindlichen Übel kann auf die Ausführungen zu § 240 verwiesen werden[2079].

> Bsp.:[2080] T droht dem O, der ihm 100 € schuldet, die Angelegenheit seinem Rechtsanwalt zu übergeben; der eingeschüchterte O zahlt daraufhin. – § 253 ist zu verneinen, da es sich um ein sozial adäquates Verhalten zur Klärung von Streitigkeiten handelt und damit nicht die Androhung eines empfindlichen Übels vorliegt.

756 Ob eine **Drohung** vorliegt, ist ungeachtet der äußeren Form aus den Umständen zu ermitteln, so dass diese auch in vermeintlich harmlosen Mitteilungen oder Ratschlägen stecken kann[2081]. Nicht erforderlich ist, dass der Täter in der Lage ist, seine Drohung tatsächlich zu realisieren, sofern das Opfer diese nur ernst nimmt. Soweit das Opfer in besonnener Selbstbehauptung dem Ansinnen standhalten muss, fehlt es an der Androhung eines empfindlichen Übels.

> Bsp.:[2082] T kündigt gegenüber der Staatsanwaltschaft an, ein Beweismittel nur herauszugeben, wenn er hierfür Geld bekomme; die Staatsanwaltschaft lehnt empört ab. – Eine versuchte Erpressung nach §§ 253 Abs. 1 und Abs. 2, 22, 23 Abs. 1 scheidet aus, weil von einem Amtsträger aufgrund seiner Pflichtenstellung regelmäßig erwartet werden kann, dass er sich einem solchen Ansinnen nicht beugt. Die Staatsanwaltschaft hat vielmehr gemäß §§ 94 ff. StPO vorzugehen.

Auch wird die bloße **Warnung** vor dem Verhalten eines Dritten nicht erfasst, sofern sich der Täter darauf keinen Einfluss zuschreibt.

> Bsp.:[2083] T spiegelt O vor, dass ein von Dritten beauftragtes Killerkommando auf dem Weg zu ihm sei, um ihn umzubringen. Die Killer seien durch Geschenke zu besänftigen. Er (T) wolle dies übernehmen, benötige hierfür aber 10000 €. Tatsächlich möchte T das Geld für sich verwenden. – Eine Drohung mit einem positiven Tun ist hier zu verneinen. Zwar schreibt sich T einen Einfluss zu, jedoch gibt er nicht vor, den Dritten auch in Richtung Tatausführung zu beeinflussen. Vielmehr behauptet er nur, helfen zu wollen. Eine Drohung (aktives Tun) mit einem Unterlassen (keine Gefahrabwendung) kommt nur in Betracht, falls T seine Hilfe von der Zahlung abhängig macht; soweit bei einer Drohung mit einem Unterlassen überhaupt eine Handlungspflicht (keine Garantenpflicht) gefordert wird[2084], kann diese allenfalls aus § 323c hergeleitet werden, wenn die Hilfe erforderlich und zumutbar ist[2085]. Im Übrigen kommt nur § 263 durch Täuschung über die Verwendung des Geldes in Betracht.

757 Ebenso kann sich im Rahmen des § 253 die Frage stellen, ob eine *Drohung mit einem Unterlassen* strafbar ist, wenn diese zu einem Schaden führt[2086]. Wie bei § 240 kommt es hier nicht entscheidend darauf an, ob eine Handlungspflicht besteht[2087].

2078 BGHSt 32, 88 (89); BGH StV 1984, 377; LK-*Vogel*, § 253 Rn. 26; *Schönke/Schröder/Eser/Bosch*, § 253 Rn. 7.
2079 S. hierzu nur *Eisele*, BT 1, Rn. 451 ff.
2080 Nach BGH JZ 2004, 101.
2081 BGHSt 7, 252 (253); BGH NStZ-RR 2014, 210 (211).
2082 OLG Hamm NStZ-RR 2013, 312.
2083 BGH NStZ-RR 2007, 16.
2084 S. *Eisele*, BT 1, Rn. 474 ff.
2085 Zu diesem Zusammenhang *Wessels/Hillenkamp/Schuhr*, BT 2, Rn. 708.
2086 BGHSt 44, 68 (74 ff.); BGHSt 44, 251 (252); s. näher *Eisele*, BT 1, Rn. 474 ff.
2087 S. *Eisele*, BT 1, Rn. 474 ff.

Bsp. (1): Der Kaufhausdetektiv sagt der Ladendiebin (Drohung durch positives Tun), dass er von einer Strafanzeige absehe (Unterlassen einer rechtmäßigen Handlung), wenn sie ihm 100 € gebe. – Der Tatbestand des § 253 ist zu bejahen. Die Tat ist auch verwerflich i. S. d. Abs. 2, weil der Freiheitsbereich des Opfers dadurch eingeschränkt wird, dass bei Nichtzahlung ein Nachteil (Strafanzeige) angekündigt wird. Hingegen ist die Verwerflichkeit zu verneinen, wenn der Freiheitsbereich nur erweitert wird; so etwa, wenn T von der Schauspielerin O 5000 € „Vermittlungsgebühr" verlangt, damit diese die begehrte Rolle erhält[2088].

Bsp. (2): Richter T, der mit der zuständigen Staatsanwältin verheiratet ist, verlangt vom Beschuldigten O die Zahlung eines Geldbetrages und kündigt an, dass er nur für diesen Fall die Einstellung des Verfahrens bewirken werde. – T kündigt für den Fall der Nichtzahlung ein Unterlassen an, nämlich nicht auf seine Ehefrau einzuwirken. Allerdings würde es sich bei der (unterlassenen) Einwirkung auf das Strafverfahren um ein rechtswidriges Verhalten handeln, dem O in besonnener Selbstbehauptung Stand halten muss. Eine versuchte Erpressung ist daher zu verneinen[2089]. Es kommt somit auf die Verwerflichkeitsprüfung und die Frage, ob der Freiheitsbereich erweitert oder eingeschränkt wird, gar nicht an.

758 b) Das Opfer muss **kausal und objektiv zurechenbar** durch die Zwangswirkung des Nötigungsmittels zu einem Tun, Dulden oder Unterlassen (Nötigungserfolg) genötigt werden, wodurch ein Vermögensschaden eintreten muss[2090]. An dem erforderlichen Zusammenhang zwischen Nötigungsmittel und Nötigungserfolg fehlt es, wenn sich das Opfer nicht beugen möchte, sondern auf Anraten der Polizei oder Dritter nachgibt[2091].

Bsp.: T verlangt von O 1000 €, andernfalls müsse er mit seiner Entführung rechnen. O meldet den Vorfall der Polizei und übergibt dann das Geld auf deren Anraten im Wege einer überwachten Übergabe. T wird daraufhin festgenommen. – T macht sich nur wegen versuchter (räuberischer) Erpressung strafbar, da die Weggabe des Geldes nicht auf der Zwangswirkung beruht.

759 Dabei erlangt auch die Frage Bedeutung, ob §§ 253, 255 eine **Vermögensverfügung** voraussetzen. Auf Ebene der Qualifikation des § 255 hängt davon die klausurrelevante Abgrenzung von Raub und räuberischer Erpressung ab[2092].

Bsp. (1): T nimmt dem O dessen Fahrzeug mit Faustschlägen zu einer Spritztour weg. Nach einigen Tagen möchte er es zurückgeben. – § 249 ist mangels Zueignungsabsicht zu verneinen, da es am Vorsatz fehlt, den Eigentümer dauerhaft zu enteignen[2093]; verwirklicht ist aber § 248b, ferner § 240 und § 223. Problematisch ist aber, ob §§ 253, 255 Anwendung finden können; der erforderliche Schaden läge jedenfalls in der Gebrauchsentziehung.

760 aa) Nach einer **gewichtigen Auffassung in der Literatur** soll eine **Vermögensverfügung** erforderlich sein, da die Erpressung mit dem Betrug als Selbstschädigungsdelikt strukturverwandt sei[2094]. Dafür können vor allem die Merkmale des

---

2088 Zu diesem Fall auf Ebene des § 240 vgl. *Eisele*, BT 1, Rn. 479.
2089 *Kudlich*, JA 2008, 902; *Rengier*, BT 1, § 11 Rn. 10; anders OLG Oldenburg NStZ 1008, 691 (692); *Sinn*, ZJS 2010, 447 (448 f.).
2090 Vgl. LK-*Vogel*, § 253 Rn. 26.
2091 BGH NStZ 2010, 215; LPK-*Kindhäuser/Hilgendorf*, § 253 Rn. 33.
2092 Ausf. *Küper/Zopfs*, BT, Rn. 688 ff.
2093 S. o. Rn. 70.
2094 AnwK-*Habetha*, § 253 Rn. 10; *Geppert/Kubitza*, Jura 1985, 276 (277 f.); *Krey/Hellmann/Heinrich*, BT 2, Rn. 431; L-Kühl/*Kühl*, § 253 Rn. 3; *Maurach/Schroeder/Maiwald/Hoyer/Momsen*, BT 1, § 42 Rn. 6 ff.; MünchKomm-*Sander*, § 253 Rn. 14 ff.; *Rengier*, BT 1, § 11 Rn. 13; *Schönke/Schröder/Bosch*, § 253 Rn. 8; *Wessels/Hillenkamp/Schuhr*, BT 2, Rn. 710.

Vermögensschadens und der Bereicherungsabsicht angeführt werden. Statt mit einer Täuschung erreicht der Täter dann sein Ziel mit Zwang[2095]. Demnach muss dem Opfer trotz Nötigung noch so viel Entscheidungsfreiraum belassen sein, dass es in der Lage ist, über das Vermögen zu verfügen[2096]. Bei Gewalt als Nötigungsmittel wird dann nur vis compulsiva, nicht aber vis absoluta erfasst; denn vis absoluta und eine zumindest auf bedingter Freiwilligkeit beruhende Vermögensverfügung schließen sich regelmäßig aus. Zwischen Raub und räuberischer Erpressung besteht demnach – nicht anders als zwischen Diebstahl und Betrug – ein Exklusivitätsverhältnis[2097]. Liegt eine Wegnahme i. S. d. § 249 vor, so sind §§ 253, 255 tatbestandlich ausgeschlossen[2098]. Im Bsp. 1 (unter Rn. 759) steht damit die Wegnahme einer Vermögensverfügung i. S. d. §§ 253, 255 entgegen.

761 bb) Vor allem die **Rechtsprechung** hält die Erpressung mit der Nötigung für wesensverwandt und verlangt daher keine Vermögensverfügung[2099]. Dies folge aus der Übereinstimmung der Nötigungsmittel Gewalt und Drohung, der Opferreaktion in Form eines Tuns, Duldens oder Unterlassens sowie der nach Abs. 2 erforderlichen Verwerflichkeitsprüfung. §§ 253, 255 sind damit auch dann verwirklicht, wenn der Täter sich durch Gewalt oder Drohung die Möglichkeit verschafft, die Vermögensschädigung – etwa durch Wegnahme der Sache – selbst herbeizuführen. Erfasst wird selbst vis absoluta, die eine freie Opferreaktion ausschließt. Demnach steckt in jedem Raub zugleich eine räuberische Erpressung. Zwischen § 249 und §§ 253, 255 besteht folglich kein Exklusivitätsverhältnis, vielmehr ist § 249 lex specialis gegenüber §§ 253, 255. In Bsp. 1 (Rn. 759) ist zwar § 249 zu verneinen, jedoch kann auf §§ 253, 255 als Auffangtatbestand zurückgegriffen werden[2100].

> **Bsp. (2):** T hat dem O, der eine Forderung gegen ihn besitzt, als Sicherheit (Pfand) seine goldene Uhr überlassen. Eines Tages holt er sich die Uhr mit Gewalt zurück. – § 249 ist zu verneinen, da T keine fremde Sache wegnimmt. Nach der h. L. kommt nur eine Strafbarkeit nach §§ 289, 240, 223 in Betracht. Die Rechtsprechung würde indes auf §§ 253, 255 zurückgreifen, da im Entzug der Sicherheit eine schädigende konkrete Vermögensgefährdung bzw. ein Gefährdungsschaden liegen kann.

762 cc) Entsprechend ihrer jeweiligen Grundkonzeption stellen beide Ansichten auf unterschiedliche **Abgrenzungskriterien** ab.

763 (1) Die **Rechtsprechung** nimmt die Abgrenzung beider Tatbestände nach dem **äußeren Erscheinungsbild** vor. Nimmt der Täter die Sache, so liegt zunächst Raub vor, gibt sie das Opfer heraus, so finden §§ 253, 255 Anwendung[2101]. Die Abgrenzung ist jedoch stets eine vorläufige, da auch in den Fällen des Nehmens bei Verneinung des § 249 auf §§ 253, 255 zurückgegriffen werden kann. Die Rechtsprechung ist insoweit allerdings nicht ganz konsequent, wenn sie in Fällen der vorgetäuschten Beschlagnahme – in Parallele zur Abgrenzung von § 242 und § 263 – auch bei Übergabe der Sache durch das Opfer Raub annehmen möchte und

---

[2095] LK-*Vogel*, § 253 Rn. 1; *Rengier*, BT 1, § 11 Rn. 13; *Schönke/Schröder/Bosch* § 253 Rn. 1.
[2096] *Mitsch*, BT 2, 10.2.1.4.1; *Rengier*, BT 1, § 11 Rn. 13; *Schönke/Schröder/Bosch*, § 253 Rn. 8; *Wessels/Hillenkamp/Schuhr*, BT 2, Rn. 714.
[2097] *Schönke/Schröder/Bosch*, § 249 Rn. 2; *Wessels/Hillenkamp/Schuhr*, BT 2, Rn. 714 und Rn. 732.
[2098] MünchKomm-*Sander*, § 253 Rn. 16; *Wessels/Hillenkamp/Schuhr*, BT 2, Rn. 714 und Rn. 732.
[2099] BGHSt 14, 386 (388); BGHSt 25, 224 (227 f.); BGHSt 41, 123 (125); BGH NStZ 2018, 604 (605); *Erb*, FS Herzberg 2008, S. 712 (713 ff.); *Kindhäuser/Böse*, BT 2, § 17 Rn. 20 ff.; SK-*Sinn*, Vorbem. § 249 Rn. 11; SSW-*Kudlich*, § 253 Rn. 11 f.
[2100] BGHSt 14, 386 (390 f.); BGH NStZ 2011, 699 (701).
[2101] BGHSt 7, 252 (255); BGHSt 41, 123 (126); BGH NStZ 1998, 299; NStZ 1999, 350.

dies damit begründet, dass es an einem eigenen freien Willensentschluss des Opfers fehle[2102].

(2) Soweit in der Literatur auf eine Vermögensverfügung abgestellt wird, soll hierfür die **innere Willensrichtung** des Opfers entscheidend sein[2103]. Anders als bei § 263 kann die Vermögensverfügung aufgrund der Nötigung allerdings nicht auf einer vollständig freiwilligen Entscheidung beruhen. Zu fordern ist, dass trotz der Nötigung das Opfer den Vermögensgegenstand zumindest „bedingt freiwillig" hingibt, d. h. sich dem Willen des Täters beugt. Wie dies zu präzisieren ist, ist innerhalb dieser Ansicht umstritten. Richtigerweise ist von diesem Standpunkt aus zu fragen, ob das Opfer überhaupt noch eine **reelle Wahlmöglichkeit oder Verhaltensalternative** besitzt, das Übel entweder hinzunehmen oder abzuwehren[2104]. Eine Wegnahme liegt hingegen vor, wenn die Sache ohnehin dem Zugriff des Täters preisgegeben ist und es für das Opfer gleichgültig ist, wie es sich verhält[2105]; dies wird häufig in Fällen eines Waffeneinsatzes, bei dem das Leben bedroht wird, anzunehmen sein.

Andere nehmen hingegen eine Vermögensverfügung bereits dann an, wenn der Gewahrsam mit faktischem, wenn auch erzwungenem Einverständnis übertragen wird[2106]. Es muss dabei nur eine willentliche Gewahrsamsübertragung vorliegen. Als **Indiz soll mitunter das äußere Erscheinungsbild dienen**, so dass ein Nehmen für die Verneinung der Vermögensverfügung spricht[2107]. Anders als nach Konzeption der Rechtsprechung, die auf §§ 253, 255 zurückgreifen kann, hat allerdings die Annahme eines Nehmens in Fällen fehlender Zueignungsabsicht erhebliche Auswirkungen auf die Strafbarkeit. Daher erscheint es vom Standpunkt dieser Auffassung nicht ganz unproblematisch, die Folgen – § 240 oder §§ 253, 255, 250 – vom häufig zufälligen äußeren Erscheinungsbild abhängig zu machen. Darüber hinaus wird teilweise im Gegensatz zum Betrug auf das Erfordernis einer unmittelbaren Vermögensminderung verzichtet[2108]. Demnach werden auch Fälle von §§ 253, 255 erfasst, die – wie die Preisgabe einer PIN usw.[2109] – nur zu einer **Gewahrsamslockerung** führen bzw. nur dem Täter die Möglichkeit eröffnen, sich durch eine eigene (zusätzliche) Handlung in den Besitz des Vermögensgegenstandes zu bringen. Gegen diese Ansicht spricht jedoch, dass das Erfordernis einer Vermögensverfügung mit der parallelen Ausgestaltung zu § 263 begründet wird, dann aber doch andere Anforderungen gestellt werden[2110].

> **Hinweis zur Fallbearbeitung:** Es empfiehlt sich, die Prüfung stets mit § 249 zu beginnen. Liegt nach beiden Ansichten Raub vor, so ist der Streit nicht näher zu erörtern, da auch nach Rechtsprechung die mitverwirklichte räuberische Erpressung im Wege der Gesetzeskonkurrenz zurücktritt.

[2102] So BGHSt 56, 196 Rn. 7; zu Recht krit. daher *Jäger*, JA 2011, 632 (633); zu § 242 s. Rn. 56.
[2103] *Maurach/Schroeder/Maiwald/Hoyer/Momsen*, BT, 1, § 42 Rn. 44; *Schönke/Schröder/Bosch*, § 249 Rn. 2; vgl. auch BGHSt 56, 196.
[2104] *Küper/Zopfs*, BT, Rn. 703; *Wessels/Hillenkamp/Schuhr*, BT 2, Rn. 714 und Rn. 730.
[2105] *Küper/Zopfs*, BT, Rn. 703; L-Kühl/*Kühl*, § 255 Rn. 2.
[2106] *Biletzki*, Jura 1995, 635 (636 f.); MünchKomm-*Sander*, § 253 Rn. 21; *Rengier*, BT 1, § 11 Rn. 37.
[2107] MünchKomm-*Sander*, § 253 Rn. 21; *Rengier*, BT 1, § 11 Rn. 37; ähnl. *Schönke/Schröder/Bosch*, § 253 Rn. 8 und Rn. 31.
[2108] *Küper/Zopfs*, BT, Rn. 704; L-Kühl/*Kühl*, § 253 Rn. 3; *Tenckhoff*, JR 1974, 491 ff.
[2109] Dazu ausf. u. Rn. 780 f.
[2110] Vgl. *Biletzki*, Jura 1995, 635 (637); *Rengier*, JuS 1981, 654 (659 f.); *Wessels/Hillenkamp/Schuhr*, BT 2, Rn. 714.

766 Im Einzelfall ist freilich sorgfältig zu prüfen, ob tatsächlich ein Abgrenzungsfall vorliegt. Dies kann zu verneinen sein, wenn ein Dritter mit dem **Gewahrsamsbruch einverstanden** ist und daher ein Raub von vornherein ausscheidet. Es stellt sich dann nur die Frage, ob eine räuberische Erpressung anzunehmen ist,

> **Bsp.:**[2111] O möchte gerade an einem Bankautomaten Geld abheben, als er von T in ein Gespräch verwickelt wird. Nach Eingabe der Geheimnummer stößt T den O plötzlich weg, wählt als Auszahlungsbetrag 500 Euro und entnimmt den ausgegebenen Betrag. O verlangt daraufhin die Herausgabe des Geldes, woraufhin T ihm mit Schlägen droht und sich mit dem Geld entfernt. – Da das Geld vom Bankautomaten freigegeben wurde und O noch keinen Gewahrsam an den Scheinen erlangte, liegt nach Ansicht des BGH in diesem Fall ein tatbestandsausschließendes Einverständnis der Bank in die Wegnahme vor, so dass ein Raub trotz Gewaltanwendung gegenüber O ausscheiden soll; überzeugend ist dies freilich nicht, da die Bank das Geld nicht einem beliebigen Dritten, der nicht im Besitz der Karte ist, preisgeben möchte[2112]. Die Rspr. gelangt dann freilich zu §§ 253, 255 durch das Wegstoßen, da insoweit keine Vermögensverfügung erforderlich sein soll und daher auch durch die Wegnahme verwirklicht sein kann. Dem Vereiteln des Herausgabeanspruchs durch Androhen von Schlägen kommt dann keine eigenständige Bedeutung mehr zu, weil – soweit man hierin überhaupt eine eigenstände Vertiefung eines Vermögensschadens erblickt – jedenfalls eine mitbestrafte Nachtat (Sicherungserpressung) vorliegt. Vom Blickwinkel der Gegenansicht, nach der Raub und räuberische Erpressung in einem Exklusivitätsverhältnis stehen, fehlt es hingegen an einer Vermögensverfügung, so dass auch §§ 253, 255 zu verneinen sind.

767 dd) Soweit im Einzelfall Rechtsprechung und herrschende Lehre aufgrund der eben genannten Abgrenzungskriterien zu unterschiedlichen Ergebnissen gelangen, bedarf es einer Streitentscheidung. Da insoweit auch auf die Parallele zur Formulierung des Nötigungs- und Betrugstatbestandes abgestellt wird, soll nochmals ein Blick auf die Merkmale der Erpressung geworfen werden. Das Bild zeigt, dass der Wortlaut weder eindeutig für die eine noch für die andere Ansicht streitet:

Schaubild:

→ *kursiver Druck:* Parallele zur Nötigung
→ **Fettdruck:** Parallele zum Betrug

768
1. Tatbestand
   a. Objektiver Tatbestand
      aa. *Einsatz eines Nötigungsmittels*
         (1) *Gewalt*
         (2) *Drohung mit einem empfindlichen Übel*
      bb. *Nötigungserfolg: Tun, Dulden, Unterlassen*
      cc. Streitig: Vermögensverfügung
      dd. **Vermögensschaden**
   b. Subjektiver Tatbestand
      aa. Vorsatz bzgl. objektiver Tatbestandsmerkmale
      bb. **Bereicherungsabsicht**
         (1) **Eigen- oder Drittbereicherungsabsicht**
         (2) **Stoffgleichheit der erstrebten Bereicherung**
   c. **Rechtswidrigkeit der erstrebten Bereicherung**
      aa. **Objektive Rechtswidrigkeit der Bereicherung**

2111 BGH NStZ 2018, 604 u. näher dazu *Eisele*, JuS 2018, 300 ff.
2112 Siehe schon Rn. 58a.

> bb. **Vorsatz bzgl. Rechtswidrigkeit der Bereicherung**
> 2. Rechtswidrigkeit
>   a. Allgemeine Rechtfertigungsgründe
>   b. *Verwerflichkeitsklausel, Abs. 2*
> 3. Schuld

(1) Für die Ansicht der **Rechtsprechung** wird zunächst die parallele Struktur zur Nötigung angeführt[2113]. Die Unterschiedlichkeit der eingesetzten Mittel verbiete es, eine Gleichförmigkeit von Erpressung und Betrug zu unterstellen[2114]. Ferner wird kritisiert, dass die h. L. den Gewaltbegriff abweichend von § 249 und § 240 auslegen müsse, da sich vis absoluta mit dem Erfordernis der Vermögensverfügung nicht vereinbaren lässt. Damit werde aber gerade das regelmäßig schärfste Nötigungsmittel nicht erfasst[2115]. Das ist jedoch zunächst insoweit unzutreffend, als der Gewaltbegriff selbst auf Grundlage der h. L. gar nicht korrigiert werden muss, sondern in bestimmten Fällen lediglich keine Vermögensverfügung gegeben ist. Auch muss Gewalt (z. B. Einsperren) gegenüber einer Drohung (z. B. Vorhalten einer Maschinenpistole) nicht immer ein schärferes Nötigungsmittel sein[2116]. Dass die h. L. zu Strafbarkeitslücken führe[2117], überzeugt ebenfalls wenig, weil in Fällen der (auch abgenötigten) Gebrauchsanmaßung angesichts des geringen Unrechtsgehalts ein Rückgriff auf §§ 253, 255 kriminalpolitisch nicht geboten ist. §§ 248b, 223, 240 tragen hier dem Schweregehalt der Tat bereits hinreichend Rechnung. Auch muss man sehen, dass bei einer Tat im Zusammenhang mit dem Straßenverkehr bei Erfassung einer Gebrauchsanmaßung über § 255 letztlich § 316a mit seinem überhöhten Strafrahmen zur Anwendung gelänge[2118]. Andererseits kann auch die Rechtsprechung – wie etwa in Fällen der eigenmächtigen Inpfandnahme – bei fehlender Zueignungsabsicht nicht alle Lücken schließen, wenn die erstrebte Zueignung im Rahmen der §§ 253, 255 nicht rechtswidrig oder die Stoffgleichheit zu verneinen ist[2119]. Teilweise wird in der Literatur weiter kritisiert, dass die Rechtsprechung auch dann zu § 253 – statt zu § 242 in Tateinheit mit § 240 – gelangen müsse, wenn der Täter mit einer einfachen Drohung i. S. d. § 240 eine Sache wegnehme. Damit werde aber über § 253 ein „kleiner Raub" konstruiert, der zu einer schärferen Strafe führen könne, weil der besonders schwere Fall des § 253 Abs. 4 gegenüber § 243 einen höheren Strafrahmen aufweise[2120]. Auch zeige § 249, der die Verknüpfung von Diebstahl und Nötigung erfasst, dass hierfür der Einsatz qualifizierter Nötigungsmittel erforderlich ist[2121].

(2) Neben der bereits gegen die Rechtsprechung angeführten Kritik kann als wesentliches Argument für die Annahme tatbestandlicher **Exklusivität von Raub und räuberischer Erpressung** die gesetzliche Systematik genannt werden. Würde man § 249 nur als Spezialfall der §§ 253, 255 ansehen, wäre die Vorschrift faktisch

---

2113 BGHSt 25, 224 (225); L-Kühl/*Kühl*, § 253 Rn. 3; LK-*Vogel*, Vorbem. §§ 249 ff. Rn. 60; *Mitsch*, BT 2, 10.2.1.5.2.
2114 LK-*Vogel* Vorbem. §§ 249 ff. Rn. 59; *Mitsch*, BT 2, 10.2.1.5.2.
2115 LK[10]-*Lackner*, § 253 Rn. 6; *Lüderssen*, GA 1968, 257 (259 ff.).
2116 Zutreffend *Rengier*, BT 1, § 11 Rn. 23; *Wessels/Hillenkamp/Schuhr*, BT 2, Rn. 713.
2117 *Kindhäuser/Böse*, BT 2, § 17 Rn. 27; *Mitsch*, BT 2, 10.2.1.5.2; *Schünemann*, JA 1980, 486 (487 f.).
2118 Vgl. *Rengier*, BT 1, § 11 Rn. 18 ff.
2119 Vgl. nur BGH StV 1999, 315; BGH NStZ 2017, 642; dazu auch Rn. 784.
2120 L-Kühl/*Kühl*, § 253 Rn. 3; zu der Kritik eingehend LK-*Vogel*, Vorbem. §§ 249 ff. Rn. 58 ff.
2121 Vgl. auch *Wessels/Hillenkamp/Schuhr*, BT 2, Rn. 712.

überflüssig und ihr eigenständiger Anwendungsbereich auf die äußerst seltenen Fälle beschränkt, in denen der Täter eine Sache ohne jeglichen Vermögenswert wegnimmt[2122]. Einen derart engen Anwendungsbereich dürfte der Gesetzgeber jedoch schon deshalb nicht bezweckt haben, weil er § 249 an den Beginn des 20. Abschnitts gestellt[2123] und hier auch die Strafschärfungen der §§ 250, 251 normiert hat. Auch lässt sich anführen, dass die Erpressung ähnlich wie der Betrug konzipiert und daher als Selbstschädigungsdelikt zu begreifen ist[2124]. Letztlich ist zu berücksichtigen, dass ansonsten in Wegnahmefällen die Straflosigkeit oder zumindest Strafmilderung bei bloßer Gebrauchsanmaßung unterlaufen würde[2125]. Dass auch nach Konzeption der h. L. ein Handeln ohne Zueignungsabsicht über §§ 253, 255 erfasst wird, wenn eine Vermögensverfügung hinzutritt, entspricht wiederum dem Verhältnis von § 242 und § 263.

771 ee) Probleme bereiten auch Fälle der **Forderungserpressung.** Es wird insoweit geltend gemacht, dass das Erfordernis einer Vermögensverfügung zu Ungereimtheiten führe, weil in Fällen von vis absoluta hier nur § 240 in Betracht komme[2126].

> **Bsp. (1):** T bedroht Taxifahrer O mit Schlägen, um aus dem Wagen ohne Bezahlung auszusteigen. – Nach Ansicht der Literatur liegen aufgrund einer freiwilligen Vermögensverfügung (Verzicht auf Geltendmachung der Forderung) §§ 253, 255 vor; die Rechtsprechung gelangt ohne dieses Erfordernis zu demselben Ergebnis. Da es nicht um die Wegnahme einer Sache geht, stellt sich die Frage der Abgrenzung zu § 249 nicht.

> **Bsp. (2):** Wie Bsp. 1, jedoch bedroht T den O mit einer Schusswaffe oder schlägt ihn nieder. – Wendet man die entwickelten Kriterien an, so ist eine Vermögensverfügung nach Literatur zu verneinen, so dass nur § 240 Abs. 1, ggf. Abs. 4 verbleibt. Die Rechtsprechung gelangt erneut zu §§ 253, 255.

772 Gerade bei **Forderungserpressungen** kann man aber auch aus Sicht der Literatur die Parallelkonstruktion zu § 263 wahren. Das Erfordernis einer bewussten Vermögensverfügung dient bei § 263 der Abgrenzung zu Wegnahmehandlungen i. S. d. § 242. Beim Forderungsbetrug liegt hingegen eine Vermögensverfügung auch dann vor, wenn das Opfer die Forderung nicht kennt, diese nicht geltend macht und sich der vermögensmindernden Wirkung nicht bewusst ist[2127]. Entsprechend kann man bei § 253 eine bewusste und „freiwillige" Vermögensverfügung nur verlangen, soweit es bei Sacherpressungen auf die Abgrenzung zum Raub ankommt[2128]. Dabei handelt es sich um keine dogmatische Inkonsequenz, sondern um eine – angesichts der nur zwischen Raub und Sacherpressung notwendigen Abgrenzung – sachgerechte Differenzierung[2129]. Letztlich ist auch zu beachten, dass der Nötigungserfolg des Duldens durch das Opfer ganz allgemein keine willentliche Entscheidung voraussetzt[2130]. Daher können auch auf Grundlage der

---

2122 *Rengier*, BT 1, § 11 Rn. 25; *Tenckhoff*, JR 1974, 489 (490).
2123 *Rengier*, BT 1, § 11 Rn. 25.
2124 *Maurach/Schroeder/Maiwald/Hoyer/Momsen*, BT 1, § 42 Rn. 13; *Otto*, BT, § 53 Rn. 1.
2125 Vgl. MünchKomm-*Sander*, § 253 Rn. 18; *Wessels/Hillenkamp/Schuhr*, BT 2, Rn. 712; a. A. *Hecker*, JA 1998, 300 (304), der betont, dass lediglich die gewalt- und drohungslose Gebrauchsanmaßung privilegiert werden soll.
2126 *Kindhäuser/Böse*, BT 2, § 17 Rn. 27; LK-*Vogel*, Vorbem. § 249 ff. Rn. 63.
2127 S. schon o. Rn. 565; ferner *Rengier*, JuS 1981, 654 (661).
2128 In diese Richtung erstmals *Rengier*, JuS 1981, 654 (661); nunmehr im Anschluss an die hier ins Leben gerufene Auffassung *Brand*, JuS 2009, 899 (902).
2129 Zu diesem Einwand *Rengier*, JuS 1981, 654 (661); dagegen NK-*Kindhäuser*, Vorbem. § 249 Rn. 52.
2130 S. näher *Schönke/Schröder/Eisele*, § 240 Rn. 1a und Rn. 12.

Literatur §§ 253, 255 bejaht werden, wenn der Täter die Forderung preisgibt, ohne eine „freiwillige" Entscheidung getroffen zu haben[2131].

c) Wie beim Betrug kann es auch bei der Erpressung zu Dreieckskonstellationen kommen[2132]. Die Möglichkeit einer **Dreieckserpressung** folgt daraus, dass der durch die Nötigungshandlung in seiner Willensfreiheit Betroffene nicht zwingend mit dem Vermögensträger identisch sein muss. Geht man davon aus, dass § 253 eine Vermögensverfügung voraussetzt, so können die für § 263 entwickelten Grundsätze zum Dreiecksverhältnis übertragen werden. Auch hier stellt sich dann für die Vornahme der Vermögensverfügung die Frage nach einer rechtlichen Befugnis oder einem Näheverhältnis im Sinne der Lagertheorie[2133].

> **Bsp. (1):**[2134] T bricht in die Villa der O ein und fordert diese unter Androhung von Schlägen auf, die kostbare Perlenkette vom Hals ihrer bettlägerigen Mutter M zu nehmen und ihm zu übergeben. – Da O hier die Obhut über ihre Mutter ausübt und daher eine Nähebeziehung zu ihr besteht, ist die Verfügung der O nach der Lagertheorie der M zuzurechnen, so dass §§ 253, 255 zu bejahen sind.
>
> **Bsp. (2):** Wie Bsp. 1, jedoch wird Hausfreund H bedroht, der zufällig anwesend ist. – Da H dem Vermögen der M als Dritter gegenüberstehen würde, blieben hier nur § 240 in Tateinheit mit §§ 242, 244 Abs. 1 Nr. 3, 25 Abs. 1 Var. 2; H wird dann als Werkzeug (Nötigungsnotstand) zur Wegnahme des T eingesetzt. § 249 (ggf. § 25 Abs. 1 Var. 2) käme nur in Betracht, wenn T die Drohung einsetzen würde, um den Widerstand des H bei der eigenen Wegnahme zu überwinden[2135].

Entsprechend Bsp. (1) ist ein Näheverhältnis auch gegeben, wenn der Täter einen Angestellten zwingt, eine Sache des Geschäftsherrn herauszugeben[2136], während die Wegnahme in Parallele zu Bsp. (2) durch einen außenstehenden Dritten nicht genügt[2137].

Selbst der BGH verlangt in solchen Fällen ein **Näheverhältnis**, um eine Abgrenzung zum Diebstahl in mittelbarer Täterschaft zu ermöglichen. Dies kann man zumindest in Fällen kritisieren, in denen keine Vermögensverfügung vorliegt, weil dann die Parallele zum Betrug nicht gegeben ist.

> **Bsp.:**[2138] Die T verwaltet die Kasse eines Pizzaservices alleinverantwortlich. Sie möchte sich gemeinsam mit A und B die Tageseinnahmen verschaffen. Entgegen der Anweisung des Geschäftsführers (G) lässt sie die Tür offen, so dass A und B eindringen können. Mitarbeiter M, der für T die Einnahmen zählt, wird mit einem Messer bedroht, so dass A und B absprachegemäß das Geld an sich nehmen können. – §§ 249, 25 Abs. 2 scheiden schon deshalb aus, weil T für die Kasse zuständig war und daher Alleingewahrsam, jedenfalls aber übergeordneten Mitgewahrsam besaß und mit der Wegnahme einverstanden war[2139]. §§ 253, 255 scheiden nach h.L. aus, weil es an einer Vermögensverfügung des G fehlt; es verbleiben für T §§ 240, 25 Abs. 2 sowie § 246 Abs. 1 und Abs. 2

2131 Vgl. auch *Maurach/Schroeder/Maiwald/Hoyer/Momsen*, BT 1, § 42 Rn. 45.
2132 BGH NStZ-RR 2011, 143 (144); M/R-*Maier*, § 253 Rn. 25; *Rengier*, BT 1, § 11 Rn. 30; *Schönke/Schröder/Bosch*, § 253 Rn. 6; SSW-*Kudlich*, § 253 Rn. 21.
2133 BGHSt 46, 123 (125 f.); BGH NStZ-RR 2014, 246; a. näher o. Rn. 567 ff. Vgl. aber auch *Mitsch*, BT 2, 10.2.1.5.3, der für die Zurechnung darauf abstellt, ob der Vermögensinhaber durch das dem Dritten zugefügte bzw. angedrohte Übel tatsächlich oder mutmaßlich mitbetroffen ist und damit eine „Leidensgenossenschaft" zwischen beiden besteht.
2134 Nach BGHSt 41, 123.
2135 *Krey/Hellmann/Heinrich*, BT 2, Rn. 436; *Rengier*, BT 1, § 11 Rn. 32; SK-*Sinn*, § 253 Rn. 18.
2136 OLG Celle NStZ 2012, 447 (448); LK-*Vogel*, § 253 Rn. 20.
2137 BGH NStZ-RR 2014, 246.
2138 OLG Celle NStZ 2012, 447; vgl. näher *Krell*, ZJS 2011, 572 ff.
2139 Dazu o. Rn. 39.

(Anvertrauen als persönliches Merkmal i. S. d. § 28 Abs. 2) sowie § 266 Abs. 1 Var. 2. Nach Rechtsprechung wird aber auch die erzwungene Wegnahme durch §§ 253, 255 erfasst; obgleich der Geschäftsherr unmittelbar durch den Zugriff geschädigt wird, soll auch hier ein Näheverhältnis erforderlich sein, das im Anstellungsverhältnis des G liegt[2140].

Dabei sind die Anforderungen jedoch gelockert, da für das Näheverhältnis lediglich erforderlich sein soll, dass der Genötigte spätestens im Zeitpunkt der Tatbegehung auf der Seite des Vermögensinhabers steht[2141]. Dies soll bereits der Fall sein, wenn die Polizei in Erfüllung ihrer Aufgaben anstelle des Geschädigten handelt[2142].

775 d) Für den erforderlichen **Vermögensnachteil** können die bei § 263 zum Vermögensschaden entwickelten Grundsätze und diskutierten Probleme übertragen werden[2143]. So kann etwa die Zweckverfehlungslehre bei § 253 Bedeutung erlangen[2144]. Auch ist sorgfältig zu prüfen, ob der Nachteil durch einen Vermögenszufluss kompensiert wird.[2145] Ist ein Schaden zu verneinen, bleibt § 240 zu prüfen.

Bsp.:[2146] T entwendet bei O ein wertvolles Gemälde. Anschließend verlangt er anonym den Marktwert in Höhe von 100 000 € als Lösegeld, weil er ansonsten das Bild vernichte. O zahlt die geforderte Summe. – Problematisch ist bei § 253 der Vermögensnachteil. Man könnte sich auf den Standpunkt stellen, dass O das Bild als Gegenleistung für das Lösegeld erhalten hat, wenn man die zivilrechtlichen Herausgabeansprüche bei wirtschaftlicher Betrachtung mangels Realisierbarkeit als wertlos betrachtet; dann wäre mit der Rückgabe die mit der Lösegeldzahlung verbundene Vermögensminderung kompensiert worden[2147]. Jedoch kann nach der juristisch-ökonomischen Vermögenslehre nicht unberücksichtigt bleiben, dass O gemäß § 985 BGB unentgeltliche Herausgabe verlangen konnte. Damit führte die Rückgabe des Bildes zum Erlöschen dieser Schuld und kann daher nicht als Kompensation des Lösegelds Berücksichtigung finden; das Lösegeld musste vielmehr zusätzlich aufgewendet werden[2148].

776 aa) Ebenso kann die Frage nach dem **wirtschaftlichen** oder **juristisch-ökonomischen Vermögensbegriff** aktuell werden[2149]. Die Rechtsprechung geht auch hier von einer wirtschaftlichen Betrachtungsweise aus, die jedoch normativen Einschränkungen unterliegt und sich daher der juristisch-ökonomischen Vermögenslehre annähert[2150]. Freilich werden auch hier Betäubungsmittel dem geschützten Vermögen zugeordnet[2151]. Soweit nach dem juristisch-ökonomischen Vermögensbegriff bereits der Schaden zu verneinen ist, kann es zu Überschneidungen mit dem Merkmal der Rechtswidrigkeit der erstrebten Bereicherung kommen[2152].

2140 OLG Celle NStZ 2012, 447 (448); zu Recht krit. NK-*Kindhäuser*, Vorbem. § 249 Rn. 22; *Krell*, ZJS 2011, 572 (574).
2141 Vgl. BGHSt 41, 123 (125); OLG Celle NStZ 2012, 447 (448) m. Anm. *Jahn*, JuS 2011, 1131 u. *Krell*, ZJS 2011, 572; dazu krit. NK-*Kindhäuser*, § 253 Rn. 24 f.
2142 BGHSt 41, 368 (371).
2143 BGHSt 34, 394 (395); *Otto*, BT, § 53 Rn. 6; *Wessels/Hillenkamp/Schuhr*, BT 2, Rn. 716.
2144 *Kindhäuser/Böse*, BT 2, § 17 Rn. 34 ff.
2145 BGH NStZ 2018, 213 f.
2146 Nach BGHSt 26, 346.
2147 Vgl. OLG Hamburg JR 1974, 473; *Trunk*, JuS 1985, 944 ff.
2148 *Fischer*, § 253 Rn. 31; A/W/H/H-*Heinrich*, § 18 Rn. 10; *Schönke/Schröder/Bosch*, § 253 Rn. 9.
2149 S. o. Rn. 605 ff.
2150 BGHSt 44, 251 (254 f.); BGH NStZ-RR 2011, 143 (144); dazu *Wessels/Hillenkamp/Schuhr*, BT 2, Rn. 716.
2151 BGHSt 61, 263 (264); BGH NStZ 2018, 104; näher o. Rn. 609.
2152 S. u. Rn. 786.

Bsp. (1): Zuhälter T droht seinem „Kollegen" O damit, sein Etablissement nieder zu brennen, wenn er ihm nicht drei Frauen, die i. S. d. § 180a ausgebeutet werden, zur eigenen Ausbeutung überlässt. Da dem O die Brutalität des T bekannt ist, kommt er dem Ansinnen nach. – Nach dem rein wirtschaftlichen Vermögensbegriff könnte man in dem Dienst der Prostituierten für O durchaus einen Vermögenswert sehen, der dem O entzogen wird. Nach der juristisch-ökonomischen Betrachtungsweise ist ein Vermögensschaden zu verneinen; da sich O durch das Ausbeuten strafbar macht und er gehalten ist, die Abhängigkeit aufzuheben, verdient der von ihm geschaffene rechtswidrige Zustand keinen Schutz des Strafrechts. Das ProstG hat im Übrigen nur die Sittenwidrigkeit der Prostitution beseitigt und damit die Ansprüche der Prostituierten für zivilrechtlich wirksam erklärt. Einkünfte aus einer nach § 180a strafbaren Ausbeutung werden damit aber nicht legalisiert. Es bleibt jedoch eine Strafbarkeit nach § 240, da immerhin die Willensfreiheit des O betroffen ist.

Bsp. (2): T beschließt Leistungen von Prostituierten „unentgeltlich" in Anspruch zu nehmen. Nachdem T den Preis ausgehandelt hat und in das Zimmer eingelassen wird, bedroht er O mit einer Waffe und zwingt diese, ihn zu befriedigen[2153]. Einige Tage später begibt er sich zur Prostituierten P; nach Aushandlung des Entgelts würgt T diese und übt den Beischlaf aus (Vergewaltigung – § 177 Abs. 1, Abs. 2 Satz 2 Nr. 1)[2154]. – Fraglich ist zunächst, ob O und P mangels Realisierung ihrer Entgeltforderungen einen Vermögensschaden erlitten haben. Dies ist zu verneinen, da eine rechtswirksame Forderung nach § 1 ProstG nur entsteht, wenn die vereinbarte Leistung freiwillig erbracht wird[2155]. Allerdings könnte ein Vermögensschaden darin liegen, dass O und P Arbeitsleistungen erbrachten, ohne hierfür eine Gegenleistung zu erhalten. Der BGH verneint dies mit *Zimmermann*[2156], weil erzwungene Leistungen von Prostituierten im Hinblick auf Art. 1 Abs. 1 GG nicht als marktfähiges Gut angesehen werden können[2157]. Dem ist aber im Ausgangspunkt zu widersprechen, weil nach dem ProstG Arbeitsleistungen nicht als sittenwidrig anzusehen sind und daran auch die Nötigung durch den Täter nichts zu ändern vermag; hier gilt nichts anderes, wie wenn KFZ-Meister oder ein Arzt zu Arbeitsleistungen gezwungen werden[2158]. Nimmt man dies zum Ausgangspunkt, so wird man bei O eine werthaltige Prostitutionsleistung und damit einen Schaden anzunehmen haben. Soweit P hingegen schlichtweg mit vis absoluta vergewaltigt wird, wird man dies anders sehen können, weil hier keine Arbeitsleistung i. S. d. Tätigkeit einer Prostituierten erbracht wird und es im Sinne der h. L. auch an einer Vermögensverfügung fehlt[2159].

Bsp. (3):[2160] T enthält dem Tatbeteiligten O seinen Beuteanteil mit Gewalt vor. – Dem Beuteanteil kommt kein Vermögenswert zu, da O keinen rechtlich geschützten Anspruch erhält.

Bsp. (4): T zwingt den O unter Drohungen, für ihn in eine Pizzeria einzubrechen und Geld zu stehlen. – Es liegt nur § 240, nicht aber § 253 vor, weil der Tätigkeit des O beim Einbruch kein Vermögenswert zukommt[2161].

bb) Geschädigter kann auch eine **juristische Person** sein[2162]. Der Begriff „Mensch" bezieht sich nur auf die genötigte Person, d. h. darauf, dass Adressat der

---

2153 Nach BGH NStZ 2011, 278.
2154 Nach BGH NStZ 2013, 710.
2155 BGH NStZ 2011, 278 f.; NStZ 2013, 710 (711); *Barton*, StV 2014, 417 (418 f.); *Jäger*, JA 2014, 230 (231).
2156 *Zimmermann*, NStZ 2012, 211 (213).
2157 Siehe auch *Jäger*, JA 2014, 230 (232).
2158 *Barton*, StV 2014, 417 (419); *Eckstein*, JZ 2012, 101 (103 ff.); *Hecker*, JuS 2011, 944 (945).
2159 In diese Richtung auch *Rengier*, BT 1, § 11 Rn. 44; anders *Barton*, StV 2014, 417 (419).
2160 S. BGH NStZ 2001, 534.
2161 Vgl. BGH NStZ 2001, 534; NStZ-RR 2009, 106 (107); NStZ 2020, 286.
2162 *L-Kühl/Kühl*, § 253 Rn. 4; vgl. aber auch *Kindhäuser/Wallau*, StV 1999, 379 (381 f.); NK-*Kindhäuser*, § 253 Rn. 27.

Nötigung nur eine natürliche Person sein kann. Demgegenüber ist im Zusammenhang mit der Nachteilszufügung von dem Vermögen „des Genötigten oder eines anderen" die Rede. Damit wird auch der klassische Fall einer Dreieckserpressung erfasst, bei der der juristischen Person ein Schaden durch Nötigung einer für sie handelnden Person entsteht[2163].

778 cc) Nicht anders als beim Betrug genügt ein **Gefährdungsschaden**.

779 (1) Zu denken ist an Fälle, in denen das Opfer gezwungen wird, dem Täter einen **Schuldschein oder ein Schuldanerkenntnis** hinzugeben, mit einer tatsächlichen Inanspruchnahme gerechnet werden muss und dem Opfer die erforderlichen Beweismittel fehlen, um die Beweiskraft der Urkunde zu widerlegen[2164]. Kein Gefährdungsschaden liegt hingegen vor, wenn die Polizei bei einer Erpressung die **Geldübergabe überwacht** und den Täter sofort festnimmt[2165]; hier kommt nur ein Versuch in Betracht[2166].

780 (2) Zu diskutieren sind – nicht anders als bei § 263 – Fälle, bei denen problematisch ist, ob die Nötigung nur zu einer **Gewahrsamslockerung** führt und der Eintritt des Schadens noch weiterer Handlungen des Täters bedarf.

Bsp. (1): T überfällt O in ihrem Ferienhaus auf dem Land und fordert sie unter Drohungen auf, die Ziffernkombination ihres Tresors in ihrer Stadtwohnung zu nennen. Den Tresor leert T jedoch nicht.

Bsp. (2): T, der die EC-Karte der O besitzt, erlangt unter Drohungen auch die PIN-Zahl. Am nächsten Geldautomaten hebt T 500 € ab und verbraucht das Geld zu eigenen Zwecken.

781 In beiden Fällen könnte man bereits mit Erlangung der Geheimzahl aufgrund der Zugriffsmöglichkeit auf das Vermögen einen Gefährdungsschaden und damit Taten nach § 253 (§§ 255, 250) annehmen. Wenig konsequent hat dies der BGH für die Abnötigung der Geheimzahl bei einer Gewahrsamslockerung verneint (Bsp. 1)[2167], weil hier erst die endgültige Ansichnahme des Gegenstandes erforderlich sei, für die Preisgabe der PIN (Bsp. 2 unter Rn. 780) hingegen bejaht[2168]. Während manche aufgrund der Gefahr des Verlustes des Geldes einheitlich einen Gefährdungsschaden bejahen[2169], ist dieser richtigerweise zu verneinen[2170], weil ansonsten die Vollendung des Deliktes zu weit nach vorne verlagert wird. Auch sollte man den Gleichlauf mit § 263 wahren, bei dem das Erfordernis einer **unmittelbar vermögensmindernden Verfügung**[2171] den Weg zu einer entsprechenden Lösung weist[2172].

782 dd) Bei einer sog. **Sicherungserpressung**, bei der die durch ein anderes Vermögens- oder Eigentumsdelikt zuvor erlangte Beute mit Nötigungsmitteln verteidigt wird, ist in einem ersten Schritt zu prüfen, ob durch die Tat überhaupt ein (zusätzlicher) Schaden eingetreten ist. Beruht der Schaden allein auf der Vortat, so ist die

---

2163 S. auch BGH StV 1999, 377 (378).
2164 BGHSt 34, 394; BGH NStZ-RR 1998, 233; *Rengier*, BT 1, § 11 Rn. 46.
2165 BGH StV 1998, 80; *Fischer*, § 253 Rn. 31; *Wessels/Hillenkamp/Schuhr*, BT 2, Rn. 716.
2166 BGH StV 1998, 661.
2167 BGH MDR/H 1984, 276; NStZ 2006, 38, zur Preisgabe eines Verstecks.
2168 BGH NStZ-RR 2004, 333 (334).
2169 *Mitsch*, BT 2, 10.2.1.6.3.
2170 Im Ergebnis ebenso *Hecker*, JA 1998, 300 (301 und 305); *Rengier*, BT 1, § 11 Rn. 50.
2171 Dass auf dieses Erfordernis mitunter bei der Vermögensverfügung verzichtet wird, vgl. o. Rn. 766.
2172 S. o. Rn. 558.

Nötigung nicht kausal für den Schaden, so dass bereits der Tatbestand zu verneinen ist[2173]; in diesem Fall verbleibt nur § 240. Eine eigenständige Schadensvertiefung kann im Einzelfall aber bejaht werden, wenn die Durchsetzung des Rückgabeanspruchs bzw. die Realisierung der Forderung vereitelt oder wesentlich erschwert wird, sofern ein solcher Anspruch aufgrund einer Realisierungschance einen Vermögenswert besitzt[2174]. In diesem Fall tritt dann die Erpressung als mitbestrafte Nachtat im Wege der Gesetzeskonkurrenz zurück[2175].

> **Bsp.:**[2176] T, der zahlungsunwillig ist, bestellt im Restaurant ein 5-Gänge-Menü. Als T nach dem Dessert einfach gehen möchte, wird er vom Kellner auf die Rechnung angesprochen. Um nicht zahlen zu müssen, schlägt er diesen nieder. – T hat sich mit dem Verzehr wegen vollendeten Betruges (Zechprellerei) nach § 263 strafbar gemacht[2177]; ferner ist § 223 zu bejahen. Verlangt man für §§ 253, 255 keine „freiwillige" Vermögensverfügung, so hängt die Strafbarkeit davon ab, ob die Anwendung des Nötigungsmittels Gewalt zu einer Schadensvertiefung gegenüber dem durch den Betrug bereits entstandenen Schaden (Verzehr) geführt hat. Eine solche Vertiefung wäre zu bejahen, wenn die Identität des T nicht bekannt ist, so dass durch die Flucht die zivilrechtlichen Ansprüche nicht mehr oder nur noch mit erheblichem Aufwand realisiert werden können[2178]. § 253 tritt dann hinter § 263 (in Tateinheit mit § 240) als mitbestrafte Nachtat zurück. Wäre T zudem von Beginn an zahlungsunfähig, könnte bereits ein Schaden mit dem Argument abgelehnt werden, dass eine Realisierung der Ansprüche von vornherein ausgeschlossen war[2179]. Entsprechend sind Fälle zu behandeln, in denen ein zahlungsunwilliger oder zahlungsunfähiger Fahrgast Forderungen des Taxifahrers mit Nötigungsmitteln vereitelt[2180].

Im Übrigen müssen die durch **§ 252 gezogenen Grenzen** beachtet werden. Wer nach einem beendeten Diebstahl zur Beuteverteidigung Nötigungsmittel einsetzt, verwirklicht nur § 240 bzw. § 223. §§ 253, 255 scheiden aus, da der Schaden bereits mit dem Diebstahl eingetreten ist; auch würde ansonsten § 252 umgangen, der den Einsatz qualifizierter Nötigungsmittel nur zwischen Vollendung und Beendigung erfasst[2181].

2. Subjektiver Tatbestand

Der Täter muss **vorsätzlich** und mit **(Dritt-)Bereicherungsabsicht** handeln. Es genügt korrespondierend zum objektiven Tatbestand insoweit auch Eventualvorsatz hinsichtlich der Eignung der Drohung, d. h. dass das Opfer die Drohung für möglich halten soll. Der Täter muss das Opfer also nicht von der Ernsthaftigkeit überzeugen wollen[2182]. Die **Bereicherungsabsicht**, für die die bei § 263 dargestellten Grundsätze gelten[2183], muss dabei nicht das einzige Ziel des Täters sein[2184].

2173 BGH NJW 1984, 501; wistra 2011, 677 (678); *Mitsch*, HRRS 2012, 181 (183); *Wessels/Hillenkamp/Schuhr*, BT 2, Rn. 735. Zum Erfordernis der Kausalität s. auch o. Rn. 754; zur Kritik an der Sicherungserpressung *Grabow*, NStZ 2014, 2011 ff.
2174 Näher *Mitsch*, HRRS 2012, 181 (183 f.).
2175 L-Kühl/*Kühl*, § 253 Rn. 13.
2176 Vgl. auch BGHSt 32, 88; ferner BGH NJW 1984, 501, Gewalt nach Betrug an einer Tankstelle, um die Durchsetzung der Forderung zu vereiteln.
2177 S. o. Rn. 531.
2178 S. BGHSt 25, 224 (226 f.); BGH StV 1984, 377, zu Fällen, in denen der Name des Täters bekannt war.
2179 Vgl. auch *Rengier*, BT 1, § 11 Rn. 58.
2180 BGH NStZ 2007, 95 (96), zur Wertlosigkeit einer uneinbringlichen Forderung.
2181 *Fischer*, § 252 Rn. 4. S. auch das Bsp. o. Rn. 403.
2182 BGH NStZ-RR 2016, 45.
2183 S. hierzu o. Rn. 636 ff. Vgl. auch BGHSt 48, 322 (325).
2184 BGHSt 16, 1 (4); *Fahl*, JA 1997, 110 (115); *Rengier*, JZ 1990, 321 (326).

Jedoch genügt es nicht, wenn ein Dritter durch Beschädigen, Zerstören oder Wegwerfen einer Sache nur geschädigt werden soll, weil dem (kurzfristigen) Besitz an der Sache dann kein messbarer wirtschaftlicher Wert zukommt[2185]. (Mit-)Täter kann nach allgemeinen Grundsätzen nur derjenige sein, bei dem die (Dritt-)Bereicherungsabsicht selbst vorliegt. Zwischen dem Vermögensschaden und der erstrebten Bereicherung muss **Stoffgleichheit** bestehen, was in Fällen eigenmächtiger „Inpfandnahme" eines Gegenstandes problematisch ist.

> **Bsp.:**[2186] T besitzt gegenüber O eine fällige, einredefreie Forderung in Höhe von 10000 €. Weil O nicht zahlt, lässt sich T unter Drohungen dessen Wagen geben und droht zudem an, den Wagen nur bei Zahlung zurückzugeben. O begleicht daraufhin am nächsten Tag die Forderung. – Hinsichtlich der Erlangung des Wagens durch Drohung ist mit dem Besitzverlust ein Vermögensschaden und damit der objektive Tatbestand des § 253 (ggf. § 255) zu bejahen. Bezüglich des Wagens ist jedoch eine Bereicherungsabsicht zu verneinen, wenn dieser ohne Nutzung zurückgegeben werden soll; die Erlangung des Besitzes führt nur dann zu einem Vermögensvorteil, wenn ihm ein selbstständiger wirtschaftlicher Wert zukommt, wie etwa bei wirtschaftlich messbaren Gebrauchsvorteilen[2187]. Die von T mit der Erlangung des Wagens erstrebte Bereicherung hinsichtlich des Geldes ist dagegen nicht stoffgleich mit dem Schaden. Hinsichtlich der Erlangung des Geldes durch Drohung kann man bereits einen Schaden des O verneinen, weil durch Erfüllung zugleich seine Schuld getilgt wird (§ 362 Abs. 1 BGB). Im Übrigen wären der Schaden und die erstrebte Bereicherung zwar stoffgleich. Jedoch wäre die Bereicherung nicht rechtswidrig, da T einen Anspruch auf die Summe besaß; daran ändert auch das zur Durchsetzung angewandte Nötigungsmittel nichts[2188]. Es verbleibt nur § 240; die Verwerflichkeit nach Abs. 2 ist zu bejahen, da es sich um eine der Rechtsordnung zuwiderlaufende Selbsthilfe handelt.

3. Rechtswidrigkeit der erstrebten Bereicherung und Vorsatz diesbezüglich

785 Die erstrebte Bereicherung muss zu Unrecht erfolgen, d. h. wie bei § 263 rechtswidrig sein[2189].

786 a) **Objektiv rechtswidrig** ist sie, wenn der Täter auf den Vermögensgegenstand keinen fälligen und durchsetzbaren Anspruch besitzt. Entscheidend ist allein die materielle Rechtslage und nicht die Frage, ob die Forderung unbestritten ist[2190]. Besitzt der Täter einen Anspruch, wird es in solchen Fällen freilich häufig schon am Vermögensschaden fehlen, weil der Genötigte im Gegenzug von einer Leistungspflicht befreit wird (§ 362 Abs. 1 BGB)[2191]. Soweit ein Anspruch des Täters besteht, kann die Rechtswidrigkeit auch nicht mit dem Einsatz des Nötigungsmittels begründet werden[2192]; dieses erlangt erst innerhalb der Verwerflichkeitsprüfung i. S. d. § 253 Abs. 2 auf Rechtswidrigkeitsebene Bedeutung, was jedoch zunächst die Rechtswidrigkeit der erstrebten Bereicherung voraussetzt. Daher macht sich nach BGH auch der Täter eines Diebstahls nicht nach §§ 253, 255 strafbar, wenn ihm von einem Dritten die Beute entwendet wird und er diese dann mit

---

2185 BGH NStZ 2011, 699 (701); NStZ-RR 2018, 282 (283); NStZ 2020, 542 (543); LK-*Vogel*, § 253 Rn. 29.
2186 BGH NStZ-RR 1998, 235; ferner NStZ 2017, 642.
2187 BGH NStZ 2012, 627 (628); hiergegen jedoch *Jäger*, JA 2012, 710; *Putzke*, ZJS 2013, 314.
2188 Sogleich u. Rn. 786.
2189 BGHSt 4, 105 (107).
2190 BGH StV 2009, 357 (358).
2191 BGH NStZ-RR 2018, 316 (317); NK-*Kindhäuser*, § 253 Rn. 36.
2192 BGHSt 3, 160 (162); 20, 136 (137); BGH NStZ-RR 2004, 45; NK-*Kindhäuser*, § 253 Rn. 36; *Schönke/Schröder/Bosch*, § 253 Rn. 19.

Gewalt oder Drohung wieder an sich nimmt, da selbst der Dieb nach § 861 Abs. 1 BGB einen Anspruch auf Wiedereinräumung des Besitzes hat[2193]. Vom Standpunkt des juristisch-ökonomischen Vermögensbegriffs kann man in diesen Fällen freilich auch schon einen Vermögensschaden ablehnen, weil die Beute nicht zum geschützten Vermögen gehört[2194]. Kennt der Täter einen tatsächlich bestehenden Anspruch nicht, so kommt nur eine Versuchsstrafbarkeit in Betracht; im Einzelfall ist davon ein strafloses Wahndelikt abzugrenzen[2195].

b) In subjektiver Hinsicht genügt dolus eventualis hinsichtlich der Rechtswidrigkeit der erstrebten Bereicherung[2196]. Stellt sich der Täter irrig Tatumstände vor, bei deren Vorliegen ein fälliger, einredefreier Anspruch gegeben wäre, dann entfällt gemäß § 16 Abs. 1 Satz 1 der Vorsatz[2197]. Entscheidend ist allein die materielle Rechtslage und nicht etwa die Einschätzung der Beweislage[2198]. Allerdings kommt es dabei auf die Wertvorstellungen der Rechtsordnung und nicht der betroffenen kriminellen Kreise an[2199]. **787**

> **Bsp.:** T hat einmal eine Forderung gegen O besessen; diese hat O jedoch bereits getilgt, was T jedoch vergessen hat. Unter Drohung zwingt er den O zur erneuten Zahlung. – § 253 ist gemäß § 16 Abs. 1 Satz 1 zu verneinen, da T keinen Vorsatz hinsichtlich der Rechtswidrigkeit erstrebten Bereicherung besitzt. Es verbleibt nur § 240. Entsprechendes gilt, wenn T irrig davon ausgeht, dass die sich auf die Forderung beziehende Verjährungsfrist noch nicht verstrichen ist. Zwar ist die erstrebte Bereicherung objektiv rechtswidrig, weil die Forderung rechtlich nicht mehr durchsetzbar ist, jedoch ging T subjektiv von der Durchsetzbarkeit aus.

Vor allem bei **Betäubungsmittelgeschäften** kann zu prüfen sein, ob überhaupt Ansprüche (wirksam) bestehen oder diesen Einreden entgegenstehen[2200]. Dabei sind die Zusammenhänge mit den Vermögensbegriffen zu beachten, weil nach der juristisch-ökonomischen Vermögenslehre Betäubungsmittel nicht zum rechtlich-geschützten Vermögen gehören. **788**

> **Bsp.:** Dealer O verkauft T gegen Vorkasse 1 Kilo Haschisch. Da O von Anfang an nicht die Absicht gehabt hat, den Stoff zu liefern und daher diesen zum vereinbarten Übergabezeitpunkt auch nicht an T ausliefert, sondern nur ein in der Konsistenz ähnliches Milchpulver, droht T dem O an, ihn zu foltern, wenn er nicht endlich „erfüllt". Daraufhin liefert O doch noch den Stoff. – Ob sich T nach § 253 (§ 255) strafbar macht, hängt maßgeblich von der Frage ab, ob er einen rechtswidrigen Vermögensvorteil erstrebt. Zunächst kann T die Rückerstattung des bereits gezahlten Kaufpreises verlangen; da O seinerseits den Kaufpreis durch eine Straftat nach § 263 erlangt hat[2201], besteht für T diesbezüglich ein Rückzahlungsanspruch aus § 823 Abs. 2 BGB i. V. m. § 263 StGB und § 826 BGB, auf den nach überwiegender Auffassung der Ausschlusstatbestand des § 817 Satz 2 BGB nicht anwendbar ist[2202]. Bei der gewaltsamen Durchsetzung der Rückzahlung des Kaufpreises würde T demnach keine rechtswidrige Bereicherung erstre-

---

2193 BGH NStZ-RR 2008, 76; m. krit. Anm. *Dehne-Niemann*, NStZ 2009, 37.
2194 S. schon o. Rn. 776.
2195 Hierzu B/W/M/E-*Mitsch*, § 22 Rn. 49 f.
2196 BGH StV 2009, 357.
2197 BGHSt 17, 87 (90 f.); BGHSt 48, 322 (328 f.); BGH StV 2014, 283 (284); *Fischer*, § 253 Rn. 42; *Otto*, BT, § 53 Rn. 11.
2198 BGH NStZ-RR 2020, 175.
2199 BGHSt 48, 322 (329); BGH NStZ 2017, 465 (467).
2200 Vgl. BGHSt 48, 322 (326 f.), zur Einrede gemäß § 242 BGB aus Treu und Glauben, weil die Rückgabe betrügerisch erlangter Drogen einen strafbaren Zustand herbeiführen würde; siehe ferner BGH NStZ 2010, 391.
2201 S. hierzu Rn. 531.
2202 S. MünchKomm-*Schwab*, BGB, 8. Aufl. 2020, § 817 Rn. 17.

ben[2203]. Wegen § 134 BGB hat T auf die Lieferung des Stoffes jedoch keinen Anspruch aus dem Kaufvertrag. Allerdings ist bei O nach dem juristisch-ökonomischen Vermögensbegriff bereits ein Vermögensschaden im Hinblick auf die Betäubungsmittel zu verneinen, wenn man diese nicht zum strafrechtlich geschützten Vermögen zählt[2204]. In diesem Fall bleibt nur § 240.

IV. Rechtswidrigkeit

789 Bei der Prüfung der Rechtswidrigkeit im Sinne der zweiten Stufe des Straftataufbaus ist zu beachten, dass die Tat nach § 253 Abs. 2 nur dann rechtswidrig ist, wenn der Einsatz des Nötigungsmittels zu dem erstrebten Zweck **verwerflich** ist. Hier kann im Wesentlichen auf die Ausführungen zu § 240 verwiesen werden[2205]. Aufgrund des rechtswidrigen Zwecks – die erstrebte Bereicherung muss objektiv rechtswidrig sein – wird freilich die Verwerflichkeit hier häufiger zu bejahen sein[2206]. Dies ist jedenfalls auch bei einer sachlich nicht gerechtfertigten, willkürlichen Verknüpfung von Mittel und Zweck der Fall[2207]. Eine Verneinung der Verwerflichkeit kommt daher vor allem bei Drohung mit einem erlaubten bzw. rechtmäßigen Übel in Betracht[2208].

> **Bsp.:** T droht dem O mit Abbruch einer lukrativen Geschäftsbeziehung, sofern er nicht günstigere Konditionen und Preisnachlässe erhält. O gibt „notgedrungen" nach. – Die Drohung enthält ein empfindliches, gleichwohl aber erlaubtes Übel; damit ist zwar der Tatbestand zu bejahen, jedoch ist die Tat nicht verwerflich i. S. d. § 253 Abs. 2.

V. Versuch und Vollendung

790 Für die **Vollendung** des § 253 ist es ausreichend, wenn der Täter den Vermögensnachteil beim Opfer herbeigeführt hat. Die erstrebte Bereicherung muss nicht eingetreten sein. Zu denken ist insbesondere an Fälle, in denen die erpresste Summe zwar gezahlt wird, jedoch den Täter nicht erreicht[2209]. Ein unmittelbares Ansetzen zum Versuch nach § 253 Abs. 3 liegt vor, wenn der Täter mit der Nötigungshandlung begonnen hat, z. B. den Drohbrief an das Opfer versendet[2210]. Nicht ausreichend sind Anschläge im Vorbereitungsstadium, die einer späteren Drohung Nachdruck verleihen sollen, aber selbst keinen Erklärungswert besitzen[2211].

VI. Konkurrenzen

791 Problematisch kann das Konkurrenzverhältnis zu § 263 sein, wenn zu einer Drohung eine Täuschung hinzutritt. Ob § 253 den § 263 verdrängt, hängt davon ab, ob der Vermögensschaden schwerpunktmäßig auf der Drohung beruht. Kommt eine eigenständige Täuschung hinzu und beruht die Vermögensverfügung auf der

---

2203 BGH NStZ-RR 2000, 234; *Wessels/Hillenkamp/Schuhr*, BT 2, Rn. 719.
2204 *Rengier*, BT 1, § 11 Rn. 65; offen gelassen von BGHSt 48, 322 (326).
2205 S. hierzu *Eisele*, BT 1, Rn. 487 ff.
2206 LPK-*Kindhäuser/Hilgendorf*, § 253 Rn. 40; *Rengier*, BT 1, § 11 Rn. 66.
2207 BGH NStZ-RR 2011, 143 (144).
2208 Vgl. L-*Kühl/Kühl*, § 253 Rn. 10; NK-*Kindhäuser*, § 253 Rn. Rn. 40 ff.
2209 BGHSt 19, 343.
2210 MünchKomm-*Sander*, § 253 Rn. 41.
2211 BGH NStZ 2018, 148.

Drohung und der Täuschung, so ist die Annahme von Tateinheit geboten, um so den Unrechtsgehalt des § 263 im Tenor zum Ausdruck zu bringen[2212].

Bsp.: T droht dem O damit, dessen Frau über seine ehebrecherische Beziehung zur D zu informieren, wenn er ihm nicht ein zinsloses Darlehen über 100 000 € gewähre. Dabei täuscht T den O über seine Vermögensverhältnisse und Rückzahlungsmöglichkeiten. – Da vorliegend das Täuschungselement gleichrangig zum Nötigungselement hinzutritt, ist Tateinheit zwischen § 253 und § 263 anzunehmen. Entsprechendes gilt, wenn T 100 000 € Schweigegeld fordert, aber entgegen seiner Behauptung von Anfang an beschließt, die Ehefrau zu informieren[2213].

§ 263 tritt dagegen hinter § 253 im Wege der Gesetzeskonkurrenz zurück, wenn die Täuschung die Drohung nur verstärken soll oder deren Ernstlichkeit und Ausführbarkeit vortäuschen soll. In diesem Fall wird das Unrecht der Täuschung bereits hinreichend von § 253 erfasst[2214]. Die Gegenansicht verneint in solchen Fällen bereits den Tatbestand des § 263[2215]; dem ist jedoch nur zuzustimmen, soweit nach allgemeinen Grundsätzen die Täuschung gar nicht (mit-)kausal für den Vermögensschaden ist[2216]. Bedeutung hat dieser Streit aufgrund der akzessorischen Haftung nur in den seltenen Fällen, in denen ein Teilnehmer nur an der Täuschung, nicht aber an der Drohung beteiligt ist[2217].

Bsp.: T droht Politiker O damit, Bilder an die Presse zu reichen, auf denen er mit seiner Geliebten zu sehen ist, obwohl er solche Bilder gar nicht besitzt. O zahlt umgehend. – Die Täuschung erlangt hier nur untergeordnete Bedeutung, da sie in der Drohung aufgeht; dass der Täter das tatsächliche Übel gar nicht herbeiführen kann, ist im Übrigen für § 253 ohne Bedeutung, solange die Opfer die Drohung tatsächlich ernst nehmen. § 263 tritt hinter § 253 als mitbestrafte Begleittat zurück.

§ 29 Räuberische Erpressung, § 255

I. Geschütztes Rechtsgut und Systematik

Die Vorschrift enthält einen **Qualifikationstatbestand** zur Erpressung nach § 253, der den **Einsatz qualifizierter Nötigungsmittel** i. S. d. § 249 und § 252 verlangt. Über den Verweis „ist gleich einem Räuber zu bestrafen" finden §§ 250, 251 Anwendung.

II. Aufbauschema

1. Tatbestand
    a) Objektiver Tatbestand
        aa) Einsatz eines Nötigungsmittels
            (1) Gewalt gegen eine Person
            (2) Drohung mit gegenwärtiger Gefahr für Leib oder Leben

---

2212 BGHSt 9, 245 (247); OLG Hamburg, JR 1950, 629 (631); OLG Frankfurt a. M. wistra 2019, 158 (160).
2213 Vgl. auch *Rengier*, BT 1, § 11 Rn. 75.
2214 *Krey/Hellmann/Heinrich*, BT 2, Rn. 459; *Rengier*, BT 1, § 11 Rn. 75; *Schönke/Schröder/Bosch*, § 253 Rn. 33.
2215 BGHSt 23, 294 (296); *Küper*, NJW 1970, 2253 (2254); *Wessels/Hillenkamp/Schuhr*, BT 2, Rn. 724.
2216 *Schönke/Schröder/Bosch*, § 253 Rn. 33.
2217 *Schönke/Schröder/Bosch*, § 253 Rn. 33.

  bb) Nötigungserfolg: Tun, Duldung oder Unterlassung
  cc) Streitig: Vermögensverfügung
  dd) Vermögensschaden
 b) Subjektiver Tatbestand
  aa) Vorsatz
  bb) Bereicherungsabsicht
   (1) Eigen- oder Drittbereicherungsabsicht
   (2) Stoffgleichheit der erstrebten Bereicherung
 c) Rechtswidrigkeit der erstrebten Bereicherung
  aa) Objektive Rechtswidrigkeit der Bereicherung
  bb) Vorsatz bzgl. Rechtswidrigkeit der Bereicherung

2. Rechtswidrigkeit
 a) Allgemeine Rechtfertigungsgründe
 b) Verwerflichkeitsklausel, § 253 Abs. 2

3. Schuld

4. Strafschärfungen:
 a) Qualifikationen, §§ 253, 255 i. V. m. § 250
 b) Erfolgsqualifikation, §§ 253, 255 i. V. m. § 251

III. Tatbestand

1. Objektiver Tatbestand

795 Abweichend zu § 253 ist erforderlich, dass der Täter – wie bei § 249 und § 252 – Gewalt gegen eine Person anwendet oder mit gegenwärtiger Gefahr für Leib und Leben einer Person droht[2218].

796 a) Hinsichtlich der **qualifizierten Nötigungsmittel** kann grundsätzlich auf § 249 verwiesen werden[2219].

797 aa) Bedeutung kann eine **konkludente Drohung** erlangen, die einer vorausgehenden ausdrücklichen Drohung Nachdruck verleihen soll und bei der Strafschärfungen der §§ 250, 251 verwirklicht werden[2220].

 Bsp.: T verlangt von O telefonisch 1 Million €, andernfalls werde er ihn bald erschießen; als O nach drei Tagen noch nicht gezahlt hat, unterstreicht er die Drohung durch Abgabe eines Schusses, der den O knapp verfehlt. O bleibt jedoch hartnäckig und zahlt nicht. – Hinsichtlich des Anrufs hat T §§ 253, 255, 22, 23 verwirklicht. Die Abgabe des Schusses war eine zusätzliche konkludente Drohung mit einer gegenwärtigen Gefahr für Leib und Leben, da dadurch die ursprüngliche Drohung mit Zahlungsaufforderung unterstrichen und verstärkt wurde. T verwirklicht hierdurch §§ 253, 255, 250 Abs. 2 Nr. 1, Nr. 3b, 22, 23; von dieser Strafbarkeit wird der Anruf miterfasst, weil es sich um eine einheitliche Drohung handelt[2221].

[2218] S. o. Rn. 305, 410.
[2219] S. o. Rn. 305 ff.
[2220] Vgl. auch BGHSt 41, 368 ff., wo eine Sprengstoffexplosion das Nötigungsmittel darstellt; ferner BGH NStZ 1994, 187, zur Deponierung von mit Salzsäure präparierten Getränken in einem Einkaufsregal.
[2221] Näher u. Rn. 810 f.

bb) Genauerer Betrachtung bedarf die **Gegenwärtigkeit** der Gefahr bei einer Drohung. Gegenwärtig ist die Gefahr in Anlehnung an die für § 34 entwickelten Grundsätze, wenn das Umschlagen in einen Schaden unmittelbar bevorsteht oder wenn bei natürlicher Weiterentwicklung der Dinge der Eintritt eines Schadens sicher oder doch höchstwahrscheinlich ist, falls nicht alsbald Abwehrmaßnahmen ergriffen werden[2222]. Zeitliche Grenzen, wann eine für die Zukunft angedrohte Gefahr noch gegenwärtig ist, lassen sich nicht allgemein festlegen[2223]. Da auch Gefahren erfasst werden, bei denen der Zeitpunkt ihrer Realisierung ungewiss bleibt, kann selbst bei Fehlen einer Fristsetzung die Gegenwärtigkeit zu bejahen sein[2224]. Letztlich werden auch Dauergefahren erfasst, wenn diese jederzeit in einen Schaden umschlagen können[2225]. **798**

> **Bsp.:** T fordert den Kaufhausinhaber O auf, ihm binnen einer Woche 5 Millionen € zu übergeben, da er andernfalls Nahrungsmittel vergifte; O zahlt nach drei Tagen. – Die Gegenwärtigkeit der Gefahr ist zu bejahen, da trotz der Zahlungsfrist die Gefahr jederzeit in einen Schaden umschlagen kann und daher im Vorfeld Abwehrmaßnahmen ergriffen werden müssen[2226].

cc) Es genügt eine **Drohung mit einer Gefahr für Leib oder Leben von Dritten** – wie etwa für Angestellte oder Kunden eines Unternehmens. Diese Person muss demnach mit dem Erpressungsopfer nicht identisch sein[2227]. Manche verlangen allerdings eine Drohung mit einer Gefahr für eine nahestehende Person[2228]. Hiergegen spricht aber, dass § 255 – im Gegensatz zu § 241 – gerade nicht von einer nahestehenden Person spricht. Eine Drohung mit einer Gefahr für eine dritte Personen ist allerdings nur dann ausreichend, wenn der Genötigte diese Drittbedrohung selbst als Übel empfindet[2229]. **799**

b) Der **Nötigungserfolg** besteht darin, dass das Opfer zu einem Tun, Dulden oder Unterlassen genötigt werden muss. Für die **Abgrenzung der räuberischen Erpressung zum Raub** ist die bei § 253 behandelte Frage, ob bei §§ 253, 255 eine **Vermögensverfügung** erforderlich ist, zu beachten[2230]. **800**

Nach neuerer Rechtsprechung bedarf es ebenso wie beim Raub eines **Finalzusammenhangs** zwischen eingesetztem Nötigungsmittel und Nötigungserfolg. Es genügt daher nicht, wenn der Täter das zu anderem Zwecke eingesetzte Nötigungsmittel nur zur Vermögensschädigung ausnutzt; vielmehr muss der Täter die Nötigungslage durch ein gesondertes Drohverhalten zumindest aktualisieren[2231]. **800a**

2222 BGH NJW 1997, 265 (266); NStZ-RR 1999, 266 (267).
2223 Vgl. BGH StV 1982, 517; NStZ-RR 1999, 266 (267); Gegenwärtigkeit ist jedenfalls bei einer Fristsetzung von einem oder wenigen Tagen möglich; vgl. BGH NStZ 1994, 187; NStZ 1996, 494; NStZ-RR 1998, 135.
2224 BGH NJW 1989, 176; NJW 1989, 1289.
2225 BGH NStZ 1994, 187; NStZ-RR 1999, 266 (267); *Fischer*, § 255 Rn. 4; *Rengier*, BT 1, § 11 Rn. 11.
2226 S. auch BGH NStZ 1994, 187.
2227 BGH NStZ 1985, 408; NStZ 1986, 166; NStZ-RR 1999, 266 (267). Zur vergleichbaren Problematik bei § 249 s. o. Rn. 317 f.
2228 *Cramer*, NStZ 1998, 299 (300); *Krack*, NStZ 1999, 134 (135); *Zaczyk*, JR 1999, 343 (345 f.), der insoweit den in § 35 genannten Personenkreis heranziehen will.
2229 BGHSt 16, 316 (318); BGH NStZ 1985, 408; NStZ 1987, 222 (223); *Schönke/Schröder/Bosch*, § 253 Rn. 6.
2230 S. ausf. o. Rn. 759 ff.
2231 BGH NStZ 2014, 269; NStZ-RR 2017, 372 (373); NStZ 2019, 674 (675); vgl. hierzu näher o. Rn. 319 ff.

Bsp.: T schlägt auf O ein, um sich für dessen Verhalten in anderem Zusammenhang zu rächen; nachdem er erkennt, dass O eingeschüchtert ist, fragt er, ob O ihm Geld gebe; O kommt dem aus Angst nach. – §§ 253, 255 sind zu verneinen, weil das Nötigungsmittel bei Übergabe des Geldes nicht mehr andauerte und auch eine konkludente Drohung nicht ersichtlich ist.

801 c) Hinsichtlich des **Vermögensschadens** kann auf die Ausführungen zu § 253 verwiesen werden[2232]. Auch hier können Fälle einer Dreieckserpressung von Interesse sein.

2. Subjektiver Tatbestand

802 Für den erforderlichen Vorsatz und die Bereicherungsabsicht gelten die Ausführungen zu § 253 entsprechend[2233].

IV. Rechtswidrigkeit

803 Im Rahmen der Verwerflichkeitsklausel des § 253 Abs. 2 muss man sehen, dass die Anwendung von qualifizierten Nötigungsmitteln zu Erpressungszwecken grundsätzlich verwerflich ist[2234]. Aus diesem Grund wird vertreten, dass die Verwerflichkeitsklausel im Rahmen des § 255 (faktisch) nicht gilt[2235].

V. Strafschärfungen

804 Zu beachten ist, dass über den Verweis „ist der Täter gleich einem Räuber zu bestrafen" § 250 und § 251 anwendbar sind. Im Vergleich zu § 249 sind dabei einige Besonderheiten zu berücksichtigen.

1. Qualifikation des § 250

805 **In zeitlicher Hinsicht** wird richtigerweise auch hier im Hinblick auf Art. 103 Abs. 2 GG nur die Verwirklichung von Strafschärfungen in der Phase zwischen Versuch und Vollendung, nicht aber in der Vorbereitungsphase[2236] und der Beendigungsphase erfasst[2237]. Hingegen finden nach Ansicht des BGH die Qualifikationen auch in der Phase zwischen Vollendung und Beendigung Anwendung, sofern eine **„verlängerte Bereicherungsabsicht"** vorliegt, d. h. das Handeln weiter der erstrebten Bereicherung dient[2238]. Da anders als bei §§ 242, 249 die Vorschrift des § 252 hier keine Anwendung findet, ist schon die Übertragung der subjektiven Voraussetzungen zweifelhaft.

806 a) Vor allem beim Beisichführen i. S. d. § 250 Abs. 1 Nr. 1 lit. a, Abs. 2 Nr. 2 kann der **räumliche Bezug** problematisch werden, da der Täter – anders als bei § 249 zur Durchführung der Wegnahme – bei Drohungen nicht am Tatort anwesend sein muss.

[2232] S. o. Rn. 775 ff.
[2233] S. o. Rn. 784 ff.
[2234] *Kindhäuser/Böse*, BT 2, § 18 Rn. 1.
[2235] Vgl. SK-*Sinn*, § 255 Rn. 2 und Rn. 8.
[2236] BGH NStZ 2018, 148.
[2237] S. o. Rn. 183 ff.
[2238] BGHSt 53, 234; BGH StV 2014, 282 (283); krit. *Nestler*, JR 2010, 100 (104 ff.); *Waszczynski*, HRRS 2010, 111 (112 f.); hierzu näher o. Rn. 360.

> **Bsp. (1):**[2239] T fordert von Ladeninhaber O eine erhebliche Geldsumme; ansonsten werde er Nahrungsmittel vergiften. Er unterstreicht die Drohung, indem er Lebensmittel im Laden mit harmloser Farbe versetzt; dabei führt er eine Pistole mit sich.
> **Bsp. (2):** Wie Bsp. 1, jedoch stellt T vergiftete Lebensmittel in das Regal des Supermarktes, ohne eine Waffe mit sich zu führen.
> **Bsp. (3):** T fordert von Ladeninhaber O telefonisch eine erhebliche Geldsumme; andernfalls lasse er eine Bombe hochgehen. Bei dem Anruf trägt T eine Waffe.

807 Ein Beisichführen kann im Bsp. 1 nach allgemeinen Grundsätzen bejaht werden, da der Täter beim Deponieren der Lebensmittel, das eine konkludente Drohung darstellt, die Waffe bei sich führt. In Bsp. 2 kann § 250 Abs. 2 Nr. 1 bejaht werden, weil T mit den vergifteten Lebensmitteln ein gefährliches Werkzeug verwendet[2240]. Im Bsp. 3 wird die Waffe zwar bei Versuchsbeginn mitgeführt, jedoch fehlt jeglicher räumlicher Bezug zum Opfer. Daher sollte man die Strafschärfung verneinen, weil deren Ratio – erhöhte Gefährlichkeit – nicht zum Tragen kommt[2241]. Die Qualifikation ist hingegen zu bejahen, wenn es zu einer Geldübergabe kommt und der Täter dann immer noch seine Waffe bei sich führt[2242].

808 b) Entsprechend muss man sehen, dass bei § 250 Abs. 1 Nr. 1 lit. b und § 250 Abs. 2 Nr. 1 der (geplante) Einsatz des Werkzeuges gegenüber Personen erfolgen muss[2243].

> **Bsp.:** T fordert von O einen hohen Betrag, andernfalls werde er ihn töten; er führt später einen Schraubenschlüssel bei sich, um an dem Fahrzeug des O die Scheibe einzuschlagen und so die Ernsthaftigkeit seiner Drohung zu unterstreichen. O zahlt schließlich die geforderte Summe – §§ 253, 255 sind zu bejahen, da T mit gegenwärtiger Gefahr für das Leben des O droht; hingegen ist § 250 Abs. 1 Nr. 1 lit. b zu verneinen, da nicht durch den Schraubenschlüssel als Werkzeug der Widerstand unmittelbar überwunden werden soll, sondern der verbalen Drohung nur Nachdruck verliehen werden soll. Entsprechendes gilt für das Verwenden i. S. d. § 250 Abs. 2 Nr. 1, wenn die Scheibe mit einem gefährlichen Werkzeug eingeschlagen wird, da sich die Gewalt gegen eine Sache richtet und das Werkzeug vom Opfer im Rahmen der Drohung gar nicht wahrgenommen wird.

2. Erfolgsqualifikation des § 251

809 Zu beachten ist, dass der Tod gefahrspezifisch auf der Anwendung der qualifizierten Nötigungsmittel beruhen muss. Nicht ausreichend ist, dass die schwere Folge nur auf dem Eintritt des Vermögensschadens beruht. Auch hier kommen eine versuchte Erfolgsqualifikation und ein erfolgsqualifizierter Versuch, ggf. mit Rücktritt, in Betracht[2244].

> **Bsp.:**[2245] T verlangt unter Androhung von Schlägen von O eine Kette, die sie an ihren verstorbenen Mann erinnert. Durch den Verlust der Kette ist O so aufgewühlt, dass sie an Herzversagen stirbt. – Da der Tod auf dem Verlust des abgenötigten Gegenstandes und nicht auf der Anwendung von qualifizierten Nötigungsmitteln beruht, ist § 251 als Erfolgsqualifikation zu §§ 253, 255 zu verneinen. Es bleibt § 222 zu prüfen, bei dem jedoch die objektive Zurechnung verneint werden kann, wenn der Tod objektiv nicht vorhersehbar war.

2239 BGH NStZ 1994, 187.
2240 BGH NStZ 1994, 187.
2241 *Zaczyk*, NStZ 1984, 217; anders *Rengier*, BT 1, § 11 Rn. 70.
2242 BGH NStZ 1984, 216; *Rengier*, BT 1, § 11 Rn. 70.
2243 *Schönke/Schröder/Bosch*, § 244 Rn. 19.
2244 BGHSt 64, 80 ff. m. Anm. *Eisele*, JuS 2020, 275; näher o. Rn. 384 ff.
2245 Nach *Mitsch*, BT 2, 10.3.3.

VI. Konkurrenzen

1. Innertatbestandliche Konkurrenz bei mehreren Nötigungshandlungen

810 Eine Tat im Rechtssinne liegt bei **sukzessiver Tatausführung** dann vor, wenn durch mehrere Nötigungsakte, die auf die Willensentschließung des Opfers einwirken sollen, letztlich nur die ursprüngliche Drohung aktualisiert oder angepasst wird[2246].

> **Bsp.:** T ruft bei der Firmenleitung eines Lebensmittelmarktes an und fordert eine größere Geldsumme, da er andernfalls Babynahrung vergifte; zudem versetzt er zum Unterstreichen der Drohung ein Glas mit Babynahrung mit Farbe. – Da die verbale und nachfolgende konkludente Drohung zur Durchführung derselben Erpressung dienen, liegt nur eine Tat nach §§ 253, 255 vor.

811 Für die Beurteilung, wann eine einheitliche Tat endet, hat der BGH in der „Dagobert-Entscheidung" darauf abgestellt, dass der Täter sein Ziel entweder vollständig erreicht oder eine **Zäsurwirkung nach den Grundsätzen des fehlgeschlagenen Versuchs** vorliegt[2247]. Danach soll der Fehlschlag nicht nur einen Rücktritt ausschließen, sondern bei einem weiteren Ansetzen auch eine neue materiell-rechtliche Tat und damit Tatmehrheit begründen.

> **Bsp.:** T vereinbart mit Ladeninhaber O die Geldübergabe, nachdem er mit der Vergiftung von Lebensmitteln gedroht hat; diese „platzt" aber, weil O die Polizei verständigt. Nunmehr droht T mit der Zündung eines Sprengsatzes, worauf T zahlt. – Durch die erste Drohung hat T §§ 253, 22, 23 verwirklicht; in Tatmehrheit stehen §§ 253, 255 hinsichtlich der Bombendrohung, da der fehlgeschlagene Übergabeversuch die Zäsur darstellt, auf die ein selbstständiger Tatentschluss zur Begehung einer Erpressung mittels Bombendrohung folgt.

2. Außertatbestandliche Konkurrenz

812 § 240 wird von §§ 253, 255 grundsätzlich im Wege der Gesetzeskonkurrenz verdrängt. Etwas anderes gilt, wenn mit der Nötigung zugleich ein weiterer, über die Erpressung hinausgehender Zweck verfolgt werden soll[2248]. Werden nach Vollendung der räuberischen Erpressung Nötigungsmittel eingesetzt, die der Beendigung der Tat dienen, ist ebenfalls Tateinheit anzunehmen[2249]. Bleibt unklar, ob der Täter die Beute mittels Raub oder räuberischer Erpressung erlangt hat, so ist zwischen § 249 und §§ 253, 255 eine **Wahlfeststellung** nur möglich, wenn man mit der h. L. ein Exklusivitätsverhältnis zwischen den beiden Delikten annimmt[2250]; auf Grundlage der Rechtsprechung erfolgt in diesem Fall hingegen eine Verurteilung nach §§ 253, 255, weil die räuberische Erpressung den Raub mitumfasst[2251].

[2246] BGHSt 40, 75 (77); BGH NStZ-RR 2012, 79; StV 2014, 284 (285).
[2247] BGHSt 41, 368 (369) mit Anm. *Beulke/Satzger*, NStZ 1996, 432 f.; BGH NStZ-RR 2008, 239; NStZ-RR 2012, 79.
[2248] BGHSt 37, 256 (259); NK-*Kindhäuser*, § 253 Rn. 48; *Schönke/Schröder/Eisele*, § 240 Rn. 39.
[2249] Vgl. BGHSt 26, 24 (27); BGH NStZ 2005, 387.
[2250] L-Kühl/*Kühl*, § 255 Rn. 4; SSW-*Kudlich*, § 255 Rn. 11; a. A. SK-*Sinn*, § 255 Rn. 14. Zur Diskussion um die Verfassungsmäßigkeit der Wahlfeststellung vgl. Rn. 1170.
[2251] BGH NStZ 2014, 640.

§ 30 Erpresserischer Menschenraub, § 239a

Einführende Aufsätze: *Elsner*, §§ 239a, 239b in der Fallbearbeitung – Deliktsaufbau und (bekannte und weniger bekannte) Einzelprobleme, JuS 2006, 784; *Heinrich*, Zur Notwendigkeit der Einschränkung des Tatbestands der Geiselnahme, NStZ 1997, 365; *Immel*, Zur Einschränkung der §§ 239a I, 239b I in Fällen typischer Erpressung/Nötigung im Drei-Personen-Verhältnis, NStZ 2001, 67; *Müller-Dietz*, Der Tatbestand der Geiselnahme in der Diskussion, JuS 1996, 110; *Renzikowski*, Erpresserischer Menschenraub und Geiselnahme im System des Besonderen Teils des Strafgesetzbuches, JZ 1994, 492; *Satzger*, Erpresserischer Menschenraub (§ 239a StGB) und Geiselnahme (§ 239b StGB) im Zweipersonenverhältnis, Jura 2007, 114; *Zöller*, Erpresserischer Menschenraub, Geiselnahme und das Zwei-Personen-Verhältnis in der Fallbearbeitung, JA 2000, 476.

Übungsfälle: *Bock*, BT, Fall 11: Geschäfte in der Kfz-Branche, S. 341; *Gropp/Küpper/Mitsch*, Fall 15: Drahtseilakt, S. 269; *Hartmann*, Der Schutz vor Skinheads, JA 1998, 946; *Ingelfinger*, Die untreuen Helfer, JuS 1998, 531; *Kühl/Schramm*, Raubüberfall auf einen Tübinger Juwelier, JuS 2003, 681; *Kretschmer*, Der erfolglose Literat, Jura 2006, 219; *Lang/Sieber*, „Die geplatzte Hochzeit", JA 2014, 913; *Marxen*, Fall 6a: Kind-Fall, S. 59; *Merkel*, „Wer den Pfennig nicht ehrt...", Jura 2013, 152; *Strauß*, Fall 16: Der entführte Kaufmann, S. 117; *Zieschang*, Der rachsüchtige Hundeliebhaber, JuS 1999, 49.

Rechtsprechung: BGHSt 25, 386 – Bankraub (Konkurrenz von § 239a und § 239b); **BGHSt 26, 70** – Kleinkind (Geiselnahme des eigenen Kindes); **BGHSt 33, 322** – Polizeieinsatz (Geiselnahme mit Todesfolge nach Befreiungsaktion); **BGHSt 39, 36** – Tiefgarage (Problematik des Zwei-Personen-Verhältnisses); **BGHSt 39, 330** – Wald (Problematik des Zwei-Personen-Verhältnisses); **BGHSt 40, 90** – Elbbrücken (Problematik des Zwei-Personen-Verhältnisses); **BGHSt 40, 350** – Getreidefeld (Problematik des Zwei-Personen-Verhältnisses); **BGH NStZ 2002, 31** – Überfallserie (Raubabsicht und Einschränkung im Drei-Personen-Verhältnis); **BGH NStZ 2003, 605** – Bankdirektor (tätige Reue).

I. Geschütztes Rechtsgut und Systematik

Geschütztes Rechtsgut des § 239a ist die **Freiheit und Unversehrtheit des entführten Opfers sowie die Freiheit eines ggf. davon personenverschiedenen Dritten**[2252]. Daneben ist das Vermögen desjenigen geschützt, der erpresst werden soll[2253]. § 239a und § 239b sind parallel ausgestaltet, wobei in Erpressungsfällen § 239a vorrangig zu prüfen ist.

> **Klausurhinweis:** Erpressungs- und Raubdelikte (jedenfalls soweit man § 249 als Spezialfall einer Erpressung ansieht[2254]), sollten in einer Klausur vorab geprüft werden, da § 239a auf diese Delikte Bezug nimmt.

Abgrenzung	§ 239a	§ 239b
Nötigungsziel	Nötigung nur zu einer Erpressung (nach Rechtsprechung auch zu einem Raub)	Nötigung zu jedem sonstigen Verhalten
Nötigungsmittel	Jedes Nötigungsmittel i. S. d. § 240	Nur Drohung mit Tötung, Zufügung einer schweren Körperverletzung oder Freiheitsentziehung von über einer Woche

---

2252 *Gössel/Dölling*, BT 1, § 20 Rn. 1; L-Kühl/*Heger*, § 239a Rn. 1; *Wessels/Hillenkamp/Schuhr*, BT 2, Rn. 740.
2253 Für eine Einbeziehung des Vermögensschutzes *Fischer*, § 239a Rn. 2; NK-*Sonnen*, § 239a Rn. 11; dagegen *Wessels/Hillenkamp/Schuhr*, BT 2, Rn. 740.
2254 Dazu o. Rn. 761.

II. Aufbauschema

815

§ 239a Abs. 1 Var. 1	§ 239a Abs. 1 Var. 2

1. Tatbestand
  a) Objektiver Tatbestand
    aa) Anderer Mensch
    bb) Entführen oder Sich-Bemächtigen
	1. Tatbestand
	  a) Objektiver Tatbestand
	    aa) Anderer Mensch
	    bb) Entführen oder Sich-Bemächtigen
	    cc) (zumindest versuchte) Erpressung durch Ausnutzung der geschaffenen Lage

b) Subjektiver Tatbestand
    aa) Vorsatz
    bb) Erpressungsabsicht
	b) Subjektiver Tatbestand
	    (Vorsatz)

2. Rechtswidrigkeit	2. Rechtswidrigkeit
3. Schuld	3. Schuld
4. Erfolgsqualifikation, Absatz 3: Leichtfertige Todesverursachung	4. Erfolgsqualifikation, Absatz 3: Leichtfertige Todesverursachung
5. Tätige Reue, Absatz 4	5. Tätige Reue, Absatz 4

III. Tatbestand

1. Objektiver Tatbestand des Abs. 1 Var. 1

816 Der objektive Tatbestand ist bereits mit dem Entführen bzw. dem Sich-Bemächtigen vollendet. Hinzukommen muss in subjektiver Hinsicht eine Erpressungsabsicht. Geschützt wird von der Vorschrift jeder Mensch[2255]. Angesichts des Rechtsguts sind – anders als bei § 239 – auch Kleinkinder einbezogen, obwohl diese einen natürlichen Willen zur Fortbewegung nicht bilden können[2256]. Da Kleinkinder auch gegen ihre Eltern geschützt sind, ist deren Einverständnis unerheblich[2257].

817 a) Unter **Entführen** ist die Herbeiführung einer Ortsveränderung gegen oder ohne den Willen des Opfers zu verstehen, wobei dieses in der konkreten Situation der Herrschaftsgewalt des Täters ausgeliefert sein muss[2258]. Die Ortsveränderung kann durch Gewalt, Drohung oder List bewirkt werden[2259].

[2255] L-Kühl/*Heger*, § 239a Rn. 2; NK-*Sonnen*, § 239a Rn. 16.
[2256] BGHSt 26, 70 (71); *Fischer*, § 239a Rn. 3; *Krey/Hellmann/Heinrich*, BT 2, Rn. 470.
[2257] BGHSt 26, 70 (72).
[2258] BGHSt 40, 350 (359); *Fischer*, § 239a Rn. 4; MünchKomm-*Renzikowski*, § 239a Rn. 26 f.; *Schönke/Schröder/Eisele*, § 239a Rn. 6; SSW-*Schluckebier*, § 239a Rn. 2.
[2259] Zu diesen Merkmalen *Eisele*, BT 1, Rn. 451 ff., 536.

> **Bsp.:** T täuscht den Anhalter O darüber, dass er ihn mit in die Stadt nimmt. Tatsächlich verbringt er ihn in ein Gartengrundstück, um ihn dort zu erpressen. – T macht sich nach § 239a Abs. 1 Var. 1 strafbar, da er ihn in Erpressungsabsicht mit List entführt hat.

b) Das **Sich-Bemächtigen** setzt hingegen keine Ortsveränderung voraus[2260]. Es ist dadurch gekennzeichnet, dass der Täter die physische Verfügungsgewalt über das Opfer erlangt[2261]. Dies kann sogar bei der Bedrohung mit einer Scheinwaffe über eine größere Distanz der Fall sein[2262]. Die Bemächtigungslage verlangt keine umfassende Sicherung dergestalt, dass eine Schutz- oder Fluchtmöglichkeit völlig ausgeschlossen ist[2263].

818

> **Bsp. (1):** T bedroht den Bankkunden O mit einer täuschend echt aussehenden Spielzeugpistole, um den Kassierer zur Herausgabe von Geld zu zwingen. – T bemächtigt sich hier des O, um die Sorge des Kassierers zu einer Erpressung auszunutzen.
>
> **Bsp. (2):**[2264] T lässt den O durch einen physisch überlegenen Bewacher begleiten, damit dieser nicht fliehen kann. – Auch hier liegt ein Sich-Bemächtigen vor.

Besteht bereits ein Herrschaftsverhältnis des Täters über das Opfer, so kann es für das Sich-Bemächtigen ausreichend sein, dass die Verfügungsgewalt so verstärkt wird, dass die bislang vorhandene Geborgenheit des Opfers erheblich vermindert wird[2265]. Ist das Opfer bereits in der Gewalt eines Dritten, so ist es erst ausreichend, wenn der Täter die Bemächtigungslage selbst übernimmt und nicht, wenn er nur die vorgefundene Situation zu einer Erpressung nutzen möchte[2266].

819

> **Bsp.:**[2267] Vater T hat sein Kind O in seiner Obhut; er ergreift dieses als Geisel, um damit einen Dritten zu erpressen (§ 239a Abs. 1 Var. 1) bzw. zu nötigen (§ 239b Abs. 1 Var. 1). – T bemächtigt sich hier des O mit dem Ergreifen, weil sich die Lage von O erheblich verschlechtert, indem sich das Schutz- in ein Geiselverhältnis wandelt.

c) Gibt sich das Opfer – z. B. in Fällen der Kollusion zwischen Täter und Opfer – freiwillig in die Gewalt des Täters, so scheidet der Tatbestand aufgrund des **Einverständnisses des Opfers** aus („**Scheingeisel**")[2268]. Anders ist dies in Fällen einer „**Austauschgeisel**" („**Ersatzgeisel**"), bei denen sich ein Dritter als Ersatz für das Opfer in die Gewalt des Täters begibt[2269].

820

> **Bsp.:** Polizist P stellt sich als Geisel zur Verfügung, damit die Geisel O von T frei gelassen wird. – Die Bemächtigungslage entfällt hier nicht durch den Austausch der Geisel. T hat sich bereits mit dem Sich-Bemächtigen von O in Erpressungsabsicht gemäß § 239a Abs. 1 Var. 1 strafbar gemacht. Das Fortdauern der Bemächtigungslage kann aber vor allem im Hinblick auf Absatz 3 von Bedeutung sein, wenn im weiteren Verlauf der P zu Tode kommt.

[2260] *Gössel/Dölling*, BT 1, § 20 Rn. 8; *Maurach/Schroeder/Maiwald/Hoyer/Momsen*, BT 1, § 15 Rn. 31; *Wessels/Hillenkamp/Schuhr*, BT 2, Rn. 741.
[2261] BGH NStZ-RR 2002, 213; MünchKomm-*Renzikowski*, § 239a Rn. 31; *Schönke/Schröder/Eisele*, § 239a Rn. 7.
[2262] BGH NStZ 2002, 31 (32); NStZ-RR 2002, 213; NK-*Sonnen*, § 239a Rn. 20; *Wessels/Hillenkamp/Schuhr*, BT 2, Rn. 741; a. A. *Fischer*, § 239a Rn. 4b f.; *Krey/Hellmann/Heinrich*, BT 2, Rn. 471; M/R-*Eidam*, § 239a Rn. 22; MünchKomm-*Renzikowski*, § 239a Rn. 33; *Satzger*, Jura 2007, 114 (116).
[2263] BGH NStZ 2006, 448 (449); NStZ-RR 2007, 77.
[2264] BGH NStZ-RR 2007, 77.
[2265] *Schönke/Schröder/Eisele*, § 239a Rn. 7; *Wessels/Hillenkamp/Schuhr*, BT 2, Rn. 741.
[2266] BGH NStZ 2014, 316 (317).
[2267] BGHSt 26, 70 (72).
[2268] L-Kühl/*Heger*, § 239a Rn. 3; *Rengier*, BT 2, § 24 Rn. 8.
[2269] BGHSt 26, 70 (72); LK-*Schluckebier*, § 239a Rn. 7; *Rengier*, BT 2, § 24 Rn. 8.

2. Subjektiver Tatbestand des Abs. 1 Var. 1

821 Neben dem Vorsatz hinsichtlich der objektiven Tatbestandsmerkmale muss die **Absicht im Sinne von dolus directus 1. Grades**[2270] zur Begehung einer Erpressung durch Ausnutzung der Sorge des Opfers oder eines Dritten treten[2271]. Ob die Erpressung später tatsächlich begangen oder zumindest versucht wird, ist unerheblich. Die Vorstellung des Täters muss also auf sämtliche Voraussetzungen des § 253 gerichtet sein; erst Recht erfasst werden Fälle, in denen sich die Absicht auf eine räuberische Erpressung i. S. d. § 255 bezieht[2272]. Tritt aus Sicht des Täters beim Opfer kein Vermögensschaden ein, erstrebt er keine Bereicherung[2273] oder entfällt die Rechtswidrigkeit der erstrebten Bereicherung, weil der Täter einen Anspruch auf die entsprechende Vermögenssumme besitzt bzw. zu besitzen glaubt, scheidet § 239a Abs. 1 Var. 1 aus. Jedoch ist dann § 239b Abs. 1 Var. 1 zu prüfen, soweit die dort genannten Nötigungsmittel eingesetzt werden sollen[2274].

822 a) Nach der Rechtsprechung zum Verhältnis von Raub und räuberischer Erpressung[2275] kann auch ein **Raub Nötigungsziel** des Täters sein („Raubabsicht"), weil der Raub demnach nur ein Spezialfall der Erpressung ist[2276]. Hinsichtlich des Wortlauts der Norm ist dies freilich nicht zwingend, nimmt § 239a doch ausdrücklich nur auf § 253 Bezug. Nach h. L. wird der Raub ohnehin nicht erfasst, da demnach zwischen beiden Tatbeständen ein Exklusivitätsverhältnis besteht; es bleibt dann aber § 239b zu prüfen.

823 b) Soll nach dem Tatplan die Leistung, die der Täter erpressen will, nicht **während und unter Ausnutzung der Entführungs- bzw. Bemächtigungslage**, sondern erst nach Beendigung der Tat erbracht werden, so fehlt es an einem hinreichenden **zeitlichen und funktionalen Zusammenhang** zwischen Entführung bzw. Bemächtigung und der beabsichtigten Erpressung[2277]. Denn der Strafgrund des § 239a Abs. 1 Var. 1 besteht gerade darin, dass der Täter seine Drohung während der Dauer der Zwangslage jederzeit realisieren kann[2278].

> Bsp.: T entführt Gaststätteninhaber O, um ihn einzuschüchtern. Er macht O klar, dass für seine Sicherheit künftig nur gesorgt sei, wenn er jeweils zu Monatsbeginn 1000 € Schutzgeld zahle. – § 239a Abs. 1 Var. 1 ist zu verneinen, da die Leistungen erst nach Aufhebung der Entführungslage erbracht werden sollen. Es kommen aber §§ 253, 255 in Betracht.

824 c) Die Erpressung kann **sowohl gegenüber dem Entführungs- bzw. dem Bemächtigungsopfer** (Zwei-Personen-Verhältnis: „Sorge des Opfers um sein Wohl") als auch gegenüber einem Dritten (Drei-Personen-Verhältnis: „Sorge eines Dritten um sein Wohl") beabsichtigt sein[2279]. Der Dritte braucht keine besondere Bezie-

---

2270 MünchKomm-*Renzikowski*, § 239a Rn. 43; *Rengier*, BT 2, § 24 Rn. 9.
2271 L-Kühl/*Heger*, § 239a Rn. 4; MünchKomm-*Renzikowski*, § 239a Rn. 46; *Schönke/Schröder/Eisele*, § 239a Rn. 10, 13; SSW-*Schluckebier*, § 239a Rn. 7.
2272 *Fischer*, § 239a Rn. 5a; NK-*Sonnen*, § 239a Rn. 28.
2273 Zu einem solchen Fall BGH StraFO 2011, 409.
2274 *Rengier*, BT 2, § 24 Rn. 13; *Schönke/Schröder/Eisele*, § 239a Rn. 11.
2275 Allgemein hierzu *Rengier*, BT 1, § 11 Rn. 33; *Wessels/Hillenkamp/Schuhr*, BT 2, Rn. 728 ff. und Rn. 709 ff.
2276 BGH NStZ 2002, 31 (32); NStZ 2003, 604 (605); NStZ-RR 2004, 333 (334).
2277 S. BGH NStZ 1996, 277; NStZ 2008, 569 (570); NStZ-RR 2017, 176; NStZ-RR 2019, 212; *Elsner*, JuS 2006, 784 (787); MünchKomm-*Renzikowski*, § 239a Rn. 50 f.
2278 BGH NStZ 2005, 508 (509); StV 2007, 354 (355).
2279 *Fischer*, § 239a Rn. 5; *Schönke/Schröder/Eisele*, § 239a Rn. 13.

hung zu dem Opfer zu haben. Entscheidend ist nur, dass der Täter glaubt, der Dritte werde sich tatsächlich um die körperliche und seelische Unversehrtheit sorgen[2280].

> **Bsp.:** T entführt Abteilungsleiter O, um den Vorstand des Unternehmens zu einer Lösegeldzahlung zu veranlassen. – T macht sich nach § 239a Abs. 1 Var. 1 strafbar, da er die Sorge des Vorstands zur Erpressung nutzen möchte; dass dieser kein Angehöriger des O ist und auch kein Näheverhältnis besteht, ist unerheblich.

d) Mit der Ausdehnung des Tatbestandes auf Zwei-Personen-Verhältnisse hat der Gesetzgeber erhebliche Schwierigkeiten geschaffen. Problematisch ist in solchen Fällen vor allem die Bemächtigungsvariante, weil hier zugleich häufig der typische Fall einer räuberischen Erpressung gegeben ist und die zusätzliche Anwendung des § 239a zu erheblichen Ungereimtheiten führen kann. Deshalb wird vor allem in Zwei-Personen-Verhältnissen eine **teleologische Reduktion des Tatbestandes** diskutiert. **825**

> **Bsp.:** T bedroht O mit einer Schusswaffe und zwingt ihn, die Wegnahme des Geldbeutels zu dulden.

Im Beispiel ist der Tatbestand bereits mit dem Bedrohen, d. h. der Anwendung des qualifizierten Nötigungsmittels i. S. d. § 255, das ein Sich-Bemächtigen darstellt, vollendet. Im Übrigen genügt es, dass der Täter zum Zeitpunkt des Sich-Bemächtigens die Erpressungsabsicht besitzt. **826**

aa) Die **Vollendungsstrafbarkeit des § 239a** mit seinem hohen Strafrahmen (Freiheitsstrafe nicht unter 5 Jahren) fällt damit noch in die Versuchsphase der §§ 253, 255. Dies ist deshalb problematisch, weil der Strafrahmen der §§ 253, 255 sogar bei Vollendung geringer ist und damit der Strafrahmen des § 239a auch in typischen Fällen der räuberischen Erpressung maßgeblich wäre. Da zudem ein Rücktritt vom Versuch der §§ 253, 255 die Vollendungsstrafbarkeit nach § 239a unberührt lassen würde, bestünde nur noch ein geringer Anreiz zur freiwilligen Abstandnahme. Es bedarf daher einer teleologischen Reduktion der Vorschrift, um nicht sachwidrig „Normalfälle" der Erpressung (bzw. des Raubes) zu erfassen. Beim Merkmal des Sich-Bemächtigens wurde früher vertreten, dass die Vorschrift des § 239a (und auch § 239b) nur dann anzuwenden sei, wenn die Nötigung einen Außenbezug hat, d. h. die Tat eine Dreiecksstruktur aufweist[2281]. Daran fehlt es in Fällen, in denen die Tat auf das Verhältnis zwischen Täter und Opfer beschränkt ist. Der BGH hat diese Ansicht inzwischen mit Recht aufgegeben, da die Voraussetzungen nicht mit der gebotenen Bestimmtheit zu umschreiben seien und auch der Wortlaut keinen Anhaltspunkt für eine derartige Einschränkung biete. **827**

bb) Die h. M. nimmt nunmehr zum Ausgangspunkt, dass die Var. 2 der Vorschrift ein zweiaktiges Delikt enthält, dessen zweiter Teil bei Var. 1 lediglich ins Subjektive vorverlagert ist[2282]. Daher stellt Var. 1 ein sog. unvollkommenes zweiaktiges Delikt dar, bei dem der Täter die Absicht haben muss, die durch den Entführungsbzw. Bemächtigungsakt geschaffene Zwangslage in einem weiteren Schritt für eine Erpressung auszunutzen[2283]. Der Tatbestand entfällt demnach vor allem dort, wo **828**

2280 LK-*Schluckebier*, § 239a Rn. 21; *Schönke/Schröder/Eisele*, § 239a Rn. 13.
2281 BGHSt 39, 36 (40).
2282 BGHSt 40, 350 (355); *Rengier*, BT 2, § 24 Rn. 18; vgl. die Gegenüberstellung der Aufbauschemata o. Rn. 815.
2283 BGHSt 40, 350 (355); BGH NStZ 2003, 604 (604); *Fischer*, § 239a Rn. 7; *Haft*, BT 2, S. 170 f.

die Bemächtigung keine eigenständige Bedeutung hat, weil der Bemächtigungsakt und das Nötigungsziel auf einem einheitlichen Nötigungsmittel beruhen[2284]. Eine solche tatbestandsausschließende „Identität" ist – wie im Ausgangsfall – anzunehmen, wenn (und solange) das Nötigungsmittel, das die Bemächtigung begründet, zugleich dazu dienen soll, das Opfer in unmittelbarem Zusammenhang zu weiteren Handlungen zu nötigen[2285]. Eine teleologische Reduktion ist hingegen zu verneinen, wenn nach der Bemächtigung eine „stabile Zwischenlage" als Ausgangspunkt für weitere Nötigungsakte geschaffen wird[2286]. Dies ist der Fall, wenn sich – über die in jeder mit Gewalt verbundenen Nötigungshandlung liegende Beherrschungssituation hinaus – eine weitergehende Druckwirkung aus der stabilisierten Bemächtigungslage ergibt, wobei der Täter beabsichtigen muss, die durch das Bemächtigen des Opfers geschaffene Lage für sein weiteres erpresserisches Vorgehen auszunutzen[2287].

> **Bsp. (1):**[2288] Das Opfer wird nach dem Bemächtigungsakt eingesperrt, bevor weitere Nötigungen zur Durchführung der Erpressung erfolgen sollen. – Den weiteren geplanten Nötigungen zur Erpressung kommt damit eine eigenständige Bedeutung zu; diese stellen nicht zugleich den Bemächtigungsakt dar, so dass § 239a Abs. 1 Var. 1 zur Anwendung gelangt.
>
> **Bsp. (2):**[2289] O wird in eine Wohnung gelockt, geschlagen und von T bedroht, damit er Geld an T herausgibt. Weil er kein Geld bei sich trägt, wird er von T zum Geldautomaten unter Bedrohung mit einem Messer begleitet. – Bereits in der Wohnung ist eine stabile Zwischenlage entstanden, die durch das Begleiten zum Geldautomaten aufrechterhalten wird.
>
> **Klausurhinweis:** Als „groben Test" kann man fragen, ob die Bemächtigung bestehen bleibt, wenn man sich den zur Erpressung beabsichtigten Nötigungsakt hinweg denkt. Ist dies der Fall, so hat die Bemächtigung gegenüber der geplanten Nötigung eigenständige Bedeutung[2290].

829 Es ist letztlich aber nicht zu verkennen, dass das Kriterium der „stabilen Zwischenlage" im Einzelfall zu erheblichen Abgrenzungsschwierigkeiten und damit letztlich zu einer ausufernden Kasuistik führt[2291]. Angesichts der missglückten Gesetzesfassung sind sachgerechtere Lösungen freilich nicht in Sicht.

830 cc) Anders als beim Bemächtigen wird bei der **Entführungsvariante** aufgrund des „gestreckten" Tatverlaufs die dadurch herbeigeführte Zwangslage in der Regel ohnehin eigenständige Bedeutung haben[2292]. Regelmäßig wird hier erst die durch die Ortsveränderung herbeigeführte hilflose Lage des Opfers als Basis für die beabsichtigte Erpressung dienen.

831 dd) Die Rechtsprechung hat inzwischen angedeutet, dass die genannten Einschränkungen auch auf **Drei-Personen-Verhältnisse** zu übertragen sind[2293]. Dies ist durchaus konsequent, da die Anwendung des § 239a im Verhältnis zu den

---

2284 LK-*Schluckebier*, § 239a Rn. 31; *Rengier*, BT 2, § 24 Rn. 19.
2285 BGHSt 40, 350 (359); BGH NStZ 2007, 32 (33); *Rengier*, BT 2, § 24 Rn. 19.
2286 BGHSt 40, 350 (359); BGH NStZ 2006, 448 f.; *Rengier*, BT 2, § 24 Rn. 21; *Wessels/Hillenkamp/Schuhr*, BT 2, Rn. 743. Kritisch *Fischer*, § 239a Rn. 8a.
2287 BGH NStZ 2006, 448 (449); NStZ-RR 2007, 77.
2288 S. etwa BGH NStZ 2007, 32.
2289 Nach BGH NStZ-RR 2007, 77; s. ferner BGH NStZ 2006, 448; NStZ 2010, 516.
2290 S. *Kindhäuser/Schramm*, BT 1, § 16 Rn. 35; *Rengier*, BT 2, § 24 Rn. 21.
2291 Positiver hingegen die Einschätzung von *Rengier*, BT 2, § 24 Rn. 24.
2292 *Schönke/Schröder/Eisele*, § 239a Rn. 13b; *Wessels/Hillenkamp/Schuhr*, BT 2, Rn. 743.
2293 Zust. *Heinrich*, JR 2002, 161 f.; HK-*Lenz*, § 239a Rn. 15; *Immel*, NStZ 2001, 67 (68).

§§ 253, 255 (sog. Dreieckserpressung[2294]) angesichts der Vorverlagerung der Strafbarkeit und des hohen Strafrahmens auch hier problematisch sein kann. Allerdings wird aufgrund der Einbeziehung des Dritten als Nötigungsopfer auch in Bemächtigungsfällen häufiger eine stabile Zwischenlage anzunehmen sein, weil gegenüber dem Dritten ein eigenständiger, zusätzlicher Nötigungsakt erforderlich sein wird[2295].

> **Bsp.:** T bedroht den Bankkunden O mit einer Waffe, um so vom Kassierer Geld zu erlangen. – §§ 253, 255, 250 Abs. 2 Nr. 1 stehen hier in Tateinheit zu § 239a Abs. 1 Var. 1; das Sich-Bemächtigen des Kunden hat gegenüber der an den Kassierer gerichteten Drohung eigenständige Bedeutung.

3. Objektiver Tatbestand des Abs. 1 Var. 2

832 Die Var. 2 des Absatzes 1 setzt voraus, dass der Täter die Tathandlung (Entführen bzw. Sich-Bemächtigen) nicht in erpresserischer Absicht vorgenommen hat[2296] oder jedenfalls keine stabile Bemächtigungslage vorlag (sonst läge bereits Var. 1 vor) und die durch die Tathandlung geschaffene Entführungs- bzw. Bemächtigungslage nun zu einer Erpressung ausnutzt[2297]. Die Erpressung muss dabei zumindest ins Versuchsstadium gelangt sein[2298].

> **Bsp. (1):**[2299] T nimmt das Fahrzeug der O weg und zwingt diese mitzufahren. Als unterwegs plötzlich das Benzin ausgeht, verlangt er von O unter Vorhalten einer Waffe die Herausgabe von 50 €, um den Wagen zu betanken. – § 239a Abs. 1 Var. 1 scheidet aus, da T zum Zeitpunkt der Entführung keine Erpressungsabsicht besaß; jedoch ist hier Var. 2 zu bejahen, da er die von ihm geschaffene Lage zu einer Erpressung ausnutzt. In Tateinheit hierzu stehen §§ 253, 255, 250 Abs. 2 Nr. 1.

> **Bsp. (2):**[2300] T schlägt die Ladenangestellte O, damit diese den Schlüssel zum Tresor herausgibt; weil dies nicht gelingt, sperrt er O ein. Nach längerer erfolgreicher Schlüsselsuche bedroht er O erneut. – § 239a Abs. 1 Var. 1 kommt hinsichtlich der ersten Schläge nicht in Betracht, da T ohne stabilisierende Zwischenlage den Schlüssel erlangen wollte. Für Var. 2 genügt eine versuchte Erpressung; auch war nach dem Einsperren inzwischen eine stabile Bemächtigungslage entstanden.

833 Nutzt der Täter dagegen nur die von einem Dritten geschaffene Lage zur Begehung einer Erpressung aus, so liegt nach h. M. schon nach dem Wortlaut („von ihm … geschaffene Lage") kein erpresserischer Menschenraub vor[2301]. Sog. Trittbrettfahrer können sich aber gemäß §§ 253, 255 strafbar machen[2302].

4. Subjektiver Tatbestand des Abs. 1 Var. 2

834 Bei Var. 2 ist nur Vorsatz bezüglich der Merkmale des objektiven Tatbestandes erforderlich. Daher genügt auch hinsichtlich der Ausnutzung zu einer Erpressung dolus eventualis.

2294 Hierzu NK-*Kindhäuser*, § 253 Rn. 21 ff.; *Rengier*, BT 2, § 24 Rn. 25.
2295 BGH NStZ 2002, 31 (32); NStZ-RR 2002, 213 (214); *Krey/Hellmann/Heinrich*, BT 2, Rn. 475.
2296 BGHR StGB § 239a Abs. 1 Konkurrenzen 3 (Gründe).
2297 *Elsner*, JuS 2006, 784; NK-*Sonnen*, § 239a Rn. 22; *Rengier*, BT 2, § 24 Rn. 26; *Schönke/Schröder/Eisele*, § 239a Rn. 18.
2298 BGH StV 1987, 483; NStZ 2007, 32 (33); NStZ-RR 2012, 173 (174); LK-*Schluckebier*, § 239a Rn. 35; a. A. *Elsner*, JuS 2006, 784 (788); M/R-*Eidam*, § 239a Rn. 19; MünchKomm-*Renzikowski*, § 239a Rn. 63.
2299 BGH NStZ-RR 2003, 45 f.
2300 BGH NStZ 2007, 32.
2301 BGHSt 23, 294 (295).
2302 Vgl. *Fischer*, § 239a Rn. 11a; NK-*Sonnen*, § 239a Rn. 22.

IV. Erfolgsqualifikation, § 239a Abs. 3

1. Allgemeine Voraussetzungen

835 Absatz 3 enthält eine **Erfolgsqualifikation i. S. d. § 18**. Hinsichtlich des Todes als schwere Folge bedarf es eines leichtfertigen Verhaltens, d. h. einer gesteigerten Sorgfaltspflichtverletzung, die ungefähr der groben Fahrlässigkeit im Sinne des Zivilrechts entspricht[2303].

2. Gefahrspezifischer Zusammenhang

836 Der Tod des Opfers muss dabei auf eine **tatbestandsspezifische Gefahr** der Entführung bzw. der Bemächtigung zurückzuführen sein.

> Bspe.: Tod aufgrund der Strapazen der Entführung, durch Gewaltausübung bei der Bemächtigung oder durch Ersticken im Versteck.

837 a) Eine Verwirklichung des gefahrspezifischen Zusammenhangs kann auch bei einem **Opferverhalten** gegeben sein, so etwa, wenn das Opfer bei dem Versuch, sich zu befreien, zu Tode kommt.

> Bsp.: Der entführte O springt bei der Flucht aus dem Fenster und kommt zu Tode.

838 b) Problematischer sind Fälle, in denen **Dritte eingreifen**[2304]. Tritt der Tod im Rahmen einer polizeilichen Befreiungsaktion ein, so verwirklicht sich noch eine typische Gefahr, da solche staatlichen Maßnahmen gewissermaßen „vorprogrammiert" sind.

> Bsp.: Der von T entführte O wird bei der Befreiungsaktion durch einen fehlgeleiteten Schuss eines Polizisten erschossen. – T macht sich nach § 239a Abs. 1 und 3 strafbar, da er O einem Risiko ausgesetzt hat, das die Gefahr mit einbezieht, dass das Opfer bei seiner Befreiung durch einen Schuss in einer unübersichtlichen Situation zu Tode kommt[2305].

839 Umstritten ist, ob dies auch gilt, wenn ein Polizist das Opfer mit dem Täter verwechselt, weil er von der Entführung bzw. Bemächtigung des Opfers nichts weiß und glaubt, lediglich den Straftäter zu verfolgen. Teilweise wird der gefahrspezifische Zusammenhang verneint, weil keine gefahrspezifische Befreiungsaktion vorliege[2306]. Dagegen lässt sich jedoch anführen, dass je nach Sachlage der Täter das Opfer auch diesem Risiko aussetzt, da in solchen unübersichtlichen Situationen auch Irrtümer nicht ausgeschlossen sind[2307].

V. Tätige Reue, § 239a Abs. 4

840 Gemäß Absatz 4 kann der Täter nach Vollendung der Tat tätige Reue üben. Dabei ist zu beachten, dass Absatz 1 Var. 1 bereits mit der Entführung bzw. dem Sich-Bemächtigen in Erpressungsabsicht vollendet ist.

> **Klausurhinweis:** Befindet sich die Tat noch in der Versuchsphase, so ist ein strafbefreiender Rücktritt gemäß § 24 und nicht Absatz 4 zu prüfen.

[2303] *Freund/Rostalski*, AT, § 5 Rn. 12; *Heinrich*, AT, Rn. 180; *Rengier*, AT, § 52 Rn. 7 ff.
[2304] BGHSt 33, 322 (324); MünchKomm-*Renzikowski*, § 239a Rn. 72.
[2305] Vgl. LK-*Schluckebier*, § 239a Rn. 40; *Schönke/Schröder/Eisele*, § 239a Rn. 30.
[2306] BGHSt 33, 322 (324 f.); NK-*Sonnen*, § 239a Rn. 25; *Rengier*, BT 2, § 24 Rn. 37 f.
[2307] Mit Recht diff. MünchKomm-*Renzikowski*, § 239a Rn. 74 ff.

Das Gericht kann nach Abs. 4 Satz 1 die Strafe nach § 49 Abs. 1 mildern, wenn **841**
der Täter das Opfer unter Verzicht auf die erstrebte Leistung in dessen Lebenskreis
zurückgelangen lässt. Der Täter muss zunächst das Opfer freilassen[2308], wobei eine
tatsächliche Rückführung in den Lebenskreis nicht erforderlich ist[2309]. Ferner bedarf es der Abkehr des Täters von seiner Erpressungsabsicht[2310]. Nach BGH genügt
es nicht, dass der Täter nur auf die Mittel des § 239a (bzw. § 239b) verzichtet, aber
im Übrigen an der Forderung festhält[2311]. Dies ist freilich nicht überzeugend,
wenn ihm anschließend gar keine Druckmittel mehr zur Verfügung stehen[2312].
Gelangt das Opfer ohne Zutun des Täters in Freiheit, so genügt nach Abs. 4 Satz 2
sein ernsthaftes Bemühen. Auf eine Freiwilligkeit kommt es aus Opferschutzgesichtspunkten nicht an, damit gefährliche Befreiungsaktionen der Polizei möglichst weitgehend vermieden werden[2313]. Daher steht auch der Umstand, dass die
Polizei bereits am Tatort anwesend ist, einer tätigen Reue nicht entgegen[2314].

VI. Konkurrenzen

1. § 239a Abs. 1 steht in Tateinheit zur (versuchten) Erpressung[2315]; hingegen werden § 239 Abs. 1 und § 240 im Wege der Gesetzeskonkurrenz verdrängt[2316]. **842**

2. Zwischen § 239a Abs. 3 und §§ 212, 211 kann Tateinheit bestehen, da die Erfolgsqualifikation des Absatzes 3 auch vorsätzlich („wenigstens leichtfertig") begangen werden kann. Hingegen wird § 222 im Wege der Gesetzeskonkurrenz verdrängt. **843**

3. Besitzt der Täter die Absicht, die Erpressung mithilfe von Nötigungsmitteln **844**
i. S. d. § 239b zu begehen, so tritt § 239b hinter § 239a im Wege der Gesetzeskonkurrenz zurück[2317]. Tateinheit kommt jedoch in Betracht, wenn der Täter neben
der Erpressung weitere Nötigungsziele verfolgt und die in § 239b genannten Nötigungsmittel hierzu einsetzt[2318].

> **Bsp.** (1): T droht den Bankkunden O zu erschießen, um den Kassierer zu erpressen. –
> Hier sind tatbestandlich sowohl § 239a Abs. 1 Var. 1 als auch § 239b Abs. 1 Var. 1 zu
> bejahen, jedoch tritt § 239b auf Konkurrenzebene zurück.
>
> **Bsp.** (2): T möchte den entführten O mittels einer Freiheitsberaubung von mehr als
> einer Woche nicht nur zur Zahlung eines Geldbetrages, sondern auch zum Rücktritt
> als Vorstand des örtlichen Fußballvereins veranlassen. – Neben der Erpressung verfolgt
> T ein weiteres Nötigungsziel; da T auch Nötigungsmittel i. S. d. § 239b Abs. 1 Var. 1
> anwendet, steht diese Vorschrift in Tateinheit zu § 239a Abs. 1 Var. 1.

2308 BGH NStZ 2003, 605; LK-*Schluckebier*, § 239a Rn. 35; MünchKomm-*Renzikowski*, § 239a Rn. 93; *Schönke/Schröder/Eisele*, § 239a Rn. 35.
2309 *Fischer*, § 239a Rn. 19.
2310 *Fischer*, § 239a Rn. 20; *Schönke/Schröder/Eisele*, § 239a Rn. 39.
2311 BGH NStZ 2017, 412 f.
2312 Zur Kritik *Renzikowski*, JR 2016, 316 ff.
2313 BGH NStZ 2003, 605 f.; LK-*Schluckebier*, § 239a Rn. 59; MünchKomm-*Renzikowski*, § 239a Rn. 97.
2314 BGH NJW 2001, 2895 (2896); BGH NStZ 2003, 605 (606); dazu auch *Heinrich*, JR 2002, 161 (162).
2315 BGH NStZ 1993, 39 (39); LK-*Schluckebier*, § 239a Rn. 63; MünchKomm-*Renzikowski*, § 239a Rn. 88.
2316 BGH NStZ 2009, 632; SSW-*Schluckebier*, § 239a Rn. 24.
2317 BGH NStZ 2003, 604 (605).
2318 BGHSt 25, 386 (387); BGH NStZ 2002, 31 (32).

§ 31 Geiselnahme, § 239b

I. Geschütztes Rechtsgut und Systematik

845 Geschütztes Rechtsgut des § 239b ist die **körperliche Unversehrtheit des entführten Opfers**[2319] sowie die **Freiheit der Willensentschließung und Willensbetätigung des Genötigten**[2320].

II. Aufbauschema

846

§ 239b Abs. 1 Var. 1	§ 239b Abs. 1 Var. 2

1. Tatbestand
a) Objektiver Tatbestand
   aa) Anderer Mensch
   bb) Entführen oder Sich-Bemächtigen
	1. Tatbestand
	a) Objektiver Tatbestand
	   aa) Anderer Mensch
	   bb) Entführen oder Sich-Bemächtigen
	   cc) (versuchte) Nötigung durch Ausnutzung der geschaffenen Lage
	   dd) mittels qualifizierter Drohung

b) Subjektiver Tatbestand
   aa) Vorsatz
   bb) Qualifizierte Nötigungsabsicht
	b) Subjektiver Tatbestand
	   (Vorsatz)

2. Rechtswidrigkeit	2. Rechtswidrigkeit
3. Schuld	3. Schuld
4. Erfolgsqualifikation, § 239b Abs. 2 i. V. m. § 239a Abs. 3	4. Erfolgsqualifikation, § 239b Abs. 2 i. V. m. § 239a Abs. 3
5. Tätige Reue, § 239b Abs. 2 i. V. m. § 239a Abs. 4	5. Tätige Reue, § 239b Abs. 2 i. V. m. § 239a Abs. 4

III. Tatbestand

1. Objektiver Tatbestand des Abs. 1 Var. 1

847 Hinsichtlich der Tathandlungen der Entführung und des Sich-Bemächtigens gelten die Ausführungen zu § 239a entsprechend[2321].

[2319] *Fischer*, § 239b Rn. 2; *Haft*, BT 2, S. 172; *Krey/Hellmann/Heinrich*, BT 2, Rn. 479; L-*Kühl/Heger*, § 239b Rn. 1; LK-*Schluckebier*, § 239b Rn. 1.
[2320] *Maurach/Schroeder/Maiwald/Hoyer/Momsen*, BT 1, § 15 Rn. 27; MünchKomm-*Renzikowski*, § 239b Rn. 1; *Rengier*, BT 2, § 24 Rn. 1; *Wessels/Hettinger/Engländer*, BT 1, Rn. 407.
[2321] S. dort o. Rn. 817 ff.

2. Subjektiver Tatbestand des Abs. 1 Var. 1

Der Täter muss **vorsätzlich** hinsichtlich der Merkmale des objektiven Tatbestandes handeln[2322]. Weiterhin muss er **Nötigungsabsicht im Sinne von dolus directus 1. Grades** besitzen[2323]. Der Täter muss beabsichtigen, das Opfer oder einen Dritten durch die Drohung mit dem Tod oder einer schweren Körperverletzung des Opfers i. S. d. § 226 oder mit dessen Freiheitsentziehung von über einer Woche Dauer (qualifizierte Drohung) zu einer Handlung, Duldung oder Unterlassung zu nötigen[2324]. Es genügt nicht, dass er dies – bei Drohung durch den Mittäter – nur billigend in Kauf nimmt[2325]. Es spielt keine Rolle, ob der Täter durch die Drohung mit den genannten Nötigungsmitteln das bedrohte Opfer selbst oder einen Dritten nötigen will[2326]. Sieht man mit der h. L. den Raub nicht als Spezialfall einer räuberischen Erpressung an (ansonsten ist bereits § 239a einschlägig), so ist § 239b zu prüfen, wenn die Tathandlung mit Raubabsicht vorgenommen wird und das Opfer daher die Wegnahme einer Sache dulden soll[2327]. 848

a) Es bedarf auch hier eines **zeitlichen und funktionalen Zusammenhangs** zwischen Entführung bzw. Bemächtigung und der beabsichtigten Nötigung[2328]. 849

> Bsp.: T bemächtigt sich kurzfristig des O und droht ihm mit dem Tod, falls O nicht binnen eines Monats sein Bordell schließen. – § 239b Abs. 1 Var. 1 ist zu verneinen, weil die von T erstrebte Handlung des Opfers erst nach Aufhebung der Zwangslage vorgenommen werden soll. T macht sich jedoch nach § 240 strafbar; § 241 tritt dahinter im Wege der Gesetzeskonkurrenz zurück.

b) Für das Merkmal der **Drohung** gelten die Ausführungen zu § 240[2329]. Es genügt der Anschein der Ernstlichkeit der Drohung, so dass auch der Einsatz von Scheinwaffen erfasst wird. Der beabsichtigte Nötigungserfolg kann hier in jedem Tun, Dulden oder Unterlassen liegen[2330], wohingegen § 239a auf eine Erpressung gerichtet ist. Da jede Handlung, Duldung oder Unterlassung Nötigungsziel sein kann, genügt auch das Erstreben eines Teilerfolges, wenn die entsprechende Handlung des Opfers eine eigenständige Bedeutung gegenüber dem Enderfolg darstellen soll[2331]. 850

c) Im Übrigen ist die Frage einer **teleologischen Reduktion** in Zwei-Personen- und ggf. Drei-Personen-Verhältnissen zu beachten[2332], die auch hier in erster Linie Bemächtigungsfälle betrifft[2333]. 851

> Bsp.: T bemächtigt sich der O, um diese sexuell zu nötigen (§ 177 Abs. 1). – Soweit die sexuelle Nötigung in unmittelbarem Zusammenhang mit der Bemächtigung erfolgen soll, ist § 239b zu verneinen. Es liegt dann der typische Fall und damit auch nur der Unrechtsgehalt einer sexuellen Nötigung vor, bei der regelmäßig eine Bemächtigungs-

---

[2322] NK-*Sonnen*, § 239b Rn. 12.
[2323] BGH NStZ 2019, 411 (412); M/R-*Eidam*, § 239b Rn. 5; *Schönke/Schröder/Eisele*, § 239b Rn. 4.
[2324] NK-*Sonnen*, § 239b Rn. 12; *Rengier*, BT 2, § 24 Rn. 28. Kritisch zur Beschränkung der Nötigungsmittel *Schönke/Schröder/Eisele*, § 239b Rn. 5; a. A. LK-*Schluckebier*, § 239b Rn. 7 f.
[2325] BGH NStZ 2019, 411 (412).
[2326] *Fischer*, § 239b Rn. 6; *Schönke/Schröder/Eisele*, § 239b Rn. 7.
[2327] S. bereits o. Rn. 822.
[2328] BGH NStZ-RR 2007, 343; NStZ-RR 2008, 279; StV 2015, 765 (766).
[2329] *Eisele*, BT 1, Rn. 469 ff.
[2330] A/W/H/H-*Heinrich*, § 18 Rn. 41; *Fischer*, § 239b Rn. 4; *Schönke/Schröder/Eisele*, § 239b Rn. 9.
[2331] BGH NJW 1997, 1082 f.; NStZ 2006, 36, 37; StV 2015 765 (766 f.).
[2332] *Krey/Hellmann/Heinrich*, BT 2, Rn. 485 ff.; a. A. MünchKomm-*Renzikowski*, § 239b Rn. 22.
[2333] Näher o. Rn. 825.

lage erforderlich ist. Anders läge der Fall, wenn T die O zunächst entführt, um diese dann in einem weiteren Schritt zu nötigen.

3. Objektiver Tatbestand des Abs. 1 Var. 2

852 Die zweite Variante des Absatzes 1 setzt voraus, dass der Täter die Entführung oder Bemächtigung zunächst ohne Nötigungsabsicht begangen hat und anschließend mittels einer qualifizierten Drohung das Opfer oder einen Dritten zu einem Tun, Dulden oder Unterlassen nötigt[2334]. Die Nötigung muss zumindest in das Versuchsstadium gelangt sein[2335]. Die Tat ist mit dem Versuch der Nötigung vollendet[2336].

4. Subjektiver Tatbestand des Abs. 1 Var. 2

853 Eventualvorsatz hinsichtlich der Merkmale des objektiven Tatbestandes ist ausreichend.

IV. Erfolgsqualifikation und tätige Reue, § 239b Abs. 2 i. V. m. § 239a Abs. 3 und Abs. 4

854 § 239b Abs. 2 verweist auf § 239a Abs. 3 und Abs. 4. Für Erfolgsqualifikation und tätige Reue gelten daher die Ausführungen zu § 239a entsprechend[2337]. Unter „Leistung" i. S. d. § 239a Abs. 4 ist sinngemäß das erstrebte Verhalten des Nötigungsopfers zu verstehen. Der Täter muss von der Verfolgung seines Nötigungsziels Abstand nehmen, d. h. auf die abzunötigende Handlung, Duldung oder Unterlassung verzichten[2338].

3. Kapitel: Untreue und untreueähnliche Delikte
§ 32 Untreue, § 266

Einführende Aufsätze: *Becker/Rönnau*, Grundwissen – Strafrecht: Der Gefährdungsschaden bei Betrug (§ 263 StGB) und Untreue (§ 266 StGB), JuS 2017, 499; *Eisele/Bechtel*, Der Schadensbegriff bei den Vermögensdelikten, JuS 2018, 97; *Krell*, Zur Bedeutung der „Drittnomen" für die Untreue, NStZ 2014, 62; *Mansdörfer*, Die Vermögensgefährdung als Nachteil im Sinne des Untreuetatbestandes, JuS 2009, 114; *Mitsch*, Die Untreue – Keine Angst vor § 266 StGB!, JuS 2011, 97; *Murmann*, Untreue (§ 266 StGB) und Risikogeschäfte, Jura 2010, 561; *Saliger*, Rechtsprobleme des Untreuetatbestandes, JA 2007, 326; *Satzger*, Die Untreue des Vermieters im Hinblick auf eine Mietkaution, Jura 1998, 470; *Sickor*, Die sog. „schadensgleiche Vermögensgefährdung" bei Betrug und Untreue, JA 2011, 109.

Übungsfälle: *Beulke* III, Fall 10: Der schlagkräftige Mieter, S. 366; *Bock*, BT, Fall 12: Probleme eines Bereichsvorstands, S. 385; *Eisele*, Der untreue Neffe, Jura 2002, 59; *Hellmann*, Fall 1: Chinesische Geschäfte, S. 1, Fall 2: Ungeliebte Mutter, S. 19, Fall 11: Fehler im Gesundheitssystem, S. 129; *Hilgendorf*, Fallsammlung, Fall 16: Die Münzsammlung, S. 129; *Jordan*, Examensklausur im Strafrecht, Jura 2001, 554; *Hölck/Hohn*, Untreue und Betrug, JuS 2005, 245; *Küper*, Der ungetreue Verwalter, Jura 1996, 205; *Marxen*, Fall 32c: Stadtrundfahrt-Fall, S. 387;

[2334] Schönke/Schröder/Eisele, § 239b Rn. 11/12 f.
[2335] Schönke/Schröder/Eisele, § 239b Rn. 14; a. A. MünchKomm-*Renzikowski*, § 239b Rn. 26.
[2336] Schönke/Schröder/Eisele, § 239b Rn. 14.
[2337] S. o. Rn. 835 ff., 840 f.
[2338] BGH NStZ 2003, 605 (605); LK-*Schluckebier*, § 239b Rn. 21; Schönke/Schröder/Eisele, § 239b Rn. 19.

Puschke, „Die Geschäftsmodelle eines krisengeplagten Managers", JA 2014, 32; *Radtke/Krutisch*, Der gewinnbringende Firmenwagen, JuS 2001, 258; *Radtke/Steinsiek*, Die unzureichend gesicherte Mietsicherheit, JuS 2010, 417; *Rotsch*, Der untreue Betreuer, ZJS 2013, 75; *Rönnau/Hohn*, Forscherdrang, JuS 2003, 998; *Seier*, Die raffgierigen OHG-Gesellschafter, JuS 1998, 46; *ders.*, Der ungetreue Vereinsvorstand, JuS, 2002, 237; *I. Sternberg-Lieben*, Selbsttore eines Vereinskassierers, JA 1997, 124; *Wagner*, Fall 4, S. 29.

Rechtsprechung: BGHSt 13, 315 – Eisenbahner (Pflichten eines Verwalters von Fahrkarten); **BGHSt 22, 190** – Händler (Verlängerter Eigentumsvorbehalt); **BGHSt 33, 244 – Kreditkarte** (Vermögensbetreuungspflicht); **BGHSt 35, 333** – Gewinnentnahme (bei Zustimmung aller Gesellschafter); **BGHSt 40, 287** – Überkipper (Verstoß gegen Haushaltsgrundsätze); **BGHSt 41, 224** – Mietkaution (Veruntreuung durch den Vermieter); **BGHSt 43, 293** – Haushaltsuntreue (bei zwecksprechender Mittelverwendung); **BGHSt 47, 187** – Sponsoring (Verletzung der Vermögensbetreuungspflicht); **BGHSt 49, 147** – Bremer Vulkan (Einverständnis der Gesellschafter); **BGHSt 50, 331** Mannesmann – (Verletzung der Vermögensbetreuungspflicht); **BGHSt 51, 100** – Kanther (Vorsatz beim Gefährdungsschaden); **BGHSt 52, 182** – Kaution bei Gewerberaummiete (Vermögensbetreuungspflicht); **BGHSt 52, 323** – Siemens (endgültiger Schaden bei schwarzen Kassen); **BGHSt 55, 266** – Schwarze Kasse (Anforderungen an die Einwilligung bei GmbH und AG); **BGHSt 55, 288** – Betriebsratswahl (Pflichtwidrigkeit); **BGHSt 56, 203** – Parteispenden (Unmittelbarkeitserfordernis); **BGHSt 64, 246** – Detektei (individueller Schadenseinschlag).

I. Geschütztes Rechtsgut und Systematik

1. Geschütztes Rechtsgut

§ 266 dient dem Schutz des dem Treuepflichtigen anvertrauten **Vermögens**[2339]. **855** Täter dieses **Sonderdelikts** kann nur derjenige sein, der eine Vermögensbetreuungspflicht besitzt[2340]. Für andere Beteiligte kommt lediglich Anstiftung oder Beihilfe in Betracht. Da die Treuepflicht die Nähe des Täters zum Treugeber kennzeichnet, ist sie **persönliches Merkmal i. S. d. § 28 Abs. 1**, so dass die Strafe des Teilnehmers zu mildern ist[2341].

2. Systematik

Im Gegensatz zum Betrug, bei dem der Täter durch Täuschung „Vertrauen erweckt", nutzt der Täter bei der Untreue ein ihm bereits vom Vermögensinhaber eingeräumtes Vertrauen aus. Daher sagt man auch, dass bei der Untreue der Angriff auf das Vermögen von „innen" erfolgt[2342]. Eine Bereicherung oder Zueignung (-sabsicht) setzt der Tatbestand nicht voraus. Der in Abs. 1 Var. 1 normierte Missbrauchstatbestand ist gegenüber dem Treubruchstatbestand des Abs. 1 Var. 2 nach h. M. lex specialis[2343] und daher in Klausuren vorab zu prüfen. Wird er bejaht, muss auf Var. 2 nicht mehr eingegangen werden. Der Versuch der Untreue ist nicht unter Strafe gestellt. § 266b enthält für den Missbrauch von Scheck- und Kreditkarten einen Paralleltatbestand, der auch im Zusammenhang mit § 263a zu sehen ist[2344]. Nicht weiter eingegangen wird auf § 266a (Vorenthalten und Verun- **856**

2339 BGHSt 43, 293 (297); BGHSt 50, 331 (342); BGHSt 55, 288 (300); A/W/H/*Heinrich*, § 22 Rn. 1; *Schönke/Schröder/Perron*, § 266 Rn. 1; SSW-*Saliger*, § 266 Rn. 1.
2340 L-Kühl/*Heger*, § 266 Rn. 2; LK-*Schünemann*, § 266 Rn. 201; *Rengier*, BT 1, § 18 Rn. 15.
2341 BGH wistra 1997, 100; wistra 2007, 306 (307); *Herzberg*, GA 1991, 145 (179 f.); *Joecks/Jäger*, § 266 Rn. 57; *Seier*, JuS 1998, 46 (49); a. A. *Schönke/Schröder/Perron*, § 266 Rn. 52.
2342 Treffend A/W/H/*Heinrich*, § 22 Rn. 1.
2343 BGHSt 50, 331 (342); A/W/H/*Heinrich*, § 22 Rn. 79; a. A. *Kargl*, ZStW 113 (2001), 565 (589); *Labsch*, NJW 1986, 104 (107 f.).
2344 Näher u. Rn. 918 ff.

treuen von Arbeitsentgelt), der aufgrund seiner sozialversicherungsrechtlichen Bezüge in Prüfungsarbeiten erfahrungsgemäß eine geringe Rolle spielt.

II. Aufbauschema

857 1. Tatbestand
   a) Objektiver Tatbestand
      aa) Missbrauchstatbestand, Abs. 1 Var. 1
         (1) Verfügungs- oder Verpflichtungsbefugnis für fremdes Vermögen aufgrund Gesetzes, behördlichen Auftrags oder Rechtsgeschäfts
         (2) Missbrauch dieser Befugnis
         (3) Vermögensbetreuungspflicht des Täters (str.)
         (4) Vermögensnachteil bei dem zu betreuenden Vermögen
      bb) Treubruchstatbestand, Abs. 1 Var. 2
         (1) Wahrnehmung fremder Vermögensinteressen kraft Gesetzes, behördlichen Auftrags, Rechtsgeschäfts oder eines Treueverhältnisses
         (2) Vermögensbetreuungspflicht des Täters
         (3) Verletzung der dem Täter obliegenden Vermögensbetreuungspflicht
         (4) Vermögensnachteil bei dem zu betreuenden Vermögen
   b) Subjektiver Tatbestand

2. Rechtswidrigkeit

3. Schuld

4. Strafzumessungsregel für besonders schwere Fälle mit Regelbeispielen, § 266 Abs. 2 i. V. m. § 263 Abs. 3 Satz 2, § 243 Abs. 2

5. Strafantrag, § 266 Abs. 2 i. V. m. §§ 247, 248a

III. Tatbestand

1. **Spezielle Voraussetzungen des Missbrauchstatbestands, Abs. 1 Var. 1**

858 Erfasst werden von Var. 1 – anders als bei Var. 2 – lediglich rechtsgeschäftliche Einwirkungen auf das Vermögen.

859 a) Der Täter muss zunächst eine **Verfügungs- oder Verpflichtungsbefugnis** für fremdes Vermögen besitzen. **Verfügung** ist jede Aufhebung, Übertragung, Belastung und Inhaltsänderung einer Rechtsposition, auch durch hoheitliches Handeln[2345]. **Verpflichtung** ist die schuldrechtliche Belastung mit einer Verbindlichkeit[2346].

[2345] Vgl. dazu BGHZ 1, 294 (304); BGHZ 101, 24 (26); *Boecken*, BGB AT, 3. Aufl. 2019, Rn. 160; *Wittig*, Wirtschaftsstrafrecht, § 20 Rn. 21 f.
[2346] Vgl. dazu *Boecken*, BGB AT, 3. Aufl. 2019, Rn. 159; *Neuner*, BGB AT, 12. Aufl. 2020, § 29 Rn. 28.

> **Bspe.** (**Verfügung**): Übereignung einer Sache des Vermögensinhabers oder Belastung eines Grundstücks des Vermögensinhabers mit Grundpfandrechten.
>
> **Bspe.** (**Verpflichtung**): Kaufvertrag oder Schenkungsvertrag über eine Sache des Vermögensinhabers.

860 Beide Befugnisse umschreiben damit die nach außen wirkende Rechtsmacht auf fremdes Vermögen einzuwirken[2347]. Nicht erfasst werden dagegen rein tatsächliche Einwirkungen auf das zu betreuende Vermögen, z. B. durch Verarbeitung oder Eigenverbrauch[2348]; in solchen Fällen kommt jedoch Var. 2 in Betracht.

861 aa) Die Befugnis kann auf Gesetz, behördlichem Auftrag oder Rechtsgeschäft beruhen. Für die auf Gesetz beruhende Befugnis können z. B. Eltern (§§ 1626 ff. BGB), Vormund (§§ 1793 ff. BGB), Betreuer (§§ 1896 ff. BGB), Pfleger (§§ 1909 ff. BGB), Testamentsvollstrecker (§§ 2205 ff. BGB) oder Insolvenzverwalter (§ 80 Abs. 1 InsO) genannt werden. Ein **behördlicher Auftrag** kommt vor allem bei einem Amtsträger in Betracht, wenn diesem entsprechende Befugnisse zugewiesen sind. Die Befugnis ist durch **Rechtsgeschäft** eingeräumt bei Vollmacht (§§ 164 ff. BGB) oder Prokura[2349] (§§ 48 ff. HGB). Ferner ist an den Geschäftsführer einer GmbH (§§ 35 ff. GmbHG), den Vorstand oder Aufsichtsrat einer Aktiengesellschaft (§§ 78 ff., 111 AktG) zu denken[2350], wobei hier die Befugnis auch auf „Gesetz" gestützt werden kann, weil sie zwar mit der Bestellung durch Rechtsgeschäft eingeräumt wird, der Inhalt jedoch durch die gesetzlichen Regelungen ausgestaltet wird.

862 bb) Die Verfügungs- bzw. Verpflichtungsbefugnis bezieht sich auf **fremdes Vermögen**, d. h. das Vermögen muss nach materiellem, insbesondere nach bürgerlichem Recht, nicht allein dem Täter zuzuordnen sein[2351].

> **Bsp.:** Vorbehaltsverkäufer T veräußert (vertragswidrig) den bereits an O unter Eigentumsvorbehalt verkauften Wagen. – T verfügt über eigenes Vermögen, da der Wagen zivilrechtlich noch in seinem Eigentum steht[2352]. Umgekehrt verfügt der Vorbehaltskäufer bei einem Weiterverkauf über fremdes Vermögen; selbst wenn ihm die Weiterveräußerung nicht gestattet ist, obliegt ihm in solchen Fällen jedoch regelmäßig keine Vermögensbetreuungspflicht gegenüber dem Vorbehaltsverkäufer[2353], so dass § 266 Abs. 1 Var. 1 und Var. 2 letztlich zu verneinen sind.

863 b) Zentrales Merkmal der Var. 1, das den Tatbestand gegenüber Var. 2 eingrenzt und den Charakter als lex specialis begründet, ist der **Missbrauch der Befugnis**. Der Tatbestand erfasst nur solche Rechtsgeschäfte oder hoheitliche Handlungen, die zwar aufgrund der dem Täter eingeräumten Befugnis im Außenverhältnis rechtlich wirksam sind, dem Täter aber im Innenverhältnis nicht erlaubt waren. Die gängige Definition lautet: Missbrauch ist das Handeln im Rahmen des rechtlichen Könnens (im Außenverhältnis) unter Überschreitung des rechtlichen Dürfens (im Innenverhältnis)[2354]. Die Definition lehnt sich damit an die für den Miss-

---

[2347] L-Kühl/*Heger*, § 266 Rn. 6; Schönke/Schröder/*Perron*, § 266 Rn. 14 f.
[2348] OLG Frankfurt MDR 1994, 1232 (1233); *Rengier*, BT 1, § 18 Rn. 8.
[2349] BGH NStZ 2011, 280.
[2350] Vgl. nur LK-*Schünemann*, § 266 Rn. 35; NK-*Kindhäuser*, § 266 Rn. 85.
[2351] MünchKomm-*Dierlamm*, § 266 Rn. 47; NK-*Kindhäuser*, § 266 Rn. 30.
[2352] A/W/H/H-*Heinrich*, § 22 Rn. 24.
[2353] A/W/H/H-*Heinrich*, § 22 Rn. 25 f; *Fischer*, § 266 Rn. 12; näher zur Vermögensbetreuungspflicht s. u. Rn. 889.
[2354] BGHSt 5, 61 (63); A/W/H/H-*Heinrich*, § 22 Rn. 31; *Rengier*, BT 1, § 18 Rn. 6; SSW-*Saliger*, § 266 Rn. 21.

brauch der Vertretungsmacht im Zivilrecht entwickelten Grundsätze an[2355]. Dabei ist zu beachten, dass sich die Befugnisse im Innen- und Außenverhältnis nicht entsprechen müssen, weil die Rechtsmacht nach außen abstrakt vom Grundgeschäft des Innenverhältnisses ist. Decken sich im Einzelfall Innen- und Außenverhältnis, so kann bei einer Überschreitung mangels wirksamen Handelns nach außen der Missbrauchstatbestand keine Anwendung finden[2356].

> **Beachte:** Wenngleich der Tatbestand der Untreue nicht streng „zivilrechtsakzessorisch" ist, so lassen sich doch häufig durch einen Rückgriff auf zivilrechtliche Grundsätze Anhaltspunkte für die Auslegung des Tatbestandes und die Konkretisierung der Pflichten gewinnen[2357].

864 aa) Erforderlich ist zunächst ein **Verstoß gegen die im Innenverhältnis bestehenden Befugnisse**. Diese werden – soweit nicht gesetzlich normiert – vom Grundgeschäft festgelegt, z. B. einem Auftrag (§ 662 BGB), einem Geschäftsbesorgungsvertrag (§ 675 BGB) oder einem Arbeitsverhältnis (§ 611 BGB). Weitere Konkretisierungen können durch Weisungen oder zusätzliche Vereinbarungen erfolgen[2358]. Hält sich der Handelnde im Rahmen dieser Befugnisse, so scheidet der Tatbestand von vornherein aus.

865 (1) Auch ein **vorheriges Einverständnis** (Einwilligung) des Vermögensträgers prägt die Grenzen des Innenverhältnisses und wirkt daher richtigerweise bereits tatbestandsausschließend[2359]. Da sich der Unrechtsgehalt der Tat jedoch aus einer Pflichtverletzung ableitet, hat das tatbestandsausschließende Einverständnis normativen und nicht nur tatsächlichen Charakter[2360]. Im Gegensatz zu anderen Straftatbeständen, bei denen ein tatbestandsausschließendes Einverständnis möglich ist, z. B. §§ 123, 242, sind daher Maßstäbe anzulegen, wie sie ansonsten für die rechtfertigende Einwilligung gelten[2361]. Es genügt daher kein natürliches Einverständnis, vielmehr bedarf es der Einwilligungsfähigkeit und einer von Willensmängeln freien, wirksamen Einwilligung. Daher kann vor allem eine Täuschung erheblich sein und das Einverständnis entfallen lassen. Nach diesen Grundsätzen sind vor allem sog. Risikogeschäfte zu beurteilen.

> **Bsp.:**[2362] T, der die Vermögensgeschäfte für O wahrnimmt, soll ihr Geld „sicher" anlegen. T kauft nach Rücksprache mit O jedoch Optionsscheine und legt damit das Geld höchst riskant an. – Ein Verstoß im Innenverhältnis und damit ein Missbrauch ist zu verneinen, wenn O die Risiken der Anlage, ggf. nach einer erforderlichen Aufklärung durch T, kennt. Andernfalls ist das Einverständnis aufgrund der mangelnden Erfahrung der O im Bereich von Kapitalanlagen und des damit verbundenen Willensmangels unwirksam.

2355 Vgl. dazu *Boecken*, BGB AT, 2. Aufl. 2012, Rn. 635.
2356 NK-*Kindhäuser*, § 266 Rn. 90.
2357 Näher *Eisele*, GA 2001, 377 f.; ferner *Dittrich*, Die Untreuestrafbarkeit von Aufsichtsratsmitgliedern bei der Festsetzung überhöhter Vorstandsvergütungen, 2007, S. 31 ff.
2358 L-Kühl/*Heger*, § 266 Rn. 6, 12; LK-*Schünemann*, § 266 Rn. 50; *Schönke/Schröder/Perron*, § 266 Rn. 18. Zu den in diesem Zusammenhang diskutierten Compliance-Fragen *Rotsch*, ZIS 2010, 614; *Theile*, wistra 2010, 457; zur Haftung des Compliance Officers s. auch BGHSt 55, 44 (49 f.).
2359 BGHSt 50, 331 (342); BGHSt 52, 323 (335); BGHSt 55, 166 (278); A/W/H/H-*Heinrich*, § 22 Rn. 70; LK-*Schünemann*, § 266 Rn. 124; *Schönke/Schröder/Perron*, § 266 Rn. 21.
2360 A/W/H/H-*Heinrich*, § 22 Rn. 70; *Wessels/Hillenkamp/Schuhr*, BT 2, Rn. 758.
2361 BGH NStZ 1997, 124 – „Ausnutzung der Unerfahrenheit des Tatopfers"; *Fischer*, § 266 Rn. 92; *Labsch*, JuS 1985, 602 (603 f.).
2362 *Eisele*, Jura 2002, 59 (60); s. auch *Brand/Sperling*, JR 2010, 473; *Wessels/Hillenkamp/Schuhr*, BT 2, Rn. 759.

Im Einzelfall kann jedoch zu prüfen sein, ob das Einverständnis – etwa eines **866** übergeordneten Organs (z. B. Mitgliederversammlung) im Verhältnis zum Handelnden (z. B. Vereinsvorstand) bei einer Untreue gegenüber dem Verein – aufgrund eines Gesetzesverstoßes oder einer Pflichtverletzung i. S. d. § 266 unwirksam ist[2363]. Ebenso schließt **eine nachträgliche Genehmigung** des Rechtsgeschäfts die Strafbarkeit nicht aus, da eine Rückwirkung im Strafrecht – anders als im Zivilrecht – nicht anzuerkennen ist[2364].

(2) Besonderheiten gelten sowohl beim Missbrauchs- als auch beim Treubruchstatbestand für die **Untreue zum Nachteil von Gesellschaften**, wenn die Gesellschafter mit der Schmälerung des Vermögens der Gesellschaft einverstanden sind[2365]. **867**

> **Bsp.:** Die Gesellschafter A, B und C gestatten dem Geschäftsführer T einvernehmlich, 50000 € aus dem Gesellschaftsvermögen zu entnehmen, um seine besonderen Anstrengungen angemessen zu honorieren. Die GmbH ist zu diesem Zeitpunkt bereits überschuldet (§ 19 InsO).

Als Ausgangspunkt ist zu beachten, dass zivilrechtlich die **juristische Person Inhaberin des Vermögens** ist (§ 13 Abs. 1 GmbHG), dieses also für den Geschäftsführer (§§ 6, 35 GmbHG) und die Gesellschafter (§§ 45 ff. GmbHG) fremd i. S. d. § 266 ist. Im vorliegenden Fall könnte T daher § 266 Abs. 1 Var. 2 verwirklicht haben; allerdings ist zu prüfen, ob aufgrund der Zustimmung aller Gesellschafter überhaupt eine Verletzung der Vermögensbetreuungspflicht gegeben ist. Da die Gesellschafter einer GmbH nach der gesetzlichen Konzeption grundsätzlich frei sind, über das Gesellschaftsvermögen zu verfügen, liegt insoweit ein tatbestandsausschließendes Einverständnis vor. Allerdings sind diesem nach verbreiteter Ansicht Grenzen gesetzt: Das Einverständnis ist demnach nicht wirksam, wenn die Verfügung über das Gesellschaftsvermögen zwingende Vorschriften des GmbH-Rechts über die Kapitalerhaltung (§§ 30 ff. GmbHG) verletzt oder eine für die GmbH existenzgefährdende Situation herbeigeführt wird, was bei Herbeiführung oder Vertiefung einer Überschuldung oder durch Gefährdung der Liquidität der Fall sein kann[2366]. Dies soll selbst für den geschäftsführenden Alleingesellschafter gelten[2367]. Sieht man von § 266 jedoch richtigerweise allein die Interessen der Gesellschafter, die **wirtschaftliche Eigentümer** der GmbH sind, als geschützt an, nicht aber die Interessen der Gläubiger der GmbH, so liegt ein wirksames Einverständnis vor. An dieser Schutzrichtung des Tatbestandes vermag auch die zivilrechtliche Trihotel-Entscheidung[2368] nichts ändern, die im Rahmen eines neuen Haftungskonzepts anstelle der Außenhaftung der Gesellschafter gegenüber den Gläubigern eine Innenhaftung gegenüber der Gesellschaft nach § 826 BGB setzt[2369]. Letztlich spricht für die hier vertretene Lösung auch, dass der Gläubiger- **868**

[2363] Näher *Eisele*, GA 2001, 377 (388 ff.); *Wessels/Hillenkamp/Schuhr*, BT 2, Rn. 761.
[2364] *Schönke/Schröder/Perron*, § 266 Rn. 21; krit. *Schramm*, Untreue und Konsens, 2005, S. 189 ff.
[2365] Ausf. SSW-*Saliger*, § 266 Rn. 106 ff.; ferner *Schramm*, Untreue und Konsens, 2005, S. 88 ff.
[2366] BGHSt 35, 333 (336 ff.); BGHSt 49, 147 (157 f.); BGHSt 54, 52 (57 ff.); BGH NStZ 2009, 153; LK-*Schünemann*, § 266 Rn. 125. Hingegen lässt der BGH bei der KG mit Recht ein Einverständnis zu, vgl. BGH NJW 2013, 3590 (3593 ff.); *Eisele/Vogt*, JuS 2011, 437 (442); dagegen aber *Brand*, Untreue und Bankrott in der KG und GmbH & Co. KG, 2010, S. 213 f., 331 f.
[2367] Vgl. nur BGHSt 49, 147 (157).
[2368] BGHZ 173, 246.
[2369] SSW-*Saliger*, § 266 Rn. 107; *ders.*, FS Roxin II, 2011, S. 1052 ff.; ferner *Livonius*, wistra 2009, 89 (93). Auch der BGH hält an seiner Konzeption fest; vgl. BGHSt 54, 52 (59). Anders *Radtke*, GA 2008, 535 (549), der die aus dem zivilrechtlichen Urteil resultierenden Maßstäbe übertragen möchte.

schutz hinreichend durch §§ 283 ff., 288 geleistet wird[2370]. Weil sich T demnach nicht strafbar macht, scheidet auch eine Strafbarkeit der Gesellschafter wegen Anstiftung oder Beihilfe aus. Weil den Gesellschaftern als wirtschaftlichen Eigentümern keine fremdnützige Vermögensbetreuungspflicht obliegt, scheitert letztlich auch eine täterschaftliche Haftung[2371].

869 Wirksam ist das Einverständnis aber nur, wenn das **oberste Willensorgan** in seiner Gesamtheit **zugestimmt hat**[2372]. Für die Einzelheiten sind die gesellschaftsrechtlichen Zusammenhänge maßgebend[2373]. Bei der GmbH ist die Gesamtheit der Gesellschafter zuständig. Streitig ist im Einzelnen, ob alle Gesellschafter zustimmen müssen oder ob auch ein Mehrheitsbeschluss genügt und ob ggf. die Formalien der §§ 47 ff. GmbH-Gesetz eingehalten werden müssen[2374]. Mit Recht verlangt der BGH, dass auch die Minderheitsgesellschafter mit dieser Frage befasst sein müssen[2375]. Im Übrigen ist zu beachten, dass ein zuständiges Organ jedenfalls nicht in eigene pflichtwidrige Handlungen einwilligen kann[2376].

870 **bb)** Der Missbrauchstatbestand setzt ferner voraus, dass das **Rechtsgeschäft im Außenverhältnis wirksam** sein muss[2377]. Hierzu bedarf es auch in strafrechtlichen Übungsarbeiten einer genauen zivilrechtlichen Prüfung.

871 **(1)** Der Missbrauchstatbestand ist mangels Wirksamkeit des rechtsgeschäftlichen Handelns zu verneinen, wenn der Täter als **Vertreter ohne Vertretungsmacht** handelt (vgl. § 177 Abs. 1 BGB). Dabei ist es unerheblich, ob erst gar keine Vertretungsmacht besteht oder eine tatsächlich erteilte Vertretungsmacht in ihrem Umfang überschritten wird[2378].

> **Bsp.:** T hat im Innenverhältnis den Auftrag einen Wagen für O zu kaufen. Im Außenverhältnis hat ihm O eine Vollmacht (§ 164 Abs. 1 Satz 1 BGB) für Rechtsgeschäfte bis zu 20 000 € erteilt. T schließt ein Geschäft über ein Schmuckstück im Wert von 50 000 € ab. – T hat die Grenzen im Innenverhältnis überschritten, da er keinen Auftrag zum Kauf eines Schmuckstücks besaß. Weil das Geschäft im Außenverhältnis nicht von der Vertretungsmacht gedeckt war und O daher nicht rechtsgeschäftlich verpflichtet wird, scheidet § 266 Abs. 1 Var. 1 aus; in solchen Fällen kann auf Var. 2 zurückgegriffen werden[2379].

872 Hingegen ist das Rechtsgeschäft auch bei einem Missbrauch der Vertretungsmacht grundsätzlich wirksam, wenn der Täter zwar im Innenverhältnis die Grenzen überschreitet, jedoch nach außen innerhalb seiner Vertretungsmacht handelt[2380]. Dasselbe gilt für das Handeln mit Verfügungsmacht i. S. d. § 185 BGB (z. B. bei Ge-

---

2370 *Arloth*, NStZ 1990, 570 (573 ff.); *Eisele*, GA 2001, 379 (391 f.); *Schönke/Schröder/Perron*, § 266 Rn. 21b; SSW-*Saliger*, § 266 Rn. 107.
2371 Siehe LK-*Schünemann*, § 266 Rn. 255; *Schönke/Schröder/Perron*, § 266 Rn. 21b; vgl. nunmehr aber *Radtke*, GA 2008, 535 (550 f.). Zu Besonderheiten bei der Konzernuntreue BGHSt 49, 147 (157 ff.); BGHSt 54, 52; SSW-*Saliger*, § 266 Rn. 114 ff.
2372 BGHSt 55, 266 (278 f.); BGH NStZ-RR 2018, 214 (215).
2373 Dazu näher SSW-*Saliger*, § 266 Rn. 106 ff.
2374 BGHSt 55, 266 (279 f.); *Schramm*, Untreue und Konsens, 2005, S. 125.
2375 BGHSt 55, 266 (280); zust. *Brand*, NJW 2010, 2463 (3464).
2376 BGHSt 55, 266 (281).
2377 BGH NStZ 2007, 579 (580); *Labsch*, Jura 1987, 411 (413); *Mitsch*, BT 2, 6.2.1.2.2; *Schönke/Schröder/Perron*, § 266 Rn. 4; *Wittig*, Wirtschaftsstrafrecht, § 20 Rn. 37; a. A. LK-*Schünemann*, § 266 Rn. 47.
2378 SSW-*Saliger*, § 266 Rn. 21; *Kindhäuser/Böse*, BT 2, § 35 Rn. 13.
2379 S. u. Rn. 882.
2380 *Maurach/Schroeder/Maiwald/Hoyer/Momsen*, BT 1, § 45 Rn. 21 f.; *Mitsch*, BT 2, 6.2.1.2.2.

schäften eines Kommissionärs[2381]), bei dem der Täter anders als bei der Stellvertretung nicht im fremden, sondern im eigenen Namen tätig wird.

> **Bsp.:** T ist Prokurist in der Firma des O. Im Innenverhältnis ist es ihm untersagt, Rechtsgeschäfte über 50 000 € ohne Zustimmung des O abzuschließen. T kauft jedoch ohne Rückfrage einen LKW für 250 000 €. – Da T sich im Rahmen der Vertretungsmacht bewegt (§ 49 HGB) und auch eine Beschränkung der Prokura im Außenverhältnis unwirksam wäre, wirkt das Geschäft für und gegen O. – T macht sich nach § 266 Abs. 1 Var. 1 strafbar.

873 Keine Rechtswirksamkeit ist trotz Handelns im Rahmen der Vertretungsmacht gegeben, wenn der Geschäftspartner den **Missbrauch erkennt**, dieser für **ihn erkennbar** (**evident**) ist[2382] oder ein **kollusives Zusammenwirken** von Täter und Geschäftspartner (§§ 138, 242 BGB) gegeben ist[2383].

874 (2) Nicht ausreichend ist nach h. M., dass das Rechtsgeschäft lediglich aufgrund von **Schuldnerschutzvorschriften** (z. B. § 407 BGB)[2384] oder aufgrund von **Gutglaubensvorschriften** (z. B. §§ 932 ff. BGB, 56 HGB)[2385] Wirksamkeit entfaltet. Vielmehr muss der Täter gerade von derjenigen Verfügungsbefugnis wirksam Gebrauch machen, die ihm der Vermögensträger eingeräumt hat. Die Wirksamkeit des Rechtsgeschäfts darf daher nicht nur ein Reflex der zivilrechtlichen Vorschriften sein, sondern muss auf dem rechtlichen Verhältnis zwischen dem Handelnden und dem Vermögensinhaber gründen[2386].

> **Bsp.:** Verkäuferin T veräußert in dem Ladengeschäft des O entgegen den Anweisungen wertvolle Einzelstücke mit Rabatt von 50 % an eine gutgläubige Kundin. – Trotz der Wirksamkeit des Rechtsgeschäfts gemäß § 56 HGB[2387] ist der Missbrauchstatbestand zu verneinen, da das wirksame Handeln nicht auf einer eingeräumten Befugnis beruht; § 56 HGB stellt lediglich eine Rechtsscheinsvorschrift dar[2388].

875 Ebenso ist der Tatbestand zu verneinen, wenn die Wirksamkeit des Geschäfts auf einer **Duldungs- oder Anscheinsvollmacht** beruht[2389], sofern man diese zivilrechtlich als Rechtsscheinsvollmacht begreift[2390].

876 (3) Umstritten ist, ob auch der **Bote** Verfügungs- oder Verpflichtungsmacht ausüben kann. Dies ist richtigerweise zu verneinen, da der Bote keine eigene Willens-

---

2381 A/W/H/H-*Heinrich*, § 22 Rn. 18 f.; *Fischer*, § 266 Rn. 18.
2382 A/W/H/H-*Heinrich*, § 22 Rn. 35; *Lampe*, GA 1987, 241 (247).
2383 LPK-*Kindhäuser/Hilgendorf*, § 266 Rn. 48; SK-*Hoyer*, § 266 Rn. 78; zur zivilrechtlichen Seite *Boecken*, BGB AT, 3. Aufl. 2019, Rn. 633.
2384 NK-*Kindhäuser*, § 266 Rn. 88; LK-*Schünemann*, § 266 Rn. 37 ff.
2385 *Fischer*, § 266 Rn. 20; *Rengier*, BT 1, § 18 Rn. 8.
2386 Vgl. BGHSt 5, 61 (63); BGH wistra 1988, 191; A/W/H/H-*Heinrich*, § 22 Rn. 21.
2387 Soweit man § 56 HGB als gesetzlich geregelten Fall der Rechtsscheinhaftung begreift; s. Brox/Henssler, Handelsrecht, 23. Aufl. 2020, Rn. 228; für eine gesetzliche Erweiterung der rechtsgeschäftlich erteilten Vollmacht hingegen *Flume*, BGB AT 2, 4. Aufl. 1992, S. 829.
2388 *Labsch*, Jura 1987, 412; Schönke/Schröder/*Perron*, § 266 Rn. 4; a. A. aber BGHSt 13, 315 (316); LK-*Schünemann*, § 266 Rn. 40 f.; zu § 170 BGB OLG Koblenz wistra 2011, 397.
2389 NK-*Kindhäuser*, § 266 Rn. 88; *Rengier*, BT 1, § 18 Rn. 8.
2390 *Boecken*, BGB AT, 3. Aufl. 2019, Rn. 649; *Rüthers/Stadler*, BGB AT, 20. Aufl. 2020, § 30 Rn. 41; a. A. *Flume*, BGB AT 2, 4. Aufl. 1992, S. 828, wonach die Duldungsvollmacht eine konkludent erteilte rechtsgeschäftliche Außenvollmacht darstellt, so dass § 266 Abs. 1 Var. 1 zur Anwendung gelangen kann.

erklärung abgibt, sondern lediglich eine fremde übermittelt[2391]. Bei absichtlicher Falschübermittlung ist der Geschäftsherr schon zivilrechtlich nicht gebunden[2392].

877 cc) Der Missbrauchstatbestand kann auch durch **Unterlassen** verwirklicht werden, wenn das Zivilrecht mit dem Unterlassen ausnahmsweise rechtsgeschäftliche Wirkungen nach außen verknüpft (z. B. bei §§ 362, 377 Abs. 2 HGB oder beim Schweigen auf kaufmännische Bestätigungsschreiben[2393]) und dies den Vorgaben des Innenverhältnisses widerspricht[2394].

878 c) Ob und ggf. mit welchem Inhalt eine **Vermögensbetreuungspflicht** beim Missbrauchstatbestand bestehen muss, ist umstritten. Es geht hierbei um die Frage, ob sich der Satzteil „und dadurch dem, dessen Vermögensinteressen er zu betreuen hat …", sich nur auf Var. 2 oder auch auf Var. 1 bezieht. Teilweise werden Missbrauchs- und Treubruchsalternative als selbstständige Tatbestände angesehen, so dass Var. 1 entgegen der h. M. keine Spezialvorschrift darstellt und auch keine Vermögensbetreuungspflicht verlangt[2395]. Der oben erwähnte Satzteil sei nur ein Hinweis des Gesetzgebers darauf, dass der Geschädigte mit dem Inhaber des betreuten Vermögens identisch sein müsse. Andere verlangen zwar auch für Var. 1 eine Vermögensbetreuungspflicht. Diese soll jedoch – anders als bei Var. 2 – immer schon vorliegen, wenn dem Täter die Verfügungs- oder Verpflichtungsbefugnis im Interesse des Vermögensinhabers, d. h. zu einem **fremdnützigen Handeln**, übertragen worden ist[2396]. Denn ansonsten könnten alle Fälle, die vom Missbrauchstatbestand erfasst werden, ebenso gut unter den Treubruchstatbestand subsumiert werden[2397]. Auch sei Var. 1 durch das Erfordernis des Missbrauchs der Befugnis schärfer konturiert als der Treubruchstatbestand[2398]. Überwiegend wird der Missbrauchstatbestand jedoch als spezieller Anwendungsfall des Treubruchstatbestandes angesehen, so dass eine identische **Vermögensbetreuungspflicht** verlangt wird[2399]. Hierfür spricht immerhin, dass sich der Passus „… und dadurch dem, dessen Vermögensinteressen er zu betreuen hat …" nach seiner systematischen Stellung auf beide Varianten des Tatbestandes bezieht und damit zugleich einer Ausuferung des weitgefassten § 266 begegnet werden kann.

> **Bsp.:**[2400] T bezahlt mit einer Kreditkarte des Unternehmens U (wirksam) Waren, obgleich ihm dies mangels Kontodeckung im Innenverhältnis untersagt ist. – Da der Karteninhaber T gegenüber dem Kreditkartenunternehmen U nach h. M. nicht vermögensbetreuungspflichtig und dieses Merkmal auch für Var. 1 erforderlich ist, scheidet § 266 aus. Dies gilt auch dann, wenn man zumindest ein fremdnütziges Handeln verlangt, weil T die Karte zu eigennützigen Zwecken erhält. In Betracht kommt jedoch ein Missbrauch von Scheck- und Kreditkarten nach § 266b.

[2391] OLG Hamm NJW 1972, 298 (299); A/W/H/*Heinrich*, § 22 Rn. 20.
[2392] BGH BB 1963, 204; so noch *Neuner*, BGB AT, 12. Aufl. 2020, § 49 Rn. 15; a. A. *Medicus/Petersen*, BGB AT, 11. Aufl. 2016, Rn. 748.
[2393] Ausf. *Boecken*, BGB AT, 3. Aufl. 2019, Rn. 244 ff.
[2394] *Mitsch*, BT 2, 6.2.1.2.2; *Wessels/Hillenkamp/Schuhr*, BT 2, Rn. 765.
[2395] *Kargl*, ZStW 113 (2001), 565 (589); *Labsch*, NJW 1986, 104 (107 f.); *Otto*, JZ 1985, 1008 (1009).
[2396] Vgl. *Eisele*, GA 2001, 377 (381 f.); *Otto*, BT, § 54 Rn. 5, 8 f.; *Schönke/Schröder/Perron*, § 266 Rn. 2; s. ferner LK-*Schünemann*, § 266 Rn. 23, 25, der auch für eine Anwendung des Missbrauchstatbestandes bei eigennützigen Treuhandverhältnissen ausspricht.
[2397] Vgl. *Otto*, BT, § 54 Rn. 11; *Schönke/Schröder/Perron*, § 266 Rn. 2.
[2398] *Mitsch*, BT 2, 6.2.1.2.1; *Otto*, BT, § 54 Rn. 8.
[2399] BGHSt 47, 187 (192); BGH NJW 1984, 2539 (2540); BGH NStZ 2013, 40 f.; A/W/H/*Heinrich*, § 22 Rn. 79; *Fabricius*, NStZ 1993, 414 (415); L-Kühl/*Heger*, § 266 Rn. 4.
[2400] S. auch BGHSt 24, 386 (387 f.); BGHSt 33, 244 (250 f.); zu einer Tankkarte OLG Celle NStZ 2011, 218 (219); OLG Koblenz StV 2016, 371 (373).

879 Folgt man der h. M., so hat man die beim Treubruchstatbestand näher dargestellten Voraussetzungen der Vermögensbetreuungspflicht auf den Missbrauchstatbestand zu übertragen[2401].

880 d) Hinsichtlich des **Vermögensnachteils** kann ebenfalls auf die Ausführungen zum Treubruchstatbestand verwiesen werden[2402].

2. Treubruchstatbestand, Abs. 1 Var. 2

881 Die Treubruchsvariante erfasst im Gegensatz zur Missbrauchsvariante auch tatsächliche Einwirkungen auf das Vermögen.

882 a) Erforderlich ist zunächst die Wahrnehmung fremder Vermögensinteressen kraft Gesetzes, behördlichen Auftrags, Rechtsgeschäftes oder eines Treueverhältnisses. Soweit Var. 2 auf eine Rechtsbeziehung kraft Gesetzes, behördlichen Auftrags oder Rechtsgeschäftes Bezug nimmt, gelten die Ausführungen zur Missbrauchsalternative entsprechend[2403]. Daneben werden durch das sonstige Treueverhältnis auch Personen einbezogen, die nicht rechtswirksam im Außenverhältnis handeln[2404] sowie solche, die lediglich rein tatsächlich zur Vermögensfürsorge verpflichtet sind[2405]. Zu nennen sind etwa Aufsichtsratsmitglieder einer Aktiengesellschaft, die zur Kontrolle berufen sind, selbst aber nicht rechtsgeschäftlich handeln. Dabei genügt freilich nicht die bloße tatsächliche Verfügungsgewalt über das Vermögen, vielmehr ist erforderlich, dass es sich um eine anvertraute faktische Machtstellung handelt[2406].

883 aa) Daraus folgt zunächst, dass Var. 2 ein **rechtsgeschäftliches Handeln nicht voraussetzt**.

> **Bsp. (1):** Vorstand T einer AG lässt sein Haus von Arbeitnehmern während der Arbeitszeit renovieren.
>
> **Bsp. (2):** Prokurist T des Juwelier O steckt ein Schmuckstück in die Tasche, um es für sich zu behalten. – Die Strafbarkeit nach § 266 Abs. 1 Var. 2 steht in Idealkonkurrenz zu § 242.

884 Auch ein Unterlassen – wie beispielsweise die Nichtgeltendmachung bzw. das Verjährenlassen einer Forderung, das Nichtweiterleiten von Geldern an einen Mandanten durch einen Rechtsanwalt oder das unterlassene Offenbaren einer schwarzen Kasse[2407] – wird von Var. 2 unmittelbar erfasst[2408]. Es handelt sich insoweit zugleich um ein **echtes Unterlassungsdelikt**[2409], für das es neben der Vermögensbetreuungspflicht keiner Garantenstellung und Prüfung der Entsprechungsklausel bedarf. Richtigerweise ist auch die Strafmilderung des § 13 Abs. 2 nicht anzuwenden, weil Tun und Unterlassen vom Tatbestand gleich gestellt werden[2410].

2401 S. u. Rn. 889 ff.
2402 S. u. Rn. 900 ff.
2403 A/W/H/H-*Heinrich*, § 22 Rn. 48; L-Kühl/*Heger*, § 266 Rn. 10. S. o. Rn. 817.
2404 BGH NStZ 2007, 579 (580); A/W/H/H-*Heinrich*, § 22 Rn. 40, 48.
2405 BGHSt 6, 67; SSW-*Saliger*, § 266 Rn. 25.
2406 BGH NStZ-RR 2019, 52.
2407 BGH NStZ 2020, 544 (545).
2408 BGHSt 15, 342 (344); BGH wistra 2015, 27 (28); NStZ 2015, 517 (519).
2409 A/W/H/H-*Heinrich*, § 22 Rn. 41; *Schönke/Schröder/Perron*, § 266 Rn. 35; a. A. BGH NJW 2009, 89 (91); OLG Braunschweig NJW 2012, 3798 (3800); L-Kühl/*Heger*, § 266 Rn. 2.
2410 SK-*Stein*, § 13 Rn. 89; *Wessels/Hillenkamp/Schuhr*, BT 2, Rn. 765; a. A. BGHSt 36, 227 ff.; BGH NStZ 517 (519).

> **Bsp.:** T betreut das Vermögen seiner Großmutter O. Anstatt 20000 € mit einem höheren Zinssatz anzulegen, lässt er dieses über Jahre hinweg auf einem Girokonto. – T macht sich nach § 266 Abs. 1 Var. 2 strafbar, da es auf ein wirksames rechtsgeschäftliches Handeln nicht ankommt und der O mit dem entgangenen Zinsgewinn ein Schaden entstanden ist. § 13 ist in der Fallbearbeitung beim echten Unterlassungsdelikt nicht zu erwähnen.

885 **bb)** Es genügt ferner, dass das Treueverhältnis tatsächlich besteht. Erfasst werden zunächst **erloschene Rechtsverhältnisse**, wenn weiterhin Treuepflichten daraus bestehen[2411]. In solchen Fällen kann man freilich auch noch von nachwirkenden Treuepflichten des ursprünglichen Rechtsverhältnisses kraft Gesetzes, behördlichen Auftrags oder Rechtsgeschäfts ausgehen, so dass man nicht auf das tatsächliche Treueverhältnis zurückgreifen muss[2412].

> **Bsp.:**[2413] T zieht nach Auflösung eines Geschäftsbesorgungsvertrags und Erlöschen der damit verbundenen Vollmachten weiterhin Forderungen des Vermögensinhabers ein und leitet die Gelder nicht weiter. – T macht sich aufgrund fortbestehender Pflichten nach § 266 Abs. 1 Var. 2 strafbar.

886 Entsprechendes gilt bei von vornherein **unwirksamen Geschäftsbesorgungsverhältnissen**[2414]. Allerdings besteht eine Vermögensbetreuungspflicht hier nur dann, wenn die Parteien überhaupt beabsichtigt haben, ein wirksames Rechtsverhältnis zu begründen, dies jedoch fehlgeschlagen ist[2415].

> **Bsp.:** T wird von der Mitgliederversammlung zum Vorstand eines Vereins bestellt, die Bestellung ist jedoch mangels Beschlussfähigkeit unwirksam. T nimmt dennoch die Amtsgeschäfte wahr und überweist mehrmals Gelder des Vereins auf sein Privatkonto. – § 266 Abs. 1 Var. 1 scheidet aus, weil T keine wirksame Verfügungs- bzw. Verpflichtungsbefugnis eingeräumt wurde. Jedoch erfasst § 266 Abs. 1 Var. 2 die Tätigkeit als sog. faktisches Organ. Die Beteiligten beabsichtigten mit der Bestellung auch die rechtliche Begründung eines Treueverhältnisses; für die Vermögensbetreuungspflicht ist beim faktischen Organ weiterhin erforderlich, dass die Tätigkeit vom zuständigen Vereinsgremium, hier der Mitgliederversammlung, geduldet wird[2416].

887 **(1)** Ob auch Rechtsgeschäfte, die wegen **Gesetzes- oder Sittenwidrigkeit** (§§ 134, 138 BGB) nichtig sind, tatsächliche Treueverhältnisse auslösen können, ist umstritten (sog. Ganovenuntreue). Man kann diese Problematik – parallel zu den Vermögenstheorien beim Betrug – auch erst beim Merkmal des Vermögensnachteils diskutieren. Unstreitig liegt zunächst kein Fall des § 266 vor, wenn der „Verpflichtete" gesetzes- oder sittenwidrigen Abreden nicht nachkommt, weil eine Treuepflicht zur Begehung solcher Rechtsverstöße nicht anzuerkennen ist[2417].

> **Bsp.:** T soll für O „im großen Stil" Betäubungsmittel verwahren und veräußern. T übergibt diese jedoch der Polizei. – T macht sich nicht nach § 266 Abs. 1 Var. 2 strafbar, weil er sich im Einklang mit der Rechtsordnung hält.

888 **(2)** Problematisch ist aber, ob eine Untreue möglich ist, wenn der Vermögensgegenstand aus **gesetzes- oder sittenwidrigen Geschäften** stammt. Dies wird teil-

---

2411 *Fischer*, § 266 Rn. 43; *Mitsch*, BT 2, 6.2.1.3.3; *Rengier*, BT 1, § 18 Rn. 31; krit. A/W/H/*H-Heinrich*, § 22 Rn. 52; abl. *Schönke/Schröder/Perron*, § 266 Rn. 34.
2412 A/W/H/*H-Heinrich*, § 22 Rn. 52.
2413 BGHSt 8, 149.
2414 *Mitsch*, BT 2, 6.2.1.3.3; *Seier/Martin*, JuS 2001, 874 (878).
2415 A/W/H/*H-Heinrich*, § 22 Rn. 53 f.; SK-*Hoyer*, § 266 Rn. 40.
2416 BGH NJW 1997, 66 (67); A/W/H/*H-Heinrich*, § 22 Rn. 54; *Schönke/Schröder/Perron*, § 266 Rn. 30, 33.
2417 BGHSt 8, 254 (258); *Fischer*, § 266 Rn. 44; *Rengier*, BT 1, § 18 Rn. 32; *Wessels/Hillenkamp/Schuhr*, BT 2, Rn. 774.

weise bejaht, weil für Straftäter untereinander kein straffreier Raum bestehen könne[2418]. Parallel zu dem bei § 263 vertretenen juristisch-ökonomischen Vermögensbegriff wird von der Gegenansicht mit Recht eine Strafbarkeit verneint, weil das Strafrecht nicht dasjenige schützen könne, was das Zivilrecht missbillige[2419]. Die Rechtsprechung geht von einem wirtschaftlichen Ausgangspunkt aus, der durch normative Erwägungen zu korrigieren sein kann[2420].

> **Bsp.:** T verwahrt für O gestohlene Ware, die er für O absetzen soll. Er entschließt sich dann später, diese auf eigene Rechnung zu veräußern. – § 266 Abs. 1 Var. 1 scheidet schon deshalb aus, weil T in eigenem Namen handelte und O nicht wirksam im Außenverhältnis verpflichtete. Var. 2 lässt sich mit dem wirtschaftlichen Vermögensbegriff bejahen, mit dem juristisch-ökonomischen Vermögensbegriff verneinen. Mit dem Weiterverkauf (Manifestation der Zueignung) ist § 246 Abs. 1 (nicht jedoch Absatz 2) verwirklicht[2421], der ggf. hinter § 266 Abs. 1 Var. 2 zurücktritt[2422]. Eine Strafbarkeit nach § 259 scheidet aus; ein Sich-Verschaffen liegt nicht vor, weil T die Verfügungsgewalt für O (Verwahrung) und nicht zu eigenen Zwecken übernahm. Ein Absetzen bzw. eine Absatzhilfe ist zu verneinen, weil diese ein Handeln für Rechnung des Vortäters (O) voraussetzt[2423].

889 b) Inhalt der **nach h. M. für beide Varianten gleich zu bestimmenden Vermögensbetreuungspflicht** ist die Geschäftsbesorgung für einen anderen in einer nicht ganz unbedeutenden Angelegenheit mit einem Aufgabenkreis von einigem Gewicht und einem gewissen Grad an Verantwortlichkeit[2424]. Die unscharfe Fassung der Vorschrift macht es im Hinblick auf den in Art. 103 Abs. 2 GG verankerten Bestimmtheitsgrundsatz notwendig, zumindest den Tatbestand der Var. 2 restriktiv auszulegen[2425] und an die Vermögensbetreuungspflicht hohe Anforderungen zu stellen.

890 aa) Die Vermögensbetreuungspflicht muss zunächst durch eine **Fremdnützigkeit des Handelns** gekennzeichnet sein, d. h. die Wahrnehmung fremder Vermögensinteressen muss den wesentlichen Inhalt bzw. den Hauptgegenstand des Treueverhältnisses bilden[2426]. Zu verneinen ist dies etwa, wenn der Vermögensinhaber seine Kreditkarte einem Dritten zu eigennützigen Zwecken überlässt[2427]. Für vertragliche Beziehungen bedeutet dies, dass die Vermögensbetreuungspflicht **Hauptgegenstand des Treueverhältnisses** und nicht bloße Nebenpflicht sein muss[2428]. Die allgemeine Erfüllungs- und Rücksichtnahmepflicht bei Vertragsverhältnissen begründet daher noch keine Vermögensbetreuungspflicht. Bei gegenseitigen Verträgen folgt dies regelmäßig bereits daraus, dass ein eigennütziges und kein fremd-

---

2418 BGHSt 8, 254 (258); BGHSt 20, 143 (145); *Fischer*, § 266 Rn. 46.
2419 *Joecks/Jäger*, § 266 Rn. 37; *Maurach/Schroeder/Maiwald/Hoyer/Momsen*, BT 1, § 45 Rn. 30; *Mitsch*, BT 2, 6.2.1.3.3; MünchKomm-*Dierlamm*, § 266 Rn. 168; NK-*Kindhäuser*, § 266 Rn. 42; *Schönke/Schröder/Perron*, § 266 Rn. 31; SSW-*Saliger*, § 266 Rn. 29.
2420 BGH wistra 2019, 190 (193).
2421 S. o. Rn. 273.
2422 S. o. Rn. 278.
2423 S. u. Rn. 1157.
2424 Vgl. nur BGHSt 33, 244 (250); BGHSt 55, 288 (298); *Mitsch*, JuS 2011, 97 (100); *Wessels/Hillenkamp/Schuhr*, BT 2, Rn. 752.
2425 Zu Var. 1, die zusätzlich einen Missbrauch der eingeräumten Befugnis verlangt, s. o. Rn. 863.
2426 BGHSt 61, 48 (62); BGHSt 62, 288 (299 f.); BGH NJW 1991, 2574; L-Kühl/*Heger*, § 266 Rn. 11; *Wessels/Hillenkamp/Schuhr*, BT 2, Rn. 770.
2427 Vgl. OLG Hamm NStZ-RR 2015, 213 (214).
2428 RGSt 69, 58 (61); BGHSt 1, 186 (189); BGHSt 13, 315 (317); BGH NStZ 2020, 35 (36); *Mitsch*, BT 2, 6.2.1.3.3; MünchKomm-*Dierlamm*, § 266 Rn. 45.

nütziges Handeln vorliegt. Daher ist bei Darlehensverhältnissen und allgemein bei Kreditvereinbarungen der Darlehensnehmer gegenüber dem Darlehensgeber grundsätzlich nicht treupflichtig[2429].

>**Bsp.:** T schließt mit O einen Kaufvertrag über einen Sportwagen zu einem Kaufpreis von 50000 €. Nachdem O gezahlt hat, weigert sich T zu liefern. – Wenngleich der Vermögenswert erheblich ist, verwirklicht T nicht § 266 Abs. 1 Var. 2. Hauptgegenstand des Kaufvertrages war nicht die fremdnützige Betreuung des Vermögens des O, sondern ein eigennütziger Verkauf des Wagens mit entsprechender Erfüllungspflicht.

891 Aus denselben Gründen hat auch der Leasingnehmer im Verhältnis zum Leasinggeber und der Reiseveranstalter gegenüber dem Reisenden[2430] keine Vermögensbetreuungspflicht. Entsprechendes gilt bei der Vereinbarung eines Eigentumsvorbehalts[2431]. Auch bei der Sicherungsübereignung, Sicherungszession und Sicherungsgrundschuld haben gewöhnlich weder Sicherungsgeber noch Sicherungsnehmer Vermögensbetreuungspflichten, sofern diese nicht auf Besonderheiten des Einzelfalls gestützt werden können[2432].

892 bb) Das Treueverhältnis muss nach h. M. ferner von **einiger Bedeutung** sein. Als Kriterien für die Vermögensbetreuungspflicht werden neben Art, Dauer und Umfang der Tätigkeit vor allem das Maß an Selbstständigkeit, der Bewegungsspielraum, die Entscheidungsfreiheit des Handelnden bei seiner Tätigkeit sowie die Kontrollmöglichkeiten des Treugebers herangezogen[2433]. Die Literatur verlangt dabei für die Annahme von Selbstständigkeit, dass der Entscheidungsspielraum und die Dispositionsfreiheit des Verpflichteten den Umständen bei einem Geschäftsbesorgungsverhältnis i. S. v. § 675 BGB entsprechen[2434].

>**Bsp.:**[2435] Der bettlägerige O überlässt dem T seine EC-Karte mit Geheimzahl, damit dieser ihn versorgen kann. Die Hälfte des Geldes verwendet T jedoch für sich. – T macht sich nach § 266 Abs. 1 Var. 2 strafbar, da er dieselbe Selbstständigkeit wie bei einer Kontovollmacht besitzt.

893 Sind hingegen die **Einzelheiten der Tätigkeit** bereits festgelegt oder nimmt der Vermögensinhaber maßgeblichen Einfluss, so ist der Tatbestand zu verneinen[2436].

>**Bsp.:** Der bei O angestellte T veräußert im Fußballstadion in einem bestimmten Tribünenbereich Popcorn mit einem Bauchladen. Er muss zu Spielbeginn, nach der Halbzeit und am Ende des Spiels die Einnahmen am Stand des T abliefern. Eines Tages steckt er 50 € Wechselgeld in die eigene Tasche. – Angesichts der Vorgaben und des geringen Entscheidungsspielraums ist eine Vermögensbetreuungspflicht und damit § 266 zu verneinen. Aufgrund der räumlichen Bindung des T an O und den Weisungen kann man aber einen Mitgewahrsam des O am Geld annehmen, so dass sich T nach § 242 mit dem Einstecken strafbar macht; andernfalls gelangt man zu einer Strafbarkeit nach § 246 Abs. 1 und 2.

894 Für die klausurrelevanten Fälle des Handelns von Kassierern ist damit entscheidend, ob diese die Kasse alleinverantwortlich zu betreuen haben, d. h. Einnahmen

---

2429 BGH NStZ 2020, 35 (36), wonach bei zweckgebundenen Darlehen in engen Grenzen anderes gelten kann.
2430 BGHSt 28, 20 (23 ff.).
2431 BGHSt 22, 190 (191 f.); BGH wistra 1987, 136 (137).
2432 BGH MDR 1990, 888; OLG Celle wistra 2014, 34 (35); näher *Schönke/Schröder/Perron*, § 266 Rn. 26.
2433 BVerfGE 126, 170 (209); BGHSt 13, 315 (317); BGHSt 55, 288 (298); BGHSt 61, 48 (62 f.); BGHSt 62, 288 (299 f.); BGH NStZ 2020, 35 (36); NK-*Kindhäuser*, § 266 Rn. 47; *Mitsch*, BT 2, 6.2.1.3.3.
2434 BGHSt 3, 289 (293 f.); BGHSt 13, 315 (317); BGHSt 41, 224 (229).
2435 Vgl. OLG Hamm NStZ-RR 2004, 111 (112).
2436 BGH NStZ 2013, 407 f.

und Ausgaben selbstständig kontrollieren, quittieren und abliefern[2437]. Dies dürfte bei einem Bankkassierer meist zu bejahen sein; bei einem Kassierer in einem Ladengeschäft ist dies jedoch von der konkreten Ausgestaltung im Einzelfall abhängig[2438].

Bspe.:[2439] Erfasst werden danach in Vermögensangelegenheiten tätige Rechtsanwälte, Notare, Steuerberater, Vermögensverwalter, Prokuristen, Filialleiter, Geschäftsführer, Vorstände und Aufsichtsräte[2440]. Aus dem öffentlich-rechtlichen Bereich kommen z. B. (Ober-)Bürgermeister, Kämmerer oder Landräte in Betracht. Ebenso soll ein Vertragsarzt gegenüber der Krankenkasse eine Vermögensbetreuungspflicht haben[2441].

Gegenbsp.: Ohne weiteren Anhaltspunkt haben Arbeiter, Lehrlinge und Sekretärinnen keine Vermögensbetreuungspflicht. Auch die Beamtenstellung ist für sich genommen nicht ausreichend, wenn aus dem speziellen Aufgabengebiet keine Vermögensbetreuungspflicht entspringt[2442].

Die **Rechtsprechung** fasst den Begriff der Selbstständigkeit bisweilen weiter und scheidet nur weisungsabhängige und mechanische Tätigkeiten aus[2443]. Ein nur geringer Handlungsspielraum soll einer Vermögensbetreuungspflicht jedenfalls nicht von vornherein entgegenstehen[2444]. Bedeutung erlangt dies etwa für die Verwendung der **Mietkaution** durch den Vermieter. **895**

Bsp.:[2445] Vermieter T verwendet bei einer Wohnraummiete die Mieterkaution des Mieters O vertragswidrig für den Kauf einer weiteren Wohnung. – Nach der Rspr. soll aufgrund der Pflichten des § 551 Abs. 3 BGB eine gesetzlich begründete Vermögensbetreuungspflicht bei Wohnraummiete zu bejahen sein, da ein treuhänderisches Rechtsverhältnis vorliege. In der Literatur wird dagegen in diesen Fällen die Vermögensbetreuungspflicht verneint, da der Vermieter für den Umgang mit der Mieterkaution nach § 551 Abs. 3 BGB nur einen engen Entscheidungsspielraum hat[2446]. Zudem kann bereits bezweifelt werden, ob er fremde oder nicht eigene Vermögensinteressen wahrnimmt[2447]. Weil für Gewerberaummiete keine dem § 551 Abs. 3 BGB entsprechende Regelung existiert, lehnt hier auch der BGH eine Vermögensbetreuungspflicht ab[2448].

cc) **Täter des Sonderdelikts** kann nur der Vermögensbetreuungspflichtige sein; andere Beteiligte kommen nur als Teilnehmer in Betracht, wobei nach h. M. § 28 Abs. 1 zu berücksichtigen ist[2449]. **896**

Bsp.: Unternehmer U bittet den zuständigen Beamten T, ihm unter Verstoß gegen haushaltsrechtliche Vorschriften eine Subvention zu gewähren; U entwirft den Plan und wirkt durch Einreichung des Antrages erheblich mit. T überweist das Geld dann nach Bearbeitung des Antrages auf ein Konto des U. – Da T für die öffentlichen Gelder vermögensbetreuungspflichtig ist, macht er sich täterschaftlich nach § 266 strafbar. U kann das Sonderdelikt trotz erheblicher Mitwirkung nicht (mit-)täterschaftlich verwirk-

---

2437 So BGHSt 13, 315 (318 f.), für den Verwalter eines Fahrkartenschalters; BGH wistra 1989, 60 (61).
2438 Grundsätzlich bejahend *Krey/Hellmann/Heinrich*, BT 2, Rn. 813; verneinend *Rengier*, BT 1, § 18 Rn. 28 f.
2439 Vgl. die Auflistung bei *Fischer*, § 266 Rn. 48.
2440 Zum Aufsichtsrat *Brammsen*, ZIP 2009, 1504; *Krause*, NStZ 2011, 57; zum Vorstand einer AG *Brand*, AG 2007, 681; *Seibt/Schwarz*, AktG 2010, 301.
2441 BGH NStZ 2017, 32; dazu *Hoven*, NJW 2016, 3213 ff.; *Schneider*, HRRS 2017, 231 ff.
2442 BGH StV 1995, 73.
2443 BGH NStZ 1983, 455.
2444 BGH wistra 2008, 427 (428).
2445 Nach BGHSt 41, 224 (228 f.); BGHSt 52, 182 (184).
2446 *Satzger*, Jura 1998, 570 (573); *Sowada*, JR 1997, 28 (30 ff.); *Wessels/Hillenkamp/Schuhr*, BT 2, Rn. 771.
2447 *Kretschmer*, JR 2008, 348 (350); *Rönnau*, NStZ 2009, 633 (634).
2448 BGHSt 52, 182 (184 ff.) m. krit. Anm. *Kretschmer*, JR 2008, 348; *Rönnau*, NStZ 2009, 633.
2449 S. o. Rn. 855.

lichen, da ihn als Subventionsempfänger keine Vermögensbetreuungspflicht trifft. Er macht sich lediglich wegen Anstiftung nach §§ 266, 26 strafbar, wobei ihm die Milderung nach § 28 Abs. 1 zugute kommt.

897 c) Erforderlich ist ferner eine **Verletzung der Vermögensbetreuungspflicht**. Erfasst wird jedes Handeln oder Unterlassen, das im Widerspruch zur Treuepflicht steht. Zu beachten ist, dass der Täter dabei gerade in seiner **Funktion als Vermögensbetreuungspflichtiger** – z. B. als Vorstand oder Aufsichtsratsmitglied – handeln muss[2450] und gerade eine Pflicht verletzt, auf die sich die Vermögensbetreuungspflicht bezieht[2451]. Pflichten, für die gerade kein Ermessensspielraum besteht, sind daher auch im Falle ihrer Verletzung kein tauglicher Anknüpfungspunkt für eine Untreuestrafbarkeit[2452]. Bei Verstößen gegen die Legalitätspflicht soll dabei unerheblich sein, dass die Handlung im Interesse der Gesellschaft lag und für diese profitabel war[2453]. Ein **Einverständnis** des Vermögensinhabers mit der Handlung lässt die Pflichtverletzung entfallen und wirkt daher auch im Rahmen der Var. 2 tatbestandsausschließend; dabei sind derzeit vor allem Fälle der Untreue zum Nachteil von Gesellschaften in der Diskussion[2454].

898 aa) Der Täter muss dabei stets seinen **spezifischen Treuepflichten** zuwiderhandeln[2455]. Die Verletzung allgemeiner Schuldnerpflichten genügt selbst bei Bestehen einer Vermögensbetreuungspflicht nicht[2456].

> **Bsp.:** Notar T gibt die für O gewinnbringend angelegten Gelder nicht rechtzeitig heraus. – Zwar besteht eine Vermögensbetreuungspflicht, die auch Hauptpflicht des Vertrages ist, jedoch ist die rechtzeitige Herausgabe an einen Mandanten eine allgemeine Schuldnerpflicht, die sich von Herausgabepflichten anderer Schuldverhältnisse ohne Treueabrede nicht wesentlich unterscheidet[2457]. Damit scheidet § 266 Abs. 1 Var. 2 aus.

899 bb) Eine weitere Einschränkung ergibt sich daraus, dass die **Pflichtverletzung** nach Ansicht des BVerfG „gravierend" oder „evident" sein muss[2458]. Diese Restriktion ist zunächst für **Spenden durch Vorstände von Gesellschaften** zur Förderung von Kunst, Wissenschaft oder Sport für den Bereich gesellschaftsrechtlicher Pflichtverletzungen entwickelt worden. Dabei soll eine Gesamtschau gesellschaftsrechtlicher Kriterien – wie fehlende Nähe zum Unternehmensgegenstand, Unangemessenheit im Hinblick auf die Ertrags- und Vermögenslage, fehlende innerbetriebliche Transparenz sowie Vorliegen sachwidriger Motive, namentlich Verfolgung rein persönlicher Präferenzen – entscheidend sein[2459]. Jedenfalls dann, wenn sämtliche Kriterien erfüllt sind, soll eine Pflichtverletzung vorliegen. Ähnliches gilt auch für die im Mannesmann-Fall diskutierte **Haftung von Aufsichtsratsmitgliedern** bei Vergütungsentscheidungen, die nach § 87 Abs. 1 AktG – hin-

---

2450 BGHSt 54, 148 (162), für die Anstiftung durch einen Betriebsratsvorsitzenden, bei dem die Eigenschaft als Aufsichtsratsmitglied nur im Rahmen der Strafzumessung herangezogen wird; krit. *Bittmann*, NJW 2010, 99.
2451 BGH wistra 2013, 104.
2452 BGHSt 61, 48 (70); BGHSt 62, 288 (311), zum haushaltsrechtlichen Gebot der Sparsamkeit und Wirtschaftlichkeit.
2453 BGHSt 55, 266 (275 f.); *Rönnau*, FS Tiedemann, 2008, S. 713 (725).
2454 S. schon o. Rn. 865 ff.
2455 BGHSt 28, 20 (25); OLG Karlsruhe StraFo 2008, 38 f.; L-Kühl/*Heger*, § 266 Rn. 15; *Schönke/Schröder/Perron*, § 266 Rn. 23.
2456 BGH NStZ 1989, 72 f.; *Otto*, BT, § 54 Rn. 20; *Wessels/Hillenkamp/Schuhr*, BT 2, Rn. 770.
2457 BGH NStZ 1986, 361; OLG Hamm NStZ-RR 2000, 236 (237).
2458 BVerfGE 126, 170 (211).
2459 BGHSt 47, 187 (197); vgl. dazu auch *Tiedemann*, Wirtschaftsstrafrecht BT, Rn. 1091.

sichtlich Zahlungsanlass und Vergütungshöhe – angemessen sein müssen. Eine gesellschaftsrechtliche Pflichtverletzung i. S. d. §§ 93 Abs. 1 und 2, 116 Satz 1 AktG ist nur anzunehmen, wenn der Aufsichtsrat die Grenzen des weiten Ermessens evident überschritten, d. h. eine eindeutig unvertretbare Entscheidung getroffen hat[2460]. Das BVerfG hat dieses vom BGH für unternehmerische Entscheidungen entwickelte Kriterium verallgemeinert[2461], ohne dass dessen Anwendungsbereich und inhaltliche Konkretisierung annähernd klar wäre[2462]. In Folge dessen hat die Rechtsprechung diese Einschränkung inzwischen auch auf andere Konstellationen übertragen[2463].

d) Letztlich muss gerade dem zu betreuenden Vermögen ein **Nachteil zugefügt** worden sein. Der Vermögensnachteil ist dabei strikt von der Pflichtwidrigkeit abzuschichten, um eine sog. **„Verschleifung" der Tatbestandsmerkmale** zu verhindern[2464]. Hierfür ist ein Vergleich des gesamten betreuten Vermögens vor und nach der pflichtwidrigen Handlung erforderlich[2465]. Es muss demnach infolge der Pflichtverletzung eine Minderung des zu betreuenden Vermögens eintreten, ohne dass diese durch zufließende Vermögensvorteile unmittelbar ausgeglichen wird[2466]. So liegt etwa bei verschleierten Schmiergeldzahlungen an Mitarbeiter eines Unternehmens dessen Vermögensnachteil regelmäßig bereits darin, dass das Schmiergeld auf den später seitens des Unternehmens zu zahlenden Preis aufgeschlagen und damit auf dieses verlagert wird, ohne dass es hierfür eine Gegenleistung erhält[2467]. Eine Kompensation muss freilich nicht in zeitlichem Zusammenhang erfolgen, solange hierfür keine weiteren, selbstständigen Handlungen hinzutreten müssen[2468]. Auch muss der Vermögensinhaber nicht zwingend Kenntnis von dem kompensierenden Vermögenszufluss haben[2469]. Der Vermögensnachteil ist im Grundsatz in Anlehnung an den Vermögensschaden bei § 263 zu bestimmen, so dass auch hier entsprechende Fragen – wie etwa die Lehre von der Zweckverfehlung oder vom individuellen Schadenseinschlag[2470] – zu diskutieren sein können. Angesichts der unscharfen Konturen des Untreuetatbestandes werden hier jedoch im Hinblick auf das Bestimmtheitsgebot des Art. 103 Abs. 2 GG mit Recht Einschränkungen gefordert.

aa) Ein wichtiger Unterschied zu § 263 ist zunächst darin zu sehen, dass nach h. M. kein Schaden vorliegt, wenn der Täter **eigene flüssige Mittel zum jederzei-**

2460 BGHSt 50, 331 (336, 340 f.); BGHSt 61, 48 (65); *Dittrich*, Die Untreuestrafbarkeit von Aufsichtsratsmitgliedern, 2007, S. 210 ff.; *Murmann*, Jura 2010, 561 (565); *Saliger*, JA 2007, 326 (330).
2461 BVerfGE 126, 179 (210 f.).
2462 Zu Einzelheiten SSW-*Saliger*, § 266 Rn. 47 ff.
2463 BGH NJW 2020, 628 (629) zur Haushaltsuntreue; NStZ 2013, 715; OLG Hamm NStZ-RR 2012, 374 (375); OLG Celle wistra 2014, 34 (35 f.); anders OLG Braunschweig NJW 2012, 3798 (3800), für Fälle, in denen keine Handlungsspielraum besteht; diff. SSW-*Saliger*, § 266 Rn. 50. Zur Kritik an dem Erfordernis einer gravierenden Pflichtverletzung *Schünemann*, ZIS 2012, 183 (191 ff.).
2464 BVerfGE 126, 170 (228); BVerfG NJW 2013, 365 (366); BGHSt 55, 288 (304).
2465 BGHSt 47, 295 (301 f.); BGH NStZ-RR 2006, 378; BGH NStZ 2018, 105 (107).
2466 BGHSt 15, 342 (343); *Hellmann*, ZIS 2007, 433 (439).
2467 BGHSt 49, 317 (332); BGHSt 50, 299 (314); BGH NJW 2013, 3590 (3592).
2468 BGH NStZ 2011, 403 (405 f.).
2469 BGH NStZ 2018, 105 (107).
2470 Gebilligt von BVerfG NJW 2013, 365 (367); BGH NStZ 2010, 330 (332); BGH NStZ 2018, 105 (107); krit. SSW-*Saliger*, § 266 Rn. 79.

tigen Ersatz der eigenmächtig verwendeten Summe zur Verfügung hat und darauf achtet, diese Mittel ständig zum Ausgleich benutzen zu können[2471].

> **Bsp.:** Notar T verwaltet Gelder des mit ihm befreundeten O auf einem Konto; eines Tages entschließt er sich zu einer riskanten und im Ergebnis auch verlustreichen Anlage. Auf einem eigenen Konto hält er eine deutlich höhere Summe zur Verfügung, um etwaige Verluste ausgleichen zu können. – In diesem Fall ist ein Vermögensschaden und damit eine Untreuestrafbarkeit zu verneinen, da der Verlust jederzeit kompensiert werden kann.

902 Eine nur vage Chance auf künftige Vermögensmehrung für das vom Täter zu betreuende Vermögen stellt allerdings noch keinen den Nachteil **kompensierenden Vorteil** dar[2472]. Ebenfalls keine schadensausschließende Kompensation, sondern eine allenfalls auf Strafzumessungsebene zu beachtende Schadenswiedergutmachung liegt vor, wenn der Vermögensvorteil erst durch eine spätere selbstständige Handlung – z. B. Ersatzleistung des Täters, eines Dritten oder der Versicherung – hervorgebracht wird[2473].

903 **bb)** In jüngerer Zeit ist in Parallele zu § 263 die Problematik der **konkreten Vermögensgefährdung** in den Blick geraten, die insbesondere bei sog. Risikogeschäften und Bildung „schwarzer Kassen" von Bedeutung ist. Im Gegensatz zum Betrug[2474] ist der Ausgangspunkt bei der Untreue jedoch ein etwas anderer. Hier besteht die Gefahr, dass durch eine Ausdehnung des Schadens auf vorgelagerte Vermögensgefährdungen die Straflosigkeit des Versuchs umgangen wird; zudem existiert auf subjektiver Ebene keine der Bereicherungsabsicht entsprechende einschränkende Voraussetzung[2475].

> **Bsp.:**[2476] T vertreibt Anteile an geschlossenen Immobilienfonds. Als sein Unternehmen in wirtschaftliche Schwierigkeiten gerät, verwendet er die auf Treuhandkonten eingehenden Gelder der Anleger abredewidrig dazu, die jeweils aktuellen Forderungen gegen das Unternehmen zu tilgen. Aufgrund der stetig zunehmenden Schulden sind schließlich die angelegten Gelder verloren. – T verletzt mit der zweckwidrigen Verwendung der Gelder seine Vermögensbetreuungspflicht. Fraglich ist, ob bereits mit der Entnahme der Gelder vom Treuhandkonto ein Gefährdungsschaden oder ein endgültiger Vermögensschaden eingetreten ist.

904 (1) Die Rechtsprechung nimmt in diesen Fällen bereits einen **endgültigen Vermögensschaden** an; beim Abschluss von Risikogeschäften trete bereits ein endgültiger Schaden ein, weil die risikobehafteten Forderung sogleich minderwertig seien[2477]. Wie bei § 263 sollte man mit dem BVerfG insoweit von einem **Gefährdungsschaden** sprechen und diese prinzipiell vom endgültigen Vermögensnachteil unterscheiden[2478]. Hierfür spricht nicht nur, dass es inzwischen bei

---

2471 BGHSt 15, 342 (344); BGH NStZ 1995, 233 (234); BGH wistra 2020, 257 (259); *Rengier*, BT 1, § 18 Rn. 51a; a. A.; *Schönke/Schröder/Perron*, § 266 Rn. 42.
2472 BGH NStZ-RR 2002, 237 (238); vgl. auch BGHSt 54, 148 (158 f.) für Sonderzahlungen um das Wohlwollen des Betriebsratsvorsitzenden zu sichern.
2473 S. auch BGH NJW 2008, 458; s. ferner o. Rn. 574.
2474 Zur entsprechenden Problematik beim Betrug s. o. Rn. 577 ff.
2475 BGHSt 51, 100 (121).
2476 Nach BGH NStZ 2008, 705.
2477 BGHSt 62, 144 (154); BGH NStZ 2008, 457; ferner BGHSt 52, 323 (336) – „schwarze Kasse"; BGHSt 55, 266 (284) – „schwarze Kasse"; BGHSt 53, 199 (203 f.) – zu § 263. In BGHSt 53, 71 (85) differenziert allerdings auch der 1. Strafsenat zwischen Vermögensverlust und Gefährdungsschaden.
2478 Vgl. auch BVerfGE 126, 170 (221); BGHSt 61, 48 (74); BGH NStZ 2007, 579; NStZ 2020, 294 (296); *Satzger*, NStZ 2009, 297 (302 f.); *Schönke/Schröder/Perron*, § 266 Rn. 45; vgl. o. Rn. 578; auch hier sollte man auf den Begriff der „*schadensgleichen*" Vermögensgefährdung verzichten.

Betrug und Untreue zahlreiche fest konturierte Fallgruppen gibt, sondern auch, dass beim Gefährdungsschaden das Verlustrisiko nur prognostiziert wird und daher vom endgültigen Schaden abweichen kann[2479]. Zudem ist im Gesetz selbst mit der Befugnis „einen anderen zu verpflichten" die Vermögensgefährdung in Form einer vertraglichen Bindung angelegt[2480]. Ferner ist in diesen Fällen verlangen, dass die Vermögensminderung zahlenmäßig beziffert und der Gefährdungsschaden in nachvollziehbarer Weise festgestellt wird, um eine Überdehnung des Tatbestandes durch Einbeziehung diffuser Verlustwahrscheinlichkeiten zu verhindern[2481]. Im Übrigen lassen sich weitere Einschränkungen auch über die Anwendung der Figur der objektiven Zurechnung erzielen[2482]. Im Ergebnis kann man im vorgenannten Bsp. daher einen Gefährdungsschaden bejahen.

(2) Die Rechtsprechung des 2. Strafsenats befürwortet eine **Einschränkung im subjektiven Tatbestand**. Der Täter muss demnach nicht nur den Gefährdungsschaden in seinen Vorsatz aufnehmen, sondern darüber hinaus die Realisierung dieser Gefahr auch billigen[2483]. Ob dies freilich der richtige Weg ist, um die weite Strafbarkeit des § 266 zu begrenzen, darf bezweifelt werden[2484]. Denn damit wird letztlich die Kongruenz von objektivem und subjektivem Tatbestand aufgegeben. Zudem dürfte durch die Subjektivierung kaum ein größeres Maß an Bestimmtheit herbeigeführt werden[2485]. Richtigerweise muss es genügen, dass sich der Vorsatz auf den Gefährdungsschaden bezieht.

Auch bei der Bildung **schwarzer Kassen**[2486] oder **unordentlicher Buchführung** stellt sich diese Problematik.

> **Bsp.:**[2487] Im Unternehmen S bildet der leitende Angestellte T geheime Konten im Ausland, um damit im Ausland Bestechungsgelder zu zahlen und so an lukrative Aufträge zu gelangen. Die Konten werden in der Buchführung nicht genannt und sind dem Vorstand auch nicht bekannt; vielmehr sind Schmiergeldzahlungen im Unternehmen nicht gestattet. Aufgrund der durch die Schmiergeldzahlungen erlangten Aufträge macht das Unternehmen einen Milliardengewinn. – T obliegt als leitender Angestellter eine Vermögensbetreuungspflicht. Nach Ansicht des BGH liegt die Pflichtverletzung i. S. d. Var. 2 in der nicht ordnungsgemäßen Verbuchung der Gelder, weil der Vorstand weder Kenntnis davon besaß, geschweige denn ein Einverständnis erteilte[2488]. Der BGH nimmt hier bereits einen endgültigen Vermögensschaden an, weil dem Vermögensinhaber der Zugriff auf die Mittel entzogen ist[2489]; nach Teilen der Literatur liegt hingegen ein sog. Gefährdungsschaden vor[2490]. Eine Kompensation des Schadens durch die er-

---

2479 BVerfGE 126, 170 (224); *Beulke/Witzigmann*, Jura 2008, 426 (433); *Wessels/Hillenkamp/Schuhr*, BT 2, Rn. 776.
2480 SSW-*Saliger*, § 266 Rn. 83; ferner *Murmann*, Jura 2010, 561 (565).
2481 BVerfGE 126, 170 (221); BVerfG NJW 2013, 365 (366); BGHSt 62, 144 (154 f.); BGH NStZ 2020, 294 (296); *Schönke/Schröder/Perron*, § 266 Rn. 45.
2482 Dazu nur *Bittmann*, NJW 2011, 1751 (1752); *Mansdörfer*, JuS 2009, 114 (116); *Saliger*, JuS 2007, 326 (333) mit Beispielsfällen.
2483 BGHSt 51, 100 (121) – zu „schwarzen Kassen"; BGH NStZ 2007, 705; NStZ 2013, 715 (716); anders der 1. Strafsenat BGH NStZ 2008, 457.
2484 Krit. etwa auch *Perron*, NStZ 2008, 517; *Ransiek*, NJW 2007, 1727 (1729); *Saliger*, NStZ 2007, 545 (550 f.); vgl. aber *Fischer*, § 266 Rn. 181 ff.
2485 *Schönke/Schröder/Perron*, § 266 Rn. 50.
2486 BGH wistra 2000, 136 (137); NStZ 2020, 544 (545).
2487 Stark vereinfacht nach BGHSt 52, 323.
2488 Ob ein solches angesichts des Einsatzes zu Bestechungszwecken überhaupt wirksam wäre, lässt BGHSt 52, 332 (335) offen.
2489 BGHSt 55, 266 (284); BGH NStZ 2020, 544 (545).
2490 Zum Streitstand schon o. Rn. 903 f.

langten Gewinne soll ausscheiden, weil diese zum Zeitpunkt der Verschleierung der Gelder nur eine vage Chance war und der tatsächliche Gewinn erst später eintrat[2491].
Zu beachten ist, dass ein Gefährdungsschaden auch hier nicht schon bei jeder Erschwerung der Wahrnehmung von Vermögensrechten bejaht werden kann. Bei Verschweigen einer Forderung kann dies allenfalls zu bejahen sein, wenn der Berechtigte diese z. B. aufgrund von Verjährung oder Zahlungsunfähigkeit des Schuldners nicht mehr realisieren kann[2492]. Bei **unordentlicher Buchführung** ist zumindest erforderlich, dass der Berechtigte in „beachtlicher Weise" gehindert wird, seine begründeten Ansprüche zu erkennen und geltend zu machen[2493]. Zweifelhaft ist hingegen, ob ein Gefährdungsschaden schon dann vorliegt, wenn in Folge unzureichender Buchhaltung mit einer doppelten Inanspruchnahme des Vermögensinhabers zu rechnen ist[2494]; hierfür kann die nur abstrakte Möglichkeit keinesfalls ausreichend sein.

907 Zusammenfassend bleibt festzuhalten, dass der Gefährdungsschaden vom endgültigen Vermögensverlust zu unterscheiden ist. An den Gefährdungsschaden sind jedoch **strenge Anforderungen** zu stellen. Dies lässt sich auch anhand der Betreuung von **Mandantengeldern durch einen Rechtsanwalt** aufzeigen.

> **Bsp.:**[2495] Rechtsanwalt T erfasst Zahlungseingänge für den Mandanten O nicht – wie erforderlich – auf einem gesonderten Anderkonto, sondern auf dem allgemeinen Geschäftskonto der Kanzlei. Die Gelder zahlt er verspätet aus. – Obgleich T mit dem Verbuchen der Gelder auf dem allgemeinen Geschäftskonto eine Vermögensbetreuungspflicht verletzt, scheidet § 266 Abs. 1 Var. 2 aus, weil kein Gefährdungsschaden vorliegt. Ein solcher wäre etwa gegeben, wenn die Gelder dem Zugriff von Gläubigern des T offen gestanden hätten und deshalb die nahestehende Gefahr des Verlustes bestanden hätte. Eine abstrakte Gefahr ist nicht ausreichend. Die verspätete Auszahlung der Gelder begründet hingegen keine Verletzung der spezifischen Vermögensbetreuungspflicht, da insoweit nur die Verletzung einer allgemeinen Schuldnerpflicht im Raum steht[2496]. Bereits ein endgültiger Schaden wäre hingegen eingetreten, wenn die Gelder vom Geschäftskonto wieder abgeflossen wären oder dem Ausgleich eines Solls dienen, ohne dass jederzeit flüssige Mittel zur Kompensation bereit stehen[2497].

908 Fraglich ist ferner, ob es wie beim Betrug trotz der abweichenden tatbestandlichen Struktur der Untreue eines **Unmittelbarkeitszusammenhangs** zwischen pflichtwidrigem Tun und Vermögensnachteil bedarf.

> **Bsp.:**[2498] T ist Kreisvorsitzender einer Partei. Er nimmt rechtswidrig erlangte Parteispenden in den Rechenschaftsbericht auf. Nachdem dies später aufgedeckt wird, drohen der Partei finanzielle Nachteile, weil nach den gesetzlichen Regelungen Sanktionen festgesetzt werden müssen.

Im vorgenannten Beispiel bezweifelt der BGH das Erfordernis eines Unmittelbarkeitszusammenhangs und nimmt bereits mit der Entdeckung der Tathandlung einen endgültigen Vermögensnachteil an[2499]. Für das Unmittelbarkeitserfordernis

---

2491 Dazu, dass schwarze Kassen auch für den Vermögensinhaber werthaltig sein können, vgl. *Schlösser*, HRRS 2009, 19 (24 ff.). Näher zur Rechtsprechung *Saam*, HRRS 2015, 345.
2492 BGH wistra 2014, 186 (188); LK-*Tiedemann*, § 263 Rn. 229.
2493 BGHSt 20, 304; BGH NStZ 1996, 543; SSW-*Saliger*, § 266 Rn. 91.
2494 So BGHSt 47, 8 (11); dagegen *Schönke/Schröder/Perron*, § 266 Rn. 45b; SSW-*Saliger*, § 266 Rn. 91.
2495 OLG Hamm NStZ 2010, 334.
2496 S. o. Rn. 898.
2497 BGH NStZ 2015, 517 (519).
2498 BGH NStZ 2011, 403.
2499 BGHSt 56, 203 (220), wo im Übrigen jedenfalls kein zeitlicher Zusammenhang gefordert wird; *Hefendehl*, FS Samson, 2010, S. 295 (308).

sprechen jedoch nicht nur die bereits genannten Restriktionsbemühungen, sondern es ist auch anzuführen, dass ansonsten eine rechtssichere Gesamtsaldierung kaum möglich wäre[2500]. Zudem können umgekehrt auch nur unmittelbare Vorteile für den Vermögensinhaber eine Vermögensminderung kompensieren[2501]. Legt man das Unmittelbarkeitskriterium hier an, so gelangt man dennoch zu einer unmittelbaren Schädigung, weil nach den Rechtsvorschriften die Sanktionierung zwingende Rechtsfolge war[2502]. Anders wäre nur zu entscheiden, wenn bei der Entscheidung hierüber ein Ermessensspielraum für die Sanktionsinstanz bestünde, weil dann die Folge von einer Entscheidung eines Dritten abhinge[2503]. Zu diesen Ergebnissen kann man im Übrigen auch gelangen, wenn man die Kriterien der objektiven Zurechnung heranzieht, die den Zusammenhang zwischen Handlung und Erfolg betreffen[2504].

Diskutiert wird auch, ob und ggf. mit welcher Reichweite **Schutzzweckerwägungen**, die ebenfalls von der Figur der objektiven Zurechnung her bekannt sind, zu berücksichtigen sind[2505]. **909**

> **Bsp.:** T ist leitender Angestellter bei der Telekom im Bereich Konzernsicherheit. Aufgrund seiner Stellung kann er eigenverantwortlich Verpflichtungen eingehen, verwaltet Kostenstellen und ist für die ordnungsgemäße Verwendung des Budgets zuständig. Als in der Presse vertrauliche Informationen über das Unternehmen bekannt werden, teilt T der Konzernspitze mit, dass es sich bei dem Informanten um das Aufsichtsratsmitglied X handelt. Als ihm signalisiert wird, dass für diesen Verdacht, verwertbare Beweise erforderlich seien, veranlasst er die Erhebung der Mobilfunkverbindungsdaten und deren Auswertung durch N. Hierfür stellt N eine Rechnung von rund 300.000 Euro. In Kenntnis der Strafbarkeit der Erhebung und der verbotswidrigen Auswertung der Daten bestätigt T die sachliche und rechnerische Richtigkeit, sodass der Rechnungsbetrag beglichen wird. – Aufgrund seiner Funktion im Konzern kam T eine Vermögensbetreuungspflicht gegenüber der Telekom zu; auch eine Pflichtverletzung liegt vor, weil die Überwachung gegen § 88 Abs. 3 TKG verstößt und eine Strafbarkeit nach § 206 StGB begründet. Problematisch könnte jedoch der Schaden sein, weil es sich bei § 206 und § 88 TKG nicht um das Vermögen schützende Normen handelt. Richtigerweise ist dies auch nicht notwendig, soweit der Pflichtverstoß unmittelbar nur zu einem Schaden führt[2506]. Ungeachtet dessen liegt die Pflichtverletzung hier nicht nur im Primärverstoß, d. h. in der Veranlassung der unzulässigen Datenerhebung. Vielmehr hat T durch die Begleichung einer nichtigen Forderung (§ 134 BGB i. V. m. § 206 Abs. 1 und § 88 Abs. 3 TKG), d. h. durch eine rechtsgrundlose Zahlung, seine (vermögensschützenden) Pflichten verletzt. Durch die Bezahlung der Rechnung entstand für das Unternehmen ein Vermögensnachteil, der nicht durch einen gleichwertigen Vorteil – wie das Erlöschen wirksamer Forderungen – kompensiert wurde.

cc) Für die **Haushalts- bzw. Amtsuntreue** zu Lasten staatlicher Einrichtungen ist bei pflichtwidrigen Verfügungen über Haushaltsmittel ebenfalls entscheidend, ob zum Zeitpunkt des Eintritts des Vermögensnachteils ein ausgleichender vermögenswerter Vorteil zufließt oder nicht. Es darf daher nicht nur auf das Gesamter- **910**

[2500] Zum Unmittelbarkeitserfordernis auch BGHSt 60, 94 (115); BGHSt 61, 48 (74).
[2501] Für ein Unmittelbarkeitserfordernis NK-*Kindhäuser*, § 266 Rn. 107; SSW-*Saliger*, § 266 Rn. 78 und Rn. 94. Zur Kompensation vgl. auch BGHSt 55, 288 (305).
[2502] So auch i. E. BGH NStZ 2011, 403 (406); NStZ 2013, 164; SSW-*Saliger*, § 266 Rn. 93.
[2503] OLG Celle ZWH 2013, 21 (24); *Brand*, NJW 2011, 1751 (1752); SSW-*Saliger*, § 266 Rn. 94.
[2504] Zutr. *Brand*, NJW 2011, 1751 (1752).
[2505] Umfassend hierzu SSW-*Saliger*, § 266 Rn. 103 f.
[2506] *Brand*, NJW 2011, 1751; *Brand/Sperling*, AG 2011, 233 ff.; SSW-*Saliger*, § 266 Rn. 104; zur Berücksichtigung von Schutzzweckerwägungen aber BGHSt 55, 288 (301); BGHSt 56, 203 (211 f.); BGH NStZ-RR 2018, 349 (350); *Günther*, FS Weber, 2004, S. 311 (316).

gebnis einer Wirtschaftsperiode abgestellt werden[2507]. Dabei ist zu beachten, dass nicht bereits jeder Verstoß gegen haushaltsrechtliche Vorschriften zu einem Vermögensnachteil führt[2508]. Umgekehrt sind aber auch – in Anlehnung an Konstellationen beim Betrug – Fälle denkbar, bei denen ein Schaden eintritt, obgleich die durch den Einsatz öffentlicher Mittel erzielte Gegenleistung gleichwertig ist. Zu denken ist zunächst an Fälle, in denen durch Überziehung des Haushaltes eine wirtschaftlich gewichtige Kreditaufnahme erforderlich oder die Dispositionsfähigkeit in schwerwiegender Weise beeinträchtigt und durch den Mittelaufwand die politische Gestaltungsbefugnis beschnitten wird[2509].

910a Ebenso wie beim Betrug kann ein Schaden unter dem Gesichtspunkt des **individuellen Schadenseinschlags** bei völlig unnützen bzw. unbrauchbaren Leistungen angenommen werden[2510]. Zudem kommt unter dem Gesichtspunkt der **Zweckverfehlung** bei zweckwidriger Verwendung öffentlicher Mittel eine Nachteilszufügung durch die Verringerung zweckgebundener Mittel ohne vollständige Zweckerreichung in Betracht[2511]. Entsprechendes gilt unabhängig von einer Zweckverfehlung, wenn ein Anspruch auf die gewährte Subvention gar nicht besteht[2512]. Die Vermögensbetreuungspflicht trifft dabei den über die Subventionsvergabe entscheidenden Amtsträger, regelmäßig aber nicht den Subventionsempfänger, der lediglich eigennützig handelt[2513].

> **Bsp.:** Der für die Subventionsvergabe zuständige Beamte T gewährt bewusst entgegen den haushaltsrechtlichen Vorschriften eine Subvention für ein Wirtschaftsprojekt seines Freundes F, das nicht förderungswürdig ist. – T macht sich nach § 266 Abs. 1 Var. 2, Abs. 2 i. V. m. § 263 Abs. 3 Satz 2 Nr. 4 strafbar, da die Verringerung zweckgebundener Mittel ohne Zweckerreichung einen Vermögensnachteil darstellt.

3. Subjektiver Tatbestand

911 Eventualvorsatz ist zur Begründung des subjektiven Tatbestandes ausreichend. Der Täter muss sich dabei derjenigen Tatsachen bewusst sein, die die Pflichtwidrigkeit seines Handelns begründen und in der Laiensphäre die Bewertung als pflichtwidrig nachvollzogen haben[2514]. Die irrige Annahme eines Einverständnisses ist ein nach § 16 Abs. 1 Satz 1 zu berücksichtigender Tatbestandsirrtum. In Fällen des Gefährdungsschadens genügt es – entgegen der Ansicht des 2. Strafsenats – wenn sich der Vorsatz hierauf bezieht; die Realisierung dieser Gefahr muss der Täter daher nicht billigen[2515].

2507 BGHSt 43, 293 (296 f.); *Fischer*, § 266 Rn. 126a. Zur Amtsuntreue näher *Mansdörfer*, DVBl. 2010, 479 ff.
2508 BGHSt 43, 293 (296 f.); BGH NStZ 2011, 520 (521); vertiefend BGHSt 62, 144 (148 ff.).
2509 BGHSt 43, 293 (299); BGH NJW 2003, 2179 (2180).
2510 BVerfG NJW 2013, 365 (367); NJW 2020, 628 (630); näher o. Rn. 619 ff.
2511 BGHSt 43, 293 (297 f.); BGH NJW 2003, 2179 (2181).
2512 BGH NJW 2003, 2179 (2180).
2513 BGHSt 49, 147 (156).
2514 BGHSt 62, 144 (153); BGH wistra 2017, 153 (158); M/R-*Matt*, § 266 Rn. 10; *Schönke/Schröder/Perron*, § 266 Rn. 49.
2515 Vgl. o. Rn. 905.

IV. Rechtswidrigkeit

912 Ein etwaiges Einverständnis wirkt bereits tatbestandsausschließend[2516]. Als Rechtfertigungsgründe kommen vor allem die mutmaßliche Einwilligung und rechtfertigender Notstand in Betracht.

V. Täterschaft und Teilnahme

913 Täter des **Sonderdelikts** kann nur derjenige sein, der eine Vermögensbetreuungspflicht besitzt[2517]. Fehlt diese, so kommt nur eine Anstiftung oder Beihilfe in Betracht, wobei die Strafe nach § 28 Abs. 1 zu mildern ist[2518]. Handelt der Täter nicht in seiner Funktion als Vermögensbetreuungspflichtiger kommt ebenfalls nur Teilnahme in Betracht[2519]. Problematisch sind Fälle, in denen der Vermögensbetreuungspflichtige einen Dritten veranlasst, pflichtwidrige Handlungen zu Lasten des betreuten Vermögens vorzunehmen[2520].

> **Bsp.:** Rechtsanwalt T ruft seine Sekretärin S von einer Auslandsreise an und bittet Gelder der Mandanten, die er diesen zurückzugeben hat, hochspekulativ anzulegen; es entsteht dabei ein Totalverlust.

914 S macht sich mangels Vermögensbetreuungspflicht nicht nach § 266 strafbar; mangels Haupttat scheidet daher auch eine Anstiftung des T aus. Teilweise wird für T im Wege einer normativen Betrachtung jedoch eine mittelbare Täterschaft nach § 266 Abs. 1 Var. 2, § 25 Abs. 1 Var. 2 angenommen, weil S mangels Sondereigenschaft ein „qualifikations doloses" Werkzeug sei[2521]. Dem kann man freilich entgegenhalten, dass T keinerlei Herrschaft über das Tatgeschehen besitzt. Andere stützen sich auf die Pflichtdeliktslehre, nach der die Täterschaft schon aus der Verletzung der Pflicht folgt[2522]. Unabhängig davon, ob man dieser Pflichtdeliktslehre allgemein folgen möchte, überzeugt dieser Ansatz jedoch für § 266, weil der Tatbestand selbst gerade die Pflichtverletzung durch den Vermögensbetreuungspflichtigen sanktioniert und eine solche Pflichtverletzung auch in der Veranlassung Dritter liegen kann[2523]. Für die Untreue macht es keinen Unterschied, ob der Vermögensbetreuungspflichtige das Vermögen Dritter unmittelbar selbst schädigt oder hierzu Dritte veranlasst, die im funktionalen Zusammenhang mit seiner Vermögensbetreuungspflicht tätig werden. Im Übrigen entspricht es dem, dass auch das pflichtwidrige Unterlassen vom Tatbestand erfasst wird[2524]. Folgt man dieser Ansicht, so macht sich S wegen Beihilfe zu dieser Tat strafbar, wobei die Milderung nach § 28 Abs. 1 zu beachten ist. Wer eine Täterstellung des T ablehnt, gelangt für beide Beteiligten zur Straflosigkeit[2525].

2516 S. o. Rn. 865.
2517 S. schon o. Rn. 855 und o. Rn. 896.
2518 BGH NStZ 2012, 316 (317); NStZ 2013, 630.
2519 S. schon o. Rn. 896.
2520 Dazu *Mitsch*, JuS 2011, 97 (103).
2521 L-Kühl/*Kühl*, § 25 Rn. 4.
2522 *Roxin*, AT 2, § 25 Rn. 271; *Wittig*, Wirtschaftsstrafrecht, § 20 Rn. 9.
2523 *Mitsch*, JuS 2011, 97 (103); MünchKomm-*Joecks*, § 25 Rn. 49; *Rengier*, BT 1 § 18 Rn. 69; SSW-*Murmann*, § 25 Rn. 11.
2524 S. o. Rn. 884.
2525 SK-*Hoyer*, § 25 Rn. 21 f.

VI. Strafzumessungsregel für besonders schwere Fälle mit Regelbeispielen, § 266 Abs. 2 i. V. m. § 263 Abs. 3 Satz 2

915 Zu den einzelnen Regelbeispielen des § 263 Abs. 3 Satz 2, deren Sinn für § 266 z. T. fragwürdig ist[2526], kann zunächst auf die Ausführungen bei § 263 verwiesen werden[2527]. Bezieht sich die Tat auf einen geringwertigen Vermögensnachteil, so ist gemäß §§ 266 Abs. 2, 243 Abs. 2 ein besonders schwerer Fall ausgeschlossen. Von praktischer Bedeutung sind vor allem die Regelbeispiele des § 263 Abs. 3 Satz 2 Nr. 2 Var. 1 (Vermögensverlust großen Ausmaßes) und Nr. 3 (eine andere Person in große Not bringen). Was den Verweis auf § 263 Abs. 3 Satz 2 Nr. 1 anbelangt, wird dort vorausgesetzt, dass sich die Bande zur fortgesetzten Begehung von „Urkundenfälschung oder Betrug" verbunden haben muss. Richtigerweise wird man dies im Rahmen des § 266 entsprechend der Verweisung als „Untreue" lesen müssen[2528]. Bezüglich des Verweises auf § 263 Abs. 3 Satz 2 Nr. 4 wird eine Verletzung des in § 46 Abs. 3 normierten Doppelverwertungsverbots geltend gemacht[2529], weil die Amtsträgerstellung zumeist auch die Vermögensbetreuungspflicht im Sinne des Grundtatbestands begründe. Daher soll das Regelbeispiel im Wege einer teleologischen Reduktion nur dann anzunehmen sein, wenn die Amtsträgereigenschaft nicht bereits für sich genommen strafbegründend wirkt[2530]. Der BGH weist hingegen zu Recht darauf hin, dass der Gesetzgeber im Rahmen seines Gestaltungsspielraums frei ist, besondere persönliche Merkmale sowohl zur Strafbegründung als auch zur Strafschärfung heranzuziehen[2531]. Das Regelbeispiel des § 263 Abs. 3 Satz 2 Nr. 5 (Versicherungsbetrug) besitzt für § 266 keine Relevanz.

VII. Konkurrenzen

916 Im Blick zu behalten ist vor allem das Verhältnis zur veruntreuenden Unterschlagung nach § 246 Abs. 2[2532]. Tritt nach Vollendung der Untreue durch eine weitere Untreuehandlung eine Schadensvertiefung ein, so handelt es sich hierbei um eine mitbestrafte Nachtat[2533].

VIII. Strafantrag

917 In den Fällen der §§ 247, 248a ist gemäß § 266 Abs. 2 ein Strafantrag erforderlich.

[2526] Zur Kritik LK-*Schünemann*, § 266 Rn. 218; M/R-*Matt*, § 266 Rn. 156; *Schönke/Schröder/Perron*, § 266 Rn. 53; SSW-*Saliger*, § 266 Rn. 135.
[2527] S. o. Rn. 650 ff.
[2528] So etwa *Fischer*, § 266 Rn. 191; krit. im Hinblick auf Art. 103 Abs. 2 GG *Schönke/Schröder/Perron*, Vorbem. §§ 263 ff. Rn. 18.
[2529] A/W/H/H-*Heinrich*, § 22 Rn. 81; L-*Kühl/Heger*, § 266 Rn. 22; *Schönke/Schröder/Perron*, § 266 Rn. 53.
[2530] A/W/H/H-*Heinrich*, § 22 Rn. 81; LK-*Schünemann*, § 266 Rn. 218; *Schönke/Schröder/Perron*, § 266 Rn. 53.
[2531] BGH NStZ 2000, 592 f.
[2532] S. schon o. Rn. 278.
[2533] BGH NStZ 2011, 160.

§ 33 Missbrauch von Scheck- und Kreditkarten, § 266b

Einführende Aufsätze: *Brand*, EC-Kartenmissbrauch und untreuespezifische Auslegung, WM 2008, 2194; *Eisele/Fad*, Strafrechtliche Verantwortlichkeit beim Missbrauch kartengestützter Zahlungssysteme, Jura 2002, 305; *Hilgendorf*, Grundfälle zum Computerstrafrecht, JuS 1997, 130; *Kempny*, Überblick zu den Geldkartendelikten, JuS 2007, 1084; *Lenk*, Girocard, Sparbuch, Bankautomat – Fallkonstellationen in der strafrechtlichen Klausur, JuS 2020, 407; *Oğlakcıoğlu*, Die Karten in meiner Brieftasche (Teil 2: Zahlungskarten), JA 2018, 338.

Übungsfälle: *Brand/Hotz*, Fortgeschrittenenklausur – Strafrecht: AT und Vermögensstrafrecht – Ein Lotteriegewinn mit Folgen, JuS 2014, 714; *Dietrich/Bechtel*, Bowling und andere Sünden, JSE 2015, 250; *Gössel*, Fall 10: Moderne Zeiten, S. 169; *Laue*, Kreditkarte und Internet, JuS 2002, 359; *Marxen*, Fall 32f: Diamantkarten-Fall, S. 393; *Thoss*, Unerlaubte Kreditschöpfung, JA 2000, 671; *Zöller*, Die Segnungen des bargeldlosen Zahlungsverkehrs, Jura 2003, 637.

Rechtsprechung: **BGHSt 38, 281** – „Air Plus" (Kundenkarte im Zweipartnersystem); **BGHSt 47, 160** – Codekarte (Benutzung der Karte an institutsfremden Geldautomaten); **BGH NStZ 1992, 278** – Spielschulden (Unberechtigte Weitergabe einer Kreditkarte an Dritte); **BGH NStZ 1993, 283** – Kreditkarten (Konkurrenzen § 263 – § 266b).

I. Geschütztes Rechtsgut und Systematik

Die Vorschrift schützt als Paralleltatbestand zu § 266 richtigerweise nur das **Vermögen**[2534]. Der Schutz der **Funktionsfähigkeit des bargeldlosen Zahlungsverkehrs** ist bloßer Reflex[2535]. Täter des **Sonderdelikts** kann nur der berechtigte Karteninhaber sein, weil nur er die Möglichkeit hat, den Aussteller zu einer Zahlung zu veranlassen[2536]. Für Außenstehende ist § 28 Abs. 1 zu beachten. Die Vorschrift schließt Lücken, die bei § 266 bestehen, weil der Karteninhaber gegenüber dem kartenausgebenden Kreditinstitut keine Vermögensbetreuungspflicht besitzt[2537].

II. Aufbauschema

1. Tatbestand
   a) Objektiver Tatbestand
      aa) Berechtigter Karteninhaber
      bb) Scheck- (str.) oder Kreditkarte
      cc) Missbrauch der Möglichkeit, den Aussteller zu einer Zahlung zu veranlassen
      dd) Vermögensschaden
   b) Subjektiver Tatbestand

2. Rechtswidrigkeit

3. Schuld

4. Strafantrag, § 266b Abs. 2 i. V. m. § 248a

[2534] MünchKomm-*Radtke*, § 266b Rn. 1; *Wessels/Hillenkamp/Schuhr*, BT 2, Rn. 795.
[2535] Für mitgeschütztes Rechtsgut jedoch BGHSt 47, 160 (168); A/W/H/*Heinrich*, § 23 Rn. 42.
[2536] A/W/H/*Heinrich*, § 23 Rn. 51; *Rengier*, BT 1, § 19 Rn. 3; SSW-*Hilgendorf*, § 266b Rn. 4.
[2537] L-*Kühl/Heger*, § 266b Rn. 1; *Schönke/Schröder/Perron*, § 266b Rn. 1; s. Rn. 878.

III. Tatbestand

1. Objektiver Tatbestand

920 Da **Täter** nur der **berechtigte Karteninhaber** sein kann, scheidet der Tatbestand bei gestohlener oder gefälschter Karte aus.

921 a) Eine Strafbarkeit auch des Karteninhabers gemäß § 266b kommt nicht in Betracht, wenn er einem **Dritten die Karte zur freien Verfügung überlässt** und dieser das Konto überzieht[2538]. Zwar verstößt der Karteninhaber in einem solchen Fall durch die Weitergabe der Karte gegen seine vertraglichen Pflichten. § 266b findet jedoch nur auf den berechtigten Karteninhaber Anwendung, der unter Einsatz der Karte selbst Leistungen in Anspruch nimmt, obwohl er dazu im Innenverhältnis nicht berechtigt ist[2539]. Bei entsprechendem Vorsatz kann im Einzelfall jedoch eine Strafbarkeit wegen Beteiligung an Straftaten des Dritten in Betracht kommen.

922 b) Der **Missbrauch der Möglichkeit**, den Aussteller zu einer Zahlung zu veranlassen, verlangt in Anlehnung an § 266, dass der Täter nach außen im Rahmen seines rechtlichen Könnens handelt und dabei im Innenverhältnis die Grenzen seines rechtlichen Dürfens überschreitet[2540]. Allerdings ist hier – anders als bei § 266 Abs. 1 Var. 1 – der rechtsgeschäftliche Bezug weniger stark ausgeprägt, da § 266b die Veranlassung zu einer Zahlung genügen lässt. Entscheidend ist demnach von vornherein der Missbrauch der tatsächlichen Rechtsmacht, die eine wirksame Zahlungspflicht auslöst[2541]. Daher wird gerade das typische Kreditkartengeschäft erfasst, auch wenn hier der Kreditkartenaussteller die Zahlungsgarantie durch ein aufschiebend bedingtes abstraktes Schuldversprechen selbst begründet; die Möglichkeit, durch Einsatz der Karte die Bedingung eintreten zu lassen, genügt also[2542].

923 c) Gerade durch den Missbrauch muss der **Aussteller der Karte geschädigt** werden. Erforderlich ist demnach ein **Vermögensschaden** nach den Grundsätzen des § 263 bzw. des § 266. An einem Vermögensschaden fehlt es jedoch, wenn der Täter fähig und willens ist, eine Überziehung seines Kontos wieder auszugleichen[2543].

> Bsp.:[2544] Arbeitnehmer T wird von seinem Arbeitgeber O eine „Flottenkarte" zur Betankung seines Dienstwagens zur Verfügung gestellt; eine private Nutzung ist nicht gestattet. Die Flottenkarten werden vom Unternehmen U für O ausgestellt, der die Karte den Mitarbeitern zur Verfügung stellt, so dass diese an allen zum Tankstellennetz von U gehörenden Tankstellen zahlen können. Die Beträge werden dann später von U dem O in Rechnung gestellt. T betankt mehrmals seinen Privatwagen und zahlt dabei mit der Flottenkarte. – Bei der Flottenkarte handelt es sich um eine Kreditkarte im Mehr-Partner-System i. S. d. § 266b, weil Kartenaussteller U gegenüber den jeweiligen Tankstellen zur Zahlung verpflichtet ist. Da T die Karte gemäß den Absprachen zwischen O und U überlassen wurde, ist er auch Karteninhaber und konnte U gegenüber den Tankstellen rechtswirksam zur Zahlung verpflichten. Kartenaussteller U ist jedoch nicht geschädigt, weil O den Betrag gegenüber U begleichen muss und sich dies im vorliegenden Fall

---

2538 BGH NStZ 1992, 278 (279); *Krey/Hellmann/Heinrich*, BT 2, Rn. 849; *Rengier*, BT 1, § 19 Rn. 29.
2539 BGH NStZ-RR 2017, 281, offen gelassen für den Fall, dass er zur Weitergabe befugt war; LK-*Möhrenschlager*, § 266b Rn. 4; NK-*Kindhäuser*, § 266b Rn. 12 f.
2540 BGH NStZ 1992, 278 (279); A/W/H/H-*Heinrich*, § 23 Rn. 37.
2541 MünchKomm-*Radtke*, § 266b Rn. 36; *Schönke/Schröder/Perron*, § 266b Rn. 8 f.
2542 Vgl. auch *Brand*, JR 2008, 496 (500).
2543 *Eisele/Fad*, Jura 2002, 305 (311); *Schönke/Schröder/Perron*, § 266b Rn. 10. S. auch o. Rn. 901.
2544 Nach LG Dresden NStZ 2006, 633.

problemlos realisieren lässt. In Frage kommt nach LG Dresden eine Untreue nach § 266 Abs. 1 Var. 2 gegenüber O[2545], weil T seine Grenzen im Innenverhältnis gegenüber O überschritten und diesen gegenüber U im Außenverhältnis wirksam verpflichtet hat, wodurch O ein Schaden entstanden ist. Dies überzeugt jedoch nicht, weil aufgrund der Überlassung der Karte durch O noch keine Vermögensbetreuungspflicht im Sinne einer Hauptpflicht entsteht[2546]. Eine Untreue gegenüber U scheidet hingegen unabhängig von dem zu verneinenden Schaden aus, weil zwischen Kartenaussteller und Karteninhaber keine Vermögensbetreuungspflicht besteht. Legt T gegenüber O Abrechnungsbelege vor, so kann jedoch eine Strafbarkeit wegen Betruges nach § 263 in Betracht kommen, wenn er damit im Einzelfall konkludent erklärt, nur für den Arbeitgeber getankt zu haben[2547].

d) § 266b differenziert zwischen Scheckkartenmissbrauch (Var. 1) und Kreditkartenmissbrauch (Var. 2). Soweit Karten mehrere der im Folgenden behandelten Funktionen umfassen, muss danach unterschieden werden, in welcher Funktion sie eingesetzt werden. **924**

aa) Streitig ist, ob der **Scheckkartenmissbrauch** i. S. d. Var. 1 nach Beendigung des Euroscheckverkehrs und Wegfall der Scheckfunktion zum 31.12.2001 überhaupt noch eine Bedeutung hat. **925**

> **Beachte:** Das aus Kontinuitätsgründen auf Karten beibehaltene Logo „ec" bedeutet nicht mehr „eurocheque", sondern steht nunmehr für „electronic cash".

> **Bsp.:** Karteninhaber T, dessen Kreditrahmen überzogen ist, hebt mit seiner ec-Karte der Bank O unter Eingabe der Geheimzahl vertragswidrig Geld am Bankautomaten der O und einer fremden Bank ab. – Eine Strafbarkeit nach § 263a Abs. 1 Var. 3 ist zunächst zu verneinen, da die Daten nicht unbefugt verwendet werden[2548]; fraglich ist, ob § 266b anwendbar ist.

Für eine weitere Anwendbarkeit des § 266b in solchen Fällen könnte man zunächst anführen, dass auch die früheren (kombinierten) Scheckkarten nicht in ihrer Scheckkartenfunktion, sondern nur in der Schlüsselfunktion der Codekarte am Bankautomaten genutzt wurden[2549]. Allerdings muss man dann sehen, dass § 266b Abs. 1 Var. 1 in solchen Fällen nur teilweise bejaht wurde und dies auch nur beim Abheben am institutsfremden Bankautomaten. Beim Abheben am Automaten der eigenen Bank fehlt es von vornherein am notwendigen Dreipersonenverhältnis mit garantieähnlichem Zahlungsanspruch[2550]. Die h. M. lehnte dagegen bereits vor Wegfall der Scheckfunktion die Anwendbarkeit des § 266b ab, weil die Karte nur als Automatenschlüssel benutzt wurde und daher die von § 266b vorausgesetzte Garantiefunktion der Scheckkarte am Geldautomaten gar nicht zum Tragen kam[2551]. Inzwischen muss man unter Hinweis auf Art. 103 Abs. 2 GG den Tatbestand des § 266b sowohl beim Abheben am institutseigenen als auch am **926**

2545 LG Dresden NStZ 2006, 633 (634).
2546 So nunmehr auch OLG Celle NStZ 2011, 218 (219); AG Eggenfelden NStZ-RR 2009, 139 (140).
2547 OLG Celle NStZ 2011, 218 (220); anders AG Eggenfelden NStZ-RR 2009, 139 (140), für den Fall, dass der Täter lediglich die Belege abliefert.
2548 S. o. Rn. 682 ff.
2549 Dafür A/W/H/H-*Heinrich*, § 23 Rn. 48a; vgl. auch NK-*Kindhäuser*, § 266b Rn. 21.
2550 BGHSt 47, 160 (164 f.); *Fischer*, § 266b Rn. 7 f.; *Maurach/Schroeder/Maiwald/Hoyer/Momsen*, BT 1, § 45 Rn. 82; *Schönke/Schröder/Perron*, § 266b Rn. 8. Für Anwendung des § 266b auch beim Abheben am institutseigenen Automaten, d. h. im Zweipersonenverhältnis, A/W/H/H-*Heinrich*, § 23 Rn. 49; *Hilgendorf*, JuS 1997, 130 (135 f.); offen gelassen von OLG Stuttgart NJW 1988, 981 (982). Ausf. zum Ganzen MünchKomm-*Radtke*, § 266b Rn. 35 ff.
2551 LK-*Möhrenschlager*, § 266b Rn. 10; *Otto*, JR 1987, 221 (225); *Wessels/Hillenkamp/Schuhr*, BT 2, Rn. 797.

institutsfremden Geldautomaten verneinen, weil gar keine Scheckkarte mehr – in welcher Funktion auch immer – verwendet werden kann[2552].

927 Angesichts dieser Vorgeschichte überzeugt es letztlich auch nicht, ec-Karten unter den Begriff der **Kreditkarte i. S. d. Var. 2** zu subsumieren[2553], weil damit schon aufgrund der Entstehungsgeschichte nur die klassische Universalkreditkarte gemeint ist. Auch bringt § 152b Abs. 4 mit den Begriffen „Kreditkarten, Euroscheckkarten und sonstige Karten" diese Differenzierung deutlich zum Ausdruck. Trotz gewisser Ähnlichkeiten in der technischen und rechtlichen Ausgestaltung ist die Subsumtion dieser Karten unter Var. 2 mit dem Analogieverbot des Art. 103 Abs. 2 GG kaum vereinbar[2554]. Dies muss erst Recht vom Standpunkt derjenigen gelten, die den Maestro-Karten die Garantiefunktion absprechen und diese als einfache Zahlungskarten nach § 152a einstufen[2555]. Vielmehr ist der Gesetzgeber aufgerufen, sonstige Zahlungskarten mit Garantiefunktion in die Vorschrift einzubeziehen.

928 **bb) Beim Kreditkartenmissbrauch** i. S. d. Var. 2 sind unterschiedliche Konstellationen zu unterscheiden.

929 (1) Zunächst geht es um **Universalkreditkarten** (American Express, Diners Club, Mastercard, Visacard). Von Var. 2 werden als „klassische Fälle" Kontoüberziehungen im **„Drei-Partner-System"** erfasst[2556].

Schaubild:

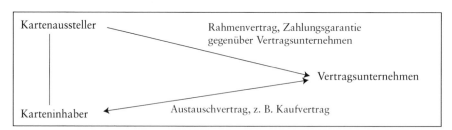

930 Im Drei-Partner-System schließt – vereinfacht dargestellt – das Kreditkartenunternehmen (American Express, Diners Club) mit den Vertragsunternehmen, bei denen der Kunde mit der Karte bezahlen kann, einen Rahmenvertrag. Bei ordnungsgemäßer Abwicklung der Zahlung (insb. Prüfung der Unterschrift auf Zahlungsbeleg) erhält das Vertragsunternehmen eine garantierte Zahlung i. S. d. § 152b Abs. 4 Nr. 1[2557]. Zivilrechtlich handelt es sich um ein abstraktes Schuldversprechen, das gemäß § 158 Abs. 1 BGB mit Einreichung des Belastungsbelegs durch das Vertragsunternehmen aufschiebend bedingt ist[2558]. Im Verhältnis zum Karteninhaber verspricht das kartenausgebende Unternehmen die Tilgung der

---

2552 MünchKomm-*Radtke*, § 266b Rn. 12; *Brand*, WM 2008, 2194 (2197 ff.).
2553 So aber *Brand*, JR 2008, 496 (499); *Rengier*, BT 1, § 19 Rn. 23 f.
2554 MünchKomm-*Radtke*, § 266b Rn. 32; *Schönke/Schröder/Perron*, § 266b Rn. 5a; *Wessels/Hillenkamp/Schuhr*, BT 2, Rn. 796.
2555 *Heger*, wistra 2010, 281 (284 f.); näher dazu *Eisele*, BT 1, Rn. 996 ff.
2556 *Krey/Hellmann/Heinrich*, BT 2, Rn. 847; *Maurach/Schroeder/Maiwald/Hoyer/Momsen*, BT 1, § 45 Rn. 81.
2557 Näher *Eisele*, BT 1, Rn. 1001.
2558 Vgl. BGHZ 150, 286 (293 ff.); BGHZ 157, 256 (261).

Forderungen der Vertragsunternehmen im Rahmen der Kreditlinie, wobei der Karteninhaber solche Aufwendungen anschließend zu ersetzen hat. Ein Missbrauch zu Lasten des Kreditkartenunternehmens ist hier gegeben, wenn der Karteninhaber im Rahmen seines rechtlichen Könnens im Außenverhältnis handelt (wirksame Verpflichtung gegenüber dem Vertragsunternehmen), jedoch im Innenverhältnis die Grenzen des Dürfens überschreitet (vertragswidrige Überziehung des Kontos)[2559]. Ein Vermögensschaden scheidet nur dann aus, wenn der Kunde bereit und in der Lage ist, die Kontoüberziehung unverzüglich wieder auszugleichen[2560].

> **Bsp.:** Karteninhaber T, dessen Konto bereits vertragswidrig überzogen ist, bezahlt unter Vorlage der vom Kreditinstitut B ausgestellten Kreditkarte im Warenhaus des V seine Einkäufe. – T macht sich nach § 266b Abs. 1 Var. 2 strafbar, da das Vertragsunternehmen einen Anspruch gegen das Kreditkartenunternehmen erhält und dieses daher im Außenverhältnis wirksam verpflichtet wird, während die Grenzen im Innenverhältnis durch die vertragswidrige Überziehung überschritten sind. § 266 scheidet mangels Vermögensbetreuungspflicht gegenüber dem Kreditinstitut aus. Auch § 263 liegt richtigerweise nicht vor, weil sich der Händler aufgrund seines Anspruchs gegen das Kreditinstitut keine Gedanken über die Bonität des Kunden machen muss und daher keinem Irrtum unterliegt[2561]. Im Übrigen würde die Privilegierung des § 266b jedenfalls im Wege der Spezialität vorgehen[2562].

(2) Freilich hat sich in Deutschland inzwischen mit Visa und Mastercard ein **Vier- bzw. Fünf-Partner-System** durchgesetzt[2563]. **931**

Schaubild:[2564]

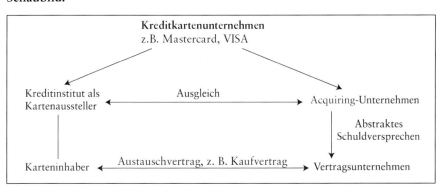

Das Kreditkartenunternehmen ist in diesem System nicht Kartenaussteller, sondern vergibt (nur noch) Lizenzen an Kreditinstitute, die als Kartenaussteller auftreten. Zudem werden Lizenzen an sog. Acquiringunternehmen vergeben, die die Vertragsunternehmen anwerben und mit diesen das abstrakte Schuldversprechen schließen. Verwendet der Kunde die Karte beim Vertragsunternehmen, so wird **932**

2559 BGH NStZ 1992, 278 (279); *Krey/Hellmann/Heinrich*, BT 2, Rn. 844; L-Kühl/*Heger*, § 266b Rn. 5; *Tiedemann*, Wirtschaftsstrafrecht BT, Rn. 1100.
2560 S. o. Rn. 901.
2561 BGHSt 33, 244 (249); *Krey/Hellmann/Heinrich*, BT 2, Rn. 846; *Schönke/Schröder/Perron*, § 266b Rn. 1.
2562 BGH NStZ 1983, 120; OLG Hamm StraFo 2001, 281 (282); vgl. ferner *Schönke/Schröder/Perron*, § 266b Rn. 1.
2563 Näher *Schmalenbach*, in: BeckOK-BGB, Edition 55, Stand 1.8.2020, § 675f Rn. 89 ff.; ferner BGHZ 150, 286 ff.; *Brand*, WM 2008, 2194 (2197 ff.).
2564 Vgl. auch *Schmalenbach*, in: BeckOK-BGB, Edition 49, Stand 1.2.2019, § 675f Rn. 90.

der Acquirer gegenüber diesem verpflichtet, erhält aber einen Ausgleich vom Kreditinstitut. Das Kreditinstitut trägt als letztes Unternehmen in dieser Kette das Ausfallrisiko. Was den Missbrauch im Innenverhältnis anbelangt, so ist nicht auf den Acquirer, sondern das kartenausgebende Kreditinstitut abzustellen. Der Kunde kann zwar bewirken, dass das Acquiring-Unternehmen aufgrund des abstrakten Schuldversprechens gebunden wird. Jedoch kommt hier mangels vertraglicher Bindung zwischen Kunde und Acquirer kein Verstoß im Innenverhältnis in Betracht; dementsprechend findet die Rechtsmacht zur Verpflichtung nach außen hier auch keine Grundlage. Jedoch genügt es, wenn nach der gesamten Vertragskonstruktion der Kunde aufgrund der von dem kartenausstellenden Kreditinstitut eingeräumten Rechtsmacht dieses durch das rechtsgeschäftliche Handeln gegenüber dem Acquirer zu einem garantieähnlichen Ausgleich verpflichtet und das Kreditinstitut somit zu einer Zahlung i. S. d. Tatbestandes veranlasst wird[2565].

933 (3) Streitig ist, ob § 266b in Fällen anwendbar ist, in denen der Täter eine sog. **Kundenkarte** (Spezialkreditkarte) einsetzt, die dem Karteninhaber lediglich beim Einkauf in Filialen des kartenausgebenden Unternehmens die Forderung stundet[2566]. Der Kartenaussteller ist also zugleich dasjenige Unternehmen, bei dem die Karte eingesetzt wird.

> **Bsp.:** T kauft bargeldlos mit einer Kundenkarte, die ihm vom Kaufhaus des O ausgestellt wurde, Waren im Wert von 200 € ein, obwohl der ihm von O gewährte Kreditrahmen bereits überzogen ist.

Schaubild:

Kartenaussteller = Vertragsunternehmen	⟶	Kunde

934 Teilweise wird vertreten, dass Karten im sog. **„Zwei-Parteien-System"** ebenfalls Kreditkarten i. S. d. § 266b sind. Das Merkmal „Zahlung" erfasse auch das Erbringen einer geldwerten (Waren-)Leistung. Ansonsten liege eine nicht gerechtfertigte Ungleichbehandlung vor, wenn dem Täter im „Zwei-Parteien-System" der gegenüber §§ 263, 263a mildere Strafrahmen des § 266b vorenthalten werde[2567]. Dem widerspricht die h. M. jedoch mit guten Gründen. Das Erbringen von Dienstleistungen sowie die Übereignung von Waren an den Karteninhaber kann ohne Überschreitung des Wortlauts kaum als „Zahlung" i. S. d. § 266b verstanden werden[2568]. Auch muss man sehen, dass § 152a nur solche Karten als Zahlungskarten einstuft, die von einem Kreditinstitut oder Finanzdienstleistungsinstitut herausgegeben werden, und § 152b Abs. 4 eine Garantiefunktion verlangt, die im „Zwei-Parteien-System" gerade nicht gegeben ist.

935 (4) Nicht erfasst werden ferner Fälle, in denen mit einer ec-Karte im **elektronischen Lastschriftverfahren** gezahlt wird[2569], weil es hier von vornherein an einer Garantiewirkung fehlt[2570]. Streitig ist dagegen, ob der Einsatz im **electronic-cash-**

2565 *Rengier*, BT 1, § 19 Rn. 16; *Wittig*, Wirtschaftsstrafrecht, § 21 Rn. 19 und Rn. 22; s. auch schon o. Rn. 922.
2566 S. auch *Rengier*, BT 1, § 19 Rn. 5.
2567 A/W/H/H-*Heinrich*, § 23 Rn. 48 f.; *Otto*, JZ 1992, 1139 (1140); *Ranft*, NStZ 1993, 185 (186).
2568 BGHSt 38, 281 (282 f.); OLG Koblenz StV 2016, 371 (373) zu Tankkarten; L-Kühl/*Heger*, § 266b Rn. 4; *Schönke/Schröder/Perron*, § 266b Rn. 5b.
2569 Dazu o. Rn. 681.
2570 *Fischer*, § 266b Rn. 6a; L-Kühl/*Heger*, § 266b Rn. 3; MünchKomm-*Radtke*, § 266b Rn. 67.

Verfahren (**point of sale**)[2571] erfasst wird, da hier immerhin die Garantiefunktion zum Tragen kommt[2572]. Dagegen wird eingewendet, dass sich die Bank hier erst durch die elektronische Autorisierung nach Prüfung der PIN, Echtheit der Karte und des Verfügungsrahmens im Einzelfall selbst verpflichtet, so dass die Garantieerklärung nicht mit der dem Karteninhaber eingeräumten Rechtsmacht zustande gekommen sei[2573]. Entscheidend ist aber letztlich, dass „ec"-Karten schon nach ihrer Funktion keine herkömmlichen Kreditkarten sind und der Tatbestand hierauf zu begrenzen ist[2574].

2. Subjektiver Tatbestand

Es genügt insoweit bedingter Vorsatz. Nimmt der Täter jedoch irrig an, er könne ohne Weiteres für ausreichend Deckung sorgen, fehlt es am Vorsatz hinsichtlich der Schädigung[2575].

IV. Konkurrenzen

Nach den hier vertretenen Lösungen treten Konkurrenzprobleme mit § 263a nicht auf. Im Übrigen wäre zu beachten, dass der mildere § 266b im Wege der Spezialität vorgeht[2576]. Das Erschleichen einer Kreditkarte durch eine zahlungsunfähige Person kann bereits § 263 unter dem Aspekt des Gefährdungsschadens begründen[2577]. Die spätere Verwendung der Karte zu Lasten des Kreditinstituts tritt als mitbestrafte Nachtat zurück[2578]. Zu Tateinheit[2579] oder Tatmehrheit[2580] kann man nur gelangen, wenn man mit der Funktionsfähigkeit des bargeldlosen Zahlungsverkehrs ein weitergehendes Rechtsgut als geschützt ansieht.

4. Kapitel: Insolvenz- und Vollstreckungsdelikte, Pfandkehr

§ 34 Bankrott, § 283

Einführende Aufsätze: *Bittmann*, Zahlungsunfähigkeit und Überschuldung nach der Insolvenzordnung, wistra 1998, 321, und 1999, 10; *Hombrecher*, Der Schutz der Gläubigerinteressen in der Unternehmenskrise durch das Insolvenzstrafrecht, JA 2013, 541; *Krüger*, Zur Anwendbarkeit des Bankrottdelikts beim Privatkonkurs, wistra 2002, 52; *Lindemann*, Die strafrechtliche Verantwortlichkeit des faktischen Geschäftsführers, Jura 2005, 305; *Trüg/Habe-*

2571 Dazu schon o. Rn. 681.
2572 Deshalb für eine Anwendung des § 266b LK-*Möhrenschlager*, § 266b Rn. 9 ff.
2573 *Fischer*, § 266b Rn. 6a; L-Kühl/*Heger*, § 266b Rn. 3; dagegen mit guten Gründen *Rengier*, BT 1, § 19 Rn. 22 f.; s. auch o. Rn. 922.
2574 S. o. Rn. 927.
2575 *Fischer*, § 266b Rn. 19; L-Kühl/*Heger*, § 266b Rn. 7; *Schönke/Schröder/Perron*, § 266b Rn. 11.
2576 BGH NStZ 1987, 120; *Kindhäuser/Böse*, BT 2, § 37 Rn. 21; *Schönke/Schröder/Perron*, § 266b Rn. 14.
2577 S. o. Rn. 581.
2578 *Otto*, BT, § 54 Rn. 55; *Schönke/Schröder/Perron*, § 266b Rn. 14; diff. *Fischer*, § 266b Rn. 24; M/R-*Maier*, § 266b Rn. 27; MünchKomm-*Radtke*, § 266b Rn. 79, wonach eine mitbestrafte Nachtat nur anzunehmen sein soll, wenn der Vorsatz bzgl. der missbräuchlichen Verwendung schon im Zeitpunkt des Erschleichens der Karte vorlag; für ein Zurücktreten des § 263 als mitbestrafte Vortat hinter den privilegierenden § 266b *Wessels/Hillenkamp/Schuhr*, BT, Rn. 798a.
2579 BGHSt 47, 160 (167 f., 170); *Rengier*, BT 1, § 19 Rn. 30.
2580 *Kindhäuser/Böse*, BT 2, § 37 Rn. 21; L-Kühl/*Heger*, § 266b Rn. 9.

tha, § 283 Abs. 6 StGB und der tatsächliche Zusammenhang, wistra 2007, 365; *Wilhelm*, Strafbares Verhalten und objektive Strafbarkeitsbedingung bei § 283b I Nr. 3b, NStZ 2003, 511.
Übungsfälle: *Beck/Valerius*, Fall 6: Schöne Pleite, S. 75; *Eisele/Vogt*, Suspekte Subventionen, JuS 2011, 437; *Hellmann*, Fall 3: Reich durch Lastschriften, S. 33, Fall 5: Unwissenheit mangels Buchführung, S. 59; *Jordan*, Übungshausarbeit: Eine günstige Gelegenheit, Jura 1999, 304; *Seier*, Die raffgierigen OHG-Gesellschafter, JuS 1998, 46; *Seier/Löhr*, Die insolvente GmbH, JuS 2006, 241.
Rechtsprechung: BGHSt 16, 279 – Kundenscheck (inkongruente Deckung bei § 283c); **BGHSt 28, 371** – GmbH (abstraktes Gefährdungsdelikt); **BGHSt 34, 309** – Bauunternehmen (Begriff des Beiseiteschaffens); **BGHSt 35, 357** – Rechtsanwalt (Anwendbarkeit des 283d auf Gläubiger); **BGHSt 55, 107** – Lichtenstein (Begriff des Beiseiteschaffens); **BGHSt 57, 229** – Geschäftsführer (Aufgabe der Interessentheorie); **BGHSt 58, 115** – Villa (§ 283 als echtes Sonderdelikt); BGH NStZ 2007, 634 – Zahlungsausfall (Begriff der Zahlungsunfähigkeit).

I. Geschütztes Rechtsgut und Systematik

1. Geschütztes Rechtsgut

938 Die Insolvenzstraftaten schützen die **Gesamtheit der Gläubiger** vor einer Gefährdung oder Beeinträchtigung ihrer Befriedigung aus dem zur Insolvenzmasse gehörenden Schuldnervermögen[2581]. Es handelt sich demnach um Vermögensdelikte[2582]. Nach h. M. ist daneben aber auch das Allgemeininteresse an der Funktionsfähigkeit der Kreditwirtschaft als Teil der Gesamtwirtschaft geschützt[2583].

2. Systematik

939 § 283 stellt als **Sonderdelikt** für den Schuldner die Ausgangsvorschrift dar, wobei die Tathandlungen während einer wirtschaftlichen Krise begangen werden (Absatz 1) oder diese eine solche Krise wenigstens mitkausal herbeiführen müssen (Absatz 2). Der Versuch ist in Absatz 3 unter Strafe gestellt; Absatz 4 und 5 regeln die Fahrlässigkeitsstrafbarkeit. Der **Privilegierungstatbestand des § 283c (Gläubigerbegünstigung)** ist dadurch gekennzeichnet, dass der Schuldner das Vermögen zugunsten eines Gläubigers – d. h. unter ungerechtfertigter Zurücksetzung der anderen Gläubiger – verschiebt. Der **Privilegierungstatbestand des § 283d (Schuldnerbegünstigung)** erfasst Handlungen Dritter in Bezug auf bestimmte Schuldnerbegünstigungshandlungen. **§ 283b (Verletzung der Buchführungspflicht)** normiert einen gegenüber § 283 subsidiären Vorfeld- und Auffangtatbestand, der keine wirtschaftliche Krise voraussetzt.

2581 BGHSt 28, 371 (373); BGHSt 55, 107 (115); *Schönke/Schröder/Heine/Schuster*, Vorbem. §§ 283 ff. Rn. 2 m. w. N.; *Wittig*, Wirtschaftsstrafrecht, § 23 Rn. 6.
2582 Vgl. L-Kühl/*Heger*, § 283 Rn. 1; *Maurach/Schroeder/Maiwald/Hoyer/Momsen*, BT 1, § 48 Rn. 8; *Mitsch*, BT 2, 16.1.1.
2583 BGHSt 55, 107 (115); BGH NJW 2003, 974 (975); L-Kühl/*Heger*, § 283 Rn. 1; *Schönke/Schröder/Heine/Schuster*, Vorbem. § 283 Rn. 2; a. A. NK-*Kindhäuser*, Vorbem. §§ 283–283d Rn. 32 f.; SK-*Hoyer*, Vorbem. § 283 Rn. 6.

II. Aufbauschema

1. Tatbestand **940**
   a) Objektiver Tatbestand
      aa) Tatbestand des Absatzes 1
         (1) Überschuldung, drohende oder eingetretene Zahlungsunfähigkeit
         (2) Tathandlung nach § 283 Abs. 1 Nrn. 1 bis 8
      bb) Tatbestand des Absatzes 2
         (1) Herbeiführung der Überschuldung oder Zahlungsunfähigkeit
         (2) Durch Tathandlung nach Abs. 1 Nrn. 1 bis 8
   b) Subjektiver Tatbestand
      aa) Vorsatzdelikte, § 283 Abs. 1 und Abs. 2
         (1) Vorsatz bzgl. Tathandlung nach § 283 Abs. 1 Nrn. 1 bis 8
         (2) Vorsatz bzgl. eingetretener Überschuldung oder drohender/eingetretener Zahlungsunfähigkeit (Absatz 1) bzw. bzgl. der Herbeiführung der Überschuldung oder Zahlungsunfähigkeit (Absatz 2)
      bb) Vorsatz-Fahrlässigkeitskombination (§ 11 Abs. 2), § 283 Abs. 4
         (1) Vorsatz bzgl. Tathandlung nach § 283 Abs. 1 Nr. 1 bis 8
         (2) Nr. 1: Im Fall des Absatzes 1 fahrlässige Nichtkenntnis bzgl. eingetretener Überschuldung oder drohender/eingetretener Zahlungsunfähigkeit *oder* Nr. 2: Im Fall des Absatzes 2 Leichtfertigkeit bzgl. Herbeiführung der Überschuldung oder der Zahlungsunfähigkeit
      cc) Fahrlässigkeitsdelikt, § 283 Abs. 5
         (1) Fahrlässigkeit bzgl. Tathandlung nach Abs. 1 Nrn. 2, 5 und 7
         (2) Nr. 1: Im Fall des Absatzes 1 wenigstens fahrlässige Nichtkenntnis bzgl. eingetretener Überschuldung oder drohender/eingetretener Zahlungsunfähigkeit *oder* Nr. 2: Im Fall des Absatzes 2 wenigstens Leichtfertigkeit bzgl. Herbeiführung der Überschuldung oder der Zahlungsunfähigkeit

2. Objektive Bedingung der Strafbarkeit, § 283 Abs. 6: Einstellung der Zahlungen durch den Täter oder Eröffnung des Insolvenzverfahrens oder Ablehnung des Eröffnungsantrages mangels Masse

3. Rechtswidrigkeit

4. Schuld

5. Strafzumessungsregel für besonders schwere Fälle mit Regelbeispielen, § 283a Satz 2
   a) Nr. 1: Handeln des Täters aus Gewinnsucht
   b) Nr. 2: Täter bringt wissentlich viele Personen in die Gefahr des Verlustes ihrer ihm anvertrauten Vermögenswerte oder in wirtschaftliche Not

III. Tatbestand

1. Objektiver Tatbestand

941 Zentrale Voraussetzung des Tatbestandes ist eine **wirtschaftliche Krise**.

942 a) Eine **wirtschaftliche Krise** ist bei **Überschuldung, drohender oder eingetretener Zahlungsunfähigkeit** gegeben. Erforderlich ist bei Absatz 1, dass die Tathandlung während einer wirtschaftlichen Krise begangen und bei Absatz 2, dass die wirtschaftliche Krise durch die Tathandlungen herbeigeführt wird.

943 aa) Eine **Überschuldung** ist gegeben, wenn das Vermögen des Schuldners die bestehenden Verbindlichkeiten nicht mehr deckt, d. h. die Passiva die Aktiva übersteigen (vgl. § 19 Abs. 2 Satz 1 InsO). Seit der (nunmehr bis zum 31.12.2013) zeitlich befristeten Änderung der InsO durch Art. 5 Finanzmarktstabilisierungsgesetz liegt keine Überschuldung mehr vor, wenn die Fortführung des Unternehmens nach den Umständen überwiegend wahrscheinlich ist; eine positive Fortführungsprognose bewirkte bislang lediglich, dass die Aktiva des Unternehmens nicht nach Liquidations-, sondern nach den regelmäßig höheren Fortführungswerten zu bestimmen waren[2584]. Für die Ermittlung des Vermögenswertes kommt es im Übrigen **auf den tatsächlichen Wert des Vermögens** und nicht auf den Bilanzwert an[2585].

944 bb) **Zahlungsunfähigkeit** bedeutet gemäß § 17 Abs. 2 InsO, dass der Schuldner nicht mehr in der Lage ist, seine fälligen Zahlungsverpflichtungen zu erfüllen. Damit hat der Gesetzgeber im Insolvenzrecht auf die früheren Kriterien der „Wesentlichkeit" und „Dauerhaftigkeit" und „ernstlichen Einforderung" verzichtet[2586]. Für die strafrechtliche Begriffsbildung sind diese Einschränkungen aber weiterhin zu berücksichtigen, weil die Zahlungsunfähigkeit im Strafrecht nicht das Insolvenzverfahren auslöst, sondern die Pflichten des Schuldners verschärft[2587]. Entscheidend ist daher, dass es darauf ankommt, ob der Schuldner mangels der erforderlichen Geldmittel voraussichtlich fortdauernd außerstande ist, seine fälligen Zahlungsverpflichtungen ganz oder im Wesentlichen zu erfüllen[2588]. Nur kurzfristige Liquiditätsengpässe in Form von Zahlungsstockungen begründen jedoch keine Zahlungsunfähigkeit[2589].

Bsp.: T kann aufgrund mangelnder flüssiger Mittel über einen Zeitraum von vier Monaten keine Zahlungen mehr leisten. – Es liegt Zahlungsunfähigkeit vor, weil die Liquiditätslücke nicht nur geringfügig ist.

945 cc) **Drohende Zahlungsunfähigkeit** ist gegeben, wenn der Schuldner voraussichtlich nicht in der Lage sein wird, die bestehenden Zahlungspflichten im Zeitpunkt der Fälligkeit zu erfüllen (vgl. auch § 18 Abs. 2 InsO). Aufgrund einer Ge-

---

2584 Vgl. BGBl. I 2008, S. 1982 und BGBl I 2009, S. 3151. Vgl. auch BT-Drs. 16/10600, mit Hinweis auf den sog. zweistufig modifizierten Überschuldungsbegriff, der vom BGH vor dem Inkrafttreten der InsO vertreten wurde, s. BGHZ 119, 201 (214). Zum Ganzen *Fischer*, Vorbem. § 283 Rn. 7 ff.
2585 *Fischer*, Vorbem. § 283 Rn. 7d.
2586 Vgl. BT-Drs. 12/2443, S. 114; L-Kühl/*Heger*, § 283 Rn. 7.
2587 LK-*Tiedemann*, Vorbem. § 283 Rn. 126; *Schönke/Schröder/Heine/Schuster*, § 283 Rn. 52.
2588 BGH NJW 2000, 154 (156); OLG Düsseldorf wistra 1998, 360; *Schönke/Schröder/Heine/Schuster*, § 283 Rn. 52; *Wegner*, wistra 2007, 386 (387).
2589 LK-*Tiedemann*, Vorbem. § 283 Rn. 134; SK-*Hoyer*, § 283 Rn. 20.

samtprognose muss der Eintritt der Zahlungsunfähigkeit wahrscheinlicher als deren Vermeidung sein[2590].

b) Tathandlungen. Die in den **Nrn. 1 bis 8 genannten Tathandlungen** betreffen die Verringerung des Vermögensbestandes in einer den Anforderungen einer ordnungsgemäßen Wirtschaft widersprechenden Weise sowie die Verheimlichung oder Verschleierung der wirklichen Geschäftsverhältnisse. Im Folgenden sollen exemplarisch die Voraussetzungen der Nr. 1 dargestellt werden. **946**

aa) Das **abstrakte Gefährdungsdelikt**[2591] **der Nr. 1** erfordert, dass der Schuldner Vermögensbestandteile beiseite schafft, verheimlicht, zerstört, beschädigt oder unbrauchbar macht, die im Falle der Eröffnung des Insolvenzverfahrens Bestandteil der Insolvenzmasse wären. Nach §§ 35, 36 InsO sind dies alle **Vermögensbestandteile**, die der Zwangsvollstreckung unterliegen und dem Schuldner zur Zeit der Eröffnung des Insolvenzverfahrens gehören[2592]. **947**

(1) Unter einem **Beiseiteschaffen** ist jede Handlung zu verstehen, die den Vermögensbestandteil rechtlich oder tatsächlich dem Zugriff des Insolvenzverwalters im Rahmen der Gesamtvollstreckung[2593] entzieht oder den Zugriff erheblich erschwert, ohne dass dies im Rahmen einer ordnungsgemäßen Wirtschaft[2594] geschieht oder ein entsprechender, alsbald greifbarer Gegenwert in das Schuldnervermögen gelangt[2595]. **948**

> **Bspe.:** Nicht gerechtfertigte Sicherungsübereignung[2596]; Veräußerung einer Sache deutlich unter Wert[2597]; regelmäßig nicht aber die Erfüllung fälliger Verbindlichkeiten.

(2) Verheimlichen ist ein Verhalten, das darauf abzielt, das Vorhandensein des Vermögensbestandteils der Kenntnis der Gläubiger oder des Insolvenzverwalters zu entziehen[2598]. Dies kann auch bei Verletzung einer Auskunfts- oder Anzeigepflicht der Fall sein[2599]. **949**

> **Bspe.:** Ableugnen von Vermögensstücken[2600]; heimliches Einziehen einer nicht in das Vermögensverzeichnis aufgenommenen Forderung[2601].

(3) Hinsichtlich der Modalitäten des **Zerstörens und Beschädigens** kann auf die Auslegung bei § 303 verwiesen werden[2602]. **Unbrauchbar gemacht** ist ein Vermögensbestandteil, wenn seine Eignung für den bestimmungsgemäßen Zweck aufgehoben wird[2603]. Die Handlungen müssen im Widerspruch zu den Anforderungen einer ordnungsgemäßen Wirtschaft stehen. Dies ist nicht der Fall bei einem Ver- **950**

2590 *Fischer*, Vorbem. § 283 Rn. 11; *Maurach/Schroeder/Maiwald/Hoyer/Momsen*, BT 1, § 48 Rn. 13; *Wittig*, Wirtschaftsstrafrecht, § 23 Rn. 62.
2591 BGHSt 61, 180 (185 f.).
2592 *Hellmann/Beckemper*, BT 2, Rn. 244 ff.; *M/R-Altenhain*, § 283 Rn. 18.
2593 Dazu, dass es auf den Insolvenzverwalter und nicht einzelne Gläubiger ankommt, BGHSt 55, 107 (115 f.) m. zust. Anm. B*rockhaus*, NJW 2010, 2899.
2594 RGSt 61, 107 (108); RGSt 62, 277 (278); BGHSt 34, 309 (310); BGHSt 55, 107 (113).
2595 BGH StV 2017, 79 (80); *L-Kühl/Heger*, § 283 Rn. 10; *Maurach/Schroeder/Maiwald/Hoyer/Momsen*, BT 1, § 48 Rn. 22; *Schönke/Schröder/Heine/Schuster*, § 283 Rn. 4.
2596 BGH MDR/H 1979, 457.
2597 RGSt 61, 107 (108); vgl. auch BGH NJW 1953, 1152 (1153).
2598 *Fischer*, § 283 Rn. 5; *L-Kühl/Heger*, § 283 Rn. 10; SSW-*Bosch*, § 283 Rn. 6.
2599 BGH NStZ-RR 2017, 250.
2600 *L-Kühl/Heger*, § 283 Rn. 10; vgl. auch LK-*Tiedemann*, § 283 Rn. 42.
2601 BGH GA 1956, 123; *Schönke/Schröder/Heine/Schuster*, § 283 Rn. 5.
2602 S. o. Rn. 458 ff.
2603 LK-*Tiedemann*, § 283 Rn. 48; M/R-*Altenhain*, § 283 Rn. 23.

brauch von Geld oder anderen Gegenständen zum angemessenen Lebensunterhalt, wobei sich der Schuldner aber entsprechend der Krise einzuschränken hat[2604].

951 bb) **Nr. 8** stellt einen weitgefassten **Auffangtatbestand** dar, wenn das Verhalten einen groben Widerspruch zu den Anforderungen einer ordnungsgemäßen Wirtschaft darstellt. Einer Ähnlichkeit mit den in Nrn. 1 bis 7 genannten Modalitäten bedarf es dabei nicht. Der Tatbestand ist im Hinblick auf die Gläubigerinteressen auszulegen. Beim Verheimlichen muss der Täter die Gläubiger oder den Insolvenzverwalter über Zugriffsmöglichkeiten auf das Schuldnervermögen in Unkenntnis setzen oder halten; beim Verschleiern geht es um die unrichtige Darstellung insbesondere der Vermögensverhältnisse[2605].

> **Bsp.:** Falsche Darstellung unternehmerischer Verhältnisse in geschäftlichen Mitteilungen[2606].

952 c) **Sonderprobleme** stellen sich beim Bankrott **von Gesellschaften**.

> **Bsp.:**[2607] T ist Geschäftsführer einer überschuldeten GmbH; nach Eröffnung des Insolvenzverfahrens entnimmt er 5000 € aus einer von ihm allein geführten Kasse zur eigenen Absicherung.

953 T hat § 283 Abs. 1 Nr. 1 in Form des Beiseiteschaffens verwirklicht, weil das Vermögen der Gesellschaft in die Insolvenzmasse fiel. Problematisch ist aber, dass die objektive Bedingung der Strafbarkeit nach § 283 Abs. 6[2608] die Insolvenz des „Täters" voraussetzt, hier aber die GmbH insolvent ist. Da die Insolvenzdelikte aber ansonsten in diesem Zusammenhang meist leer liefen, wird § 283 Abs. 6 nach h. M. berichtigend dahingehend ausgelegt, dass anstatt „Täter" „Schuldner" zu lesen ist[2609]. Da T Geschäftsführer (§ 35 GmbHG) ist, kann ihm die Gemeinschuldnerrolle gemäß § 14 Abs. 1 Nr. 1 zugerechnet werden[2610]. Fraglich ist jedoch, ob er „als Organ" im Sinne dieser Vorschrift gehandelt hat.

954 aa) Die Vertreter der **Funktionstheorie** verlangen für die Zurechnung, dass zwischen dem Handeln des Organwalters und seiner Organstellung ein funktionaler Zusammenhang besteht, der die Organhandlung als Wahrnehmung der Vertretungsbefugnis erscheinen lässt[2611]. Ein solcher Zusammenhang besteht demnach, wenn das Handeln nach objektiver Betrachtung einen eindeutigen Bezug zu dem übertragenen Aufgabenkreis aufweist, was hier bei der von T betreuten Kasse der Fall ist. Freilich kann die Abgrenzung auf Grundlage dieser Theorie im Einzelfall schwierig sein, wenn der Bezug zum Aufgabenkreis nicht so deutlich ist[2612].

955 bb) Das sog. **Zurechnungsmodell** orientiert sich am Vertretungsbezug des fraglichen Verhaltens. Zu trennen ist rechtsgeschäftliches und rein faktisches Vertreterhandeln. Während der Vertretungsbezug bei Rechtsgeschäften, die im Namen des Vertretenen eingegangen worden sind, stets zu bejahen ist, soll bei faktischen Ver-

---

2604 BGH NStZ 1981, 259; *Maurach/Schroeder/Maiwald/Hoyer/Momsen*, BT 1, § 48 Rn. 22.
2605 BGH NStZ 2009, 635 (636).
2606 *Schönke/Schröder/Heine/Schuster*, § 283 Rn. 49; SK-*Hoyer*, § 283 Rn. 97.
2607 Vgl. auch *Eisele/Vogt*, JuS 2011, 437 (441 f.).
2608 Dazu u. Rn. 958.
2609 *Tiedemann*, NJW 1977, 777 (780); ferner *Fischer*, Vorbem. § 283 Rn. 21.
2610 BGH NJW 2009, 2225 (2226); BGH NStZ 2013, 284.
2611 Vgl. etwa *Schönke/Schröder/Perron/Eisele*, § 14 Rn. 26.
2612 Zur Kritik MünchKomm-*Radtke*, § 14 Rn. 40; ferner *Brand*, NStZ 2010, 9 (12).

treterverhalten eine Konsentierung durch den Vertretenen hinzukommen[2613]. Weil es sich hier um ein faktisches Verhalten ohne Zustimmung handelt, wäre die Zurechnung zu verneinen.

cc) Nach der früher vom BGH vertretenen **Interessentheorie** lag ein Handeln als Organ immer dann vor, wenn das schädigende Verhalten zumindest auch im Interesse der Gesellschaft erfolgte. Dagegen sollte eine Schädigung, deren Ziel es war, eigene Interessen oder solche der Gesellschafter zu verfolgen, nicht als Organ i. S. d. § 283 vorgenommen sein[2614]. Das Interessenkriterium ist jedoch zu diffus[2615]; auch können bei einem gezielten Herbeiführen der Insolvenz die sachnächsten Insolvenzdelikte nicht zur Anwendung kommen, da ein solches Handeln nie im wirtschaftlichen Interesse der Gesellschaft liegt[2616]. Der BGH hat daher inzwischen die Interessentheorie aufgegeben, weil diese den Insolvenzdelikten nur einen schmalen Anwendungsbereich belasse und im Vergleich zu Einzelkaufleuten Strafbarkeitslücken entstünden[2617]. Ein Handeln „als Organ" soll daher in Anlehnung an das Zurechnungsmodell vorliegen, wenn der Handelnde gerade in seiner Eigenschaft als vertretungsberechtigtes Organ, d. h. im Geschäftskreis des Vertretenen und nicht nur bei Gelegenheit auftritt. Bei rechtsgeschäftlichem Handeln ist dies der Fall, wenn der Handelnde entweder im Namen des vertretenen Gemeinschuldners auftritt oder diesen die Rechtswirkungen des Geschäfts unmittelbar treffen[2618]. Betätigt sich der Geschäftsführer hingegen rein faktisch, so soll die Zustimmung des Vertretenen erforderlich sein[2619]. Dies überzeugt durchaus, da so dem Delikt, das eine Schädigung im Wirkungskreis des Schuldners beschreibt, am besten Rechnung getragen werden kann. Zudem kann im Einzelfall der Unwert der Tat durch eine Verurteilung wegen Untreue und Bankrott zutreffend erfasst werden. Im Ausgangsfall ist eine Zurechung und damit eine Strafbarkeit zu verneinen, da es sich um ein rein faktisches Verhalten ohne Zustimmung handelte.

2. Subjektiver Tatbestand

Für das **Vorsatzdelikt des § 283 Abs. 1** genügt dolus eventualis. Der Vorsatz muss sich sowohl auf die Tathandlung als auch die wirtschaftliche Krise beziehen. **§ 283 Abs. 4 enthält Vorsatz-Fahrlässigkeitskombinationen** (§ 11 Abs. 2), bei denen der Täter hinsichtlich der Tathandlungen vorsätzlich handeln muss. Für Fälle des Absatzes 1 lässt Nr. 1 dann genügen, dass der Täter die Überschuldung oder die drohende bzw. eingetretene Zahlungsunfähigkeit fahrlässig verkennt. Für Fälle des Absatzes 2 verlangt Nr. 2, dass der Täter die Überschuldung oder Zahlungsunfähigkeit leichtfertig herbeiführt. Absatz 5 normiert reine **Fahrlässigkeitsdelikte** für Tathandlungen der Nrn. 2, 5 und 7.

2613 MünchKomm-*Petermann*, Vor §§ 283 ff. Rn. 61.
2614 BGHSt 30, 127; BGH NStZ 2000, 206 (207).
2615 *Radtke*, GmbHR 2009, 875 (876).
2616 *Schwarz*, HRRS 2009, 341 (342).
2617 BGHSt 57, 229 ff.; ferner schon BGH NStZ 2009, 437, 439; NStZ 2012, 89 (91); näher *Brand*, NStZ 2010, 9 ff.; *Dehne-Niemann*, wistra 2009, 417; *Radtke*, JR 2010, 233 ff.
2618 BGHSt 57, 229 (237 f.); BGH NStZ 2009, 437 (439).
2619 BGHSt 57, 229 (238); BGH NStZ 2009, 437 (439); NStZ 2012, 89; krit. *Brand*, NStZ 2010, 9 (11 ff.).

IV. Objektive Bedingung der Strafbarkeit

958 § 283 Abs. 6 verlangt als objektive Bedingung der Strafbarkeit, dass der Täter seine Zahlungen eingestellt hat oder über sein Vermögen das Insolvenzverfahren eröffnet oder der Eröffnungsantrag mangels Masse abgewiesen worden ist[2620].

1. Voraussetzungen

959 **Zahlungseinstellung** (nicht zu verwechseln mit Zahlungsunfähigkeit) liegt vor, wenn der Schuldner nach außen erkennbar wegen eines nicht nur vorübergehenden Mangels an Mitteln aufhört, seine fälligen und jeweils ernsthaft eingeforderten Geldforderungen ganz oder im Wesentlichen zu erfüllen[2621]. Der Grund der Zahlungseinstellung ist unerheblich, so dass auch die irrige Annahme der Zahlungsunfähigkeit oder Zahlungsunwilligkeit ausreicht[2622]. Für die **Eröffnung des Insolvenzverfahrens** (§ 27 InsO) und die **Abweisung mangels Masse** (§ 26 InsO) ist die Rechtskraft der prozessualen Akte maßgeblich[2623].

2. Kausalität und Zurechnung

960 Nach allgemeinen Grundsätzen bedarf es **keines ursächlichen Zusammenhangs** zwischen der Tathandlung einerseits (z. B. dem Beiseiteschaffen i. S. d. Abs. 1 Nr. 1) und der objektiven Bedingung (Zahlungseinstellung usw.). Erforderlich ist nach h. M. aber ein äußerer zeitlicher und tatsächlicher Zusammenhang[2624]. Die wirtschaftliche Krise, in der die Bankrotthandlung nach Absatz 1 vorgenommen wird, muss mit derjenigen identisch sein, die die Strafbarkeitsbedingung auslöst[2625], so dass dieselben Gläubiger durch die Bankrotthandlung benachteiligt und von der Zahlungseinstellung betroffen sind[2626]. Die wirtschaftliche Krise darf also nicht überwunden worden sein, sondern muss sich zur Zahlungseinstellung usw. fortentwickeln[2627].

V. Täterschaft und Teilnahme

961 § 283 stellt ein **echtes Sonderdelikt** dar[2628], bei dem Täter nur der Schuldner oder gemäß § 14 Abs. 1 dessen vertretungsberechtigtes Organ usw. sein kann. Eine Teilnahme ist nach allgemeinen Grundsätzen möglich. Die Schuldnereigenschaft ist sachbezogen und damit kein besonderes persönliches Merkmal i. S. d. § 28 Abs. 1[2629].

[2620] BT-Drs. 7/3441, S. 33; *Fischer*, Vorbem. § 283 Rn. 12 ff; HK-*Braasch*, § 283 Rn. 39 ff.; *Schönke/Schröder/Heine/Schuster*, § 283 Rn. 59.
[2621] BGH NJW 2001, 1874 (1875); *Bieneck*, StV 1999, 43 (45).
[2622] *Bieneck*, StV 1999, 43 (45); *Hellmann/Beckemper*, BT 2, Rn. 255; *Maurach/Schroeder/Maiwald/Hoyer/Momsen*, BT 1, § 48 Rn. 15; *Otto*, BT, § 61 Rn. 102; a. A. LK-*Tiedemann*, Vorbem. § 283 Rn. 144.
[2623] *Schönke/Schröder/Heine/Schuster*, § 283 Rn. 61 f.
[2624] BGHSt 1, 186 (191); BGH NStZ 2019, 212 (213); NK-*Kindhäuser*, § 283 Rn. 112; *Wilhelm*, NStZ 2003, 511 (514).
[2625] *Schönke/Schröder/Heine/Schuster*, § 283 Rn. 59; SK-*Hoyer*, Vorbem. § 283 Rn. 19.
[2626] BGH NStZ 2019, 212 (213).
[2627] BGHSt 28, 231 (233); *Fischer*, Vorbem. § 283 Rn. 17.
[2628] BGHSt 58, 115 (117 f.); BGH NStZ 2013, 284; SSW-*Bosch*, § 283 Rn. 41.
[2629] A/W/H/H-*Heinrich*, § 16 Rn. 67; L-*Kühl/Heger*, § 283 Rn. 25; *Schönke/Schröder/Heine/Schuster*, § 283 Rn. 65; a.A. BGHSt 58, 115 (117 f.); BGH wistra 2018, 437 (438); *Hellmann/Beckemper*, BT 2, Rn. 276; LK-*Tiedemann*, § 283 Rn. 228.

VI. Strafzumessungsregel für besonders schwere Fälle, § 283a

§ 283a stellt eine Strafzumessungsregel nach der nicht abschließenden Regelbeispielsmethode dar[2630]. Aus **Gewinnsucht** (Nr. 1) handelt der Täter, wenn er ein überzogenes, rücksichtsloses und sittlich anstößiges Erwerbsinteresse, d. h. ein Gewinnstreben um jeden Preis, an den Tag legt[2631]. Die Nr. 2 verlangt, dass der Täter **wissentlich viele Personen** (mindestens 10 Personen[2632]) **in die Gefahr des Verlustes ihrer ihm anvertrauten Vermögenswerte** (**Var. 1**) **oder in wirtschaftliche Not** (**Var. 2**) **bringt.**

962

VII. Konkurrenzen

Begeht der Täter mehrere Bankrotthandlungen nach Absatz 1, dann richtet sich ihr Konkurrenzverhältnis zueinander nach allgemeinen Grundsätzen. Sie werden nicht etwa zu einer Tat verklammert, nur weil sie jeweils der Zahlungseinstellung oder der Eröffnung des Insolvenzverfahrens zugrunde liegen[2633]. §§ 283c und d gehen als Privilegierungstatbestände dem § 283 vor.

963

§ 35 Verletzung der Buchführungspflicht, § 283b

I. Überblick

§ 283b ergänzt als ebenfalls **abstraktes Gefährdungsdelikt**[2634] § 283 Abs. 1 Nrn. 5 bis 7 (auch i. V. m. § 283 Abs. 2). Es handelt sich ebenfalls um ein **Sonderdelikt**[2635], das sich nur an die Buchführungspflichtigen richtet. Die gegenüber § 283 subsidiäre Vorschrift erfasst Fälle im Vorfeldstadium, in denen der Täter Buchführungspflichten verletzt, ohne dass ein hinreichender Zusammenhang mit einer wirtschaftlichen Krise besteht oder ein solcher vom Täter schuldlos verkannt wurde. Gemäß § 283b Abs. 3 i. V. m. § 283 Abs. 6 ist auch hier die objektive Bedingung der Strafbarkeit zu beachten[2636]. In Fällen des Abs. 1 Nr. 1 und Nr. 3 ist nach Abs. 2 auch Fahrlässigkeit strafbar.

964

II. Aufbauschema

1. Tatbestand
   a) Objektiver Tatbestand: Verletzung der Buchführungspflicht nach Nrn. 1 bis 3
   b) Subjektiver Tatbestand
2. Objektive Bedingung der Strafbarkeit (§ 283b Abs. 3 i. V. m. § 283 Abs. 6)

965

2630 Näher o. Rn. 96 ff.
2631 BGHSt 1, 388 (389); BGHSt 3, 30 (32); BGH NStZ-RR 2017, 282.
2632 *Fischer*, § 283a Rn. 3 f.; LK-*Tiedemann*, § 283a Rn. 9. Für eine offenere Interpretation der Anzahl der Geschädigten *Schönke/Schröder/Heine/Schuster*, § 283a Rn. 5.
2633 BGHSt 1, 186 (190 f.); L-Kühl/*Heger*, § 283 Rn. 32.
2634 BGH wistra 2014, 354 (356).
2635 Vgl. nur LK-*Tiedemann*, § 283b Rn. 5.
2636 S. o. Rn. 958 ff.

3. Rechtswidrigkeit

4. Schuld

§ 36 Gläubigerbegünstigung, § 283c

I. Geschütztes Rechtsgut und Systematik

966 Auch § 283c stellt ein **Sonderdelikt** dar, das nur von demjenigen verwirklicht werden kann, der zahlungsunfähig ist. Gegenüber § 283 handelt es sich um einen **Privilegierungstatbestand**[2637], der dadurch gekennzeichnet ist, dass die Insolvenzmasse nicht zu Lasten aller Gläubiger geschmälert wird, sondern nur entgegen dem Verteilungsschlüssel im Insolvenzfall ein Gläubiger ungerechtfertigt bevorzugt wird. Nach § 283c Abs. 3 i. V. m. § 283 Abs. 6 ist die objektive Bedingung der Strafbarkeit zu beachten. Der Versuch ist in Absatz 2 unter Strafe gestellt.

II. Aufbauschema

967 1. Tatbestand
   a) Objektiver Tatbestand
      aa) Gewährung von Sicherheiten oder Befriedigung gegenüber einem Gläubiger
      bb) Inkongruente Deckung: Gläubiger kann diese nicht, nicht in dieser Art oder nicht zu dieser Zeit beanspruchen
   b) Subjektiver Tatbestand
      aa) Vorsatz bzgl. der Gewährung von Sicherheiten bzw. der Befriedigung eines Gläubigers
      bb) Kenntnis der eigenen Zahlungsunfähigkeit (dolus directus 2. Grades)
      cc) Absichtliche (dolus directus 1. Grades) oder wissentliche (dolus directus 2. Grades) Begünstigung dieses Gläubigers gegenüber den anderen Gläubigern

2. Objektive Bedingung der Strafbarkeit (§ 283c Abs. 3 i. V. m. § 283 Abs. 6)

3. Rechtswidrigkeit

4. Schuld

[2637] *Fischer*, § 283c Rn. 1; HK-*Braasch*, § 283c Rn. 1; LK-*Tiedemann*, § 283c Rn. 1; *Maurach/Schroeder/Maiwald/Hoyer/Momsen*, BT 1, § 48 Rn. 37.

III. Tatbestand

1. Objektiver Tatbestand

Der Schuldner muss einem seiner Gläubiger eine Leistung unter der Verwirklichung einer der genannten drei Tatvarianten gewähren und damit für den gedachten Fall einer Insolvenz eine inkongruente Deckung herbeiführen. **968**

a) Unter dem Gewähren von **Sicherheiten** ist die Einräumung einer im Hinblick auf die Befriedigung verbesserte rechtliche Stellung an einen Gläubiger zu verstehen[2638]. **969**

> Bspe.: Sicherungsübereignungen, Verpfändungen, Bestellung eines Grundpfandrechts, Einräumung von Zurückbehaltungsrechten.

Befriedigung meint die Erfüllung einer Verbindlichkeit. Dazu gehört auch die Annahme einer Leistung durch den Gläubiger als Erfüllung oder an Erfüllungs statt (§§ 363 f. BGB)[2639]. **970**

b) Weiterhin ist erforderlich, dass der Gläubiger keinen fälligen Anspruch auf die gewährte Sicherheit oder Befriedigung besitzt (kongruente Deckung), sog. **inkongruente Deckung.** **971**

aa) **Nicht beanspruchen** kann ein Gläubiger die gewährte Leistung insbesondere dann, wenn er seine Forderung gegenüber dem Schuldner nicht oder nicht mehr durchsetzen kann oder wenn sie auf Grundlage eines anfechtbaren Rechtsgeschäftes gemäß §§ 119 ff. BGB erfolgte[2640]. Dass derartige Schuldnerhandlungen ggf. vom Insolvenzverwalter nach §§ 129 ff. InsO angefochten werden können, lässt die Strafbarkeit hingegen unberührt, da die für den Tatbestand typische Gefährdungslage bereits eingetreten ist[2641]. **972**

> Bspe.: Leistungen auf ein Spiel oder eine Wette nach § 762 BGB, Leistung auf eine verjährte Forderung i. S. v. § 214 BGB.

bb) **Nicht in der Art** besteht der Anspruch des Gläubigers, wenn der Schuldner an Erfüllungs statt oder erfüllungshalber leistet, mithin eine gegenüber dem Anspruch andersartige Leistung erbracht wird. Anderes gilt aber, wenn dies vorher – nicht lediglich in Erwartung der Insolvenz – vertraglich vereinbart wurde[2642]. **973**

> Bspe.: Hingabe von Waren; Abtretung einer Forderung; Einräumung einer sonstigen Sicherheit anstatt der vereinbarten Barzahlung.

cc) **Nicht zu der Zeit** besteht ein Anspruch bei Befriedigung einer aufschiebend bedingten Forderung vor Eintritt der Bedingung oder einer betagten Forderung vor Fälligkeit[2643]. **974**

2. Subjektiver Tatbestand

Hinsichtlich der inkonkruenten Gewährung von Sicherheiten bzw. Befriedigung des Gläubigers genügt dolus eventualis. Bezüglich der Kenntnis der eigenen Zahlungsunfähigkeit ist hingegen dolus directus 2. Grades erforderlich. Zudem muss **975**

[2638] L-Kühl/*Heger*, § 283c Rn. 4; *Schönke/Schröder/Heine/Schuster*, § 283c Rn. 4.
[2639] BGHSt 16, 279 (280); LK-*Tiedemann*, § 283c Rn. 16; *Wittig*, Wirtschaftsstrafrecht, § 23 Rn. 154.
[2640] *Fischer*, § 283c Rn. 6; L-Kühl/*Heger*, § 283c Rn. 5; SSW-*Bosch*, § 283c Rn. 6; *Vormbaum*, GA 1981, 101 (116).
[2641] RGSt 66, 88 (90); L-Kühl/*Heger*, § 283c Rn. 5.
[2642] NK-*Kindhäuser*, § 283c Rn. 14; *Schönke/Schröder/Heine/Schuster*, § 283c Rn. 10.
[2643] RGSt 2, 439; LK-*Tiedemann*, § 283c Rn. 24; SK-*Hoyer*, § 283c Rn. 16.

der Täter absichtlich oder wissentlich den Gläubiger gegenüber den anderen Gläubigern begünstigen.

IV. Objektive Bedingung der Strafbarkeit

976 Gemäß § 283c Abs. 3 i. V. m. § 283 Abs. 6 tritt die Strafbarkeit ebenfalls nur bei Verwirklichung der objektiven Bedingung der Strafbarkeit ein.

V. Täterschaft und Teilnahme

977 Als Teilnehmer kommt auch der begünstigte Gläubiger in Betracht. Für Beihilfe genügt jedoch nicht die schlichte Annahme der Leistung. Erforderlich ist vielmehr eine weitergehende Tätigkeit, die die Grenzen der straflosen notwendigen Teilnahme überschreitet[2644]. Bei einer Anstiftung ist dies regelmäßig der Fall[2645].

§ 37 Schuldnerbegünstigung, § 283d

I. Geschütztes Rechtsgut und Systematik

978 Die Vorschrift des § 283d schützt die **Gesamtheit der Gläubiger vor einer Verringerung der Aktivmasse** durch Eingriffe, die nicht vom Schuldner, sondern mit seiner Einwilligung oder zu seinen Gunsten von Dritten – ggf. auch von einem Gläubiger[2646] – ausgehen. § 283d ist gegenüber § 283 ein Privilegierungstatbestand für außenstehende Personen, da diese nicht dieselbe Verantwortung für die geschützten Rechtsgüter und die Befriedigung der Gläubiger tragen wie der Schuldner[2647]. Absatz 4 normiert eine objektive Bedingung der Strafbarkeit. Der Versuch ist in Absatz 2 unter Strafe gestellt. Absatz 3 enthält eine Strafzumessungsregelung für besonders schwere Fälle nach der Regelbeispielsmethode.

II. Aufbauschema

979 1. Tatbestand
   a) Objektiver Tatbestand
      aa) Drohende Zahlungsunfähigkeit eines anderen (Nr. 1); nach Zahlungseinstellung, in einem Insolvenzverfahren oder in einem Verfahren zur Herbeiführung der Entscheidung über die Eröffnung des Insolvenzverfahrens eines anderen (Nr. 2)
      bb) Bestandteile eines Vermögens eines anderen, die im Falle der Eröffnung des Insolvenzverfahrens zur Insolvenzmasse gehören
      cc) Beiseiteschaffen, Verheimlichen, in einer den Anforderungen einer ordnungsgemäßen Wirtschaft widersprechenden Weise Zerstören, Beschädigen, Unbrauchbarmachen

---

[2644] BGH NJW 1993, 1278 (1279); A/W/H/H-*Heinrich*, § 16 Rn. 61; *Vormbaum*, GA 1981, 101 (131 f.); a. A. *Sowada*, GA 1995, 60 (71).
[2645] BGH NJW 1993, 1278 (1279).
[2646] BGHSt 35, 357 ff.; SK-*Hoyer*, § 283d Rn. 1.
[2647] *Schönke/Schröder/Heine/Schuster*, § 283d Rn. 1. Zur Bedeutung im GmbH-Strafrecht *Brand/Sperling*, ZStW 121 (2009), 281 ff.

dd) Mit Einwilligung des Schuldners oder zu dessen Gunsten
b) Subjektiver Tatbestand
aa) Vorsatz
bb) Zusätzlich bei Abs. 1 Nr. 1: Kenntnis (dolus directus 2. Grades) von der drohenden Zahlungsunfähigkeit

2. Objektive Bedingung der Strafbarkeit, § 283d Abs. 4: Einstellung der Zahlungen durch den anderen oder Eröffnung des Insolvenzverfahrens oder Ablehnung des Eröffnungsantrages mangels Masse (Absatz 4)

3. Rechtswidrigkeit

4. Schuld

5. Strafzumessungsregel für besonders schwere Fälle mit Regelbeispielen, § 283d Abs. 3
   a) Nr. 1: Täter handelt aus Gewinnsucht
   b) Nr. 2: Täter bringt wissentlich viele Personen in die Gefahr des Verlustes ihrer dem anderen anvertrauten Vermögenswerte oder in wirtschaftliche Not

III. Tatbestand

1. Objektiver Tatbestand

Die Tathandlungen entsprechen denjenigen des **§ 283 Abs. 1 Nr. 1**[2648], wobei der Täter nicht Bestandteile seines eigenen Vermögens, sondern des Vermögens eines anderen beiseiteschaffen usw. muss. Täter kann daher mit Ausnahme des Schuldners jeder Dritte, ggf. auch ein Gläubiger sein. **980**

a) Die Tathandlungen müssen entweder mit **Einwilligung** des Schuldners oder **zugunsten** des sich in der wirtschaftlichen Krise befindenden **Schuldners**, d. h. mit der Intention, ihm auf Kosten der Gesamtheit der Gläubiger einen Vermögensvorteil zu erhalten oder zukommen zu lassen[2649], vorgenommen werden. **981**

b) Nach **Abs. 1 Nr. 1** ist erforderlich, dass objektiv Zahlungsunfähigkeit eines anderen droht oder sogar bereits eingetreten ist[2650]. Nach **Abs. 1 Nr. 2** muss der Täter nach Zahlungseinstellung, in einem Insolvenzverfahren oder in einem Verfahren zur Herbeiführung der Entscheidung über die Eröffnung des Insolvenzverfahrens eines anderen die Tathandlung vornehmen. Überschuldung und Bankrotthandlungen, die wie bei § 283 Abs. 2 erst die Krise herbeiführen, sind nicht ausreichend[2651]. **982**

[2648] S. o. Rn. 947 ff.; s. auch BGH NStZ 2016, 604 f.
[2649] L-Kühl/*Heger*, § 283d Rn. 2; LK-*Tiedemann*, § 283d Rn. 12; NK-*Kindhäuser*, § 283d Rn. 6; a. A. SK-*Hoyer*, § 283d Rn. 6, der auch bei Handeln im ausschließlich eigenen Interesse den Tatbestand bejaht.
[2650] *Fischer*, § 283d Rn. 5.
[2651] LK-*Tiedemann*, § 283d Rn. 7.

2. Subjektiver Tatbestand

983 Im Falle des Abs. 1 Nr. 2 ist dolus eventualis ausreichend. Bei Abs. 1 Nr. 1 ist hinsichtlich der drohenden Zahlungsunfähigkeit Kenntnis erforderlich.

IV. Objektive Bedingung der Strafbarkeit

984 Wie die anderen Insolvenzstraftaten sieht Absatz 4 eine entsprechend gefasste objektive Bedingung der Strafbarkeit vor.

V. Täterschaft und Teilnahme

985 Ist der außenstehende Dritte nicht nur Täter des § 283d, sondern zugleich auch **Beteiligter** an einer Straftat des Schuldners nach § 283 Abs. 1 Nr. 1, so tritt die Teilnahme an § 283 hinter § 283d zurück[2652]. Der Schuldner selbst kann auch Anstifter oder Gehilfe an der Tat nach § 283d sein. Sofern er sich bereits täterschaftlich nach § 283 Abs. 1 Nr. 1 strafbar gemacht hat, tritt umgekehrt auch hier die Teilnahme an § 283d hinter § 283 zurück[2653].

VI. Strafzumessungsregel für besonders schwere Fälle, § 283d Abs. 3

986 Hinsichtlich des in Absatz 3 normierten besonders schweren Falls kann auf die Ausführungen zu § 283a verwiesen werden[2654].

§ 38 Vereitelung der Zwangsvollstreckung, § 288

Einführende Aufsätze: *Geppert*, Vollstreckungsvereitelung (§ 288 StGB) und Pfandkehr (§ 289 StGB), Jura 1987, 427; *G. Haas*, Vereiteln der Zwangsvollstreckung durch Betrug und Unterschlagung, GA 1996, 117; *Tassi*, Der Gläubigerschutz im Strafrecht gemäß § 288 I StGB, AL 2017, 321.

Übungsfälle: *Geppert*, Verstrickungen um eine Strickmaschine, Jura 1987, 102; *Mitsch*, Täterschaft und Teilnahme sowie Vermögensdelikte, JuS 2004, 323; *Schmitz*, Der „Bettelstudent", Jura 2001, 335; *Wagner*, Fall 9, S. 88.

Rechtsprechung: BGHSt 16, 330 – Vorbehaltskäufer (Begriff des Vermögens).

I. Geschütztes Rechtsgut und Systematik

987 Schutzgut des Straftatbestandes ist das materielle Recht des Gläubigers auf zwangsweise Durchsetzung seines Anspruchs und nicht die Funktionsfähigkeit des staatlichen Vollstreckungsapparates[2655]. Während die Insolvenzdelikte (§§ 283 ff.) das Recht des Gläubigers auf (anteilsmäßige) Befriedigung in der Gesamtvollstreckung, d. h. in der Insolvenz schützen, bezweckt § 288 den Schutz des Rechts, sich

---

[2652] A/W/H/H-*Heinrich*, § 16 Rn. 64; L-Kühl/*Heger*, § 283d Rn. 5; LK-*Tiedemann*, § 283d Rn. 26; NK-*Kindhäuser*, § 283d Rn. 13; *Schönke/Schröder/Heine/Schuster*, § 283d Rn. 15.
[2653] A/W/H/H-*Heinrich*, § 16 Rn. 64; LK-*Tiedemann*, § 283d Rn. 24; SK-*Hoyer*, § 283d Rn. 11.
[2654] S. o. Rn. 962.
[2655] BGHSt 16, 330 (334); BGH NJW 1991, 2420; *Schönke/Schröder/Heine/Hecker*, § 288 Rn. 1; *Wessels/Hillenkamp/Schuhr*, BT 2, Rn. 475.

aus dem Schuldnervermögen im Wege der **Einzelzwangsvollstreckung** befriedigen zu können[2656]. Die Vorschrift ist daher ein **Vermögensdelikt**[2657]. Anders als es die amtliche Überschrift nahelegt, muss kein Vereitelungserfolg (der Zwangsvollstreckung) eintreten. Es handelt sich vielmehr um ein **abstraktes Gefährdungsdelikt**, für dessen Vollendung das auf Vereitelung gerichtete, vom Tatbestand näher bezeichnete Schuldnerverhalten genügt[2658]. Die Vorschrift ist ein **Sonderdelikt**, bei dem nur der Vollstreckungsschuldner Täter sein kann. Bei § 288 handelt es sich nach dessen Abs. 2 um ein absolutes Antragsdelikt[2659], dessen Versuch nicht strafbar ist.

II. Aufbauschema

1. Tatbestand
   a) Objektiver Tatbestand
      aa) Täter: Vollstreckungsschuldner
      bb) Drohen der Zwangsvollstreckung beim Vollstreckungsschuldner
      cc) Bestandteile des Vermögens des Vollstreckungsschuldners
          (1) Veräußern
          (2) Beiseiteschaffen
   b) Subjektiver Tatbestand
      aa) Mindestens dolus eventualis hinsichtlich der Verwirklichung des objektiven Tatbestandes
      bb) Absicht, die Befriedigung des Gläubigers zu vereiteln (dolus directus 1. oder 2. Grades)

2. Rechtswidrigkeit

3. Schuld

4. Strafantrag, § 288 Abs. 2

III. Tatbestand

1. Objektiver Tatbestand

Bei der Betrachtung des Tatbestands ist zwischen Gläubiger- und Schuldnerseite zu differenzieren.

a) Dem **Schuldner** muss zunächst eine **Zwangsvollstreckung drohen**. Dies ist dann der Fall, wenn konkrete Anhaltspunkte für die Absicht des Gläubigers bestehen, dass er seinen Anspruch alsbald mit hoheitlichem Zwang durchsetzen wird[2660].

2656 *Fischer*, § 288 Rn. 1; L-Kühl/*Heger*, § 288 Rn. 1; *Rengier*, BT 1, § 27 Rn. 1.
2657 A/W/H/H-*Heinrich*, § 16 Rn. 32; *Mitsch*, BT 2, 16.1.1; *Rengier*, BT 1, § 27 Rn. 1.
2658 *Mitsch*, BT 2, 16.2.1.1; *Wessels/Hillenkamp/Schuhr*, BT 2, Rn. 475.
2659 A/W/H/H-*Heinrich*, § 16 Rn. 45; NK-*Gaede*, § 288 Rn. 17; *Wessels/Hillenkamp/Schuhr*, BT 2, Rn. 483.
2660 RGSt 63, 341 (342 f.); BGH NJW 1991, 2420; BVerfG NJW 2003, 1727; *Fischer*, § 288 Rn. 4; L-Kühl/*Heger*, § 288 Rn. 2.

Bspe.: Erlangung eines Vollstreckungstitels[2661]; Klageerhebung; Einleitung eines gerichtlichen Mahnverfahrens nach §§ 688 ff. ZPO; mehrfache Mahnung und Beauftragung eines Rechtsanwalts.

Gegenbspe.: Androhung einer Klage, um den Schuldner zur freiwilligen Leistung zu veranlassen; das bloße Zusenden einzelner Mahnungen oder Erinnerungen, sofern der Gläubiger nicht andeutet, den Anspruch ggf. mit hoheitlichem Zwang durchzusetzen[2662].

991 Auch eine **bereits begonnene Zwangsvollstreckung** kann noch solange drohen, wie die Vollstreckung nicht endgültig abgeschlossen ist bzw. weitere Vollstreckungsakte zu erwarten sind[2663]. Bei einer gepfändeten Sache kann die Vollstreckung daher bis zur Versteigerung drohen[2664].

992 b) Dem **Gläubiger** muss ein **materiell-rechtlich begründeter und durchsetzbarer Anspruch** zustehen[2665]. Ob der Anspruch auf Zahlung einer Geldsumme oder auf Herausgabe eines bestimmten Gegenstandes gerichtet ist, ist zunächst unerheblich, kann jedoch für die Tathandlung Bedeutung erlangen.

993 aa) Es werden grundsätzlich **zivilrechtliche und öffentlich-rechtliche Ansprüche** erfasst[2666]. Ausgenommen sind fiskalische Ansprüche aus Sanktionen, wie z. B. Geldstrafen, Geldbußen, Verwarnung, Verfall, Einziehung oder Zwangsgeld, da diese der Ausübung von Straf- bzw. Zwangsgewalt dienen und nicht zu spezifischen staatlichen Vermögenspositionen zählen[2667].

Beachte: Die Einbeziehung solcher Positionen ist auch bei § 263 und § 274 zu verneinen[2668].

994 bb) Der Anspruch muss **entstanden** und **durchsetzbar** sein. Dies ist nicht der Fall, wenn ihm Einwendungen (z. B. Anfechtbarkeit) oder Einreden (z. B. Verjährung) entgegenstehen. Auf die Fälligkeit des Anspruchs kommt es hingegen nicht an[2669]. Da das Rechtsgut auf das materielle Recht bezogen ist, ist der Tatbestand auch dann zu verneinen, wenn der Gläubiger zwar einen Vollstreckungstitel erwirkt hat, diesem aber **kein durchsetzbarer Anspruch** zugrunde liegt. Der Anspruch ist insoweit im Strafverfahren selbstständig zu prüfen, da nach allgemeinen Grundsätzen nicht einmal die Rechtskraft eines zivilrechtlichen Urteils eine Bindungswirkung zu entfalten vermag[2670].

2661 LK-*Schünemann*, § 288 Rn. 17; *Rengier*, BT 1, § 27 Rn. 8; SSW-*Kudlich*, § 288 Rn. 6.
2662 *Rengier*, BT 1, § 27 Rn. 8; *Schönke/Schröder/Heine/Hecker*, § 288 Rn. 8.
2663 *Fischer*, § 288 Rn. 4; *Schönke/Schröder/Heine/Hecker*, § 288 Rn. 9; *Wessels/Hillenkamp/Schuhr*, BT 2, Rn. 477.
2664 Vgl. RGSt 35, 62 (62 f.); *Wessels/Hillenkamp/Schuhr*, BT 2, Rn. 477.
2665 *Fischer*, § 288 Rn. 2; *Rengier*, BT 1, § 27 Rn. 6; *Schönke/Schröder/Heine/Hecker*, § 288 Rn. 5 ff.; *Wessels/Hillenkamp/Schuhr*, BT 2, Rn. 475.
2666 *Fischer*, § 288 Rn. 2; LK-*Schünemann*, § 288 Rn. 9; NK-*Gaede*, § 288 Rn. 6; *Schönke/Schröder/Heine/Hecker*, § 288 Rn. 4.
2667 L-Kühl/*Heger*, § 288 Rn. 2; NK-*Gaede*, § 288 Rn. 6; *Rengier*, BT 1, § 27 Rn. 7; a.A. *Mitsch*, BT 2, 16.2.1.4.
2668 S. o. Rn. 602 u. *Eisele*, BT 1, Rn. 903.
2669 L-Kühl/*Heger*, § 288 Rn. 2; LK-*Schünemann*, § 288 Rn. 11; *Schönke/Schröder/Heine/Hecker*, § 288 Rn. 6 f.
2670 BayObLGSt 1952, 224; *Rengier*, BT 1, § 27 Rn. 6; *Wessels/Hillenkamp/Schuhr*, BT 2, Rn. 475; a. A. bei Rechtskraft LK-*Schünemann*, § 288 Rn. 3 f.

c) Tathandlungen sind das **Veräußern und Beiseiteschaffen von Bestandteilen des Vermögens**, wobei das Veräußern ein Spezialfall des Oberbegriffs des Beiseiteschaffens ist[2671]. 995

aa) Der **Begriff des Vermögens** ist vollstreckungsrechtlich auszulegen. Er umfasst alle Bestandteile, die der Vollstreckung unterliegen[2672]. Daher können auch Besitz und Anwartschaft Vermögensbestandteile sein. 996

> Bspe.: O hat dem T sein Fahrrad überlassen, das dieser nun nicht mehr herausgeben möchte. – Bei der Herausgabevollstreckung ist der Besitz am Fahrrad Bestandteil des Schuldnervermögens des T. Entsprechendes gilt für die Vollstreckung des Vorbehaltsverkäufers wegen der Geldforderung gegen den Vorbehaltskäufer in seine eigene Sache[2673].

Unpfändbare Sachen und Rechte werden bei der Zwangsvollstreckung wegen Geldforderungen (§§ 803 ff. ZPO) daher nicht von § 288 erfasst[2674]. Entsprechendes gilt, wenn ein Dritter an dem Gegenstand ein die Veräußerung hinderndes Recht nach § 771 ZPO hat, so dass der Gläubiger sich hieraus nicht befriedigen kann[2675]. 997

bb) Unter **Veräußern** ist jede rechtsgeschäftliche Verfügung zu verstehen, durch die ein Vermögenswert ohne vollen Ausgleich aus dem Vermögen ausscheidet und damit dem Zugriff des Gläubigers rechtlich entzogen oder dessen Befriedigungsmöglichkeit verringert wird[2676]. 998

> Bspe.: Bestellung einer Hypothek oder eines Pfandrechts; Eintragung einer Auflassungsvormerkung oder Grunddienstbarkeit; Abtretungen; Verzicht auf einen Nießbrauch; Erlass von Forderungen; Dereliktion.

(**1**) Rein **schuldrechtliche Geschäfte**, insb. der Abschluss eines Kauf- oder Schenkungsvertrages, genügen hingegen nicht[2677], da dadurch der Bestandteil noch nicht aus dem Vermögen ausscheidet. Der Tatbestand ist ferner nicht erfüllt, wenn der Täter als Gegenleistung einen gleichwertigen und zur Befriedigung in gleicher Weise geeigneten Gegenstand erwirbt, da in diesem Fall der **Vermögensverlust vollständig kompensiert** wird[2678]. 999

> Bsp.: Der Täter veräußert die ihm gehörende Yacht zu einem marktüblichen Preis von 100 000 Euro.

Diese Einschränkung gilt jedoch nicht bei einer Vollstreckung eines Herausgabeanspruches in Bezug auf eine bestimmte Sache i. S. d. § 883 ZPO, da hier ein Wertausgleich von vornherein nicht in Betracht kommt. 1000

(**2**) Nicht tatbestandsmäßig ist die sog. **kongruente Befriedigung** eines anderen Gläubigers, der in dieser Form und zu dieser Zeit einen Anspruch auf die Leistung besitzt[2679]. Dass die vorrangige Befriedigung des einen Gläubigers die Befriedi- 1001

[2671] *Mitsch*, BT 2, 16.2.1.6.2 u. 16.2.1.6.3.
[2672] Vgl. BGHSt 16, 330 (332 ff.); *Fischer*, § 288 Rn. 6; L-*Kühl*/*Heger*, § 288 Rn. 3; NK-*Gaede*, § 288 Rn. 9; *Wessels/Hillenkamp/Schuhr*, BT 2, Rn. 477.
[2673] BGHSt 16, 330 (330 ff.).
[2674] RGSt 71, 216 (218); L-*Kühl*/*Heger*, § 288 Rn. 3; *Mitsch*, BT 2/2, § 5 Rn. 96.
[2675] LK-*Schünemann*, § 288 Rn. 24; NK-*Gaede*, § 288 Rn. 9; *Wessels/Hillenkamp/Schuhr*, BT 2, Rn. 477.
[2676] L-*Kühl*/*Heger*, § 288 Rn. 4; LK-*Schünemann*, § 288 Rn. 28.
[2677] *Fischer*, § 288 Rn. 9; LK-*Schünemann*, § 288 Rn. 30; *Mitsch*, BT 2, 16.2.1.6.3; MünchKomm-*Maier*, § 288 Rn. 29; *Rengier*, BT 1, § 27 Rn. 11.
[2678] BGH NJW 1953, 1152 (1153); *Schönke/Schröder/Heine/Hecker*, § 288 Rn. 12.
[2679] BGH NJW 1991, 2420 (2421); L-*Kühl*/*Heger*, § 288 Rn. 4; LK-*Schünemann*, § 288 Rn. 30; *Mitsch*, BT 2, 16.2.1.6.3.

gungschancen anderer – möglicherweise vorrangiger – Gläubiger verschlechtern kann, erlangt nur für §§ 283 ff. Bedeutung[2680].

1002 cc) Unter **Beiseiteschaffen** ist jede räumliche Entfernung der Sache zu verstehen, so dass sie der Zwangsvollstreckung tatsächlich entzogen wird[2681]. Dabei ist zu beachten, dass es sich in Abgrenzung zum Veräußern nicht um rechtsgeschäftliche Verhaltensweisen handeln darf[2682].

> **Bspe.:** Verstecken einer Sache; Unterbringung an einer Stelle, an der sie der Gläubiger nicht vermutet; Scheinveräußerungen.

1003 Nach h. M. wird zwar das **Zerstören**, nicht aber das **Beschädigen** einer Sache erfasst, weil beim Beschädigen noch ein Vollstreckungszugriff möglich ist[2683]. Gegen diese Differenzierung spricht jedoch schon, dass der Unterschied zwischen Zerstörung und Beschädigung nur gradueller Natur ist[2684]. Richtigerweise muss der Tatbestand in beiden Fällen verneint werden[2685]. Zwar werden durch solche Handlungen die Befriedigungsmöglichkeiten ebenso oder sogar noch stärker beeinträchtigt als etwa beim Verstecken. Jedoch spricht gegen die Einbeziehung der Wortlaut und die Systematik[2686]. Das Beiseiteschaffen verlangt nach der Wortbedeutung zunächst, dass das Vollstreckungsobjekt dem Zugriff des Gläubigers entzogen wird, was beim Beschädigen nicht der Fall ist; ferner muss der Gegenstand nach der Tathandlung aber auch noch vorhanden sein, was beim Zerstören verneint werden kann[2687]. Argumentum e contrario § 283 Abs. 1 Nr. 1 ist zudem zu beachten, dass dort neben dem Beiseiteschaffen explizit die Modalitäten des Zerstörens und Beschädigens genannt werden[2688].

1004 d) Da § 288 nur vom Vollstreckungsschuldner verwirklicht werden kann, handelt es sich um ein **Sonderdelikt**[2689]. Täter kann daher nur derjenige Inhaber des Vermögens sein, gegen den sich die Zwangsvollstreckung richtet[2690]. Bei juristischen Personen als Vollstreckungsschuldner können sich die Handelnden unter den Voraussetzungen des § 14 strafbar machen[2691]. Die Schuldnereigenschaft ist nach h. M. **kein besonderes persönliches Merkmal**, so dass § 28 Abs. 1 in Beteiligungsfällen nicht zur Anwendung gelangt[2692].

1005 Streitig ist der Fall, dass ein außenstehender Dritter (Nichtschuldner) als qualifikationsloses doloses Werkzeug im Auftrag des ortsabwesenden Schuldners Bestandteile des Schuldnervermögens veräußert oder beiseite schafft.

2680 *Mitsch*, BT 2, 16.2.1.6.3.
2681 A/W/H/*H-Heinrich*, § 16 Rn. 40; *Fischer*, § 288 Rn. 10; HK-*Temming*, § 288 Rn. 6; *Schönke/Schröder/Heine/Hecker*, § 288 Rn. 14.
2682 NK-*Gaede*, § 288 Rn. 13.
2683 Vgl. *Fischer*, § 288 Rn. 10; L-Kühl/*Heger*, § 288 Rn. 4; *Wessels/Hillenkamp/Schuhr*, BT 2, Rn. 479; a. A. M/R-*Wietz/Matt*, § 288 Rn. 18.
2684 S. o. Rn. 467.
2685 So auch *Mitsch*, BT 2, 16.2.1.6.2; NK-*Gaede*, § 288 Rn. 13; *Schönke/Schröder/Heine/Hecker*, § 288 Rn. 14.
2686 *Mitsch*, BT 2, 16.2.1.6.2; NK-*Gaede*, § 288 Rn. 13.
2687 NK-*Gaede*, § 288 Rn. 13.
2688 *Schönke/Schröder/Heine/Hecker*, § 288 Rn. 14.
2689 A/W/H/*H-Heinrich*, § 16 Rn. 39; L-Kühl/*Heger*, § 288 Rn. 7; *Wessels/Hillenkamp/Schuhr*, BT 2, Rn. 480.
2690 *Mitsch*, BT 2, 16.2.1.2; NK-*Gaede*, § 288 Rn. 4.
2691 *Fischer*, § 288 Rn. 5.
2692 L-Kühl/*Heger*, § 288 Rn. 7; a. A. LK-*Schünemann*, § 288 Rn. 44; *Schönke/Schröder/Heine/Hecker*, § 288 Rn. 18.

> **Bsp.:** O hat gegen T einen Vollstreckungstitel auf Herausgabe seines silberfarbenen Sportwagens erwirkt. T, der im Ausland weilt, bittet den eingeweihten D telefonisch, den Wagen an einen sicheren Ort zu bringen und dort gelb umzulackieren.

D verwirklicht aufgrund des Sonderdeliktscharakters nicht den Tatbestand des § 288. Für T kommt eine mittelbare Täterschaft nach §§ 288 Abs. 1, 25 Abs. 1 Var. 2 in Betracht. Hinsichtlich einer Wissens- und Willensherrschaft des T ist jedoch problematisch, dass D in den Plan eingeweiht ist. Eine mittelbare Täterschaft lässt sich allenfalls annehmen, wenn man hierfür nach allgemeinen Grundsätzen eine „normative" Tatherrschaft aufgrund der Täterqualifikation ausreichen lässt[2693]; D macht sich dann wegen Beihilfe strafbar. Andere gelangen über die Pflichtdeliktslehre zu einer unmittelbaren Täterschaft des T und zu einer Beihilfe des D[2694]. Wer dies verneint, gelangt zur Straflosigkeit der Beteiligten[2695]. **1006**

2. Subjektiver Tatbestand

Der Täter muss hinsichtlich der Merkmale des objektiven Tatbestandes zumindest mit dolus eventualis gehandelt haben. Ferner ist die Absicht erforderlich, die Befriedigung des Gläubigers zu vereiteln, wofür neben dolus directus 1. Grades (Absicht) auch dolus directus 2. Grades (Wissentlichkeit) genügt[2696]. Dabei muss der Schuldner die Befriedigung des Gläubigers **allgemein vereiteln** wollen, so dass eine vollständige Befriedigung nicht mehr erfolgen soll[2697]. Die Absicht, nur eine bestimmte Vollstreckungsmaßnahme zu vereiteln, damit dem Gläubiger ein konkreter Vermögensbestandteil vorenthalten wird, erfüllt bei der Vollstreckung wegen einer Geldforderung (§§ 803 ff. ZPO) nicht den subjektiven Tatbestand, wenn andere Vermögensbestandteile vorhanden sind, die zur vollständigen Befriedigung ausreichen[2698]. Anderes gilt nur dann, wenn sich das Befriedigungsrecht (bereits) auf einen konkreten Anspruch erstreckt, wie etwa bei der Herausgabevollstreckung nach § 883 ZPO. **1007**

> **Bsp.:** O hat gegen T einen Titel über 3000 € erwirkt. T versteckt sein Mountainbike, weil es O darauf schon lange abgesehen hat. – T macht sich nicht strafbar, wenn andere Vermögenswerte zur Befriedigung zu Verfügung stehen. Anders wäre aber zu entscheiden, wenn T gerade die Herausgabe des Rades schulden würde.

IV. Konkurrenzen

Da § 288 das Vermögen schützt, besteht aufgrund der unterschiedlichen Schutzgüter zu § 136 Tateinheit, wenn eine bereits gepfändete Sache beiseite geschafft wird[2699]. Auch mit § 246 kann Tateinheit bestehen. **1008**

2693 Vgl. *Fischer*, § 288 Rn. 5; LK-*Schünemann*, § 288 Rn. 41.
2694 LK-*Schünemann*, § 25 Rn. 43 ff.; dagegen aber *Krey/Hellmann/Heinrich*, BT 2, Rn. 416.
2695 *Krey/Hellmann/Heinrich*, BT 2, Rn. 418; *Wessels/Hillenkamp/Schuhr*, BT 2, Rn. 480.
2696 MünchKomm-*Maier*, § 288 Rn. 40; NK-*Gaede*, § 288 Rn. 14; *Schönke/Schröder/Heine/Hecker*, § 288 Rn. 17; *Wessels/Hillenkamp/Schuhr*, BT 2, Rn. 481.
2697 *Fischer*, § 288 Rn. 13; *Wessels/Hillenkamp/Schuhr*, BT 2, Rn. 482.
2698 BayObLGSt 1952, 224 (225); *Kindhäuser/Böse*, BT 2, § 38 Rn. 10; LK-*Schünemann*, § 288 Rn. 37.
2699 *Fischer*, § 288 Rn. 16; L-Kühl/*Heger*, § 288 Rn. 8; NK-*Gaede*, § 288 Rn. 18.

§ 39 Pfandkehr, § 289

Einführende Aufsätze: *Geppert*, Vollstreckungsvereitelung (§ 288 StGB) und Pfandkehr (§ 289 StGB), Jura 1987, 427; *Laubenthal*, Einheitlicher Wegnahmebegriff im Strafrecht?, JA 1990, 38; *Otto*, Der Wegnahmebegriff in §§ 242, 289, 168, 274 Abs. 1 Nr. 3 StGB, § 17 Abs. 2 Nr. 1c UWG, Jura 1992, 666; *Schmitz/Goeckenjan/Ischebeck*, Das (zivilrechtliche) Mysterium des Flaschenpfandes – strafrechtlich betrachtet, Jura 2006, 821.

Übungsfälle: *Burkhardt*, Ein Oldtimer als Streitobjekt, JuS 1985, 893; *Gropp/Küpper/Mitsch*, Fall 15: Drahtseilakt, S. 269; *Mitsch*, Täterschaft und Teilnahme sowie Vermögensdelikte, JuS 2004, 323; *Schmitz*, Der „Bettelstudent", Jura 2001, 335.

Rechtsprechung: BayObLG NJW 1981, 1745 – Vermieterpfandrecht (Begriff der Wegnahme).

I. Geschütztes Rechtsgut und Systematik

1009 Die Pfandkehr soll § 242 in Fällen ergänzen, in denen es sich um eine eigene Sache des Täters handelt oder es an der Zueignungsabsicht fehlt[2700]. Erfasst werden Vereitelungshandlungen durch den Eigentümer oder durch einen Dritten zugunsten des Eigentümers, die denjenigen, der an einer beweglichen Sache ein Nutznießungs-, Pfand-, Gebrauchs- oder Zurückbehaltungsrecht besitzt, in der Ausübung seines Rechtes beeinträchtigen. Da den genannten Rechten ein Vermögenswert zukommt, handelt es sich um ein **Vermögensdelikt**[2701]. Absatz 3 normiert ein absolutes Strafantragsdelikt, dessen Versuch in Absatz 2 unter Strafe gestellt ist.

II. Aufbauschema

1010 1. Tatbestand
    a) Objektiver Tatbestand
        aa) Eigene oder fremde bewegliche Sache
        bb) Nutznießungs-, Pfand-, Gebrauchs- oder Zurückbehaltungsrecht an dieser Sache
        cc) Wegnahme der Sache aus dem Machtbereich des Rechtsinhabers
    b) Subjektiver Tatbestand
        aa) Vorsatz
        bb) Handeln in rechtswidriger Absicht

2. Rechtswidrigkeit

3. Schuld

4. Strafantragserfordernis nach § 289 Abs. 3

[2700] A/W/H/H-*Heinrich*, § 16 Rn. 24; MünchKomm-*Maier*, § 289 Rn. 1; *Rengier*, BT 1, § 28 Rn. 1.
[2701] *Mitsch*, BT 2, 17.1.1.

III. Tatbestand

1. Objektiver Tatbestand

Als Tatobjekt der Pfandkehr kommen nur bewegliche Sachen in Betracht. Anders als bei § 242 müssen diese entweder im Eigentum des Täters (Var. 1 – eigennützige Pfandkehr) oder eines Dritten stehen, zu dessen Gunsten der Täter handelt (Var. 2 – fremdnützige Pfandkehr).

a) Der Täter muss eines der in § 289 umschriebenen **Rechte durch Wegnahme beeinträchtigen**.

aa) Als **Nutzungsrechte** kommen z. B. der Nießbrauch (§§ 1030 ff. BGB) oder das Nutzungsrecht der Eltern am Kindesvermögen gemäß § 1649 Abs. 2 BGB in Betracht[2702].

bb) **Pfandrechte** im Sinne der Bestimmung stellen sowohl vertragliche (§§ 1204 ff. BGB) als auch gesetzliche Pfandrechte dar; so etwa das Pfandrecht des Vermieters (§§ 562 ff. BGB), des Verpächters (§§ 581 Abs. 2, 562 BGB), des Unternehmers (§ 647 BGB) sowie das Pfandrecht des Gastwirtes (§ 704 BGB).

(1) In Betracht kommen grundsätzlich auch die im Wege einer Zwangsvollstreckung durch **Pfändung entstandenen Pfandrechte** (§§ 804 ZPO). Richtigerweise geht § 136 insoweit nicht als lex specialis vor[2703], da diese Vorschrift nicht das Sicherungsinteresse des Gläubigers, sondern allein die staatliche Herrschaftsgewalt über Pfandsachen schützt[2704]. Beide Vorschriften können daher in Tateinheit stehen[2705]. Wird die Sache dem Schuldner nach § 808 Abs. 2 Satz 2 ZPO belassen, so scheidet jedoch eine Wegnahme aus, da diese dann nicht aus dem Machtbereich des Gläubigers entfernt wird[2706].

Beim Pfändungspfandrecht spielt ferner der zivilprozessuale Streit über dessen Entstehung eine Rolle. Schließt man sich der öffentlich-rechtlichen Theorie an, dann genügt für die Entstehung des Pfandrechts bereits die Verstrickung der Pfandsache. Folgt man demgegenüber mit der h. M. der gemischt privatrechtlich/öffentlich-rechtlichen Theorie, dann ist neben der Verstrickung weiterhin erforderlich, dass entsprechend der Regelungen des §§ 1204, 1205 BGB die Forderung besteht und dem Vollstreckungsschuldner das Eigentum an dem Vollstreckungsgut zusteht[2707].

> **Bsp.:** O hat von Gerichtsvollzieher G gemäß § 808 Abs. 1 ZPO einen wertvollen Ring bei T pfänden lassen, welcher jedoch im Eigentum des D steht. T (bzw. D) entwendet den Ring nach Pfändung durch G aus dessen Büro. – T (bzw. D) hat sich zunächst unproblematisch nach § 136 strafbar gemacht. Ob hingegen auch eine Strafbarkeit nach § 289 vorliegt, hängt davon ab, ob mit der (wirksamen) Verstrickung zugleich ein Pfändungspfandrecht an dem Ring zugunsten des O nach § 804 Abs. 1 ZPO entstanden ist. Dies ist nach der öffentlich-rechtlichen Theorie zu bejahen, da das Pfandrecht dann unabhängig von den Eigentumsverhältnissen kraft Hoheitsaktes an allen Gegenständen entsteht, die (wie hier) wirksam verstrickt sind. Schließt man sich hingegen der h. M.

2702 NK-*Gaede*, § 289 Rn. 5; *Schönke/Schröder/Heine/Hecker*, § 289 Rn. 5.
2703 LK-*Schünemann*, § 289 Rn. 6; *Wessels/Hillenkamp/Schuhr*, BT 2, Rn. 469.
2704 S. *Eisele*, BT 1, Rn. 1586.
2705 *Fischer*, § 289 Rn. 9; LK-*Schünemann*, § 289 Rn. 6.
2706 RGSt 64, 77 (78); SK-*Hoyer*, § 289 Rn. 8.
2707 *Musielak/Voit*, Grundkurs ZPO, 14. Aufl. 2018, § 8 Rn. 1170; ausführliche Darstellung der Theorien bei *Jauernig/Berger*, Zwangsvollstreckungs- und Insolvenzrecht, 23. Aufl. 2010, § 16 Rn. 8 ff.

an, dann muss diesbezüglich eine Strafbarkeit ausscheiden, da hier neben der Verstrickung immer auch die zivilrechtlichen Voraussetzungen der Pfandrechtsentstehung geprüft werden müssen. Da T nicht Eigentümer des Ringes war und mangels rechtsgeschäftlichen Erwerbs auch ein gutgläubiger Erwerb des Pfandrechts gemäß §§ 1207, 932 BGB auszuscheiden hat, konnte an der schuldnerfremden Sache somit kein Pfandrecht entstehen, so dass auch für eine Strafbarkeit nach § 289 kein Raum bleibt.

1017 (2) Der Schutz des § 289 greift nur dann ein, wenn sich das **Pfandrecht auch auf die weggenommene Sache erstreckt**. Sind die Gegenstände einem Pfändungspfandrecht bzw. gesetzlichen Pfandrecht nach § 811 ZPO nicht zugänglich, dann scheidet der Tatbestand aus.

>   Bspe.: Gegenstände der Haushalts- und Lebensführung; Arbeitsutensilien; Prothesen usw.

1018 In diesem Zusammenhang ist zu beachten, dass § 811 ZPO nur auf das Pfändungspfandrecht sowie einzelne gesetzliche Pfandrechte kraft ausdrücklicher Verweisung anwendbar ist (z. B. Vermieterpfandrecht nach § 562 Abs. 1 Satz 2 BGB, Pfandrecht des Gastwirts gemäß § 704 Satz 2 i. V. m. § 562 Abs. 1 Satz 2 BGB, nicht jedoch Werkunternehmerpfandrecht gemäß § 647 BGB).

1019 cc) Der Begriff der **Gebrauchsrechte** ist weit zu fassen. Zu ihnen gehören sowohl dingliche als auch obligatorische Rechte und zwar unabhängig davon, ob sie privatrechtlichen oder öffentlich-rechtlichen Ursprungs sind. Klassische Gebrauchsrechte stellen diejenigen des Mieters, Pächters oder Entleihers dar. Erfasst wird aber auch das Gebrauchsrecht des Vorbehaltskäufers, der ein Anwartschaftsrecht besitzt, sowie das Gebrauchsrecht des Sicherungsgebers bei der Sicherungsübereignung[2708].

1020 dd) Erfasst werden ferner **Zurückbehaltungsrechte**, die sich z. B. aus §§ 273, 1000 BGB, §§ 369 ff. HGB oder Vertrag ergeben können.

1021 ee) Obwohl mit den Pfandrechten wirtschaftlich vergleichbar, fällt das **Sicherungseigentum des Sicherungsnehmers** nicht in den Anwendungsbereich des § 289. Da die Sache regelmäßig beim Sicherungsgeber verbleibt, kann sie nicht weggenommen werden. Ggf. kann jedoch § 246 zu prüfen sein.

>   Bsp.: T hat dem O zur Sicherung eines ihm gewährten Darlehens eine Maschine sicherungsübereignet, wobei diese ihm zur weiteren Produktion in den Betriebsräumen belassen wird. Als T erneut Geld benötigt, verkauft er die Maschine an D und übereignet sie gemäß §§ 929, 930 BGB. – Eine Strafbarkeit nach § 289 muss ausscheiden; die Maschine wurde dem O nicht „weggenommen", da sich die sicherungsübereignete Sache weiterhin im Gewahrsam des T befand. Es kommt damit nicht auf die Auslegung des streitigen Begriffs der „Wegnahme" im Rahmen des § 289 an. Es verbleibt jedoch eine Strafbarkeit wegen (veruntreuender) Unterschlagung gemäß § 246 Abs. 2.

1022 b) Bei der eigennützigen Pfandkehr muss der Eigentümer, ansonsten der **zugunsten des Eigentümers** handelnde Täter, die Sache dem Inhaber des jeweiligen Rechtes wegnehmen. Ein Handeln zugunsten des Eigentümers, d. h. in dessen Interesse liegt nicht vor, wenn der Kunde eigenmächtig im Getränkemarkt Leergut mit „Pfandflaschen" wegnimmt[2709].

2708 *Fischer*, § 289 Rn. 2; NK-*Gaede*, § 289 Rn. 7; *Schönke/Schröder/Heine/Hecker*, § 289 Rn. 7.
2709 AG Flensburg NStZ 2006, 101 (102); *Seher*, JuS 2002, 104; a. A. *Hellmann*, JuS 2001, 353 (355); dazu *Schmitz/Goeckenjan/Ischebeck*, Jura 2006, 821 (824); zu § 242 in diesen Fällen o. Rn. 75.

c) Erforderlich ist eine **Wegnahme** der Sache. Ein bloßes Beschädigen oder Zerstören genügt nicht[2710]. Streitig ist, ob die Wegnahme entsprechend den zu § 242 entwickelten Grundsätzen auszulegen ist oder geringere Anforderungen zu stellen sind. Soweit im Einzelfall eine Wegnahme i. S. d. § 242 bejaht werden kann, ist das Merkmal unstreitig verwirklicht. **1023**

> **Bsp.:** T bringt sein Auto in die Werkstatt des O, um einen Unfallschaden reparieren zu lassen. Als er feststellt, dass er den Werklohn nicht entrichten kann, holt er seinen Wagen nach der Durchführung der Reparatur heimlich aus dem Betriebsgelände des O. – Eine Strafbarkeit des T nach § 242 scheidet aus, da T keine fremde bewegliche Sache weggenommen hat. Jedoch hat er sich – unabhängig davon, wie man den „Wegnahmebegriff" in diesem Rahmen auslegt – nach § 289 strafbar gemacht. An dem Wagen des T besteht nach § 647 BGB ein Werkunternehmerpfandrecht. Da es sich dabei um ein „besitzendes" Pfandrecht handelt, wäre eine Strafbarkeit auch dann gegeben, wenn man den Wegnahmebegriff ebenso wie bei § 242 auslegt, da T auch den Gewahrsam des O an dem Wagen gebrochen hat.

Im Übrigen hat der Streit vor allem Auswirkungen für die Frage, ob auch besitzlose Pfandrechte – wie das Vermieterpfandrecht – in den Anwendungsbereich des § 289 fallen, da mangels Gewahrsams des Rechtsinhabers hier keine Wegnahme i. S. d. § 242 erfolgen kann. **1024**

> **Bsp.:**[2711] T kann seine Miete an O seit Längerem nicht mehr bezahlen; er schafft deshalb alle wertvollen Gegenstände aus der Wohnung, obwohl O erklärt hat, dass er von seinem Pfandrecht Gebrauch mache. – O hat nach § 562 Abs. 1 BGB an diesen Gegenständen ein Pfandrecht, ohne dass er daran unmittelbaren Besitz hat; dieses erlischt im Übrigen nicht nach § 562a BGB mit dem Verbringen vom Grundstück, weil O davon keine Kenntnis besitzt.

aa) Diejenigen, die den Wegnahmebegriff an § 242 anlehnen, machen geltend, dass die gegenüber §§ 288, 136 erhöhte Strafandrohung sich nur durch die Verletzung fremden Gewahrsams rechtfertigen lasse[2712] und hierfür auch der Wortlaut streite[2713]. Die schwächere Position des Inhabers eines besitzlosen Pfandrechtes sei bereits im Zivilrecht angelegt und spreche daher nicht gegen eine solche Auslegung[2714]. **1025**

bb) Die h. M. legt den Begriff der Wegnahme hingegen zu Recht im Lichte des Schutzguts aus und lässt es genügen, dass die Sache – wie beim Vermieterpfandrecht – aus dem tatsächlichen Machtbereich des Berechtigten räumlich entfernt wird, so dass die Ausübung des Rechts vereitelt oder erheblich erschwert wird[2715]. Damit wird zum einen die Gleichwertigkeit aller Pfandrechte gewahrt und zum anderen werden Strafbarkeitslücken geschlossen, die §§ 288, 136 hinterlassen[2716]. Nicht ausreichend ist allerdings auch nach dieser Ansicht ein Pfändungspfandrecht, wenn die Sache nach § 808 Abs. 2 Satz 2 ZPO dem Schuldner belassen wird und daher in dessen Gewahrsam steht[2717]. **1026**

2710 LK-*Schünemann*, § 289 Rn. 17; *Mitsch*, BT 2, 17.2.1.6.
2711 S. BayObLG NJW 1981, 1745.
2712 A/W/H/H-*Heinrich*, § 16 Rn. 25 ff.; *Schönke/Schröder/Heine/Hecker*, § 289 Rn. 9.
2713 *Joerden*, JuS 1985, 20 (23); NK-*Gaede*, § 289 Rn. 12.
2714 NK-*Gaede*, § 289 Rn. 11; *Schöne*, JZ 1973, 446 (447).
2715 BayObLG NJW 1981, 1745 (1746); L-Kühl/*Heger*, § 289 Rn. 3; *Mitsch*, BT 2, 17.2.1.6; *Rengier*, BT 1, § 28 Rn. 12; *Wessels/Hillenkamp/Schuhr*, BT 2, Rn. 471.
2716 MünchKomm-*Maier*, § 289 Rn. 15; *Rengier*, BT 1, § 28 Rn. 12.
2717 S. o. Rn. 1015.

2. Subjektiver Tatbestand

1027 Neben dem Vorsatz hinsichtlich der objektiven Tatbestandsmerkmale – dolus eventualis genügt insoweit – ist erforderlich, dass der Täter in rechtswidriger Absicht handelt.

1028 a) Vorsatzfragen können vor allem bei **besitzlosen Pfandrechten** – wie beim Vermieterpfandrecht – entstehen. Während der Täter bei Pfandrechten, bei denen der Gläubiger den Besitz am Pfandgegenstand hat, nach seiner Laiensphäre erkennt, dass er durch die Aufhebung des Besitzes dem Gläubiger ein Sicherungsmittel entzieht und diesen dadurch schädigt, kann dieses Bewusstsein bei den besitzlosen Pfandrechten nicht ohne Weiteres unterstellt werden[2718].

> **Bsp.:** T holt vor Begleichung des Werklohns in den Hallen des Unternehmers O nachts seine Maschine ab, die dort generalüberholt wurde. – T ist durch die räumliche Entfernung der Maschine bewusst, dass er dem O ein Druck- und ggf. auch Verwertungsmittel in Bezug auf die Begleichung des Werklohns entzieht. Dies genügt für die Bejahung des Vorsatzes. Nicht erforderlich ist, dass er (rechtlich) nachvollzieht, dass das Werkunternehmerpfandrecht nach § 647 BGB und das Zurückbehaltungsrecht nach § 273 BGB durch seine Handlung beeinträchtigt werden.

1029 Ein für den Vorsatz unbeachtlicher Verbotsirrtum i. S. d. § 17 ist hingegen anzunehmen, wenn sich der Täter nur darüber irrt, dass an dem weggenommenen Gegenstand kein Recht besteht.

> **Bsp.:** Im vorgenannten Bsp. geht T irrig davon aus, dass er erst nach Rückgabe der Maschine zahlen muss.

1030 b) Die **rechtswidrige Absicht** muss dabei darauf gerichtet sein, durch die Wegnahme das Recht im Widerspruch zur Rechtsordnung zu vereiteln[2719]. Hierzu reicht nach überwiegender Auffassung sowohl dolus directus 1. als auch dolus directus 2. Grades[2720].

5. Kapitel: Unerlaubtes Glücksspiel, Jagd- und Fischwilderei

§ 40 Unerlaubtes Veranstalten eines Glücksspiels, § 284

Einführende Aufsätze: *Beckemper/Janz*, Rien ne va plus – Zur Strafbarkeit wegen des Anbietens privater Sportwetten nach der Sportwettenentscheidung des BVerfG v. 28.3.2006, ZIS 2008, 31; *Duesberg*, Die Strafbarkeit des Online-Pokers, JA 2008, 270; *Heine*, Oddset-Wetten und § 284 StGB, wistra 2003, 441; *Lampe*, Falsches Glück, JuS 1994, 737; *Meurer/Bergmann*, Tatbestandsalternativen beim Glücksspiel, JuS 1983, 668; *Mosbacher*, Ist das ungenehmigte Veranstalten und Vermitteln von Sportwetten noch strafbar?, NJW 2006, 3529.

Übungsfälle: *Gülzow*, Die Pokerrunde, Jura 1983, 49, 102; *Safferling/Scholz*, Sportwetten in Europa, JA 2009, 353.

Rechtsprechung: BVerfGE 115, 276 – Sportwette (Unvereinbarkeit des staatlichen Wettmonopols mit Art. 12 GG); **BGHSt 2, 274** – Spiralo-Roulette (Begriff des Glücksspiels); **BGHSt**

[2718] So auch *Rengier*, BT 1, § 28 Rn. 15.
[2719] *Mitsch*, BT 2, 17.2.2.3; SK-*Hoyer*, § 289 Rn. 14.
[2720] *Fischer*, § 289 Rn. 6; LK-*Schünemann*, § 289 Rn. 25; *Wessels/Hillenkamp/Schuhr*, BT 2, Rn. 472; a. A. aber L-Kühl/*Heger*, § 289 Rn. 4; NK-*Gaede*, § 289 Rn. 15, der dolus directus 1. Grades verlangt.

36, 74 – Hütchenspiel (Glücksspiel in Abgrenzung zum Geschicklichkeitsspiel); **BGHSt NStZ 2003, 372** – Sportwette (Begriff des Glücksspiels); **BayObLG NJW 1993, 2820** – Bouleur (Abgrenzung von Veranstalter und Halter eines Glücksspiels).

I. Geschütztes Rechtsgut und Systematik

Das **Rechtsgut** der §§ 284 bis 287 ist sehr streitig. Richtigerweise ist das Vermögen der Spieler vor Gefahren der Manipulation beim Glückspiel geschützt[2721]. Täter des Allgemeindelikts kann jeder sein, der öffentlich ohne behördliche Erlaubnis ein Glücksspiel veranstaltet, hält oder die Einrichtungen hierzu bereitstellt. Absatz 3 enthält einen Qualifikationstatbestand, in Absatz 4 wird die Werbung für ein öffentliches Glücksspiel als Vorfeldverhalten unter Strafe gestellt. Der Spieler eines Glücksspiels macht sich nur nach § 285 mit seinem geringeren Rahmen strafbar. § 287 enthält eine Spezialvorschrift für die unerlaubte Veranstaltung einer Lotterie oder einer Ausspielung, die spezielle Ausprägungen des Glücksspiels darstellen.

II. Aufbauschema

1. Tatbestand
   a) Objektiver Tatbestand
      aa) Öffentliches Glücksspiel
      bb) Veranstalten, Halten oder die Einrichtungen hierzu bereitstellen
      cc) Ohne behördliche Erlaubnis
   b) Subjektiver Tatbestand

2. Rechtswidrigkeit

3. Schuld

4. Qualifikation, § 284 Abs. 3
   a) Nr. 1: Gewerbsmäßiges Handeln
   b) Nr. 2: Handeln als Mitglied einer Bande, die sich zur fortgesetzten Begehung solcher Taten verbunden hat

III. Tatbestand

1. Objektiver Tatbestand

Der Tatbestand ist von vornherein auf Glücksspiele begrenzt.

a) Ein **Glücksspiel** ist ein nach vorherbestimmten Regeln verlaufendes Spiel, bei dem die Entscheidung über Gewinn und Verlust ganz oder überwiegend vom Zufall abhängt, das seiner generellen Bestimmung nach auf die Erzielung eines

---

[2721] Vgl. *Heine*, wistra 2003, 441 (442); LK-*Krehl*, Vor § 284 Rn. 6; *Schönke/Schröder/Heine/Hecker*, § 284 Rn. 5; für eine staatlich gelenkte Beschränkung der Spielmöglichkeiten, um die wirtschaftliche Ausbeutung der Spielleidenschaft unter staatliche Kontrolle zu nehmen, BGHSt 11, 209 (210); BayObLG NStZ 1993, 491 f.; s. auch BVerfGE 28, 119, 148.

geldwerten Gewinns ausgerichtet ist und in dessen Rahmen für den Erwerb einer Gewinnchance ein Entgelt verlangt wird[2722].

Bspe.: Sportwetten; Roulettespiel; Kasinospiel; Würfeln um Geld; Pokern; Spielen an bestimmten Spielautomaten.

1035 Maßgeblich für das Glücksspiel ist demnach, dass das Resultat dem Einfluss der Spieler weitgehend entzogen und hauptsächlich vom **Zufall** abhängig ist[2723]; dass Profispieler dabei mathematische Wahrscheinlichkeiten berücksichtigen, ist unerheblich[2724]. Kein Glücksspiel, sondern ein Geschicklichkeitsspiel liegt vor, wenn Wissen, Können, Geschicklichkeit, Schnelligkeit, Aufmerksamkeit oder sonstige Aspekte menschlicher Leistungsfähigkeit der beteiligten Durchschnittsspieler im Vordergrund stehen[2725].

Bspe.: Oddset-Wetten im Sportbereich mit festen Gewinnquoten sind Glücksspiele[2726]; ob das sog. „Hütchenspiel" Geschicklichkeits- oder Glücksspiel ist, hängt von den Umständen des Einzelfalls ab. Insbesondere Manipulationen können ein angebliches Geschicklichkeitsspiel für den Spieler unbemerkt zum Glücksspiel machen[2727].

1036 Kein Glücksspiel ist ein **Unterhaltungsspiel**, bei dem der zu gewinnende und verlierende Vermögenswert nach der Verkehrsanschauung und den Verhältnissen der Spieler ganz unerheblich ist[2728] und die „harmlose Unterhaltung" im Vordergrund steht[2729]. Nach BGH soll jedenfalls ein Verlust von 10 € pro Stunde auf ein Glückspiel hindeuten[2730].

Bsp.: Spielautomaten wie ein „Flippergerät", bei denen der Spieler allenfalls den Einsatz zurückgewinnen oder eine Spielverlängerung bzw. Freispiele gewinnen kann[2731].

1037 b) **Öffentlich** ist das Spiel nur, wenn für einen größeren, nicht fest umgrenzten Personenkreis die Möglichkeit besteht, sich an ihm zu beteiligen[2732]. Demnach ist nicht die Öffentlichkeit des Spielortes entscheidend. Vielmehr kommt es darauf an, dass das Spiel nicht einem geschlossenen Personenkreis vorbehalten ist, der durch konkrete, außerhalb des Spielzwecks liegende Interessen verbunden ist[2733]. Eine **Fiktion** findet sich in **Absatz 2**, wonach auch Glücksspiele in Vereinen oder geschlossenen Gesellschaften, in denen Glücksspiele gewohnheitsmäßig veranstaltet werden, als **öffentlich veranstaltet gelten**. Als geschlossene Gesellschaften kommen etwa die Stammtischrunde oder die private Pokerrunde in Betracht[2734].

1038 c) Tathandlungen sind das **Veranstalten** oder **Halten eines Glücksspiels** sowie das **Bereitstellen der Einrichtungen** hierzu. Das bloße Spielen wird von § 285

2722 Vgl. ferner § 3 Abs. 1 Glücksspielstaatsvertrag; BGHSt 2, 274 (276); BGHSt 36, 74 (80); BVerwGE 96, 293 (295 f.); *Dahs/Dierlamm*, GewArch 1996, 272 (273); LK-*Krehl*, § 284 Rn. 7 f.
2723 BGHSt 36, 74 (80); BGH NStZ 2018, 335 f.; *Schönke/Schröder/Heine/Hecker*, § 284 Rn. 7 m. w. N.
2724 AG Deggendorf NStZ-RR 2009, 338 zum Pokerspiel.
2725 BGHSt 2, 274 (276); *Fischer*, § 284 Rn. 8; L-*Kühl/Heger*, § 284 Rn. 5; zu Internetauktionen *Rotsch/Heissler*, ZIS 2010, 403.
2726 BVerfGE 115, 276 (292); BVerwGE 114, 92 (94); BGHSt NStZ 2003, 372 (373); *Fischer*, § 284 Rn. 10; LK-*Krehl*, § 284 Rn. 5.
2727 *Lampe*, JuS 1994, 737 (739); vgl. auch LK-*Krehl*, § 284 Rn. 9.
2728 *Kindhäuser/Böse*, BT 2, § 43 Rn. 4; L-*Kühl/Heger*, § 284 Rn. 7. Nach VG Düsseldorf, Beschluss v. 29.4.2011 – 17 L 471/10, das schon einen Betrag über 0,5 Euro genügen lässt.
2729 RGSt 6, 70 (74); *Maurach/Schroeder/Maiwald/Hoyer/Momsen*, BT 1, § 44 Rn. 7.
2730 BGH NStZ 2018, 335 (336).
2731 LK-*Krehl*, § 284 Rn. 12; NK-*Gaede*, § 284 Rn. 13.
2732 RGSt 57, 190 (193); *Schönke/Schröder/Heine/Hecker*, § 284 Rn. 12; SSW-*Rosenau*, § 284 Rn. 9.
2733 HK-*Temming*, § 284 Rn. 12; NK-*Gaede*, § 284 Rn. 15.
2734 OLG Stuttgart ZStW 44 (1924), 620; *Gülzow*, Jura 1983, 49.

erfasst. **Veranstalten** ist die unmittelbare Eröffnung einer Spielgelegenheit für das Publikum unter Schaffung der rechtlichen und organisatorischen Rahmenbedingungen in verantwortlicher Weise[2735]. Das **Halten eines Glücksspiels** ist nicht schon das Zurverfügungstellen von Spieleinrichtungen; erforderlich ist vielmehr ein Leiten des Spiels oder das eigenverantwortliche Überwachen des Spielverlaufs[2736].

> Bspe.: Halter können z. B. sein der Croupier oder der Bouleur beim Kugelspiel.

Das **Bereitstellen von Einrichtungen** steht neben dem Veranstalten und Halten als eigenständige Vorbereitungshandlung. Erfasst wird das Zugänglichmachen von Spieleinrichtungen wie Würfel, Karten, Spieltische, Spielmarken usw., d. h. von Gegenständen, die ihrer Natur nach dazu bestimmt sind, zu Glücksspielen benutzt zu werden[2737]. **1039**

> Bsp.: Gastwirt T sieht, wie einige Spieler Würfel sowie Spielsteine auspacken und spielen; weitere Gäste beteiligen sich. Dennoch schenkt T den Spielern fleißig Bier aus. – T stellt die Würfel und Spielsteine nicht als Einrichtungen bereit; der Gaststättenraum und das Inventar sind dagegen nach ihrer Natur – jedenfalls nicht ohne weitere Anhaltspunkte – nicht zur Verwendung beim Glücksspiel bestimmt. Der Wirt leistete daher allenfalls Beihilfe durch Unterlassen zu Taten nach §§ 284, 285[2738].

d) Für das öffentliche Glücksspiel darf keine **behördliche Erlaubnis** vorliegen. Die behördliche Erlaubnis schließt nach überwiegender Auffassung bereits den Tatbestand aus[2739]. Im Gegensatz zur nichtigen Erlaubnis wirkt auch eine rechtswidrige, aber wirksame Erlaubnis tatbestandsausschließend, nicht aber die bloße Genehmigungsfähigkeit[2740]. Das Glücksspielstrafrecht ist damit – ebenso wie das Umweltstrafrecht – verwaltungsakzessorisch, da Art, Umfang und Wirksamkeit der Erlaubnis sich nach Maßgabe des Verwaltungsrechts bestimmen[2741]. Dies führt im Bereich der Sportwetten, zumal europarechtliche Bezüge hinzutreten, zu kaum noch zu überschauenden Schwierigkeiten[2742]. Grundsätzlich bedarf es einer Erlaubnis der zuständigen Landesbehörde nach deutschem Recht (§ 4 Abs. 1 Glücksspielstaatsvertrag), wobei das Veranstalten und das Vermitteln öffentlicher Glücksspiele im Internet verboten ist (§ 4 Abs. 4 Glücksspielstaatsvertrag). Dahinter steht der Zweck der Vorschrift, die die Bevölkerung vor den Gefahren des Glücksspiels durch staatliche Kontrolle schützen möchte. Daher genügen Konzessionen ausländischer Staaten grundsätzlich nicht[2743]. Streitig ist allerdings, ob Genehmigungen **1040**

2735 BayObLG NJW 1993, 2820 (2821); zur Frage, inwieweit die Vermittlung von Glücksspielen, vor allem von Sportwetten, erfasst ist, vgl. *Schönke/Schröder/Heine/Hecker*, § 284 Rn. 16.
2736 BayObLG NJW 1993, 2820 (2822); *Schönke/Schröder/Heine/Hecker*, § 284 Rn. 18.
2737 *Fischer*, § 284 Rn. 21; *Lampe*, JuS 1994, 737 (739).
2738 L-Kühl/*Heger*, § 284 Rn. 11; *Schönke/Schröder/Heine/Hecker*, § 284 Rn. 21; für eine Täterschaft dagegen RGSt 56, 117 (117 f.); LK-*Krehl*, § 284 Rn. 20.
2739 *Joecks/Jäger*, § 284 Rn. 5; L-Kühl/*Heger*, § 284 Rn. 12; NK-*Gaede*, § 284 Rn. 21; für einen Rechtfertigungsgrund OLG Celle NJW 1969, 2250; *Maurach/Schroeder/Maiwald/Hoyer/Momsen*, BT 1, § 44 Rn. 9.
2740 BGH NStZ-RR 2020, 248.
2741 *Fischer*, § 284 Rn. 14; zum Umweltstrafrecht *Eisele*, BT 1, Rn. 1272 ff.
2742 Vgl. auch EuGH MMR 2010, 844, wonach eine generelle Pflicht zur gegenseitigen Anerkennung von Erlaubnissen anderer EU-Mitgliedstaaten gegenwärtig nicht bestehen soll; ferner BVerfGE 115, 276 ff.; *Beckemper/Janz*, ZIS 2008, 31 ff.; *Fischer*, § 284 Rn. 15 f.; *Mosbacher*, NJW 2006, 3529 ff.
2743 OLG Hamburg MMR 2002, 471 (473); *Heine*, wistra 2003, 441 (446); LK-*Krehl*, § 284 Rn. 2a.

von EU-Mitgliedstaaten auch in Deutschland Wirksamkeit entfalten[2744]. Dafür könnte sprechen, dass die Niederlassungsfreiheit nach Art. 49 AEUV und die Dienstleistungsfreiheit nach Art. 56 AEUV betroffen sind und nach der Rechtsprechung des EuGH der Eingriff nur gerechtfertigt sein kann, wenn die Spielsucht durch eine staatliche Kanalisierung eingedämmt werden soll und nicht fiskalische Gründe im Vordergrund stehen[2745]. In einer jüngeren Entscheidung hat der EuGH allerdings auch ausgesprochen, dass eine generelle Pflicht zur gegenseitigen Anerkennung von Erlaubnissen gegenwärtig nicht besteht[2746]. Jedoch soll Art. 56 AEUV dahingehend auszulegen sein, dass eine strafrechtliche Verfolgung einer ohne Erlaubnis deutscher Behörden erfolgenden grenzüberschreitenden Vermittlung von Sportwetten unzulässig ist, wenn die Erlaubnispflicht im Rahmen eines staatlichen Monopols besteht, das die nationalen Gerichte für unionsrechtswidrig befunden haben[2747].

2. Subjektiver Tatbestand

1041 Hier genügt dolus eventualis. Die irrige Annahme, dass eine behördliche Erlaubnis vorliegt, lässt nach § 16 Abs. 1 Satz 1 den Vorsatz entfallen[2748]. Hingegen stellt der Irrtum über die Notwendigkeit einer Erlaubnis für das Glücksspiel einen Verbotsirrtum i. S. v. § 17 dar[2749].

IV. Qualifikation, § 284 Abs. 3

1042 Erfasst wird von der Qualifikation gewerbsmäßiges Handeln[2750] sowie das Handeln als Mitglied einer Bande, die sich zur fortgesetzten Begehung solcher Taten verbunden hat[2751]. Anders als bei § 244 Abs. 1 Nr. 2 ist die Mitwirkung eines anderen Bandenmitgliedes bei der Tat nicht erforderlich[2752].

§ 41 Beteiligung am unerlaubten Glücksspiel, § 285

I. Geschütztes Rechtsgut und Systematik

1043 § 285 erfasst die **Beteiligung als Spieler** an einem öffentlichen Glücksspiel. Rechtspolitisch problematisch ist die Vorschrift deshalb, weil der Täter des § 285 zugleich potentielles Opfer des Glücksspiels i. S. d. § 284 ist[2753].

2744 Dafür etwa OLG München NJW 2008, 3151 (3155); L-Kühl/*Heger*, § 283 Rn. 12; *Petropoulos*, wistra 2006, 332 (335). Dagegen BGH NJW 2002, 2175 (2176); OLG Celle ZUM 2007, 540; LK-*Krehl*, § 284 Rn. 22a. Näher *Fischer* § 284 Rn. 16 ff.
2745 EuGH NJW 2004, 139 (140 f.); *Schönke/Schröder/Heine/Hecker*, § 284 Rn. 2, 29 f.
2746 EuGH MMR 2010, 844; EuGH MMR 2017, 25 f.
2747 EuGH MMR 2017, 25 f. und dazu *Streinz*, JuS 2016, 568 ff.
2748 *Fischer*, § 284 Rn. 25; *Schönke/Schröder/Heine/Hecker*, § 284 Rn. 31.
2749 OLG Hamm JR 2004, 478 (479); L-Kühl/*Heger*, § 284 Rn. 13.
2750 Dazu o. Rn. 129.
2751 Dazu o. Rn. 212 ff.
2752 M/R-*Wietz/Matt*, § 285 Rn. 21; NK-*Gaede*, § 284 Rn. 24.
2753 Für eine ersatzlose Streichung der Vorschrift mangels strafwürdigen Verhaltens deshalb NK-*Gaede*, § 285 Rn. 1; krit. auch *Fischer*, § 285 Rn. 1.

II. Aufbauschema

1. Tatbestand **1044**
   a) Objektiver Tatbestand
      aa) Öffentliches Glücksspiel i. S. d. § 284
      bb) Beteiligung
   b) Subjektiver Tatbestand

2. Rechtswidrigkeit

3. Schuld

III. Tatbestand

Hinsichtlich des Merkmals des **öffentlichen Glücksspiels** kann auf die Ausführungen bei § 284 verwiesen werden[2754]. Am Glücksspiel **beteiligt sich**, wer selbst spielt, d. h. sich den vom Zufall abhängigen Gewinn- und Verlustchancen unterwirft[2755]. In subjektiver Hinsicht ist dolus eventualis ausreichend. **1045**

§ 42 Jagdwilderei, § 292

Einführende Aufsätze: *Geppert*, Straf- und zivilrechtliche Fragen zur Jagdwilderei (§ 292 StGB), Jura 2008, 599; *Wessels*, Probleme der Jagdwilderei und ihrer Abgrenzung zu den Eigentumsdelikten, JA 1984, 221.

Rechtsprechung: **BayObLG NJW 1955, 32** – Fuchs (Herrenlosigkeit eines Tieres); **OLG Frankfurt NJW 1984, 812** – Reh (Begriff des „Nachstellens"); **AG Sinzig Jagdrechtliche Entscheidungen X, Nr. 109** – Wildschwein (Rechtfertigung bei Tötung eines verletzten Tieres).

I. Geschütztes Rechtsgut und Systematik

§ 292 schließt insofern Strafbarkeitslücken, als wilde Tiere herrenlos sind (§ 960 Abs. 1 Satz 1 BGB) und daher nicht vom Schutzbereich der §§ 242, 246, 303 erfasst werden. Die Jagdwilderei schützt als **Vermögensdelikt das Aneignungsrecht des Jagdausübungsberechtigten**[2756]. Teilweise wird daneben auch die Hege des Wildbestandes und damit ein Tierschutzbelang als Schutzgut angesehen[2757]. Dieses zusätzliche Schutzgut kommt aber richtigerweise nur bei der Strafschärfung des Abs. 2 Satz 2 Nr. 2 („nicht weidmännischer Weise") zum Tragen. **1046**

[2754] S. hierzu o. Rn. 1034 ff.
[2755] *Schönke/Schröder/Heine/Hecker*, § 285 Rn. 2; SK-*Hoyer*, § 285 Rn. 3.
[2756] A/W/H/H-*Heinrich*, § 16 Rn. 10; *Schönke/Schröder/Heine/Hecker*, § 292 Rn. 1.
[2757] *Krey/Hellmann/Heinrich*, BT 2, Rn. 384; L-Kühl/*Heger*, § 292 Rn. 1; LK-*Schünemann*, § 292 Rn. 2 f.

II. Aufbauschema

1047
1. Tatbestand
   a) Objektiver Tatbestand
      aa) Verletzung eines fremden Jagd- oder Jagdausübungsrechts
      bb) Tathandlung
         (1) Nr. 1: Nachstellen, Fangen, Erlegen, Eigen- oder Drittzueignung von Wild
         (2) Nr. 2: Eigen- oder Drittzueignung, Beschädigen oder Zerstören einer Sache, die dem Jagdrecht unterliegt
      cc) Tatbestandsausschluss nach Abs. 3
   b) Subjektiver Tatbestand

2. Rechtswidrigkeit

3. Schuld

4. Strafzumessungsregel für besonders schwere Fälle mit Regelbeispielen, § 292 Abs. 2 Satz 2
   a) Nr. 1: Gewerbs- oder gewohnheitsmäßige Tatbegehung
   b) Nr. 2: Tatbegehung zur Nachtzeit, in der Schonzeit, unter Anwendung von Schlingen oder in anderer nicht weidmännischer Weise
   c) Nr. 3: Gemeinschaftliche Tatbegehung von mehreren mit Schusswaffen ausgerüsteten Beteiligten

5. Strafantrag, § 294

III. Tatbestand

1. Objektiver Tatbestand

1048 Die Wilderei enthält **zwei Tatbestände**. Nr. 1 sanktioniert die eigentliche Wilderei, Nr. 2 die Verletzung des Jagdrechts an Sachen.

1049 a) Beide Tatbestände setzten die **Verletzung eines fremden Jagd- oder Jagdausübungsrechts** voraus, wobei in Abs. 3 ein Tatbestandsausschluss enthalten ist.[2758]

1050 aa) Gemäß § 1 Abs. 1 Satz 1 BJagdG bedeutet **Jagdrecht** die ausschließliche Befugnis, auf einem bestimmten Gebiet auf wildlebende Tiere, die dem Jagdrecht unterliegen, die Jagd auszuüben und sie sich anzueignen. Inhaber des Jagdrechts ist der Eigentümer dieses bestimmten Gebiets, § 3 Abs. 1 Satz 1 BJagdG. Das Jagdrecht ist also untrennbar mit dem Eigentum an Grund und Boden verbunden. Die **Jagdausübung** erstreckt sich gemäß § 1 Abs. 4 BJagdG auf das Aufsuchen, Nachstellen, Erlegen und Fangen von Wild. Die Jagd darf nur in bestimmten Jagdgebieten ausgeübt werden, § 3 Abs. 3, §§ 4 ff. BJagdG. Dieses **Recht zur Jagdausübung** kann unter den Voraussetzungen der §§ 11 ff. BJagdG nur mittels eines Jagdpachtvertrages übertragen werden. Dann geht das Jagdausübungsrecht dem dinglichen Jagdrecht vor, d. h. der Grundstückseigentümer kann auf seinem Grundstück zum

---
[2758] S. u. Rn. 1058.

Täter einer Jagdwilderei werden[2759]. Von einer Verpachtung des Jagdausübungsrechts ist die Jagderlaubnis zu unterscheiden, die einem Jagdgast erteilt wird. Dieser erwirbt mit der Erlaubnis kein eigenes Jagdausübungsrecht, sondern übt nur ein fremdes Recht aus. Eingriffe in eine Jagderlaubnis sind deshalb nicht tatbestandsmäßig[2760]. Aber auch der Jagdgast selbst handelt solange nicht tatbestandsmäßig, wie er die Grenzen der Jagderlaubnis nicht überschreitet[2761].

bb) Für die **Verletzung des fremden Jagdrechts** ist immer der Standort des Wildes entscheidend[2762]. Ob der Täter auf eigenem oder fremdem Jagdgebiet steht, ist unerheblich. **1051**

> **Bsp.:** Jäger T erlegt vom Hochsitz in seinem Revier einen Hirsch auf dem Grundstück des O. – T macht sich nach § 292 Abs. 1 Nr. 1 strafbar, weil er das Jagdrecht des O verletzt.

Die bloße Verletzung von Bestimmungen des BJagdG führt zu keiner Strafbarkeit. **1052**

> **Bsp.:** Der Jagdberechtigte T schießt in seinem Revier während der Schonzeit ein Reh, um damit seine Gäste zu bewirten. – Der Verstoß gegen § 22 BJagdG kann aber eine Straftat oder Ordnungswidrigkeit nach §§ 38, 39 BJagdG begründen.

b) Der Tatbestand des **Abs. 1 Nr. 1** setzt als **Tatobjekt Wild** voraus. Das sind alle lebenden Tiere, die in § 2 BJagdG aufgezählt sind. Dazu gehören sowohl Haarwild wie Rehe, Wildkaninchen, Füchse und Seehunde, als auch Federwild wie Fasane, Möwen und Falken. Ein totes bzw. schon erlegtes Tier kann nur von Nr. 2 erfasst werden. Entscheidend ist, dass das Tier herrenlos ist (§ 960 Abs. 1 Satz 1 BGB), weshalb Tiere in Tiergärten nicht dazu gehören. Gezähmte Tiere werden wieder herrenlos, wenn sie nicht mehr zum Menschen zurückkehren. Die Herrenlosigkeit endet, wenn der Jagdberechtigte das Tier in Aneignungsabsicht in Besitz nimmt[2763]. Dagegen bleibt ein Tier gemäß § 958 Abs. 2 BGB auch dann herrenlos, wenn ein Wilderer das Tier in Besitz nimmt[2764]. **1053**

aa) Das **Nachstellen** umfasst jede Handlung, mit der der Täter nach seiner Vorstellung zum Fangen, Erlegen oder Zueignen unmittelbar ansetzt, auch wenn diese letztlich erfolglos bleibt. Beispiele sind Heranpirschen, Verfolgen, Treiben lassen durch Treiber oder Auslegen vergifteter Köder[2765]. Da bei dieser Tatbestandsvariante zur Vollendung bereits bestimmte Vorbereitungshandlungen genügen, stellt diese ein **unechtes Unternehmensdelikt** dar[2766]. Straflose Vorbereitungshandlungen dagegen sind z. B. die Beschaffung des Wildereigerätes, der Anmarsch zum Jagdgebiet oder das bloße Auskundschaften[2767]. Umstritten sind Fälle, in denen der Täter einem untauglichen Objekt nachstellt. **1054**

> **Bsp.:**[2768] T ist im Jagdgebiet des O unterwegs. Plötzlich hoppelt das zahme Zwergkaninchen der Tochter des O über den Waldweg. T ergreift einen großen Ast und nimmt die

---

2759 LK-*Schünemann*, § 292 Rn. 8; NK-*Gaede*, § 292 Rn. 10.
2760 *Mitsch*, BT 2, 15.2.1.1.3.2.
2761 *Kindhäuser/Böse*, BT 2, § 11 Rn. 35; NK-*Gaede*, § 292 Rn. 13; *Rengier*, BT 1, § 29 Rn. 7; für rechtfertigende Einwilligung dagegen *Mitsch*, BT 2, 15.2.1.1.3.2.
2762 MünchKomm-*Zeng*, § 292 Rn. 18; *Wessels/Hillenkamp/Schuhr*, BT 2, Rn. 452.
2763 *Fischer*, § 292 Rn. 4.
2764 BGH LM § 242 Nr. 9 (a. E.); *Palandt*, BGB, 79. Aufl. 2020, § 958 Rn. 4; *Wessels*, JA 1984, 221 (223).
2765 *Fischer*, § 292 Rn. 11; *Rengier*, BT 1, § 29 Rn. 3; *Schönke/Schröder/Heine/Hecker*, § 292 Rn. 12.
2766 *Joecks/Jäger*, § 292 Rn. 3; *Kindhäuser/Böse*, BT 2, § 11 Rn. 14; *Sonnen*, BT, S. 146. Näher zum unechten Unternehmensdelikt *Heinrich*, AT, Rn. 711 f.
2767 NK-*Gaede*, § 292 Rn. 23.
2768 Vgl. zu ähnl. Bsp. LK-*Schünemann*, § 292 Rn. 49; *Wessels/Hillenkamp/Schuhr*, BT 2, Rn. 447.

Verfolgung auf, weil er dieses irrig für einen Feldhasen hält (ein Tier, das § 2 Abs. 1 Nr. 1 BJagdG unterfällt). – Zum Teil wird vertreten, dass nur der Versuch mit untauglichen Mitteln tatbestandsmäßig sei, nicht aber der Versuch am untauglichen Objekt[2769]. Andere wollen allein auf die Vorstellung des Täters abstellen: Glaubt der Täter, dass es sich um jagdbares Wild handelt, soll ein Nachstellen zu bejahen sein[2770]. Zutreffender erscheint es, nach allgemeinen Irrtumsregeln zu differenzieren. Wenn T erkennt, dass es sich nur um ein Zwergkaninchen handelt, aber irrtümlich glaubt, dass Zwergkaninchen zum jagdbaren Wild gehören, überdehnt er den Anwendungsbereich des § 292 mit der Folge, dass ein strafloses Wahndelikt vorliegt. Glaubt T dagegen wie hier, dass es sich bei dem Kaninchen um einen Feldhasen handelt, der gemäß § 2 Abs. 1 Nr. 1 BJagdG ein Wildtier darstellt, ist das Nachstellen zu bejahen[2771].

1055 **bb)** Die weiteren Tathandlungen erlangen nur dann eigenständige Bedeutung, wenn diesen nicht bereits ein Nachstellen vorausgegangen ist. **Fangen** bedeutet das Erlangen der tatsächlichen Herrschaft über ein Tier, insbesondere durch Fallen[2772]. Der Täter erfüllt den Tatbestand auch, wenn er das eingefangene Tier am Tatort zurücklässt[2773], alsbald wieder frei lässt oder gesund pflegen will[2774]. **Erlegen** ist das Töten des Wildes, gleichgültig mit welchen Mitteln. Eine **Zueignung** liegt vor, wenn unter Ausschluss des Aneignungsberechtigten Eigenbesitz begründet wird[2775]. Es werden sowohl die Eigen- als auch Drittzueignung erfasst.

1056 **c)** Der Tatbestand des **Abs. 1 Nr. 2** knüpft an eine **Sache** an, **die dem Jagdrecht unterliegt**.

1057 Nach § 1 Abs. 5 BJagdG fallen außer toten Tieren hauptsächlich die Eier von Federwild darunter, die freilich ebenfalls herrenlos sein müssen. Für das **Beschädigen** und **Zerstören** kann auf die Ausführungen zu § 303[2776] und zur Zueignung auf die Ausführungen zu § 246 verwiesen werden[2777].

Bsp.:[2778] T ist Jagdgast im Revier des J. Er schießt auf einen Hirsch, der sich ins Nachbarrevier des O flüchtet. Dort verendet der Hirsch. T holt seinen Geländewagen und lädt ihn ein. – T hat sich zwar nicht durch den Schuss strafbar gemacht, aber in dem Abtransport des toten Hirschs aus dem Nachbarrevier liegt eine Zueignungshandlung, die eine Strafbarkeit nach § 292 Abs. 1 Nr. 2 begründet[2779] (vgl. auch § 22a Abs. 2 BJagdG).

1058 **d)** Abs. 3 enthält einen **Tatbestandsausschluss** für die in einem Jagdbezirk zur Ausübung der Jagd befugten Personen hinsichtlich des Jagdrechts auf den zu diesem Jagdbezirk gehörenden, nach § 6a des BJagdG für befriedet erklärten Grundflächen.[2780]

2. Subjektiver Tatbestand

1059 Hinsichtlich der objektiven Tatbestandsmerkmale genügt bedingter Vorsatz. Für die vielfach diskutierten Irrtumsprobleme gelten die allgemeinen Regeln.

2769 *Schönke/Schröder/Heine/Hecker*, § 292 Rn. 12; *Wessels/Hillenkamp/Schuhr*, BT 2, Rn. 450.
2770 *Fischer*, § 292 Rn. 17; *Waider*, GA 1962, 176 (181 ff.).
2771 NK-*Gaede*, § 292 Rn. 24; wohl auch LK-*Schünemann*, § 292 Rn. 48.
2772 *Fischer*, § 292 Rn. 11.
2773 *Mitsch*, BT 2, 15.2.1.1.5.2.
2774 NK-*Gaede*, § 292 Rn. 20; SK-*Hoyer*, § 292 Rn. 16.
2775 Vgl. näher o. Rn. 253 ff.
2776 S. o. Rn. 458 ff.
2777 S. o. Rn. 252 ff.
2778 Nach BayObLG GA 1993, 121.
2779 BayObLG GA 1993, 121 (123).
2780 Vgl. BT-Drs. 17/12046, S. 11; L-Kühl/*Heger*, § 292 Rn. 4a.

Bsp. (1): Jagdberechtigter J schießt in seinem Jagdrevier einen Feldhasen und legt diesen unter einem Holzstapel ab, weil er noch ein Reh schießen möchte. T findet ihn, nimmt ihn mit nach Hause und verarbeitet ihn zu einem Ragout. T geht dabei irrig davon aus, dass der Hase von Wilderer W abgelegt wurde. – T verwirklicht zunächst objektiv den Tatbestand des Diebstahls gemäß § 242, da J an dem Feldhasen bereits nach § 958 Abs. 1 BGB Eigentum erlangt und damit T eine fremde bewegliche Sache weggenommen hat. Weil T sich aber vorstellt, einem Wilderer seine Beute abzunehmen, ist das Tier nach seiner Vorstellung herrenlos; nach h. M. erlangt in solchen Fällen weder der Wilderer aufgrund § 958 Abs. 2 BGB noch der Jagdberechtigte – es liegt kein zuzurechnender Aneignungsakt vor – Eigentum an dem Tier. Damit entfällt bei § 242 der Vorsatz nach § 16 Abs. 1 Satz 1. § 292 Abs. 1 Nr. 2 scheitert schon im objektiven Tatbestand, da der Hase nicht herrenlos war; der Versuch der Wilderei ist nicht strafbar. Um diese Strafbarkeitslücke zu schließen, wird z. T. eine vollendete Wilderei mit dem Argument angenommen, dass T objektiv sogar größeres Unrecht begangen habe, als nur das fremde Aneignungsrecht zu verletzen; der objektive Tatbestand der Wilderei stelle damit ein Minus zur objektiven Diebstahlsverwirklichung dar[2781]. Diese Ansicht ist aber vor allem im Hinblick auf Art. 103 Abs. 2 GG angesichts der unterschiedlichen Tatbestandsfassungen abzulehnen[2782].

Bsp. (2): Wie Bsp. 1, jedoch wurde der Hase von Wilderer W abgelegt, während T irrig annimmt, dies habe J getan. – T verwirklicht objektiv § 292 Abs. 1 Nr. 2, weil das Tier noch herrenlos war, § 958 Abs. 2 BGB. T fehlt nun aber der Wildereivorsatz, weil dieser nicht auf ein herrenloses Tier, sondern auf fremdes Eigentum gerichtet war. Er macht sich deshalb des versuchten Diebstahls nach §§ 242, 22, 23 strafbar. Daneben wird teilweise auch eine Strafbarkeit wegen vollendeter Wilderei bejaht, da im Diebstahlsvorsatz der Wildereivorsatz als wesensgleiches Minus mit enthalten sein soll[2783]. Dem steht aber erneut Art. 103 Abs. 2 GG entgegen; weil eine Strafbarkeit wegen versuchten Diebstahls gegeben ist, entsteht zudem keine relevante Strafbarkeitslücke[2784].

IV. Rechtswidrigkeit

Zu beachten ist, dass die nachfolgend genannten Rechtfertigungsgründe nur die Tötung des Tieres, nicht aber eine anschließende Zueignung rechtfertigen[2785].

1. Analoge Anwendung von § 228 BGB

Bei Angriffen durch Wild ist § 228 BGB nur analog anwendbar, da sich die Vorschrift nur auf fremde, nicht aber herrenlose Sachen bezieht[2786]. Hinsichtlich der Erforderlichkeit der Notstandshandlung gelten insbesondere bei Sachschäden Besonderheiten. Nach § 26 BJagdG ist die Tötung von jagdbarem Wild nämlich unzulässig, falls der Schaden dadurch vermieden werden kann, dass das Wild durch Vorrichtungen ferngehalten oder verscheucht wird. Sofern Wild getötet wird, um Schäden zu vermeiden, für die eine Ersatzpflicht gemäß §§ 29 ff. BJagdG besteht, kann zur strafrechtlichen Rechtfertigung dennoch auf § 228 BGB zurückgegriffen werden[2787].

2781 *Maurach/Schroeder/Maiwald/Hoyer/Momsen*, BT 1, § 38 Rn. 20.
2782 *Mitsch*, BT 2, 15.2.1.2.2.1; *Wessels/Hillenkamp/Schuhr*, BT 2, Rn. 459.
2783 A/W/H/H-*Heinrich*, § 16 Rn. 19; *Maurach/Schroeder/Maiwald/Hoyer/Momsen*, BT 1, § 38 Rn. 20.
2784 *Krey/Hellmann/Heinrich*, BT 2, Rn. 396; *Mitsch*, BT 2, 15.2.1.2.2.1; NK-*Gaede*, § 292 Rn. 34.
2785 *Fischer*, § 292 Rn. 14; NK-*Gaede*, § 292 Rn. 36.
2786 *Krey/Hellmann/Heinrich*, BT 2, Rn. 397; NK-*Gaede*, § 292 Rn. 36.
2787 NK-*Gaede*, § 292 Rn. 36; vgl. aber *Schönke/Schröder/Heine/Hecker*, § 292 Rn. 20, wonach §§ 26 ff. BJagdG Spezialvorschriften sind.

2. Tötung eines kranken Tieres

1062 Wird ein krankes Tier getötet, um es von seinen Schmerzen zu erlösen, wird z. T. der Tatbestand verneint, da schon kein „Erlegen" gegeben sein soll[2788]. Andere verlangen eine Einwilligung des Jagdberechtigten[2789]. Richtigerweise kommt eine Rechtfertigung nach § 34 in Betracht. Dafür spricht, dass der Tierschutz Vorrang vor den Interessen des Berechtigten hat und die durch das Herbeiholen des Berechtigten bedingte Verzögerung für das Tier nicht zumutbar ist[2790]. In diesem Zusammenhang sind auch die landesrechtlichen Regelungen zu beachten, die die Jagd auf krankgeschossenes oder aus sonstigen Gründen schwerkrankes Wild ausdrücklich auch dann erlauben, wenn das Wild z. B. nach einem Schuss in das Nachbarrevier wechselt[2791].

V. Strafzumessungsregeln

1063 Absatz 2 enthält besonders schwere Fälle der Jagdwilderei nach der Regelbeispielsmethode. Teilweise wird befürwortet, die Geringwertigkeitsklausel des § 243 Abs. 2 analog zugunsten des Täters anzuwenden, weil ansonsten das Aneignungsrecht stärker geschützt sei als das Eigentum[2792]. Dagegen spricht aber, dass der Gesetzgeber in anderen Vorschriften – z. B. §§ 263, 263a, 266 – ausdrücklich auf diese Vorschrift verwiesen hat und in Ausnahmefällen durch Widerlegung der Indizwirkung trotz Verwirklichung des Regelbeispiels von der Anwendung des Sonderstrafrahmens abgesehen werden kann[2793].

1. Abs. 2 Satz 2 Nr. 1

1064 Da es sich bei der Gewerbs- und Gewohnheitsmäßigkeit um besondere persönliche Merkmale handelt, ist § 28 Abs. 2 nach h. M. analog auf diese Merkmale anzuwenden[2794]. Gewerbsmäßig handelt, wer sich durch wiederholtes Wildern eine dauerhafte und ergiebige Einnahmequelle verschaffen will[2795]. Gewohnheitsmäßigkeit liegt vor, wenn sich beim Täter ein durch wiederholte Tatbegehung erzeugter, verstärkter und anhaltender Hang zur Wilderei zeigt[2796].

2. Abs. 2 Satz 2 Nr. 2

1065 Der Täter begeht die Tat zur Nachtzeit, wenn er die Dunkelheit zur Begehung der Tat gerade ausnutzt[2797]. Die Schonzeiten ergeben sich aus § 22 BJagdG und den zu dieser Vorschrift erlassenen Verordnungen[2798]. Unter Anwendung von Schlingen (vgl. § 19 Abs. 1 Nr. 8 BJagdG) wildert nur derjenige, der zur Tatbegehung eine Schlinge ausgelegt hat[2799]. In anderer nicht weidmännischer Weise jagt, wer

---

2788 LK-*Schünemann*, § 292 Rn. 52.
2789 NK-*Gaede*, § 292 Rn. 37; *Schönke/Schröder/Heine/Hecker*, § 292 Rn. 20.
2790 AG Sinzig Jagdrechtliche Entscheidungen X, Nr. 109; SK-*Hoyer*, § 292 Rn. 25; SSW-*Kudlich*, § 292 Rn. 20.
2791 So z. B. § 13 Abs. 6 Landesjagdgesetz BW.
2792 SK-*Hoyer*, § 292 Rn. 27.
2793 S. o. Rn. 101.
2794 *Mitsch*, BT 2, 15.2.2.2.1; NK-*Gaede*, § 292 Rn. 40.
2795 RGSt 58, 19 (20); BGHSt 1, 383.
2796 RGSt 59, 142 (143); BGHSt 15, 377 (379).
2797 LPK-*Kindhäuser/Hilgendorf*, § 292 Rn. 24; SSW-*Kudlich*, § 292 Rn. 26; *Wessels/Hillenkamp/Schuhr*, BT 2 Rn. 464; offen gelassen von BayObLGSt 1963, 86 (88 f.).
2798 RGSt 15, 268 (269 f.); BayObLGSt 1963, 86 (88); HK-*Temming*, § 292 Rn. 7; LK-*Schünemann*, § 292 Rn. 92.
2799 BayObLGSt 1963, 86 (88); *Fischer*, § 292 Rn. 24.

in sonstiger Weise gegen die Bestimmungen des § 19 BJagdG verstößt; diese Generalklausel verlangt, dass der Verstoß den anderen Verstößen im Unrechts- und Schuldgehalt gleichsteht.

3. Abs. 2 Satz 2 Nr. 3

Die Tat wird von mehreren mit Schusswaffen ausgerüsteten Beteiligten begangen, wenn mindestens zwei Personen handeln, die Waffen zur Durchführung der Wilderei mit sich führen[2800]. Die Beteiligten müssen dabei aber nicht zwingend Mittäter sein[2801].

VI. Strafantrag, § 294

§ 294 regelt ein Antragserfordernis mit recht engen Grenzen. In Fällen des § 292 Abs. 2 bedarf es keines Strafantrags[2802]. § 248a ist bei **geringwertigen Sachen** nicht analog anzuwenden, weil – nicht anders als hinsichtlich § 243 Abs. 2[2803] – keine planwidrige Regelungslücke besteht[2804].

VII. Konkurrenzen

Erwirbt der Täter das Wild oder die dem Jagdrecht unterliegende Sache von einem Wilderer in Kenntnis der Tat, verdrängt die Hehlerei als speziellere Vorschrift § 292[2805].

§ 43 Fischwilderei, § 293

I. Geschütztes Rechtsgut und Systematik

Der Tatbestand ist dem der Jagdwilderei nachgebildet. Es gelten daher im Wesentlichen dieselben Grundsätze.

II. Aufbauschema

1. Tatbestand
   a) Objektiver Tatbestand
      aa) Unter Verletzung eines fremden Fischerei- oder Fischereiausübungsrechts
      bb) Tathandlungen
         (1) Nr. 1: Fischen
         (2) Nr. 2: Beschädigung, Zerstörung, Eigen- oder Drittzueignung einer Sache, die dem Fischereirecht unterliegt

---

2800 *Fischer*, § 292 Rn. 25; *Schönke/Schröder/Heine/Hecker*, § 292 Rn. 28.
2801 *Kindhäuser/Böse*, BT 2, § 11 Rn. 26; L-Kühl/*Heger*, § 292 Rn. 6; a. A. SK-*Hoyer*, § 292 Rn. 30.
2802 LK-*Schünemann*, § 294 Rn. 7; *Schönke/Schröder/Heine/Hecker*, § 294 Rn. 1; a. A. SK-*Hoyer*, § 294 Rn. 4.
2803 S. o. Rn. 1063.
2804 NK-*Gaede*, § 294 Rn. 2; *Wessels/Hillenkamp/Schuhr*, BT 2, Rn. 461; i. E. auch *Krey/Hellmann/Heinrich*, BT 2, Rn. 384; a. A. A/W/H-*Heinrich*, § 16 Rn. 16; *Schönke/Schröder/Heine/Hecker*, § 292 Rn. 21.
2805 LK-*Schünemann*, § 292 Rn. 37; *Maurach/Schroeder/Maiwald/Hoyer/Momsen*, BT 1, § 38 Rn. 14; a. A. *Furtner*, JR 1962, 415, wonach § 292 spezieller ist.

b) Subjektiver Tatbestand

2. Rechtswidrigkeit

3. Schuld

4. Strafantrag, § 294

III. Tatbestand

1. Objektiver Tatbestand

1071 Das Fischerei-, Fischereiausübungsrecht und die Inhaber dieser Rechte sind ausschließlich landesrechtlich geregelt. Die Rechte beinhalten die Befugnis, die in Gewässern wild lebenden fischbaren Wassertiere zu fischen und sich anzueignen. Das Aneignungsrecht umfasst auch das Recht, sich tote Wassertiere und sonstige dem Fischereirecht unterliegende Sachen anzueignen.

1072 a) Wie die Jagdwilderei umfasst Nr. 1 ausschließlich lebende **herrenlose Wassertiere**. Tiere in geschlossenen Privatgewässern sind nach § 960 Abs. 1 Satz 2 BGB nicht herrenlos, so dass sie dem Schutz des § 242 unterliegen[2806]. Mit **Fischen** ist jede Handlung gemeint, die – parallel zum Nachstellen in § 292 – auf Fangen, Erlegen und Zueignen eines wilden Wassertieres gerichtet ist. Deshalb stellt auch das Fischen ein unechtes Unternehmensdelikt dar[2807].

1073 b) Zu Nr. 2 gilt das zur Jagdwilderei Ausgeführte entsprechend[2808].

2. Subjektiver Tatbestand

1074 Es genügt bedingter Vorsatz. Die bei § 292 dargestellten Irrtumsfragen können auch hier zu diskutieren sein.

[2806] HK-*Temming*, § 293 Rn. 1; *Wessels/Hillenkamp/Schuhr*, BT 2, Rn. 466.
[2807] S. o. Rn. 1054.
[2808] S. o. Rn. 1056 ff.

Teil IV: Anschlussdelikte

§ 44 Begünstigung, § 257

Einführende Aufsätze: *Bosch*, Grundfragen der Begünstigung – Plädoyer für eine vermögensorientierte Restriktion des Tatbestandes, Jura 2012, 270; *Dehne-Niemann*, Probleme der Begünstigung, ZJS 2009, 142, 248, 369; *Geppert*, Begünstigung (§ 257 StGB), Jura 1980, 269, 327; *ders.*, Zum Verhältnis von Täterschaft/Teilnahme an der Vortat und anschließender sachlicher Begünstigung, Jura 1994, 441; *ders.*, Zum Begriff der Hilfeleistung im Rahmen von Beihilfe (§ 27 StGB) und sachlicher Begünstigung (§ 257 StGB), Jura 2007, 589; *Horn*, Das Verhältnis von Begünstigung, Strafvereitelung und Hehlerei zur Vortat aus materieller Sicht, JA 1995, 218; *Jahn/Reichart*, Die Anschlussdelikte – Begünstigung (§ 257 StGB), JuS 2009, 309.

Übungsfälle: *Beulke/Zimmermann* II, Fall 9: Wer hat die Hosen an?, S. 193; *Beulke* III, Fall 7: Alles im Eimer, S. 219; *Bock*, BT, Fall 13: Novosol und AgroInvest, S. 419; *Gössel*, Fall 8: Von gefährlichen Zeugen, schlechten Sternen und echten Antiquitäten, S. 140; *Marxen*, Fall 33b: Mitternachts-Fall, S. 402; *Piatkowski/Saal*, Examensprobleme im Rahmen der Straftatbestände zum Schutz der Rechtspflege, JuS 2005, 979; *Schumann*, Aussagedelikte und Anschlussdelikte, JuS 2010, 529.

Rechtsprechung: BGHSt 4, 122 – Tabakwaren (Besitzerhaltung an der Sache nicht erforderlich); **BGHSt 4, 221** – Betriebsleiter (Irrtum des Begünstigenden über die Art der Vortat); **BGHSt 23, 360** – Einbruch (Wahlfeststellung zwischen Diebstahl und Begünstigung); **BGHSt 24, 166** – Spieler (Noch-Vorhanden-Sein des Vorteils); **BGHSt 36, 277** – Professor („Ersatzvorteile" bei Geld); **BGHSt 57, 56** – Briefkastenfirma (Tatlohn als Vorteil); **OLG Düsseldorf NJW 1979, 2320** – Brillantring (Vorteilssicherungsabsicht).

I. Geschütztes Rechtsgut und Systematik

1075 Geschütztes Rechtsgut der in § 257 geregelten **sachlichen Begünstigung** ist zum einen die **Rechtspflege als Allgemeinrechtsgut**. Deren Aufgabe ist es, den rechtmäßigen Zustand wieder herzustellen, was der Täter mit seiner Hilfeleistung gerade verhindern möchte (Restitutionsvereitelung)[2809]. Der Begünstigende beseitigt oder mindert die Möglichkeit, die Wiedergutmachung des dem Verletzten entstandenen Schadens durch ein Einschreiten gegen den Vortäter zu erreichen[2810]. Daneben sind nach h.M. aber auch die durch die **Vortat verletzten Güter des Einzelnen als Individualinteresse** geschützt[2811]. Da es sich bei der Vortat zwar häufig um ein Vermögensdelikt handeln wird, dies jedoch nicht zwingend ist und die Rechtspflege als Allgemeinrechtsgut hinzukommt, kann die Tat nicht als Vermö-

---

[2809] Vgl. BGHSt 24, 166 (167); BGHSt 36, 277 (280 f.); A/W/H/H-*Heinrich*, § 27 Rn. 1; *Schönke/Schröder/Hecker*, § 257 Rn. 1.
[2810] BGHSt 57, 56 (59).
[2811] MünchKomm-*Cramer*, § 257 Rn. 3; *Schönke/Schröder/Hecker*, § 257 Rn. 1; differenzierend NK-*Altenhain*, § 257 Rn. 3 ff.

gensdelikt eingestuft werden[2812]. § 257 (sachliche Begünstigung), § 258 (persönliche Begünstigung in Form der Strafvereitelung), §§ 259 ff. (Hehlerei) und § 261 (Geldwäsche) sind sog. **Anschlussdelikte**, die an eine rechtswidrige Vortat anknüpfen.

II. Aufbauschema

1076
1. Tatbestand
   a) Objektiver Tatbestand
      aa) Rechtswidrige Vortat eines anderen
      bb) Hilfe leisten
   b) Subjektiver Tatbestand
      aa) Vorsatz
      bb) Absicht (dolus directus 1. Grades), die Vorteile der Vortat zu sichern

2. Rechtswidrigkeit

3. Schuld

4. Strafausschließungsgrund des § 257 Abs. 3

5. Strafantrag nach § 257 Abs. 4

III. Tatbestand

1. Objektiver Tatbestand

1077 Dieser setzt voraus, dass nach einer **rechtswidrigen Vortat** einer anderen Person **Hilfe geleistet** wird.

1078 a) Es muss eine objektiv und subjektiv tatbestandsmäßige, **rechtswidrige Straftat** (§ 11 Abs. 1 Nr. 5) eines anderen vorliegen. Schuldhaft muss der Vortäter nicht gehandelt haben. Auch die strafprozessuale Verfolgbarkeit der Tat ist unerheblich. So steht z. B. eine Verjährung der Vortat oder ein nicht gestellter Strafantrag der Verwirklichung der Begünstigung nicht entgegen[2813]. Im Gegensatz zu Straftaten genügen Ordnungswidrigkeiten nicht.

> **Klausurhinweis:** § 257 ist im Klausuraufbau – wie die anderen Anschlusstaten der §§ 258, 258a, 259 ff., 261 – erst nach der Vortat zu prüfen.

1079 aa) Ausreichend ist es, wenn die **Vortat** im Wege der Wahlfeststellung ermittelt wird, z. B. entweder eine Unterschlagung oder eine Untreue vorliegt[2814]. Der Vortäter muss tatsächlich eine Tat begangen haben, d. h. er muss sie zumindest in strafbarer Weise vorbereitet oder versucht haben[2815]. Die nur irrtümliche An-

---

[2812] *Wessels/Hillenkamp/Schuhr*, BT 2, Rn. 803 f.; s. aber *Otto*, BT, § 57 Rn. 1.
[2813] LPK-*Kindhäuser/Hilgendorf*, § 257 Rn. 5; *Schönke/Schröder/Hecker*, § 257 Rn. 8; SSW-*Jahn*, § 257 Rn. 7.
[2814] BGH MDR 1969, 193 (194). Zur Diskussion um die Verfassungsmäßigkeit der Wahlfeststellung vgl. u. Rn. 1170.
[2815] *Fischer*, § 257 Rn. 4; *Mitsch*, BT 2, 12.2.1.3.2.

nahme einer Vortat genügt nicht[2816]; in diesem Fall liegt lediglich die Konstellation eines Versuchs vor, der bei § 257 jedoch nicht strafbar ist. Die Vortat muss nicht zwingend ein Vermögensdelikt sein[2817]. Allerdings muss sich der Vortäter durch die Tat zumindest mittelbar Vorteile verschafft haben, die der Täter gegen Entziehung sichern kann. Ausreichend ist z. B. eine durch Urkundenfälschung nach § 267 erschlichene Approbation oder eine berufliche Besserstellung bei Taten nach §§ 331 ff[2818].

bb) Eine bloße Selbstbegünstigung verwirklicht schon nicht den objektiven Tatbestand, da dann keinem **„anderen"** Hilfe geleistet wird. Der Tatbestand kann aber auch durch den Vortäter verwirklicht werden, wenn dieser einen Mittäter oder Teilnehmer begünstigt; in diesen Fällen ist der Strafausschließungsgrund des Absatzes 3 zu beachten.

> **Bsp.:** Vortäter V versteckt die Diebesbeute vor einer Durchsuchung in seiner Wohnung. – V ist nur nach § 242, nicht aber § 257 strafbar.

cc) Die Vortat muss zum Zeitpunkt der Begünstigung **bereits begangen** worden sein. Vor Vollendung der Vortat kommt lediglich Beihilfe zu dieser in Betracht[2819]. Nach Beendigung der Vortat bleiben nur Anschlusstaten nach §§ 257 ff. Im Stadium zwischen **Vollendung und Beendigung der Vortat** muss die Begünstigung von einer Beihilfe zur Vortat abgegrenzt werden. Dabei stellt sich zunächst die grundsätzliche Frage, ob eine sukzessive Beihilfe nach Vollendung überhaupt möglich ist.

> **Bsp.:** V steckt im Warenhaus ein Parfum in seine Jacke und rennt aus dem Laden. T, der das Geschehen beobachtet, entschließt sich spontan, der Verkäuferin O ein Bein zu stellen, um so dem V zu helfen. – § 242 durch V ist bereits mit dem Einstecken des Parfums vollendet (Gewahrsamsenklave). Fraglich ist, ob T zu § 242 Beihilfe leistet oder sich nach § 257 strafbar macht.

(1) Teile der Lehre lehnen – wie bereits dargestellt[2820] – zu Recht die Möglichkeit der sukzessiven Beihilfe nach Vollendung mit Hinweis auf Art. 103 Abs. 2 GG ab, so dass ohnehin **nur § 257** in Betracht kommt[2821].

(2) Nach der Gegenansicht kommen sowohl **§§ 242, 27 als auch § 257** in Betracht[2822]. Strittig ist innerhalb dieser Ansicht, wie sukzessive Beihilfe und Begünstigung voneinander abzugrenzen sind. Die Rechtsprechung entscheidet dabei nach der inneren Willensrichtung des Beteiligten[2823]: Wolle dieser dazu beitragen, die Tat zu beenden, so sei er wegen Beihilfe zur Vortat zu bestrafen; dagegen liege Begünstigung vor, wenn er das vom Vortäter Erlangte gegen Entziehung sichern wolle. Dagegen kann jedoch eingewendet werden, dass die innere Willensrichtung im Einzelfall kaum feststellbar ist. Zudem ist nicht einzusehen, weshalb der Helfer von der strengeren Bestrafung der Beihilfe verschont bleibt, wenn er mit der Ab-

---

[2816] BayObLG JZ 1973, 385.
[2817] M/R-*Dietmeier*, § 257 Rn. 4; *Schönke/Schröder/Hecker*, § 257 Rn. 4; *Wessels/Hillenkamp/Schuhr*, BT 2, Rn. 803.
[2818] A/W/H/H-*Heinrich*, § 27 Rn. 2; *Fischer*, § 257 Rn. 2; LPK-*Kindhäuser/Hilgendorf*, § 257 Rn. 6; *Mitsch*, BT 2, 12.2.1.3.1.
[2819] Vgl. etwa BGH NStZ 2013, 583 f.; NStZ 2014, 516 (517).
[2820] S. o. Rn. 338 ff.
[2821] S. auch *Mitsch*, BT 2, 12.2.1.4.2.2; NK-*Altenhain*, § 257 Rn. 14.
[2822] BGHSt 14, 280 (281); BayObLG NStZ 1999, 568; *Schönke/Schröder/Heine/Weißer*, § 27 Rn. 24.
[2823] BGHSt 4, 132 (133); OLG Köln NJW 1990, 587 (588); s. auch *Baumann*, JuS 1963, 51 (54); Münch-Komm-*Cramer*, § 257 Rn. 24.

sicht der Vorteilssicherung handelt[2824]. Lässt man eine sukzessive Beihilfe nach Vollendung überhaupt zu, so spricht für einen Vorrang der Beihilfestrafbarkeit jedenfalls die Wertung des § 257 Abs. 3 Satz 1, wonach derjenige nicht wegen Begünstigung bestraft wird, der wegen Beteiligung an der Vortat strafbar ist. Eine Strafbarkeit wegen Begünstigung kommt demnach ebenfalls erst ab Beendigung der Vortat in Betracht[2825]. Dabei soll es für die Begünstigung aber nicht auf den Zeitpunkt der Vornahme der Handlung ankommen, sondern darauf, ob sich die Hilfeleistung erst nach der Tat auswirkt[2826].

> Bsp.: V plant gegen den Willen seiner Freundin T einen Raubüberfall auf den Juwelier O. Während V zur Tat schreitet, bereitet T in ihrer Wohnung aufgrund eines plötzlichen Sinneswandels ein Versteck vor. Sie schickt T eine SMS, die er – wie sie weiß – erst lesen wird, wenn er den Raub ausgeführt hat. – Da sich die Hilfe der T erst nach der Tat auswirkt, ist § 257 erfüllt. Hingegen läge eine psychische Beihilfe zum Raub nach §§ 249, 27 vor, wenn T dem V vor dem Raub erzählt, dass sie nun doch ein Versteck vorbereite und V daraufhin erleichtert zur Tat schreitet.

1084 b) Die h. M. versteht unter der **Hilfeleistung** mit Recht jede Handlung, die objektiv geeignet ist, den Vortäter im Hinblick auf die Vorteilssicherung unmittelbar besser zu stellen und die subjektiv mit dieser Tendenz vorgenommen wird[2827]. Ein Sicherungserfolg braucht dabei nicht einzutreten[2828]; es genügt, wenn die Handlung geeignet ist, die Wiederherstellung des rechtmäßigen Zustands zu erschweren. Untaugliche Versuche wie das Verschenken eines Amuletts, das „böse Geister" vertreiben soll, reichen aufgrund ihrer Ungeeignetheit freilich nicht aus[2829]. Zu weitgehend ist daher die im Schrifttum vertretene Ansicht, nach der jede Handlung ausreichend ist, die mit subjektiver Hilfstendenz vorgenommen wird[2830].

> Bspe.: Geeignete Handlungen sind das Verstecken der Beute aus der Vortat; Aufhalten von Verfolgern; falsche Angaben vor Strafverfolgungsorganen aber auch Dritten.

1085 aa) Hilfeleistung ist auch durch **Unterlassen** möglich, sofern die Voraussetzungen des unechten Unterlassungsdelikts (§ 13) vorliegen. Hierzu muss vor allem eine Garantenstellung des Täters bestehen, die eine Garantenpflicht zur Wahrung von Restitutionsinteressen beinhaltet[2831]. Eine solche Garantenpflicht trifft etwa Eltern, wenn ihre minderjährigen Kinder Diebesgut im Haus verwahren[2832]. Entsprechendes gilt auch für Strafverfolgungsbeamte, private Sicherheitsleute oder Kaufhausdetektive[2833].

> Bsp.: Polizist T entdeckt bei einer Hausdurchsuchung Diebesgut. Als er bemerkt, dass dort seine Bekannte B wohnt, informiert er seine Kollegen nicht und unternimmt auch sonst keine weiteren Maßnahmen. – §§ 257, 13 sind verwirklicht, soweit T handelt, um der B die Vorteile aus der Tat zu sichern. Geht es T nur darum, B vor Strafverfolgung zu schützen, kommen nur §§ 258, 258a in Betracht.

[2824] *Laubenthal*, Jura 1985, 630 (632); *Maurach/Schroeder/Maiwald*, BT 2, § 101 Rn. 6; *Schönke/Schröder/Hecker*, § 257 Rn. 7; *Seelmann*, JuS 1983, 32 (33).
[2825] BGH wistra 2008, 20; *Geppert*, Jura 1994, 441 (443); *Otto*, BT, § 57 Rn. 4.
[2826] *Mitsch*, BT 2, 12.2.1.4.2.3.
[2827] BGHSt 4, 221 (224); *Rengier*, BT 1, § 20 Rn. 10; *Zipf*, JuS 1980, 26 (27).
[2828] S. aber SK-*Hoyer*, § 257 Rn. 21, der zumindest eine graduelle Besserstellung fordert.
[2829] BGH JZ 1985, 299; *Wessels/Hillenkamp/Schuhr*, BT 2, Rn. 808.
[2830] A/W/H/H-*Heinrich*, § 27 Rn. 5 ff.; *Seelmann*, JuS 1983, 32 (34).
[2831] *Mitsch*, BT 2, 12.2.1.4.4.4; *Schönke/Schröder/Hecker*, § 257 Rn. 13.
[2832] *Schönke/Schröder/Hecker*, § 257 Rn. 13; dagegen *Dehne-Niemann*, ZJS 2009, 142 (151 ff.).
[2833] *Mitsch*, BT 2, 12.2.1.4.4.4; *Rengier*, BT 1, § 20 Rn. 13; *Schönke/Schröder/Hecker*, § 257 Rn. 13.

bb) Leisten mehrere Personen dem Vortäter Hilfe, so ist die Beteiligtenrolle nach **1086** den allgemeinen Grundsätzen über Täterschaft und Teilnahme zu klären. Bei nur **mittelbaren Förderungshandlungen** scheidet Täterschaft aus, wenn die Hilfeleistung nicht dazu geeignet ist, unmittelbar zur Restitutionsvereitelung beizutragen[2834].

> **Bsp.:** V möchte die in seiner Wohnung versteckte Diebesbeute bei seinem Freund T verstecken, weil er eine Durchsuchung befürchtet. T möchte V zwar helfen, will aber auch nicht das Champions League-Finale verpassen. Daher bittet T seine Freundin D, die Sachen abzuholen und bei sich zu verstecken. D handelt entsprechend, um dem V die Vorteile zu sichern. – D ist nach § 257 strafbar, da sie tatsächlich Hilfe geleistet hat. T ist lediglich nach §§ 257, 26 strafbar, weil er den Entschluss zur Begünstigung bei D geweckt hat und selbst nur eine mittelbare Förderungshandlung vorgenommen hat.

cc) Eine (täterschaftliche) Strafbarkeit nach § 257 scheidet auch aus, wenn lediglich der Vortäter zu einer **straflosen Selbstbegünstigung veranlasst oder dabei unterstützt** wird, ohne dass darüber hinausgehende eigenständige Beiträge zur Vorteilssicherung vorliegen[2835]. **1087**

> **Bsp.:** T rät dem Vortäter V, die Beute vor der Polizei zu verstecken, was dieser auch tut. – Es liegt nur eine – mangels Haupttat – straflose Anstiftung zur Selbstbegünstigung des T vor. Hingegen wäre § 257 zu bejahen, wenn T dem V ein Versteck zeigen würde.

c) Da sich die Tathandlung auf die **Erhaltung der Tatvorteile gegen Entziehung** **1088** **zugunsten des Verletzten** beziehen muss, müssen die Vorteile noch im Vermögen des Vortäters vorhanden sein[2836]. Andernfalls fehlt es an der objektiven Eignung der Handlung zur Restitutionsvereitelung[2837].

> **Bsp.:**[2838] V schenkt eine bei O gestohlene Halskette (§ 242) seiner Ehefrau T zum Hochzeitstag; als diese später von der Tat erfährt, möchte sie die Kette dem O zurückgeben. V überzeugt sie jedoch, die Kette an ihn (V) zurück zu geben, damit er diese weiterveräußern kann. – T macht sich nicht nach § 257 strafbar, da die Hilfeleistung nur in der Rückgabe der Kette liegen kann, zu diesem Zeitpunkt der Vorteil aber nicht mehr im Vermögen des T vorhanden war; § 259 in Form des Sich-Verschaffens scheidet aus, weil T bei Annahme der Kette keinen Vorsatz hinsichtlich der Vortat besaß.

aa) Fraglich ist, welche Vorteile im Einzelnen erfasst werden. Nicht erforderlich **1089** ist, dass es sich um unmittelbare Früchte aus der Tat handelt; vielmehr wird auch die Zahlung eines Lohns an einen anderen Tatbeteiligten erfasst[2839].

> **Bsp.:** B erhält für seine Tatbeteiligung 10.000 Euro von A. T versteckt dieses Geld im Ausland. – § 257 durch T ist zu bejahen, da er einen Vorteil, der aus der Vortat stammt, sichert.

Problematisch ist ferner, ob § 257 angesichts seines weitgefassten Wortlauts („Vorteile der Tat") auch sog. **Ersatzvorteile** erfasst. Die Systematik der Anschlussdelikte gibt hierauf keine klare Antwort, da Ersatzvorteile bei der Hehlerei nach § 259 ausscheiden, bei der Geldwäsche nach § 261 hingegen in weitem Umfang einbezogen sind. Bei § 257 wird mit Blick auf die geschützten Restitutionsinteres-

---

[2834] *Kindhäuser/Böse*, BT 2, § 47 Rn. 9; *Schönke/Schröder/Hecker*, § 257 Rn. 14; SK-*Hoyer*, § 257 Rn. 22 f.
[2835] *Schönke/Schröder/Hecker*, § 257 Rn. 15; SK-*Hoyer*, § 257 Rn. 23.
[2836] BGHSt 24, 166 (167 f.); BGHSt 6, 277 (281); BGH NStZ 1994, 187 (188); M/R-*Dietmeier*, § 257 Rn. 11; NK-*Altenhain*, § 257 Rn. 17; *Rengier*, BT 1, § 20 Rn. 6.
[2837] *Wessels/Hillenkamp/Schuhr*, BT 2, Rn. 809.
[2838] Nach BGHSt 24, 166.
[2839] BGHSt 57, 56 (58 f.).

sen verlangt, dass der Vorteil „unmittelbar" aus der Vortat stammen muss[2840], so dass etwa der Erlös aus dem Verkauf einer gestohlenen Sache als Ersatzvorteil ausscheidet[2841]. Entscheidend ist zunächst, dass der Begünstigende verhindert, dass das Opfer gerade das, was ihm genommen wurde, nicht mehr zurück erhält[2842].

> **Bsp.:** Vortäter V hat ein gestohlenes Gemälde an einen bösgläubigen Abnehmer veräußert; T versteckt den Erlös vor der Polizei. – § 257 ist zu verneinen, da das Geld nur ein Ersatzvorteil ist, hinsichtlich dessen kein Restitutionsinteresse des Verletzten besteht.

1090 Andererseits ist zu beachten, dass das **Unmittelbarkeitserfordernis** nicht „Sachidentität" verlangt[2843]. Handelt es sich bei dem Vorteil um Bargeld, so besteht der Vorteil weiter fort, wenn der Täter das Geld auf sein Konto einzahlt, in Wertpapieren anlegt oder mehrmals transferiert, solange es ihm zumindest bargeldähnlich zur Verfügung steht[2844]. Entscheidend ist, dass bei Geld die Sachidentität keine entscheidende Rolle spielt; insofern kommt bei § 257 der Wertsummengedanke[2845] zum Tragen[2846]. Die gegenüber § 259 abweichende Lösung lässt sich damit begründen, dass § 259 von „erlangten Sachen", § 257 aber nur von „Vorteilen der Tat" spricht.

> **Bsp.:**[2847] T erlangt durch Taten nach § 263 Vorauszahlungen auf sein Konto. G hilft Anfragen und Rückforderungen der Kunden zurückzuweisen. – § 257 erfordert, dass die Vorauszahlungen als Vorteil des T sich noch nachvollziehbar auf dem Konto befinden und dem Zugriff der Geschädigten offenstehen. Bloße Buchungsvorgänge auf dem Konto stehen dem nicht entgegen, jedoch darf der Kontostand zwischenzeitlich nicht unter die vereinnahmten Vorauszahlungen sinken, weil ansonsten diese endgültig abgeflossen sind.

1091 bb) Da die Tathandlung darauf gerichtet sein muss, die **Wiederherstellung des rechtmäßigen Zustandes zugunsten des Verletzten zu verhindern**, werden Fälle nicht erfasst, in denen der Täter Hilfe leistet, um die Sache vor Verlust durch Naturgewalten oder durch rechtswidrige Angriffe Dritter zu schützen[2848]. Auch Maßnahmen, die nur der Sacherhaltung dienen – wie etwa das Füttern eines Tieres oder Instandhaltungsmaßnahmen bei technischen Geräten – genügen nicht.

> **Bsp.:**[2849] T stellt seinem Bruder B seinen ebay-account zur Verfügung, damit dieser gestohlene Waren veräußern kann. – Was die verkauften Gegenstände anbelangt, scheidet § 257 aus, wenn die Gefahr eines Entzugs der gestohlenen Gegenstände nicht ersichtlich ist; der Erlös aus dem Verkauf ist schon kein unmittelbarer Vorteil[2850]. Hingegen ist im Rahmen des § 259 an Absatzhilfe zugunsten des B zu denken; zwar hat sich T nicht selbst bereichert, jedoch kann nach zutreffender Ansicht eine Drittbereicherungsabsicht auch zugunsten des Vortäters vorliegen[2851].

2840 BGHSt 24, 166 (168); A/W/H/H-*Heinrich*, § 27 Rn. 3; M/R-*Dietmeier*, § 257 Rn. 12; *Wessels/Hillenkamp/Schuhr*, BT 2, Rn. 814.
2841 BGH NStZ 1987, 22; NStZ 2008, 516; NStZ 2011, 399 (400); *Fischer*, § 257 Rn. 6; SSW-*Jahn*, § 257 Rn. 20; diff. LK-*Walter*, § 257 Rn. 37.
2842 BGHSt 36, 277 (281).
2843 *Kindhäuser/Böse*, BT 2, § 47 Rn. 3; *Rengier*, BT 1, § 20 Rn. 7 ff.; *Schönke/Schröder/Hecker*, § 257 Rn. 18; SSW-*Jahn*, § 257 Rn. 20.
2844 BGHSt 36, 277 (282); BGH NStZ 1987, 22; NK-*Altenhain*, § 257 Rn. 18; *Rengier*, BT 1, § 20 Rn. 9.
2845 Dazu o. Rn. 90 und u. Rn. 1147; *Dehne-Niemann*, ZJS 2009, 142 (146).
2846 Vgl. nunmehr auch *Bosch*, Jura 2012, 270 (276).
2847 Siehe auch BGH NStZ 2013, 583.
2848 NK-*Altenhain*, § 257 Rn. 32; *Schönke/Schröder/Hecker*, § 257 Rn. 11.
2849 Nach BGH NStZ 2008, 516.
2850 Vgl. o. Rn. 1089.
2851 Dazu u. Rn. 1167.

2. Subjektiver Tatbestand

1092 Neben den zumindest bedingten Vorsatz hinsichtlich der objektiven Tatbestandsmerkmale muss die Absicht treten, dem Vortäter die Vorteile der Tat zu sichern.

1093 a) Der **Vorsatz** muss zunächst diejenigen Umstände erfassen, die die rechtswidrige Vortat i. S. d. § 11 Abs. 1 Nr. 5 begründen. Dabei ist es unerheblich, wenn der Täter die Einzelheiten der Vortat – wie Begehungsweise, rechtliche Einstufung der Straftat oder Zusammensetzung der Beute bzw. des Vorteils – nicht kennt. Es genügt, wenn er zumindest billigend in Kauf nimmt, dass eine rechtswidrige Tat begangen wurde, durch die der Vortäter unmittelbar einen Vorteil, der noch vorhanden ist, erlangt hat[2852]. Vorsatz ist demnach auch zu bejahen, wenn der Täter irrig der Ansicht ist, der Vortäter habe sich eines Betruges strafbar gemacht, obwohl er tatsächlich einen Diebstahl begangen hat. Ohne Vorsatz handelt der Täter dagegen, wenn er sich Tatumstände vorstellt, die als Vortat lediglich eine Ordnungswidrigkeit begründen.

1094 b) Die **Vorteilssicherungsabsicht im Sinne von dolus directus 1. Grades**[2853] ist gegeben, wenn der Täter das Ziel verfolgt, dem Vortäter die Tatvorteile zu erhalten und so die Wiederherstellung des gesetzmäßigen Zustands zu vereiteln. Erforderlich ist hierzu, dass die Vorteile bereits oder noch beim Vortäter vorhanden sind[2854]. Es genügt dabei, wenn die Begünstigung aus Sicht des Täters ein notwendiges Zwischenziel für die Erreichung weitergehender Ziele darstellt[2855]. Ob die Restitutionsvereitelung tatsächlich gelingt, ist für die Absicht unerheblich (überschießende Innentendenz). Die Vorteilssicherungsabsicht kann auch vorliegen, wenn der Täter **beim Absatz der Beute** mitwirkt, sofern dies gerade dazu dient, eine drohende Wiederentziehung zugunsten des Berechtigten zu verhindern[2856]. Die Absicht muss daher bei einem Diebstahl als Vortat nicht zwingend darauf gerichtet sein, den Besitz an der Beute zu erhalten[2857]. Vielmehr genügt es, wenn die eigentümerähnliche Verfügungsgewalt bei der Veräußerung oder beim Verschenken gesichert werden soll, weil hierin eine Aneignung der Sache und ihres wirtschaftlichen Wertes erblickt werden kann. Insoweit kann § 257 auch neben § 259 verwirklicht sein, da die Vorteilssicherungsabsicht nicht der einzige Beweggrund sein muss[2858].

> **Bsp.:**[2859] V hat bei O ein Gemälde gestohlen. Er beauftragt den T, dieses seinem Bekannten B als Geschenk von ihm zu übergeben, bevor die Polizei zugreift. T übergibt dieses sogleich. – § 257 ist zu bejahen, da T eine geeignete Hilfeleistung erbringt und in der Absicht handelt, den Vorteil durch das Verschenken zu erhalten und so die Wiederherstellung des gesetzmäßigen Zustands zu verhindern. Entsprechendes gilt, wenn T für V das Bild an O entgeltlich zurückveräußert und damit (auch) die Restitution vereitelt werden soll[2860].

[2852] BGHSt 4, 221; L-Kühl/*Kühl*, § 257 Rn. 4; *Mitsch*, BT 2, 12.2.2.1.1.
[2853] BGHSt 4, 107 (108 f.); BGH NStZ-RR 2020, 175; *Fischer*, § 257 Rn. 10; *Kindhäuser/Böse*, BT 2, § 47 Rn. 12; L-Kühl/*Kühl*, § 257 Rn. 5.
[2854] BGH NStZ 1994, 187; NStZ 2011, 399 (400).
[2855] BGH NStZ 1992, 540 (541).
[2856] BGHSt 2, 362 (363 f.); 4, 122 (124); *Schönke/Schröder/Hecker*, § 257 Rn. 19; a. A. NK-*Altenhain*, § 257 Rn. 32.
[2857] BGHSt 4, 122 (124); *Wessels/Hillenkamp/Schuhr*, BT 2, Rn. 815.
[2858] *Wessels/Hillenkamp/Schuhr*, BT 2, Rn. 816.
[2859] S. BGHSt 4, 122.
[2860] Vgl. OLG Düsseldorf NJW 1979, 2320; *Fischer*, § 257 Rn. 10; a. A. *Schönke/Schröder/Hecker*, § 257 Rn. 19.

IV. Strafausschließungsgrund des § 257 Abs. 3 Satz 1

1. Strafausschließungsgrund

1095 Eine Strafbarkeit nach § 257 scheidet nach Abs. 3 Satz 1 aus, wenn bereits eine Strafbarkeit wegen Beteiligung an der Vortat gegeben ist. Für Fälle, in denen sich der Vortäter nur selbst begünstigt, erlangt Abs. 3 Satz 1 allerdings keine Bedeutung, weil dann schon keinem „anderen" i. S. d. Absatzes 1 Hilfe geleistet wird und deshalb der objektive Tatbestand nicht vorliegt. Abs. 3 Satz 1 beruht auf dem Gedanken der mitbestraften Nachtat[2861]. Deshalb kann doch nach § 257 bestraft werden, wenn die Teilnahme an der Vortat wegen Schuldunfähigkeit gar nicht strafbar ist[2862]. Der Strafausschließungsgrund greift dagegen ein, wenn die Vortat materiell-rechtlich strafbar ist, aber (lediglich) ein strafprozessuales Verfolgungshindernis besteht[2863].

1096 Problematisch sind Fälle, in denen die Vortat, an der sich der Begünstigte beteiligt hat, nicht vollständig identisch ist mit derjenigen Tat, auf die sich die Begünstigung bezieht.

> **Bsp.:** T hat seinem Freund V versprochen, bei einem Raub zu helfen. Er fährt V vor das Geschäft des Juweliers O und wartet im Wagen. Deshalb sieht er nicht, dass V den Raub entgegen der Absprache mit Hilfe einer Waffe begeht. Eine Woche später bringt V dem T die Beute und bittet um Verwahrung, da ihm die Polizei auf den Fersen ist. Dabei erzählt er auch von der Waffe. – T hat mangels Vorsatz nur Beihilfe zu § 249, nicht aber zu § 250 Abs. 2 Nr. 1 geleistet. Fraglich ist, ob § 257 Abs. 3 Satz 1 in diesem Fall eingreift.

1097 Der Strafausschließungsgrund greift nach h. M. nicht ein, weil T bei der Vortatbeteiligung qualifizierende Umstände nicht bekannt waren, er davon aber bei der späteren Begünstigung Kenntnis besaß[2864]. Da die Strafbarkeit nach §§ 249, 27 nicht das volle Unrecht der Vortat erfasst, soll der Gedanke der mitbestraften Nachtat nicht tragen und daher eine Strafbarkeit nach § 257 neben §§ 249, 27 anzunehmen sein.

2. Gegenausnahme des Satzes 2

1098 Diese gelangt – mit der Folge einer Strafbarkeit nach § 257 – zur Anwendung, wenn ein Vortatbeteiligter einen Unbeteiligten anstiftet, ihn oder einen anderen Vortatbeteiligten zu begünstigen[2865]. Es handelt sich dabei um eine Ausnahmevorschrift, die eng auszulegen ist[2866]. Im Schrifttum wird mit Recht die Ansicht vertreten, dass die Vorschrift dann nicht anzuwenden ist, wenn eine Anstiftung zu einer Strafvereitelung nicht ohne die Anstiftung zur Begünstigung erreicht werden kann[2867]. Denn § 258 kennt keine dem § 257 Abs. 3 Satz 2 entsprechende Gegenausnahme, so dass das Privileg des § 258 Abs. 5 durch die Strafbarkeit nach § 257 unterlaufen würde. Daran ändert auch die unterschiedliche Struktur der Tatbe-

---

2861 *Rengier*, BT 1, § 20 Rn. 19.
2862 BGHSt 1, 47 (48); *Fischer*, § 257 Rn. 5; *Mitsch*, BT 2, 12.2.1.3.1.
2863 *Mitsch*, BT 2, 12.2.2.3.1; *Schönke/Schröder/Hecker*, § 257 Rn. 25.
2864 BGH MDR 1981, 452 (454); LK-*Walter*, § 257 Rn. 81; *Schönke/Schröder/Hecker*, § 257 Rn. 26.
2865 Krit. zu dieser Regelung A/W/H/*H-Heinrich*, § 27 Rn. 18; L-Kühl/*Kühl*, § 257 Rn. 8; *Mitsch*, BT 2, 12.2.2.3.1; *Wolter*, JuS 1982, 343 (348).
2866 S. *Schönke/Schröder/Hecker*, § 257 Rn. 27.
2867 *Mitsch*, BT 2, 12.2.2.3.2; *Schönke/Schröder/Hecker*, § 258 Rn. 37.

stände nichts[2868]. Entsprechendes gilt, wenn eine Strafvereitelung nach § 258 Abs. 6 ausscheidet, weil der Beteiligte zugunsten eines Angehörigen handelt.

Bsp.: T hat dem V beim Abtransport der Diebesbeute geholfen und verwahrt diese für V. Als die Polizei an der Tür klingelt, bittet er seine an der Tat unbeteiligte Frau F, die er in alles einweiht, die Beute durch den Hinterausgang aus dem Hause zu bringen. Er möchte so den V und sich vor Strafverfolgung schützen und zugleich die Beute vor Entzug bewahren, was letztlich auch gelingt. F handelt aus derselben Motivation. – F verwirklicht den Tatbestand des § 258 Abs. 1, kann jedoch aufgrund des Strafausschließungsgrundes des § 258 Abs. 6 nicht bestraft werden; ferner verwirklicht sie § 257, der ein entsprechendes Angehörigenprivileg nicht kennt; damit die sich für § 258 ergebende Straffreiheit nicht umgangen wird, ist § 258 Abs. 6 auf § 257 auszudehnen, so dass auch insoweit eine Strafbarkeit ausscheidet. T verwirklicht §§ 242, 27 hinsichtlich der Vortat; mit der Bitte als nur mittelbare Förderungshandlung verwirklicht er keine täterschaftliche Begünstigung nach § 257[2869]. Es liegen lediglich §§ 257, 26 vor; der Strafausschließungsgrund des Abs. 3 Satz 1 greift wegen Abs. 3 Satz 2 nicht, da er mit F eine an der Vortat Unbeteiligte angestiftet hat. §§ 258 Abs. 1, 26 ist verwirklicht, da T auch vereitelt, dass V und damit ein „anderer" i. S. d. § 258 Abs. 1 bestraft wird; es greift jedoch insoweit der Strafausschließungsgrund des Absatzes 5, da er auch verhindern möchte, dass er selbst bestraft wird. Dass er mit F eine Unbeteiligte zu einer Tat nach § 258 Abs. 1 angestiftet hat, ist hier unerheblich. Würde man § 257 Abs. 3 Satz 2 für diesen Fall nicht teleologisch reduzieren, würde auch hier die aus § 258 Abs. 5 folgende Straffreiheit umgangen.

V. Analoge Anwendung von Vorschriften über die tätige Reue

1099 Der Tatbestand ist bereits vollendet, wenn der Täter in Vorteilssicherungsabsicht mit einer objektiv geeigneten Unterstützungshandlung beginnt[2870]. Eine Versuchsstrafbarkeit für das Vergehen sieht die Vorschrift nicht vor; daher erlangt auch die Rücktrittsvorschrift des § 24 keine Bedeutung. Angesichts der frühen Vollendung des Delikts stellt sich die Frage nach einer analogen Anwendung von Vorschriften über die tätige Reue. Um Wertungswidersprüche mit der Geldwäsche zu verhindern, könnte eine analoge Anwendung des § 261 Abs. 9 in Betracht gezogen werden, wenn der Täter den Eintritt des Erfolges der Vorteilssicherung freiwillig verhindert[2871]. Allerdings muss man sehen, dass die Vorschriften über die tätige Reue speziell auf ihren Anwendungsbereich zugeschnitten sind und bei § 257 keine planwidrige Gesetzeslücke besteht[2872].

VI. Verfahrensvoraussetzungen des § 257 Abs. 4

1100 Nach Abs. 4 Satz 1 wird die Begünstigung nur auf Antrag, mit Ermächtigung oder auf Strafverlangen verfolgt, wenn der Begünstigende als Täter oder Teilnehmer der Vortat nur auf Antrag, mit Ermächtigung oder auf Strafverlangen verfolgt werden könnte. Nach h. M. ist die Verweisung auf § 248a in Abs. 4 Satz 2 so zu verstehen, dass ein Strafantrag erforderlich ist, wenn die Begünstigungshandlung der Sicherung geringfügiger Vorteile dient[2873].

2868 So aber *Cramer*, NStZ 2000, 246 (247).
2869 S. o. Rn. 1087.
2870 *Wessels/Hillenkamp/Schuhr*, BT 2, Rn. 817.
2871 So *Schittenhelm*, FS Lenckner, 1998, S. 520 (534 ff.); für eine Gesamtanalogie u. a. zu §§ 261 Abs. 9, 264 Abs. 5, 306e *Rengier*, BT 1, § 20 Rn. 20.
2872 *Fischer*, § 257 Rn. 11; MünchKomm-*Cramer*, § 257 Rn. 27; *Wessels/Hillenkamp/Schuhr*, BT 2, Rn. 817.
2873 L-Kühl/*Kühl*, § 257 Rn. 10; LK-*Walter*, § 257 Rn. 98 f.; a. A. *Schönke/Schröder/Hecker*, § 257 Rn. 31.

VII. Konkurrenzen

1101 Soweit jeweils die besonderen subjektiven Voraussetzungen verwirklicht sind, kann zwischen § 257 und §§ 258, 258a sowie § 259 Tateinheit bestehen[2874]. Zwischen § 242 und § 257 ist Wahlfeststellung möglich[2875].

§ 45 Strafvereitelung und Strafvereitelung im Amt, §§ 258, 258a

Einführende Aufsätze: *Dessecker*, Strafvereitelung und Strafverteidigung: ein lösbarer Konflikt?, GA 2005, 142; *Horn*, Das Verhältnis von Begünstigung, Strafvereitelung und Hehlerei zur Vortat aus materieller Sicht, JA 1995, 218; *Jahn/Palm*, Die Anschlussdelikte – Begünstigung (§ 258, 258a StGB), JuS 2009, 408; *Laubenthal*, Strafrechtliche Garantenstellung von Polizisten und außerdienstliche Kenntniserlangung, JuS 1993, 907; *Müller-Christmann*, Die Bezahlung einer Geldstrafe durch Dritte, JuS 1992, 379; *Otto*, Strafvereitelung durch Verteidigerhandeln, Jura 1987, 329; *Rotsch*, „Neutrale Beihilfe", Zur Fallbearbeitung im Gutachten, Jura 2004, 14; *Satzger*, Grundprobleme der Strafvereitelung, Jura 2007, 754.

Übungsfälle: *Beulke* III, Fall 11: Freundschaftsdienste, S. 398; *Bock*, BT, Fall 13: Novosol und AgroInvest, S. 419; *Gropp/Küpper/Mitsch*, Fall 12: Staatsanwalt mit Schulden, S. 221; *Hardtung*, Per Fax in die Freiheit, JuS 1998, 719; *Marxen*, Fall 13d: Schulfreund-Fall, S. 143, Fall 13e: Strafverteidiger-Fall, S. 145; *Mitsch*, Hilfe nach dem Überfall, Jura 2006, 381.

Rechtsprechung: BGHSt 37, 226 – Abwasserverband (Bezahlung fremder Geldstrafe); **BGHSt 38, 388** – Bardamen (Garantenstellung bei außerdienstlicher Kenntniserlangung); **BGHSt 43, 82** – Vollzugsanstalt (Nichtanzeige von Straftaten in Justizvollzugsanstalt); **BGHSt 43, 356** – Alibizusage (Anwendbarkeit des § 258 Abs. 5); **BGHSt 46, 53** – Vermittlung (Strafvereitelung durch Strafverteidiger); **BGH NJW 1984, 135** – Zusammenleben (Kausalität der Handlung für Vereitelungserfolg); **OLG Frankfurt StV 1992, 360** – Geschenke (Versuchsbeginn bei der Falschaussage).

I. Geschützes Rechtsgut und Systematik

1102 Die Strafvereitelung (persönliche Begünstigung) ist ebenfalls ein Anschlussdelikt. § 258 schützt die **inländische, d. h. die deutsche (Straf-)Rechtspflege und damit ein Rechtsgut der Allgemeinheit**[2876]. Absatz 1 sanktioniert die Verfolgungs- und Maßnahmevereitelung, Absatz 2 die Vollstreckungsvereitelung hinsichtlich Strafen und Maßnahmen. Es handelt sich jeweils um Erfolgsdelikte[2877], bei denen der Versuch nach Absatz 4 strafbar ist. § 258a stellt als unechtes Amtsdelikt eine Qualifikation zu § 258 dar.

[2874] BGHSt 2, 362 (363).
[2875] BGHSt 23, 260; SSW-*Jahn*, § 257 Rn. 30. Zur Diskussion um die Verfassungsmäßigkeit der Wahlfeststellung vgl. u. Rn. 1170.
[2876] BGHSt 43, 82 (84); BGHSt 45, 97 (101); *Schönke/Schröder/Hecker*, § 258 Rn. 1; SSW-*Jahn*, § 258 Rn. 2.
[2877] *Klesczewski*, BT, § 19 Rn. 99; M/R-*Dietmeier*, § 258 Rn. 2.

II. Aufbauschema

1. Tatbestand
   a) Objektiver Tatbestand
      aa) Strafbare Vortat eines anderen (Absatz 1) oder verhängte Strafe bzw. Maßnahme gegen einen anderen (Absatz 2)
      bb) Ganz oder teilweise Vereiteln der Bestrafung oder der Unterwerfung unter eine Maßnahme (Absatz 1) oder ganz oder teilweise Vereiteln der Vollstreckung der Strafe oder Maßnahme (Absatz 2)
   b) Subjektiver Tatbestand
      aa) Vorsatz bzgl. Vortat (Absatz 1) oder bzgl. verhängter Strafe oder Maßnahme (Absatz 2)
      bb) Absicht oder sicheres Wissen bzgl. des Vereitelungserfolges

2. Rechtswidrigkeit

3. Schuld

4. Persönliche Strafausschließungsgründe
   a) Straf-/Vollstreckungsvereitelung zu eigenen Gunsten, § 258 Abs. 5
   b) Straf-/Vollstreckungsvereitelung zugunsten eines Angehörigen, § 258 Abs. 6

III. Tatbestand

1. Objektiver Tatbestand des § 258 Abs. 1

In Absatz 1 ist die Strafvereitelung und die Maßnahmevereitelung normiert.

a) Bei **Absatz 1** muss eine rechtswidrige Vortat (§ 11 Abs. 1 Nr. 5) vorliegen, bei der eine **Strafe oder Maßnahme tatsächlich verhängt werden kann**. Die Wendung „wegen einer rechtswidrigen Tat" stellt damit nur eine Mindestvoraussetzung dar. Es darf folglich weder ein persönlicher Strafausschließungs- oder Strafaufhebungsgrund noch ein endgültiges Verfahrenshindernis eingreifen. Sofern es um die Vereitelung einer Strafe geht, muss der Täter auch schuldhaft gehandelt haben. Dieses Erfordernis entfällt zumeist bei Maßnahmen, wie etwa der Unterbringung in einem psychiatrischen Krankenhaus (§ 63), die Schuld gerade nicht voraussetzen (vgl. aber § 66). Wird gegen eine Person zu Unrecht ein Strafverfahren geführt, weil eine Strafe oder Maßnahme nicht verhängt werden kann, so scheidet § 258 mangels Ahndungsrechts des Staates aus[2878]. Sofern der Handelnde eine Strafbarkeit nur irrig annimmt, kommt nur ein nach Absatz 4 strafbarer untauglicher Versuch in Betracht.

> **Bsp.:**[2879] V hat bei O einen Hausfriedensbruch begangen; O erstattet Anzeige gegen V und stellt den nach § 123 Abs. 2 erforderlichen Strafantrag. Als der Bekannte T des V von der Sache erfährt, droht er O mit Gewalt, falls er den Strafantrag nicht zurücknehme. Eingeschüchtert nimmt O daraufhin den Strafantrag zurück und das Verfahren gegen V wird eingestellt. – Eine Bestrafung des V nach § 123 ist durch die Rücknahme

---

[2878] *Wessels/Hettinger/Engländer*, BT 1, Rn. 703.
[2879] S. auch *Krey/Hellmann/Heinrich*, BT 1, Rn. 826.

des Strafantrages unmöglich geworden (§ 77d Abs. 1 S. 3). Deshalb käme eine Vollendungsstrafbarkeit des T nach § 258 grundsätzlich nicht in Betracht[2880]. Allerdings besteht die Vereitelungshandlung hier darin, dass T den O gezwungen hat, den Antrag zurückzunehmen, so dass der Vereitelungserfolg gerade durch das Verfahrenshindernis herbeigeführt wird; § 258 Abs. 1 ist daher zu bejahen[2881].

1106 Die Vorschrift ist auf die Vereitelungen von Strafen und Maßnahmen (§ 11 Abs. 1 Nr. 8, §§ 61 ff., 73 ff.) beschränkt. Im Zusammenhang mit Verkehrsstraftaten ist das Fahrverbot nach § 44 (Nebenstrafe) und die Entziehung der Fahrerlaubnis als Maßregel der Besserung und Sicherung zu beachten (§§ 61 Abs. 1 Nr. 5, 69). Nicht erfasst werden Geldbußen bei Ordnungswidrigkeiten, Auflagen nach § 153a StPO sowie Erziehungsmaßnahmen oder Zuchtmittel nach dem JGG[2882].

1107 aa) Es muss sich dabei um die **Straftat eines anderen** handeln. Wer sich nur selbst der strafrechtlichen Verfolgung entzieht, handelt nicht tatbestandsmäßig. Die bloße Teilnahme an einer Selbstbegünstigung im Wege der Anstiftung oder Beihilfe ist daher mangels Haupttat straflos. Wie die **Grenzen zwischen strafloser Teilnahme an einer Selbstbegünstigung und einer täterschaftlichen Fremdbegünstigung** zu ziehen sind, ist streitig. Teilweise wird nach allgemeinen Kriterien zur Abgrenzung von Täterschaft und Teilnahme gefragt, ob die Tatherrschaft über das Vereitelungsgeschehen insgesamt beim Beteiligten oder beim Vortäter liegt. Im letzteren Fall läge nur eine straflose Beteiligung an einer Selbstbegünstigung vor[2883]. Angesichts der tatbestandlichen Struktur und der Intention des § 258, Hilfe nach der Tat zu erfassen[2884], ist jedoch richtigerweise auf die einzelne Vereitelungshandlung zu blicken. Insoweit wird zumindest partiell die Teilnahme zur Täterschaft erhoben. Es liegt nur dann eine straflose Teilnahme vor, wenn sich der Beteiligte im Falle der Anstiftung auf den Rat zur Flucht oder zu sonstigem Selbstschutz und im Falle der Beihilfe auf die Bestärkung des Selbstschutzwillens beschränkt[2885]. Darüber hinausgehende Vereitelungshandlungen begründen jedoch eine Täterschaft. Bei sozialadäquaten Handlungsweisen kann dann freilich noch die objektive Zurechnung zu prüfen sein[2886].

> Bspe. (**Täterschaft**): Verstecken des Vortäters; Überlassen eines Fahrzeugs zur Flucht; Verschaffen von gefälschten Papieren; Hinweise auf Strafverfolgungsmaßnahmen; Hilfe beim Verändern des äußeren Erscheinungsbildes; Beseitigen von Beweisen.

1108 Soweit nicht nur eine Selbstbegünstigung vorliegt, sondern auch die Strafe eines anderen Beteiligten täterschaftlich vereitelt wird, ist der Tatbestand verwirklicht, jedoch ist dann der Strafausschließungsgrund des § 258 Abs. 5 zu beachten[2887]. Entsprechendes gilt, wenn der Vortäter als Anstifter oder Gehilfe an der Strafvereitelung eines Dritten zu seinen Gunsten mitwirkt.

1109 bb) § 258 ist – ähnlich wie § 257 – von der **Beihilfe zur Vortat** abzugrenzen, da § 258 eine bereits begangene Tat voraussetzt. Dabei kommt es grundsätzlich nicht

---

2880 *Krey/Hellmann/Heinrich*, BT 1, Rn. 828; LK-*Walter*, § 258 Rn. 25.
2881 NK-*Altenhain*, § 258 Rn. 13; *Schönke/Schröder/Hecker*, § 258 Rn. 4.
2882 HK-*Pflieger/Momsen*, § 258 Rn. 5; *Maurach/Schroeder/Maiwald*, BT 2, § 100 Rn. 10; M/R-*Dietmeier*, § 258 Rn. 9.
2883 *Schönke/Schröder/Hecker*, § 258 Rn. 34 f.; SK-*Hoyer*, § 258 Rn. 29 (am Bsp. des Strafverteidigers).
2884 A/W/H/H-*Heinrich*, § 26 Rn. 17; L-Kühl/*Kühl*, § 258 Rn. 6.
2885 *Schönke/Schröder/Hecker*, § 258 Rn. 35; *Wessels/Hettinger/Engländer*, BT 1, Rn. 707; zu § 257 s. Rn. 1087.
2886 Näher u. Rn. 1118.
2887 S. u. Rn. 1125 f.

auf den Zeitpunkt der Handlung an, sondern darauf, wann die Handlung ihre Wirkung entfaltet[2888]. Eine Vereitelung vor Vollendung der Vortat ist als Beihilfe zu werten, wenn dadurch die Haupttat noch gefördert wird.

> **Bsp.:** T sieht, wie ihr vorbestrafter Bruder V im Warenhaus gerade einen teuren USB-Stick einstecken will. Damit er von einer Angestellten nicht gesehen und kein erneutes Strafverfahren gegen ihn eingeleitet wird, spricht T die Angestellte an, um sie abzulenken. – Da der Gewahrsamswechsel zu diesem Zeitpunkt noch nicht vollzogen ist, ist der Diebstahl noch nicht vollendet. T macht sich daher nach §§ 242, 27 strafbar; dass sie Angehörige ist, spielt hierbei – anders als nach § 258 Abs. 6 – keine Rolle.

1110 Für Handlungen, die sich erst nach Beendigung der Vortat auswirken, kommt nur § 258 in Betracht. Lehnt man wie hier die Möglichkeit einer sukzessiven Beihilfe nach Vollendung grundsätzlich ab[2889], so kommt auch in der Phase zwischen Vollendung und Beendigung nur eine Strafvereitelung in Betracht[2890]. Nach h. M. ist hingegen in dieser Phase noch Beihilfe zur Vortat anzunehmen, wenn sich die Unterstützung auf die Vortat auswirkt und dies auch vom Vorsatz umfasst ist[2891]; sofern der Handelnde ein Angehöriger des Vortäters ist, kommt er daher nicht in den Genuss des Privilegs nach § 258 Abs. 6[2892].

1111 **b)** Da die Strafvereitelung ein Erfolgsdelikt ist, muss durch die **Vereitelungshandlung kausal ein Vereitelungserfolg herbeigeführt** werden. Ansonsten kommt nur ein nach Absatz 4 strafbarer Versuch in Betracht, von dem gemäß § 24 strafbefreiend zurückgetreten werden kann.

1112 **aa)** Typische **Vereitelungshandlungen** sind das Verstecken des Vortäters, Hilfe bei der Flucht, Beseitigen von Beweismitteln oder Falschaussagen vor Strafverfolgungsorganen. Die Handlungen können schon vor Einleitung eines förmlichen Ermittlungsverfahrens vorgenommen werden, wenn ein verfolgbarer Strafanspruch des Staates besteht[2893].

1113 **bb)** Die Tat kann auch durch **Unterlassen** verwirklicht werden, sofern die Voraussetzungen des § 13 vorliegen.

1114 **(1)** Vor allem ein Untätigsein von **Strafverfolgungsbeamten** kann den Tatbestand begründen, da diese aufgrund des Legalitätsprinzips zur Strafverfolgung verpflichtet sind (§§ 152 Abs. 2, 160, 163 StPO). Bei anderen Amtsträgern genügen jedoch nicht alle öffentlich-rechtlichen Pflichten, die mit einem Amt verbunden sind[2894]. Vielmehr müssen Anzeigepflichten bestehen, die der Unterrichtung der Strafverfolgungsbehörden zum Zwecke der Strafverfolgung dienen (§§ 159 Abs. 1 StPO, § 41 Abs. 1 OWiG, § 183 Satz 1 GVG)[2895].

> **Bsp.:**[2896] A schlägt in der Justizvollzugsanstalt seinen Zellennachbarn B mit einer Flasche nieder (§§ 223, 224 Abs. 1 Nr. 2). Der Anstaltsleiter verzichtet auf eine Unterrichtung der Strafverfolgungsbehörden, um eine Eskalation zu vermeiden. – §§ 258, 13

[2888] *Kindhäuser/Schramm*, BT 1, § 51 Rn. 39; *Maurach/Schroeder/Maiwald*, BT 2, § 100 Rn. 12; *Schönke/Schröder/Hecker*, § 258 Rn. 5; krit. SK-*Hoyer*, § 258 Rn. 23.
[2889] S. o. Rn. 338 ff.
[2890] *Kindhäuser/Schramm*, BT 1, § 51 Rn. 39; SK-*Hoyer*, § 258 Rn. 23.
[2891] *Maurach/Schroeder/Maiwald*, BT 2, § 100 Rn. 12; *Schönke/Schröder/Hecker*, § 258 Rn. 6.
[2892] *Maurach/Schroeder/Maiwald*, BT 2, § 100 Rn. 12; *Schönke/Schröder/Hecker*, § 258 Rn. 6.
[2893] BGHSt 45, 97 (103).
[2894] BGHSt 43, 82 (84 ff.).
[2895] *Fischer*, § 258 Rn. 11; *Kindhäuser/Schramm*, BT 1, § 51 Rn. 33; NK-*Altenhain*, § 258 Rn. 44.
[2896] S. auch BGHSt 43, 82.

scheiden aus, weil der Anstaltsleiter keine Garantenpflicht zur Anzeige der Straftat besitzt; Beamten des Strafvollzugs ist die Strafverfolgung nicht als Aufgabe anvertraut.

1115 Für zur Mitwirkung am Verfahren berufene Amtsträger ist in diesem Zusammenhang die **Qualifikation des § 258a** zu beachten[2897].

1116 (2) Hingegen ist eine **Privatperson** grundsätzlich nicht zur Mitwirkung an der Strafverfolgung zum Schutze der Rechtspflege verpflichtet. Das gilt auch für private Sicherheitsleute, da diese zum Schutz von Individualinteressen handeln[2898]. Auch die Anzeigepflicht in den Fällen des § 138 vermag eine Garantenstellung nicht zu begründen[2899]. Selbst bei prozessual unberechtigter Verweigerung der Aussage durch einen aussagepflichtigen Zeugen oder Sachverständigen (§§ 48 ff., 72 ff., 161a Abs. 1, 163a Abs. 5 StPO), kann eine Strafvereitelung nicht angenommen werden, da § 70 StPO die Sanktionen hierfür abschließend regelt[2900].

1117 cc) Für den **Vereitelungserfolg** genügt es, dass der Vortäter hinsichtlich der Strafverfolgung besser gestellt wird[2901]. Eine endgültige und vollständige Verhinderung der Bestrafung des Vortäters ist nicht erforderlich. **Ganz vereitelt** wird der Straf- oder Maßnahmeanspruch nach h. M. bereits dann, wenn er für eine geraume Zeit verzögert wird[2902]. Dabei genügt nach h. M. eine nur geringfügige Verzögerung noch nicht. Es sollen zumindest zehn[2903] bis vierzehn[2904] Tage zu veranschlagen sein; überzeugender ist es jedoch, eine Verzögerung von zumindest drei Wochen zu fordern, weil § 229 Abs. 1 StPO für diesen Zeitraum ohnehin eine Unterbrechung der Hauptverhandlung zulässt[2905]. Ein **teilweises Vereiteln** liegt vor, wenn die Strafe aufgrund der Handlung des Täters milder ausfällt[2906]. So etwa, wenn der Vortäter nur nach dem Grundtatbestand anstatt nach einer Qualifikation, nur zu einer Geld- anstatt einer Freiheitsstrafe oder nur zu einer geringeren Geld- oder Freiheitsstrafe verurteilt wird.

1117a dd) Die Vereitelungshandlung ist nur dann **ursächlich**, wenn ohne diese eine frühere Bestrafung des Vortäters mit an Sicherheit grenzender Wahrscheinlichkeit hätte erfolgen können; dies erfordert letztlich die Einbeziehung hypothetischer Verläufe[2907]. Werden Ermittlungsmaßnahmen hingegen nur verzögert, ohne dass sich dies in kausaler Weise auf den Zeitpunkt der Ahndung auswirkt, so scheidet der Tatbestand aus[2908]. In solchen Fällen kommt aber ein nach Absatz 4 strafbarer Versuch in Betracht.

2897 Näher u. Rn. 1130 ff.
2898 BGH NStZ 1992, 540 f.; *Schönke/Schröder/Hecker*, § 258 Rn. 17.
2899 NK-*Altenhain*, § 258 Rn. 46; *Rengier*, BT 1, § 21 Rn. 14.
2900 LG Itzehoe NStZ-RR 2010, 10; A/W/H/H-*Heinrich*, § 26 Rn. 9; MünchKomm-*Cramer*, § 258 Rn. 22; *Popp*, JR 2014, 418 ff.; *Reichling/Döring*, StraFo 2011, 82 (83 ff.); *Rengier*, BT 1, § 21 Rn. 15; a. A. OLG Köln NStZ-RR 2010, 146; LG Ravensburg NStZ-RR 2008, 177; NK-*Altenhain*, § 258 Rn. 46.
2901 BGH NJW 1984, 135; *Fischer*, § 258 Rn. 7; *Kindhäuser/Schramm*, BT 1, § 51 Rn. 8; LK-*Walter*, § 258 Rn. 35.
2902 A/W/H/H-*Heinrich*, § 26 Rn. 3; *Fischer*, § 258 Rn. 8; *Schönke/Schröder/Hecker*, § 258 Rn. 14; a. A. *Heghmanns*, BT, Rn. 1804; NK-*Altenhain*, § 258 Rn. 49 ff.; unklar BGH NJW 2018, 3261 (3262) m. Krit. Anm. *Mitsch*.
2903 OLG Stuttgart NJW 1976, 2084.
2904 *Rengier*, BT 1, § 21 Rn. 8; *Wessels/Hettinger/Engländer*, BT 1, Rn. 709.
2905 Vgl. AnwK-*Tsambikakis*, § 258 Rn. 26; L-Kühl/*Kühl*, § 258 Rn. 4; SSW-*Jahn*, § 258 Rn. 15.
2906 A/W/H/H-*Heinrich*, § 26 Rn. 6; *Schönke/Schröder/Hecker*, § 258 Rn. 14.
2907 BGH NStZ-RR 310 (311).
2908 BGHSt 15, 18 (21); BGHSt 45, 97 (100); BGH NJW 1984, 135, für das bloße Zusammenwohnen mit dem Vortäter; *Schönke/Schröder/Hecker*, § 258 Rn. 18.

Bsp.: T möchte dem Vortäter V helfen und sagt deshalb vor der Polizei falsch aus; diese kann den V dennoch eine Woche später überführen. Aufgrund eines Urlaubs des Staatsanwalts hätte die Tat jedoch auch bei richtiger Aussage nicht früher angeklagt und abgeurteilt werden können. – Es liegt nur ein Versuch nach §§ 258 Abs. 1, 4, 22, 23 vor, da ein Vereitelungserfolg nicht eingetreten ist; die Vereitelungshandlung hat sich nicht auf den Zeitpunkt der Verurteilung ausgewirkt.

ee) Der Vereitelungserfolg muss ferner **objektiv zurechenbar** sein, was vor allem bei **sozialadäquaten Verhaltensweisen** Bedeutung erlangt. Die Problematik steht dabei in engem Zusammenhang mit den sog. berufsneutralen Handlungen, die bei der Beihilfe diskutiert werden[2909]. Dabei geht es um das (noch) erlaubte Risiko bei der Berufsausübung im Speziellen und bei Alltagshandlungen im Allgemeinen. Da die Grenzen zwischen Beihilfe zur Vortat und Strafvereitelung mitunter schwer zu ziehen sind, spricht viel dafür, die dort diskutierten Maßstäbe zu übertragen. Verkauft ein Bäcker dem sich auf der Flucht befindenden Vortäter Nahrungsmittel oder leistet ein Arzt Erste Hilfe, so liegt mangels rechtlich missbilligter Gefahrschaffung grundsätzlich keine Strafvereitelung vor. Entsprechendes gilt für das bloße Zusammenwohnen, Verköstigen oder Ausgehen mit dem Vortäter, ohne dass damit ein Verstecken oder eine Flucht verbunden ist. Anders verhält es sich jedoch, wenn die Hilfeleistung über die erforderlichen Maßnahmen hinausgeht und dem Vortäter Unterkunft gewährt oder Bargeld für die Flucht überlassen wird[2910].

ff) In diesem Zusammenhang ist auch zu diskutieren, inwieweit das Handeln eines **Strafverteidigers** eine Strafvereitelung – und damit im Übrigen auch einen Fall des Verteidigerausschlusses nach § 138a Abs. 1 Nr. 3 StPO – begründen kann[2911]. Für den Strafverteidiger besteht eine gewisse Gefahr deshalb, weil der subjektive Tatbestand keine Absicht i. S. v. dolus directus 1. Grades voraussetzt, sondern sicheres Wissen hinsichtlich des Vereitelungserfolges genügen lässt[2912]. Anerkannt ist, dass prozessual zulässiges Handeln – wie das Stellen von Beweisanträgen – jedenfalls keine Strafvereitelung begründet[2913]. Im Übrigen sind die Grenzen aber fließend und lassen sich nur durch eine genaue Analyse des Einzelfalles ermitteln: So ist der Strafverteidiger einerseits ein unabhängiges Organ der Rechtspflege (§ 1 BRAO) und unterliegt der Wahrheitspflicht. Er hat sich jeder aktiven Verdunkelung und wahrheitswidrigen Verzerrung des Falles zu enthalten; er darf sich unwahre Behauptungen des Beschuldigten nicht zu eigen machen oder Zeugen zu Falschaussagen veranlassen[2914]. Er darf auch nicht durch falsche Angaben über den Besitz eine zulässige Beschlagnahme vereiteln[2915]. Andererseits ist er gemäß § 137 StPO Beistand des Beschuldigten bzw. Angeklagten. Er kann und muss daher (in dubio pro reo) auf Freispruch plädieren, wenn die Beweislage

---

2909 Vgl. dazu umfassend *Heinrich*, AT, Rn. 1330 ff.; *Krey/Esser*, AT, Rn. 1082 ff.; *Rengier*, AT, § 45 Rn. 101 ff. Speziell zu § 258 *Ernst*, ZStW 125 (2013), 299 ff.
2910 Für eine Lösung der Fälle berufsneutraler Handlungen über die Rechtsfigur der objektiven Zurechnung L-Kühl/*Kühl*, § 27 Rn. 2a; *Schall*, GedS Meurer, 2002, S. 103 (116 ff.); *Wohlers*, NStZ 2000, 169 (173 f.); die Rechtsprechung nimmt Einschränkungen im subjektiven Tatbestand vor; vgl. BGHSt 46, 107 (112); BGH NStZ 2000, 34.
2911 Ausführlich hierzu AnwK-*Tsambikakis*, § 258 Rn. 63 ff.
2912 Zu den Anforderungen in subjektiver Hinsicht BGHSt 46, 53 (58 f.); BGH NStZ-RR 2009, 526.
2913 BGHSt 38, 345 (348); BGHSt 46, 53 (54); BGH NStZ 2006, 510; L-Kühl/*Kühl*, § 258 Rn. 10; NK-*Altenhain*, § 258 Rn. 32; SSW-*Jahn*, § 258 Rn. 26.
2914 BGH NJW 1983, 2712; BGHSt 46, 53 (55 f.); OLG Nürnberg NJW 2012, 1895 (1896).
2915 BGHSt 63, 174 (178) m. Anm. *Mitsch*, NJW 2018, 3263.

unsicher ist, selbst wenn er weiß, dass sein Mandant die Tat begangen hat[2916]. Erlaubt ist ferner der Rat an den Mandanten, kein Geständnis abzulegen oder die Bitte an Zeugen, von einem Zeugnisverweigerungsrecht Gebrauch zu machen[2917].

1120 **Veranlasst der Verteidiger einen Zeugen zur Falschaussage**, so begeht der Zeuge eine (versuchte) Strafvereitelung. Der Versuch des Zeugen beginnt erst mit der Falschaussage[2918]. Der Verteidiger ist in diesem Fall mangels Tatherrschaft richtigerweise nicht Täter, sondern Anstifter[2919]. Der BGH nimmt hingegen Täterschaft an, wobei der Versuch des Verteidigers grundsätzlich erst mit Beginn der Zeugenaussage beginnt[2920]. Bei einem „präparierten Zeugen" soll der Versuch allerdings bereits mit dem Antrag auf die Vernehmung beginnen, wenn der Verteidiger diesen bösgläubig stellt[2921].

> **Bsp. (1):** V hat eine Bank überfallen. Der Erfolg der Verteidigung hängt von der Aussage der Freundin F des V ab, die als Zeugin geladen ist. Verteidiger T bespricht deshalb am Abend vor der Aussage der F mit ihr, dass sie dem V ein falsches Alibi geben soll. Auf der Fahrt zum Gericht bekommt F Gewissensbisse und entschließt sich, doch wahrheitsgemäß auszusagen. – Bei F beginnt der Versuch der Strafvereitelung erst mit Beginn der Falschaussage, so dass §§ 258 Abs. 1, Abs. 4, 22, 23 nicht verwirklicht sind und es auf einen Rücktritt gemäß § 24 nicht ankommt[2922]. Für T kommt Täterschaft nicht in Betracht, da die Tatherrschaft bei F liegt[2923]. Eine Strafbarkeit wegen Anstiftung scheidet mangels Haupttat aus; § 30 scheitert, weil § 258 kein Verbrechen ist. Es verbleibt aber eine Strafbarkeit nach § 159 wegen des Versuchs der Anstiftung zur Falschaussage. Eine Sperrwirkung des § 258 dahingehend, dass auch bei § 159 (und anderen Delikten) statt dolus eventualis zumindest dolus directus 2. Grades vorliegen muss, ist abzulehnen[2924].

> **Bsp. (2):** Wie Bsp. 1, jedoch ist F noch nicht als Zeugin geladen. V stellt nach dem Gespräch mit F in der Hauptverhandlung den Antrag, die F zu vernehmen. F bekommt jedoch wiederum Gewissensbisse. – Die Rechtsprechung nimmt eine täterschaftlich versuchte Strafvereitelung nach §§ 258 Abs. 1, Abs. 4, 22, 23 durch V an, da er mit dem Antrag auf Vernehmung aus seiner Sicht alles Erforderliche getan hat, um die entlastende Aussage zu erreichen. Die h. L. löst den Fall entsprechend den bei Bsp. 1 geschilderten Grundsätzen.

2. Objektiver Tatbestand des § 258 Abs. 2

1121 Absatz 2 pönalisiert die Vollstreckungsvereitelung, wobei im Wesentlichen die Grundsätze des Absatzes 1 gelten.

1122 a) Erforderlich ist eine bereits **rechtskräftig verhängte Strafe oder Maßnahme**. Ob die zugrunde liegende Entscheidung rechtlich zutreffend ist oder nicht, ist nicht entscheidend. Das Gericht, das über die Vollstreckungsvereitelung urteilt, ist an die rechtskräftige Entscheidung gebunden[2925]. Die Tathandlung muss nicht

---

2916 NK-*Altenhain*, § 258 Rn. 34; HK-*Pflieger/Momsen*, § 258 Rn. 11.
2917 BGHSt 10, 393; OLG Düsseldorf, NJW 1991, 996; *Fischer*, § 258 Rn. 18 f.; *Kindhäuser/Schramm*, BT 1, § 51 Rn. 43.
2918 OLG Frankfurt StV 1992, 360 (361).
2919 OLG Frankfurt StV 1992, 360 (361); *Rengier*, BT 1, § 21 Rn. 40; *Schönke/Schröder/Hecker*, § 258 Rn. 34; dagegen *Beulke*, NStZ 1983, 504 (505).
2920 BGHSt 31, 10; *Rengier*, BT 1, § 21 Rn. 41; vgl. aber *Beulke*, NStZ 1983, 504 (505), wonach der Versuch mit der Einwirkung auf den Zeugen beginnen soll.
2921 BGH NStZ 1983, 503; StV 1987, 195 (196); OLG Köln StV 2003, 15 (16).
2922 BGHSt 31, 10 (12 f.); *Wessels/Hettinger/Engländer*, BT 1, Rn. 710.
2923 *Maurach/Schroeder/Maiwald*, BT 2, § 100 Rn. 20.
2924 BGHSt 38, 345 (348 f.); *Rengier*, BT 1, § 21 Rn. 42; vgl. aber *Wünsch*, StV 1997, 45, (48 ff.).
2925 *Schönke/Schröder/Hecker*, § 258 Rn. 26; *Wessels/Hettinger/Engländer*, BT 1, Rn. 713.

zwingend erst nach Rechtskraft des Urteils vorgenommen werden; entscheidend ist nur, dass sie sich erst ab diesem Zeitpunkt auswirkt[2926].

> **Bspe.:** Verstecken eines Verurteilten, damit dieser die Verbüßung seiner Freiheitsstrafe nicht antreten muss oder Befreiung eines Gefangenen aus der Justizvollzugsanstalt (s. auch § 120).

b) Teilweise wird in der **Zahlung einer Geldstrafe** für einen Verurteilten durch einen Dritten eine Vollstreckungsvereitelung gesehen[2927]. Die Geldstrafe stelle nach ihrem Sinn eine höchstpersönliche Leistungspflicht dar, die der Verurteilte selbst als Strafübel empfinden solle. Die Zahlung eines Dritten vereitle somit die mit der Geldstrafe verfolgten Strafzwecke. Die h. M. lehnt dies mit guten Gründen ab[2928]. Zum einen ist die persönliche Betroffenheit des Verurteilten nicht mit Vollstreckungsmitteln durchsetzbar, sondern lediglich die Zahlung eines bestimmten Geldbetrages an die Staatskasse. Zum anderen kann eine Pflicht zur persönlichen Zahlung leicht umgangen werden. Zu denken ist etwa an die Gewährung eines Darlehens mit späterem Verzicht auf Rückzahlung oder die Erstattung des Betrages seitens eines Dritten nach Zahlung an die Staatskasse durch den Verurteilten. Eine Kontrolle von Einkünften und Schenkungen zu bestimmten Anlässen ist zudem kaum möglich.

3. Subjektiver Tatbestand

Der Täter muss zumindest Eventualvorsatz hinsichtlich der Vortat (Absatz 1) bzw. rechtskräftigen Verurteilung (Absatz 2) und Absicht oder sicheres Wissen, d. h. zumindest dolus directus 2. Grades, hinsichtlich des Vereitelungserfolges haben[2929]. Ausreichend ist daher, dass es der Täter für möglich gehalten hat, dass eine Straftat begangen wurde und er für diesen Fall eine Bestrafung des Vortäters zumindest für geraume Zeit verhindern möchte[2930]. Entsprechendes gilt für den Tatentschluss bei dem nach Absatz 4 strafbaren Versuch; geht der Täter nur irrtümlich von einer Straftat aus, so liegt ein untauglicher Versuch vor[2931].

IV. Persönlicher Strafausschließungsgrund, § 258 Abs. 5

Möchte der Vortäter nur sich selbst begünstigen, liegt schon **kein Fall des Absatzes 1 („anderer")** vor. Soweit er durch die Vereitelungshandlung zugunsten eines anderen Vortatbeteiligten zugleich sich selbst der Strafverfolgung entziehen will, greift der persönliche Strafausschließungsgrund des Absatzes 5 ein, der der notstandsähnlichen Lage Rechnung trägt[2932]. Dies gilt selbst dann, wenn die Befürchtung eigener Strafverfolgung objektiv unbegründet ist und auf einem Irrtum beruht („vereiteln will")[2933]. Absatz 5 ist auch anwendbar, wenn der Vortäter nur als Anstifter oder Gehilfe an einer Strafvereitelung zu seinen Gunsten mitwirkt.

2926 Krit. *Kusch*, NStZ 1985, 385 (389).
2927 *Hillenkamp*, JR 1992, 74 (75); diff. LK-*Walter*, § 258 Rn. 47 ff.; *Schönke/Schröder/Hecker*, § 258 Rn. 29.
2928 BGHSt 37, 226 (230); A/W/H/H-*Heinrich*, § 26 Rn. 12; *Heghmanns*, BT, Rn. 1809; L-Kühl/*Kühl*, § 258 Rn. 13; *Otto*, BT, § 96 Rn. 16.
2929 BGHSt 45, 97 (100); BGHSt 46, 53 (58 f.); BGH NStZ 2015, 702 (703); OLG Karlsruhe NStZ-RR 2017, 355 (356); *Fischer*, § 258 Rn. 33.
2930 BGH NStZ 2015, 702 (703).
2931 BGH NStZ 2015, 702 (703); LK-*Walter*, § 258 Rn. 143 f.
2932 So jedenfalls BayObLG NStZ 1996, 497 (498); *Maurach/Schroeder/Maiwald*, BT 2, § 100 Rn. 22; *Satzger*, Jura 2007, 754 (757); für einen Entschuldigungsgrund A/W/H/H-*Heinrich*, § 26 Rn. 14.
2933 BGHSt 2, 375; BGH NStZ-RR 2002, 215; NStZ-RR 2016, 310 (311); *Kindhäuser/Schramm*, BT 1, § 51 Rn. 27.

Bsp. (1): V und T haben gemeinsam eine Tankstelle überfallen. V wird später angeklagt. Polizei und Staatsanwaltschaft gehen davon aus, dass V alleine gehandelt hat. Im Prozess sagt T aus, dass er und V zur fraglichen Zeit Golf gespielt haben. T will dadurch zum einen V helfen, zum anderen aber auch vermeiden, dass der Verdacht auf ihn fällt. V wird daraufhin freigesprochen. – § 258 Abs. 1 ist verwirklicht, da T die Bestrafung des V vereitelt hat; jedoch greift der Strafausschließungsgrund des Absatzes 5, da T zugleich die eigene Bestrafung vereiteln möchte. T macht sich aber nach § 153 wegen Falschaussage strafbar[2934], wobei § 157 zu berücksichtigen ist; Absatz 5 entfaltet insoweit keine Sperrwirkung bzgl. anderer Tatbestände wie etwa §§ 113, 145d, 153 ff., 164, 263, 267[2935].

Bsp. (2):[2936] V begeht eine Brandstiftung nach § 306 Abs. 1. Bei seiner Beschuldigtenvernehmung sagt er aus, dass er zur fraglichen Zeit mit T zusammen gewesen sei. T bestätigt das Alibi, um V und sich vor Strafverfolgung zu schützen. Es lässt sich dabei nicht klären, ob T schon vor dem Überfall zugesagt hat, das falsche Alibi zu geben. Da das Gericht T keinen Glauben schenkt, wird V verurteilt. – Eine Strafbarkeit der T nach §§ 306 Abs. 1, 27 durch psychische Beihilfe (Zusage des Alibi) muss in dubio pro reo verneint werden. Es liegen aber §§ 258 Abs. 1, Abs. 4, 22, 23 vor. Man kann nun aber im Rahmen des Absatzes 5 zugunsten der T in dubio pro reo eine Vortatbeteiligung in Form psychischer Beihilfe bejahen[2937]. Denn immerhin handelte T auch, um ihre eigene Entdeckung, die an die Vortat geknüpft ist, zu verhindern. Deshalb überzeugt es nicht, wenn der BGH meint, dass bei einer wahrheitsgemäßen Aussage die Strafverfolgungssituation für T sich nicht ändere und daher keine notstandsähnliche Situation gegeben sei[2938]; ihr Ziel sei es von vornherein gewesen, T durch eine strafbare Aussage zu schützen, was ihr nicht zu Gute kommen könne.

1126 Eine dem § 257 Abs. 3 Satz 2 entsprechende Ausnahme für die Anstiftung an der Vortat Unbeteiligter besteht nicht. Wie bereits dargestellt[2939], darf die Privilegierung der Absätze 5 und 6 nicht durch Annahme einer Strafbarkeit nach § 257 umgangen werden, wenn die Strafvereitelung nach Vorstellung des Täters nicht ohne gleichzeitige Begünstigung nach § 257 begangen werden kann. Der Strafausschließungsgrund des Absatzes 5 greift im Übrigen auch dann ein, wenn sich die Selbstbegünstigung gar nicht auf die Vortat bezieht[2940].

Bsp.: V hat einen Betrug begangen. Er bittet T um eine Falschaussage, der jedoch ablehnt. Daraufhin droht V dem T damit, dass er im Fall einer Verurteilung die Beteiligung des T an einem Diebstahl den Strafverfolgungsbehörden zur Kenntnis geben werde. T gibt nach und sagt falsch aus, um eine Strafverfolgung zu vermeiden; V wird freigesprochen. – T verwirklicht zwar § 258 Abs. 1, jedoch greift auch hier Absatz 5 ein, weil dieser nicht voraussetzt, dass T an derselben Tat wie V beteiligt war.

V. Angehörigenprivileg, § 258 Abs. 6

1127 § 258 Abs. 6 enthält einen **Strafausschließungsgrund** für Fälle, in denen der Beteiligte die Tat als Täter oder Teilnehmer[2941] zugunsten eines Angehörigen (§ 11 Abs. 1 Nr. 1) begeht. Eine analoge Anwendung auf nahestehende Personen schei-

---

[2934] OLG Celle JR 1981, 34 f.; *Wessels/Hettinger/Engländer*, BT 1, Rn. 716.
[2935] BayObLG NJW 1978, 2563 (2564); *Kindhäuser/Schramm*, BT 1, § 51 Rn. 28; L-Kühl/*Kühl*, § 258 Rn. 16; NK-*Altenhain*, § 258 Rn. 72; *Wessels/Hettinger/Engländer*, BT 1, Rn. 716.
[2936] BGHSt 43, 356.
[2937] *Gubitz/Wolters*, NJW 1999, 764; NK-*Altenhain*, § 258 Rn. 70; *Rengier*, BT 1, § 21 Rn. 24.
[2938] BGHSt 43, 356 (358 f.).
[2939] S. o. Rn. 1098.
[2940] A/W/H/H-*Heinrich*, § 26 Rn. 15.
[2941] *Fischer*, § 258 Rn. 39; M/R-*Dietmeier*, § 258 Rn. 38; *Rengier*, BT 1, § 21 Rn. 25.

det aus, da der Gesetzgeber sich insoweit gerade nicht an dem Vorbild des § 35 orientiert hat[2942]. Sofern sich die Begünstigung eines Angehörigen aber nur dadurch erreichen lässt, dass auch ein Nichtangehöriger – etwa ein Mittäter – zugleich begünstigt wird, bleibt Abs. 6 anwendbar. Nicht anders als bei Absatz 5 werden tateinheitlich verwirklichte Delikte nicht miterfasst[2943].

> **Bsp.:** V erzählt seiner Schwester T, dass er eine Bank überfallen hat und bittet sie um Hilfe. T stiftet ihren Freund F dazu an, bei der Polizei auszusagen, dass F und V zur fraglichen Zeit das Auto der T repariert hätten. – F ist nach § 258 strafbar; für T sind hingegen §§ 258, 26 zu verneinen, da Absatz 6 den Teilnehmer einer Strafvereitelung zugunsten seines Angehörigen straffrei lässt.

Streitig ist, ob es für die Anwendung des Absatz 6 auf die **objektive Sachlage oder das Vorstellungsbild des Täters** ankommt. Für eine objektive Beurteilung wird angeführt, dass persönliche Strafausschließungsgründe jenseits von Unrecht und Schuld stehen und vom Vorsatz des Täters nicht erfasst sein müssen[2944]. Auch kann man sagen, dass Absatz 6 anders als Absatz 5 („vereiteln will") objektiv formuliert ist. Die Gegenansicht lässt mit Recht genügen, dass der Täter nur irrig annimmt, er begünstige einen Angehörigen[2945]. Dies folgt aus dem notstandsähnlichen Charakter der Norm und mit Blick auf Absatz 5, bei dem es ebenfalls auf die Tätervorstellung ankommt.

1128

> **Bsp.:** T hat aufgrund seiner unzähligen Liebesgeschichten im Laufe seines Lebens den Überblick über Frauen und Kinder verloren. Eines Abends sitzt er in seiner Stammkneipe an der Bar, als eine hübsche Frau das Lokal betritt, sich zu ihm setzt und ihn im Falle des Erscheinens der Polizei um ein Alibi bittet. T erfüllt ihr diesen Wunsch gerne. Später erfährt er, dass die schöne Unbekannte seine Tochter ist, die er seit über zwanzig Jahren nicht mehr gesehen hat. – Absatz 6 greift nur zugunsten des T ein, wenn die objektive Lage maßgeblich ist.

VI. Konkurrenz zu § 145d

Kann die Tat nach § 258 wegen Absatz 5 oder Absatz 6 nicht bestraft werden, so stellt sich die Frage, ob eine Bestrafung nach § 145d im Falle seiner Verwirklichung möglich ist. § 145d ist grundsätzlich gegenüber § 258 (und § 258a) formell subsidiär. Dies gilt jedoch richtigerweise nur, wenn eine Bestrafung nach § 258 überhaupt möglich ist. Im Übrigen lassen sich angesichts der unterschiedlichen Schutzrichtung der Delikte die Privilegien nicht auf § 145d übertragen[2946].

1129

VII. Qualifikation: Strafvereitelung im Amt, § 258a

1. Amtsträgereigenschaft

§ 258a stellt eine Qualifikation zu § 258 dar. Zu beachten ist, dass § 258 Abs. 3 und Abs. 6 gemäß § 258a Abs. 3 nicht anwendbar sind. Es handelt sich um ein

1130

[2942] MünchKomm-*Cramer*, § 258 Rn. 55; NK-*Altenhain*, § 258 Rn. 74; *Schönke/Schröder/Hecker*, § 258 Rn. 41; a. A. *Maurach/Schroeder/Maiwald*, BT 2, § 100 Rn. 24.
[2943] NK-*Altenhain*, § 258 Rn. 75.
[2944] BGHSt 23, 281 (283); B/W/M/E-*Mitsch*, § 19 Rn. 13; LK-*Walter*, § 258 Rn. 137; SSW-*Jahn*, § 258 Rn. 52.
[2945] *Fischer*, § 258 Rn. 39; L-Kühl/*Kühl*, § 258 Rn. 17; *Schönke/Schröder/Hecker*, § 258 Rn. 41; *Warda*, Jura 1979, 286 (292 ff.).
[2946] BayObLG NJW 1978, 2563, zu § 258 Abs. 5; OLG Celle NJW 1980, 2205, zu § 258 Abs. 6; s. auch *Eisele*, BT 1, Rn. 1500.

unechtes Amtsdelikt, da die Amtsträgereigenschaft die Strafe nicht begründet (echtes Amtsdelikt), sondern nur schärft. Die Amtsträgereigenschaft ist ein besonderes persönliches Merkmal, für das § 28 Abs. 2 gilt[2947]. Taugliche Täter sind aber nur Amtsträger (z. B. Strafrichter, Staatsanwälte, Polizeibeamte), die zur Mitwirkung am konkreten Verfahren berufen sind[2948]. Die bloße Eigenschaft als Strafverfolgungsbeamter genügt daher nicht; wer in keinerlei Beziehung zum Fall steht, erfüllt dieses Merkmal nicht[2949]. Andererseits ist nicht erforderlich, dass ein Ermittlungsverfahren schon eingeleitet ist[2950].

> **Bsp. (1):** Polizist T vom Polizeirevier gewährt einem alten Schulfreund aus dem 80 km entfernten Schwäbisch Gmünd nach einer Straftat Unterschlupf. Mit der Strafverfolgung in dieser Sache hat er nichts zu tun. – T ist nur nach § 258 Abs. 1 strafbar; die Qualifikation des § 258a ist nicht verwirklicht, weil T nicht zur Mitwirkung am Strafverfahren berufen ist.
>
> **Bsp. (2):** Staatsanwalt T heftet belastendes Material zugunsten einer Freundin aus der Ermittlungsakte. Seine Sekretärin S hilft ihm bei der Beseitigung, indem sie die Blätter in den Aktenvernichter steckt. – T verwirklicht §§ 258, 258a; da S nicht Amtsträger ist, macht sie sich nach §§ 258, 27 strafbar.

2. Unterlassen

1131 Bei Nichtverfolgung einer Straftat ist hinsichtlich eines unechten Unterlassungsdelikts sorgfältig zu prüfen, ob der Amtsträger Garant i. S. d. § 13 ist.

1132 a) Für die Garantenstellung genügen jedoch nicht alle öffentlich-rechtlichen Pflichten, die mit einem Amt verbunden sind. Aufgrund des Legalitätsprinzips (§§ 152 Abs. 2, 159, 160, 163 StPO) sind aber Staatsanwälte und Polizisten zur Strafverfolgung verpflichtet[2951]. Eine Garantenpflicht zum Handeln besteht unbestritten für die **Kenntniserlangung von Straftaten während des Dienstes**.

1133 b) Umstritten ist dagegen, inwiefern eine **außerdienstliche Kenntniserlangung** einer Straftat den Beamten verpflichtet, Anzeige zu erstatten bzw. einzuschreiten. Teilweise wird eine Pflicht zum Einschreiten generell mit der beachtlichen Begründung abgelehnt, dass auch einem Beamten im Privaten ein Freiraum verbleiben muss[2952]. Freilich überzeugt dies bei schweren Straftaten – wie etwa Tötungsdelikten – nicht. Die h. M. geht davon aus, dass das Interesse des Beamten an seiner Privatsphäre und das öffentliche Interesse an der Strafverfolgung gegeneinander abgewogen werden müssen[2953]. Überwiegt das öffentliche Interesse nach Art oder Umfang der Straftat, so besteht eine Pflicht zur Anzeige bzw. zum Einschreiten. Das ist bei den in § 138 genannten Straftaten sowie anderen schweren Delikten, wie z. B. schweren Körperverletzungen, erheblichen Straftaten gegen die Umwelt, Delikten mit hohem wirtschaftlichen Schaden oder besonderem Unrechtsgehalt der Fall[2954]. Der BGH verlangt nunmehr jedoch mit Recht zusätzlich,

---

2947 *Fischer*, § 258a Rn. 1; *Otto*, BT, § 96 Rn. 20.
2948 Zur Bedeutung von Verwaltungsvorschriften als Grundlage der Handlungspflicht vgl. *Bechtel*, NStZ 2020, 382 ff.
2949 SSW-*Jahn*, § 258 Rn. 5 ff.; *Rengier*, BT 1, § 21 Rn. 43.
2950 BGH MDR/H 1980, 630; *Schönke/Schröder/Hecker*, § 258a Rn. 3.
2951 BGHSt 43, 82 (84 f.); MünchKomm-*Cramer*, § 258 Rn. 5.
2952 *Krause*, GA 1964, 110 (118); *Laubenthal*, JuS 1993, 907 (912); *Mitsch*, NStZ 1993, 384 (385).
2953 BGHSt 38, 388 (391 f.); *Rengier*, BT 1, § 21 Rn. 45; *Schönke/Schröder/Hecker*, § 258a Rn. 11.
2954 Vgl. BGHSt 38, 388 (391 f.).

dass das privat erlangte Wissen auch in den Dienst mitgenommen wird[2955]. Dies ist insbesondere bei Dauerdelikten der Fall, die bis in den Dienst fortwirken.

> **Bsp. (1):** Polizist T erfährt am Wochenende von einer Freiheitsberaubung eines Kindes, die schon seit Wochen andauert (Verbrechen nach § 239 Abs. 1, Abs. 3 Nr. 1). Er unternimmt nichts. – Am Wochenende besteht für T keine Handlungspflicht; er macht sich jedoch nach §§ 258, 258a, 13 strafbar, wenn er bei Aufnahme seines Dienstes am Montag nicht handelt, obgleich die Freiheitsberaubung weiter andauert.
>
> **Bsp. (2):**[2956] Polizist T ist an die Fachhochschule abgeordnet. Bei einem Stadtbummel begegnet er dem – wegen des dringenden Verdachts eines Betäubungsmittelverbrechens – mit Haftbefehl gesuchten V. V berichtet T während eines Glases Bier in einem Lokal, dass es ihm gelungen sei, aus der „wegen einer Haschischsache" angeordneten Untersuchungshaft zu fliehen. Als es in dem Lokal zu einer Auseinandersetzung zwischen einem Gast und einem Bediensteten kommt und der Gastwirt deswegen die Polizei benachrichtigt, flieht V. T unternimmt nichts, um ihn festnehmen zu lassen. – §§ 258, 258a, 13 scheiden hier aus, weil T eine unverzügliche Festnahme außerhalb des Dienstes nicht vornehmen musste; selbst wenn er das Wissen später mit in den Dienst genommen hat, so war ihm zu diesem Zeitpunkt ein Handeln nicht mehr möglich.
>
> **Beachte:** Entsprechend wird die Frage diskutiert, ob sich der Amtsträger, der nicht einschreitet, auch wegen Beteiligung – insbesondere Beihilfe – durch Unterlassen an der Straftat des Dritten strafbar machen kann[2957].

c) Bei Unterlassungstaten ist allerdings zu beachten, dass dem Amtsträger ein Handeln auch **zumutbar** sein muss, weil anderenfalls die Schuld ausgeschlossen ist[2958]. Dies kann insbesondere problematisch sein, wenn der Beamte gegen einen Angehörigen vorgehen soll. Aus der gesetzlichen Anordnung in Absatz 3, dass das Angehörigenprivileg des § 258 Abs. 6 nicht anwendbar ist, folgt indessen, dass die Belange der Allgemeinheit grundsätzlich Vorrang haben und daher die Grenzen der Zumutbarkeit nur selten erreicht werden dürften.

§ 46 Hehlerei, § 259

Einführende Aufsätze: *Bosch*, Strafgrund und kriminalpolitische Funktion des Hehlereitatbestands, Jura 2019, 826; *Geppert*, Zum Verhältnis von Täterschaft und Teilnahme an der Vortat und bei anschließender Hehlerei (§ 259 StGB), Jura 1994, 100; *Jahn/Palm*, Die Anschlussdelikte – Begünstigung (§ 259 – 260a StGB), JuS 2009, 501; *Kudlich*, Neuere Probleme bei der Hehlerei, JA 2002, 672; *Mitsch*, „Verschaffen" als Merkmal des Straftatbestandes, JA 2020, 32; *Otto*, Zueignung und derivativer Erwerb, Jura 2005, 100; *Rose*, Die Anforderungen an die Vortat der Hehlerei – Auswirkungen der Eigentums- und Besitzlage des Vortäters, JR 2006, 109; *Stoffers*, Die entgeltliche Rückveräußerung einer gestohlenen Sache an den Eigentümer durch einen Dritten, Jura 1995, 113; *Wagner*, Zum Merkmal des „Sichverschaffens" bei der Hehlerei, ZJS 2010, 17. Zöller/Frohn, Zehn Grundprobleme des Hehlereitatbestandes (§ 259 StGB), Jura 1999, 378.

Übungsfälle: *Beulke/Zimmermann* II, Fall 6: Trau Schau Wem, S. 122; *Beulke* III, Fall 7: Alles im Eimer, S. 219; *Bock*, BT, Fall 13: Novosol und AgroInvest, S. 419; *Dudenbostel*, Examensklausur Strafrecht: „Der Referendar, die Liebe und das Geld", JSE 2012, 45; *Geisler/Meyer*, Goldkette und Amulett, Jura 2010, 388; *Gössel*, Fall 8: Von gefährlichen Zeugen, schlechten

---

[2955] BGHSt 38, 388 (391 f.); BGH NStZ 2000, 147; OLG Koblenz NStZ-RR 1998, 332.
[2956] Nach OLG Koblenz NStZ-RR 1998, 332.
[2957] Dazu BGHSt 38, 388 (391 ff.); *Rengier*, BT 1, § 21 Rn. 46.
[2958] S. B/W/M/E-*Eisele*, § 18 Rn. 76 ff.; *Rengier*, AT, § 49 Rn. 47; *Wessels/Beulke/Satzger*, AT, Rn. 1217; bereits für einen Ausschluss des Tatbestandes *Heinrich*, AT, Rn. 904.

Sternen und echten Antiquitäten, S. 140; *Gropp/Küpper/Mitsch*, Fall 17: Sauberes Geld, S. 305; *Hilgendorf*, Fallsammlung, Fall 16: Die Münzsammlung, S. 129; *Jäger*, Der Hochstapler, JA 2007, 604; *Kinzig/Luczak*, Verscherbeln, Abzocken und andere Geschäfte, Jura 2002, 493; *Kühl/Brutscher*, Die reparierte Stereoanlage, JuS 2011, 335; *Marxen*, Fall 33c: Briefmarken-Fall, S. 404, Fall 33d: Rotwein-Fall, S. 406; *Mitsch*, Die wertvolle Uhr, JuS 1999, 372; *Otto/Bosch*, Reinecke Fuchs und Hase, S. 334; *Park*, Das Revierderby, JuS 1999, 887.

Rechtsprechung: BGHSt 7, 134 – Teilnehmer (Hehlerei trotz Teilnahme an der Vortat); **BGHSt 26, 358** – Absatzhilfe (Erfordernis eines Absatzerfolges); **BGHSt 27, 45** – Ölgemälde (Erfordernis eines Absatzerfolges); **BGHSt 35, 172** – Scheckformulare (Mitverfügungsgewalt als Sich-Verschaffen; **BGHSt 42, 196** – Drohung (Abgeleiteter Erwerb bei Nötigung); **BGHSt 43, 110** – V-Mann (Absatzerfolg bei Lieferung an einen verdeckten Ermittler); **BGHSt 59, 40** – Gemälde (Absatzerfolg als Voraussetzung des Absetzens); **BGHSt 62, 164** – Fahrzeuge (Zulässigkeit der Wahlfeststellung; **BGHSt 63, 228** – Baustelle (Absatzerfolg als Voraussetzung der Absatzhilfe); **BGHSt 63, 274** – Kfz (Abgeleiteter Erwerb bei Täuschung); **BGH NStZ 1995, 595** – PKW (Vortäter als „Dritter" bei Bereicherungsabsicht).

I. Geschütztes Rechtsgut und Systematik

Geschütztes Rechtsgut der Hehlerei ist das **Vermögen**, ohne dass hierbei ein Schaden eintreten muss[2959]. Das Vermögensgefährdungsdelikt bestraft die Aufrechterhaltung und die Vertiefung des durch die Vortat eingetretenen rechtswidrigen Zustandes durch einverständliches Zusammenwirken mit dem Vortäter (Perpetuierungstheorie)[2960]. Durch Pönalisierung der Besitzübernahme soll zudem der „Markt" für die Abnahme der Beute ausgetrocknet werden. Damit soll der Vortäter „isoliert" werden und mangels Absatzmöglichkeit der Anreiz für die Begehung von Straftaten genommen werden[2961]. Der Versuch ist nach Absatz 3 strafbar[2962]. Die Tat wird qualifiziert nach § 260 und § 260a (Verbrechen).

II. Aufbauschema

1. Tatbestand
   a) Objektiver Tatbestand
      aa) Sache, die ein anderer durch eine rechtswidrige Vortat erlangt hat
      bb) Einvernehmliches Zusammenwirken zwischen Vortäter und Hehler
         (1) Ankaufen, Sichverschaffen, einem Dritten Verschaffen
         (2) Absetzen, Absatzhilfe
   b) Subjektiver Tatbestand
      aa) Vorsatz
      bb) Eigen- oder Drittbereicherungsabsicht

2. Rechtswidrigkeit

2959 BGH NJW 1978, 710; LK-*Walter*, § 259 Rn. 2; NK-*Altenhain*, § 259 Rn. 3; *Schönke/Schröder/Hecker*, § 259 Rn. 1.
2960 BGHSt 7, 134 (137); *Fischer*, § 259 Rn. 2; *Wessels/Hillenkamp/Schuhr*, BT 2, Rn. 823.
2961 BGHSt 42, 196 (198); *Mitsch*, BT 2, 13.1.1; MünchKomm-*Maier*, § 259 Rn. 3; dagegen aber NK-*Altenhain*, § 259 Rn. 3.
2962 Speziell zum unmittelbaren Ansetzen OLG Köln StraFo 2017, 428 f.

3. Schuld

4. Strafantrag, § 259 Abs. 2 i. V. m. §§ 247, 248a

5. Qualifikationen
   a) § 260: Gewerbsmäßige Hehlerei (Abs. 1 Nr. 1); Bandenhehlerei (Abs. 1 Nr. 2)
   b) § 260a: Gewerbsmäßige Bandenhehlerei

III. Tatbestand

1. Objektiver Tatbestand

Tatobjekt muss eine Sache sein, die ein anderer gestohlen oder sonst durch eine gegen fremdes Vermögen gerichtete rechtswidrige Vortat erlangt hat.

a) Als **rechtswidrige Vortat** (§ 11 Abs. 1 Nr. 5) kommen neben Vermögensdelikten auch andere Delikte wie Pfandkehr (§ 289), Urkundenfälschung (§ 267) oder Nötigung (§ 240) in Betracht[2963]. Entscheidend ist, dass die Straftat unter Verletzung fremder Vermögensinteressen begangen wird und eine rechtswidrige Besitzlage entsteht[2964].

> **Bsp.:**[2965] Eigentümer E veräußert seinen Sportwagen günstig an T, der diesen seinerseits gewinnbringend verkaufen kann; E möchte seinen Wagen sodann bei der Versicherung als gestohlen melden. – T begeht keine Hehlerei, soweit als Vortat ein Versicherungsmissbrauch nach § 265 vorliegt. Da E als Eigentümer als Berechtigter verfügt hat, entsteht – ungeachtet der auf eine Straftat gerichteten Absicht – keine rechtswidrige Besitzlage[2966].

Die Feststellung einer bestimmten Vortat ist nicht notwendig, solange nur sicher ist, dass überhaupt eine taugliche Vortat der Hehlerei vorliegt. Nach h. M. muss die Vortat nicht schuldhaft begangen worden sein[2967]. Auch ist es unerheblich, ob der Vortat ein Verfolgungshindernis – wie Verjährung oder ein fehlender Strafantrag – entgegensteht[2968].

aa) Die rechtswidrige Vortat muss von **einem anderen** begangen worden sein. Der Alleintäter oder mittelbare Täter der Vortat ist kein tauglicher Täter der Hehlerei[2969]; ebenso der Mittäter, da diesem die Tatbeiträge und die Erlangung der Beute zuzurechnen sind[2970]. Im Ergebnis gilt dies auch dann, wenn sich der Vortäter nur als Teilnehmer an der Hehlerei eines Dritten beteiligt. Streitig ist nur, ob bereits der Tatbestand zu verneinen ist[2971] oder die Teilnahme des Vortäters eine straflose Nachtat darstellt[2972].

2963 *Otto*, BT, § 56 Rn. 5 ff.; *Wessels/Hillenkamp/Schuhr*, BT 2, Rn. 829.
2964 BayObLG JR 1980, 299; *Schönke/Schröder/Hecker*, § 259 Rn. 7 f.
2965 BGH StraFo 2012, 369.
2966 BGH NStZ 2005, 447 (448); BGH StraFo 2012, 369.
2967 BGHSt 1, 47 (50); BGHSt 4, 76 (78); A/W/H/H-*Heinrich*, § 28 Rn. 9; SSW-*Jahn*, § 259 Rn. 7; *Wessels/Hillenkamp/Schuhr*, BT 2, Rn. 831.
2968 M/R-*Dietmeier*, § 259 Rn. 5; *Schönke/Schröder/Hecker*, § 259 Rn. 11.
2969 BGHSt 5, 378 (379); BGHSt 7, 134 (137); *Zöller/Frohn*, Jura 1999, 378 (380).
2970 BGHSt 5, 378 (379); BGHSt 7, 134 (137); *Rengier*, BT 1, § 22 Rn. 13.
2971 *Miehe*, StV 1997, 247 (249); *Rengier*, BT 1, § 22 Rn. 71.
2972 BayObLG NJW 1958, 1597; *Geppert*, Jura 1994, 100 (103); L-*Kühl/Kühl*, § 259 Rn. 18; *Schönke/Schröder/Hecker*, § 259 Rn. 52.

Bsp.: Vortäter V überlässt den gestohlenen Schmuck dem H, der diesen eigenständig für V auf dessen Rechnung veräußern soll. V nennt dem H für den Verkauf Adressen potentieller „Kunden". H veräußert den Schmuck an eine dieser Personen und lässt dem V den Kaufpreis zukommen. – H macht sich nach § 259 strafbar, weil er den Schmuck, den V als „anderer" aus einer Vortat erlangt hat, für V absetzt, d. h. die Sache eigenständig auf Rechnung des Vortäters veräußert; ein Sichverschaffen liegt hingegen nicht vor, weil H die Sache vom Vortäter nicht zu eigener Verfügungsgewalt erhält[2973]. Vortäter V kommt als Täter des § 259 von vornherein nicht in Betracht. Was eine Beihilfe anbelangt, so ist diese grundsätzlich möglich; zwar könnte man – nicht anders als bei Täterschaft – bereits den Tatbestand verneinen, weil die Teilnahme einen geringeren Unrechtsgehalt aufweist; jedoch muss man sehen, dass hier ein Dritter den Tatbestand des § 259 und damit zusätzliches Unrecht verwirklicht und der Gehilfe akzessorisch haftet. Daher spricht mehr für die Annahme einer im Wege der Gesetzeskonkurrenz zurücktretenden mitbestraften Nachtat.

1140 bb) Streitig ist, ob sich ein **Teilnehmer der Vortat** nach § 259 strafbar machen kann. Dies wird teilweise verneint, weil gegenüber der Beteiligung an der Vortat kein neuer Unrechtsgehalt hinzukommt[2974]. Dagegen führt die h. M. an, dass der Vortatteilnehmer die Herstellung der rechtswidrigen Vermögenslage nicht durchführt, sondern nur unterstützt. Damit ist aber die Vortat für ihn als fremd einzustufen, so dass die spätere Verschiebung der Deliktsbeute vom Vortäter auf den Teilnehmer neues Unrecht darstellt[2975]. Dies gilt auch dann, wenn die Vortatbeteiligung von vornherein darauf abzielte, die Beute oder Beuteteile zu eigenen Zwecken zu erlangen. Vortatbeteiligung und § 259 stehen daher in Tatmehrheit, § 53[2976].

1141 cc) Die Hehlerei setzt voraus, dass der **Vortäter die Sache erlangt** hat. Die Vortat muss daher schon vollendet sein oder der Vortäter jedenfalls bereits im Versuchsstadium den Besitz erlangt haben[2977]. Problematisch sind Konstellationen, in denen Vortat und Hehlerei in einem Akt zusammenfallen, was insbesondere bei einer Unterschlagung als Vortat der Fall sein kann.

Bsp.:[2978] T hat sich von O eine alte Schallplatte ausgeliehen. H entdeckt diese bei einem Besuch und ist begeistert, da er selbst alte Platten sammelt. T erzählt zwar, dass die Platte nur geliehen ist, kann aber angesichts des guten Angebots von H nicht widerstehen und verkauft die Platte. – T verwirklicht mit Übergabe der Platte eine veruntreuende Unterschlagung nach § 246 Abs. 2, weil er sich in diesem Moment die Sache zueignet. Mit derselben Handlung erlangt aber auch H die Verfügungsgewalt über die Sache.

1142 Nach einer Ansicht genügt es für § 259, dass die Übertragung der Sache für den Vortäter die rechtswidrige Tat begründet, die Vortat also erst durch die Verfügung zugunsten des Hehlers begangen wird[2979]. Dafür wird vor allem angeführt, dass ansonsten die Anwendbarkeit des § 259 von Zufälligkeiten des konkreten Tatablaufs abhängt. Die h. M. verlangt hingegen mit Recht zumindest eine „logische"

2973 Zu den Tathandlungen sogleich u. Rn. 1148.
2974 *Seelmann*, JuS 1988, 39 (42); diff. OLG München NStZ-RR 2006, 371, wonach es darauf ankommen soll, ob der Vortäter später aus freier Entscheidung die Beute überträgt, ohne dass durch die Beteiligung an der Vortat ein Anrecht auf die Beute erworben wurde.
2975 BGHSt 7, 134 (138); BGHSt 22, 206 (208); BGHSt 33, 50 (52); BGH StraFo 2012, 369 (370); *Berz*, Jura 1980, 57 (67); NK-*Altenhain*, § 259 Rn. 6; *Schönke/Schröder/Hecker*, § 259 Rn. 51.
2976 BGH NStZ 2002, 200 (201).
2977 BGH StV 1996, 81 (82); BGH NStZ-RR 2011, 245 (246).
2978 Ausf. zu diesem Beispiel *Mitsch*, BT 2, 13.2.1.2.3.
2979 *Otto*, Jura 1985, 151 f.; L-Kühl/*Kühl*, § 259 Rn. 6.

Sekunde zwischen beiden Taten[2980]. Die deliktische Sacherlangung muss nach dem Wortlaut „erlangt hat" rechtlich und zeitlich abgeschlossen sein, bevor die Hehlerei beginnt. Eine Beendigung der Vortat ist aber nicht notwendig.

b) Erfasst werden nur **Sachen**, nicht aber Forderungen, sonstige Rechte oder wirtschaftliche Werte; bei Letzteren ist jedoch an Geldwäsche gemäß § 261 zu denken, wenn eine Katalogtat nach § 261 Abs. 1 Satz 2 verwirklicht wird. Unter § 259 fallen aber Gegenstände, die ein Recht verkörpern, wie z. B. Sparbücher, Schuldscheine, Fahrkarten oder Theaterkarten[2981].

aa) Das Hehlereiobjekt muss weder eine fremde noch eine bewegliche Sache sein, so dass auch herrenlose und eigene Sachen (z. B. bei Pfandkehr nach § 289 als Vortat) sowie unbewegliche Sachen den Tatbestand begründen können[2982]. Die Sache muss im Zeitpunkt der Hehlerei noch „bemakelt" sein, durch die Hehlerei muss also die **rechtswidrige Vermögenslage fortbestehen**. Die Bemakelung endet, sobald ein unanfechtbarer Eigentumserwerb eintritt und lebt auch später nicht wieder auf, wenn die Sache erneut übertragen wird und der Erwerber die ursprüngliche Bemakelung kennt[2983].

> **Hinweis zur Fallbearbeitung:** Soweit verschiedene Hehlereiobjekte in Betracht kommen, die im Laufe des Sachverhalts einen unterschiedlichen „Weg" nehmen, sind diese getrennt zu prüfen.

bb) Eine Hehlerei kommt nur an demjenigen Tatobjekt in Betracht, das der Vortäter aus der Vortat erlangt hat. Dafür spricht schon der Wortlaut, wonach sich die Tathandlungen „ankauft" usw. auf die erlangte Sache beziehen. Im Übrigen kann sich auch der rechtswidrige Zustand, der durch die Tat perpetuiert wird, nur auf das aus der Vortat stammende Objekt beziehen. Die sog. **Ersatzhehlerei** an anderen Gegenständen wird demnach von § 259 nicht erfasst, da sich die Bemakelung an Surrogaten nicht fortsetzt[2984]. Keine körperliche Identität besteht etwa, wenn der aus der Vortat stammende Gegenstand umgetauscht, gegen Geld veräußert oder nur ein entsprechender Geldbetrag überwiesen wird[2985].

> **Bsp.:** V hat 100 € gestohlen. Mit diesen bezahlt er seiner Freundin, die die Herkunft des Geldes kennt, im Geschäft des G ein Paar lang ersehnte Schuhe. – Vortat des V ist § 242. § 263 zu Lasten des G scheidet aus, weil dieser gemäß §§ 929, 932 Eigentum erwirbt; § 935 Abs. 1 ist nach Absatz 2 bei Geld nicht anwendbar. Im Übrigen ist auch bei gutgläubigem Erwerb richtigerweise ein Vermögensschaden zu verneinen[2986]. Bei H scheidet § 259 in Form des Sichverschaffens aus, weil sie das Geld nicht erlangt hat und die Schuhe aus keiner rechtswidrigen Vortat stammen.

Anderes gilt jedoch, wenn der Täter die aus dem Weiterveräußerungsgeschäft stammende Ersatzsache **erneut durch eine Straftat erlangt**, die gegen fremdes Vermögen gerichtet ist.

> **Bsp. (1):**[2987] V entwendet das schicke Citybike des O und versteigert es im Internet bei ebay an den gutgläubigen K. K holt das Rad bei V ab und übergibt 250 € in bar. V gibt

---

[2980] BGHSt 13, 403 (405); BGH NStZ 2012, 700; BGH NJW 2012, 3736; *Geppert*, Jura 1994, 100; *Rengier*, BT 1, § 22 Rn. 15, 22; *Wessels/Hillenkamp/Schuhr*, BT 2, Rn. 833.
[2981] OLG Düsseldorf NJW 1990, 1492 (1493); *Rengier*, BT 1, § 22 Rn. 23.
[2982] *Mitsch*, BT 2, 13.2.1.3.2 u. 13.2.1.3.3; *Wessels/Hillenkamp/Schuhr*, BT 2, Rn. 827.
[2983] MünchKomm-*Maier*, § 259 Rn. 59 ff.; *Wessels/Hillenkamp/Schuhr*, BT 2, Rn. 840.
[2984] BGH NJW 1969, 1260; NStZ-RR 2019, 379; *Fischer*, § 259 Rn. 7 f.; L-Kühl/*Kühl*, § 259 Rn. 8.
[2985] BGH NStZ-RR 2019, 379.
[2986] Näher o. Rn. 612.
[2987] Vgl. dazu A/W/H/H-*Heinrich*, § 28 Rn. 6; *Rengier*, BT 1, § 22 Rn. 28.

das Geld seiner Frau H, damit diese sich ein Handtäschchen kaufen kann. H ist über die Vorgeschichte im Bilde. – Hinsichtlich des Diebstahls am Fahrrad stellt das Geld lediglich eine Ersatzsache dar, weil V dieses nicht durch den Diebstahl erlangt hat. Jedoch liegt zu Lasten des K ein Betrug nach § 263 vor, da dieser über die Eigentümerstellung getäuscht wird und aufgrund § 935 Abs. 1 BGB kein Eigentum erwerben kann; die Ausnahme des § 935 Abs. 2 BGB greift nicht ein, weil eine Versteigerung über ebay keine öffentliche Versteigerung ist; im Gegenzug hat K den Kaufpreis bezahlt, so dass er einen Vermögensschaden erleidet. Weil das Geld damit aus einer rechtswidrigen Vortat nach § 263 stammt, hat sich H nach § 259 in der Variante des Sichverschaffens strafbar gemacht.

Bsp. (2): Wie Bsp. 1, jedoch überweist K den Geldbetrag an V; V überweist das Geld an H, die damit ihre Einkäufe mit der ec-Karte zahlt. – Nunmehr scheidet § 259 aus, da Buchgeld kein taugliches Tatobjekt ist[2988]. Bei Katalogtaten nach § 261 Abs. 1 Satz 2 ist jedoch an § 261 Abs. 2 Nr. 1 (Sichverschaffen) zu denken.

1147 Streitig sind Fälle, in denen der Vortäter aus der Vortat Geld erlangt, das dann später gewechselt wird. Hier soll nach einer Ansicht eine **Ersatzhehlerei am Wechselgeld** möglich sein[2989]. Geld sei als Wertträger anzusehen und daher liege eine Hehlerei bereits dann vor, wenn der Täter sich einen Teil der Wertsumme verschaffe, die ein anderer gestohlen oder durch eine sonstige Vermögensstraftat erlangt habe. Dem tritt die h. M. zu Recht entgegen[2990]. Wenn man Geld lediglich als Wertsumme begreift, so müsste § 259 schon mangels Sachqualität verneint werden[2991]. Anders als § 261 knüpft § 259 die Strafbarkeit im Übrigen allein an die bemakelte Sache; eine abweichende Auslegung gerät daher mit Art. 103 Abs. 2 GG in Konflikt[2992].

Bsp.:[2993] D entwendet von O einen 100 €-Schein. Um keinen Ärger mit einem „großen Schein" zu bekommen, lässt er den Schein in zwei 50 €-Scheine wechseln. Einen der Scheine schenkt er seiner Frau H, die in alles eingeweiht ist. – Problematisch ist allein, dass der 50 €-Schein, den H erhält, nicht aus dem Diebstahl stammt. Auch § 263 zu Lasten der Bank scheidet aus, da diese am 100 €-Schein nach §§ 929, 932 BGB gutgläubig Eigentum erworben hat; das Abhandenkommen steht dem bei Geld nach § 935 Abs. 2 BGB nicht entgegen. Lehnt man den Wertsummengedanken mit der h. M. ab, so ist § 259 zu verneinen.

1148 c) Die **Tathandlungen der Hehlerei** lassen sich in zwei Gruppen unterteilen. Handelt der Hehler zu eigenen Gunsten oder zugunsten eines Dritten, so liegt ein Ankaufen, Sichverschaffen oder einem Dritten Verschaffen vor. Handelt der Täter dagegen zu Zwecken des Vortäters, so liegt bei einer selbstständigen Unterstützung des Vortäters ein Absetzen, bei einer unselbstständigen Unterstützung Absatzhilfe vor.

1149 aa) Allen Varianten ist gemeinsam, dass ein **einvernehmliches Zusammenwirken zwischen Vortäter bzw. Vorbesitzer und Hehler**, d. h. ein abgeleiteter (derivativer) Erwerb der Beute gegeben sein muss[2994]. Der Vortäter muss sein Einverständnis dabei nicht ausdrücklich erklären; richtigerweise genügt sogar ein

---

[2988] A/W/H/H-*Heinrich*, § 28 Rn. 7.
[2989] *Meyer*, MDR 1970, 377 (379); *Rudolphi*, JA 1981, 1 (4).
[2990] *Rengier*, BT 1, § 22 Rn. 27; SSW-*Jahn*, § 259 Rn. 15; *Wessels/Hillenkamp/Schuhr*, BT 2, Rn. 836.
[2991] A/W/H/H-*Heinrich*, § 28 Rn. 6 f.; *Krey/Hellmann/Heinrich*, BT 2, Rn. 857; *Otto*, BT, § 58 Rn. 10; *Rengier*, BT 1, § 22 Rn. 27.
[2992] *Krey/Hellmann/Heinrich*, BT 2, Rn. 857; NK-*Altenhain*, § 259 Rn. 14.
[2993] S. *Rengier*, BT 1, § 22 Rn. 27.
[2994] BGHSt 7, 134 (137); *Krey/Hellmann/Heinrich*, BT 2, Rn. 873; *Rengier*, BT 1, § 22 Rn. 32.

mutmaßliches Einverständnis, weil die Kette zum rechtswidrigen Vorbesitz nicht vollständig unterbrochen wird[2995]. Bei mehreren Vortätern genügt die Erklärung eines Mittäters[2996]. Dagegen scheidet § 259 aus, wenn die Sache dem Vortäter eigenmächtig mittels Diebstahls oder Raubes weggenommen wird; §§ 242, 249 sind dann allerdings wiederum geeignete Vortaten für weitere Anschlussdelikte.

1150 (1) Umstritten sind Fälle, in denen die Beute durch **Betrug** (**§ 263**), **Erpressung** (**§§ 253, 255**) **oder Nötigung** (**§ 240**) unter Mitwirkung des Vortäters erlangt wird.

> Bsp.: V überlässt dem T das Diebesgut, weil dieser ihm mit Strafanzeige droht. – Die Strafbarkeit des T nach § 253 hängt davon ab, ob der deliktisch erlangte Besitz zum strafrechtlich geschützten Vermögen gehört; verneint man dies[2997], so verbleibt eine Strafbarkeit nach § 240. Hinsichtlich § 259 ist problematisch, dass V die Beute dem T nicht frei von Willensmängeln überlässt.

1151 Fraglich ist, ob auch ein faktisches Zusammenwirken genügt, so dass die Entscheidung des Vortäters nicht frei von Willensmängeln sein muss[2998]. Dies ist jedenfalls in Fällen von **Drohung und Zwang** zu verneinen, weil das Unrecht der Tat bereits von den Straftatbeständen hinreichend erfasst wird, die bei Erlangung der Beute verwirklicht werden[2999]. Auch ist zu beachten, dass dem Vortäter durch § 259 der Anreiz zur Begehung von Vortaten genommen werden soll, indem der Markt für eine (sichere) Abnahme der Beute ausgetrocknet wird[3000]. Dieser Aspekt spielt aber gerade keine Rolle, wenn der Vortäter die Sache an einen Dritten mittels Drohung oder Zwang verliert. Denn durch ein solches Handeln wird dem Vortäter nicht die Sicherheit vermittelt, rechtswidrig erlangte Sachen gewinnbringend absetzen zu können und damit auch kein Anreiz zur Begehung von Vortaten geschaffen. Betont man diesen Gedanken dann kann richtigerweise für Fälle der **Täuschung** nichts anderes gelten, weil sich insoweit im Hinblick auf den Strafgrund keine Unterschiede ergeben[3001].

1152 (2) Hingegen setzt § 259 **nicht ein unmittelbares Zusammenwirken** von Vortäter und Erwerber voraus. Ein abgeleiteter Erwerb kann auch gegeben sein, wenn der Erwerber von einem gutgläubigen Vorbesitzer die Sache einverständlich übernimmt, so lange nur die rechtswidrige Besitzlage fortdauert[3002].

> Bsp.:[3003] V schenkt einen von ihm gestohlenen Ring der Tochter T der H. Die gutgläubige T legt diesen auf den Nachttisch der H in der Absicht, ihn ihr weiterzuschenken. H ist bewusst, dass es sich um Diebesgut handelt. H legt den Ring in ihre Schmuckdose und trägt ihn später. – H hat sich den Ring i. S. d. § 259 verschafft, da hierfür ein abgeleiteter Erwerb genügt; die rechtswidrige Besitzlage dauerte auch fort, da T den Ring wegen § 935 Abs. 1 BGB nicht gutgläubig erwerben konnte. Anders wäre aber zu entscheiden, wenn T von V Geld erhalten und dieses an H weitergegeben hätte; in

---

2995 SK-*Hoyer*, § 259 Rn. 35; a. A. BGH NJW 1955, 351; MünchKomm-*Maier*, § 259 Rn. 68; *Schönke/Schröder/Hecker*, § 259 Rn. 37.
2996 *Schönke/Schröder/Hecker*, § 259 Rn. 37.
2997 S. o. Rn. 610 f.
2998 So noch LK[11]-*Ruß*, § 259 Rn. 17.
2999 BGHSt 42, 196 – zur Erpressung und Nötigung.
3000 S. o. Rn. 1135.
3001 *Eidam*, NStZ 2019, 477 f.; *Jahn*, NJW 2019, 1542 f.; *Mitsch*, JA 2020, 32 ff.; *Wessels/Hillenkamp/Schuhr*, BT 2, Rn. 854; a. A. BGHSt 63, 274 (277); A/W/H/H-*Heinrich*, § 28 Rn. 12; *Fischer*, § 259 Rn. 13a; L-Kühl/*Kühl*, § 259 Rn. 10.
3002 BGHSt 15, 53 (57); OLG Düsseldorf NJW 1978, 713; L-Kühl/*Kühl*, § 259 Rn. 7; a. A. *Rengier*, BT 1, § 22 Rn. 39 f.
3003 OLG Düsseldorf NJW 1978, 713.

diesem Fall hätte T wegen § 935 Abs. 2 das Geld gutgläubig erworben, so dass vor dem Erwerb durch H der rechtswidrige Zustand beendet gewesen wäre.

1153 bb) Das **Ankaufen** ist lediglich ein Unterfall des Verschaffens; es setzt weder einen zivilrechtlichen Kaufvertrag voraus, noch ist ein solcher für sich genommen ausreichend[3004]. Im Übrigen gelten die Anforderungen des Sichverschaffens. Ein **Sichverschaffen** setzt voraus, dass der Täter die tatsächliche Verfügungsgewalt zu eigenen Zwecken im Wege des abgeleiteten Erwerbs bewusst und gewollt übernimmt[3005]. Bei mehreren Erwerbern ist es ausreichend, dass eine Mitverfügungsbefugnis erlangt wird[3006]. Ferner muss der Hehler im Rahmen einer eigentümerähnlichen **eigenen Verfügungsgewalt** unabhängig vom Willen des Vortäters über die Sache zu eigenen Zwecken verfügen können[3007]. Er muss daher den wirtschaftlichen Wert der Sache vom Vortäter übernehmen[3008]. Behält der Vortäter die Mitverfügungsgewalt, so liegt ein Sichverschaffen nur vor, wenn beide unabhängig voneinander und nicht lediglich gemeinschaftlich über die Sache verfügen dürfen[3009]. Auch die Erlangung des mittelbaren Besitzes an der Beute stellt ein Sichverschaffen dar, soweit damit eine selbstständige Verfügungsgewalt verbunden ist[3010].

> **Bsp.:** Der Vortäter schließt die Beute in ein Bahnhofsschließfach ein und übergibt dem Hehler den Schlüssel.

1154 Denkbar ist letztlich auch, dass zunächst nur der Gewahrsam an der Sache – etwa zur Verwahrung – erlangt wird und erst später die Verfügungsgewalt zu eigenen Zwecken im Einvernehmen mit dem Vortäter hergestellt wird[3011]. Soweit dagegen nur an einer Veräußerung im Interesse des Vortäters mitgewirkt wird, kommt nur ein Absetzen oder eine Absatzhilfe in Betracht. Hinsichtlich der **Drittverschaffung** gelten dieselben Grundsätze. Der Dritte muss daher die Sache im Wege eines abgeleiteten Erwerbs zur eigenen Verfügungsgewalt unmittelbar vom Vorbesitzer (sonst bereits Sichverschaffen des Hehlers) erlangen, wobei der Hehler eigenständig und weisungsunabhängig handeln muss[3012]. Die täterschaftliche Drittverschaffung ist dabei von der Beihilfe zum Sichverschaffen abzugrenzen.

> **Bsp.:** V möchte gestohlenen Schmuck an Juwelier J veräußern. Der Angestellte H wickelt in Abwesenheit des J das Geschäft ab und schließt den Schmuck in den Tresor des J. – H macht sich nach § 259 strafbar, da er dem J die Verfügungsgewalt durch eigenständiges Handeln verschafft. Nur Beihilfe zum Sichverschaffen des J (§§ 259, 27) läge hingegen vor, wenn J das Geschäft mit V im Wesentlichen selbst abwickelt und H lediglich an der Ladentheke den Schmuck für J entgegennimmt.

1155 (1) Ein Sichverschaffen ist **mangels eigener Verfügungsgewalt** zu verneinen, wenn der Täter die Sache zur sofortigen Vernichtung[3013], zum sofortigen Weiter-

---

3004 Kindhäuser/Böse, BT 2, § 48 Rn. 21.
3005 BGHSt 33, 44 (46); BGH NStZ 1995, 544; Fischer, § 259 Rn. 11 ff.; HK-Pflieger/Momsen, § 259 Rn. 17; Maurach/Schroeder/Maiwald/Hoyer/Momsen, BT 1, § 39 Rn. 25.
3006 BGHSt 27, 45 (46); BGHSt 35, 172 (175 f.); BGH NStZ-RR 2005, 236.
3007 BGHSt 35, 172 (176); Lenckner, JZ 1973, 792 (797); Mitsch, BT 2, 13.2.1.5.3.
3008 Teilweise wird hierfür auf den Begriff der Zueignung(-sabsicht) verwiesen; s. Küper/Zopfs, BT, Rn. 476; Rengier, BT 1, § 22 Rn. 42.
3009 BGHSt 33, 44 (46 f.); BGHSt 35, 172 (175); BGH StV 2005, 87; ausf. Küper/Zopfs, BT, Rn. 478.
3010 BGHSt 27, 160 (161); BGH NStZ-RR 2019, 14 (15); Schönke/Schröder/Hecker, § 259 Rn. 20.
3011 BGHSt 15, 53 (58); Wessels/Hillenkamp/Schuhr, BT 2, Rn. 849.
3012 BGH NStZ-RR 2012, 247 (248); BGH NStZ-RR 2013, 78 (79); BGH NStZ-RR 2019, 379 (380); Küper/Zopfs, BT, Rn. 477; Schönke/Schröder/Hecker, § 259 Rn. 17, 24.
3013 BGH NStZ 1995, 544.

verkauf nach Weisung des Vortäters oder im Rahmen von bloßen Gebrauchsüberlassungen wie Miete, Leihe oder Verwahrung erlangt[3014]. Umstritten ist das Sichverschaffen beim Mitverzehr von gestohlenen Speisen und Getränken sowie beim gemeinsamen Konsum von Betäubungsmitteln.

> **Bsp.:** T liebt gutes Essen und guten Wein, kann es sich aber selten leisten. Deshalb hat er im Feinkostgeschäft des O einige Leckereien mitgehen lassen. Als die nette H zu Besuch kommt, erzählt T von seiner Tat und lädt H zum Mitessen ein. – Die h. M. lehnt eine Hehlerei der H mit Recht ab, da der zum Mitgenuss Eingeladene regelmäßig keine selbstständige Verfügungsgewalt erlangt, sondern der Gastgeber allein entscheidet, in welchem Maße die Speisen und Getränke verzehrt werden[3015]. Anders kann dies im Einzelfall zu beurteilen sein, wenn etwa die Ehefrau die von ihr gestohlenen Speisen in der Küche deponiert und dem Ehemann zum Verzehr überlässt[3016]. Die Gegenansicht, die grundsätzlich ein Sichverschaffen bejaht, weist darauf hin, dass Verzehr die stärkste Form des Sichverschaffens sei und beim Diebstahl der Verzehr auch die Zueignungsabsicht begründe[3017].

1156 (2) Problematisch sind **Rückkaufsfälle**, bei denen der Vortäter die von ihm veräußerte Sache vom Hehler wieder (zurück) erwirbt. Ein Teil der Lehre bejaht Hehlerei des Vortäters in Form des Sichverschaffens, weil durch den Rückkauf die rechtswidrige Vermögenslage weiter gefestigt wird, und gelangt so zu Tatmehrheit mit der Vortat[3018]. Dagegen spricht zwar nicht zwingend, dass der Vortäter kein „anderer" i. S. d. § 259 ist. Denn insoweit kann man an die erste Hehlerei als Vortat anknüpfen, bei der der Hehler dann „anderer" ist[3019]. Die zweite Hehlerei begründet jedoch gegenüber der Vortat keinen eigenständigen Unrechtsgehalt, so dass es zu keiner weiteren Rechtsgutverletzung kommt. Aus diesem Grund kann man bereits den Tatbestand verneinen[3020], wird aber zumindest gegenüber der Vortat ein Zurücktreten als mitbestrafte Nachtat im Wege der Gesetzeskonkurrenz anzunehmen haben[3021].

> **Bsp.:** V ist bei O eingebrochen und hat ein Diamantcollier mit passenden Ohrringen gestohlen. Da D einen guten Preis bietet, verkauft er diesem den Schmuck. Kurz darauf fällt ihm sein bevorstehender Hochzeitstag ein. Um endlich einmal das passende Geschenk zu haben, kauft V den Schmuck von D zurück. – Rechtswidrige Vortat ist die Hehlerei des D (Sichverschaffen von V); durch den Rückkauf übernimmt V wiederum die Verfügungsgewalt zu eigenen Zwecken, so dass man hierin ein Sichverschaffen erblicken kann; jedoch wird dadurch nur derselbe Zustand wie nach der Vortat geschaffen, so dass kein eigenständiger Unrechtsgehalt begründet wird.

1157 cc) Unter **Absetzen** ist das selbstständige Unterstützen des Vortäters beim Weiterschieben der aus der Vortat stammenden Sache zu verstehen[3022]. Erfasst wird insbesondere der Verkaufskommissionär, der für den Täter die Veräußerung in dessen

---

3014 BGH StV 1992, 65, BGH wistra 1993, 146; *Fischer*, § 259 Rn. 12, L-*Kühl/Kühl*, § 259 Rn. 11.
3015 BGHSt 9, 137 f.; *Mitsch*, BT 2, 13.2.1.5.1; MünchKomm-*Maier*, § 259 Rn. 90; *Zöller/Frohn*, Jura 1999, 378 (382).
3016 S. auch BGH StV 1999, 604.
3017 OLG Düsseldorf SJZ 1949, 204 ff.; *Maurach/Schroeder/Maiwald/Hoyer/Momsen*, BT 1, § 39 Rn. 27; *Roth*, JA 1988, 193 (203); *Schönke/Schröder/Hecker*, § 259 Rn. 22.
3018 *Geppert*, Jura 1994, 100 (103 f.); *Rengier*, BT 1, § 22 Rn. 73; *Rudolphi*, JA 1981, 1 (5).
3019 *Krey/Hellmann/Heinrich*, BT 2, Rn. 861.
3020 L-*Kühl/Kühl*, § 259 Rn. 18; *Wessels/Hillenkamp/Schuhr*, BT 2, Rn. 883; *Zöller/Frohn*, Jura 1999, 378 (384).
3021 *Krey/Hellmann/Heinrich*, BT 2, Rn. 861; *Schönke/Schröder/Hecker*, § 259 Rn. 50; *Wessels/Hillenkamp/Schuhr*, BT 2, Rn. 883.
3022 BGHSt 27, 45 (49); BGHSt 63, 228 (232); *Kindhäuser/Böse*, BT 2, § 48 Rn. 22; *Wessels/Hillenkamp/Schuhr*, BT 2, Rn. 859.

Interesse übernimmt³⁰²³. Unter **Absatzhilfe** versteht man die weisungsabhängige, unselbstständige Unterstützung, die dem Vortäter bei dessen Absatzbemühungen gewährt wird³⁰²⁴. Absetzen und Absatzhilfe sind demnach auf eine entgeltliche Verwertung durch Besitzübertragung an den Erwerber gerichtet, so dass diesem die Sache zur selbstständigen Verfügungsgewalt übertragen wird³⁰²⁵. Gemeinsam ist beiden Tatvarianten ferner, dass der Hehler mit Einverständnis und im wirtschaftlichen Interesse (auf Rechnung) des Vortäters handelt³⁰²⁶. Erlangt der Hehler die Sache hingegen zur Veräußerung im eigenen Interesse mit eigenständiger Verfügungsgewalt (Zwischenhehler), so liegt bereits ein Sichverschaffen, nicht aber ein Absetzen vor; dem Zwischenhehler kann dann wiederum Absatzhilfe geleistet werden³⁰²⁷.

1158 (1) Absetzen und Absatzhilfe unterscheiden sich dadurch, dass bei der **Absatzhilfe** dem Vortäter **keine selbstständige, sondern eine weisungsgebundene Unterstützung** gewährt wird. Die Absatzhilfe stellt eine zur Täterschaft erhobene Beihilfehandlung dar, die Strafbarkeitslücken schließen soll, die dadurch entstehen können, dass der Vortäter nicht den Tatbestand des § 259 verwirklicht und daher eine Beihilfestrafbarkeit mangels Haupttat ausscheidet³⁰²⁸. Die Absatzhilfe ist demnach durch eine Unterstützung des Vortäters gekennzeichnet.

> **Bsp.:** Vortäter V übergibt H gestohlenen Schmuck, um ihn dem gutgläubigen Juwelier J zu veräußern; H kommt dem nach. – V ist kein „anderer", so dass § 259 im Wege des Absetzens ausscheidet. Bei H scheidet ein Sichverschaffen aus, weil H die Verfügungsgewalt nicht zu eigenen Zwecken erhält; weil H auf Weisung des V und damit nicht selbstständig am Absatz beteiligt ist, liegt kein Absetzen, sondern eine Absatzhilfe vor. Bei J scheidet eine Strafbarkeit nach § 259 in Form des Sichverschaffens aus, da er hinsichtlich der Vortat keinen Vorsatz besitzt.

1159 (2) Nicht Absatzhilfe, sondern eine **Beihilfe zur Hehlerei** kommt in Betracht, wenn einem Dritten – etwa einem Absatzhelfer – Unterstützung gewährt wird, der die Sache für den Vortäter absetzt oder diesem Absatzhilfe leistet³⁰²⁹.

> **Bsp. (1):**³⁰³⁰ V hat eine Goldkette gestohlen. Die Kette gibt V seiner Geliebten G, die sie für V auf dessen Rechnung an Juwelier J veräußert. Der Dritte D gab zuvor G den Hinweis, sich mit der Kette an J zu wenden. – Durch den Verkauf macht sich G nach § 259 in der Form des Absetzens strafbar, weil sie weisungsunabhängig, aber auf Rechnung des Vortäters handelt. D hat zu diesem Absatz durch seinen Hinweis Hilfe geleistet und sich daher wegen Beihilfe zur Hehlerei gemäß §§ 259, 27 strafbar gemacht.

> **Bsp. (2):** V hat eine Digitalkamera gestohlen, die er selbst verkaufen möchte. H soll sich für ihn nach Abnehmern umhören und erhält von Freund F den entscheidenden Tipp. V veräußert die Kamera an den gutgläubigen G, nachdem ihm H den „Tipp" übermittelt hat. – V als Vortäter ist hinsichtlich der Veräußerung straflos. H verwirklicht

---

3023 *Kindhäuser/Böse*, BT 2, § 48 Rn. 22; NK-*Altenhain*, § 259 Rn. 43; *Wessels/Hillenkamp/Schuhr*, BT 2, Rn. 847.
3024 *Fischer*, § 259 Rn. 17; NK-*Altenhain*, § 259 Rn. 53.
3025 BGH StV 1984, 285; *Fischer*, § 259 Rn. 15; *Kindhäuser/Böse*, BT 2, § 48 Rn. 23; *Küper/Zopfs*, BT, Rn. 6 ff.
3026 BGH StV 1984, 285; *Krey/Hellmann/Heinrich*, BT 2, Rn. 886; L-Kühl/*Kühl*, § 259 Rn. 13 ff.; LK-*Walter*, § 259 Rn. 58; *Maurach/Schroeder/Maiwald/Hoyer/Momsen*, BT 1, § 39 Rn. 28.
3027 BGHSt 33, 44 (47 f.); *Wessels/Hillenkamp/Schuhr*, BT 2, Rn. 869.
3028 *Fischer*, § 259 Rn. 17; *Maurach/Schroeder/Maiwald/Hoyer/Momsen*, BT 1, § 39 Rn. 28; *Schönke/Schröder/Hecker*, § 259 Rn. 31.
3029 BGH StV 1984, 285; NStZ-RR 2005, 373; NStZ 2019, 276 (277); *Rengier*, BT 1, § 22 Rn. 54; *Schönke/Schröder/Hecker*, § 259 Rn. 33.
3030 Vgl. dazu *Mitsch*, BT 2, 13.2.1.6.1.

§ 259 im Wege der Absatzhilfe, da er weisungsgebunden für V handelt. F hat mit seinem Hinweis wiederum die Absatzhilfe unterstützt. Er macht sich deshalb einer Beihilfe zur Hehlerei nach §§ 259, 27 strafbar.

(3) Absetzen und Absatzhilfe setzen nach h. M. **Entgeltlichkeit** voraus. Daher muss der Vortäter durch die Verwertungshandlung einen wirtschaftlichen Vorteil erlangen. Das bloße Verschenken der gestohlenen Sache ohne Erwartung einer Gegenleistung begründet kein Absetzen – auch dann nicht, wenn dadurch mit der Sache verbundene Kosten eingespart werden[3031].

> **Bsp.:**[3032] V hat einen Rassehund gestohlen, den er jedoch nicht veräußern kann. Da ihm die Futterkosten zu hoch sind, erklärt er sich damit einverstanden, dass seine Freundin H den Hund für ihn an die Bekannte B verschenkt, die sich schon lange einen solchen Hund wünscht, aber nicht leisten kann. – Ein Absetzen durch H scheidet aus, da die Vermögenslage nach dem Verschenken derjenigen vor der Vortat entspricht. Jedoch hat H den Hund einem Dritten verschafft; die für § 259 ausreichende Drittbereicherungsabsicht liegt vor, weil dadurch Vortäter V – der richtigerweise „Dritter" sein kann[3033] – zum einen Aufwendungen vermeiden und zum anderen B das Tier unentgeltlich erhalten sollte.

(4) Im Zusammenhang mit dem Absetzen und der Absatzhilfe wird auch der **Rückverkauf der Beute an das Opfer** problematisiert.

> **Bsp.:** V hat bei O ein Gemälde gestohlen; dieses veräußert H nach Maßgabe des V an O zurück.

Teilweise wird eine Absatzhilfe (des H) bejaht, da das Opfer der Vortat die Sache nur um den Preis einer Lösegeldzahlung zurückerhalte[3034]. Damit werde im Ergebnis die durch die Vortat geschaffene rechtswidrige Vermögenslage beibehalten. Die h. M. verneint hingegen mit Recht eine Hehlerei, da der durch die Vortat Verletzte wieder die Verfügungsgewalt über die Sache erlangt[3035]. Die rechtswidrige Besitzlage wird damit nicht perpetuiert, sondern beendet. Auf die Vermögenslage kommt es dagegen nicht an, da die Strafbarkeit nach § 259 gerade an das aus der Vortat stammende Tatobjekt geknüpft ist. Ob das Opfer beim Rückerwerb getäuscht wird oder nicht, ist unerheblich.

(5) Umstritten ist, ob das Absetzen und die Absatzhilfe einen **Absatzerfolg** voraussetzen. Nach früherer Ansicht der Rechtsprechung und Teilen der Literatur soll ein erfolgreicher Absatz nicht erforderlich sein. Aus kriminalpolitischen Gründen und zur Vermeidung von Strafbarkeitslücken reicht es demnach bereits aus, wenn eine auf den Absatz gerichtete Tätigkeit entfaltet wird[3036]. Auch wird hierfür angeführt, dass die frühere Fassung der Hehlerei keinen Erfolg vorausgesetzt hat und der Gesetzgeber dies auch nicht habe ändern wollen. Demnach genügt jede vorbereitende, ausführende oder helfende Tätigkeit, die geeignet ist, den Vortäter bei seinen Bemühungen um eine wirtschaftliche Verwertung der bemakelten Sache zu unterstützen. Die vorzugswürdige h. L., der sich nunmehr der BGH angeschlossen

---

3031 LK-*Walter*, § 259 Rn. 51; *Mitsch*, BT 2, 13.2.1.6.1; a. A. *Kindhäuser/Böse*, BT 2, § 48 Rn. 23.
3032 Vgl. *Mitsch*, BT 2, 13.2.1.6.1.
3033 S. sogleich u. Rn. 1167.
3034 RGSt 30, 401 (402); 54, 124 (125); A/W/H/H-*Heinrich*, § 28 Rn. 16; *Zöller/Frohn*, Jura 1999, 378 (384).
3035 *Hruschka*, JR 1980, 221 (222); L-*Kühl/Kühl*, § 259 Rn. 7; *Schönke/Schröder/Hecker*, § 259 Rn. 30; *Wessels/Hillenkamp/Schuhr*, BT 2, Rn. 865.
3036 BGHSt 26, 358 (359); BGHSt 27, 45 (47); BGHSt 43, 110 (111); A/W/H/H-*Heinrich*, § 28 Rn. 19; *Wessels/Hillenkamp/Schuhr*, BT 2, Rn. 862 ff.

hat³⁰³⁷, fordert dagegen einen Absatzerfolg³⁰³⁸. Zum einen deutet bereits der Wortlaut „absetzt" auf das Erfordernis eines Erfolges hin³⁰³⁹. Zum anderen spricht hierfür im Wege einer systematischen Auslegung ein Blick auf das Sichverschaffen, das unzweifelhaft einen Erfolg voraussetzt³⁰⁴⁰. Letztlich muss man sehen, dass die Aufrechterhaltung und Vertiefung des durch die Vortat eingetretenen rechtswidrigen Zustandes als Grund der Pönalisierung bei bloßen Absatzbemühungen noch nicht gegeben ist. Die Gegenansicht verlagert damit die Vollendungsstrafbarkeit zu weit nach vorne, so dass die Möglichkeit eines Rücktritts stark eingeschränkt ist. Hinsichtlich des Hinweises auf Strafbarkeitslücken ist zudem die in Absatz 3 normierte Versuchsstrafbarkeit zu beachten.

> **Bsp.:** V übergibt seinem Freund H verschiedene gestohlene Digitalkameras und DVD-Recorder, die H auf Weisung des V veräußern soll. H lagert die Sachen zunächst bei sich ein. Später kümmert er sich nach den Vorgaben des V intensiv um Abnehmer und bietet die Ware zum Kauf an. Bevor die Sachen veräußert werden, findet die Polizei die Beute. – Nach h. M. kommen nur §§ 259, 22, 23 in Betracht. Für das unmittelbare Ansetzen ist auf den Absatzbeginn abzustellen³⁰⁴¹, was hier zu bejahen ist, weil H die Beute zum Kauf angeboten hat. Nach der Gegenansicht liegt hingegen eine vollendete Tat vor; zwar genügt die bloße Verwahrung für sich genommen oder eine Hilfe bei der Vorbereitung eines künftigen Absatzes noch nicht, jedoch soll es ausreichen, dass ein genauer Absatzplan besteht oder intensive Absatzbemühungen vorliegen³⁰⁴². Der Absatz selbst muss nicht versucht worden sein³⁰⁴³; als Beispiele genannt werden Hinweise auf Absatzmöglichkeiten, Bereitstellen von Räumen für den Verkauf, Transport der Beute zum Veräußerungsort oder Umlackieren von Fahrzeugen³⁰⁴⁴.

1164 Nur zu einer Versuchsstrafbarkeit (untauglicher Versuch) gelangt auch die Rechtsprechung, wenn die Absatzbemühungen auf die Lieferung an einen **verdeckten Ermittler** zielen. Ein solcher Absatz ist nämlich im konkreten Fall von vornherein nicht geeignet, die rechtswidrige Vermögenssituation aufrechtzuerhalten oder zu vertiefen³⁰⁴⁵.

2. Subjektiver Tatbestand

1165 Der Täter muss zunächst mit **zumindest bedingtem Vorsatz** hinsichtlich der objektiven Tatbestandsmerkmale, insbesondere der rechtswidrigen Vortat, handeln³⁰⁴⁶.

1166 a) Hat der Täter zum Zeitpunkt der Gewahrsamserlangung keine Kenntnis von der Vortat, so kommt ein vorsätzliches Sichverschaffen nur in Betracht, wenn er (erst) nach Kenntniserlangung im Einvernehmen mit dem Vortäter die Verfügungsgewalt zu eigenen Zwecken erhält³⁰⁴⁷. Nimmt der Täter nur irrig an, dass

---

3037 BGHSt 59, 40 (41), zum Absetzen; BGHSt 63, 228 (231) m. Anm. Eisele, JuS 2019, 915, zur Absatzhilfe; BGH NStZ-RR 2019, 180; *Dehne-Niemann*, HRRS 2015, 72; *Küper*, GA 2015, 129.
3038 *Fischer*, § 259 Rn. 27; *Krey/Hellmann/Heinrich*, BT 2, Rn. 890; *Maurach/Schroeder/Maiwald/Hoyer/Momsen*, BT 1, § 39 Rn. 36; NK-*Altenhain*, § 259 Rn. 48 f.; *Otto*, BT, § 58 Rn. 22.
3039 Dagegen *Rosenau*, NStZ 1999, 352.
3040 Siehe auch BGHSt 59, 40 (42 f.).
3041 MünchKomm-*Maier*, § 259 Rn. 170; *Schönke/Schröder/Hecker*, § 259 Rn. 48.
3042 BGH NStZ 1989, 319; NStZ 2008, 152; wistra 2009, 59 f.
3043 BGH wistra 2006, 16.
3044 *Wessels/Hillenkamp/Schuhr*, BT 2, Rn. 867; s. auch BGH NStZ 1990, 539.
3045 BGHSt 43, 110 (111); BGH NStZ-RR 2000, 266; wistra 2014, 309.
3046 BGH NStZ-RR 2013, 78 (79). Zum Eventualvorsatz bei „günstigem" Erwerb bei ebay LG Karlsruhe MMR 2007, 796.
3047 BGHSt 2, 135 (138); BGH NJW 1955, 350.

die Sache durch eine rechtswidrige Vortat erlangt ist, so kommt ein untauglicher Versuch in Betracht.

1167 b) Für die **Bereicherungsabsicht ist dolus directus 1. Grades** erforderlich. Einer Stoffgleichheit zwischen Hehlereigegenstand und erstrebtem Vermögensvorteil bedarf es nicht. Auch muss die erstrebte Bereicherung nicht rechtswidrig sein[3048]. Keine Bereicherungsabsicht liegt vor, wenn der Hehler die Beute zum üblichen Marktpreis oder zum Schwarzmarktpreis vom Vortäter erwirbt[3049]. Streitig ist, ob die Drittbereicherungsabsicht auch dann vorliegt, wenn der **Vortäter bereichert** werden soll. Zum Teil wird dies mit Hinweis auf den Gesetzeswortlaut verneint, weil der Vortäter der „Andere" im Sinne der Vorschrift sei und deshalb nicht zugleich „Dritter" sein könne[3050]. Auch werde die Vortäterbegünstigung von § 257 erfasst, dessen Grenzen zu § 259 nicht verwischt werden dürften[3051]. Die zufällige Formulierung des Gesetzestextes kann freilich nicht entscheidend sein[3052]. Ansonsten würde vor allem die Absatzhilfe leer laufen, wenn hierbei – wie häufig – nur für die Interessen des nach § 259 straflosen Vortäters gehandelt wird. Die dadurch entstehende Strafbarkeitslücke könnte auch über § 257 nur bedingt geschlossen werden, weil die Vorteilssicherungsabsicht und die Begünstigungsabsicht nicht zwingend einhergehen.

> **Bsp.:** V möchte die Diebesbeute schnell und gewinnbringend veräußern, da er befürchtet, dass die Polizei diese findet. H hilft dem V beim Transport der Beute zum gutgläubigen Erwerber E, der den Marktpreis zahlt. Davon, dass V einen Beuteverlust befürchtet, weiß H nichts; er möchte dem V allein einen Gewinn verschaffen. – V als Vortäter ist nach § 257 und § 259 straflos. Bei H scheidet § 257 aus, weil er keine Hilfe leistet, um dem V die Vorteile der Tat gegen Entzug zu sichern. Richtigerweise liegt jedoch § 259 in Form der Absatzhilfe vor, da die Drittbereicherungsabsicht auch auf den Vortäter gerichtet sein kann.

IV. Versuch

1167a Der Versuch der Hehlerei ist nach § 259 Abs. 3 strafbar. Stets ist genau zu prüfen, ob die Tat bereits vollendet ist. Beim Verschaffen bzw. Ankaufen erfordert die Vollendung, dass der Täter oder ein Dritter die tatsächliche Verfügungsgewalt zu eigenen Zwecken im Wege des abgeleiteten Erwerbs bewusst und gewollt übernimmt. Konsequenterweise setzt der Versuch ein unmittelbares Ansetzen zur Übernahme eigener Verfügungsgewalt voraus; die bloße zivilrechtliche Vereinbarung, gestohlenes Gut anzukaufen, begründet demgemäß nicht einmal eine versuchte Hehlerei[3053].

> **Bsp.:**[3054] T wird von einem Dieb ein zuvor gestohlener Trennschleifer angeboten. Da er das Angebot annehmen und den Trennschleifer gewinnbringend verkaufen möchte, er-

---

[3048] *Kindhäuser/Böse*, BT 2, § 48 Rn. 30; L-*Kühl/Kühl*, § 259 Rn. 17; *Schönke/Schröder/Hecker*, § 259 Rn. 42; SSW-*Jahn*, § 259 Rn. 42; *Wessels/Hillenkamp/Schuhr*, BT 2, Rn. 874; a. A. aber A/W/H-*Heinrich*, § 28 Rn. 29.
[3049] BGH MDR 1967, 363 (369); wistra 2012, 148 (149); *Fischer*, § 259 Rn. 23.
[3050] L-*Kühl/Kühl*, § 259 Rn. 17; LK-*Walter*, § 259 Rn. 82; *Rengier*, BT 1, § 22 Rn. 61.
[3051] BGH NStZ 1995, 595, verneint § 259, soweit der Täter nur mit dem Ziel handelt, dem Vortäter den rechtswidrig erlangten Vermögensvorteil zu erhalten; BGH StraFo 2005, 214 (215), verweist ohne Differenzierung auf diese Entscheidung; s. auch *Rengier*, BT 1, § 22 Rn. 61.
[3052] BGH NJW 1979, 2621; A/W/H-*Heinrich*, § 28 Rn. 27; *Mitsch*, BT 2, 13.2.3.2.3; *Schönke/Schröder/Hecker*, § 259 Rn. 44.
[3053] BGH NStZ 2019, 80 (81).
[3054] BGHSt 63, 228 (229) m. Anm. *Eisele*, JuS 2019, 915.

mittelt er den Gerätewert im Internet und sucht potentielle Käufer. – §§ 259, 22, 23 scheiden aus, da T noch nicht dazu unmittelbar angesetzt hat, die Verfügungsgewalt am Gerät zu übernehmen.

1167b Beim **Absetzen** beginnt der Versuch mit dem Beginn der eigentlichen Absatzhandlungen, d. h. der Übertragung der Verfügungsgewalt an einen Dritten[3055]. Schwieriger ist die Bestimmung des Versuchsbeginns **bei der Absatzhilfe**. Hier ist zunächst zu beachten, dass die Vollendung einen Absatzerfolg voraussetzt, andernfalls nur Versuch in Betracht kommt[3056].

> **Bsp.:**[3057] T möchte Baumaschinen, die von Vortätern ohne dessen Beteiligung gestohlen worden waren, im Einvernehmen mit diesen in das Ausland verbringen, um diese dort für die Vortäter gegen Entgelt zu verkaufen. Die Baumaschinen werden von T zunächst einige Tage verwahrt und gelagert. In Ladung wird von der Bundespolizei kurz vor der österreichischen Grenze sichergestellt. – Da kein Absatzerfolg eingetreten ist, kommt nur versuchte Absatzhilfe in Betracht. Dazu müsste T bereits unmittelbar zu dieser angesetzt haben.

Nach h. L. ist Voraussetzung für die versuchte Absatzhilfe, dass der Absatzhelfer zu einer Handlung des Vortäters Beihilfe leistet, die sich als dessen (freilich tatbestandsloser) Versuch darstellt, die Sache abzusetzen, d. h. **dieser seinerseits unmittelbar ansetzt**[3058]. Der **BGH bestimmt** aufgrund des geschützten Rechtsguts hingegen das unmittelbare Ansetzen **für den** Absatzhelfer **eigenständig**. Daher soll versuchte Absatzhilfe bereits dann vorliegen, wenn der **Absatzhelfer** eine Handlung vornimmt, mit der er nach seiner Vorstellung unmittelbar zu einer Förderung der – straflosen – Absatztat des Vortäters, d. h. **zur Hilfeleistung** ansetzt. **Dies soll wiederum der Fall sein,** wenn sich die Tathandlung in einen bereits festgelegten Absatzplan fördernd einfügt und aus Sicht des Vortäters den Beginn des Absatzvorgangs darstellt[3059]. Im Bsp. nimmt der **BGH** daher ein unmittelbares Ansetzen an, da sich das Beladen und Verwahren der Beute sowie die Fahrt in den Absatzvorgang einfügen sollte. Dem ist jedoch zu widersprechen, da die Versuchsstrafbarkeit weit nach vorne verlagert und von unscharfen Kriterien abhängig gemacht wird. Auch ist es widersprüchlich, wenn das unmittelbare Ansetzen bei der Absatzhilfe als „leichtere Begehungsform" **zeitlich** vor dem Versuchsbeginn des täterschaftlichen Absetzens liegt[3060].

V. Qualifikationen

1168 § 260 und § 260a stellen echte Qualifikationen dar. § 260 knüpft die Strafschärfung an ein gewerbsmäßiges Handeln (Abs. 1 Nr. 1)[3061] oder eine Tatbegehung als Mitglied einer Bande, die sich zur fortgesetzten Begehung von Raub, Diebstahl oder Hehlerei verbunden hat (Abs. 1 Nr. 2)[3062]. Anders als bei § 244 Abs. 1 Nr. 2 werden auch gemischte Banden aus Dieben und Hehlern erfasst[3063]. Ebenfalls anders

---

[3055] LK-*Walter*, § 259 Rn. 89; *Schönke/Schröder/Hecker*, § 259 Rn. 47.
[3056] Siehe o. Rn. 1163.
[3057] BGHSt 63, 228 (229) m. Anm. *Eisele*, JuS 2019, 915.
[3058] *Dehne-Niemann*, HRRS 2015, 72 (78 f.); *Eisele*, JuS 2019, 915 (917); *Mitsch*, 2019, 1258 ff.; *Rengier*, BT 1, § 22 Rn. 65; *Schönke/Schröder/Hecker*, § 259 Rn. 48.
[3059] BGHSt 63, 228 (237).
[3060] MünchKomm-*Maier*, § 259 Rn. 172; SK-*Hoyer*, § 259 Rn. 48.
[3061] Dazu o. Rn. 129.
[3062] S. o. Rn. 212 ff.
[3063] BGH NStZ 2007, 33 (34); StV 2020, 243 (244).

als bei § 244 Abs. 1 Nr. 2 muss die Tat nicht unter Mitwirkung eines anderen Bandenmitglieds begangen werden[3064]. Das Verbrechen des § 260a verknüpft die beiden Strafschärfungen miteinander, für die § 28 Abs. 2 gilt[3065].

VI. Strafantrag

Für die Hehlerei nach § 259 Abs. 1 gilt gemäß Absatz 2 das Antragserfordernis nach § 247 und nach § 248a. Für § 248a kommt es darauf an, ob die gehehlte Sache von geringem Wert ist[3066]. **1169**

VII. Wahlfeststellung und Postpendenz

Zwischen § 242 und § 259 ist nach **h. M. ungleichartige Wahlfeststellung** möglich, da die Taten rechtsethisch und psychologisch vergleichbar sind[3067]. Vom 2. Strafsenat ist die Frage aufgeworfen worden, ob die ungleichartige Wahlfeststellung nicht gegen Art. 103 Abs. 2 GG verstößt, weil Art. 103 Abs. 2 GG verlangt, dass die Voraussetzungen eines bestimmten Tatbestandes festgestellt werden[3068]. De facto beruhe die Verurteilung auf einer „ungeschriebenen dritten Norm"; auch müsse die Strafzumessung an einen bestimmten Tatbestand anknüpfen[3069]. Dagegen wird nun auch vom BVerfG und Großen Senat des BGH aus guten Gründen eingewandt, dass es sich bei diesem Rechtsinstitut – wie auch beim Grundsatz in dubio pro reo – um eine prozessuale Entscheidungsregel handele, die gar nicht Art. 103 Abs. 2 GG unterfällt[3070]; auch steht fest, dass das Verhalten des Täters jedenfalls einen gesetzlichen, bestimmten Tatbestand erfüllt[3071]. Daher kann man auch nicht von einer Verschleifung von Tatbeständen[3072] oder einer Verdachtsstrafe[3073] sprechen. Letztlich sichert das Erfordernis, dass eine eindeutige Tatfeststellung nach Ausschöpfung aller Erkenntnisquellen nicht möglich ist[3074] sowie das Kriterium der rechtsethischen und psychologischen Vergleichbarkeit der Tatbestände eine restriktive Handhabung ist[3075]. Dies gilt aufgrund der Tatbestandsähnlichkeit der Regelbeispiele nach der Rechtsprechung auch für §§ 242, 243 Abs. 1 Satz 2 Nr. 3 und §§ 259, 260 Abs. 1 Nr. 1[3076]. Keine Wahlfeststellung ist hingegen mit § 244 Abs. 1 Nr. 3, Abs. 4 möglich[3077]. **1170**

3064 BGH StV 2020, 243 (244).
3065 BGH NStZ 2020, 273 (274 f.).
3066 *Fischer*, § 259 Rn. 26; *Kindhäuser/Böse*, BT 2, § 48 Rn. 32; L-*Kühl/Kühl*, § 259 Rn. 22; NK-*Altenhain*, § 259 Rn. 78; *Otto*, BT, § 58 Rn. 32; *Wessels/Hillenkamp/Schuhr*, BT 2, Rn. 885.
3067 BGHSt 12, 386 (387 ff.); OLG Celle NJW 1988, 1225; *Fischer*, § 259 Rn. 35; *Schönke/Schröder/Hecker*, § 259 Rn. 58.
3068 Vorlagebeschluss BGH StV 2016, 212 ff.; Anfragebeschluss BGH NStZ 2014, 392 ff.; zust. *Frister*, StV 2014, 583 ff.; *Jahn*, JuS 2014, 753 ff. Hierzu näher B/W/M/E-*Eisele*, § 28 Rn. 55 ff.
3069 BGH StV 2016, 212 (215); NStZ 2014, 392 (394 f.); ferner etwa AnwK-*Gaede*, § 1 Rn. 52; *Freund*, FS Wolter, 2013, 35 (49).
3070 BVerfG NJW 2019, 2837 (2838 f.); BGHSt (GSSt) 62, 164 (168); BGHSt 61, 245 ff. (5. Strafsenat); BGH NStZ-RR 2014, 307 f. (5. Strafsenat); NStZ-RR 2014, 308 f. (1. Strafsenat); NStZ-RR 2015, 39 (3. Strafsenat); B/W/M/E-*Eisele*, § 28 Rn. 57; *Schuhr*, NStZ 2014, 437 ff.; *Stuckenberg*, ZIS 2014, 461 ff.; *Wolter*, GA 2013, 271 (273).
3071 BVerfG NJW 2019, 2837 (2839); *Ceffinato*, Jura 2014, 655 (663 ff.); *Stuckenberg*, ZIS 2014, 461 (470).
3072 BGHSt 62, 164 (170); BGH NStZ-RR 2015, 40 f. (4. Strafsenat).
3073 BVerfG NJW 2019, 2837 (2840); BGHSt 62, 164 (172); vgl. aber *Gaede*, FS Neumann, 2017, 811 (815 ff.); *Haas*, HRRS 2016, 190 (194 f.).
3074 BVerfG NJW 2019, 2837 (2841).
3075 BGHSt 62, 164 (171); BGH NStZ-RR 2015, 40 (41) (4. Strafsenat).
3076 BGH NStZ 2000, 473 (474); NStZ-RR 2018, 47 (49).
3077 BGH NStZ 2008, 646.

Bsp.: Bei T findet sich ein Lager mit gestohlenen Elektronikgeräten; es kann nicht geklärt werden, ob T diese gestohlen hat oder in Kenntnis der Vortat übernommen hat. – Nach dem Grundsatz in dubio pro reo lassen sich weder §§ 242, 243 Abs. 1 Satz 2 Nr. 3 noch §§ 259, 260 Abs. 1 Nr. 1 erweisen. Fest steht aber, dass T entweder die eine oder andere Tat begangen hat. Da beide Taten rechtsethisch und psychologisch vergleichbar sind, kann T auf wahldeutiger Grundlage wegen Diebstahls oder Hehlerei verurteilt werden.

1171 Zu beachten ist, dass eine Strafbarkeit nach § 259 ggf. auf eine **Postpendenzfeststellung** gestützt werden kann[3078]. Allgemein ist die Postpendenz dadurch gekennzeichnet, dass ein zeitlich späteres Verhalten, das für sich genommen die Voraussetzungen einer Straftat verwirklicht, sicher feststeht. Hinzu tritt ein nicht sicher feststehendes Verhalten, das zeitlich davor liegt und im Falle der Verwirklichung Bedeutung für die rechtliche Beurteilung des späteren Verhaltens erlangt. Anders als die Wahlfeststellung führt die Postpendenz zu einer eindeutigen Verurteilung des späteren Sachverhalts[3079].

Bsp.: Es ist sicher, dass H die Beute vom Dieb übernommen hat, so dass ein Sichverschaffen nach § 259 vorläge. Nicht sicher ist jedoch, ob H nicht sogar Mittäter des Diebstahls ist. – §§ 242, 25 Abs. 2 scheiden in dubio pro reo aus; § 259 wäre in Falle einer täterschaftlichen Vortatbeteiligung zu verneinen, weil H dann kein „anderer" i. S. d. § 259 Abs. 1 ist. Die Vortatbeteiligung kann jedoch innerhalb der Prüfung des § 259 nicht in dubio pro reo angenommen werden, weil H ansonsten durch eine zusätzliche Mitwirkung bei der Vortat begünstigt würde. Vielmehr wird er aufgrund des sicher feststehenden Nachtatverhaltens gemäß § 259 bestraft.

§ 47 Geldwäsche, § 261

Einführende Aufsätze: *Barton*, Verteidigerhonorar und Geldwäsche, JuS 2004, 1033; *Burger/Peglau*, Geldwäsche durch Entgegennahme „kontaminierten" Geldes als Verteidigerhonorar, wistra 2000, 161; *Fahl*, Grundprobleme der Geldwäsche (§ 261 StGB), Jura 2004, 160; *Hombrecher*, Der Tatbestand der Geldwäsche (§ 261) – Inhalt, Aufbau, Problemstellungen, JA 2005, 67; *Jahn/Ebner*, Die Anschlussdelikte – Geldwäsche (§§ 261–262 StGB), JuS 2009, 597; *Kögel*, Die Strafbarkeit des „Finanzagenten" bei vorangegangenem Computerbetrug durch „Phishing", wistra 2007, 206; *Kraatz*, Die Geldwäsche (§ 261 StGB), Jura 2015, 699; *Ranft*, Verteidigerhonorar und Geldwäsche – die Entscheidung des BVerfG vom 30.3.2004, Jura 2004, 759.

Übungsfälle: *Beck/Valerius*, Fall 2: Haste mal… ein paar tausend Euro?, S. 15; *Bock*, BT, Fall 13: Novosol und AgroInvest, S. 419; *Böse/Keiser*, Ein Handtaschenraub und seine Folgen, JuS 2005, 440; *Fahl*, Grundprobleme der Geldwäsche, Jura 2004, 160; *Marxen*, Fall 33e: Gebrauchtwagen-Fall, S. 408, Fall 33f: Autohändler-Fall, S. 410.

Rechtsprechung: BVerfGE 110, 226 – Strafverteidiger (Verteidigerhonorar und Geldwäsche); **BGHSt 43, 158** – Geldwäsche (zur Verfassungsmäßigkeit des Geldwäschetatbestandes); **BGHSt 47, 68** – Strafverteidiger (Verteidigerhonorar und Geldwäsche); **BGHSt 50, 347** – Flugzeugteile (Verhältnis von Hehlerei und Geldwäsche); **BGHSt 53, 205** – Bestechung (Begriff des Herrührens); **BGHSt 55, 36** – „Vereinbarung" (Sichverschaffen und abgeleiteter Erwerb); **BGHSt 63, 268** – Kontovollmacht (Reichweite des § 261 Abs. 9 Satz 3); **BGH NJW 1999, 436** – V-Mann (Tatbestandsmerkmal des „Gefährdens").

3078 Näher B/W/M-*Eisele*, § 36 Rn. 36 ff.; *Heinrich*, AT, Rn. 1455 ff.
3079 BGHSt 35, 86 (88 ff.); BGH NStZ 2011, 510; NStZ-RR 2018, 49 (50); für Wahlfeststellung auch hier *Schönke/Schröder/Hecker*, § 1 Rn. 61. Zur Klausurbearbeitung vgl. die Falllösung von *Seibert*, JA 2008, 31 (35).

I. Geschützes Rechtsgut und Systematik

Die Geldwäsche besteht aus zwei Tatbeständen, dem **Verschleierungstatbestand in Absatz 1** und dem **Erwerbs-, Besitz- und Verwendungstatbestand in Absatz 2**[3080]. Die Vorschrift wurde in erster Linie geschaffen, um die organisierte Kriminalität zu bekämpfen. Sie verfolgt das Ziel, das Einschleusen von Vermögensgegenständen aus dem Bereich der organisierten Kriminalität in den legalen Finanz- und Wirtschaftskreislauf zum Zwecke der Tarnung zu verhindern[3081]. § 261 Abs. 1 dient dabei vornehmlich Aufgaben der inländischen Rechtspflege, die die Wirkungen von Straftaten beseitigen sollen[3082]. Der „Isolierungstatbestand"[3083] des Absatzes 2 möchte den Nutzen solcher Straftaten für den Vortäter beschränken, indem die aus der Tat stammenden Gegenstände verkehrsunfähig gemacht werden und dieser so isoliert wird[3084]. Daneben tritt hier aber auch der Schutz des durch die Vortat verletzten Rechtsguts[3085]. Insgesamt ist die Rechtsgutsfrage bislang wenig geklärt, der Tatbestand zudem missglückt und kriminalpolitisch fragwürdig[3086]. Absatz 3 normiert die Versuchsstrafbarkeit. Im Verhältnis zu den übrigen Anschlussdelikten (§§ 257 ff.) soll § 261 als Auffangtatbestand Strafbarkeitslücken schließen, die dort vor allem durch den Ausschluss von Surrogaten und die Normierung von subjektiven Absichtserfordernissen entstehen können[3087].

II. Aufbauschema

1. Tatbestand
   a) Objektiver Tatbestand
      aa) Gegenstand, der aus einer bestimmten rechtswidrigen Vortat (Abs. 1 Satz 2 Nr. 1 bis Nr. 5) herrührt
      bb) Tathandlungen
         (1) Absatz 1: Verbergen, Verschleiern der Herkunft, Vereiteln oder Gefährden der Ermittlung der Herkunft, des Auffindens, des Verfalls, der Einziehung oder der Sicherstellung
         (2) Absatz 2 (beachte Einschränkung in Absatz 6): Sichverschaffen oder einem Dritten Verschaffen (Nr. 1); Verwahren oder für sich oder einen Dritten Verwenden bei Kenntnis der Herkunft zum Zeitpunkt der Erlangung (Nr. 2)
   b) Subjektiver Tatbestand: Vorsatz (nach Absatz 5 Leichtfertigkeit)

2. Rechtswidrigkeit

3080 A. A. *Schönke/Schröder/Hecker*, § 261 Rn. 3.
3081 BT-Drs. 12/989 S. 26; A/W/H/*H-Heinrich*, § 29 Rn. 2; *Lampe*, JZ 1994, 123 (125); *Wessels/Hillenkamp/Schuhr*, BT 2, Rn. 890.
3082 BT-Drs. 12/989, S. 27; *Lampe*, JZ 1994, 123 (125); *Mitsch*, BT 2, 14.1.2; NK-*Altenhain*, § 261 Rn. 10; *Schönke/Schröder/Hecker*, § 261 Rn. 2; SSW-*Jahn*, § 261 Rn. 11.
3083 NK-*Altenhain*, § 261 Rn. 9; *Wessels/Hillenkamp/Schuhr*, BT 2, Rn. 897.
3084 NK-*Altenhain*, § 261 Rn. 9; *Schönke/Schröder/Hecker*, § 261 Rn. 2.
3085 *Fischer*, § 261 Rn. 3; HK-*Hartmann*, § 261 Rn. 6; *Schönke/Schröder/Hecker*, § 261 Rn. 2; SK-*Hoyer*, § 261 Rn. 1; *Wessels/Hillenkamp/Schuhr*, BT 2, Rn. 891.
3086 S. *Fischer*, § 261 Rn. 4b ff.; NK-*Altenhain*, § 261 Rn. 11.
3087 BT-Drs. 12/989, S. 26; BGHSt 50, 347 (353 f.); BGH NJW 2006, 1297 (1299); *Rengier*, BT 1, § 23 Rn. 3.

3. Schuld

4. Strafzumessungsregel für besonders schwere Fälle mit Regelbeispielen, Abs. 4

5. Persönliche Strafausschließungs- und Strafaufhebungsgründe, Abs. 9 (Satz 2 für Vortatbeteiligung).

III. Tatbestand

1. Objektiver Tatbestand

1174 Tatobjekt der Geldwäsche kann jeder Gegenstand sein, der aus einer **Vortat i. S. d. Abs. 1 Satz 2** herrührt.

1175 a) Der Begriff des „**Gegenstandes**" ist weit auszulegen und umfasst – anders als der Begriff „Sache" bei § 259 – alle Vermögenswerte. Einbezogen sind bewegliche und unbewegliche Sachen (Immobilien), ferner Rechte, Forderungen und Wertpapiere[3088]. Geeignete Tatobjekte sind auch Ersatzgegenstände, wie Bargeld, Buchgeld, Kapitalanlagen oder Geschäftsanteile.

1176 b) Der Begriff des **Herrührens** ist ebenfalls weit zu verstehen. Er soll auch bei einer Kette von Verwertungshandlungen gegeben sein, wenn der aus der Vortat stammende Gegenstand durch **Surrogate** mehrmals ersetzt bzw. „gewaschen" wird. Ein Gegenstand rührt daher aus einer Tat her, wenn die Tat kausal für den Vermögensgegenstand in seiner konkreten Gestalt oder für dessen wirtschaftliche Zuordnung ist, auch wenn der ursprüngliche Gegenstand – wie etwa bei Finanztransaktionen – unter Beibehaltung seines Wertes durch einen anderen ersetzt worden ist[3089] oder mit legalen Geldern vermengt bzw. vermischt worden ist[3090]. Die Kette wird erst dann abgebrochen, wenn – wie bei einem Lottogewinn – das Zufallsmoment eindeutig überwiegt, was jedoch nicht der Fall ist, wenn durch eine erhebliche Summe des illegalen Geldes die Gewinnchancen erhöht werden[3091]. Ebenso endet die Bemakelung, wenn der Wert des fraglichen Gegenstandes im Wesentlichen auf einer selbstständigen Leistung eines Dritten beruht[3092].

> **Bsp.:** T betreibt Rauschgifthandel nach § 29a Abs. 1 Nr. 2 BtMG; einen Teil des Bargeldes vergräbt sie in einem Waldstück, den anderen Teil schenkt sie ihrem Bekannten B, der in Kenntnis der Vortaten dieses gleich auf sein Girokonto bei der Bank einzahlt. Später legt er das Geld in Aktienfonds an. Mit den Gewinnen kauft er Unternehmensanteile an einem Weingut, das Bioweine produziert. Schließlich schenkt er seinem Kundenbetreuer K bei der Bank, der von Anfang an ein „ungutes Gefühl" hatte, eine Kiste Biowein. – Für T als Vortäter scheiden §§ 257, 259 von vornherein aus; jedoch kann sich der Vortäter wegen Geldwäsche – hier nach § 261 Abs. 1 (Verbergen) – strafbar machen (§ 29a BtMG ist ein Verbrechen i. S. d. § 261 Abs. 1 Satz 2 Nr. 1); jedoch scheidet eine Strafbarkeit nach Abs. 9 Satz 2 (persönlicher Strafausschließungsgrund) wegen Vortatbeteiligung aus. Bei B kommt § 257 nicht in Betracht, da er keine Hilfe leistet,

---

[3088] HK-*Hartmann*, § 261 Rn. 14; L-Kühl/*Kühl*, § 261 Rn. 3; *Wessels/Hillenkamp/Schuhr*, BT 2, Rn. 892.
[3089] BGHSt 53, 205 (209); BGH NStZ 2017, 28 (29); NStZ-RR 2019, 145 (146); LK-*Schmidt/Krause*, § 261 Rn. 11; *Otto*, BT, § 96 Rn. 31.
[3090] BGH NStZ 2017, 167 (169).
[3091] *Mitsch*, BT 2, 14.2.1.4.2; *Rengier*, BT 1, § 23 Rn. 8; *Schönke/Schröder/Hecker*, § 261 Rn. 10.
[3092] BT-Drs. 12/3583, S. 12; *Barton*, NStZ 1993, 159; *Heghmanns*, BT, Rn. 1731; *Rengier*, BT 1, § 23 Rn. 7a.

um dem Vortäter die Vorteile gegen Entzug zugunsten des Berechtigten zu erhalten; § 259 scheitert daran, dass Betäubungsmitteltaten keine gegen fremdes Vermögen gerichtete Taten sind. B verschafft sich jedoch das Geld nach § 261 Abs. 2 Nr. 1, da er es von T zur eigenen Verfügungsgewalt erhält. Bei K kommt hinsichtlich der Erlangung der Kiste Wein § 259 ebenfalls nicht in Betracht, da keine gegen fremdes Vermögen gerichtete Tat vorliegt; zudem werden Ersatzgegenstände nicht erfasst. Hinsichtlich § 261 stellt sich die Frage, ob die Kiste Wein noch inkriminiert ist. Die aus der Transaktion des Geldes und der Anlage in Aktienfonds stammenden Gelder rühren zunächst als Surrogate weiterhin aus der Vortat. Dies gilt auch für den Erwerb der Unternehmensanteile. Hingegen ist die Produktion des Weines auf eine selbstständige Leistung der im Betrieb Beschäftigten zurückzuführen, so dass der Wein kein geeignetes Tatobjekt darstellt[3093]. In Betracht kommt eine Strafbarkeit des K nach § 261 Abs. 1 oder Absatz 2 jedoch durch Mitwirkung an der Kapitalanlage; hierbei ist zu berücksichtigen, dass nach Absatz 5 auch leichtfertiges Handeln sanktioniert wird, aber für sozialadäquate bzw. beruflich neutrale Handlungen Einschränkungen des Tatbestandes diskutiert werden[3094].

1177 Wird der **Ersatzgegenstand nur teilweise mit inkriminiertem Geld erworben**, so rührt dieser ebenfalls aus der Vortat her. Das soll auch noch der Fall sein, wenn ein PKW für 5000 € erworben wird und nur 500 € bemakelt sind[3095]. Nach h. M. darf der Anteil des illegalen Geldes nicht völlig unerheblich sein, was z. T. bei einem Anteil von bereits 5 % bejaht, bei 1 % aber verneint wird[3096]; andere fordern einen wesentlichen Anteil von mehr als 50 %[3097]. Absatz 8 stellt Gegenstände gleich, die aus einer im Ausland begangenen Tat der in Absatz 1 bezeichneten Art herrühren, wenn die Tat auch am Tatort mit Strafe bedroht ist.

1178 Der Täter muss nach dem Gesagten den Gegenstand aus einer strafbaren Handlung erlangt haben. Erfasst werden daher die Erzeugnisse bzw. Erträge aus der Begehung der Tat, die sog. **producta sceleris.** Hingegen werden Tatmittel – sog. instrumenta sceleris –, die überhaupt der Begehung der Tat dienen, grundsätzlich nicht erfasst.

> **Bsp.:** Spezielles Diebeswerkzeug, mit dem computergestützte Tresore geöffnet werden kann, rührt – anders als der gestohlene Tresorinhalt – nicht aus der Tat her.

1179 Streitig ist, ob **Bestechungslohn** nach § 334 erfasst wird, ohne dass der Amtsträger nach §§ 331, 332 durch Annahme der Gelder strafbar ist. Der Bestechungslohn ist zwar ebenfalls ein instrumenta sceleris, das aber nach Ansicht des BGH aus der Bestechungstat erlangt wird[3098].

1180 c) Die Vortat muss eine in **Abs. 1 Satz 2 genannte Katalogtat** sein. Nach Nr. 1 sind alle Verbrechen i. S. d. § 12 Abs. 1 taugliche Vortaten. Zu beachten ist, dass die Vergehen nach Nr. 4 lit. a (z. B. §§ 242, 263) nur dann erfasst werden, wenn sie gewerbs- oder bandenmäßig begangen werden[3099]; erforderlich ist zudem, dass

---

3093 BR-Drs. 507/92, S. 28.
3094 Näher u. Rn. 1191 ff.
3095 BR-Drs. 507/92, S. 28; *Rengier*, BT 1, § 23 Rn. 9; *Schönke/Schröder/Hecker*, § 261 Rn. 10; a. A. L-*Kühl/Kühl*, § 261 Rn. 5.
3096 BGH NStZ 2015, 703 (704); *Barton*, NStZ 1993, 159 (163); *Fischer*, § 261 Rn. 8 m. w. N.; *Schönke/Schröder/Hecker*, § 261 Rn. 10; dazu auch *Jahn/Palm*, JuS 2009, 597.
3097 *Salditt*, StraFo 1992, 121 (124); SSW-*Jahn*, § 261 Rn. 39.
3098 BGHSt 53, 205 (208 ff.); dagegen *Fahl*, JZ 2009, 745 (748); *Rettenmaier*, NJW 2009, 1619.
3099 BGHSt 50, 347 (352 ff.); BGH NJW 2008, 2516; NStZ-RR 2014, 343; SK-*Hoyer*, § 261 Rn. 8; *Wessels/Hillenkamp/Schuhr*, BT 2, Rn. 896.

der (Haupt-)Täter und nicht nur ein Teilnehmer gewerbsmäßig handelt[3100]. Im Gegensatz zu §§ 257, 258, 259 muss es sich bei der Vortat **nicht um die Tat eines anderen** handeln. Auch die Geldwäsche durch den Vortäter ist damit tatbestandsmäßig, jedoch ist der persönliche Strafausschließungsgrund des Abs. 9 Satz 2 zu beachten. Bedeutung erlangt dies vor allem, wenn die Vortatbeteiligung nicht erwiesen werden kann. Nach h. M. genügt es ferner, dass ein strafbarer Versuch oder eine strafbare Vorbereitungshandlung vorliegt[3101]. Dagegen wird angeführt, dass § 261 Abs. 9 Satz 2 den Vortatbeteiligten aus der Strafbarkeit ausnimmt und Handlungen, die der Vollendung der Vortat dienen, daher nicht erfasst sein können[3102]. Hiergegen lässt sich jedoch einwenden, dass die Vortatbeteiligung nur ein persönlicher Strafausschließungsgrund ist[3103], der das tatbestandsmäßige Verhalten unberührt lässt. Erforderlich ist freilich, dass zum Zeitpunkt der Vornahme der Geldwäschehandlung der Gegenstand bereits aus der Vortat herrührt, so dass die Verschaffung des Gegenstandes für den Vortäter nicht genügt[3104].

1181 d) Sowohl die **Tathandlungen** nach Absatz 1 als auch diejenigen nach Absatz 2 beziehen sich auf die Katalogtaten des Absatzes 1 Satz 2.

1182 aa) **Absatz 1** stellt – sich z. T. überschneidende[3105] – Tathandlungen unter Strafe, die den Zugriff der Strafverfolgungsorgane auf die Gegenstände verhindern oder erschweren[3106]. Es handelt sich insoweit um „manipulative Verhaltensweisen"[3107].

1183 (1) Ein **Verbergen** ist jede Tätigkeit, die den Zugang von Strafverfolgungsbehörden zu dem Gegenstand erschwert. Beispiele sind das Verstecken oder die Unkenntlichmachung des inkriminierten Gegenstandes[3108].

1184 (2) Die **Herkunft wird verschleiert** bei irreführenden Handlungen, die auf ein Verbergen der wahren Herkunft des Gegenstandes zielen. Die Ermittlungen müssen hierbei nur erschwert, nicht aber unmöglich gemacht werden. Beispiele sind das Vermischen von illegalen mit legalen Geldern, Falschbuchungen oder Kontoführung unter falschem Namen[3109]. Bedeutung erlangt Absatz 1 auch in den Fällen von „Finanzagenten", die im Anschluss an ein „Phishing"[3110] tätig werden.

> **Bsp.:**[3111] T späht die Kontodaten von Kunden aus, während diese Transaktionen per Online-Banking durchführen. Mit den ausgespähten Daten, u. a. von O, loggt er sich auf der Internetseite der Bank ein und überweist die Gelder auf das Konto des F. F ist ein sog. „Finanzagent", der sich auf eine E-Mail des T beworben hat, in der ein „expandierendes Unternehmen" Finanzagenten sucht. F soll den ihm überwiesenen Betrag abheben, eine Provision für sich einbehalten und den Rest per Western-Union-Überweisung an einen osteuropäischen „Kunden" überweisen. Bei dieser Überweisung wird der Betrag bei einer Post bar einbezahlt und kann dann bei der Zielbank auch

---

3100 BGH NStZ 2009, 326; *Hoch*, StV 2009, 414 f.; *Ransiek*, JR 2008, 480 (481); a. A. NK-*Altenhain*, § 261 Rn. 30; *Neuheuser*, NStZ 2009, 327 f.
3101 Vgl. etwa NK-*Altenhain*, § 261 Rn. 30; SSW-*Jahn*, § 261 Rn. 22.
3102 So OLG Köln NZWiSt 2013, 429 (430).
3103 Siehe u. Rn. 1203.
3104 Insoweit zutr. OLG Köln NZWiSt 2013, 429 (430).
3105 BGH NStZ 2000, 653 (654).
3106 Näher *Fischer*, § 261 Rn. 33 ff.; *Kindhäuser/Böse*, BT 2, § 49 Rn. 11; L-*Kühl/Kühl*, § 261 Rn. 7; *Mitsch*, BT 2, 14.2.1.5; *Rengier*, BT 1, § 23 Rn. 10.
3107 So SSW-*Jahn*, § 261 Rn. 43.
3108 *Schönke/Schröder/Hecker*, § 261 Rn. 14; SSW-*Jahn*, § 261 Rn. 44.
3109 L-*Kühl/Kühl*, § 261 Rn. 7; *Schönke/Schröder/Hecker*, § 261 Rn. 14.
3110 Dazu *Eisele*, BT 1, Rn. 740; ferner zu § 263a o. Rn. 687.
3111 LG Darmstadt wistra 2006, 468.

wieder in bar abgeholt werden, so dass der Empfänger anonym bleibt. Das Geld wird von D, einem Mitarbeiter des T abgeholt. Kurz nach der Abhebung sperrt die Bank des F dessen Konto, weil O die Überweisung reklamiert hat. – Als Vortat liegt ein gewerbsmäßig begangener Computerbetrug nach § 263a Abs. 1, Abs. 2 i. V. m. § 263 Abs. 3 Satz 2 Nr. 1 Var. 1 vor[3112]. F könnte sich dadurch, dass er dem „Unternehmen" sein Konto für Transaktionen zur Verfügung gestellt hat, und durch die nachfolgenden Handlungen der Geldwäsche strafbar gemacht haben. Absatz 1 umfasst jedes Verhalten, das darauf abzielt, bemakelte Gegenstände unter Verdeckung ihrer Herkunft in den Finanz- und Wirtschaftskreislauf einzuschleusen. F hat sich gegenüber dem „Unternehmen" verpflichtet, eingehende Gelder sofort abzuheben. Bereits darin wird eine Gefährdung der Sicherstellung gesehen[3113]. Spätestens aber mit dem Abheben und der Weiterleitung der Gelder per Western Union liegt eine Gefährdung des Auffindens vor. Voraussetzung ist ferner, dass F dabei vorsätzlich oder leichtfertig nach Absatz 5 handelt[3114].

(3) Ein **Vereiteln oder Gefährden** der Ermittlung der Herkunft, des Auffindens, des Verfalls, der Einziehung oder der Sicherstellung eines Gegenstandes ist gegeben, wenn eine Ermittlung bzw. der Zugriff **vereitelt oder konkret gefährdet wird**[3115]. **1185**

Bspe.: Lieferung von gestohlenem Gut, Betäubungsmitteln oder bemakelten Geldern an Dritte; ebenso wie beim Absetzen im Rahmen des § 259 liegt jedoch nur ein Versuch nach Absatz 3 vor, wenn der Abnehmer ein Verdeckter Ermittler ist; Verbringen ins Ausland[3116].

bb) Absatz 2 dient als **Auffangtatbestand** für Fälle, die nicht primär von der Tendenz getragen sind, den Zugriff der Strafverfolgungsbehörden auf das Geld zu verhindern. Die Vorschrift beruht auf dem Gedanken der Isolation des Vortäters, dem der Anreiz zur Begehung von Straftaten dadurch genommen werden soll, dass die durch die Tat erlangten Gegenstände nicht verkehrsfähig sein sollen[3117]. **1186**

(1) Die Merkmale des **Abs. 2 Nr. 1 – Sichverschaffen oder einem Dritten Verschaffen** – sind grundsätzlich wie bei § 259 auszulegen[3118]. Daher ist auch ein abgeleiteter Erwerb vom Vortäter erforderlich[3119]. Verliert der Vortäter den Gegenstand durch Wegnahme im Wege eines Diebstahls oder Raubs, so kommt der Gedanke der Isolierung nicht zum Tragen[3120]. Hingegen soll das Einvernehmen nach BGH nicht voraussetzen, dass das Einverständnis des Vortäters frei von Willensmängeln ist, so dass Täuschung und Drohung der einvernehmlichen Übertragung der Verfügungsgewalt nicht entgegenstehen[3121]. Die von den Grundsätzen des § 259 bewusst abweichende Entscheidung[3122] überzeugt jedoch nicht, weil **1187**

3112 S. o. Rn. 687.
3113 Vgl. dazu LG Darmstadt wistra 2006, 468 (470), das allerdings eine Gefährdung der Einziehung bejaht; vgl. auch *Biallaß*, ZUM 2006, 879 f.
3114 Dazu Rn. 1200 f.
3115 BGH NJW 1999, 436 (437); NStZ 2017, 28 (29); *Fischer*, § 261 Rn. 36.
3116 BGH NJW 1999, 436 (437); OLG Karlsruhe NStZ 2009, 269 f.; L-Kühl/*Kühl*, § 261 Rn. 7; *Schönke/Schröder/Hecker*, § 261 Rn. 15.
3117 BT-Drs. 12/989, S. 27; *Mitsch*, BT 2, 14.3.1.2.1; *Rengier*, BT 1, § 23 Rn. 13; SSW-*Jahn*, § 261 Rn. 50.
3118 BT-Drs. 12/989, S. 27; AnwK-*Sommer*, § 261 Rn. 39.
3119 BGHSt 55, 36 (49); BGH NStZ 2010, 222 (223); *Fischer*, § 261 Rn. 38; *Schönke/Schröder/Hecker*, § 261 Rn. 18; a. A. aber L-Kühl/*Kühl*, § 261 Rn. 8; NK-*Altenhain*, § 261 Rn. 111 ff.
3120 *Schönke/Schröder/Hecker*, § 261 Rn. 18.
3121 S. o. Rn. 1150 f.
3122 BGHSt 55, 36 (49 ff.).

auch hier der Isolierungszweck nicht greift und die internationalen Vorgaben eine Pönalisierung nicht erfordern[3123].

1188 (2) **Abs. 2 Nr. 2** erfasst das **Verwahren und das für sich oder einen Dritten Verwenden** des Gegenstandes, wenn der Täter im Zeitpunkt der Erlangung des Gegenstandes seine Herkunft gekannt hat. Ein **Verwahren** setzt voraus, dass der Gegenstand für eigene oder fremde Zwecke in Gewahrsam genommen wird[3124]. Ein **Verwenden** liegt vor, wenn der Gegenstand bestimmungsgemäß gebraucht oder wirtschaftlich genutzt wird[3125].

> **Bsp.:** T hat bei Juwelier O wertvollen Schmuck durch räuberische Erpressung (§ 261 Abs. 1 Nr. 4 lit. a) erlangt; er überlässt diesen seiner Bekannten B, die Kenntnis von der Herkunft besitzt, dauerhaft zum Gebrauch. – Während § 259 bloße Gebrauchsüberlassungen nicht erfasst, da das Sichverschaffen eine Übernahme der Verfügungsgewalt zu eigenen Zwecken voraussetzt, ist hier aufgrund der Dauerhaftigkeit der Überlassung § 261 Abs. 2 Nr. 2 verwirklicht[3126].

1189 (3) Eine Strafbarkeit nach Absatz 2 scheidet entsprechend dem Schutzzweck dann aus, wenn der Täter entweder selbst der Berechtigte ist oder den Gegenstand an sich nimmt, um ihn dem Berechtigten oder den Strafverfolgungsbehörden zu übergeben[3127] oder dieser in Absprache mit den Behörden verwendet wird[3128]. Zu beachten ist ferner **Absatz 6, wonach der Tatbestand ausgeschlossen ist**[3129], wenn ein Dritter zuvor den Gegenstand erlangt hat, ohne hierbei eine Straftat zu begehen. In diesem Fall entfällt die Bemakelung und der Gegenstand wird wieder verkehrsfähig. Daher scheiden Taten nach Absatz 2 auch dann aus, wenn der Gegenstand anschließend an Personen weiter verschoben wird, die die Herkunft des Gegenstandes kennen[3130]. Mit dem Erlangen des Gegenstandes ohne Straftat sind nach h. M. aber nur Straftaten nach § 261 gemeint[3131]. Dies überzeugt jedoch nicht nur angesichts des Wortlauts wenig, sondern führt bei anderen Straftaten zu einem sachlich nicht gerechtfertigten Abbruch der Kette[3132].

> **Bsp.:**[3133] V hat vor längerer Zeit wertvollen Schmuck von O durch Raub nach § 249 erlangt. Ein Jahr später bricht T in das Haus des V ein, entdeckt den Schmuck und stiehlt ihn, wobei er V für den Eigentümer hält. Er bietet den Schmuck Juwelier J an, der zwar nichts von dem Diebstahl des T weiß, jedoch die Herkunft des seltenen Schmuckes sogleich erkennt, den Schmuck aber gerne günstig erwirbt. – T begeht einen Diebstahl nach §§ 242, 244 Abs. 1 Nr. 3; § 261 Abs. 2 Nr. 1 scheidet hingegen aus; zwar hat V eine Katalogtat nach Abs. 1 Satz 2 Nr. 1 (Raub als Verbrechen i. S. d. § 12 Abs. 1) verwirklicht; jedoch erfolgt das Sichverschaffen nicht im Wege des abgeleiteten Erwerbs. Damit erlangt T den Schmuck zwar durch eine Straftat, aber nicht durch eine solche nach § 261. Daher könnte sich J nach h. M. auf den Tatbestandsausschluss nach

---

3123 Vgl. auch *Putzke*, StV 2011, 176 (178 f.); *Rübenstahl/Stapelberg*, NJW 2010, 3692 (3693).
3124 BGH NStZ 2017, 167 (169); L-*Kühl/Kühl*, § 261 Rn. 8; *Mitsch*, BT 2, 14.3.1.2.1.
3125 BGH NStZ 2017, 167 (169); *Fischer*, § 261 Rn. 41; *Maurach/Schroeder/Maiwald*, BT 2, § 101 Rn. 33; *Otto*, BT, § 96 Rn. 35; *Schönke/Schröder/Hecker*, § 261 Rn. 20; weiter NK-*Altenhain*, § 261 Rn. 116.
3126 *Fischer*, § 261 Rn. 41 f.; *Rengier*, BT 1, § 23 Rn. 13b; *Schönke/Schröder/Hecker*, § 261 Rn. 18.
3127 NK-*Altenhain*, § 261 Rn. 111; *Schönke/Schröder/Hecker*, § 261 Rn. 18.
3128 LG Gießen NJW 2004, 1966 (1967).
3129 S. *Fischer*, § 261 Rn. 43; *Maurach/Schroeder/Maiwald*, BT 2, § 101 Rn. 38; *Mitsch*, BT 2, 14.3.1.1; dagegen für eine Einschränkung des Tatbestandes SSW-*Jahn*, § 261 Rn. 58.
3130 L-*Kühl/Kühl*, § 261 Rn. 6; *Otto*, BT, § 96 Rn. 36; *Rengier*, BT 1, § 23 Rn. 16.
3131 *Schönke/Schröder/Hecker*, § 261 Rn. 21; kritisch dazu *Fischer*, § 261 Rn. 43; diff. SK-*Hoyer*, § 261 Rn. 37.
3132 *Maiwald*, FS Hirsch, 1999, S. 631 (645 f.); *Mitsch* BT 2, 14.3.1.2.1; *Fischer*, § 261 Rn. 43.
3133 S. auch *Fischer*, § 261 Rn. 43.

Absatz 6 berufen. Dies überzeugt aber nicht, da T die bemakelte Sache durch eine Straftat erlangt, deren Strafrahmen sogar höher als bei § 261 ist, und J gerade hinsichtlich der Herkunft des Gegenstandes bösgläubig ist.

Zu beachten ist, dass der Ausschluss des Absatzes 6 nur eingreift, wenn ein **Dritter den Gegenstand erlangt**, ohne hierbei eine Straftat zu begehen. Erhält umgekehrt der Vortäter Surrogate vom Dritten, so bleiben diese weiterhin bemakelt[3134]. Andernfalls könnten Gelder relativ leicht durch Einzahlung bei Kreditinstituten gewaschen und anschließend durch Überweisung oder Barabhebung als verkehrsfähige Gegenstände in den Finanzkreislauf eingeführt werden[3135]. Daher bleibt das Surrogat auch dann bemakelt, wenn die Bank am Geld nach §§ 929, 932, 935 Absatz 2 BGB Eigentum erlangt[3136]. Entsprechendes gilt für die Einzahlung auf ein Anderkonto eines Rechtsanwalts, wenn der Mandant auf die Gelder weiter zugreifen kann[3137]. Streitig ist, ob bei einem Ausschluss der Strafbarkeit nach Absatz 2 eine **Strafbarkeit nach Absatz 1** angenommen werden kann. Dies wird häufig mit Hinweis auf die gesetzgeberische Intention und den Wortlaut bejaht[3138]. Die Gegenansicht möchte hingegen Friktionen zwischen beiden Absätzen vermeiden und dehnt daher mit Recht bei einem gutgläubigen Erwerb des Gegenstandes die Straffreiheit auf Absatz 1 aus[3139]. Denn es ist nicht überzeugend, warum das Geld zwar nach Absatz 2 ausgegeben, d.h. verwendet werden, jedoch nicht in einem Schließfach verborgen (Absatz 1) werden darf.

> **Bsp.:** V hat 100 000 € aus Betäubungsmittelgeschäften erlangt. Er zahlt das Geld auf ein Bankkonto ein. Später hebt er 20000 € ab und kauft seiner Tochter ein Dressurpferd beim gutgläubigen T, der das Geld in seinem Tresor verstaut. Als V drei Wochen später erneut mit einem Bündel Geldscheine an T Pferd kaufen möchte, holt T Erkundigungen über V ein und erlangt so Kenntnis von dessen Geschäften; ein weiteres Pferd veräußert er aber nicht mehr. Mit dem aus dem Verkauf stammenden Geld zahlt T später bei Handwerker H den Bau eines kleinen Wintergartens; H, der in Kenntnis der Herkunft des Geldes einen höheren Lohn erhalten hat, verbringt den größten Teil des Geldes schnell in ein Schließfach im Ausland, um ein Auffinden durch die Strafverfolgungsbehörden zu verhindern. Einen kleinen Betrag schenkt er seiner eingeweihten Frau F. – Zunächst ist zu beachten, dass das Geld auch nach dem Abheben vom Konto durch V weiter bemakelt ist; zwar hat die Bank dieses gutgläubig erlangt und ist auch zivilrechtlich wirksam Eigentümerin geworden, jedoch endet die Bemakelung im Verhältnis zum Vortäter nicht, wenn dieser vom Dritten Surrogate erhält – diese rühren weiterhin aus der Vortat her; lediglich ein Dritter, der die von V eingezahlten Scheine von der Bank erhält, bleibt – selbst bei Bösgläubigkeit – straflos, weil die Bank die Scheine ohne Begehung einer Straftat (durch ihre Mitarbeiter) erlangt hat (Absatz 6). T macht sich bei Entgegennahme des Geldes nicht nach § 261 Abs. 2 Nr. 1 strafbar, wenn ihm keine Leichtfertigkeit nachgewiesen werden kann. Mit dem straffreien Erwerb durch T endet die Bemakelung und der Gegenstand wird verkehrsfähig. Das spätere Verwenden des

---

3134 L-Kühl/*Kühl*, § 261 Rn. 6; *Rengier*, BT 1, § 23 Rn. 20; *Schönke/Schröder/Hecker*, § 261 Rn. 18; a. A. aber *Maiwald*, FS Hirsch, 1999, S. 636 (640); s. auch BGHSt 47, 68 (79 f.), zur Auszahlung einer aus der Vortat stammenden Kaution an den Strafverteidiger, wenn diese zuvor zur Haftverschonung hinterlegt wurde und der Rückzahlungsanspruch an den Strafverteidiger zur Deckung der Honorarforderung abgetreten wurde.
3135 MünchKomm-*Neuheuser*, § 261 Rn. 73; *Wessels/Hillenkamp/Schuhr*, BT 2, Rn. 893.
3136 Dazu, dass allein der zivilrechtlich wirksame (gutgläubige) Erwerb die Bemakelung nicht entfallen lässt, OLG Karlsruhe NJW 2005, 767 (768 f.).
3137 BGHSt 55, 36 (56 f.).
3138 BGHSt 47, 68 (80); BGH NStZ 2017, 28 (29); LK-*Schmidt/Krause*, § 261 Rn. 24; NK-*Altenhain*, § 261 Rn. 86.
3139 *Maiwald*, FS Hirsch, 1999, S. 636 (642 ff.); *Rengier*, BT 1, § 23 Rn. 17 f.; *Wessels/Hillenkamp/Schuhr*, BT 2, Rn. 901.

Geldes ist nicht nach § 261 Abs. 2 Nr. 2 strafbar, weil dies Kenntnis der Herkunft des Geldes im Zeitpunkt der Erlangung voraussetzt. H macht sich durch Entgegennahme des Geldes aufgrund von Absatz 6 nicht nach § 261 Abs. 2 Nr. 1 strafbar; entsprechendes gilt auch für § 261 Abs. 2 Nr. 2 wegen des Verschenkens an F; F bleibt aus demselben Grund bei Annahme des Geldes nach § 261 Abs. 2 Nr. 1 straffrei. Die h. M. würde jedoch zu einer Strafbarkeit des H nach § 261 Abs. 1 gelangen, weil er das Geld in das Ausland transferiert hat, und damit das Geld verbirgt und das Auffinden vereitelt. Dies überzeugt jedoch nicht, weil H nach Absatz 6 auch straffrei wäre, wenn er das gesamte Geld der F geschenkt oder für sich verbraucht hätte.

1191 e) Umstritten ist die Frage, ob sich ein **Wahlverteidiger** strafbar macht, wenn er von seinem Mandanten bemakeltes Geld – etwa aus Betäubungsmittelgeschäften – als **Honorarzahlung** annimmt[3140]. In solchen Fällen kann mit Annahme des Geldes § 261 Abs. 2 Nr. 1 (Sichverschaffen) verwirklicht sein; der spätere Verbrauch wird von § 261 Abs. 2 Nr. 2 (Verwenden) nur erfasst, wenn der Täter zum Zeitpunkt der Erlangung des Geldes Kenntnis von der Herkunft besitzt, wofür jedoch Eventualvorsatz genügt. Teilweise wird vertreten, dass der Tatbestand des § 261 teleologisch reduziert werden muss[3141], weil es ansonsten für den Vortäter schwierig wäre, einen Wahlverteidiger zu finden, wenn dieser das Honorar nicht annehmen darf. Auch könnte gegenüber dem wegen Geldwäsche in Verdacht geratenen Wahlverteidiger ein Ermittlungsverfahren – ggf. unter Anordnung von Zwangsmitteln – durchgeführt werden und damit das Recht auf Strafverteidigung und Berufsausübung beeinträchtigt werden. Dieser Ansicht ist zunächst der BGH entgegengetreten[3142]. Ein Eingriff in Art. 12 GG liege nicht vor, da es dem Berufsbild eines Strafverteidigers nicht entspreche, wissentlich bemakeltes Geld als Honorar entgegenzunehmen. Auch stehe dem Beschuldigten kein Recht auf Wahlverteidigung zu. Eine Pflichtverteidigung wahre die Rechte des Beschuldigten – auch aus Art. 6 EMRK – hinreichend. Nach Ansicht des BVerfG, das einen Mittelweg einschlägt, ist der Tatbestand restriktiv auszulegen[3143]. Eine Strafbarkeit wegen Geldwäsche kann demnach nur dann bejaht werden, wenn der Strafverteidiger bei der Annahme des Geldes sichere Kenntnis von der Herkunft des Geldes aus einer Katalogtat hat. Daher genügt in diesen Fällen weder Leichtfertigkeit nach § 261 Abs. 5 noch dolus eventualis[3144]. Diese für § 261 Abs. 2 Nr. 1 entwickelte Lösung gilt auch für den Verschleierungstatbestand des Abs. 1[3145]. Diese Subjektivierung kann aber ebenso wie bei der Problematik einer Beihilfe oder Strafvereitelung durch den Strafverteidiger kritisiert und die Straffreistellung zumindest bei Eventualvorsatz in Frage gestellt werden[3146]. Anhand der Entscheidung des BVerfG lässt sich die Anwendung der in Band 1 behandelten **Auslegungsmetho-**

3140 Zur Vollstreckung einer nicht bemakelten Forderung eines Rechtsanwalts, wenn dieser dabei in Kauf nimmt, auf inkriminiertes Vermögen zuzugreifen, s. BGHSt 55, 36 (53 f.) m. Anm. *Rübenstahl/Stapelberg*, NJW 2010, 3692 (3693).
3141 OLG Hamburg StV 2000, 140 ff.; *Barton*, StV 1993, 156 (162); *Kindhäuser/Böse*, BT 2, § 49 Rn. 16 ff.; *Wohlers*, StV 2001, 425; einschränkend *Wessels/Hillenkamp/Schuhr*, BT 2, Rn. 902; krit. *Maurach/Schroeder/Maiwald*, BT 2, § 101 Rn. 37. Zu den unterschiedlichen dogmatischen Lösungen s. *Fischer*, § 261 Rn. 50 ff.; ausf. Beispiel bei *Krey/Hellmann/Heinrich*, BT 2, Rn. 909 ff.
3142 BGHSt 47, 68 (72 f.) mit Anm. *Fad*, JA 2002, 14; vgl. auch *Fischer*, § 261 Rn. 49; NK-*Altenhain*, § 261 Rn. 127 ff.; *Schaefer/Wittig*, NJW 2000, 1387 (1389); *Wessels/Hillenkamp/Schuhr*, BT 2, Rn. 902.
3143 BVerfGE 110, 226 ff.; BVerfG NJW 2015, 2949 (2953) weist darauf hin, dass auch andere restriktive Lösungsansätze möglich sind.
3144 *Rengier*, BT 1, § 23 Rn. 25; *Schönke/Schröder/Hecker*, § 261 Rn. 24.
3145 Offen gelassen von BVerfG NJW 2015, 2949 (2953 f.).
3146 *Heinrich*, AT, Rn. 1333.

den noch einmal demonstrieren[3147], selbst wenn man das Ergebnis des BVerfG nicht teilen mag[3148]. Das BVerfG fasst zunächst die vier „klassischen Auslegungsmethoden" wie folgt zusammen:

„Maßgebend für die Auslegung einer Gesetzesbestimmung ist der in der Norm zum Ausdruck kommende objektivierte Wille des Gesetzgebers, wie er sich aus dem Wortlaut der Vorschrift und dem Sinnzusammenhang ergibt, in den die Norm hineingestellt ist (…)"[3149]:

(1) **Grammatikalische Auslegung**: „Im Strafrecht kommt freilich der grammatikalischen Auslegung eine besondere Bedeutung zu, weil der mögliche Wortsinn einer Vorschrift der Auslegung mit Blick auf Art. 103 Abs. 2 GG eine Grenze zieht, die nicht überschritten werden darf. Die als Allgemeindelikt ausgestaltete Strafnorm verbietet nach ihrem Wortlaut jedermann, sich Geld zu verschaffen, das aus einer Katalogtat stammt. Daher kommt der Strafverteidiger wie jeder andere als tauglicher Täter einer Geldwäsche in Betracht."

1192

(2) **Systematische Auslegung**: „Auch die systematische Auslegung trägt die Einbeziehung des Strafverteidigers in den Kreis tauglicher Täter der Geldwäsche. Der Gesetzgeber hat § 261 in den 21. Abschnitt des Besonderen Teils des StGB eingefügt und damit den „Anschlussdelikten" zugeordnet, die auch von Strafverteidigern verwirklicht werden können. Gegenteilige Schlüsse können aus einem Vergleich mit anderen Regelungsmaterien wie der Strafprozessordnung oder dem Geldwäschegesetz nicht gezogen werden."

1193

(3) **Historische Auslegung**: „Die Entstehungsgeschichte des § 261 steht einer Einbeziehung der Strafverteidiger in den Kreis möglicher Täter nicht entgegen. Der Gesetzgeber hat davon abgesehen, für einzelne Fallkonstellationen Ausnahmen vorzusehen, um das mit dem Geldwäschetatbestand verfolgte Ziel wirkungsvoller Bekämpfung der Organisierten Kriminalität durch wirtschaftliche Isolierung gefährlicher Straftäter nicht zu schwächen; dies gilt auch für die Strafverteidiger."

1194

(4) **Teleologische Auslegung**: „Die objektiv-teleologische Methode, die nach Sinn und Zweck des Gesetzes fragt, stellt dieses Ergebnis nicht in Frage. In Rechtsprechung und Literatur ist zwar umstritten, welchem Rechtsgut § 261 Abs. 2 Nr. 1 StGB dient (…); (…) keine der bisher vertretenen Annahmen über das Rechtsgut des Verbots der Geldwäsche zielt auf ein Herausnehmen des Strafverteidigers aus dem Täterkreis."

1195

(5) **Verfassungskonforme Auslegung**: „§ 261 Abs. 2 Nr. 1 StGB bedeutet für den Strafverteidiger einen Eingriff in sein Grundrecht auf freie Berufsausübung (Art. 12 Abs. 1 Satz 1 GG). § 261 Abs. 2 Nr. 1 StGB greift in die Berufsausübungsfreiheit des Strafverteidigers ein. Ein durch diese weite Auslegung der Strafnorm des § 261 Abs. 2 Nr. 1 StGB bewirkter Eingriff in die Berufsausübungsfreiheit der Strafverteidiger wäre verfassungsrechtlich nicht in vollem Umfang gerechtfertigt. Er verstieße ohne verfassungskonforme Reduktion gegen den Grundsatz der Verhältnismäßigkeit. Die Gerichte sind gehalten, eine verfassungskonforme Auslegung des Gesetzes zu bemühen. Der Respekt vor der gesetzgebenden Gewalt gebietet es, dem Willen des Gesetzgebers im Rahmen des verfassungsrechtlich Zulässigen so weit wie möglich Rechnung zu tragen. (…). Nach diesen Maßstäben ist eine verfassungskonform einengende Auslegung des § 261 Abs. 2 Nr. 1 StGB dahin möglich, dass der Straftatbestand die Annahme eines Honorars oder Honorarvorschusses durch einen Strafverteidiger nur dann erfasst, wenn der Strafverteidiger im Zeitpunkt der Annahme sicher weiß, dass das Geld aus einer Katalogtat stammt."

1196

f) Richtigerweise gilt diese restriktive Auslegung auch für den **zivilrechtlich tätigen Rechtsanwalt**[3150]. Die Frage nach einer Einschränkung des Absatzes 2 stellt sich aber auch bei anderen **Handlungen des Alltagsverkehrs**, wie etwa bei Bankangestellten, Verkäufern oder Ärzten. Die Frage ist im Zusammenhang mit der

1197

3147 *Eisele*, BT 1, Rn. 3 ff.
3148 Vgl. etwa *Fischer*, § 261 Rn. 53; NK-*Altenhain*, § 261 Rn. 127 f.
3149 BVerfGE 110, 226 (248).
3150 So auch *Kraatz*, NJ 2015, 149 (151); *Raschke*, NStZ 2012, 606 ff.; offen gelassen von BVerfG NJW 2015, 2949 (2953 f.). Zum Insolvenzverwalter *Brüning*, wistra 2006, 241 (242 ff.); SSW-*Jahn*, § 261 Rn. 66; *Schönke/Schröder/Hecker*, § 261 Rn. 27, der die Grundsätze zur sog. neutralen Beihilfe auf andere Berufsgruppen anwenden möchte. Dagegen aber *Fischer*, § 261 Rn. 57 f.; MünchKomm-*Neuheuser*, § 261 Rn. 83.

Diskussion über sozialadäquate bzw. berufsbezogene neutrale Handlungen zu sehen. Jedoch ist die Problematik angesichts des geschützten Rechtsguts etwas anders gelagert, weil hier nicht die Erbringung der Leistung als Hilfe bei der Vortat (Beihilfeproblematik) oder Hilfeleistung nach der Tat (Strafvereitelung), sondern die Annahme der Gegenleistung im Fokus steht[3151]. Entsprechend den Vorgaben des BVerfG zur Strafbarkeit des Wahlverteidigers ist auch hier bei sicherer Kenntnis der Herkunft des Geldes stets eine Strafbarkeit zu bejahen. Für eine darüber hinausgehende grundsätzliche Anwendung des Absatzes 2 bei der Annahme von bemakelten Geldern spricht aber der Gedanke der Isolation des Vortäters[3152]. Anders als bei Strafverteidigern, die im Rahmen ihrer beruflichen Tätigkeit häufig Kenntnis von der Verwirklichung der Katalogtat ihres Mandanten erlangen bzw. damit zumindest rechnen müssen und daher gerade der Gefahr einer Strafbarkeit wegen Leichtfertigkeit nach Absatz 5 ausgesetzt sind, trifft dies auf andere Berufsgruppen nicht zu. Angesichts des bestehenden Krankenversicherungssystems wird ein leichtfertiges Verhalten des Arztes selten vorliegen; der Fall, dass der Patient mit einem mit Geldscheinen gefüllten Koffer in seiner Praxis auftaucht, stellt sich hier (praktisch) nicht. Bei Bankangestellten und anderen mit Finanztransaktionen befassten Personen, denen nach dem Geldwäschegesetz sogar bestimmte Pflichten auferlegt sind, ist eine Nachsicht auch bei leichtfertigem Verhalten nicht angebracht[3153]. Der geringe Strafrahmen und die Einstellungsmöglichkeiten nach §§ 153 ff. StPO können dem im Einzelfall geringen Unrechtsgehalt zudem hinreichend Rechnung tragen. Im Übrigen wird man allenfalls bei Alltagsgeschäften **zur Deckung des notwendigen Lebensbedarfs zur Sicherung der Existenz** in engen Grenzen eine tatbestandliche Reduktion befürworten können[3154]. Dies ist jedoch beim Kauf von Konsumgütern – wie Fernsehgeräten, Fahrrädern usw. – nicht mehr der Fall; andernfalls würde der Isolierungstatbestand in weiten Bereichen unterlaufen.

2. Subjektiver Tatbestand

1198 Der Täter muss **vorsätzlich** bezüglich aller Merkmale des objektiven Tatbestandes handeln.

1199 a) Der Täter muss sich vor allem derjenigen Umstände bewusst sein, aus denen sich in groben Zügen bei einer laienhaften Bewertung eine Katalogtat ergibt[3155]. Das Bewusstsein irgendeiner kriminellen Vortat („Waffengeschäft") genügt nicht. Allerdings dürfen die Anforderungen nicht überspannt werden. Stellt sich der Täter eine andere Katalogtat als diejenige vor, die tatsächlich begangen wird, ist dies unschädlich, da sein Vorsatz nur auf irgendeine Katalogtat gerichtet sein muss[3156].

3151 Vgl. auch *Fad*, JA 2002, 14.
3152 MünchKomm-*Neuheuser*, § 261 Rn. 89; *Rengier*, BT 1, § 23 Rn. 22; *Schönke/Schröder/Hecker*, § 261 Rn. 24; a. A. für Geschäfte zur Deckung des notwendigen Lebensbedarfs *Barton*, StV 1993, 156 (157 ff.); *Kindhäuser/Böse*, BT 2, § 49 Rn. 14; *Maurach/Schroeder/Maiwald*, BT 2, § 101 Rn. 37.
3153 *Flatten*, Zur Strafbarkeit von Bankangestellten bei der Geldwäsche, 1996, S. 118 ff., 150; a. A. *Barton*, StV 1993, 156 (161 f.).
3154 Mit Recht restriktiv *Fischer*, § 261 Rn. 59; abl. MünchKomm-*Neuheuser*, § 261 Rn. 81 ff.; NK-Altenhain, § 261 Rn. 120 ff.; weiter aber die h. M. *Kindhäuser/Böse*, BT 2, § 49 Rn. 14; *Maurach/Schroeder/Maiwald*, BT 2, § 101 Rn. 37; *Mitsch*, BT 2, 14.3.1.2.1; *Wessels/Hillenkamp/Schuhr*, BT 2, Rn. 900.
3155 BGHSt 43, 158 (165); BGH wistra 2003, 260 f.; *Fischer*, § 261 Rn. 69; HK-*Hartmann*, § 261 Rn. 22; *Kindhäuser/Böse*, BT 2, § 49 Rn. 19; NK-Altenhain, § 261 Rn. 132; *Otto*, BT, § 96 Rn. 37; *Schönke/Schröder/Hecker*, § 261 Rn. 26.
3156 BGH NStZ-RR 2020, 80 (81) m. Anm. *Hecker*, JuS 2020, 572; SK-*Hoyer*, § 261 Rn. 40.

b) Absatz 5 stellt ferner Fälle unter Strafe, in denen der Betreffende **leichtfertig** nicht erkennt, dass der Gegenstand aus einer Katalogtat herrührt. Die Leichtfertigkeit erstreckt sich damit nur auf das Herrühren; hinsichtlich der weiteren Merkmale ist auch hier Vorsatz erforderlich[3157]. Damit sollen Beweisschwierigkeiten im subjektiven Bereich überwunden werden[3158]. Leichtfertigkeit liegt vor, wenn sich die Herkunft des Gegenstandes geradezu aufdrängt und der Täter dies aus besonderer Gleichgültigkeit oder grober Unachtsamkeit außer Acht lässt[3159]. Wenig geklärt ist im Übrigen, ob die leichtfertige Geldwäsche des § 261 Abs. 5 StGB angesichts des Wortlauts („Kenntnis") auch für § 261 Abs. 2 Nr. 2 gilt. Die h. M. bejaht dies, da insoweit eine Differenzierung zwischen § 261 Abs. 2 Nr. 1 StGB und § 261 Abs. 2 Nr. 2 nicht sachgerecht wäre.[3160]

> **Bsp.:** Im Beispiel des Finanzagenten (oben Rn. 1184) ist der Vorsatz dann problematisch, wenn F nicht von strafbaren Tätigkeiten ausging. In Betracht kommt aber Leichtfertigkeit nach Absatz 5, da es ganz unüblich ist, Geld von Unbekannten zu erhalten und dieses als Mittelsmann an Barempfänger weiterzuleiten. Dies gilt erst recht, wenn F nach Kenntnis der Sperrung des Kontos eine weitere Stelle als Finanzagent annimmt oder mit den Gepflogenheiten von Finanzgeschäften allgemein vertraut ist[3161].

Eine Strafbarkeit wegen Leichtfertigkeit nach Absatz 5 ist auch dann möglich, wenn bei § 259 der objektive Tatbestand verwirklicht ist, eine gleichzeitige Bestrafung aber am fehlenden bzw. nicht nachweisbaren Vorsatz scheitert. § 259 entfaltet insoweit keine Sperrwirkung, obgleich im Falle des Sichverschaffens bei Katalogtaten häufig beide Tatbestände verwirklicht sind[3162].

IV. Strafzumessungsregel für besonders schwere Fälle mit Regelbeispielen, § 261 Abs. 4

Ein besonders schwerer Fall der Geldwäsche liegt nach Absatz 4 in der Regel vor, wenn der Täter gewerbsmäßig oder als Bandenmitglied handelt[3163].

V. Persönliche Strafausschließungs- und Strafaufhebungsgründe

1. Tätige Reue und Vortatbeteiligung

Abs. 9 Satz 1 normiert einen **persönlichen Strafaufhebungsgrund für tätige Reue** bei einer Anzeige der Tat[3164]. **Abs. 9 Satz 2** enthält einen **persönlichen Strafausschließungsgrund** für denjenigen, der schon **wegen Beteiligung** – auch als Anstifter oder Gehilfe – an der Vortat strafbar ist[3165]. Dabei spielt es keine Rolle, ob die Verurteilung wegen der Vortat aufgrund von Wahlfeststellung erfolgt ist[3166]. Die Regelung beruht auf dem Gedanken der mitbestraften Nachtat und

---

3157 KG StV 2013, 89 (92); A/W/H/H-*Heinrich*, § 29 Rn. 37; *Kindhäuser/Böse*, BT 2, § 49 Rn. 20; L-*Kühl/Kühl*, § 261 Rn. 13; *Otto*, BT, § 96 Rn. 41; *Schönke/Schröder/Hecker*, § 261 Rn. 28.
3158 BT-Drs. 12/3533, S. 14; BGHSt 43, 158 (165 ff.), bejaht die Verfassungsmäßigkeit.
3159 BGHSt 50, 347 (351); OLG Hamburg NStZ 2011, 523 (524); BGH NStZ-RR 2019, 145 (146).
3160 LK-*Schmidt/Krause*, § 261 Rn. 40; NK-*Altenhain*, § 261 Rn. 138; a. A. *Bottke*, wistra 1995, 121 (123).
3161 LG Darmstadt ZUM 2006, 876 (878).
3162 BGHSt 50, 347 (352 ff.).
3163 Dazu o. Rn. 129 und o. Rn. 212 ff.
3164 NK-*Altenhain*, § 261 Rn. 147; SK-*Hoyer*, § 261 Rn. 31 f.
3165 BGH NZWiSt 2015, 272 (273); L-*Kühl/Kühl*, § 261 Rn. 10; *Mitsch*, BT 2, 14.4; *Otto*, BT, § 97 Rn. 44.
3166 BGHSt 61, 245 (348).

soll eine Doppelbestrafung vermeiden³¹⁶⁷. Für die Frage der Vortatbeteiligung ist allein auf das deutsche Recht abzustellen, so dass eine Strafbarkeit nach ausländischem Recht unerheblich ist³¹⁶⁸. Eine **Einschränkung des persönlichen Strafausschließungsgrunds für die Selbstgeldwäsche findet** sich in **Abs. 9 Satz 3**. Straflosigkeit scheidet für den Vortatbeteiligten demgemäß aus, wenn er den aus der Vortat herrührenden Gegenstand in den Verkehr bringt und dabei die rechtswidrige Herkunft des Gegenstands verschleiert. Da das Verschleiern das Vertrauen in den legalen Finanz- und Wirtschaftsverkehr nachhaltig erschüttere, stehe ein erhöhter Unrechtsgehalt der Straffreistellung im Wege³¹⁶⁹. Ein Inverkehrbringen liegt auch vor, wenn der Täter Einzahlungen und Überweisungen von aus Vortaten herrührenden Geldern auf das Bankkonto eines Dritten vornimmt, auf das er jedoch kraft Kontovollmacht Zugriff hat³¹⁷⁰.

2. Aufklärungshilfe

1204 Der frühere **Abs. 10** wurde mit dem 43. StÄG gestrichen; nunmehr ist § 46b zu beachten.

VI. Konkurrenzen

1205 Angesichts der abweichenden Rechtsgüter kann § 261 zu §§ 257 ff. in Tateinheit stehen. Gegenüber einer mit der Geldwäsche zugleich begangenen gewerbsmäßigen Hehlerei nach § 260 (und der gewerbsmäßigen Bandenhehlerei nach § 260a) soll § 261 jedoch im Wege der Gesetzeskonkurrenz zurücktreten³¹⁷¹, da kein kriminalpolitisches Bedürfnis für eine tateinheitliche Bestrafung der Katalogtat (Abs. 1 Satz 2 Nr. 4 lit. a) bestehe; Tateinheit soll aber im Verhältnis der einfachen Hehlerei nach § 259 anzunehmen sein. Angesichts der unterschiedlichen Schutzrichtungen der Tatbestände ist es aber überzeugender, in beiden Fällen Tateinheit zu bejahen. Soweit §§ 259 ff. als Vortat verwirklicht werden, ist bereits Abs. 9 Satz 2 zu beachten³¹⁷².

3167 BGHSt 53, 205 (207); BGHSt 63, 268 (269).
3168 BGHSt 53, 205 (207 f.).
3169 BT-Drs. 18/6389, S. 13.
3170 BGH NJW 2019, 533 (535).
3171 BGHSt 50, 347 (358); krit. *Schramm*, wistra 2008, 245, der zwischen § 261 Abs. 1 und Abs. 2 differenziert.
3172 S. auch BGH NStZ 2000, 653 (654).

Anhang: Definitionen

Absatzhilfe (§ 259):	Weisungsabhängige, unselbstständige Unterstützung, die dem Vortäter bei dessen Absatzbemühungen gewährt wird.
Absetzen (§ 259):	Selbstständiges Unterstützen des Vortäters beim Weiterschieben der aus der Vortat stammenden Sache.
Amtsträger (§§ 113, 133, 201, 203, 240, 264, 267, 268, 269, 331 ff. 340, 348):	Nach der Legaldefinition des § 11 Abs. 1 Nr. 2 ist Amtsträger, wer nach deutschem Recht a) Beamter oder Richter ist, b) in einem sonstigen öffentlich-rechtlichen Amtsverhältnis steht oder c) sonst dazu bestellt ist, bei einer Behörde oder sonstigen Stelle oder in deren Auftrag Aufgaben der öffentlichen Verwaltung unbeschadet der zur Aufgabenerfüllung gewählten Organisationsform wahrzunehmen.
Andere Schutzvorrichtung (§ 243):	Jede Vorkehrung, die nach ihrer Art geeignet und dazu bestimmt ist, die Wegnahme einer Sache zu verhindern oder jedenfalls nicht unerheblich zu erschweren.
Angriff auf die Entschlussfreiheit (§ 316a):	Erfasst werden alle Formen des Einsatzes von Nötigungsmitteln, wobei weder ein Nötigungserfolg eintreten, geschweige denn eine Nötigung nach § 240 gegeben sein muss.
Angriff auf Leib und Leben (§ 316a):	Eine feindselige, auf den Körper zielende Einwirkung, die eine nicht ganz unerhebliche Verletzungsgefahr zur Folge hat.
Ausnutzung der besonderen Verhältnisse des Straßenverkehrs (§ 316a):	Die Tat muss in engem Zusammenhang zur Nutzung des Fahrzeugs als Verkehrsmittel stehen, weil der Straßenverkehr typischerweise eine erhöhte Konzentration der Insassen auf die Fahrzeugbedienung und Verkehrslage erfordert und damit für diese die Gegenwehr und Flucht erschwert ist.
Bande (§§ 146, 152a, 152b, 244, 244a, 250, 260, 260a, 263, 263a, 266, 267, 268, 269, 335):	Zusammenschluss von mindestens drei Personen, die sich mit dem Willen verbunden haben, künftig für eine gewisse Dauer mehrere selbstständige, im Einzelnen noch ungewisse Straftaten der im jeweiligen Gesetz genannten Art zu begehen. Ein gefestigter Bandenwille oder ein Tätigwerden in einem übergeordneten Bandeninteresse ist nicht notwendig.
Bauwerk (§ 305):	Jede bauliche Anlage, die auf Grund und Boden ruht.
Beiseiteschaffen (§ 265):	Handlungen, durch die die versicherte Sache derart räumlich entzogen oder verborgen wird, dass der Anschein eines Abhandenkommens erzeugt und der Zugriff auf die Sache wesentlich erschwert wird.
Bereicherungsabsicht (§§ 253, 255, 259, 263, 263a):	Dem Täter muss es im Sinne von dolus directus 1. Grades darauf ankommen, den wirtschaftlichen Wert seines Vermögens oder des Vermögens eines Dritten zu verbessern.
Beschädigung einer Sache (§ 303):	Beschädigung ist jede unmittelbare körperliche Einwirkung auf eine Sache, die entweder die Substanz der Sache nicht unerheblich verletzt (Substanzverletzung) oder durch die die bestimmungsgemäße Brauchbarkeit nicht nur unerheblich beeinträchtigt wird (Funktionsbeeinträchtigung).
Besitz (§ 252):	Unter Besitz ist Gewahrsam als tatsächliche Sachherrschaft zu verstehen.

Bruch fremden Gewahrsams (§§ 242, 249):	Aufhebung der Sachherrschaft gegen den Willen bzw. ohne das Einverständnis des bisherigen Gewahrsamsinhabers.
Daten (§§ 202a, 202b, 202c, 274):	Daten i. S. d. § 202a Abs. 1 sind nach der Legaldefinition des Absatzes 2 nur solche, die elektronisch, magnetisch oder sonst nicht unmittelbar wahrnehmbar gespeichert sind oder übermittelt werden.
Daten (§§ 263a, 268, 269):	Alle – nicht notwendig gespeicherten – Informationen, die Gegenstand eines Datenverarbeitungsprozesses sein können.
Datenverarbeitung (§ 263a):	Elektronisch technischer Vorgang, bei dem durch Erfassung von Daten und ihre Verknüpfung durch Programme Arbeitsergebnisse erzielt werden.
Dreiecksbetrug (§§ 263, 263a):	Der Getäuschte, Irrende und Verfügende einerseits sowie der Geschädigte andererseits sind verschiedene Personen. Der Dreiecksbetrug setzt voraus, dass die Handlungen des Verfügenden dem Geschädigten zugerechnet werden können, d. h. beide aufgrund eines Näheverhältnisses eine Zurechnungseinheit bilden.
Drohen der Zwangsvollstreckung (§ 288):	Ein Drohen der Zwangsvollstreckung liegt vor, wenn konkrete Anhaltspunkte für die Absicht des Gläubigers bestehen, dass er seinen Anspruch alsbald mit hoheitlichem Zwang durchsetzen wird.
Drohende Zahlungsunfähigkeit (§§ 283, 283d):	Diese liegt vor, wenn der Schuldner voraussichtlich nicht in der Lage sein wird, die bestehenden Zahlungspflichten im Zeitpunkt der Fälligkeit zu erfüllen (vgl. auch § 18 Abs. 2 InsO).
Drohung (§§ 237, 240, 253):	Inaussichtstellen eines empfindlichen Übels, auf dessen Verwirklichung der Täter Einfluss zu haben vorgibt, um einen bestimmten Nötigungserfolg zu erreichen.
Drohung mit gegenwärtiger Gefahr für Leib oder Leben (§§ 249, 252, 255):	Eine Drohung mit gegenwärtiger Gefahr für Leib oder Leben liegt vor, wenn der Täter eine nicht unerhebliche Beeinträchtigung der körperlichen Integrität in Aussicht stellt, auf die er Einfluss hat oder dies zumindest vorgibt.
Einbrechen (§ 243):	Gewaltsames Öffnen einer Umschließung, die als tatsächliches Hindernis das Betreten des umschlossenen Raumes verhindern soll.
Einrichtungen (§ 265a):	Einrichtungen sind auf Dauer und zu einem bestimmten Zweck angelegte Personen- oder Sachgesamtheiten.
Einsteigen (§ 243):	Dieses liegt vor, wenn der Täter unter Überwindung der Umschließung auf einem nach der Eigenart des Raumes dafür nicht bestimmten Weg in diesen hinein gelangt.
Entziehen (§ 248c):	Entnahme von Energie verbunden mit einer Minderung des Energievorrates.
Erschleichen (§ 265a):	Ordnungswidrige oder missbräuchliche Betätigung des Automatenmechanismus, was einer täuschungsähnlichen Manipulation entspricht.
Entführen (§§ 239a, 239b):	Herbeiführung einer Ortsveränderung gegen oder ohne den Willen des Opfers, wobei dieses in der konkreten Situation der Herrschaftsgewalt des Täters ausgeliefert sein muss.
Falscher Schlüssel (§ 243):	Falsch ist ein Schlüssel, wenn dieser zur Tatzeit nicht (mehr) zur ordnungsgemäßen Öffnung bestimmt ist, wofür der Wille des Berechtigten maßgeblich ist.
Fangen (§ 292):	Fangen bedeutet das Erlangen der tatsächlichen Herrschaft über ein Tier.
Frische Tat (§ 252):	Die Tat ist frisch, wenn mit der Wegnahmehandlung noch ein enger zeitlicher und räumlicher Zusammenhang besteht.

Führer eines Kraftfahrzeuges (§ 316a):	Wer das Kraftfahrzeug in Bewegung zu setzen beginnt, es in Bewegung hält oder allgemein mit dem Betrieb des Fahrzeugs und/oder mit der Bewältigung von Verkehrsvorgängen beschäftigt ist.
Gefahr einer Gesundheitsschädigung, des Todes usw. (§§ 113, 218, 221, 225, 235, 250, 306a Abs. 2, 306b, 306d, 306f, 315, 315b, 315c, 330):	Eine konkrete Gefahr setzt voraus, dass die latente Gefährlichkeit der Handlung so gesteigert ist, dass der Eintritt eines Schadens aufgrund einer objektiv-nachträglichen Prognose so wahrscheinlich ist, dass es nur noch vom Zufall abhängt, ob das Rechtsgut verletzt wird oder nicht.
Gefährliches Werkzeug (§§ 244, 250):	Die Definition weicht von § 224 ab und ist sehr streitig. Nach der **abstrakt-objektiven** Theorie kommt es darauf an, ob das Werkzeug an die Gefährlichkeit von Waffen heranreicht und damit Waffenersatzfunktion hat. Nach der **konkret subjektiven** Betrachtungsweise muss es der Täter zum gefährlichen Werkzeug widmen (Verwendungsvorbehalt).
Gegenwärtige Gefahr für Leib und Leben (§§ 249, 252, 255):	Gegenwärtig ist die Gefahr in Anlehnung an die für § 34 entwickelten Grundsätze, wenn das Umschlagen in einen Schaden unmittelbar bevorsteht oder wenn bei natürlicher Weiterentwicklung der Dinge der Eintritt eines Schadens sicher oder doch höchstwahrscheinlich ist, falls nicht alsbald Abwehrmaßnahmen ergriffen werden.
Gesundheitsschädigung, schwere (§§ 218, 221, 223, 225, 235, 238, 239, 250, 306b, 315, 330):	Gesundheitliche Folgen i. S. d. § 226 Abs. 1 Nr. 1 bis 3 oder mit vergleichbarem Schweregehalt. Das Merkmal liegt auch vor, wenn das Opfer in eine ernste langwierige Krankheit verfällt, eine dauernde oder langwierige, schwerwiegende Beeinträchtigung der Gesundheit, der Arbeitskraft oder anderer körperlicher Fähigkeiten oder eine nachhaltige Beeinträchtigung der physischen oder psychischen Stabilität gegeben ist.
Gewahrsam (§§ 242, 249):	Unter Gewahrsam versteht man die Sachherrschaft (**objektive** Komponente), die von einem natürlichen Sachherrschaftswillen getragen wird (**subjektive** Komponente).
Gewalt (§§ 240, 249, 252, 253, 255):	Entfaltung – wenn auch nur geringfügiger – körperlicher Kraft, mit der zur Überwindung eines tatsächlich geleisteten oder erwarteten Widerstandes auf den Körper eines anderen eingewirkt wird. Die Grenzen des Gewaltbegriffs sind streitig.
Gewerbsmäßiges Handeln (§§ 146, 152a, 152b, 243, 244a, 260, 261, 263, 263a, 266, 267, 268, 269, 292, 335):	Wer sich aus der wiederholten Begehung der im jeweiligen Gesetz genannten Taten eine regelmäßige Einnahmequelle verschaffen will.
Glücksspiel (§ 284):	Ein nach vorherbestimmten Regeln verlaufendes Spiel, bei dem die Entscheidung über Gewinn und Verlust ganz oder überwiegend vom Zufall abhängt, das seiner generellen Bestimmung nach auf die Erzielung eines geldwerten Gewinns ausgerichtet ist und in dessen Rahmen für den Erwerb einer Gewinnchance ein Entgelt verlangt wird.
Herrühren (§ 261):	Ein Gegenstand rührt aus einer Vortat her, wenn die Tat kausal für den Vermögensgegenstand in seiner konkreten Gestalt oder für dessen wirtschaftliche Zuordnung ist, auch wenn der ursprüngliche Gegenstand unter Beibehaltung seines Wertes durch einen anderen ersetzt worden ist.
Hilfeleistung (§ 257):	Jede Handlung, die objektiv geeignet ist, den Vortäter im Hinblick auf die Vorteilssicherung unmittelbar besser zu stellen und die subjektiv mit dieser Tendenz vorgenommen wird.

Hilflosigkeit (§ 243):	Schwächesituation, aus der sich eine Person nicht aus eigener Kraft gegen eine drohende Gefahr für das Eigentum schützen kann.
Ingebrauchnahme (§ 248b):	Bestimmungsgemäße Nutzung des Fahrzeugs – auch ohne Motorkraft – zum Zweck der Fortbewegung.
Irrtum (§ 263):	Fehlvorstellung eines Menschen über Tatsachen, die Gegenstand der Täuschung sind.
Juristisch-ökonomischer Vermögensbegriff (§ 263):	Demnach gehören zum geschützten Vermögen alle Positionen, die einen wirtschaftlichen Wert haben, jedoch nur soweit sie unter dem Schutz der Rechtsordnung stehen.
Leichtfertigkeit (§§ 218, 251, 306c, 316a):	Diese entspricht in etwa der groben Fahrlässigkeit im Zivilrecht, so dass der Täter aus besonderem Leichtsinn oder besonderer Gleichgültigkeit handeln muss.
Löschung von Daten (§§ 274, 303a):	Daten werden gelöscht, wenn sie vollständig oder unwiederbringlich unkenntlich gemacht werden, also sich nicht mehr rekonstruieren lassen und daher für immer gänzlich verloren sind.
Missbrauch der Befugnis (§§ 266, 266b):	Missbrauch ist das Handeln im Rahmen des rechtlichen Könnens (im Außenverhältnis) unter Überschreitung des rechtlichen Dürfens (im Innenverhältnis).
Mitfahrer (§ 316a):	Insasse eines Kraftfahrzeugs, während eine andere Person dieses führt.
Nachstellen (§ 292):	Das Nachstellen umfasst jede Handlung, mit der der Täter nach seiner Vorstellung zum Fangen, Erlegen oder Zueignen unmittelbar ansetzt, auch wenn diese letztlich erfolglos bleibt.
Rechtswidrigkeit der erstrebten Bereicherung (§§ 253, 255, 263, 263a):	Diese liegt nur dann nicht vor, wenn ein rechtlich begründeter, d. h. ein einredefreier und fälliger Anspruch auf den Vermögensvorteil besteht.
Rechtswidrigkeit der (erstrebten) Zueignung (§§ 242, 246):	Nicht rechtswidrig ist die (erstrebte) Zueignung nur, wenn ein fälliger und einredefreier Anspruch auf die konkrete Sache besteht.
Schusswaffe (§§ 244, 250):	Schusswaffen sind Waffen, bei denen Geschosse durch einen Lauf getrieben werden.
Sich-Bemächtigen (§§ 234, 239a, 239b):	Erlangung der physischen Verfügungsgewalt über das Opfer.
Sich-Verschaffen (§§ 259, 261):	Dieses setzt voraus, dass der Täter die tatsächliche Verfügungsgewalt zu eigenen Zwecken im Wege des abgeleiteten Erwerbs bewusst und gewollt übernimmt.
Stoffgleichheit (§§ 253, 263):	Diese liegt vor, wenn Vermögensschaden und erstrebte Bereicherung im Sinne einer Unmittelbarkeitsbeziehung auf derselben Verfügung beruhen und der Vorteil gerade die Kehrseite des Schadens darstellt.
Täuschung (§ 263):	Jede intellektuelle Einwirkung auf das Vorstellungsbild eines anderen mit dem Ziel der Irreführung über Tatsachen.
Tatsachen (§ 263):	Alle Geschehnisse und Zustände der Vergangenheit oder Gegenwart, die entweder die Außenwelt (äußere Tatsache) oder psychische Vorgänge (innere Tatsache) betreffen und dem Beweis zugänglich sind.
Technisches Gerät (§ 268):	Jeder Mechanismus, der darauf angelegt ist, ganz oder zumindest teilweise selbsttätig technische Aufzeichnungen zu produzieren.

Teilweises Zerstören (§§ 305, 306 ff.):	Dieses liegt vor, wenn ein selbstständiger Teil des Bauwerks so unbrauchbar gemacht wird, dass er nicht mehr entsprechend seiner Funktion genutzt werden kann. Das ist zum einen der Fall, wenn einzelne Teile, die der Erfüllung der Sache dienen, unbrauchbar gemacht werden. Zum anderen werden Fälle erfasst, in denen die gesamte Sache zur Erfüllung von einzelnen Aufgaben unbrauchbar gemacht wird.
Überschuldung (§ 283):	Diese ist gegeben, wenn die Passiva die Aktiva übersteigen, auch wenn der Täter noch zahlungsfähig ist.
Umschlossener Raum (§ 243):	Raumgebilde, das zum Betreten von Menschen bestimmt ist und Vorrichtungen aufweist, die das Eindringen nicht unerheblich erschweren.
Unbefugte Verwendung von Daten (§ 263a):	Nach der von der h. M. vertretenen betrugsspezifischen Auslegung muss eine täuschungsähnliche Handlung vorliegen.
Unbrauchbarmachen von Daten (§§ 274, 303a; ferner von Vermögensbestandteilen, § 283):	Unbrauchbar gemacht sind Daten, wenn sie in ihrer Gebrauchsfähigkeit so beeinträchtigt werden, dass sie nicht mehr ordnungsgemäß verwendet werden und damit ihren bestimmungsgemäßen Zweck nicht mehr erfüllen können.
Unterdrückung von Daten (§§ 274, 303a):	Ein Unterdrücken ist gegeben, wenn die Daten dem Zugriff des Verfügungsberechtigten entzogen werden.
Verändern von Daten (§§ 274, 303a):	Daten werden verändert, wenn sie einen anderen Informationsgehalt erhalten und dadurch der ursprüngliche Verwendungszweck beeinträchtigt wird.
Veräußern (§ 288):	Darunter ist jede rechtsgeschäftliche Verfügung zu verstehen, durch die ein Vermögenswert ohne vollen Ausgleich aus dem Vermögen ausscheidet und damit dem Zugriff des Gläubigers rechtlich entzogen oder dessen Befriedigungsmöglichkeit verringert wird.
Veranstalten eines Glücksspiels (§ 284):	Veranstalten ist die unmittelbare Eröffnung einer Spielgelegenheit für das Publikum unter Schaffung der rechtlichen und organisatorischen Rahmenbedingungen in verantwortlicher Weise.
Veranstaltung (§ 265a):	Veranstaltungen sind von Menschen erbrachte oder organisierte einmalige oder zeitlich begrenzte Aufführungen.
Vereiteln (§ 258):	Jede Besserstellung des Vortäters hinsichtlich der Strafverfolgung. Ganz vereitelt wird der Straf- oder Maßnahmeanspruch bereits dann, wenn er für eine geraume Zeit verzögert wird. Ein teilweises Vereiteln liegt vor, wenn die Strafe aufgrund der Handlung des Täters milder ausfällt.
Verheimlichen (§ 283):	Verheimlichen ist ein Verhalten, das darauf abzielt, das Vorhandensein des Vermögensbestandteils der Kenntnis der Gläubiger oder des Insolvenzverwalters zu entziehen.
Verletzung der Treuepflicht (§ 266):	Erfasst wird jedes Handeln oder Unterlassen, das im Widerspruch zur Treuepflicht steht.
Vermögensbetreuungspflicht (§ 266):	Vermögensbetreuungspflicht ist die Geschäftsbesorgung für einen anderen in einer nicht ganz unbedeutenden Angelegenheit mit einem Aufgabenkreis von einigem Gewicht und einem gewissen Grad an Verantwortlichkeit.
Vermögensverfügung (§ 263):	Jedes Handeln, Dulden oder Unterlassen, das eine Vermögensminderung unmittelbar herbeiführt.
Vermögensschaden (§§ 253, 263, 263a, 266, 266b):	Durch einen Vergleich der Vermögenslage vor und nach der Verfügung ist zu ermitteln, ob eine nachteilige Vermögensdifferenz eingetreten ist, ohne dass diese durch einen unmittelbaren Vermögenszufluss wirtschaftlich voll ausgeglichen wird (Gesamtsaldierung).

Vorteilssicherungsabsicht (§ 257):	Handeln mit der Absicht (dolus directus 1. Grades), dem Vortäter die Tatvorteile zu erhalten und so die Wiederherstellung des gesetzmäßigen Zustands zu vereiteln.
Waffe (§§ 244, 250):	Waffen im technischen Sinn sind gebrauchsbereite Werkzeuge, die nach Art ihrer Anfertigung als Angriffs- oder Verteidigungsmittel allgemein dazu bestimmt sind, Menschen zu verletzen.
Wegnahme (§§ 242, 249):	Darunter ist der Bruch fremden und die Begründung neuen, nicht notwendigerweise tätereigenen Gewahrsams zu verstehen.
Wegnahme (§ 289):	Abweichend von § 242 genügt es, dass die Sache aus dem tatsächlichen Machtbereich des Berechtigten räumlich entfernt wird, so dass die Ausübung des Rechts vereitelt oder erheblich erschwert wird.
Wirtschaftlicher Vermögensbegriff (§ 263):	Danach ist unter Vermögen die Gesamtheit der wirtschaftlichen Güter einer Person zu verstehen, und zwar unabhängig davon, ob sie dieser auch rechtlich zustehen.
Zahlungseinstellung (§§ 283, 283d):	Zahlungseinstellung liegt vor, wenn der Schuldner nach außen erkennbar wegen eines nicht nur vorübergehenden Mangels an Mitteln aufhört, seine fälligen und jeweils ernsthaft eingeforderten Geldforderungen ganz oder im Wesentlichen zu erfüllen.
Zahlungsunfähigkeit (§§ 283, 283c, 283d):	Zahlungsunfähigkeit bedeutet gemäß § 17 Abs. 2 InsO, dass der Schuldner nicht mehr in der Lage ist, seine fälligen Zahlungsverpflichtungen zu erfüllen.
Zerstören (§ 303):	Zerstören ist eine graduelle Steigerung des Beschädigens. Es liegt vor, wenn die Sache infolge der Einwirkung vernichtet wird oder ihre bestimmungsgemäße Brauchbarkeit völlig verliert.
Zueignung (§ 246):	Zueignung ist eine aus dem Blickwinkel eines neutralen Beobachters äußerlich erkennbare Handlung, die auf den tatsächlich vorliegenden Willen des Täters schließen lässt, dass er den Eigentümer dauerhaft aus seiner Position verdrängen und die Sachsubstanz oder den Sachwert wenigstens vorübergehend dem eigenen Vermögen oder dem Vermögen eines Dritten einverleiben möchte.
Zueignungsabsicht (§§ 242, 249):	Diese setzt voraus, dass der Täter den Eigentümer (faktisch) aus dessen Position dauerhaft verdrängen möchte (Enteignungswille; zumindest Eventualvorsatz) und sich in tatsächlicher Hinsicht eine eigentümerähnliche Stellung über die Sache anmaßt, um die Sache selbst oder ihren Sachwert zumindest vorübergehend dem eigenen Vermögen oder dem Vermögen eines Dritten einzuverleiben (Aneignungsabsicht; dolus directus 1. Grades).

Stichwortverzeichnis

Die Zahlenangaben beziehen sich auf die Randnummern.

A
Abofalle 527
Absatzerfolg 1163
Absatzhilfe 1157 ff.
Absetzen 1157 ff.
Alleingewahrsam 33
Amtsträger 655, 741 f.
Aneignung 257, 270
Aneignungsabsicht 65 ff., 78
Angestellter 38, 544, 561, 906
Angriff 428 ff.
– auf die Entschlussfreiheit 430
– auf Leib und Leben 428
Anlage 293
Anvertrauen 272
Aufklärungshilfe 1204
Auslegungsmethoden 1191 ff.
– grammatikalische Auslegung 1192
– historische Auslegung 1194
– systematische Auslegung 1193
– teleologische Auslegung 1195
– verfassungskonforme Auslegung 1196
Automatenmissbrauch 708 ff.

B
Bande 213 ff., 361, 651
Bandendiebstahl 212 ff.
– Aktionsgefahr 228
– Ausführungsgefahr 226
– schwerer Bandendiebstahl 240 ff.
Bankrott 938 ff.
– Bankrott von Gesellschaften 952 ff.
– Beiseiteschaffen 948
– Beschädigen 950
– unbrauchbar machen 950
– Verheimlichen 949
– Vermögensbestandteile 947
– wirtschaftliche Krise 942
– Zahlungseinstellung 959
– Zerstören 950
Bauwerk 492
bedeutender Wert 658
bedingtes Einverständnis 57 f.
Begründung neuen Gewahrsams 25, 41, 49 f.

Begünstigung 1075 ff.
– Hilfeleistung 1084 ff.
– Unmittelbarkeitserfordernis 1090
– Vortat 1077 ff.
– Vorteilssicherung 1088 ff.
Behältnis 35, 85, 122
Beisichführen einer Waffe 172, 180 ff., 210
Beisichführen eines gefährlichen Werkzeugs 172, 191 ff.
Bereicherungsabsicht 636, 637, 784
– Rechtswidrigkeit der Bereicherung 642 ff., 785
Berufswaffenträger 189 f.
Beschädigung 459 ff., 468, 699
Besitzerhaltungsabsicht 411, 412a ff.
besondere Sicherung 121 ff.
besondere subjektive Absicht 6
Beteiligung am unerlaubten Glücksspiel 1043 ff.
Betreffen auf frischer Tat 402 ff., 409
Betrug 517 ff., 533 ff., 579 ff., 604 ff., 610 ff., 637 ff., 644 ff., 659 ff.
– Abgrenzung von Betrug und Diebstahl 555 f., 560 ff.
– Amtsträger 655
– Anstellungsbetrug 614 ff.
– Bandenmitgliedschaft 651
– Bereicherungsabsicht 636, 637
– besondere subjektive Absicht 6
– Computerbetrug 667 ff., 671 ff., 678 ff.
– Dreiecksbetrug 567 ff.
– Eingehungsbetrug 582 ff.
– Erfüllungsbetrug 582, 588 ff.
– Erschleichen entgeltlicher Leistungen 576
– Exklusivitätsverhältnis Diebstahl – Betrug 52
– faktisches Näheverhältnis 569
– Fehlbuchung 535
– Fehlüberweisung 535
– Freiwilligkeit der Vermögensverfügung 566
– geschütztes Vermögen 592
– Gewerbsmäßigkeit 651
– individueller Schadenseinschlag 619 ff., 641

427

Stichwortverzeichnis

- Irrtum 520, 541 ff.
- Kapitalanlagebetrug 746 ff.
- konkludente Täuschung 530
- Kreditbetrug 749 ff.
- Lagertheorie 569
- Makeltheorie 612 f.
- Nichtwissen 542
- Provisionsvertreterbetrug 639 f.
- Prozessbetrug 572
- Prüfungspflicht 544
- Sachbetrug 54
- Stoffgleichheit 638 ff.
- Submissionsbetrug 598 ff.
- Subventionsbetrug 725 ff.
- Täuschung 520 ff., 533 ff.
- Täuschung durch Unterlassen 536 ff.
- unbewusste Selbstschädigung 624 ff.
- Verfügungsbewusstsein 563 ff.
- Vermögen 517
- Vermögensbegriff 605 ff., 610 f.
- Vermögensgefährdung 577, 579 ff., 583 ff.
- Vermögensschaden 520, 573 ff., 579 ff., 604 ff., 610 ff.
- Vermögensverfügung 520, 554 ff.
- Vermögensverlust großen Ausmaßes 652
- Versicherungsbetrug 656 f., 659 ff.
- Wechselgeldfalle 561 f.
- wirtschaftliche Not 654
- Zweckverfehlung 626 ff.
- Zweifel 548

Brauchbarkeitsbeeinträchtigung 459, 462
Bruch fremden Gewahrsams 25 ff., 44 ff., 51

C

Computerbetrug 667 ff., 671 ff., 678 ff.
Computersabotage 509 ff.

D

Daten 17, 503 f., 670
Datenveränderung 500 ff.
Dereliktion 23
Detektiv 43, 53
Diebstahl 8 ff., 24 ff., 44 ff., 60 f., 63 ff.
- Abgrenzung von Betrug und Diebstahl 555 f., 560 ff.
- Alleingewahrsam 33
- Aneignungsabsicht 65 ff., 78
- Angestellter 38
- Bandendiebstahl 212 ff.
- bedingtes Einverständnis 57 f.
- Begründung neuen Gewahrsams 25, 49 f.
- Behältnis 35, 85, 122
- Beisichführen einer Waffe 172 ff.
- Beisichführen eines gefährlichen Werkzeugs 172, 191 ff.
- Berufswaffenträger 189 f.
- besondere Sicherung 121 ff.
- besondere subjektive Absicht 6
- Betäubungsmittel 24
- bewegliche Sache 21
- Bruch fremden Gewahrsams 25 ff., 44 ff., 51
- Dereliktion 23
- Detektiv 43, 53
- Drittzueignungsabsicht 77 ff.
- EC-Karte 66
- Einbrechen 113 f.
- Eindringen 116
- Eindringen in Wohnungen 110
- Einsteigen 115
- Einwilligung 91
- elektrische Energie 10, 17, 290 ff.
- Enteignungsvorsatz 64 ff.
- Exklusivitätsverhältnis Diebstahl – Betrug 52
- Falle 53
- falscher Schlüssel 116
- Filiale 38
- fremde Sache 22 f., 24, 58, 61
- frische Tat 94, 402
- Gattungsschuld 90
- Gebrauchsanmaßung 70
- gefährliches Werkzeug 172, 191 ff.
- Geldkarte 68
- Geldschuld 90
- Geringwertigkeit 155 ff.
- Gewahrsam 26 ff., 37 ff.
- Gewahrsamsbruch 41 ff., 44 ff., 51
- Gewahrsamslockerung 41, 44, 765, 780
- Gewahrsamsverlust 23
- gewerbsmäßiger Diebstahl 129 f.
- gleichrangiger Mitgewahrsam 33
- herrenlose Sache 23
- Herrschaftsbewusstsein 30
- Indizwirkung 101
- Kassierer 39
- Kaufhaus 38
- Kirchendiebstahl 131
- Körper 18
- körperlicher Gegenstand 16
- Ladendiebstahl 42 f., 44 ff.
- Leiche 19
- mehrstufiger Mitgewahrsam 33
- Minderung des Sachwerts 72
- Mitgewahrsam 33
- Nachschlüssel 110
- natürliche Einsichtsfähigkeit 51
- natürlicher Sachherrschaftswille 26, 29
- Niederlassung 38
- Pfandflasche 45, 75

Stichwortverzeichnis

- räuberischer Diebstahl 12, 397 ff., 409 ff., 412a ff.
- Rechte 17
- Rechtfertigung 91
- Regelbeispiele 95 ff.
- Rückwirkung 22
- Sachbetrug 54
- Sache 16
- sachenrechtsähnliche Position 80
- Sachentziehung 83
- Sachherrschaft 26
- Sachherrschaftsverhältnis 27, 80
- Sachsubstanz 65
- Sachwert 65 ff.
- Scheinwaffe 207 ff.
- Schusswaffe 174 ff.
- schwerer Bandendiebstahl 240 ff.
- Sicherungsetikett 43
- Sparbuch 66, 68
- Stückschuld 89
- Subsidiarität der Unterschlagung 11, 275 ff.
- tatbestandsausschließendes Einverständnis 51 ff.
- Tier 16
- umschlossener Raum 111
- vergessener Gegenstand 37
- verlorener Gegenstand 36
- verschlossenes Behältnis 35
- Vorsatzwechsel 162 ff.
- Waffe 172 ff.
- Warentransport 40
- Wegnahme 15, 25 ff., 44 ff.
- Wohnungseinbruchsdiebstahl 234 f., 237 f.
- Zueignungsabsicht 59, 63 ff.

Diebstahl in einem besonders schweren Fall 95 ff.
dogmatische Einordnung der Regelbeispiele 96 ff.
Dreiecksbetrug 567 ff.
- faktisches Näheverhältnis 569
- Lagertheorie 569
- Prozessbetrug 572

Dreieckserpressung 773 f.
Drittzueignung 252, 259 ff.
Drittzueignungsabsicht 77 ff.
Drohung 305, 315 ff., 410, 817, 850

E
EC-Karte 66, 678, 681, 927, 935
Eigentum 3, 245
Eigentumsdelikt 3
Einbrechen 110, 113 f.
Eindringen 112, 116

Eindringen in Wohnungen 110
Einrichtung 293
Einsichtsfähigkeit 51
Einsteigen 115
Einwilligung 91, 285
elektrische Energie 10, 17, 290 ff.
Enteignung 257, 270
Enteignungsvorsatz 64 ff.
Entführen 817, 847
Entziehung elektrischer Energie 10, 17, 290 ff.
- Anlage 293
- Einrichtung 293
- Entziehen 294
- fremd 293
erfolgsqualifizierter Versuch 384 f., 387 ff.
- Rücktritt 388 ff.
erpresserischer Menschenraub 813, 815 ff.
- Drei-Personen-Verhältnis 824, 831
- Entführen 817
- Ersatzgeisel 820
- Scheingeisel 820
- Sich-Bemächtigen 818
- Zwei-Personen-Verhältnis 824 ff.

Erpressung 752 ff., 767 ff.
- Bereicherungsabsicht 784
- Dreieckserpressung 773 f.
- Nötigung 754 ff.
- räuberische Erpressung 793 ff., 801 ff.
- Sicherungserpressung 782
- Vermögensnachteil 775 ff.
- Vermögensverfügung 752, 758 ff., 767 ff.

Ersatzhehlerei 1145 ff.
Erschleichen von Leistungen 705 ff.
- Erschleichen 710 f., 714
- Leistungsautomat 708 ff.
- Warenautomat 708 f.

Exklusivitätsverhältnis Diebstahl – Betrug 52

F
Falle 53
falscher Schlüssel 116
Filiale 38
Fischwilderei 23, 1069 ff.
Flaschenpfand 45, 75
fremd 22, 58, 61, 293
frische Tat 94, 402 ff.
- Betreffen 405 ff., 409
Führer eines Kraftfahrzeugs 432 ff.

G
Gattungsschuld 90
Gebrauchsanmaßung 70
Gebrauchsrecht 279, 1019

Stichwortverzeichnis

Gefährden 1185
gefährliches Werkzeug 172, 191 ff., 347
– Verwenden 363 f., 366 ff.
gefahrspezifischer Zusammenhang 374, 380 f., 836 ff.
Gegenstand 1175
– Ersatzgegenstand 1177
Geiselnahme 845 ff.
– Drei-Personen-Verhältnis 851
– Drohung 850
– Entführen 847
– Sich-Bemächtigen 847
– Zwei-Personen-Verhältnis 851
Geldkarte 68
Geldschuld 90
Geldwäsche 1172 ff.
– Aufklärungshilfe 1204
– Gefährden 1185
– Gegenstand 1175
– Herkunft verschleiern 1184
– Herrühren 1176
– Verbergen 1183
– Vereiteln 1185
– Verteidigerhonorar 1191 ff.
– Vortat 1180
Geringwertigkeit 155 ff.
– Vorsatzwechsel 162 ff.
Gewahrsam 26 ff., 37 ff.
– Gewahrsamsbruch 41 ff., 44 ff.
– Gewahrsamslockerung 41, 44, 765, 780
– Gewahrsamsverlust 23
Gewalt 305 ff., 410, 817
gewerbsmäßiger Betrug 651
gewerbsmäßiger Diebstahl 129 f.
Gläubigerbegünstigung 966 ff.
gleichrangiger Mitgewahrsam 33
Glücksspiel 1034 ff.

H

Hehlerei 1135 ff., 1168 ff.
– Absatzerfolg 1163
– Absatzhilfe 1157 ff.
– Absetzen 1157 ff.
– Ankaufen 1153
– Drittverschaffung 1154
– Entgeltlichkeit 1160
– Ersatzhehlerei 1145 ff.
– Postpendenzfeststellung 1171
– Rückkaufsfälle 1156, 1161 f.
– Sache 1143
– Sich verschaffen 1153 ff.
– Tathandlungen 1148 ff.
– verdeckter Ermittler 1164
– Vortat 1138 ff.
– Wahlfeststellung 1170

herrenlose Sache 23
Herrschaftsbewusstsein 30
Herrühren 1176
Hilfeleistung 1084 ff.

I

in Brand setzen 656
Indizwirkung 101
Ingebrauchnahme 282
Irrtum 541 ff.
– europäische Regelungen 550
– leichtfertiges Verhalten 549
– Prüfungspflicht 544
– Zweifel 548

J

Jagdwilderei 23, 1046 ff., 1059 ff.
juristische Person (Gewahrsam) 31

K

Kapitalanlagebetrug 746 ff.
Kassierer 39
Kaufhaus 38
Kirchendiebstahl 131
Körper 18
körperlicher Gegenstand 16
Kraftfahrzeug 281
Kreditbetrug 749 ff.
Kreditkartenmissbrauch 918 ff., 928 ff.

L

Ladendiebstahl 42 f., 44 ff.
Leiche 19
Leichtfertigkeit 383

M

Manifestation des Zueignungswillens 253 ff.
mehrstufiger Mitgewahrsam 33
Minderung des Sachwerts 72
Missbrauch von Scheck- und Kreditkarten 918 ff.
Mitgewahrsam 33

N

Nachschlüsseldiebstahl 110
Niederlassung 38

O

öffentliche Sammlung 484
öffentlicher Nutzen 484

P

Pfandflasche 45, 75
Pfandkehr 1009 ff.
– Wegnahme 1023 ff.

Stichwortverzeichnis

Postpendenzfeststellung 1171

Q
qualifiziertes Nötigungsmittel 305 ff., 795 ff.

R
Raub 12, 299 ff., 323, 325 ff., 331 ff.
- Bande 361
- Beteiligung 338 ff.
- Drohung 305, 315 ff.
- erfolgsqualifizierter Versuch 384 f., 387 ff.
- Finalzusammenhang zwischen Nötigung und Wegnahme 319 ff., 323, 325 ff., 331
- gefährliches Werkzeug 347, 363 f., 366 ff.
- Gewalt 305 ff.
- Leichtfertigkeit 383
- Nötigungsmittel 305 ff.
- Raub mit Todesfolge 374 ff., 383 ff., 393 ff.
- schwere Gesundheitsschädigung 354
- schwere körperliche Misshandlung 372
- schwerer Raub 344 ff., 349 ff., 363 ff., 371 ff.
- subjektiver Tatbestand 332 ff.
- Verfolgerfälle 381
- versuchte Erfolgsqualifikation 384, 386 ff.
- Waffe 347, 364 f., 371
- Wegnahme 303
- Zueignungsabsicht 335

Raub mit Todesfolge 374 ff., 383 ff., 393 ff.
räuberische Erpressung 793 ff., 801 ff.
- qualifiziertes Nötigungsmittel 795 ff.
räuberischer Angriff auf einen Kraftfahrer 425 ff., 431 ff.
- Angreifer 429
- Angriff auf die Entschlussfreiheit 430
- Angriff auf Leib und Leben 428
- Ausnutzen der besonderen Verhältnisse des Straßenverkehrs 438 ff.
- Führer eines Kraftfahrzeugs 432 ff.
- Mitfahrer 432, 436
- verkehrsbedingter Halt 433 f.
- Verüben 431

räuberischer Diebstahl 12, 397 ff., 409 ff., 412a ff.
- auf frischer Tat betreffen 402 ff., 409
- Besitzerhaltungsabsicht 411, 412a ff.
- Drohung 410
- Gewalt 410
- Konkurrenzen 423 f.
- subjektiver Tatbestand 411, 412a ff.
- Täterschaft und Teilnahme 416 ff.
- Versuch 415
- Vortat 401

Rechte 17

Rechtfertigung 91
Regelbeispiele 95 ff., 650 ff., 659 ff., 739 ff., 915
- Analogiewirkung 102 ff.
- Aufbauschema 108
- Gegenschlusswirkung 107
- Indizwirkung 101
- Täterschaft und Teilnahme 140 ff.
- Versuch und Rücktritt 143 ff.
- Vorsatz 136 ff.

Relativität der Rechtsbegriffe 25
Rückwirkung 22

S
Sachbeschädigung 83, 453 ff.
- Beschädigung 459 ff., 468
- Datenveränderung 500 ff.
- Funktionsbeeinträchtigung 459, 462
- gemeinschädliche Sachbeschädigung 481 ff.
- Sache 456
- Substanzverletzung 459, 461
- Tier 457
- unbefugt 473
- Veränderung des äußeren Erscheinungsbildes 469 ff.
- Verbrauch 476
- Zerstörung 467, 493 ff.
- Zerstörung von Bauwerken 491 ff.
- Zerstörung wichtiger Arbeitsmittel 497 ff.

Sachbetrug 54
Sache 16, 456, 1143
sachenrechtsähnliche Position 80
Sachentziehung 83
Sachherrschaft 26
Sachherrschaftsverhältnis 27, 80
Sachherrschaftswille 26, 29
Sachsubstanz 65
Sachwert 65 ff.
Scheckkartenmissbrauch 918 ff.
Scheinwaffe 207 ff., 350
Schuldnerbegünstigung 978 ff.
Schusswaffe 174 ff.
schwere Gesundheitsschädigung 354
schwere körperliche Misshandlung 372
schwerer Bandendiebstahl 240 ff.
schwerer Raub 344 ff., 349 ff., 363 ff., 371 ff.
Selbstzueignung 252
Selbstzueignungsabsicht 79 ff.
Sich-Bemächtigen 818, 847
Sicherungsetikett 43
Sparbuch 66, 68
spezifischer Gefahrzusammenhang 374, 380 f., 836 ff.

431

Stichwortverzeichnis

Strafantrag 297 f., 917
Strafvereitelung 1102 ff., 1118 ff.
- Abgrenzung zu Beihilfe 1109 f.
- Angehörigenprivileg 1127 f.
- Selbstbegünstigung 1125 f.
Strafvereitelung im Amt 1102, 1130 ff.
Stückschuld 89
Subsidiaritätsklausel 11, 275 ff.
Subventionsbetrug 725 ff.
- Subventionsbegriff 728 ff.

T

Tanken ohne Bezahlung 250 f.
tatbestandsausschließendes Einverständnis 51 ff., 285
Täuschung 521 ff., 533 ff.
- Abgrenzung zwischen konkludenter Täuschung und Täuschung durch Unterlassen 528
- konkludente Täuschung 530
Täuschung durch Unterlassen 536 ff.
Tier 16, 457

U

umschlossener Raum 111
unbefugte Verwendung von Daten 674 ff., 678 ff.
unbefugter Gebrauch eines Fahrzeugs 10, 279 ff.
- Berechtigter 284
- Einwilligung 285
- Gebrauchsrecht 279
- Ingebrauchnahme 282
- Konkurrenzen 289
- Kraftfahrzeug 281
- subjektiver Tatbestand 288
- tatbestandsausschließendes Einverständnis 285
- Weiterbenutzung 286 f.
unerlaubtes Veranstalten eines Glücksspiels 1031 ff.
Unmittelbarkeitserfordernis 558 ff., 1090
Unterhaltungsspiel 1036
Unterschlagung 11, 245 ff.
- Aneignung 257
- Anvertrauen 272
- Drittzueignung 252, 259 ff.
- Enteignung 257, 270
- Konkurrenzen 275 ff.
- Manifestation des Zueignungswillens 253 ff.
- Selbstzueignung 252
- Subsidiaritätsklausel 11, 275 ff.
- Tanken ohne Bezahlung 250 f.
- wiederholte Zueignung 262 ff.

- Zueignung 247 ff.
Untreue 855 ff., 911 ff.
- Befugnismissbrauch 863 ff.
- durch Unterlassen 877
- Haushalts- bzw. Amtsuntreue 910
- kollusives Zusammenwirken 873
- Missbrauchstatbestand 856, 858 ff.
- Regelbeispiele 915
- schwarze Kassen 906
- Treubruchstatbestand 856, 881 ff.
- Unmittelbarkeitszusammenhang 908
- Verfügungsbefugnis 859 ff.
- Verhältnis zur veruntreuenden Unterschlagung 916
- Verletzung der Treuepflicht 897 ff.
- Vermögensbetreuungspflicht 855, 878 f., 889 f., 892 ff.
- Vermögensgefährdung 903 ff.
- Vermögensnachteil 880, 900 ff.
- Verpflichtungsbefugnis 859 ff.
- Vertreter ohne Vertretungsmacht 871

V

Verbergen 1183
Verbrauch 476
verdeckter Ermittler 1164
Vereiteln 1185
Vereitelung der Zwangsvollstreckung 987 ff.
- Beiseiteschaffen 995, 1002 f.
- Drohen der Zwangsvollstreckung 990 f.
- Veräußern 995, 998 ff.
- Vermögensbegriff 996 f.
Verfolgerfälle 381
vergessener Gegenstand 37
Verletzung der Buchführungspflicht 964 f.
verlorener Gegenstand 36
Vermögen 517, 592 ff., 604 ff., 610 ff., 776, 998
- Erwerbs- und Gewinnaussichten 595
- Geldstrafen, Geldbußen und Verwarnungsgelder 602
- geschütztes Vermögen 592 ff., 604 ff., 610 ff., 776
- juristisch-ökonomischer Vermögensbegriff 605 ff., 610 ff., 776
- Vermögensbegriff 605 ff., 610 ff., 776
- wirtschaftlicher Vermögensbegriff 605 ff., 610 ff., 776
Vermögensschaden 520, 573 ff., 579 ff., 604 ff., 610 ff., 775 ff.
- Eingehungsbetrug 582 ff.
- Erfüllungsbetrug 582, 588 ff.
- Erschleichen entgeltlicher Leistungen 576

– Gefährdungsschaden 577, 579 ff., 583, 903 ff.
– Gesamtsaldierung 574
– individueller Schadenseinschlag 619 ff.
– Quotenschaden 597
– Stoffgleichheit 639 ff.
– Zweckverfehlung 626 ff.
Vermögensverfügung 520, 554 ff., 752, 758 ff., 767 ff.
– Abgrenzung von Betrug und Diebstahl 555 f., 560 ff.
– Freiwilligkeit 566
– Verfügungsbewusstsein 563 ff.
verschlossenes Behältnis 35
Versicherungsbetrug 656 f., 659 ff.
Versicherungsmissbrauch 695 ff.
versuchte Erfolgsqualifikation 384, 386 ff.
– Rücktritt 388 ff.
Verteidigerhonorar 1191 ff.
Verüben 431
Vortat 401, 1077 ff., 1138 ff., 1180
Vorteilssicherung 1088 ff.

W
Waffe 172 ff., 347, 371
– Beisichführen 180 ff., 210, 371
– Scheinwaffe 207 ff., 350
– Schusswaffe 174 ff.
– Verwenden 363 ff.
Wahlfeststellung 1170
Warentransport 40
Wegnahme 15, 25 ff., 44 ff., 303, 1023 ff.
wiederholte Zueignung 262 ff.
Wild 1053
Wilderei 23, 1046 ff., 1059 ff., 1069 ff.
Wohnungseinbruchsdiebstahl 234 f., 237 f.
– Geschäftsräume 237
– Wohnungsbegriff 235

Z
Zerstörung 467, 493 ff., 699
zivilrechtliche Eigentums- und Besitzregelungen 28
Zueignung 247 ff.
– Rechtswidrigkeit 268
– wiederholte Zueignung 262 ff.
Zueignungsabsicht 59, 63 ff., 335
Zwei-Parteien-System 934

Studienreihe Rechtswissenschaften

Winfried Boecken
BGB – Allgemeiner Teil
3., überarb. Auflage 2019
XXVI, 472 Seiten. Kart.
€ 34,–
ISBN 978-3-17-029903-0

Jacob Joussen
Schuldrecht I – Allgemeiner Teil
6., überarb. Auflage 2021
XXIV, 480 Seiten. Kart.
€ 39,–
ISBN 978-3-17-038962-5

Löhnig/Gietl
Schuldrecht II – Besonderer Teil 1: Vertragliche Schuldverhältnisse
2., überarb. Auflage 2018
XXIII, 183 Seiten. Kart.
€ 22,–
ISBN 978-3-17-031438-2

Jochen Glöckner
Kartellrecht – Recht gegen Wettbewerbsbeschränkungen
2., überarb. Auflage 2017
XXIX, 397 Seiten. Kart.
€ 37,–
ISBN 978-3-17-032157-1

Bernd Heinrich
Strafrecht – Allgemeiner Teil
6., überarb. Auflage 2019
XXXVIII, 725 Seiten. Kart.
€ 52,–
ISBN 978-3-17-033959-0

Jörg Eisele
Strafrecht – Besonderer Teil I
Straftaten gegen die Person und die Allgemeinheit
6., überarb. Auflage 2021
XXXVIII, 532 Seiten. Kart.
€ 40,–
ISBN 978-3-17-039712-5

Heger/Pohlreich
Strafprozessrecht
2., überarb. Auflage 2018
XX, 213 Seiten. Kart.
€ 25,–
ISBN 978-3-17-035520-0

Stefan Korioth
Staatsrecht I
Staatsorganisationsrecht unter Berücksichtigung europäischer und internationaler Bezüge
5., überarb. Auflage 2020
XXIX, 376 Seiten. Kart.
€ 30,–
ISBN 978-3-17-038066-0

Lang/Wilms
Staatsrecht II
Grundrechte
2., überarb. Auflage 2020
XXVI, 485 Seiten. Kart.
€ 36,–
ISBN 978-3-17-023343-0

Georg Jochum
Europarecht
3., überarb. Auflage 2018
XXII, 450 Seiten. Kart.
€ 36,–
ISBN 978-3-17-032882-2

Michael Stöber
Handelsrecht
2020. XIX, 205 Seiten
Kart. € 28,–
ISBN 978-3-17-020415-7

Storr/Schröder
Allgemeines Verwaltungsrecht
2., überarb. Auflage 2021
XXIV, 338 Seiten. Kart.
€ 35,–
ISBN 978-3-17-032611-8

Kay Hailbronner
Asyl- und Ausländerrecht
5., überarb. Auflage 2021
XX, 612 Seiten. Kart.
€ 42,–
ISBN 978-3-17-039704-0

Alle Titel auch als E-Book erhältlich.
Leseproben und weitere Informationen:
www.kohlhammer.de